ISBN 978-1-5282-9268-9
PIBN 10978275

LE PRIX COURANT

THE PRICE CURRENT

Vol. XXX   MONTREAL, VENDREDI 5 OCTOBRE 1900.

Le Grand Levier des Affaires

Le commerce, le haut commerce plus particulièrement, apprécie chaque jour d'avantage l'utilité; nous allions dire la nécessité, de la publicité.

Nous pouvons le dire sciemment, puisque nos annonceurs tendent toujours à augmenter en nombre et qu'ils prennent, d'année en année, plus d'espace dans nos colonnes.

En ce qui nous concerne particulièrement, le commerce nous force la main pour que nos agrandissions le format de notre journal.

Nous aurions tort de ne pas céder à cette pression toute amicale, car nous y trouverons nous-mêmes notre intérêt, et le commerce de détail qui nous fait l'honneur de nous lire, aura dans l'extension des annonces et de la matière à lire (qui la suivra de pair) une plus grande somme de renseignements utiles.

Personne ne perdra donc au changement de format du Prix Courant.

Nos lecteurs ne verront dans ce changement que notre désir de satisfaire de plus en plus notre clientèle. Ils verront que nous tenons un compte sérieux de ses désirs.

Nous voudrions satifaire pleinement ceux qui nous lisent et nous serions heureux de recevoir leurs suggestions à l'occasion.

"Faire toujours mieux" est notre but.

LE PRIX COURANT

Revue Hebdomadaire

COMMERCE, FINANCE, INDUSTRIE, PROPRIÊTÉ FONCIÈRE, ASSURANCE.

Publié par ALFRED et HENRI LIONAIS, éditeurs-propriétaires, au No 25 rue St-Gabriel, Montréal, Téléphone Bell Main 2547, Boite de Poste 917. Abonnement : Montréal et Banlieue, $2.00 ; Canada et Etats-Unis, $1.50 ; France et Union Postale, 15 francs. L'abonnement est considéré comme renouvelé, à moins d'avis contraire au moins 15 jours avant l'expiration, et ne cessera que sur un avis par écrit, adressé au bureau même du journal. Il n'est pas donné suite à un ordre de discontinuer tant que les arrérages et l'année en cours ne sont pas payés.

Adresser toutes communications simplement comme suit : LE PRIX COURANT, MONTRÉAL, CAN.

VOL. XXX — VENDREDI, 5 OCTOBRE 1900 — No 1

Retour au Passé

Avec le présent numéro, LE PRIX COURANT reprend son ancien format.

Si nous abandonnons le format *magazine* après un essai de vingt-un mois, ce n'est pas sans de sérieuses raisons.

Nous avons publié, nos lecteurs s'en souviennent, un grand nombre de lettres émanant de nos abonnés qui nous approuvaient dans notre initiative et nous félicitaient de leur donner un journal sous un format réduit, par conséquent plus maniable, facile à emporter, facile de lecture dans les chars, les tramways, les bateaux, etc.

C'était précisément l'idée qui nous avait guidés en abandonnant le format habituel des revues commerciales pour adopter celui des *magazines*.

Aujourd'hui nous avons pour nous l'expérience que, si le changement a été agréable à un grand nombre de nos abonnés, il a soulevé les objections d'un nombre peut être aussi grand.

Les avis étant partagés, il nous est difficile de contenter tout le monde et peut-être aurions nous continué le format *magazine* dans l'avenir, si une autre classe de clients du PRIX COURANT ne nous avait présenté une objection très sérieuse au maintien du petit format.

Nous devons, nos lecteurs le comprendront aisément, ne pas fermer l'oreille aux desiderata des annonceurs.

Or les uns nous disent : "Nous n'avons pas la place suffisante pour annoncer dans une page ce que nous avons à faire connaître à vos lecteurs et, cependant, nous n'avons pas besoin de prendre un espace de deux pages : agrandissez votre format et vous nous donnerez satisfaction."

D'autres trouvent que la largeur du petit format ne leur permet pas de donner à leur annonce l'apparence qu'ils voudraient lui voir.

D'autres encore nous disent qu'ils annonceraient volontiers, mais que le format ne leur permet pas d'insérer leurs vignettes dans l'annonce.

D'autres, enfin, disent simplement : donnez à votre journal le format des autres revues commerciales et nous annoncerons volontiers dans LE PRIX COURANT.

Nous n'étonnerons pas nos lecteurs en leur disant que l'abonnement au prix de $1.50 pour la campagne et de $2.00 pour la ville n'est pas une source directe de profits.

Il nous faut des abonnés pour obtenir l'annonce, mais c'est l'annonce qui permet au journal de subsister.

Ce n'est un secret pour personne que sans annonces, aucun journal ne saurait prospérer.

Nous avons le patronage d'un bon nombre de commerçants qui nous favorisent de leurs annonces ; nous désirons leur faciliter les affaires en leur donnant la satisfaction qu'ils demandent et en même temps, personne ne nous en blâmera, nous cherchons à étendre notre clientèle d'annonceurs.

Telles sont les raisons qui nous font revenir à notre ancien format.

COMMERCE INDUSTRIE ET FINANCE

La récolte dos raisins et des figues en Grèce : La récolte des raisins secs, presqu'entièrement terminée maintenant en Messénie et en Laconie, sera cette année de 14,000 tonnes environ.

La qualité en général est médiocre.

Le prix n'a jamais été aussi élevé; il est aujourd'hui d'une drachme et 10 leptos l'ocque en magasin.

Des achats nombreux sont faits chaque jour par les négociants de Patras qui ont tous envoyé à Calamata des représentants.

Les raisins, dont une grande partie par chemin de fer, le reste par mer, sont tous expédiés à Patras d'où ils sont réexpédiés surtout en Angleterre et en Amérique.

La récolte des figues sèches sera des plus abondantes et des meilleures comme qualité.

***

L'industrie des beurres dans la République Argentine : L'industrie des beurres prend beaucoup de développement, ainsi que le témoignent les chiffres suivants : En 1890, la République Argentine n'exportait que 19,215 kilos de ce produit ; en 1895, elle en exportait 404,400, et en 1899, 1,179,496. Elle commence à concurrencer sur le marché brésilien les produits similaires français.

***

Le diplôme de l'Exposition : Le diplôme de l'Exposition, dont on vient de commercer à graver les planches, comme les médailles, ne sera livré aux lauréats que dans quelques mois.

Il constitne, en effet, comme elles, une remarquable œuvre d'art dont le tirage considérable ne peut se faire rapidement sans détriment pour sa beauté.

Le nombre des exemplaires de ce diplôme n'ira pas loin de 100,000, car il doit être distribué à environ 45,000 lauréats et à plus de 50,000 collaborateurs de l'Exposition, et l'on pense bien qu'il faut pour un tel tirage un joli nombre de planches gravées.

Quelques épreuves tirées sur les premières planches seront d'abord offertes au président de la République, aux membres du gouvernement et au haut personnel de l'Exposition.

Mais ce n'est que dans quelques mois qu'on aura assez de planches pour tirer chez trois imprimeurs en taille-douce, qui sont déjà à l'œuvre environ 10,000 exemplaires par mois.

***

A la Chambre et au Sénat belges, des orateurs ont affirmé la nécessité de l'organisation, en Belgique d'une marine marchande, et l'un d'eux a préconisé l'acquisition par l'Etat, de navires qui seraient ensuite, moyennant rémunération, mis à la disposition des Compagnies décidées à créer des lignes de navigation. Le ministre a déclaré partager au fond cette manière de voir et n'y a fait qu'une objection, en se plaçant au point de vue budgétaire.

Incontestablement, l'opinion publique belge est travaillée pour être amenée à peser sur le gouvernement en vue de favoriser l'essor maritime. La Société belge des ingénieurs et industriels a répandu une brochure de progagande qui traite de la même question et propose d'ouvrir une école de mousses, où seraient élevés, pour la carrière de marin, les enfants abandonnés.

On ne saurait blâmer la Belgique de concevoir l'ambition de posséder une marine à elle, dit le *Journal des Transports*. En 1898, sa flotte se composait de 6 voiliers jaugeant 1,734 tonneaux, et de 60 vapeurs ayant une jauge globale de 89,237 tonneaux. Elle est tributaire de l'Allemagne et de l'Angleterre dans ses relations avec les pays lointains, et si une guerre éclatait entre des nations dont les navires font escale au port d'Anvers, son industrie et particulièrement sa sidérurgie, manquerait de transports et serait fort embarrassée.

***

Brevets américains : Les demandes pour brevets d'invention reçues aux Etats-Unis pendant l'année fiscale qui vient de finir, ont dépassé de cinq mille celles de l'année dernière. Les recettes du Patent Office se sont élevées à 1,358,228 dollars et les dépenses à 1,247,828 dollars.

***

Postes anglaises : Du 1er avril 1899 au 31 mars 1900, il a été distribué dans le Royaume-Uni, 2,246,800,000 lettres, 400,300,000 cartes postes, 702,800,000 prospectus, circulaires, etc., 163,400,000 journaux et 75,148,000 colis postaux. En tout plus de trois milliards et demi d'objets. Cela fait une moyenne de 88,3 pour chaque habitant du Royaume-Uni.

Un lampe sans mèche : La Société de lumière incandescente à alcool " Phébus " à Dresde, construit une lampe sans mèche qui repose sur des principes tout-à-fait nouveaux, et donne une lumière sans ombre et très claire, grâce à l'application des corps incandescents d'un genre nouveau *invertirte Glühkorper*. Cette lampe doit pouvoir convenir à l'éclairage des rues, des places, des jardins, des salles, des ateliers et autres espaces très grands. Cette nouvelle lampe a été présentée, il y a peu de temps, à l'assemblée générale de l'Union des fabricants d'alcool à brûler d'Allemagne.

***

Pain de guerre : Le véritable pain de guerre paraît enfin avoir été trouvé par le capitaine Pilbou, en garnison à Riom. Son système peut faire lever la pâte instantanément. Le capitaine a été autorisé de se rendre à Paris, à la manutention militaire, pour procéder à des expériences.

***

Le percement du Simplon, que l'on poursuit avec diligence, rencontre des difficultés, notamment par suite de la grande chaleur qui empêche les hommes de travailler. On y trouve des sources d'eau chaude à 39° ; on atteindra certainement 42° et il sera très difficile, sinon coûteux, d'abaisser suffisamment cette température pour permettre un travail continu.

***

Exposition internationale d'appareils contre les incendies : Une exposition internationale des organisation préventives contre le feu et de sauvetage dans les incendies doit se tenir à Berlin aux mois de juin et juillet 1901.

***

Papier de tourbe : La maison K. A. Zschœrner & Cie de Vienne (Autriche), propriétaire des brevets pour la fabrication des papiers, tissus et autres objets en tourbe a cessé ses opérations ; au bout de deux ans d'essais les résultats ont été reconnus insuffisants. Les brevets autrichiens avaient été achetés deux millions ; le brevet anglais 1,200,000 ; le brevet suédois 200,000 francs.

***

Papier buvard : La fabrication du papier buvard va trouver prochainement de nouveaux débouchés. On s'en sert comme capsules de bouteilles ; pour garnir les marteaux de pianos. Les tailleurs en emploient d'épaisses feuilles comme doublure, les bijoutiers comme polissoirs de pierres précieuses. Les électriciens ont trouvé que le papier buvard traité par certains bains chimiques constituait le meilleur des isolants. En Allemagne, on l'a employé pour faire des costumes de bains. Dans les hôpitaux, on le substitue aux bandages de toile ; après chaque pansement, le bandage est brûlé. Cet usage paraît devoir donner de bons résultats et offrira, dans la suite, un grand débouché à ce produit.

***

Papier nouveau : MM. W. W. Herrick de Springfield (Mass.), et Charles I. Gœssmann de Amherst, récemment lauréat de l'Institut agronomique de l'Etat, constituent une société pour la fabrication du papier de bois par un nouveau procédé dont on dit merveille. Le procédé n'étant pas encore breveté, est tenu secret. L'affaire se montera probablement à Worcester où le fret de la pâte de bois est plus bas que partout ailleurs. Ce papier est imperméable à l'eau et à l'huile, il résiste à tout frottement, et les échantillons pour emballage de comestibles sont indéchirables.

***

Ce que produit le sol de la France en vins et en céréales : Au début du second empire, l'oïdium ravageait les vignes. En 1854, la production tomba à 5 millions d'hectolitres. On découvrit le soufrage et, en 1864 et 1865, la production du vin remonta à 65 et 70 millions d'hectolitres pour atteindre en 1874, 80 millions. Le phylloxéra et le mildew firent alors leur apparition. De 1878 en 1892 la production n'atteignit pas 30 millions d'hectolitres. On a lutté et on est remonté à 50 millions.

En 1896, la France a produit 119 millions d'hectolitres de blé à faire le pain, qui, au chiffre très bas de 12 francs l'hectolitre, représentant 1 milliard 528 millions — à 20 fr., ce serait 2 milliards—et 92 millions d'hectolitres d'avoine représentant une vente de près de 740 millions.

***

Gare aux billets contrefaits. On vient de découvrir que de faux billets de $10 de la Banque Molson sont en circulation à Québec.

***

L'an dernier, il est entré à New-York 4356 navires jaugeant 8,115,-528 tonneaux, soit 72 navires et 398,000 tonneaux de plus qu'en 1898. Les sorties ont compris 4033 navires jaugeant 7,744,249 tonneaux ; par rapport à 1898, il y a une diminution de 120 navires mais une augmentation de 273,000 tonneaux.

***

On vient de lancer en Angleterre, un nouveau type de cartes à jouer, dites "nationales" ou "patriotiques," à destination de la Grande-Bretagne, des Etats-Unis, de l'Allemagne et de la France.

Dans ces jeux, le carreau représente l'Angleterre, le cœur l'Amérique, le pique la France et le trèfle l'Allemagne. Les as sont figurés respectivement par les drapeaux de chacune des quatre nations. Les rois, dames et valets sont figurés par des portraits de rois, reines, présidents et ministres.

Au dos des cartes sont imprimés des cadrans montrant les variations de l'heure dans les différentes parties du monde.

***

Des fouilles opérées à Corinthe ont abouti à la découverte de la fameuse fontaine corinthienne que l'on croyait détruite.

Les statues colossales qui forment les personnages de la fontaine sont absolument intactes ; les têtes n'ont même pas été endommagées.

Les bas-reliefs sont, eux aussi, en excellent état. Cela laisse à penser que l'on est sur une précieuse piste et fait espérer d'autres précieuses découvertes.

***

Anciennes mesures de pesage à Rome : Sur l'emplacement de l'ancien Forum à Rome on vient de faire une curieuse et intéressante découverte.

On a trouvé sous une large dalle carrée, trois poids de vingt, trente et cent livres romaines, datant d'au moins deux siècles avant Jésus-Christ.

Ces poids de forme elliptique irrégulière, sont en marbre vert foncé et comportent une poignée de bronze pour en faciliter le maniement.

Il paraît que ce sont les plus anciens specimens de poids étalons romains, et, comme ils sont parfaitement conservés, sans la plus petite cassure, ils vont permettre aux archéologues de reconstituer toute la métrologie, si peu connue, de la Rome primitive.

On a déjà commencé à les comparer aux poids actuellement en usage, et l'on a pu se rendre compte que l'ancienne livre latine était exactement de 325 grammes.

***

Savez-vous quel est le plus riche souverain d'Europe ? C'est le tsar dont la liste civile est de 26 millions et auquel les vastes propriétés qu'il possède dans l'empire russe rapportent un revenu annuel d'environ 80 millions.

Les domaines du Sultan lui assurent une rente variant, selon les années, entre 20 et 25 millions, à laquelle il convient d'ajouter 20 millions qu'il prélève.

Le roi Victor-Emmanuel a hérité de son père une somme de 125 millions entièrement placée à l'étranger. A son avènement, 15 millions lui ont été alloués à titre de liste civile.

Les trente châteaux que possède l'empereur d'Allemagne lui valent annuellement 12 ou 14 millions. Quant à sa liste civile, elle est de 18 millions.

LES "BUCKET SHOPS"

La différence entre un *bucket shop* et la véritable maison de courtage réside dans ce fait que les profits du bucket shop sont le produit des pertes de ses clients, tandis que le courtier vit sur ses commissions. L'intérêt du courtier est que ses clients fassent de l'argent. L'intérêt du bucket shop est que ceux qui le patronnent perdent ; en réalité, son existence exige qu'il en soit ainsi.

Un courtier véritable achète ou vend réellement pour ses clients. Supposons qu'un homme donne ordre d'acheter cent actions St. Paul à, disons, cent douze. Le courtier demandera une marge de dix pour cent, selon le terme consacré par les spéculateurs. En réalité, cette marge est une sorte de paiement en à-compte. La valeur du marché de cent actions St. Paul serait de onze mille deux cents dollars. Le client débourse un millier de dollars. Le courtier achète cent parts à la Bourse. Les titres des actions lui sont réellement livrés et il les paie comptant. En théorie, le courtier prête à son client dix mille deux cents dollars et lui porte en compte l'intérêt à un taux un peu plus élevé que le taux courant pour les prêts à demande. Le courtier peut avoir à hypothéquer les titres eux-mêmes, mais le fait reste que si, à un moment donné, le client désire la livraison effective des actions au prix auquel il les a achetées, il peut les obtenir en les payant en espèces.

Le bucket shop, au contraire, parie avec ses patrons que les valeurs, le grain, le coton, les provisions ou tout autre objet de spéculation montera ou baissera. Il n'y a jamais achat réel ni vente réelle.

La boutique n'achète pas l'objet et ne pourrait pas le livrer si le client le demandait.

C'est un axiôme en Bourse que "le public est toujours du mauvais côté" et c'est sur cette idée que le bucket shop repose. Parfois, cependant, le public dévine bien. Cela veut dire lourde perte pour le bucket shop. Neuf fois sur dix il ferme alors ses portes et ses clients perdent alors et leur première mise de fonds et les profits de leur opérations.

Les différents degrés de bucket shop.—Les buckets shops représentent à peu près la plus vile forme du jeu. Il y a autant de sortes de buckets shops qu'il y a d'espèces de maisons de jeu. Quelques uns sont passablement bien menés, tandis que d'autres sont absolument malhonnêtes. A New-York la police poursuit les buckets shops exactement au même titre que les maisons de jeu ordinaires. Aux yeux de la loi la loi les deux se valent. Dans ses effets sur la société, le bucket shop est plus pernicieux que la maison de jeu pour cette raison qu'il a une apparence extérieure de respectabilité. Hommes et femmes peuvent y entrer à qui jamais ne viendrait l'idée de mettre le pied dans une place où on jouerait au faro ou à la roulette.

Une bâtisse à bureaux dans le Wall Street de New York est consacrée aux bucket shops. Elle jouit du nom bien approprié de "*Hell's Kitchen*" (cuisine du diable). Toutes les transactions sont régies par le *ticker*. Des paris ne dépassant pas un dollar sont acceptés, quoique la plupart varient de deux à dix dollars.

Ces endroits sont fréquentés par les messagers et les garçons de bureaux, les spéculateurs ruinés, soit les débutants et les finissants de Wall Street. Aucune jeunesse n'est trop jeune pour "spéculer" dans un bucket shop. Quiconque a de l'argent, si peu que ce soit y reçoit tous les encouragements.

D'autre part, il y des buckets shops qui font des affaires énormes. Ils ont un ample capital à leur disposition et ordinairement peuvent surnager quand le marché est contre eux. La règle est qu'un mouvement de hausse continu culbute les bucket shops. Le public en général est à peu près optimiste. Il achète habituellement même en présence d'un marché qui décline. Quand il y a une hausse soutenue, ses gains montent rapidement et ses gains doivent être payés par le bucket shop, s'il les paie.

Ceux qui contrôlent les bucket shops sont des gens adroits. Ils ne clabaudent pas que le mouvement de hausse est sans motifs. En fait, ils parlent d'une plus forte hausse et insistent auprès de leurs clients pour qu'ils se lancent davantage. Leur but est que leurs clients fassent une "pyramide" d'achats, c'est-à-dire qu'ils achètent plus de stock avec les profits à leur crédit. Une réaction de deux ou trois points les fait alors vraisemblablement disparaître.

Ils ne sont pas rares les exemples où des bucket shops, en face d'un marché en hausse aient pressé leurs clients d'acheter, avec l'arrière pensée de "suspendre" quand viendraient les demandes de règlement. Durant le vertigineux mouvement de hausse qui eut lieu, il y a un an, les bucket shops tombaient comme des quilles. Dans quelques cas on donna aux clients des reçus, c'est-à-dire des feuilles de crédit au moyen desquelles ils pourraient traiter si les maisons reprenaient les affaires. Presque toutes les reprirent, mais c'étaient d'autres gens qui se montraient. Dans certains cas, ceux qui avaient été les propriétaires avant la catastrophe réapparaissaient comme employés.

Les bucket shops qui ont assez d'argent à leur disposition n'ont aucun besoin d'opérer malhonnêtement et quelques-uns d'entr'eux sont conduits convenablement — comme une maison de jeu ordinaire peut être conduite convenablement. Mais les chances contre le spéculateur sont énormes. En premier lieu, comme il a été dit, en principe les trois-quarts des clients calculent à faux. Alors le bucket shop charge la commission régulière et comme ses clients sont très portés à "scalper," c'est-à-dire à opérer rapidement, les bénéfices des seules commissions sont considérables, plus forts, en réalité, que ceux de beaucoup de courtiers légitimes.

Plusieurs de ces bucket shops de haut ton comptent sur des bénéfices nets d'un demi-millon de dollars par an, dans les conditions ordinaires. Quand survient un mouvement qui se continue longtemps — ce qui fait qu'il est trop facile pour leur client de se mettre du bon côté—ces bucket shops peuvent se protéger en entrant eux mêmes dans le marché et en achetant réellement le stock. Il en existe très peu de cette sorte. Sur les centaines de bucket shops qui existent à New-York, on prétend qu'il n'y en a pas plus de deux ou trois qui soient solides.—(*A suivre.*)

"TISSUS et NOUVEAUTES"

Nous apprenons que le représentant d'un de nos confrères — que nous ne voulons pas autrement désigner aujourd'hui—répand dans le commerce de nouveautés le bruit que notre publication "TISSUS ET NOUVEAUTÉS" ne paraîtra plus.

Nous en sommes bien peinés pour notre confrère: il ne verra pas ses désirs se réaliser sous ce rapport.

Le succès de "*Tissus et Nouveautés*" a surpassé et de beaucoup les espérances que ses éditeurs-propriétaires avaient fondées sur cette revue au début de sa publication.

"*Tissus et Nouveautés*" continuera à paraître, malgré notre confrère. Il poursuivra sa carrière commencée sous les plus heureux auspices.

Sans aller plus loin, dès le numéro du mois courant qui paraîtra, comme de coutume, entre le 15 et le 25, notre confrère pourra se rendre compte que la fondation de "*Tissus et Nouveautés*" répondait à un besoin réel du commerce de marchandises sèches.

Avec le patronage que nous avons obtenu jusqu'à présent et celui qui nous survient encore chaque jour, une longue existence est assurée à "*Tissus et Nouveautés.*"

Ceci est clair.

Ce qui ne l'est pas moins et ce sera le mot de la fin, c'est que nous avertissons charitablement notre confrère que, si son représentant est assez mal avisé pour continuer à répandre des bruits faux et susceptible par conséquent de nous causer quelque tort, nous le tiendrons solidairement responsable avec son représentant des dommages qu'éventuellement nous pourrions éprouver.

Cet avertissement ne sera pas répété.

LE MARCHE BONSECOURS

Voilà des années qu'il est question d'agrandir le marché Bonsecours devenu depuis longtemps insuffisant, comme marché principal de Montréal, et depuis des années la question est à peu près au même point.

Va-t-elle sortir du domaine des projets lointains pour entrer dans la phase de l'exécution.

Ce n'est pas encore la discussion qui vient d'avoir lieu au comité des finances qui peut nous faire espérer un prompt agrandissement du marché.

D'après les avocats de la cité, celle-ci n'aurait pas le pouvoir d'emprunter les sommes nécessaires en

THÉS THÉS

L'ASSORTIMENT LE PLUS COMPLET ET DES PRIX INTERESSANTS.

Nous avons maintenant en magasin :

EX-VAPEUR "GOODWIN," venant de Foochow.

1080 catties thé noir "Packling Congou" dans toutes les qualités.

EX-VAPEUR "TARTAR,"
via Vancouver, **venant de Foochow.**

400 half-chests thé noir de Chine.

EX-VAPEUR "EMPRESS OF CHINA,"
via Vancouver, **venant de Kobe.**

800 half-chests du fameux thé Japonais HIBOU No 100.
350 " du thé Japonais HIBOU No 150.

Tous ces thés sont de la nouvelle récolte ; ils ont été achetés avantageusement et seront vendus au plus bas prix.

Nous attendons incessamment,

EX-VAPEUR "VICTORIA,"
via Canal de Suez à New York, **venant de Colombo**

75 caisses de thé de Ceylan, "l'Abeille," en paquets de 1 et ½ lb.

EX-VAPEUR "ALNWICK,"
via New York, **venant de Colombo.**

25 caisses thé HIBOU de Ceylan No 10.
5 caisses thé HIBOU de Ceylan No 30.
20 caisses thé HIBOU de Ceylan No 20.
2755 ——— en paquets de 1 et ½ lb.

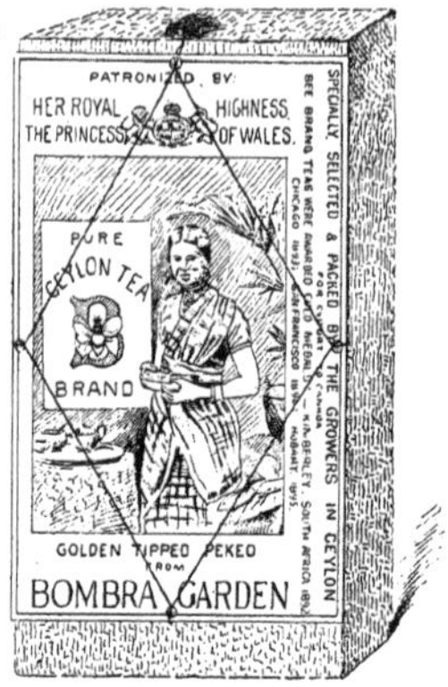

Demandez nos prix et échantillons, et soyez convaincu par vous-même de la qualité de ces thés qui ne peuvent être surpassés.

Nous sommes vendeurs.
Nous ne refusons pas d'offres.

Nous avons aussi plusieurs gros lots de thés qui doivent nous arriver sous peu.

-- UN BARGAIN --

Ex-Vapeur "Parisian," **2035 crates d'Oignons d'Espagne,** expédiés par J. D. ARGUIMBAU, Denia, Espagne.

Nous en avons encore quelques crates, ne tardez pas à nous faire parvenir vos commandes.

L. Chaput, Fils & Cie

EPICIERS EN GROS ET IMPORTATEURS DE THES

Seuls représentants des célèbres Whiskys
AINSLIE
(Pourvoyeurs de la Marine Royale)

...MONTREAL

vue des expropriations qu'exigerait l'agrandissement du marché.

Un des avocats consultants de l'Hôtel de Ville diffère d'opinion avec ses confrères; de sorte que le comité des finances devant qui les deux opinions ont été présentées se trouve aussi embarrassé qu'avant la consultation des avocats.

Le comité s'est donc borné à décider de présenter au Conseil un rapport affirmant la nécessité et l'urgence d'agrandir le marché Bonsecours en lui demandant d'indiquer les moyens légaux à employer pour parvenir à cette fin.

Le Conseil devra s'en rapporter à la charte de la cité et comme, dans l'opinion de ses avocats, la charte ne donne pas à la cité le pouvoir d'emprunter pour l'objet ci-dessus, le Conseil devra faire amender la charte par la législature.

Il y a longtemps que nous avons dit ici même que la charte avait été faite avec tant de hâte qu'il serait souvent nécessaire de la faire amender. Nous avions malheureusement trop raison; amendée dès l'an dernier, cette charte devra l'être cette année encore et rien ne nous dit que l'an prochain il ne faudra pas encore se présenter devant la législature pour obtenir d'autres changements.

LE MANQUE DE CHARBON

— Suite et fin —

La quantité des charbons exportés y compris le coke et la houille consommée à bord par les navires étrangers, s'élève au plus à 60,000,000 t. Si on en déduit les deux derniers postes, il est envoyé à l'étranger 50,000,000 t. sur une production totale de 220,000,000 t. Il reste donc un disponible en Angleterre 170,000,000 t. par an et qui est employé pour la consommation des navires étrangers, pour la transformation en coke, par l'industrie, la fabrication du gaz, la consommation domestique, et enfin, par la navigation. Les diverses qualités de charbons consommés par ces différents consommateurs ont toutes augmenté de valeur, mais dans les mêmes proportions. Le charbon à coke est celui dont le prix a été le plus élevé, non seulement à cause de l'animation de l'industrie anglaise de la fonte et de ses dérivés, mais encore et sur tout à cause de la forte demande de l'étranger et spécialement de la France et de l'Allemagne.

Pendant de nombreuses années, le coke pris aux fours valait en moyenne 9 sh. la tonne. Pendant une bonne partie de l'année, et actuellement encore, le coke de première qualité se paie au four de 22 à 25s. la tonne. Pour les quatre années ayant pris fin en 1897, le prix moyen du charbon pour foyers domestiques a été de 15 sh. 2 d.; depuis le milieu de l'été dernier il a été impossible de s'en procurer à moins de 22 sh. la tonne en moyenne. Le charbon de vapeur qui, pour les années 1896-97, valait pour les qualités les plus réputées, 9 sh. 7½d. franco-bord, a, à certains moments de ces derniers mois, valu 20 et 23 sh. franco-bord et a même, à un moment, atteint 26 sh. Le charbon industriel a, suivant les endroits et suivant son emploi, haussé de 4 et 6 sh. à la tonne. Le charbon à gaz a suivi un mouvement analogue. Dans son ensemble, on peut donc dire que le prix du charbon s'est élevé de 5 à 6 sh. en moyenne, et ce, en huit mois, jusqu'au 1er mars dernier. On peut estimer que les charbonniers ont réalisé un bénéfice supplémentaire de 5 sh. à la tonne.

L'opinion publique s'imagine, en général, que cette augmentation signifie, étant donnée la production de 1899, une augmentation du prix du charbon de 55,000,000 pour l'année; il est à remarquer que ce chiffre est tant soit peu exagéré, le mouvement en avant n'ayant été fort accentué qu'à partir du milieu de l'été. On peut évaluer à 4 sh. la moyenne de l'augmentation pendant l'année, ce qui porte à 44 millions la majoration de la valeur totale de la houille. Pendant les dix dernières années, la valeur moyenne du charbon a varié de 5 sh. 6d. à 7 sh. Si l'on estime qu'en 1899 on l'a payé à l'année 10 sh. la tonne en moyenne, la production totale de la houille en 1899 aura rapporté environ 110,000,000 liv., soit 180 p.c. de plus qu'en 1887.

Des chiffres si élevés suggèrent quelques réflexions importantes. La première question qui se pose est l'équité de cette grande augmentation de bénéfice ou plus exactement du prix de vente. Tout d'abord, il faut bien remarquer qu'un tel boom du marché du charbon est à peu près unique: il n'a pas été connu d'autre période aussi prospère depuis 1873-1874 bien qu'en 1880, puis en 1889, les charbonniers aient profité d'une période de prospérité. Plus que toute autre, l'industrie charbonnière passe par des périodes pénibles où tout espoir de relèvement semble disparu. Les charbonniers ont passé par une crise de l'espèce de 1891 à 1898. Ils ont traversé une autre période difficile de 1884 à 1888; à ce moment le charbon qui se paie 10 à 11 sh. valait 4 sh. environ. Si les charbonnages n'avaient pas l'espoir de voir arriver des moments de prospérité, beaucoup seraient abandonnés. Une année de prospérité doit compenser bien des années d'anxiété pendant lesquelles les prix sont réduits et les bénéfices difficiles à réaliser.

Dans ces conditions, quel que soit le profit que tirent les charbonniers des augmentations de prix, il ne faut pas oublier qu'il doit les indemniser de nombreuses années précédentes pendant lesquelles le commerce était peu profitable. Mais il ne faut pas oublier non plus que le bénéfice n'est pas toujours aussi considérable qu'on pourrait le croire car, en même temps que les prix de vente s'élèvent, le prix de la production s'accroit, les salaires augmentent dans des proportions importantes.

Depuis quinze mois, les mineurs ont profité du prix croissant de vente du charbon. Les salaires ont été majorés progressivement et sont actuellement supérieurs de 15 à 30 p.c. à ce qu'ils étaient il y a un an. M. Piccard a évalué à 8d. environ l'augmentation moyenne des salaires. Ce chiffre semble inférieur à la moyenne qui doit être portée à 1 sh. si l'on tient compte de certaines augmentations supplémentaires faites dans quelques districts ou dans certains charbonnages, ce qui porterait à 11,000,000 liv. st. pour 1899 la majoration des dépenses brutes du seul chef des salaires. Si l'on évalue à 300 t. la production moyenne annuelle par employé, l'augmentation de salaire individuel serait de 15 liv. st. environ.

La perspective de réaliser de beaux bénéfices a poussé les charbonniers à augmenter la production, aussi de nouveaux charbonnages ont été ouverts, des houillières abandonnées ont été remises en exploitation, de nouvelles galeries ont été creusées et des sondages ont été faits. On peut dire que depuis quinze mois on s'est mis en mesure d'augmenter l'extraction d'environ 20,000,000 t. et si la moyenne de production par employé atteint le même chiffre que pendant la période 1894-1897, cette augmentation de production sera supérieure encore.

Ces ressources nouvelles qui vont être jetées sur le marché vont changer la situation actuelle et à la rareté peut succéder la surproduction. Quand cela se passera-t-il? Il est impossible de le savoir. Il est évident que les charbonniers sont les

maîtres de la situation. S'ils ne chôment qu'un nombre raisonnable de jours par an et s'ils travaillent activement, on peut envisager comme prochaine l'abondance relative du charbon.

Si, d'autre part, les directeurs de charbonnages se coalisent pour réduire la durée du travail et pour chômer fréquemment, ainsi qu'il l'ont fait déjà, le charbon continuera à être rare et les prix à être élevés, L'attitude des travailleurs qui continue à préoccuper, peut jouer un grand rôle en l'occurrence. En tout cas, il est à remarquer que l'étranger ne peut en aucune façon influencer le marché charbonnier anglais, sa situation étant aussi tendue.

Il y a une trentaine d'années, le parlement a nommé une commission royale, connue sous le nom de commission Argyll, chargée d'examiner la situation de l'industrie charbonnière en Grande Bretagne. Depuis, il a été extrait du sol anglais 5,000,000,000 t, de houille. La situation de l'industrie charbonnière anglaise a donc changé, dans bien des centres miniers l'extraction est devenue plus difficile et plus dispendieuse, modifiant la situation économique des industries anglaises. D'autre part, les concurrents les plus sérieux de l'Angleterre, l'Allemagne et les Etats Unis, ont réduit considérablement le coût de leur production houillière. Le "Times" conclut en s'étonnant que le gouvernement, qui, en 1873, au moment du manque de charbon, avait chargé une commission d'étudier la situation de l'industrie houllière, n'en ait pas fait autant actuellement.

L'ANNONCE DANS LES JOURNAUX DE COMMERCE

(*Traduit de "Printers' Ink.*")

La publicité dans les journaux de commerce est toujours profitable — plus ou moins — suivant l'emploi plus ou moins judicieux que vous faites de l'espace que vous avez eu la sagesse de vous réserver.

L'espace, dans les journaux de commerce, ne coûte pas bien cher et le marchand qui cherche à conclure des affaires avec une certaine classe de détailleurs manquerait totalellent de clairvoyance s'il ne profitait pas de ce mode de propagande si accessible à ses moyens.

$500.00 par page pour une année est le prix maximum demandé par 90 % des publications commerciales.

Nous pourrions citer telle publication hebdomadaire qui couvre absolument le terrain dans la ligne spéciale de commerce dont elle s'occupe et qui fixe à $500.00 par page le tarif d'une annonce à l'année. La circulation est d'environ 3000 exemplaires.

Il nous serait difficile de comprendre le raisonnement de l'homme engagé dans cette ligne de commerce qui conclurait qu'il peut se passer d'annoncer dans ce journal de commerce.

Un journal de commerce réellement doué de vie et d'esprit d'entreprise éveille l'attention des hommes d'initiative qui se livrent à ce genre de commerce. Les endormis ne le liront pas : mais ce n'est pas cette clientèle là que l'on recherche d'ordinaire.

A supposer qu'un sur quatre ou cinq exemplaires soit lu, même dans ces conditions la circulation du journal de commerce est suffisante pour être profitable, si l'espace consacré à l'annonce est rempli judicieusement.

Il suffit d'une dose infinitésimale de sens commun pour se convaincre que même dans les journaux de commerce les plus routiniers, la publicité donne des résultats appréciables.

Il y a dans votre branche de commerce, un certain nombre de marchands à qui vous êtes forcés de vendre, si vous avez l'intention de rester dans les affaires et de faire honneur à vos engagements.

Avant de placer vos marchandises il faut que vous les fassiez connaître.

Un commis-voyageur pourra les faire connaître au coût d'environ $3000 par année, représentant son salaire et ses frais de voyage. A ce prix là, si c'est un bon voyageur et un voyageur actif, il pourra visiter une moyenne de 1500 personnes — *une fois* par année.

Le journal de commerce s'adresse à deux ou trois mille marchands, *cinquante-deux* fois par année moyennant $400 ou $500 par année et il remplit sa mission d'introducteur avec fidélité et persévérance dans l'intérêt du voyageur de commerce et cela, bien mieux que le voyageur n'aura le temps de le faire lors de son passage.

Un voyageur préférera toujours voyager pour une maison bien connue. Par quel moyen une maison obtient-elle cette notoriété ? Par la publicité.

La publicité consiste dans toute méthode de répandre des informations sur un genre d'affaire quelconque — que ce soit par l'intermédiaire d'un homme, d'une feuille imprimée, ou d'un éléphant porteur d'une pancarte en lettres de couleur.

La publicité du journal de commerce offre le mode le plus économique de faire connaître une maison à des clients possibles dans sa ligne spéciale.

Chaque pouce d'espace dans un bon journal de commerce contient des éléments de profit. Lorsqu'il n'amène pas d'affaires, cela est dû généralement au fait qu'il n'est pas judicieusement utilisé.

Une terre est profitable en proportion de la récolte qu'elle donne et la récolte dépend presqu'entièrement du genre de culture qu'on y pratique et beaucoup aussi des procédes de culture.

Vous pouvez transformer un terrain très riche en une terre sauvage et, avec le temps, récolter des marguerites, des chardons et...... une perte sèche.

Vous pouvez surveiller un peu votre terrain, en écarter les mauvaises herbes et récolter un bon fourrage.

Vous pouvez, suivant le climat, y cultiver du blé ou des ananas et avec des soins attentifs, réaliser une abondante récolte.

Vous pouvez traiter de la même manière l'espace dont vous disposez dans un journal de commerce et obtenir sensiblement la même variété de résultats.

BLUETS

La maison A. et R. Loggie (marque Eagle) annonce à ses acheteurs que par suite de la mauvaise récolte des bluets elle ne peut livrer que 75 p. c. des quantités de ses contrats.

Une vente de 500 caisses de bluets d'une autre marque s'est opérée entre maisons de gros au prix net de 75c la douzaine de boîtes.

POMMES EVAPOREES

Les prix des pommes évaporées ont à peu près touché le fond et il n'y a plus de vendeurs parmi les évaporateurs à moins de 5c la lb. Aucun d'eux ne montre d'anxiété à vendre; ils sont tous d'accords à dire que la récolte eût-elle été double il ne serait pas possible de vendre à moins de 5c un bon article et d'y faire un petit bénéfice.

POISSONS

La morue No 1 de bonne qualité est rare; il n'y a que de petits arrivages bien peu importants et le commerce de gros ne veud plus à moins de 2½c la lb.

Le saumon du Labrador en quart est un article qui devrait intéresser fortement le commerce de détail au prix de $14.00 le quart auquel le commerce de gros vend encore et peut-être pas pour longtemps.

En harengs on trouve l'assortissement, mais pas de gros stocks.

SAUMON

La maison J. H. Todd & Son annonce à ses acheteurs du commerce de gros qu'elle ne livrera que 10 p.c. des quantités contractées pour sa marque spéciale "Horse Shoe", qui est un saumon Sockeye de la Rivière Fraser.

On prétend que la maison Delafield, McGovern & Co., propriétaires de la marque de saumon bien connue "Clover Leaf", ne livrera guère une plus forte proportion. Il est vrai de dire, cependant, qu'elle n'a pas encore annoncé à ses acheteurs les quantités qu'elle délivrera.

Les prix sur le marché sont pour les diverses sortes de saumon: $1.60 pour les saumons Sockeye, $1.50 pour les saumons du printemps et, là où on en trouve, $1.25 pour les saumons d'automne.

A propos de ces derniers qui sont de qualité inférieure, tels que les Cohoes, Rumpback et les Dogs fish, les nouvelles sont que le saumon se montre peu, que la pêche est très mauvaise et que, par conséquent, il se fait bien peu d'empaquetage. Enfin de toutes parts, et pour toutes les qualités de saumon, on parle d'un très petit percentage dans les livraisons. Tous les contrats d'ailleurs ayant été pris sujets à l'empaquetage.

FRUITS SECS

RAISINS DE CALIFORNIE. — Les prix F.O.B., fixés par les empaqueteurs sont, par boîtes de 50 lbs, pour les Loose muscatels, 4 couronnes, 7C; 3 couronnes, 6½c; 2 couronnes, 6c. A ces prix il convient d'ajouter 2¼c par livre pour obtenir le prix de revient à Montréal. Ces 2¼c comprennent le fret et les droits de douane. En somme, les prix sont à peu prs les mêmes que ceux de l'an dernier au début de la saison.

La Californie profite des circonstances actuelles à Malaga pour essayer d'intéresser les acheteurs au sujet de ses raisins en grappes genre Malaga. Ces raisins reviennent ordinairement, pour ne pas dire toujours, plus cher que les Malaga d'origine.

Comme les deux provenances offrent une différence absolue au point de vue du goût et de la consistance, la préférence du commerce va toujours au véritable Malaga, le commerce ne prête guère attention aux offres des propriétaires du raisin de Californie, style Malaga.

RAISIN DE MALAGA.—Les derniers rapports du marché de Malaga sont plus mauvais encore que les précédents. Les maisons de gros locales ne peuvent obtenir aucune offre ferme quelqu'elle soit, et la réponse qu'elles reçoivent à leur demande est constamment la même: "Il pleut toujours."

On affirme que la récolte sera de 50 p. c. moindre que celle de l'an dernier et qu'une grande partie de ce 50 p.c. sera gâtée par la température défavorable.

Quelques maisons de gros de Montréal sont d'avis que, si la situation ne change pas du tout au tout d'ici à quelques jours, elles seront dans l'impossibilité d'offrir des raisins de Malaga de la nouvelle récolte. En tout cas, il ne reste plus que quelques jours pour connaître le dénouement de l'état de choses actuel.

Puisque le seul vaisseau qui vient directement de Malaga au Canada est annoncé pour partir dans une dizaine de jours au plus tard, les exportations qui pourront se faire par Liverpool après cette date, arriveront, en toute probabilité, trop tard pour que la distribution des raisins de Malaga au détail puisse se faire pour les besoins du commerce des fêtes. Il faut savoir, en effet, que c'est au moment des fêtes que se consomment les deux-tiers de tout le raisin de Malaga importé au pays.

RAISINS DE VALENCE.—Plusieurs maisons de l'autre côté disent que le marché est épuisé, tandis que quelques autres font encore des offres, mais pour des quantités restreintes et à des prix excessifs. Les dernières cotes donneraient les prix de revient ici chez les importateurs comme suit; 9cts pour Finest Off Stalk, 10cts pour les Selected et 10½ cts pour les Layers. Il s'est fait, ces jours derniers, des ventes sur place entre des maisons de gros, à des prix un peu moindres que la valeur actuelle d'importation. Ainsi il s'est fait le 3 courant une vente de 1,000 boîtes de Trenor Blue Eagle, fine off stalk à 8¾cts, net. Ce qui montre que les détenteurs obtiennent bien près du prix d'importation et que le marché ici est fort.

Il y a d'ailleurs très peu de raisins de Valence disponibles sur le marché soit actuellement sur place, soit en route.

RAISINS SULTANAS.— Continuent leur course vers la hausse.

RAISIN DE CORINTHE.—La situation n'est pas modifiée; la récolte est très courte et les prix sont très élevés.

FIGUES. — C'est un fruit qui hausse également,

DATTES.—Sont à prix ferme.

Nous dirons d'ailleurs qu'en fait de fruits secs il n'en est aucun qui fléchisse, tous sont fermes et en hausse.

NOIX DE GRENOBLE.— Viennent de subir une hausse égale à 1c la livre.

LES NOIX MARBOT sont à prix presque égal aux Grenoble et par conséquent n'intéressent plus personne.

AMANDES ÉCALÉES.—Les amandes dites de Valence, quoique expédiées du district de Malaga, sont, bien qu'à prix exorbitant, très difficiles à obtenir. Les Amandes de Tarragone en coques se maintiennent à des prix très élevés et les pronostics d'une faible récolte se confirment de plus en plus.

J. A. VAILLANCOURT

MARCHAND DE

BEURRE, FROMAGE, PROVISIONS

Achète aux plus hauts prix du marché, et vend à commission tous les produits de la ferme.

Avances libérales sur consignations. Fournitures générales pour Beurreries et Fromageries.

— Spécialité de —

Tinettes pour Beurreries. Boîtes parafinées de 56 lbs. pour l'expédition du Beurre.

Sels HIGGINS, ASHTON et WINDSOR, les meilleurs pour Beurreries.

333 et 335 Rue des Commissaires, - MONTREAL.

Telephone Bell, Main 907.

MRS. HOLBROOK'S

Golden German Salad

Cet élégant condiment a été préparé, au début, dans notre établissement, sous la direction personnelle de Mme Holbrook, une ménagère accomplie et une cuisinère expérimentée.

Ce n'est pas une sauce pour la salade, mais un assaisonnement sous la forme d'une salade de légume et comme tel, il n'a pas son égal. Nous n'avons jamais auparavant produit un article qui ait reçu une approbation aussi universelle.

Empaqueté dans de jolies bouteilles de 18 oz. fermées dans le vide. Prix $2.88 la douzaine.

New England Tomato Relish

constitue ce qui s'est jamais fait de meilleur dans les préparations de tomates.

Il est préparé avec des fruits frais, mûrs, d'après un procédé scientifiquement exact; on n'emploie aucune coloration artificielle quelconque. Il ajoute une délicieuse saveur à tous les mets avec lesquels on sert généralement des condiments de cette nature. C'est particulièrement l'article à employer avec les fèves au lard et les huitres cuites ou frites.

Empaqueté seulement dans des bouteilles d'une chopine complète, de forme triangulaire, avec couvercle se vissant, emballé avec goût. Prix: $2 88 la douzaine.

Lorsque vous achetez l'un ou l'autre de ces articles, vous obtenez véritablement ce qu'on peut avoir de meilleur.

SKILTON, FOOTE & CO., - - Boston, Mass.

AGENTS POUR LA PROVINCE DE QUEBEC:

THE FOREIGN CHEESE IMP. Co., 9, rue St-Pierre, Montreal.

The ST. LAWRENCE SUGAR REFINING CO., Limited

Fabricant des qualités les plus choisies de ... **Sucres Raffinés** ...MONTREAL

JAUNES EFFLORESCENTS,	**CAFÉ NOIR,**	**PHŒNIX,**	**GRANULÉS**
(BLOOMY YELLOWS)	(BRIGHT COFFEE SUGARS)	(Qualité suivant le granulé)	**"EXTRA STANDARD"**

Les meilleurs sur le Marché.

NOTIONS DE DROIT

A la demande de Messieurs les propriétaires du Prix Courant, nous commençons avec le présent numéro du journal, une étude sur les lois de la Province de Québec, appliquées aux matières commerciales. Notre but n'est pas de prévoir ni de résoudre toutes les difficultés soulevées journellement par les transactions commerciales ; les négociants, les marchands, les hommes d'affaires savent, en effet, quelles nombreuses questions de droit surgissent si souvent devant eux : questions de validité de contrat, de relations de patrons à employés, de responsabilités, de privilège, de prescription. Tout cela est bien embarrassant, et il est fort ennuyeux d'être obligé de recourir, chaque fois qu'une difficulté de ce genre se présente, à l'opinion des hommes de loi. Nous avons voulu épargner à nos lecteurs l'ennui et les dépenses des consultations professionnelles en leur exposant la doctrine sur les cas les plus usuels et en interprétant les lois qui se rapportent surtout au commerce. Nous offrons en même temps à nos abonnés de répondre par la voie du journal, à toute question légale qui nous serait soumise, pourvu, bien entendu que la question ne demande pas d'études ni de recherches spéciales.

Nous commencerons d'abord par expliquer quelques articles du Code Civil.

Art. 6. — Paragraphe 1. " Les lois du Bas-Canada régissent les biens immeubles qui y sont situés."

Les lois, entre autres divisions, se distinguent en lois personnelles et en lois réelles. Les lois personnelles sont celles qui régissent les personnes, et les lois réelles celles qui s'applipuent aux choses. D'après l'article cité, les lois du Bas-Canada (Province de Québec) qui s'appliquent aux immeubles (c'est-à-dire aux fonds de terres, aux édifices, bâtiments, etc.), régissent tous les biens de cette nature qui y sont situés. La nationalité du propriétaire n'y fait rien : un étranger possédant des biens immeubles dans cette province n'en pourrait disposer ou les affecter que suivant nos lois. D'où il suit qu'un étranger possédant des immeubles dans le Bas-Canada ne pourrait les hypothéquer que suivant nos lois, quand bien même la loi de son pays lui permettrait de les hypothéquer d'une façon différente. De même, lorsque des immeubles situés dans cette province font partie de la succession d'un étranger, ses enfants les recueillent par portions égales, alors même que d'après les lois du pays du défunt, une plus forte part est attribuée à l'aîné des enfants.

La raison de cette disposition est facile à saisir : en effet, le souverain ou l'autorité législative, a puissance non seulement sur les personnes qui forment son peuple, mais aussi sur les biens qui constituent son territoire. Or un des principaux attributs de la souveraineté, c'est l'indivisibilité. S'il fallait permettre que les biens immobiliers d'un pays fussent régis par autant de lois différentes qu'ils ont de propriétaires étrangers, ce serait briser cette indivisibilité et créer une confusion impossible dans les lois d'un pays. Il s'ensuit, qu'un contrat affectant des immeubles, ne peut être valide qu'en autant qu'il est conforme aux lois de notre province, quand bien même il serait passé avec un étranger, quand bien même il serait conclu hors du pays, et qu'on aurait voulu échapper aux dispositions de nos lois.

Emile Joseph.

LA TELEGRAPHIE EN CHINE

Au moment où l'on parle tellement des fils télégrapniques chinois qui, eux, parlent si peu, les quelques détails que voici, les concernant, sont de nture à intéresser le public :

Il y a tout juste seize ans que la télégraphie a fait son apparition en Chine ; dès 1855, la Russie avait bien demandé l'autorisation de relier la Chine à la Sibérie par un câble, mais ce n'est qu'en 1884 qu'elle put obtenir la concession sollicitée. Les travaux marchèrent très vite et, au bout de quelques mois, un premier fil venait aboutir sous les murs mêmes de Pékin.

Les Chinois contemplèrent avec horreur cette invention mystérieuse et sacrilège, et se mirent en devoir de couper les fils et d'abattre les poteaux--tout comme font les Boxers aujourd'hui.

Seulement, le gouvernement d'alors prit une mesure énergique : un édit fut placardé sur chaque poteau télégraphique, prévenant les populations que tout Chinois qui endommagerait, si légèrement cela fut-il, les réseaux du télégraphe, serait puni de mort. Résultat : trois mois plus tard, plus un seul poteau n'avait été touché et les câbles fonctionnaient dans la perfection.

La bizarrerie que présente la télégraphie chinoise réside dans la transmission des dépêches.

Comme on le sait, les Chinois n'ont pas d'alphabet ; chaque mot, chez eux, est représenté par un signe particulier. Il a donc fallu, pour le télégraphe, codifier tous ces signes et représenter chacun d'eux par un chiffre. Les chiffres employés sont les chiffres européens et vont de 0 à 9.

Lorsqu'on se présente à un bureau télégraphique chinois, pour faire partir une dépêche, l'employé est d'abord obligé de traduire en chiffres les mots de la dépêche. Pour cela, il se réfère à une sorte de table de logarithmes qui contient quarante-neuf pages exactement, à raison de dix colonnes par page et de deux cent mots par colonne. Lorsqu'il a traduit la dépêche, il l'expédie. L'employé qui est à l'autre bout du fil la déchiffre alors, toujours, bien entendu, avec sa table de logarithmes. Les appareils dont on se sert sont les vieux appareils Morse.

Quant aux téléphones, il n'y en a, à l'heure actuelle, qu'un seul dans toute la Chine. C'est celui de la villa de Shanghaï. Il a 360 abonnés et donne environ 4,000 communications par jour.

VALEUR NUTRITIVE DES ALIMENTS

L'exposition de la section suisse au palais de l'Economie sociale, fournit des renseignements intéressants sur la valeur nutritive des divers aliments par rapport au poids; ainsi pour milles parties on trouve pour chaque espèce d'aliments le nombre de parties de matière nutritive :

Morue sèche	611
Fromage gras	406
— maigre	397
Lentilles	319
Haricots secs	305
Pois secs	299
Bœuf maigre sans os	226
Macaroni	226
Riz	228
Morue salée	200
Harengs	191
Œufs, 20 au kilo	180
Pain blanc	153
Figues	120
Pommes de terre	46
Fruits (pommes, poires)	26
Asperges	23

REVUE COMMERCIALE ET FINANCIERE

Montréal 4 octobre 1900.

Notre marché aux valeurs à meilleur ton et a montré plus d'activité cette semaine. A part quelques exceptions, il y a gain sur les cours de la semaine dernière. Le C.P.R. s'est relevé d'un point à 87 ; les chars de Montréal sont à 271½, nous les laissions la semaine dernière à 264⅜. Les chars de Toronto à 103½ sont en gain de 3⅜ points. Le Gaz, après dividende, est à 187½ tandis que la R. & O. se vend à 109 et la Royal Electric 200½. Le Câble Commercial fait 168½, soit un gain de 2 points.

Les actions des mines sont diversement partagées : Payne perd 3 points. Virtue 9 et Montreal and London ½ point ; Republic et North Star gagnent chacune 1 point.

Les valeurs suivantes sont celles sur lesquelles il s'est fait des ventes durant la semaine; les chiffres sont ceux obtenus à la dernière vente opérée pour chaque valeur :

C. P. R.	87
Montreal Str. Ry	271½
Twin City	61
Toronto St. Ry	103½
Richelieu et Ontario	109
Halifax Tr. bons	....
St John Ry	....
Royal Electric	200½
Montreal Gas	187½
Col. Cotton (actions)	....
" (bons)	....
Dominion Cotton	92
Merchants Cotton	128
Montreal Cotton	135¼
Cable Comm	168½
Dominion Coal, pref	111
" " bons	....
Montreal Telegraph	....
Bell Telegraph	170
War Eagle	....
Centre Star	....
Payne	93
Republic	75
North Star	96
Montreal & London	11
Virtue	50

En valeurs de Banques, il a été vendu :

Banque de Montréal	256½
Banque des Marchands	157½
Banque du Commerce	151
Banque de Toronto	236
Banque de Québec	123
Banque Molsons	181

COMMERCE

On voit peu d'acheteurs de la campagne dans les maisons de gros, ce qui semblerait indiquer que les marchands peuvent difficilement s'absenter par suite de la bonne situation de leurs affaires.

Les ordres reçus par correspondance dénotent d'ailleurs que les stocks ont besoin d'être renouvelés et que l'espoir d'un bon mouvement d'affaires est escompté pour l'automne et l'hiver.

Nous croyons que les élections tant pour le Parlement fédéral que pour le Parlement provincial auront lieu à une date très rapprochée et nous souhaitons bien sincèrement au point de vue des affaires que les gouvernements ne fassent pas connaître trop longtemps à l'avance les dates auxquelles auront lieu la nomination et l'élection.

A Montréal, le syndicat Conners a commencé ses travaux à la Pointe du Moulin à Vent ; nous ne pensons pas que commencés tardivement on puisse les pousser bien avant cet automne, néanmoins nous devons nous estimer heureux qu'on se soit mis à l'œuvre sans tarder davantage.

Cuirs et peaux — Les prix des cuirs sont très fermes, pour les gros cuirs notamment qui sont difficiles à obtenir. La tannerie a pris des commandes cette semaine à prix garantis.

Le marché des peaux s'est également raffermi ; on paie aux bouchers 8c la lb pour les veaux No 1 et 70c la pièce pour les peaux d'agneaux.

Les autres peaux sont sans changement.

Épiceries, Vins et Liqueurs— Les sucres ont subi deux baisses successives de 10c ; l'une hier et l'autre aujourd'hui même.

Ces deux baisses coup sur coup dénotent la faiblesse du marché des sucres bruts. La récolte de la betterave à sucre a une apparence excellente prise dans son ensemble tant au point de vue de la grosseur de la racine que du rendement en sucre.

Les prix du sucre avaient atteint d'ailleurs aun point duquel ils devaient nécessairemen descendr ; il aurait fallu une bien mauvaiset campagne sucrière pour les maintenir au même niveau.

On se souvient que les prix d'avant la baisse ont été le résultat d'une entente entre les raffineurs des Etats-Unis qui ont profité de la saison de fabrication des confitures, marmelades et conserves de fruits de toute sorte pour mettre une avance que ne justifiait pas suffisamment le prix du sucre brut.

Comme toujours, nous avons ressenti ici le contre-coup du marché américain, que nous recevons du reste, aussi bien quand il y a baisse.

Dans ces conditions, la fermeté du marché n'existait pas et nous avons, il y a un mois, fait pressentir ce qui arrive en ce moment.

Les melasses sont toujours très fermes, mais là la fermeté se justifie par la pauvreté des stocks comparativement à la consommation. S'il y a changement de prix, ce changement ne sera pas une baisse, nous le disons sans crainte.

Toutes les épices sauf peut-être le piment qui est un peu plus aisé, sont soutenues à la fermeté, le poivre tout particulièrement.

Nous inscrivons à notre liste de fruits secs les prix des nouveaux fruits de Californie pour abricots et nectarines.

Les amandes demi-molles, celles de Tarragone et Jordan écalées ont avancé, notre liste de prix est modifiée en conséquence.

Nous cotons les raisins sultanas de 10 à 12c au lieu de 8 à 10c.

Les cordes à linge sont à prix plus bas, nous avons changé notre liste (voir aux articles divers.

Fers, Ferronneries et Métaux—Nous avons à enregistrer cette semaine des changements de prix que la faiblesse du marché faisait pressentir.

Il y a baisse sur l'acier, le fer en barres, les fers à cheval, le fil de fer, le fil barbelé, les clous coupés, les clous de broche et autres clous.

Notre liste de prix est conforme aux changements apportés à leurs listes par les manufacturiers.

Poissons—La morue No 1 large fait défaut pour le moment, mais il en peut arriver incessamment.

On vend encore 4½c la lb la morue sèche ; on parle de la possibilité d'un prix plus élevé à bref délai.

Le saumon du Labrador à $14.00 le quart est un bon article à acheter.

Salaisons, Saindoux, etc. — Les lards de Chicago ont avancé de $1.25 par quart, nous les cotons de $21.00 à $22 le quart.

Les lards canadiens sont sans changement mais fermes ainsi que les saindoux.

La graisse Fairbanks en seau se vend de $1.72½ à $1.75 le seau, suivant quantité ; c'est une nouvelle avance de ½c par lb.

REVUE DES MARCHÉS

On lit dans le *Marché Français* du 15 septembre :

" Durant toute cette semaine, le temps est encore resté au sec, avec température élevée, surtout pendant ces dernières journées, qui ont été absolument estivales. Ces conditions, très favorables pour la maturation des raisins, commencent à causer de vives inquiétudes dans les régions où l'on s'occupe plus spécialement de la culture des céréales ; les labours ne se poursuivent qu'avec beaucoup de mal et il en est de même pour les semailles précoces, qui se trouvent presque complètement arrêtées.

Dans ces conditions, la culture s'est remise à ses battages et l'on commence maintenant à avoir des renseignements plus nombreux, et partant plus précis, sur le rendement de la dernière récolte du blé. Nos lecteurs sauront certainement apprécier les raisons qui nous ont ainsi forcé à ajourner la publication des résultats de notre enquête, et ils y verront une preuve de plus du souci que nous avons de leur fournir non pas des évaluations hâtivement bâclées, mais des renseignements sérieux et aussi précis que faire se peut."

Les marchés américains ont été irréguliers, la liquidation de septembre, l'augmentation de quatre millions de boisseaux dans le visible total, la mauvaise température au Nord-Ouest et maintes autres causes ont fait fluctuer les marchés dans un sens ou dans l'autre.

Voici les cours en clôture du blé sur le marché de Chicago pour chaque jour de la semaine.

	Oct.	Nov.
Jeudi	77½	78¼
Vendredi	76¼	77⅛
Samedi	76⅛	77
Lundi	76⅛	77⅝
Mardi	76⅜	77⅛
Mercredi	77	77¾

On cotait en clôture hier à Chicago : Maïs, en hausse de ½c sur l'option d'octobre à 40⅝c et à 37½ sur novembre. Avoine, 22⅛c sur novembre et octobre et 22½c novembre.

Le marché de Montréal est exactement dans la même situation que la semaine dernière ; nous n'avons aucun changement à signaler ni dans les prix des grains, ni dans les prix des farines.

On s'attendait à payer plus cher les farines, mais les prix du blé ayant restés stationnaires ou du moins sans changement appréciable, les meuniers ont maintenu leurs anciens prix, malgré une demande très active.

Les issues de blé sont à prix très fermes et demandées.

L'avoine est faible ; les arrivages ne sont pas considérables, mais si un mouvement assez accentué de la nouvelle récolte se produisait, les prix s'en ressentiraient ; aujourd'hui encore nous cotons de 28 à 29c.

Les farines d'avoine sont tranquilles ; ventes en lots de détail aux prix de notre liste d'autre part.

FROMAGE

MARCHÉ ANGLAIS

MM. Marples, Jones & Co. nous écrivent de Liverpool le 21 septembre :

" La demande dans toutes les directions est vraiment tranquille, les marchands de la campagne brillant par leur absence et les spéculateurs agissant plus prudemment, cependant les prix sont soutenus pour les qualités de choix.

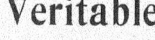

" Nous cotons :

Fine meaty night Skims...........	42 à 44
Blanc et coloré ordinaire.........	49 à 50
Blanc de choix, Canada et E.-U.	52 à 53
Coloré de choix, Canada et E.-U.	53 à 54

" La demande a été lente au début de la semaine et quelques détenteurs montraient des dispositions plus faciles—mais vers la clôture, la position s'est de nouveau raffermie sur avis plus fermes du cable, et comme on paie couramment les hauts prix pour septembre, cela fait pour le Canada et les Etats-Unis de 55 9 à 57.6 c.a.f. et avec une meilleure demande ici, le marché doit être coté ferme. On cote :

	s. d.		s. d.
Fromage canadien coloré, grand choix, derniers arrivages	54 0	à	55 0
Fromage canadien blanc..	53 0	à	54 0
Etats-Unis, coloré	53 0	à	54 6
" blanc	52 6	à	53 6
Seconde qualité, tout crême, bonne demande de	45 0	à	50 0

mais difficile à obtenir.

MARCHES D'ONTARIO

			Boites offertes.	Boites vendues.	Prix payés.
Brockville	sept.	27	2950b et c	1550	11⅛, 11¼c
Picton	"	27	460	offert	11¼c
Kingston	"	27	646b et c	81	11c
Madoc	"	27	1440	1175	11⅛, 11¼c
Barrie	"	27	1300c	1200	11¼c
Tweed	"	27	575b	288	11¼c
Iroquois	"	28	702b et c	120c	11 1/16, 11¼c
Ottawa	"	28	1300	30	10⅞c
Perth	"	28	1430b	1370	11c
Winchester	"	28	703c	272	11c
Napanee	"	28	700	offert	10 13/16c
Kemptville	"	28	700	offert	11c
South Finch	"	28	951	offert	10⅞c
Cornwall	"	29	1801b et c	1516	1.⅛c
do	"	29	améric.	..	10½, 10⅝c
Belleville	"	29	555b	offert	11c
London	"	29	910b et c	offert	11, 11⅛c
Campbellford	Oct.	2	1800	830	11 3/16, 11 5/16
Ingersoll	"	2	725	offert	11 1/16c
Peterboro	"	3	3300c	3300	11 3/16c
Stirling	"	3	970b	940	11c
Picton	"	3	1008c	offert	10⅞c
Russell	"	3	760b et c	offert	10⅞c

MARCHES AMERICAINS

			Boites offertes.	Boites vendues.	Prix payés.
Canton	sept	29	..	..	10⅞, 11c
Watertown	"	29	..	1000	10⅞, 11c
Ogdensburg	"	29	1016	ap. marc.	10⅞c
Utica	Oct.	1	..	6795	10⅝, 11c
Little Falls	"	1	..	5181	10¾, 11c

MARCHES DE QUEBEC

			Boites offertes.	Boites vendues.	Prix payes.
Cowansville	sept.	28	2617	450	10¾c

MARCHE DE MONTREAL

C'est le prix de 10½c qui a été la règle cette semaine sur notre marché ; ce prix n'a pour ainsi dire pas varié pour le fromage de la province. Quelques lots de qualité extra ont sans doute obtenu 11c, mais l'exception, c'est le cas de le répéter ne fait point la règle.

En fait, notre marché est terne et les résultats du marché de Brockville qui se tient aujourd'hui, décideront sans doute du ton qu'aura le notre pendant la semaine à venir.

Les exportations de la semaine dernière ont été de 68,187 boites contre 36,216 la semaine correspondante de l'an dernier.

Depuis le 1er mai, les exportations ont été de 1,608,993 boites contre 1,420,196 durant la période correspondante de 1899.

BEURRE

MARCHE ANGLAIS

MM. Marples, Jones & Co. nous écrivent de Liverpool le 21 septembre :

" Le marché a favorisé les acheteurs—les Danois au montant de 4s.—Les crêmeries d'Irlande et du Canada de 2s environ ; mais les détenteurs de beurre canadien de fantaisie ne sont pas empressés de vendre. La demande est lente, à la ronde.

" Nous cotons :

	s.		s.
Imitation de crêmeries, fins, E.-U.	80	à	81
Crêmerie, choix, frais, E.-U., boites	100	à	102
Irlande, choix, boites	92	à	96
Crêmerie, canadien, choix, boites..	100	à	104
" Irlande, choix, boites....	104	à	108
" Danois, choix et grand choix	108	à	116

Une autre correspondance datée après la clôture, le 2 septembre, nous fournit les renseignements suivants :

" Il y a peu d'amélioration dans la demande, et avec une nouvelle baisse à Kiel, et une augmentation dans les arrivages des colonies, les prix sont légèrement en baisse à la ronde, bien que principalement sur les qualités de choix.

Nous cotons :

		s. d.		s. d.
Crêmeries du Canada en boites		100 0	à	104 0
" des Etats-Unis "		94 0	à	98 0
Ladles de choix imitation crêmerie......................... .		80 0	à	84 0
Danois, choix.........................		108 0	à	112 6
Crêmerie d'Irlande........		100 0	à	106 0
Cork Premiers	le quintal	90 0	à	00 0
" Seconds	le quintal	86 0	à	00 0
" Troisièmes	le quintal	79 0	à	00 0

MARCHÉS AMÉRICAINS

Canton, 29 sept—Le prix payé pour le beurre a été de 22c.

MARCHE DE MONTREAL

Le ton plus ferme constaté la semaine dernière s'est maintenu, mais les prix sont restés stationnaires.

Il y a une demande assez active tant pour les besoins du commerce local que pour l'exportation.

Nous cotons, comme la semaine dernière, de 20 à 20½c pour les tinettes et de 19½ à 20c pour les boîtes.

Les exportations de la semaine dernière ont été de 14,571 paquets contre 408 la semaine correspondante de 1899.

Depuis le 1er mai les exportations ont été de 220,322 paquets contre 357,062 pendant la période correspondante de l'année dernière.

ŒUFS

MM. Marples, Jones & Co, nous écrivent de Liverpool le 21 septembre :

" Les œufs dont l'approvisionnement est satisfaisant, se vendent à prix plus faciles.

Nous cotons:

	s d		s d
Œufs du Canada	6 10	à	7 6
" d'Irlande.........................	7 9	à	8 6
" du Continent...................	5 3	à	6 6

Le marché de Montréal est actif et les prix sont fermes. Il y a bonne demande à l'exportation. Nous cotons: de 18 à 19c. pour les œufs frais; de 14 à 15c pour les œufs mirés No 1 et de 13 à 13½c pour No 2.

LEGUMES

Les pommes de terre se vendent au détail à 90c le quart ; on les achète à 50c les 90 lbs au char et on les détaille à 60c les 90 lbs.

Lesprix des haricots triés à la main sont cotés de $1.80 à $1.70 par minot en lot de char complet.

On cote :

Salade, 14c la doz.

Choux, 25c la doz.

Carottes nouvelles, 25c la doz. de paquets.

Navets, 50c le sac.

Radis, 10c la doz. de paquets.

Persil, 15c la doz. de paquets.

Choux fleurs, de 50c à 75 la doz.

Aubergines, 60c la doz.

Céleri, de 15 à 25c la doz. de paquets.

Les oignons d'Egypte sont maintenant sur le marché, on les vend $2.25 le sac de 112 lbs.

Les oignons d'Espagne au crate valent 80 à 90c ; on verra sans doute de plus hauts prix pour ces oignons pour les arrivages suivants.

FRUITS VERTS

Nous cotons :

Atocas, de $6.50 à $7.00 le quart.

Bananes, 50c à $1.00 le régime.

Orange de Jamaique, de $6.50 à $7.00 le quart.

Citrons de Messine, de $4.50 à $5.00 la caisse.

Citrons de Malaga, $6.50 la caisse de 59 doz.

Pommes, de $1.25 à $2.00 le quart.

Poires Bartlett, de $4.00 à $6.00 le quart.

Pêches, de 40 à 60c le panier.

Raisins Concord, 15c le panier.

Delaware, 25c le panier.

Niagara, de 15 à 20c le panier.

Tokay, de $1.00 à $1.50 la boite.

Prunes, de 45 à 60c le panier.

Melons, de $2.50 à $3.50 le panier d'une douzaine.

Melons d'eau, de 20 à 25c pièce.

POMMES

MM. J. C. Houghton & Co, nous écrivent de Liverpool le 20 sept. 1900 :

Les arrivages de pommes américaines, bien que peu importants encore, augmentent en importance d'une manière soutenue. Le fruit jusqu'à présent offre peu de qualités pour le recommander ; il est défectueux sous rapport de la couleur et du volume et arrive en mauvaise condition. Mais en présence de la surabondance des produits domestiques, les prix sont aussi élevés qu'il est possible de s'y attendre.

PRIX A L'ENCAN

Pommes	Vendredi 14 sept s. d.	s. d.	Lundi sept 17 s. d.	s. d.	Mercredi sept 19 s. d.	s. .
Canadiennes, barils.						
Gravenstein......					17 9	
Greening.........						
Colvert					11 6	12 6
Américaines.						
Gravenstein......						
Greening.........	7 6	9 0				
Baldwin..........	7 0	10 6	6 6	10 9	7 9	10 9
Culvert..........						
Jenneting........						
Maiden Blush ...						
Pippin...........	8 6	9 0				
Kings............	7 3	12 9			12 9	
Hubbertson......	4 9	5 3			9 3	12 0
Ramshorn	7 3	11 3			8 3	13 3
Strawberry.......	8 0	9 0				

ARRIVAGES

	Barils.
Arrivages pour la semaine finissant le 18 sept. 1900	7198
Arrivages antérieurs depuis le 1er juillet 1900....................................	5930
Total des arrivages au 18 sept. 1900.....	13128
Du 1er juillet 1899 au 18 sept. 1899.....	17727

FOIN PRESSE ET FOURRAGES

MM. Hosmer, Robinson & Co., nous écrivent de Boston le 27 septembre 1900 :

" Les arrivages pour la semaine écoulée ont été de 167 chars de foin et 28 chars de paille et 7 chars de ce foin pour l'exportation. La semaine correspondante, l'an dernier, 197 chars de foin et 15 chars de paille et 19 chars de ce foin pour l'exportation.

Notre marché tant pour le foin que pour la paille reste soutenu. Nous conseillons d'expédier, et nous croyons que nous pouvons placer bien avantageusement foin ou paille.

" Nous cotons :

	Grosses balles.	Petites balles.
Foin, choix...	$18.00 à $18.50	$17.50 à $18.00
— No 1 ...	17.00 à 18.00	16.50 à 17.50
— No 2 ...	16.00 à 16.50	16.00 à 16.50
— No 3 ...	14.00 à 15.00	14.00 à 15.00
— mél.d.trèf.	14.00 à 15.50	14.00 à 15.50
— trèfle ...	14.00 à 15.00	
Paille de seigle long....	15.00 à 15.50	
— mêlée ..	11.00 à 12.00	11.00 à 12.00
— d'avoine	9.00 à 9.50	9.00 à 9.50

Le marché de Montréal n'est pas approvisionné plus que de besoin ; les arrivages ont peut-être été meilleurs dans ces derniers jours, mais pas assez forts cependant pour faire faiblir les prix.

Nous cotons :

Foin pressé, No 1 à choix....$	9 50	à	10 00
do do No 2.............	8 00	à	7 50
do mél. de trèfle............	7 00	à	7 50
Paille d'avoine................	4 50	à	5 00

CHRONIQUE DE QUEBEC

Mercredi, 30 octobre 1900.

Nous avons une bonne température de saison, très favorable aux travaux de la ferme, au transport à la ville des produits de nos cultivateurs, et du commerce en général. Il serait difficile en égard aux circonstances, d'avoir un meilleur entrain dans les affaires, et tout le monde paraît satisfait pour ce qui concerne spécialement la vente dans le gros et le détail. Nous avons pris à ce sujet des renseignements précis qui nous permettent d'affirmer que le commerce est plus actif et plus général qu'il ne l'a jamais été à Québec. L'affluence des étrangers continue à créer une animation qui paraît ne devoir cesser qu'avec la fermeture de la navigation. Des événements d'ordre public et accidentel ont contribué à donner un éclat inaccoutumé à notre ville durant la semaine qui vient de s'écouler. Il n'est pas douteux que la mort d'un premier ministre et les obsèques grandioses qui ont eu lieu à cette occasion ont été l'une des causes déterminantes de l'augmentation des affaires. C'est ainsi que le deuil public aura contribué à donner une activité qui ne se voit pas d'ordinaire, à cette saison de l'année, dans le monde officiel.

∴

L'industrie de la chaussure, nous regrettons de le dire, traverse une période de stagnation et de marasme. C'est, du moins, ce que nous ont dit plusieurs ouvriers dont nous avons raison de croire les renseignements véridiques. Cependant, l'on nous informe que cette diminution du travail dans les fabriques pourrait bien n'être que temporaire.

EPICERIES

A part les touristes qui ont été nombreux, Québec peut se vanter d'avoir été visité dans ces derniers jours, d'une manière exceptionnelle. Banquets, réceptions, inaugurations, de ceci et de cela, tout celà a contribué à amener chez nous une foule considérable de visiteurs distingués de la métropole commerciale et d'ailleurs. Nos épiciers en ont profité et c'est pourquoi on nous dit partout que la semaine a été des des plus satisfaisantes.

La collection cependant, laisse à désirer. Les prix sont stationnaires :

Sucres raffinés : Jaunes, $4.35 à $4.45; blanc $4.55; granulé, $5.10 à $5.15; powdered, 7c.

Mélasses : Barbade pur, tonne, 40 à 41c; Porto Rico, 38 à 42c; Fajardos, 48 à 49c.

Beurre : Frais, 20c; Marchand, 17c; Beurrerie, 21 à 22c.

Conserves en boîtes : Saumon, $1.20 à $1.60; Clover leaf, $1.60 à $1.65; homard, $3.50 à $3.70; Tomates, 95c à $1.00; Blé-d'inde, 85 à 90c; Pois, 90c à $1.00.

Fruits secs : Valence, 7 à 8c; Sultana, 11 à 15c; Californie, 8 à 10c; C. Cluster, $2.20; Imp. Cabinet, $2.00; Pruneaux de Californie, 8 à 10c; Imp. Russian, $4.50.

Tabac Canadien : En feuilles, 9 à 10c; Walker *wrappers* 15c; Kentucky, 15c; et le White Burly, 15 à 16c.

Planches à laver : "Favorites" $1.70; "Waverly" $2.10; "Improved Globe" $2.00.

Balais : A 2 cordes, $1.75 la doz.; à 3 do, $2.60 la doz.; à 4 do, $3.40 la doz.

FARINES, GRAINS ET PROVISIONS

Farines : Forte à levain, $2.25 à $2.35; deuxième à boulanger, $1.90 à $2.10; Patente Hungarian, $2.40; Patente Ontario, $1.90 à $1.95; Roller, $1.85 à $1.90; Extra, $1.60 à $1.65; Superfine, $1.45 à $1.50; Bonne Commune, $1.25 à $1.30.

Grains : Avoine (par 34 lbs) Ontario, 35 à 36c; orge, par 48 lbs, 65 à 70c; orge à drèche, 70 à 80c; blé-d'inde, 55 à 56c; sarrasin, 60 à 70c.

Lard : Short Cut, par 200 lbs, $17.00 à $17.50; *Clear Back*, $18.50 à $19.50; saindoux canadien, $2.00 à $2.10; composé le seau, $1.65 à $1.70; jambon, 10½ à 13c; bacon, 9 à 10c; porc abattu, $6.00 à $7.50.

∴

Cette semaine sera connue dans l'histoire de Québec sous le nom de "la semaine du Pont." En effet nous avons eu, hier même, la cérémonie officielle de l'inauguration des travaux à l'un des pilliers du côté de Québec. La démonstration a été imposante, et l'enthousiasme des citoyens, nous n'avons pas besoin de le dire, a été considérable. Dans les destinées commerciales et industrielles de notre ville, c'est une page inoubliable qui vient de s'écrire. Nous réservons les commentaires pour la semaine prochaine.

L. D.

EXTRA

RENSEIGNEMENTS COMMERCIAUX

PROVINCE DE QUEBEC

Cessions

Montréal—Hogue F., boucher.

Dissolutions de Sociétés

Montréal — Brouillette & Genest, contracteurs.

En Difficultés

Les Éboulements—Tremblay Chs T., mag. gén. et mfr de fromage.
Montréal—Barrett & Connell, épic et liqueurs.
Elliott M. & Co, épic.
Phillips H. S., négociant.

Fonds à Vendre

Montréal—Trudel L. & Co, épic 17 oct.
Quebec—Michaud & Gauvin, nouv., 11 oct.

Fonds Vendus

Montréal—Bernier J. L., épic.
Clermont J. O. & Co, épic.
Desroches T. & Co, épic.
Rivet T. A., épic.
Montréal et Ormstown—Bastien Alph., briquetier.

Nouveaux Établssements

Granby—Marc Aurèle E. A., mag. gén.
Montréal—Ava (The) Co.
Beaudet André, épic.
Filiatrault & Co, agents à com.; Lizzie Murphy.
Montreal (The) Canning and Preserving Co.
Robitaille Jos., épic.

PROVINCE D'ONTARIO

Dissolutions de Sociétés

Dorchester Station—Capstick et Birch, mag. gén.; John H. Birch continue.

En Difficultés

Centralia—Cottrill Wm, harnais.
St Thomas—Snyder A. & Co, nouv.

Fonds Vendus

Almonte—Patterson & Thom, nouv. etc., à E. Duffy.
Centralia — Bunt W. T., mag. gén. à E. Calwell.
Chatham—Hall Isabella, chaussures à 50c dans la piastre.
Hamilton—Clark Philippa, hôtel à L. Daniels
Findlay John, hôtel à M. A. Harper.
Sayman Aaron, mfr de parapluies.
Kippen—Canning James, mag. gén. à D. Hay
St Thomas—Sparkman W. J., épic. à W. H. Wiles de Listowell.
Smith's Fall—Barton W. W., nouv.
Thedford—Holwell G. W., hôtel à Frk R. Robinson.
Woodstock—Wilkins P. H., nouv. à 47½c dans la piastre.

Nouveaux établissements.

Smith's Falls—Moulton & McKay, mag. gén.
Wiarton—Wiarton (The) Oil & Gas Co Ltd.

NOTES SPECIALES

Pour les tabacs de choix, appréciés des fumeurs, vous ne sauriez mieux vous adresser qu'à la maison B. Houde & Cie de Québec, représentée à Montréal par M. J. C. Moquin, 43 rue St Gabriel.

"Nous tenons à répéter aux marchands que parmi les maisons absolument recommandables, pour leurs achats de tabac en feuille, celle de M. Jos. Coté, marchand de tabac en gros occupe un des premiers rangs. Toute commande, adressée à cet établissement est toujours remplie avec le soin le plus scrupuleux et la plus entière exactitude."

La vente des médecines patentées donne annuellement un joli revenu aux marchands généraux qui tiennent cette ligne spéciale. Nous leur signalons, à ce propos, une ligne de spécialités fabriquées par M. J. T. Gaudet pharmacien, Joliette, spécialités populaires, bien annoncées et qui donnent toujeur ssatisfaction, comme le Restaurateur de Robson pour les cheveux, l'anti-asthmatique, l'Elixir Résineux Pectoral et d'autres préparations que nous cotons dans nos listes de prix.

Ventes de Fonds de Banqueroute par les Curateurs

Par Lamarche & Benoit, le stock d'épicerie de J. Léopold Bernier à 35c dans la piastre à M. Lamoureux, et les dettes de livres à 30c dans la piastre à E. Major.

Par H. Lamarre, le stock de meuble de G. Wm Perry à 65c dans la piastre, à The J. S. Prince Co Ltd et les dettes de livres à 27½c dans la piastre à J. R. Savignac.

Bizarreries chinoises

Les Chinois trouvent, paraît-il, les coutumes européennes extrêmement curieuses et grotesques. Cela n'a rien d'étonnant si l'on considère que tous leurs usages sont, en quelque sorte, la contre-partie des usages européens.

Ainsi, en Chine on se réjouit de la mort d'un de ses parents. Une fiancée pleure quand elle va dans la demeure de son époux. Un Chinois s'informe toujours non de votre santé, mais de votre revenu. Il s'offense si on lui demande des nouvelles de sa femme et de ses enfants. Il se couvre la tête quand il vous rencontre, revêt des habits blancs quand il est en deuil.

Le titre d'un livre est à la fin; il se lit de droite à gauche et de bas en haut. Les écoliers récitent leurs leçons en tournant le dos au maître. Les mères n'embrassent jamais leurs enfants. Les dîners chinois commencent par les fruits et finissent par la soupe.

Les Chinois montent à cheval à droite. Dans leurs constructions, ils commencent par le toit. Les Chinois ne se coupent jamais les ongles et on voit des mandarins qui en portent de 10 centimètres de long. Leurs journaux ne parlent jamais de politique. Enfin, l'aiguille de la boussole, au lieu de se tourner vers le nord, se tourne vers le sud.

Thé Condor — Japonais | Café de Madame Huot | Thé Nectar — Noir

La Qualité, c'est la Garautie du Succès

Pour donner de la satisfaction et des profits, mes marques sont sans égales.
Pour attirer et conserver la clientèle, mes marchandises ne peuvent être surpassées.

Thé "Condor L X"

Japonais, couleur naturelle, caisses de 60 paquets en plomb, de 1 lb., le seul du genre au Canada à - 27½c.
Se détaille à - 40 c.

Vinaigre "Condor"

100 grains, distillé, pur, fort, brillant comme le cristal à . . . . 30c.

Vinaigre "Old Crow"

75 grains, distillé, pur, excellent, clair comme de l'eau de roche à . . . . 22½c.

Thés Noirs "Old Crow"

Mélanges scientifiques des Thés de Chine, de Ceylan et des Indes. En boîtes de fantaisie de 10 lbs, 25 lbs, 50 lbs et 80 lbs. No 1 à 35c., No 2 à 30c., No 3 à 25c., No 4 à 20c. (Essayez-les une fois, vous en redemanderez toujours)

CONDITIONS : 3 p. c. 30 JOURS.

Spécialité de Marchandises de Haute Qualité.

Thés, Cafés et Epices en Gros

E. D. MARCEAU

296, RUE ST-PAUL, MONTREAL.

THE TEL. BELL UP 971

Canada Electric Co.,

L. ROUSSEAU Gérant

2501, STE-CATHERINE, COIN ORESOENT

Installations de lumière électrique et
d'Horloges de contrôle électrique
Téléphones pour e ..tpôts,
Cloches Electriques, Etc., Etc.

SEULS AGENTS POUR LA
STANDARD ELECTRIC TIME CO
de Waterbury, Con

BELL TEL. EAST 1517. TOUT OUVRAGE GARANTI

J. G. DUQUETTE

Autrefois de la
Montreal Roofing Co.

Couverture et Pavage

- - GENERAL - -

Bureau et Atelier, 949 de Montigny, Montreal.

Spécialités pour les couvertures en Gravois et en Ciment, Planchers en Asphalte, Planchers en Volcanite, Caves mises à l'épreuve des rats et de l'humidité.

Réparations de toutes sortes faites avec promptitude.

Neige enlevée des toits par des hommes expérimentés.

LOTS À BATIR DeLORIMIER, — Localité Superbe, de Grand Avenir. S'adresser à **A. & H Lionais,** 25, r. St-Gabriel, Montréal.

Ne jouez pas avec la Saleté

MAIS EMPOYEZ

VITO

La Poudre de Savon de Castille

Elle nettoie tout

et n'abime rien.

AVIS DE FAILLITE
IN RE
JAMES JOHNSTON.
Marchand de fer, Montréal.
Failli.

Les soussignés vendront à l'encan public, en bloc ou séparément, à leur salle d'encan, No 1828, rue Notre-Dame, Montréal,

Mardi, le 9 Octobre 1900, à 11 heures a. m.

l'actif mobilier de la faillite comme suit :

Stock de ferronnerie............	$855 59	
Granit et ferb'anterie	139 78	
Peintures, huiles et vitres	288 91	
		$1,284 28
Garnitures de magasin............	$442 67	
Loyer au 30 avril 1901..............	195 00	
		637 07
		$1,921 35
Dettes de livres d'après liste..		192 18

Conditions de vente : Argent comptant.
Le tout d'après inventaire.
Magasin ouvert pour inspection le 8 octobre 1900, de 9 heures a.m. jusqu'à 6 heures p.m.
Pour plus amples informations s'adresser à

GAGNON & CARON,
Curateurs conjoints.
41 Bâtisse des Tramways, Montréal.

WALTER M. KEARNS, encanteur.

LA CIE HERELLE'S CHOCOLATE WORKS

Longueuil, (Montreal), Can.

Remercie Messrs. les Epiciers et le public en général de la faveur avec laquelle ils accueillent ses produits ; faveur qu'elle s'efforce et s'efforcera toujours de mériter par la perfection de ses

CHOCOLATS et CACAOS

qu'elle vend au plus juste prix. Son motto est : Vendre à petit bénéfice et bon, pour vendre beaucoup.

NOS PRIX COURANTS

Nos prix courants sont revisés chaque semaine. Ces prix nous sont fournis pour être publiés, par les meilleures maisons dans chaque ligne; ils sont pour les qualités et les quantités qui ont cours ordinaire dans les transactions entre le marchand de gros et le marchand de détail, aux termes et avec l'escompte ordinaire. Lorsqu'il y a un escompte spécial, il en en est fait mention. On peut généralement acheter à meilleur marché en prenant de fortes quantités et au comptant.

Tous les pr sont ceux du marché, en général, et aucune maison ou manufacture n'a le pouvoir de les changer à son avantage, sauf pour ses propres marchandises qui sont alors cotées sous son propre nom et sa propre responsabilité. La Rédaction se réserve le droit de refuser ce privilège à quiconque en abuserait pour tromper le public.

PRIX COURANTS.—MONTREAL, 4 OCTOBRE 1900.

Allumettes.

Walkerville Match Co.

Allumettes Parlor

	1 caisse	5 caisses
Crown	$1.60	1.50
Maple Leaf	2.75	2.65
Imperial	5.50	5.25
Allumettes Soufrées		
Jumbo	5.25	5.00
Héros	3 50	3.70

Articles divers.

Bleu Parisien.......lb.	0 12	0 13
Bouchons communs....gr.	0 18	0 30
Briques à couteaux....doz.	0 25	0 30
Brûleurs pour lampes		
No. 1.......doz.	0 00	0 75
No. 2.......“	0 00	1 00
No. 3.......“	0 00	0 70
Câble coton ¼ pouce...lb.	0 13	0 14
“ Manilla.......“	0 15¼	0 16¾
“ Sisal.......“	0 08¼	0 10
“ Jute.......“	0 10½	0 12
Coton à attacher.......“	0 15	0 21
Chandelles suif.......lb.	0 00	0 09
“ paraffine...“	0 12	0 12½
“ London Sperm. “	0 11	0 11½
“ Stéarine.......“	0 13	0 14
Epingles à linge. bte. 5 gr.	0 00	0 70
	3 fils.	6 fils.
Ficelles...... 30 pieds..	0 40	0 75
“ ...... 40 “ ..	0 55	0 85
“ ...... 48 “ ..	0 65	1 00
“ ...... 60 “ ..	0 80	1 35
“ ...... 72 “ ..	0 95	1 60
“ ...... 100 “ ..	1 25	2 00
Lessis concentré, com... “	0 00	0 40
“ pur... “	0 00	0 75
Mèches à lampes No. 1.....	0 11	0 13
“ No. 2.....	0 14	0 16
“ No. 3.....	0 09	0 11
Sapolio, btes ¼ et ½gr. la gr.	0 00	11 30

Cafés.

Cafés rôtis.	la livre.
Arabian Mocha	31
Imperial “	28
Jamaique	20
Java Siftings	26
Maracaibo	22
Old Gov. “	31
Old Gov. Java et Mocha	31
Pure Mocha	27 à 29
Rio	15 à 18
Standard Java	32
“ “ et Mocha	32
Santos	18½
Blanke's Faust Blend	36

Conserves alimentaires

Légumes.

Asperges 4 lbs.......dz.	0 00	4 50
Baked Beans 3 lbs..... “	0 90	1 00
Blé d'Inde.......2 lbs “	1 00	1 10
Champignons.......bte.	0 15	0 21
Citrouilles 3 lbs.......dz.	0 00	0 85
Haricots verts.......“	0 00	0 85
Olives, Pints.......“	3 75	5 00
“ ½ Pints.......“	2 90	3 60
“ en quart, gallon.	0 00	1 50
Petits pois français...bte.	0 09	0 12
“ fins.......“	0 14	0 15
“ extra fins.. “	0 16	0 17
“ surfins.....“	0 18	0 20
Pois canadiens 2 lbs.. dz.	0 80	1 10
Tomates.......“	0 00	0 95
Truffes.......“	4 80	5 00

Fruits.

Ananas 2 et 2½ lbs....dz.	2 15	2 50
Bluets 2 “ ... “	0 00	0 85
Cerises 2 “ ... “	1 95	2 15
Fraises 2 “ ... “	1 70	1 85
“ 3 “ ... “	2 10	2 15
Framboises 2 “ ... “	1 45	1 60
Pêches 2 “ ... “	1 60	1 85
“ 3 “ ... “	2 40	2 85
Poires 2 “ ... “	0 00	1 65
“ 3 “ ... “	1 95	2 10
Pommes gal....... “	0 00	2 15
“ 3 lbs... “	0 00	0 90
Prunes vertes 2 “ ... “	0 00	1 45
“ bleues 2 “ ... “	1 25	1 35

Poissons.

Anchois.......dz.	3 25	0 00
Anchois à l'huile.......“	3 25	4 50
Clams 1 lb.......“	1 25	1 35
Harengs marinés.......“	1 55	1 83
Harengs aux Tomates. “	1 50	1 60
Homards, boîte haute. “	3 12½	3 20
“ “ plate... “	3 65	3 75
Huîtres, 1 lb.......dz.	0 00	1 30
“ 2 “.......“	0 00	2 40
Maquereau.......“	1 00	1 05
Sardines Canadiennes, cse	4 00	4 50
Sardines ¼ françaises. bte.	0 09	0 25
“ ½ “ “	0 17	0 35

Sardines Royan à la Vatel.......“	0 00	0 15
Sardines Royan à la Bordelaise.......bte.	0 00	0 15
Saumon rouge (Sockeye) boîte haute dz.	0 00	1 60
“ “ plate “	0 00	1 75
“ “ ordinaire haute	0 00	1 50
“ rose (Cohœ) “ dz.	0 00	0 00
“ du printemps, “	0 00	1 50
Smelts (Eperlans)..... “	0 40	0 45

Viandes en conserves.

Corned Beef, bte 1 lb....dz.	1 60	2 00
“ “ 2 “.... “	2 80	3 40
“ “ 6 “.... “	9 75	11 40
“ “ 14 “.... “	21 60	24 00
Lang. de porc. “ 1 “....dz.	3 00	4 15
“ “ 2 “.... “	6 00	8 00
“ bœuf “ 1½lb.... “	8 00	10 00
“ “ 2 “.... “	9 25	11 30
“ “ 3 “.... “	......	14 10
English Brawn 1 lb..... “	1 40	1 70
Bœuf (chipped dried).... “	2 95	3 00
Dinde, bte 1 lb.......“	2 20	2 30
Pâtés de foie gras.......“	3 00	8 00
Pieds de cochon, bte 1½ lb. “	2 30	2 40
Poulets, “ 1 lb. “	2 20	2 30

Drogues et Produits Chimiques

Acide carbolique.......lb.	0 30	0 40
“ citrique.......“	0 50	0 55
“ oxalique.......“	0 08	0 10
“ tartrique.......“	0 33	0 35
Aloès du Cap.......“	0 14	0 15
Alun.......“	0 01½	0 03
Bicarbonate de Soude, brl.	2 00	2 25
Bichrom. de potasse....lb.	0 10	0 12
Bleu (carré).......“	0 10	0 16
Borax raffiné.......“	0 05	0 07
Bromure de potasse.... “	0 55	0 60
Camphre américain.... “	0 80	0 90
“ anglais.......“	0 85	0 95
Cendres de soude.......“	0 01½	0 02
Chlorure de chaux.......“	0 02½	0 05
“ de potasse.......“	0 23	0 25
Couperose.......100 lbs	0 75	1 00
Crême de tartre.......lb	0 22½	0 27½
Extrait de Campêche... “	0 10	0 11
“ en paquets.......“	0 12	0 14
Gelatine en feuilles.... “	0 35	0 60
Glucose.......“	0 03½	0 04
Glycérine.......“	0 18	0 20
Gomme arabique.......lb	0 40	1 25
Gomme épinette.......“	0 00	0 25
Indigo Bengale.......“	1 50	1 75
“ Madras.......“	0 60	0 80
Iodure de potasse.......“	4 00	4 25
Opium.......“	4 50	4 75
Phosphore.......“	0 50	0 75
Pourpre de Paris.......“	0 09	0 10
Résine.......(280 lbs)	2 75	5 00
Salpêtre.......lb	0 05	0 07
Sels d'Epsom.....100 lbs.	1 50	3 00
Soda caustique 60° “ lbs	2 25	2 50
“ “ 70° “ “	2 50	2 75
“ à laver.......	0 70	0 90
à pâte.......brl.	2 00	2 50
Soufre poudre.......lb.	0 02	0 03
“ bâtons.......“	0 02	0 03
“ rock, sacs..100 lbs.	2 00	3 00
Strychnine.......oz.	0 90	1 00
Sulfate de cuivre.......lb.	0 06	0 07
Sulfate de morphine... “	1 90	2 00
“ de quinine.....oz.	0 40	0 45
Sumac.......tonne.	70 00	75 00
Vert de Paris.......lb.	0 18½	0 20½

Epices pures.

Allspice, moulu.......lb.	0 15	0 20
Cannelle moulue.......“	0 15	0 20
“ en nattes.......“	0 13	0 15
Clous de girofle moulu “	0 18	0 20
“ “ ronds.. “	0 12½	0 14
Gingembre moulu.......“	0 15	0 25
“ racines “	0 10	0 25
Macis moulu.......“	0 90	1 00
Mixed Spice moulu Tin 1 oz.......“	0 00	0 45
Muscade blanchie.......“	0 40	0 50
“ non blanchie.. “	0 50	0 60
Piment (clous ronds)... “	0 10	0 12
Poivre blanc, rond.......“	0 23	0 26
“ “ moulu... “	0 26	0 28
“ noir, rond.......“	0 15	0 17
“ “ moulu.....“	0 18	0 19
“ de Cayenne.....“	0 22	0 26
Whole Pickle Spice....lb.	0 15	0 20

Fruits Secs.

Abricot Calif.......lb.	0 12	0 13
Amandes ½ molles.... “	0 12	0 13
“ Tarragone... “	0 15	0 16
“ Valence écalées “	0 40	0 42
Amand. amères écaléeslb	0 00	0 45
“ écalées Jordan “	0 40	0 42
Dattes en boîtes.......“	0 00	0 05
Figues sèches en boîtes “	0 08	0 10
“ “ en sac.. “	0 00	0 03¾
Nectarines Californie.. “	0 11	0 12
Noisettes (Avelines)...lb.	0 12	0 12
Noix Marbot.......“	0 10	0 11
“ Couronne.......“	0 08	0 09
“ Grenoble.......“	0 12	0 13
“ “ écalées. “	0 20	0 21
Noix du Brésil.......“	0 12	0 13
Noix Pecanes poli.......“	0 12½	0 13
Peanuts rôtis (arach).. “	0 06½	0 07½
Pêches Californie.......“	0 10	0 11
Poires “ ....“	0 13½	0 15
Pommes séchées.......“	0 00	0 00
Pommes évaporées.... “	0 05	0 06
Pruneaux Bordeaux... “	0 04	0 08
“ Bosnie.......“	0 05	0 05
“ Californie... “	0 07½	0 10
Raisins Calif. 2 cour.. “	0 00	0 00
“ “ 3 “ .. “	0 00	0 00
“ “ 4 “ .. “	0 00	0 00
Corinthe Provincials... “	0 00	0 00
“ Filiatras.......“	0 11	0 12
“ Patras.......“	0 00	0 00
“ Vostizzas.... “	0 12	0 13
Malag. London Layers bte.	0 00	1 40
“ Connoisseur Cluster “	0 00	0 00
“ Buckingham Cluster....... “	0 00	3 00
Malaga Russian Cluster bte.	0 00	4 25
Sultana.......lb.	0 10	0 12
Valence fine off Stalk,. “	0 00	0 08½
“ Selected.......“	0 08	0 09
“ layers.......“	0 09	0 09½

Fruits verts.

Ananas, pièce.......	0 00	0 00
Attocas.......quart..	6 50	7 00
Bananes.......régime	0 50	1 00
Pommes.......baril..	1 25	2 00
Raisins Malaga..... “	5 50	6 00
“ ½ “	0 00	0 00
Oranges Valence (420) cse	0 00	0 00
“ “ (714)....	0 00	0 00
“ Navels.......	0 00	0 00
“ Seedlings.......	0 00	0 00
“ Sanguines, ½ cse	0 00	0 00
“ Sorrente, caisse.	0 00	0 00
“ Messine, “	0 00	0 00
“ “ ½ “	0 00	0 00
“ Jamaïque, baril.	6 50	7 00
Citrons Messine.... caisse.	4 50	5 00
“ Malaga, bte 35 dz.	0 00	6 50
“ “ caisse 59 dz.	0 00	6 50
Oignons rouges.... baril..	0 00	1 50
“ jaunes.......	0 00	0 00
“ d'Egypte, 112 lbs	0 00	2 25
Oignons d'Espagne, boîte.	0 80	0 90
Noix de coco, par 100....	3 25	0 00

Grains et Farines.

GRAINS

Blé roux d'hiver Can. No 2.	0 00	0 00
Blé blanc d'hiver Can. No 2.	0 00	0 00
Blé du Manitoba No 1 dur...	0 90	0 92½
“ “ No 2 “	0 87½	0 90
Blé du Nord No 1.......	0 00	0 85
Avoine blanche No 2.......	0 28	0 29
Orge No 1,.......48 lbs.	0 52	0 53
“ à moulée.... “	0 42	0 43
Pois No 2 ordinaire, 60 lbs...	0 63	0 63½
Sarrasin, 48 “ ...	0 00	0 52
Seigle, 56 “ ...	0 57	0 58

FARINES.

Patente d'hiver.......	3 75	4 00
Patente du printemps.......	0 00	4 70
Straight roller.......	3 65	3 75
Forte de boulanger, cité.....	0 00	4 40
Forte du Manitoba, secondes	3 80	3 90

FARINES D'AVOINE.

Avoine roulée baril.......	3 85	3 65
“ “ sac.......	1 62½	1 77½

ISSUES DE BLE

Son d'Ontario, au char, ton	15 00	15 50
“ de Manitoba “ “	00 00	16 00
Gru de Manitoba.......char	00 00	18 00
“ d'Ontario....... “	16 50	17 00
Moulée....... “	17 00	24 00

Huiles et graisses.

HUILES.

Huile de morue, T. N., gal.	0 35	à 0 40
“ loup-marin raffi.. “	0 50	0 52½
“ paille....... “	0 42½	0 45
Huile de lard, extra gal.	0 75	0 85
“ “ No 1. “	0 65	0 75
“ d'olive p. mach.. “	0 90	1 00
“ à salade....... “	0 72½	0 77½
“ d'olive à lampion “	1 20	2 00
“ de spermaceti.... “	1 30	1 50
“ de marsouin..... “	0 50	0 60
“ de pétrole, par quart.	0 00	0 16½
Acmé Imperial.......gal.	0 00	0 18
Huile Américaine par quart:		
Water White....... “	0 00	19½
Pratt's Astral....... “	0 00	0 20½
Huile d'olive Barton et Guestier caisse qts	8 50	
“ “ “ pts	9 50	
“ de foie de m. Nor. gal.	1 25	à 1 35
“ “ T.N. “	1 00	1 10
“ de castor “E. I.” lb.	0 09½	0 10
“ “ franç. qrt. lb.	0 09½	0 10
“ “ “ cse.	0 11	0 12

Liqueurs et spiritueux.

Brandies (droits payés)	à la caisse.
Sorin.—Carte bleu	$ 8 50
Carte rouge	9 50
Carte d'or	11 00
24 F. avec verre	9 00
“ Flasks avec verre	10 00
FUTS.	
Quarts	4 00
Octaves	4 25
½ oct.	4 25
Hennessy * pintes	13 00
“ * chopines	14 25
“ ** pintes	14 75
“ *** pintes	16 25
“ V.O. pintes	17 25
Martel * pintes	12 75
“ * chopines	14 00
“ V.O. pintes	17 00
“ V.S.O.P. pintes	18 50

Par lots de 10 caisses assorties ou non, 25c de moins par caisse.

F. O. B. Montréal, net 30 jours ou 1% 10 jours.

Boutelleau & Co., F. P.	9 00
“ *	10 00
“ O. B.	12 00
“ V. O. B.	14 00
“ X. V. O. B.	16 00
“ 1824	21 00
Couturier	7 00
“ flasks	8 00
Marion	6 00
“ flasks	7 00
Rivière-Gardrat	10 00
Optima	17 00
Bisquit Dubouché	9 25
Renaud & Cie	12 25
E. Puet *	9 00
“ **	10 75
“ ***	12 50
“ V. O.	14 50
“ V. O. P.	15 25
“ V. S. O. P.	16 25
“ V. V. S. O. P.	20 25
E. Puet 1860	24 25
“ 1850	26 25
“ 1840	30 25
J. Borianne ***	6 75
Pellisson 1850	42 50
“ V. S. O. P.	20 00
“ S. O. P.	22 00
“ 1890	16 00
C. M. Arguet	11 50
V. Porte 1854	22 00

	au gallon.	
Fine Champagne	5 75	6 00
Couturier	3 80	3 95
Marion	3 40	3 60
Hennessy	0 00	6 75
	au gallon.	
Martel	0 00	6 75
Pellisson, vieux	0 00	11 00
“ XXX	0 00	8 75
“ autre ord.	5 80	7 25
V. Porte 1854	0 00	8 75
E. Puet	0 00	3 95
J. Borianne depuis	0 00	3 75
Rivière-Gardrat	0 00	4 1[illegible]
Bisquit-Dubouché	4 30	@ 4 5
Renaud & Cie.	4 10	@ 4 3
Boutelleau & Cie.	3 80	@ 4 00

Rhums		à la caisse.
St-Georges, 12 lit.		12 50
“ 24½ pts imp...		14 50
Chauvet cachet or 12 lit.	0 00	14 50
“ “ rouge 12 lit.	0 00	12 75
St-John	0 00	7 75
St-Joseph, Jamaique	0 00	11 50
St-Félix, Martinique	0 00	10 50
Talbot frères	0 00	7 75
		au gallon.
Jamaique	4 25	6 15

Whiskey Ecossais.	qt	pts
Mullmore	6 25	7 50
“ flasks	10 00	10 50
Heather Dew	7 00	0 00
“ flasks	11 25	0 00
“ stone	12 50	0 00
Special Reserve	9 00	10 00
“ “	0 00	11 75
Ex. Spe Liqueur, flacons.	9 50	0 00
Dewar's Special Liqueur..	12 25	12 50
Dewar Extra Special	9 25	9 50
H. Fairman & Co.	7 50	8 50
Royal Eagle	9 25	9 50
Sheriff's	10 00	18 00
Mackie's R. O. spec.	0 00	10 25
“ Islay	8 25	8 50
Glenfalloch	8 75	
Glenlivet *	9 00	9 25
“ ***	10 00	10 25
Cabinet 1 crown	0 00	8 75
“ 2 “	0 00	9 50
“ 3 “	0 00	10 75
Harvey's R. O. S. spec. liq.	0 00	12 50
“ Fitz-James 8 y. old	0 00	9 75
Alex. McAlpine old scotch.	0 00	6 75

Watson old scotch, qrts...	0 00	8 75
" " pts....	0 00	9 75
Thom & Cameron.........	0 00	6 75
Bernard's Encore.........	0 00	7 75
Bulloch, Lade & Co.		
Special blend...........	9 25	9 50
" extra special......	10 75	11 00
" L. Katrine.........	0 00	7 50
Usher's O. V. G...........	0 00	8 75
" special reserve...	0 00	9 75
" G. O. H...........	0 00	12 00
Gaelic Old Smuggler......	0 00	9 50
Greer's O. V. H...........	0 00	9 50
Stewart's Royal...........	0 00	10 00
	au gallon.	
Heather Dew.............	3 65	3 85
Special Reserve..........	4 15	4 25
Ex. Spc. Liqueur.........	4 75	4 90
Banagher Irish...........	4 05	4 30
H. Fairman & Co..........	4 05	4 15
Sheriff's.................	4 65	4 85
Glenfalloch..............	3 70	3 85
lenlivet (old)............	4 30	6 30

Whiskey Irlandais.

	à la caisse	
Old Irish..................	6 00	8 00
" flasks............	11 25	0 00
Special....................	9 00	0 00
" flasks.............	0 00	11 75
Cruiskeen Lawn, stone...	12 50	0 00
Henry Thomson..........	0 00	8 50
St-Kevin..................	0 00	7 50
J. Jameson & Son *.......	0 00	9 75
" " ***....	0 00	11 50
Geo. Roe & Co *.........	0 00	9 50
" " **.........	9 75	10 50
Barnagher................	9 75	10 25
Thom & Cameron.........	0 00	6 75
Burke's *** qrts.........	0 00	8 00
" *** 12 imp.-qt... flasks	0 00	11 75
Dunville..................	0 00	8 25
Bushmills.................	0 00	9 75
	au gallon.	
Old Irish..................	3 75	3 90

Gins.

De Kuyper, cse violette...........		2 65
" cses vertes............		6 00
DeKuyper, cses rouges, 1 à 4 c...		11 50

F. O. B. Montreal, 30 jours net; 1 o/o 10 jours; fret payé à destination par lot de 5 caisses au moins.

Key Brand................	5 00	10 25
" poney.........	0 00	2 50
Melchers poney...........	0 00	2 50
" picnics 4 doz....	0 00	5 50
" Honey Suckle... (cruchons verre)	8 25	15 00
Wynand Fockink.........	0 00	10 00
Bernard Old Tom.........	0 00	7 25
Booth's " "	0 00	7 85
" " " 5 caisses	0 00	7 60
Melrose Drover Old Tom..	0 00	7 00
Booth's London Dry......	0 00	7 75
Burnett "	0 00	7 25
Melrose Drover Dry......	0 00	7 00
Coate Plymouth..........	0 00	9 25

Gins en futs.

De Kuyper, barriq. le gal.	0 00	3 00
" quarts "	0 00	3 05
" octaves "	0 00	3 10
" au gallon "	0 00	3 20

Tous autres gins, 5c. de moins.
F. O. B. Montréal, 30 jours net ou 1% 10 jours.

Booth's Old Tom, quarts, le gal.	0 00	3 45
" " octaves.	0 00	3 50
" " au gal	0 00	3 90

Whisky Canadien au gallon, en lots d'un ou plusieurs barils de 40 gallons (pas de demi-barils) d'une sorte ou assortis.

Gooderham & Worts 65 O. P	4 50
Hiram Walker & Sons "	4 50
J. P. Wiser & Son "	4 49
J. E. Seagram "	4 49
H. Corby "	4 49
Gooderham & Worts 50 O. P........	4 10
Hiram Walker & Sons "	4 10
J. P. Wiser & Son "	4 09
J. E. Seagram "	4 09
H. Corby "	4 09
Rye Gooderham & Worts............	2 20
" Hiram Walker & Sons............	2 20
" J. P. Wiser & Son..............	2 19
" J. E. Seagram..................	2 19
" H. Corby.......................	2 19
Imperial Walker & Sons............	2 90
Canadian Club Walker & Sons.......	3 60

Pour quantité moindre qu'un quart d'origine mais pas moins de 20 gallons:

65 O. P.................. le gall.	4 55
50 O. P.................. "	4 15
Rye.......................	2 25

Au-dessous de 20 gallons:

65° O. P................ le gallon	4 60
50° O. P................ "	4 20
Rye..................... "	2 30

Pour quantité moindre qu'un baril ou un barillet d'origine:

Imperial Whisky......... le gallon	3 10
Canadian Club........... "	3 80

F. O. B. Montreal, 30 jours net ou 1 o/o 10 jours; fret payé pour quantité d'un quart et au-dessus.

Pour le Whisky à 50° O. P., 5c de moins par gallon, F. O. B. Montréal, pour l'île de Montréal.

Rye Canadien à la caisse.

Walker's Impérial.......... quarts	7 50
" ....16 flasks	8 00
" ....32 "	8 50
Walker' Canadian Club.... quarts	9 00
" ..16 flasks	9 50
" ..32 "	10 00
Gooderham & Worts 1891 1 à 4 c.	6 75
Seagram 1896 (Star brand.) quarts	6 50
" No 83............. "	8 75
Corby I. X. L..................	7 00
Purity, qts....................	6 50
" 32 flasks..............	7 50
Canadian, qts..................	5 00
" 32 flasks..............	6 00

F. O. B. Montreal, 30 jours net ou 1 o/o 10 jours

Whiskeys importés.

Kilty Scotch.......... caisse.			9 25
Buchanan's House of Commons..........	"		9 50
Claymore.............	"	8 50	8 75
Bushmills Irish.......	"	9 25	9 50

Gin (La Clef).

Caisses Rouges.............		10 00
" Vertes.............		4 85
" " Ponies.......		2 50
Gallon.....................	2 95	3 15
Nicholsons Old Tom Gin.....	7 50	7 75
" London Dry Gin.	7 50	7 75

Mélasses.

	Au gallon.
Barbades tonne..................	0 41
" tierce et qt............	0 43½
" demi quart..............	0 44½
" au char ton.............	0 40
" " tierce..........	0 42½
" " ½ qt............	0 43½
Porto Rico, choix, tonne.......	0 00
" tierce et quart......	0 00
" ordinaire, tonne....	0 00

Pâtes et denrées alimentaires.

Macaroni importé...... lb	0 08	0 10
Vermicelle " ...... "	0 08	0 10
Lait concentré.......... dz	0 00	1 90
Pois fendus, qt. 196 lbs..	0 00	4 10
Tapioca, lb...............	0 04¾	0 05

Poissons.

Harengs Shore......... brl.	0 00	5 00
" .... ½ "	0 00	2 75
" Labrador .... "	0 00	5 25
" " ..½ "	0 00	3 00
" Cap Breton .. "	0 00	0 00
" " ½ "	0 00	0 00
Morue sèche............. lb.	0 00	0 04½
" verte qt.......... lb.	0 02	0 02½
" No 1 large qt.... "	0 02¾	0 03
" No 1 draft...... "	0 00	0 02¾
" désossée caisse...	0 00	4 50
" " paquet....	0 00	0 06
Saumon C. A....... ½ "	0 00	0 00
" .... 1 "	0 00	0 00
Saumon Labrador.. 1 "	0 00	14 00

Produits de la ferme.

(Prix payés par les épiciers.)

Beurre.

Townships frais....... lb.	0 19	0 20
En rouleaux.......... "	0 00	0 00
Crémerie sept......... "	0 00	0 00
do Nov...... "	0 00	0 00
do frais...... "	0 21	0 21½

Fromage

De l'Ouest.............. lb.	0 10	0 11
De Québec.............. "	0 10	0 10½

Œufs.

Frais pondus, choix... dz.	0 00	0 20
Mirés.......................	0 00	0 15
Œufs chaulés, Montréal..	0 00	0 00
" " Ontario....	0 00	0 00

Sirop et sucre d'érable.

Sirop d'érable en qrts.. lb.	0 06¾	0 07
" en canistre.	0 75	0 80
Sucre d'érable pts pains lb.	0 09	0 10
" vieux......	0 00	0 00

Miel et cire.

Miel rouge coulé....... lb.	0 07	0 08
" blanc " .... "	0 08	0 09
" rouge en gateaux.. "	0 06	0 07½
" blanc " "	0 13	0 14
Cire vierge............. "	0 25	0 26

Riz

	Sac.	½ Sac.	Pch.	½ Pch.
B. 1 @ 9 sacs	3 10	3 15	3 20	3 25
B. 10 et plus "	3 00	3 05	3 10	3 15

C.C. 10c. de moins par sac que le riz B.

Patna imp., sacs 224 lbs. lb.	0 4⅜	0 05

Salaisons, Saindoux, etc.

Lard Can. Sh't Cut Mess qt.	19 50	20 00
" " S. C. Clear.... "	00 00	19 50
" " S. C. désossé.. "	00 00	21 00
" S.C. de l'Ouest "	21 00	22 00
Jambons................ lb.	00 12	00 14
Lard fumé.............. "	00 00	00 14

Saindoux.

Pur de panne en sceaux..	2 10	2 40
Canistres de 10 lbs.... lb.	0 10¾	0 12⅛
" 5 " .... "	0 10⅞	0 12⅜
" 3 " .... "	0 11	0 12½
Composé, en seaux.......	0 00	1 60
Canistres de 10 lbs.... lb.	0 00	0 08½
" 5 " .... "	0 00	0 08⅝
" 3 " .... "	0 00	0 08¾
Fairbanks, en seaux......	1 72½	1 75
Cottolene en seaux.... lb.	0 00	0 08¾

Sauces et Marinades.

Marinades Morton..... dz.	2 10	2 30
" Crosse & Blackwell "	0 00	3 25
" Suffolk, 20 oz...... "	0 00	2 10
" " 16 oz...... "	0 00	1 80
Essence d'anchois...... "	0 00	3 20
Sauce Worcester, ½ ch.doz.	3 50	3 70
" " chop "	6 25	6 50
" Harvey.... ½ " "	3 25	3 55
Catsup de tomates..... "	1 00	4 00
" champignons "	1 90	3 40
Sauce aux anchois..... dz	3 25	3 55
Sauce Chili............ "	3 75	4 05

Sel.

Sel fin, quart, 3 lbs......	2 65	2 75
" " 5 "	2 60	2 65
" " 7 "	2 40	2 50
" ¼ sac 56 "	0 00	0 30
" sac 2 cwts........	0 00	1 00
" gros, sac livré en ville	0 40	0 42½

Sirops.

Perfection............... lb.	0 02⅞	0 03⅛
" s. 25 lbs. seau.	0 00	1 00
" seau 3 gall. "	0 00	1 30
Sirop Redpath tins 2 lbs.	0 00	0 09
" " 8 "	0 00	0 35

Sucres.

(Prix aux 100 lbs.)

Jaunes bruts (Barbade)..........		4 37½
" raffinés..........	$4 30	4 90
Extra ground................ qts.		5 60
" " .... bte.		5 80
" " .... ½ "		5 85
Cut loaf..................... qts.		5 60
" .... ½ "		5 70
" .... bte.		5 60
" .... ½ "		5 70
Powdered.................... qts.		5 35
" .... bte.		5 55
Extra granulé................ qts.		5 00
" .... ½ "		5 15

Ces prix doivent être augmentés de 5c par 100 lbs pour les villes de Montréal et Québec.

Thés du Japon.

Extra choisi du mois de mai:

Castor No 1..........	lb.	0 00	0 7¼
Hibou No 1..........	"	0 00	0 35
Choisi:			
Castor No 2..........	"	0 00	0 2½
Hibou No 2..........	"	0 00	0 32½
Bon:			
Hibou No 50.........	"	0 00	0 26
Faucon (Hawk)......	"	0 00	0 25
Spécial:			
Hibou No 100........	"	0 10	0 20
Moyen:			
Otter.................	lb.	0 00	18
Commun..............	"	0 14	17
Moulu (Siftings)......	"	0 06	0 09
Nibs (choix)..........	"	0 14	0 18

Thés de Chine.

Thés verts Young Hyson.

Ping Suey, bts 30 lbs	lb.	0 12	0 14
" ½ cais. (first)	"	0 16	0 18
" " (points)	"	0 18	0 20
Moyune, caisses.....	"	0 38	0 42

Thés verts Gun Powder.

Moyune, caisses.....	lb.	0 40	0 44
Ping Suey, bts, Pin head	"	0 32	0 35
" " "	"	0 25	0 28
Pea Leaf, choix, bts..	"	0 20	0 22
" commun "	"	0 14	0 16

Thés noirs.

Kaisow........... ½ cs	lb.	0 12	0 14
Pan Young........ "	"	0 14	0 16
Keemuns, Kin Tuck "	"	0 18	0 20
Moning, choix..... "	"	0 30	0 34
Packling, boites 20 lbs commun..........	"	0 13	0 15
Packling, boites 20 lbs bon..............	"	0 16	0 18
Packling, boites 20 lbs fin..............	"	0 22	0 25
Orange Pekoe, bts 20 lbs, parfumé.......	"	0 25	0 30
Formosa Oolongs, bts 20 lbs, (le Papillon).	"	0 24	0 30

Thés de l'Inde.

Darjeelings, Bloomfield,	lb.	0 32	0 40
Assam Pekoe....	"	0 20	0 24
Gloria, Pekoe Souchong................	"	0 18	0 20
Amrail, Souchong......	"	0 16	0 18
Gloria, Pekoe..........	"	0 14	0 16

Thés de Ceylan.

Syria, Golden Tipped Pekoe........ caisse,	lb.	0 27	0 35
Gallaheria, Flowery Pekoe........ caisse,	"	0 20	0 23
Bombra, Pekoe Souchong........ caisse.	"	0 16	0 18
Luccombe, Souchong, caisse,	"	0 14	0 16
Golden Tipped Pekoe, (marque Abeille), No 8, caisses 40 lbs, (10 x 1 lb et 60 x ½ lb)..................	"	0 36	0 38
Flowery Pekoe, (marque Abeille), No 9, caisses 40 lbs, 10 x 1 lb et 60 x ½ lb)...	"	0 28	0 30
Flowery Pekoe Nayabedde demi caisses	"	0 24	0 27
Ceylon Pekoe Karana demi caisse.........	"	0 24	0 27

Vernis.

Vernis à harnais...... gal.	0 0	1 80
" " ...... dz.	1 1	1 20
" à tuyaux...... gal.	0 0	0 90
" Parisien........ dz.	0 70	0 75
" Royal polish... "	0 00	1 25

Vins.

Non Mousseux.

Bordeaux ord....... caisse	2 60	3 50
" " .... gal.	0 90	1 10
" Médoc.... caisse	4 65	5 65
" St-Julien. "	5 65	6 65
" Châteaux "	4 25	21 00
Bourgogne.......... "	7 00	20 00
Bourgogne, ordinaire gal.	0 90	1 10
Sicile.................. "	1 35	1 60
Sherry............. caisse	4 50	11 00
" .... gal.	0 95	4 00
Porto.............. caisse	6 00	15 00
" Gordon & Cie. "	0 00	3 75
" .... gal.	2 10	4 00
Moselle............ caisse	15 00	21 00
Sauternes.......... "	5 65	6 65
Graves............. "	5 50	6 50
Malaga, Gordon & Cie "	0 00	4 00
Claret L. Pinaud qts "	0 00	2 60
" Faure Frères... gal.	0 00	0 90
Robertson Bros Oporto gal.	1 50	10 00
" " Sherry.cs.	0 00	10 00
" " " gal.	1 50	8 50

Mousseux.

(Prix à la caisse.)

	qrts.	pts.
Bourgogne Mousseux	00 00	00 00
Moselle Mousseux........	16 00	21 00
Hock Mousseux..........	15 50	17 00
Saumur, Tessier & Co.....	13 00	14 50
" Neres Raphael..	13 00	14 50
" Castellane......	12 50	14 00

Champagnes.

	qrts.	pts.
J. Mumm..................	28 00	25 00
G. H. Mumm...............	28 00	30 00
Arthur Rœderer...........	22 00	24 00
Vve Clicquot..............	28 00	30 00
Eug. Clicquot.............	24 00	00 00
Pommery..................	28 00	30 00
Fréminet..................	23 00	24 00
Louis Rœderer............	28 00	30 00
Piper Heidsick............	27 00	29 00
Perrier-Jouet.............	28 00	30 00
E. Mercier & Cie., carte d'or	28 00	30 00
Vin des Princes...........	22 00	23 00
Vin d'été.................	16 00	17 00
E. Cazanove..............	22 00	00 00
Tessier...................	14 00	15 50
Imperial extra dry........	00 00	15 00
Couvert, très sec.........	20 00	22 00
Théop. Rœderer:		
Cristal Champagne......	40 00	42 00
Réserve Cuvée...........	26 00	28 00
Sportsman Ch............	16 00	18 00

Bois de chauffage

Prix payé par marchands, aux chars, gare Hochelaga

Erable	la corde......	0 00
Merisier	do	0 00
Bouleau, etc.	do	0 00
Epinette	do	0 00
Slabs, par chars...........	....	0 00
do en barge, la corde....	....	0 00
Rognures, le voyage.......	....	0 00

Charbons

PRIX DE DETAIL

Grate	par tonne de 2000 lbs..	6 75
Furnace	do ..	6 75
Egg	do ..	6 75
Stove	do ..	7 00
Chesnut	do ..	7 00
Peanut	do ..	5 00
Screenings	do 2240 lbs..	5 10

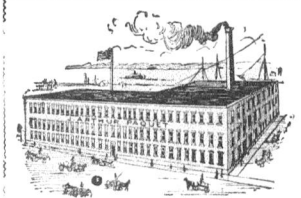

PRIX COURANTS.—MONTREAL, 4 OCTOBRE 1900.

Vale Grate	do 2000	..	0 00
Welsch Anthracite	do do	..	5 75
Picton	do 2240		
Cape Breton	do do		
Glace Bay	do do	}	0 00
Sydney	do do		
Reserve	do do		
Charbon de forge	do 2000	..	0 00
Lehigh pour fond.	do do	..	0 00
Coke do	par chaldron.....		0 00
do usage domestique*............			0 00
do do do	concassé.....		0 00

* Selon distance et qualité.

Cuirs et Peaux.

Cuirs à semelles.

(Prix à la livre.)

Spanish No 1, 18 lbs moy.	0 26	27
" No 1, 25 lbs et au-d.	0 00	26
" No 1, léger........	0 25	26
" No 2, "	0 00	25
" No 2, 18 lbs moy..	0 00	26
Zanzibar	0 23	24
Slaughter sole No 1 steers.	0 28	30
" " No 1 p. ord.	0 28	30
" " No 2 "	0 25	27
" union crop No 1	0 30	0 32
" " No 2	0 28	0 30

Cuirs à harnais.

(Prix à la livre.)

Harnais No 1.............	0 33	0 35
" No 1 R..........	0 32	0 34
" No 2.............	0 30	0 33
" taureau No 1....	0 00	0 30
" " No 2....	0 00	0 28

Cuirs à empeignes.

(Prix à la livre.)

Vache cirée mince........	0 40	0 45
" forte No 1....	0 00	0 40
Vache grain. pesante.....	0 40	0 45
" écossaise	0 38	0 40
Taure française..........	0 95	1 00
" anglaise...........	0 90	1 00
" canadienne, Lion.	0 75	0 85
Veau can. 25 à 30 lbs....	0 75	0 80
" 36 à 45........	0 60	0 65
" 45 et plus.....	0 50	0 60
Vache fendue Ont H......	0 25	0 30
" " H. M ..	0 25	0 30
" " Med ...	0 25	0 30
" " junior .	0 21	0 23
" Qué.sen.h.à.m.	0 24	0 28
" Jun.m.à light.	0 20	0 23
Cuir rouge pour Mocassin Steer, le No............	0 00	0 08
Cuir rouge pour Mocassin Bull, le No............	0 00	0 07
Cuir rouge pour Mocassin Steer, la livre............	0 33	0 38
Cuir rouge pour Mocassin Bull, la livre............	0 30	0 35

Cuirs vernis.

Vache vernie.........pied	0 16	0 18
Cuir verni "Enamel" "	0 15	0 17

Cuirs fins.

Mouton mince.........dz.	3 00	6 00
" épais.......... "	10 00	0 00
Dongola glacé, ord...pied	0 14	0 25
Kid Chevrette........ "	0 25	0 30
Chèvre des Indes glacée "	0 08	0 10
Kangourou .... "	0 35	0 50
Dongola dull.......... "	0 20	0 30
Buff d'Ontario H... "	0 14	0 15
" H. M... "	0 13	0 14
" M... "	0 00	0 13
" L. M... "	0 00	0 13
" No 2... "	0 00	0 12
Buff de Québec H... "	0 13	0 15
" H. M... "	0 13	0 14
" M... "	0 00	0 13
" L. M... "	0 00	0 13
" No 2... "	0 00	0 12
Glove Grain Ontario.. "	0 13	0 15
" " Québec.. "	0 13	0 14
Pebble " Ontario.. "	0 14	0 15
" " Québec.. "	0 13	0 14

Cuirs à bourrures.

Cuir à bourrure No 1.....	0 00	0 20
" No 2.....	0 00	0 18
Cuir fini français... ...	0 00	0 20
" russe	0 20	0 25

Peaux.

(Prix payés aux bouchers.)

Peaux vertes, 1 lb, No 1	0 00	0 08
" " No 2	0 00	0 07
" " No 3	0 00	0 06
Veau No 1............ "	0 00	0 08
" No 2.............	0 08	0 06
Agneaux pièce	0 00	0 70
" en laine "	0 00	0 00
Moutons "	0 00	0 00
Chevaux......... No 1...	0 00	2 00
" .... No 2...	0 00	1 50

(Pour peaux asorties et inspectées.)

Laines.

Toison du Canada... lb.	0 00	0 17
Arrachée, non assortie. "	0 17	0 17½
A, extra supérieure.... "	0 17½	0 18½
B, supérieure.......... "	0 17½	0 18½
Noire, extra .... "	00	0 18
Noire .... "	0 00	0 16½

Fers et Métaux.

FERRONNERIE ET QUINCAILLERIE

Fers à cheval.

Ordinaires...........baril	3 50	4 00
En acier..................	3 60	4 95
"Fer à repasser".......lb	0 04	0 04½

"Fiches":

Pressées ¼ p. Esc. 25 p.c.	4 75	0 00
" 5-16 "	4 50	0 00
" ⅜ "	4 25	0 00
" 7-16 "	0 00	4 10
" ½ "	0 00	3 90

Fil de fer

Poli et Brûlé.

No 2 à 5, net..........100 lbs	2 87
" 6 à 9 "	2 80
" 10 "	2 87
" 11 "	2 94
" 12 "	3 00
" 13 "	3 15
" 14 "	3 27
" 15 "	3 40
" 16 "	3 55

Brulé et huilé 10c de plus par 100 lbs pour chaque numéro.

Galvanisé Nos 2 à 8, net..	3 85	3 95
" 9 "	3 10	3 20
" 10 "	4 00	4 10
" 11 "	4 05	4 15
" 12 "	3 25	3 35
" 13 "	3 35	3 45
Brulé; p. tuyau..100 lbs	6 00	7 00
Barbelé p. clôtures, 100 lb.	3 20	3 30
Crampes........... "	0 00	3 45
Fil de laiton à collets..lb.	0 37½	0 46
Fonte Malléable....... "	0 09	0 10
Enclumes....... ...... "	0 11	0 11½

Charnières.

T. et "Strap"..........lb.	0 05	0 06
Strap et Gonds filetés.....	0 03	0 03¾

CLOUS, ETC.

Clous à cheval.

No 7...............100 lbs.	24 00
No 8.................. "	23 00
No 9 et 10.......... "	22 00

Escompte 50 p. c. 1e gal.
" 50 et 10 p. c. 2e ga.
Boites de 1 lb., ½c. net extra.

Clous coupés à chaud.

De 4½ à 6 pcs.........100 lbs.		2 35
3½ à 4 " .... "		2 40
3 à 3¼ " .... "	à 4 mois	2 45
2½ à 2¾ " .... "	à 4 mois	2 50
2 à 2¼ " .... "	à 4 mois	2 65
1½ à 1¾ " .... "	à 4 mois	2 75
1¼ " .... "	à 4 mois	3 00
1 " .... "	à 4 mois	3 35

Clous à finir.

1 pouce..................100 lbs.	à 4 mois	3 85
1¼ " ....100 lb.	à 4 mois	3 55
1½ et 1¾ pcs..... ... "	à 4 mois	3 30
2 et 2¼ " .... "	à 4 mois	3 05
2½ à 2¾ " .... "	à 4 mois	3 00
3 à 6 " .... "	à 4 mois	2 95

Clous à quarts.

⅞ pouce...............100 lbs.	à 4 mois	3 60
1⅛ " .... "	à 4 mois	3 35

Clous à river.

1 pouce.......100 lbs.	à 4 mois	3 85
1¼ " ...... "	à 4 mois	3 55
1½ à 1¾ " ...... "	à 4 mois	3 30
2 à 2¼ " ...... "	à 4 mois	3 05
2½ à 2¾ " ...... "	à 4 mois	3 00
3 à 6 " ...... "	à 4 mois	2 95

Clous d'acier, 10c. en sus.

" galvanisés 1 pouce .100 lbs.	6 35
" à ardoise, 1 pouce... "	3 85

Clous de broche.

1 pouce, No 16, prix net, 100 lbs	4 10
1 " No 15 " "	3 85
1¼ " No 14 " "	3 50
1½ " No 13 " "	3 25
1¾ " No 12 " "	3 25
2, 2¼ " No 11 " "	3 15
2½ " No 10½ " "	3 00
2¾ " No 10 " "	3 00
3 pouces. " "	2 95
3½ et 4 " "	2 90
5 et 6 pouces " "	2 85

Limes, râpes et tiers points.

1re qualité, escompte.......60 et 10 p.c.
2me " " ....70 p.c.
Mèches de tarrière, esc............55 p.c.
Tarrières, escompte.................55 p.c.
Vis à bois, fer, tête plate 80 p.c.
" " " ronde 75 "
" cuivre tête plate 75 "
" " " ronde, 67½ "
Boulons à bandage........65 à 67½ p.c.
" à lisses......................75 p.c.
" à voiture 3/16, ¼ x 5/16 pc 60 p.c.
" " ⅜, 7/16 x ½ pc. ...55 p.c.

Métaux.

Cuivres.

Lingots...................lb.	0 14	0 15
En feuilles............. "	0 16	0 17

Etain.

Lingots ....lb.	0 37	0 38
Barres................... "	0 38	0 39

Plomb.

Saumons..................lb.	0 04½	0 04¾
Barres .... "	0 05	0 05¼
Feuilles................. "	0 05¼	0 05½
De chasse................ "	0 06	0 06½
Tuyau........ ...100 lbs.	5 95	6 25

Zinc.

Lingots, Spelter.........lb.	0 05¾	0 06
Feuilles, No 8........... "	0 07	0 07¼

Acier.

A ressort.........100 lbs.	0 00	3 50
A lisse............ "	1 90	2 00
A bandage........ "	2 00	2 10
A pince........... "	2 25	2 50

Fer en barres.

Canadien..........100 lbs	1 65	1 75
De Norvège...... "	4 25	4 50

Fontes.

Calder........ ...tonne..	25 00	26 00
Carnbroe......... " ..	25 00	26 00
Glengarnock..... " ..	00 00	00 00
Summerlee....... " ..	25 50	26 50

Matériaux de construction

PEINTURES. 100 lbs.

Blanc de plomb pur......	0 00	6 50
" " No 1..	0 00	6 12½
" " " 2..	0 00	5 75
" " " 3..	0 00	5 37½
" " " 4..	0 00	5 00
" " sec....	6 00	7 50
Rouge de Paris, Red Lead.	5 00	5 50
" Venise, anglais.	1 50	2 00
Ocre jaune................	1 50	2 00
" rouge................	1 50	2 00
Blanc de Céruse..........	0 45	0 65
Peintures préparées ..gal.	1 20	1 30
Huile de lin crue(net cash)	0 00	0 80
" bouillie "	0 00	0 83
Ess. de Térébenthine "	0 00	0 59
Mastic.....................	2 35	2 80
Papier goudronné rouleau	0 45	0 50
" " 100 lbs	1 60	1 75
" feutre "	2 00	2 20
" gris rouleau	0 30	0 33
" à couv. roul. 2 plis	0 75	0 80
" " " 3 plis	1 00	1 10

VERRES A VITRES

United 14 @ 25..50 pds.	.....	2 00
" 26 40.. "	.....	2 10
" 41 50 100 pds.	.....	4 50
" 51 60 "	.....	4 75
" 61 70 "	.....	5 25
" 80	.....	5 7[illegible]

Bois durs.

Prix de détail.

Acajou de 1 à 3 pouces	le pied....	$12 00	30 00
Cèdre rouge ¼ de pouce	do	25 00	35 00
Noyer noir 1 à 4 pouces	do	00 00	16 00
Noyer noir 6 x 6, 7 x 7, 8 x 8	do	00 00	18 00
Cerisier 1 à 4 pouces	do	10 00	15 00
Frêne 1 à 3 pouces	le M	25 00	30 00
Merisier 1 à 4 pouces	do	00 00	30 00
Merisier 5 x 5, 6 x 6, 7 x 7, 8 x 8	do	00 00	35 00
Erable 1 à 2 pouces	do	00 00	40 00
Orme 1 à 2 pouces	do	00 00	25 00
Noyer tendre 1 à 2 pouces	do	00 00	41 00
Cotonnier 1 à 4 pouces	do	45 00	50 00
Bois blanc 1 à 4 pouces	do	25 00	30 00
Chêne 1 à 2 pouces rouge	do	00 00	00 00
Chêne 1 à 2 pouces blanc	do	00 00	60 00
Chêne scié sur grain	do	75 00	100 00

Plaquage (veneers):

Uni	le pied....	0 90	1 00
Français	do	0 00	0 15
Américain	do	0 10	0 12
Erable piqué	do	0 10	0 12
Noyer noir ondé	do	0 00	0 10
Acajou (mahogany)	do	0 02	0 10

Bois de Service

Pin

Prix en gros.

1 pouce strip shipping cull	6 à 16 pieds	le M.	$14 00	17 00
1¼, 1½ et 2 pouces shipping cull	do	do	14 50	17 50
1 pouce shipping cull sidings	do	do	16 00	18 00
1¼, 1½ et 2 pces do	do	do	16 50	18 50
1 pouce qualité marchande	do	do	25 00	35 00
1¼, 1½ et 2 pcs do	do	do	27 50	37 50
1 pouce mill cull, strip, etc. No 2	do	do	10 00	12 00
1¼, 2½ et 2 pcs do	do	do	10 50	12 50
1 pouce mill cull No 1	do	do	14 00	16 00
1, 1½ et 2 pcs do	do	do	14 50	16 50
3 pouces do	do	do	14 00	16 00
do do No 2	do	do	9 00	10 00

Epinette

1 pouce mill cull	5 à 9 pouces	do	10 00	12 00
1¼, 1½ et 2 pouces mill cull	do	do	10 00	12 00
3 pouces mill cull	do	do	10 00	12 00
1, 1¼, 1½ et 2 pouces qualité marchande	do	do	14 00	16 00

Pruche

1, 2 et 3 pouces		do	11 00	13 00
Colombages en pin, 2 x 3, 3 x 3 et 3 x 4—aux chars		do	14 00	16 00
Lattes—1ère qualité	le mille	do	2 75	2 80
2ème do	do	do	2 40	2 00
Bardeau pin XXX	16 pouces	do	0 00	0 00
do XX	do	do	0 00	0 00
do X	do	do	0 00	0 00
do 1ère qualité	18 pouces	do	0 00	0 00
do 2ème do	do	do	0 00	0 00
Bardeaux cèdre XXX	16 pouces	do	2 90	3 00
do XX	do	do	2 40	2 50
do X	do	do	1 50	0 00
Bardeaux pruche marchande	do	do	0 00	0 00

Charpente en pin

de 16 à 24 pieds—3 x 6 à 3 x 11	do	18 00	22 00
de 25 à 30 do do do	do	20 00	24 00
de 31 à 35 do do do	do	20 00	28 00
de 16 à 24 do 3 x 12 à 3 x 14	do	20 00	26 00
de 25 à 30 do do do	do	24 00	28 00
de 31 à 35 do do do	do	30 00	32 00

Bois carré—pin

de 16 à 24 pieds—de 5 à 11 pouces carrés	do	18 00	22 00
de 25 à 30 do do do	do	20 00	24 00
de 31 à 35 do do do	do	26 00	28 00
de 16 à 24 do de 12 à 14 pouces carrés	do	22 00	26 00
de 25 à 30 do do do	do	24 00	28 00
de 31 à 35 do do do	do	30 00	32 00

Charpente en pruche

de 17 à 30 pieds jusqu'à 12 pouces	do	18 00	22 00
Charpente en épinette	do	18 00	22 00
do do rouge	do	28 00	35 00

PRIX COURANTS.—MONTREAL, 4 OCTOBRE 1900.

SPÉCIALITÉS

Articles divers.

Couleur à beurre Dalley, 2 oz., doz. 1 25
Graine de canari, F. F. Dalley Co :
Spanish bird seed, cse 40 lbs 0 00 0 06½
Dalley's " " " " 0 00 0 06
Sel céleri Dalley, 2 oz., dz..... 1 25
Poudre Curry Dalley, 2 oz., dz. 1 75
Vito Castile Soap Powder cse 100 3 10

Adams' Root Beer Extract et Adams' English Ginger Beer.

boites de ¼, ½ et 1 grosse,
grandeur 10 en .... doz. 0 80
" " .... la gr. 9 00
En boites de ¼ de grosse,
grandeur 25 cents........ la doz. 1 75
" " .... la gr. 20 00

Bières.

Bass Ale. qts pts
Head Bros. Dog's Head..... 2 55 1 57½

Guinness' Stout.

Read Bros. Dogs'Head.... 2 52½ 1 50

Cafés.

Madden Cereal Health Coffee,
6 oz. la cse de 100 paq........ 6 50
" ½ " 50 " 3 35
" ¼ " 25 " 1 75
paq. de 1¼ lb., la cse de 12.... 2 25
" " " 24.... 4 40

Chocolats et Cacaos.

Chocolats Cowan.

French Diamond 6 div. 12 lbs, lb. 0 23
Queen's dessert, ¼ et ½...... " 0 40
" " 6 div........ " 0 42
Mexican Vanilla, ¼ et ½.... lb. 0 35
Parisien, morc. à 5c.......... " 0 30
Royal Navy, ¼ et ½.......... " 0 30
Chocolate Icing pa 1 lb. dz. 2 25
" " ½ " " 1 25
Pearl Pink Icin 1 " " 1 75
White Icing 1 " " 1 75

Chocolats Kérelle

Santé, ¼, ½, 1-6 lb—bte 10 lbs. $2 40
Valcellé, ½, ¼ lb do 3 15
Pastilles, Bte 5 lbs.............. 1 00

Cacaos Cowan.

Hygiénique, en tins de ½ lb....dz. 3 75
" " ¼ lb.... " 2 25
" " 5 lbs...lb. 0 55
Essence cacao, non sucré......dz. 1 40
" " sucré, tins ¼ lb. " 2 25

Cirages.

F. F. Dalley Co.

English Army............cse ½ gr. 9 00
No 2 Spanish............ " 3 60
No 3 " .... " 4 50
No 5 " .... " 7 20
No 10 " .... " 9 00
Yucan Oil..............cse 1 doz. 2 00
N. Y. Dressing........... " 0 75
Spanish Satin Gloss...... " 1 00
Crescent Ladies Dressing " 1 75
Spanish Glycerine Oil.... " 2 00

Confitures et Gelées.

Lazenby.

Tablettes de Gelées 13 var....pts. 1 20

Conserves alimentaires.

Spécialités de W. Clark.

Compressed Corned Beef 1s. la dz. $1 50
" " 2s. " 2 60
" " 4s. " 5 15
" " 6s. " 7 10
" " 14s. " 18 50
Ready Lunch Beef...... 2s. la dz. 2 50
Geneva Sausage........ 1s. " 1 65
" " .... 2s. " 3 00
Cambridge " .... 1s. " 1 55
" .... 2s. " 2 75
Yorkshire " .... 1s. " 1 25
" " .... 2s. " 2 25
Boneless Pigs Feet..... 1s. " 1 40
" " ..... 2s. " 2 40
Sliced Smoked Beef.... ½s. " 1 40
" " " .... 1s. " 2 30
Roast Beef............. 1s. " 1 45
" " .... 2s. " 2 60
Pork & Beans with sauce 1s. " 0 50
" " 2s. " 1 00
" " 3s. " 1 50
" Plain.... 1s. " 0 45
Wild Duck Patés........ ½s. " 1 00
Partridge " .... ½s. " 1 00
Chicken " .... ½s. " 1 00
Veal & Ham " .... ½s. " 1 00
Ox Tongue (Whole)....1½s. " 7 70
" " .... 2s. " 8 80
" " ...2½s. " 10 00
Lunch Tongue.......... 1s. la dz. 3 00
" .... 2s. " 6 00

Potted Meats ¼s.

Ham ....
Game........................
Hare........................
Chicken........................ la dz. .50
Turkey........................
Wild Duck........................
Tongue........................
Beef........................
Chicken Ham & Tongue. ½s. la doz. 1 00

Soupes.

Mulligatawny ....
Chicken..............
Ox Tail.............. Pints. 1 10
Kidney ....
Tomato ....
Vegetable..............
Julienne ....
Mock Turtle,.......... Quarts. 2 20
Consomme..............
Pea..................

Spécialité des Lazenby.

Soupes Real Turtle.......dz. 0 00 9 00
Soupes assorties........ " 3 00 3 75
" " bts carrées " 0 00 1 65

Mines.

Tiger Stove Polish.........grande 9 00
" " " .... petite 5 00
Mine Royal Dome.....gr. 1 70 0 00
" James............. " 2 40 0 00
" Rising Sun large dz. 0 00 0 70
" " small " 0 00 0 40
Mine Sunbeam large dz 0 00 0 70
" " small " 0 00 0 35

Eau de Javelle

LA VIGAUDINE

La Vigaudine............la grosse $5.40
" ....la doz. 0.50

Eaux Minérales.

Carabana......................cse. 10 50
Hunyadi Matyas.............. " 6 00
Pougues St-Leger............. " 10 50
St-Galmier qts. (source Badoit) cse. 6 00
" pts. " " 7 50
Vichy Célestins, Grande Grille.. " 10 00
" Hopital, Hauterive...... " 10 00
" St-Louis................ " 00

Empois.

F. F. Dalley Co.

Boston Laundry, cse 40 paq., le paq. 0 07½
Culina Toledo, " 40 " la lb... 0 06½

Grains et Farines.

Farines préparées.

Farine préparée, Brodie
XXX, 6 lbs.... 2 20
" " 3 " 1 15
" superb 6 " 2 10
" " 3 " 1 10
Orge mondée (pot barley) sac 2 20
" ....quart 4 40
" perlée ....sac 3 25

F. F. Dalley Co. doz.

Buckwheat, paq. 2½ lbs, cse 3 doz. 1 20
Pancake, " 2 " " 1 20
Tea Biscuit " 2 " " 1 20
Graham Flour" 2 " " 1 20
Bread & Pastry" 2 " " 1 20

Spécialités de Lazenby.

Huile à salade.............¼ pt. dz. 1 40
" ....½ pt. " 2 15
" ....pints " 3 75
" ....quarts " 6 50
Crême à salade petits........... " 2 00
" grands................... " 3 75

Liqueurs et spiritueux.

Apéritifs.

Byrrh Wine.............. 00 00 12 00
Orange Bernard.......... 6 75 7 00
Vermouth Noilly Prat.... 6 75 7 00
" Italien......... 6 50 7 00
Saratoga Cock-Tails......par caisse 8 25

Bénédictine

Litres, 12 à la caisse......18 00 19 00
½ litres, 24 à la caisse 19 50 20 00

Liqueurs Frederic Mugnier, Dijon, France.

Crême de Menthe verte.. 00 00 11 00
" " blanche 00 00 11 00
Curaçao triple sec cru.... 00 00 12 25
Curaçao triple sec bout... 00 00 12 25
Bigarreau (Cherry B'dy).. 00 00 11 00
Cacao l'Hara à la Vanil... 00 00 12 25
Marasquin.................. 00 00 13 25
Kirsch * * *............... 00 00 11 25
" * * *............... 00 00 13 25
Brunelle de Bourgogne... 00 00 12 25
Crême de Framboise..... 00 00 12 25
Fine Bourgogne 12 lit.., 00 00 21 15
Eau de Vie de Marc...... 00 00 18 25
Crême de Cassis.......... 00 00 11 25
Crême de Musigny........ 00 00 12 25
Apéritif Mugnier......... 00 00 10 25
Alcool de Menthe......... 00 00 6 15
Absinthe Ed. Pernod...... 00 00 14 50

Stowers.

Lime Juice Cordial p. 2 dz. 0 00 4 70
" " " q. 1 " 0 00 4 20
Double Refi. lime j'ce 1 dz. 0 00 3 90
Lime syrup bout. can 1 " 0 00 4 20

Moutardes

W. G. Dunn & Co., London, Ont.

Pure D.S.F. ¼ bte, cse 12 lbs. la lb. 0 34
" " ½ " " " 0 32
" " bte 10c, " 2 à 4 dz la dz. 0 80
" " " 5c, " 4 " 0 40
F. Durham ¼ bte, cse 12 lbs, la lb 0 25
" " ½ " " " " 0 23
Fine Durham, pots 1 lb, chaque 0 24
" " " 4 " " 0 70
" " " 5 " " 0 80
Mustard Butter, bout. 12 oz. la doz. 1 30

F. F. Dalley Co.

Dalley's, vrac, pure.............la lb. 0 25
" bte ½ lb, cse 2 doz..la doz. 2 00
" " ¼ " " 4 " " 1 00
" Superfine Durham, vrac, lb 0 12
" do bte ¼ lb, cse 4 doz, la doz. 0 65
" " ½ " " 2 " " 1 20
" do pots 1 " .... " 2 40
" " 4 " .... " 7 80
" do verres ¼ lb.......... " 0 75

Poudre à Pâte

Cook's Friend.

No 1, 4 doz. au se ½ bte..la doz.. $2 40
" 2, 6 " " " .. " .. 0 80
" 3, 4 " " " .. " .. 0 45
" 10, 4 " " .. " .. 2 10
" 12, 6 " " .. " .. 0 70

Océan.

3 oz., cse 4 doz........la doz.. 0 35
4 " " 4 " .... " .. 0 45
8 " " 4 " .... " .. 0 90
16 " " 2 " .... " .. 1 50

F. F. Dalley Co.

Silver Cream, ¼ lb, cse 4 à 6 doz, la doz. 0 75
English " ½ " " " " 1 25
" " 1 " 2 à 4 " " 2 00
Kitchen Queen, ¼ " 4 à 6 " " 0 60
" " ½ " " " " 0 90
English Cream, en verres...... " 0 75
" " pots de ½ lb.... " 1 25
" " " 1½ lb.... " 2 25

Soda à pâte

"Cow Brand"

Boite 60 paquets de 1 lb........ 3 00
" 120 " ½ " 3 00
" 30 1 lb et 60 ½ lb........ 3 00
" 96 paquets 10 oz à 5c...... 3 00

Produits Pharmaceutiques.

Spécialités Pharmacie Gaudet :

	Doz.	Gros.
Restaurateur de Robson.	4 00	40 00
Elixir Résineux Pectoral.	1 75	16 00
Pilules Anti-Bilieuses Dr Ney................	1 50	13 50
Pastilles Vermifuges Françaises..............	1 40	14 00
Anti-Cholérique Dr Ney..	1 75	16 00
Anti-Asthmatique........	3 25	30 00
Poudres Condition Prof. Vink..................	1 75	16 00
Colis Cure Prof Vink.....	3 00	30 00
Spavine Cure Prof Vink.	3 50	35 00

Spécialités de J. A. E. Gauvin ;

5 p.c. d'escompte.

Sirop Menthol..............la doz. 1 65
Sirop d'Anis Gauvin........ " 1 75
" " par 3 doz 1 60
" " par 1 grosse. 17 00
" " par 5 grosses. 16 00
Graine de lin...........lb. 0 00 0 03
" moulue... " 0 00 0 04

Réglisse

Young & Smylie.

Y. & S. en bâtons (sticks) :

Bte de 5 lbs, bois ou papier, lb.... 0 40
"Fantaisie" (36 ou 50 bâtons) bt. 1 25
"Ringed," boite de 5 lbs.......lb. 0 40
"Acmé" Pellets, boite de 5 lbs. (can.)......................bte. 2 00
"Acmé" Pellets, boite fantaisie papier, (40 morc)..........bte. 1 25
Réglise au goudron et gaufres de Tolu, bte de 5 lbs. (can)....bte. 2 00
Pastilles réglisse, jarre en verre 5 lbs. 1 75
Pastilles de réglisse, boite de 5 lbs (can.)........................ 1 50
"Purity" réglisse, 200 bâtons.... 1 45
" 100 " ... 0 72½
Réglisse Flexible, bte de 100 morceaux.
Navy plugs........................ 0 70
Tripple Tunnel Tubes.............. 0 70
Mint puff straps.................. 0 70
Golf Sticks....................... 0 70
Blow Pipes (200 à la bte)......... 0 70
do (Triplets, 300 à la bte) 0 70
Manhattan Wafers 2½ lb.......... 0 75

Sauces et Marinades.

Spécialités Skillon Foote & Co ;

Golden German Salad, cse 2 doz. flac 5 75
Tomatoe Relish " " 5 75
Chow Chow, cse 1 doz., flacon ½ gal. 3 00
Caulisalsa, cse 2 doz................5 75

Savon.

A.P. TIPPET & CO., AGENTS.

Maypole Soap, couleurs, par grs.. $12 00
Maypole Soap, noirs, par grs.. $18 00
10 p. c., escompte sur lots de grosses.

Tabacs Canadiens.

Spécialités de Joseph Côté, Québec.
Tabac en feuilles.

Parfum d'Italie, récolte 1898, ballots 25 lbs.................. 0 30
Turc aromatique, 1899, ballots 25 lbs....................... 0 22
Rouge, 1899, ballots 50 lbs...... 0 15
Petit Havane " 25 lbs...... 0 18
1er choix, 1898, ballots 50 lbs.. 0 12
XXXX, " " .. 0 11

Tabacs coupés.

Petit Havane ¼ lb............... 0 35
" " ½ " 0 35
St-Louis, 1-10, 4—10....... .... 0 40
Quesnel ⅛ 5............ 0 60
Coté's Choice Mixture ⅛ lb 5...... 0 60
Vendome ½ tin.................... 1 15

Cigares.

Bianca 1-20....................... 13 00
Bruce 1-20 .... 15 00
Twin Sisters 1-20................ 15 00
" " 1-40................ 16 00
Côté's fine Cheroots 1-10......... 16 00
Beauties 1-20 .... 18 00
Golden Flowers 1-20............. 23 00
" " 1-40............. 25 00
My Best 1-20...................... 25 00
Doctor Faust 1-20................ 28 00
" " 1-40................ 30 00
St-Louis 1-20..................... 33 00
" 1-40..................... 35 00
Champlain 1-100.................. 38 00
" 1-40..................... 78 00
" 1-20..................... 38 00
Saratoga 1-20..................... 40 00
El Sergeant 1-20................. 50 00

Tabacs.

Empire Tobacco Co.

Fumer :

Empire 9s. 4½s, 3s.............lb. 0 36
Sterling 8s....................... " 0 51
Royal Oak 8s..................... " 0 52
Something good 7s.............. " 0 50
Louise 14s.......................lb. 0 54
Rosebud, Bars 5½s.............. " 0 44

Chiquer :

Currency, Bars 10½............. " 0 39
Patriot Navy 12s................ " 0 41
Patriot Broad 12s............... " 0 44
Old Fox 12s...................... " 0 44
Free trade 8s.................... " 0 44
Snowshoe, Bars 12s, 6s......... " 0 44

Spécialités de L. P. Langlois & Cie Trois-Rivières :

Tabacs coupés.

Quesnel. ⅛...... 0 00 0 60
Rouge et Quesnel, ⅛...... 0 00 0 50
Sweet Rose, ⅛...... 0 00 0 30

Tabacs à chiquer.

King 12's. Solace.. 0 00 0 35
Laviolette, 12s. " .. 0 00 0 35
" 12s. Navy... 0 00 0 35
P. P., 12s. " ... 0 00 0 35
Regina, Bar 10......... 0 00 0 35
Laviolette, " 12......... 0 00 0 35
Old Boy, Bright Chewing, Bar 12................. 0 00 0 35
Villa, Bright Smoking, Bar 8................ 0 00 0 35

Vins.

Vins toniques.

Vin St-Michel............qrt caisse 8 50
" " ....pts. 2 dz " 9 50
Vin Vial..........................dz. 12 50
Vin Didace.................. 0 60 1 25

Vinaigres.

Cie Canadienne de Vinaigre.

Tiger, triple................ le gall. 0 33
Bordeaux, de table........ " 0 28
Extra à marinade......... " 0 28
Ordinaire à marinade..... " 0 23
Vin blanc, XXX........... " 0 25

Eureka Vinegar Works.

5 o/o 30 jours.

Proof 0 35
Eureka 0 30
Crystal 0 27
XXX 0 24
XX.................................. 0 19
Malt................................ 0 30

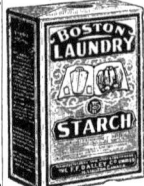

RENSEIGNEMENTS COMMERCIAUX

PROVINCE DE QUÉBEC

Cessions

Montréal—Girard John, épic.
Clermont J. O. & Co, épic.
Roxton Pond—Bachand Jérémie jr, moulin à scie.

Concordats

Ile aux Allumettes — Desjardins Polydore, hôtel etc., à 40c dans la piastre.

Curateurs

Granby — Bradford W. D. à M. J. Johnston, peintre, etc.
Montréal—Hains J. McD., à Tees & Co, mfrs d'ameublements de bureau, etc.
Sherbrooke — Hains J. McD., à L. E. Chamberlain, nouv.

Décès

Montréal—Vallée C. & N., " Queen's Hotel " Cyrille Vallée.
Dubuc Eucher, restaurant.

Dissolutions de Sociétés

Maisonneuve — Richardson & Leblanc, négociants.
Montréal—Phillips H. S. & Co, banquiers etc
St Charles — Morissette J. & Co; Johnny & Alex Morissette continuent.

En Difficultés

Montréal—Asselin J. jr, épic.
Davis Moïse, courtier de douane, ass 8 oct.
David & Bernier, restaurant offrent 50c dans la piastre.
Pointe à Pic—Tremblay D., mag. gén.
Québec — Patry F. & Co, épic. offrent 50c dans la piastre.

En Liquidation

Québec—Engineering Contract Co.

Fonds à Vendre

Aylmer—Inglee W. J., mag. gén.
Hemmingford—Figsby Ths, mag. gén.
Montréal — Austin & Robertson, papier en gros, 9 oct.
Clément A. I., épic. 9 oct.
Bernier J. S., épic.
Harvey (The) Medecine Co, 8 oct.
Johnston James, quincaillerie, 9 oct.
St Jean — McConkey E. & Co, nouv., dettes de livres 3 oct.

Fonds Vendus

Montréal—Perry G. W., meubles.
Québec—Reid, Craig & Co, papeterie, etc., à 71c dans la piastre.
Ste-Julienne—Vaillancourt Arthur, mag. gén.

Nouveaux Établissements

Douglastown—Langlais W. & Son, mag. gén.
Maisonneuve—Richardson S. & Co, restaurant.
Montreal—Brown & Duval, huitres, etc.
Delfosse & Co, importateurs.
Gariépy J. T. & Co, charrons.
Hurteau Frères, pianos, etc.; Clément A. Hurteau.
Lafrance Joseph & Co, plombiers, etc.
Montreal (The) Smelting Works.
Oriel (The) Furnishing House; Mde J. M. Dufresne.
Perrault E. E., agent à com.; Mde E. E. Perrault.
Rochon O., restaurant; Mde O. Rochon.
Dispensaire St-Laurent.
Institut d'Optique Américain; P. C. Beaumier.
Utopia (The) Club.
Québec—Paterson & Bélanger, hôtel.
Royal (The) Paper Box Co; mfr. de boites en papier.
Rock Island—Canadian (The) Whip Co.
Sherbrooke — Dominion Carpet Co, Ltd; W. S. Dresser.
St-Henri de Montréal—Sauriol J. R. & Co, foin et grain, Mde J. R. Sauriol.
Ste Sophie de Levrard—Poisson C. B. & Co, mag. gén.; Florance A. Tousignant.
Vaudreuil — Paré Mde A. B., négociant; Mde Alex. Paré.

PROVINCE D'ONTARIO

Cessations de Commerce

Belwood — Doupe A. A., mag. gén., parti pour Gorrie.
Hamilton—Bertram Peter, poêles et ferblanteries, etc.
Niagara—Dorrity James, articles de fantaisie.

Cessions

Beamsville—Beatty Geo, pépiniériste.
Blenheim—Newson Wm, harnais, ass 5 oct.
Leamington—Anderson Frk, mfr.
Parry Sound—McQuire & Co, nouv., hardes, etc.
Vienna—Marlatt James, forgeron.

Dissolution de Sociétés

Essex et Wheatley—Anderson Patrick & Co, banquiers; J. C. Patrick & Co,continuent
Toronto — Pullan H. & Co, ferrailles; Henry Pullan continue.

Fonds à Vendre

Alvinston—Raymond J. H., cordonnier.
Chatham—Hall Isabella, chaussures.
Hamilton—Bradt M. S. & Co, épic. etc.
London—Garner Ths W., épic.
Seaforth—Henderson Geo E., hôtel.

Fonds Vendus

Drayton—Loth Fred, harnais à Ths E. Cooper
Grimsby — Whittaker J. H., chaussures à Sam Whittaker.
Kingston—Addison F., hôtel à Philip Haffner
Leamington — Wigle Elihu, hôtel à H. F. Denning.
Ottawa—McDonald J. A., marchand-tailleur à 51c dans la piastre.
West Lorne — Sinclair Sarah, modes à Mde Strib.

Incendies

Elora—Mundell J. C. & Co, mfr de meubles ass.

Nouveaux Établissements

Leamington—Edsall C. A., nouv.
Orono—Williamson F. W., épic.
Ottawa—McVeity M. H., épic., a ouvert une succursale rue Bank.
Ruthven—Parnall W. H., mag. gén., a admis T. W. Pollock; raison sociale, Parnall & Pollock.
West Lorne—McQueen Neva, modes.
Shippley Adrain, tailleur.

NOUVEAU-BRUNSWICK

En Difficultés

Hartland—Miller & Co, moulin à scie.

Fonds Vendus

Chatham—Flanagan Thos., mag. gén., à Chs Reinsboro.

Nouveaux Établissements

Hartland—Shaw & Estey, moulin à scie.
Newcastle—Fulton Frk., pharmacie.
St-Jean—Morrish Wm, épic.

NOUVELLE-ECOSSE

Décès

Halifax—Pugh John & Son, liqueurs en gros; John Pugh.
Dyer Richard, hôtel.

En Difficultés

Dartmouth—Sellers Harvey W., chaussures.

Fonds Vendus

Parrsboro—Jenks H. C., harnais.

Nouveaux Établissements

Amherst—Embree R., épic.
Mahone Bay—Wallace River Copper Co.
Parsboro—McDonald L., mag. gén.
White Herbert, harnais.
Sheet Harbor—Sample R. H., forgeron.
Yarmouth—Robichaud Adol., mfr. de chapeaux.

MANITOBA ET TERRITOIRES DU NORD-OUEST

Cessations de Commerce

Birtle—Lewis F. G., mag. gén.; J. M. Hough succède.
Winnipeg—Calder M. F., épic.; R. J. Gallagher, succède.

Cessions

Carman—Macauley Isabella, couturière.

Dissolutions de Sociétés

Gladstone — Cronter & MacLean, quincaillerie; Ed Cronter continue.

Fonds Vendus

Edmonton — Mullett Ted, pharmacie à Wm Mullett.

COLOMBIE ANGLAISE

Cessations de Commerce

Lytton — Anthony & Robson, mag. gén.; J. H. Anthony succède.
Victoria—Roberts Wm, restaurant; H. Helliwell succède.

Décès

Ladner—McNeely Ths, mag. gén. et hôtel.
Victoria — Wilson W. & J., hardes, etc., Jos Wilson.

Dissolutions de Sociétés

Lytton—Anthony & Robson, mag. gén.

Fonds à Vendre

Lillooet—Santini Paul, marchand.
Nelson—Nelson Furniture Co.
Rossland—Rossland Bazar, mag. de seconde main.
Wallace H. S., papeterie.
Victoria—Kirschberg J. S., épic.

Fonds Vendus

Vancouver—Gordon Geo. R. (The) Co, Ltd, hardes en gros, etc., à 52c dans la piastres.
Victoria—Garland A., épic., à McClung & Co.
Voss J. C., hôtel.
Kirchberg Eva, épic., à J. S. Kirschberg.

Nouveaux Etablissements

Lulu Island — Provincial Packing Co. of B. C., empaqueteurs de saumons; R. A. McMorran et Amy I. Leonard.
Vancouver—Murray Mde Wm., mfr. de conserves.

LEDUC & DAOUST

MARCHANDS DE GRAINS et de PRODUITS
EN GROS ET A COMMISSION

Spécialité : Beurre, Fromage, Œufs et Patates.

AVANCES LIBERALES FAITES SUR CONSIGNATIONS.
CORRESPONDANCE SOLLICITEE.......................

1217 ET 1219, RUE SAINT-JACQUES, MONTREAL

POISSONS.. Hareng du Labrador. Hareng du Cap Breton. Morue No 1 et No 2. Morue Sèche. Saumon, Truite, Flétant, Sardines, Etc., Etc. Huile de Morue et de Loup Marin.

AUSSI : FARINE, LARD, SAINDOUX, BEURRE, FROMAGE, Etc. Etc.

J. B. RENAUD & CIE

126-140 Rue Saint-Paul, - - - QUEBEC.

VINAIGRES PURS Nous recommandons tout spécialement aux **Epiciers et Marchands Généraux** notre marque **TIGRE.**

Prix défiant toute compétition.

LA CIE CANADIENNE DE VINAIGRE, 35A, RUE ST-ANTOINE, MONTREAL.

Manufacture sous la surveillance du Revenu de l'Intérieur. Ecrivez pour liste de prix et échantillons.

NAZAIRE TURCOTTE & CIE

- IMPORTATEURS -

Thés, Liqueurs et Epiceries

- - QUEBEC - -

LES CAFÉS SUPÉRIEUR-SPÉCIAL-EXTRA

Sont reconnus les meilleurs pour la force, l'arôme, la saveur.

Prix 15 p.c. à 25 p.c. plus bas que tous les autres cafés.

Demandez Echantillons et Prix.

LANGLOIS & PARADIS, QUEBEC.

TELEPHONE MAIN 3978

GEORGE HODGE & CO.

Exportateurs de Beurre et Fromage, 45 RUE WILLIAM MONTREAL

Nous payons le plus haut prix du marché pour Beurre et Fromage de la première qualité.
Attention spéciale donnée aux consignations de Beurre et Fromage.
Prompt retour pour toute consignation. Correspondance sollicitée.

BOITE DE POSTE 296. TELEPHONE MAIN 1771.

FRANK DUCKETT

Exportateur de Beurre et Fromage, 55, 57 et 59 Rue William, Montréal.

Nous payons le plus haut prix du marché pour Beurre et Fromage de première qualité.
Attention spéciale donnée aux consignations de Beurre et de Fromage.
Prompt retour pour toute consignation. CORRESPONDANCE SOLLICITÉE.

LAKE OF THE WOODS MILLING CO., Ltd.

Les moulins à farines les plus parfaits en Canada. Capacité : 2,500 barils par jour.

Moulins à KEEWATIN et PORTAGE LA PRAIRIE, Manitoba.

Des élévateurs à toutes les localités importantes à blé dans le Nord-Ouest. Toutes sortes de farines de blé dur, en barils et en sacs. Les prix et les autres informations sont fournis sur demande.

Bureau : Edifice du Board of Trade, MONTREAL.

E. DOUVILLE, Plombier
1378 rue St-Urbain, Montréal.

HORMISDAS CONTANT, Entrepreneur Plâtrier, 290 rue Beaudry. Phone Bell E. 1177.

L. GIRARD & CIE, Plombiers, Couvreurs, Ferblantiers. Spécialité : Corniche en tole galvanisée. 695 rue St-Denis. Tel. Marchands 1910. Tel. Bell, Est 1017.

O. M. LAVOIE,

Peintre-Décorateur,
Peintre d'Enseignes
et de Maisons.
Tapissier et Blanchisseur,

No 482 rue St-Hubert,

Telephone East 1412. Montréal.

McCaskill, Dougall & Co.
Fabricants de
Vernis Fins
et Japans.
Montreal

Laurence & Robitaille

MARCHANDS DE

Bois de Sciage et de Charpente

BUREAU ET CLOS

Coin des rues Craig et St-Denis

Bell Tél., Main 1488.
Tél. des Marchands, 804.
MONTREAL

CLOS AU CANAL

Coin des Rues William et Richmond

Bell Tél., Main 3841

Tel. Bell Main 3951 Tel. Marchands 1381

T. PREFONTAINE & CIE

LIMITÉ

Bois de Sciage et de Charpente

GROS ET DETAIL

Bureau : coin des rues NAPOLEON ET TRACY

STE-CUNEGONDE

Clos à bois, le long du Canal Lachine, des deux côtés. Téléphone Bell 8141, Montréal.

Spécialité : Bois préparés de toutes façons, assortis par longueurs et largeurs en grande quantité.

L. N. DENIS

Tapissier-Decorateur
Blanchissage,
Peinture a façon.

Stock considérable de Papiers Peints, Ferronneries. Prix défiant toute concurrence.

Tel. Bell East 1774
Tel. Marchands 166

313 rue St-Laurent,
MONTREAL.

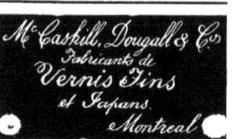

PROVINCE DE QUEBEC

Cour Supérieure.

ACTIONS

Défendeurs	Demandeurs	Montants
Charlemagne		
McKenzie Wm J.	J. Hodgson et al	3e cl.
Coteau Landing		
Feeney Ths.	Stn. Filiatrault	125
Jorden Ont.		
Haynes Wm J.	Vipond McBride Co	2692
Lachine		
Major Ambroise.	Jos. Coursol	10000
Longueuil		
Brissette Damase esqual	Luc. Achim	306
Maisonneuve		
Hackett Anasthasia et vir.	Bisaillon et Brossard	502
Montréal		
Bank of Montreal et al.	J. T. Travis	1e cl.
Brunet H. E.	David Madore	457
Bourader Abdala.	Joseph Hana	299
Bourader Mafonde.	do	299
Bourdon Jos.	Epr Taillefer	4e cl.
Buchanan Dame Eliz.	Michael Lynch	2e cl
Brouillette Pacifique.	Narc. Genest	155
Christin T. A.	Pacifique Aumont	250
Cité de Montréal.	Marg. Mahoney	150
Charette & Frère.	Emma Bougie et vir	400
Cité de Montréal et al.	Jos. Denis	143
Can. Pac. Ry Co.	Ant. Gagné	260
Cité de Montréal.	Promotive Arts Ass.	1e cl.
Cunningham Dame Eliza A.	John Dwane	325
Chartier J. Fidèle.	Ville de Maisonneuve	1e cl.
Cité de Montréal.	Dame M. A. Blanchet et vir	1999
Dépatie Jos.	Dosithée Ste Marie	100
David & Bernier.	L. A. Wilson	127
Driscoll N.	Wm D. Dutill	185
Evans Wm H.	Victor Leger	119
Grand Trunk Ry Co.	Chs W. Bolton	1999
do	Isaac Collins	1000
Haynes E. P.	Chs Valleraud	200
Hackett Jas es-esqual.	Dupuis Frère	168
Johnson Wm.	D. A. McCaskill	1 950
Lessard & Harris.	A. A. Trottier	2e cl.
London & Lancashire Fire Ins. Co.	Andre Brisset et al	9000
Mayer Dame Ed.	Agnus Mongeau	871
McTavish Marg. & Maria.	Dupuis Frères	732
Munn Stewart.	Bartlett Frazier Co	252
Meldrum Jas es-qual.	Fred. F. Powell	370
MacTavish John et al.	The Dom. Bk of C.	593
Macdonald Edw. de B.	E. L. de Bellefeuille	434
Oxton Stephen C.	J. J. Cook	4e cl
O'gilvie A. T. et al.	Union Bk of C.	3e cl.
Pouport Alph. et al.	C. H. A. Guimond	150
Picotte J. Albert.	Geo. A. Simard et al (dommages)	10000
Richardson Ths A.	Louis Bouvier	500
Ram Bernard.	Sarah Legal	2e cl.
Robertson Ls D.	Julius McIntyre	199
Reid Jas.	N. E. Gagnon	424
Shelly Dame Julia.	Wm Ryan	250
Tolan Maud.	G. B. Burland	294
Rivière des Prairies		
Roy Frs.	Frs Archambault	2080
Sherbrooke		
Echenberg M. B.	Geo. E. Armstrong	100
St Eustache		
Bruchesi Jos.	Agenas Goyer	370
St Henri		
Beaudoin Alph.	W. J. Gage & Co	143
St Lazare		
Chevrier Chs et al.	Stn. Pigeon	800
St Laurent		
Gohier Ed.	Merchants Bk of H.	672
Toronto		
Taylor Dame Mary J.	Mary W. Maxwell	1e cl.
Theresa, N. Y.		
Yost Geo. E. & Ths N. Shields.	Merchants Bk of Halifax	1e cl.
Westmount		
Burrougs Emily F. et vir.	W. J. Crothy	1e cl.

Cour Supérieure

JUGEMENTS RENDUS

Défendeurs.	Demandeurs.	Montant
Absents		
Prévost Arth.	Jas Morgan et al	3067
Richard Attalina et al.	Hector Paquet	542
East Angus		
Isabelle Arthur.	J. E. Houde	132
Joliette		
La Fonderie de Joliette.	B. J. Coghlin	487
Longueuil		
David Ernest et al.	Dame Eva St Amand et vir	107
Montréal		
Andrews Wm.	Jeffrey H. Burland	221
Ash Jas.	U. Pauzé et al	223
Baie des Chaleurs Ry Co.	Arch. Campbell	4679
Bernard & Paris.	J. O. Dupuis	120
Beauvais Raphael.	Ls Gaudreau	84
Bailey Sidney.	E. A. Reinhardt	277
Bishop J. W & Co.	Alph. Baulne	1500
Bernard Eliz. et al.	A. P. Delvecchio et al	752
Baril Wilb.	F. E. Léonard et al	205
Cook W J.	Chs W. Trenholme	182
Corbeil Barn.	Beaubien Produce M. Co	145
Gardner Jas.	Alex. McLaren	150
Hogue John C.	Jas W. Pyke	249
Hughes Geo. A.	Dame I. S. Logie et vir	163
Liffiton Chs A.	Kaufman & Strauss Co	236
Les Eccl. Sém. des Missions Etrangères.	Jos Kieffer	2515
Lefebvre Louis.	G. Deserres	252
Lefebvre J. H.	Louis Brosseau	1218
Montreal Quarry Co.	W. B. Lamb	1317
Monchamp F. X.	Andrew Irving	400
Métivier, Sauvageau & Cie et al.	Ths R. Ridgeway	3300
Pierce Bros.	Dame Hattie Lazarus et vir	113
Perry Succ.	Montreal Loan and M. Co	8232
Picotte Pierre.	La Banque du Peuple	219
Robert Jos Cyr.	Trust and Loan Co	2090
Sauvé Louis.	Quebec Bank	150
Salhani Abr.	Hy W. Chauvin	138
Thorning Oct.	Dame S. Widman et al esqual	100
Vandelac Pac.	John Caldwell	188
Wood P. W et al.	Alex. M. Foster	403
Québec		
O'Neil Sarah C.	H. B. Muir	576
St Henri		
Quinlvan Dame M. et al.	Cité de St Henri	87
St Louis-Mile End		
Laurin Philias D.	Dame Marcelline Crevier	112
Clarke Wm.	Amélia Lamarre et vir	2500
Warwick		
Beauchemin Ernest.	Sophie Charlebois	175
Westmount		
Bulmer John E.	Jas. Walker Hardware Co	182

Cour de Circuit

JUGEMENTS RENDUS

Défendeurs.	Demandeurs.	Montants
Arthabascaville		
Nault Arthur.	Dame Camille Blanchette	46
do	N. Desharnais	18
Cascapédia		
McKenzie G. W. H.	J. H. Wilson	17
Caughnawaga		
Ouawanaw Ig.	J. K. Tracy	7
Dorval		
Desjardins Arthur.	J. H. Décary	26
Lachine		
Ouellette A.	Corp. Ville de Lachine	62
Les Cèdres		
Onderdonk P.	E. C. Perkins	13
Longueuil		
Coté S.	J. Ducharme	39
Maisonneuve		
Provost J. A. F.	Alph. Gagner	6
Lemay Honore.	J. Choquette	22
Pigeon Louis.	Louis Bois	12
Montréal		
Arnold J.	H. Laporte	34
Bolduc Nap.	C. Chartrand	13
Brouillet Jos.	Com. d'Ecole St Louis	44
Beauparlant N.	G. Deserres	58
Baird David.	J. Gibson	77
Beaudoin J. P.	R. Lebeau	6
Bessette A. Mde.	A. Vogel & Co	63
Beauchamp S.	A. Lauzon	7
Blondin J.	N. Chaumeau	89
Bull J. H.	The Herald Pub. Co	36
Blake Alexis.	J. Mackowsky	6
Brown Geo.	Alf. McDiarmid	14
Brodeur J.	L. N. Denis	70
Baxter F.	J. Drury	5
Bigras Ls.	A. Lafortune	21
Benoit Eug.	B. E. Pelland	10
Cinqmars Dame E. et vir.	M. Larue	40
Chayer Geo.	M. Boyer	67
Cadieux L. P.	Bastien & Sigouin	9
Cousineau L.	La Banque Nationale	55
Cartier Ones.	Dame M. Perrault	25
Charette Geo.	A. Brisebois	8
Dumont P. J.	Dame E. Langevin	5
Dupré Ls.	Com. d'Ecole Côte St Louis	13
Daigneault Jos.	W. E. Mount	44
Dufresne B.	O. Proulx et al	30
Dansereau Z.	Dame S. Hall et vir	5
Drapeau B. A.	Pascal Amesse	10
Dubois Frères.	E. Lespérance	30
Dupuis Henri.	S. Miller	16
Dunwoodie Vve W. et al.	L. Daignault	19
Dunn E.	Jos. Hoofstetter	30
Dépatie W.	S. Duhamel	5
Ethier Dame J. et vir.	W. Mercier	47
Frappier Dame Vve.	J. C. Saulnier	54
Fulton J. N. et vir.	E. Fautz et al	78
Gravel E.	Leslie H. Boyd	35
Gauthier A.	J. Hébert	21
Gagner P.	F. X. Dupuis et al	5
Girard Dame A. et vir.	The Williams Mfg Co	29
Grant A. J.	Merchants Bank of H.	53
Grégoire J.-B.	A. Machilder et al esqual	31
Gamburutti J.	Jos. Richard	7
Granelli Vve J. A.	P. Gadbois & Cie	8
Gravel E.	Auer Light Co	14
Howard Edw.	Jas Doherty	8
Harrington John.	Geo. Macdonald	69
Hope Geo.	A. McDougall	12
Ireland E. S.	The Herald Printing Co	40
Jutras O.	T. Girard	8
Keegan Jas.	Racine & Frère	22
Kearney Dame P. J.	P. Demers et al	13
Larin Dame Léda et vir.	A. E. Gauthier	25
Laurencelle Isaie.	P. Lebeau	20
Leblanc J. K.	A. McLean	70
Labrèche J. D.	A. J. Chaput	50
Letang Dame J. Brunet dit.	T. A. Emmans	16
Lachapelle J. Langlois dit.	The Williams Mfg Co	28
Laurin Arthur.	J. H. Brossard	25
Lavoie Henri.	J. I. Laviolette	8
Lavigueur & Caty.	Nap. Desjardins	29
Lepage J. E.	E. Major	60
Lalonde D. A.	Jos. Lussier et al	9
Lalumière N.	J. O. Dupuis	16
Laporte Wilf.	P. Dansereau	38
Leprohon Martial.	N. Leveille	52
Lamer Ferd.	Jos Pepin	17
Milloy Edw.	J. P. Whelan	15
Malouin Sam.	G. A. Lacombe	24
Moore John.	Les Religieuses Hospitalières	95
Morin E.	P. Watier	41
Mooney Hy Pat.	Louis Dory	64
Malbœuf E.	Proulx dit H. Manseau	25
Malcolm C.	O. H. Richer	32
Miller Dame E.	F. B. Lafleur	20
McEntyre C. J.	Wm H. Dalpé	32
Mulcahy A.	N. Lanctot	9
Mallette P. A.	Jos. A. Bennett	7
McCallum P.	A. Thibault	7
Perrin Amédée.	A. J. Chaput	24
Picotte Louis.	N. E. Roy	11
Perrault N.	G. Boisvert	20
Parisian Wilf.	O. Proulx	20
Roncari A.	Dame J. O. Sullivan	30
Robert J. A.	M. Bessner	45
Reidy W.	T. Kellert	5
Rosenthal E. L.	The Auer Light Co	9
Raymond S.	J. Purcell	13
Roussille Jos et al.	Arth. Demers	40
Rodrigue O.	J. B. Lavoie	14
Robillard A.	A. Brochu et al	5
Stubbs J.	Jas M. Aird	27
Scholck M.	A. Paré	36
St Jean Max.	R. Lalonde	12

A. BLONDIN

Appareils de Chauffage à Eau chaude, à Vapeur, Haute et Basse Pression.
Buanderies et Cuisines à Vapeur.
Devis et Prix fournis sur demande.
Ouvrage garanti. Prix raisonnables.

ECRIVEZ-NOUS.

A. BLONDIN & CIE.

PLOMBIERS

SAINT-HYACINTHE, P.Q.

O. DAOUST

AGENTS ET COLLECTEURS DEMANDÉS

....PAR **La Canadienne**

S'adresser personnellement ou par lettre à F. GARON, Gérant.

Compagnie d'Assurance sur la Vie

BUREAU PRINCIPAL: 7, PLACE D'ARMES, MONTREAL.

Argent à prêter sur première hypothèque

National Assurance Co. OF Ireland.

Incorporée par une charte royale et autorisée par Acte spécial du Parlement.

Bureau Chef au Canada, 1735 rue Notre-Dame Montréal.

M. O. HINSHAW - Agent Principal.

AGENTS SPECIAUX, DEPARTEMENT FRANCAIS

DROLET & ALARIE, No. 20 rue St-Jacques. ISIDORE CREPEAU, No. 34 Côte St-Lambert.

THE NATIONAL LIFE ASSURANCE CO. OF CANADA

INCORPORÉE PAR ACTE SPÉCIAL DU PARLEMENT DU CANADA

CAPITAL AUTORISE - - - - - $1,000,000

Bureau Principal: Temple Building, Toronto.

H. S. HOWLAND, Président. R. H. MATSON, Directeur-Gérant. F. SPARLING, Sec.-Trésorier

Les personnes qui ont l'intention de s'assurer devraient examiner les plans attrayants de la "National Life," avant de s'assurer ailleurs.

On demande des agents actifs et de confiance, dans tous les comtés de la Province de Québec: ils devront être des hommes d'une réputation inattaquable.

S'adresser au Bureau Principal, Temple Building, Toronto.

ou à Chs. G. Glass, Gérant Provincial, 180 rue St-Jacques, Montréal.

THE FEDERAL LIFE ASSURANCE COMPANY

Bureau principal : HAMILTON, Ont.

CAPITAL ET ACTIF	$1,669,660.80
SURPLUS AUX PORTEURS DE POLICES	723,257.77
PAYÉ AUX PORTEURS DE POLICES EN 1899	125,454.89

Les Polices-Contrats les plus désirables.

JAS. H. BEATTY, Président. DAVID DEXTER, Directeur Gérant. J. K. McCUTCHEON, Surint. des Agences.

LONDON & LANCASHIRE

LIFE INSURANCE COMPANY

Bureau Principal pour le Canada, Montréal

RT. HON. LORD STRATHCONA & MOUNT ROYAL, Président.
B. HAL. BROWN, Gérant Général pour le Canada. J. L. KERR, Asst Gérant Général.
F. SICOTTE, Gérant Département Français.

E. R. GAREAU

AGENT D'IMMEUBLES

1511, RUE NOTRE-DAME, MONTREAL

Près de la rue Bonsecours.

TELEPHONE BELL MAIN 2154

ON DEMANDE à acheter une maison double sur la rue Sherbrooke, ou au nord de la rue Sherbrooke dans les environs du Carré Saint-Louis.

A VENDRE – 2788, rue Ste-Catherine, à bas prix, pour clore une succession, une maison en parfait ordre. Pour plus amples informations, s'adresser à

H. M. SIMPSON,

No 29 Canada Life Building

TELEPHONE: MAIN 3344

A VENDRE

et

ECHANGER

Propriétés payant **10%**

Conditions faciles. Bonne localité.

Maisons à Louer.
Argent à Prêter.

Art. C. Bourassa & Cie

26 Rue Saint-Jacques.

Téléphone Bell Main 2681

Marc A. Brodeur & Cie

Marchands Tailleurs...

1858 Rue Notre-Dame

A quelques portes à l'ouest de la rue McGill,

MONTREAL.

St Hilaire C.......La Cie Manuf. Williams		39
Skelly Jas.........Commission d'Ecoles St Jean-Bte		16
Théoret A.... ....Jos. Burelle		23
Thibaudeau A........The Williams Mfg Co		38
Thiber (The) Steamship Co..Jos Lamarche		44
Théoret A. J.................W. Tourneur		35
Thompson A. et uxor..........A. J. Hodge		17
Tansey Barney.....Dame A. Farrard et vir		5
Viet Edm.....................Geo. Martel		10
Valiquette Alf..............O. F. Mercier		30
Vanchesting Ed ....I. A. Perrault		27
Vallière D.......................Jos. Coté		9
Wells Chs..........Dame Delphine Chaput		63
Wood Geo......... .....Chs T. Williams		16
Oka		
Maurey Basile............Cyrille Lefebvre		59
Quyon		
O'Reilly J. B..................G. A. Mann		61
St Constant		
Daigneault Moïse fils...........J. Barbeau		71
Ste Cunégonde		
Gamble C..............Dame R. Bircovitch		11
Julien Pierre..................H. Campeau		6
St Fortunat		
Gosselin L. et al.....L. J. O. Beauchemin		12
St Henri de Montréal		
Legault Damase...........Ars. Charlebois		6
Jodoin Isidore.............H. Laporte et al		15
Elliott Jas.. ....A. McIntosh		15
Ste Julie		
Bordua A..........Dame M. L. Castonguay		77
St Louis de Blandford		
Jacques George. ....U. Lafond		25
St Louis Mile End		
Maisonneuve Frs................C. Lacroix		36
Labelle J...........................F. Leroux		19
St Pascal		
Rivard N. et al.......J. L. O. Beauchemin		14
St Rémi		
Quintal R....................S. A. Delorme		30
Valleyfield		
Gobeil C....... ....H. Normandin		43
Vankleek Hill		
Mercier Dame A..............W. B. Reid		20
Victoriaville		
Fournier E. et al.....L. J. O. Beauchemin		87
Westmount		
Stuart D. O.......Dame M. A. Hight et al		29
Bartlett E. T....................J. M. Aird		27
Thompson J. L...... .....N. Breton et al		7
Miller C. S...............J. A. MacKerrow		5
Stewart Dame O.............A. Davidson		8

LA SCIENCE EN FAMILLE.—Sommaire du No du 16 sept. Causerie médico-zoologique: échinodermes, mollusques, tuniciers: Dr Jean de Roloy. Les arts industriels de la femme: l'art du bijou (suite): A. A. Chronique scientifique: A. M. La science pratique: petit formulaire technique et procédés d'atelier: encre indélébile pour écrire sur le zinc; hygiène, médecine, toilette, procédé pour enlever les corps étrangers sous les ongles; économie domestique: fruits à la gelée.

VENTES ENREGISTRÉES

Pendant la semaine terminée le 29 sept 1900

MONTRÉAL-EST

Quartier St-Jacques

Rue Berri. Lots pt 1203-87, 215, terrain 2x81.6 vacant. The Sun Life Assurance Co à Télesphore Poupart; $335.49 [51669].

Quartier St-Laurent

Ave du Parc, No 60. Lots pt N. O. 44-76 pt S. E. 44-75, avec maison en pierre et brique, terrain 21.6 d'un côté 22 de l'autre x 106 supr 2305½. Le Shérif de Montréal à John Hamilton; $3910 [51634].

Rue Lagauchetière, Nos 654 à 658. Lot pt 665, avec maison en brique, terrain 55 d'un côté, 52.11 de l'autre x 59.66 supr 2120.6. Marguerite Locadie D. Brousseau et al à Edw Cunningham; $8000 [51679].

Quartier St-Louis

Rue St Hypolite, No 352. Lot pt 1050, avec maison en bois et brique, terrain 37x73.10 de là 40x37.2 supr 2886. Julien Desrochers à Odina Desrochers; $1500 [51649].

Rues St Laurent, Nos 347a à 351½, St Dominique, No 276. Lot 787, avec maison en brique, terrain 52x88.2 supr 4585. Elizabeth Harriett Edward épse de Nathan Hy Coughtry et al à Oscar Hébert; $9000. [51672].

MONTREAL-OUEST

Quartier St Antoine

Rue Quesnel, No 14. Lot 81, avec maison en pierre et brique, terrain 30x80. Moïse Ritchot à Alphonse Dubé; $3300 [134233].

Rue Prince Arthur, Nos 815 et 817. Lots pt 1822-2, 3, avec 2 maisons en pierre et brique, terrain 82.6x112 supr 9340. Le Shérif de Montréal à Succ John J. Arnston; $15000 [134237].

Rue St Antoine, Nos 403 à 403c, 405 à 405b. Lot 1637-4, 5, avec maison en pierre et brique, 2 terrains 24x112 chacun. Dame Victoria Gougeon épse de Olier Jutras à Anastasie Poissant épse de Adol Duperrault; $11500 (à réméré) [134244].

Rue St Antoine, Nos 197 et 199. Lot pt N E 666, avec maison en pierre et brique, terrain 22x126. John Houliston à Richard Forsyth Smith; $9500 [134250].

Ruelle Groulx, Nos 9 à 11. Lot 518 avec maison en brique, terrain 30 x 66. Maxime Groulx à Chs. Girard et Léon Mercier; $1925 [134257].

Rue St-Antoine, Nos 197 et 199. Lot pt N. E. 666, avec maison en pierre et brique, terrain 22 x 126. Richard Forsyth Smith à David McNicoll; $9500 [134254].

HOCHELAGA ET JACQUES-CARTIER

Quartier Hochelaga.

Rue St-Germain, Nos 315 et 317. Lot pt S E, 50-72, pt N O, 50-73, avec maison en brique, terrain 25 x 100. Joseph Rémillard à Caroline Laroche, vve de Jos. Paquette; $2400 [86667].

Rue Ste-Catherine. Lot 31-156, terrain 25 x 90 supr 2250 vacant. Geo. B. Day à Eugène Bernier; $1000 [86711].

Quartier St-Denis

Rue Huntley. Lot ½ S 8-608, terrain 25 x 100 vacant. Joseph Larose à François Courteau; $300 [86604].

Rue Huntley. Lot ½ N, 8-608, terrain 25 x 100 vacant. The St Denis Land Co. à François Courteau; $262.50 [86605].

Rue Gilford. Lot 325-601, terrain 20 x 85 supr 1700 vacant. Noé Leclaire à Israël Charbonneau; $500 [86611].

Rue Gilford. Lot 325-598, terrain 20 x 85 supr 1700 vacant. Noé Leclaire à Cadieux & Briard; $500 [86612].

Rue Gilford. Lot 325-599, terrain 20 x 85 supr 1700 vacant. Noé Leclaire à Grégoire Léveillé; $500 [86613].

Rue Gilford. Lot 325-605, terrain 22 x 85 supr 1870 vacant. Noé Leclaire à Césaire Charbonneau; $600 [86614].

Rue Gilford. Lots 325-596, 597, 1 terrain 22 x 85 supr 1870; 1 do 20 x 85 supr 1700 chacun, vacants. Noé Leclaire à Napoléon Rochon; $1100 [86615].

Rue St-Hubert. Lots 7-92, 93, 1 terrain 43.6 x 44.6 d'un côté et 39.6 de l'autre supr 1827; 1 do 43.6 x 44.6 d'un côté et 49.6 de l'autre supr 2044 chacun, vacants. The St-Denis Land Co à Victor J. Boissonneau; $349.85 [86632].

Rues Resther, Masson, Gilford et St-André. Lots 325-158 à 167, 177 à 186, 325-188 à 193, 325-216 à 223, 237 à 245, 325-247 à 253, 14 terrains 24 x 72 supr 1768; 6 do 25 x 72 supr 1800; 10 do 24 x 85 supr 2040; 17 do 22 x 75 supr 1650; 3 do 23 x 87 supr 1955 chaaun, vacants. La succession J. Aimé Massue à Isaie Préfontaine; $11587.50 [86653

Rue St-André, No 1651. Lot 7-535, avec maison en brique, terrain 25 x 74.7 d'un côté et 74.10 de l'autre supr 1868. Le Shérif de Montréal à The St. Lawrence Investment Sy; $750 [86660].

Rue Prénoveau. Lot pt 271a, terrain 20 x 80 supr 1600 vacant. Anastasie Poissant, épse de Adol. Duperrault à Victoria Gougeon, épse de Olier Jutras; $500 [86661].

Rue Huntley. Lot ½ S 8-534, terrain 25 x 100 vacant. The St. Denis Land Co. à Agnès McKenna, épse de Edm. Cusack; $249.38 [86682].

Rue St-Hubert. Lots 7-745 et 746, terrain 50 x 95.6 d'un côté et 95.2 de l'autre supr 4769 vacant. The St. Denis Land Co. à Alphonse Lespérance; $166.88 [86683].

Rue St-Hubert. Lots No 7-397 et 398, terrains 25 x 87 supr 2175 chacun, vacants. The St Denis Land Co à George Millette; $326.26 [86684].

Rue Rivard. Lot pt 160-16d, terrain 5.2½ d'un côté 5.5½ de l'autre x 26 vacant. Anselme Bertrand à Alfred Raby; $150 [86692].

Rue Rivard. Lot pt 160-16d, terrain 5.6 x 26 vacant. Anselme Bertrand à Marie Louise Raby, épse de Jos Daoust; $150 [86293].

Rues Bienville, Massue. Lots 325-40, 41, 42, 325-34, 35, 3 terrains 24x85 supr 2040; 2 do 24x72 supr 1728 chacun vacants. Victoria Martin épse de Nap Deslauriers à Joseph et Ed Latreille; $2400 [86705].

Ave Mont-Royal. Lot 324-52, avec maison en brique (neuve), terrain 24x100. Joseph et Ed Latreille à Napoléon Deslauriers; $2400 [86706].

Quartier St Gabriel

Rue des Manufactures. Lot pt N E 2814, terrain 24.6x107.10 supr 2642 vacant. Duncan McCallum à Wm Joseph Harrington; $400 [86610].

Rue Chateauguay, Nos 146 à 150. Lot 2717, avec maison en bois et brique, terrain 43x106.6 supr 5112. Louis Zéph Mathieu à Théodule Cypiot; $3700 [86694].

Quartier St Jean-Baptiste

Rue St Hypolite, Nos 456 à 460. Lot 281, avec maison en bois, terrain 40x75. George Vandelac au Rév Wm Casey; $1750 [86616].

Rue Drolet, Nos 345 et 347. Lot ½ S E 15-561, avec maison en brique, terrain 22.6 x 72 supr 1621. Stanislas Chartrand jr à Délima Beliveau veuve de Wilbrod Boivin; $1700 [86621].

Rue St Hubert. Lots 12-79, 80, 1 terrain 25x129 supr 3225; 1 do 5 x 129 supr 645 chacun vacants. La succession J. Chs H. Lacroix

à Amanda Letang épse de Arthur Toupin ; $1550 [86640].

Rue Dufferin. Lot 7-151, avec maison en bois, terrain 25x80. Emile Bernadet à Alfred Lamouche sr ; $1400 [86649].

Rue St Hypolite, Nos 598 et 600. Lot 218, avec maison en bois, terrain 36x69 supr 2484. Patrick Murphy au Rév Wm J. Casey ; $1700 [86654].

Rue St André, Nos 1060 à 1066. Lots 10-164, 165, avec maison en brique, terrain 46x94. Lina Pagé épse de Louis Arsène Lavallée à Paul Oscar Lavallée ; $2300 [86662].

Rue Drolet, Nos 413 et 415. Lot 15-611, avec maison en brique, terrain 20x72. Peter Charles Ogilvie à Duncan Gordon ; $2300 [86679].

Rue St Laurent, No 1123 et 1125. Lot 394, avec maison en bois et brique, terrain 44.6 x 82 supr 3649. Robert R. Goold à Thomas A. Richardson ; $2000 [86704].

Rue St Hypolite, Nos 590 à 594. Lot 266, avec maison en pierre et brique, terrain 40 x 75 supr 3000. Alex McCool à Zénon Boucher ; $2800 [86726].

Ste Cunégonde

Rue St Antoine. Lot 386-113, avec maison en pierre et brique, terrain 25x110. Herménégilde Martin à Julie Duchesneau veuve de Denis Dufort ; $7500 [86645].

St Louis—Mile-End

Rue St Laurent. Lot 11-1137, terrain 50x84 vacant. Elie Prénoveau à Arthur Lavigne ; $325 [86603].

Rue Mance. Lot ½ N 12-16-11, terrain 25x 105 vacant. The Montreal Investment & Freehold Co à Benjamin Winser ; $425 [86674]

Rue St Louis. Lot 11-150, terrain 25x120 vacant. Le Shérif de Montréal à Léonidas Villeneuve et Jos Henri Olivier ; $600 [86676]

Rue Hutchison. Lot S E 12-8-28, terrain 25x110.6 vacant. Louise B. Brown à Joseph Daniel ; $690.63 [86696].

Rue Mance. Lot ½ S E 12-16-10, terrain 25 x 105 vacant. The Montreal Investment & Freehold Co à Fred E. Walker ; $425 [86707]

Westmount

Rue Ste Elivabeth (Glen). Lot pt 1634, terrain 150.6 de front 151 en arrière x 46 supr 3417 vacant. La succession Ed Mackay à John Campbell ; $1025.10 [86629].

Rue Ste-Catherine. Lots 941-267, 268, 355a-11, terrain 52 x 156.6 supr 8155 vacants. Alex. C. Hutchison à la succ. John Ogilvie ; $6118.25 [86646].

Ave Grosvenor. Lots 219-27 à 31, 129 à 133, 113 à 126 ; 24 terrains 50 x 111 chacun, vacants. Alexander McGregor à The Westmount Land Co ; $31968 [86656].

Ave Western, No 4458. Lot 255-3, avec maison en pierre et brique, terrain 29.8 x 104.8 d'un côté et 104.4 de l'autre supr 3090. Chs. J. Brown et Edw. Riel à Annie Hood, épse de Archibald McIntyre ; $8000 [86686].

Rue Dorchester. Lot 384-72, terrain 28.6 de front 18.6 en arrière x 151.5 d'un côté et 150 de l'autre, supr 3539 vacant. Frederic Massey à Robert Gardner ; $3185 [86716].

St-Henri

Rue St-Jacques. Lot 1047, avec maison en bois, brique et pierre, terrain 30 x 100.6 d'un côté et 98.8 de l'autre, supr 4973. Phœbé Cardinal, vve de D. Z. Bessette à Camille Trépanier ; $4000 [86724].

De Lorimier

Rues De Lorimier et Chaussé. Lots 74, 75, 138, 139, terrains de 25 x 100 chacun, vacants. Austin Mosher à Joseph Onésiphore Cadot ; $2300 [86619].

Maisonneuve

3e Avenue. Lot 1a-884, terrain 24 x 100 vacant. La succession Chs. T. Viau à Joseph Gustave Duquette ; $425 [86622].

Rue Notre-Dame. Lots 1-414, 415, terrains 27 x 100 chacun, vacants. La succession Chs. T. Viau à L. Albéric Amiot ; $1306 [86623].

Rue Bourbonnière. Lot 18-40, avec maison en bois et brique, 30 x 106, supr 3180. Robert D. Gilbert à Ernest D. Aylen ; $1500 [86669].

Outremont

Rue Hutchison. Lots 32-1-103 à 106, terrains 25 x 100 chacun, vacants. Joseph Daniel à Joseph Deslongchamps ; $3500 [86689].

Lot pt 15, 16 et 17, avec maison en brique, terrain 50 x 170. Joseph Edm. Chagnon à François Cormond ; $3000 [86695].

Côte St-Paul

Ave Davidson. Lot 3912-260, avec maison en bois, terrain 30 x 84. Le Shérif de Montréal à Henri Arthur Dépocas ; $225 [86677].

Verdun

Rue Gertrude. Lot 3405-256, terrain 25 x 112.6 supr 2812.6 vacant. Osias Lavallée à J. Bte. Lacroix ; $225 [86647].

Sault aux Récollets

Lot 488-14a, 15a. The Amherst Park Land Co à David Laird ; $300 [86644].

Rue St-Hubert. Lot 489-145, avec maison en bois, terrrin 25 x 87. Albert Monette à Clément Soulière ; $600 [86659].

Rue Labelle. Lot 489-229, terrain 25 x 87. Joseph Lamontagne à Antoine Filiatrault $650 (à réméré) [86710].

Lot pt 287. Janvier Parent à Adolphe Provost ; $199 [86712].

St-Laurent

Lot pt 389. Le Shérif de Montréal à Caroline Flavie Anne Leprohon, vve. de Jos. Lefebvre de Bellefeuille ; $165 [86636].

Lots 465-274, 275. Ludger Cousineau et Ed. Gohier à Victor Guertin ; $300 [86665].

Lots 641-3-174, 175. The Montreal Investment & Freehold Co à John Ryan ; $150 [86673].

Lachine

Lot pt 899. Marie Anne Paradis épse de Alph Latour à La Corporation de la Ville de Summerlea ; $600 [86691].

Pointe Claire

Lot 29A. Daniel L. K. McKinnon à Wilfrid Dagenais ; $1600 [86642].

Lot 28. Treffié Brunet à Geo H. Kernick ; $800 [86670].

Voici les totaux des prix de ventes par quartiers :

St Jacques	$	335 49
St Laurent		11,910 00
St Louis		10,500 00
St Antoine		50,725 00
Hochelaga		3,400 00
St Denis		22,792 37
St Gabriel		4,100 00
St Jean-Baptiste		17,500 00
Ste Cunégonde		7,500 00
St Louis Mile-End		2,465 63
Westmount		50,294 35
St Henri		4,000 00
De Lorimier		2,300 00
Maisonneuve		3,231 00
Outremont		6,500 00
Cote St Paul		225 00
Verdun		225 00
	$	198,003 84

Les lots à bâtir ont rapporté les prix suivants :

Rue Ste Catherine, quartier Hochelaga, 44 4/9 le pied.

Rue Huntley, quartier St Denis, 12, 10½c le pied.

Rue Gilford, quartier St Denis, 29 2/5, 30 4/45 et 32c le pied.

Rue St Hubert, quartier St Denis 3½, 7½, 9c le pied.

Rues Resther, Massue, Gilford et St André, quartier St Denis, 13c le pied.

Rue Prenoveau, quartier St Denis, 31¼c le pied

Rues Bienville et Massue, quartier St Denis, 25c le pied.

Rue des Manufactures, quartier St Gabriel, 15c le pied.

Rue St Hubert, quartier St Jean-Baptiste, 40c le pied.

Rue St Laurent, St Louis Mile-End, 7¾c pd.
Rue Mance, do 16c pd
Rue Hutchison, do 25c pd
Rue Ste Elizabeth, Wertmount 30c le pied.
Rue Ste Catherine, do 75c do
Ave Grosvenor, do 24c do
Rue Dorchester, do 90c do

Ave De Lorimier et rue Chaussé, De Lorimier, 23c le pied.

3ème Avenue, Maisonneuve, 17 3/10c le pd
Rue Notre-Dame, do 24c le pied.
Rue Hutchison, Outremont, 35c le pied.

PRÊTS ET OBLIGATIONS HYPOTHÉCAIRES

Pendant la semaine terminée le 29 septembre 1900, le montant total des prêts et obligations hypothécaires a été de $68,483 divisés comme suit, suivant catégories de prêteurs :

Particuliers	$48,970	
Cies de prêts	12,325	
Autres corporations.	7,188	
		$68,483

Les prêts et obligations ont été consentis aux taux de :

5 p. c. pour $600 ; $1,300 ; $1,400 et $2,700.
5½ p. c. pour $6,000 ; $7,000 et $8,000.

Les autres prêts et obligations portent 6 pour cent d'intérêt à l'exception de $450, $1,400 à 7 p. c. et de $420, $500 et $1,875 à 8 pour cent d'intérêt.

Damas

Le *damas*, ainsi appelé de Damas, en Syrie, où cette étoffe, si convenable pour les tentures, se fabriqua dans le principe, eut bientôt des manufactures à Tours et à Lyon. La brocatelle de Venise, les toiles imprimées de la Perse et de l'Inde, la tapisserie *tontisse* faite de bouts de laine de différentes couleurs attachées à un canevas avec de la gomme, le cuir peint ou doré, ancienne invention attribuée aux Espagnols, le papier enfin, aujourd'hui si universellement répandu, se succédèrent depuis cette époque.

Une vie idéale pour un artiste

M. W. L. Taylor, l'artiste à qui sont dues les meilleures gravures paraissant dans le *Ladies Home Journal* de Philadelphie, mène l'existence idéale que rêvent tous les artistes. Il ne recherche et n'accepte d'ouvrage de personne. Il a un revenu déterminé que lui assure le magazine de Philadelphie et comme il représente un montant généreux, il n'a pas de préoccupations financières d'aucune sorte pour paralyser ses facultés mentales. Son travail est préparé pour une année à l'avance par l'éditeur du journal, M. Edward Bok, de sorte qu'il ne travaille que lorsqu'il se sent dans les meilleures dispositions. Il n'a pas de date fixée pour la remise de ses dessins. Il canote à l'occasion, ou se promène aux environs de Wellesley, Mass. où il a établi ses pénates et prend deux mois pour peindre un seul tableau. N'est-ce pas là l'idéal de la vie pour un artiste ?

Combien d'éditeurs en feraient autant, même ayant le moyen de le faire ?

Le *Ladies Home Journal* est une des publications les mieux faites du monde entier.

LA CONSTRUCTION

M. J. E. Huot, architecte, a préparé les plans et devis pour un manoir de 110 x 45, à 2 étages, que M. Rodolphe Forget fera ériger à la Malbaie.

MM. Macduff & Lemieux, architectes, préparent les plans et dévis pour les réparations et modification à une bâtisse.

PERMIS DE CONSTRUIRE À MONTRÉAL

Rue Richmond, une bâtisse 13 x 11, à un étage ; coût probable, $75. Propriétaire Ernest Lemire (183).

Rues Ste Catherine et St-Dominique, une bâtisse formant un théâtre ; coût probable $60,000. Propriétaire, Daniel Ford ; architecte, Hutchison & Wood ; maçons, Labelle & Payette (184).

Rue Fullum, une bâtisse formant une école; coût probable $30,000. Propriétaires, La Commission des Ecoles Catholiques ; architectes, Perrault & Lesage (185).

Rue Gilford, une maison formant 2 logements, 20 x 36, à 2 étages, en pierre bois et brique, couverture en feutre et gravois; coût probable, $1000. Propriétaire, D. Dinelle, maçon, V. Guilbault. (186)

Rue Gilford, 1 maison formant 2 logements 20 x 36, à 2 étages, en pierre bois et brique ; couverture en gravois ; coût probable, $1000. Propriétaire, Nap. Rochon ; maçon, V. Guilbault. (187)

Rue St André, une maison formant 2 logements, 20 x 36, à 2 étages, en pierre bois et brique ; couverture en feutre et gravois ; coût probable, $1000. Propriétaire, Emery Lespérance ; maçon, V. Guilbault. (188)

Rue St-André, une maison formant 2 logements, 20 x 36, à 2 étages, en pierre, bois et brique, couverture en feutre et gravois ; coût probable, $1,000. Propriétaire, J. B. Major ; maçon, V. Guilbault (189).

Rue Gilford, une maison formant 2 logements, 20 x 36, à 2 étages, en pierre, bois et brique, couverture en feutre et gravois ; coût probable, $1000. Propriétaire, Henri Chartrand ; maçon, V. Guilbault (190).

Rue Gilford, une maison formant 2 logements, 20 x 36, à 2 étages, en pierre bois et brique, couverture en feutre et gravois ; coût probable, $1,000. Propriétaire, Israel Charbonneau ; maçon, V. Guilbault (191).

Rue Gilford, une maison formant 2 logements, 20 x 36, à 2 étages, en pierre, bois et brique, couverture en gravois ; coût probable $1000. Propriétaire, V. Guilbault ; maçon, V. Guilbault (192).

Rue Larivière, coin Harmony, une bâtisse formant 2 logements et un magasin 43.9 x 29, à 2 étages, en bois et brique, couverture en papier et gravois ; coût probable $1100. Propriétaire, Benj. Lavallée, travaux à la journée. (193)

Rue Knox, Nos 233 à 239, 2 bâtisses formant 4 logements, 26x38, à 2 étages, en brique, couverture en gravois ; coût probable, $1500 chacune. Propriétaire, Louis Beaudry. (194)

Rue Sebastopol, No 124, une bâtisse formant 2 logements, 25 x 30, à 2 étages, en brique, couverture en feutre, rosine et ciment ; coût probable, $1500. Propriétaire, Fannie Ridden, contracteur, John O'Leary. (195)

Rue Ste Catherine, No 757, une maison formant 2 logements, 15 x 56, à 3 étages, en bois et brique, couverture en gravois ; coût probable, $2150. Propriétaire, France Lavigne ; architecte, L. R. Montbriand, maçon et charpente, H. Tessier. (196)

Rue Sherbrooke, une maison formant 3 logements, 38 x 44, à 3 étages, en pierre et brique, couverture en ciment ; coût probable, $5,800. Propriétaire, Placide Deslauriers ; architecte, L. R. Montbriand ; charpente, P. Deslauriers. (197)

Rue Queen, Nos 9 à 15, modifications et réparations à 2 bâtisses ; coût probable $2900. Propriétaire The Royal Electric Co, entrepreneur R. E. Edwards & Son. (198)

Rue Ryde, une maison formant 2 logements, 23x34, à 2 étages, en brique, couverture en gravois ; coût probable $1000. Propriétaire, Jos Valade ; travaux à la journée. (199)

BUREAU DE L'INSPECTEUR DES BATIMENTS

Montréal, 2 octobre 1900.

Quatrième rapport mensuel de l'Inspecteur des Bâtiments pour le mois de septembre 1900.

A M. le Président et à MM. les Membres du Comité du Feu et de l'Eclairage,

Messieurs :—

J'ai l'honneur de vous soumettre mon quatrième rapport sur le fonctionnement du Département de l'Inspecteur des Bâtiments pour le mois de septembre 1900.

Durant ce mois il a été émis 27 permis contre 9 durant le mois de septembre 1899, ces permis sont repartis comme suit :

21 nouvelles constructions, représentant une valeur de..............	$142,984
6 réparations, représentant une valeur de......	32,000
Total.........................	$174,984

Nous avons vérifié du 1er au 20 de ce mois les quantités de matériaux suivantes :

438 toises de maçonne à 5 cts par toise.	$21.90
751,100 briques à 6 cts par 1000	45.06
16,600 vgs d'enduits à $4 par 1000 vgs.	66.40
Total	$133.36

A partir du 20 septembre, d'après l'ordre de votre comité nous avons discontinué de vérifier ces quantités.

Durant ce mois, 83 avis pour infractions au règlement 107, ont été émanés.

55 licences ont été accordées par ce département durant le mois, 18 pour clos de bois de sciage, 36 pour cours à bois et 1 pour exploiter une chaudière à vapeur.

48 plaintes ont été faites au bureau et dans presque tous les cas l'on s'est conformé aux avis de l'Inspecteur.

Respectueusement soumis,

ALCIDE CHAUSSÉ,
Inspecteur des Bâtiments.

Tapisseries

L'usage des tapisseries, représentant des sujets, ne remonte pas à plus de six cents ans. Dans le xve siècle, on inventa, en Netherland, la tapisserie de haute et basse lisse et l'on porta cette invention en France. Ces tapisseries se vendaient si cher que souvent on avait recours à la tapisserie de Bergame ou points de Hongrie. La manufacture des Gobelins, établie sous Henri IV et portée à un haut degré de perfection par Colbert et le peintre Lebrun, surpassa tout ce qu'on avait vu jusqu'alors.

VENTES PAR LE SHÉRIF

Du 9 au 16 octobre 1900.

District de Montréal

Lundi le 15 octobre à 11 h. a. m. seront vendus par le sherif les immeubles situés dans la cité de Montréal pour cotisations annuelles et spéciales.

H. H. Hutchins *vs* James Baxter.

Montréal et St Louis du Mile End—1o Les lots 19-19 à 23 du quartier St Laurent situés rue St Laurent, avec bâtisses.

2o Les lots 11-151, 152 et 153 situés rue St Louis.

Vente le 11 octobre à 10 h. a. m. au bureau du shérif.

Le Crédit Foncier Franco-Canadien *vs* James McShane

1o Le lot 870, pt 871 du quartier St Antoine, situés rue Notre-Dame, avec bâtisses.

2o Le lot 892 du quartier St Antoine, situé rue St Jacques, avec bâtisses.

3o Le lot 1835 du quartier Ste Anne, situé rue St Maurice, avec bâtisses.

4o Le lot 205 du quartier St Antoine, situé rue Chatham, avec bâtisses.

5o Les lots 889 et 890 du quartier St Antoine, situés rue St Jacques, avec bâtisses.

6o La moitié Nord-Ouest du lot 1291 du quartier St Antoine, situé rue Université, avec bâtisses.

7o Le lot 1767 du quartier Ste Anne, situé carré Chaboillez, avec bâtisses.

8o Les lots 3239-78, 79 du quartier St Gabriel, situés rue Wellington, avec bâtisses.

Vente le 12 octobre à 10 h. a. m. au bureau du shérif.

The Trust & Loan Co *vs* L. Cousineau et Ed. Gohier.

St Laurent—Les parties des lots 251 et 19, avec bâtisses.

Vente le 13 octobre à 10 h. a. m., au bureau du shérif à Montréal.

District de Québec

Stuart H. Dunn es qual *vs* Nap. Gourdeau

Québec—Le lot 720 du quartier St Roch, situé rue St Dominique, avec bâtisses.

Vente le 10 octobre à 10 h. a. m., au bureau du shérif.

District des Trois-Rivières

Théop. Morissette *vs* Joseph Dupuis et al.

Maskinongé—Les parties des lots 551 et 552, avec bâtisses.

Vente le 9 octobre à 10 h. a. m., à la porte de l'église St Joseph de Maskinongé.

Cheminées

L'on fixerait difficilement l'époque de la première cheminée : quant aux poêles, elle appartient aux Allemands et aux autres nations du Nord. Dès 1388, l'on trouve à Paris des poêles dans les résidences et dans les galeries royales ; quelques-uns portaient le nom de chauffe-doux.

Nattes

Les nattes de jonc et de paille furent les premières tentures d'appartement. Les couleurs de la paille se disposaient avec tant d'art et de goût qu'elles produisaient un effet très agréable. On trouve encore dans le Levant des nattes de cette espèce. On les vend fort cher et on les estime beaucoup à cause de la vivacité des couleurs et de la beauté des dessins.

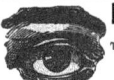

BANQUE D'HOCHELAGA

BUREAU PRINCIPAL, - - - - MONTREAL

Capital souscrit, - $1,500,000
Capital payé, - - 1,500,000
Fonds de Réserve, - 680,000

DIRECTEURS: F. X. ST-CHARLES, Président. R. BICKERDIKE, Vice-Président. C. CHAPUT, HON. J. D. ROLLAND, J. A. VAILLANCOURT. M. J. A. PRENDERGAST, Gérant-général, C. A. GIROUX, Assistant Gérant, O. E. DORAIS, Inspecteur.

SUCCURSALES: Québec, Trois-Rivières, Joliette, Sorel, Valleyfield, Sherbrooke, Louiseville, Vankleek Hill, Ont., Winnipeg, Man., Montréal, 1376 Ste-Catherine, et 1756 Ste-Catherine près Sanguinet, et 2204 Notre-Dame ouest.

DEPARTEMENT D'EPARGNE:
Au Bureau Principal et aux Succursales.

CORRESPONDANTS:

Londres, Angl., Les agences du Crédit Lyonnais. Crédit industriel et commercial. Comptoir National d'escompte de Paris. Clydesdale Bank, limited.
Paris, Fra., Crédit Lyonnais. Comptoir National d'Escompte. Crédit Industriel et Commercial. Société Générale.
Berlin, Deutsche Bank.
Bruxelles, Crédit Lyonnais.
Vienne, Autr., Banque I.R.P. des Pays Autrichiens.
New-York, National Park Bank. The National City Bank of New York. Importers and Traders Nat. Bank. Ladenburg, Thalmann & Co. Heidelbach, Ickelheimer & Co.
Boston, Third National Bank. National Bank of Redemption. International Trust Co.
Chicago, National Live Stock Bank. Illinois Trust and Savings Bank.

Collections dans tout le Canada, aux taux les plus bas

Emet des crédits commerciaux et des lettres circulaires pour les voyageurs, payables dans toutes les parties du monde.

R. WILSON SMITH

COURTIER EN
DEBENTURES

Débentures Municipales, des Gouvernements et des Chemins de Fer achetées et vendues. Débentures de premier ordre pour placements de fonds en fidéi-dépots, toujours en mains.

Batisse Standard Life

151 rue St-Jacques, Montréal

LS. DESCHENES
ENCANTEUR DE COMMERCE

—ET—

Jobber en Chaussures

No 60 RUE ST-JEAN
QUEBEC

N. B.—Messieurs les marchands de la campagne épargneront de l'argent en venant me faire visite avant d'acheter ailleurs. J'ai constamment en mains toutes sortes de Jobs pour leur commerce

---

LA BANQUE DE ST-HYACINTHE

Bureau Principal : St-Hyacinthe, P. Q.

CAPITAL PAYÉ - - - - $320,840
RESERVE - - - 75,000

DIRECTEURS:

G. C. DESSAULLES, - - - Président.
J. R. BRILLON, - - - - Vice-President
L. P. MORIN, J. NAULT.
DR E. OSTIGUY, EUSEBE MORIN
JOS. MORIN.
E. R. BLANCHARD, Caissier. W. A. MOREAU, Inspecteur.

— Succursales —

St. Césaire, M. N. Jarry, gérant.
Farnham, J. E. Campbell, gérant
Iberville, J. M. Bélanger, gérant.
L'Assomption, H. V. Jarry, gérant.

Correspondants: — Canada: Banque des Marchands du Canada et ses succursales. Etats-Unis: New-York The National Bank of the Republic, Ladenburg, Thalman & Co.; Boston Merchants National Bank.

UBALDE GARAND. TANCREDE D. TERROUX

GARAND, TERROUX & CIE.,

BANQUIERS ET COURTIERS

116 Rue St-Jacques, MONTREAL.

Effets de commerce achetés. Traites émises sur toutes les parties de l'Europe et de l'Amérique. Traites des pays étrangers encaissées aux taux les plus bas. Intérêt alloué sur dépôts. Affaires transigées par correspondance

---

C. H. WALTERS & CO.
BANQUIERS

3, Rue Saint-Sacrement, Montréal.

Achat et vente de Billets de Commerce.
Négociation de Bons et Débentures.

W. H. WEIR F. H. WEIR

W. H. WEIR & SON
COURTIERS

113 RUE ST-FRANCOIS-XAVIER, Montréal.

M. W. H. WEIR, membre du "Montreal Stock Exchange," achète et vend tous les stocks qui figurent sur la liste du Stock Exchange, au comptant ou à terme. Les dernières informations régulièrement classées. Correspondants spéciaux à New York.

LA BANQUE NATIONALE

AVIS DE DIVIDENDE

Vendredi, le 2 NOVEMBRE, et après, cette Banque paiera à ses actionnaires **un dividende de trois par cent** sur son capital pour le semestre finissant le 31 octobre prochain.

Le livre de transport d'actions sera clos depuis le 17 jusqu'au 31 octobre prochain inclusivement.

Par ordre du bureau de direction.

P. LAFRANCE, Gérant.

Québec, 25 sept. 1900.

HOTEL RICHELIEU

Rue St-Vincent

MONTREAL

Confortable. A proximité des chars et bateaux.

Prix populaires.

Tél. Main 514. **L. A. COTE, Prop.**

BREVETS D'INVENTION (France-Etranger)

Marques de Fabrique, Procès en contrefaçon, etc.

CASALONGA

Ingenieur-Conseil (depuis 1867) **PARIS** 15 r. des Halles

Prop. Direct. (depuis 1878) du Journal (25 f. par an)

"CHRONIQUE INDUSTRIELLE"

THE MOLSONS BANK

Incorporée par acte du Parlement en 1855

BUREAU PRINCIPAL - - - - - MONTRÉAL.

Capital versé.................................$2,355,280.00
Réserve..............................$1,625,000.00
Réserve pour rabais sur escomptes courants.......................... $80,000.00
Compte de Profits et Pertes......... 15,909.47 1,720,909.4

BUREAU DE DIRECTION.

WM. MOLSON MACPHERSON, Président, S. H. EWING, Vice-Président. W. M. Ramsay, Samuel Finley, Henry Archbald J. P. Cleghorn, H. Markland Molson.

JAMES ELLIOT, Gérant Général.

A. D. DURNFORD, Inspecteur en Chef et Surintendant des Succursales.

W. H. DRAPER, Inspecteur H. LOCKWOOD, W. W. L. CHIPMAN, Asst.-Insp

SUCCURSALES: Alvinston, O., Aylmer, O., Brockville, O., Calgary, Alb., Chesterville, O., Clinton, O., Exeter, O., Fraserville, Q., Hamilton, O., Hensall, O., Kingsville, O., Knowlton, Q., London, O., Meaford, O., Montréal, Q., rue Ste-Catherine, Montréal, Morrisburg, O., Norwich, O., Ottawa, O., Owen Sound, O., Port Arthur, O., Quebec, Q., Revelstoke Sta., B.C., Ridgetown, O., Simcoe, O., Smith's Falls, O., Sorel, Q., St. Thomas, O., Toronto, O., Toronto Junc., O., Trenton, O., Valleyfield, Q., Vancouver, B. C., Victoria, B. C. Victoriaville, Qué., Waterloo, O., Winnipeg, Man., Woodstock, O.

AGENCES à Londres, Paris, Berlin et dans toutes les principales villes du monde.

Emission de Lettres de Crédit pour le commerce et lettres circulaires pour voyageurs.

Attention sérieuse apportée aux Collections.

La Banque Nationale

BUREAU CHEF : QUEBEC

CAPITAL PAYÉ...................... $1,200,000
FONDS DE RÉSERVE.............. $200,000

DIRECTEURS:

R. AUDETTE, Ecr., Président,
A. B. DUPUIS Ecr., Vice-Président.
L'HON. JUGE CHAUVEAU, V. CHATEAUVERT, Ecr.,
N. RIOUX Ecr. NAZ. FORTIER, Ecr.,
J. B. LALIBERTE, Ecr.
P. LAFRANCE, Gérant.
N. LAVOIE, Inspecteur.

SUCCURSALES

Québec : faubourg St Jean.	St-François Nord-Est, Beauce.
Québec : St-Roch.	Ste-Marie, Beauce.
Montréal.	Chicoutimi.
Sherbrooke	Roberval.
St-Hyacinthe.	Ottawa, Ont.
Joliette.	St-Jean, P. Q.
Rimouski, Qué.	Montmagny, Qué.
Murray Bay, Qué.	Fraserville.

Saint-Casimir, Qué.

AGENTS.

Angleterre: The National Bk of Scotland, Londres.
France Crédit Lyonnais et succursales, Paris.
Etats-Unis: The National Bank of the Republic New-York. The Shoe & Leather National Bank, Boston, Mass.

Les collections reçoivent une attention spéciale et les retours en sont faits avec la plus grande promptitude.

On sollicite respectueusement la correspondance.

EDWIN HANSON. WILLIAM HANSON.

Hanson Bros.

Courtiers en obligations des Gouvernements, Municipalités, Chemins de Fer et Industries.

Nous avons toujours en mains des obligations de premier ordre, convenant pour placements par les Fidéi-commissaires, les Banques, les Compagnies d'Assurances, les Sociétés et les spéculateurs privés. On peut obtenir des listes d'obligations ainsi que les prix sur demande adressée au bureau, chambre 20, bâtisse Canada Life, Montréal.

Demandez à votre fournisseur les

LIVRES DE COMPTES, REGISTRES, ETC.,

qui sont fabriqués avec les Papiers "**Superfine Linen Record**" dont l'excellence de la qualité pour la durée et la résistance au grattoir n'est pas surpassée.

Pour vos Entêtes de Lettres, Papeterie de Bureau, exigez toujours les Papiers "**Standard**," "**Earnscliffe**," "**Empire**," "**Donnacona**," "**Canada**," et comme Papeterie de luxe, le "**Papier parchemin Rolland**" qui sont tous de fabrication canadienne, et de qualités supérieures aux beaux papiers importés de l'étranger.

J. B. Rolland & Fils, rue St-Vincent, Montréal

Les Hommes d'Affaires

Ont très peu de temps à dépenser. Je me tiens à leur disposition **à toute heure** du jour ou du soir.

HARDOUIN LIONAIS,

D.C.D., L.C.D.

CHIRURGIEN DENTISTE,

Gradué du "Philadelphia Dental College," licencié du Collège Dentaire de la P. de Q.

2359 RUE STE-CATHERINE

MONTREAL

Tél. de Bureau: Up 2498. Résidence, E. 870.

LE PRIX COURANT
THE PRICE CURRENT

Vol. XXX — MONTREAL, VENDREDI 12 OCTOBRE 1900.

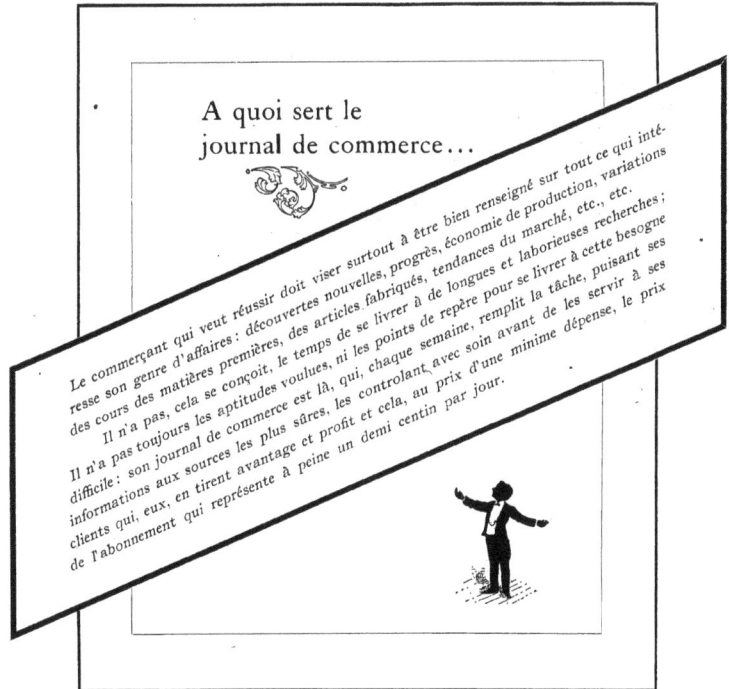

A quoi sert le journal de commerce…

Le commerçant qui veut réussir doit viser surtout à être bien renseigné sur tout ce qui intéresse son genre d'affaires : découvertes nouvelles, progrès, économie de production, variations des cours des matières premières, des articles fabriqués, tendances du marché, etc., etc.

Il n'a pas, cela se conçoit, le temps de se livrer à de longues et laborieuses recherches; Il n'a pas toujours les aptitudes voulues, ni les points de repère pour se livrer à cette besogne difficile : son journal de commerce est là, qui, chaque semaine, remplit la tâche, puisant ses informations aux sources les plus sûres, les controlant avec soin avant de les servir à ses clients qui, eux, en tirent avantage et profit et cela, au prix d'une minime dépense, le prix de l'abonnement qui représente à peine un demi centin par jour.

LE PRIX COURANT

Revue Hebdomadaire

COMMERCE, FINANCE, INDUSTRIE, PROPRIÉTÉ FONCIÈRE, ASSURANCE.

Publié par ALFRED et HENRI LIONAIS, éditeurs-propriétaires au No 25 rue St-Gabriel, Montréal, Téléphone Bell Main 2547, Boite de Poste 917. Abonnement : Montréal et Banlieue, $2.00 ; Canada et Etats-Unis, $1 50 ; France et Union Postale, 15 francs. L'abonnement est considéré comme renouvelé, à moins d'avis contraire au moins 15 jours avant l'expiration, et ne cessera que sur un avis par écrit, adressé au bureau même du journal. Il n'est pas donné suite à un ordre de discontinuer tant que les arrérages et l'année en cours ne sont pas payés.

Adresser toutes communications simplement comme suit : LE PRIX COURANT, MONTRÉAL, CAN.

VOL. XXX — VENDREDI, 12 OCTOBRE 1900 — No 2

COMMERCE INDUSTRIE ET FINANCE

Impôt sur l'exportation des raisins secs de Grèce : Le "Journal Officiel" de Grèce a publié dernièrement une note relatant une décision prise par le conseil des ministres et qui a pour but de fixer un minimum légal, soit à 10 p. c. le montant de l'impôt en nature (retenue) à prélever pour la présente campagne sur les raisins secs exportés à l'étranger.

Cette note mentionne en outre les évaluations de la récolte de l'année présente qui est estimée seulement de 75 à 85 millions de livres vénitiennes, par suite des ravages occasionnés aux vignobles par le mildew, tandis que la récolte précédente (1899) s'était élevée à 229 millions de livres vénitiennes.

D'après le ministre des finances, le stock existant en Grèce s'élèverait à 10 millions, et à 13 millions d'après la Banque des raisins secs. Le stock existant à l'étranger serait de 21 millions de livres, tandis que les dépôts tant en Grèce qu'à l'étranger, des récoltes antérieures à celle de 1899 étaient évaluées l'an dernier, à 42 millions de livres.

***

Travaux publics : Le plus grand pont qui existe actuellement pour la voie de 1 mètre, vient d'être terminé dans l'Inde. Il porte le nom de Pont Elgin et franchit la rivière Cogia à Bahram Ghat. Sa longueur totale est de 1,127 mètres et est divisée en 17 travées de 61 mètres de portée chacune. La construction de cet ouvrage d'art a entraîné des travaux accessoires considérables, car à l'emplacement du pont, le cours d'eau a un lit très mal délimité. Il se déplace, en effet quelquefois, de 180 mètres dans une année.

Le terrain est formé de sable jusqu'à la profondeur de 30 mètres. On a procédé d'une manière originale, on a construit le pont en pleine terre et on a, par des endiguements, forcé la rivière à passer sous le pont. Les fondations des piles ont 8 mètres de diamètre et sont descendues à 27 mètres au-dessous des plus basses eaux. Chacune des travées de 61 mètres pèse 260 tonnes.

***

Le chemin de fer trans-américain de New-York à Buenos-Ayres : Le Congrès panaméricain, qui se réunira à Mexico au mois d'octobre 1901, s'occupera, entre autres choses, de la construction du chemin de fer trans-américain qui a été décidé déjà sur l'initiative de M. Blaine, au premier congrès tenu à Washington. Ce chemin de fer à double voie, allant de New-York à Buenos-Ayres, aurait une longueur de 10,220 milles et coûterait à peu près 200 millions de dollars. Ces 10,220 milles se répartissent ainsi : 2,094 pour les Etats-Unis, 1,644 pour le Mexique, 169 pour le Guatemala, 220 pour San Salvador, 71 pour l'Honduras, 209 pour le Nicaragua, 360 pour Costa-Rica, 1,065 pour la Colombie, 668 pour l'Equateur, 1,785 pour le Pérou, 587 pour la Bolivie et 1,050 pour la République argentine. De nombreuses sections de cette grande ligne continentale sont déjà à l'étude ou en voie d'exécution dans les divers pays énumérés dont elle empruntera du reste les réseaxx locaux déjà achevés ou en construction.

***

Abeilles postales : Les abeilles que l'on avait considérées jusqu'ici que comme de délicates ouvrières, uniquement aptes à produire le miel, peuvent être employées paraît-il, à un tout autre usage.

S'il faut en croire un apiculteur, qui vient de les mettre à l'épreuve, ce seraient d'excellents vaguemestres, susceptibles, en bien des cas, de remplacer avec avantage les pigeons voyageurs. Quelques-unes de ces bestioles, que l'on avait emporté loin de leur ruche et sur l'aile desquelles on avait collé de minces lettres micro-photographiques, ont parfaitement retrouvé le chemin de leur habitacle.

Une simple ruche pourrait ainsi devenir, en temps de guerre, le plus actif des bureaux de renseignements. L'abeille "postale" présenterait même sur le pigeon voyageur cet immense avantage qu'elle passerait presque toujours inaperçue, et que, fût elle vue, elle mettrait à l'épreuve l'habileté du tireur le plus exercé.

***

Contre le feu à bord : Lorsqu'on embarque des matières ayant en elles un principe d'humidité, celles-ci peuvent s'échauffer par suite de la compression sur elles-mêmes ou de la raréfaction de l'air en milieu clos ; qu'un courant d'air les frappe brusquement, elles s'embrasent. Et ce qu'il y a de terrible en ce cas, c'est que le feu ne se révèle qu'alors que son développement est déjà très accusé. L'ignition peut même se déclarer par la seule cause de la fermentation. C'est ce qui arrive avec la houille, par exemple.

M. Dibos, le savant ingénieur maritime, préconise contre ces incendies deux remèdes : le premier consiste à noyer dans la cargaison des tubes verticaux en métal aboutissant sur le pont et dans lesquels on peut descendre de temps en temps des thermomètres avertisseurs de la chaleur de la cale ou des soutes.

Le second remède consiste à disposer dans la cale un tonneau de chaux ordinaire, communiquant par un petit tuyau avec le pont. En cas d'incendie dans la cale, on verse de l'acide sulfurique dans le tuyau, et il se produit dans la cale un dégagement d'acide carbonique intense qui paralyse toute ignition.

Mais, dira-t-on, pourquoi ne pas employer l'eau ? Ce n'est pas l'eau qui manque à la mer ! Evidemment. Seulement, l'eau ne peut être employée que pour les incendies à ciel ouvert, attendu que si on essayait de noyer dans une cale un foyer important, on provoquerait un subit dégagement de vapeurs qui ferait sauter le pont ou éventrerait le bâtiment.

***

Une capitale débaptisée : Une capitale qui change de nom pour prendre celui d'un établissement industriel voisin, voilà certes, qui n'est pas banal et démontre bien l'importance de l'établissement en question.

Suivant un décret tout récent des Chambres de la République de l'Uruguay, le nom de Fray-Bentos a été donné à la capitale du département du Rio-Negro, c'est-à-dire à la ville avoisinant les établissements de la Compagnie Liebig, d'où nous vient ce fameux extrait de viande employé de nos jours dans les cuisines du monde entier. Cette ville portait jusqu'alors le nom de "Independencia", tandis que celui de Fray-Bentos désignait plus spécialement les établissements Liebig.

***

Les paquebots *Kaiser-Wilhelm-der-Grosse*, du Norddeutscher Lloyd, et *Deutschland*, de la Hamburg Amerika Linie, viennent de faire une course des plus intéressantes pour les amateurs, mais des plus dangereuses pour les passagers.

Partis de New-York, le 4 septembre, ils sont arrivés à Cherbourg, le *Deutschland* avec une avance de 5 heures 15 sur son concurrent.

Le trajet a été effectué en 5 jours, 7 heures et 38 minutes, les parcours quotidiens du *Deutschland* ayant été de 507, 535, 540, 549 et 306 milles, ce qui donne, pour les 2,982 milles parcourus, une vitesse moyenne de 23 nœuds 36.

***

Il nous paraît utile de mentionner un intéressant rapport récent sur la situation de l'industrie sidérurgique dans la Russie Méridionale, et qui constate que cette industrie est actuellement, par suite de surproduction, dans un état de crise passagère. Comme première mesure à prendre, le rapporteur préconise l'établissement d'une prime à l'exportation des fontes. La consommation n'a pu se développer aussi rapidement que la production, au moment surtout où l'Etat qui était le principal client, ralentissait lui même ses commandes.

Le café du Brésil : La récolte 1900-1901 donnera de 8,750,000 à 9,000,000 de sacs ; auxquels il faudra ajouter ce qui reste de la récolte précédente. Que le résultat soit finalement un peu au-dessous ou au-dessus, peu importe ; cela n'a pas grande importance. Il y a eu, se suivant, quatre fortes récoltes, laissant plus de 6 millions de sacs de disponible dans les différents ports, sans compter les approvisionnements invisibles qui sont les plus importants que l'on ait jamais connus. De tels chiffres ont leur valeur quand l'on parle de la hausse de ce café. (*The Grocer*).

***

La récolte des olives en Toscane : La récolte des olives s'annonce dans la partie occidentale de la Toscane, sous les auspices les plus favorables.

Voici quels sont, à Livourne, les prix actuels des huiles.

Qualité extra-fine' dite " Butti " 170 à 175 lires le quintal.

Qualité fine, dite " Caci " 160 à 165 lires le quintal.

Les huiles bonnes de Lucques se vendent 41 à 43 lires le baril de trente kilog.

Celles à brûler des " Maremmes " s'obtiennent de 85 à 88 lires le quintal.

N. B.—La lire vaut 19c et une fraction.

En prévision de la hausse, des marchés importants ont été traités, notamment en ce qui concerne les qualités supérieures.

***

Epidémie à Aix-la-Chapelle, causée par du lait contaminé.—Au régiment 40 des Fusiliers, comme dans les autres régiments qui avaient été en même temps au champ des manœuvres de Elsenborn, on a constaté un grand nombre de cas de typhus. La contagion est certainement dûe à l'emploi de lait incomplètement pasteurisé. On a constaté qu'une maison d'Elsenborn, où il y avait un malade atteint de typhus, livrait du lait au fournisseur du régiment, et que trois compagnies, dans lesquelles l'emploi de lait était défendu, n'ont eu aucun cas de typhus jusqu'à ce jour. Le nombre de malades qui ont été transportés à l'hôpital, près du Carelsberg, s'élève déjà à 70. A l'exception de quelques cas très graves, leur état est généralement satisfaisant. Il n'y a pas encore eu de décès. Désinfection complète de la caserne, défense aux hommes de retourner en ville jusqu'à nouvel ordre, diminution du service et des suppléments de nourriture, tels sont les moyens employés pour prévenir l'extension de la maladie parmi les troupes et parmi la population civile.

***

La production de la fonte aux Etats-Unis pendant le premier semestre 1900 a été de 7,642,167 tonnes contre 6,289,167 tonnes pendant la période correspondante de 1899, présentant sur cette période une augmentation de 1,353,402 tonnes ou de 22 p. c.

Elle se répartit comme il suit, eu égard au combustible employé :

	Tonnes
Fonte à l'anthracite	990,667
— au charbon de bois	167,146
— au coke	6,459,714
— au mélange de charbon de coke	25,042

Le nombre de hauts fourneaux en feu était de 283 au 30 juin 1900 contre 289 au 31 décembre 1899.

La quantité de fonte en stock était de 338,053 tonnes au 30 juin 1900 ; elle n'était que de 63,429 tonnes au 31 décembre 1899.

La production de fonte Bessemer a été de 4.461,391 tonnes pendant le premier semestre 1900, contre 3,788,907 pendant le premier semestre 1899 ; celle de la fonte basique a été de 581,868 tonnes pendant le premier semestre 1900 contre 432,389 pendant la période correspondante de 1899.

***

Les conserves alimentaires de la maison Wm Clark sont de plus en plus populaires : le fait est que l'on voit passer dans nos rues d'immenses chargements de boîtes de conserves qui vont porter au loin le renom de cette excellente maison.

Les faits mieux que les paroles démontrent les progrès incessants accomplis.

En consultant la liste des permis de construction, nous voyons que M. William Clark ajoute à sa manufacture une bâtisse à deux étages de 38.6 x 112.6. Et avec la demande croissante des produits de Clark, on ne s'en tiendra pas là.

Le nom de B. Houde et Cie sur un paquet de tabac ou de cigarettes est une garantie de haute qualité et de fabrication soignée. Aussi trouve-t-on les tabacs de cette maison dans toutes les maisons de détail de premier rang.

Fruits verts et secs de Californie.—La maison J. K. Armsby de San Francisco, une des plus grandes maisons d'empaquetage et de distribution de fruits verts et secs de Californie et qui possède des centres de distribution à Chicago, New-York, Boston et Portland, a placé sur le marché de Montréal ses marques spéciales dont nous publions une liste dans une autre colonne. Ces fruits, sous le rapport de la haute qualité et des prix, ne manqueront pas de créer une sensation dans cette ligne spéciale de commerce.

LES "BUCKET SHOPS"

(*Suite et fin.*)

Le faux " Banquier et Courtier." Encore plus dangereux et pernicieux sont ceux qui s'intitulent "banquiers et courtiers" mais qui en réalité dirigent des bucket shops sous les dehors d'une maison de courtage véritable. La Bourse de New-York et le Board of Trade de Chicago ont dépensé des centaines de milles dollars pour tenter de terrasser ce genre d'affaires. De temps à autre on envoie en prison un de ces chevaliers d'industrie, mais seulement quand il a commis quelque vol énorme. Il n'y a pas bien longtemps un prétendu "banquier et courtier" de New-York qui faisait apparemment des affaires colossales et qui avait de somptueux bureaux dans le bas de la ville et de nombreuses succursales dont l'une achalandée presque exclusivement par le sexe féminin, prit la fuite avec un million de dollars environ confiés à ses soins par des personnes qui s'attendaient à de forts profits.

Les sommes d'argent dépensées par ces "banquiers et courtiers" en complicité et en chasse de clientèle sont énormes; les courtiers légitimes les plus heureux en affaires ne pourraient se permettre de pareilles dépenses. Ils se servent des journaux quotidiens. Ils ont aussi des imprimés alléchants, voire même des brochures dont les termes sont habilement calculés pour en imposer, car ils démontrent d'une manière concluante que toute personne en suivant les avis de la firme en question est forcée de faire de l'argent.

Ces annonces sont à peu près aussi raisonnables que les circulaires adressées par les marchands de faux billets de banque. Il semblerait qu'il ne vient jamais à l'esprit de ceux qui sont trompés par eux que si ces courtiers possédaient, comme ils le prétendent, le fond de l'affaire (*inside information*) il serait absurde pour eux de solliciter des clients.

Si tout ce qu'ils disent était vrai ces savants personnages pourraient entasser des millions à courte échéance sans avoir à recourir à l'argent des autres. C'est exactement la même chose avec ceux qui essaient de vendre de prétendus faux billets. Si ces billets (*green goods*) étaient ce qu'ils prétendent, il devrait paraître absurde aux victimes qui se laissent persuader de les acheter qu'on les leur vendra pour un dixième de leur valeur nominale—mais il n'en est rien.

Le courtier qui "*buckets*" les ordres placés chez lui—c'est-à-dire qui ne fait ni achats ni ventes réels—ne se contente ni des annonces ni des circulaires. Il envoie au dehors des solliciteurs qui couvrent un vaste territoire. Il faut au "bucket Shop" de nouveaux clients, un flot continuel de nouveaux clients, car ses victimes sont habituellement des gens qui placent de petites sommes, quoique fréquemment elles représentent leurs économies de plusieurs années. Au plus bas mot, les trois quarts d'entre eux perdent; les neuf dixièmes seraient probablement plus près de la vérité. Et quand les économies de l'un de ceux qui ont fait un "placement" sont avalées, ses ressources sont épuisées et le "bucket shop" doit trouver une nouvelle victime.

Les victimes des bucket shops.— Les besoigneux, les cupides et les ignorants ont toujours été une source de revenus pour les bucket shops qui prennent le masque de maisons de courtage légitime. Dans leur clientèle, on trouve aussi des dépositaires de fonds, aussi des veuves et des orphelins ayant quelque argent, mais pas assez pour leur donner un revenu suffisant.

C'est l'un des traits les plus abominables des bucket shops que cette dernière catégorie de clients, car des plans mûris sont mis en œuvre pour les faire tomber dans le panneau. Les solliciteurs en route mettent en œuvre toutes sortes de moyens pour "faire des affaires" ce qui en réalité veut dire mettre le grappin sur l'argent d'autrui, peu importe la source dont il provient. Leur premier souci est de se mettre sur la piste de ceux qui spéculent déjà. Quand le solliciteur arrive dans une ville qui lui est etrangère, il a pour principe généralement de se lier d'amitié avec les gérants des bureaux de télégraphe. Tout ce qu'il veut, c'est une liste des personnes de la localité qui "font des opérations de marché" et des maisons avec lesquelles elles font affaires. Le solliciteur consent volontiers à payer un prix raisonnable pour cette liste. Les employés du télégraphe peuvent la lui fournir sans aucun risque et avec l'idée que personne n'en souffrira.

Il est alors facile pour le solliciteur d'aborder sa victime qui peut-être opère avec des maisons d'un bon renom et responsables.

Il peut lui offrir de partager les commissions et lui promettre toutes sortes de choses qui feraient perdre à un courtier honnête son siège à la Bourse.

Les plans et les subterfuges employés pour attirer l'argent dans les bucket shops sont aussi variés que l'imagination de ceux qui les dirigent. Tout repose sur un principe de malhonnêteté, car il ne faut jamais oublier que le bucket shop ne peut réussir à moins que ses clients ne perdent de l'argent. Le client ne sera payé des profits qu'accuse son ticket qu'en autant que d'autres auront perdu. L'idéal du bucket shop est d'empocher tout dollar qui lui est confié.

Le vol du " pool " discrétionnaire.—Le pool discrétionnaire est une conséquence directe du bucket shop, c'est le vol le plus effronté, le plus audacieux et le plus atroce qui se soit jamais perpétré sous une apparence de plausibilité. Comparés avec lui, le vol de grand chemin et le vol avec effraction sont respectables.

Si un étranger demandait à un passant de lui donner cinquante, cent ou mille dollars, sous le seul prétexte qu'il lui rendra le double, le cupide qui donnerait l'argent passerait pour un triple idiot; il en est cependant de même pour la victime qui pénètre dans le "pool" discrétionnaire. Le prétendu opérateur n'a pas la moindre intention de faire un placement, ni même de spéculer avec l'argent qui lui est confié. De temps en temps il enverra une somme à laquelle il donnera le nom de *dividende* ou de *profits*—une partie peut être de l'argent même de la victime—uniquement dans le but d'attirer de plus fortes sommes ou d'autres victimes dans la galère. Le voleur au "pool" discrétionnaire est parfois en rapports avec un courtier de quelque réputation qui certifie que l'individu est un fort spéculateur, un très adroit spéculateur.

Il entretient ses victimes jusqu'à ce qu'il leur ait arraché le dernier sou à en tirer. Alors, elles reçoivent une explication plausible de la déconfiture du pool dans laquelle on fait ressortir avec force les larges pertes subies par l'opérateur personnellement.

Quand le voleur est de la catégorie de Miller—ce jeune homme de New-York qui promettait à ses victimes dix pour cent par semaine à ceux qui lui confiaient de l'argent et qui, pendant plusieurs mois, paya réellement en vertu du principe de la chaîne sans fin—la loi peut l'atteindre. Miller était un jeune employé sans trop d'adresse ni d'expérience et dont les bureaux étaient situés

dans une petite maison de Brooklyn et, cependant, plus d'un million et demi de dollars lui furent confiés avant son arrestation.

Les opérateurs des pools discrétionnaires de Wall Street sont des gens de beaucoup plus habiles. Ils s'arrangent de telle façon qu'ils ont le contrôle le plus absolu sur l'argent qui leur est confié. Il est parfaitement entendu qu'il leur est remis pour des fins de spéculation et ils peuvent en faire exactement ce qu'ils veulent. S'ils optent pour le mettre simplement dans leur poche, comme c'est d'ailleurs la règle, et prétendre qu'ils l'ont perdu en spéculant sur les valeurs mobilières, le blé ou le porc, il n'y a pas de recours. Très souvent même il arrrive que la victime ne s'imagine pas qu'elle a été volée.

Il y a un avantage à jouer dans un bucket shop, c'est que le perdant peut en appeler, s'il est homme à le faire, à la justice et obtenir le remboursement de son argent. D'habitude le bucket shop s'arrange de bon gré ; s'il s'y refuse les tribunaux peuvent le forcer à payer.

LA VALEUR ALIMENTAIRE DU POISSON

Tous ceux qui vivent sur le bord de la mer restent, avec raison convaincus des qualités nutritives et reconstituantes du poisson comme aliment, et le considèrent comme un puissant réparateur des muscles et du cerveau. Ils ne sont pas éloignés de lui accorder la préférence sur la viande de boucherie d'une digestion moins facile.

Les chimistes, qui établissent leur jugement sur des analyses quantitatives, accordent une valeur un peu supérieure à la viande.

En prenant cent parties de viande bien choisie, sans nerfs, sans muscles, sans graisse, sans os surtout, et cent parties de poissons sans arêtes qu'ils soumettent à l'analyse, ils aboutissent aux résultats suivants :

Cent parties de viande de :		Eau	Albumen ou fibrine	Gélatine	Matières nutritives totales
Mouton	donnent	72	21	7	28
Poulet		75	18	7	25
Bœuf		76	18	6	24
Sardines fraîches		78	15	7	22
Maquereaux.....		80	14	6	20
Saumon		81	13	6	19

M. le pharmacien Major Maljean, accusait les résultats suivants :

Matières	azotées.........	63.80
—	grasses..........	16.44
—	extractives.....	4.70
—	cendres.........	10.56
—	eau	4.50

et il concluait qu'étant donnée la valeur alimentaire des poissons en général, il y avait lieu d'utiliser les passages des sardines sur les côtes de France pour en préparer des conserves à l'usage des troupes de terre [Revue de l'Intendance 1894]. Les troupes de marine en sont depuis longtemps et régulièrement approvisionnées.

Ainsi les chimistes considèrent donc que les matières nutritives contenues dans le poisson ne sont guère sensiblement inférieures aux matières nutritives de la viande; c'est ce qui explique que certains médecins sur les bords des côtes accordent à la " soupe de poisson " les mêmes vertus qu'au " bouillon de viandes " et peut-être plus réconfortante encore.

Il y a un fait que les chimistes n'observent pas et qui est cependant des plus importants, c'est le degré d'assimilation de toute nourriture ; il ne suffit pas qu'un aliment soit nutritif, il faut qu'il soit aussi de digestion facile. Voilà pourquoi les nourritures très riches en principes actifs condensés sous un petit volume, ont en réalité peu de valeur réelle ; ces principes actifs ne sont pas absorbés par l'organisme, et même, quelquefois, lui sont une souffrance en exigeant un travail qu'il ne peut fournir et qui le fatigue outre mesure. Personne n'ignore que la graisse est difficilement digérable, que la viande est généralement lourde aux estomacs délicats. Au contraire, le poisson est un aliment léger, malgré sa richesse en principes phosphatés calcairs.

C'est la nourriture par excellence des débiles, comme de tous ceux qui fournissent une grande somme de travail intellectuel.

C'est un réparateur du corps et du cerveau, un remède merveilleux contre l'impuissance. Les pêcheurs de nos côtes ne se nourrissent que de poisson et ils sont forts, vigoureux, malgré les abus alcooliques malheureusement trop fréquents ; leurs femmes, qui travaillent laborieusement dans les usines, sont de santé robuste et d'une rare fécondité. Ajoutons pour rester dans la vérité que les campagnards qui vivent de légumes, de lard et de viande sont aussi très bien portants, suivant les régions ; ils ne sont pas aussi prolifiques que les marins ; le poisson a des vertus aphrodisiaques que la viande possède beaucoup moins.

A quantités égales la viande de boucherie est elle plus économique que le poisson ? C'est un fait bien connu et qui peut être chaque jour vérifié par l'expérience, que la viande une fois cuite diminue considérablement de poids (25 p. c.) ; et si l'eau de cuisson n'est pas utilisée comme sauce ou bouillon, elle perd beaucoup de ses principes actifs (50 p.c.).—Nous supposons que les os sont préalablement enlevés ce qui n'est pas souvent le cas lorsque nos ménagères prennent leurs provisions à la boucherie. La perte subie par le poisson est comparativement moins forte (18 p. c.) ; et une livre de poisson, toutes proportions gardées, est plus avantageuse qu'une livre de viande.

Tous les catholiques romains qui vivent dans le voisinage de la mer observent sans grande peine la privation de viande pendant le Carême. Ce jeûne de quarante jours imposé par l'Eglise, dans un but déclaré de pénitence, repose en même temps sur des observations scientifiques et médicales, et fut inspiré par le souci de la santé publique. Toutes les religions contiennent, pour leurs adeptes, des recommandations salutaires. C'est ainsi que dans leurs pays exposés aux chaleurs tropicales, les mahométans sont astreints à des ablutions journalières et se voient interdit l'usage des boissons spiritueuses. C'est ainsi que les juifs ne mangent pas la viande de porc dans la crainte de la lèpre dont cet animal est, dans certaines contrées, un instrument de propagation.

Au moment où la sève du printemps prédispose aux congestions, la viande semble une nourriture trop excitante, peut-être indigeste, malsaine et flasque à une époque où les animaux domestiques mettent bas. Le poisson semble devoir être, au contraire, recommandé ; il jette sa graine et sa laitance en automne, et constitue avec les œufs l'aliment le plus précieux que nous puissions trouver au printemps. Mais tous ne peuvent pas s'en procurer. Ceux qui vivent loin des côtes ne peuvent pas s'en procurer. Ceux qui vivent loin des côtes ne peuvent l'acquérir frais, et la fraîcheur pour le poisson est une qualité primordiale. Il reste dans ce cas les conserves de poissons à l'huile dont la composition et les vertus nutritives restent les mêmes qu'à l'état frais.

L'huile associée aux sardines, aux maquereaux, au thon, constitue une des nourritures les plus délicates, les plus hygiéniques, encore que les personnes soucieuses de leur santé doivent choisir une marque irréprochable.

Beaucoup de personnes ignorent sans aucun doute que l'huile d'olive a toujours été considérée comme un

préservatif de la peste. Les indigènes qui s'enduisaient le corps d'une couche d'huile d'olive, et qui en absorbaient chaque jour une petite quantité, restaient indemnes alors que leurs voisins moins prévoyants succombaient.

L'huile de poisson qui, dans les boîtes s'unit à l'huile d'olive enlève à cette dernière ses propriétés échauffantes. Est-il besoin de parler ici de l'huile de poisson et en particulier : de l'huile de foie de morue, dont chacun connaît les vertus vraiment merveilleuses et qu'aucun médicament n'a jusqu'ici détrôné pour le soulagement et la guérison des maladies de poitrine ?

Les anciens professaient pour le poisson un véritable culte ; ils le conservaient dans le miel. Les Grecs et les Romains faisaient venir de fort loin et à prix onéreux leurs provisions de ces conserves.

Suivant Martial les poissons frais étaient les mets les plus recherchés, et il n'y avait pas de sacrifices que les maisons riches ne consentissent à s'imposer pour en offrir à leurs convives. On poussait le raffinement jusqu'à les servir vivants sur les tables et les invités assistaient à leurs dernières convulsions : ce spectacle paraît-il était sans égal pour ouvrir l'appétit. Le coût ordinaire des célèbres repas de poissons donnés par Lucullus dans le Hall d'Apolon ne s'élevait pas à moins de cinquante mille drachmes, environ huit mille piastres de notre monnaie. Les Egyptiens embaumaient le poisson pour le conserver. Et même de nos jours, il y a des gourmets délicats qui exigent des conserves qui auraient pu paraître avec honneur à la table de Lucullus ; nous trouvons des sardines sans arêtes délicieuses, des Royans aux truffes et aux achards, et *summum* de l'art des conserves, nous pouvons nous procurer, en nous adressant à bon escient, des sardines sans arêtes et sans peau, spécialement préparées pour des tables princières d'Angleterre !

Ah ! Messieurs les Anglais vous ne vous refusez rien ! Parlerai-je encore des vols-au-vent aux pâtés d'anchois ! des sandwich-sardines si réputés, qu'ils ont détrôné partout les sandwich ordinaires !—des œufs aux Royans, qui remplacent les œufs au jambon !— et les sardines à la tomate, les maquereaux à l'huile et le thon ; le saumon que j'oubliais parce qu'on le prépare malheureusement assez mal. Il n'y a pas à dire la cuisine française est encore des meilleures.

Pour nous résumer, le poisson est une nourriture très saine et précieuse par ses qualités nutritives. Sa valeur alimentaire n'est pas inférieure à celle de la viande, et son assimilation est incontestablement plus facile. C'est ce qui explique la vogue toujours croissante des poissons en conserves auprès de ceux qui n'ont pas la facilité de se procurer du poisson frais.

LA COLORATION ARTIFICIELLE DES BEURRES ET FROMAGES

(Revue de l'Industrie Laitière)

Le beurre provenant des vaches nourries au pâturage a généralement une belle couleur jaune qui plaît au consommateur, tandis que celui d'animaux nourris à l'étable à l'aide de fourrages secs est relativement blanc, ressemble un peu à du suif et se fend moins facilement. Il est donc naturel que l'on cherche à communiquer à ce beurre la teinte qui lui manque, afin de le rendre plus agréable à l'œil, plus appétissant.

Ce n'est pas là une fraude, car cette matière étrangère est mise en quantité infinitésimale et elle ne change rien à la nature même du beurre ; l'acheteur sait parfaitement à quoi s'en tenir, il ne s'imagine pas trouver en hiver des produits ayant le bel aspect et la finesse de goût de ceux de l'été, mais il demande quand même cette similitude de couleur qui lui donne un peu l'illusion d'une similitude d'arome, de saveur. Bien entendu, cette coloration artificielle n'est admise qu'autant qu'elle est due à des matières complètement inoffensives pour l'organisme.

La couleur naturelle du beurre varie non seulement avec la nourriture, mais aussi avec la race du bétail, l'individualité, l'âge et l'état de gestation. Comme races donnant un beurre bien jaune doré, il faut citer la Jersiaise, la Normande et la Bretonne. Mais cette aptitude n'est pas générale pour tous les sujets, l'individualité joue un rôle important ; il est des animaux qui, placés dans les mêmes conditions que d'autres de leur race, donnent un lait plus butyreux et plus jaune. Les connaisseurs prétendent reconnaître cette aptitude à certains signes extérieurs, comme la présence autour des cornes, sur le pis et à l'extrémité de la queue, d'un enduit sébacé jaunâtre (cerumen), de même si la graisse sous-cutanée est ferme et jaune, le beurre sera de bonne qualité. Il y aurait corrélation entre ces sécrétions et celle du lait.

Au point de vue de l'âge, c'est dans les deux ou trois années qui suivent le premier vêlage, que la vache donne le beurre le plus aromatique, sinon le plus abondant et le plus facile à faire ; entre 5 et 8 ans le lait en renferme davantage et il est plus ferme, mais sa couleur et son parfum sont moins prononcés ; enfin, à partir de 9 à 10 ans, le beurre blanchit davantage et prend un peu l'aspect du suif. Le même phénomène s'observe en ce qui concerne la période de lactation, plus on s'éloigne du vêlage, plus la nuance du beurre devient claire et plus la finesse de goût s'atténue.

Il semble que ce sont surtout les gros globules gras qui donnent la couleur et l'arome ; comme ils s'isolent les premiers, aussi bien dans l'écrémage spontané que dans le turbinage, on a là un moyen, bien connu, du reste, de fabriquer, en tout temps, au moins une certaine quantité de bon beurre.

Le régime d'hiver, dont je n'ai dit qu'un mot, n'est pas toujours incompatible avec la production d'un beurre excellent. Ainsi le regain donne, dans ce sens, un bien meilleur résultat que le foin de première coupe ; les farines de pois et fèves, carottes et panais, ont de même une influence favorable sur la couleur et le parfum du lait, qualités qui se retrouvent dans le beurre et le fromage. On sait, au contraire, que la paille et les foins grossiers, les raves, les pulpes et drèches, les fourrages ensilés produisent des beurres sans couleur et sans finesse de goût.

Si j'ajoute à ces considérations que selon les régions le consommateur veut un beurre plus ou moins jaune, on comprendra combien ce travail de la coloration artificielle est délicat, puisque le fabriquant, pour obtenir la nuance désirée, devra faire varier, dans le courant de l'année, la dose d'ingrédient employé en raison de l'influence de ces divers facteurs.

Le colorant n'agit que sur l'aspect, il ne donne ni odeur, ni goût au produit.

Dans les fermes on employait beaucoup, autrefois, le jus de carotte, obtenu simplement en râpant des carottes et pressurant la pulpe. C'est un jaune qui tire trop sur le rouge et, du reste, il faut en mettre une trop forte dose, ce qui nuit à la saveur du beurre. On n'obtiendra jamais ainsi que des produits communs.

En Normandie, la fleur du souci était assez fréquemment employée à cet usage ; on soumet les pétales à la pression dans des pots de grès et la

matière colorante se dissout en formant un liquide épais avec l'eau de constitution. C'est cette pâte plus ou moins ferme qu'on fera dissoudre dans la crème. Ce produit, comme le précédent, a l'inconvénient de n'être pas toujours absolument pur ; il communique parfois du goût au beurre ou en facilite le rancissement.

A mesure que l'industrie laitière s'est développée et perfectionnée, le besoin des colorants bien préparés s'est fait davantage sentir, aussi bien à l'étranger qu'en France, et cette fabrication a fait l'objet d'une industrie particulière, qui livre aujourd'hui des produits bien supérieurs à ceux que les laitiers préparaient eux-mêmes. On a tout avantage à préférer ces colorants du commerce, qui sont très concentrés, ont une puissance d'action uniforme, ne provoquent pas les accidents dont on a eu à se plaindre tant de fois dans l'emploi de la carotte ou du souci. La dépense est pour ainsi dire insignifiante, et cette coloration artificielle ne s'applique qu'aux beurres d'hiver.

C'est l'annato ou rocou, poudre provenant du fruit du rocouyer, qui sert généralement de base à la préparation de ces colorants ; cette substance est absolument inoffensive, tandis que les matières colorantes d'origine minérale sont plus ou moins toxiques.

L'annato est soluble dans l'alcool ; on en fait d'abord une teinture, qui est ensuite évaporée et dissoute dans l'huile pour les colorants à beurre et dans l'eau pour les colorants à fromage. C'est là le principe de la préparation, mais, bien entendu, chaque fabricant a ses petits secrets qui lui permettent de donner à son produit un caractère particulier.

C'est à la crème avant le barattage qu'il faut mélanger le colorant, on est sûr ainsi qu'il se fixera uniformément sur tous les globules gras, ce qui n'aurait pas lieu si on l'ajoutait au beurre au moment du malaxage. Comme il est insoluble dans l'eau, il n'en reste point du tout dans le babeurre, qui conserve sa couleur normale.

Pour le fromage, le liquide est mélangé avec soin au lait au moment de la mise en présure. Assez souvent on emploie, au lieu d'une solution spéciale, l'annato en poudre ou en pâte ; on dissout la matière dans un peu d'eau et cette liqueur concentrée est ajoutée au lait comme il vient d'être dit.

Les laitiers n'ont pas toujours une idée exacte de la nécessité de doser rigoureusement le colorant ; ils négligent de se servir d'une éprouvette graduée ou même d'une cuillère et versent cela à vue d'œil. Fréquemment ils en mettent ainsi beaucoup trop ; la couleur du beurre ou du fromage n'est plus normale, et cet excès de couleur s'accentue encore avec le temps, ou simplement à la lumière ; dans ce dernier cas, l'extérieur est plus foncé que l'intérieur, ce qui déprécie la marchandise au lieu de lui donner de la valeur. Ainsi, en tenant compte de cette action du temps, on mettra un peu moins de colorant pour les beurres expédiés au loin et qui ne devront pas être consommés de suite que pour ceux destinés à un marché plus voisin.

NOTIONS DE DROIT

(Suite).

Art. 6, paragraphe 2.—" Les biens meubles sont régis par la loi du domicile du propriétaire. C'est cependant la loi du Bas Canada qu'on leur applique dans les cas où il s'agit de la distinction et de la nature des biens, des privilèges et des droits de gage, des contestations sur la possession, etc."

Nous avons vu, dans le premier paragraphe de cet article, que les lois de la Province de Québec régissent les biens immeubles qui y sont situés. La deuxième partie du même article, décrète que les dispositions du premier paragraphe ne s'appliquent pas aux biens meubles, lesquels suivent la loi du domicile du propriétaire. (On entend par meubles les corps ou les objets qui peuvent se transporter ou être transportés d'un endroit à un autre). Un adage légal dit que les meubles suivent la personne, c'est-à-dire qu'ils sont comme attachés à leur propriétaire. Néanmoins ce sont les lois du Bas-Canada qui s'appliquent aux meubles dans un certain nombre de cas, par exemple, quand il s'agit de privilège ou de droit de gage, etc. Ainsi, un individu domicilié en France, est de passage dans la Province de Québec, et il a avec lui ses biens meubles ; en règle générale, ce sera la loi française qui s'appliquera à ces biens ; mais s'il s'agit pour le propriétaire de donner un privilège ou un gage, sur ces meubles, ou encore si ces effets sont saisis, l'on appliquera la loi de cette province. Pour éclaircir ceci par un exemple : les lois de la Province de Québec, (à l'encontre de celles d'Ontario et de quelques autres pays) ne permettent pas d'acquérir une hypothèque sur les biens meubles (chattel mortgage).

Aussi, bien que le propriétaire de biens meubles situés dans notre province puisse demeurer dans Ontario où le chattel mortgage est permis, aucune hypothèque de ce genre ne pourrait s'acquérir ici. Pour qu'un gage soit donné valablement, ou si l'on veut qu'un débiteur nous donne une garantie sur ses meubles, ou sur des marchandises etc., il faut absolument que les effets offerts en gage soient déplacés, et remis entre les mains du créancier ou d'une personne qui le représente. Ainsi un marchand qui veut obtenir des avances en offrant des marchandises en gage, doit remettre à celui qui lui fait ces avances, soit les marchandises elles-mêmes, ou bien un reçu d'entrepôt, constatant que les effets ont été placés dans un endroit déterminé et que le créancier peut en exiger la délivrance sur production de ce reçu. Il serait donc illusoire de penser qu'on a plus de droit qu'un autre créancier sur les meubles de son débiteur, sous prétexte qu'il nous les aurait passés en garantie, si le déplacement ou la mise en possession ne s'en est suivie.

Quelquefois les parties ont recours à une vente simulée, le débiteur vendant ses meubles au créancier, lequel s'engage à les lui remettre en remboursement de ce qui lui est dû. Les tribunaux ont invariablement annulé ces prétendues ventes, qui, au fond, ne sont que des contrats constituant illégalement un gage pour assurer le paiement d'une dette.

EMILE JOSEPH.

JOURNAL DE LA JEUNESSE. — Sommaire de la 1452e livraison (29 septembre 1900).—Un Phénomène, par B. A. Jeanroy. —L'Exposition universelle de 1900 : L'exposition du Transvaal, par Henri Jacottet.—Les Palais des Armées de terre et de mer, par Daniel Bellet. — L'Inde Française, par H. Norval. — Treize et quatorze, par Yan de Castétis.—Le Tour de Camaret, par Gustave Toudouze.

Abonnements : France : Un an, 20 fr. Six mois, 10 fr. Union Postale : Un an, 22 fr. Six mois, 11 fr. Le numéro : 40 centimes.

Hachette & Cie, boulevard St-Germain, 79, Paris.

Compteur Watt Stanley

Pour Courants Alternatifs

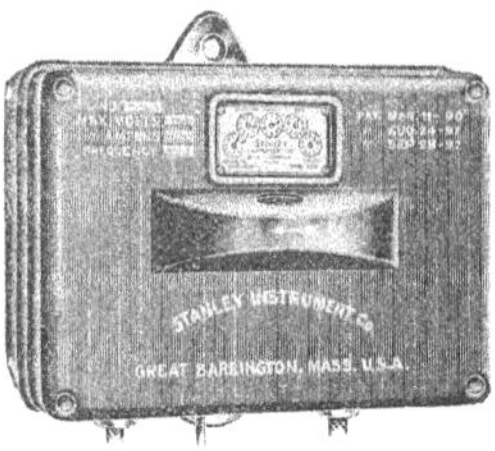

A l'epreuve

**des Insectes,
des Moisissures,
de la Poussiere.**

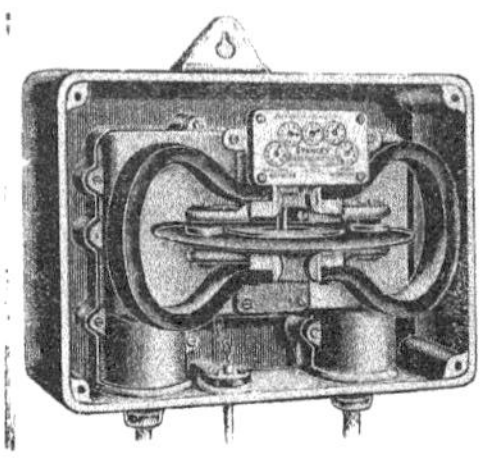

Positivement exact, garanti 3 ans, vendu exclusivement au Canada par

The Royal Electric Co.

MONTREAL, HALIFAX. TORONTO, VANCOUVER.

Tout courant enregistré de moins de 5 pour cent jusqu'à pleine capacité.

QU'Y A-T-IL DANS UN NOM?

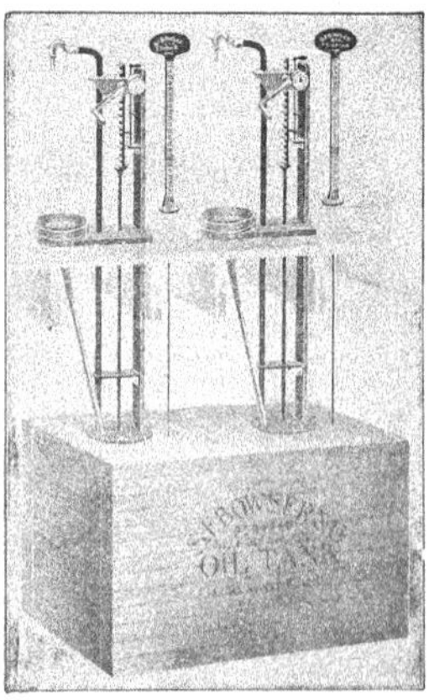

Bien, cela dépend *de la personne* dont le nom est employé, et du sens dans lequel il est employé. Si ce nom est

"BOWSER"

et s'il est employé en rapport avec les

Réservoirs à Huile à Mesure Automatique

il représente *tout ce qu'il y a de mieux et de plus parfait* dans cette ligne. Jetez un coup d'œil sur la vignette ci-contre. Elle marque le triomphe du génie de l'invention et des arts mécaniques. Elle représente des années de travail patient et d'expériences laborieuses.

C'est le Réservoir à Huile double

Bowser DOUBLE BASEMENT Oil Tank

destiné à la vente de deux qualités d'huile. Les pompes mesurent des gallons, des demi-gallons et des pintes. Les robinets anti-déperditeurs empêchent tout écoulement et toute éclaboussure. L'enregistreur-distributeur à cadran marque chaque quantité pompée. Les réservoirs en acier galvanisé sont encadrés dans des boîtes solides. Tout ce que L'ARGENT ET L'HABILETÉ PEUVENT FAIRE DE MIEUX. *Ce sont là quelques-unes des qualités que représente le nom de* "BOWSER." Notre catalogue en dit plus long. Il est à votre disposition sur demande.

S. F. BOWSER & CO., Fort Wayne, Indiana.

Bureau de Montreal : 622, Av. de l'Hotel-de-Ville.

L'"OTTOMAN"

Le commerce et les compagnies de navigation se plaignent avec juste raison des taux d'assurance imposés par les compagnies d'assurances maritimes sur les navires fréquentant les ports du St Laurent.

L'accident arrivé à l'*Ottoman* de la Dominion Line va être un argument aux mains des compagnies d'assurance pour répondre aux protestations qui s'élèvent de toutes parts contre les taux exorbitants dont elle frappe la marine marchande naviguant sur notre fleuve.

Nous demandons qu'une enquête très sérieuse soit faite sur l'accident de l'*Ottoman*. Dans toute enquête de ce genre on doit trouver la cause de l'échouement, la cause réelle. Il nous semble que dans le passé, les enquêtes de cette nature ont trop cherché à prouver et à établir que les pilotes étaient responsables des accidents d'échouement. Le pilote est un accusé tout d'abord ; et d'accusé à coupable, la différence n'est pas toujours bien grande pour un conseil d'enquête.

Les compagnies de navigation sont puissantes ; elles ont dans les comités enquêteurs de leurs hommes à elles et elles ne sont jamais coupables, jamais soupçonnées même d'avoir commis quelque faute, quelque erreur capable de causer un accident quelconque à leur navire.

Un capitaine de navire, nous disait hier, quelques heures après l'accident, que l'évènement regrettable semblait être du à un mauvais chargement du navire.

C'est un point que l'enquête devra éclaircir.

Il nous revient que dans les accidents antérieurs on a peu envisagé cette question de bon ou de mauvais chargement des navires ; cette question cependant a son importance, car alors les compagnies d'assurance auront à prendre plus de précautions, à exercer plus de surveillance sur les chargements et les navires qu'elles assurent.

Mais si le résultat de chaque enquête est invariable, c'est-à dire que le pilote est reconnu coupable de négligence ou d'ignorance, ou, 'il est reconnu qu'il y a eu déplacement de bouée, obstruction du chenal, il est évident que les compagnies d'assurance maintiendront des taux très élevés, et elles auront raison.

Que le fleuve soit dangereux, parcequ'il n'offre pas une profondeur d'eau suffisante aux navires fréquentant notre port ; que le service de pilotage ne soit pas sûr, le résultat est pour les compagnies d'assurance qee le parcours du fleuve est dangereux.

Nous croyons que le chenal est sûr et que le service de pilotage est fait par des pilotes expérimentés et vigilants. Il faudrait le démontrer aux compagnies d'assurance et nous avons confiance que la preuve en sera faite, au moins dans l'accident de l'*Ottoman*.

PEAUX DE CHINE

Le commerce des peaux de vache et de bœuf possède en Chine presque la même importance que celui du thé.

C'est surtout pendant les dernières six années que l'exportation a monté considérablement, ce qu'il faut attribuer en grande partie au cours de change si élevé, par lequel les arrivages furent extraordinairement nombreux et importants.

L'exportation annuelle s'est élevée en moyenne en chiffres ronds à 10,000 picouls (1 picoul = $60\frac{1}{2}$ kilos), et les prix qui, il y a six ans étaient de 9 à 11 taëls par picoul (1 taël = 3 fr. $56\frac{1}{4}$) sont montés à 25 taëls.

Autrefois l'exportation se dirigeait presque complètement sur Londres ; aujourd'hui, elle se fait aussi sur Hambourg et Le Havre, et en moindre partie sur Anvers, Marseille, Livourne et Barcelone.

Il y a deux ans, le vice roi Apang établit une tannerie pourvue de machines ; mais l'entreprise ne donna pas de bons résultats.

Les peaux qui sont amenées sur le marché de Hankow ne proviennent pas toutes d'animaux abattus sur la place ; elles viennent pour la plupart du dehors, souvent d'endroits éloignés de 1,000 kilomètres, par les voies navigables ou carrossables.

Les maisons indigènes font parcourir tout le pays à leur agents pour accaparer les peaux qu'ils peuvent trouver.

La concurrence est grande, et assez souvent il arrive que la peau d'un animal est vendue pendant qu'il est encore en vie.

Les indigènes n'élèvent pas le bétail pour utiliser sa viande comme aliment, mais pour l'atteler à la charrue, et ils ne le tuent que le jour où il ne peut plus être employé au travail ; ce n'est que pour les Européens habitant en Chine que le bétail est abattu pour l'alimentation.

Sur le marché de Hankow, les peaux se vendent par lots entiers aux maisons étrangères, qui les mettent d'abord dans un bain d'arsenic et puis sous la presse hydraulique ; ce n'est qu'après ces manipulations que les peaux sont propres à être envoyées en Europe.

L'inspection des articles achetés aux indigènes doit se faire avec beaucoup de soin, car très souvent il s'y trouve mêlées des peaux impropres à la vente.

Dans ces sortes d'affaires, on se sert toujours d'un marchand intermédiaire ou "compradore", qui, pour une commission relativement minime de 1 p. c., en prend toute la responsabilité.

Il arrive aussi assez souvent que les indigènes vendent des peaux qu'ils ne possèdent pas encore.

Dans des temps normaux, cela ne comporte aucun désagrément ; mais, si avant la livraison les prix montent, alors se produisent les plus grandes difficultés.

Cela ne regarde pas toujours l'acheteur, c'est l'affaire des compradores. Le premier enlève les peaux qui manquent du marché, n'importe à quel prix ; mais le compradore doit payer la différence.

L'acheteur ne paie pas comptant ; le compradore cependant avance à l'indigène 8 p. c. de la marchannise; quant au restant l'indigène le touche lorsque le compradore lui-même reçoit son argent, c'est-à-dire quand les peaux, séchées et pressées, sont prêtes à être expédiés sur l'Europe.

Le compradore d'ailleurs est responsable de tout vol, de tout égarement de marchandise constaté pendant cette manipulation.

Le poids des peaux est, en général, de 14 à 15 livres ; il varie cependant de 8 à 24 livres.

Les peaux sont empaquetées en balles pesant chacune 1400 livres et mesurant de 39 à 41 pieds cubes.

Toutes les maisons allemandes et françaises—il n'existe pour le moment qu'une seule maison anglaise—possèdent leur presse hydraulique et leur séchoir.

Les principales maisons de cette branche sont : Arnold, Ksarberg & Cie, Carlowitz & Cie, Melchers & Cie (allemandes), Olivier, de Langenhagen & Cie (françaises) ; van der Stagen & Cie (belge).

Les peaux de deuxième qualité, c'est-à-dire celles qu'on n'a pas reconnues prima se vendent à des prix réduits de 20 p.c.

Des peaux rien ne se pert.

Ce qu'on en détache : les queues, etc., est livré au commerce au prix de 4.50 dollars par picoul (1 dollar =env. 2 fr. 50).

Ces morceaux sont séchés, mis

dans un bain arsenical, ensuite pressés et emballés.

Outre les peaux bovines, les peaux de chèvre constituent l'objet d'une exportation importante.

Aux bord du Yangtse, la chèvre est principalement élevée pour servir de nourriture.

Parmi la population se trouvent environ 20 p. c. de mahométans, auxquels, on le sait, il est interdit de manger de la viande de porc et qui remplacent celle-ci pár la viande de chèvre.

Les peaux de chèvre sont envoyées au marché de Hankow et conditionnées à peu près comme les peaux de bœufs, c'est-à-dire que l'acheteur les fait râcler, puis sécher, presser et emballer pour l'exportation. On ne leur fait pas prendre un bain arsenical ; mais pendant l'emballage on les asperge de naphtaline.

La balle ordinaire de 100 peaux pèse environ 1200 livres.

Il y a quelques années, le prix fut de 25 taëls par picoul ; aujourd'hui, il se monte à environ 40 taëls.

Les peaux les plus recherchées sont celles à poil court.

Chaque picoul renferme environ 70 p. c. de peaux à poil court, 20 p. c. de peaux à poil mi-long et 10 p. c. de peaux à poil long.

Tous les déchets sont achetés par les indigènes, qui les tannent d'une façon tout à fait primitive et les emploient à la confection de chaussures, etc.

Il s'exporte également des peaux de chiens, ces peaux proviennent d'une certaine variété de chiens nommés "wantos," qui portent de longs poils jaunes.

Ces peaux valent, suivant qualité, 2 à 4 dollars pièce et sont expédiées pressées en balles.

Hankow exporte, en outre, une certaine quantité de peaux de bêtes, dont le prix varie de 40 à 60 dollars le cent, ainsi que des peaux de tigre et de léopard valant 10 à 70 taels pièce, des peaux de loups, de castor, etc.

Toutes ces peaux se tannent d'une façon très primitive ; aussi les acheteurs les préparent-ils encore quelque peu avant de procéder à leur exportation.—*Halle aux Cuirs.*

Inscriptions sur verre

On fait dissoudre 36 grammes de fluorure de sodium et 7 grammes de sulfate de potasse dans 500 grammes d'eau.

D'autre part on fait dissoudre 14 grammes de chlorure de zinc dans 500 grammes d'eau en ajoutant à cette solution 65 grammes d'acide chlorhydrique. Lorsqu'on voudra faire usage de ces deux solutions, on les mélangera en parties égales et on appliquera sur le verre soit à la plume soit au pinceau.

REVUE COMMERCIALE ET FINANCIERE

FINANCES

Montréal 11 octobre 1900.

La Banque Dominion donne avis dans la *Gazette du Canada* qu'elle paiera à ses actionnaires à partir du 1er novembre prochain un dividende trimestriel de 2½ p. c.

La Cie des Tramways de Montréal paiera également à partir du 2 novembre prochain, un dividende trimestriel de 2½ p. c. sur son capital-actions.

La Bourse de Montréal, active hier sous la poussée des professionnels a été terne aujourd'hui avec des prix plus faibles. A noter la bonne tenue des valeurs industrielles et notamment des compagnies de coton.

Les valeurs suivantes sont celles sur lesquelles il s'est fait des ventes durant la semaine; les chiffres sont ceux obtenus à la dernière vente opérée pour chaque valeur :

C. P. R.	86
Montreal Str. Ry	273¼
Twin City	61½
Toronto St. Ry	103¼
Richelieu et Ontario	108
Halifax Tr. (bons)	....
" (actions)	96½
St John Ry	119½
Royal Electric	201
Montreal Gas	185
Col. Cotton (actions)	....
" (bons)	99¼
Dominion Cotton	95
Merchants Cotton	128
Montreal Cotton	142½
Cable Comm	168⅛
Dominion Coal, pref	112
" " bons	....
Montreal Telegraph	166
Bell Telephone	170
War Eagle	....
Centre Star	....
Payne	93
Republic	75
North Star	95
Montreal & London	11
Virtue	50
En valeurs de Banques, il a été vendu :	
Banque de Montréal	259
Banque des Marchands	158
Banque du Commerce	152¼
Banque de Toronto	236
Banque de Québec	123
Banque Molsons	181
Banque Union	105
Banque Ontario	125¼

COMMERCE

La semaine a été active ; le commerce de gros est très occupé. Bien qu'à vrai dire le commerce de détail n'envoie pas encore ses gros ordres pour former ses stocks d'hiver, ces ordres viendront à leur temps — ses commandes de réassortiment ou de remplacement ne laissent pas que de chiffrer.

Un commerce qui a largement profité de l'annonce des élections est celui des vins et liqueurs ; il y a une augmentation considérable dans la vente du commerce de gros pour tous les liquides en général. C'est qu'en effet, chacun à coutume d'arroser son candidat ; le commerce de détail, on le voit, prend ses mesures pour que les candidats soient bien arrosés.

A propos d'élection, disons encore une fois que les marchands ne doivent pas se désintéresser de la lutte électorale. Nous ne leur conseillerons jamais de se mêler aux luttes politiques pour négliger leurs affaires, mais au contraire pour faire leurs affaires. Avec une bonne politique on obtient les bonnes affaires et ce sont les bons candidats élus qui font de bonne politique. Du choix des députés dépendent les affaires bien souvent.

Nous conseillons donc à nos lecteurs de s'enquérir avant de voter et avant de faire de la propagande pour tel candidat de s'enquérir de ce qu'il compte faire et de lui demander de développer son programme au point de vue industriel, commercial et agricole.

Cuirs et peaux.—Les prix des cuirs restent fermes. Les tanneurs se hâtent d'expédier sur le marché anglais tout ce qu'ils peuvent exporter avant la fermeture de la navigation. Il en résulte que le commerce local éprouve quelque difficulté à obtenir les livraisons des tanneries.

Les peaux vertes sont sans changement à notre liste ; le ton du marché est ferme.

Épiceries, Vins et Liqueurs—Le commerce des épiceries, vins et liqueurs a été très actif cette semaine.

Les sucres sont à prix sans changement; les mélasses toujours très fermes ont une bonne demande.

Les fruits secs dont nous avons longuement parlé dans notre précédent numéro sont toujours dans la même situation c'est-à-dire à prix durs.

On offre en noix écalées la marchandise disponible de 22 à 23c et pour la marchandise à arriver on cote maintenant les mêmes prix, c'est-à-dire que la marchandise à arriver a haussé de 1c depuis notre dernière revue.

Les pruneaux de Bosnie de la récolte de l'an dernier se vendent à 4c, et on offre le même article de la prochaine récolte à arriver à 5½c la lb.

Les pruneaux de Californie, nouvelle récolte valent suivant grosseur du fruit de 5½ à 10½c la lb.

En raisins de Malaga disponibles les prix ont été surélevés : on cote à la boite, les London Layers $1.75, les Buckingham Cluster, $3.40 et les Russian Cluster, $4.50. Les Malaga de la nouvelle récolte coûteront à acheter environ $1.00 de plus par boite, pas moins probablement.

On offre le saumon rose (Cohoe) à arriver dans quelques jours à $1.12½ la doz. de boites. On sait que ce saumon est d'une qualité inférieure.

Au moment d'aller sous presse on nous avise d'une avance ½c par lb sur le sirop Perfection, bons le cotons doux de 3 à 3¼c la lb.

Fers, Ferronneries et Métaux.—Après les changements opérés la semaine dernière sur les fers, aciers, clous, etc., la baisse se fait sentir cette semaine sur les articles de serrurerie, l'escompte qui était de 33¼ et 10 p. c. est porté à 45 et 10 p. c.

On nous dit que les moulins ont plus de commandes qu'ils n'en peuvent remplir et qu'on y travaille de jour et de nuit. Dans ces conditions, il serait difficile de compter que les prix des clous, fers en barres, etc., puissent baisser davantage aussi longtemps que l'industrie sera aussi active.

Salaisons, Saindoux, etc.— Les lards canadiens ont subi une hausse de 50c par quart. Nous changeons notre liste de prix en conséquence.

Par contre, les lards américains que nous cotions $22.00 la semaine dernière s'obtiennent maintenant à $21.50.

Le saindoux pur de panne se vend à $2.15 le seau, soit une avance de ¼c par lb.

REVUE DES MARCHÉS

Montréal, le 11 oct. 1900.

GRAINS ET FARINES

Marchés Etrangers

Les derniers avis télégraphiques cotent ainsi que suit les marchés de l'Europe:

Londres—Blé de passage facile et sans demandes; maïs soutenu mais tranquille. Chargements de blé de la Plata, 30s 3d. Maïs américain ex-navire, 21s 3d. Blé anglais de Mark Lane facile, blé étranger terne. Farine américaine tranquille, peu d'affaires. Farine anglaise ferme.

Liverpool—Blé disponible soutenu, maïs ferme. Blé de Californie Standard No 1, 6s 6½d à 6s 7d. Blé roux d'hiver, 6s 2d à 6s 3 d. Futures. Blé tranquille, déc. 63 4½d. Maïs tranquille No 1, 4s 3d..

Anvers—Blé disponible tranquille.

Paris—Blé ferme. Oct. 20.10 Farine ferme 25.50, avril 27.50.

On lit dans le *Marché Français* du 22 septembre:

" Pendant la semaine sous revue, la température a été plus favorable aux travaux des champs; quelques pluies sont venues détremper un peu les terres et ont rendu moins difficiles les labours et les semailles de saison. Toutefois la quantité d'eau tombée est encore bien faible et des averses nouvelles seraient à souhaiter. Malgré tout, il paraît se confirmer que les betteraves, les maïs, les sarrasins donneront des rendements qu'on n'espérait pas; les regains seront assez abondants; il n'y a que la récolte des pommes de terre qui laissera à désirer aussi bien au point de vue de la quantité que de la qualité."

Les marchés américains ont faibli durant la semaine, le blé, le maïs et l'avoine ont fait un recul. Les baissiers ont pour le moment le dessus.

Voici les cours en clôture du blé sur le marché de Chicago pour chaque jour de la semaine.

	Nov.	Déc.
Jeudi	77½	78¼
Vendredi	77⅞	78⅜
Samedi	77½	78½
Lundi	76⅞	77½
Mardi	76¼	76¾
Mercredi	75¾	76⅜

On cotait en clôture hier à Chicago: Maïs 40½c octobre; 37½c novembre, et 35½c mai. Avoine 21⅞c novembre; 22⅜c décembre et 24⅛c mai.

MARCHÉS CANADIENS

Nous lisons dans le *Commercial* de Winnipeg du 6 octobre, le rapport suivant:

Le marché local est sans activité aucune, les affaires étant interrompues par suite du retard considérable dans l'expédition de la nouvelle récolte, le mauvais temps ayant empêché le battage des grains. Les prix sont sans changement, de petites quantités de No 1 dur disponible à Fort William ayant changé aux environs de 89c et de 89½c. No 2 dur et No 1 du Nord étant cotés 3c de moins que No 1 dur et No 3 dur 10 et 11c de moins que No 1 dur tous en magasin à Fort William. Les qualités inférieures sont cotées diversement: grains grossiers No 2 78c, grains grossiers No 3 67c tous en entrepôt de King, Port Arthur.

Le marché de Montréal est assez tranquille, les prix payés en Evrope sont trop bas pour permettre à nos exportateurs de faire des affaires profitables, bien que les frets soient maintenant plus faciles.

Nous cotons en magasin: Avoine blanche No 2, 28c; orge No 1, nominale en l'absence d'affaires, de 50 à 53c; orge à moulée, de 42 à 43c, pois No 2, de 66 à 66½c; sarrasin, de 54½ à 55c et seigle, de 58 à 60c pour le local.

Les farines de blé sont à prix stationnaires; cependant on nous dit que quelques meuniers de l'ouest plus ou moins encombrés de stock seraient disposés à faire de légères concessions pour des lots importants en prévision de la prochaine mise en vente des farines de blé nouveau.

Pour le moment, nos cotes d'autre part ne sont pas affectées.

Les issues de blé ont une bonne demande aux anciens prix.

Les farines d'avoine ont une bonne demande également, les temps frais ont ramené les ventes. Les prix sont un peu plus faciles en sympathie avec l'avoine.

Nous cotons de $3.35 à $3.55 au quart et de $1.62½ à $1.72½ au sac suivant qualité.

FROMAGE

MARCHÉ ANGLAIS

MM. Marples, Jones & Co. nous écrivent de Liverpool le 28 septembre:

"Le marché est pratiquement sans changement, tandis que la demande est seulement un peu meilleure que la semaine écoulée. Il se serait cependant, fait plus d'affaires, si les détenteurs avaient été prêts à donner aux acheteurs des fromages de conserve de choix aux prix actuels.

" Nous cotons:

Fine meaty night Skims	42 à 44
Blanc et coloré, qualité moyenne	49 à 50
Blanc de choix, Canada et E.-U.	52 à 54
Coloré de choix, Canada et E.-U.	53 à 55

MARCHES D'ONTARIO

			Boites offertes.	Boites vendues.	Prix payés.
Brockville	Oct.	4	2999b et c	4860	10¼, 10⅜c
Vankleek Hill	"	4	1238b	..	10⅝, 10 11/16
Tweed	"	4	525	offert	10⅝c
South Finch	"	5	1200b	offert	10⅝c
Kemptville	"	5	533	offert	10⅝c
Ottawa	"	5	1241b et c	1221	10½c
Winchester	"	5	806c	638	10½c
Perth	"	5	1688b	1688	10½, 10⅝c
Brantford	"	5	1675	Pas d'offres	
Brighton	"	5	991b	offert	11 3/16c
Iroquois	"	5	225b	28	10 11/16c
Cornwall	"	6	1631b et c	1380	10½, 10 11/16
London	"	6	3410c	515	10¾, 11c
Belleville	"	6	1750b et c	..	..
Ingersoll	"	9	1805	offert	10½c
Campbellford	"	9	1445	1435	10 15/16c
Woodstock	"	10	4772	..	..
Picton	"	10	1040c	75	10⅝c

MARCHES AMERICAINS

			Boites offertes.	Boites vendues.	Prix payés.
Ogdensburg	Oct.	6	816	ap. marc.	10½c
Watertown	"	6	..	1000	10½c
Utica	"	8	5425	gr. et pet.	10½, 10⅝c
Little Falls	"	8	3196	gr. et pet.	10¾, 11c

MARCHES DE QUEBEC

			Boites offertes.	Boites vendues.	Prix payés.
Cowansville	Oct.	6	4757	2792	10½, 10 9/16c
Ormstown	"	10	841b	841	10½c
do	"	10	538c	..	10 9/16c

MARCHE DE MONTREAL

Il règne depuis hier une activité un peu plus grande sur notre place. Les exportateurs recherchent davantage la marchandise. Le ton du marché n'était pas mauvais lundi, au quai, où on a payé 10½c, mais aujourd'hui obtient aisément 10⅝c pour le fromage de septembre de la province de Québec.

Les exportations de la semaine dernière ont été de 55,895 boites contre 82,181 la semaine correspondante de 1899.

Depuis le 1er mai, les exportations ont été de 1,664,888 boites contre 1,512,387 pendant la même période l'an dernier.

BEURRE

MARCHE ANGLAIS

MM. Marples, Jones & Co. nous écrivent de Liverpool le 28 septembre:

Avec de plus forts arrivages de beurre danois, les prix ont reculé de 1s à 2s, tous les premiers choix sont affectés de la même façon, bien qu'à ce prix réduit, les crèmeries de choix d'Irlande et du Canada attirent plus l'attention. Les qualités inférieures sont tranquilles.

" Nous cotons:

	s.		s.
Imitation crêmeries, E.-U., choix.	80	à	84
Crêmerie, frais, E.-U., choix, boîtes normal	96	à	100
Irlande, choix, boîtes	90	à	94
Crêmerie, canadien, choix, boîtes..	98	à	103
" Irlande, choix, boîtes....	102	à	106
" Danemark, en barils et surchoix	106	à	114

MARCHÉS AMÉRICAINS

Utica, 8 oct—Les ventes ont été de 70 paquets de beurre à 21½ et 23c ainsi que 175 caisses en pain à 23½c.

Litte Falls, 8 oct—Il n'y a eu que quelques paquets de beurre vendus à 21 et et 23c.

MARCHES DE QUEBEC

Cowansville 6 oct—Les ventes ont été de 30 paquets de beurre à 19½c.

MARCHE DE MONTREAL

Le beurre est tenu moins ferme que la semaine dernière et les tinettes n'obtiennent plus un prix supérieur aux boites. Il fallait s'attendre d'ailleurs à ce que la différence de prix amenât sur le marché une quantité de tinettes plus grande puisque cet emballage était plus favorable aux vendeurs.

Nous cotons aujourd'hui de 19½ à 20c suivant qualité; par exception on peut peut-être encore trouver à vendre à une fraction au-dessus du plus haut prix ci-dessus.

Les exportations de la semaine dernière ont été de 3,185 paquets contre 36,612 l'an dernier pendant la semaine correspondante.

Depuis le 1er mai les exportations ont été de 223,507 paquets contre 393,674 l'an dernier pendant la même période.

ŒUFS

MM. Marples, Jones & Co, nous écrivent de Liverpool le 28 septembre:

" Les œufs se vendent avec beaucoup de lenteur à prix plus bas.

Nous cotons:	s d		s d
Œufs frais du Canada.........	6 8	à	7 3
" d'Irlande	7 9	à	8 6
" du Continent	5 3	à	6 6

Les œufs sur le marché de Montréal sont sans changement sur les prix de la semaine dernière. Nous cotons encore: œufs frais de 18 à 19c; œufs mirés No 1 de 14 à 15c et No 2 de 13 à 13½c la doz.

POMMES

MM. J. C. Houghton & Co, nous écrivent de Liverpool le 27 sept. 1900:

" Il n'y a rien de bien particulièrement saillant à noter sur notre marché. Les envois de New-York et de Boston ont réalisé à peu près les taux de la semaine dernière, tandis que certains envois du Canada ont obtenu de meilleurs prix. Les conditions générales laissent beaucoup à désirer. Le total des arrivages est encore faible.

PRIX A L'ENCAN

Pommes	Vendredi 21 sept		Lundi sept 24		Mercredi sept 26	
	s. d.	s. d.	s. d.	s. d.	s. d.	. .
Canadiennes, barils.						
Gravenstein......					16 0	19 6
Greening..........					12 0	14 0
Colvert					11 3	14 6
M. Blush.........					14 3	15 3
St Laurent.......					11 6	12 0
Américaines.						
Gravenstein......						
Greening.........	7 9					
Baldwin..........	5 0	12 0			6 9	13 3
Culvert...........						
Jenneting........						
Maiden Blush....						
Pippin............						
Kings.............	8 6	10 6				
Hubbortson......						
Ramshorn........			8 0	10 3		
Strawberry.......						

ARRIVAGES

	Barils.
Arrivages pour la semaine finissant le 25 sept. 1900	5549
Arrivages antérieurs depuis le 1er juillet 1900	13128

J. A. VAILLANCOURT

MARCHAND DE

BEURRE, FROMAGE, PROVISIONS

Achète aux plus hauts prix du marché, et vend à commission tous les produits de la ferme. | Avances libérales sur consignations. Fournitures générales pour Beurreries et Fromageries.

— Spécialité de —

Tinettes pour Beurreries. Boîtes parafinées de 56 lbs. pour l'expédition du Beurre.

Sels HIGGINS, ASHTON et WINDSOR, les meilleurs pour Beurreries.

333 et 335 Rue des Commissaires, - MONTREAL.

Telephone Bell, Main 907.

J. K. ARMSBY Co.

CHICAGO NEW YORK **SAN FRANCISCO** BOSTON PORTLAND

Une des plus fortes maisons pour l'empaquetage et la distribution des fruits verts et secs de Californie

RAISINS - - - - -

Standard, 2 couronnes, Loose Muscatels, en bts de 50 lbs.
" 3 " " " " "
" 4 " " " " "
Muscatels épépinés " "
2 couronnes, London Layers " 20 lbs.
3 " " " " "
4 cour. Clusters. 5 cour. Dehesia Clusters. 6 cour. Imperial.

SULTANAS - - - - en boites de 50 lbs.

Unbleached Prime Bleached Standard Bleached
Choice Bleached Fancy Bleached

RAISINS ÉPÉPINÉS de la marque J. K. Armsby Co. 1er choix

Cartons de 1 lb "Blue Ribbon" "Consort" "Silver Crown" "Palmetto" "Star & Crescent" "A 1" "Monopole"
Cartons de 12 oz — marques Maximus, Palmetto, Butterfly.

Ces marchandises se trouvent aujourd'hui sur le marché de Montréal, et sont appelées, à raison de leurs prix et qualité, à une vogue méritée.

Vous n'êtes pas seul,

Et pour retenir vos pratiques il faut absolument avoir les meilleures marchandises sur vos tablettes.

Le Soda a Pate **Dwight's Cow Brand**

Ne vous causera jamais de plaintes ni de désagréments. La qualité est toujours égale et de première classe.

John Dwight & Cie., Toronto et Montréal

Total des arrivages au 25 sept. 1900..... 18677
Du 1er juillet 1899 au 25 sept. 1899..... 35738

FRUITS VERTS

Nous cotons :

Atocas, de $6.50 à $7.00 le quart.

Bananes, 50c à $1.00 le régime.

Oranges de Jamaique, de $5.50 à $6.00 le quart.

Citrons de Messine, $2.50 la caisse.

Citrons de Malaga, $5.75 la caisse de 59 doz.

Citrons de Malaga, $2.50 la caisse de 35 doz.

Pommes, de $1.25 à $2.00 le quart.

Poires Bartlett, de $4.00 à $6.00 le quart.

Pêches, de 40 à 60c le panier.

Raisins Concord, 15c le panier.

Delaware, 25c le panier.

Niagara, de 15 à 20c le panier.

Tokay, de $1.00 à $1.50 la boite.

Melons, de $2.50 à $3.50 le panier d'une douzaine.

Melons d'eau, de 20 à 25c pièce.

LEGUMES

Les pommes de terre sont payés de 40 et 45c les 90 lbs au char et on les détaille à 55c les 90 lbs.

Lesprix des haricots triés à la main sont cotés de $1.80 à $1.70 par minot en lot de char complet.

On cote :

Salade, 15 à 30c la doz.

Choux, 20 à 25c la doz.

Carottes, $1.00 le quart.

Navets, 50c le sac.

Radis, 20c la doz. de paquets.

Choux fleurs, de 50c à 75 la doz.

Aubergines, 50 à 75c la doz

Céleri, de 25 à 35c la doz. de paquets.

Patates sucrees, de $3.50 à $4.00.

Oignons d'Egypte, $2.25 le sac de 165 lbs.

Oignons d'Espagne au crate de 80 à 90c. on verra sans doute de plus hauts prix pour ces oignons pour les arrivages sui-vants.

FOIN PRESSE ET FOURRAGES

MM. Hosmer, Robinson & Co., nous écrivent de Boston le 4 octobre 1900 :

" Les arrivages pour la semaine écoulée ont été de 225 chars de foin et 24 chars de paille et 4 chars de ce foin pour l'exportation. La semaine correspondante, l'an dernier, 258 chars de foin et 12 chars de paille et 41 chars de ce foin pour l'exportation.

Le foin commence à arriver en plus notables quantités, mais les prix restent soutenus et le marché est dans une bonne et saine condition.

La paille de seigle est soutenue. Les arrivages égalent à peu près la demande.

Nous cotons :

	Grosses balles.	Petites balles.
Foin, choix...	$18.00 à $18.50	$17.50 à $18.00
— No 1 ...	17.00 à 18.00	16.50 à 17.50
— No 2 ...	16.00 à 16.50	16.00 à 16.50
— No 3 ...	14.00 à 15.00	14.00 à 15.00
— mél.d.trèf.	14.00 à 15.50	14.00 à 15.50
— trèfle ...	14.00 à 15.00	
Paille de seigle long. ...	15.00 à 15.50	
— mêlée ..	11.00 à 12.00	11.00 à 12.00
— d'avoine	9.00 à 9.50	9.00 à 9.50

Les marchés de New-York et de Boston sont fortement approvisionnés en ce moment ; on compte que les arrivages de la semaine courante seront le double de ceux de la semaine passée à Boston. Dans ces conditions, il devra y avoir un moment d'arrêt dans les exportations canadiennes.

Sur la place de Montréal les prix sont plus aisés et bien que nous laissions encore subsister nos cotes précédentes, il ne faudrait pas que les arrivages se multiplient beaucoup pour entraîner une baisse plus ou moins sensible.

Nous cotons :

Foin pressé, No 1 à choix....	$ 9 50 à 10 00
do do No 2............	8 00 à 7 50
do mél. de trèfle............	7 00 à 7 50
Paille d'avoine................	4 50 à 5 00

CHRONIQUE DE QUEBEC

Mercredi, 10 octobre 1900.

Nous avons promis de donner quelques détails supplémentaires à propos de la pose de la première pierre du pont de Québec. Nous complétons ces renseignements en disant que la population entière accepte maintenant le site qui a été si longtemps en dispute, et que cette inauguration est généralement considérée comme un événement dont les conséquences heureuses sont incalculables pour Québec. Nous n'y mettons aucun chauvinisme ni aucun parti pris, mais nous croyons que le pont sera, une fois terminé, une de ces entreprises qui révolutionnent une ville. Bien des améliorations ont marqué le passage aux affaires des hommes qui sont actuellement à la tête de l'administration du pays, de la province, et de la ville de Québec ; ce sont des faits où la politique n'a absolument rien à faire, et où il est facile de reconnaître l'esprit public des hommes de la finance, de l'industrie et du commerce, sans distinction au point de vue de l'allégeance politique.

Nous signalons cet état de choses pour mettre en garde un grand nombre de citoyens, du reste bien intentionnés, mais qui sont trop portés à être exclusifs. Le triomphe de Québec est loin d'être définitif, ayons le courage de le dire. Il coulera bien de l'eau dans le fleuve St-Laurent, avant que la suprématie commerciale de Québec sur Montréal soit établie, et il y a de l'exagération manifeste à prétendre le contraire. Essayez de choquer les deux villes l'une contre l'autre, surtout quand les provocations viennent de Québec, c'est compter sans une série d'événements futurs et imprévus, que nul œil humain ne peut encore nettement discerner. Nous n'en sommes pas, pour notre part. Avec la portion saine et pondérée de la population québecoise, nous pensons que nos destinées s'accompliront d'une manière favorable et encourageante. sans cependant y voir autre chose qu'une réalité sujette encore à beaucoup d'accidents incontrolables. C'est déjà suffisant de constater les sérieux avantages de l'heure qui passe ; la chronique n'est pas tenue d'aller au-delà. C'est pour le moins prématuré de pronostiquer, dans le détail, ce que nous serons dans cinq et dix ans.

Attendons.

⁂

Il est toujours question de la position qu'occupe la ville de Québec au point de vue du système de l'aqueduc, et des assurances contre les incendies. Admettre que le système actuel est défectueux, c'est rendre l'opinion dominante dans notre public. Dire que ce système peut se perpetuer sans danger, c'est affirmer une fausseté évidente. Mais tenir les autorités municipales responsables d'un état de choses auquel elles n'ont pas contribué, c'est être injuste envers elles. Du reste, il est maintenant admis que tout le système existant va être, sans délai, l'objet d'une expertise minutieuse de la part d'une commission nommée par le conseil de ville et qu'un changement pour le mieux va être inauguré avant longtemps. Raisonnablement, on ne saurait blâmer le service actuel. Hier soir encore, dans un incendie considérable qui a éclaté dans une manufacture, les citoyens ont été témoins de ce que peut l'organisation bien dirigée. L'eau était en abondance, et le service irréprochable : l'élément destructeur a été circonscrit.

EPICERIES

Sucres raffinés : Jaunes, $4.35 à $4.65 ; blanc $4.55 ; granulé, $5.10 à $5.15 ; powdered, 7c.

Mélasses : Barbade pur, tonne, 40 à 42c ; Porto Rico, 38 à 42c ; Fajardos, 48 à 50c.

Beurre : Frais, 20c ; Marchand, 17c ; Beurrerie, 20c.

Conserves en boîtes : Saumon, $1.40 à $1.70 ; Clover leaf, $1.60 à $1.65 ; homard, $3.50 à $3.75 ; Tomates, 95c à $1.00 ; Blé-d'inde, 85 à 90c ; Pois, 90c à $1.00.

Fruits secs : Valence, 7 à 8c ; Sultana, 11 à 15c ; Californie, 8 à 10c ; C. Cluster, $2.20 ; Imp. Cabinet, $2.00 ; Pruneaux de Californie, 8 à 10c ; Imp. Russian, $4.50.

Tabac Canadien : En feuilles, 9 à 10c ; Walker *wrappers* 15c ; Kentucky, 15c ; et le White Burly, 15 à 16c.

Planches à laver : " Favorites " $1.70 ; " Waverly " $2.10 ; " Improved Globe " $2.00.

Balais : A 2 cordes, $1.75 la doz ; à 3 do, $2.65 la doz ; à 4 do $3.40 la doz.

FARINES, GRAINS ET PROVISIONS

Farines : Forte à levain, $2.25 à $2.30 ; deuxième à boulanger, $1.90 à $2.10 ; Patente Hungarian, $2.40 ; Patente Ontario, $1.90 à $1.95 ; Roller, $1.85 à $1.90 ; Extra, $1 60 à $1.65 ; Superfine, $1.45 à $1.50 ; Bonne Commune, $1.25 à $1.30.

Grains : Avoine (par 34 lbs) Ontario, 35 à 36c ; orge, par 48 lbs, 65 à 70c ; orge à drèche, 70 à 80c ; blé-d'inde, 55 à 56c ; sarrasin, 60 à 70c.

Lard : Short Cut, par 200 lbs, $17.00 à $17.50 ; *Clear Back*, $18.50 à $19.50 ; saindoux canadien, $2.00 à $2.10 ; composé le seau, $1.65 à $1.70 ; jambon, 10½ à 13c ; bacon, 9 à 10c ; porc abattu, $6.00 à $7.50.

⁂

Nous nous sommes enquis auprès des industriels de St Roch de l'état général du travail dans le centre ouvrier. L'on nous a répondu que tout est à l'état normal, et que les affaires sont généralement bonnes. Les financiers nous ont fait la même réponse. En somme, sans que la saison soit très active pour la chaussure, elle donne satisfaction. Dans d'autres industries, la préparation des pelleteries, par exemple, et la confection des vêtements d'hiver, il y a une poussée extraordinaire, et nous avons vu des établissements rester ouverts tard dans la soirée. Il en est de même pour quelques grands ateliers de confection et de réparation de machines, lesquels sont débordés d'ouvrage et obligés de rester en activité une partie des nuits, les équipes d'ouvriers se renouvellent au besoin. Le travail est, en conséquence, encore abondant, d'après ce que nous en pouvons juger, et la saison d'automne s'avance avec une recrudescence de vie pour le commerce, malgré l'obstable de quelques journées de pluie et de froid.

L. D.

NOTE SPECIALE

Nous conseillons fortement aux propriétaires de fromageries de s'assurer qu'ils ont bien un approvisionnement de bois de boîtes à fromage suffisant pour le restant de la saison.

La rareté de ce bois se fait déjà sentir et les prix sont, en conséquence, sujets à avancer.

M. N. F. Bédard 34, rue Foundling, Montréal, vient d'en recevoir un nouvel envoi et le tient à la disposition de sa clientèle et vend encore aux prix précédents.

Demandez des Echantillons

"KLONDYKE" BONBON

L. MARTINEAU & CIE,

1467 Rue Notre-Dame, MONTREAL.

VOUS APPROVISIONNEZ-VOUS POUR LE COMMERCE D'AUTOMNE ?

Où en êtes vous avec votre stock de marinades, marmelades et gelées ?

Les marinades, marmelades et gelées de la

Marque "Sterling"

ont remporté la médaille d'or à l'Exposition Industrielle. Ce sont des marchandises qui donnent grande satisfaction aux clients, partout.

T. A. LYTLE & CO.

124-128 Rue Richmond, Ouest, - TORONTO.

Empois Enamel de Benson.....

UN EMPOIS A L'EAU FROIDE

Fabriqué et Garanti par

The EDWARD BURG STARCH Co Limited.

Manufacture a Cardinal, Ont.

164 Rue St-Jacques,	53 Front St., East,
MONTREAL.	TORONTO.

Etablie en 1858.

SULTANA

La meilleure mine grasse pour les poêles . . . . . . | En pate et liquide

Vous qui tenez à voir votre commerce prospérer, tenez donc en stock la mine grasse "Sultana" dont la popularité augmente tous les jours et qui se vend sans efforts. L'avez-vous? Sinon demandez-la à votre fournisseur ou directement à la fabrique Canadienne.

SULTANA MANUFACTURING CO.

1744½ Rue Notre-Dame, Montréal

St-Albans, Vermont, U. S. Téléphone Bell, Main 2318.

CONSTRUCTION

M. Jos A. Godin, architecte, No 8 Côte Place d'Armes, Montréal, prépare les plans et devis pour une maison devant être érigée au Lac Mégantic pour le compte de M. J. A. Milette M. D.

Ventes de Fonds de Banqueroute par les Curateurs

Par E. G. Moris, chez Benning & Barsalou, le stock de Jos. Pepin, magasin général à Albert, Ont., à 64½c dans la piastre à J. D. Thompson de Buckingham.

Par Gagnon & Caron, le stock de quincaillerie de James Johnston à 45c dans la piastre à F. A. Shaw, les dettes de livres à 35c au même ainsi que le loyer jusqu'au 1er avril 1901 à 45c dans la piastre au même.

Par F. X. Bilodeau, le stock d'épicerie de A. I. Clément à 75c dans la piastre à Mde Zéphirin Perrin, épouse de A. I. Clément et les dettes de livres à 45c dans la piastre à Hector Paquet.

Par J. McD. Hains, le stock de papier de Austin & Robertson à 72½c dans la piastre.

EXTRA

RENSEIGNEMENTS COMMERCIAUX

PROVINCE DE QUEBEC

Cessions

Amqui—Langlais J. L., mag. gén.
Montréal—Phillips H. S., négociant.
St Jérome — Smith, Fischel & Co, mfrs de cigares.
Shawenegan Falls—Lupien Gédéon, hôtel.

En Difficultés

Montréal — Barrett & Connell, demande de cession retirée.
Beauchamp J. A., épic., offre 35c dans la piastre.
Gallery Bros, boulangers, demande de cession retirée.
Leblanc J. R., quincaillerie, offre 66c dans la piastre.
Raymond L. R., merceries.

Fonds à vendre

Québec—Brousseau Théop., hôtel, par huissier le 17 octobre.

Fonds Vendus

Montréal—Austin & Robertson, papeterie en gros à 72½c dans la piastre.
Clément, A. J., épic.
Johnston James, quincaillerie à T. F. Shaw.
Labelle & Deschamps, quincaillerie.

Incendies

Montréal—MacLaren Alex., bois de sciage et mfr de portes et châssis.
Québec — Chalifour Ones, mfr de formes, etc., ass.

Nouveaux Établissements

Grand'Mère—Chabot Emile & Co, bouchers ; Emile Chabot.
Montréal—Désy & Mathieu, chaussures.
McKerman John R. & Co, agent de Mfr. ; John Jas. McRae,
Perrin D. S. & Co, confiserie en gros ; D. S. Perrin, de London.
Rice, Sharply & Sons, bijoutiers et articles de fantaisie ; F. Sharply.
Tyler Geo. & Co., salle à dîner, etc. ; Mde Geo. Tyler.
Nicolet—St-Laurent Théop, & Co, mag. gén. ; Mlle M. H. St-Laurent.
Québec—Sauviat & Fils, fruits, etc.
Ste-Eulalie—Doyon J. H. C. & Co, mfrs de chaises et voitures ; J. H. C. Doyon.
St-Tite—Pothier & Brière, mfrs de brique.
Shawenegan Falls — Rousseau & Demers, moulin à scie.

PROVINCE D'ONTARIO

Cessations de Commerce

Brussels—Smith A. R., mag. gén.
Listowell—Ferg & Riller, forgerons, etc.
Krotz & Walter, mag. gén.
Wildfrang Moses, merceries, etc.
Stratford—Farrow Emma J., épic.

Cessions

Berlin—Lorch A. W., marchand-tailleur.
Kingston—Squire (The) Co, (G. H. Squire), quincaillerie etc.
Napanee—Friskin James H., forgeron.
Schreiber—Thomson & Co, mag. gén.
Toronto—Smith W. H., fruits en gros.

Fonds à Vendre

Stouffville — Bray John, marchand-tailleur, 26 oct.

Fonds Vendus

Hamilton—Bertram Peter, ferblanterie etc., à H. A. Webber.
Kerrwood—O'Neil Fred, hôtel.
London — Hunter Frances, hôtel, à F. E. Patten.
St-Albert—Pepin Jos., mag. gén.
Springfield—McGill D., quincaillerie à Angus Moore.

Incendies

Athens—Brown A. R., sellier.
Earle W. F, ferblanterie, ass.
Karley Wm quincaillerie, ass.
Parish Wm., épic., ass.

Nouveaux Établissements

Lanark—Wilson Mde A. N., épic., etc.
Stratford—Baxter Jos., épic.
Strathroy—Diprose Robert, épic.

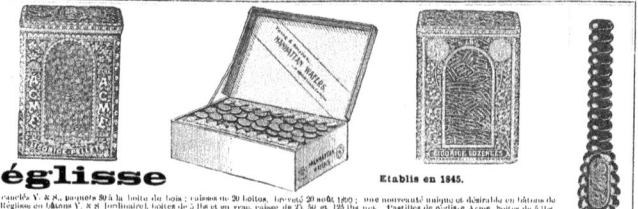

NOS PRIX COURANTS

Nos prix courants sont revisés chaque semaine. Ces prix nous sont fournis pour être publiés, par les meilleures maisons dans chaque ligne; ils sont pour les qualités et les quantités qui ont cours ordinaire dans les transactions entre le marchand de gros et le marchand de détail, aux termes et avec l'escompte ordinaire. Lorsqu'il y a un escompte spécial, il en en est fait mention. On peut généralement acheter à meilleur marché en prenant de fortes quantités et au comptant.

Tous les prix sont ceux du marché, en général, et aucune maison ou manufacture n'a le pouvoir de les changer à son avantage, sauf pour ses propres marchandises qui sont alors cotées sous son propre nom et sa propre responsabilité. La Rédaction se réserve le droit de refuser ce privilège à quiconque en abuserait pour tromper le public.

PRIX COURANTS.—MONTREAL, 11 OCTOBRE 1900.

Allumettes.

Walkerville Match Co.

Allumettes Parlor

	1 caisse	5 caisses
Crown	$1.60	1.50
Maple Leaf	2.75	2.65
Imperial	5.50	5.25
Allumettes Soufrées		
Jumbo	5.25	5.00
Héros	3 50	3.70

Articles divers.

Bleu Parisien.........lb.	0 12	0 13
Bouchons communs....gr.	0 18	0 30
Briques à couteaux....doz.	0 25	0 30
Brûleurs pour lampes		
No. 1.........doz.	0 00	0 75
No. 2........ "	0 00	1 00
No. 3........ "	0 00	0 70
Câble coton ¼ pouce...lb.	0 13	0 14
" Manilla........ "	0 15¼	0 16¾
" Sisal........ "	0 08½	0 10
" Jute........ "	0 10½	0 12
Coton à attacher...... "	0 15	0 21
Chandelles suif.......lb.	0 00	0 09
" paraffine... "	0 12	0 12½
" London Sperm. "	0 11	0 11½
" Stéarine....... "	0 13	0 14
Epingles à linge.bte. 5 gr.	0 00	0 70
	3 fils.	6 fils.
Ficelles...... 30 pieds..	0 40	0 75
" .... 40 " ..	0 55	0 85
" .... 48 " ..	0 65	1 00
" .... 60 " ..	0 80	1 35
" .... 72 " ..	0 95	1 60
" .... 100 " ..	1 25	2 00
Lessis concentré, com... "	0 00	0 40
" pur.... "	0 00	0 75
Mèches à lampes No. 1.....	0 11	0 13
" No. 2.....	0 14	0 16
" No. 3.....	0 09	0 11
Sapolio, bte ¼ et ½ gr. la gr.	0 00	11 30

Cafés.

Cafés rôtis.	la livre.
Arabian Mocha	31
Imperial "	28
Jamaïque	20
Java Siftings	26
Maracaibo	22
Old Gov. "	31
Old Gov. Java et Mocha	31
Pure Mocha	27 à 29
Rio	15 à 18
Standard Java	32
" " et Mocha	32
Santos	18½
Blanke's Faust Blend	36

Conserves alimentaires

Légumes.

Asperges 4 lbs........dz.	0 00	4 50
Baked Beans 3 lbs..... "	0 90	1 00
Blé d'Inde........2 lbs "	1 00	1 10
Champignons ....bte.	0 15	0 21
Citrouilles 3 lbs.......dz.	0 00	0 85
Haricots verts........ "	0 00	0 85
Olives, Pints.......... "	3 75	5 00
" ½ Pints........ "	2 90	3 60
" en quart, gallon.	0 00	1 50
Petits pois français ...bte.	0 09	0 12
" fins....... "	0 14	0 15
" extra fins.. "	0 16	0 17
" surfins..... "	0 18	0 20
Pois canadiens 2 lbs...dz.	0 80	1 10
Tomates.............. "	0 00	0 95
Truffes.............. "	4 80	5 00

Fruits.

Ananas 2 et 2½ lbs....dz.	2 15	2 50
Bluets 2 " ... "	0 00	0 85
Cerises 2 " ... "	1 95	2 15
Fraises 2 " ... "	1 70	1 85
" 3 " ... "	2 10	2 15
Framboises 2 " ... "	1 45	1 60
Pêches 2 " ... "	1 60	1 85
" 3 " ... "	2 40	2 85
Poires 2 " ... "	0 00	1 65
" 3 " ... "	1 95	2 10
Pommes gal....... "	0 00	2 15
" 3 lbs... "	0 00	0 90
Prunes vertes 2 " ... "	0 00	1 45
" bleues 2 " ... "	1 25	1 35

Poissons.

Anchois..............dz.	3 25	0 00
Anchois à l'huile...... "	3 25	4 50
Clams 1 lb........... "	1 25	1 35
Harengs marinés...... "	1 55	1 85
Harengs aux Tomates. "	1 50	1 60
Homards, boîte haute. "	3 12½	3 20
" " plate... "	3 65	3 75
Huitres, 1 lb..........dz.	0 00	1 30
" 2 "........... "	0 00	2 40
Maquereau............ "	1 00	1 05
Sardines Canadiennes, cse	4 00	4 50
Sardines ¼ françaises.bte.	0 09	0 25
" ½ " "	0 17	0 35

Sardines Royan à la Vatel........ "	0 00	0 15
Sardines Royan à la Bordelaise.........bte.	0 00	0 15
Saumon rouge (Sockeye) boîte haute dz.	0 00	1 60
" " plate "	0 00	1 75
" " ordinaire haute	0 00	1 50
" rose (Cohoe) " dz.	0 00	1 12½
" du printemps, "	0 00	1 50
Smelts (Eperlans).... "	0 40	0 45

Viandes en conserves.

Corned Beef. bte 1 lb....dz.	1 60	2 00
" " 2 "..... "	2 80	3 40
" " 6 "..... "	9 75	11 40
" " 14 "..... "	21 60	24 00
Lang. de porc." 1 "....dz.	3 00	4 15
" " 2 "..... "	6 00	8 00
" bœuf " 1½ lb..... "	8 00	10 00
" " 2 "..... "	9 25	11 30
" " 3 "..... "	......	14 10
English Brawn 1 lb .... "	1 40	1 70
Bœuf (chipped dried).... "	2 95	3 00
Dinde, bte 1 lb.......... "	2 20	2 30
Pâtés de foie gras........ "	3 00	8 00
Pieds de cochon, bte 1½ lb. "	2 30	2 40
Poulets, " 1 lb. "	2 20	2 30

Drogues et Produits Chimiques

Acide carbolique.......lb.	0 30	0 40
" citrique.......... "	0 50	0 55
" oxalique......... "	0 08	0 10
" tartrique......... "	0 33	0 35
Aloès du Cap.......... "	0 14	0 15
Alun.................. "	0 01½	0 03
Bicarbonate de Soude, brl.	2 00	2 25
Bichrom. de potasse....lb.	0 10	0 12
Bleu (carré)........... "	0 10	0 16
Borax raffiné.......... "	0 05	0 07
Bromure de potasse.... "	0 55	0 60
Camphre américain.... "	0 80	0 90
" anglais...... "	0 85	0 95
Cendres de soude...... "	0 01½	0 02
Chlorure de chaux..... "	0 02½	0 05
" de potasse.... "	0 23	0 25
Couperose.........100 lbs	0 75	1 00
Crème de tartre.........lb	0 22½	0 27½
Extrait de Campêche... "	0 10	0 11
" en paquets..... "	0 12	0 14
Gelatine en feuilles.... "	0 35	0 60
Glucose............... "	0 03½	0 04
Glycérine.............. "	0 18	0 20
Gomme arabique.......lb	0 40	1 25
Gomme épinette........ "	0 00	0 25
Indigo Bengale........ "	1 50	1 75
" Madras.......... "	0 60	0 80
Iodure de potasse...... "	4 00	4 25
Opium................ "	4 50	4 75
Phosphore............. "	0 50	0 75
Pourpre de Paris....... "	0 09	0 10
Résine..........(280 lbs)	2 75	5 00
Salpêtre..............lb	0 05	0 07½
Sels d'Epsom.....100 lbs.	1 50	3 00
Soda caustique 60° " lbs	2 25	2 50
" " 70° " "	2 50	2 75
" à laver...... "	0 70	0 90
à pâte............brl.	2 00	2 50
Soufre poudre.........lb.	0 02	0 03
" bâtons......... "	0 02	0 03
" rock, sacs..100 lbs.	2 00	3 00
Strychnine............oz.	0 90	1 00
Sulfate de cuivre......lb.	0 06	0 07
Sulfate de morphine... "	1 90	2 00
" de quinine.....oz.	0 40	0 45
Sumac............tonne.	70 00	75 00
Vert de Paris..........lb.	0 18½	0 20½

Epices pures.

Allspice, moulu........lb.	0 15	0 20
Cannelle moulue....... "	0 15	0 20
" en nattes...... "	0 13	0 15
Clous de girofle moulu "	0 18	0 20
" " ronds.. "	0 12½	0 14
Gingembre moulu...... "	0 15	0 25
" racines "	0 10	0 25
Macis moulu........... "	0 90	1 00
Mixed Spice moulu Tin 1 oz............. "	0 00	0 45
Muscade blanchie...... "	0 40	0 50
" non blanchie.. "	0 50	0 60
Piment (clous ronds)... "	0 10	0 12
Poivre blanc, rond..... "	0 23	0 26
" " moulu... "	0 26	0 28
" noir, rond....... "	0 15	0 17
" " moulu..... "	0 18	0 19
" de Cayenne..... "	0 22	0 26
Whole Pickle Spice....lb.	0 15	0 20

Fruits Secs.

Abricot Calif..........lb.	0 12	0 13
Amandes ½ molles.... "	0 12	0 13
" Tarragone... "	0 15	0 16
" Valence écalées "	0 40	0 42
Amand. amères écaléeslb	0 00	0 45
" écalées Jordan "	0 40	0 43
Dattes en boîtes....... "	0 00	0 05
Figues sèches en boîtes "	0 08	0 10
" " en sac.. "	0 00	0 03¼
Nectarines Californie.. "	0 11	0 12
Noisettes (Avelines)...lb.	0 12	0 13
Noix Marbot........... "	0 10	0 11
" Couronne....... "	0 08	0 09
" Grenoble........ "	0 12	0 13
" " écalées. "	0 22	0 23
Noix du Brésil......... "	0 12	0 13
Noix Pecanes poli...... "	0 12½	0 13
Peanuts rôtis (arach).. "	0 06½	0 07½
Pêches Californie...... "	0 10	0 11
Poires " ...... "	0 13½	0 15
Pommes séchées....... "	0 00	0 00
Pommes évaporées.... "	0 05	0 06
Pruneaux Bordeaux... "	0 04	0 08
" Bosnie...... "	0 00	0 04
" Californie... "	0 05½	0 10½
Raisins Calif. 2 cour.. "	0 00	0 00
" " 3 " .. "	0 00	0 00
" " 4 " .. "	0 00	0 00
Corinthe Provincials... "	0 00	0 00
" Filiatras....... "	0 11	0 12
" Patras........ "	0 00	0 00
" Vostizzas..... "	0 12	0 13
Malag. London Layers bte.	0 00	1 75
" Connoisseur Cluster "	0 00	2 25
" Buckingham Cluster...... "	0 00	3 40
Malaga Russian Cluster bte.	0 00	4 50
Sultana...............lb.	0 10	0 12
Valence fine off Stalk,. "	0 00	0 08½
" Selected...... "	0 08	0 09
" layers....... "	0 09	0 09½

Fruits verts

Ananas, pièce..........	0 00	0 00
Atocas............quart..	6 50	7 00
Bananes...........régime	0 50	1 00
Pommes...........baril..	1 25	2 00
Raisins Malaga.... "	5 50	6 00
" ½ "	0 00	0 00
Oranges Valence (420) cse	0 00	0 00
" " (714)....	0 00	0 00
" Navels..........	0 00	0 00
" Seedlings.......	0 00	0 00
" Sanguines, ½ cse	0 00	0 00
" Sorrente, caisse.	0 00	0 00
" Messine "	0 00	0 00
" " ½ "	0 00	0 00
" Jamaïque, baril.	5 50	6 00
Citrons Messine.... caisse.	0 00	2 50
" Malaga, bte 35 dz	0 00	2 50
" " caisse 50 dz.	0 00	5 75
Oignons rouges.... baril..	0 00	1 50
" jaunes...........	0 00	0 00
" d'Egypte, 165 lbs	0 00	2 25
Oignons d'Espagne, boîte.	0 80	0 90
Noix de coco, par 100....	3 25	0 00

Grains et Farines.

GRAINS

Blé roux d'hiver Can. No 2.	0 00	0 00
Blé blanc d'hiver Can. No 2.	0 00	0 00
Blé du Manitoba No 1 dur...	0 00	0 92½
" " No 2 "	0 87½	0 90
Blé du Nord No 1..........	0 00	0 85
Avoine blanche No 2.......	0 00	0 28
Orge No 1,........48 lbs.	0 50	0 53
" à moulée.... "	0 42	0 43
Pois No 2 ordinaire, 60 lbs...	0 63	0 63½
Sarrasin, 48 " ...	0 54½	0 55
Seigle, 58 " ...	0 58	0 60

FARINES

Patente d'hiver..............	3 75	4 00
Patente du printemps.......	0 00	4 70
Straight roller..............	3 65	3 .5
Forte de boulanger, cité.....	0 00	4 40
Forte du Manitoba, secondes	3 85	3 90

FARINES D'AVOINE.

Avoine roulée baril......	3 35	3 55
" " sac.......	1 62½	1 72½

ISSUES DE BLÉ

Son d'Ontario, au char, ton	15 00	15 50
" de Manitoba " "	00 00	16 00
Gru de Manitoba.......char	00 00	18 00
" d'Ontario........ "	16 50	17 00
Moulée............... "	17 00	24 00

Huiles et graisses.

HUILES.

Huile de morue, T. N., gal.	0 35	à 0 40
" loup-marin raff.. "	0 50	0 52½
" paille.......... "	0 42½	0 45
Huile de lard, extra gal.	0 75	0 83
" " No 1. "	0 65	0 75
" d'olive p. mach.. "	0 90	1 00
" à salade .... "	0 72½	0 77½
" d'olive à lampion "	1 20	2 60
" de spermaceti.... "	1 30	1 50
" de marsouin..... "	0 50	0 60
" de pétrole, par quart.	0 00	0 18½
Acmé Imperial........gal.	0 00	0 18
Huile Américaine par quart:		
Water White.......... "	0 00	19½
Pratt's Astral......... "	0 00	0 20½
Huile d'olive Barton et Guestier caisse qts		8 50
" " " pts		9 50
" de foie de m. Nor. gal.	1 25	à 1 35
" " T.N. "	1 00	1 10
" de castor "E. I." lb.	0 09½	0 10
" " franç. qrt. lb.	0 09½	0 10
" " " can.	0 11	0 12

Liqueurs et spiritueux.

Brandies (droits payés)	à la caisse.
Sorin.—Carte bleu	$ 8 50
Carte rouge	9 50
Carte d'or	11 00
21 F avec verre	9 00
Flasks avec verre	10 00
FUTS.	
Quarts	4 00
Octaves	4 25
½ oct	4 25
Hennessy * pintes	13 00
" * chopines	14 25
" ** pintes	14 75
" *** pintes	16 25
" V.O. pintes	17 25
Martel * pintes	12 75
" * chopines	14 00
" V. O. pintes	17 00
" V. S. O. P. pintes	18 50

Par lots de 10 caisses assorties ou non, 25c de moins par caisse.

F. O. B. Montréal, net 30 jours ou 1% 10 jours.

Boutelleau & Co., F. P.	9 00
" *	10 00
" O. B.	12 00
" V. O. B.	14 00
" X. V. O. B.	16 00
" 1824	21 00
Couturier	7 00
" flasks	8 00
Marion	6 00
" flasks	7 00
Rivière-Gardrat	10 00
Optima	17 00
Bisquit Dubouché	9 25
Renaud & Cie	12 25
E. Puet *	9 00
" **	10 75
" ***	12 50
" V. O.	14 50
" V. O. P.	15 25
" V. S. O. P.	16 25
" V. V. S. O. P.	20 25
E. Puet 1860	24 25
" 1850	26 25
" 1840	30 25
J. Borianne ***	6 75
Pellisson 1850	42 50
" V. S. O. P.	20 00
" S. O. P.	22 00
" 1890	16 00
C. M. Arguet	11 50
V. Porte 1854	22 00

	au gallon.	
Fine Champagne	5 75	5 90
Couturier	3 80	3 95
Marion	3 40	3 60
Hennessy	0 00	6 75
	au gallon.	
Martel	0 00	6 75
Pellisson, vieux	0 00	11 80
" XXX	0 00	8 75
" autre ord	5 80	7 25
V. Porte 1854	0 00	8 75
E. Puet	0 00	3 65
J. Borianne depuis	0 00	3 75
Rivière-Gardrat	0 00	4 1[illegible]
Bisquit-Dubouché	4 30	@ 4 5[illegible]
Renaud & Cie	4 10	@ 4 3[illegible]
Boutelleau & Cie.	3 80	@ 6 00

Rhums		à la caisse.
St-Georges, 12 lit.		12 50
" 24½ pts imp.		14 50
Chauvet cachet or 12 lit.	0 00	14 60
" " rouge 12 lit.	0 00	12 75
St-John	0 00	7 75
St-Joseph, Jamaïque	0 00	11 50
St-Félix, Martinique	0 00	10 50
Talbot frères	0 00	7 75
		au gallon.
Jamaïque	4 25	6 15

Whiskey Ecossais.	qt	pts
Mullmore	6 25	7 50
" flasks	10 00	10 50
Heather Dew	7 00	0 00
" flasks	11 25	0 00
" stone	12 50	0 00
Special Reserve	9 00	10 00
" "	0 00	11 75
Ex. Spe Liqueur, flacons	9 50	0 00
Dewar's Special Liqueur	12 25	12 50
Dewar Extra Special	9 25	9 50
H. Fairman & Co	7 50	8 50
Royal Eagle	9 25	9 50
Sheriff's	10 00	18 00
Mackie's R. O. spec	0 00	10 25
" Islay	8 25	8 50
Glenfalloch	8 75	
Glenlivet *	9 00	9 25
" ***	10 00	10 25
Cabinet 1 crown	0 00	8 75
" 2 "	0 00	9 50
" 3 "	0 00	10 75
Harvey's R. O. S. spec. liq.	0 00	12 50
" Fitz-James 8 y. old	0 00	9 75
Alex. McAlpine old scotch.	0 00	6 75

PRIX COURANTS —MONTREAL, 11 OCTOBRE 1900

Watson old scotch, qrts...	0 00	8 75
" " pts....	0 00	9 75
Thom & Cameron.........	0 00	6 75
Bernard's Encore.........	0 00	7 75
Bulloch, Lade & Co.		
Special blend...........	9 25	9 50
" extra special......	10 75	11 00
" L. Katrine.........	0 00	7 50
Usher's O. V. G...........	0 00	8 75
" special reserve...	0 00	9 75
" G. O. H...........	0 00	12 00
Gaelic Old Smuggler.......	0 00	9 50
Greer's O. V. H...........	0 00	9 50
Stewart's Royal...........	0 00	10 00
	au gallon.	
Heather Dew..............	3 65	3 85
Special Reserve..........	4 15	4 25
Ex. Spc. Liqueur..........	4 75	4 90
Banagher Irish...........	4 05	4 30
H. Fairman & Co..........	4 05	4 15
Sheriff's..................	4 65	4 85
Glenfalloch	3 70	3 85
lenlivet (old)............	4 30	6 30

Whiskey Irlandais.

	à la caisse	
Old Irish.................	6 00	8 00
" flasks............	11 25	0 00
Special..................	9 00	0 00
" flasks.............	0 00	11 75
Cruiskeen Lawn, stone...	12 50	0 00
Henry Thomson..........	0 00	8 50
St-Kevin.................	0 00	7 50
J. Jameson & Son *.......	0 00	9 75
" " ***....	0 00	11 50
Geo. Roe & Co *..........	0 00	9 50
" " **.........	9 75	10 50
Barnagher................	9 75	10 25
Thom & Cameron..........	0 00	6 75
Burke's *** qrts.........	0 00	8 00
" *** 12 imp.-qt.. flasks	0 00	11 75
Dunville.................	0 00	8 25
Bushmills	0 00	9 75
	au gallon.	
Old Irish................	3 75	3 90

Gins.

De Kuyper, cse violette..........		2 65
" cses vertes..........		6 00
DeKuyper, cses rouges, 1 à 4 c...		11 50

F. O. B. Montreal, 30 jours net ; 1 o/o 10 jours ; fret payé à destination par lot de 5 caisses au moins.

Key Brand................	5 00	10 25
" poney.........	0 00	2 50
Melchers poney...........	0 00	2 50
" picnics 4 doz....	0 00	5 50
" Honey Suckle... (cruchons verre)	8 25	15 00
Wynand Fockink.........	0 00	10 00
Bernard Old Tom.........	0 00	7 25
Booth's " "	0 00	7 85
" " " 5 caisses	0 00	7 60
Melrose Drover Old Tom..	0 00	7 00
Booth's London Dry......	0 00	7 75
Burnett "	0 00	7 25
Melrose Drover Dry......	0 00	7 00
Coate Plymouth..........	0 00	9 25

Gins en futs.

De Kuyper, barriq. le gal.	0 00	3 00
" quarts "	0 00	3 05
" octaves "	0 00	3 10
" au gallon "	0 00	3 20

Tous autres gins, 5c. de moins.
F. O. B. Montréal, 30 jours net ou 1% 10 jours.

Booth's Old Tom, quarts, le gal.	0 00	3 45
" " octaves.	0 00	3 50
" " au gal	0 00	3 90

Whisky Canadien au gallon, en lots d'un ou plusieurs barils de 40 gallons (pas de demi-barils) d'une sorte ou assortis.

Gooderham & Worts 65 O. P	4 50
Hiram Walker & Sons "	4 50
J. P. Wiser & Son "	4 49
J. E. Seagram "	4 49
H. Corby "	4 49
Gooderham & Worts 50 O. P........	4 10
Hiram Walker & Sons "	4 10
J. P. Wiser & Son "	4 09
J. E. Seagram "	4 09
H. Corby "	4 09
Rye Gooderham & Worts............	2 20
" Hiram Walker & Sons.........	2 20
" J. P. Wiser & Son............	2 19
" J. E. Seagram................	2 19
" H. Corby.....................	2 19
Imperial Walker & Sons............	2 90
Canadian Club Walker & Sons.......	3 60

Pour quantité moindre qu'un quart d'origine mais pas moins de 20 gallons :

65 O. P.....................	le gall.	4 55
50 O. P.....................	"	4 15
Rye		2 25

Au-dessous de 20 gallons :

65° O. P..................	le gallon	4 60
50° O. P..................	"	4 20
Rye.......................	"	2 30

Pour quantité moindre qu'un baril ou un barillet d'origine :

Imperial Whisky.........	le gallon	3 10
Canadian Club...........	"	3 80

F. O. B. Montreal, 30 jours net ou 1 o/o 10 jours ; fret payé pour quantité d'un quart et au-dessus.

Pour le Whisky à 50° O. P., 5c de moins par gallon, F. O. B. Montréal, pour l'île de Montréal.

Rye Canadien à la caisse.

Walker's Impérial..........quarts	7 50
" ....16 flasks	8 00
" ....32 "	8 50
Walker' Canadian Club....quarts	9 00
" ..16 flasks	9 50
" ..32 "	10 00
Gooderham & Worts 1891 1 à 4 c.	6 75
Seagram 1896 (Star brand.) quarts	6 50
" No 83 .... "	8 75
Corby I. X. L	7 00
Purity, qts......................	6 50
" 32 flasks	7 50
Canadian, qts....................	5 00
" 32 flasks	6 00

F. O. B. Montreal, 30 jours net ou 1 o/o 10 jours

Whiskeys importés.

Kilty Scotch..........caisse.			9 25
Buchanan's House of Commons...........	"		9 50
Claymore.............	"	8 50	8 75
Bushmills Irish.......	"	9 25	9 50

Gin (La Clef).

Caisses Rouges.............		10 00
" Vertes...............		4 85
" " Ponies.......		2 50
Gallon......................	2 95	3 15
Nicholsons Old Tom Gin.....	7 50	7 75
" London Dry Gin.	7 50	7 75

Mélasses.

	Au gallon
Barbades tonne..................	0 41
" tierce et qt............	0 43½
" demi quart............	0 44½
" au char ton...........	0 40
" " tierce..........	0 42½
" " ½ qt...........	0 43½
Porto Rico, choix, tonne..	0 00
" tierce et quart.......	0 00
" ordinaire, tonne....	0 00

Pâtes et denrées alimentaires.

Macaroni importé......lb	0 08	0 10
Vermicelle " ...... "	0 08	0 10
Lait concentré..........dz	0 00	1 90
Pois fendus, qt. 196 lbs..	0 00	4 10
Tapioca, lb...............	0 04¾	0 05

Poissons.

Harengs Shore........brl.	0 00	5 00
" ....½ "	0 00	2 75
" Labrador .... "	0 00	5 25
" " ..½ "	0 00	3 00
" Cap Breton .. "	0 00	0 00
" " ½ "	0 00	0 00
Morue sèche.............lb.	0 00	0 04½
" verte No 1, qt..lb.	0 00	0 02½
" No 1 large qt.... "	0 02¾	0 03
" No 1 draft...... "	0 00	0 02¾
" désossée caisse...	0 00	4 50
" " paquet....	0 00	0 06
Saumon C. A........½ "	0 00	0 00
" .... 1 "	0 00	0 00
Saumon Labrador.. 1 "	0 00	14 00

Produits de la ferme.

(Prix payés par les épiciers.)

Beurre.

Townships frais........lb.	0 19	0 20
En rouleaux........... "	0 00	0 00
Crêmerie sept......... "	0 00	0 00
do Nov...... "	0 00	0 00
do frais...... "	0 21	0 21½

Fromage

De l'Ouest..............lb.	0 10	0 11
De Québec.............. "	0 10	0 10½

Œufs.

Frais pondus, choix...dz.	0 00	0 20
Mirés	0 00	0 15
Œufs chaulés, Montréal..	0 00	0 00
" " Ontario....	0 00	0 00

Sirop et sucre d'érable.

Sirop d'érable en qrts..lb.	0 06¾	0 07
" en canistre.	0 75	0 80
Sucre d'érable pts pains lb.	0 09	0 10
" vieux......	0 00	0 00

Miel et cire.

Miel rouge coulé.......lb.	0 07	0 08
" blanc " .... "	0 08	0 09
" rouge en gateaux.. "	0 06	0 07½
" blanc " "	0 13	0 14
Cire vierge............. "	0 25	0 26

Riz

	Sac.	½ Sac.	Pch.	½ Pch.
B. 1 @ 9 sacs	3 10	3 15	3 20	3 25
B. 10 et plus"	3 00	3 05	3 10	3 15

C.C. 10c. de moins par sac que le riz B.

Patna imp., sacs 224 lbs. lb.	0 4⅜	0 05

Salaisons, Saindoux, etc.

Lard Can. Sh't Cut Mess qt.	20 00	21 00
" " S. C. Clear.... "	19 50	20 00
" " S. C. désossé.. "	21 00	21 50
" S.C. de l'Ouest "	21 00	21 50
Jambons.................lb.	00 12	00 14
Lard fumé............... "	00 00	00 14

Saindoux.

Pur de panne en seaux..	2 15	2 40
Canistres de 10 lbs....lb.	0 11	0 12¼
" 5 " .... "	0 11¼	0 12⅜
" 3 " .... "	0 11½	0 12½
Composé, en seaux.......	0 00	1 60
Canistres de 10 lbs....lb.	0 00	0 08½
" 5 " .... "	0 00	0 08⅝
" 3 " .... "	0 00	0 08¾
Fairbanks, en seaux......	1 72½	1 75
Cottolene en seaux....lb.	0 00	0 08¾

Sauces et Marinades.

Marinades Morton.....dz.	2 10	2 30
" Crosse & Blackwell "	0 00	3 25
" Suffolk, 20 oz...... "	0 00	2 10
" " 16 oz...... "	0 00	1 80
Essence d'anchois...... "	0 00	3 20
Sauce Worcester, ½ ch.doz.	3 50	3 70
" " chop "	6 25	6 50
" Harvey....½ " "	3 25	3 55
Catsup de tomates..... "	1 00	4 00
" champignons "	1 90	3 40
Sauce aux anchois..... dz	3 25	3 55
Sauce Chili............ "	3 75	4 05

Sel.

Sel fin, quart, 3 lbs......	2 65	2 75
" " 5 "	2 60	2 65
" " 7 "	2 40	2 50
" ¼ sac 56 "	0 00	0 30
" sac 2 cwts........	0 00	1 00
" gros, sac livré en ville	0 40	0 42½

Sirops.

Perfection............lb.	0 03	0 03¼
" s. 25 lbs. seau.	0 00	1 05
" seau 3 gall. "	0 00	1 35
Sirop Redpath tins 2 lbs.	0 00	0 09
" " 8 "	0 00	0 35

Sucres.

(Prix aux 100 lbs.)

Jaunes bruts (Barbade)...........		4 37½
" raffinés..........	$4 30	4 90
Extra ground...................qts.		5 60
" " ....bte.		5 80
" " ....½ "		5 85
Cut loaf.......................qts.		5 60
" ....½ "		5 70
" .... bte.		5 60
" ....½ "		5 70
Powdered......................qts.		5 35
" ....bte.		5 55
Extra granulé ....qts.		5 00
" ....½ "		5 15

Ces prix doivent être augmentés de 5c par 100 lbs pour les villes de Montréal et Québec.

Thés du Japon.

Extra choisi du mois de mai :

Castor No 1..........	lb.	0 00	0 37½
Hibou No 1..........	"	0 00	0 35
Choisi			
Castor No 2..........	"	0 00	0 32½
Hibou No 2..........	"	0 00	0 32½
Bon :			
Hibou No 50.........	"	0 00	0 2
Faucon (Hawk)......	"	0 00	0 26
Spécial :			
Hibou No 100........	"	0 10	0 20
Moyen :			
Otter	lb.	0 00	0 18
Commun.............	"	0 14	0 17
Moulu (Siftings).....	"	0 06	0 09
Nibs (choix).........	"	0 14	0 18

Thés de Chine.

Thés verts Young Hyson.

Ping Suey, bts 30 lbs	lb.	0 12	0 14
" ½ cais. (first)	"	0 16	0 18
" " (points)	"	0 18	0 20
Moyune, caisses.....	"	0 38	0 42

Thés verts Gun Powder.

Moyune, caisses.....	lb.	0 40	0 44
Ping Suey, bts, Pin head	"	0 32	0 35
" " "	"	0 25	0 28
Pea Leaf, choix, bts..	"	0 20	0 22
" commun "	"	0 14	0 16

Thés noirs.

Kaisow...........½ cs	lb.	0 12	0 14
Pan Young........ "	"	0 14	0 16
Keemuns, Kin Tuck "	"	0 18	0 20
Moning, choix..... "	"	0 30	0 34
Packling, boites 20 lbs commun..........	"	0 13	0 15
Packling, boites 20 lbs bon................	"	0 16	0 18
Packling, boites 20 lbs fin..................	"	0 22	0 25
Orange Pekoe, bts 20 lbs, parfumé.......	"	0 25	0 30
Formosa Oolongs, bts 20 lbs, (le Papillon).	"	0 24	0 30

Thés de l'Inde.

Darjeelings, Bloomfield, lb.	0 32	0 40
Assam Pekoe.... ...... "	0 20	0 24
Gloria, Pekoe Souchong................ "	0 18	0 20
Amrail, Souchong...... "	0 16	0 18
Gloria, Pekoe.......... "	0 14	0 16

Thés de Ceylan.

Syria, Golden Tipped Pekoe........caisse, lb.	0 27	0 35
Gallaheria, Flowery Pekoe........caisse, "	0 20	0 23
Bombra, Pekoe Souchong........caisse. "	0 16	0 18
Luccombe, Souchong, caisse, "	0 14	0 16
Golden Tipped Pekoe, (marque Abeille), No 8, caisses 40 lbs, (10 x 1 lb et 60 x ½ lb).................. "	0 36	0 38
Flowery Pekoe, (marque Abeille), No 9, caisses 40 lbs, 10 x 1 lb et 60 x ½ lb)... "	0 28	0 30
Flowery Pekoe Nayabedde demi caisses "	0 24	0 27
Ceylon Pekoe Karana demi caisse......... "	0 24	0 27

Vernis.

Vernis à harnais......gal.	0 00	1 80
" " ......dz.	1 10	1 20
" à tuyaux...... gal.	0 00	0 90
" Parisien........dz.	0 70	0 75
" Royal polish... "	0 00	1 25

Vins.

Non Mousseux.

Bordeaux ord.......caisse	2 60	3 50
" " ....gal.	0 90	1 10
" Médoc....caisse	4 65	5 65
" St-Julien. "	5 65	6 65
" Châteaux "	4 25	21 00
Bourgogne......... "	7 00	20 00
Bourgogne, ordinaire.gal.	0 90	1 10
Sicile.................. "	1 35	1 60
Sherry...............caisse	4 50	11 00
" ....gal.	0 95	4 00
Porto...............caisse	6 00	15 00
" Gordon & Cie. "	0 00	3 75
" ....gal.	2 10	4 00
Moselle............caisse	15 00	21 00
Sauternes.......... "	5 65	6 65
Graves............. "	5 50	6 50
Malaga, Gordon&Cie "	0 00	4 00
Claret L. Pinaud qts "	0 00	2 60
" Faure Frères...gal.	0 00	0 90
Robertson Bros Oporto gal.	1 50	10 00
" " Sherry.cs.	0 00	10 00
" " " gal.	1 50	8 50

Mousseux.

(Prix à la caisse.)

	qrts.	pts.
Bourgogne Mousseux	00 00	00 00
Moselle Mousseux........	16 00	21 00
Hock Mousseux..........	15 50	17 00
Saumur, Tessier & Co.....	13 00	14 50
" Nerea Raphael..	13 00	14 50
" Castellane......	12 50	14 00

Champagnes.

	qrts.	pts.
J. Mumm..................	23 00	25 00
G. H. Mumm...............	28 00	30 00
Arthur Rœderer...........	22 00	24 00
Vve Clicquot..............	28 00	30 00
Eug. Clicquot.............	24 00	00 00
Pommery..................	28 00	30 00
Fréminet..................	23 00	24 00
Louis Rœderer	28 00	30 00
Piper Heidsick............	27 00	29 00
Perrier-Jonet.............	28 00	30 00
E. Mercier&Cie., carte d'or	28 00	30 00
Vin des Princes...........	22 00	23 00
Vin d'été..................	16 00	17 00
E. Cazanove...............	22 00	00 00
Tessier...................	14 00	15 50
Imperial extra dry........	00 00	15 09
Couvert, très sec.........	20 00	22 00
Théop. Rœderer :		
Cristal Champagne......	40 00	42 00
Réserve Cuvée...........	26 00	28 00
Sportsman Ch............	16 00	18 00

Bois de chauffage

Prix payé par marchands, aux chars, gare Hochelaga

Erable	la corde......		5 50
Merisier	do		5 25
Bouleau, etc.	do		0 00
Epinette	do		4 50
Slabs, par chars............	....		0 00
do en barge, la corde. ..		2 40	2 75
Rognures, le voyage.......		1 50	2 25

Charbons

PRIX DE DETAIL

Grate	par tonne de 2000 lbs..	6 75
Furnace	do ..	6 75
Egg	do ..	6 75
Stove	do ..	7 00
Chesnut	do ..	7 00
Peanut	do ..	5 00
Screenings	do 2240 lbs..	5 10

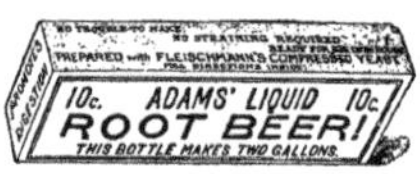
10c. ADAMS' LIQUID 10c.
ROOT BEER!
THIS BOTTLE MAKES TWO GALLONS.

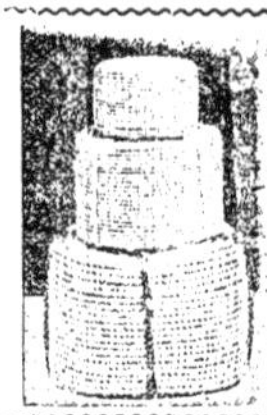

PRIX COURANTS.—Montreal, 11 Octobre 1900.

Vale Grate	do 2000	..	0 00
Welsch Anthracite	do do	..	5 75
Picton	do 2240	}	
Cape Breton	do do		
Glace Bay	do do		0 00
Sydney	do do	}	
Reserve	do do		
Charbon de forge	do 2000	..	0 00
Lehigh pour fond.	do do	..	0 00
Coke do	par chaldron	.....	0 00
do usage domestique		....	0 00
do do	do concassé*	.....	0 10

* Selon distance et qualité.

Cuirs et Peaux.

Cuirs à semelles.

(Prix à la livre.)

Spanish No 1, 18 lbs moy.	0 26	0 27
" No 1, 25 lbs et au-d.	0 00	0 28
" No 1, léger	0 25	0 26
" No 2, "	0 00	0 25
" No 2, 18 lbs moy.	0 00	0 26
Zanzibar	0 23	0 24
Slaughter sole No 1 steers.	0 28	0 30
" " No 1 p. ord.	0 28	0 30
" " No 2 "	0 25	0 27
" union crop No 1	0 30	0 32
" " No 2	0 28	0 30

Cuirs à harnais.

(Prix à la livre.)

Harnais No 1	0 33	0 35
" No 1 R	0 32	0 34
" No 2	0 30	0 33
" taureau No 1	0 00	0 30
" " No 2	0 00	0 28

Cuirs à empeignes.

(Prix à la livre.)

Vache cirée mince	0 40	0 45
" forte No 1	0 00	0 40
Vache grain. pesante	0 40	0 45
" écossaise	0 38	0 40
Taure française	0 95	1 00
" anglaise	0 90	1 00
" canadienne, Lion.	0 75	0 85
Veau can. 25 à 30 lbs	0 75	0 80
" 36 à 45	0 60	0 65
" 45 et plus	0 50	0 60
Vache fendue Ont H	0 25	0 30
" " H. M.	0 25	0 30
" " Med	0 25	0 30
" " junior	0 21	0 23
" Qué.sen.h.à.m.	0 24	0 28
" Jun.m.à light.	0 20	0 23
Cuir rouge pour Mocassin Steer, le No	0 00	0 08
Cuir rouge pour Mocassin Bull, le No	0 00	0 07
Cuir rouge pour Mocassin Steer, la livre	0 33	0 38
Cuir rouge pour Mocassin Bull, la livre	0 30	0 35

Cuirs vernis.

Vache vernie.........pied	0 16	0 18
Cuir verni "Enamel" "	0 15	0 17

Cuirs fins.

Mouton mince.........dz.	3 00	6 00
" épais "	10 00	0 00
Dongola glacé, ord...pied	0 14	0 25
Kid Chevrette "	0 25	0 30
Chèvre des Indes glacée "	0 08	0 10
Kangourou "	0 35	0 50
Dongola dull "	0 20	0 30
Buff d'Ontario H... "	0 14	0 15
" H. M... "	0 13	0 14
" M... "	0 00	0 13
" L. M... "	0 00	0 13
" No 2... "	0 00	0 12
Buff de Québec H... "	0 13	0 15
" H. M... "	0 13	0 14
" M... "	0 00	0 13
" L. M... "	0 00	0 13
" No 2... "	0 00	0 12
Glove Grain Ontario.. "	0 13	0 15
" " Québec.. "	0 13	0 14
Pebble " Ontario.. "	0 14	0 15
" " Québec.. "	0 13	0 14

Cuirs à bourrures.

Cuir à bourrure No 1	0 00	0 20
" No 2	0 00	0 18
Cuir fini français	0 00	0 20
" russe	0 20	0 25

Peaux.

(Prix payés aux bouchers.)

Peaux vertes, 1 lb, No 1	0 00	0 08
" " No 2	0 00	0 07
" " No 3	0 00	0 06
Veau No 1 lb.	0 00	0 08
" No 2	0 08	0 06
Agneaux pièce	0 00	0 70
" en laine "	0 00	0 00
Moutons "	0 00	0 00
Chevaux......... No 1	0 00	2 00
" .... No 2	0 00	1 50

(Pour peaux assorties et inspectées.)

Laines.

Toison du Canada... lb.	0 00	0 17
Arrachée, non assortie. "	0 17	0 17½
A, extra supérieure "	0 17½	0 18½
B, supérieure "	0 17½	0 18½
Noire, extra "	00	0 16
Noire "	0 00	0 15½

Fers et Metaux.

FERRONNERIE ET QUINCAILLERIE

Fers à cheval.

Ordinaires.........baril	3 50	4 00
En acier	3 60	4 95
"Fer à repasser".......lb	0 04	0 04¼

"Fiches":

Pressées ¼ p. Esc. 25 p.c.	4 75	0 00
" 5-16 "	4 50	0 00
" ⅜ "	4 25	0 00
" 7-16 "	0 00	4 10
" ½ "	0 00	3 90

Fil de fer

Poli et Brûlé.

No 2 à 5, net.........100 lbs	2 87
" 6 à 9 "	2 80
" 10 "	2 87
" 11 "	2 94
" 12 "	3 00
" 13 "	3 15
" 14 "	3 27
" 15 "	3 40
" 16 "	3 55

Brulé et huilé 10c de plus par 100lbs pour chaque numéro.

Galvanisé Nos 2 à 8, net..	3 85	3 95
" 9 "	3 10	3 20
" 10 "	4 00	4 10
" 11 "	4 05	4 15
" 12 "	3 25	3 35
" 13 "	3 35	3 45
Brulé; p. tuyau..100 lbs	6 00	7 00
Barbelé p. clôtures, 100 lb.	3 20	3 30
Crampes "	0 00	3 45
Fil de laiton à collets..lb.	0 37½	0 48
Fonte Malléable "	0 09	0 10
Enclumes "	0 11	0 11½

Charnières.

T. et "Strap".........lb.	0 05	0 06
Strap et Gonds filetés	0 03	0 03¾

CLOUS, ETC.

Clous à cheval.

No 7.........100 lbs.	24 00
No 8 "	23 00
No 9 et 10 "	22 00

Escompte 50 p. c. le gal.
" 50 et 10 p. c 2e ga.
Boites de 1 lb., ½c. net extra.

Clous coupés à chaud.

De 4½ à 6 pcs.........100 lbs.		2 35
3½ à 4 " "		2 40
3 à 3¼ " "	à 4 mois	2 45
2½ à 2¾ " "	à 4 mois	2 50
2 à 2¼ " "	à 4 mois	2 65
1½ à 1¾ " "	à 4 mois	2 75
1¼ " "	à 4 mois	3 00
1 " "	à 4 mois	3 35

Clous à finir.

1 pouce.........100 lbs.	à 4 mois	3 85
1¼ " ....100 lb.	à 4 mois	3 55
1½ et 1¾ pcs "	à 4 mois	3 30
2 et 2¼ " "	à 4 mois	3 05
2½ à 2¾ " "	à 4 mois	3 00
3 à 6 " "	à 4 mois	2 95

Clous à quarts.

⅞ pouce.........100 lbs.	à 4 mois	3 60
1⅛ " "	à 4 mois	3 35

Clous à river.

1 pouce.......100 lbs.	à 4 mois	3 85
1¼ " "	à 4 mois	3 55
1½ à 1¾ " "	à 4 mois	3 30
2 à 2¼ " "	à 4 mois	3 05
2½ à 2¾ " "	à 4 mois	3 00
3 à 6 " "	à 4 mois	2 95

Clous d'acier, 10c. en sus.

" galvanisés 1 pouce .100 lbs.	6 85
" à ardoise, 1 pouce... "	3 85

Clous de broche.

1 pouce, No 16, prix net, 100 lbs	4 10
1 " No 15 " "	3 85
1¼ " No 14 " "	3 50
1½ " No 13 " "	3 25
1¾ " No 12 " "	3 25
2, 2¼ " No 11 " "	3 15
2½ " No 10½ " "	3 00
2¾ " No 10 " "	3 00
3 pouces, " "	2 95
3½ et 4 " "	2 90
5 et 6 pouces " "	2 85

Limes, râpes et tiers points.

1re qualité, escompte	60 et 10 p.c.
2me " "	70 p.c.
Mèches de tarrière, esc	55 p.c.
Tarrières, escompte	55 p.c.
Vis à bois, fer, tête plate 80	p.c.
" " " ronde 75	"
" cuivre tête plate 75	"
" " " ronde, 67½	"
Boulons à bandage.......65 à 67½	p.c.
" à lisses	65 p.c.
" à voiture 3/16, ¼ x 5/16 pc	60 p.c.
" " ⅜, 7/16 x ½ pc.	55 p.c

Métaux.

Cuivres.

Lingots.........lb.	0 1-	0 15
En feuilles "	0 1-	0 17

Etain.

Lingots.........lb.	0 37	0 38
Barres "	0 38	0 39

Plomb.

Saumons.........lb.	0 04½	0 04¾
Barres "	0 05	0 05¼
Feuilles "	0 05¼	0 05½
De chasse "	0 08	0 08½
Tuyau.........100 lbs.	5 95	6 25

Zinc.

Lingots, Spelter.........lb.	0 05¾	0 06
Feuilles, No 8 "	0 07	0 07¼

Acier.

A ressort.........100 lbs.	0 00	0
A lisse "	1 90	[illegible]0
A bandage "	2 00	[illegible]0
A pince "	2 25	2 50

Fer en barres.

Canadien.........100 lbs	1 65	1 75
De Norvège "	4 25	4 50

Fontes.

Calder.........tonne..	25 00	26 00
Carnbroe " ..	2- 00	26 00
Glengarnock " ..	00 00	00 00
Summerlee " ..	25 50	26 50

Matériaux de construction

PEINTURES. 100 lbs.

Blanc de plomb pur	0 00	6 50
" " No 1..	0 00	6 12½
" " " 2..	0 00	5 75
" " " 3..	0 00	5 37½
" " " 4..	0 00	5 00
" " sec	6 00	7 50
Rouge de Paris, Red Lead.	5 00	5 50
" Venise, anglais	1 50	2 00
Ocre jaune	1 50	2 00
" rouge	1 50	2 00
Blanc de Céruse	0 45	0 65
Peintures préparées ..gal.	1 20	1 30
Huile de lin crue (net cash)	0 00	0 80
" bouillie "	0 00	0 83
Ess. de Térébenthine "	0 00	0 59
Mastic	2 35	2 80
Papier goudronné rouleau	0 45	0 50
" " 100 lbs	1 60	1 75
" feutre "	2 00	2 20
" gris rouleau	0 30	0 33
" à couv. roul. 2 plis	0 75	0 80
" " " 3 plis	1 00	1 10

VERRES A VITRES

United 14 @ 25..50 pds.	.....	2 00
" 26 40.. "	.....	2 10
" 41 50 100 pds.	.....	4 50
" 51 60 "	.....	4 75
" 61 70 "	.....	5 25
" 80	.....	5 7.

Bois durs.

Prix de détail.

Acajou de 1 à 3 pouces	les 100 pieds	$12 00	30 00
Cèdre rouge ¼ de pouce	le pied	25 00	35 00
Noyer noir 1 à 4 pouces	do	00 00	16 00
Noyer noir 6 x 6, 7 x 7, 8 x 8	do	00 00	16 00
Cerisier 1 à 4 pouces	do	10 00	15 00
Frêne 1 à 3 pouces	le M	25 00	30 00
Merisier 1 à 4 pouces	do	00 00	30 00
Merisier 5 x 5, 6 x 6, 7 x 7, 8 x 8	do	00 00	35 00
Erable 1 à 2 pouces	do	00 00	40 00
Orme 1 à 2 pouces	do	00 00	25 00
Noyer tendre 1 à 2 pouces	do	00 00	41 00
Cotonnier 1 à 4 pouces	do	45 00	50 00
Bois blanc 1 à 4 pouces	do	25 00	30 00
Chêne 1 à 2 pouces rouge	do	00 00	00 00
Chêne 1 à 2 pouces blanc	do	00 00	60 00
Chêne scié sur grain	do	75 00	100 00

Plaquage (veneers):

Uni	le pied	0 90	1 00
Français	do	0 00	0 15
Américain	do	0 10	0 12
Erable piqué	do	0 10	0 12
Noyé noir ondé	do	0 00	0 10
Acajou (mahogany)	do	0 02	0 10

Bois de Service

Pin

Prix en gros.

1 pouce strip shipping cull	6 à 16 pieds	le M.	$14 00	17 00
1¼, 1½ et 2 pouces shipping cull	do	do	14 50	17 50
1 pouce shipping cull sidings	do	do	16 00	18 00
1¼, 1¼ et 2 pces do	do	do	16 50	18 50
1 pouce qualité marchande	do	do	25 00	35 00
1¼, 1½ et 2 pcs do	do	do	27 50	37 50
1 pouce mill cull, strip, etc. No 2	do	do	10 00	12 00
1¼, 2½ et 2 pcs do	do	do	10 50	12 50
1 pouce mill cull No 1	do	do	14 00	16 00
1, 1½ et 2 pcs do	do	do	14 50	16 50
3 pouces do	do	do	14 00	16 00
do do No 2	do	do	9 00	10 00

Epinette

1 pouce mill cull	5 à 9 pouces	do	10 00	12 00
1¼, 1½ et 2 pouces mill cull	do	do	10 00	12 00
3 pouces mill cull	do	do	10 00	12 00
1, 1¼, 1½ et 2 pouces qualité marchande	do	do	14 00	16 00

Pruche

1, 2 et 3 pouces		do	11 00	13 00
Colombages en pin, 2 x 3, 3 x 3 et 3 x 4—aux chars		do	14 00	16 00
Lattes—1ère qualité	le mille	do	2 75	2 80
2ème do	do	do	2 40	2 60
Bardeau pin XXX	16 pouces	do	0 00	0 00
do XX	do	do	0 00	0 00
do X	do	do	0 00	0 00
do 1ère qualité	18 pouces	do	0 00	0 00
do 2ème do	do	do	0 00	0 00
Bardeaux cèdre XXX	16 pouces	do	2 90	3 00
do XX	do	do	2 40	2 50
do X	do	do	1 50	0 00
Bardeaux pruche marchande	do	do	0 00	0 00

Charpente en pin

de 16 à 24 pieds—3 x 6 à 3 x 11	do	18 00	22 00
de 25 à 30 do do do	do	20 00	24 00
de 31 à 35 do do do	do	26 00	28 00
de 16 à 24 do 3 x 12 à 3 x 14	do	20 00	26 00
de 25 à 30 do do do	do	24 00	28 00
de 31 à 35 do do do	do	30 00	32 00

Bois carré—pin

de 16 à 24 pieds—de 5 à 11 pouces carrés	do	18 00	22 00
de 25 à 30 do do do	do	20 00	24 00
de 31 à 35 do do do	do	26 00	28 00
de 16 à 24 do de 12 à 14 pouces carrés	do	22 00	26 00
de 25 à 30 do do do	do	24 00	28 00
de 31 à 35 do do do	do	30 00	32 00

Charpente en pruche

de 17 à 30 pieds jusqu'à 12 pouces	do	18 00	22 00
Charpente en épinette	do	18 00	22 00
do do rouge		28 00	35 00

SPÉCIALITÉS

Articles divers.

Couleur à beurre Dalley, 2 oz., doz. 1 25
Graine de canari, F. F. Dalley Co :
Spanish bird seed, cse 40 lbs 0 00 0 06½
Dalley's " " " " 0 00 0 06
Sel céleri Dalley, 2 oz., dz..... 1 25
Poudre Curry Dalley, 2 oz., dz. 1 75
Vito Castile Soap Powder cse 100 3 10

Adams' Root Beer Extract et Adams' English Ginger Beer.

boites de ¼, ½ et 1 grosse,
grandeur 10 en .... doz. 0 80
" " .... la gr. 9 00
En boites de ¼ de grosse,
grandeur 25 cents........ la doz. 1 75
" " .... la gr. 20 00

Bières.

Bass Ale. qts pts
Head Bros. Dog's Head..... 2 55 1 57½

Guinness' Stout.

Head Bros. Dogs'Head.... 2 52½ 1 50

Cafés.

Madden Cereal Health Coffee,
6 oz. la cse de 100 paq........ 6 50
" ½ " 50 " 3 35
" ¼ " 25 " 1 75
paq. de 1¼ lb., la cse de 12.... 2 25
" " " 24.... 4 40

Chocolats et Cacaos.

Chocolats Cowan.

French Diamond 6 div. 12 lbs, lb. 0 23
Queen's dessert, ¼ et ½...... " 0 40
" " 6 div....... " 0 42
Mexican Vanilla, ¼ et ½.... lb. 0 35
Parisien, morc. à 5c.......... " 0 30
Royal Navy, ¼ et ½.......... " 0 30
Chocolate Icing pa 1 lb. dz. 2 25
" " ½ " " 1 25
Pearl Pink Icin 1 " " 1 75
White Icing 1 " " 1 75

Chocolats Hérelle

Santé, ¼, ½, 1-6 lb—bte 10 lbs. $2 40
Vanillé, ½, ¼ lb do 3 15
Pastilles, Bte 5 lbs 1 00

Cacaos Cowan.

Hygiénique, en tins de ½ lb....dz. 3 75
" " ¼ lb.... " 2 25
" " 5 lbs...lb. 0 55
Essence cacao. non sucré......dz. 1 40
" " sucré, tins ¼ lb. " 2 25

Cirages.

F. F. Dalley Co.

English Army............cse ½ gr. 9 00
No 2 Spanish............ " 3 60
No 3 " .... " 4 50
No 5 " .... " 7 20
No 10 " .... " 9 00
Yucan Oil...............cse 1 doz. 2 00
N. Y. Dressing............ " 0 75
Spanish Satin Gloss...... " 1 00
Crescent Ladies Dressing " 1 75
Spanish Glycerine Oil.... " 2 00

Confitures et Gelées.

Lazenby.

Tablettes de Gelées 13 var....pts. 1 20

Conserves alimentaires.

Spécialités de W. Clark.

Compressed Corned Beef 1s. la dz. $1 50
" " 2s. " 2 60
" " 4s. " 5 15
" " 6s. " 7 10
" " 14s. " 18 50
Ready Lunch Beef...... 2s. la dz. 2 50
Geneva Sausage........ 1s. " 1 65
" " .... 2s. " 3 00
Cambridg " .... 1s. " 1 55
" ...... 2s. " 2 75
Yorkshir " .... 1s. " 1 25
" " .... 2s. " 2 25
Boneless Pigs Feet..... 1s. " 1 40
" " ..... 2s. " 2 40
Sliced Smoked Beef.... ½s. " 1 40
" " " .... 1s. " 2 30
Roast Beef............. 1s. " 1 45
" " .... 2s. " 2 60
Pork & Beans with sauce 1s. " 0 50
" " 2s. " 1 00
" " 3s. " 1 50
" Plain.... 1s. " 0 45
Wild Duck Patés........ ½s. " 1 00
Partridge " .... ½s. " 1 00
Chicken " .... ½s. " 1 00
Veal & Ham " .... ½s. " 1 00
Ox Tongue (Whole)....1½s. " 7 70
" " .... 2s. " 8 80
" " ...2½s. " 10 00
Lunch Tongue.......... 1s. la dz. 3 00
" .... 2s. " 6 00

Potted Meats ½s.

Ham ....
Game........................
Hare........................
Chicken..................... } la dz. .50
Turkey......................
Wild Duck...................
Tougue......................
Beef........................
Chicken Ham & Tongue. ½s. la doz. 1 00

Soupes.

Mulligatawny ....
Chicken...............
Ox Tail............... } Pints. 1 10
Kidney ....
Tomato ....
Vegetable.............
Julienne..............
Mock Turtle,.......... } Quarts. 2 20
Consomme.............
Pea...................

Spécialité des Lazenby.

Soupes Real Turtle......dz. 0 00 9 00
Soupes assorties........ " 3 00 3 75
" " bts carrées " 0 00 1 65

Mines.

Tiger Stove Polish........grande 9 00
" " " .... petite 5 00
Mine Royal Dome.....gr. 1 70 0 00
" James............ " 2 40 0 00
" Rising Sun large dz. 0 00 0 70
" " small " 0 00 0 40
Mine Sunbeam large dz 0 00 0 70
" " small " 0 00 0 35

Eau de Javelle

LA VIGAUDINE

La Vigaudine...........la grosse $5.40
" ....la doz. 0.50

Eaux Minérales.

Carabana.......................cse. 10 50
Hunyadi Matyas.............. " 6 00
Pougues St-Leger............ " 10 50
St-Galmier qts. (source Badoit) cse. 6 00
" pts. " " 7 50
Vichy Célestins, Grande Grille.. " 10 00
" Hopital, Hauterive...... " 10 00
" St-Louis .... " 00

Empois.

F. F. Dalley Co.

Boston Laundry, cse 40 paq., le paq. 0 07½
Culina Toledo, " 40 " la lb... 0 06½

Grains et Farines.

Farines préparées.

Farine préparée, Brodie
XXX, 6 lbs.... 2 20
" " 3 " 1 15
" superb 6 " 2 10
" " 3 " 1 10
Orge mondée (pot barley) sac 2 20
" ....quart 4 40
" perlée...............sac 3 25

F. F. Dalley Co. doz.

Buckwheat, paq. 2½ lbs, cse 3 doz. 1 20
Pancake, " 2 " " 1 20
Tea Biscuit " 2 " " 1 20
Graham Flour " 2 " " 1 20
Bread & Pastry " 2 " " 1 20

Spécialités de Lazenby.

Huile à salade..............¼ pt. dz. 1 40
" ....½ pt. " 2 15
" ....pints " 3 75
" ....quarts " 6 50
Crême à salade petite........... " 2 00
" grande..................... " 3 75

Liqueurs et spiritueux.

Apéritifs.

Byrrh Wine.............. 9 50 10 00
Orange Bernard.......... 6 75 7 00
Vermouth Noilly Prat.... 6 75 7 00
" Italien......... 6 50 7 00
Saratoga Cock-Tails......par caisse 8 25

Bénédictine

Litres, 12 à la caisse......18 00 19 00
½ litres, 24 à la caisse 19 50 20 00

Liqueurs Frederic Mugnier, Dijon, France.

Crême de Menthe verte.. 00 00 11 00
" " blanche 00 00 11 00
Curaçao triple sec cru.... 00 00 12 25
Curaçao triple sec bout... 00 00 12 25
Bigarreau (Cherry B'dy).. 00 00 11 00
Cacao l'Hara à la Vanil... 00 00 12 25
Marasquin................ 00 00 13 25
Kirsch * * *.............. 00 00 11 25
" * * *.............. 00 00 13 25
Brunelle de Pourgogne... 00 00 12 25
Crême de Framboise..... 00 00 12 25
Fine Bourgogne 12 lit... 00 00 21 15
Eau de Vie de Marc...... 00 00 18 25
Crême de Cassis.......... 00 00 11 25
Crême de Musigny........ 00 00 12 25
Apéritif Mugnier......... 00 00 10 25
Alcool de Menthe......... 00 00 6 15
Absinthe Ed. Pernod...... 00 00 14 50

Stowers.

Lime Juice Cordial p. 2 dz. 0 00 4 70
" " " q. 1 " 0 00 4 20
Double Refi. lime j'ce 1 dz. 0 00 3 85
Lime syrup bout. can 1 " 0 00 4 20

Moutardes

W. G. Dunn & Co., London, Ont.

Pure D.S.F. ¼ bte, cse 12 lbs. la lb. 0 34
" " ½ " " " 0 32
" " bte 10c, " 2 à 4 dz la dz. 0 80
" " " 5c, " 4 " 0 40
F. Durham ¼ bte, cse 12 lbs, la lb 0 25
" " ½ " " " " 0 23
Fine Durham, pots 1 lb, chaque 0 24
" " " 4 " " 0 70
" " " 5 " " 0 80
Mustard Butter, bout. 12 oz. la doz. 1 30

F. F. Dalley Co.

Dalley's, vrac, pure...........la lb. 0 25
" bte ½ lb, cse 2 doz..la doz. 2 00
" " ¼ " " 4 " " 1 00
" Superfine Durham, vrac, lb 0 12
" do bte ¼ lb, cse 4 doz, la doz. 0 65
" " ½ " " 2 " " 1 20
" do pots 1 " .... " 2 40
" " 4 " .... " 7 80
" do verres ¼ lb.......... " 0 75

Poudre à Pâte

Cook's Friend.

No 1, 4 doz. au cs ½ bte..la doz.. $2 40
" 2, 6 " " " .. " .. 0 80
" 3, 4 " " " .. " .. 0 45
" 10, 4 " " .. " .. 2 10
" 12, 6 " " .. " .. 0 70

Océan.

3 oz., cse 4 doz........la doz.. 0 35
4 " " 4 " .... " .. 0 45
8 " " 4 " .... " .. 0 90
16 " " 2 " .... " .. 1 50

F. F. Dalley Co.

Silver Cream, ¼ lb, cse 4 à 6 doz, la doz. 0 75
English " ½ " " " " 1 25
" " 1 " 2 à 4 " " 2 00
Kitchen Queen, ¼ " 4 à 6 " " 0 60
" " ½ " " " " 0 90
English Cream, en verres...... " 0 75
" " pots de ½ lb.... " 1 25
" " " 1½ lb.... " 2 25

Soda à pâte

"Cow Brand"

Boite 60 paquets de 1 lb........ 3 00
" 120 " ½ " 3 00
" 30 1 lb et 60 ½ lb.......... 3 00
" 96 paquets 10 oz à 5c...... 3 00

Produits Pharmaceutiques.

Spécialités Pharmacie Gaudet :

	Doz.	Gros.
Restaurateur de Robson.	4 00	40 00
Elixir Résineux Pectoral.	1 75	16 00
Pilules Anti-Bilieuses Dr Ney..................	1 50	13 50
Pastilles Vermifuges Françaises.............	1 40	14 00
Anti-Cholérique Dr Ney..	1 75	16 00
Anti-Asthmatique........	3 25	30 00
Poudres Condition Prof. Vink..................	1 75	16 00
Colic Cure Prof Vink.....	3 00	30 00
Spavine Cure Prof Vink..	3 50	35 00

Spécialités de J. A. E. Gauvin ;

5 p.c. d'escompte.

Sirop Menthol...............la doz. 1 65
Sirop d'Anis Gauvin........ " 1 75
" " par 3 doz. 1 60
" " par 1 grosse. 17 00
" " par 5 grosses. 16 00
Graine de lin............lb. 0 00 0 03
" moulue... " 0 00 0 04

Réglisse

Young & Smylie.

Y. & S. en bâtons (sticks) :

Bte de 5 lbs, bois ou papier, lb.... 0 40
"Fantaisie" (36 ou 50 bâtons) bt. 1 25
"Ringed," boite de 5 lbs.......lb. 0 40
"Acmé" Pellets, boite de 5 lbs. (can.)......................bte. 2 00
"Acmé" Pellets, boite fantaisie papier, (40 morc)..........bte. 1 25
Réglisse au goudron et gaufres de Tolu, bts de 5 lbs. (can)....bte. 2 00
Pastilles réglisse, jarre en verre 5 lbs. 1 75
Pastilles de réglisse, boite de 5 lbs (can.).......................... 1 50
"Purity" réglisse, 200 bâtons.... 1 45
" 100 " ... 0 72½

Réglisse Flexible, bte de 100 morceaux.

Navy plugs......................... 0 70
Tripple Tunnel Tubes.............. 0 70
Mint puff straps................... 0 70
Golf Sticks........................ 0 70
Blow Pipes (200 à la bte)......... 0 70
do (Triplets, 300 à la bte) 0 70
Manhattan Wafers 2½ lb.......... 0 75

Sauces et Marinades.

Spécialités Skillon Foote & Co ;

Golden German Salad, cse 2 doz. flac 5 75
Tomatoe Relish " " 5 75
Chow Chow, cse 1 doz., flacon ½ gal. 3 00
Caulisalsa, cse 2 doz................5 75

Savon.

A. P. TIPPET & CO., AGENTS.

Maypole Soap, couleurs, per grs.. $12 00
Maypole Soap, noirs, par grs.. $18 00
10 p. c., escompte sur lots de grosses.

Tabacs Canadiens.

Spécialités de Joseph Côté, Québec.
Tabac en feuilles.

Parfum d'Italie, récolte 1898, ballots 25 lbs.................. 0 30
Turc aromatique, 1899, ballots 25 lbs........................ 0 22
Rouge, 1899, ballots 50 lbs 0 15
Petit Havane " 25 lbs..... 0 18
1er choix, 1898, ballots 50 lbs.. 0 12
XXXX, " " .. 0 11

Tabacs coupés.

Petit Havane ¼ lb.............. 0 35
" " ½ " 0 35
St-Louis, 1-10, 4—10....... .... 0 40
Quesnel ⅛ 5........... 0 60
Coté's Choice Mixture ⅛ lb 5...... 0 60
Vendome ½ tin.................... 1 15

Cigares.

Bianca 1-20........................ 13 00
Bruce 1-20 .... 15 00
Twin Sisters 1-20................. 15 00
" " 1-40.................. 16 00
Côté's fine Cheroots 1-10.......... 16 00
Beauties 1-20 .... 18 00
Golden Flowers 1-20.............. 23 00
" " 1-40............... 25 00
My Best 1-20....................... 25 00
Doctor Faust 1-20................ 28 00
" " 1-40................. 30 00
St-Louis 1-20...................... 33 00
" 1-40...................... 35 00
Champlain 1-100................... 38 00
" 1-40.. ... . 28 00
" 1-20. .... 38 00
Saratoga 1-20..................... 40 00
El Sergeant 1-20.................. 50 00

Tabacs.

Empire Tobacco Co.

Fumer :

Empire 9s. 4½s, 3s..............lb. 0 36
Sterling 8s......................... " 0 51
Royal Oak 8s...................... " 0 52
Something good 7s.......... ... " 0 60
Louise 14s......................... lb. 0 54
Rosebud, Bars 5½s................ " 0 44

Chiquer :

Currency, Bars 10½.............. " 0 39
Patriot Navy 12s.................. " 0 41
Patriot Broad 12s................. " 0 41
Old Fox 12s....................... " 0 44
Free trade 8s..................... " 0 44
Snowshoe, Bars 12s, 6s......... " 0 44

Spécialités de L. P. Langlois & Cie Trois-Rivières :

Tabacs coupés.

Quesnel. ⅛...... 0 00 0 60
Rouge et Quesnel, ⅛...... 0 00 0 50
Sweet Rose, ⅛...... 0 00 0 30

Tabacs à chiquer.

King 12 s. Solace.. 0 00 0 35
Laviolette, 12 s. " .. 0 00 0 35
" 12 s. Navy... 0 00 0 35
P. P., 12 s. " ... 0 00 0 35
Regina, Bar 10........ 0 00 0 35
Laviolette, " 12........ 0 00 0 35
Old Boy, Bright Chewing, Bar 12................ 0 00 0 35
Villa, Bright Smoking, Bar 8................ 0 00 0 35

Vins.

Vins toniques.

Vin St-Michel............qrt caisse 8 50
" " ....pts. 2 dz " 9 50
Vin Vial.........................dz. 12 50
Vin Didace.................. 0 60 1 25

Vinaigres.

Cie Canadienne de Vinaigre.

Tiger, triple............... le gall. 0 3[illegible]
Bordeaux, de table........ " 0 28
Extra à marinade......... " 0 28
Ordinaire à marinade..... " 0 23
Vin blanc, XXX........... " 0 25

Eureka Vinegar Works.

5 o/o 30 jours.

Proof 0 35
Eureka 0 30
Crystal 0 27
XXX 0 24
XX................................. 0 18
Malt............................... 0 30

RENSEIGNEMENTS COMMERCIAUX

PROVINCE DE QUEBEC

Cessions

Bedford—Letourneau, Mde Bertha, modes.
Granby—Gaulin Félix, ferblantier.
Montréal—Archambault Frères, nouv.
Asselin Joseph jr, épic.
Labrèche Mde I, modes.
Wood & Co., peintres.
Hétu Arthur & Co, hôtel; ass. 15 oct.
Wood & Co, peintres etc., ass. 15 oct.
Pointe à Pic—Tremblay D., mag. gén.

Curateurs

Montréal—Stevenson A. W., à Moses Davis, courtiers de douane.
Québec — Paradis V. E., à Alf Dugal, nouv.

Décès

Montréal—Clarke Wm, contracteur.
Boismenu Horm., restaurant.

Dissolutions de Sociétés

Maisonneuve — Chatillon & Pagé, couvreurs, etc.
Montréal—Fanning Mde & Co, modes.
Robillard A. & Co, sable et gravois.
Crombie & Taylor, électriciens.
Jutras & Leclair, négociants.

En Difficultés

Amqui — Langlais J. L., mag gén., offre 25c dans la piastre.
Montmagny — Mathurin J. A., ferblantier, offre 50c dans la piastre.
Montréal—Lesage E. H. & Co, nouv.
Leblanc J. R., quincaillerie.
Robinson J.W., mfr de costumes pour dames
St Pierre H. & Co, meubles et boulanger.
Québec—Duperré Mde J. B., modes.
St Jérome — Smith, Fischel & Co, mfrs de cigares.
Taillon — Larouche Ferd, bois de sciage et mag. offre 50c dans la piastre.

Fonds à Vendre

Aylmer — Inglee W. J., épic., quincaillerie, etc., 17 oct.
Montréal—Hogue Ferd., boucher, 15 oct.

Fonds Vendus

St Samuel de Gayhust — Pelletier Jos, mag. gén. à 64¼c dans la piastre.
Sayabec — Lebrun A., mag. gén. à 51c dans la piastre.

Nouveaux Établissements

Montréal—Biffin & Veitch ébénistes.
Kinleyside & Kiely courtiers de douane.
Langlois Chs & Cie provisions; Gaspard Deserres.
Robert E. & Co contracteurs; Mde Etienne Robert.
Roy H. & Co plombiers; Mde H. Roy.
Vandelac P. & Co provisions et fruits; Mde P. Vandelac.
Goltman's Metropolitan Business College; Robert Goltman.
Hébert L. nouv.
Howard J. H. & Co épic.; Mde Daniel Lacey.
Robitaille J. E. & Co nouv.; Mde Jos. Ed Robitaille.
Québec—Royal (The) Paper Box Co.
St Lawrence (The) Steamship Co.

PROVINCE D'ONTARIO

Cessations de Commerce

Bothwell—Reid Colin, bois de sciage etc; Reid Bros succèdent.
Clinton—Ross Agnes, modes, parti pour Seaforth.
Goderich—Sutton George, épic. etc.
Wingham—Hanna John, mag. gén; Mary L. Hanna succède.

Cessions

Kinmount—Watson Maud, mag. gén., etc.
Niagara Falls—Henderson Jos. T., quincaillerie.
St-Thomas—Gregory Victoria.
Windsor—Kanady J. L., confiserie.

Décès

Barrie—Murchison D. J., nouv., etc.

Dissolution de Sociétés

Toronto—Dunnet, Crean & Co, mfrs de chapeaux, etc.; Robert Crean & Co succèdent.
Wingham—Young & Paulin, quincaillerie.

Fonds à Vendre

Eady—Miller R. J., mag. gén.
Ottawa—Importers Tea Co, 16 oct.
St-Albert—Pepin Jos., mag. gén., 9 oct.
Smith's Falls—Grondin Ed, marchand-tailleur.
Toronto—Yorke W. M., provisions.

Fonds Vendus

Brucefield—McKay J., hôtel à C. Wilson.
Goderich—Filsinger Hy, poêles et ferblanteries à Lee & Shepherd.
Hillier Emily, modes à Mde Cooper.
Lakelet—Emmil Joseph, hôtel à A. McGregor.
Mount Salem — Bernil Geo., hôtel à J. Hammond.
Oil City — Duncan Bros, mag. gén., à W. C. Curtis.
Wingham—Youg John H., farine et grain à A. H. Carr.

Incendies

Orléans—Caouette Chs, hôtel, ass.
Prescott—Kavanagh Melles, modes, ass.
MacDonald J. H., nouv., ass.
Ross R. W. & Co, quincaillerie, ass.

Nouveaux Etablissements

Clinton—Koenng O. B., nouy. et chaussures.
Comber—Chauvin D. L., mag. gén.
Franktown—Anderson M. G., épic.
Goderich—Dunagh Nellie, modes.
Hintonburg—Garland Patrick, épic.
Napanee—Dominion (The) Rock Drill and Foundry Co.
Norman—Quinn J. W., tailleur.
Ottawa—Campbell A. S. & Co, hardes; a ouvert une succursale.
Payment Thos, pharmacie; a ouvert une succursale rue Wellington.
Rat Portage—Hall E. G. & Co. nouv. chaussures etc., a ouvert une succursale à Keewatin.
Wardsville—Simpson D. A., mag. gén., a admis Edw. Hacker; raison sociale Simpson & Hacker.

NOUVEAU BRUNSWICK

Cessations de Commerce

Centreville—Balloch R. W., mag. gén.
Sussex—Pugsley A. B. hôtel.

Cessions

Bear Island—Earle Wm M., mag. gén.

Décès

St Jean—Moore H. Lamont poterie et thé.

Dissolutions de Sociétés

St Jean—White Bros, restaurant etc.; Frk White continue.

En Difficultés

Bayfield—McGlashing J. E. mag. gén. offre 40c dans la piastre.

Nouveaux Établissements

Centreville—White & Tweedie mag. gén.
Sussex—Myers Geo, hôtel.

NOUVELLE-ECOSSE

Cessions

Halifax—Tobin John & Co Ltd, mag. gén.

Fonds à Vendre

Yarmouth —Lewis Alex P. Sheldon Lewis & Co & Western Grocery Co, épic.

Incendies

Cambridge — Harrison C. & Co, mfrs de teintures.

Nouveaux Établissements

Halifax—Brine Bros, épic.
Fraser James, quincaillerie, conserves etc., à com.; Andrew King.
Freeman W. A., merceries 1 février 1901.
International Pier—Bowring Benj., épic.
Lawrencetown—Brett Frank, épic.
Mabon—People's Bank of Halifax a ouvert une succursale.
Union Bank of Halifax a ouvert une succursale.

MANITOBA ET TERRITOIRES DU NORD-OUEST

Cessations de Commerce

Cyress River—Sharp A. & Co, mag. gén.
Partage La Prairie—McKenzie R. S. tailleur et merceries.
Winnipeg—Mains Jos. épic.; J. A. C. Blackwood succède.

Décès

Brandon—Thompson James, marbre.

Dissolutions de Sociétés

Rosthern—Bashford & Fisher, quincaillerie; Wm B. Bashford continue.
Winnipeg—Mills & Hicks, thés et épic. en gros; James N. Hicks & H. Hicks continuent

En Difficultés

Edmonton—Larue & Pickard, mag. gén.
Winnipeg—Hodges & Co, épic.

Fonds Vendus

Edmonton—Johnson J. L. & Co, quincaillerie à W. H. Parsons à 60c dans la piastre.
St Malo—Corbeil Angelina, mag. gén. à Melle Côté.

Nouveaux établissements.

Wolseley — Balfour J. A., quincaillerie a admis Geo H. Hurlburt; raison sociale Hurlburt & Balfour.

COLOMBIE ANGLAISE

Cessations de Commerce

Vancouver—Johnson C. N., "Strand Hotel"; J. S. Wood succède.

Cessions

Revelstoke—Laurence Wm M., marchand.
Vancouver — Palace Clothing House Ltd, merceries.

Dissolutions de Sociétés

Lillooet—Fraser & Bell, hôtel.
Victoria — Reda & Ferando, hôtel; L. Reda, continue.

En Difficultés

Rossland—Dominick Sdao & Co, cigares etc.
Victoria—Chu Chung & Co, marchands.

Fonds à Vendre

Vancouver—Sandell Shirt Co, merceries.
Victoria—Salmon Kate, fourrures etc.

Fonds Vendus

Vancouver—Deal John & Son, épic. à Chs E. Turner.

LEDUC & DAOUST

MARCHANDS DE GRAINS et de PRODUIT:
EN GROS ET A COMMISSION

Spécialité : Beurre, Fromage, Œufs et Patates.

AVANCES LIBERALES FAITES SUR CONSIGNATIONS.
CORRESPONDANCE SOLLICITEE.

1217 ET 1219, RUE SAINT-JACQUES, MONTREAL

POISSONS..

Hareng du Labrador. Hareng du Cap Breton. Morue No 1 et No 2. Morue Sèche. Saumon, Truite, Flétant, Sardines, Etc., Etc. Huile de Morue et de Loup Marin.

AUSSI : FARINE, LARD, SAINDOUX, BEURRE, FROMAGE, Etc. Etc.

J. B. RENAUD & CIE

126-140 Rue Saint-Paul, - - - QUEBEC.

VINAIGRES PURS

Nous recommandons tout spécialement aux **Epiciers et Marchands Généraux** notre marque **TIGRE.**

Prix défiant toute compétition.

LA CIE CANADIENNE DE VINAIGRE, 35A, RUE ST-ANTOINE, MONTREAL.

Manufacture sous la surveillance du Revenu de l'Intérieur. Ecrivez pour liste de prix et échantillons.

NAZAIRE TURCOTTE & CIE

- IMPORTATEURS -

Thés, Liqueurs et Epiceries

- - QUEBEC - -

LES CAFÉS SUPÉRIEUR-SPÉCIAL-EXTRA

Sont reconnus les meilleurs pour la force, l'arôme, la saveur.

Prix 15 p.c. à 25 p.c. plus bas que tous les autres cafés.

Demandez Echantillons et Prix.

LANGLOIS & PARADIS, QUEBEC.

TELEPHONE MAIN 3978

GEORGE HODGE & CO.

Exportateurs de Beurre et Fromage, 45 RUE WILLIAM MONTREAL

Nous payons le plus haut prix du marché pour Beurre et Fromage de la première qualité.
Attention spéciale donnée aux consignations de Beurre et Fromage.
Prompt retour pour toute consignation. **Correspondance sollicitée.**

BOITE DE POSTE 296. TELEPHONE MAIN 1771.

FRANK DUCKETT

Exportateur de Beurre et Fromage, 55, 57 et 59 Rue William, Montréal.

Nous payons le plus haut prix du marché pour Beurre et Fromage de première qualité.
Attention speciale donnée aux consignations de Beurre et de Fromage.
Prompt retour pour toute consignation. CORRESPONDANCE SOLLICITÉE.

LAKE OF THE WOODS MILLING CO., Ltd.

Les moulins à farines les plus parfaits en Canada. Capacité : 2,500 barils par jour.

Moulins à KEEWATIN et PORTAGE LA PRAIRIE, Manitoba.

Des élévateurs à outes les localités importantes à blé dans le Nord-Ouest. Toutes sortes de farines de blé dur, en barils et en sacs. Les prix et les autres informations sont fournis sur demande.

Bureau : Edifice du Board of Trade, MONTREAL.

E. DOUVILLE, Plombier
137B rue St-Urbain, Montréal.

HORMISDAS CONTANT, Entrepreneur Plâtrier, 290 rue Beaudry. Phone Bell E. 1177.

L. GIRARD & CIE, Plombiers, Couvreurs, Ferblantiers. Spécialité : Corniche en tôle galvanisée. 695 rue St-Denis. Tel. Marchands 1910. Tel. Bell. Est 1017.

O. M. LAVOIE,

Peintre-Décorateur,
Peintre d'Enseignes
et de Maisons.
Tapissier et Blanchisseur,

No 482 rue St-Hubert.

Telephone East 1412. Montréal.

McCaskill, Dougall & Co.
Fabricants de
Vernis Fins
et Japans.
Montreal

Laurence & Robitaille

MARCHANDS DE

Bois de Sciage et de Charpente

BUREAU ET CLOS

Coin des rues Craig et St-Denis

Bell Tél., Main 1488. MONTREAL
Tél. des Marchands, 804.

CLOS AU CANAL

Coin des Rues William et Richmond

Bell Tél., Main 3844

Tel, Bell Main 3951 Tel. Marchands 1381

T. PREFONTAINE & CIE

LIMITÉ

Bois de Sciage et de Charpente

GROS ET DETAIL

Bureau : coin des rues NAPOLEON ET TRACY

STE-CUNEGONDE

Clos à bois, le long du Canal Lachine, des deux côtés. Téléphone Bell 8141, Montréal.

Spécialité : Bois préparés de toutes façons, assortis par longueurs et largeurs en grande quantité.

L. N. DENIS

Tapissier-Decorateur
Blanchissage,
Peinture a façon.

Stock considérable de Papiers Peints, Ferronneries. Prix défiant toute concurrence.

Tel. Bell East 1774
Tel. Marchands 166

313 rue St-Laurent,
MONTREAL.

PROVINCE DE QUEBEC

Cour Supérieure.

ACTIONS

DEFENDEURS. DEMANDEURS. MONTANTS

Caugnawaga

De Lorimier J.-B. et Peter H....Louis Clement 206

Chambly Canton

Lafontaine Chs H. R...........Dame Katherine M. Wilson 350

Grand'Mère

Corp. Village Grand'Mère et al.......Hanson Bros 1e el.

Lachine

Ville de Lachine......The Shoe Wire Grip Co 300

Longueuil

Carrière Edm............Louis Parent 145

Longue-Pointe

Dixon.................H. W. Larreau 125

Montréal

Bernier Wilbrod et al... A. La recque 1e cl.
Buchanan Reginal ... H. B. Rainville et al èsqual. 4576
Blon in Oscar Sureau dit..Jos. Comte 100
Benoit Lucien....Banque d'Hochelaga 1e cl.
Barbeau O............. Dupuis Frères 126
Brisson Frs..L'Union des Tailleurs de pierre 1289
Cité de Montréal..Gran Trunk Ry Co 15517
Cantin Dame Phil. et al...... Trust & Loan Co 9000
Cité de Montréal.......W. E. Phillips 425
Can. Comp. Co........David Dys ale 176
Can. Pac. Ry Co......Léon Chalifoux 222
do ....P. L. Lasson e 1800
Can. Composing Co.......J. A. Morin 750
Charron C. & Co..Unite Shoe Mach Co 500
Costin Jos. P.. Dame Hailine Kin er 186
Dunham E. H. & Co..... Dame Marg. Gibbons 250
Ea ie John T... Lajoite Martin & Cie 110
Frigon Louis.....Romual Charlebois 102
Hickey J. N.......... T. T. Moore & Cie 121
Harris Chs A. F........The Montreal Arena Co 100
Hasley J. A.........C. H. Branchau 103
Hoffman Dame (Brown Bros).....Wm Clair 100
Jutras Succ. Jos..The Goold Bycicle Co 700
Jutras Succ. Jos...........B. Décarie 10000
Jutras Succ. Jos., père et al.....J. O. Joseph 1828
Jaslow Sam..........Wm E. Phillips 500
Keegan & Heffernan....F. Ranallo et uxor (Dommages) 1999
Leclair Jos......... J. M. R. Trudeau 200
Leclaire Damase....L. J. A. Papineau et al 180
Laviolette J. B.......... Jos. Rochon 10000
Linton James & Co.....Paul Galibert 4103
Montreal Street Ry Co...Félix Gareau (Dommages) 513
Minta Jas. F..Dame A èle Fie en eig 200
Miller Ls Nap.....Dionin &Lamarche 279
Mercer Lawrence G... The Bell Organ & Piano Co 2000
Mallette Alf., M.D....... Fred. Banch 243
Newman A. H........... Ths. Pringle 139
Ottawa Fire Ins. Co...D. C. Campeau 1e cl.
Percy Chs et al..John H. A. Acer, ès-qual et al 1e cl.
St-Jean Casimir.......Calixte Rochon 103
Stiom Sam................Jak Rosen 200
Smith J. L.............J. P. Whelan 112
Walker Jas............Alex Walker 1e cl.

Mount Royal Vale

Finnie R. Gray.........Robt Hy Allan 135

Notre-Dame des Anges

Rémillard Jos et al......R. J. Demers 103

Ottawa

Ottawa (The) Col Storage & Freezing Co......Merchants Bk of Halifax 9894

Outremont

Dunn Hy .....The Bri ecc Inv. Sy & Sav Co. 1e cl.

Pointe Claire

Denis Ths..............Alph Legault 169

Quyon

O'Reilly J. B..McKenna Thomson & Co 361

Ste Anne de Bellevue

Crevier W...........Hu on & Orsali 151

St Clet

Chartran Marc.........M. Moo y et al 188

St Constant

Lefebvre Ed.........Sophie Brosseau 379

St Hubert

Baillargeon Touss.......Ferd Lizotte 200

St Jovite

Lalonde Wm.....H. C. St Pierre et al 120

St Lambert

Dastous L. A.....C. B. Carter es qual 750

St Louis Mile End

Quinn John.....De Mary Queen et vir 200
Privé Racc. J. B. P. et al.....Noi ert Poirier 250

Vancouver C. A.

Saylor Arch D...F. A. B. O. Lam ert 5153

Winnigeg Man

Vineberg M.....Montreal Waterproof Cloth Co 242

Yamaska

Letendre Pierre et al....R. J. Demers 363

Cour Supérieure

JUGEMENTS RENDUS

DEFENDEURS. DEMANDEURS. MONTANT

Ascot

Laframbroise P...........E. T. Banc 106

Dury

Dorman Ths............A. L. McIver 1752

East Angus

Blais Geo.....Equita le Savings Loan & Bldg ass. 406

Lachine

Ouellette Alfred........Ths Charette 144
Ouellette Alf......Marcellin Charette 245

Lacolle

Bélair Moise...............L. Bélair 102

Longueuil

Charron Ernest.......Amélie Quintin dit Dubois 73

Louiseville

Lupien Alfre ....Que ec Clothing Co 119

Manchester, Ang.

Bonr Geo. esqual et al.........El. L. Rosenthal 150

Magog

Burbank Alph.........H. M. Piercy 200

Maisonneuve

Hoccett Dame Anasthasia.......F. J. Bisaillon 300

Montréal

Brown W. S...Western Loan & Trust Co 1163
Bell W. S. et al.....Ls M. Lymburner 131
Bradshaw Geo.....Hon. L. R. Masson et al 6592
Bell Wm S. et al....L. M. Lymburner et al 131
Cunningham Dame Eliza Ann...John Dwane 328
Collette Jos...............Ls Bouvier 105
Cité de Montréal.....Margaret Rennie 200
Deshauriers Jos.......D. A. Sheefeldt 163
Desy Emile et Louis.....The Parisian Corset Co 211
Deserres Phil........Alex. A. Hogue 360
Liffiton Chs A..........Sam. Coulson 368
Major J. P..............Molsons Banc 380
Marsan Sylva...............Frs Lafon 711
Nelson Jas............J. C. Simpson 2e cl.
Nau Tolan & al.....G. B. Burlan 294
Poupart Alph. et al..C. H. A. Guimon 177
Reo on Stn fils & al..The Que ec Bk 269
Warin Chs..............Jos. Pont et al 180

Salt-Coats, T. N. O.

Kenne y John........Samuel Roman 102

Stanstead

Bran Wm E..........W. W. Martin 316

Scottsville

Bouchard Pierre jr.......J. A. Girar 203

Ste Adèle

Galarneau Geo........Succ. Fre W. Torrance 3672

St Boniface de Shawinigan

Gingras J. E.....Banque d'Hochelaga 502

St François-Xavier de Brompton

Allaire Geo...............N. Lemieux 262

St Grégoire

Bergeron O. T...............Thomas Organ and Pianos Co 627

Ste Hyacinthe

Derome Dame Herm...A. Amyot et al esqual 110

St Jean

Gauthier Sifroy.........B. V. Taylor 280

St Laurent

Gohier Ed ....Alph Racine 970

Trois Rivières

Berlinguet F. X. T..Hon H. G. Mailhot 176
Desmarais Victor..De Vve Olive Vallée 128
Ko oc Jaco ....B. Cohen 122

Warwick

Beauchemin Ernest.....S. Charle ois 175

Whitton

Carrière O........O. Chalifoux & Co 156

Westmount

Bradshaw Geo ..Hon L. F. R. Masson 6592

Yamachiche

Drew A. W.................. A. Milot 900

Cour de Circuit

JUGEMENTS RENDUS

DEFENDEURS. DEMANDEURS. MONTANTS

Ascot

Galipeau Arthur..............P. Cyr 15
Goyette G.............J.-B. D. Dufor 8
Houle E. et al....Banque Nationale 40

Acton Vale

Roussin C................U. Garan 68

Batiscan

Grandmont Elzéar.........N. Young 52

Cookshire

Morin Chs.........Eastern Tps Banc 17

Chambly Bassin

Allard A. J..................J. Bacon 4

Côte St Paul

Parent S..................P. Deguire 5

Eaton

Little Lewis.................H. Cairns 29
Stevenson H. A. et al.........Banque Nationale 30

Grand'Mère

Boisclair Nap............L. St Pierre 47

Hatley

Denon F. et al......Banque Nationale 13

Hemmingford

Boyes T..................G. A. Miller 58

Iberville

Corriveau A. J........A. W. Atwater 70
Chagnon Jos..........Ida R. Laflèche 15

Kingston

Dillon J. & Son.......E. H Thurston 16

La Conception

Nault F.....The James Robertson Co 70

Lac Mégantic

Laubier Archilas.........S. C. Nutter 49

Lingwick

Morrison N. J..........G. A. McIver 24

Maisonneuve

Jacques A..............T. J. Darling 14

La Cie d'Assurance d'Angleterre
SÉCURITÉ ABSOLUE
Capital et Actif dépassant $20,000,000

LANCASHIRE

Succursales au Canada :
Bureau Chef à TORONTO. J. G. THOMPSON, Gérant.
Inspecteurs : A. W. GILES et J. A. FRIGON.

OTTAWA FIRE INSURANCE Co.

(Compagnie d'Assurance contre le Feu OTTAWA)
Capital : $1,000,000

Bureau Principal pour la Province de Québec : 183½ Rue Saint-Jacques,
CARSON BROS, Agents en Chef. MONTREAL.

Western Assurance Co.

Compagnie d'Assurance contre le Feu et sur la Marine
INCORPOREE EN 1851

CAPITAL SOUSCRIT	$2,000,000
CAPITAL PAYE	1,000,000
ACTIF, au-delà de	2,320,005
REVENU ANNUEL, au-delà de	2,530,000

BUREAU PRINCIPAL, TORONTO, Ont.
Hon. GEO. A. COX, Pésident. J. J. KENNY, Vice-Prés. et Directeur Gérant.
C. C. FOSTER, Secrétaire.
Succursale de Montréal : 189 rue Saint-Jacques
ROBT. BICKERDIKE, Gérant. ROUTH & CHARLTON, Agents de la Ville.

FONDÉE EN 1710

SUN FIRE INSURANCE

LONDRES, Angleterre.

La plus ancienne compagnie au monde, faisant exclusivement des opérations d'assurance contre le feu.

Le surplus, au-delà du capital et des obligations, excède $7,000,000.

Succursale Canadienne à TORONTO, Ont. H. M. BLACKBURN, Gérant.
☞ On a besoin d'agents dans tous les districts non représentés.

FEU, MARINE

COMPAGNIE D'ASSURANCE

BRITISH AMERICA

FONDÉE EN 1833

Capital en Argent	$750,000.00
Actif Total, au-delà de	$1,473,536.05
Pertes payées depuis sa fondation	$18,707,996.75

Bureau Chef à TORONTO, Ont.
GEO. A. C. COX, Président ; J. J. KENNY, Vice-Président ; P. H. SIMS, Secrét.
EVANS & JOHNSON, Agents Résidents, 1723 Notre-Dame, MONTREAL.

London & Lancashire

LIFE INSURANCE COMPANY

BUREAU PRINCIPAL POUR LE CANADA :

MONTREAL.

RT. HON. LORD STRATHCONA & MOUNT ROYAL, President
B. HAL. BROWN, ... Gérant Général pour le Canada.
J. L. KERR, ... Assistant Gérant Général.
F. SICOTTE, ... Gérant Département Français.

Agents et Collecteurs demandés

PAR

La Canadienne

S'adresser personnellement ou par lettre à
COMPAGNIE D'ASSURANCE SUR LA VIE
P. GARON, Gérant. Bureau Principal : 7 Place d'Armes,
Argent à prêter sur première hypothèque. MONTREAL.

A la Hauteur des Circonstances

On ne perd pas une occasion d'améliorer les polices de la Union Mutual. Elles sont

Absolument modernes sous le rapport des privilèges.
Véritablement protectrices sous le rapport des résultats.

Assurance prolongée sans déductions. Incontestabilité sans restrictions.
Les porteurs de Polices comme les agents toujours loyalement traités.

UNION MUTUAL LIFE CO., PORTLAND, MAINE.

Incorporée en 1848

Bon territoire disponible pour bons agents, adressez vous à
Fred. E. Richards, Président. Arthur L. Bates, Vice Président.
Henri E. Morin, Agent en Chef pour le Canada, 151 Rue St-Jacques,
MONTREAL, Canada.
Pour les agences de la Div. Ouest de la Prov. de Québec et Est de l'Ontario, adressez-vous à
Walter I. Joseph, Gérant, 151 Rue St-Jacques, MONTREAL.

PROVIDENT SAVINGS LIFE ASS. SOCIETY

OF NEW YORK

La meilleure Compagnie pour les Assurés et les Agents

Les agents habiles, et les personnes recherchant une position rémunératrice peuvent s'adresser au bureau principal ou à aucun des agents généraux de la Compagnie.

Bureau Principal pour Ontario : - Temple Building, Toronto.
" " Quebec : - Temple Building, Montreal.

THE Etablie en 1857.

AMERICAN FIRE INSURANCE Co.

de NEW YORK

Bureau Principal pour le Canada, - - TORONTO.
JAS. BOOMER, Gérant.

DES DEMANDES D'AGENCES SONT SOLLICITÉES DANS TOUT LE DOMINION

N. B.– Les porteurs de polices de cette Compagnie ont la garantie additionnelle de la Manchester Fire Assurance Co., d'Angleterre.

The

Federal Life Assurance

COMPANY

Bureau principal : HAMILTON, Ont.

Capital et Actif	$1,669,660.80
Surplus aux Porteurs de Polices	723,257.77
Payé aux Porteurs de Polices en 1899	125,454.89

Les Polices-Contrats les plus désirables.

Jas. H. Beatty, Président. David Dexter, Directeur-Gérant.
J. K. McCutcheon, Surint. des Agences.

Montréal

Augé Geo........Jos Leroux 9
Aster S........F. L. Sylvestre 20
Ash J........D. Lalonde 31
Bazinet C........B. Charbonneau 22
Beauchamp Dame L..J. R. Beveredge 42
Brunet Henri........L. Laine et al 14
Bernier J. L........A. E. Howe et al 74
Boucher A. L........A. Lemieux 6
Bergeron G........H. Coutu 17
Brais J........J. T. Denis 19
Bradshaw Geo........H. M. Williams 52
Bourassa Arth B..La Cie Pub. La Patrie 40
Bouchard J........Ass. des Barbiers 10
Blanchard D........Hector Gauthier 5
Bélanger Chs........F. X. Dupuis 16
Bertel De H. et vir........J. B. Chaput 5
Beauchamp P. E........G. Crépeau 40
Bélair L........A. D. Fraser 17
Betts E........M. V. McNally 12
Benoit A........E. G. Dagenais 5
Brunet A........Pilkington Bros 20
Beaudoin Oct........Zénon Tongas 14
Barrette Jos........P. Hébert 6
Balthazar A. et al........D. Balthazar 25
Barette C. H........N. Quenneville 22
Broener W........A. L. Kent et al 9
Bélanger L. L........C. Lamoureux 11
Baccerini L........A. St Pierre 24
Beaulieu Cyrille........H. Coutu 20
Cordan J. J........J. H. Caillé 25
Cazelais Jos........Maxime Renau 79
Cormeil E..O. Messier dit St François 6
Chagnon T. A. et al........U. Garan 79
Chartier Jos........Jos. Pepin 23
Cousineau N........J. N. Archambault 8
Chagnon & Frère........Dame M. E. A. Huguenin et vir 53
Chagnon Alex........Com. d'Ecoles St Louis 22
Castonguay A........Dame P. Beaudry 39
Denis Frs........P. Lachance 5
Devaux J. Bte........Louis Poirier 55
Daoust F........P. Doherty 24
Dallas Richard........Jas. P. Cullen 35
Duquette W........R. Cloutier 36
Dalpé Ulric........Victor Gagnon 18
Desjardins Oct........E. Major 29
Dunham Eleanor........F. Hart 73
Drapeau B. A........J. Montpetit 78
Durocher J. N........P. Déguire 8
Durocher Arthur........M. Davidson 12
Dubois A el........C. A. Sharpe 5
Daoust T........T. Spindlo 12
Duckett (The) Provision Co........Em. Boecth et al 11
Egan R. L........Dame M. Meany 49
Elliott M. & Co...L. Martineau & Cie 20
Farrar John........J. Beaulieu 8
Falardeau J........A. St-Pierre 7
Flynn D........J. E. Caron 18
Corriere A........O. Patenaude 93
Garneau Norbert....J. Diamond & Co 30
Goudreau E. D........J. A. Perrault 19
Gadar M. et al....J. E. Berthiaume 30
Gagnon A........W. Charette 25
Guérard Frs........Ls Noel 5
Gélinas T P........Aug. Denis 6
Gauthier Ed........Dame F. Bruyère 49
Gingras V........Jas. Patterson 16
Guibord Jos........E. Cohen 34
Gatley J. et al..Dame E. Préfontaine 27
Henley P........N. Lafrance 11
Harrington John........S. Asner 6
Hamelin Pierre........C. A. Sharpe 38
Jacquemain A........M. Filion 7
Kerness J. M........Conf. Life Ass. 56
Kinff C. W........L. Ouimet jr 39
Lamothe C........J. A. Nicolle 15
Lacombe A....H. Tranchemontagne 32
Lagacé A........G. E. Larin 7
Lauzon A........D. Limoges 48
Lebeau P........Corp. St Jean-Baptiste 21
Lamoureux O........E. Tessier 39
Leclair Damase........Bank of B. N. A. 54
Lamert Alb........H. Paquette 7
Lamarre Henri........Jos Girar 6
Lalonde A........M. Corriveau 13
Laframbroise Ed........H. Solomon 17
Lafontaine M........A. D. Denis 30
Lalumière R........A. Delorme 25
Lefebvre T. et al........G. Paré 20
Lortie A. E. et al....H. St Mars et al 17
Lepage F........M. Laniel 35
Lagacé Pierre........C. Garnier 14
Lemieux Arth........P. Ducharme 35
Lacy Pat Dame........Jos Doherty 7
McEilvray D........M. F. Sheridan 24
McCullough T........M. J. Walsh et al 17
Mercier G........J. Lamoureux 27
Marchand J. P........Ls Demers 6
Morgan J........Dame M. St Jean 42
Martel Arthur........Ez. Cohen 16
Murphy Pat........S. Miller 6
Malouin S........A. Dulude 5
Miron W........J. Bleau 24
Moreau Aug........Ant. Normandin 8
Matthews E. M........J. O. Dupuis 17
Moreau Dame Exilda et vir........A. Fontaine 7
Marineau A........Jos. Jodoin 64
Massé Jos........H. H. Decary 14
Nantel Ald........G. Benoit 8
Poupart Tel........R. C. Barry esqual 63
Pratt Ths........A. Mackay 24
Pratt T........S. Miller 7
Provost A. et al........J. P. Major 9
Peltier A........The Montreal Gas Co 6
Pinsonneault A. R........M. Usher 13
Pierce W. D........J. W. Demers 10
Pion J. B. L........C. Lasonde 6
Prévost Ls........J. Nantel 20
Provost Jos........J. M. R. Trudeau 23
Penny W. G....La Banque Nationale 25
Phillips H. S. et al...W. de M. Marler 14
Pichette Dame A. et vir..A. McArthur 74
Picard J. A........A. A. Valiquette 12
Rosenzweig M........J. Franklin 26
Robert J. A........M. Besner 45
Rose J. B........N. A. Coté 12
Riordan F........O. Limoges 52
Renshaw Wm........R. J. Inglis 6
Rigney J........Ths P. Butler 75
Reay J........J. N. Archambault 10
Surprenant A........A. Lauzon 12
St George L........A. Thomas 20
Stokes A. H........J. N. Caron 10
Smith J........J. N. Archambault 38
Sauriol Wm........Herm Lussier 15
Sauriol Fer........Arth Lavigne 15
Slots Chs........D. R. Murphy 25
Troughton J. H........W. F. Daniel 18
Tétreault A........Delle M. L. Laroche 24
Taillon O........E. Taillefer 16
Tarif W. D........H. Hills 15
Vanchesteing E........J. S. Tellier 8
Whitfield Geo........S. Holmes et al 11
Woodward De C....De A. Birry et vir 45
Zepf J........H. B. Ames 25

Newport

Pickford John....Eastern Tps Bank 33
Stevenson Horace........W. Dawson 57

North Hatley

Leduc P. A........Eastern Tps Bank 63

Orford

Leslie Mortimer........M. Moody et al 27
Benoit Edm........M. Durocher et vir 5
Laroche Jos....A. Thompson es qual 9
McIver Delia....Eastern Tps Bank 62

Québec

Richardson W. F...Olivier G. Becket 5

Rigaud

Boyer Gust........A. P. Pigeon 33

Shefford

Maynes J. C........S. F. Belknap 60

Soulanges

Ségnin Jos........L. Pilon 5

Sault-aux-Récollets

Moore J. J........J. A. Ouimet 15

Smith's Falls

Derbyshire M........H. M. Dinning 41

Salaberry

Hope Melle Annie....E. T. Corset Co 30

Shawenegan Falls

Cimon Joseph........E. Deguise 10

Stanfold

Pepin Noé........O. Hamel 15

Summerlea

Cunningham G. A........J. C. Descary 12
Latour Alph........H. St-Mars 22

Sherbrooke

Beauregard Alf........N. Beauregard 5
Hand Walter........J. Millette 6
Lowe James........A. N. Worthington 10
Raymond Laurent........J. U. Racicot 21
Sherbrooke Street Ry Co...R. Hodson 50

Stoke

Dubreuil J. M........J. A. M. Elie 5
Marchand C........Eastern Tps Bk 38

Stottsville

Rhéaume Moïse....Banque Nationale 42

Ste Anastasie

Croteau Eugène........A. Bilodeau 20

St Bruno

Desrochers Antoine........Alfre Désy 17

Ste Cunégonde

Prudhomme L. al........B. J. Boutin 20
Goyette F........Eugène Laroche 11

St Henri

Turgeon J. O........H. A. Depocas 41
Lavallée Paul........Dame R. Durocher 22
Longpré Laurent..Dame R. Durocher 10
Guay A........J. Legault 7
Boisclair G........P. Séguin 6
Rivet Ed........Alf. Legault 11
Cyr Anatol........Dame Theriault 36

St Hyacinthe

Martel N........H. McDunning 75
Daviau Léandre........E. Morin 35
Duval Hector........Bissonnet et al 15
Hébert Alf........do 22
Riel Alb........W. D. Dufsesne 39

St Jérôme

Desjardins Cyp........Octave Giroux 20

St Janvier

Dépatie J. B........D. Bureau 10

St Lambert

Cunningham J........G. Boiwell 11

St Liboire

Morel Rémi........R. E. Fontaine 14

St Louis-Mile End

Smallman G........Dame F. Bolduc 32
Healep John........H. Gauthier 71
Gagnon A........E. Caumartin 51
Dussault Félix........H. Campeau 8
Cousineau Albéric....Cyrille Gagnon 9
Demers Paul..Consol. Plate Glass Co 68
Grignon J........J. M. Beyries 13

St Rémi

Houle Jos........V. Dionne 25

St Simon

Deschênes Vincent........A. Lajoie 22

St Théodore

Proulx Dr E....Banque St Hyacinthe 26

Ste Thérèse

Rolland A........A. A. Lefaivre 92

St Vincent de Paul

Roger F........A. Ouimet 23

Villeray

Mantha C........O. A. Goyette 10

Verdun

Woodall J. T. et al........J. Kirwan 96

Valleyfield

Corbeille J. A........E. D. Marceau 69

Victoriaville

Marcotte Camille..J. C. Rousseau & Cie 13

West Brome

Durkee W. J........J. H. Wilson 19

Westmount

Murray W. C........W. Bell et al 21
Boschen De F. U........E. C. Mount 53
Watson Dame C. L. et vir........The Dom. Raintor Co 75

Waterville

Hallett E. A........Eastern Tps Bk 6

Westbury

Gagné Frères et al...Banque Nationale 50
Penny M........J. M. Stevenson 10

Weedon

Sansoucy Aimé........J. B. D. Duford 44

Windsor

Paquette Alph........A. Trudeau 43

AVIS DE FAILLITE

In Re

I. TRUDEL & Cie.,

Faillis.

Le soussigné vendra à l'encan public, à la place d'affaires des sus-dit faillis, No 71 rue Cherrier,

Mercredi, le 17 Octobre 1900, à 10 heures a.m.

l'actif dessus-nommés comme suit :

Stock d'épiceries, vins, liqueurs	$1,111 59
Roulant et fixtures	201 00
Licence	280 00
Dettes de livres par liste	137 64
	$1,730 23

Conditions, argent comptant : Le magasin sera ouvert le 16 octobre, pour inspection.

D'ici au jour de la vente, le soussigné est autorisé à recevoir des offres pour la vente de cet actif. Pour toutes autres informations, s'adresser à

WM. RENAUD,
Cessionnaire,
15 rue St-Jacques, Montréal

MARCOTTE FRERES,
Encanteurs.

VENTES ENREGISTRÉES

Pendant la semaine terminée le 6 oct. 1900

MONTRÉAL-EST

Quartier St-Jacques

Rue Ontario, Nos 1421 à 1427. Lots 1198-2, 3, avec maison en brique, un terrain irrg supr 1609 ; 1 do 20 x 88.3 d'un côte et 84.9 de l'autre supr 1730. Alfred Deschambault à Jos Alfre Rhéaume jr ; $8000 [51682].

Rue Berri, Nos 793 à 799. Lots 1202-125, 126 pt 1202-124, pt N. O. 1203-215, avec maison en brique, terrain 47x80 supr 3760 ; 1 do supr 163. Le Shérif de Montréal à Télesphore Poupart ; $2925 [51685].

Rue Rivard, Nos 21 et 23. Lots 1202-85, 3/5 N. O. 1202-84, avec maison en brique, terrain 32x75. Henri Bazinet à Arthur Gariépy ; $1200 [51698].

Quartier St-Laurent

Rue Bleury, Nos 254 et 256. Lot pt 190, avec maison en brique, terrain 93 x irrg supr 23635. Mary Corse veuve de Henry Lyman à The Baron Hirsch Institute and Hebrew Benevolent Society ; $14800 [51691].

Rue Bleury, Nos 174 et 176. Lot pt 240, avec maison en pierre, terrain 48.3x16.3 d'un côté et 16.6 de l'autre supr 789. Annie M. Prentice épse de N. B. Little à John Allan ; $11750 [51704].

Quartier St-Louis

Rue Laval, No 38. Lots 897-18, 19, avec maison en pierre et brique, terrain 23 x 75 chacun. La faillite Wm Weir & Sons à Marie J. Bourque épse de Toussaint Préfontaine ; $6515 [51693].

Quartier Ste Marie

Rue Maisonneuve, Nos 321 à 325. Lot 1052. avec maison en brique, terrain 40x113 supr 4520. La succession Claude Melançon à Théophile Gervais ; $2500 [51694].

Rue Iroquois, Nos 20 à 26. Lots 504-16, 17, avec maison en brique, terrain 44x105. Napoléon Casgrain à Paul N. Vigeant ; $4600 [51695].

MONTREAL-OUEST

Quartier St Antoine

Rue Drummond, No 140. Lots 1525,1524-12 à 23, avec maison en pierre, terrain 295 x 278.3. Hon. George Baron Mount Stephen à Robert Meighen ; $100,000 [134267].

Rue St Luc, No 114. Lot pt 1654-74-38, avec maison en pierre et brique, terrain 22.2 de front 24.4 en arrière x 115. George Bullock Sadler à Dame Mary Christina Sadler épse de Omri Edy ; $4000 [134270].

HOCHELAGA ET JACQUES-CARTIER

Quartier Hochelaga.

Rues Moreau, Nos 353 à 359, Cadieux Nos 884 à 892. Lot 80-47, quartier St Jean-Baptiste. Lot 133, avec maison en brique et maison en bois, terrain 48 x 100 ; 1 do 39 x 70, supr 2730. Joseph Jobin à Alphonse Richer ; $12600 [86742].

Rue Davidson. Lot 29-328, pt 29-329, terrain 32 x 95. supr 3040 vacant. The Montreal Land & Improvement Co à Eva Marineau épse de Adelard Amiotte ; $186.40 [86803].

Quartier St-Denis

Rue Berri. Lots 162-29, 30, terrains 22 x 75, supr 1650 chacun vacants. La succession Cawline Anderson Vve de Robt Harrower à Chs J. Morris ; $625 [86759].

Rue Gilford. Lot 325-600, terrain 20 x 85, supr 1700 vacant. Noé Leclaire à Odilon Vanier et Octave Rollin ; $500 [86769].

Rue Labelle, No 2054, terrain 50 x 101 4/10 supr 5070 vacant. The St Denis Land Co à Jules Foisy ; $383.18 [86774].

Rue Huntley. Lot ½ N. 8-529, terrain 25 x 100 vacant. The St Denis Land Co à O. Maxime Mirault ; $262.50 [86795].

Rue Huntley. Lot 8-590, terrain 50 x 100 vacant. The St Denis Land Co à Alfred Turcotel ; $375 [86796].

Rue Huntley, No 1167. Lot ½ S. 8-584, terrain 25 x 100 vacant. The St Denis Land Co à Albert Lacas ; $187.50 [86797].

Rue Huntley. Lot ½ N. 8-584, terrain 25 x 100 vacant. The St Denis Land Co à François Lacas ; $187.50 [86798].

Rue St Hubert. Lots 7-303, 304, terrains 25 x 109 supr 2725 chacun vacants. The St Denis Land Co à George Beatty ; $408.75 [86799].

Quartier St Jean-Baptiste

Rue Marie Anne, Nos 15 et 17. Lot 1-377, avec maison en brique, terrain 25 x 100. Arthur Gravel à Edesse Bélanger épse de Marcellin Gosselin ; $507.50 [86749].

Rue St Hypolite, No 683. Lot 191, avec maison en bois, terrain 26.6 x 70, supr. 1855. Joseph Boucher esqual à Philias Boucher ; $601 [86770].

Rue St Hypolite, No 683. Lot 191, avec maison en bois, terrain 26.6 x 70, supr. 1855. Philias Boucher à Damase Desjardins et uxor ; $800 [86771].

Rue Sanguinet, Nos 698a à 702b. Lots 15-938, 939, 940 pt S. E. 15-941, avec maison en brique, terrain 63 x 72. Pierre Leclerc à Théodore A, Grothé ; $6500 [86840].

Ste Cunégonde

Rue Richelieu. Lots 532 et 533, avec maison en pierre et brique, terrain 60 x 80. Hubert Morin à Chs Joseph Spénard ; $7500 [86763].

Rue Albert. Lot 464, avec maison en brique, terrain 50 x 80. André Silfrid Delisle à Alphonse Hamelin ; $1887 (à réméré) [86765].

St Louis—Mile-End

Rue Clark. Lot ½ S 11-355, terrain 25 x 84, vacant. The Montreal Investment & Freehold Co à Jean-Bte Angrignon ; $374 [86734].

Ave Monongahela. Lot 10-928a, terrain 25 x 72, vacant. Hon. Louis Beaubien à Henri Lauzon ; $200 [86743].

Rue Clark. Lot 11-491, avec maison en pierre et brique, terrain 50 x 88. Délia Ménard, épse de Marcellin Paquette à André Bénard ; $4,500 [86804].

Rue St-George. Lot ½ N.O., 11-882, terrain 50 x 55.5 d'un côté et 60 de l'autre, supr 2987. John Corby à Bridget Elizabeth Corby. Pas de prix mentionné [86806].

Rue St-Laurent. Lot 11-230, 231, terrains 25 x 80, chacun vacants. Edm. Brunet à J. Arthur Guilbault ; $2000 [86856].

Westmount

Ave Western, No 4708. Lot 220-43-2, avec avec maison en brique, terrain 22.11 x 105.11 d'un côté et 108.5 de l'autre, supr 2149. Charles James Brown et Edw. Riel à James H. Hall ; $6000 [86745].

Ave Roslyn. Lots 218-208, 209, terrain 50 x 111, chacun vacants. The Westmount Land Co à David A. Lewis ; $2220 [86755].

Ave Grosvenor. Lot ½ N. O. et pt 219-99, avec maison en pierre et brique, terrain 75 x 111. Catherine Fraser Coupland, épse de John Stuart à Isaballa Munro, épse de Robert S. Fraser ; $8072.43 [86756].

Rue Ste Catherine. Lot 219-13 à 16, terrain supr 55728, vacant. Thomas Johnson Stewart à Chs Edw. Archibald ; $11130 [86760].

Ave Roslyn. Lot 219-115, terrain 50 x 111, vacant. Marguerite Adam, épse de George Baillie à Hy B. Picken ; $2775 [86800].

Ave Bruce. Lot 941-335, terrain 50 de front, 34 en arrière x 92, supr. 3864 vacant. La succession Edw. K. Greene et al à Camille Bourdon ; $1255.80 [86807].

Ave. Wood. Lots 375-102-1, pt S. E. 375-102-2, pt N. O. 375-101-2, terrain 25 x 108 vacant. Margaret Polson épse de Rév. J. C. Murray à Frank H. Thompson ; $2749.95 [86816].

Rue Stayner, No 21. Lot 384-38, avec maison en brique, terrain 22.8 de front 19.7 en arrière x 120. Ida Louisa Fu[r]ner Vve de Peter Robertson MacLagan à Jno. E. Matthews et Alex R. Johnson in trust ; $3180 [86820].

Ave Elm. Lot 374-1-38, avec maison en pierre et brique, terrain 20 x 105. Martha Ann Keels épse de Fred H. Brown à George J. Adams ; $6,350 [86832].

St-Henri

Rues Notre-Dame, Nos 3431 à 3440 et Lacroix, Nos 98 et 100. Lot 2217, avec maison en brique, terrain 42.3 x 101.3 d'un côté et 97 de l'autre, supr. 4198. Le Protonotaire de la Cour Supérieure à Alzire Rochon épse de Joseph Deschamps ; $1740 [86787].

Rue St Ferdinand. Lot 1559, avec maison en bois, terrain 24 de front 19.4 en arrière x 36.6 d'un côte et 40.3 de l'autre. Amédée Dubois à J.-Bte Légaré ; $800 [86841].

Outremont

Aves Querbes, Clark. Lots 33-207, 308, 309, St Louis Mile End, lot 11-491 et autres immeubles, avec maison en pierre et brique, 3 terrains 30x80 ; 1 do 50x88. André Bénard à Hector Champagne ; $10000 [86805].

Ave McCulloch. Lots 63, 64, 65, 2 terrains supr 9375 ; 1 do supr 6220 chacun vacants. La succession Jane McCulloch et al à James Walker ; $1733.96 [86834].

Rue McCulloch. Lot 22-113, avec maison en pierre et brique, terrain supr 13527. La succession Jane McCulloch et al à Geo H. E. Blaiklock ; $8500 [86835].

Verdun

Lots 3405-438, 439, terrain 25x112.6 chacun vacants. La succession Daniel Hadley à Ives Philippe ; $450 [86727].

Rue Evelyn. Lots ½ S. 3405-307, 3405-308, terrain 37.6 x 112.6 supr 4218.9 vacant. La succession Daniel Hadley à Edm Martel ; $337.50 [86824].

Rue Gertrude. Lots 3405-244, 245, terrain 25 x 112.6 supr 2812.6 chacun vacants. La succession Daniel Hadley à Alfred Lauzon ; $450 [86851].

Côte des Neiges

Lot pt S. E. 47, avec maison etc., terrain 200 d'un côte 131 de l'autre x 130 d'un côté et 179 de l'autre. Cordélia Roger épse de Edm Brunet et al à Eusèbe Tougas ; $7002 (à réméré) [86746].

Lot 105. Félix Henrichon à Marie Délia Décarie, épse de Avila Berthelette ; $1000 [86828].

Sault aux Récollets

Lot 453, avec maison en bois, terrain 45 x 90. Joseph Lapierre à Sophie & Eugénie Lapierre ; $900 [86736].

Rue St Hubert. Lot 489-128, terrain 25 x 87 vacant. Le Shérif de Montréal à Thomas Fortin ; $50 [86839].

St-Laurent

Rue St Charles Boromée. Lot 342-291, terrain 25 x 124 vacant. La succession Geo. Ross et al à William Donahue ; $98 [86735].

Lot pt 186, terrain vacant. Narcisse Ducan à Hormisdas Groulx ; $200 [86862].

Lot 888, avec maison en pierre et brique, terrain supr 15 perches et 243 pieds. Tis F. Trihey à Hypolite Gougeon ; $1000 [86836].

Lot 888 avec maison, etc., terrain supr 15 perches et 243 pieds. Hypolite Gougeon à Gagnon & Caron ; $2000 [86838].

Ave Rockfield. Lot 916-237, terrain 48 x

101.9. John T. Ewart à Olivier Lapointe; $1.00 et autres bonnes et valables considérations [86852].

Rue Rutland. Lot 916-155, terrain 46.3 x 103.6 d'un côté et 116.3 de l'autre. Olivier Wolcott Stanton à Chs Baddeley; $300 [86859].

Pointe Claire

Lot 85, terrain supr 2 arpents et 88 perches. Narcisse Dubeau à Horm Groulx; $350 [86863].

Pointe-aux-Trembles

Lot 174-40, terrain vacant. L'Œuvre et Fabrique de Pointe-aux-Trembles à Charles Reeves; $200 [36779].

Lot 193, terrain supr. 10 perches et 162 pieds. Luce Provost Vve de Olivier Reeves et al à Charles Reeves; $40 [86780].

Ste Anne de Bellevue.

Lot pt 10. Félix Brunet à Joseph Brunet; $325 [86738].

Lot pt 322. Alphonse Vallée et uxor à Félix Libercent; $5000 (dation en paiement) [86830],

Ste Geneviève

Lot pt 2 et effets mobiliers. Roch Brayer dit St Pierre et ux à Zotique Brayer dit St Pierre $25 et autres considérations [86849].

Lots 147 pt 2, 174 et effets mobiliers. Roch Brayer dit St Pierre et ux à Hyacinthe Brayer dit St Pierre; $800 et autres considerations [86850].

Voici les totaux des prix de ventes par quartiers :

St Jacques............	$ 12,125 00
St Laurent............	26,550 00
St Louis...............	6,515 00
Ste Marie..............	7,100 00
St Antoine............	104,000 00
Hochelaga............	13,086 40
St Denis...............	2,929 43
St Jean-Baptiste.......	8,408 50
Ste Cunégonde........	9,387 00
St Louis Mile-End	7,074 00
Westmount...........	44,033 18
St Henri..............	2,540 00
Outremont............	20,233 96
Verdun................	1,237 50
	$ 265,219 97

Les lots à bâtir ont rapporté les prix suivants :

Rue Davidson,	quartier Hochelaga,	16c	pd.
Rue Berri,	quartier St Denis	18 9/10c	"
Rue Gilford	"	29 2/5c	"
Rue Labelle,	"	7c	"
Rue Huntley,	"	10½, 7½c	"
Rue St Hubert,	"	7½c	"
Rue Clark,	St Louis Mile End,	18c	"
Ave Monongahéla,	"	11c	"
Rue St Laurent,	"	50c	"
Ave Roslyn,	Westmount,	20 et 50c	"
Rue Ste Catherine,	"	25c	"
Ave Bruce	"	32½c	"
Ave Wood,	"	$1.00	"

PRÊTS ET OBLIGATIONS HYPOTHÉCAIRES

Pendant la semaine terminée le 6 octobre 1900, le montant total des prêts et obligations hypothécaires a été de $73,663 divisés comme suit, suivant catégories de prêteurs :

Particuliers.........	$40,358
Successions........	8,005
Cies de prêts........	15,100
Assurances.........	10,000
Autres corporations.	200
	$73,663

Les prêts et obligations ont été consentis aux taux de :

5 p. c. pour $3,000 ; $5,500 et $10,000.

5¼ p. c. pour $5,800.

5½ p. c. pour $500 ; 2 sommes de $1,700 ; $4,000 ; $5,500 et $10,500.

Les autres prêts et obligations portent 6 pour cent d'intérêt à l'exception de $400, $700 à 7 p. c. ; $50, $1,875 à 8 et $400 à 10 p.c. d'intérêt.

Contrats donnés

Chez Alph Dubreuil, architecte, rue St Jacques No 151, une bâtisse rue Clark, à Montréal-Annexe, à 2 étages, formant 2 logements. Reeves & Frères entrepreneurs généraux. Propriétaire, J. B. Angrignon.

Chez L. R. Montbriand, architecte, rue St André No 230, une bâtisse, rue Sherbrooke, à 2 étages, formant 3 logements. Maçonnerie, O. Martineau ; charpente et menuiserie, P. Deslauriers ; couverture, plombage, chauffage, à donner ; brique, Jos Daniel ; enduits, Major ; peinture et vitrage, à donner. Propriétaire, Placide Deslauriers.

PERMIS DE CONSTRUIRE À MONTRÉAL

Avenue Kimkora No 2, modifications et réparations à une maison fermant 3 logements, coût probable, $600. Propriétaire, Mde Fred. Hamilton ; architecte, F. Hamilton ; maçon, J. C. Hague ; charpente, F. Hamilton ; brique, J. C. Hague. (200)

Coin des rues Frontenac et Forsyth, 2 maisons formant 3 logements et un magasin, 45 x 34, à 2 étages en bois et brique ; couverture, tôle et papier ; coût probable, $1800 chacune. Propriétaire, Joseph Harel ; maçon, M. Latulippe. (201)

Rue Ste Catherine No 1873, modifications et réparations à une bâtisse ; coût probable, $3,600. Propriétaire, Dr L. A. Bernard ; architecte, Arth. St Louis ; maçon, O. Germain ; charpente, Phil. Brouillette & Cie. (202).

Rue Panet, une maison formant un logement 47x35, à 3 étages, en pierre et brique, couverture en gravois ; coût probable $5500. Propriétaire, Théop. Goulet ; architecte, Chs A. Reeves ; maçon, Durocher & Frère ; charpente, E. Boisclair. (203)

Rue Notre-Dame No 550, une bâtisse formant une teinturerie, 73x56, à un étage, en brique, couverture en goudron et gravois ; coût propable $5000. Propriétaire, Dominion Cotton Mills Co ; architectes, T. Pringle & Son ; maçons Wighton & Morrison ; charpente, Dominion Cotton Mills Co ; brique, Wighton & Morrison. (204)

Rue Notre-Dame No 550, une bâtisse formant un entrepôt, 68 x 74, à 6 étages, en brique, couverture en goudron et gravois ; coût probable $20,000. Propriétaire Dominion Cotton Mills Co. ; architectes T. Pringle & Son ; maçons Wighton & Morrison ; charpente Dominion Cotton Mills Co. ; brique Wighton & Morison. (205).

Rue Ryde, une maison formant un logement 23 x 35, à 2 étages, en bois et brique, couverture en papier et gravois ; coût probable $600. Propriétaire Jos. Foucault. (206)

Rue Panet No 147, une bâtisse formant une manufacture, 50x23, à 3 étages, en bois et brique, couverture en gravois ; coût probable $2000. Propriétaire, Théop. Goulet ; architecte, C. A. Reeves ; maçons, Durocher & Frères ; charpente, E. Boisclair. (207)

Rue Victoria, No 62, réparations et modifications à une maison ; coût probable $1100. Propriétaire, Prof. Jules Hone ; architecte, C. Dufort ; charpente, Nap Lavoie. (208)

Rue Amherst No 83, une bâtisse formant entrepôt, écurie et fabrique, à 2 étages, 36.6x 112.6 en brique, couverture en feutre et gravois ; coût probable $8000. Propriétaire Wm Clark ; architecte, W. E. Doran ; maçons, Latour & Frères ; charpente, J. B. Gratton ; brique, Alf. Gauthier. (209)

Rue de la Montagne, No 213, une maison formant 3 logements, 27 x 42, à 3 étages, en pierre et brique, couverture en papier, goudron et gravois ; coût probable, $7,000. Propriétaire, Dame Maxime Deslauriers ; maçons, Labelle & Frère (210).

Rue Craig, No 128, réparations et modifications à une maison ; coût probâble, $400. Propriétaire, A. Lamalice ; charpente, Olivier Lebeau (211).

Rue St Timothé No 389, modifications et réparations à une maison formant 2 logements ; coût probable, $550. Propriétaire, G. Sauro ; charpente, Jos. Couture. (212.

Rue St Timothée, No 397, réparations et modifications à une maison formant 2 logements ; coût probable, $700. Propriétaire, Paul Sauro ; charpente, Jos. Couture. (213)

District de Montréal

Le Crédit Foncier Franco-Canadien *vs* Dame Vve Jos. Baron esqual.

Montréal—Le lot 1101-47 du quartier Ste Marie, situé rue Champlain, avec bâtisses.

Vente le 18 octobre à 10 h. a. m. au bureau du shérif.

In re Ths W. Burdon failli.

Montréal—Les lots 3068-4, 5, 6, 7, 3069-4 à 7 du quartier St Gabriel, situés rue du Grand Trunk, avec bâtisses.

Vente le 18 octobre à 11 h. a. m. au bureau du shérif.

Amédée Lamarche *vs* Hypolite Gougeon.

St Henri de Montréal—Le lot 2246, situé avenue Atwater, avec bâtisses.

Vente le 19 octobre à 10 h. a. m., au bureau du shérif à Montréal.

District d'Arthabaska

Eugène Crépeau *vs* Eden Pouliot et al.

Arthabaskaville—Le lot 52 avec bâtisses.

Vente le 16 octobre à 11 h. a. m., au bureau du shérif.

District de Bedford

Geo. F. Brunet *vs* Thos Farley.

Granby — Le lot 486 situé rue Main avec bâtisses.

Vente le 20 octobre à 10 h. a. m., à la porte de l'église de Notre-Dame à Granby.

District de Saguenay

Nap. Alf Dasylva *vs* Geo. Murray.

St Irénée—La partie du lot 82 avec bâtisses.

Vente le 17 octobre à 10 h. a. m., à la porte de l'église paroissiale.

District de St François

Daniel B. Keet *vs* Fred E. Guertin dit Yertan

St Patrice de Magog—Les lots 9a et 9e avec bâtisses.

Vente le 16 octobre à 10 h. a. m., à la porte de l'église paroissiale.

District des Trois-Rivières

Alex. Rinfret *vs* Gilbert Veillet fils.

St Sévérin—Les lots 541 et 542.

Vente le 16 octobre à 10 h. a. m., à la porte de l'église paroissiale.

LE PRIX COURANT
THE PRICE CURRENT

Vol. XXX | MONTREAL, VENDREDI 19 OCTOBRE 1900. | No 3

LE PRIX COURANT

Revue Hebdomadaire

COMMERCE, FINANCE, INDUSTRIE, PROPRIÉTÉ FONCIÈRE, ASSURANCE.

Publié par ALFRED et HENRI LIONAIS, éditeurs-propriétaires au No 25 rue St-Gabriel, Montréal, Téléphone Bell Main 2547, Boite de Poste 917. Abonnement : Montréal et Banlieue, $2.00 ; Canada et Etats-Unis, $1.50 ; France et Union Postale, 15 francs. L'abonnement est considéré comme renouvelé, à moins d'avis contraire au moins 15 jours avant l'expiration, et ne cessera que sur un avis par écrit adressé au bureau même du journal. Il n'est pas donné suite à un ordre de discontinuer tant que les arrérages et l'année en cours ne sont pas payés.

Adresser toutes communications simplement comme suit : LE PRIX COURANT, MONTRÉAL, CAN.

VOL. XXX — VENDREDI, 19 OCTOBRE 1900 — No 3

COMMERCE INDUSTRIE ET FINANCE

Messieurs Cadbury et la guerre : On sait maintenant pourquoi MM. Cadbury, les fabricants de chocolats bien connus, de Birmingham, ont refusé de soumissionner pour la fourniture faite par le ministère de la guerre, de 30 tonnes de cacao pour les troupes de l'Afrique du Sud.

M. Georges Cadbury, interviewvé à ce sujet, a confirmé le fait, ajoutant qu'ils n'avaient été guidés dans leur décision que par des motifs religieux, appartenant à la Société des Amis qui avait pris parti contre la guerre. Ils resteraient donc en dehors de tout. C'est pour la même raison qu'ils n'organiseront aucune souscription dans leurs manufactures pour les blessés de la guerre ; s'abstenant d'influencer leur personnel et le laissant libre de faire et d'agir au dehors comme bon lui semble. Quant à la commande qu'ils avaient fournie, l'année dernière pour Noel, du "Chocolat de la Reine" M. Cadbury fit observer que les circonstances étaient particulières, que cette commande leur avait été passée par Sa Majesté la Reine et qu'en sujets loyaux, ils s'étaient inclinés et avaient obéi ; quoique étant du nombre de ceux qui désapprouvaient la guerre.

M. Cadbury ajouta qu'actuellement ils ne restaient pas indifférents envers ceux qui souffraient de cette guerre : les blessés, les veuves et les enfants ; et qu'ils espéraient agir de même vis-à-vis des Boers, quand le moment serait venu.—*The Grocers' Review.*

***

Les concessions minières au Transvaal : Le gouvernement anglais institue une commission pour reviser les concessions des mines accordées par le gouvernement du Transvaal, se réservant le droit de reconnaître ou de modifier toutes concessions que le Transvaal aurait accordées et qui ne seraient pas d'accord aux conventions établies entre ce dernier et l'Angleterre. Le gouvernement anglais se réserve également le droit d'annuler toutes concessions qui auraient été accordées par le gouvernement transvaalien alors que celui-ci n'aurait pas eu l'autorité légale de le faire ; il se réserve de modifier certaines concessions qui paraîtraient de nature à léser certains intérêts. Cette commission de revision a commencé ses travaux le 1er octobre courant.

***

MM. Tellier, Rothwell & Cie viennent de prendre possession de leur ancien local de la rue Saint-Dizier, qui avait été détruit de fond en comble dans un incendie, il y a quelques mois.

Les nouveaux bureaux et magasins sont construits et aménagés avec tout le confort possible. L'éclairage est magnifique et l'apparence générale indique une maison dont la direction est prévoyante et progressive. Rien n'a été négligé dans l'installation pour assurer la prompte livraison des commandes.

***

Le chiffre des importations du Canada en Grande-Bretagne ont atteint pour le mois de septembre 1900 le chiffre de £2,629,967 se répartissant de la façon suivante :

Bêtes à cornes, au nombre de 13,020, valeur £221,593 ; moutons et agneaux, 5,170, valeur £7,976 ; lard fumé, 43,095 quintaux, £100,324 ; jambons, 25,837 quintaux, £59,546 ; beurre, 32,328 quintaux, £155,259 ; fromage, 233,215 boîtes, £576,102 ; œufs, 107,000, £39,423 ; chevaux 323, £9,502.

***

La pénurie du charbon : A cause de la difficulté de satisfaire à la pénurie du charbon, le gouvernement prussien a décidé de faciliter l'affluence des charbons étrangers en ordonnant que, autant que dureront les difficultés présentes, mais en tout cas pendant au moins deux années, le tarif des matières premières sera appliqué pour le transport du charbon. Les chemins de fer de l'Etat ont déjà reçu l'ordre d'appliquer immédiatement ce tarif pour le transport des charbons étrangers et de s'arranger avec les chemins de fer particuliers si cela est nécessaire. Le *Berliner Tageblatt* salue avec satisfaction cette mesure, mais démontre en même temps qu'elle n'aura presque aucune importance pratique pour le temps le plus prochain. Les prix du charbon sont encore en Angleterre tellement élevés qu'il ne peut être question d'une importation de ce pays, et l'on ne peut pas s'attendre à de grandes livraisons de l'Amérique à cause des frets trop élevés. Or, continue le journal, comme un retour aux prix normaux sur le marché du charbon et dans les frets ne peut plus tarder à se produire, la mesure du gouvernement se montrera, dans ces conditions très bienfaisante pour la consommation du charbon allemand et pour que cela soit le cas, il est aussi important que le nouveau tarif ait une durée d'au moins deux ans.

***

Scotch whisky : A la date du 30 juin dernier, il y avait en entrepôt, en Ecosse, la quantité respectable de 475,411,107 litres de whisky. Voilà qui représente quelques guinées pour les distillateurs et pour "The Chancellor of the Exchequer."—(*Grocer's Gazette*).

***

M. Elzéar Massicotte, à l'occasion du trente-huitième anniversaire de sa naissance, a été ces jours derniers, l'objet d'une flatteuse démonstration de la part de ses amis, à la Salle Beaudry, rue de Brébœuf. Il y a eu musique, chant, danse et présentation de cadeau. Inutile d'ajouter qu'on s'est royalement amusé.

***

Dans le parc de Bergius à Stockholm, on a construit cet été un petit pavillon dans lequel on a arrangé un petit musée. On y voit entre autres choses des coupes transversales de différents arbres, par exemple de vieux pins de 364 à 420 ans, puis des arbres qui se sont unis en croissant, tel qu'un sapin et un pin qui se sont unis aux âges respectifs de 20 et 30 ans, union qui a duré pendant 43 ans, après quoi le pin est mort, mais le sapin a continué à croître. On y trouve aussi des formations de troncs et des branches très singulières, des chiffres qu'on a trouvés en 1896 dans le tronc d'un chêne et qui y avaient été gravés il y a 90 ans, mais qui ont été recouverts peu à peu par le bois.

***

L'assurance du roi Humbert.—Le grand chambellan vient de communiquer aux journaux les chiffres des assurances contractées sur la vie du roi Humbert :

10 millions de francs dans différentes compagnies européennes, et 26 millions dans trois compagnies américaines. En tout, 36 millions de francs qu'on devra payer aux héritiers du Roi défunt.

***

La télégraphie sans fils souterraine : Après la télégraphie sans fils, mais aérienne, voici que l'on nous annonce la télégraphie sans fils et souterraine.

Dès le début du télégraphe, on avait recours à deux fils : l'aller et le retour. Bientôt on s'aperçut que le fil de retour pouvait être remplacé par la terre. Il restait encore un fil qui fut supprimé par Marconi après les travaux de Brauly en 1891. Aujourd'hui M. Willot, inspecteur général des postes et télégraphes de France, va supprimer l'air et se servir simplement de la terre comme transmetteur de signaux.

Une commissien spéciale, à laquelle seront adjoints les savants les plus compétents, va être nommée par l'administration des postes et des télégraphes pour étudier cette question. Elle déterminera, entre des stations terrestres déterminées, la nature du sol et de ses différentes couches, ensuite on creusera des "puits d'électricité" pour déterminer dans les différents étages les "couches équipotentielles."

Et avec le cohéreur on aura la télégraphie souterraine.

***

Un entrepôt de charbons américains à Paris : On nous informe de la prochaine constitution d'une société en vue de l'approvisionnement de Paris et de la France en charbons américains.

Si elle réussit, ce sera une très grosse affaire à un fort capital et munie d'une flotte spéciale comprenant plusieurs navires.

Courbevoie serait le lieu déjà choisi du dépôt principal.

***

La formation des employés et des directeurs de laiterie en Allemagne. L'institut laitier de Prenzlau (Brandenburg) a conclu un accord avec l'association des directeurs et des propriétaires de laiteries de la province de Brandenburg pour l'organisation de l'apprentissage des employés et des directeurs de laiterie.

Les membres de cette société se chargent de l'apprentissage dans les conditions suivantes :

1o Tous les candidats qui se présentent sont obligés de faire un stage pratique de 22 mois dans une laiterie de l'association. A la fin de ce stage le candidat peut passer un examen devant celui qui a dirigé le stage assisté d'un membre de l'association désigné par le président et d'un délégué de l'Institut de Prenzlau. Le récipiendaire peut alors recevoir une certificat d'employé de laiterie.

2o Le directeur du stage se charge de l'initiation à tous les travaux pratiques de la laiterie.

3o Aussitôt qu'un candidat se présente pour commencer son stage, l'association en avertit la direction de l'Institut, afin qu'on puisse inscrire immédiatement le postulant.

4o La direction de l'Institut a le droit de surveiller en tout temps les progrès de l'apprenti dans la laiterie où il travaille.

A Prenzlau même, l'apprenti ne reçoit que l'instruction théorique et des leçons de comptabilité.

Après avoir travaillé pendant 4 ans comme employé dans une laiterie, l'apprenti rentre à l'Institut de Prenzlau où après un séjour de 3 mois il passe un nouvel examen qui lui confère le diplôme de directeur de laiterie.

Le directeur de l'Institut de Prenzlau M. du Roy, estime que de cette façon on formera des directeurs de laiterie compétents et sérieux.

La Compagnie Elder Dempster vient de signer des contrats pour la construction de deux grands "cargo boats" destinés au port de Montréal. Un de ces vapeurs sera d'une capacité de 12,000 tonnes et aura une vitesse de 13 nœuds. Ce navire que l'on compte mettre à flot le printemps prochain fera le service entre Montréal et Londres.

***

Combustion spontanée de l'acier : Ce fait est rare et, fort heureusement, ne peut se produire que dans des conditions toutes particulières. Car, si des gens arriérés trouvent matière à calomnier la traction mécanique chaque fois qu'un automobile prend feu, du fait de l'essence qui alimente son moteur, que serait-ce donc si une simple bicylette était susceptible de s'embraser subitement.

La combustion spontanée de l'acier est cependant un fait acquis. Un fabricant de Chicago, M. Lellet, l'a observée le premier dans les circonstances suivantes : Une meule en émeri pour user des plaques d'acier très dures était mouillée depuis longtemps par une éponge, qui avait fini par se remplir de grains d'acier détachés sous l'action de la meule. L'éponge, après un long service, fut retirée et déposée sur une planche en sapin. Elle y mit le feu. Les particules d'acier avaient dû s'oxider rapidement au contact de l'éponge humide, dégageant assez de chaleur pour produire l'incandescence.

***

Archives phonographiques : L'Académie des Sciences de Vienne vient de décider la création d'archives phonographiques qui pourront redire aux générations futures comment les ancêtres se sont exprimés, comment ils ont parlé à la tribune ou dans la chaire, comment ils ont déclamé ou chanté au théâtre. Désormais, les orateurs, les acteurs et les chanteurs célèbres, qui jusqu'ici n'avaient joui que d'une gloire relativement éphémère, passeront à la postérité au même titre que les sculpteurs et les peintres les plus illustres. Les archives phonographiques se divisent en trois parties : la première comprendra les langues et dialectes européens à la fin du dix-neuvième siècle, puis successivement les langues des différents peuples de la terre ; la deuxième sera réservée à la musique ; enfin la troisième renfermera les discours et les paroles de grands hommes, de telle sorte que le caractère et l'accent de leur langage soient conservés. Une commission de savants s'occupe actuellement de la manière de mettre ce projet à exécution. Elle propose de remplacer les plaques résineuses réceptrices des sons du graphophone, employées jusqu'ici, en plaques en métal qui résistent mieux à la durée du temps. On s'occupe également en France de créer des archives phonographiques.

***

Nouveau bateau de sauvetage: Le *Times* signale un bateau inventé par l'ingénieur suédois Von Andrep.

Il consiste en une sorte de radeau d'égale largeur à l'avant et à l'arrière, avec pont et coque très arquées. Sur le pont existe un abri entièrement clos pouvant contenir 30 personnes avec 20 jours de vivres.

Ce bateau-radeau se place à bord des navires. En cas de naufrage on le laisse tomber à la mer et il a la particularité de pouvoir s'éloigner automatiquement et très vite de 180 à 240 pieds du bâtiment naufragé.

Les expériences faites à Copenhague seraient des plus probantes.

***

On signale un curieux phénomène dans les lampes à incandescence installées à Calcutta ; il se produit au cours des violents orages qui sévissent dans ce pays tropical. Après chaque éclair, l'éclat des lampes augmente tout à coup pour revenir ensuite, peu à peu, à son état normal. Le fait s'est présenté si souvent, que les ingénieurs de la Calcutta Electric Supply Co, sur les circuits de laquelle se trouvent ces lampes, s'en sont préoccupés et ont cherché si la canalisation—qui est aérienne—ne présentait pas quelques défauts pouvant expliquer le fait.

Ils n'ont rien trouvé.

La seule explication que l'on puisse donner de ce phénomène, dit *Nature* de Londres, lui semble difficile à admettre. La voici telle qu'on la propose :

On sait que le charbon employé comme cohéreur dans les appareils de télégraphie sans fil perd subitement sa résistance ordinaire quand il est soumis aux radiations électriques. Or, on suppose que le filament des lampes à incandescence présente ce même changement dans sa résistance quand il est exposé aux radiations provenant des décharges électriques des orages tropicaux, plus ou moins voisins.

Cette subite décroissance de la résistance doit déterminer non moins rapidement un accroissement de la puissance lumineuse de la lampe avec lequel, peu à peu, le charbon revenant de lui-même à son état normal, la lumière revient aussi à son éclat régulier.

***

Tout le monde tient les yeux fixés sur la Chine, et tout le monde est désireux de savoir ce qui se passera dans l'empire des Tresses. On lira donc, non sans intérêt, quelques lignes sur les bouchers chinois.

Le métier de boucher n'est guère perfectionné en Chine, car les Chinois indigènes ne sont pas grands mangeurs de viande.

Les adeptes de Boudha croient à la métempsycose, et ainsi il est naturel qu'ils s'abstiennent de manger de la viande, car, d'après leur croyance, l'âme d'un de leurs parents ou amis décédés pourrait se trouver dans un animal quelconque.

Néanmoins le boucher chinois peut toujours offrir à ses pratiques plus de variétés que ne le sauraient faire ses confrères à l'étranger.

C'est que le boucher chinois peut vendre des viandes de chien, de chat et de rat, que les habitants du pays aiment beaucoup.

Sur les prix de la viande en Chine, on n'est guère documenté ; mais un menu communiqué par le professeur Douglas dans un de ses ouvrages, permet des conclusions à cet égard.

Une portion de viande de chat coûte 4 sous ; une portion de viande grasse de chien, 8 sous ; une paire d'yeux noirs de chat, autant.

Il n'est pas cité d'autres sortes de viande dans ce menu.

Ainsi que chez nous, il existe une saison pour la viande d'agneau, il y en a en Chine une pour la viande de chien. On l'y mange avant l'apparition des grandes chaleurs pour —ainsi que le prétendent les Chinois —se fortifier.

***

L'Exposition de Paris possède, depuis quelques jours une primeur téléphonique.

C'est un appareil inédit que M. Mougeot, le directeur général des postes a prescrit d'essayer dans une cabine du bureau central de l'avenue de la Bourdonnais. Dans cette cabine, sur la même table que l'appareil téléphonique ordinaire, est installée une boîte en bois dont la face antérieure porte un bouton, une petite fente et un ajourement vitré derrière lequel une aiguille se meut entre les chiffres 0 et 5, représentant des minutes.

Voulez-vous téléphoner? Vous commencerez par demander le numéro convenable. La demoiselle du téléphone, avant de vous donner la communication, vous invite à glisser 5c dans la petite fente de la boîte et à pousser le bouton. Aussitôt vous avez la communication que vous conservez tant que l'aiguille, qui se meut dès lors, n'est pas arrivée à la division 5. A ce moment, l'aiguille revient à 0 et vous n'avez qu'à remettre 5c pour continuer à correspondre, sans nouvelle intervention du personnel.

***

L'accroissement des correspondances postales et télégraphiques en France : On vient de publier le tableau de la situation comparée des services postaux et télégraphiques en ce moment et il y a dix ans. Il est instructif d'en connaître les données principales.

En 1889, le nombre total des correspondances manipulées par la poste était de 1,739,515,780. L'année dernière, ce nombre s'est élevé à deux milliards 344,804,356.

Le nombre des bureaux de poste en France, en 1889, était de 6,958. Il s'élevait à 9,314 au 1er janvier 1899.

La France possède actuellement un bureau télégraphique par 3,001 habitants et par 41 kilomètres carrés, au lieu d'un bureau par 3,910 habitants et par 54 kilomètres carrés il y a dix ans. Il se transmet actuellement, par ces bureaux, environ deux cents millions de télégrammes par an.

***

Un chargement monstre : c'est par chemin de fer qu'il vient d'être transporté et sur une voie ferrée américaine : il s'agissait d'un arbre de couche à vapeur, c'est-à-dire d'un des ces arbres en acier qui transmettent le mouvement des pistons au volant sur lequel tourne la courroie. Cette pièce, qu'il n'était naturellement pas possible de transporter en deux morceaux, pesait un peu plus de 40,000 lbs ce qui correspond, comme on peut s'en rendre aisément compte, au poids d'une troupe d'au moins 12,000 hommes de poids moyen.

***

L'électricité à Bruxelles : La ville possède 3 usines d'électicité mises en activité par la vapeur ou par le gaz. La plus importante, celle de la rue Melsens, comprend 5 machines à vapeur de 500 Cv indiqués, actionnants 18 dynamos de 1100A à 150V et une batterie d'accumulateurs de 140 éléments, pouvant fournir une décharge de 700A pendant 8 heures.

La distribution de l'électricité se fait par canaux souterrains. La longueur totale des rues canalisées était, au 31 décembre 1899, de 50,402m. Dans un certain nombre de rues, la canalisation existe sous les deux trottoirs ; le développement total du réseau de distribution est ainsi de 56,402m et le développement total de 227 km.

Les abonnements en service au 31 décembre 1899 se chiffrent par 1457. Le nombre des lampes installes sur le réseau, en y comprenant l'éclairage public de la Grand'-Place et du Parc, est de 84,954, soit une moyenne de 168 lampes par 100m courants de rue canalisée.

Quant à la dépense d'électricité, il a été débité pour l'éclairage public et privé, pendant l'année 1899, 17,419,148 hW-heures.

Le prix principal de l'électricité est de 0,07 fr les 100 W-heures.

Le prix moyen est inférieur à ce chiffre par suite des réductions consenties soit à l'Etat soit aux particuliers.

Rappelons que le service de l'électricité communale n'existe que depuis six ans.

***

Les progrès commerciaux du Japon: D'après un rapport consulaire qui vient d'être publié, l'année 1899 a été particulièrement prospère au point de vue du commerce étranger. C'est même depuis l'ouverture des ports japonais, celle où les chiffres ont été le plus élevés, à la seule exception de 1898 ; encore faut-il tenir compte de ce fait que, de nouveaux droits de douane étant entrés en vigueur le 1er janvier 1899, les derniers mois de l'année 1898 avaient été marqués par une grande activité d'importation.

Pour la même raison, et pendant les premiers mois de 1899, le commerce extérieur s'est ressenti de ces nouveaux droits ; mais une reprise importante s'est produite plus tard, de sorte que le total du commerce extérieur est à peine au-dessus de celui de 1898, tandis que l'exportation a augmenté de plus de 125 millions de francs. Le premier article d'importation est le coton écru ; la quantité importée augmente sans cesse, par suite du développement de la filature et du tissage du coton, qui donnent maintenant un surplus de filés et de tissus pour l'exportation. C'est ce fait, ainsi que la récente reprise du commerce de la soie écrue, et une récolte de riz exceptionnellement abondante qui ont fait surtout monter l'exportation. La fabrication des cotonnades a réalisé aussi de grands progrès. L'importation d'objets en fer et en acier a diminué, mais le fer brut a maintenu ses positions, bien que la Chine en ce domaine paraisse devoir bientôt faire une sérieuse concurrence à l'Angleterre et aux Etats Unis.

Le Japon industriel refoule peu à peu le Japon agricole, et l'importation de denrées alimentaires autres que le riz augmente d'année en année. Les anciens ports ouverts, Hiogo et Osaka maintiennent les positions qu'ils avaient conquises sur Yokohama. Des vingt deux nouveaux ports ouverts par la loi du 4 août 1899, les plus importants actuellement sont Simonoseki et Moji, qui ne forment, à vrai dire, qu'un seul port, étant séparés par un détroit de 2 kilomètres et demi de largeur. La marine de commerce japonaise se développe beaucoup, et les pavillons russes et allemands se montrent nombreux dans les eaux japonaises, ce qui fait contraste avec l'apathie témoignée par les armateurs britanniques. La part de la Grande-Bretagne dans l'ensemble du mouvement maritime est encere de 40 pour 100, mais en comparant ce chiffre à celui de 1898, on constate une légère diminution.

LES TEMPS MOINS FACILES

Les temps faciles ont passé pour les épiciers ; l'art de mener à bien un commerce d'épicerie est devenu une science. On ne l'acquiert que par un travail pénible et incessant, par une application convenable des idées sérieusement muries, en ayant toujours en vue, du premier au dernier moment, le problème financier, et en veillant avec un soin jaloux sur les comptes qui grossissent. Il ne faut pas perdre de vue qu'en étendant le crédit pour des comptes arriérés c'est, pour ainsi dire, avancer de l'argent au client. D'après les résultats d'une enquête, nous trouvons que, seulement dans un nombre de cas limité, les sommes payées sur des comptes passés dus ont été suffisantes pour couvrir le coût des marchandises achetées. Avez vous les moyens d'agir comme banquier pour 60 à 75 pour cent de vos clients et cela avec le risque d'une perte de 50 pour cent ?

Les quelques lignes qui précèdent sont tirées d'un discours de M. C. D. Healy à la convention des Epiciers de l'Etat d'Illinois.

Elles ne s'appliquent pas uniquement aux commerçants en épiceries, tous les marchands détailleurs en peuvent faire leur profit.

La facilité avec laquelle certains marchands accordent du crédit à leurs clients leur est souvent fatale. Bien souvent ce crédit est accordé à des gens sur lesquels le marchand n'a pris aucun renseignement quant à la moralité, bien qu'il ne les connaisse pas personnellement. Il se contente généralement de savoir que ces clients demeurent dans la même rue ou dans le voisinage.

Il serait pourtant intéressant de connaître quelques points de la vie du client ; s'il est sobre, s'il travaille, ce qu'il gagne, s'il ne dépense pas inutilement ailleurs ce qu'il lui faudrait pour ne pas être obligé d'acheter ici à crédit.

Il est des clients qui n'éteignent leurs dettes que quand ils y sont contraints par jugement ou autrement. Si leurs créanciers ne leur forcent pas la main, ils ne reçoivent rien de leurs débiteurs qui souvent dépensent leur argent en articles de luxe, ameublement ou objets de fantaisie dont ils pourraient évidemment se passer.

Le fournisseur de vivres, de vêtements et de choses nécessaires à l'existence est pour certaines gens le dernier payé quand il l'est.

Le marchand doit connaître ceux qui en agissent ainsi ; pour cela il lui faut se renseigner sur le client qui demande crédit et ne pas lui ouvrir un compte à l'aveuglette.

Quand le marchand bien renseigné a décidé de faire crédit à son client, il doit fixer le montant de ce crédit et ne pas le dépasser sous aucune considération.

Il faut, en cela, imiter les banques qui fixent un chiffre de crédit pour chacun de ceux à qui elles ouvrent des comptes et qui refusent impitoyablement d'aller plus loin quand la somme fixée a été atteinte.

Tout en suivant cette ligne de conduite, le marchand qui fait crédit perdra encore assez d'argent. Dans sa clientèle de crédit, l'un décèdera, l'autre tombera malade au sein de la misère, un autre n'aura pas de travail, un autre partira au loin sans laisser sa nouvelle adresse, etc.. Celui qui fait crédit est certain de perdre, c'est inévitable. Malgré toutes les précautions, malgré toute la surveillance exercée sur le recouvrement des comptes passés dus, l'année ne se passera pas sans que plusieurs de ces comptes ne soient des pertes sèches.

L'échéance des comptes arrivée et la limite de crédit atteinte, ce serait pure folie que de continuer à livrer des marchandises à un individu qui ne veut pas ou ne peut pas payer. Celui qui ne peut pas payer une petite dette en paiera encore bien moins une grosse.

Nous comprenons parfaitement bien que certains marchands sont tenus de faire crédit pour pouvoir faire un chiffre d'affaires suffisant pour subsister et qu'il serait impossible pour beaucoup de continuer à tenir magasin s'ils s'en tenaient strictement à la vente au comptant. Mais partout où il est possible à un marchand de ne donner ses marchandises que contre espèces, c'est le seul système auquel il devra s'attacher, s'il ne veut courir aucun risque de perte.

Non, les temps ne sont plus aussi faciles pour les commerçants de détail ; dans toutes les branches, il y a trop de concurrents et trop de concurrence ; c'est-à-dire trop de marchands et trop de moyens mis en œuvre pour attirer la clientèle. Parmi ces moyens, il en est de légimes ; nous nous garderons bien de blâmer ceux qui les emploient, mais tout le monde condamnera, sauf ceux qui en profitent, les procédés malhonnêtes dont d'autres se servent.

La question financière ne doit pas être perdue de vue un seul instant, dit l'auteur cité plus haut, et il a pleinement raison. Nous en avons dit un mot au sujet des crédits, mais le souci du marchand ne doit pas se borner à faire rentrer l'argent qui lui est dû et à n'ouvrir des comptes qu'à bon escient. Il lui faut aussi surveiller ses frais généraux qui mangent souvent une trop forte partie des bénéfices bruts. Il lui est nécessaire de bien acheter au bon temps et des marchandises qui ne vieilliront pas sur les tablettes.

Il devra profiter des escomptes accordés à ceux qui paient leurs achats au comptant et à court terme.

Au lieu de laisser son argent dans son tiroir ou dans son coffre-fort, le marchand devra le porter à la banque où il lui rapportera intérêt en attendant qu'il en ait l'emploi.

Voilà comment le marchand, malgré la concurrence qui l'environne, arrivera à amasser l'aisance ou la fortune ; c'est-à-dire par l'ordre, l'économie et la prudence alliés au travail et à l'intelligence des affaires.

Conservation des Prelarts

Pour maintenir en bon état les tapis en linoléum, on doit les laver avec un mélange à parties égales d'eau et de lait, une fois au moins par mois, et tous les trois ou quatre mois on les imbibe d'une légère solution de cire jaune. Traités ainsi, les tapis sont très durables et conservent l'aspect du neuf.

NOTIONS DE DROIT

Nous avons vu jusqu'ici, quelles lois s'appliquent aux biens immobiliers, lesquelles il faut appliquer aux immeubles ; nous allons étudier maintenant quelles sont les personnes qui sont régies par les lois de la province de Québec. La règle générale est que ces lois sont obligatoires pour tous ceux qui résident dans la province, même pour les étrangers : cela résulte de la souveraineté que chaque nation possède et exerce dans toute l'étendue de son territoire, souveraineté qui doit s'étendre non seulement aux choses, mais aussi aux personnes, lesquelles doivent nécessairement se conformer aux lois du pays qu'elles habitent.

Néanmoins, cette règle reçoit des exceptions en ce qui regarde l'état et la capacité de ceux qui résident au Canada sans y avoir leur domicile ; ces personnes continuent à être régies, sous le rapport de leur état et de leur capacité par les lois de leur pays. Ainsi, un français ne pourrait pas se marier dans la province de Québec, avant l'âge de seize ans, malgré que l'âge nubile y soit fixé à quatorze ans pour les hommes et à douze ans pour les femmes. La loi française fixe en effet à seize ans l'âge auquel on peut se marier ; et comme il s'agit d'une question de capacité légale, c'est cette loi qui devra s'appliquer dans l'espèce.

Le mot domicile s'est assez souvent rencontré au cours de ces notes, et je crois aussi bien de dire maintenant ce qu'est le domicile d'une personne. Le Code Civil, article 79 le définit : " le lieu où une personne a son principal établissement." C'est l'endroit où l'on a le siège principal de ses affaires et d'où l'on ne s'absente qu'avec l'esprit de retour. On doit donc distinguer entre la résidence et le domicile : la résidence, c'est l'endroit où l'on est actuellement, où l'on peut ne demeurer que temporairement ; le domicile, au contraire, c'est la demeure fixe, l'endroit où l'on a sa famille ou le siège principal de ses intérêts.

L'importance du domicile en droit vient de ce qu'un grand nombre d'effets légaux en découlent. Ainsi, c'est au domicile d'une personne que les notifications d'actes et les sommations sont adressées ; c'est le lieu du domicile qui détermine quelles lois doivent régir la succession d'un individu. De même en matière de prescription. Supposons un billet fait et daté aux Etats-Unis, mais payable à Montréal : si le débiteur au moment de l'échéance est domicilié dans la Province de Québec, il pourra invoquer, sur une poursuite dirigée contre lui, la prescription acquise en vertu de nos lois, quand bien même cette prescription ne pourrait avoir lieu suivant les lois américaines.

La femme mariée a le même domicile que son mari ; si elle est séparée de corps, elle a droit de se choisir, où elle veut un domicile autre que celui de son mari. Le mineur est domicilié chez ses père et mère, ou chez son tuteur.

EMILE JOSEPH.

LA RECOLTE DU BLE EN 1900

Le *Bulletin des Halles* de Paris, vient de publier son estimation de la récolte du blé en France et dans le monde.

Pour la France, notre confrère évalue la récolte, cette année, à 107,535,400 hectolitres, contre 129,005,500 hectolitres en 1899, chiffres officiels provisoires ; c'est donc une diminution de 21,500,000 hectolitres, en chiffres ronds, sur l'année dernière, et de 3,000,000 d'hectolitres sur la dernière production moyenne décennale qui a été de 110,769,280 hectolitres.

Notre confrère estime les réserves de blé vieux reportées des deux dernières récoltes qui ont été exceptionnellement abondantes, à 20,800,000 hectolitres, ce qui donnerait, avec la production de cette année, une disponibilité, pour la campagne agricole en cours, de 128 millions 300,000 hectolitres. La consommation du blé en France, semences et besoins industriels compris, étant évaluée à 122 millions d'hectolitres, on pourrait donc, d'après ces chiffres, faire face à nos besoins stricts ; mais, alors, on ne reporterait, sur la future campagne que 5 millions d'hectolitres, en chiffres ronds, ce qui serait une quantité infiniment faible. Il y a donc lieu de supposer qu'on devra recourir à une importation qui se règlera d'abord sur la forte récolte d'Algérie dont les blés entrent en franchise en France, puis sur les perspectives de la prochaine récolte pendant les trois ou quatre mois qui en précéderont la moisson.

D'autre part, notre confrère évalue la production du blé dans le monde à 880,500,000 hectolitres contre 924,200,000 hectolitres l'an dernier, soit une diminution de 44,700,000 hectolitres. Les importations universelles étant estimées à 157,600,000 hectolitres seulement et les exportations à 156,500,000 hectolitres, par suite des fortes réserves

universelles des deux récoltes de 1898 et 1899, il n'y aurait, par suite, dans le mouvement général du blé, pendant la campagne actuelle, une balance en faveur des importations que d'un million d'hectolitres en chiffres ronds. Dans ces conditions, l'approvisionnement générale semble donc devoir se faire normalement pendant la campagne en cours.

A PROPOS DES ASSOCIATIONS DE MARCHANDS

Frank N. Barrett dit dans le *Michigan Tradesman :*

" Une des raisons pour lesquelles les Associations d'épiciers ont une existence spasmodique c'est que les épiciers de de détail n'évaluent pas à leur juste valeur ce genre d'organisation. Que penser d'une convention qui dépense des heures entières à discuter si la cotisation par tête sera de quinze, vingt, vingt-cinq ou cinquante cents. Et cependant c'est un fait qui s'est souvent produit. La cotisation annuelle devrait être de cinq piastres au minimum. Si l'association est de la moindre utilité pour ses membres la cotisation vaut ce montant ou davantage ; et c'est parce que ses membres ne veulent pas mettre la main à la poche et payer pour s'assurer les bienfaits d'une organisation que cette dernière a une existence précaire et qu'elle meurt tôt ou tard.

Dans beaucoup de cas, ce manque d'argent, ou puissance motrice, force les associations de détailleurs à organiser des expositions de produits alimentaires, des picnics, des bals, des excursions, etc... dans le but de mettre de l'argent dans la caisse. Quelques-unes publient un journal et grâce à un patronage d'annonceurs, elles obtiennent des fonds. Ce sont tous moyens irréguliers qui enlèvent de sa dignité à l'organisation.

Le détailleur prospère, entreprenant, progressif, à l'esprit large met volontiers la main à la poche et paie généreusement pour le maintien d'une organisation suffisamment puissante pour enrayer les maux qui affligent le commerce ; agir contre la piraterie de couper les prix et les exactions des compagnies de transport, aider à obtenir des lois efficaces et l'aider lui même à faire des affaires profitables. Jusqu'à ce que l'organisation donne des preuves de ce qu'elle est capable de faire en ce sens, elle ne peut espérer trouver le support de tous ni s'attendre à vivre longuement."

LES CHARBONS A GAZ ET LE PRIX DU GAZ

La hausse du prix des charbons est générale dans toute l'Europe. Et ce qu'il y a de plus remarquable, c'est que cete hausse se fait sentir surtout en Angleterre, le pays des houillères les plus abondantes et les plus riches.

A Londres, le charbon dit *best Walkena*, vaut en ce moment 21 sh. la tonne, au lieu de 18 sh.

Il en résulte que beaucoup de compagnies d'éclairage anglaises ont averti le public qu'elles allaient élever le prix du gaz.

Cette situation a pour cause: d'abord la longue grève des mineurs du pays de Galles qui a amené de nombreux vides dans les stocks ; puis la grève étant terminée il a fallu combler les vides et rétablir les stocks ; en second lieu, les prix ont haussé par suite de la multiplicité des demandes et de leur importance ; en troisième lieu, la grève a eu pour résultat une certaine augmentation des salaires des ouvriers mineurs qui ont obtenu ainsi une notable diminution d'heures de travail d'où production moindre; enfin, il faut ajouter la consommation plus grande de charbons achetés par l'Amirauté anglaise pour ses multiples transports vers le Sud-Africain.

Cette hausse durera-t elle ? On le craint. La production du charbon est de moins en moins grande. On dit que les veines anglaises s'épuisent. Il paraît aussi que les marchés actuels sont conclus pour au moins deux ans. Et l'Expédition de Chine va nécessiter aussi une consommation plus grande de charbon. Il ne faut donc pas songer à la baisse.

LE CINQUANTIEME ANNIVERSAIRE DES CABLES SOUS-MARINS

D'après les journaux spéciaux de Londres, il y a eu le 28 août dernier juste un demi siècle que la première dépêche télégraphique a été transmise par câble sous-marin.

En 1847, l'inventeur de ces câbles l'Anglais Jacob Brett, avait obtenu la permission de Louis-Philippe de poser un câble entre l'Angleterre et la France ; mais la Révolution de 1848 avait retardé son projet, et ce n'est qu'en juin 1850, après avoir obtenu une nouvelle permission du président Louis-Napoléon, que Brett put enfin mettre son projet à exécution. Trois mois après, la pose du câble était terminée entre Douvres et le cap Gris-Nez, et la première dépêche, lancée par Brett et adressée à sa femme, était conçue en ces termes :

" Tout va bien à Gris-Nez, serai de retour vers dix heures."

L'expérience avait complètement réussi ; mais, en 1851, un pêcheur de Boulogne ayant remonté dans ses filets une partie du câble n'avait trouvé rien de mieux que de la couper, croyant avoir affaire à un énorme serpent.

Peu de temps après, Louis-Napoléon accordait une nouvelle concession, et quatre câbles étaient posés ; ainsi fut formée la Société télégraphique sous-marine. Le 13 novembre 1851, le câble était ouvert au public, et ce fut un véritable succès, car la Société paya de 16 à 18 p.c. de dividende jusqu'au jour où elle fut achetée par le gouvernement anglais.

Ce premier câble mesurait 25 milles marins et pesait un cinquième de tonne par mille; sa plus grande profondeur était à 30 toises et des poids en plomb y étaient attachés tous les seizièmes de mille.

Quelques chiffres nous feront voir le progrès énorme qui a été accompli en cinquante ans. Les différents gouvernements possèdent aujourd'hui 2356 milles marins de câbles sous-marins, représentant 1334 câbles différents, tandis que des compagnies privées en possèdent 157,-631, représentant plus de 408 câbles différents et un capital de 950 millions de francs. A elle seule, l'Eastern Telegraph and Associated Company est propriétaire de 80,000 milles avec 132 stations.

Un progrès très sensible a également été fait dans la rapidité de la transmission des dépêches ; c'est ainsi qu'une dépêche qui mettait, au début, entre Londres et le Portugal cinq à six heures pour parcourir cette distance, ne met plus que 30 minutes; une dépêche qui mettait de 9 à 10 heures, entre Londres et l'Espagne, ne met plus que 15 minutes ; une dépêche entre Londres et l'Egypte, qui mettait 3 à 4 heures ne met que 20 minutes ; une dépêche qui mettait 5 heures, entre Londres et les Indes, ne met plus que 35 minutes, et, enfin, une dépêche qui mettait 8 heures pour aller de Londres en Chine, ne met plus que 80 minutes.

LE--

Brandy (COGNAC) Gonzalez

A FAIT SA MARQUE AU CANADA.

Il plaît au consommateur. Il fait l'affaire des marchands.

ORDINAIRE

★

★★★

V. S. O.

V. S. O. P.

Le Cognac Boulestin

EST EN GRANDE VOGUE A L'EXPOSITION DE PARIS.

Le Cognac Boulestin, produit de la distillation de vieux vins mûris par l'âge s'est acquis, en Europe et en Amérique, une réputation méritée.

Les médecins le recommandent comme un excellent stimulant à leurs malades.

Essayez-le et jugez par vous-même de ses hautes qualités.

En vente chez tous les bons épiciers et dans les bars de premier ordJe.

★
V. V.
V. V. S. O. P.

Bouteilles,
Demi-Bouteilles,
Flasks,
Demi-Flasks.

Hulot...

En bouteilles, demi-bouteilles, flasks et demi-flasks.

Nous serons heureux de faire parvenir nos échantillons de Cognacs en fûts, aux marchands qui nous en feront la demande.

SEULS REPRESENTANTS AU CANADA :

L. Chaput, Fils & Cie

MONTREAL

L'EUROPE ET LA CHINE

L'un des plus grands organes de la Presse européenne publiait il y a quelques jours, la conversation de l'un de ses correspondants avec un lettré chinois, fonctionnaire important dans son pays, qui connaît de longue date l'état d'esprit de ses compatriotes. Il existerait, paraît-il, en Chine un parti d'hommes fort instruits qui verraient avec satisfaction les nations européennes se partager l'empire des Célestes ; et ce qu'il y a de bien curieux à l'appui de cette opinion, c'est que ses partisans ne la professent que par amour pour leur pays. Ils savent parfaitement que ce partage mettrait leur empire en pièces, mais, ajoutent-ils, sous la tutelle européenne chacune de ses parties acquerrait bien vite, avec le plein usage de ses forces vives, une prospérité inconnue jusqu'ici.

L'éducation du peuple, disait encore le mandarin interviewé, irait de pair avec le développement matériel de chaque contrée. Puis, au bout d'une assez courte période, un jour viendrait où ces différentes Chines que les Européens auraient eux mêmes élevées, les rejetteraient dehors, se ressouderaient spontanément et formeraient le plus puissant empire au monde, tout prêt à absorber l'Occident.

Ainsi donc, et d'après des avis qui ne sont pas négligeables, le démembrement de la Chine serait le premier acte d'un drame qui aurait pour dénouement la ruine et peut-être l'asservissement de l'Europe par la race jaune.

Les capitaux énormes que les pays d'Europe ont exportés en Chine, les concessions très importantes qu'ils y ont obtenues, entre autres plusieurs milliers de kilomètres de chemins de fer, les capitaux qui seront encore nécessaires pour mener à bien l'œuvre entreprise, commandent la prudence dans les relations de l'Europe avec la Chine.

De toutes les garanties que la Chine ait accordées aux Occidentaux pour gagner leur concours financier, aussi bien pour les entreprises industrielles que pour les opérations d'emprunts contractés par l'Etat, la plus sérieuse consiste dans les revenus des Douanes impériales. L'administration de ces revenus fonctionne d'ailleurs sous la tutelle des nations européennes, qui sont les premières intéressées à rendre ce gage aussi solide, aussi productif que possible. Or, le moyen le plus rationnel, le plus efficace pour accroître le rendement des douanes, c'est de provoquer la multiplicité des échanges, c'est de faciliter les importations et surtout, qu'on ne l'oublie pas, les importations de produits manufacturés.

L'accroissement des importations aurait pour conséquence une plus grande activité de la circulation qui, du même coup, engendrerait la prospérité des chemins de fer et donnerait une rémunération de plus en plus large aux capitaux engagés.

Ce n'est point par la conquête que l'on peut espérer refaire en quelque, années l'esprit d'un peuple de trois cents millions d'habitants, qui vit depuis des milliers d'années sur des usages et des croyances si différents des nôtres. Et, comme le disait notre Chinois de tout à l'heure, si ces compatriotes devaient passer sous le joug des Occidentaux, ce ne serait qu'avec la ferme intention de s'en débarrasser au plus tôt. Qu'ils prennent goût à nos marchandises, qu'il adoptent telle ou telle pratique de notre civilisation qui ne heurte pas trop brusquement la leur, cela est possible. Il appartient même au tact, à l'intelligence des producteurs européens d'orienter leur activité dans ce sens et, par des adaptations appropriées de faire accepter et désirer par les Chinois certains produits dont ils ignorent les procédés de fabrication et auxquels il ne serait même pas très habile de les initier, sous peine de les transformer d'acheteurs en rivaux.

Nous disions plus haut que les concessions de chemins accordées aux Européens représentaient déjà plusieurs milliers de kilomètres ; il n'est pas exagéré d'indiquer le chiffre de 10,000, si les projets à l'étude arrivent à être réalisés. On s'accorde à penser, dans les milieux bien informés, que l'octroi de ces concessions à des étrangers n'a pas été sans influence à attiser contre eux les haines dont nous venons de voir les cruelles manifestations. Il serait donc sage, pour le présent, de limiter à ces résultats acquis l'ambition des Occidentaux. L'effort qu'ils auront à développer pour achever ces constructions, les capitaux qui leur seront nécessaires pour amener ce vaste réseau à une exploitation intensive et fructueuse, sont assez considérables pour ajourner de quelques années les conceptions nouvelles que suggéreraient des esprits trop impatients, pour ne pas dire trop hardis.

Il serait sage de remettre à des temps moins agités, l'organisation en Chine de création d'usines ou d'ateliers organisés à l'européenne. Gardons chez nous nos procédés, perfectionnons pour nous mêmes cet outillage, abaissons, si possible, nos prix de revient et vendons aux Chinois, les produits manufacturés en Europe. Les statistiques commerciales démontrent que les importations en Chine sont susceptibles d'un accroissement très grand.

C'est à cette conquête économique qu'il faudra penser quand les nations alliées auront imposé, puis reçu les réparations nécessaires à la suite des événements en cours. Ainsi pourront prospérer les entreprises déjà créées ; ainsi fructifieront les capitaux qu'il faut protéger. Cette revanche n'excitera pas les Célestes à la haine des Occidentaux qui les laisseront libres chez eux. Que la Chine garde les coutumes qui lui sont chères ; qu'importe, si elle nous enrichit en achetant nos produits ?

LE COMMERCE D'EPICERIES

L'excitation des dernières semaines s'est forcément calmée.

Avec une hausse persistante, il a fallu réaliser la situation et se décider à acheter.

Toutes les marchandises sujettes à fluctuations se maintiennent au plus haut point obtenu et le commerce de détail a dû se décider à faire ses approvisionnements à ces prix.

Les affaires sont très actives, fortes même.

Le commerce de gros commence à livrer les marchandises des ordres à arriver pris en septembre.

L'*Escalona* est arrivé avec une assez forte cargaison de fruits de la Méditerranée, le *Bellona* attendu prochainement complètera les approvisionnements des fruits de cette provenance par voie directe jusqu'à Montréal.

Le *Bellona* cependant n'apportera pas les raisins de Corinthe attendus par ce vapeur, car le chargement qu'il aurait pu obtenir ne lui a pas permis de se rendre au port de distribution.

Les sucres sont maintenus aux prix de la semaine dernière.

Les mélasses sont à prix très fermes et si, dans cet article, quelque chose doit nous surprendre, c'est que le prix n'ait pas été avancé. Nos lecteurs devront profiter de ce qu'un moment de répit leur est donné avant qu'une hausse que légitimerait la situation du marché, ne soit imposée sur cette marchandise de grande consommation.

Le saumon est toujours à prix très tendus et la pêche du Cohoe qui

a fait défaut ne peut qu'affermir les vues des détenteurs de saumon.

La morue n'a pas donné une demi-pêche depuis les renseignements parvenus de Gaspésie et si, dans la Nouvelle-Ecosse et au Nouveau-Brunswick, les résultats ne viennent pas contrebalancer ceux de la Gaspésie, la perspective est que les prix de la morue seront avancés.

LA CAISSE NATOINALE D'ECONONIE

Il y a encore des personnes qui demandent qu'est-ce que la Caisse Nationale d'Economie? Quel est son but? Quelle sera son utililité dans l'avenir et comment se fait-il que les sociétaires pourront retirer une rente si élevée après les vingt ans de sociétariat? Voilà autant de questions que le public se pose et qui sont très faciles à résoudre.

1o Son but est purement philantropique puisque son capital est toujours accumulé pour le bénifice des générations présentes et futures et qu'aucune autre personne ne peut bénéficier des intérêts de ce capital que les sociétaires qui vivront après vingt ans de contributions

2o L'argent versé par les personnes qui décèdent ou qui sont radiées avant les 20 ans sont autant de bénéfices pour les rentiers et ajoutent considérablement à l'augmentation de cette rente.

Nous engageons les personnes qui peuvent mettre de côté 25c par mois, de s'inscrire pour l'année 1900 en s'adressant à Arthur Gagnon, Séc.-Trés., Monument National, Montréal, ou aux agents autorisés.

REVUE COMMERCIALE ET FINANCIERE

FINANCES

Montréal 18 octobre 1900.

Aujourd'hui est le jour d'Actions de Grâces, en conséquence, les Bourses du Canada sont fermées.

Pendant la semaine qui vient de s'écouler les transactions à la Bourse de Montréal ont été peu animées. Ce sont toujours les mêmes valeurs qui reviennent sur le tapis, C. P. R.. Tramways de Montréal et de Toronto et les valeurs de mines surtout. Les autres voient par-ci, par-là quelques ventes puis quelques actions de banques entrent dun portefeuille dans un autre et c'est tout.

Le C. P. R. a regagné un point à 87. A $275\frac{3}{4}$ les Tramways de Montréal avancent de $2\frac{1}{2}$ points tandis que ceux de Toronto ne reprennent que $1\frac{3}{4}$ point à 105.

Les mines sont moins heureuses, il y a baisse sur toute la ligne ; 34 points pour le War Eagle, 10 pour le Virtue, $1\frac{1}{2}$ pour le Montreal & London et 1 point pour Payne, Republic et North Star.

Les valeurs suivantes sont celles sur lesquelles il s'est fait des ventes durant la semaine; les chiffres sont ceux obtenus à la dernière vente opérée pour chaque valeur :

C. P. R.	87
Montreal Str. Ry	$275\frac{3}{4}$
Twin City	61
Toronto St. Ry	105
Richelieu et Ontario	108
Halifax Tr. (bons)	....
" (actions)	....
St John Ry	....
Royal Electric	$202\frac{3}{4}$
Montreal Gas	$186\frac{1}{2}$
Col. Cotton (actions)	....
" (bons)	....
Dominion Cotton	97
Merchants Cotton	$128\frac{1}{4}$
Montreal Cotton	....
Cable Comm. (actions)	167
" " (bons)	101
Dominion Coal, pref	$114\frac{1}{4}$
" " bons	....
Montreal Telegraph	....
Bell Telephone	169
War Eagle	100
Centre Star	....
Payne	92
Republic	74
North Star	94
Montreal & London	$9\frac{1}{2}$
Virtue	40

En valeurs de Banques, il a été vendu :

Banque de Montréal	258
Banque des Marchands	158
Banque du Commerce	$154\frac{1}{2}$
Banque de Toronto	....
Banque de Québec	124
Banque Molsons	$181\frac{1}{2}$
Banque Union	....
Banque Ontario	....
Banque d'Hochelaga	135

COMMERCE

Les affaires sont actives; les ordres pour les approvisionnements d'automne et d'hiver sont nombreux et témoignent de la confiance qu'ont en l'avenir les commerçants de détail.

La distribution des marchandises importées et commandées par le détail dans le mois précédent se fait régulièrement au fur et à mesure des nouveaux arrivages.

Les prix sont tenus trés fermes dans la presque totalité des lignes.

Il serait bon pour les marchands qui ont un assez gros ou un fort débit de fruits secs, de saumon, de mélasses et de quelques autresa rticles que nous avons signalés depuir un certain temps, de ne pas compter sur une baisse pour compléter leurs achats ; ils pourraient éprouver une surprise plus désagréable qu'agréable, à attendre davantage, pour s'approvisionner des quantités qui leur sont nécessaires.

Les élections, comme nous l'avons dit déjà, ont donné une plus grande activité au commerce des vins et liqueurs, comme, d'ailleurs, chaque fois que des élections sont en vue. Mais, nous sommes heureux de le dire, on ne constate pas, comme d'habitude en pareil cas, un ralentissement dans les autres lignes de commerce.

Il est vrai que, jusqu'à présent, on n'en était encore qu'aux préliminaires de la période électorale; c'est maintenant que commence la période active puisque la plus grande partie des candidats sont en tournée. Le moment critique pour les affaires est donc venu. Il sera court puisque la date des élections est rapprochée; le commerce n'aura qu'à se louer qu'elle ne soit pas plus éloignée.

Partout on note dans les travaux publics une activité sans pareille, espérons qu'elle durera plus longtemps que la période électorale.

Cuirs et peaux.—La situation dans le commerce des cuirs est peu différente de ce qu'elle était la semaine dernière. Les cuirs sont tenus fermes aux anciens prix et la tannerie livre avec parcimonie au commerce local de manière à entretenir la fermeté des cours, tandis qu'elle expédie en Angleterre autant que ses moyens de production le lui permettent.

Pour les peaux vertes, rien à dire, les prix étant les mêmes que précédemment sans apparence de changement pour un prochain avenir.

Épiceries, Vins et Liqueurs—Les affaires sont très actives; il est arrivé des conserves et des fruits secs de la nouvelle récolte; les livraisons des ordres à arriver se font actuellement.

Les sucres sont sans changement à nos cotes.

Nous avons signalé dans notre dernière revue une avance sur le sirop Perfection; cette avance a été maintenue.

Les mélasses sont à prix très fermes mais sans changement jusqu'à présent.

Les fruits secs sont également très fermes, le détail s'est décidé à payer les prix demandés qui, certainement, ne baisseront pas.

En conserves, on a maintenant du blé d'inde nouveau aux prix de 85 à 95c la doz. de boîtes et des tomates nouvelles de $87\frac{1}{2}$ à 90c. la doz. également.

Les thés du Japon de la troisième récolte faiblissent sur les marchés primaires; cette récolte est attendue le mois prochain.

La maison Cross & Blackwell a avancé de 10 p. c. le prix de son huile d'olive.

Fers, Ferronneries et Métaux.—L'escompte sur les boulons à voitures qui était de 60 et de 55 p. c. sur les prix de la liste, suivant dimensions, a été porté à 65 p. c. uniformement pour toutes les dimensions.

Le plomb en saumons a été haussé de prix sur les marchés exportateurs et nous croyons qu'on trouverait difficilement à acheter ici au-dessous de $4\frac{3}{4}$c la lb maintenant.

On s'attend à une avance très prochaine sur les verres à vitres.

Huiles, peintures et vernis—L'essence de térébenthine est inscrite à une avance de 2c par gallon, nous la cotons à 61c net, au comptant au quart.

Poissons—Nous disons d'autre part qu'on

n'a pas de bonnes nouvelles de la pêche de morue en Gaspésie. Si des autres centres de pêche du littoral ne viennent pas de meilleures nouvelles, il y aura hausse sur ce poisson.

Salaisons, Saindoux, etc.—La spéculation sur les lards américains a été vive ces temps derniers. Après une hausse sensible, une baisse équivalente est survenue. Pour le moment, le marché de Chic ago est faible et on envisage la possibilité d'une baisse minime sur les lards de cette provenance.

Les lards et autres salaisons, ainsi que les saindoux canadiens sont à prix fermes et sans changement.

NOTE SPECIALE

M. Jno Wilkins, agent des meuniers et d'exportation, 281 rue des Commissaires, Montréal, rapporte que M. Walter Thomson fait travailler nuit et jour ses trois moulins à leur pleine capacité. De gros ordres d'exportation l'ont tenu tellement occupé, que les expéditions pour le marché local ont été quelque peu retardées. Il se trouve cependant, maintenant, en position de remplir promptement toutes les commandes.

CLAQUES.—Douze mille caisses de claques, pardessus et autres chaussures en caoutchouc seront vendues à l'encan, jeudi prochain 25 octobre, dans les magasins de la compagnie canadienne de caoutchouc, 333 rue Saint-Paul, Montréal, sous la direction de MM. Benning & Barsalou, les encanteurs bien connus du commerce canadien. Cette vente —sans réserve — arrivant à la veille de la saison d'hiver ne peut manquer d'attirer la clientèle des marchands, qui s'empresseront, cela va sans dire, de profiter d'une occasion exceptionnelle de se "stocker" à bon marché.

JOURNAL DE LA JEUNESSE. — Sommaire de la 1453e livraison (6 octobre 1900).—Un Phénomène, par B. A. Jeanroy.—Les trains blindés, par Pierre de Mériel.—L'Exposition universelle de 1900 : Le Maréorama, par Edmond Renoir.—Le Palais de l'Alimentation: De chocolat, par Mme Barbé.—Les bienfaits de la marche.—Treize et quatorze, par Van de Castétis.—Lettres du régiment, par Louis d'Or.

Abonnements : France : Un an, 20 fr. Six mois, 10 fr. Union Postale : Un an, 22 fr. Six mois, 11 fr. Le numéro : 40 centimes.

Hachette & Cie, boulevard St-Germain, 79, Paris.

RÉCOLTE DE LA PAILLE A BALAIS.—La hausse attendue dans les prix des balais, à l'époque de la nouvelle récolte du grain, ne s'est réalisée que dans une mesure très restreinte, et par suite des fortes pluies et des tempêtes qui ont sévi dans les districts consacrés à cette culture spéciale, il va se produire, tout probablement, une avance soutenue dans les prix des balais pendant les mois qui vont suivre et qui dépendra de la demande. Dans certains districts, les dommages ont été tels qu'une bonne partie de la paille est de qualité inférieure, et, en certains cas, inutilisable. Dans ces conditions, les meilleures récoltes ont été fort recherchées.

Nous croyons savoir que MM. Boeckh Bros & Co., ont eu la bonne fortune d'acheter directement des producteurs un certain nombre de lots de choix, sous la surveillance personnelle d'un associé de la maison et qu'ils se trouveront ainsi en mesure de fournir quelques valeurs exceptionnelles dans la ligne des balais, pendant la saison actuelle. Ils viennent justement de publier leurs nouvelles listes de prix que chaque marchand devrait demander.

REVUE DES MARCHÉS

Montréal, le 18 oct. 1900.

GRAINS ET FARINES

Marchés Etrangers

Les derniers avis télégraphiques cotent ainsi que suit les marchés de l'Europe :

Londres. — Maïs américain ex navire 22s. Blé anglais de Mark Lane soutenu ; blé étranger terne. Maïs américain de Mark Lane offres en diminution. Maïs du Danube sans changement.

Liverpool : Blé et maïs disponibles fermes. Blé de Californie Standard No 1 6s 5½d à 6s 6d. Blé de Walla Walla 6s 2½d. Blé roux d'hiver No 2 6s 1d à 6s 1½d. Blé du printemps No 2 6s 4½d.

Futurs : Blé tranquille, Déc., 6s 1½d. Fév., 6s 2½d. Maïs tranquille. Déc., 4s 1½d. Jan., 3s 10⅞d.

Anvers.—Blé disponible soutenu. Blé roux d'hiver No 2, 17.

Paris.—Blé tranquille, Oct., 19.90 ; avril, 21.30 ; farine tranquille, Oct., 25.35 ; avril, 27.15.

Les marchés américains ont encore décliné cette semaine. Les principaux facteurs de la baisse ont été d'abord les réalisations des *longs* au début de la semaine puis une augmentation considérable dans les expéditions du monde et du *visible supply* et enfin de l'absence d'achats au comptant.

Voici les cours en clôture du blé sur le marché de Chicago pour chaque jour de la semaine.

	Nov.	Déc.
Jeudi	75⅝	76¼
Vendredi	76	76¾
Samedi	75½	75¾
Lundi	73¾	74⅛
Mardi	74⅞	75⅛
Mercredi	74⅛	75

On cotait en clôture hier à Chicago : Maïs 40¾c octobre ; 37⅞c novembre, et 36⅛c mai. Avoine 21½c novembre ; 21⅞c décembre et 23⅞c mai.

MARCHÉS CANADIENS

Nous lisons dans le *Commercial* de Winnipeg du 13 octobre, le rapport suivant :

Le marché local est stagnant ; la nouvelle récolte n'étant pas mise sur le marché. De faibles quantités de No 1 dur ont changé de mains aux environs de 88 et 89c disponible à Fort William. Mais à la fin de la semaine les acheteurs ne sont pas nombreux et hier après-midi il n'y avait qu'un acheteur offrant 87c pour 5000 minots.

Quelques lots de chars de blé grossier et séché se sont vendus cette semaine en diminution sur les cours précédents. Les qualités inférieures devront être cotées à des prix plus en rapport avec ceux de l'exportation si l'on veut faire des affaires. Hier les cotations étaient les suivantes : No 2 dur 75c, No 3 dur 68c, No 3 du Nord 66c. Blé séché : No 2 dur 80c, No 3 dur 73c, No 3 du Nord 71c tous en entrepôt à Fort William ou à Port Arthur, le prix d'exportation étant actuellement environ de 5c en dessous des valeurs cotées.

Le commerce des grains est calme. L'avoine a encore faibli, nous la cotons en magasin de 27½ à 28c pour blanche No 2 par 34 lbs.

Les autres grains sont sans changement à nos cotes d'autre part.

En farines de blé, pas de changement, les prix sont maintenus par une bonne demande locale malgré la faiblesse des blés sur les marchés américains.

Les issues de blé s'obtiennent à prix plus bas cette semaine ; le son et le gru du Manitoba font respectivement $15 et $17 la tonne soit $1 de moins par tonne. Aussi, l'écart avec les issues d'Ontario est-il moins considérable.

Les farines d'avoine sont soutenues aux anciens prix avec une meilleure demande depuis que la température a baissé.

FROMAGE

MARCHE ANGLAIS

MM. Marples, Jones & Co. nous écrivent de Liverpool le 5 octobre 1900 :

" A cause des élections générales et aussi, nous le craignons, des prix élevés qui ont cours, nous avons eu, cette semaine, un marché exceptionnellement tranquille, de sorte que les détenteurs ne sont pas aussi fermes, bien que les cotations soient, nominalement, sans changement.

" Nous cotons :

Fine meaty night Skims............	42 à 44
Blanc et coloré, qualité moyenne	49 à 50
Blanc de choix, Canada et E.-U.	52 à 54
Coloré de choix, Canada et E.-U.	53 à 55

MARCHES D'ONTARIO

			Boites offertes.	Boites vendues.	Prix payés.
Brockville	Oct.	11	2584b et c	6000	11c
Kingston	"	11	1512	700	11⅛c
Madoc	"	11	1345b	1345	11c
Kemptville	"	12	700	..	11⅛c
Chesterville	"	12	679	offert	10⅞c
Winchester	"	12	965c	625	11⅛c
Napanee	"	12	1200	offert	11c
Perth	"	12	1758	1758	11⅛c
Cornwall	"	13	1735b et c	..	11 1/16, 11⅛c
London	"	13	4286c	145	11⅛c
South Finch	"	13	1114b et c	offert	11c
Belleville	"	13	2890b et c	offert	11c
Lindsay	"	15	1321	1321	11⅛c
Campbellford	"	16	2000	2000	11⅛c
Ingersoll	"	16	465	offert	11c
Brockville	"	17	2125b et c	4550	11⅛c
Woodstock	"	17	5073	240	11⅛c
Picton	"	17	845	offert	11 1/16c
Stirling	"	17	925	827	11⅛c

MARCHES AMERICAINS

			Boites offertes.	Boites vendues.	Prix payés.
Ogdensburg	Oct.	13	335	ap. marc.	10⅝c
Watertown	"	13	2000	..	10¼, 10⅜c
Utica	"	13	..	7275	10¼, 10⅜c

MARCHES DE QUEBEC

			Boites offertes.	Boites vendues.	Prix payés.
Cowansville	Oct.	13	2322	2287	11, 11 1/16c

MARCHE DE MONTREAL

Lundi dernier on a payé au quai de Montréal, 11, 11⅛ et même 11¼c pour le fromage.

Hier, à Brockville, les idées des vendeurs étaient d'obtenir 11⅛c cependant ils ont vendu sans récrimination à 11⅛c.

Depuis lundi, notre marché a été au calme plat ; les exportateurs prétendent que leurs limites ne leur permettent pas de payer plus de 10⅞c le fromage de Québec. Si rien ne survient pour réveiller les affaires d'ici lundi, on peut s'attendre à des offres moins encourageantes sur le marché du quai de la semaine prochaine.

Les exportations de la semaine dernière ont été de 39,435 boites contre 67,991 pendant la semaine correspondante de l'an dernier.

Depuis le 1er mai, les exportations ont été de 1,704,323 boites, contre 1,580,378 durant la même période en 1899.

BEURRE

MARCHE ANGLAIS

MM. Marples, Jones & Co. nous écrivent de Liverpool le 5 oct.

" Les qualités de choix sont plus faciles à la ronde, notamment le beurre Danois ; mais à ces prix réduits le volume des affaires a augmenté sensiblement. Les secondes qualités sont, cependant, négligées et les beurres pour la pâtisserie, bien que soutenus, sont également tranquilles.

" Nous cotons :	s.	s.
Imitation crêmeries, E.-U., choix.	80 à	84
Crêmerie, frais, E.-U., choix, boîtes nominal	94 à	98
Irlande, choix, boîtes	86 à	90
Crêmerie, canadien, choix, boîtes..	96 à	100
" Irlande, choix, boîtes...	100 à	104
" Danemarc, en barils et surchoix	100 à	110

MARCHES AMÉRICAINS

Canton 13 octobre—Le montant de paquets de beurre vendus a été de 1034 à 21¼c.

Utica 15 octobre—Le prix du beurre a été de 22 à 23c pour celui de crêmerie et 23½ à 24c pour celui en pain.

MARCHES DE QUEBEC

Cowansville 13 octobre—Les ventes ont été de 30 paquets de beurre à 20c.

MARCHE DE MONTREAL

Le marché manque d'activité pour l'exportation, mais la demande pour le commerce local est satisfaisante.

Nous croyons que les prix payés la semaine dernière pour les beurres de crêmeries, c'est-à-dire de 19½ à 20c la lb peuvent encore s'obtenir, mais moins facilement. Certains acheteurs ne paieraient pas à l'heure actuelle plus de 19¾c et préfèreraient même s'abstenir d'acheter, n'était le désir de conserver leur clientèle de producteurs.

Les exportations de la semaine dernière ont été de 9,328 paquets contre 15,813 pendant la semaine correspondante de 1899.

Depuis le 1er mai les exportations ont été de 232,835 paquets au lieu de 409,487 durant la période correspondante de l'an dernier.

ŒUFS

MM. Marples, Jones & Co, nous écrivent de Liverpool le 5 octobre :

" Les œufs du Canada et les autres sortes se vendent lentement aux prix cotés ; mais ceux d'Irlande voient une bonne demande.

Nous cotons :	s d	s d
Œufs frais du Canada	6 8 à	7 3
" d'Ilrande	8 0 à	9 0
" du Continent	5 6 à	6 6

Bonne demande sur le marché de Montréal où on cote les œufs frais de 19 à 20c ; les œufs mirés No 1 15c et No 2 14c.

GIBIER

Les perdrix sont à 70c la paire pour No 1 et 40c pour No 2.

Le chevreuil, bête entière, se vend de 6 à 6½c la lb.

POMMES

MM. J. C. Houghton & Co, nous écrivent de Liverpool le 4 oct. 1900 :

" Contrairement en quelque sorte à l'attente, le marché indique une avance caractéristique. Il y a une bonne demande pour les fruits colorés, et sous ce rapport il y a une notable amélioration dans les arrivages de New-York et Boston. Quelques lots de pommes canadiennes se sont très bien vendus.

PRIX A L'ENCAN

Pommes	Vendredi 28 sept s. d.	s. d	Lundi oct. 1. s. d.	s. d.	Mercredi oct. 3. s. d.	
Canadiennes, barils						
Gravenstein	15 0	18 6				
Greening	13 9	14 6				
Colvert					15 6	17 6
M. Blush						
St Laurent						
King Pip					18 0	20 0
Baldwin					12 9	13 0
Ribston Pip					11 9	14 0
Américaines.						
Gravenstein						
Greening			11 9			
Baldwin	8 0	12 0	10 9	16 0	9 0	15 3
Culvert						
Jenneting						
Maiden Blush						
Spy			13 0			
Kings	12 9	21 0			14 9	16 0
Hubbertson	9 3	15 9			12 9	15 6
Ramshorn	10 0	14 9			12 6	14 6
Strawberry						
Gladiator					5 9	8 6
Jonathan					8 6	13 0

ARRIVAGES

	Barils.
Arrivages pour la semaine finissant le 2 oct. 1900	8818
Arrivages antérieurs depuis le 1er juillet 1900	18677
Total des arrivages au 2 oct. 1900	27495
Du 1er juillet 1899 au 2 oct. 1899	43219

LEGUMES

Les pommes de terre sont payés de 40 et 45c les 90 lbs au char et on les détaille à 55c les 90 lbs.

Les prix des haricots triés à la main sont cotés de $1.50 à $1.55 par minot en lot de char complet.

On cote :
Salade, de 15 à 30c la doz.
Choux, de 25 à 30c la doz.
Carottes, $1.00 le quart.
Navets, 50c le sac.
Radis, 20c la doz de paquets.
Choux fleurs, de $1.00 à $1.25 la doz.
Aubergines, 50 à 75c la doz
Céleri, 35c la doz. de paquets.
Patates sucrees, de $3.50 à $4.00.
Betteraves, 40c. la doz. de paquets.
Oignons rouges, de $1.75 à $2.00, le baril.
Oignons d'Egypte, $2.50 le sac de 165 lbs.
Oignons d'Espagne au crate de 75 à 80c.

FRUITS VERTS

Nous cotons :
Atocas, de $6.50 à $7.00 le quart.
Bananes, 50c à $1.00 le régime.
Oranges de Jamaique, de $5.50 à $6.00 le quart.
Citrons de Messine, de $1.50 à $2.50 la caisse.
Citrons de Malaga, $5.75 la caisse de 59 doz.
Citrons de Malaga, $2.50 la caisse de 35 doz.
Pommes, de $1.25 à $2.50 le quart.
Poires Bartlett, de $4.00 à $6.00 le quart.
Pêches, de 40 à 60c le panier.
Raisins Concord, 35c le panier.
Delaware, 25c le panier.
Niagara, de 15 à 20c le panier.
Melons d'eau, de 20 à 25c pièce.

FOIN PRESSE ET FOURRAGES

MM. Hosmer, Robinson & Co., nous écrivent de Boston le 11 octobre 1900 :

" Les arrivages pour la semaine écoulée ont été de 305 chars de foin et 35 chars de paille et 13 chars de ce foin pour l'exportation. La semaine correspondante, l'an dernier, 224 chars de foin et 16 chars de paille et 29 chars de ce foin pour l'exportation.

Nous avons un bon marché soutenu. Les arrivages la semaine dernière, tant de foin que de paille, ont à peu près eté égaux à la demande. Nous pensons que tous envois faits actuellement obtiendraient une bonne vente.

" Nous cotons :

	Grosses balles.	Petites balles.
Foin, choix...	18.00 à $18.50	$17.50 à $18.00
— No 1 ...	17.00 à 18.00	16.50 à 17.50
— No 2 ...	16.00 à 16.50	16.00 à 16.50
— No 3 ...	14.00 à 15.00	14.00 à 15.00
— mél.d.trèf.	14.00 à 15.50	14.00 à 15.00
— trèfle ...	14.00 à 15.00	
Paille de seigle long. ...	15.00 à 16.00	
— mêlée..	11.00 à 12.00	11.00 à 12.00
— d'avoine	9.00 à 9.50	9.00 à 9.50

Le marché de Montréal reste aisé et bien que nous ne changions pas encore nos cotes, il nous faut dire qu'il est très difficile d'obtenir dans chacune des qualités ci-dessous le prix extrême.

Les arrivages sont plus importants mais la demande ne s'est pas améliorée en proportion.

Les marchés de Boston et de New-York sont eux-mêmes plus aisés par suite des forts arrivages et les exportations canadiennes sur ces deux marchés se ressentaient de cette situation.

"Nous cotons :

Foin pressé, No 1 à choix....	$ 9 50 à	10 00
do do No 2	7 50 à	8 00
do mél. de trèfle	7 00 à	7 50
Paille d'avoine	4 50 à	5 00

EXTRA

RENSEIGNEMENTS COMMERCIAUX

PROVINCE DE QUEBEC

Montréal—Barret & Connel, épic.
Ste-Adèle—Forget Xavier, mag. gén.

Concordats

Montréal—Asselin Joseph, jr., épic., à 60c dans la piastre.

Curateurs

Montréal—Bilodeau & Chalifour, à L. R. Raymond, merceries, ass. 23 oct.

Dissolution de Sociétés

Montréal—Brière J. & Cie, bouchers.
Carrière & Masson, mfrs de portes et chassis.
Shawville—Cuthbertson, Graham & Elliott, meubles, etc.

En Difficultés

Montréal—Villeneuve P. H. & Co, meubles, ass. 23 oct.

Fonds Vendus

Montréal—Hogue Ferdinand, boucher.
Standard Paper Co.
Trudel I & Co, épic.

Nouveaux Établissements

Eastman—Canadian (The) Photo & View Co.
Montréal—Aumond & Carrière, mfrs de portes et châssis.
Biron E. & Cie, contracteurs ; Dame Emerie Biron.
Electric Expert Co.
Male Attire Publishing Co ; R. Wilson, jr.
Robinson J. W. & Co, tailleurs pour dames ; Dame J. W. Robinson.
Québec—Kahal M. & Co, nouv.
La Cie de Lait Pasteurisé de Québec.
Shawville—Elliott John C., moulin à scie.
Graham James, meubles. etc.

PROVINCE D'ONTARIO

Cessations de Commerce

Fisherville—Schneider John, cordonnier.

Dissolutions de Sociétés

London—Watson Bros, marchands-tailleurs et merceries ; Wm H. Watson continue.
Toronto—Reid Charles & Co, modes en gros.

Fonds à vendre

Schreiber—Thomson & Co, mag. gén., 31 oct.

Fonds Vendus

Guelph—Simpson J. H., épic., à Sanford Platt.
Jarvis—Williams W. H. M., quincaillerie, à Pellow & Co.
London—Fraser (The) Cap and Fur Mfg Co, Ltd.
Ottawa—Bowers B. D., marchand-tailleur, à 50c dans la piastre.
Clarke Reuben, épic.
Importers Tea Co.
Landry E. R., hôtel.
Thamesville—Shirran George, quincaillerie, etc., à Jas. Brown.

Nouveaux Établissements

Hamilton—Tuckett (The) Cigar Co., Ltd.
London—Fraser F. C. & Co, mfr de chapeaux et fourrures.
Lucan—Lucan (The) Milling Co, Ltd.
Ottawa—Faulkner, épic.

CHRONIQUE DE QUÉBEC

Mercredi, 17 octobre 1900.

La saison se comporte très bien dans notre district, pour le commerce d'automne. Nos marchands sont, en général, dans une période d'activité qu'on n'espérait devoir être aussi intense, vu les quelques contrariétés occasionnées, durant les mois d'été, par les écarts de la température. On était sous l'impression qu'il y aurait un ralentissement dans les affaires, mais on est agréablement surpris de constater que le volume du commerce dépasse les prévisions les plus optimistes. De fait, les ventes d'automne auraient été les meilleures qui se soient vues depuis longtemps.

Le commerce de bois de construction est particulièrement actif ; nos renseignements nous portent à croire qu'il est aussi grandement rémunérateur. C'est une indication que, dans ce genre d'affaires, la demande est considérable et la matière première assez rare. Ce qui est vrai, c'est que cette marchandise *vaut de l'or*, comme on dit, à tel point que les marchands de bois refusent positivement de vendre à moins de réaliser de forts bénéfices. Il ne nous appartient pas de rechercher et de determiner la raison de cet état de choses que notre métier de chroniqueur nous fait un devoir de constater ; nous croyons cependant, d'après le cours du marché, qu'il est devenu difficile pour les marchands de détail de se procurer toutes les espèces de bois nécessaires à leur commerce, par suite de ce que les expéditeurs font des levées générales de tout le bois disponible pour le marché étranger.

Il semblerait que la production montre des signes d'épuisement, et que le temps est venu de ménager nos richesses forestières, au lieu d'en continuer le gaspillage comme cela s'est fait depuis près d'un demi siècle.

∴

Dans les fourrures et les confections, il y a une animation des plus encourageantes. Le fait est qu'on n'arrive pas à remplir les commandes, et que les magasins de modes ont presque tous requis leur personnel pour des heures supplémentaires de travail durant la soirée. Quant aux ventes des nouveautés, elles indiquent que la masse des acheteurs, à quelque condition sociale qu'ils appartiennent, sont prospères, car l'argent parait circuler librement et en abondance. Nous avons vu de nos yeux des grandes manufactures éclairées à dix heures du soir, un personnel au complet, et nous en avons tiré la conclusion qu'il y avait un surplus d'ouvrage, ce qui est un signe des temps.

EPICERIES

Sucres raffinés : Jaunes, $4.20 à $4.25 ; blanc $4.55 ; granulé, $5.10 à $5.15 ; powdered, 7c.

Mélasses : Barbade pur, tonne, 40 à 42c Porto Rico, 38 à 42c ; Fajardos, 48 à 50c.

Beurre : Frais, 20c ; Marchand, 17c ; Beurrerie, 20c.

Conserves en boîtes : Saumon, $1.40 à $1.70 Clover leaf, $1.60 à $1.65 ; homard, $3.50 à $3.75 ; Tomates, 95c à $1.00 ; Blé-d'inde, 85 à 90c ; Pois, 90c à $1.00.

Fruits secs : Valence, 7 à 8c ; Sultana, 11 à 15c ; Californie, 8 à 10c ; C. Cluster, $2.20 ; Imp. Cabinet, $2.00 ; Pruneaux de Californie, 8 à 10c ; Imp. Russian, $4.50.

Tabac Canadien : En feuilles, 9 à 10c ; Walker *wrappers* 15c ; Kentucky, 15c ; et le White Burly, 15 à 16c.

Planches à laver : "Favorites" $1.70 ; "Waverly" $2.10 ; "Improved Globe" $2.00

Balais : A 2 cordes, $1.75 la doz ; à 3 do, $2.65 la doz ; à 4 do $3.40 la doz.

FARINES, GRAINS ET PROVISIONS

Farines : Forte à levain, $2.25 à $2.30, deuxième à boulanger, $1.90 à $2.10 ; Patente Hungarian, $2.40 ; Patente Ontario, $1.90 à $1.95 ; Roller, $1.85 à $1.90 ; Extra, $1 60 à $1.65 ; Superfine, $1.45 à $1.50 ; Bonne Commune, $1.25 à $1.30.

Grains : Avoine (par 34 lbs) Ontario, 35 à 37c ; orge, par 48 lbs, 65 à 70c ; orge à drèche, 70 à 80c ; blé-d'inde, 55 à 56c ; sarrasin, 60 à 70c.

Lard : Short Cut, par 200 lbs, $17.00 à $17.50 ; *Clear Back*, $18.50 à $19.50 ; saindoux canadien, $2.00 à $2.10 ; composé le seau, $1.65 à $1.70 ; jambon, 10½ à 13c ; bacon, 9 à 10c ; porc abattu, $6.00 à $7.50.

∴

Nous nous garderons bien de parler de la tourmente électorale qui passe sur notre district cemme sur tout le reste du pays, mais nous constatons, à ce propos, que nos hommes d'affaires ne se laissent pas aussi facilement influencer qu'autrefois par les choses de la politique. Comme question de fait, la ville est très calme, et il ne s'y révèle aucun de ces signes d'animosité et de passion qui heurtaient jadis les uns contre les autres, dans des mêlées terribles, des hommes appelés à se coudoyer, à s'entraider et à faire ensemble des transactions commerciales tous les jours de l'année. L'on ne dira plus de Québec qu'il s'y fait plus de politique que dans aucune autre ville du Dominion ; les rôles semblent même renversés, et ce n'est pas nous qui nous en plaindrons. A ce point de vue, encore, le progrès est remarquable chez nous.

∴

Il se fait actuellement beaucoup de travaux publics, et le nombre d'ouvriers occupés à ces travaux est considérable. Comme les prix payés sont maintenant sous contrôle, et qu'il n'appartient plus aux entrepreneurs de se créer des profits au détriment des manœuvres, la classe ouvrière tire elle-même un bénéfice important tout à fait bienvenu à cette saison de l'année. Une innovation qu'il est peut-être bon de signaler, c'est que les travaux de réparations et d'aménagement de la nouvelle Ecole Normale sont poussés avec tant d'activité que l'ouvrage se poursuit de jour et de nuit, sans interruption, des équipes spéciales d'ouvriers étant chargées de se remplacer à tour de rôle.

L. D.

Papiers à filtrer

Le procédé consiste à tremper le papier filtre dans de l'acide nitrique à la densité de 1,432, puis à le laver soigneusement et à le sécher. Ceci donne au papier des propriétés extrêmement avantageuses. Il se contracte légèrement et perd de son poids ; sa combustion ne laisse que peu de cendres. Il ne contient plus de traces d'azote et ne décompose plus les liquides à filtrer ; malgré cela, son pouvoir filtrant n'est nullement diminué. Il se déchire difficilement quoique étant élastique et souple comme de la toile. On comprend que c'est un avantage, principalement pour le filtrage sous pression. Il prend bien la forme de l'entonnoir. En général, nous dit le journal le *Papier*, la solidité du papier ainsi traité augmente de 100 p. 100.

COMMERCE D'ANIMAUX

Nous tenons de bonne source que les exportateurs canadiens qui ont envoyé tout dernièrement des animaux sur les marchés de Londres et de Liverpool ont enregistré des pertes variant de $7 à $15 par tête de bœuf.

C'est malheureusement un fait qui se représente trop souvent et qui ne peut que nuire à l'élevage et au commerce d'exportation. Tous deux cependant sont loin d'avoir atteint le développement que l'étendue de nos pâturages comporte.

Au nombre d'animaux élevés sur notre sol on pourrait encore facilement ajouter plusieurs millions de têtes.

Malheureusement le commerce d'exportation d'animaux vivants s'est trouvé entravé à différentes époques par des mesures sanitaires plus ou moins justifiées contre notre bétail et l'élevage s'en est ressenti.

Il nous semble que la fabrication des conserves de viande de bœuf, en concurrence avec le produit de Chicago pour la fourniture des armées européennes, devrait se faire sur une large échelle au Canada et laisser des bénéfices moins aléatoires que l'exportation des animaux vivants.

Le commerce des animaux abattus ou en carcasse n'est guère facile pour les exportateurs canadiens qui ne peuvent lutter avec avantage contre l'importation néo-zélandaise, australienne et argentine en Angleterre.

C'est pourquoi nous croyons que l'avenir de l'élevage dépend de la fabrication des conserves sur une large échelle. Les capitaux ne doivent pas manquer pour des entreprises de ce genre quand il s'en gaspille tant sur la spéculation des valeurs de mines d'or et autres.

Ventes de Fonds de Banqueroute par les Curateurs

Par Wm Renaud, le stock d'épicerie de J. Trudel & Cie à 39c dans la piastre à C. Fortin.

Les tramways aux Etats-Unis

La politique libérale des municipalités américaines a largement favorisé la construction et l'exploitation des tramways. Aussi fait-on remarquer que dans les deux seuls Etats américains de New-York et de Massachusets, qui ont seulement huit millions d'habitants et onze grandes villes, les tramways sont en quantité telle qu'ils rapportent $2,500,000 au trésor public, soit 4-7 p. c. de leurs recettes brutes, tandis que dans les Iles Britanniques, pour une population de 38 millions d'habitants et pour cent grandes villes, les tramways ne rapportent que $600,000 en impôts.

Les tramways en Suisse

La Suisse est une démocratie modèle. A Berne, récemment, il s'agissait de décider si l'on prolongerait une ligne de tramway marchant par l'air comprimé, ou si on substituerait l'électricité à ce mode de traction. La question fut soumise à l'examen des contribuables ; il y a eut 1,864 voix pour l'électricité et 1,772 seulement pour l'air comprimé. Les journaux suisses qui annoncent la nouvelle, ajoutent malicieusement que dans leur pays, chaque électeur doit être ingénieur en naissant, car il sera appelé à décider si on doit établir un pont en pierre ou en fer, et à déterminer le mode de construction, de reconstruction et d'exploitation des tramways.

Le roi Humbert cordonnier

Le roi Humbert d'Italie, naguère assassiné, avait, à l'instar de la plupart des princes et souverains d'Europe, appris dans sa jeunesse un métier, et ce métier était celui de cordonnier.

Le roi s'étant un jour comme prince mis en route pour faire une excusion dans une contrée montagneuse, il eut la désagréable surprise de s'apercevoir que les semelles de sa chaussure gauche s'en détachaient.

Passant par hasard, après une courte tournée avec sa suite par un village, il entra en coup de vent dans la chaumière du cordonnier de l'endroit.

Le maître, qui était précisément très occupé et ne reconnaissait pas le prince, dont les compagnons attendaient dans la rue, lui ordonna brusquement : "Racommode-la toi-même !"

Le prince Umberto ne se fit pas dire cela deux fois. Tant bien que mal il recousit la semelle, et ce travail lui plaisait, c'est ce que prouva sa réplique : "Maître, ton futur roi apprendra ton métier."

Il parait qu'à cette apostrophe le maitre est tombé de frayeur de son siège.

Le prince ou plutôt leprince royal apprit, en effet, le métier de cordonnier, et plus d'une fois il portait des chaussures faites par lui-même. Des spécimens de son art sont conservés encore aujourd'hui dans plusieurs de ses châteaux.

BERNIER & Cie

Marchands de Farines

Grains, Moulées, Graines de Semences,
Graines Fourragères, Etc.

Prix Spéciaux par quantité de char ou pour char assorti.

BUREAU ET ENTREPOT :

PRES DE LA GARE DU GRAND TRONC,

St-Hyacinthe

CORRESPONDANCE SOLLICITÉE.

COMPAGNIE DE TABAC DE JOLIETTE

Manufacturiers des marques populaires suivantes : JOLIETTE. QUE.

"CLUB" à chiquer, "WELCOME" à fumer,
"FAVORITE TWIST," "SIRDAR" à fumer,
"ATLAS" à chiquer.

Ces marques faites avec de la feuille de choix sont reconnues par le commerce comme les meilleurs tabacs sur le marché.

The ST. LAWRENCE SUGAR REFINING CO., Limited

Fabricant des qualités les plus choisies de ... **Sucres Raffinés** ...MONTREAL

JAUNES EFFLORESCENTS, (BLOOMY YELLOWS)

CAFÉ NOIR, (BRIGHT COFFEE SUGARS)

PHŒNIX, (Qualité suivant le granulé)

GRANULÉS "EXTRA STANDARD"

Les meilleurs sur le Marché.

Ne jouez pas avec la Saleté

MAIS EMPOYEZ

VITO

La Poudre de Savon de Castille

Elle nettoie tout
et n'abime rien.

THE

TEL. BELL UP 971

Canada Electric Co.,

L. ROUSSEAU Gérant

2501, STE-CATHERINE, COIN CRESCENT

Installations de lumière électrique et d'Horloges de contrôle électrique
Téléphones pour e...pôts,
Cloches Electriques, Etc., Etc.

SEULS AGENTS POUR LA
STANDARD ELECTRIC TIME CO
de Waterbury, Con

BELL TEL. EAST 1517. TOUT OUVRAGE GARANTI

J. G. DUQUETTE

Autrefois de la Montreal Roofing Co.

Couverture et Pavage

- - GENERAL - -

Bureau et Atelier, 949 de Montigny, Montreal.

Spécialités pour les couvertures en Gravois et en Ciment. Planchers en Asphalte, Planchers en Volcanite, Caves mises à l'épreuve des rats et de l'humidité.

Réparations de toutes sortes faites avec promptitude.

Neige enlevée des toits par des hommes expérimentés.

NOS PRIX COURANTS

Nos prix courants sont revisés chaque semaine. Ces prix nous sont fournis pour être publiés, par les meilleures maisons dans chaque ligne; ils sont pour les qualités et les quantités qui ont cours ordinaire dans les transactions entre le marchand de gros et le marchand de détail, aux termes et avec l'escompte ordinaire. Lorsqu'il y a un escompte spécial, il en en est fait mention. On peut généralement acheter à meilleur marché en prenant de fortes quantités et au comptant.

Tous les pr[ix] sont ceux du marché, en général, et aucune maison ou manufacture n'a le pouvoir de les changer à son avantage, sauf pour ses propres marchandises qui sont alors cotées sous son propre nom et sa propre responsabilité. La Rédaction se réserve le droit de refuser ce privilège à quiconque en abuserait pour tromper le public.

PRIX COURANTS.—MONTREAL, 18 OCTOBRE 1900.

Allumettes.

Walkerville Match Co.

Allumettes Parlor

	1 caisse	5 caisses
Crown	$1.60	1.50
Maple Leaf	2.75	2.65
Imperial	5.50	5.25

Allumettes Soufrées

Jumbo	5.25	5.00
Héros	3 50	3.70

Articles divers.

Bleu Parisien.....lb.	0 12	0 13
Bouchons communs....gr.	0 18	0 30
Briques à couteaux....doz.	0 25	0 30
Brûleurs pour lampes		
No. 1.....doz.	0 00	0 75
No. 2..... "	0 00	1 00
No. 3..... "	0 00	0 70
Câble coton ¼ pouce...lb.	0 13	0 14
" Manilla..... "	0 15¼	0 16¾
" Sisal..... "	0 08½	0 10
" Jute..... "	0 10½	0 12
Coton à attacher..... "	0 15	0 21
Chandelles suif.....lb.	0 00	0 09
" paraffine... "	0 12	0 12½
" London Sperm. "	0 11	0 11½
" Stéarine..... "	0 13	0 14
Epingles à linge.bte. 5 gr.	0 00	0 70
	3 fils.	6 fils.
Ficelles..... 30 pieds..	0 40	0 75
" ..... 40 " ..	0 55	0 85
" ..... 48 " ..	0 65	1 00
" ..... 60 " ..	0 80	1 35
" ..... 72 " ..	0 95	1 60
" ..... 100 " ..	1 25	2 00
Lessis concentré, com... "	0 00	0 40
" pur.... "	0 00	0 75
Mèches à lampes No. 1.....	0 11	0 13
" No. 2.....	0 14	0 16
" No. 3.....	0 09	0 11
Sapolio, bte ¼ et ½ gr. la gr.	0 00	11 30

Cafés.

Cafés rôtis. — la livre.

Arabian Mocha	31
Imperial "	28
Jamaique	20
Java Siftings	26
Maracaibo	22
Old Gov. "	31
Old Gov. Java et Mocha	31
Pure Mocha	27 à 29
Rio	15 à 18
Standard Java	32
" " et Mocha	32
Santos	18½
Blanke's Faust Blend	36

Conserves alimentaires

Légumes.

Asperges 4 lbs.....dz.	0 00	4 50
Baked Beans 3 lbs..... "	0 90	1 00
Blé d'Inde.....2 lbs "	0 85	0 95
Champignons.....bte.	0 15	0 21
Citrouilles 3 lbs.....dz.	0 00	0 85
Haricots verts..... "	0 00	0 85
Olives, Pints..... "	3 75	5 00
" ½ Pints..... "	2 90	3 60
" en quart, gallon.	0 00	1 50
Petits pois français...bte.	0 09	0 12
" fins..... "	0 14	0 15
" extra fins.. "	0 16	0 17
" surfins..... "	0 18	0 20
Pois canadiens 2 lbs.. dz.	0 80	1 10
Tomates..... "	0 87½	0 90
Truffes..... "	4 80	5 00

Fruits.

Ananas 2 et 2½ lbs...dz.	2 15	2 50
Bluets 2 " ... "	0 00	0 85
Cerises 2 " ... "	1 95	2 15
Fraises 2 " ... "	1 70	1 85
" 3 " ... "	2 10	2 15
Framboises 2 " ... "	1 45	1 60
Pêches 2 " ... "	1 60	1 85
" 3 " ... "	2 40	2 85
Poires 2 " ... "	0 00	1 65
" 3 " ... "	1 95	2 10
Pommes gal..... "	0 00	2 15
" 3 lbs... "	0 00	0 90
Prunes vertes 2 " ... "	0 00	1 45
" bleues 2 " ... "	1 25	1 35

Poissons.

Anchois.....dz.	3 25	0 00
Anchois à l'huile..... "	3 25	4 50
Clams 1 lb..... "	1 25	1 35
Harengs marinés..... "	1 55	1 85
Harengs aux Tomates. "	1 50	1 60
Homards, boite haute. "	3 12½	3 20
" " plate... "	3 65	3 75
Huitres, 1 lb.....dz.	0 00	1 30
" 2 "..... "	0 00	2 40
Maquereau..... "	1 00	1 05
Sardines Canadiennes, cse	4 00	4 50
Sardines ¼ françaises.bte.	0 09	0 25
" ½ " "	0 17	0 35
Sardines Royan à la Vatel..... "	0 00	0 15
Sardines Royan à la Bordelaise.....bte.	0 00	0 15
Saumon rouge (Sockeye) boite haute dz.	0 00	1 60
" " plate "	0 00	1 75
" " ordinaire haute	0 00	1 50
" rose (Cohœ) " dz.	0 00	1 12½
" du printemps, "	0 00	1 50
Smelts (Eperlans).... "	0 40	0 45

Viandes en conserves.

Corned Beef, bte 1 lb....dz.	1 60	2 00
" " 2 "..... "	2 80	3 40
" " 6 "..... "	9 75	11 40
" " 14 "..... "	21 60	24 00
Lang. de porc." 1 "....dz.	3 00	4 15
" " 2 "..... "	6 00	8 00
" bœuf " 1½ lb.... "	8 00	10 00
" " 2 "..... "	9 25	11 30
" " 3 "..... "	......	14 10
English Brawn 1 lb "	1 40	1 70
Bœuf (chipped dried).... "	2 95	3 00
Dinde, bte 1 lb..... "	2 20	2 30
Pâtés de foie gras..... "	3 00	8 00
Pieds de cochon, bte 1½ lb. "	2 30	2 40
Poulets, " 1 lb. "	2 20	2 30

Drogues et Produits Chimiques

Acide carbolique.....lb.	0 30	0 40
" citrique..... "	0 50	0 55
" oxalique..... "	0 08	0 10
" tartrique..... "	0 33	0 35
Aloès du Cap..... "	0 14	0 15
Alun..... "	0 01½	0 03
Bicarbonate de Soude, bri.	2 00	2 25
Bichrom. de potasse....lb.	0 10	0 12
Bleu (carré)..... "	0 10	0 16
Borax raffiné..... "	0 05	0 07
Bromure de potasse.... "	0 55	0 60
Camphre américain.... "	0 80	0 90
" anglais..... "	0 85	0 95
Cendres de soude..... "	0 01½	0 02
Chlorure de chaux..... "	0 02½	0 05
" de potasse.... "	0 23	0 28
Couperose.....100 lbs	0 75	1 00
Crème de tartre.....lb	0 22½	0 27½
Extrait de Campêche... "	0 10	0 11
" en paquets..... "	0 12	0 14
Gelatine en feuilles.... "	0 35	0 60
Glucose..... "	0 03½	0 04
Glycérine..... "	0 18	0 20
Gomme arabique.....lb	0 40	1 25
Gomme épinette..... "	0 00	0 25
Indigo Bengale..... "	1 50	1 75
" Madras..... "	0 60	0 80
Iodure de potasse..... "	4 00	4 25
Opium..... "	4 50	4 75
Phosphore..... "	0 50	0 75
Pourpre de Paris..... "	0 09	0 10
Résine.....(280 lbs)	2 75	5 00
Salpêtre.....lb	0 05	0 07½
Sels d'Epsom.....100 lbs.	1 50	3 00
Soda caustique 60° " lbs	2 25	2 50
" " 70° " "	2 50	2 75
" à laver..... "	0 70	0 90
" à pâte.....brl.	2 00	2 50
Soufre poudre.....lb.	0 02	0 03
" bâtons..... "	0 02	0 03
" rock, sacs..100 lbs.	2 00	3 00
Strychnine.....oz.	0 90	1 00
Sulfate de cuivre.....lb.	0 06	0 07
Sulfate de morphine... "	1 90	2 00
" de quinine.....oz.	0 40	0 45
Sumac.....tonne.	70 00	75 00
Vert de Paris.....lb.	0 18½	0 20½

Epices pures.

Allspice, moulu.....lb.	0 15	0 20
Cannelle moulue..... "	0 15	0 20
" en nattes..... "	0 13	0 15
Clous de girofle moulu "	0 18	0 20
" " ronds.. "	0 12½	0 14
Gingembre moulu..... "	0 15	0 25
" racines "	0 10	0 25
Macis moulu..... "	0 90	1 00
Mixed Spice moulu Tin 1 oz..... "	0 00	0 45
Muscade blanchie..... "	0 40	0 50
" non blanchie.. "	0 50	0 60
Piment (clous ronds)... "	0 10	0 12
Poivre blanc, rond..... "	0 23	0 26
" " moulu... "	0 26	0 28
" noir, rond..... "	0 15	0 17
" " moulu..... "	0 18	0 19
" de Cayenne..... "	0 22	0 26
Whole Pickle Spice....lb.	0 15	0 20

Fruits Secs.

Abricot Calif.....lb.	0 12	0 13
Amandes ½ molles.... "	0 12	0 13
" Tarragone... "	0 15	0 16
" Valence écalées "	0 40	0 42
Amand. amères écaléeslb	0 00	0 45
" écalées Jordan "	0 40	0 42
Dattes en boites..... "	0 00	0 05
Figues sèches en boites "	0 08	0 10
" " en sac.. "	0 00	0 03¼
Nectarines Californie.. "	0 11	0 12
Noisettes (Avelines)...lb.	0 12	0 13
Noix Marbot..... "	0 10	0 11
" Couronne..... "	0 08	0 09
" Grenoble..... "	0 12	0 13
" " écalées. "	0 22	0 23
Noix du Brésil..... "	0 12	0 13
Noix Pecanes poli..... "	0 12½	0 13
Peanuts rôtis (arach).. "	0 06½	0 07½
Pêches Californie..... "	0 10	0 11
Poires " ..... "	0 13½	0 15
Pommes séchées..... "	0 00	0 00
Pommes évaporées.... "	0 05	0 06
Pruneaux Bordeaux... "	0 04	0 08
" Bosnie..... "	0 00	0 04
" Californie... "	0 05½	0 10½
Raisins Calif. 2 cour.. "	0 00	0 00
" " 3 " .. "	0 00	0 00
" " 4 " .. "	0 00	0 00
Corinthe Provincials... "	0 00	0 00
" Filiatras..... "	0 11	0 12
" Patras..... "	0 00	0 00
" Vostizzas.... "	0 12	0 13
Malag. London Layers bte.	0 00	1 75
" Connoisseur Cluster "	0 00	2 25
" Buckingham Cluster..... "	0 00	3 40
Malaga Russian Cluster bte.	0 00	4 50
Sultana.....lb.	0 10	0 12
Valence fine off Stalk.. "	0 00	0 08½
" Selected..... "	0 08	0 09
" layers..... "	0 09	0 09½

Fruits verts

Ananas, pièce.....	0 00	0 00
Attocas.....quart.	6 50	7 00
Bananes.....régime	0 50	1 00
Pommes.....baril..	1 25	2 50
Raisins Malaga.... "	5 50	6 00
" ½ "	0 00	0 00
Oranges Valence (420) cse	0 00	0 00
" " (714)....	0 00	0 00
" Navels.....	0 00	0 00
" Seedlings.....	0 00	0 00
" Sanguines, ½ cse	0 00	0 00
" Sorrente, caisse.	0 00	0 00
" Messine "	0 00	0 00
" " ½ "	0 00	0 00
" Jamaique, baril.	5 50	6 00
Citrons Messine.... caisse.	1 50	2 50
" Malaga, bte 35 dz	0 00	2 50
" " caisse 59 dz.	0 00	5 75
Oignons rouges.... baril..	1 75	2 00
" jaunes.....	0 00	0 00
" d'Egypte, 165 lbs	0 00	2 25
Oignons d'Espagne, boite.	0 80	0 90
Noix de coco, par 100....	3 25	0 00

Grains et Farines.

GRAINS

Blé roux d'hiver Can. No 2.	0 00	0 00
Blé blanc d'hiver Can. No 2.	0 00	0 00
Blé du Manitoba No 1 dur...	0 00	0 92½
" " No 2 "	0 87½	0 90
Blé du Nord No 1.....	0 00	0 85
Avoine blanche No 2.....	0 27½	0 28
Orge No 1.....48 lbs.	0 50	0 53
" à moulée.... "	0 42	0 43
Pois No 2 ordinaire, 60 lbs...	0 64	0 66½
Sarrasin, 48 " ...	0 54½	0 55
Seigle, 56 " ..	0 58	0 60

FARINES

Patente d'hiver.....	3 75	4 00
Patente du printemps.....	0 00	4 70
Straight roller.....	3 65	3 75
Forte de boulanger, cité.....	0 00	4 40
Forte du Manitoba, secondes	3 80	3 90

FARINES D'AVOINE.

Avoine roulée baril.....	3 35	3 55
" " sac.....	1 62½	1 72½

ISSUES DE BLE

Son d'Ontario, au char, ton	15 00	15 50
" de Manitoba " "	00 00	15 00
Gru de Manitoba.....char	00 00	17 00
" d'Ontario..... "	16 50	17 00
Moulée..... "	17 00	24 00

Huiles et graisses.

HUILES.

Huile de morue, T. N., gal.	0 35	à 0 40
" loup-marin raffi.. "	0 50	0 52½
" paille..... "	0 42½	0 45
Huile de lard, extra gal.	0 75	0 85
" " No 1. "	0 65	0 75
" d'olive p. mach.. "	0 90	1 00
" à salade..... "	0 72½	0 77½
" d'olive à lampion "	1 20	2 60
" de spermaceti.... "	1 30	1 50
" de marsouin..... "	0 50	0 60
" de pétrole, par quart.	0 00	0 16½
Acmé Imperial.....gal.	0 00	0 18
Huile Américaine par quart:		
Water White..... "	0 00	19½
Pratt's Astral..... "	0 00	0 20½
Huile d'olive Barton et Guestier caisse qts	8 50	
" " pts	9 50	
" de foie de m. Nor. gal.	1 25	à 1 35
" " T.N. "	1 00	1 10
" de castor "E. I." lb.	0 09½	0 10
" " franç. qrt. lb.	0 09½	0 10
" " " cse.	0 11	0 12

Liqueurs et spiritueux.

Brandies (droits payés) à la caisse.

Sorin.—Carte bleu	$ 8 50
Carte rouge	9 50
Carte d'or	11 00
24 F. avec verre	9 00
Flasks avec verre	10 00
FUTS.	
Quarts	[illegible] 00
Octaves	4 25
½ oct.	4 25
Hennessy * pintes	13 00
" * chopines	14 25
" * * pintes	14 75
" * * * pintes	16 25
" V. O. pintes	17 25
Martel * pintes	12 75
" * chopines	14 00
" V. O. pintes	17 00
" V. S. O. P. pintes	18 50

Par lots de 10 caisses assorties ou non, 25c de moins par caisse.
F. O. B. Montréal, net 30 jours ou 1% 10 jours.

Boutelleau & Co., F. P.	9 00
" *	10 00
" O. B.	12 00
" V. O. B.	14 00
" X. V. O. B.	16 00
" 1824	21 00
Couturier	7 00
" flasks	8 00
Marion	6 00
" flasks	7 00
Rivière-Gardrat	10 00
Optima	17 00
Bisquit Dubouché	9 25
Renaud & Cie	12 25
E. Puet *	9 00
" * *	10 75
" * * *	12 50
" V. O.	14 50
" V. O. P.	15 25
" V. S. O. P.	16 25
" V. V. S. O. P.	20 25
E. Puet 1860	24 25
" 1850	26 25
" 1840	30 25
J. Borianne * * *	6 75
Pellisson 1850	42 50
" V. S. O. P.	29 00
" S. O. P.	22 00
" 1890	16 00
C. M. Arguet	11 50
V. Porte 1854	22 00

au gallon.

Fine Champagne	5 75	5 90
Couturier	3 80	3 95
Marion	3 40	3 60
Hennessy	0 00	6 75
[illegible]		
Martel	0 00	6 75
Pellisson, vieux	0 00	11 60
" XXX	0 00	8 75
" autre ord.	5 80	7 25
V. Porte 1854	0 00	8 75
E. Puet	0 00	3 65
J. Borianne depuis	0 00	3 75
Rivière-Gardrat	0 00	4 1[illegible]
Bisquit-Dubouché	4 30	@ 4 5[illegible]
Renaud & Cie	4 10	@ 4 3[illegible]
Boutelleau & Cie.	3 80	@ 6 00

Rhums — à la caisse.

St-Georges, 12 lit.		12 50
" 24½ pts imp.		14 50
Chauvet cachet or 12 lit.	0 00	14 50
" " rouge 12 lit.	0 00	12 75
St-John	0 00	7 75
St-Joseph, Jamaique	0 00	11 50
St-Félix, Martinique	0 00	10 50
Talbot frères	0 00	7 75
	au gallon.	
Jamaique	4 25	6 15

Whiskey Ecossais.

	qt	pts
Mullmore	6 25	7 50
" flasks	10 00	10 50
Heather Dew	7 00	0 00
" flasks	11 25	0 00
" stone	12 50	0 00
Special Reserve	9 00	10 00
" "	0 00	11 75
Ex. Spe Liqueur, flacons.	9 50	0 00
Dewar's Special Liqueur..	12 25	12 50
Dewar Extra Special	9 25	9 50
H. Fairman & Co.	7 50	8 50
Royal Eagle	9 25	9 50
Sheriff's	10 00	18 00
Mackie's R. O. spec.	0 00	10 25
" Islay	8 25	8 50
Glenfalloch	8 75	
Glenlivet *	9 00	9 25
" * * *	10 00	10 25
Cabinet 1 crown	0 00	8 75
" 2 "	0 00	9 50
" 3 "	0 00	10 75
Harvey's R. O. S. spec. liq.	0 00	12 50
" Fitz-James 8 y. old	0 00	9 75
Alex. McAlpine old scotch.	0 00	6 75

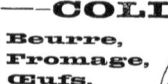

Watson old scotch, qrts...	0 00	8 75
" " pts....	0 00	9 75
Thom & Cameron.........	0 00	6 75
Bernard's Encore.........	0 00	7 75
Bulloch, Lade & Co.		
Special blend...........	9 25	9 50
" extra special......	10 75	11 00
" L. Katrine.........	0 00	7 50
Usher's O. V. G...........	0 00	8 75
" special reserve...	0 00	9 75
" G. O. H...........	0 00	12 00
Gaelic Old Smuggler......	0 00	9 50
Greer's O. V. H...........	0 00	9 50
Stewart's Royal...........	0 00	10 00
	au gallon.	
Heather Dew.............	3 65	3 85
Special Reserve..........	4 15	4 25
Ex. Spc. Liqueur.......	4 75	4 90
Banagher Irish............	4 05	4 30
H. Fairman & Co..........	4 05	4 15
Sheriff's..................	4 65	4 85
Glenfalloch..............	3 70	3 85
Glenlivet (old)...........	4 30	6 30

Whiskey Irlandais.

	à la caisse	
Old Irish..................	6 00	8 00
" flasks............	11 25	0 00
Special....................	9 00	0 00
" flasks.............	0 00	11 75
Cruiskeen Lawn, stone...	12 50	0 00
Henry Thomson..........	0 00	8 50
St-Kevin..................	0 00	7 50
J. Jameson & Son *.......	0 00	9 75
" " ***....	0 00	11 50
Geo. Roe & Co *..........	0 00	9 50
" " **.........	9 75	10 50
Barnagher................	9 75	10 25
Thom & Cameron.........	0 00	6 75
Burke's *** qrts.........	0 00	8 00
" *** 12 imp.-qt... flasks..................	0 00	11 75
Dunville..................	0 00	8 25
Bushmills................	0 00	9 75
	au gallon.	
Old Irish..................	3 75	3 90

Gins.

De Kuyper, cse violette............		2 65
" cses vertes............		6 00
DeKuyper, cses rouges, 1 à 4 c...		11 50

F. O. B. Montreal, 30 jours net ; 1 o/o 10 jours ; fret payé à destination par lot de 5 caisses au moins.

Key Brand.................	5 00	10 25
" poney.........	0 00	2 50
Melchers poney...........	0 00	2 50
" picnics 4 doz....	0 00	5 50
" Honey Suckle... (cruchons verre)	8 25	15 00
Wynand Fockink.........	0 00	10 00
Bernard Old Tom.........	0 00	7 25
Booth's " ".........	0 00	7 85
" " " 5 caisses	0 00	7 60
Melrose Drover Old Tom..	0 00	7 00
Booth's London Dry......	0 00	7 75
Burnett ".........	0 00	7 25
Melrose Drover Dry......	0 00	7 00
Coate Plymouth..........	0 00	9 25

Gins en futs.

De Kuyper, barriq. le gal.	0 00	3 00
" quarts "	0 00	3 05
" octaves "	0 00	3 10
" au gallon "	0 00	3 20

Tous autres gins, 5c. de moins.
F. O. B. Montréal, 30 jours net ou 1% 10 jours.

Booth's Old Tom, quarts, le gal.	0 00	3 45
" " octaves.	0 00	3 50
" " au gal	0 00	3 90

Whisky Canadien au gallon, en lots d'un ou plusieurs barils de 40 gallons (pas de demi-barils) d'une sorte ou assortis.

Gooderham & Worts 65 O. P	4 50
Hiram Walker & Sons "	4 50
J. P. Wiser & Son "	4 49
J. E. Seagram "	4 49
H. Corby "	4 49
Gooderham & Worts 50 O. P........	4 10
Hiram Walker & Sons "	4 10
J. P. Wiser & Son "	4 09
J. E. Seagram "	4 09
H. Corby "	4 09
Rye Gooderham & Worts............	2 20
" Hiram Walker & Sons...........	2 20
" J. P. Wiser & Son...............	2 19
" J. E. Seagram...................	2 19
" H. Corby........................	2 19
Imperial Walker & Sons............	2 90
Canadian Club Walker & Sons.......	3 60

Pour quantité moindre qu'un quart d'origine mais pas moins de 20 gallons :

65 O. P.....................	le gall.	4 55
50 O. P.....................	"	4 15
Rye.........................		2 25

Au-dessous de 20 gallons :

65° O. P.....................	le gallon	4 60
50° O. P.....................	"	4 20
Rye.........................	"	2 30

Pour quantité moindre qu'un baril ou un barillet d'origine :

Imperial Whisky.........	le gallon	3 10
Canadian Club...........	"	3 80

F. O. B. Montreal, 30 jours net ou 1 o/o 10 jours ; fret payé pour quantité d'un quart et au-dessus.

Pour le Whisky à 50° O. P., 5c de moins par gallon, F. O. B. Montréal, pour l'île de Montréal.

Rye Canadien à la caisse.

Walker's Impérial..........quarts		7 50
" ....16 flasks		8 00
" ....32 "		8 50
Walker's Canadian Club....quarts		9 00
" ..16 flasks		9 50
" ..32 "		10 00
Gooderham & Worts 1891 1 à 4 c.		6 75
Seagram 1896 (Star brand.) quarts		6 50
" No 83............ "		8 75
Corby I. X. L....................		7 50
Purity, qts........................		6 50
" 32 flasks..................		7 50
Canadian, qts.....................		5 00
" 32 flasks..................		6 00

F. O. B. Montreal, 30 jours net ou 1 o/o 10 jours

Whiskeys importés.

Kilty Scotch..........caisse.		9 25
Buchanan's House of Commons.......... "		9 50
Claymore............. "	8 50	8 75
Bushmills Irish....... "	9 25	9 50

Gin (La Clef).

Caisses Rouges..............		10 00
" Vertes................		4 85
" " Ponies.......		2 50
Gallon........................	2 95	3 15
Nicholsons Old Tom Gin.....	7 50	7 75
" London Dry Gin.	7 50	7 75

Mélasses.

	Au gallon.
Barbades tonne..................	0 41
" tierce et qt..............	0 43½
" demi quart............	0 44½
" au char ton...........	0 40
" " tierce........	0 42½
" " ½ qt..........	0 43½
Porto Rico, choix, tonne........	0 00
" tierce et quart......	0 00
" ordinaire, tonne....	0 00

Pâtes et denrées alimentaires.

Macaroni importé......lb	0 08	0 10
Vermicelle " ...... "	0 08	0 10
Lait concentré..........dz	0 00	1 90
Pois fendus, qt. 196 lbs..	0 00	4 10
Tapioca, lb..................	0 04¾	0 05

Poissons.

Harengs Shore.........brl.	0 00	5 00
" ....½ "	0 00	2 75
" Labrador .... "	0 00	5 25
" " ..½ "	0 00	3 00
" Cap Breton .. "	0 00	0 00
" " ½ "	0 00	0 00
Morue sèche...............lb.	0 00	0 04½
" verte No 1, qt..lb.	0 00	0 02½
" No 1 large qt.... "	0 02¾	0 03
" No 1 draft...... "	0 00	0 02¾
" désossée caisse...	0 00	4 50
" " paquet....	0 00	0 06
Saumon C. A.......½ "	0 00	0 00
" .... 1 "	0 00	0 00
Saumon Labrador.. 1 "	0 00	14 00

Produits de la ferme.

(Prix payés par les épiciers.)

Beurre.

Townships frais.......lb.	0 19	0 20
En rouleaux.......... "	0 00	0 00
Cremerie sept.......... "	0 00	0 00
do Nov...... "	0 00	0 00
do frais...... "	0 21	0 21½

Fromage

De l'Ouest...............lb.	0 11	0 11½
De Québec............... "	0 10¾	0 11¼

Œufs.

Frais pondus, choix ..dz.	0 00	0 20
Mirés.......................	0 00	0 15
Œufs chaulés, Montréal..	0 00	0 00
" " Ontario....	0 00	0 00

Sirop et sucre d'érable.

Sirop d'érable en qrts..lb.	0 06¾	0 07
" en canistre.	0 75	0 80
Sucre d'érable pts pains lb.	0 09	0 10
" vieux......	0 00	0 00

Miel et cire.

Miel rouge coulé.......lb.	0 07	0 08
" blanc " .... "	0 08	0 09
" rouge en gateaux.. "	0 08½	0 09
" blanc " "	0 13	0 14
Cire vierge.............. "	0 25	0 26

Riz

	Sac.	½ Sac.	Pch.	½ Pch.
B. 1 @ 9 sacs	3 10	3 15	3 20	3 25
B. 10 et plus "	3 00	3 05	3 10	3 15

C.C. 10c. de moins par sac que le riz B.

Patna imp., sacs 224 lbs.lb.	0 4⅜	0 05

Salaisons, Saindoux, etc.

Lard Can. Sh't Cut Mess qt.	20 00	21 00
" " S. C. Clear.... "	19 50	20 00
" " S. C. désossé.. "	21 00	21 50
" S.C. de l'Ouest "	21 00	21 50
Jambons.................lb.	00 12	00 14
Lard fumé............... "	00 00	00 14

Saindoux.

Pur de panne en sceaux..	2 15	2 40
Canistres de 10 lbs....lb.	0 11	0 12¼
" 5 " .... "	0 11¼	0 12⅜
" 3 " .... "	0 11½	0 12½
Composé, en seaux.........	0 00	1 60
Canistres de 10 lbs....lb.	0 00	0 08½
" 5 " .... "	0 00	0 08⅝
" 3 " .... "	0 00	0 08¾
Fairbanks, en seaux......	1 72½	1 75
Cottolene en seaux....lb.	0 00	0 08¾

Sauces et Marinades.

Marinades Morton.....dz.	2 10	2 30
" Crosse & Blackwell "	0 00	25
" Suffolk, 20 oz...... "	0 00	2 10
" " 16 oz...... "	0 00	1 80
Essence d'anchois...... "	0 00	3 20
Sauce Worcester, ½ ch.doz.	3 50	3 70
" " chop "	6 25	6 50
" Harvey....½ " "	3 25	3 55
Catsup de tomates...... "	1 00	4 00
" champignons "	1 90	3 40
Sauce aux anchois..... dz	3 25	3 55
Sauce Chili............. "	3 75	4 05

Sel.

Sel fin, quart, 3 lbs......	2 65	2 75
" " 5 "	2 60	2 65
" " 7 "	2 40	2 50
" ¼ sac 56 "	0 00	0 30
" sac 2 cwts........	0 00	1 00
" gros, sac livré en ville	0 40	0 42½

Sirops.

Perfection..............lb.	0 03	0 03¼
" s. 25 lbs. seau.	0 00	1 20
" seau 3 gall. "	0 00	1 50
Sirop Redpath tins 2 lbs.	0 00	0 09
" " 8 "	0 00	0 35

Sucres.

(Prix aux 100 lbs.)

Jaunes bruts (Barbade)...........		4 37½
" raffinés...........	$4 30	4 90
Extra ground..................qts.		5 60
" " ....bte.		5 80
" " ....½ "		5 85
Cut loaf.......................qts.		5 60
" ....½ "		5 70
" ....bte.		5 60
" ....½ "		5 70
Powdered.....................qts.		5 35
" ....bte.		5 55
Extra granulé................qts.		5 00
" ....½ "		5 15

Ces prix doivent être augmentés de 5c par 100 lbs pour les villes de Montréal et Québec.

Thés du Japon.

Extra choisi du mois de mai :

Castor No 1..........	lb.	0 00	0 37½
Hibou No 1..........	"	0 00	0 35
Choisi			
Castor No 2..........	"	0 00	0 32½
Hibou No 2..........	"	0 00	0 32½
Bon :			
Hibou No 50.........	"	0 00	0 26
Faucon (Hawk)......	"	0 00	0 25
Spécial :			
Hibou No 100........	"	0 10	0 20
Moyen :			
Otter...................	lb.	0 00	0 18
Commun..............	"	0 14	0 17
Moulu (Siftings).....	"	0 06	0 09
Nibs (choix)..........	"	0 14	0 18

Thés de Chine.

Thés verts Young Hyson.

Ping Suey, bts 30 lbs	lb.	0 12	0 14
" ½ cais. (first)	"	0 16	0 18
" " (points)	"	0 18	0 20
Moyune, caisses.....	"	0 38	0 42

Thés verts Gun Powder.

Moyune, caisses.....	lb.	0 40	0 44
Ping Suey, bts, Pin head	"	0 32	0 35
" " "	"	0 25	0 28
Pea Leaf, choix, bts..	"	0 20	0 22
" commun "	"	0 14	0 16

Thés noirs.

Kaisow...........½ cs	lb.	0 12	0 14
Pan Young........ "	"	0 14	0 16
Keemuns, Kin Tuck "	"	0 18	0 20
Moning, choix..... "	"	0 30	0 34
Packling, boites 20 lbs commun..........	"	0 13	0 15
Packling, boites 20 lbs bon..................	"	0 16	0 18
Packling, boites 20 lbs fin..................	"	0 22	0 25
Orange Pekoe, bts 20 lbs, parfumé........	"	0 25	0 30
Formosa Oolongs, bts 20 lbs, (le Papillon).	"	0 24	0 30

Thés de l'Inde.

Darjeelings, Bloomfield,	lb.	0 32	0 40
Assam Pekoe....	"	0 20	0 24
Gloria, Pekoe Souchong................	"	0 18	0 20
Amrail, Souchong......	"	0 16	0 18
Gloria, Pekoe...........	"	0 14	0 16

Thés de Ceylan.

Syria, Golden Tipped Pekoe........caisse,	lb.	0 27	0 35
Gallaheria, Flowery Pekoe.........caisse,	"	0 20	0 23
Bombra, Pekoe Souchong........caisse,	"	0 16	0 18
Luccombe, Souchong, caisse,	"	0 14	0 16
Golden Tipped Pekoe, (marque Abeille), No 8, caisses 40 lbs, (10 x 1 lb et 60 x ½ lb)................	"	0 36	0 38
Flowery Pekoe, (marque Abeille), No 9, caisses 40 lbs, 10 x 1 lb et 60 x ½ lb)...	"	0 28	0 30
Flowery Pekoe Nayabedde demi caisses	"	0 24	0 27
Ceylon Pekoe Karana demi caisse	"	0 24	0 27

Vernis.

Vernis à harnais......gal.	0 00	1 80
" " ......dz.	1 10	1 20
" à tuyaux...... gal.	0 00	0 90
" Parisien........dz.	0 70	0 70
" Royal polish... "	0 00	1 25

Vins.

Non Mousseux.

Bordeaux ord.......caisse	2 60	3 50
" " .... gal.	0 90	1 10
" Médoc....caisse	4 65	5 65
" St-Julien. "	5 65	6 65
" Châteaux "	4 25	21 00
Bourgogne......... "	7 00	20 00
Bourgogne, ordinaire.gal.	0 90	1 10
Sicile.................. "	1 35	1 60
Sherry..............caisse	4 50	11 00
" ....gal.	0 95	4 00
Porto..............caisse	6 00	15 00
" Gordon & Cie. "	0 00	3 75
" ....gal.	2 10	4 00
Moselle............caisse	15 00	21 00
Sauternes.......... "	5 65	6 65
Graves.............. "	5 50	6 50
Malaga, Gordon&Cie "	0 00	4 00
Claret L. Pinaud qts "	0 00	2 60
" Faure Frères...gal.	0 00	0 90
Robertson Bros Oporto gal.	1 50	10 00
" " Sherry.cs.	0 00	10 00
" " " gal.	1 50	8 50

Mousseux.

(Prix à la caisse.)

	qrts.	pts.
Bourgogne Mousseux	00 00	00 00
Moselle Mousseux........	16 00	21 00
Hock Mousseux..........	15 50	17 00
Saumur, Tessier & Co.....	13 00	14 50
" Norsa Raphael..	13 00	14 50
" Castellane......	12 50	14 00

Champagnes.

	qrts.	pts.
J. Mumm.................	23 00	25 00
G. H. Mumm..............	28 00	30 00
Arthur Rœderer..........	22 00	24 00
Vve Clicquot..............	28 00	30 00
Eug. Clicquot.............	24 00	00 00
Pommery..................	28 00	30 00
Préminet..................	23 00	24 00
Louis Rœderer...........	28 00	30 00
Piper Heidsick...........	27 00	29 00
Perrier-Jouet............	28 00	30 00
E. Mercier&Cie., carte d'or	28 00	30 00
Vin des Princes..........	22 00	23 00
Vin d'été..................	16 00	17 00
E. Cazanove..............	22 00	00 00
Tessier....................	14 00	15 50
Imperial extra dry.......	00 00	15 00
Couvert, très sec........	20 00	22 00
Théop. Rœderer :		
Cristal Champagne......	40 00	42 00
Réserve Cuvée...........	26 00	28 00
Sportsman Ch............	16 00	18 00

Bois de chauffage

Prix payé par marchands, aux chars, gare Hochelaga

Erable	la corde......		5 50
Merisier	do	....	5 25
Bouleau, etc	do	....	0 00
Epinette	do	....	4 50
Slabs, par chars	....	....	0 00
do en barge, la corde...		2 40	2 75
Rognures, le voyage.......		1 50	2 25

Charbons

PRIX DE DETAIL

Grate	par tonne de 2000 lbs..	6 75
Furnace	do ..	6 75
Egg	do ..	6 75
Stove	do ..	7 00
Chesnut	do ..	7 00
Peanut	do ..	5 00
Screenings	do 2240 lbs..	5 10

Vale Grate	do 2000	.. 0 00	
Welsch Anthracite	do do	.. 5 75	
Pictou	do 2x40		
Cape Breton	do do		
Glace Bay	do do	0 00	
Sydney	do do		
Reserve	do do		
Charbon de forge	do 2000	.. 0 00	
Lehigh pour fond.	do do	.. 0 00	
Coke do	par chaldron.....	0 00	
do usage domestique:............		0 00	
do do do concassé.....		0 00	

* Selon distance et qualité.

Cuirs et Peaux.

Cuirs à semelles.

(Prix à la livre.)

Spanish No 1, 18 lbs moy.	0 26	0 27
" No 1,25 lbs et au-d.	0 00	0 26
" No 1, léger........	0 25	0 26
" No 2, "	0 00	0 25
" No 2, 18 lbs moy..	0 00	0 26
Zanzibar	0 23	0 24
Slaughter sole No 1 steers.	0 28	0 30
" " No 1 p. ord.	0 28	0 30
" " No 2 "	0 25	0 27
" union crop No 1	0 30	0 32
" " No 2	0 28	0 30

Cuirs à harnais.

(Prix à la livre.)

Harnais No 1.............	0 33	0 35
" No 1 R...........	0 32	0 34
" No 2.............	0 30	0 33
" taureau No 1....	0 00	0 30
" " No 2....	0 00	0 28

Cuirs à empeignes.

(Prix à la livre.)

Vache cirée mince........	0 40	0 45
" forte No 1....	0 00	0 40
Vache grain. pesante.....	0 40	0 45
" écossaise	0 38	0 40
Taure française..........	0 95	1 00
" anglaise...........	0 90	1 00
" canadienne, Lion.	0 75	0 85
Veau can. 25 à 30 lbs....	0 75	0 80
" 36 à 45........	0 60	0 65
" 45 et plus.....	0 50	0 60
Vache fendue Ont H......	0 25	0 30
" " H. M..	0 25	0 30
" " Med ...	0 25	0 30
" " junior .	0 21	0 23
" Qué.sen.h.à.m.	0 24	0 28
" Jun.m.à light.	0 20	0 23
Cuir rouge pour Mocassin Steer, le No..............	0 00	0 08
Cuir rouge pour Mocassin Bull, le No..............	0 00	0 07
Cuir rouge pour Mocassin Steer, la livre............	0 33	0 38
Cuir rouge pour Mocassin Bull, la livre.............	0 30	0 35

Cuirs vernis.

Vache vernie.........pied	0 18	0 18
Cuir verni "Enamel" "	0 15	0 17

Cuirs fins.

Mouton mince.........dz.	3 00	8 00
" épais.......... "	10 00	0 00
Dongola glacé, ord...pied	0 14	0 25
Kid Chevrette........ "	0 25	0 30
Chèvre des Indes glacée "	0 08	0 10
Kangourou .... "	0 35	0 50
Dongola dull......... "	0 20	0 30
Buff d'Ontario H... "	0 14	0 15
" H. M... "	0 13	0 14
" M... "	0 00	0 13
" L. M... "	0 00	0 13
" No 2... "	0 00	0 12
Buff de Québec H... "	0 13	0 15
" H. M... "	0 13	0 14
" M... "	0 00	0 13
" L. M... "	0 00	0 13
" No 2... "	0 00	0 12
Glove Grain Ontario.. "	0 13	0 15
" " Québec.. "	0 13	0 14
Pebble " Ontario.. "	0 14	0 15
" " Québec.. "	0 13	0 14

Cuirs à bourrures.

Cuir à bourrure No 1.....	0 00	0 20
" No 2.....	0 00	0 18
Cuir fini français... ...	0 00	0 20
" russe	0 20	0 25

Peaux.

(Prix payés aux bouchers.)

Peaux vertes, 1 lb, No 1	0 00	0 08
" " No 2	0 00	0 07
" " No 3	0 00	0 06
Veau No 1............ lb.	0 00	0 08
" No 2.............	0 08	0 06
Agneaux pièce	0 00	0 70
" en laine "	0 00	0 00
Moutons "	0 00	0 00
Chevaux......... No 1...	0 00	2 00
" .... No 2...	0 00	1 50

Pour peaux asorties et ins ectées.)

Laines.

Toison du Canada... .lb.	0 00	0 17
Arrachée, non asso ie. "	0 17	0 17½
A, extra supérieure.... "	0 17½	0 18½
B, supérieure.......... "	0 17½	0 18½
Noire, extra .... "	00	0 16
Noire .... "	0 00	0 15½

Fers et Métaux.

FERRONNERIE ET QUINCAILLERIE

Fers à cheval.

Ordinaires...........baril	3 50	4 00
En acier..................	3 60	4 05
"Fer à repasser"......lb	0 04	0 04¼

"Fiches":

Pressées ¼ p. Esc. 25 p.c.	4 75	0 00
" 5-16 "	4 50	0 00
" ⅜ "	4 25	0 00
" 7-16 "	0 00	4 10
" ½ "	0 00	3 90

Fil de fer

Poli et Brûlé.

No 2 à 5, net.........100 lbs	2 87
" 6 à 9 "	2 80
" 10 "	2 87
" 11 "	2 94
" 12 "	3 00
" 13 "	3 15
" 14 "	3 27
" 15 "	3 40
" 16 "	3 55

Brulé et huilé 10c de plus par 100lbs pour chaque numéro.

Galvanisé Nos 2 à 8, net..	3 85	3 95
" 9 "	3 10	3 20
" 10 "	4 00	4 10
" 11 "	4 05	4 15
" 12 "	3 25	3 35
" 13 "	3 35	3 45
Brulé ; p. tuyau..100 lbs	6 00	7 00
Barbelé p. clôtures, 100 lb.	3 20	3 30
Crampes.......... "	0 00	3 45
Fil de laiton à collets..lb.	0 37½	0 40
Fonte Malléable....... "	0 09	0 10
Enclumes....... ...... "	0 11	0 11½

Charnières.

T. et "Strap".........lb.	0 05	0 06
Strap et Gonds filetés.....	0 08	0 03¾

CLOUS, ETC.

Clous à cheval.

No 7...............100 lbs.	24 00
No 8............... "	23 00
No 9 et 10.......... "	22 00

Escompte 50 p. c. le gal.
" 50 et 10 p. c 2e ga.
Boites de 1 lb.. ½c. net extra.

Clous coupés à chaud.

De 4½ à 6 pcs.........100 lbs.		2 35
3½ à 4 " .... "		2 40
3 à 3¼ " .... "	à 4 mois	2 45
2½ à 2¾ " .... "		2 50
2 à 2¼ " .... "		2 65
1½ à 1¾ " .... "		2 75
1¼ " .... "		3 00
1 " .... "		3 35

Clous à finir.

1 pouce...............100 lbs.		3 85
1¼ " ....100 lb.		3 55
1½ et 1¾ pcs..... ... "		3 30
2 et 2¼ " .... "	à 4 mois	3 05
2½ à 2¾ " .... "		3 00
3 à 6 " .... "		2 95

Clous à quarts.

⅞ pouce...............100 lbs.	3 60
1⅛ " .... "	3 35

Clous à river.

1 pouce.......100 lbs.	3 85
1¼ " ...... "	3 55
1½ à 1¾ " ...... "	3 30
2 à 2¼ " ...... "	3 05
2½ à 2¾ " ...... "	3 00
3 à 6 " ...... "	2 95

Clous d'acier, 10c. en sus.

" galvanisés 1 pouce .100 lbs.	6 35
" à ardoise, 1 pouce... "	3 85

Clous de broche.

1 pouce, No 16, prix net, 100 lbs	4 10
1 " No 15 " "	3 85
1¼ " No 14 " "	3 50
1½ " No 13 " "	3 25
1¾ " No 12 " "	3 25
2,2¼ " No 11 " "	3 15
2½ " No 10½ " "	3 00
2¾ " No 10 " "	3 00
3 pouces. " "	2 95
3½ et 4 " "	2 90
5 et 6 pouces " "	2 85

Limes, râpes et tiers points.

1re qualité, escompte.......60 et 10 p.c.
2me " " ....70 p.c.
Mèches de tarrière, esc............55 p.c.
Tarrières, escompte..................55 p.c.
Vis à bois, fer, tête plate 80 p.c.
" " " ronde 75 "
" cuivre tête plate 75 "
" " " ronde, 67½ "
Boulons à bandage.......65 à 67½ p.c.
" à lisses........................75 p.c.
" à voiture.....................65 p.c.

Métaux.

Cuivres.

Lingots................lb.	0 14	0 15
En feuilles............ "	0 16	0 17

Etain.

Lingots................lb.	0 37	0 38
Barres................ "	0 38	0 39

Plomb.

Saumons..............lb.	0 00	0 04¾
Barres................ "	0 05	0 05¼
Feuilles.............. "	0 05¼	0 05½
De chasse............. "	0 06	0 06½
Tuyau........ ...100 lbs.	5 95	6 25

Zinc.

Lingots, Speiter........lb.	0 05¾	0 06
Feuilles, No 8.......... "	0 07	0 07¼

Acier.

A ressort.........100 lbs.	0 00	3 50
A lisse........... "	1 95	2 00
A bandage....... "	2 00	2 10
A pince.......... "	2 25	2 50

Fer en barres.

Canadien..........100 lbs	1 60	1 70
De Norvège...... "	4 25	4 50

Fontes.

Calder........ ...tonne..	25 00	26 00
Carnbroe......... " ..	2 00	26 00
Glengarnock..... " ..	00 00	00 00
Summerlee....... " ..	25 50	26 50

Matériaux de construction

PEINTURES.	100 lbs.	
Blanc de plomb pur......	0 00	6 50
" " No 1..	0 00	6 12½
" " " 2..	0 00	5 75
" " " 3..	0 00	5 37½
" " " 4..	0 00	5 00
" " sec....	6 00	7 50
Rouge de Paris, Red Lead.	5 00	5 50
" Venise, anglais.	1 50	2 00
Ocre jaune................	1 50	2 00
" rouge................	1 50	2 00
Blanc de Céruse..........	0 45	0 65
Peintures préparées ..gal.	1 20	1 30
Huile de lin crue(net cash)	0 00	0 80
" bouillie "	0 00	0 83
Ess. de Térébenthine "	0 00	0 61
Mastic....................	2 35	2 80
Papier goudronné rouleau	0 45	0 50
" " 100 lbs	1 60	1 75
" feutre "	2 00	2 20
" gris rouleau	0 30	0 33
" à couv. roul. 2 plis	0 75	0 80
" " " 3 plis	1 00	1 10

VERRES A VITRES

United 14 @ 25..50 pds.	.....	2 00
" 26 40.. "	.....	2 10
" 41 50 100 pds.	.....	4 50
" 51 60 "	.....	4 75
" 61 70 "	.....	5 25
" 80		5 7

Bois durs.

Prix de détail.

Acajou de 1 à 3 pouces	les 100 pieds....	$12 00	30 00
Cèdre rouge ¼ de pouce	le pied....	25 00	35 00
Noyer noir 1 à 4 pouces	do	00 00	16 00
Noyer noir 6 x 6, 7 x 7, 8 x 8	do	00 00	18 00
Cerisier 1 à 4 pouces	do	10 00	15 00
Frêne 1 à 3 pouces	le M	25 00	30 00
Merisier 1 à 4 pouces	do	00 00	30 00
Merisier 5 x 5, 6 x 6, 7 x 7, 8 x 8	do	00 00	35 00
Erable 1 à 2 pouces	do	00 00	40 00
Orme 1 à 2 pouces	do	00 00	25 00
Noyer tendre 1 à 2 pouces	do	00 00	41 00
Cotonnier 1 à 4 pouces	do	45 00	50 00
Bois blanc 1 à 4 pouces	do	25 00	30 00
Chêne 1 à 2 pouces rouge	do	00 00	60 00
Chêne 1 à 2 pouces blanc	do	00 00	60 00
Chêne scié sur grain	do	75 00	100 00

Plaquage (veneers) :

Uni	le pied....	0 90	1 00
Français	do	0 00	0 15
Américain	do	0 10	0 12
Erable piqué	do	0 10	0 12
Noyé noir ondé	do	0 00	0 10
Acajou (mahogany)	do	0 02	0 10

Bois de Service

Pin

			Prix en gros.	
1 pouce strip shipping cull	6 à 16 pieds	le M.	$14 00	17 00
1¼, 1½ et 2 pouces shipping cull	do	do	14 50	17 50
1 pouce shipping cull sidings	do	do	16 00	18 00
1¼, 1½ et 2 pcs do	do	do	16 50	18 50
1 pouce qualité marchande	do	do	25 00	35 00
1¼, 1½ et 2 pcs do	do	do	27 50	37 50
1 pouce mill cull, strip, etc. No 2	do	do	10 00	12 00
1¼, 2½ et 2 pcs do	do	do	10 50	12 50
1 pouce mill cull No 1	do	do	14 00	16 00
1, 1½ et 2 pcs do	do	do	14 50	16 50
3 pouces do	do	do	14 00	16 00
do do No 2	do	do	9 00	10 00

Epinette

1 pouce mill cull	5 à 9 pouces	do	10 00	12 00
1¼, 1½ et 2 pouces mill cull	do	do	10 00	12 00
3 pouces mill cull	do	do	10 00	12 00
1, 1¼, 1½ et 2 pouces qualité marchande	do	do	14 00	16 00

Pruche

1, 2 et 3 pouces		do	11 00	13 00
Colombages en pin, 2 x 3, 3 x 3 et 3 x 4—aux chars		do	14 00	16 00
Lattes—1ère qualité	le mille	do	2 75	2 80
2ème do	do	do	2 40	2 60
Bardeau pin XXX	16 pouces	do	0 00	0 00
do XX	do	do	0 00	0 00
do X	do	do	0 00	0 00
do 1ère qualité	18 pouces	do	0 00	0 00
do 2ème do	do	do	0 00	0 00
Bardeaux cèdre XXX	16 pouces	do	2 90	3 00
do XX	do	do	2 40	2 50
do X	do	do	1 50	0 00
Bardeaux pruche marchande	do	do	0 00	0 00

Charpente en pin

de 16 à 24 pieds—3 x 6 à 3 x 11	do	18 00	22 00
de 25 à 30 do do do	do	20 00	24 00
de 31 à 35 do do do	do	26 00	28 00
de 16 à 24 do 3 x 12 à 3 x 14	do	20 00	26 00
de 25 à 30 do do do	do	24 00	28 00
de 31 à 35 do do do	do	30 00	32 00

Bois carré - pin

de 18 à 24 pieds—de 5 à 11 pouces carrés	do	18 00	22 00
de 25 à 30 do do do	do	20 00	24 00
de 31 à 35 do do do	do	26 00	28 00
de 16 à 24 do de 12 à 14 pouces carrés	do	22 00	26 00
de 25 à 30 do do do	do	24 00	28 00
de 31 à 35 do do do	do	30 00	32 00

Charpente en pruche

de 17 à 30 pieds jusqu'à 12 pouces	do	18 00	22 00
Charpente en épinette	do	18 00	22 00
do do rouge	....	28 00	35 00

Tant que vous n'aurez pas goûté les célèbres

TABACS EN POUDRE....
FRECHETTE

vous ne saurez pas ce que c'est qu'un tabac vraiment supérieur vendu avec la garantie des fabricants.

Echantillons envoyés gratis sur demande.

Miller & Lockwell, - - Quebec

The Canada Sugar Refining Co.

MONTREAL, Limited

Manufacturiers de Sucres Raffinés de la Célèbre Marque **REDPATH**

De qualité et pureté les plus hautes, d'après les derniers procédés et les machines nouvelles qui n'ont de supériorité nulle part.

SUCRES EN MORCEAUX.—Boîtes de 50 et 100 lbs.
GRANULÉ "CROWN."—Marque spéciale, la plus belle qu'on puisse produire.
EXTRA GRANULÉ.—Qualité très supérieure.
SUCRES " CRÈME."—Non séché.
SUCRES JAUNES.—De tous les grades.
SIROPS.—De toutes qualités, en barils et demi barils.

Seuls fabricants de Sirops fins en canistres de 2 lbs. et de 8 lbs.

Un Acheteur

peut fréquemment oublier le prix payé pour les

READY LUNCH BEEF

(Bœuf prêt pour le lunch)

mais il se souviendra de la qualité.

Essayez et vous verrez.

LEFEBVRE, RYAN & CIE

MANUFACTURIERS DE

Vinaigres et Marinades, Vinaigres Purs, Marinades de toutes sortes

DE QUALITÉ SUPERIEURE SOUS TOUS RAPPORTS.

VINAIGRE IMPERIAL

Reconnu comme donnant toujours la plus entière satisfaction.

BUREAUX ET ENTREPOTS :

155 à 159 rue des Commissaires, et 4 à 10 rue Duc

MONTREAL

Téléphone 13.

JOS. AMYOT

No 45 rue Dalhousie,

QUEBEC

Négociant en Marchandises

Européennes,
Américaines
et....
Canadiennes.

TEL. BELL MAIN 1571. MAISON ETABLIE EN 1858.

D. COLLINS

(Près de la Gare Dalhousie)

44 Rue St-Paul, Montréal.

Manufacturier de Balances en tous Genres.

Balances à Foin et à Charbon, faites à ordre.

Spécialité : Réparations de tous genres.

BLEU CARRÉ PARISIEN

Le "Bleu Carré Parisien" est exempt d'indigo et ne tache pas le linge.

Il est plus fort et plus économique que n'importe quel autre bleu employé dans la buanderie

A obtenu une Médail e d'Or.

TELLIER, ROTHWELL & CIE.

Seuls fabricants. MONTREAL

$100 EN OR
COMME PRIX
POUR UN NOM.

LA "OXFORD MFG. CO." donnera un prix de cent dollars pour un nom à adapter à un savon de première classe qu'elle est sur le point de lancer sur le marché. Les conditions du concours pour le prix sont comme suit :

Chaque concurrent doit inclure dix cents avec le nom qu'il propose, et expédier le tout par la malle, à la Oxford Mfg Co., Toronto. Les concurrents recevront par le retour de la malle, une boite de savon à toilette d'un parfum délicat et d'une grande pureté, pour le teint, ou, aux personnes qui le préfèreront, nous expédierons une boite du meilleur savon à barbe qu'il y ait au monde, le " Barber's Favorite.

Le concours sera fermé le 20 Octobre.

ADRESSE :

Oxford Mfg Co., Old Upper Canada Bldg, Toronto

SPÉCIALITÉS

Articles divers.

Couleur à beurre Dalley, 2 oz., doz. 1 25
Graine de canari, F. F. Dalley Co :
Spanish bird seed, cse 40 lbs 0 00 0 06½
Dalley's " " " " 0 00 0 06
Sel céleri Dalley, 2 oz., dz..... 1 25
Poudre Curry Dalley, 2 oz., dz. 1 75
Vito Castile Soap Powder cse 100 3 10

Adams' Root Beer Extract et Adams' English Ginger Beer.

boites de ¼, ½ et 1 grosse, grandeur 10 en....... doz. 0 80
" " .... la gr. 9 00
En boites de ¼ de grosse, grandeur 25 cents........ la doz. 1 75
" " .... la gr. 20 00

Bières.

Bass Ale.	qts	pts
Head Bros. Dog's Head.....	2 55	1 57½
Guinness' Stout.		
Read Bros. Dogs'Head....	2 52½	1 50

Cafés.

Madden Cereal Health Coffee, 6 oz. la cse de 100 paq........ 6 50
" ½ " 50 " 3 35
" ¼ " 25 " 1 75
paq. de 1¼ lb., la cse de 12.... 2 25
" " " 24.... 4 40

Chocolats et Cacaos.

Chocolats Cowan.

French Diamond 6 div. 12 lbs, lb. 0 23
Queen's dessert, ¼ et ½...... " 0 40
" " 6 div........ " 0 42
Mexican Vanilla, ¼ et ½.... lb. 0 35
Parisien, morc. à 5c.......... " 0 30
Royal Navy, ¼ et ½.......... " 0 30
Chocolate Icing pa 1 lb. dz. 2 25
" " ½ " " 1 25
Pearl Pink Icin 1 " " 1 75
White Icing 1 " " 1 75

Chocolats Hérelle

Santé, ¼, ½, 1-6 lb—bte 10 lbs. $2 40
Vanillé, ½, ¼ lb do 3 15
Pastilles, Bte 5 lbs 1 00

Cacaos Cowan.

Hygiénique, en tins de ½ lb....dz. 3 75
" " ¼ lb.... " 2 25
" " 5 lbs...lb. 0 55
Essence cacao, non sucré......dz. 1 40
" " sucré, tins ¼ lb. " 2 25

Cirages.

F. F. Dalley Co.

English Army............cse ½ gr. 9 00
No 2 Spanish........... " 3 60
No 3 " .... " 4 50
No 5 " .... " 7 20
No 10 " .... " 9 00
Yucan Oil..................cse 1 doz. 2 00
N. Y. Dressing........... " 0 75
Spanish Satin Gloss...... " 1 00
Crescent Ladies Dressing " 1 75
Spanish Glycerine Oil.... " 2 00

Confitures et Gelées.

Lazenby.

Tablettes de Gelées 13 var....pts. 1 20

Conserves alimentaires.

Spécialités de W. Clark.

Compressed Corned Beef 1s. la dz. $1 50
" " 2s. " 2 60
" " 4s. " 5 15
" " 6s. " 7 10
" " 14s. " 18 50
Ready Lunch Beef...... 2s. la dz. 2 50
Geneva Sausage........ 1s. " 1 65
" " .... 2s. " 3 00
Cambridge " .... 1s. " 1 55
" " ...... 2s. " 2 75
Yorkshire " .... 1s. " 1 25
" " .... 2s. " 2 25
Boneless Pigs Feet..... 1s. " 1 40
" " ..... 2s " 2 40
Sliced Smoked Beef.... ½s. " 1 40
" " " .... 1s. " 2 30
Roast Beef............... 1s. " 1 45
" " .... 2s. " 2 60
Pork & Beans with sauce 1s " 0 50
" " 2s " 1 00
" " 3s. " 1 50
" Plain.... 1s. " 0 45
Wild Duck Patés........ ½s. " 1 00
Partridge " .... ½s. " 1 00
Chicken " .... ½s. " 1 00
Veal & Ham " .... ½s. " 1 00
Ox Tongue (Whole)....1½s. " 7 70
" " .... 2s. " 8 80
" " ...2½s. " 10 00
Lunch Tongue.......... 1s. la dz. 3 00
" .... 2s. " 6 00

Potted Meats ½s.

Ham, Game, Hare, Chicken, Turkey, Wild Duck, Tongue, Beef .... la dz. .50
Chicken Ham & Tongue. ½s. la doz. 1 00

Soupes.

Mulligatawny, Chicken, Ox Tail, Kidney, Tomato, Vegetable, Julienne, Mock Turtle, Consomme, Pea .... Pints. 1 10 ; Quarts. 2 20

Spécialité des Lazenby.

Soupes Real Turtle......dz. 0 00 9 00
Soupes assorties........ " 3 00 3 75
" " bts carrées " 0 00 1 65

Mines.

Tiger Stove Polish........grande 9 00
" " " .... petite 5 00
Mine Royal Dome.....gr. 1 70 0 00
" James............ " 2 40 0 00
" Rising Sun large dz. 0 00 0 70
" " small " 0 00 0 40
Mine Sunbeam large dz 0 00 0 70
" " small " 0 00 0 35

Eau de Javelle

LA VIGAUDINE

La Vigaudine...........la grosse $5.40
" ....la doz. 0.50

Eaux Minérales.

Carabana........................cse. 10 50
Hunyadi Matyas.............. " 6 00
Pougues St-Leger............ " 10 50
St-Galmier qts. (source Badoit) cse. 6 00
" pts. " " 7 50
Vichy Célestins, Grande Grille.. " 10 00
" Hopital, Hauterive...... " 10 00
" St-Louis.................. " 00

Empois.

F. F. Dalley Co.

Boston Laundry, cse 40 paq., le paq. 0 07½
Culina Toledo, " 40 " la lb... 0 06½

Grains et Farines.

Farines préparées.

Farine préparée, Brodie
XXX, 6 lbs.... 2 20
" " 3 ".... 1 15
" superb 6 ".... 2 10
" " 3 ".... 1 10
Orge mondée (pot barley) sac 2 20
" ....quart 4 40
" perlée.................sac 3 25

F. F. Dalley Co. doz.

Buckwheat, paq. 2½ lbs, cse 3 doz. 1 20
Pancake, " 2 " " 1 20
Tea Biscuit " 2 " " 1 20
Graham Flour " 2 " " 1 20
Bread & Pastry " 2 " " 1 20

Spécialités de Lazenby.

Huile à salade.............¼ pt. dz. 1 40
" ....½ pt. " 2 15
" ....pints " 3 75
" ....quarts " 6 50
Crème à salade petits.......... " 2 00
" grands.................. " 3 75

Liqueurs et spiritueux.

Apéritifs.

Byrrh Wine............... 9 50 10 00
Orange Bernard.......... 6 75 7 00
Vermouth Noilly Prat.... 6 75 7 00
" Italien......... 6 50 7 00
Saratoga Cock-Tails......par caisse 8 25

Bénédictine

Litres, 12 à la caisse......18 00 19 00
½ litres, 24 à la caisse 19 50 20 00

Liqueurs Frederic Mugnier, Dijon, France.

Crème de Menthe verte.. 00 00 11 00
" " blanche 00 00 11 00
Curaçao triple sec cru.... 00 00 12 25
Curaçao triple sec bout... 00 00 12 25
Bigarreau (Cherry B'dy).. 00 00 11 00
Cacao l'Hara à la Vanil... 00 00 12 25
Marasquin................. 00 00 13 25
Kirsch ***.................. 00 00 11 25
" ***.................. 00 00 13 25
Brunelle de Bourgogne... 00 00 12 25
Crème de Framboise..... 00 00 12 25
Fine Bourgogne 12 lit... 00 00 21 15
Eau de Vie de Marc...... 00 00 18 25
Crême de Cassis.......... 00 00 11 25
Crême de Musigny........ 00 00 12 25
Apéritif Mugnier......... 00 00 10 25
Alcool de Menthe......... 00 00 6 15
Absinthe Ed. Pernod...... 00 00 14 50

Stowers.

Lime Juice Cordial p. 2 dz. 0 00 4 70
" " " q. 1 " 0 00 4 20
Double Refi. lime j'ce 1 dz. 0 00 3 95
Lime syrup bout. can 1 " 0 00 4 20

V. Porte ;

Cardinal Quinquina..... 00 00 12 00
Vermouth Champagne.... 15 00 17 00

Moutardes

W. G. Dunn & Co., London, Ont.

Pure D.S.F. ¼ bte, cse 12 lbs. la lb. 0 34
" " ½ " " " 0 32
" " bte 10c, " 2 à 4 dz la dz. 0 80
" " " 5c, " 4 " 0 40
F. Durham ¼ bte, cse 12 lbs, la lb 0 25
" " ½ " " " " 0 23
Fine Durham, pots 1 lb, chaque 0 24
" " " 4 " " 0 70
" " " 5 " " 0 80
Mustard Butter, bout. 12 oz. la doz. 1 30

F. F. Dalley Co.

Dalley's, vrac, pure...........la lb. 0 25
" bte ½ lb, cse 2 doz..la doz. 2 00
" " ¼ " " 4 " " 1 00
" Superfine Durham, vrac, lb 0 12
" do bte ¼ lb, cse 4 doz. la doz. 0 65
" " ½ " " 2 " " 1 20
" do pots 1 " .... " 2 40
" " 4 " .... " 7 80
" do verres ¼ lb.......... " 0 75

Poudre à Pâte

Cook's Friend.

No 1, 4 doz. au se ½ bte..la doz.. $2 40
" 2, 6 " " " .. " .. 0 80
" 3, 4 " " " .. " .. 0 45
" 10, 4 " " .. " .. 2 10
" 12, 6 " " .. " .. 0 70

Océan.

3 oz., csse 4 doz.........la doz.. 0 35
4 " " 4 " .... " .. 0 45
8 " " 4 " .... " .. 0 90
16 " " 2 " .... " .. 1 50

F. F. Dalley Co.

Silver Cream, ¼ lb, cse 4 à 6 doz, la doz. 0 75
English " ½ " " " " 1 25
" " 1 " 2 à 4 " " 2 00
Kitchen Queen, ¼ " 4 à 6 " " 0 60
" " ½ " " " " 0 90
English Cream, en verres...... " 0 75
" " pots de ½ lb.... " 1 25
" " " 1½ lb.... " 2 25

Soda à pâte

"Cow Brand"

Boite 60 paquets de 1 lb........ 3 00
" 120 " ½ "........ 3 00
" 30 1 lb et 60 ½ lb......... 3 00
" 96 paquets 10 oz à 5c...... 3 00

Produits Pharmaceutiques.

Spécialités Pharmacie Gaudet ;

	Doz.	Gros.
Restaurateur de Robson.	4 00	40 00
Elixir Résineux Pectoral.	1 75	16 00
Pilules Anti-Bilieuses Dr Ney..................	1 50	13 50
Pastilles Vermifuges Françaises..............	1 40	14 00
Anti-Cholérique Dr Ney..	1 75	16 00
Anti-Asthmatique........	3 25	30 00
Poudres Condition Prof. Vink....................	1 75	16 00
Colic Cure Prof Vink.....	3 00	30 00
Spavine Cure Prof Vink..	3 50	35 00

Spécialités de J. A. E. Gauvin ;

5 p.c. d'escompte.

Sirop Menthol...............la doz. 1 65
Sirop d'Anis Gauvin........ " 1 75
" " par 3 doz. 1 60
" " par 1 grosse. 17 00
" " par 5 grosses. 16 00
Graine de lin...........lb. 0 00 0 03
" moulue... " 0 00 0 04

Réglisse

Young & Smylie.

Y. & S. en bâtons (sticks) :

Bte de 5 lbs, bois ou papier, lb.... 0 40
"Fantaisie" (36 ou 50 bâtons) bt. 1 25
"Ringed," boite de 5 lbs.......lb. 0 40
"Acmé" Pellets, boite de 5 lbs. (can.).......................bte. 2 00
"Acmé" Pellets, boite fantaisie papier, (40 morc)..........bte. 1 25
Réglisse au goudron et gaufres de Tolu, bts de 5 lbs. (can)....bte. 2 00
Pastilles réglisse, jarre en verre 5 lbs. 1 75
Pastilles de réglisse, boite de 5 lbs (can.)........................ 1 50
"Purity" réglisse, 200 bâtons.... 1 45
" 100 " ... 0 72½

Réglisse Flexible, bte de 100 morceaux.

Navy plugs......................... 0 70
Tripple Tunnel Tubes............. 0 70
Mint puff straps.................. 0 70
Golf Sticks........................ 0 70
Blow Pipes (200 à la bte)......... 0 70
do (Triplets, 300 à la bte) 0 70
Manhattan Wafers 2½ lb.......... 0 75

Sauces et Marinades.

Spécialités Skillon Foote & Co ;

Golden German Salad, cse 2 doz. flac 5 75
Tomatoe Relish " " 5 75
Chow Chow, cse 1 doz., flacon ½ gal. 3 00
Caulisalsa, cse 2 doz.................5 75

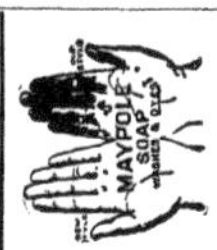

Savon.

A. P. TIPPET & CO., AGENTS.

Maypole Soap, couleurs, per grs.. $12 00
Maypole Soap, noirs, par grs.. $18 00
10 p. c., escompte sur lots de grosses.

Tabacs Canadiens.

Spécialités de Joseph Côté, Québec.

Tabac en feuilles.

Parfum d'italie, récolte 1898, ballots 25 lbs................... 0 30
Turc aromatique, 1899, ballots 25 lbs......................... 0 22
Rouge, 1899, ballots 50 lbs...... 0 15
Petit Havane " 25 lbs...... 0 18
1er choix, 1898, ballots 50 lbs.. 0 12
XXXX, " " .. 0 11

Tabacs coupés.

Petit Havane ¼ lb................ 0 35
" " ½ "................ 0 35
St-Louis, 1-10, 4—10....... .... 0 40
Quesnel ⅛ 5............ 0 60
Coté's Choice Mixture ⅛ lb 5...... 0 60
Vendome ½ tin.................... 1 15

Cigares.

Bianca 1-20...................... 13 00
Bruce 1-20 .... 15 00
Twin Sisters 1-20................ 15 00
" " 1-40................ 16 00
Côté's fine Cheroots 1-10......... 16 00
Beauties 1-20 .... 18 00
Golden Flowers 1-20........... ... 23 00
" " 1-40.............. 25 00
My Best 1-20...................... 25 00
Doctor Faust 1-20................. 28 00
" " 1-40................. 30 00
St-Louis 1-20..................... 33 00
" 1-40..................... 35 00
Champlain 1-100................... 38 00
" 1-40...... .... 28 00
" 1-20..................... 38 00
Saratoga 1-20..................... 40 00
El Sergeant 1-20.................. 50 00

Tabacs.

Empire Tobacco Co.

Fumer :

Empire 9s, 4½s, 3s.............lb. 0 36
Sterling 8s........................ " 0 51
Royal Oak 8s..................... " 0 52
Something good 7s.......... ... " 0 50
Louise 14s....................... lb. 0 54
Rosebud, Bars 5½s.............. " 0 44

Chiquer :

Currency, Bars 10½............. " 0 39
Patriot Navy 12s................ " 0 41
Patriot Broad 12s............... " 0 4[illegible]
Old Fox 12s..................... " 0 44
Free trade 8s................... " 0 44
Snowshoe, Bars 12s, 6s......... " 0 44

Spécialités de L. P. Langlois & Cie Trois-Rivières :

Tabacs coupés.

Quesnel. ⅛...... 0 00 0 60
Rouge et Quesnel, ⅛...... 0 00 0 50
Sweet Rose, ⅛...... 0 00 0 30

Tabacs à chiquer.

King 12s. Solace.. 0 00 0 35
Laviolette, 12s. " .. 0 00 0 35
" 12s. Navy... 0 00 0 35
P. P., 12s. " ... 0 00 0 35
Regina, Bar 10........ 0 00 0 35
Laviolette, " 12........ 0 00 0 35
Old Boy, Bright Chewing, Bar 12............... 0 00 0 35
Villa, Bright Smoking, Bar 8............... 0 00 0 35

Vins.

Vins toniques.

Vin St-Michel............qrt caisse 8 50
" " ....pts. 2 dz " 9 50
Vin Vial.......................dz. 12 50
Vin Didace..................... 0 60 1 25

Vinaigres.

Cie Canadienne de Vinaigre.

Tiger, triple................ le gall. 0 33
Bordeaux, de table........ " 0 28
Extra à marinade.......... " 0 28
Ordinaire à marinade..... " 0 23
Vin blanc, XXX........... " 0 25

Eureka Vinegar Works.

5 o/o 30 jours.

Proof 0 35
Eureka 0 30
Crystal 0 27
XXX 0 24
XX............................... 0 18
Malt............................. 0 30

PROVINCE DE QUEBEC

Cessions

Lambton—Dion & Chateauneuf, charrons.
Montmagny — Painchaud L. A. marchand-tailleur.
Montréal—Raymond L. R., merceries.
Robinson J. W., mfr de costumes de dames
Villeneuve P. H. & Co, meubles.

Concordats

Hull—Meilleur P. A., sellier.
Magog—Mullin Daniel, tailleur et hardes.
Montréal— Gallery Bros, boulangers à 50c dans la piastre.
Québec — Patry F. & Co, épic. à 50c dans la piastre.

Curateurs

Montréal — Desmarteau Alex à Jos Asselin jr, épic.
Rosenvinge J., à Arthur Hétu & Co, hôtel.
Duff J. M. M., à Wood & Co, peintres etc.
Pointe à Pic—Paradis V. E., à D. Tremblay, mag. gén.
Shawenegan Falls — Lamarche & Benoit, à Gédéon Lupien, hôtel.

Dissolutions de Sociétés

Lévis — Cusson & Wilkinson, ingénieurs électriciens.
Montréal—Larivière, Beaudette & Larivière, jobbers.
Bickell & Maquis, agents généraux.
Dodd & Stanton, graveurs.
Frothingham & Workman, fer et acier; une nouvelle société est formée.

En Difficultés

Montmagny — Mathurin J. A., quincaillerie, offre 50c dans la piastre.
Montréal—Phillips H. S., négociant ass 19 oct
Tyler Geo., restaurant.
Stanfold — Bussière A., mag. gén., offre 65c dans la piastre.

Fonds à Vendre

Montréal—Lesage E. H. & Co, nouv. 19 oct.
Standard (The) Paper Co.
Montreal Milling Co., 31 oct.
Québec—Dugal Alph., nouv. 19 oct.
Healy A., tabac, par huissier 20 oct.

Fonds Vendus

Montréal — Fitzgerald E. R., restaurant à Paul Lalonde.
Tyler George, restaurant, par huissier.
Québec — Michaud & Gauvin, nouv. à 65½c dans la piastre.
Sherbrooke—Chamberlain L. E., nouv.

Nouveaux établissements.

Boucherville—Huet & Pepin, foin.
Lake Weedon—Allan Geo. H. & Co, bois de sciage.
Magog—Hébert Nap. & Bro., mfr de beurre et fromage.
Maisonneuve—Terreault John (The) Tool and Axe Works.
Montréal—American (The) Silk Waist Mfg Co.
Consolidated (The) Collecting Co of Canada.
Drexel Light Co; Carl R. Freygang.
Gaudet, Laporte & Co, merceries.
Gibeault U. & Cie, négociants; Mde Uld. Guilbault.
Imperial (The) Syrup Co, Ltd.
Labrador Electric & Pulp Co.
Langlais J. A. & Co., maison de pension; Mde J. Arth. Langlais.
Larivière Frères, agents de mfrs, etc.
Mireault & Cie, épic.; Léon Mireau.
Brouillet & Co, constructeurs, etc.
Darling & Degagné, eau de javelle.
Marcoux G. & Co, chaussures; Mde Gaudias Marcoux.
Turenne J. & Co, boulangers.
Smith J. R. B. & Co, négociants; Luc A. Dufresne.
Stanton (The) Lith. Co; E. J. Stanton.
Tees & Co, mfr de meubles; Mde Richard Tees.
Williams, Greene & Rome (The) Co of Berlin, Ltd.
Québec—Marceau & Gauvin, mag. gén.; G. S. Marceau.
Québec (The) Terminal Co.
Wilkinson F. & Co, électriciens; Ferd. Wilkinson et David J. M. Arthur.
Scottstown—Roy P. A. & J. L., hotel et tailleurs; Léonidas Roy.
Sherbrooke—Kerr & Foss, quincaillerie et poterie.

PROVINCE D'ONTARIO

Cessations de Commerce

Hamilton—Harvey Evans, peintre.
South Indian—Meredith & Church, mag. gén., partis pour Depot Harbor.
Warkworth—Bennum Mary, forgeron.

Cessions

Clinton—Kennedy Lack, liqueurs.
Parry Sound—Smith S. B., contracteur.
Petrolea—Shields Daniel M., épic.
St-Thomas—Gregory George, mfr de brique.
Toronto—Anderson & Co, mfrs de moulures, etc.

Décès

London — Axtell Geo. A., épic.
Toronto—McIntosh P. & Son, farine et grain en gros; Jas. P. McIntosh.

Dissolutions de Sociétés

London—Escott T. B. & Co, épic. en gros; J. C. Hazard se retire; même raison sociale.
Ridgetown—Steele & Dart, mag. gén., Ths Steele continue.

En Difficultés

Napanee—Frisken James H., forgeron.
Toronto—Smith W. H., fruits, etc., en gros.
Waterloo—Morlock D. E. & Co, épic.

Fonds à Vendre

Ottawa—Landry E. R., hôtel.
Parry Sound—McQuire & Co, nouv. 24 oct.
Toronto—Davies (The) Brewing and Walting Co Ltd.
Ontario (The) Brewing and Walting Co Ltd.

Fonds Vendus

Fingal—Campbell M. R., épic. et poterie à George Taylor.
London—Crittle Ann, épic.
South Monaghan—Lang J. S., mag. gén. à Jas A. Porter.
St Thomas—Snyder A. & Co, nouv. à H. G. Broderick.

Nouveaux Etablissements

Casselman—Bissonnette Paul, mag. gén., a ouvert une succursale à South Indian.
London—Platt Minnie, pharmacie.
Ottawa—Thompson & Livock, quincaillerie, etc.
Walker & McEwen, merceries.
Wallaceburg—Judson C. S., pharmacie.

NOUVEAU BRUNSWICK

Cessations de Commerce

Hartland—Thornton W. F., hôtel, A. Thornton succède.

Cessions

Chatham—Cassidy J. M., épic.

En Difficultés

Bear Island—Earle W. M., mag. gén.
St Jean—Keast J. W., épic.

Incendies

St Stephens—McLean Chs F., épic.

Nouveaux Établissements

Centreville—Perkins S. A., hôtel.
Hibernia—Palmer Mde T. W., mag. gén.
St Stephens—Grimmer Bros, épic.
Thornton Eugène, épic.

NOUVELLE-ECOSSE

Cessions

Truro—McNutt E. E., épic.

Décès

Logan's Tannery—Shannon David, mag. gén.
Wallace—McDonald, Bros & McLean, empaqueteurs de homard, etc., Duncan McDonald.

Dissolutions de Sociétés

Amherst—McLeod, Moore & Co, thés; C. W. Moore se retire.
New Glasgow — Layton Geo B. & Co. nouv.; A. F. McCulloch continue.

En Difficultés

Truro—McNutt E. E., épic. offre 75c dans la piastre.

Fonds à Vendre

Halifax—McLennan John K., restaurant.

Fonds Vendus

Amherst Shore—Brownell George, mag. gén. à J. E. Pipes.
Kentville—McNaughton D., harnais.

Nouveaux Établissements

Amherst Shore—Pipes J. Embree, mag. gén.
Bridgetown—Harlow D. E. & Co, épic.
Pictou—Harrie A. W., épic.
Sydney—Merchants Bank of P. E. I.
Munn L. G., poisson.
Westville—Marshall D. W., forgeron.
Yarmouth—Jeffrey Dame W. S., modes.

MANITOBA ET TERRITOIRES DU NORD-OUEST

Cessations de Commerce

Boissevain—Burrows & Steele, forgerons; Morris & Steele succèdent.
Brandon—Hardie Agnès E., modes.
Morden—Kennedy J. & Co, hôtel etc; H. B. Brown succède.

Cessions

Brandon—Thompson W. F., hôtel.
Edmonton—Larue & Pickard, mag. gén.
Moose Jaw—Moorehouse B. L. & Co, confiserie.
Starbuck—McCall C., mag. gén.
Winnipeg—Rogers James H., chapeaux et fourrures.

Décès

Winnipeg—Dingman John E., courtier etc.

Dissolutions de Sociétés

Brandon—Wilson, Rankin & Co, nouv. etc.; A. D. Rankin continue.
Winnipeg—Johnston & Wallace, articles de fantaisie en gros.

Incendies

Brandon—Munroe A. & Co, liqueurs.

Nouveaux Établissements

Fort Saskatchewan—Shera & Co, mag. gén. ont ouvert une succursale à Star.
Winnipeg—Melotte Cream Separator Co Ltd.

COLOMBIE ANGLAISE

Cessations de Commerce

Boundary City—Story A. E., hôtel.
Chiliwack—Gillander & Parsons, hardes et chaussures; Parsons & Co succèdent.
Grand Forks—Johnson & Hulquist, hôtel; Olivier Bourdeau succède.
Midway—Terry J. L., mag. gén.

Nanaimo—Barker Chs F., épic.
Phœnix—Thompson & Harber, hôtel.
Twist & Sanders, succèdent.
Vancouver—Smythes R. D., hôtel ; R. Tait succède.
Tobin John & Co, Ltd, thés ; Thorne & Co succèdent.

Cessions

Clinton—Cariboo Lumber Co, Ltd.
Revelstoke—Savage Bros, marchands.
Vancouver—Layfield H. H. & Co, nouv.
Victoria—Lindsay David, hardes, etc.

Dissolutions de Sociétés

Alberni—Labelle & Jackson, hôtel ; Augustus Labelle continue.
Chelliwack—Gillander & Parsons, hardes et chaussures.
Grand Forks—Cox & Jones, hôtel.; John S. Cox continue.
Greenwood—Villandré & Binnings, hôtel ; Jos. Villandré continue.
Vancouver—San Lung & Co, marchands.
Victoria—Chadwich & Newberger, restaurant.

En Difficultés

Nelson—Nightingale Wm, épic.
Vancouver—Tobin John & Co Ltd, thés en gros.

Fonds à Vendre

Columbia—Wastell W. G., quincaillerie.
Vancouver—Carss Wm & Co, tailleurs.

Fonds Vendus

Nelson—Western Mercantile Co Ltd, épic. à Wm Hunter & Co.
Phœnix—Murphy Geo., hôtel à J. Mandel.
Rossland—Pacific Tea Co.
Vancouver — Sandell Shirt Co, à A. E. Lees & Co.
Victoria — Walker E. G., restaurant à R. W. Holmes.
Baby Frank, restaurant à E. Fernando.

Nouveaux Établissements

Rossland—Rossland Co, Operative Association.

PROVINCE DE QUEBEC

Cour Supérieure.

ACTIONS

Défendeurs.	Demandeurs.	Montants
Absents		
Dixon John C.	Granger Frères	100
Chicoutimi		
Bouchard Louis	Olv. Faucher	344
Coteau Landing		
Corp. Village Coteau Landing	Stn. Filiatrault	4e cl.
Deseronto, Ont.		
Rathburn (The) Co.	The Jas Walker Hardware Co	107
De Lorimier		
Laforest J. O. A.	Cité de Montréal	798
Lachine		
Gagnon Siméon et al.	Stn. Caillé dit Jasmin	800
Ouellette Jos Alf.	C. W. Meyer	1122
Léger Léopold et al.	Alex. Laplante	125
Laplante Ferd.	Alex. Laplante	140
Coursol Jos	Rodol. Lemieux	100
Ville de Lachine	Emilien Filiau	199
Maisonneuve		
Ville de Maisonneuve	Banque Provinciale	1e cl.
Montréal		
Asiatic (The) Trading Co et al.	E. G. Place	254
do do	John Caldwell & Co	126
Brennan John E.	John Barry	120
Banville J. B	Alph. Imbleau	120
Boyd Dame Emely et vir.	Hon. G. W. Stevens	150
Cité de Montréal	Keekan & Hefferman	1e cl.
do	Dame Léon Leduc	200
do	Aristide Filiatrault	155
do	Ham Hang	450
Donahue Edw.	Jas. Cochrane	450
Dorval Narc. et al.	Cité de Montréal	147
Desmarteau N. B. et al.	Succ. J. Masson	9902
Faulkner Frs	Louis Labelle	100
Foisy Eusèbe père & fils.	Oliv. Limoges	106
Goulet Théop et al.	A. J. H. St Denis	425
Greenshields J. N.	J. W. Ross es qual	2100
Hétu Arth. & Cie.	David Lachapelle es qual	1415
Hickey Martin	P. O. Tremblay	106
Julien Louis père et fils	Jos Bacon	102
Johnson James	Hugh A. Blain	120
Letang Calixte & A.	John Shaw & Sons	3715
Leclaire J. L	E. Choquette	252
Laurin Arth	John Morris	200
Lawton Wm J	W. W Skinner	153
McLaren David W.	David M. Sexton	1e cl.
Mills & MacMaster	Angélina Charron (Dommages)	5000
Molligan Andrew	K. F. Lockhart	116
Morris John	W. H. Lanning	219
Morgan John J.	De Ellen O'Donnell	2008
Powell Fred F.	E. A. Reinhardt	190
Pettener B. J	Frothingham & Workman	143
Roy Eusèbe	A. Pigeon	295
Sylverman Lyon	Arth. Donancourt	5000
Tessier Narc. J	J. B. Aubry	106
Tarte L. J.	Alex. Duclos (dommages)	10000
Victoria Montreal Fire Ins. Co.	Jas Butler & Co	503
Wiseman R. & Co.	S. Davis & Sons	192
Young (The) Men Christian Association	J. J. Thomas	110
N.-D. de Grâces		
Pomminville Jos	T. Hamelin dit Laganière	100
St Constant		
Laplante Raphael	Casimir Brosseau	100
St Henri		
Lalonde Isaie	Cie d'Assurance La Canadienne	4335
Binette Alexis	Jos. Boyer	150
St Liboire		
Desmarais Chs	P. P. Mailloux (capias)	403
St Louis-Mile End		
Clément Chs A	J. E. Brunet	120
Varennes		
Lamoureux Bruno	Dame Rose M. Carrière	2e cl.
Westmount		
Robinson J. W.	Dame Rosa Coallier	420
Waterloo		
Irvine M	W. J. Henderson	175

Cour Supérieure

JUGEMENTS RENDUS

Défendeurs.	Demandeurs.	Montants
Fraserville		
Lebel Delle Amanda	Frk W. May et al	396
Magog		
Whitehead A. J	A. T. Thompson es qual	253
Montreal		
Atlantic & Lake Sup. Ry Co.	Alex Duclos	1168
Bradshaw Geo	John S. Hall	152
Cité de Montréal	A. Lalonde	305
Croil & McCulloch Dy Co.	O. W. Pease	163
Chaput Oswald	J. T. Marchand	7317
Cité de Montréal	Succ. Rodier	75
Delattre Jules et al.	L. J. Desrosiers	203
Dick James jr	Alb Brunet	123
Dion C. E	C. T. Christie	117
Dominion (The) Coal Co.	J. Poirier	125
Fortin John	J. B. Grégoire	110
Hirtz Fred	Hector Pinel	2e cl.
Harling Ths	Geo Roddick	2385
Lambkin J. B	R. T. Heneker	100
Lauthier Dame A.	Ad. Delorme	281
Morris John	Andrew Irwin	100
Morgan Jas & C. D.	De Isab. Adams	5000
O'Brien Chs	Jas. Marley	168
Poupart Alph. et al	C. H. A. Guimond	177
Phelan Succ. Martin.	Succ. J. Masson	30999
Plummer Dame Helen et al.	Dame Odila St Germain	795
Provencher J. D	R. F. Robertson et al esqual	470
Richardson Ths A	Ls Bouvier	500
Turcot A. D. et al	J. Chaput	117
Voyer Benj. et al	J. A. Guilbault	202
Webster John et al.	Dame Marg. Lillie	2000
Yost Geo. E. & Co.	Merchants Bk of H.	3222
Mount Royal Vale		
Fennie R. Gray	Robt H. Alm	435
Parry Sound		
Huff J. C.	R. A. Lister & Co	75
St Pierre aux Liens		
Deschamps Jos	H. C. St Pierre	240
St Theophile du Lac		
Quessy & Lambert	The Provision Supply Co	112
Vaudreuil		
Gauthier Pierre	A. A. Charlebois	111
Westmount		
Burroughs Dame Emily H.	W. J. Crotty	6450

Cour de Circuit

JUGEMENTS RENDUS

Défendeurs.	Demandeurs.	Montants
Barrington		
Faubert J. O. & Co.	G. E. Forbes	8
Boucherville		
Benoit Chs	E. Choquette	27
Lacroix E.	Dame C. Aquin et vir	21
De Lorimier		
Raby J. B. P. et al.	W. J. Rafferty	57
Louiseville		
Blais Tretflé	F. Gélinas	28
Boulanger J. A.	F. Gélinas	30
Dulmine Ernest	do	9
Lamirande Max	do	5
Labelle		
Paxton R.	D. McCormick	8
Laprairie		
Lagacé A. et al	C. Ste-Marie	14
Lachine		
Dubeau Horm.	F. Laplante	6
Laplante A.	S. Daignault	9
Leclaire A.	Corp. de Dorval	10
Laplante F	C. Langlois	11
Godin & Legault.	F. Deslauriers et al	12
Godin Ev. et al	do	12
Leger Léopold	J. Lafrance	18
Longueuil		
Gauthier Alarie	Philomène Bénard	42
Trudeau Adol.	Alexis Mainville	32
Durocher Jos	do	29
Bourdon Geo. H.	J. H. Brossord	33
Maisonneuve		
Sauvé Ls	C. H. A. Guimond	52
Montreal		
Assaly Simon S. B. et al.	J. Bicholtie	59
Bracken F	E. A. Robertson	33
Bernier J. Léopold	Jos Ward	71
Benoit Chs	Z. Arcand et al	9

Beaupré Ovila	Jean Pelletier	5
Bayard A	G. Vandelac	24
Blain Louis	Dame J. Quintin	10
Brown F. H	F. Robertson	30
Brett Walter	Geo. Blache	32
Blanchard A	S. Asner	7
Barrett W. J	P. C. Larcin	14
Bélanger L. L	C. Lamoureux	11
Bleau T. et al	E. Choquette	20
Bouchard De Z	Dlle M. L. Gagnon	41
Bourassa Arth C	E. M. Lovelace	10
Betournay De A	De A. Fendler	36
Bilodeau F. X. es qual	Chs Mathieu	16
do	Nap. Préfontaine	10
do	Géd. Dagenais	20
Bellefeuille A. de	A. Simard	5
Boucher Mary	A. St Pierre	13
Bastien Jos	Adol Pilon	39
Couillard F	L. Charlebois et al	5
Cadieux Ls P	Delima Noel	5
Choules Jas	Ls Monette	11
Currie J	M. Shapira	22
Campbell D	F. Cohen	5
Clift E	J. Paynes	23
Coates Dame M	P. Wright	6
Chambers E. J	H. W. Atwater	40
Chasselut A	A. Racine & Cie	16
Chauvin Généreux	B. Charbonneau	25
Couture Jos	J.-B. Pelletier	19
Cardinal R	H. Mathieu	5
Cohen Isaac	Jos. Lambert	88
Deegan W	A. Deschamps	17
Doyle Mich T	Theniens & Martin	10
Dalton B	M. Bumbray	5
Dulude P	J. Sylvain	15
Desroches T	J. Nantel	31
Dandurand H	J. Ettenberg	11
Dubois Em	M. Perman	8
Deslauriers F	P. Blouin	7
Dallaire Delphis	Alf. St Amand	6
Desaulniers J. A. L.	Oscar Normandin	52
Drapeau B. A	H. Thibault	16
Dunn W. H. esqual	Hon. L. O. Taillon et al	67
Daly Chs	P. Henry	11
Etienne Delle O	J. L. Proulx	14
Forest Alf	Exilda Coderre	15
Fagan P	Dame M. A. Donnelly	10
Frechette Edm	J. H. Mayrand	21
Fitzpatrick Alf	L. Larin	48
Fawn And	W. Currie	5
Fontaine H	J. A. Labossière et al	9
Forest Tho	J. Dulude	22
Fauvel A	F. X. Berthiaume	10
Fee John	W. Currie	12
Gariépy Horm	Dame E. Beaupré	8
Gauvreau S	T. Eagan	12
Gaudier N	J. B. Lalime	25
Gilbert Sam	Wm L. Maltby	30
Gagnon O	B. Rigler	6
Gaboury Théod	D. Leclaire	46
Goudreau E	Dame M. Léger	33
Guy Arth	The National Cycle & Autom. Co	15
Hartland H. F	J. D. Duncan	15
Hamilton Minnie	Andrew Mackay	9
Hanson Chs	Elzéar Brabant	27
Hawkes Robt	Elzéar Brabant	33
Hall C. W	O. L. Henault	15
Holmes H	S. Miller	9
Hosan G	R. Richard	6
Knox Dame J	J. Durack et al	24
Kane B	D. Hadden	21
Lemieux Gust	F. Sanche	10
Labelle M	A. Lafrance	6
Lussier O	Sidney Daignault	7
Lambert C. de R	L. Holstein	38
Logan John B	Wm O'Reilly	12
Lefebvre Dame N	N. Quenneville	54
Lee A	J. Bacon	27
Langlois Dame C	J. Lavergne	42
Lebeau R	C. Roussin	11
Lamontagne Med	O. Noel	44
Laurier Onfroid	J. E. Vinet	59
Lilly T	J. Bithell	52
Lang Gilbert	P. Wright	20
do	H. Normandin	42
Labelle P	J. Meunier	5
Lefrançois Elz	Dame M. McGinnis	20
Lapointe F	F. Themens	21
Lauzon F. X	do	10
Lawton W. G	S. Craig	13
Lapointe A	Jos Dubois	21
Laflamme A	Dame E. Beaupré	6
Lepage Emm	H. Lamontagne	5
Moore S. J	L. Charlebois	25
Martel Max	L. J. Desrosiers	16
Millette F	Dame L. Beaudry	20
Martigny R. L. de	H. Bourret	26
Morrissey John	Jos Doherty	42
Michaud J	F. Themens	18
Maloney John	M. de Repentigny	6
Mathieu A. alias J	E. Marcille	9
Miraglia R	A. Caza	31
Murphy J	M. Bumbray	20
Mongin Adam	A. Ouimet	6
Normandin E	N. Hald et al	50
Poirier Dolphis	Narc. Vinette	10
Peladeau Alph	G. T. Vincent	7
Perrault Em	A Daoust & Cie	24
Ouimet Jos	J. Beauvais	12
O'Neil J	R. Richard	11
Parent Nap	S. Miller	11
Papineau A	L. Larue	14
Papineau Jos	J. D. Ostigny	5
Powell Wm	C. H. Wiach	46
Pauzé J	A. S. Archambault	68
Parent T	Dame L. Beaudry	21
Petrin P	L. St Onge	12
Paxton Sam	L. B. Pigeon	26
Paquette S	D. Leclaire	8
Perron J	Alph. Granger	21
Pauzé J. X	C. Théoret	15
Poudrette Léonidas	Max. Larose	10
Payette Louis	J. M. Malo	12
Roussin C. et al	U. Garand et al	68
Roy N	A. J. Chaput	50
Riel Alph	J. A. Labossière et al	31
Ritchie J	L. Charlebois et al	34
Rainville Oct	C. Charbonneau et al	21
Riopelle E. et al	L. Papineau	10
Roch A. Célérier dit	A. Ranger	12
Royer J	O. Proulx	26
Reily D	T. Conroy	17
Riendeau J	Dame A. Richer	6
Roussile Arth	Ls Masson ès-qual	60
Roussin Jos	P. Rivet	16
Simpson P	B. Damien	9
Stewart J. A	W. Patterson	41
Shaw Jos	D. Marsolais	5
St-Pierre P	Dame M. L. Desparois	5
Spurrier T	J. Roston	9
St-Pierre	R. C. Laurier	38
Smith G	A. Gatien et al	9
St-Pierre P	Dame J. B. Bélanger	5
Thibault W	C. E. Lamoureux	7
Thibault L	J. Cohen	12
Trudeau Ephrem	Gust. Trudeau	11
Thibault J. B	N. Charbonneau	22
Trudeau Adol	Z. Arcand et al	14
Veillette F	G. Guibord	35
White Wm et al	Frk Huston	75
Wynne J	J. Ettenberg	9
Whittaker J	C. Coderre	63

Outremont

Rochon D	J. Galarneau	8

Quebec

Lefebvre D	S. Richard	26

Ste Cunégonde

Neven O	H. Solomon	7
Boyer J	H. Lehrer	5
Larose Hubert	F. L. Larose	66
do	Jas J. Bogue	66
Brown Dame M. et vir	O. A. Goyette	17
Moquin Arm	H. Campeau	16
Belanger Jos	Geo. T. Vincent	13
Leander A	M. J. F. Quinn	57
Miron H. et al	J. O. Boulé	67
Surprenant Nap	H. Campeau	15

St François de Salles

Labelle R	J. C. Beauchamp	25

Ste Geneviève de Batiscan

Gauthier Ferd	C. Comeau	18

St Henri

Lacroix H	T. Cohen	5
Christmas W. A	P. Vanier	22
Boisclair Geo	W. Robidoux	19
Larivière F. X	L. Larin	15
Lussier Tel	Dame C. Boudreau	10
Brisebois Horm	O. Thurston	14
Rinfret F. X	Olivier Limoges	45
Parent F. X	W. Huot	5

St-Hyacinthe

Dubuc J. R. A	O. H. Reddick	28

St-Joseph du Lac

Laurin L	A. H. Goulet	5

St-Laurent

Bourgeois Valmire	Dame D. Legault	5

St-Louis—Mile End

Gravel M	D. Leclaire	34
Kell John A	Dame Jane Cridiford	40
Dion J	E. Pelletier	10
Burnstein M	Dame C. Poupart	20

St Louis de Gonzague

Laplante L. H	Dame S. Charlebois	41

St Paul

Weiss John	L. Charlebois et al	22

St Pie

Ethier Amédée	M. Moody & Son	22

St Polycarpe

Cholette J. F. E	Beaubien Produce Mills Co	67

Ste Therese

Lacroix T	Massey Harris Co	33

St Tite

Gauthier Geo	Dame Salomée Perrault	22

Verchères

Warnecke Andréas	E. Gaudet	19

Valleyfield

Bougie Geo	F. F.Kelly	17

Verdun

Woodall John	F. Robertson	35
Labonté Emile Végiard dit	W. Robidoux	17

Westmount

Stewart J	Star Iron Co	33
Ross J. A	J. M. Elder	20
Robinson J. W	H. Naufts	5
do	J. P. Bamford	76

LA SCIENCE EN FAMILLE.—Sommaire du numéro du 1er octobre: Causerie médico-botanique: Le bacille du charbon, Dr Jean de Roloy.—Petits travaux d'amateurs: Confection d'un store-vitrail, Albertine Boutin.—Ruevue des Livres.—La science pratique: Petit formulaire technique et procédés d'atelier: polissage de l'écaille; nettoyage des meules en émeri; moiré sur laiton; pâte pour coller l'étoffe et le cuir; Hygiène, médecine, toilette; contre les piqûres de mouches ou de reptiles; transpiration des mains; savon pour la barbe; Economie domestique: Pour teindre "couleur d'eau" les crins de Florence; conservation des tapis en linoléum; Correspondance: pour distinguer le fer de la fonte.

Abonnement pour le Canada: Un an: $1.60. Paris 118 Rue d'Assas.

TOUR DU MONDE—Journal des voyages et des voyageurs. — Sommaire du No 40 (6 octobre 1900). 1o L'Ile de Rhodes, par M. L. de Launay. 2o A travers le monde: Curieux Chemins de fer de montagne dans le Jura. 3o Conseils aux voyageurs: Le Collectionneur des plages.—Herborisations à faire sur le littoral de la Normandie (suite et fin), par Paul Combes.

Abonnements: France: Un an, 26 fr. Six mois, 14 fr.—Union Postale: Un an, 28 fr. Six mois, 15 fr. Le numéro: 50 centimes.

Bureaux à la librairie Hachette et Cie, 79, boulevard Saint-Germain, Paris.

VENTES ENREGISTRÉES

Pendant la semaine terminée le 13 oct. 1900

MONTRÉAL-EST

Quartier St-Jacques

Rues Ontario, Nos 1370 à 1380, St Timothée, No 346 et Beaudry, Nos 116 à 122. Lot pt N. O. 849-73 à 75, 905, 329, avec maisons en brique, 1 terrain 23.10 x 78; 1 do 20.9 x 76.6; 1 do 21.3 x 75; 1 do 25 x 75; 1 do 56.6 x 74.6 supr 3762. Réverende Marie Léontine A. Renaud dite Sœur St Léandre de Seville aux Révdes Sœurs de la Congrégation Notre-Dame; $1459.02 [51747].

Rue Wolfe, Nos 451 et 453. Lot 974-140, avec maison en brique, terrain 22 x 72. Urgel Mathieu à Marie Louise Desautels dit Lapointe; $1800 [51754].

Rue Mentana, Nos 226 et 228. Lot 1207-132, avec maison en brique, terrain 24 x 94, supr 2256. Herménégilde Lussier à Alphonse Lussier; $3500 [51755].

Quartier St-Laurent

Rue Hutchison, No 142. Lot 44-159, avec maison en pierre et brique, terrain 25 x 82. Olivier H. Stanton à Mary Anne Smardon épse de Ths Weir Burdon; $6360.95 [51709].

Rues Mance, Nos 8 à 12, Balmoral No 9. Lot 264, avec maison en brique, 1 terrain 31.8 x 74.5 supr 2374; 1 do 23.10 x 73.9 supr 1704; 1 do irrg. supr 1381. Victoria Gougeon épse de Olier Jutras à Marie Geneviève D. Laferrière épse de Michel Théodule Léfebvre; $15000 [51728].

Rue St Charles Boromée, No 293. Lot pt S. E. 124, avec maison en brique, terrain 24 x 77.7 supr 1886. John Morris à Garand Terroux & Cie; $2650 [51750].

Ave. du Parc, No 16. Lot pt N. O. 66, avec maison en pierre et brique, terrain 27.6 x 107 supr 2942. Narcisse Nolin à La Succession Théodore Hart; $10000 [51751].

Quartier St-Louis

Rue St Norbert, Nos 88 à 94. Lot pt 779, avec maison en brique, terrain supr 10400. La succession Théodore Hart à Narcisse Nolin; $7500 [51719].

Rue St Dominique, No 357. Lot 859-e, avec maison en brique, terrain 20 x 67.6 supr 1350. Hiram Lehrer à Isaac Brownstein; $1900 [51727].

Rue Cadieux, No 552. Lot pt 870, avec maison en bois et brique, terrain 20 x 65 supr 1300. Joshua C. Rose à Léovina Greenshields épse de Geo. Brown; $2250 [51739].

Rue St Laurent, Nos 511 à 515. Lot 822, avec maison en brique, terrain 55 x 72 supr 3960. Le Shérif de Montréal à La succession James McCready; $6500 [51749].

Quartier Ste-Marie

Rue Logan, No 156. Lot pt S. O. 1359-18, avec maison en brique, terrain 30 x 90 supr 2700. Bénoni Demers et uxor à J.Bte Bourassa; $1822 [51717].

Rue Lagauchetière, Nos 77 à 83. Lot pt 256, avec maison en brique, terrain 60x50. Patrick Clark à Patrick Mullins; $2050 [51723].

Rue De Salaberry, Nos 26 à 30. Lots 138, 140, avec maison en brique, terrain 13.10 d'un côté 16.6 de l'autre x 75.6 d'un côté et 12 de l'autre supr 1236; 1 do irrg supr 1227. The Sun Life Assurance Co à Hermine Boivin épse de Stanislas Loyer dit Dusablon; $1500 [51725].

MONTREAL-OUEST

Quartier Centre

Carré Place d'Armes, Nos 10, 12 et 14. Lot 101, avec maison en pierre, terrain 41 d'un côté, 40.5 de l'autre x 70.9 d'un côté et 70.5 de l'autre supr 2865. Emmanuel Persillier Lachapelle et al à The Liverpool & London & Globe Insurance Co; $60000 [134292].

Quartier Ste-Anne

Rue Richardson, Nos 109 à 113. Lot 1000, avec 2 maisons en brique, terrain 48 x 106.6 supr 5112. Maynard H. Dart à Roderick Diamond; $2000 [134298].

Quartier St Antoine

Rue Ste Catherine, No 2792. Lot 1653-17, avec maison en pierre et brique, terrain 19.7x 116. Dame Annie Macdonald épse de James W. Duncan à James W. Duncan; $6500 [134276].

Rue Plymouth Grove, Nos 62 et 64. Lot 1636-17, avec maison en pierre et brique, terrain 24 x 90 supr 2160. Joseph Henry Henderson à Henry Ward; $2137.50 [134278].

Rue Ste Catherine, No 2688. Lot 1625-O., avec maison en brique, terrain 24 x 120 supr 2880. Janet Selkirk Cowan & Jane P. Cowan à Wm G. Owens; $5300 [134283].

Rue Victoria, No 70. Lot pt S. E. ½-1309, avec maison en brique, terrain 18.8 x 95.6. Abraham Moses Vineberg à Dame Philomène Garceau épse de George Knox Joyce; $3000 [134293].

Rue Busby, No 29. Lot ½ N. O. 1040, avec maison bois et brique, terrain 17.9x 72 supr 1278. Le Shérif de Montréal à The Montreal Loan & Mortgage Co; $750 (1881) [137296].

Rue Aylmer, No 83. Lot 1200-6, avec maison en pierre et brique, terrain 20.6x60 d'un côté et 62 de l'autre supr 1250.10. La succession Ewen McDiarmid à Henry Walker; $3000 [134299].

Rue St Antoine, Nos 197 et 199. Lot pt N. O. 666, avec maison en pierre et brique, terrain 22 x 126. David McNicoll à Richard B. August & Ths G. Shaughnessy; $9500 [134300].

Rue St Marc, No 30. Lot 1628-P., avec maison en pierre et brique, terrain 25 x 117. Dame Sarah Jane Dalton, Vve de John Robertson à Alexander B. Buchanan; $7500 [134301].

Rue Rolland, Nos 7 et 9. Lot pt 582, 1/9 ind. 582, avec maison en bois, terrain supr. 2640; 1 do 45 de front 35 5/10 en arrière x 44, supr. 1771. Ovila Cardinal et al à The Grand Trunk Ry Co; $4163 [134302].

HOCHELAGA ET JACQUES-CARTIER

Quartier Hochelaga.

Rue Moreau. Lot pt 80-186, avec maison en brique, terrain 16 x 75. The Montreal Loan and Mortgage Co à Jean Caron; $600 [86921].

Rue Moreau, No 316. Lot 80-188, avec maison en brique, terrain 48 x 150. La faillite Alphonse Daignault à Azarie Blain; $1637.15 [86941].

Quartier St-Denis

Rue St Hubert, No 1847. Lot 7-633, avec maison en brique, terrain 25 x 109.6 d'un côté et 109.5 de l'autre, supr. 2736. Pierre St Pierre à Moise Vincent; $2200 [86887].

Rue Chambord. Lot ½ S. E. 331-168, terrain 25 x 73.6, supr 1837.6, vacant. Huntley R. Drummond à Modeste Chaloup; $183.70 [86904].

Rue Bienville, Nos 82 et 84. Lot 325-39, avec maison en pierre et brique, terrain 24 x 85, supr 2045. Emma L'Heureux, épse de Lucien Girard à Ernestine Fauchille; $2,200 [86940].

Rue Huntley. Lot ½ S. 8-493, terrain 25 x 100, vacant. Napoléon Alexis Ferland à Eugène Bleau; $668 [86952].

Rue St-Hubert. Lot 7-787, terrain 25x109, supr 2725, vacant. The St-Denis Land Co à Célestin Desjardins; $149.87 [86957].

Rue St-Denis, No 1265. Lot pt 163, pt N.O. 162-202, pt S. E. 162-203, avec maison en pierre et brique, terrain 22 x 95, supr 2090. Joseph P. Landry à Nap Victor Em. Brodeur; $5000 [86987].

Quartier St Gabriel

Rue St-Charles, No 217. Lot 2559, avec maison en brique, terrain 48 x 106.6, supr 5112. William Green à J. Honoré Montmigny jr et Wm alias Guil. Montmigny; $1400 [86880].

Quartier St Jean-Baptiste

Rue Cadieux, No 1091. Lot 20-6, avec maison en pierre et brique, terrain 17.2x72.4, supr 1242. George Smith à Clothilde Laurin vve de Nap. Bénard; $1625 [86874].

Rue Boyer. Lot 8-282 à 286, terrain 25x95 chacun vacants. Louis Etienne Guy Boyer à Rose Anna Limoges, épse de Hermas Gariépy; $4750 [86915].

Rue Boyer. Lot 8-282 è 286, terrain 25x95 chacun vacants. Le Shérif de Montréal à Louis Etienne Guy Boyer; $4450 [86924].

Ave Hôtel de Ville, No 1113. Lot ½ ind. 15-1205, 1206, avec maison en bois, terrain 46 x 64. Ernest Gillot à Louise Gillot épse de Max Raymond; $250 [86933].

Rue St Dominique, No 933. Lot 250, avec maison en bois et brique, terrain 23.6 x 69, supr. 1621.6. Wilfrid J. Proulx à Edouard Vermette; $1200 [86953].

Ave Mont Royal, Nos 536 à 542 et rue Cadieux No 1106. Lot 204, pt 203, avec maison en pierre et brique, terrain 42.6 x 60, supr 2550; 1 do 14 x 25, supr 350. Pierre Lacroix à Félix Lacroix; $3380 et autres considérations [86979].

Ste Cunégonde

Rue Notre-Dame. Droits de succession dans le lot pt S. O. 598, avec maison en brique, terrain 34 x 106.6. George W. Elliott à Robert Sharpe; $500 [86959].

St Louis—Mile-End

Rue Clark. Lot ½ S. 11-1124, terrain 25 x 84 vacant. The Montreal Investment and Freehold Co à Ovila Marsan dit Lapierre; $210 [86867].

Ave de Gaspé. Lot 10-891, terrain 25 x 72 vacant. Adélard Bluteau à Philémon Verret; $225 [86870].

Rue St Urbain. Lot 11-566-2, avec maison en brique, terrain 25x80. Emilie Biron épse de Cyprien Gélinas à L. Villeneuve & Cie; $2870 [86893]

Rues Clark et St Laurent. Lots ½ N. 1150, 1166, terrain 25 x 84 chacun vacants. The Montreal Investment & Freehold à Damase Ouimet; $565 [86934].

Rue St Laurent. Lot 11-230, terrain 25x80 vacant. Joseph Arthur Guilbault à Raoul Ignce Charette; $850 [86969].

Westmount

Rue Dorchester. Lot 384-73, terrain 26 x 150 d'un côté et 148.4 de l'autre supr 3871 vacant. Ella Jane Mooney épse de Fréd. Massey à Wm Seath; $3194 [86873].

St-Henri

Rue St Alphonse, Lot 1590, avec maison en bois, terrain 40 x 75. Agnésima Angers épse de George Ad. Morrisson à Louis Décarie; $1200 [86876].

Rue Ste Rose de Lima. Lot 2044, avec maison en brique, terrain 45x90. Thersile Gervais veuve Damase Poirier à Avila Péladeau; $2500 [86877].

Rue St Jacques. Lots 857, 858, avec 2 maisons en brique, terrain 60 x irrg supr 6150. Le Shérif de Montréal à Joseph Décarie fils; $74 [86894].

Maisonneuve

Ave Lasalle. Lots 8-275, 274, terrain 25 x 100, chacun vacants. Chs Henri Letourneux et Herm. Baigné à Frs Galipeau; $1000 [86948].

Outremont

Rue Durocher. Lots 32-8-39, terrain 50 x

112, supr 5600, vacant. The Montreal Investment & Freehold Co à Catherine Ryan, épse de James O'Dea ; $560 [86922].

Verdun

Lots 3269-109-4, 3268-110-4, 3268-111-4. Isaac Collins à Philippe Z. Millette ; $3250 [86881].

St-Pierre-aux-Liens

Ave Villa Maria. Lot pt N. O. 119-12 avec maison en bois, terrain 50 x 131. La succession Louise Marchand à Eugène Gauron ; $800 [86963].

Sault aux Récollets

Lot pt 287. Michel Parent à la succession Régis Gagnon, père ; $744 [86888].

St-Laurent

Lot 34-2, terrain vacant. Cléophas Dubois à Francis Chabot ; $175 [86954].

Lachine

Lot 567, terrain 50 x 100 vacant. Louis Alphonse Boyer à Joseph Bouchard ; $250 [86903].

Longue Pointe

Lot 348, terrain 40.6 x 70. Louis Longpré père esqual ad hoc à Ernest Giguère et al à Mathilda Longpré Vve de Joseph Giguère ; $950 [86913].

Rivière des Prairies

Lot pt 127. Joseph Robereau dit Duplessis à Hormisdas Pepin ; $25 [86980].

Ste Geneviève

Lots 256, 251 pt 255. Philémon Laniel dit Desrosiers à J.-Bte Laniel ; $7500 [86898].

Isle Bizard.

Lot pt 46. Toussaint Théoret et uxor à Hector Théoret ; $1000 [86889].

Voici les totaux des prix de ventes par quartiers :

St Jacques	$ 6,759 02
St Laurent	34,010 95
St Louis	18,150 00
Ste Marie	5,372 00
Centre	60,000 00
Ste-Anne	2,000 00
St Antoine	41,850 00
Hochelaga	2,237 15
St Denis	10,401 57
St Gabriel	1,400 00
St Jean-Baptiste	15,655 00
Ste Cunégonde	500 00
St Louis Mile-End	4,720 00
Westmount	3,194 00
St Henri	3,774 00
Maisonneuve	1,000 00
Outremont	560 00
Verdun	3,250 00
St Pierre-aux-Liens	800 00
	$ 215,633 69

Les lots à bâtir ont rapporté les prix suivants :

Rue Chambord, quartier St Denis, 10c le pied.

Rue Huntley, quartier St Denis, 26 4/5c le pied.

Rue St Hubert, quartier St Denis, 5½c le pd.

Rue Boyer, quartier St Jean-Baptiste, 40c le pied.

Rue Clark, St Louis-Mile End, 10c le pied.

Ave de Gaspé, St Louis-Mile-End, 12½c le pied.

Rue St Laurent & Clark, St Louis-Mile End, 13 4/9c le pied.

Rue St Laurend, St Louis-Mile End, 42½c le pied.

Rue Dorchester, Westmount, 82½c le pied.

Ave Lasalle, Maisonneuve, 20c le pied.

Rue Durocher, Outremont, 10c le pied.

PRÊTS ET OBLIGATIONS HYPOTHÉCAIRES

Pendant la semaine terminée le 13 octobre 1900, le montant total des prêts et obligations hypothécaires a été de $97,635 divisés comme suit, suivant catégories de prêteurs :

Particuliers	$65,855	
Successions	6,000	
Cies de prêts	12,779	
Assurances	2,000	
Autres corporations	11,000	
		$97,635

Les prêts et obligations ont été consentis aux taux de :

5 p. c. pour $1,000 ; 4 sommes de $2,000 ; 2 sommes de $4,000 ; $7,500 et $9,500.

5½ p. c. pour $3,500 et $3,800.

Les autres prêts et obligations portent 6 pour cent d'intérêt à l'exception de $300, $500 et $1,455 à 7 p. c. d'intérêt.

VENTES PAR LE SHÉRIF

Du 23 au 30 octobre 1900.

District de Montréal

John Fernandez *vs* Cyprien Lacroix.

Montréal—Le lot 198-63 du quartier St Denis, situé rue Rivard, avec bâtisses.

Vente le 25 octobre à 10 h. a. m., au bureau du shérif.

Le Crédit Foncier F.-C. *vs* Dame Hy Schawl et al.

Ste Cunégonde—Le lot 641, situé rue Richelieu, avec bâtisse.

Vente le 26 octobre, à 11 h. a. m., au bureau du shérif.

Le Crédit Foncier F.-C. *vs* Dame Hy Schawl et al.

Ste Cunégonde—Le lot 644, situé rue Richelieu, avec bâtisses.

Vente le 25 octobre, à 11 h. a. m., au bureau du shérif à Montréal.

District d'Arthabaska

Elzéar Piuze *vs* Victor Dufresne.

Ste Clothilde de Horton—Les lots 1103 et 1107, avec bâtisses.

Vente le 23 octobre, à midi, à la porte de l'église paroissiale.

District de Québec

La Corporation de Ste Anne de la Pérade *vs* Geo. Beaucage.

St Alban—Le lot 63, situé au 4e rang.

Vente le 23 octobre, à 10 h. a. m., à la porte de l'église paroissiale.

Odilon Chardonnet *vs* Vve Flavien Mailhot.

St Jean des Chaillons—Les lots 243, 244, avec bâtisses.

Vente le 29 octobre à 10 h. a. m., à la porte de l'église paroissiale.

District de St François

Louis I. Fréchette *vs* Gédéon Coté.

St Julien de Walfestown—Le lot 15d, avec moulin à scie etc.

Vente le 23 octobre à 2 h. p. m., à la porte de l'église paroissiale.

Polissage de l'ecaille

Après que l'écaille a été grattée avec un morceau de verre, on la frotte avec du papier de verre fin, puis un morceau de feutre et un peu de charbon de bois, enfin on applique de la terre pourrie et on finit avec une peau de chamois et un peu d'huile d'olive.

LA CONSTRUCTION

Contrats donnés

Chez C. St Jean, architecte, rue St Jacques No 180, modifications et réparations à une bâtisse et une allonge à Ste Thérèse, formant logement ; Monette & Vézina, entrepreneurs généraux ; propriétaire, Dr Sam. Desjardins.

NOTES

Les Révérendes Sœurs du St Nom Jésus et Marie ont décidé de construire à Outremont un pensionnat, au coût de $100,000. Les travaux seront commencés au printemps prochain.

PERMIS DE CONSTRUIRE À MONTRÉAL

Rue St-Hubert, en arrière des nos 271 à 277, modifications et réparations à deux hangars ; coût probable, $300. Propriétaire, Hon. A.W. O'gilvie ; entrepreneur, L. H. Laphan (214).

Rue Sherbrooke, quartier St-Antoine, une bâtisse formant une école, 45 x 58.8, à 2 étages, en pierre et brique, couverture en ciment et résine ; coût probable, $10,000. Propriétaire, Rév. J. W. Williamson ; architectes, Hutchison & Wood ; charpente, J. G. Henderson (215).

Rue Ste-Catherine, No 1440, modifications et réparation à une maison ; coût probable, $300. Propriétaire, Gauvreau & Rochon ; charpente, A. Rochon (216).

Rue Boyer, quartier St Jean-Baptiste, 6 maisons formant 12 logements, 125 x 95, à 2 étages, en brique, couverture en gravois et goudron ; coût probable, $7500. Propriétaire, H. Gariépy ; charpente, Riendeau. (217)

Rue Darling, une bâtisse formant un magasin, 22 x 102, à un étage, en brique, couverture en gravois et goudron ; coût probable $2200. Propriétaire, Dominion Cotton Mills Co ; architectes, T. Pringle & Son. (218)

Rue Mentana, quartier St Jacques, une maison formant 3 logements, 25 x 38, à 3 étages, en pierre et brique, couverture en papier et gravois ; coût probable $3000. Propriétaire, Félix Dansereau ; architecte, L, R. Montbriand. (219)

Coin des rues St André et Lagauchetière, une bâtisse, 34 x 46 à 2 étages, en brique, couverture en gravois ; coût probable $4000. Propriétaires, Les Révérendes Sœurs de la Miséricorde ; charpente, Siméon Lachance. (220)

Rue Massue, No 11 et 13, 2 maisons formant 4 logements, 24 x 30, à 2 étages, en pierre et brique, couverture en gravois ; coût probable $1000 chacune. Propriétaire Nap. Deslauriers ; maçons Latreille & Frère. (221)

Rue Bleury, Nos 233 à 237, modifications et réparations à 3 maisons ; coût probable $1000. Propriétaire Scottish Union & National Ins. Co. ; architecte W. E. Doran. (222)

Coin des rues St Pierre et Fortifications, une bâtisse formant magasins et bureaux, 50 x 61, à deux étages, en brique, couverture en ciment rosine et gravois ; coût probable, $8000. Propriétaire, J. R. Dougall ; maçons Wighton & Morison ; charpente, D. M. Long ; architecte, Taylor et Gordon ; brique, Wighton & Morison. (223)

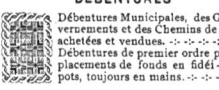

LE PRIX COURANT
THE PRICE CURRENT

Vol. XXX | MONTREAL, VENDREDI 26 OCTOBRE 1900. | No. 4

LE PRIX COURANT

Revue Hebdomadaire

COMMERCE, FINANCE, INDUSTRIE, PROPRIÉTÉ FONCIÈRE, ASSURANCE.

Publié par ALFRED et HENRI LIONAIS, éditeurs-propriétaires au No 25 rue St-Gabriel, Montréal, Téléphone Bell Main 2547, Boite de Poste 917. Abonnement : Montréal et Banlieue, $2.00 ; Canada et Etats-Unis, $1.50 ; France et Union Postale, 15 francs. L'abonnement est considéré comme renouvelé, à moins d'avis contraire au moins 15 jours avant l'expiration, et ne cessera que sur un avis par écrit adressé au bureau même du journal. Il n'est pas donné suite à un ordre de discontinuer tant que les arrérages et l'année en cours ne sont pas payés.

Adresser toutes communications simplement comme suit : LE PRIX COURANT, MONTRÉAL, CAN.

VOL. XXX — VENDREDI, 26 OCTOBRE 1900 — No 4

LES ASSOCIATIONS DE MARCHANDS

" N'eut-été, dit le *Trade Press List*, de Boston, l'effort persévérant et déterminé des éditeurs des journaux du commerce d'épiceries, durant ces vingt dernières années, il n'existerait pas aujourd'hui une seule Association d'Epiciers de Détail.

" Qui donc, durant cette période, a pris en mains la cause de l'épicier et l'a menée à bien ? L'Epicier ? Non ! les journalistes. Ils sont cinquante dans notre pays qui, dans leurs publications, ont donné avis et conseils ayant aidé l'épicerie de détail à s'élever d'un rang ignoré à une force reconnue par le monde commercial.

" Chacun de ces journalistes mérite une égale et entière reconnaissance des épiciers et de leurs associations.

" Le temps est venu où l'épicier de détail, avec l'aide puissante du journaliste, peut prendre le rang auquel lui donne droit l'importance énorme du commerce qu'il représente."

Il n'y a rien d'exagéré dans les lignes qui précèdent et leur auteur aurait pu dire, sans craindre de fausser la vérité, que les associations de marchands de détail quelles qu'elles soient,—on voit que nous n'avons pas en vue les seules associations d'épiciers—ne sauraient se maintenir longtemps, si elles n'avaient pas dans la presse commerciale des alliés et des défenseurs qui, au besoin, secouent l'apathie et l'indifférence de ses membres.

Nous nous sommes souvent demandé les raisons pour lesquelles il n'y avait pas plus de vie dans ces associations ; pourquoi les assemblées étaient si peu suivies par leurs membres et pourquoi le nombre des membres est généralement bien loin de représenter la majorité des commerçants de la même ligne d'affaires.

Il est difficile d'arriver à réunir dans une même organisation tous les marchands d'un même genre de commerce, quoique la chose ne devrait pas être impossible si chacun d'eux comprenait son propre intérêt en même temps que l'intérêt de la corporation. Mais qu'on ne parvienne pas à en réunir les trois quarts ou même la moitié, voilà qui peut paraître surprenant.

Nous pensons qu'on arriverait aisément à un tout autre résultat avec un peu de bonne volonté et d'énergie.

Dès qu'il existe un commencement d'organisation, le plus fort, le plus difficile du travail est fait. C'est aux premiers membres de l'Association, à ses fondateurs, de rendre les réunions attrayantes, utiles et intéressantes. Il ne faut pas craindre, dans les débuts surtout, d'inviter aux assemblées les confrères qui ne font pas partie de l'Association ; peut-être, et sûrement même, ils demanderont à en faire partie quand ils auront assisté à une ou deux séances dans lesquelles l'Association embryonnaire aura marqué son but, ses tendances, son programme.

Circulaires, brochures, etc., dans lesquelles l'Association dit ce qu'elle veut faire dans l'avenir, doivent être envoyées à profusion aux commerçants de la corporotion qui ne font pas partie de l'Association. Pour attirer à elles les retardataires, l'Association doit faire preuve non-seulement de son existence mais de son activité, de sa vigueur et de sa force.

On ne recherche pas volontiers la société des morts ou des mourants ; mais bien celle des vivants et des forts.

Le faible a besoin de protection et tout homme isolé est faible. L'Association donne la force ; par l'union des volontés, des énergies individuelles, on arrive à des résultats qu'un homme si bien doué soit-il, ne saurait obtenir seul.

Le commerce a cela de particulier qu'il subit, en bien ou en mal, l'influence des lois, selon quelles sont bonnes ou mauvaises ; qu'il ressent plus fortement que quoi que ce soit les effets d'une politique sage et éclairée ou d'une politique brouillonne et maladroite.

Les Associations de marchands sont par leur nature même, en raison du but de leur existence, obligées de discuter à leur juste valeur les mesures que se proposent de prendre de temps à autre les gouvernements et qui peuvent affecter dans un sens ou dans l'autre les intérêts du commerce ; c'est-à-dire les intérêts vitaux du pays.

Nous prenons ici le mot commerce dans son sens le plus large.

On comprend alors que, quand les associations de commerçants se prononcent sur une question qui doit se débattre au Parlement, il est vraisemblable que leurs voix seront entendues et leurs vœux pris en considération.

Laissez, au contraire, les marchands plaider leur cause isolément, sans union, sans organisation, on les écoutera, c'est possible, mais sans les entendre.

C'est pourquoi les journaux commerciaux et le PRIX COURANT entr'autres prèchent aux commerçants l'union, l'association pour l'étude en commun de toutes les questions qui les intéressent et notamment des lois et des règlements qui les affectent plus particulièrement.

M. Jos. Côté, marchand de tabac, Québec, est revenu la semaine dernière, enchanté de son voyage au Saguenay et au Lac St-Jean. Il a eu le plaisir de rencontrer sur cette ligne bon nombre de ses clients, et tous ont bien voulu le favoriser d'une commande. Cela ne nous surprend pas lorsque chacun sait que M. Côté fournit toujours ce qu'il y a de mieux en fait de tabacs, pipes, cigares, etc., et que les ordres sont remplis avec soin et promptitude.

MM. Pelletier et Voyer, ses voyageurs, sont actuellement sur les lignes de la Beauce et de l'Intercolonial et tous deux font des affaires excellentes.

L'EDUCATION PRATIQUE

Le Comité d'Education de l'Association des Banquiers Américains dont la convention annuelle a eu lieu à Richmond, dans les premiers jours du mois a présenté son rapport sur le besoin et l'utilité d'une éducation spéciale pour les commis de banque. Voici ce rapport :

Maintenant plus que jamais, on exige dans le commerce par ces temps de concurrence intense une instruction complète à fa fois technique et scientifique qui permette d'atteindre au succès.

Ceci s'applique surtout aux affaires de Banque de notre pays, pays qui aspire par suite de ses exportations énormes au commerce universel.

Il y a des preuves abondantes que les jeunes gens qui sont employés dans les banques des Etats Unis sont anxieux d'acquérir toute l'instruction possible qui leur permettra de perfectionner leur travail. Votre comité reçoit journellement des lettres faisant ressortir ce besoin. Nous citons une lettre adressée à un de nos journaux les plus importants. Voici ce qu'elle contient en substance :

" Mon désir est de m'initier aux questions financières qui sont essentielles au succès de ma carrière.

La nature de mes occupations m'empêche de suivre les cours qui sont professés dans plusieurs de nos universités, mais je désire néanmoins profiter de toute opportunité qui me permettrait de me perfectionner dans la carrière que j'ai choisie.

"Le comité d'Education de l'Association des Banquiers Américains a-t-il jamais fait une propagande dans ce sens. Et si je m'adressais à ce comité en retirerais je un avantage quelconque ? Toute information que vous pourriez me donner à cet égard serait reçue avec empressement.

" Dans l'espoir d'une réponse, croyez moi, etc."

Les commis de banque de Minneapolis ont formé l'année dernière une association dont les membres étudiants, ont des conférences et passent des examens.

Cette Association jouit maintenant d'un plein succès. Les employés de Minneapolis ont décidé d'agir indépendemment de l'Association des Banquiers. La Seabord National Bank de la ville de New-York a également fait un effort dans ce sens et a établi avec plein succès un cours d'étude et un système d'examens pour ses employés.

Ce mouvement progresse bien que personne ne le dirige. Notre comité est en possession d'une pétition signée par un grand nombre d'employés de banques des deux grandes villes demandant l'établissement d'un institut.

Il n'y a pas de doute que l'établissement d'une union des Associations des Commis de Banque aux Etats-Unis est une chose réalisable et que, si l'union en question est établie convenablement, elle produira un grand bien et qu'après une année d'existence, elle sera capable de se suffire à elle-même. Si cette union n'est pas provoquée par une association telle que l'Association des Banquiers Américains, le travail se fera comme à Minneapolis, d'une façon spontanée mais seulement en quelques endroits ce qui serait un obstacle à la généralisation du projet et des bons résultats immédiats qui en ressortiraient ; une organisation homogène pourrait seule mener ce projet à bonne fin. Afin d'organiser une pareille institution il faudrait un homme d'une habileté hors ligne qui y consacrerait tout son temps, et serait le secrétaire du comité.

Ce travail comprendrait un plan pour la préparation des études et des cours pour l'hiver à la suite de consultations tenues avec des banquiers en exercice et des professeurs. Le secrétaire pourrait alors organiser dans chaque ville une Association des Employés de Banques. Dans une ville indiquée et à un temps donné et avec la coopération des principaux employés des banques de cette ville, on convoquerait une assemblée des commis de banques à laquelle assisterait le Secrétaire du Comité. L'organisation serait complétée dans cette ville ; on élirait les officiers et on adopterait la marche à suivre.

Ce plan comprendrait la tenue d'assemblées mensuelles de l'Association de la ville en question, assemblées auxquelles on discuterait les sujets mis à l'étude, des rapports y seraient soumis, des questions discutées et de temps à autre des conférences faites par des personnes autorisées de la localité ou du dehors. Au printemps, à la fin de la saison, des examens seraient passés et des certificats d'aptitude décernés aux membres méritants.

Ce cours d'études serait d'un caractère très pratique, il aurait trait aux transactions journalières des banques et pour la première année serait essentiellement élémentaire. Les cours pourraient finir, s'il en était ainsi décidé, par un banquet offert par les banquiers de l'endroit à l'association des commis.

A part toute autre considération cette association établirait un sentiment fraternel entre commis ; il en résulterait un esprit de corps et certaine cordialité entre patrons et employés qui seraient d'un grand avantage dans l'accomplissement du travail.

Voici donc une cause ayant un caractère éminemment pratique et bien en rapport avec les buts de l'Association des Banquiers Américains. Cette œuvre est facile à accomplir, n'exige pas grande dépense et, une fois accomplie, produira un bien incalculable qui aura une influence favorable sur les centaines de jeunes gens travaillant dans nos banques.

Ces jeunes gens font appel à vous et demandent un encouragement et une ligne de conduite. Votre grande association qui a d'amples ressources et une si puissante influence prendra-t-elle en mains cette œuvre? Elle influera beaucoup sur le succès futur des employés de banques de notre pays et de plus perfectionnera le travail de ce brillant état-major de jeunes gens qui seront alors en mesure de conduire sûrement, honnêtement et avec succès nos affaires. Voilà nos soldats.

Les guiderez-vous comme ils le demandent de façon à ce que leur travail soit doublement efficace ? Ou bien les négligerez vous, les abandonnerez-vous à leurs propres efforts et laisserez-vous le travail s'accomplir sans discipline et continuerez-vous la lutte avec une armée sans entraînement préalable ?

LA SITUATION DES BANQUES

Un supplément de la *Gazette du Canada* publie le tableau de la situation des banques incorporées à fin septembre.

Nous y voyons que le passif, capital et réserves des banques non compris, a augmenté de $7,431,402 et l'actif de $11,542,968.

Le capital versé est en augmentation de $416,517 et le montant des réserves de $524,338.

Au passif, la circulation excède de $2,965,793 le chiffre du mois précédent et de $3,705,042 celui du mois correspondant de l'an dernier.

Les dépôts en comptes courants continuent à croître : après l'augmentation d'un million notée au mois d'août, celle de $1,200,000 environ au mois de septembre est à remarquer, car malgré elle, le chiffre des escomptes, pour les affaires

Mrs. HOLBROOK'S

Golden German Salad

Cet élégant condiment a été préparé, au début, dans notre établissement, sous la direction personnelle de Mme Holbrook, une ménagère accomplie et une cuisinère expérimentée. Ce n'est pas u e sauce pour la salade, mais un assaisonnement sous la forme d'une salade de légume et comme tel, il n'a pas son égal. Nous n'avons jamais auparavant produit un article qui ait reçu une approbation aussi universelle.

Empaqueté dans de jolies bouteilles de 18 oz. fermées dans le vide. Prix $2.88 la douzaine.

New England Tomato Relish

constitue ce qui s'est jamais fait de meilleur dans les préparations de tomates. Il est préparé avec des fruits frais, mûrs, d'après un procédé scientifiquement exact; ou n'emploie aucune coloration artificielle quelconque. Il ajoute une délicieuse saveur à tous les mets avec lesquels on sert généralement des condiments de cette nature. C'est particulièrement l'article à employer avec les fèves au lard et les huitres cuites ou frites.

Empaqueté seulement dans des bouteilles d'une chopine complète, de forme triangulaire, avec couvercle se vissant, emballé avec goût. Prix: $2.88 la douzaine.

Lorsque vous achetez l'un ou l'autre de ces articles, vous obtenez véritablement ce qu'on peut avoir de meilleur.

SKILTON, FOOTE & CO., - - Boston, Mass.

AGENTS POUR LA PROVINCE DE QUEBEC:

THE FOREIGN CHEESE IMP. Co., 9, rue St-Pierre, Montreal.

Compteur Watt Stanley

Pour Courants Alternatifs

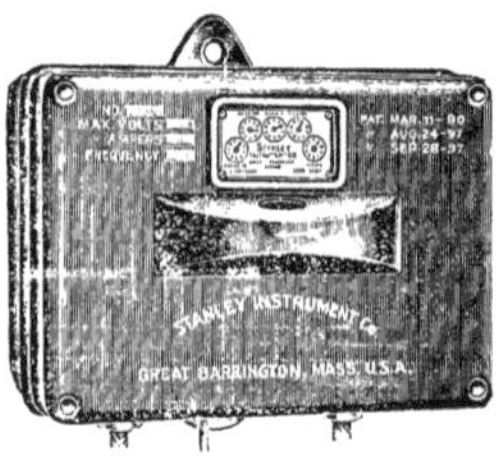

A l'epreuve

des Insectes,
des Moisissures,
de la Poussiere.

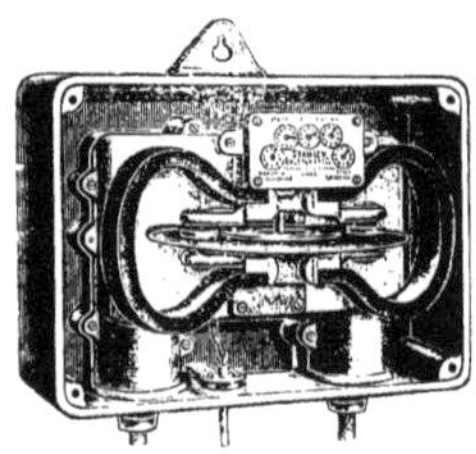

Positivement exact, garanti 3 ans, vendu exclusivement au Canada par

The Royal Electric Co.

MONTREAL. HALIFAX. TORONTO VANCOUVER.

Tout courant enregistré de moins de 5 pour cent jusqu'à pleine capacité.

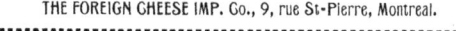

canadiennes, n'a pas varié, comme dans le mois précédent qui accusait une diminution de plus de $800,000 dans le portefeuille des banques.

Les dépôts du public remboursables après avis, c'est-à dire portant intérêt ont augmenté d'un peu plus de $50,000 ; c'est malgré comme chiffre, mais il est à supposer que les capitaux ont préféré se porter sur des genres de placement qui rapportent plus que le dépôt en banque.

Les dépôts provenant d'ailleurs que du Canada passent de 16 millions à 21 millions ; nous verrons plus loin que cette augmentation a sa contrepartie dans l'augmentation des prêts au dehors.

L'item *autre passif*, diminue de mois en mois : de $6,965,000 en août, il descend à $5,692,000 en septembre, c'est encore un joli chiffre, que nous aimerions voir réparti sous une ou plusieurs autres rubriques.

Nous avons dit plus haut que les escomptes et prêts courants au Canada n'avaient pas varié ; en effet, une augmentation de $8,000 sur 272 millions est une goutte d'eau dans la mer.

Mais il n'en est pas de même des escomptes et prêts courants au dehors qui d'un bond passent de 14 à 18 millions.

Les prêts à demande au Canada accusent une augmentation de $750,-000 et le même genre de prêts au dehors est en augmentation de deux millions en chiffres ronds. De sorte que maintenant, il y a, à un million près, autant d'argent avancé sur titres et valeurs mobilières aux Etats-Unis qu'au Canada par nos propres banques.

Nous avons déjà dit que ce n'était pas un mal, bien au contraire, que ces placements au dehors qu'il est facile de rappeler en tous temps, selon les besoins.

D'ailleurs, nos banques ne manquent pas de ressources pour satisfaire à des exigences plus grandes que le développement du pays pourrait créer. Jamais le montant de leur actif immédiatement réalisable n'a été aussi élevé et pour le mois qui nous occupe, nous notons, en ce sens, les augmentations suivantes :

Espèces	$ 585,893
Billets fédéraux	399,395
Obligations des gouvernements	569,926
do municipalités	1,026,477
Autres valeurs mobilières	1,032,022
Soit, ensemble, plus de	$3,600,000

En dehors de leur actif immédiatement réalisable, et avant lui, cela se conçoit, les banques ont une ressource encore disponible de $15,-400,000 dans l'émission de leurs propres billets. Car le capital versé des banques atteint $65,700,000 et leur donne droit à mettre un pareil montant de leurs propres billets en circulation. Il en a été émis pour $50,300,000, la différence est donc bien de $15,400,000 comme ci-dessus.

Nous ne parlerons que pour mémoire de la dette nette des banques du dehors envers nos banques canadiennes et qui dépasse douze millions et demi.

Enfin, s'il en était besoin, nos banques augmenteraient, comme quelques-unes l'ont fait depuis le retour de la prospérité, leur capital-actions.

Il est certain que nos banques dans l'avenir seront, comme elles l'ont été dans le passé à la hauteur des circonstances.

Voici un tableau résumé de la situation des banques au 31 août et au 30 septembre derniers :

PASSIF.	31 août 1900	30 sept. 1900
Capital versé	$65,368,255	$65,784,772
Réserves	33,245,018	33,769,356
Circulation	$47,421,277	$50,387,070
Dépôts du gouvernement féderal	2,752,546	3,095,600
Dépôts des gouvern. provinciaux	2,850,816	2,421,272
Dép. du public remb. à demande	100,738,575	101,911,549
Dép. du public remb. après avis	183,007,679	183,062,013
Dépôts reçus ailleurs qu'en Canada	16,429,516	21,213,758
Emprunts à d'autres banq. en Canada	1,337,916	1,491,563
Dépôts et bal. dus à d'autr. banq. en C.	3,384,578	3,462,114
Bal. dues à d'autres banq. en Anglet.	5,713,769	4,998,675
Bal. dues à d'autres banq. à l'étranger.	569,873	867,283
Autre passif	6,965,301	5,692,343
	371,171,916	378,603,318
ACTIF.		
Espèces	$11,080,742	11,666,635
Billets fédéraux	18,243,566	18,642,961
Dépôts en garantie de circulation	2,372,973	2,372,973
Billets et chèques sur autres banques	9,947,178	10,045,213
Prêts à d'autres banques en Canada, garantis	1,295,152	1,549,743
Dépôts et balances dans d'autr. banq. en Canada	4,253,174	4,512,917
Balances dues par agences et autres banques en Ang.	6,014,776	6,485,226
Balances dues par agences et autres banq. à l'étranger.	12,374,707	12,020,346
Obligations des gouvernements	11,182,752	11,752,678
Obligations des municipalités	10,887,664	11,914,141
Obligations, actions et autr. val. mobilières	24,210,972	25,247,994
Prêts à dem. remboursables en Can.	30,028,215	30,786,953
Prêts à dem. remboursables ailleurs	27,771,191	29,749,949
Prêts courants en Canada	272,012,320	272,020,391
Prêts courants ailleurs	14,885,183	18,650,178
Prêts au gouvernement fédéral		
Prêts aux gouvernements provinciaux	1,501,760	1,572,168
Créanc. en souffrance	1,988,004	2,391,949
Immeubles	991,911	1.149,744
Hypothèques	575,919	582,202
Immeubles occupés par les banques	6,335,039	6,426,345
Autre actif	8,174,399	8,129,840
	$476,127,784	487,670,752

LE SALAGE DU BEURRE EN LAITERIE

Le salage du beurre en laiterie soulève plusieurs questions très intéressantes :

1o Faut il fixer pour le beurre salé un prix moins élevé que pour le beurre non salé ?

Malgré tous les préjugés contraires qui ont cours et la pratique constante d'un grand nombre de laiteries, nous n'hésitons pas à affirmer que le beurre salé devrait être vendu à prix *plus élevé* que le beurre non salé.

Généralement, sur la fausse supposition que le salage apporte une augmentation de poids, on diminue le prix du beurre salé. Or, c'est un fait d'une constatation facile, le beurre bien salé ne gagne pas en poids, bien souvent même *il perd*, surtout lorsqu'il séjourne quelques jours à la laiterie avant l'expédition.

La raison de ce fait : le sel, peut-on dire, chasse l'eau que renferme le beurre frais. C'est pourquoi, après quelques heures de salage, le beurre pleure ; sous l'action du malaxeur cette eau est expulsée énergiquement. La perte est d'autant plus grande que le beurre renferme une plus grande quantité d'eau. Généralement les beurres secs (12 p. 100 d'eau) ne gagnent rien au salage et les beurres humides (16 à 20p. 100) perdent en poids par cette opération.

La conclusion s'impose : Le salage est une opération supplémentaire qui exige une main d'œuvre spéciale et l'emploi d'une matière première particulière (le sel) ; il y aurait donc lieu, *tout au moins*, de ne pas abaisser le prix en faveur de cette préparation :

2o Quand faut-il saler ?

La fabrication rationnelle exige que le salage se fasse *immédiatement après le premier malaxage*. Avant l'expédition, au moins un demi-jour après le salage, on fait subir au

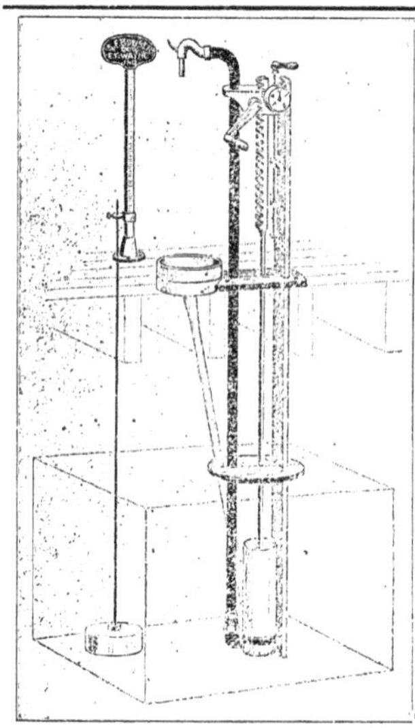

beurre un *second malaxage*, c'est le moyen d'obtenir un produit régulier et de bonne qualité. Seulement, par suite de la perte qui est la conséquence naturelle de ce procédé, on adopte souvent une autre méthode : le salage est fait immédiatement avant l'expédition ; la perte se fait alors au détriment du client. Celui-ci s'en apercevra probablement au bout d'un certain laps de temps, d'autant plus que les beurres traités de cette façon se *marbrent* souvent et, quoique d'excellente qualité, paraissent être des produits inférieurs ;

3o Quel sel faut il employer ?

Le choix du sel est des plus important. Certains sels, renfermant une quantité notable de sulfate de magnésie, présentent un arrière-goût *amer* qu'ils communiquent au beurre.

D'autres ont une saveur *aigre* qui persiste dans le produit salé.

Il existe un sel absolument détestable, c'est le sel *à la violette*, qui répand un parfum, délicieux quand il est exhalé par un bouquet de fleurs, mais qui est absolument déplacé dans le beurre.

Enfin, nous ne saurions condamner assez vigoureusement l'emploi de sel *non salant*. Nous avons rencontré dernièrement un sel dont on peut introduire jusqu'à 15 p. 100 dans le beurre sans rendre celui-ci trop salé. Le sel de Lüneberg à 6 p. 100 faisait plus d'effet que ce sel à 15 p.100. Dans un sel pareil, nous avons constaté la présence du sulfate de baryte. Nous n'hésitons pas à caractériser l'emploi d'un produit semblable d'abus *frauduleux*. Dans ce cas, sans doute, la perte n'est plus à craindre ; mais nous maintenons qu'il y a falsification.

Le bon sel de laiterie doit être le plus *pur* possible, *incolore*, *inodore*, et ne présenter qu'une saveur *franchement salée*, sans aigreur ni amertume.—(*La laiterie Belge.*)

THÉS.—Nous appelons l'attention immédiate de nos lecteurs sur quelques lignes de thés de belle qualité que la maison E. D. Marceau, 296 rue Saint-Paul, offre au commerce à des prix qui ne manqueront pas de faire sensatoin.

Les marchands à l'affût des occasions d'acheter dans de bonnes conditions trouveront dans l'annonce de la maison Marceau publiée dans une autre partie du journal, toutes les indications désirables. Inutilo d'ajouter que les échantillons sont à la disposition du commerce.

Nettoyage des meules en emeri

Lavez-les dans un mélange composé d'un tiers de chloroforme et de deux tiers d'alcool : ce mélange dissout l'huile et la graisse qui peuvent se trouver sur la meule et la laisse propre et nette comme neuve.

COMMERCE INDUSTRIE ET FINANCE

Le charbon en Chine : D'après *Engineering*, il est hors de doute que les dépôts houillers de Chine sont les plus considérables du monde. M. Richthofen estime à 630,000,000,000 de tonnes l'importance des dépôts d'anthracite dans la portion méridionale de la province de Shanghaï. Les provinces de Hunan, Shantung, Szetschwann et du Yunnan sont aussi particulièrement riches.

Les mines de houille sont d'ailleurs peu exploitées, le possesseur du terrain dans lequel se trouve le précieux minerai se contente d'en tirer par des moyens primitifs ce qu'il lui faut pour sa consommation, tout au plus en vend-il à ses voisins. Les mines de Klaiping font toutefois exception à la règle ; elles sont dirigées par un haut mandarin et alimentent les chemins de fer chinois ; l'exploitation en est faite à l'européenne et elles fournissent de 600,000 à 700,000 tonnes de charbon par an.

***

L'industrie sucrière aux Etats-Unis : Actuellement la consommation du sucre, dans les Etats-Unis d'Amérique, est d'un peu plus de 64 livres par habitant, ce qui fait,—étant donnée une population de 78 millions d'âmes—,une consommation annuelle de 2,200,000 tonnes.

D'un autre côté, la production indigène ne s'est élevée qu'à 550,000 tonnes environ, pour l'année 1899, ce qui, naturellement, a laissé une grande marge pour l'importation, qui s'est élevée, pendant cette même année à 1,964,170 tonnes.

***

La production du maïs dans le monde : Voici, d'après la statistique du Bureau de l'agriculture de Washington, quelle aurait été la production du maïs en 1898 et 1897, exprimée en bushel de 35 litres :

	1898	1897
	—	—
Etats-Unis....	1,924,185,000	1,902,968,000
Canada (Ont.).	24,181,000	25,441,000
Mexique......	100,000,000	121,893,005
Chili.........	9,932,000	3,000,000
Rép. Argentine	56,000,000	40,000,000
Uruguay......	4,000,000	4,000,000
France........	30,000,000	30,401,000
Espagne.......	18,000,000	17,000,000
Portugal......	15,500,000	15,500,000
Italie.........	76,192,000	65,891,000
Autriche......	16,074,000	11,162,000
Hongrie	127,639,000	102,239,000
Croatie et Slavonie.......	17,500,000	14,757,000
Roumanie	101,870,000	79,753,000
Bulgarie et Roumélie...	7,000,000	5,000,000
Serbie	17,000,000	16,000,000
Russie.........	47,918,000	51,966,000
Algérie.......	333,000	450,000
Egypte........	32,000,000	35,000,000
Colonie du Cap	2,061,000	2,761,000
Australie......	9,780,000	9,412,000
Total.......	2,637,165,000	2,562,594,000

***

Peaux précieuses : Le commissaire américain (Alaska) a fait la communication suivante :

" Unga-Island est le grand centre de l'industrie des peaux de loutre marine et de renard, et tous les habitants y font la chasse aux porteurs des unes et des autres.

" Le rapport en est important, bien que le nombre des animaux ne soit pas grand.

" L'année dernière, par exemple, les onze îles du groupe Choumagin, y compris Unga, ont tiré des eaux environnantes 34 peaux de loutre marine, et la valeur de ces peaux se monte à 3,500 francs pièce.

" En outre, ces îles fournissent beaucoup de peaux de renard bleu et de renard noir.

" Une île a produit à elle seule jusqu'au jour de mon départ 90 peaux d'une valeur de 50 francs pièce.

" D'autres îles en produisent également d'une façon permanente.

" Les renards noirs furent primitivement élevés par la Compagnie des fourrures dans Unga, Sanok, Belofsky et d'autres îles, dont le but était d'en relever le nombre, considérablement diminué par les chasses continuelles des hommes de la Compagnie.

" Lorsque le pays eut été pendant quelques années au pouvoir des Etats-Unis, le gouvernement américain afferma les onze îles à divers marchands et chefs d'Aleutes à l'effet de l'élevage du renard bleu.

" Les îles furent bien peuplées de ces animaux, et ceux-ci se sont croisés bien des fois avec les renards noirs, ce qui a eu pour résultat une fourrure extraordinairement fine.

" L'année dernière, les indigènes de Belofsky-Island ont pris 17 loutres marines, assez pour faire passer confortablement l'hiver aux 250 personnes qui constituent la population du village.

" Les Indiens gagnent dans leurs bidarkas (petits bateaux) la mer pour chasser les loutres marines ; ordinairement ils les tuent à coups de fusil, parfois ils se servent aussi, pour les prendre, de filets.

" Ces peaux de loutre sont les

meilleures qui existent sur n'importe quel marché du monde."

***

Monsieur D. K. Bugisch, agent des bois d'Anvers, vient d'adresser aux négociants en bois un nouveau projet de connaissement qu'il appelle " connaissement équitable " parce qu'il contient les seules conditions que les armateurs, courtiers, exportateurs ou destinataires des bois peuvent accepter avec justice. " Le connaissement actuel, en cours pour le transport de bois, n'est, dit-il, qu'un simple morceau de papier sans valeur, et sans équité, par cela même qu'il semble être fait seulement pour les honnêtes gens. L'exportateur des bois remet jusqu'à un certain point, avec ce papier, ses marchandises, ainsi que sa propre garantie, entre les mains d'une société maritime quelconque qui peut en faire ce qu'elle voudra dans son intérêt, et si l'agent de cette société veut en profiter au déchargement, il peut aisément le faire, et il ne le fait que trop souvent, comme on le sait. Le connaissement actuel est même un danger pour la moralité du personnel des vapeurs, car comme il n'y a aucune responsabilité au sujet du nombre des pièces, de la qualité, de la quantité, etc., on est enclin à considérer les marchandises comme n'appartenant à personne, et même, de temps à autre, on se l'approprie si on en a l'occasion comme cela arrive très souvent. Mais ce n'est pas tout ! Les bois sont déchargés sur les quais sans aucune responsabilité ; ils y sont délaissés et cette manière de faire a créé de mauvaises coutumes et des précédents qu'il importe de faire disparaître."

***

Un œuf de huit kilogrammes : A la vente de M. J.-C. Stevens, il a été vendu un œuf de l'Æpyornis maximus, un oiseau d'espèce éteinte, et que Marco Polo avait mentionné dans sa relation de voyages en Afrique.

Le seul endroit où des œufs pareils aient été découverts est l'île de Madagascar, d'où provient aussi l'exemplaire en question, qui mesure 38 centimètres de hauteur, 92 centimètres de circonférence, et dont la coquille a une épaisseur de 2 centimètres et un poids de 8 kilogrammes. Quoique la capacité de cet œuf soit six fois celle d'un œuf d'autruche, l'oiseau lui même n'était pas de grande proportion, comme on peut s'en rendre compte par le squelette visible au British Museum. L'oiseau était plutot gros et lourd. On ne connaît en tout qu'une vingtaine d'exemplaires de ces œufs monstrueux.

Celui dont il est question ici a été vendu 42 guinées, à M. Middlebrook, un commerçant de Londres, qui possède un musée particulier.

***

On sait que les horticulteurs et les maraîchers emploient depuis longtemps, avec succès, pour détruire divers parasites des plantes, les jus de tabac produits par les manufactures de tabac, jus qu'ils diluent avec une plus ou moins grande quantité d'eau.

Ce liquide était employé au traitement de la gale des moutons, pour lequel il a donné les meilleurs résultats.

Il existe un moyen, utile à faire connaître aux praticiens, pour donner à ce produit son maximum d'action, et qui consiste à ajouter au liquide une petite quantité d'ingrédients faciles à se procurer; dont la nature et la proportion d'emploi sont indiquées ci-après.

Ces matières qui ne peuvent pas nuire aux plantes, et dont le prix est minime augmentent encore l'adhérence du liquide sur des feuilles et les fleurs et rendent libre la nicotine. Leur usage doit donc conduire forcément à une économie de jus, par conséquent à une dépense moindre pour obtenir le même résultat.

La préparation à employer pour l'arrosage des plantes est la suivante:

Eau, 1 litre ;
Jus riche, 10 centim. cubes ;
Savon noir, 10 grammes ;
Cristaux (carbonate de soude du commerce), 2 grammes ;
Esprit de bois (alcool méthylique), 10 centimètres cubes.

Le liquide ainsi constitué tue de nombreux ennemis des plantes (pucerons, chenilles, etc.). Le savon augmente son adhérence. L'esprit de bois n'est pas toujours nécessaire, mais il accroît notablement l'action de la préparation sur certains parasites.

***

Le cuir dans la vélocipédie : Un journal spécial, *Laines et Cuirs*, rapporte que le mois dernier, à l'occasion du championnat qui se courait sur le vélodrome de Lille, M. Auguste Frémaux, tanneur à Marck-en-Barœul, en vue de parer aux inconvénients résultant du crevage des pneus, fit l'expérience suivante : Il découpa dans un croupon de cuir fort des bandes de vingt centimètres de largeur réunies entre elles par une colle spéciale et deux coutures, sur une longueur circonférencielle de 2m20, lesquelles bandes furent placées et maintenues sur les pneus du tri entraîneur à l'aide de lanières, dites d'Afrique, passées entre les rayons.

Le jour de la course, le tri entraîna le candidat champion du commencement à la fin des 50 kilomètres. Le coureur gagna haut la main, et il fut constaté que les pneus du tri entraîneur n'avaient *aucunement* souffert et que les bandes de cuir étaient intactes à la fin de la course.

Cette expérience mérite d'être renouvelée ; il pourrait bien en resulter que dans bien des cas le cuir pourrait remplacer le caoutchouc.

***

La *Farmer's Gazette* recommande fortement la culture de la vesce (lentille) pour l'alimentation des vaches laitières. Elle conseille de semer de l'avoine avec de la vesce et de commencer à la couper aussitôt qu'elle peut être fauchée avec une faux. Il ne faut jamais en donner une grande quantité à la fois, autrement il s'en gaspille une forte partie. Pour obtenir de bons résultats, il faut en donner souvent et peu à la fois.

On a remarqué que la vesce donnée comme aliment aux vaches rendait le beurre plus ferme. En Angleterre, on fait, au printemps, une récolte de vesce sur le terrain cultivé en navet à la fin de juin.

***

Les raffineries anglaises : On écrit de Greenock que les raffineries de sucre ont, à l'exception d'une d'entre elles, suspendu leurs travaux par suite de la cherté du charbon et du bas prix du sucre brut qui ne laisse aucun profit. Le travail sera repris quand arriveront les nouveaux sucres de betterave.

***

L'huile d'olive en Espagne : La récolte de l'huile d'olives en Espagne, qui n'était au commencement de ce siècle, que d'environ 700,000 hectolitres, dépasse actuellement 5 millions d'hectolitres. On évalue à 115 millions le nombre d'oliviers en culture. L'Andalousie, la Catalogne et l'Aragon produisent les principales récoltes. Cette culture serait susceptible de s'étendre sur une échelle beaucoup plus grande, ce qui contribuerait à augmenter, dans des proportions extraordinaires la richesse agricole de l'Espagne.

***

Les droits sur les sucres : On annonce officieusement à Berlin que, dans quelques jours, un nouvel échange de vues relatif à la question des droits sur les sucres aura lieu à Paris entre les plénipotentiaires d'Allemagne, d'Autriche-Hongrie et de France, et que la reprise des négociations est due à l'initiative de la France.

Les plénipotentiaires allemands qui se rendent à Paris n'ont en attendant, reçu aucune instruction précise.

La question de savoir si une conférence, comme celle de Bruxelles l'an dernier, sera de nouveau convoquée, dépend des conversations préliminaires qui vont s'engager à Paris et des dispositions que montrera la France à accorder de nouvelles concessions.

***

On écrit de Melbourne au *Bulletin Commercial*, de Bruxelles, que les gouvernements de la Nouvelle-Galles du Sud et de la Nouvelle-Zélande ont institué des primes pour la production du mercure sur le territoire de ces colonies.

Dans la Nouvelle-Galles du Sud, une prime de 500 livres sterling sera accordée à la première exploitation qui aura produit 50,000 livres de mercure au moyen des minerais locaux (cinabre). Le délai fixé pour l'obtention de cette prime est de cinq années.

En ce qui concerne la Nouvelle-Zélande, la prime sera de 4 deniers par livre pour les premières 100,000 livres de mercure exempt d'impureté et propre à la vente, dont un tiers aura été produit avant le 31 mars 1903 et le reste avant le 31 mars 1904. Le cas échéant, cette prime pourra être répartie entre plusieurs producteurs.

***

Le nombre des membres de l'Association danoise pour l'exportation, fondée il y a quatre ans, s'élève aujourd'hui à 432. Cette association fournit des renseignements commerciaux de toute espèce et assiste de toute manière les voyageurs de commerce. Sa bibliothèque contient de nombreux ouvrages commerciaux et on y trouve aussi tous les tarifs de douane. Son but principal est de créer des débouchés aux produits du Danemark. Elle publie une intéressante revue mensuelle. Un représentant de cette association a entrepris, en 1899, un voyage de neuf mois dans la République argentine, l'Uruguay et le Paraguay pour étudier sur place les débouchés qu'y trouveraient les produits danois. Ce voyage semble avoir déjà produit de bons résultats pour l'exportation danoise. D'autres délégués ont fait des voyages en Angleterre, en France, aux Etats-Unis et en Finlande. Récemment, l'Association a organisé une exposition à laquelle ont pris part des exportateurs danois et étrangers et qui avait pour but de leur faire connaître réciproquement les articles d'exportation. A l'occasion de cette exposition, qui a eu un plein succès, l'Association d'exportation danoise a obtenu le concours de la Société royale d'agriculture du Danemark.

***

Pour conserver le gibier.

Voici une recette qui vient bien à son heure, au moment de l'ouverture de la chasse.—On ouvre chaque pièce et on la vide : on ôte aux oiseaux jusqu'aux jabot, mais on les laisse dans leurs plumes, ainsi que les lièvres dans leur poil.

On les remplit ensuite de froment, et, après les avoir recousus, on les place au milieu d'un tas de blé, de manière qu'ils en soient entièrement recouverts.

Quelques personnes ne se donnent même pas la peine de faire tous ces préparatifs, et elles se bornent, sans vider les pièces, à les enterrer dans un tas de froment ou d'avoine.

On a vu des volailles et différentes espèces de gibiers conservés de cette manière, et qui, après cinquante et quelques jours, disent nos auteurs, étaient en parfait état de conservation.

LES FRUITS DU CANADA

On commence à s'occuper sérieusement en Angleterre de nos envois de fruits ; après les pommes, voici venir les poires et nous n'avons aucun doute que, l'an prochain, ce sera le tour des pêches.

Grâce aux réfrigérateurs maintenant installés sur un certain nombre de navires faisant le service entre le Canada et l'Angleterre, nos fruits parviennent désormais à l'état frais sur les divers marchés de la Grande-Bretagne.

Avant de reproduire deux articles extraits du *Daily Mail*, de Londres, disons que le secrétaire de la Commission Canadienne à l'Exposition de Paris, télégraphiait à propos des fruits en date du 15 de ce mois : " Fruits frais sont arrivés en splendide condition ; 4 médailles d'or additionnelles obtenues par le Canada."

Voici maintenant les articles du *Daily Mail* :

1er ARTICLE. — Le dernier envoi de fruits canadiens mis sur le marché cette semaine comporte un enseignement, car il prouve que les fruits du Dominion pouvent arriver en Angleterre en parfait état. Parmi les variétés mises en vente, il y avait de très belles Williams (ou Bartletts ainsi qu'on les désigne au Canada), des Duchesses et des Beurrées d'Anjou ; cette dernière poire est un fruit de choix qui est sûre d'être appréciée sur nos marchés. L'envoi en question comprenait 1000 caisses de poires et il y avait de plus quelques pêches et des pommes du genre Elberta et Crawfords.

Les échantillons de poires étaient exceptionnellement gros et beaux. Les Williams étaient surtout magnifiques et il est bien démontré qu'au point de vue de la qualité, de la dimension, du goût et de la couleur c'est une poire idéale et qui n'a aucune concurrence à redouter. Les autres variétés étaient également parfaites. Il est de toute évidence que le commerce d'exportation des fruits a été établi sur des bases solides et que les producteurs et les expéditeurs canadiens ont tout lieu d'être satisfaits pour ce qui concerne le mode d'expédition.

Cet ensemble de choses satisfaisantes a été fait sous le régime de l'hon. Sydney Fisher, M. P., ministre de l'Agriculture au Canada. Nous apprenons que c'est à lui que l'on doit le système de refrigération en usage depuis 1897 sur les steamers traversant du Canada en Angleterre et que depuis cette époque maintes améliorations ont été faites sur ses ordres et sous le contrôle direct du professeur James W. Robertson commissaire de l'Agriculture pour la Puissance du Canada. Nous savons dès à présent que l'on peut expédier du Canada en Angleterre dans un parfait état de conservation et dans d'excellentes conditions de ventes des fruits canadiens : ce qui nous fait dire qu'il n'y a pas de raison pour que le Canada, la colonie fruitière par excellence de l'Empire ne développe point un commerce énorme de fruits et cela surtout avec l'Angletere. Ce résultat est dû à la sollicitude du ministre de l'Agriculture et du personnel si intelligent qu'il dirige.

Nous apprenons que d'autres envois de fruits vont suivre et que 1000 caisses de raisins seront envoyées sur notre marché et que leur qualité sera pareille à celle des poires dont il a été question. Les marchands de fruits ainsi que les acheteurs et les consommateurs sauront apprécier ces expéditions et comme leur qualité est excellente, leur popularité ne pourra aller qu'en augmentant.

2ème ARTICLE. — Un assortiment de poires magnifiques comprenant 1000 caisses et plusieurs caisses de fameuses pêches Crawford & Elberta sont arrivées à Manchester et viennent d'être vendues.

Les fruits en question provenaient de London, Ontario et ont fait sensation dans les milieux commerciaux. Nombre de ces poires sont de l'espèce géante et ont une longueur variant entre 4 pouces et 4½ pouces, leur diamètre étant de 3 pouces à 3½ pouces. En ce qui concerne la couleur, la saveur et le goût elles sont infiniment préférables aux poires françaises. Ces poires se sont vendues avec rapidité.

Ces poires ont été expédiés dans des compartiments réfrigérents. Ce système qui a révolutionné le commerce des fruits dans le Royaume-Uni est l'œuvre de l'hon. Sydney Fisher, Ministre de l'Agriculture au Canada et depuis trois ans des améliorations nombreuses ont été introduites par le professeur James W. Robertson. Les conditions d'expédition sont si parfaites à l'heure actuelle que les fruits canadiens les plus délicats peuvent être maintenant placés sur les marchés anglais dans le plus parfait état de conservation

LES ELECTIONS

La période électorale bat son plein. Quinze jours nous séparent de la date à laquelle le peuple canadien sera appelé à élire les hommes qui devront, pendant cinq ans, présider à ses destinées.

Nous avons assez souvent dit ici à nos lecteurs, tous gens d'affaires, qu'ils ne devraient pas se désintéresser d'une aussi grave question que celle des élections au Parlement fédéral. Ayant donné ce conseil à maintes reprises, nous ne pouvons faire moins qu'eux et nous abstenir de dire ce que nous croyons être l'intérêt général dans lequel se trouve confondu l'intérêt particulier des commerçants, des industriels, des producteurs agricoles et de tous ceux qui, en un mot, vivent des affaires par les affaires.

Ce que demande toute cette classe de lecteurs à qui nous nous adressons, c'est que le commerce et et les industries soient prospères, et que le travail ne manque pas.

Or, dans ces quelques dernières années, à la suite d'une crise intense et de trop longue durée, les industries ont été florissantes d'un bout à l'autre du Canada, le travail a été abondant pour l'ouvrier qui a pu consommer en plus grande quantité les produits de la fabrique et de la ferme ; et le commerce, par qui passent ces produits les a distribués en plus grand nombre et à des prix plus rémunérateurs.

Dans les temps de crise il faut souvent faire des sacrifices pour vendre, tandis que dans les temps de prospérité le marchand n'éprouve aucune difficulté à tirer un bénéfice légitime de ses opérations.

En fin de compte, depuis quatre ans, commerce, industries, finances sont dans une situation de prospérité telle que jamais le Canada n'en a connu de semblable.

C'est donc en plein temps de prospérité que vont se faire les élections.

Les membres du gouvernement et le parti qui sont montés au pouvoir, il y a quatre ans, et qui, durant ce temps, ont pu montrer au peuple la prospérité qui a commencé avec eux et qui dure encore au moment où ils se présentent à nouveau devant les électeurs, ont par cela même, de grandes chances de remporter une nouvelle victoire le 7 novembre prochain.

Nous nous souvenons qu'en 1896, quand les conservateurs perdirent le pouvoir, les élections se firent au cri de : " Il faut un changement."

Il fallait un changement parce que la misère était grande partout ; nous ne dirons pas que cette misère était le résultat de la politique conservatrice, mais elle existait et en demandant un changement, le peuple signifiait au gouvernement qu'il voulait vivre autrement que dans un état misérable.

Le changement est survenu, complet, radical. L'activité règne partout, l'argent circule librement et ne travaillent pas que ceux qui ne veulent pas travailler.

Le peuple va-t-il demander un nouveau changement ? C'est peu probable, s'il est satisfait de son sort.

LA FORCE MOTRICE FUTURE DE L'INDUSTRIE

Le *Scientific American* a publié sur cette question un article assez long que nous nous permettons de citer aujourd'hui.

Il est évident que le charbon a été de la plus grande importance pour l'humanité. Avec l'aide du charbon nous construisons et faisons avancer nos vapeurs et nos locomotives. Le charbon est indispensable à une très grande partie des usines et nous donne de la lumière dehors et dans la maison, et c'est pour une grande partie du monde civilisé la source de chaleur la plus commune. Malheureusement les méthodes à l'aide desquelles nous exploitons l'énergie du soleil amassée depuis de longues périodes sont assez imparfaites, même tellement insuffisantes que la plus grande partie de l'énergie, recueillie dans le charbon se perd. Cependant les mines de charbon ne sont point inépuisables, et le génie et l'esprit entreprenant de l'homme n'ont pas encore réussi à trouver quelque chose pour les remplacer. Peut être le jour n'est-il pas trop éloigné où les provisions seront limitées et que les prix monteront. La question est donc d'économiser l'énergie qui existe— ou de trouver une nouvelle source.

Les pertes de l'énergie du charbon à l'exploitation consistent en partie en une perte de chaleur lors de la combustion du charbon, mais la plus grande partie en est perdue quand il faut transformer la chaleur en une autre forme d'énergie en lumière, en mouvement, en électricité.

On compte que dans les fourneaux, dans les usines métallurgiques, etc, 50 à 75 p.c. de l'énergie du charbon s'en vont avec la fumée. Les machines à vapeur des grands établissements industriels ne peuvent mettre en profit plus de 20 à 33 p.c. de l'énergie du charbon. Beaucoup d'énergie est aussi perdue dans la machine elle-même, de sorte qu'on peut dire que non seulement 5 à 15 p.c. de l'énergie du charbon sont transformés en travail utile.

La production de l'électricité pour l'industrie dépend en grande partie du charbon, la machine à vapeur ayant été jusqu'aujourd'hui employée en général comme moteur. Les machines dites dynamos sont aussi très efficaces, car on peut dire qu'elles rendent environ 90 p. c. de l'énergie, mais dans les cas où la machine à vapeur est employée comme moteur, la somme de l'énergie électrique ne monte qu'à 10 p.c. de celle du charbon.

La production du gaz ne permet pas qu'on profite de plus d'environ 25 p.c. du charbon employé, le gaz de la houille ayant une valeur calorique d'environ un quart de celle du charbon, mais comme on en obtient en produit secondaire le coke, le profit s'élève à 85 p. c. ce qu'on peut regarder comme satisfaisant, vu que la vente de ce produit est facile.

La machine à gaz dont la construction est parvenue à une perfection qui la rend extrêmement propre comme moteur, est supérieure à la machine à vapeur, car elle peut transformer une grande partie de l'énergie du gaz environ 20 p. c. — pendant que la machine à vapeur ne transforme que 14 p. c. de l'énergie de la vapeur. La machine à gaz a trouvé sa sphère d'action là où une plus petite force est nécessaire, car l'exploitation de l'énergie du charbon devient relativement moins satisfaisante dans de plus petits établissements et la machine à gaz exige peu de surveillance et de soins.

Pour l'éclairage la différence de la consommation d'énergie entre le gaz et l'électricité est assez considérable. Un jet de gaz consomme seize fois l'énergie qui est nécessaire à une lampe à incandescence pour produire une lumière électrique équivalente et soixante fois plus qu'il n'est nécessaire pour une lampe à arc de la même force de lumière. Mais quand l'énergie qui est latente dans le gaz est transformée en électricité par dynamo et moteur, une certaine quantité de gaz donne de cette manière un jet incandescent électrique trois fois plus fort et un jet d'arc onze fois plus fort que si la même quantité de gaz avait été brûlée dans un bec de gaz ordinaire.

Les appareils calorifiques électriques sont ceux qui rendent le plus

parfaitement toute l'énergie qui leur est communiquée, car les sources caloriques rendent sous forme de chaleur toute l'énergie électrique qui leur a été donnée. Mais tant que l'électricité exige pour sa production des moteurs qui ne peuvent exploiter qu'une petite partie de l'énergie latente du charbon, elle ne peut obtenir une importance plus grande comme source calorifique. Ainsi seulement 10 p.c. de l'énergie du charbon peuvent à l'aide de l'électricité être transformés en chaleur tandis que le gaz d'éclairage en rend 25 p. c.

Si l'on pouvait produire un gaz à un prix modéré et qui en même temps consomme la plus grande partie de l'énergie calorique du charbon, la consommation de charbon serait beaucoup diminuée pendant que le prix de la lumière et de l'énergie transportable baisserait. Le travail pour produire un tel gaz a été forcé pendant les dernières années en Europe ainsi qu'en Amérique, et l'on peut-dire que les résultats qui sont acquis, ont commencé à se montrer profitables, car on a déjà même des charbons les moins chers, produit un gaz qui contient 50 p.c. de l'énergie calorique du charbon. De plus ce gaz peut être produit en petites quantités avec un profit économique, son importance pour les petits établissements industriels est donc facile à comprendre.

On peut dire que les frais de fondation d'une telle usine à gaz sont presque les mêmes que ceux de la construction d'une machine à vapeur tout à fait à la mode et de la même force. Mais comme le gaz exploite plus effectivement que le générateur l'énergie du charbon et qu'une machine à gaz n'exige que deux tiers de la quantité de chaleur qui est nécessaire au générateur pour faire un certain travail mécanique, il est facile de comprendre que dans un tel établissement la consommation annuelle de charbon est beaucoup réduite, en réalité d'environ un tiers. A cela vient encore s'ajouter que le générateur consomme beaucoup de charbon pendant qu'il est chauffé et jusqu'au moment où la pression est assez forte pour la mise en marche, et à la cessation du travail beaucoup de charbon est aussi inutilemont brûlé tandis qu'à la machine à gaz l'affluence de gaz dans tous les deux cas est ouverte et fermée à peu près simultanément au commencement et à la fin du travail. Partout où l'on n'a pas de force hydraulique, l'énergie électrique peut être développée d'une telle manière et à meilleur marché qu'autrement.

Comme gaz de cuisine le nouveau gaz doit avoir l'avenir pour lui dans les villes, car on peut employer pour sa production des charbons à bon marché, desquels le gaz extrait 80 p. c. de leur énergie calorique tandis que le gaz d'éclairage n'exploite que 25 à 50 p.c. des houilles qui coûtent beaucoup plus cher.

Une tonne de charbon anthracite donne environ 485 mètres cubes d'un tel gaz. Les frais de production ne montent qu'à 2⅞c le mètre cube et par conséquent le gaz pourrait être vendu à 21 centimes (4½c) le mètre cube. Mais comme ce gaz de cuisine a environ le cinquième de l'énergie du gaz d'éclairage ordinaire il est facile d'en comprendre les profits économiques, car cela correspondrait à un prix de 28c le mètre cube pour le gaz d'éclairage.

Il est évident que dans la même proportion que les gisements de charbon diminuent et que la consommation en augmente, cette question deviendra une des plus importantes pour l'économie nationale. Un pays comme la Suède, favorisé d'une abondance d'eau, a dans cette source de force incessante la solution plus ou moins locale de la question d'une force motrice à bon marché pour le prochain siècle. Si en outre le problème des briquettes de tourbe peut être résolu d'une manière satisfaisante au point de vue de l'économie, la Suède peut avec confiance affronter le siècle prochain.

PAS TROP DE VIANDE

D'après le numéro de novembre du *Ladies Home Journal*, cette vraiment belle, artistique et intéressante publication de Philadelphie — le peuple des Etats-Unis consomme plus de viande que celui d'aucune autre nation. L'Angleterre n'arrive qu'au second rang et les autres nations la suivant de très loin. Une personne peut manger de la viande une fois par jour et s'en trouve bien. Il n'est pas nécessaire, toutefois, que la viande figure sur la table trois fois par jour; de fait c'est plutôt une coutume à déplorer.

Les premiers miroirs

Les premiers miroirs furent de métal: Cicéron en attribue l'invention à Esculape et l'on voit que Moïse en a fait mention. C'est au temps de Pompée que l'on fit à Rome les premiers miroirs d'argent. Pline parle d'une pierre brillante, probablement le talc, qu'on peut séparer en lames qui, mises sur un plan métallique, reflètent parfaitement les objets. Les premiers miroirs de verre parurent en Europe vers la fin des Croisades; Venise, qui la première connut l'art de les faire, vit ses commerçants s'enrichir, et ses manufactures passer dans tous les Etats de l'Europe où elles sont maintenant si nombreuses.

REVUE COMMERCIALE ET FINANCIERE

FINANCES

Montréal 25 octobre 1900.

La Banque de Montréal donne avis qu'elle paiera à partir du 1er décembre prochain un dividende semestriel de cinq pour cent sur son capital-actions.

Les directeurs de la Banque d'Hochelaga ont décidé le paiement d'un dividende de 3½ p.c. pour le semestre courant.

La Bourse est partie sur un pied de hausse qui, à part les actions des mines qui gagnent peu ou point, s'étend à toutes les bonnes valeurs de spéculation.

Comme toujours en pareil cas, les valeurs de placement se trouvent délaissées.

Les valeurs suivantes sont celles sur lesquelles il s'est fait des ventes durant la semaine; les chiffres sont ceux obtenus à la dernière vente opérée pour chaque valeur :

C. P. R.	87¼
Montreal Str. Ry	280¼
Twin City	61½
Toronto St. Ry	106⅛
Richelieu et Ontario	106⅞
Halifax Tr. (bons)	....
" (actions)	....
St John Ry	....
Royal Electric	204¾
Montreal Gas	192½
Col. Cotton (actions)	....
" (bons)	99¼
Dominion Cotton	97½
Merchants Cotton	....
Montreal Cotton	....
Cable Comm. (actions)	170¼
" " (bons)	....
Dominion Coal, pref	....
" " bons	150
" " (ord)	40½
Montreal Telegraph	166
Bell Telephone	170
War Eagle	107½
Centre Star	150
Payne	91
Republic	74¼
North Star	94¾
Montreal & London	8½
Virtue	40

En valeurs de Banques, il a été vendu :

Banque de Montréal	258½
Banque des Marchands	158
Banque du Commerce	....
Banque de Toronto	....
Banque de Québec	124
Banque Molsons	184¾
Banque Union	....
Banque Ontario	....
Banque d'Hochelaga	....

COMMERCE

Le tarif d'hiver adopté par les compagnies de chemin de fer du Canada sera mis en vigueur le 15 novembre prochain. L'approche de cette date et aussi, il faut le dire, la fermeture prochaine de la navigation sur le St-Laurent sont des raisons suffisantes pour justifier l'activité qui règne sur les lignes de chemin de fer desservant le versant atlantique. Il arrive journellement ici de très fortes quantités de marchandises à expédier avant la fermeture de notre port.

A la campagne, la lutte politique gêne les affaires; un certain nombre de voyageurs de commerce ont rebroussé chemin en attendant la fin de la campagne électorale.

Cuirs et Peaux.—La situation est indécise

en ce moment, on nous dit que, la semaine prochaine, nous aurons probablement à remanier notre liste de prix et que les cuirs à semelles sont très fermes.

Cependant nous croyons qu'il n'y a pas accord entre les tanneurs produisant les mêmes articles ; on nous dit qu'en effet, certains d'entre eux seraient prêts à faire des concessions.

Attendons, c'est la seule chose à faire pour le moment.

Les prix des peaux vertes sont sans changement avec un courant d'affaires satisfaifaisant.

Epiceries, Vins et Liqueurs — Si l'assortiment général est moins demandé en ce moment de période électorale, il y a compensation dans la vente des liquides qui est très active.

Le commerce de gros reçoit en ce moment ses importations de fruits secs ainsi que les conserves de la nouvelle récolte. Il en a plein les bras à livrer les ordres reçus antérieurement; la marchandise ne fait qu'entrer et sortir.

Les sucres sont sans changement ; les mélasses très fermes ainsi que les sirops des raffineries.

Il y a maintenant sur le marché un sirop Redpath, qualité Diamond vendu à 2c la lb en demi-quart et 2½c en ¼ quart.

Dans les fruits secs, à noter les prix des nouveaux arrivages ; soit : figues en boites de 7½ à 21c la lb suivant grosseur et qualité du fruit; figues en sacs de 3 à 3¼c la lb ; pruneaux de Californie, de 5½ à 11c la lb ; raisins de Corinthe Filiatra de 12 à 13c la lb.

Les bluets en boîtes de la nouvelle récolte sont aux prix de 75 à 85c la doz.

Fers, Ferronneries et Métaux.—Pas de changement dans les prix cette semaine.

On nous signale la rareté sur place des tuyaux en fer et surtout des tuyaux galvanisés ; il serait presque impossible d'établir une liste de prix sur laquelle on puisse se baser pour ces marchandises, ceux qui en ont fixent leurs prix à leur guise.

Huiles, peintures et vernis—L'huile de lin est très ferme et on pourrait bientôt voir une avance sur cet article. L'huile de loup-marin est très rare sur place et à prix très fermes.

Poissons.—Il est offert du saumon Labrador en demi-barils, au prix de $8.00 le demi-baril. Beaucoup d'épiciers s'abstenaient d'acheter le saumon Labrador parce qu'ils n'avaient pas l'écoulement d'un baril entier; ils seront heureux d'apprendre qu'ils peuvent maintenant obtenir la moitié de la quantité qu'ils auraient dû acheter autrefois.

Produits chimisues — La soude caustique est à prix plus durs chez les fabricants; pour le moment le commerce local n'a pas généralement avancé ses prix, mais cependant nos cotes sont inférieures de 25c par 100 lbs aux prix vendants de quelques maisons de gros.

Salaisons, Saindoux, etc.—Les lards canadiens en quarts, les jambons et les lards fumés sont soutenus aux anciens prix.

Les lards de l'ouest étaient faibles, disions-nous dans notre dernière revue. Nous prévoyions une baisse légère ; la baisse est réelle maintenant, mais plus forte qu'elle n'était attendue. Au lieu de $21 à $21.50 le quart, les lards américains se vendent actuellement sur notre place de $19.50 à $20.50.

Les saindoux purs et les saindoux composés sont sans changement à nos cotes.

Nickelage

M. Burgess, du Laboratoire de l'Université de Wisconsin, signale qu'on peut obtenir un nickelage à épaisseur illimitée en renversant le sens du courant électrique dans le bain de nickelage.

REVUE DES MARCHÉS

Montréal, le 18 oct. 1900.

GRAINS ET FARINES

Marchés Etrangers

Les derniers avis télégraphiques cotent ainsi que suit les marchés de l'Europe :

Londres—Blé de passage lourd et déprimé et en baisse de 3d. ; maïs plus facile et négligé. Chargements de blé de Californie Standard 30s 6d. Chargements de blé de Walla, 29s. Marchés locaux en Angleterre blé en baisse. Maïs américain octobre 20s.

Liverpool—Blé disponible tranquille ; maïs soutenu. Blé de Californie Standard No 1, 6s 5d à 6s 6d. Blé de Walla 6s 1d à 6s 1½d. Blé du printemps No 2, 6s 4d à 6s 4½d. Futurs, blé facile, déc. 5s 11½d ; fév. 6s 0⅜d. Maïs terne, nov: 4s 1⅝d. Déc., 4s 1⅛d ; maïs américain mélangé, nouveau, 4s 5d à 4s 5¼d.

Paris—Blé faible, oct. 19.65. Avril, 20.95 ; farine faible. Oct. 25.95, avril 26.20.

On lit dans le *Marché Français* du 6 octobre :

" La température a été, depuis huit jours, des plus favorables aux travaux des champs ; des pluies suffisamment abondantes sont tombées à peu près partout, entrecoupées d'éclaircies qui ont permis de procéder aux semailles dans de très heureuses conditions. Les vendanges se sont également poursuivies par un bon temps et l'on peut dire que, d'une façon générale, la situation actuelle est bonne pour toute la culture."

Les marchés américains ont encore baissé cette semaine pour le blé, le maïs et l'avoine.

On s'attend aux Etats-Unis à de très fortes demandes de blé pour l'exportation ; la récolte dans la République Argentine n'est pas encore prête tant s'en faut et les dernières nouvelles reçues de Rosario annoncent une température défavorable.

Voici les cours en clôture du blé sur le marché de Chicago pour chaque jour de la semaine.

	Nov.	Déc.
Jeudi	73⅝	74¼
Vendredi	73⅜	74⅜
Samedi	74	74⅝
Lundi	73½	74⅛
Mardi	72	72⅝
Mercredi	71⅝	72⅜

On cotait en clôture hier à Chicago : Maïs 38c octobre ; 37c novembre, 35c décembre et 35⅝c mai. Avoine : 21½c novembre ; 21¾c décembre et 23⅜c mai.

MARCHÉS CANADIENS

Nous lisons dans le *Commercial* de Winnipeg du 20 octobre, le rapport suivant :

Le marché local est toujours sans animation car nonobstant deux semaines de beau temps il n'arrive que fort peu de blé de la nouvelle récolte. La semaine dernière on a inspecté 288 chars de blé ; cette semaine on atteindra peut-être le chiffre de 400, par contre l'année dernière à pareille époque, on inspectait environ 309 chars chaque jour.

Pour ce qui concerne les prix, la tendance est à la baisse et le No 1 dur a perdu 4c pendant la semaine subissant l'influence extérieure les meuniers de l'Ontario se montrent indifférents pour les blés du Manitoba. Les achats restreints qu'ils ont faits ont eu pour résultat de maintenir le prix du No 1 dur environ de 10c au-dessus des prix d'exportation et maintenant ces minotiers sont à se demander pourquoi ils ont agi ainsi. No 1 dur, No 2 dur et No 1 du Nord seront des qualités difficiles à obtenir pendant cette saison et seront très en demande pour l'usage domestique, mais les qualités inférieures seront forcées à se conformer aux prix payés pour l'exportation, ce qui les fera baisser de prix.

On cote actuellement, No 1 dur 83½c, No 2 dur et No 1 du Nord 80c ; No 3 dur 71c en entrepôt à Fort William. Blé grossier No 2 73c, grossier No 3 67c en entrepôt à Fort William. On cote les blés mouillés et humides de 3 à 5c endessous des blés grossiers pris en entrepôt à Port Arthur.

Le marché de Montréal n'a guère varié depuis notre dernière revue. Nos cotes d'autre part, restent les mêmes pour les grains, sauf pour le sarrasin qui a baissé et que nous cotons en magasin de 52 à 53c par 48 lbs.

Les farines de blé et d'avoine sont sans changement et, pour les deux, la demande est simplement modérée.

Les issues de blé ont une bonne demande aux mêmes prix que la semaine dernière.

FROMAGE

MARCHÉ ANGLAIS

MM. Marples, Jones & Co. nous écrivent de Liverpool le 12 octobre 1900 :

La semaine écoulée a été exceptionnellement tranquille et malgré tout leur désir de maintenir les prix, les détenteurs ont été obligés de baisser de 6d par cwt. Nous pensons cependant que la demande de la campagne doit bientôt s'améliorer.

" Nous cotons :

	s. d.		s. d.
Fine meaty night Skims...........	42 0	à	44 0
Blanc et coloré, qualité moyenne	49 0	à	50 0
Blanc de choix, Canada et E.-U.	51 6	à	53 0
Coloré de choix, Canada et E.-U.	52 6	à	54 6

MARCHES D'ONTARIO

			Boites offertes.	Boites vendues.	Prix payés.
Vankeek Hill	Oct.	17	1776b	139	10¾c
Iroquois	"	19	823b et c	823	11⅛c
Winchester	"	19	760	715	11c
Kemptville	"	19	..	800	10⅞ et 11c
Perth	"	19	1404b	1105	11c
Brantford	"	19	1415	939	11¼c
Ottawa	"	19	1293b et c	928	10¾c
South Finch	"	20	859b et c	offert	10¾c
Cornwall	"	20	1393b et c	824	..
London	"	20	1450b et c	offert	11c
Belleville	"	20	1800b et c	..	..
Ingersoll	"	23	5102	..	..
Peterboro	"	24	3500c	3340	10 13/16 et 10⅞
Picton	"	24	825c	offert	10⅝c
Woodstock	"	24	4812	2 lots	11¼c

MARCHES AMERICAINS

			Boites offertes.	Boites vendues.	Prix payés.
Watertown	Oct.	20	..	1500	10½, 10⅝c
Ogdensburg	"	20	500	ap. marc.	10⅝c
Utica	"	22	..	6795	10½, 10⅝c
Little Falls	"	22	..	4448	10½, 10⅝c

MARCHES DE QUEBEC

			Boites offertes.	Boites vendues.	Prix payés.
Cowansville	Oct.	20	3115	1452	10¼c

MARCHÉ DE MONTRÉAL

Notre marché est terne. Il y a différence de vues entre acheteurs et vendeurs. Les exportateurs ne sont nullement anxieux d'acheter aux prix actuels. Ils spéculent sans aucun doute sur cette idée probablement exacte que, grâce à la température particulièrement favorable d'octobre, il s'est fait et se fera une grande quantité de fromage durant ce mois et que ce fromage sera d'une qualité équivalente à ou approchant de celle du fromage de septembre.

Dans ces conditions, il se pourrait, en effet, que les exportateurs puissent acheter d'ici huitaine ou quinzaine à des prix plus bas que ceux qui leur sont demandés par les détenteurs qui ont payé 11c et plus, il y a quelque temps.

On trouve peut-être encore acheteur à 10¾c, mais plus sûrement à 10¼c pour le fromage de Québec, c'est-à-dire à peu près dans les mêmes conditions que lundi de cette semaine sur le marché du quai.

Les exportations de la semaine dernière ont été de 87,288 boîtes contre 66,190 la semaine correspondante de 1899.

Depuis le 1er mai, les exportations ont été de 1,791,611 boîtes, contre 1,646,568 l'an dernier pour la période correspondante.

BEURRE

MARCHE ANGLAIS

MM. Marples, Jones & Co. nous écrivent de Liverpool le 12 oct.

Le marché est plus ferme, les beurres du continent étant à la hausse, l'attention se porte sur les beurres frais de fantaisie du Canada qui augmentent également de valeur.

" Nous cotons :

	s.	s.
Imitation crêmeries, E.-U., choix.	80 à	84
Crêmerie, frais, E.-U., choix, boîtes nominal	96 à	100
Irlande, choix, boîtes	88 à	92
Crêmerie, canadien, choix, boîtes..	100 à	104
" Irlande, choix, boîtes....	102 à	106
" Danemark, en barils et surchoix	104 à	114

MARCHÉS AMÉRICAINS

Utica 22 octobre—Les ventes ont été de 60 tinettes de beurre à 22 et 23½c et de 40 caisses en pain à 23½ et 24c.

MARCHES DE QUEBEC

Cowansville 20 octobre.—Les ventes ont été de 51 paquets à 20c.

MARCHE DE MONTREAL

Avec les hauts prix payés pour le fromage durant la saison entière de fabrication, la production du beurre a été moins forte, d'autant plus que les prix payés pour le beurre ont été la plupart du temps moins rémunérateurs pour le producteur.

Les détenteurs ont par suite, grande confiance que les prix du beurre vont s'élever à leur tour et déjà se mettent sur la défensive. Bien que la demande ne soit rien de plus que nominale, le beurre est à prix fermes de 20½ à 20¾c. Un lot extra obtiendrait même 21c.

Les exportations de la semaine dernière ont été de 5,207 paquets contre 17,934 la semaine correspondante de 1899.

Depuis l'ouverture de la navigation les exportations ont été de 238,042 paquets contre 427,421 l'an dernier pour la même période.

ŒUFS

MM. Marples, Jones & Co, nous écrivent de Liverpool le 12 octobre :

"Les œufs se vendent lentement sans grands changements dans les prix.

Nous cotons :

	s	d		s	d
Œufs frais du Canada	6	8	à	7	3
" d'Irlande	8	3	à	9	3
" du Continent	5	9	à	7	0

La demande est bonne sur le marché de Montréal. Les prix des œufs frais sont de 20c la doz. Les œufs mirés sont à 15c et les œufs chaulés à 16c la doz.

GIBIER

Les perdrix obtiennent les prix par couple de 70c pour No 1 et de 40c pour No 2.

Le chevreuil, bête entière, se vend à raison de 6 à 6½c la lb.

POMMES

MM. J. C. Houghton & Co, nous écrivent de Liverpool le 11 oct. 1900 :

Les pommes américaines et canadiennes arrivent lentement et l'empressement mis à les acheter cause une hausse dans les prix. Nous constatons une amélioration dans la couleur des différents lots, leur bonne qualité est d'un excellent augure pour la totalité de la récolte.

PRIX A L'ENCAN

Pommes	Vendredi 5 oct		Lundi oct. 8.		Mercredi oct. 10.	
	s. d.	s. d	s. d.	s. d.	s. d.	.
Canadiennes, barils.						
Gravenstein						
Greening	14 0	17 0			14 3	17 0
Colvert						
M. Blush						
St Laurent						
King Pip						
Baldwin	12 3	17 3			14 0	17 0
Ribston Pip						
Snow	19 3	20 0			20 0	23 0
King	21 6	22 6			18 0	23 0
Fallwater					17 6	18 0
Ben Davis					20 6	
Américaines.						
Gravenstein						
Greening						
Baldwin	10 0	15 9	13 9	14 0	13 0	17 3
Culvert						
Jenneting						
Maiden Blush						
Spy	15 9					
Kings						
Albemarle Pippin	22 0	29 6				

ARRIVAGES

	Barils.
Arrivages pour la semaine finissant le 9 oct. 1900	6895
Arrivages antérieurs depuis le 1er juillet 1900	27495
Total des arrivages au 9 oct. 1900	34390
Du 1er juillet 1899 au 9 oct. 1899	63404

LEGUMES

Les pommes de terre sont payées 38c les 90 lbs au char et on les détaille à 55c les 90 lbs.

Les prix des haricots triés à la main sont cotés de $1.50 à $1.55 par minot en lot de char complet.

On cote :

Salade, de 20 à 25c la doz.
Choux, de 25 à 30c la doz.
Carottes, $1.00 le quart.
Navets, de 40c à 50c le sac.
Radis, 20c la doz. de paquets.
Choux fleurs, de $1.00 à $1.25 la doz.
Aubergines, 50 à 75c la doz
Céleri, 10c à 40c la doz. de paquets.
Patates sucrées, de $2.75 à $3.50.
Betteraves, 40c. la doz. de paquets.
Oignons rouges, de $1.75 à $2.00, le baril.
Oignons d'Egypte, $2.50 le sac de 165 lbs.
Oignons d'Espagne au crate de 75 à 80c.

FRUITS VERTS

Nous cotons :

Atocas, de $6.00 à $7.50 le quart.
Bananes, 50c à $1.00 le régime.
Oranges de Jamaïque, de $5.50 à $6.00 le quart.
Citrons de Messine, de $1.25 à $2.00 la caisse.
Citrons de Malaga, $5.75 la caisse de 59 doz.
Citrons de Malaga, $2.00 à $2.25 la caisse de 35 doz.
Pommes, de $1.25 à $3.50 le quart.
Poires d'Anjou, de $8.00 à $10.00 le quart.
Pêches, de 40 à 60c le panier.
Raisins Concord, 35c le panier.
Delaware, 25c le panier.
Niagara, de 15 à 20c le panier.
Melons d'eau, de 20 à 25c pièce.
Coings, 50c le panier.

FOIN PRESSE ET FOURRAGES

MM. Hosmer, Robinson & Co., nous écrivent de Boston le 18 octobre 1900 :

" Les arrivages pour la semaine écoulée ont été de 309 chars de foin et 9 chars de paille et 9 chars de ce foin pour l'exportation. La semaine correspondante, l'an dernier, 247 chars de foin et 6 chars de paille et 35 chars de ce foin pour l'exportation.

" Les arrivages de foin augmentent en même temps que la demande, ce qui empêche une accumulation, les conditions de prix sont à peu près les mêmes que celles de la semaine dernière. Paille de seigle tranquille et soutenue.

" Nous cotons :

	Grosses balles.	Petites balles.
Foin, choix...	$18.00 à $18.50	$17.50 à $18.00
— No 1 ...	17.00 à 18.00	16.50 à 17.50
— No 2 ...	16.00 à 16.50	16.00 à 16.50
— No 3 ...	14.00 à 15.00	14.00 à 15.00
— mél. d. trèf.	14.00 à 15.50	14.00 à 15.00
— trèfle ...	14.00 à 15.00	
Paille de seigle long.....	15.00 à 16.00	
— mêlée..	11.00 à 12.00	11.00 à 12.00
— d'avoine	9.00 à 9.50	9.00 à 9.50

La situation du marché de Montréal a changé quelque peu ; nous élevons notre cote pour le foin No 2 et modifions celle du No 1 et du foin mélangé de trèfle.

Ici, le foin est à la hausse tandis qu'aux Etats-Unis il est à la baisse.

Des renseignements que nous avons pris nous portent à croire qu'il y a un commencement de réaction sur notre propre marché.

Nous cotons :

Foin pressé, No 1 à choix....	$ 9 00 à 10 00
do do No 2	8 00 à 9 00
do mél. de trèfle	0 00 à 7 50
Paille d'avoine	4 50 à 5 00

A propos du pont Alexandre III

Ce n'est pas d'aujourd'hui que date le projet de construire sur la Seine un pont de fer d'une seule arche ayant 100 mètres de longueur. En 1783, le peintre français, Vincent de Mont-Petit présenta au Roi et à l'Académie les plans d'un pont de ce genre. L'entreprise fut regardée comme chimérique. Il était en effet prématuré de tenter à cette époque un travail aussi colossal, qui nécessite tous les efforts de la science actuelle et dont les fondations atteignent presque vingt mètres de profondeur.

Brillant pour les cuirs

Formule donnée par M. Mauborgne et publiée par la *Revue des produits chimiques* :

Alcool à 90°	860
Gomme laque cerise	75
Résine	35
Aloès	10
Essence de mirbane	10
Dissolution de caoutchouc	5
Gutta-percha	5
	1,000

Pour les cuirs glacés ou vernis, on augmente un peu la proportion d'alcool pour rendre le produit plus léger.

Pour les cuirs de couleur, on réduit la proportion d'aloès.

Terrassements automatiques

On sait que l'exécution des grands terrassements, tels que ceux nécessités par l'établissement des remblais de chemins de fer, exige parfois une armée de terrassiers, avec un matériel considérable et que le prix de revient en est assez élevé. Le travail comporte en effet une succession d'opérations, où la main d'œuvre entre pour une grande part : attaque des terres à la pioche, jets de pelle, chargement sur wagons, transport, déchargement, regalage, etc.

Or, dans certains cas, où la configuration des lieux le permet, on est parvenu aujourd'hui à supprimer toutes ces opérations, en faisant agir un courant d'eau qui désagrège les terres et les fait tomber au point où il faut les accumuler. Lorsqu'on n'a pas de cours d'eau naturel, pouvant être détourné et utilisé ainsi, il est souvent économique d'installer des pompes élévatoires qui amènent l'eau au niveau voulu, de là, au moyen de tuyautages ou de canalisations appropriées, on dirige le fluide liquide sur les terres à attaquer.

Ventes de Fonds de Banqueroute par les Curateurs

Par Kent & Turcotte, le stock de The Standard Paper Co, à 75c dans la piastre à A Major, et les dettes de livres au même à 50c dans la piastre.

Par Kent & Turcotte, le stock de nouveautés de E. H. Lesage, à 62c dans la piastre, à W. F. Clough.

Par Kent & Turcotte, le stock The Maple Clothing Co en 7 lots, savoir : le lot 2 à 69c dans la piastre à A. Nadeau ; le lot 3 au même à 61c dans la piastre ; le lot 4 à 52c dans la piastre à Wilson Bros, le lot 7 à 51c dans la piastre à A. O. Morin & Cie, les fixtures à 41c dans la piastre à Jos. Patrick et les machineries à 54c dans la piastre à Wm Mitchell.

Découverte du verre

L'importante découverte du *verre*, s'il faut en croire le récit de Pline, est due au hasard : Tout le monde connait en effet l'histoire des marchands de Phénicie, qui ayant allumé du feu pour faire cuire leurs aliments, s'aperçurent que le sable où se trouvait le foyer avait pris une consistance solide, transparente, de couleur verdâtre. C'était du verre. Du reste, n'est-ce pas au hasard que l'industrie humaine doit ses plus belles inventions? Quoi qu'il en soit, les Phéniciens furent les premiers à exploiter celle-ci. Ils trouvaient en abondance, à l'embouchure du fleuve Bélus, un sable excellent et tout chargé d'alcali ; ils n'avaient à lui faire subir que des préparations fort simples.

Pâte pour coller l'etoffe et le cuir

Prenez un litre de fine fleur de farine, et ajoutez-y quatre cuillerées de résine en poudre et une cuillerée d'alun en poudre, mélangez bien, massez dans une casserole et ajoutez peu à peu de l'eau douce ou de l'eau de pluie en remuant jusqu'à consistance de crême légère ; mettez sur un feu clair en remuant pour éviter les grumeaux. Quand la pâte est épaisse, de telle sorte qu'une cuillère puisse se tenir droite dedans, elle est à point. Bien remuer jusqu'au fond pour empêcher de brûler. Verser dans un récipient et couvrir pour laisser refroidir afin d'empêcher les grumeaux.

AVIS DE FAILLITE
IN RE

J. A. DUBÉ,
Manufacturier de chaussures,
No 1185, rue Notre-Dame, Montréal.

Les soussignés vendront à l'encan public, au No 69, rue St-Jacques, Montreal,

Vendredi le 2 Novembre 1900, à 11 hrs a. m.

Les biens et immeubles suivants :

Lot No 1—Machineries, outils et fixtures.	$1,612 22
Cuirs et fournitures	1,691 08
Chaussures	656 40
Chaussures en voie de confection	471 82
Loyer au 1er mai 1901	200 00
Lot No 2—Machines sous baux	1,603 15
Lot No 3—Dettes de livres.	731 73

Lot No 4—Un emplacement situé dans la ville St-Louis, dans le comté d'Hochelaga, contenant 25 pieds de front par 88 pieds de profondeur, mesure anglaise et plus ou moins. Le dit lot étant la moitié nord-ouest du lot No 11-529 des plan et livre de renvoi officiels du village incorporé de la Côte St-Louis, dans le dit comté d'Hochelaga borné en front par la rue Clark, en arrière par un ruelle portant le No 11-513 des plans officiels sus-dits, du côté nord-ouest par le résidu du dit lot No 11 529 des plan et livre de renvoi officiels sus-dits, avec les bâtisses dessus construites.

La fabrique No 1185 rue Notre-Dame sera ouverte le 31 courant, pour inspection.

Pour plus amples informations s'adresser à

ALEX. DESMARTEAU, Cessionnaire,
1598 rue Notre-Dame, Montréal.

MARCOTTE FRERES, Encanteurs.

AVIS DE FAILLITE
IN RE

J. P. A. DESTROISMAISONS & CIE,
1801, rue Notre Dame, Montréal.

Vente par encan au No 69, rue Saint-Jacques, Montréal,

Mardi, le 30 Octobre 1900 à 11 heures a.m.

Stock de modes et articles de fantaisie	$12,156 97
Mobilier du magasin	413 45
	12,570 42
Dettes de livres et billets suivant liste	7,201 25
Marchandises en entrepôt	9,925 61

Le magasin sera ouvert les 26 et 27.

KENT & TURCOTTE,
97, rue St-Jacques,
Montréal.

MARCOTTE FRERES,
Encanteurs.

AVIS DE FAILLITE
In Re

ARCHAMBAULT FRÈRES,
1453, rue Ste-Catherine, Montréal.

Vente par encan au No 69 rue Saint-Jacques, Montréal.

Lundi, 29 octobre 1900, à 11 heures a.m.,

Stock de nouveautés générales	$17,091 97
Mobilier du magasin	1,598 63
Charoon	9? 00
	$18,783 60
Dettes de livres suivant liste	$3,383 48

Le magasin sera ouvert le 26 et le 27.

KENT & TURCOTTE,
97 rue Saint-Jacques.

MARCOTTE FRERES, Encanteurs.

DES SOUMISSIONS Cachetées adressées au soussigné et portant la suscription " Soumission pour jetée et dragage, Sorel," seront reçues à ce bureau jusqu'à vendredi le 23 novembre, 1900, inclusivement, pour la construction d'une jetée à niveau élevé et pour dragage à l'embouchure de la Rivière Richelieu à Sorel, Qué.

Les plans et devis pourront être vus à ce ministère et aux bureaux de l'ingénieur résident, Chambre No. 411, Bâtisse du " Merchants Bank," rue St-Jacques, Montréal ; de Ph. Béland, Ecr., commis des travaux, bureau de poste, Québec ; Thos. Berlinguet, Ecr., ingénieur résident, Trois-Rivières, et du maître de poste de Sorel.

Les soumissions devront être faites sur les formules imprimées qui seront fournies, et être signées par les soumissionnaires eux-mêmes ; aucune autre ne sera prise en considération.

Chaque soumission devra être accompagnée d'un chèque accepté par une banque incorporée, pour la somme de vingt-cinq mille piastres ($25,000), et fait à l'ordre de l'Honorable Ministre des Travaux Publics. Ce chèque sera confisqué si le soumissionnaire dont l'offre aura été acceptée refuse de signer le contrat, ou s'il ne l'exécute pas intégralement.

Si la soumission n'est pas acceptée le chèque sera remis.

Le Département ne s'engage à accepter ni la plus basse ni aucune des soumissions.

Par ordre,

JOS. R. ROY,
Secrétaire suppléant.

Ministère des Travaux Publics,
Ottawa, 23 octobre 1900.

N. B.—Nul compte pour publication de cet avis ne sera reconnu si telle publication n'a pas été expressément autorisée par le Ministère.

AVIS DE FAILLITE
IN RE

THOMAS F. G. FOISY,
Marchand, Montreal,
Failli.

Les soussignés ont reçu instructions des curateurs à cette faillite, de vendre à l'encan public au plus offrant et dernier enchérisseur.

Lundi, le 29 Octobre 1900, à 11 heures a. m.

à leur salle d'encan, No 453, rue St-Jacques, Montréal, les immeubles suivants :

Cinq lots de terre ou emplacements étant la subdivision 4, 5, 6, 7 et 8 du lot officiel No 99 du quartier St-Laurent, de la cité de Montréal, avec droit de passage en commun dans la ruelle étant subdivision 9 du même numéro officiel No 99 avec bâtisses dessus construites et portant les numéros civiques 72, 74, 76, 78, 80, 82, 84, 86 et 88 de la rue Milton.

Ainsi que le tout se poursuit et se comporte, circonstances et dépendances, sans aucune exception ou réserve quelconque.

Pour informations et cahier des charges s'adresser à

GAGNON & CARON,
Curateurs Conjoints,
41 bâtisse des Tramways, Montréal.

FRASER BROS.,
Encanteurs.

CHRONIQUE DE QUEBEC

Mercredi, 24 octobre 1900.

Ce qui caractérise la semaine qui vient de s'écouler, c'est d'abord une grande activité dans les affaires de commerce. On sent partout que la saison s'en va rapidement, et l'on se hâte de faire tous les approvisionnements requis. De fait, les marchands de la campagne donnent au commerce de gros un élan considérable, et le commerce de détail bat aussi son plein. D'après les renseignements reçus, nous n'hésitons pas à dire que cet automne comptera parmi l'un des plus remarquables que nous ayons eu depuis longtemps au point de vue des affaires. Il semblerait que la tendance générale est d'augmenter les nécessités de la vie, de telle sorte que, à tous les degrés de l'échelle sociale, nous voyons aujourd'hui les gens faire des dépenses qu'ils n'auraient pas même soupçonnées autrefois. Jadis, même dans les familles riches, l'on se privait d'une infinité de choses que l'on retrouve aujourd'hui même dans les ménages ouvriers.

Le temps n'est plus où tous les objets d'utilité première se confectionnaient à la maison, soit pour le vêtement, soit pour l'ameublement, soit pour la nourriture. Tout cela s'achète maintenant par tout le monde, et c'est pourquoi nous voyons le commerce prendre des proportions de plus en plus importantes. Cet état de choses est d'autant plus sensible à Québec que nous avons vu et que nous voyons la transformation s'opérer sous nos yeux. C'est pour cela que le volume et la qualité du commerce augmentent de manière à faire de Québec un centre de plus en plus prospère. Hâtons-nous d'ajouter que la production locale d'objets manufacturés suit une progression analogue. Les industries vont se développant, et emploient une population qui croît constamment en nombre et en importance. C'est encore là une transformation que nous voyons se faire actuellement.

Malgré la généralité de ces remarques, elles sont applicables littéralement à ce qui se passe aujourd'hui, car de nouveaux établissements industriels surgissent constamment dans notre milieu, et plusieurs sont encore en voie de réalisation.

EPICERIES

Sucres raffinés : Jaunes, $4.20 à $4.25; blanc $4.55; granulé, $5.10 à $5.15; powdered, 7c.

Mélasses : Barbade pur, tonne, 40 à 42c Porto Rico, 38 à 42c; Fajardos, 48 à 50c.

Beurre : Frais, 20c; Marchand, 17c; Beurrerie, 20c.

Conserves en boites : Saumon, $1.40 à $1.70 Clover leaf, $1.60 à $1.65; homard, $3.50 à $3.75; Tomates, 95c à $1.00; Blé-d'inde, 85 à 90c; Pois, 90c à $1.00.

Fruits secs : Valence, 7 à 8c; Sultana, 11 à 15c; Californie, 8 à 10c; C. Cluster, $2.20; Imp. Cabinet, $2.00; Pruneaux de Californie, 8 à 10c; Imp. Russian, $4.50.

Tabac Canadien : En feuilles, 9 à 10c; Walker *wrappers* 15c; Kentucky, 15c; et le White Burly, 15 à 16c.

Planches à laver : "Favorites" $1.70; "Waverly" $2.10; "Improved Globe" $2.00

Balais : A 2 cordes, $1.75 la doz; à 3 do, $2.65 la doz; à 4 do $3.40 la doz.

FARINES, GRAINS ET PROVISIONS

Farines : Forte à levain, $2.25 à $2.30, deuxième à boulanger, $1.90 à $2.10; Patente Hungarian, $2.40; Patente Ontario, $1.90 à $1.95; Roller, $1.85 à 1.90; Extra, $1 60 à $1.65; Superfine, $1.45 à $1.50; Bonne Commune, $1.25 à $1.30.

Grains : Avoine (par 34 lbs) Ontario, 35 à 37c; orge, par 48 lbs, 65 à 70c; orge à drèche, 70 à 80c; blé-d'inde, 55 à 56c; sarrasin, 60 à 70c.

Lard : Short Cut, par 200 lbs, $17.00 à $17.50; *Clear Back*, $18.50 à $19.50; saindoux canadien, $2.00 à $2.10; composé le seau, $1.65 à $1.70; jambon, 10½ à 13c; bacon, 9 à 10c; porc abattu, $6.00 à $7.50.

∴

A l'heure où nous écrivons, il s'opère toute une révolution dans le commerce de Québec. C'est aujourd'hui, en effet, que le premier train du chemin de fer du Grand Nord franchit officiellement la distance de Québec à Parry Sound, sans interruption. Il y a, dans ce fait seul, l'indication d'une ère de prospérité nouvelle pour notre ville. Les conséquences de l'ouverture de ce chemin de fer sont incalculables encore, mais paraissent devoir être d'une importance capitale. Qui vivra, verra. Il n'est pas opportun d'étudier en détail les diverses péripéties par lesquelles ce chemin de fer est passé, non plus qu'il est à propos de rapporter les espérances sur lesquelles nous comptons.

Au point de vue strict des affaires, il importe seulement de constater qu'une voie nouvelle et améliorée de communication s'ouvre aujourd'hui entre Québec, port de mer, et la région des grands lacs, où se concentrent les grains et autres produits de l'Ouest. C'est un trait d'union additionnel entre les pays de productions et les pays de consommation. Et il se trouve que la ville de Québec devient par la force des choses, l'extrémité de ce trait d'union qui confine à la mer et à l'expédition par les steamers transatlantiques. La ville de Québec a contribué à la construction de cette voie ferrée, dans une proportion considérable; elle a été à la peine, tout indique qu'elle sera au bénéfice.

L. D.

EXTRA

RENSEIGNEMENTS COMMERCIAUX

PROVINCE DE QUEBEC

Cessions

Montréal—Dubé J. F., mfr de chaussures.
Gorn A. & Co, chapeaux et fourrures.
Hague John C., contracteur.
Houle Louis, nouv.
Sauvageau Richard, tailleur.
St-Appolinaire—Lambert J. B., mag. gén.

Concordats

Montréal—Beauchamp J. A., épic.

Curateurs

Montréal—Bilodeau & Chalifour à L. R. Raymond, merceries.
Desmarteau Alex. à P. H. Villeneuve & Co, meubles.

Dissolutions de Sociétés

Bedford—Palmer & Cameron, mag. gén.
Lachine—Bell Bros & Co, bois et charbon.
Montréal—Kerry Watson & Co, drogues en gros; Wm S. Kerry continue.
Smith J. L. & Son, farine en gros; Lionel John Smith continue.
Vian & French tailleurs.
Québec—Belleau & McDonald, courtiers.

En Difficultés

Pointe à Pic—Tremblay D. mag. gén offre 40c dans la piastre.

Fonds à Vendre

Amqui—Langlois J. L., mag. gén., 29 oct.
Les Eboulements—Tremblay Chs T. mag. gén., 29 oct.
Montréal—Archambault Frères, nouv., 29 oct.
Des Trois Maisons J. P. A. & Co, modes en en gros, 30 oct.
Dubé J. F., mfr. de chaussures, 2 nov.
Gee Julia, chaussures.
St Jérôme—Smith Fischel & Co, mfrs de cigares.

Fonds Vendus

Drummondville—Maple (The) Clothing Co.
Montréal—Beauchamp J. A., épic.
White John J., restaurant.

Nouveaux Établissements.

Granby—Leader (The) Printing & Pub. Co.
Lachine—Bell Wm S. & Co, bois et charbon.
Montréal—Beardsell & Scott, boulangers et confiseurs.
Beauchamp S. & Co, restaurant; Mde Simon Beauchamp.
Cabana H. & Cie, épic., etc; Adeline Cabana.
Decary Arcade, restaurant.
Giguère W. A. & Frère, chapeaux et fourrures.
Montreal Investors Co.
Parent E. & Co, mfrs de chaussures.
Robichaud & Brosseau, boulangers.
Todd Robert & Co, peintres, etc.
Viau & Fils, marchands-tailleurs.
Québec—McDonald A. R. & Co, courtiers; A. R. McDonald.
St-Henri—Lang (The) Mfg Co.
St-Jean des Chaillons—Ferland L. A. & Co, mag. gén.; Célina Malvina Lacroix.

PROVINCE D'ONTARIO

Cessations de Commerce

Box Grove—McCaffrey D., mag. gén.; W. A. Clarke succède.
Georgetown—Arrowsmith D. B., harnais; Geo. Winfield succède.
Rat Portage—Humble J. W.; liqueurs; R. E. Welsman succède.
Thorold—Thompson James & Co, quincaillerie etc; C. N. S. Stevenson succède.

Cessions

Brinston's Corners—Cook A., ferblantier.
Ottawa—Gervais Adol. teinturier.

Décès

Hamilton—Brierly Richard, pharmacie.

Dissolutions de Sociétés

Carleton Place—Mitchel & Cram, épic.; Mitchell continue.

Fonds à Vendre

Belmont—Brown W. A., quincaillerie, etc.
Hawkesbury—Green A., ferblantier.

Fonds Vendus.

Brockville—Donon D. D., merceries, à R. Davis & Sons.
Jamestown—Johnston R. A. mag. gén., à Walter Innis.
Windsor—Kanady Jennie L., confiserie à Wm E. Tood.

Nouveaux Établissements

Carleton Place—Cochrane Andrew, épic.; a admis Robt. D. Carmichael; raison sociale, Cochrane & Carmichael.
Ottawa—Harris, Campbell & Boyden (The) Furniture Co, Ltd.
Shingh F., tabac et poterie.
Thorold—Thorold (The) Pulp Co, Ltd.
Toronto—Standard (The) Pork Packing Co, Ltd.

Ambre

Pour utiliser les râclures, les tournures, les déchets provenant du travail de l'ambre, on les réduit en poudre, puis on les moule à la température de 400o à 500o sous une très forte pression.

NOS PRIX COURANTS

Nos prix courants sont revisés chaque semaine. Ces prix nous sont fournis pour être publiés, par les meilleures maisons dans chaque ligne; ils sont pour les qualités et les quantités qui ont cours ordinaire dans les transactions entre le marchand de gros et le marchand de détail, aux termes et avec l'escompte ordinaire. Lorsqu'il y a un escompte spécial, il en en est fait mention. On peut généralement acheter à meilleur marché en prenant de fortes quantités et au comptant.

Tous les prix sont ceux du marché, en général, et aucune maison ou manufacture n'a le pouvoir de les changer à son avantage, sauf pour ses propres marchandises qui sont alors cotées sous son propre nom et sa propre responsabilité. La Rédaction se réserve le droit de refuser ce privilège à quiconque en abuserait pour tromper le public.

PRIX COURANTS.—MONTREAL, 25 OCTOBRE 1900.

Allumettes.

Walkerville Match Co.

Allumettes Parlor

	1 caisse	5 caisses
Crown	$1.60	1.50
Maple Leaf	2.75	2.65
Imperial	5.50	5.25

Allumettes Soufrées

Jumbo	5.25	5.00
Héros	3 50	3.70

Articles divers.

Bleu Parisien ....lb.	0 12	0 13
Bouchons communs ....gr.	0 18	0 30
Briques à couteaux ....doz.	0 25	0 30
Brûleurs pour lampes		
No. 1 ....doz.	0 00	0 75
No. 2 ....''	0 00	1 00
No. 3 ....''	0 00	0 70
Câble coton ¼ pouce ....lb.	0 13	0 14
'' Manilla ....''	0 15¼	0 16¾
'' Sisal ....''	0 08½	0 10
'' Jute ....''	0 10½	0 12
Coton à attacher ....''	0 15	0 21
Chandelles suif ....lb.	0 00	0 09
'' paraffine ....''	0 12	0 12½
'' London Sperm ....''	0 11	0 11½
'' Stéarine ....''	0 13	0 14
Epingles à linge. bte. 5 gr.	0 00	0 70
	3 fils.	6 fils.
Ficelles .... 30 pieds ..	0 40	0 75
'' .... 40 '' ..	0 55	0 85
'' .... 48 '' ..	0 65	1 00
'' .... 60 '' ..	0 80	1 35
'' .... 72 '' ..	0 95	1 60
'' .... 100 '' ..	1 25	2 00
Lessis concentré, com ....''	0 00	0 40
'' pur ....''	0 00	0 75
Mèches à lampes No. 1	0 11	0 13
'' No. 2	0 14	0 16
'' No. 3	0 09	0 11
Sapolio, bte à ¼ et ½ gr. la gr.	0 00	11 30

Cafés.

Cafés rôtis.	la livre.
Arabian Mocha	31
Imperial ''	28
Jamaique	20
Java Siftings	26
Maracaibo	22
Old Gov. ''	31
Old Gov. Java et Mocha	31
Pure Mocha	27 à 29
Rio	15 à 18
Standard Java	32
'' '' et Mocha	32
Santos	18½
Blanke's Faust Blend	36

Conserves alimentaires

Légumes.

Asperges 4 lbs ....dz.	0 00	4 50
Baked Beans 3 lbs ....''	0 90	1 00
Blé d'Inde .... 2 lbs ''	0 85	0 95
Champignons ....bte.	0 15	0 21
Citrouilles 3 lbs ....dz.	0 00	0 85
Haricots verts ....''	0 00	0 85
Olives, Pints ....''	3 75	5 00
'' ½ Pints ....''	2 90	3 60
'' en quart, gallon.	0 00	1 00
Petits pois français ...bte.	0 09	0 12
'' fins ....''	0 14	0 15
'' extra fins ..''	0 16	0 17
'' surfins ....''	0 18	0 20
Pois canadiens 2 lbs ..dz.	0 80	1 10
Tomates ....''	0 87½	0 90
Truffes ....''	4 80	5 00

Fruits.

Ananas 2 et 2½ lbs ...dz.	2 15	2 50
Bluets 2 '' ..''	0 75	0 85
Cerises 2 '' ...''	1 95	2 15
Fraises 2 '' ...''	1 70	1 85
'' 3 '' ...''	2 10	2 15
Framboises 2 '' ...''	1 45	1 60
Pêches 2 '' ...''	1 60	1 85
'' 3 '' ...''	2 40	2 85
Poires 2 '' ...''	0 00	1 65
'' 3 '' ...''	1 95	2 10
Pommes gal ....''	0 00	2 15
'' 3 lbs ...''	0 00	0 90
Prunes vertes 2 '' ...''	0 00	1 45
'' bleues 2 '' ...''	1 25	1 35

Poissons.

Anchois ....dz.	3 25	0 00
Anchois à l'huile ....''	3 25	4 50
Clams 1 lb ....''	1 25	1 35
Harengs marinés ....''	1 55	1 85
Harengs aux Tomates. ''	1 50	1 60
Homards, boîte haute. ''	3 12½	3 20
'' '' plate ...''	3 65	3 75
Huitres, 1 lb ....dz.	0 00	1 30
'' 2 '' ....''	0 00	2 40
Maquereau ....''	1 00	1 05
Sardines Canadiennes, cse	4 00	4 50
Sardines ¼ françaises. bte.	0 09	0 25
'' ½ '' ''	0 17	0 35
Sardines Royan à la Vatel ....''	0 00	0 15
Sardines Royan à la Bordelaise ....bte.	0 00	0 15
Saumon rouge (Sockeye) boîte haute dz.	0 00	1 60
'' '' plate ''	0 00	1 75
'' '' ordinaire haute	0 00	1 50
'' rose (Cohoe) '' dz.	0 00	1 12½
'' du printemps, ''	0 00	1 50
Smelts (Eperlans) ....''	0 40	0 45

Viandes en conserves.

Corned Beef, bte 1 lb ....dz.	1 60	2 00
'' '' 2 '' ....''	2 80	3 40
'' '' 6 '' ....''	9 75	11 40
'' '' 14 '' ....''	21 60	24 00
Lang. de porc. '' 1 '' ....dz.	3 00	4 15
'' '' 2 '' ....''	6 00	8 00
'' bœuf '' 1½ lb ....''	8 00	10 00
'' '' 2 '' ....''	9 25	11 30
'' '' 3 '' ....''	......	14 10
English Brawn 1 lb ....''	1 40	1 70
Bœuf (chipped dried) ....''	2 95	3 00
Dinde, bte 1 lb ....''	2 20	2 30
Pâtés de foie gras ....''	3 00	8 00
Pieds de cochon, bte 1½ lb. ''	2 30	2 40
Poulets, '' 1 lb. ''	2 20	2 30

Drogues et Produits Chimiques

Acide carbol.que ....lb.	0 30	0 40
'' citrique ....''	0 50	0 55
'' oxalique ....''	0 08	0 10
'' tartrique ....''	0 33	0 35
Aloès du Cap ....''	0 14	0 15
Alun ....''	0 01½	0 03
Bicarbonate de Soude, brl.	2 00	2 25
Bichrom. de potasse ....lb.	0 10	0 12
Bleu (carré) ....''	0 10	0 16
Borax raffiné ....''	0 05	0 07
Bromure de potasse ....''	0 55	0 60
Camphre américain ....''	0 80	0 90
'' anglais ....''	0 85	0 95
Cendres de soude ....''	0 01½	0 02
Chlorure de chaux ....''	0 02½	0 05
'' de potasse ....''	0 23	0 25
Couperose ....100 lbs	0 75	1 00
Crème de tartre ....lb	0 22½	0 27½
Extrait de Campêche ....''	0 10	0 11
'' en paquets ....''	0 12	0 14
Gelatine en feuilles ....''	0 35	0 60
Glucose ....''	0 03½	0 04
Glycérine ....''	0 18	0 20
Gomme arabique ....lb	0 40	1 25
Gomme épinette ....''	0 00	0 25
Indigo Bengale ....''	1 50	1 75
'' Madras ....''	0 60	0 80
Iodure de potasse ....''	4 00	4 25
Opium ....''	4 50	4 75
Phosphore ....''	0 50	0 75
Pourpre de Paris ....''	0 09	0 10
Résine ....(280 lbs)	2 75	5 00
Salpêtre ....lb	0 05	0 07½
Sels d'Epsom ....100 lbs.	1 50	3 00
Soda caustique 60° '' lbs	2 25	2 50
'' '' 70° '' ''	2 50	2 75
'' à laver ....''	0 70	0 90
à pâte ....brl.	2 00	2 50
Soufre poudre ....lb.	0 02	0 03
'' bâtons ....''	0 02	0 03
'' rock, sacs ..100 lbs.	2 00	3 00
Strychnine ....oz.	0 90	1 00
Sulfate de cuivre ....lb.	0 06	0 07
Sulfate de morphine ....''	1 90	2 00
'' de quinine ....oz.	0 40	0 45
Sumac ....tonne.	70 00	75 00
Vert de Paris ....lb.	0 18½	0 20½

Epices pures.

Allspice, moulu ....lb.	0 15	0 20
Cannelle moulue ....''	0 15	0 20
'' en nattes ....''	0 13	0 15
Clous de girofle moulu ''	0 18	0 20
'' '' ronds ..''	0 12½	0 14
Gingembre moulu ....''	0 15	0 25
'' racines ''	0 10	0 25
Macis moulu ....''	0 90	1 00
Mixed Spice moulu Tin 1 oz. ....''	0 00	0 45
Muscade blanchie ....''	0 40	0 50
'' non blanchie ..''	0 50	0 60
Piment (clous ronds) ....''	0 10	0 12
Poivre blanc, rond ....''	0 23	0 26
'' '' moulu ....''	0 26	0 28
'' noir, rond ....''	0 15	0 17
'' '' moulu ....''	0 18	0 19
'' de Cayenne ....''	0 22	0 26
Whole Pickle Spice ....lb	0 15	0 20

Fruits Secs.

Abricot Calif ....lb.	0 12	0 13
Amandes ½ molles ....''	0 12	0 13
'' Tarragone ....''	0 15	0 16
'' Valence écalées ''	0 40	0 42
Amand. amères écalées lb	0 00	0 45
'' écalées Jordan ''	0 40	0 44
Dattes en boites ....''	0 00	0 05
Figues sèches en boites ''	0 07½	0 21
'' '' en sac ..''	0 03	0 03¼
Nectarines Californie ..''	0 11	0 12
Noisettes (Avelines) ...lb.	0 12	0 13
Noix Marbot ....''	0 10	0 11
'' Couronne ....''	0 08	0 09
'' Grenoble ....''	0 12	0 13
'' '' écalées. ''	0 22	0 23
Noix du Brésil ....''	0 12	0 13
Noix Pecanes poli ....''	0 12½	0 13
Peanuts rotis (arach) ..''	0 06½	0 07½
Pêches Californie ....''	0 10	0 11
Poires '' ....''	0 13½	0 15
Pommes séchées ....''	0 00	0 00
Pommes évaporées ....''	0 05	0 06
Pruneaux Bordeaux ...''	0 04	0 08
'' Bosnie ....''	0 00	0 04
'' Californie ...''	0 05½	0 11
Raisins Calif. 2 cour ..''	0 00	0 00
'' '' 3 '' ..''	0 00	0 00
'' '' 4 '' ..''	0 00	0 00
Corinthe Provincials ...''	0 11	0 12
'' Filiatras ....''	0 12	0 13
'' Patras ....''	0 00	0 00
'' Vostizzas ....''	0 14	0 15
Malag. London Layers bte.	0 00	1 75
'' Connoisseur Cluster ''	0 00	2 25
'' Buckingham Cluster ....''	0 00	3 40
Malaga Russian Cluster bte.	0 00	4 50
Sultana ....lb.	0 10	0 12
Valence fine off Stalk, ''	0 00	0 08½
'' Selected ....''	0 08	0 09
'' layers ....''	0 09	0 09½

Fruits verts

Ananas, pièce	0 00	0 00
Attocas ....quart..	6 00	7 50
Bananes ....regime	0 50	1 00
Pommes ....baril..	1 25	3 50
Raisins Malaga .... ''	5 50	6 00
'' ½ ''	0 00	0 00
Oranges Valence (420) cse	0 00	0 00
'' '' (714)	0 00	0 00
'' Navels	0 00	0 00
'' Seedlings	0 00	0 00
'' Sanguines, ½ cse	0 00	0 00
'' Sorrente, caisse.	0 00	0 00
'' Messine ''	0 00	0 00
'' '' ½ ''	0 00	0 00
'' Jamaique, baril.	5 50	6 00
Citrons Messine .... caisse.	1 25	2 00
'' Malaga. bte 35 dz	2 00	2 25
'' '' caisse 60 dz.	0 00	5 75
Oignons rouges .... baril ..	1 75	2 00
'' Jaunes	0 00	0 00
'' d'Egypte, 165 lbs	0 00	2 25
Oignons d'Espagne, boîte.	0 80	0 90
Noix de coco, par 100	3 25	0 00

Grains et Farines.

GRAINS

Blé roux d'hiver Can. No 2.	0 00	0 00
Blé blanc d'hiver Can. No 2.	0 00	0 00
Blé du Manitoba No 1 dur ...	0 90	0 92½
'' '' No 2 ''	0 87½	0 90
Blé du Nord No 1	0 00	0 85
Avoine blanche No 2	0 27½	0 28
Orge No 1, ... 48 lbs.	0 50	0 53
'' à moulée .... ''	0 42	0 43
Pois No 2 ordinaire, 60 lbs ...	0 69	0 66½
Sarrasin. 48 '' ...	0 54½	0 55
Seigle, 56 '' ...	0 58	0 60

FARINES.

Patente d'hiver	3 75	4 00
Patente du printemps	0 00	4 70
Straight roller	3 65	3 .5
Forte de boulanger, cité	0 00	4 40
Forte du Manitoba, secondes	3 30	3 90

FARINES D'AVOINE.

Avoine roulée baril	3 35	3 55
'' '' sac	1 62½	1 72½

ISSUES DE BLE

Son d'Ontario, au char, ton	15 00	15 50
'' de Manitoba '' ''	00 00	15 00
Gru de Manitoba ....char	00 00	17 00
'' d'Ontario .... ''	16 50	17 00
Moulée .... ''	17 00	24 00

Huiles et graisses.

HUILES.

Huile de morue, T. N., gal.	0 35	à 0 40
'' loup-marin raffi .. ''	0 50	0 52½
'' paille .... ''	0 42½	0 45
Huile de lard, extra gal.	0 75	0 85
'' '' No 1. ''	0 65	0 75
'' d'olive p. mach .. ''	0 90	1 00
'' à salade .... ''	0 72½	0 77½
'' d'olive à lampion ''	1 20	2 60
'' de spermaceti .... ''	1 30	1 50
'' de marsouin .... ''	0 50	0 60
'' de pétrole, par quart.	0 00	0 16½
Acmé Imperial ....gal.	0 00	0 18
Huile Américaine par quart:		
Water White .... ''	0 00	19½
Pratt's Astral .... ''	0 00	0 20½
Huile d'olive Barton et Guestier caisse qts		8 50
'' '' '' pts		9 50
'' de foie de m. Nor. gal.	1 25	à 1 35
'' '' T.N. ''	1 00	1 10
'' de castor ''E. I.'' lb.	0 09½	0 10
'' '' franç. qrt. lb.	0 09½	0 10
'' '' '' cse.	0 11	0 12

Liqueurs et spiritueux.

Brandies (droits payés)	à la caisse.
Sorin.—Carte bleu	$ 8 50
Carte rouge	9 50
Carte d'or	11 00
24 F. avec verre	9 00
'' Flasks avec verre ..	10 00
FUTS.	
Quarts	4 00
Octaves	4 25
½ oct	4 25
Hennessy * pintes	13 00
'' * chopines	14 25
'' * * pintes	14 75
'' * * * pintes	16 25
'' V. O. Pintes	17 25
Martel * pintes	12 75
'' * chopines	14 00
'' V. O. pintes	17 00
'' V. S. O. P. pintes	18 50

Par lots de 10 caisses assorties ou non, 25c de moins par caisse.

F. O. B. Montréal, net 30 jours ou 1% 10 jours.

Bouteleau & Co., F. P.	9 00
'' *	10 00
'' O. B.	12 00
'' V. O. B.	14 00
'' X. V. O. B.	16 00
'' 1824	21 00
Couturier	7 00
'' flasks	8 00
Marion	6 00
'' flasks	7 00
Rivière-Gardrat	10 00
Optima	17 00
Bisquit Dubouché	9 25
Renaud & Cie	12 25
E. Puet *	9 00
'' * *	10 75
'' * * *	12 50
'' V. O.	14 50
'' V. O. P.	15 25
'' V. S. O. P.	16 25
'' V. V. S. O. P.	20 25
E. Puet 1860	24 25
'' 1850	26 25
'' 1840	30 25
J. Borianne * * *	6 75
Pellisson 1850	42 50
'' V. S. O. P.	29 00
'' S. O. P.	22 00
'' 1890	16 00
C. M. Arguet	11 50
V. Porte 1854	22 00

	au gallon.	
Fine Champagne	5 75	5 90
Couturier	3 80	3 95
Marion	3 40	3 60
Hennessy	0 00	6 75

	au gallon.	
Martel	0 00	6 75
Pellisson, vieux	0 00	11 60
'' XXX	0 00	8 75
'' autre ord	5 80	7 25
V. Porte 1854	0 00	8 75
E. Puet	0 00	3 65
J. Borianne depuis	0 00	3 75
Rivière-Gardrat	0 00	4 15
Bisquit-Dubouché	4 30	@ 4 5[illegible]
Renaud & Cie	4 10	@ 4 3[illegible]
Bouteilleau & Cie.	3 80	@ 8 00

Rhums		à la caisse.
St-Georges, 12 lit.		12 50
'' 24½ pts imp		14 50
Chauvet cachet or 12 lit.	0 00	14 50
'' '' rouge 12 lit.	0 00	12 75
St-John	0 00	7 75
St-Joseph, Jamaique	0 00	11 50
St-Félix, Martinique	0 00	10 50
Talbot frères	0 00	7 75

	au gallon.	
Jamaique	4 25	6 15

Whiskey Ecossais.	qt	pts
Mullmore	6 25	7 50
'' flasks	10 00	10 50
Heather Dew	7 00	0 00
'' flasks	11 25	0 00
'' stone	12 50	0 00
Special Reserve	9 00	10 00
'' ''	0 00	11 75
Ex. Spc. Liqueur, flacons.	9 50	0 00
Dewar's Special Liqueur ..	12 25	12 50
Dewar Extra Special	9 25	9 50
H. Fairman & Co.	7 50	8 50
Royal Eagle	9 25	9 50
Sheriff's	10 00	18 00
Mackie's R. O. spec	0 00	10 25
'' Islay	8 25	8 50
Glenfalloch	8 75	
Glenlivet *	9 00	9 25
'' * * *	10 00	10 25
Cabinet 1 crown	0 00	8 75
'' 2 ''	0 00	9 50
'' 3 ''	0 00	10 75
Harvey's R. O. S. spec. liq.	0 00	12 50
'' Fitz-James 8 y. old	0 00	9 75
Alex. McAlpine old scotch.	0 00	6 75

PRIX COURANTS —MONTREAL, 25 OCTOBRE 1900

Watson old scotch, qrts...	0 00	8 75
" " pts....	0 00	9 75
Thom & Cameron.........	0 00	6 75
Bernard's Encore.........	0 00	7 75
Bulloch, Lade & Co.		
Special blend...........	9 25	9 50
" extra special......	10 75	11 00
" L. Katrine.........	0 00	7 50
Usher's O. V. G..........	0 00	8 75
" special reserve...	0 00	9 75
" G. O. H...........	0 00	12 00
Gaelic Old Smuggler......	0 00	9 50
Greer's O. V. H...........	0 00	9 50
Stewart's Royal..........	0 00	10 00
	au gallon.	
Heather Dew..............	3 65	3 85
Special Reserve	4 15	4 25
Ex. Spc. Liqueur........	4 75	4 90
Banagher Irish...........	4 05	4 30
H. Fairman & Co..........	4 05	4 15
Sheriff's....................	4 65	4 85
Glenfalloch	3 70	3 85
Glenlivet (old)............	4 30	6 30

Whiskey Irlandais.

	à la caisse	
Old Irish..................	6 00	8 00
" flasks............	11 25	0 00
Special....................	9 00	0 00
" flasks.............	0 00	11 75
Cruiskeen Lawn, stone...	12 50	0 00
Henry Thomson..........	0 00	8 50
St-Kevin.................	0 00	7 50
J. Jameson & Son *.......	0 00	9 75
" " ***....	0 00	11 50
Geo. Roe & Co *..........	0 00	9 50
" " **.........	9 75	10 50
Barnagher................	9 75	10 25
Thom & Cameron.........	0 00	6 75
Burke's *** qrts.........	0 00	8 00
" *** 12 imp.-qt... flasks	0 00	11 75
Dunville..................	0 00	8 25
Bushmills	0 00	9 75
	au gallon.	
Old Irish..................	3 75	3 90

Gins.

De Kuyper, cse violette..........		2 65
" cses vertes..........		6 00
DeKuyper, cses rouges, 1 à 4 c...		11 50

F. O. B. Montreal, 30 jours net; 1 o|o 10 jours; fret payé à destination par lot de 5 caisses au moins.

Key Brand................	5 00	10 25
" poney.........	0 00	2 50
Melchers poney...........	0 00	2 50
" picnics 4 doz....	0 00	5 50
" Honey Suckle... (cruchons verre)	8 25	15 00
Wynand Fockink.........	0 00	10 00
Bernard Old Tom.........	0 00	7 25
Booth's " "	0 00	7 85
" " " 5 caisses	0 00	7 60
Melrose Drover Old Tom..	0 00	7 00
Booth's London Dry......	0 00	7 75
Burnett "	0 00	7 25
Melrose Drover Dry......	0 00	7 00
Coate Plymouth.........	0 00	9 25

Gins en futs.

De Kuyper, barriq. le gal.	0 00	3 00
" quarts "	0 00	3 05
" octaves "	0 00	3 10
" au gallon "	0 00	3 20

Tous autres gins, 5c. de moins.
F. O. B. Montréal, 30 jours net ou 1% 10 jours.

Booth's Old Tom, quarts, le gal.	0 00	3 45
" " octaves.	0 00	3 50
" " au gal	0 00	3 90

Whisky Canadien au gallon, en lots d'un ou plusieurs barils de 40 gallons (pas de demi-barils) d'une sorte ou assortis.

Gooderham & Worts 65 O. P	4 50
Hiram Walker & Sons "	4 50
J. P. Wiser & Son "	4 49
J. E. Seagram "	4 49
H. Corby "	4 49
Gooderham & Worts 50 O. P........	4 10
Hiram Walker & Sons "	4 10
J. P. Wiser & Son "	4 09
J. E. Seagram "	4 09
H. Corby "	4 09
Rye Gooderham & Worts............	2 20
" Hiram Walker & Sons............	2 20
" J. P. Wiser & Son...............	2 19
" J. E. Seagram...................	2 19
" H. Corby........................	2 19
Imperial Walker & Sons............	2 90
Canadian Club Walker & Sons.......	3 60

Pour quantité moindre qu'un quart d'origine mais pas moins de 20 gallons:

65 O. P......................	le gall.	4 55
50 O. P......................	"	4 15
Rye		2 25

Au-dessous de 20 gallons:

65° O. P..................	le gallon	4 60
50° O. P..................	"	4 20
Rye.......................	"	2 30

Pour quantité moindre qu'un baril ou un barillet d'origine:

Imperial Whisky.........	le gallon	3 10
Canadian Club..........	"	3 80

F. O. B. Montreal, 30 jours net ou 1 o|o 10 jours; fret payé pour quantité d'un quart et au dessus.

Pour le Whisky à 50° O. P., 5c de moins par gallon, F. O. B. Montréal, pour l'île de Montréal.

Rye Canadien à la caisse.

Walker's Impérial..........quarts	7 50
" ....16 flasks	8 00
" ....32 "	8 50
Walker' Canadian Club....quarts	9 00
" ..16 flasks	9 50
" ..32 "	10 00
Gooderham & Worts 1891 1 à 4 c.	6 75
Seagram 1896 (Star brand.) quarts	6 50
" No 83 .... "	8 75
Corby I. X. L.........................	7 00
Purity, qts............................	6 50
" 32 flasks	7 50
Canadian, qts.........................	5 00
" 32 flasks	6 00

F. O. B. Montreal, 30 jours net ou 1 o|o 10 jours

Whiskeys importés.

Kilty Scotch..........caisse.		9 25
Buchanan's House of Commons.......... "		9 50
Claymore............. "	8 50	8 75
Bushmills Irish....... "	9 25	9 50

Gin (La Clef).

Caisses Rouges..............		10 00
" Vertes..............		4 85
" " Ponies.......		2 50
Gallon........................	2 95	3 15
Nicholsons Old Tom Gin.....	7 50	7 75
" London Dry Gin.	7 50	7 75

Mélasses.

	Au gallon.
Barbades tonne....................	0 41
" tierce et qt............	0 43½
" demi quart............	0 44½
" au char ton..........	0 40
" " tierce...........	0 42½
" " ½ qt...........	0 43½
Porto Rico, choix, tonne..	0 00
" tierce et quart.	0 00
" ordinaire, tonne....	0 00

Pâtes et denrées alimentaires.

Macaroni importé......lb	0 08	0 10
Vermicelle " ...... "	0 08	0 10
Lait concentré..........dz	0 00	1 90
Pois fendus, qt. 196 lbs..	0 00	4 10
Tapioca, lb................	0 04¾	0 05

Poissons.

Harengs Shore.........brl.	0 00	5 00
" ....½ "	0 00	2 75
" Labrador .... "	0 00	5 25
" " ..½ "	0 00	3 00
" Cap Breton .. "	0 00	0 00
" " ½ "	0 00	0 00
Morue sèche...........lb.	0 00	0 04½
" verte No 1, qt..lb.	0 00	0 02½
" No 1 large qt.... "	0 02¾	0 03
" No 1 draft...... "	0 00	0 02¾
" désossée caisse...	0 00	4 50
" " paquet....	0 00	0 06
Saumon C. A.......½ "	0 00	0 00
" .... 1 "	0 00	0 00
Saumon Labrador.. 1 "	0 00	14 00
" " ½ "	0 00	8 00

Produits de la ferme.

(Prix payés par les épiciers.)

Beurre.

Townships frais.......lb.	0 19	0 20
En rouleaux .... "	0 00	0 00
Crèmerie août......... "	0 20	0 20½
do Nov...... "	0 00	0 00
do frais...... "	0 21	0 21½

Fromage

De l'Ouest..............lb.	0 11	0 11½
De Québec.............. "	0 10¾	0 11¼

Œufs.

Frais pondus, choix...dz.	0 00	0 22
Mirés	0 00	0 16
Œufs chaulés, Montréal..	0 00	0 00
" " Ontario....	0 00	0 00

Sirop et sucre d'érable.

Sirop d'érable en qrts..lb.	0 06¾	0 07
" en canistre.	0 75	0 80
Sucre d'érable pts pains lb.	0 09	0 10
" Vieux......	0 00	0 00

Miel et cire.

Miel rouge coulé.......lb.	0 07	0 08
" blanc " .... "	0 09½	0 10
" rouge en gateaux.. "	0 10½	0 11
" blanc " "	0 13	0 14
Cire Vierge............. "	0 25	0 26

Riz

	Sac.	½ Sac.	Pch.	½ Pch.
B. 1 @ 9 sacs	3 10	3 15	3 20	3 25
B. 10 et plus"	3 00	3 05	3 10	3 15

C.C. 10c. de moins par sac que le riz B.

Patna imp., sacs 224 lbs. lb.	0 4⅜	0 05

Salaisons, Saindoux, etc.

Lard Can. Sh't Cut Mess qt.	20 00	21 00
" " S. C. Clear.... "	19 50	20 00
" " S. C. désossé.. "	21 00	21 50
" S.C. de l'Ouest "	19 50	20 50
Jambons...................lb.	00 12	00 14
Lard fumé.............. "	00 00	00 14

Saindoux.

Pur de panne en seaux...	2 15	2 40
Canistres de 10 lbs....lb.	0 11	0 12
" 5 " .... "	0 11¼	0 12¼
" 3 " .... "	0 11½	0 12⅝
Composé, en seaux.......	0 00	1 60
Canistres de 10 lbs....lb.	0 00	0 08½
" 5 " .... "	0 00	0 08⅝
" 3 " .... "	0 00	0 08¾
Fairbanks, en seaux......	1 72½	1 75
Cottolene en seaux ....lb.	0 00	0 08¾

Sauces et Marinades.

Marinades Morton.....dz.	2 10	2 30
" Crosse & Blackwell "	0 00	3 25
" Suffolk, 20 oz...... "	0 00	2 10
" " 16 oz...... "	0 00	1 80
Essence d'anchois...... "	0 00	3 20
Sauce Worcester, ½ ch.doz.	3 50	3 70
" " chop "	6 25	6 50
" Harvey....½ " "	3 25	3 55
Catsup de tomates..... "	1 00	4 00
" champignons "	1 90	3 40
Sauce aux anchois..... dz	3 25	3 55
Sauce Chili............ "	3 75	4 05

Sel.

Sel fin, quart, 3 lbs......	2 65	2 75
" " 5 "	2 60	2 65
" " 7 "	2 40	2 50
" ¼ sac 56 "	0 00	0 30
" sac 2 cwts.......	0 00	1 00
" gros, sac livré en ville	0 40	0 42½

Sirops.

Perfection.............lb.	0 03	0 03¼
" s. 25 lbs. seau.	0 00	1 20
" seau 3 gall. "	0 00	1 50
Sirop Redpath tins 2 lbs.	0 00	0 09
" " 8 "	0 00	0 35
" Diamond lb........	0 02	0 02½

Sucres.

(Prix aux 100 lbs.)

Jaunes bruts (Barbade)...........		4 37½
" raffinés...........	$4 30	4 90
Extra ground...................qts.		5 60
" " ....bte.		5 80
" " ....½ "		5 85
Cut loaf.......................qts.		5 60
" ....½ "		5 70
" ....bte.		5 60
" ....½ "		5 70
Powdered.......................qts.		5 35
" ....bte.		5 55
Extra granulé ....qts.		5 00
" " ......½ "		5 15

Ces prix doivent être augmentés de 5c par 100 lbs pour les villes de Montréal et Québec.

Thés du Japon.

Extra choisi du mois de mai:

Castor No 1..........	lb.	0 00	0 37½
Hibou No 1..........	"	0 00	0 35
Choisi			
Castor No 2..........	"	0 00	0 32½
Hibou No 2..........	"	0 00	0 32½
Bon:			
Hibou No 50.........	"	0 00	0 26
Faucon (Hawk)......	"	0 00	0 25
Spécial:			
Hibou No 100........	"	0 10	0 20
Moyen:			
Otter.................	lb.	0 00	18
Commun..............	"	0 14	17
Moulu (Siftings).....	"	0 06	0 09
Nibs (choix).........	"	0 14	0 18

Thés de Chine.

Thés verts Young Hyson.

Ping Suey, bts 30 lbs	lb.	0 12	0 14
" ½ cais. (first)	"	0 16	0 18
" " (points)	"	0 18	0 20
Moyune, caisses.....	"	0 38	0 42

Thés verts Gun Powder.

Moyune, caisses.....	lb.	0 40	0 44
Ping Suey, bts, Pin head	"	0 32	0 35
" " "	"	0 25	0 28
Pea Leaf, choix, bts..	"	0 20	0 22
" commun "	"	0 14	0 16

Thés noirs.

Kaisow............½ cs	lb.	0 12	0 14
Pan Young........ "	"	0 14	0 16
Keemuns, Kin Tuck "	"	0 18	0 20
Moning, choix..... "	"	0 30	0 34
Packling, boites 20 lbs commun..........	"	0 13	0 15
Packling, boites 20 lbs bon..................	"	0 16	0 18
Packling, boites 20 lbs fin..................	"	0 22	0 25
Orange Pekœ, bte 20 lbs, parfumé........	"	0 25	0 30
Formosa Oolongs, bts 20 lbs, (le Papillon).	"	0 24	0 30

Thés de l'Inde.

Darjeelings, Bloomfield, lb.	0 32	0 40
Assam Pekoe.... ...... "	0 20	0 24
Gloria, Pekoe Souchong................ "	0 18	0 20
Amrail, Souchong...... "	0 16	0 18
Gloria, Pekoe.......... "	0 14	0 16

Thés de Ceylan.

Syria, Golden Tipped Pekoe........caisse, lb.	0 27	0 35
Gallaheria, Flowery Pekoe........caisse, "	0 20	0 23
Bombra, Pekoe Souchong........caisse, "	0 16	0 18
Luccombe, Souchong, caisse, "	0 14	0 16
Golden Tipped Pekoe, (marque Abeille), No 8, caisses 40 lbs, (10 x 1 lb et 60 x ½ lb).................. "	0 36	0 38
Flowery Pekoe, (marque Abeille), No 9, caisses 40 lbs, 10 x 1 lb et 60 x ½ lb)... "	0 28	0 30
Flowery Pekoe Nayabedde demi caisses "	0 24	0 27
Ceylon Pekoe Karana demi caisse......... "	0 24	0 27

Vernis.

Vernis à harnais......gal.	0 00	1 80
" " ......dz.	1 10	1 20
" à tuyaux...... gal.	0 00	0 90
" Parisien........dz.	0 70	0 75
" Royal polish... "	0 00	1 25

Vins.

Non Mousseux.

Bordeaux ord.......caisse	2 60	3 50
" " ....gal.	0 90	1 10
" Médoc....caisse	4 65	5 65
" St-Julien. "	5 65	6 65
" Châteaux "	4 25	21 00
Bourgogne......... "	7 00	20 00
Bourgogne, ordinaire.gal.	0 90	1 10
Sicile.................. "	1 35	1 60
Sherry..............caisse	4 50	11 00
" ....gal.	0 95	4 00
Porto...............caisse	6 00	15 00
" Gordon & Cie. "	0 00	3 75
" ....gal.	2 10	4 00
Moselle..............caisse	15 00	21 00
Sauternes.......... "	5 65	6 65
Graves.............. "	5 50	6 50
Malaga, Gordon&Cie "	0 00	4 00
Claret L. Pinaud qts "	0 00	2 60
" Faure Frères...gal.	0 00	0 90
Robertson Bros Oporto gal.	1 50	10 00
" " Sherry.cs.	0 00	10 00
" " " gal.	1 50	8 50

Mousseux.

(Prix à la caisse.)

	qrts.	pts.
Bourgogne Mousseux	00 00	00 00
Moselle Mousseux........	16 00	21 00
Hock Mousseux..........	15 50	17 00
Saumur, Tessier & Co.....	13 00	14 50
" Neroa Raphael..	13 00	14 50
" Castellane......	12 50	14 00

Champagnes.

	qrts.	pts.
J. Mumm...................	23 00	25 00
G. H. Mumm...............	28 00	30 00
Arthur Rœderer...........	22 00	24 00
Vve Clicquot...............	28 00	30 00
Eug. Clicquot..............	24 00	00 00
Pommery..................	28 00	30 00
Fréminet..................	23 00	24 00
Louis Rœderer	28 00	30 00
Piper Heidsick............	27 00	29 00
Perrier-Jouet.............	28 00	30 00
E. Mercier&Cie., carte d'or	28 00	30 00
Vin des Princes...........	22 00	23 00
Vin d'été..................	16 00	17 00
E. Cazanove..............	22 00	00 00
Tessier....................	14 00	15 50
Imperial extra dry........	00 00	15 09
Couvert, très sec........	20 00	22 00
Théop. Rœderer:		
Cristal Champagne......	40 00	42 00
Réserve Cuvée...........	26 00	28 00
Sportsman Ch............	16 00	18 00

Bois de chauffage

Prix payé par marchands, aux chars, gare Hochelaga

Erable	la corde......		5 50
Merisier	do		5 25
Bouleau, etc.	do		0 00
Epinette	do		4 50
Slabs, par chars...........	....		0 00
do en barge, la corde...		2 40	2 75
Rognures, le voyage.......		1 50	2 25

Charbons

PRIX DE DETAIL

Grate	par tonne de 2000 lbs..	6 75
Furnace	do ..	6 75
Egg	do ..	6 75
Stove	do ..	7 00
Chesnut	do ..	7 00
Peanut	do ..	5 00
Screenings	do 2240 lbs..	5 10

EDMOND BOUCHER **BOUCHER & ROFFEY** HARRY ROFFEY

...TAILLEURS...

Coin des rues St-Pierre et Notre-Dame,

Téléphone Main 1548. MONTREAL.

LES CHEVEUX GRIS....

reprennent la couleur noire de la jeunesse et acquièrent avec le

" Restaurateur de Robson "

une souplesse et un lustre absolument incomparables.

EN VENTE PARTOUT, 50c LA BOUTEILLE.

J. T. GAUDET, PROP., JOLIETTE, P. Q.

ALLUMETTES KLONDYKE ET IMPERIALES

CES ALLUMETTES SONT ABSOLUMENT GARANTIES.

Les EPICIERS et AUTRES MARCHANDS ont intérêt à les AVOIR EN STOCK.

Car elles se vendent bien.

Demandez prix, etc., de ARTHUR SAUCIER, Pont Maskinongé.

ADAMS' ROOT and GINGER

Beer Extracts

Se vendent de l'Atlantic au Pacifique.

Demandez à votre fournisseur de gros.

Grandeur de 10c donne 2 gallons.
Grandeur de 25c donne 5 gallons. } Pour prix, voyez les prix courants

CANADIAN SPECIALTY CO., 118 King St. East, TORONTO, Ont. - Seule Manufacturière.

Consumers Cordage Co., Ltd.

283 Rue St-Patrick, Montréal, Qué.

Manufacturiers de

Fil a Liens et Cordages de toutes descriptions

Cable Manille, Cable Sisal, Cable en Jute, Cable de Russie, Ficelle goudronnée pour les lattes, Merlin goudronné, Cable de Russie goudronné, Paquetage, Cordes à linge, Lignes dormantes, Licous en corde, Cable à lier.

Corde a Poches et Ficelle a Paquets.

LES MEILLEURES VALEURS AUX PLUS BAS PRIX.

Fourrures, Gants, Mitaines, Souliers-mous, Raquettes, Calottes, Chapeaux: Paille et Feutre.

J. ARTHUR PAQUET

Pointe-aux-Lièvres, QUÉBEC.

SALLES D'ECHANTILLONS:

5, Carré Victoria, Montréal. 52, rue Bay, Toronto.—Rue Main, Winnipeg. 338, rue Hasting, Vancouver.

LA VIGAUDINE

Supérieure à l'Eau de Javelle. Elle blanchit le linge. Elle enlève toutes les taches et c'est le meilleur désinfectant. TÉL. EST 852

C. VIGAUD, PROP., 545 AV. MONT-ROYAL, MONTREAL

PAIN POUR OISEAUX Est le "Cottam Seed," fabriqué d'après six brevets. Marchandise de confiance; rien ne peut l'approcher comme valeur et comme popularité. Chez tous les fournisseurs de gros.

UNE MEDECINE IDEALE

Pour la famille. Contre l'indigestion, l'état bilieux, le mal de tête, la constipation, le mauvais teint, la mauvaise haleine, et tous les dérangements de l'estomac, du foie et les intestins.

Les " RIPANS TABULES "

Agissent doucement et promptement. Une digestion parfaite résulte de leur emploi. Une seule soulage. En vente par tous les pharmaciens, ou envoyées par malle

Ripans Chemical Co., 10 Spruce St., N.Y.

Il y a profit pour les marchands à vendre les produits bien annoncés.

LES PILULES DE LONGUE-VIE DU CHIMISTE BONARD

ont une vente toujours croissante. ...$4.00 la doz. 5% escompte à 30 jours. Se détaillent à 50c. la boite. 6 boites pour $2.50. Dans toutes les pharmacies et épiceries de gros ou directement à la Cie Médicale Franco-Coloniale, 202, rue Saint-Denis, Montréal

---

La Viatorine

EMULSION SUPERIEURE D'HUILE DE FOIE DE MORUE.

GUÉRIT Toux, Bronchite, Asthme, Rhume, Scrofule, Pituite, Dyspepsie, Débilité Générale

25c, 50c, $1.00 la bouteille. En vente partout

DÉPOT PRINCIPAL

Institution des Sourds-Muets, St-Louis du Mile End.

TUE à tout coup!

L'Exterminateur Common Sense contre les Rats, les Souris, les Coquerelles et les Punaises.
Le seul remède de confiance connu.

En vente partout.

Bureau: 381 Rue Queen Ouest, - Toronto.

Méfiez-vous des imitations sans valeur.

On Guérit l'Intempérance.

Il est généralement admis aujourd'hui que la passion de boire est une maladie dont la cure est facile. La CURE DIXON a donné les résultats les plus satisfaisants dans les cas réfutés incurables. Le traitement ne comporte aucune publicité ni injections hypodermiques. Envoi sur demande de la notice détaillée, sous enveloppe cachetée.

Dixon Cure Co.

J. B. LALIME, Gérant,

572 rue St-Denis, Montréal.

LES MARCHANDS...

Qui vendent le

SIROP D'ANIS DE GAUVIN

Donnent satisfaction à leurs clients et réalisent un honnête profit.

Tous les marchands de gros vendent le SIROP D'ANIS DE GAUVIN.

DÉPOT GÉNÉRAL

J. A. E. GAUVIN

1286 Rue Ste-Catherine, Montreal.

Vale Grate	do 2000	..	0 00
Welsch Anthracite	do do	..	5 75
Pictou	do 2240	}	
Cape Breton	do do	}	
Glace Bay	do do	}	0 00
Sydney	do do	}	
Reserve	do do		
Charbon de forge	do 2000	..	0 00
Lehigh pour fond.	do do	..	0 00
Coke do	par chaldron.....		0 00
do usage domestique..............			0 00
do do do	concassé.....		0 00

* Selon distance et qualité.

Cuirs et Peaux.

Cuirs à semelles.

(Prix à la livre.)

Spanish No 1, 18 lbs moy.	0 26	0 27
" No 1,25 lbs et au-d.	0 00	0 26
" No 1, léger........	0 25	0 26
" No 2, "	0 00	0 25
" No 2, 18 lbs moy..	0 00	0 26
Zanzibar	0 23	0 24
Slaughter sole No 1 steers.	0 28	0 30
" " No 1 p. ord.	0 28	0 30
" " No 2 "	0 25	0 27
" union crop No 1	0 30	0 32
" " No 2	0 28	0 30

Cuirs à harnais.

(Prix à la livre.)

Harnais No 1.............	0 33	0 35
" No 1 R...........	0 32	0 34
" No 2.............	0 30	0 33
" taureau No 1....	0 00	0 30
" " No 2....	0 00	0 28

Cuirs à empeignes.

(Prix à la livre.)

Vache cirée mince.........	0 40	0 45
" forte No 1....	0 00	0 40
Vache grain. pesante......	0 40	0 45
" écossaise	0 38	0 40
Taure française...........	0 95	1 00
" anglaise...........	0 90	1 00
" canadienne, Lion.	0 75	0 85
Veau can. 25 à 30 lbs....	0 75	0 80
" 36 à 45........	0 60	0 65
" 45 et plus.....	0 50	0 60
Vache fendue Ont H.......	0 25	0 30
" " H. M ..	0 25	0 30
" " Med ...	0 25	0 30
" " junior .	0 21	0 23
" Qué.sen.h.à.m.	0 24	0 28
" Jun.m.à light.	0 20	0 23
Cuir rouge pour Mocassin Steer, le No..............	0 00	0 08
Cuir rouge pour Mocassin Bull, le No..............	0 00	0 07
Cuir rouge pour Mocassin Steer, la livre............	0 33	0 38
Cuir rouge pour Mocassin Bull, la livre............	0 30	0 35

Cuirs vernis.

Vache vernie.........pied	0 16	0 18
Cuir Verni "Enamel" "	0 15	0 17

Cuirs fins.

Mouton mince.........dz.	3 00	6 00
" épais.......... "	10 00	0 00
Dongola glacé, ord...pied	0 14	0 25
Kid Chevrette........ "	0 25	0 30
Chèvre des Indes glacée "	0 08	0 10
Kangourou .... "	0 35	0 50
Dongola dull......... "	0 20	0 30
Buff d'Ontario H... "	0 14	0 15
" H. M... "	0 13	0 14
" M... "	0 00	0 13
" L. M... "	0 00	0 13
" No 2... "	0 00	0 12
Buff de Québec H... "	0 13	0 15
" H. M... "	0 13	0 14
" M... "	0 00	0 13
" L. M... "	0 00	0 13
" No 2... "	0 00	0 12
Glove Grain Ontario.. "	0 13	0 15
" " Québec.. "	0 13	0 14
Pebble " Ontario.. "	0 14	0 15
" " Québec.. "	0 13	0 14

Cuirs à bourrures.

Cuir à bourrure No 1.....	0 00	0 20
" No 2.....	0 00	0 18
Cuir fini français... ...	0 00	0 20
" russe....... .	0 20	0 25

Peaux.

(Prix payés aux bouchers.)

Peaux vertes, 1 lb, No 1	0 00	0 08
" " No 2	0 00	0 07
" " No 3	0 00	0 06
Veau No 1............ lb.	0 10	0 08
" No 2.............	0 08	0 06
Agneaux pièce	0 00	0 70
" en laine "	0 00	0 00
Moutons "	0 00	0 00
Chevaux......... No 1...	0 00	2 00
" .... No 2...	0 00	1 50

(Pour peaux assorties et inspectées.)

Laines.

Toison du Canada... .lb.	0 00	17
Arrachée, non assortie. "	0 17	17½
A, extra supérieure.... "	0 17½	18½
B, supérieure.......... "	0 17½	18½
Noire, extra .... "	00	16
Noire . ... "	0 00	0 15½

Fers et Métaux.

FERRONNERIE ET QUINCAILLERIE

Fers à cheval.

Ordinaires...........baril	3 50	4 00
En acier.................	3 60	4 95
"Fer à repasser".......lb	0 04	0 04¼

"Fiches":

Pressées ¼ p. Esc. 25 p.c.	4 75	0 00
" 5-16 "	4 50	0 00
" ⅜ "	4 25	0 00
" 7-16 "	0 00	4 10
" ½ "	0 00	3 90

Fil de fer

Poli et Brûlé.

No 2 à 5, net.........100 lbs		2 87
" 6 à 9 "	..	2 80
" 10 "	..	2 87
" 11 "	..	2 94
" 12 "	..	3 00
" 13 "	..	3 15
" 14 "	..	3 27
" 15 "	..	3 40
" 16 "	..	3 55

Brulé et huilé 10c de plus par 100lbs pour chaque numéro.

Galvanisé Nos 2 à 8, net..	3 85	3 95
" 9 "	3 10	3 20
" 10 "	4 00	4 10
" 11 "	4 05	4 15
" 12 "	3 25	3 35
" 13 "	3 35	3 45
Brulé; p. tuyau..100 lbs	6 00	7 00
Barbelé p. clôtures, 100 lb.	3 20	3 30
Crampes.......... "	0 00	3 45
Fil de laiton à collets..lb.	0 37½	0 46
Fonte Malléable....... "	0 09	0 10
Enclumes.............. "	0 11	0 11½

Charnières.

T. et "Strap"..........lb.	0 05	0 06
Strap et Gonds filetés.....	0 03	0 03¾

CLOUS, ETC.

Clous à cheval.

No 7..............100 lbs.	24 00
No 8.............. "	23 00
No 9 et 10.......... "	22 00

Escompte 50 p. c. 1e gal.
" 50 et 10 p. c 2e ga.
Boites de 1 lb., ½c. net extra.

Clous coupés à chaud.

De 4½ à 6 pcs.........100 lbs.		2 35
3½ à 4 " .... "		2 40
3 à 3¼ " .... "	à 4 mois	2 45
2½ à 2¾ " .... "		2 50
2 à 2¼ " .... "		2 65
1½ à 1¾ " .... "		2 75
1¼ " .... "		3 00
1 " .... "		3 35

Clous à finir.

1 pouce...............100 lbs.		3 85
1¼ " ....100 lb.	à 4 mois	3 55
1½ et 1¾ pcs..... ... "		3 30
2 et 2¼ " .... "		3 05
2½ à 2¾ " .... "		3 00
3 à 6 " .... "		2 95

Clous à quarts.

⅞ pouce..............100 lbs.		3 60
1⅛ " .... "		3 35

Clous à river.

1 pouce. ......100 lbs.	3 85
1¼ " ...... "	3 55
1½ à 1¾ " ...... "	3 30
2 à 2¼ " ...... "	3 05
2½ à 2¾ " ...... "	3 00
3 à 6 " ...... "	2 95

Clous d'acier, 10c. en sus.

" galvanisés 1 pouce .100 lbs.	6 35
" à ardoise, 1 pouce... "	3 85

Clous de broche.

1 pouce, No 16, prix net, 100 lbs	4 10
1 " No 15 " "	3 85
1¼ " No 14 " "	3 50
1½ " No 13 " "	3 25
1¾ " No 12 " "	3 25
2, 2¼ " No 11 " "	3 15
2½ " No 10½ " "	3 00
2¾ " No 10 " "	3 00
3 pouces, " "	2 95
3½ et 4 " "	2 90
5 et 6 pouces " "	2 85

Limes, râpes et tiers points.

1re qualité, escompte.......60 et 10	p.c.
2me " " 70	p.c.
Mèches de tarrière, esc...........55	p.c.
Tarrières, escompte................55	p.c.
Vis à bois, fer, tête plate 80	p.c.
" " " ronde 75	"
" cuivre tête plate 75	"
" " " ronde, 67½	"
Boulons à bandage.......65 à 67½	p.c.
" à lisses.....................65	p.c.
" à voiture 65	p.c.

Métaux.

Cuivres.

Lingots................lb.	0 14	0 15
En feuilles............. "	0 16	0 17

Etain.

Lingots ....lb.	0 37	0 38
Barres................. "	0 38	0 39

Plomb.

Saumons...............lb.	0 00	0 04¾
Barres .... "	0 05	0 05¼
Feuilles............... "	0 05¼	0 05½
De chasse.............. "	0 06	0 06½
Tuyau........ ...100 lbs.	5 95	6 25

Zinc.

Lingots, Spelter........lb.	0 05¾	0 06
Feuilles, No 8.......... "	0 07	0 07¼

Acier.

A ressort.........100 lbs.	0 00	3 40
A lisse........... "	1 95	2 00
A bandage......... "	2 00	2 10
A pince........... "	2 25	2 50

Fer en barres.

Canadien..........100 lbs	1 60	1 70
De Norvège...... "	4 25	4 50

Fontes.

Calder........ ...tonne..	25 00	26 00
Carnbroe......... " ..	25 00	26 00
Glengarnock..... " ..	00 00	00 00
Summerlee....... " ..	25 50	26 50

Matériaux de construction

PEINTURES. 100 lbs.

Blanc de plomb pur......	0 00	6 50
" " No 1..	0 00	6 12½
" " " 2..	0 00	5 75
" " " 3..	0 00	5 37½
" " " 4..	0 00	5 00
" " sec....	6 00	7 50
Rouge de Paris, Red Lead.	5 00	5 50
" Venise, anglais.	1 50	2 00
Ocre jaune................	1 50	2 00
" rouge................	1 50	2 00
Blanc de Céruse..........	0 45	0 65
Peintures préparées ..gal.	1 20	1 30
Huile de lin crue (net cash)	0 00	0 80
" bouillie "	0 00	0 83
Ess. de Térébenthine "	0 60	0 61
Mastic....................	2 35	2 80
Papier goudronné rouleau	0 45	0 50
" " 100 lbs	1 60	1 75
" feutre "	2 00	2 20
" gris rouleau	0 30	0 33
" à couv. roul. 2 plis	0 75	0 80
" " " 3 plis	1 00	1 10
I. C. Pure white lead......	0 00	6 25
I. C. " paint....	0 00	6 00
I. C. Special Decorators...	0 00	6 00
No 1 I. C. White lead....	0 00	5 87½
No 1 Star lead...........	0 00	5 50

VERRES A VITRES

United 14 @ 25..50 pds.	.....	2 00
" 26 40.. "	.....	2 10
" 41 50 100 pds.	.....	4 50
" 51 60 "	.....	4 75
" 61 70 "	.....	5 25
" 80	.....	5 75

Bois durs.

Prix de détail.

Acajou de 1 à 3 pouces	les 100 pieds....	$12 00	30 00
Cèdre rouge ¼ de pouce	le pied	25 00	35 00
Noyer noir 1 à 4 pouces	do	00 00	16 00
Noyer noir 6 x 6, 7 x 7, 8 x 8	do	00 00	16 00
Cerisier 1 à 4 pouces	do	10 00	15 00
Frêne 1 à 3 pouces	le M	25 00	30 00
Merisier 1 à 4 pouces	do	00 00	20 00
Merisier 5 x 5, 6 x 6, 7 x 7, 8 x 8	do	00 00	35 00
Erable 1 à 2 pouces	do	00 00	40 00
Orme 1 à 2 pouces	do	00 00	25 00
Noyer tendre 1 à 2 pouces	do	00 00	41 00
Cotonnier 1 à 4 pouces	do	45 00	50 00
Bois blanc 1 à 4 pouces	do	25 00	30 00
Chêne 1 à 2 pouces rouge	do	00 00	60 00
Chêne 1 à 2 pouces blanc	do	00 00	60 00
Chêne scié sur grain	do	75 00	100 00

Plaquage (veneers):

Uni	le pied	0 90	1 00
Français	do	0 00	0 15
Américain	do	0 10	0 12
Erable piqué	do	0 10	0 12
Noyé noir ondé	do	0 00	0 10
Acajou (mahogany)	do	0 02	0 10

Bois de Service

Pin

Prix en gros.

1 pouce strip shipping cull	6 à 16 pieds	le M.	$14 00	17 00
1¼, 1½ et 2 pouces shipping cull	do	do	14 50	17 50
1 pouce shipping cull sidings	do	do	16 00	18 00
1¼, 1½ et 2 pcs do	do	do	16 50	18 50
1 pouce qualité marchande	do	do	25 00	35 00
1¼, 1½ et 2 pcs do	do	do	27 50	37 50
1 pouce mill cull, strip, etc. No 2	do	do	10 00	12 00
1¼, 2½ et 2 pcs do	do	do	10 50	12 50
1 pouce mill cull No 1	do	do	14 00	16 00
1, 1½ et 2 pcs do	do	do	14 50	16 50
3 pouces do	do	do	14 00	16 00
do do No 2	do	do	9 00	10 00

Epinette

1 pouce mill cull	5 à 9 pouces	do	10 00	12 00
1¼, 1½ et 2 pouces mill cull	do	do	10 00	12 00
3 pouces mill cull	do	do	10 00	12 00
1, 1¼, 1½ et 2 pouces qualité marchande	do	do	14 00	16 00

Pruche

1, 2 et 3 pouces		do	11 00	13 00
Colombages en pin 2 x 3, 3 x 3 et 3 x 4—aux chars		do	14 00	16 00
Lattes—1ère qualité	le mille	do	2 75	2 80
2ème do	do	do	2 40	2 60
Bardeau pin XXX	16 pouces	do	0 00	0 00
do XX	do	do	0 00	0 00
do X	do	do	0 00	0 00
do 1ère qualité	18 pouces	do	0 00	0 00
do 2ème do	do	do	0 00	0 00
Bardeaux cèdre XXX	16 pouces	do	2 90	3 00
do XX	do	do	2 40	2 50
do X	do	do	1 50	0 00
Bardeaux pruche marchande	do	do	0 00	0 00

Charpente en pin

de 16 à 24 pieds—3 x 6 à 3 x 11	do	18 00	22 00
de 25 à 30 do do do	do	20 00	24 00
de 31 à 35 do do do	do	26 00	28 00
de 16 à 24 do 3 x 12 à 3 x 14	do	20 00	26 00
de 25 à 30 do do do	do	24 00	28 00
de 31 à 35 do do do	do	30 00	32 00

Bois carré—pin

de 18 à 24 pieds—de 5 à 11 pouces carrés	do	18 00	22 00
de 25 à 30 do do do	do	20 00	24 00
de 31 à 35 do do do	do	26 00	28 00
de 16 à 24 do de 12 à 14 pouces carrés	do	22 00	26 00
de 25 à 30 do do do	do	24 00	28 00
de 31 à 35 do do do	do	30 00	32 00

Charpente en pruche

de 17 à 30 pieds jusqu'à 12 pouces	do	18 00	22 00
Charpente en épinette	do	18 00	22 00
do do rouge		28 00	35 00

LEDUC & DAOUST

MARCHANDS DE GRAINS et de PRODUITS
EN GROS ET A COMMISSION

Spécialité : Beurre, Fromage, Œufs et Patates.

AVANCES LIBERALES FAITES SUR CONSIGNATIONS.
CORRESPONDANCE SOLLICITEE....................

1217 ET 1219, RUE SAINT-JACQUES, MONTREAL

POISSONS..

Hareng du Labrador. Hareng du Cap Breton. Morue No 1 et No 2. Morue Sèche. Saumon, Truite, Flétant, Sardines, Etc., Etc. Huile de Morue et de Loup Marin.

AUSSI : FARINE, LARD, SAINDOUX, BEURRE, FROMAGE, Etc. Etc.

J. B. RENAUD & CIE

126-140 Rue Saint-Paul, - - - QUEBEC.

VINAIGRES PURS

Nous recommandons tout spécialement aux **Epiciers et Marchands Généraux** notre marque **TIGRE.**
Prix défiant toute compétition.

LA CIE CANADIENNE DE VINAIGRE, 35a, RUE ST-ANTOINE, MONTREAL.

Manufacture sous la surveillance du Revenu de l'Intérieur. Ecrivez pour liste de prix et échantillons.

NAZAIRE TURCOTTE & CIE

- IMPORTATEURS -

Thés, Liqueurs et Epiceries

- - QUEBEC - -

LES CAFÉS SUPÉRIEUR-SPÉCIAL-EXTRA

Sont reconnus les meilleurs pour la force, l'arôme, la saveur.

Prix 15 p.c. à 25 p.c. plus bas que tous les autres cafés.

Demandez Echantillons et Prix.

LANGLOIS & PARADIS, QUEBEC.

TELEPHONE MAIN 3978

GEORGE HODGE & CO.

Exportateurs de Beurre et Fromage, 45 RUE WILLIAM MONTREAL

Nous payons le plus haut prix du marché pour Beurre et Fromage de la première qualité.
Attention spéciale donnée aux consignations de Beurre et Fromage.
Prompt retour pour toute consignation. **Correspondance sollicitée.**

BOITE DE POSTE 296. TELEPHONE MAIN 1771.

FRANK DUCKETT

Exportateur de Beurre et Fromage, 55, 57 et 59 Rue William, Montréal.

Nous payons le plus haut prix du marché pour Beurre et Fromage de première qualité.
Attention spéciale donnée aux consignations de Beurre et de Fromage.
Prompt retour pour toute consignation. CORRESPONDANCE SOLLICITÉE.

LAKE OF THE WOODS MILLING CO., Ltd.

Les moulins à farines les plus parfaits en Canada. Capacité : 2,500 barils par jour.

Moulins à KEEWATIN et PORTAGE LA PRAIRIE, Manitoba.

Des élévateurs à toutes les localités importantes à blé dans le Nord-Ouest. Toutes sortes de farines de blé dur, en barils et en sacs. Les prix et les autres informations sont fournis sur demande.

Bureau : Edifice du Board of Trade, MONTREAL.

E. DOUVILLE, Plombier
1378 rue St-Urbain, Montréal.

HORMISDAS CONTANT, Entrepreneur Plâtrier, 290 rue Beaudry. Phone Bell E. 1177.

L. GIRARD & CIE, Plombiers, Couvreurs, Ferblantiers. Spécialité : Corniche en tôle galvanisée. 695 rue St-Denis. Tel. Marchands 1910. Tel. Bell, Est 1017.

O. M. LAVOIE,

Peintre-Décorateur,
Peintre d'Enseignes
et de Maisons. ·:· ·:·
Tapissier et Blanchisseur,
No 482 rue St-Hubert.

Telephone East 1112. Montréal.

McCaskill, Dougall & Co.
Fabricants de
Vernis Fins
et Japans.
Montreal.

Laurence & Robitaille

MARCHANDS DE

Bois de Sciage et de Charpente

BUREAU ET CLOS

Coin des rues Craig et St-Denis

Bell Tél., Main 1488.
Tél. des Marchands, 804.
MONTREAL

CLOS AU CANAL

Coin des Rues William et Richmond

Bell Tél., Main 3844

Tel. Bell Main 3951 Tel. Marchands 1381

T. PREFONTAINE & CIE

LIMITÉ

Bois de Sciage et de Charpente

GROS ET DETAIL

Bureau : coin des rues NAPOLEON ET TRACY

STE-CUNEGONDE

Clos à bois, le long du Canal Lachine, des deux côtés. Téléphone Bell 8141, Montréal.

Spécialité : Bois préparés de toutes façons, assortis par longueurs et largeurs en grande quantité.

L. N. DENIS

Tapissier-Decorateur
Blanchissage,
Peinture a façon.

Stock considérable de Papiers Peints, Ferronneries. Prix défiant toute concurrence.

Tel. Bell East 1774
Tel. Marchands 166

313 rue St-Laurent,

MONTREAL.

SPÉCIALITÉS

Articles divers.

Couleur à beurre Dalley, 2 oz., doz. 1 25
Graine de canari, F. F. Dalley Co :
Spanish bird seed, cse 40 lbs 0 00 0 06½
Dalley's " " " " 0 00 0 08
Sel céleri Dalley, 2 oz., dz..... 1 25
Poudre Curry Dalley, 2 oz., dz. 1 75
Vito Castile Soap Powder cse 100 3 10

Adams' Root Beer Extract et Adams' English Ginger Beer.

boites de ¼, ½ et 1 grosse, grandeur 10 en .... doz. 0 80
" " .... la gr. 9 00
En boites de ¼ de grosse, grandeur 25 cents........ la doz. 1 75
" " .... la gr. 20 00

Balais Boeckh.

A, 4 cordes, fini peluche......... $4 45
B, 4 " " fantaisie......... 4 20
C, 3 " " peluche......... 3 95
D, 3 " " fantaisie......... 3 70
F, 3 " " au fil de fer..... 3 45
G, 3 " " " " 3 20
I, 3 " " " " 2 95
K, 2 " pour fillettes......... 2 60

Bières.

Bass Ale.	qts	pts
Head Bros. Dog's Head.....	2 55	1 57½
Guinness' Stout.		
Read Bros. Dogs'Head....	2 52½	1 50

Cafés.

Madden Cereal Health Coffee, 6 oz. la cse de 100 paq........ 6 50
" ½ " 50 " 3 35
" ¼ " 25 " 1 75
paq. de 1¼ lb., la cse de 12.... 2 25
" " " 24.... 4 40

Chocolats et Cacaos.

Chocolats Cowan.

French Diamond 6 div. 12 lbs, lb. 0 23
Queen's dessert, ¼ et ½...... " 0 40
" " 6 div......... " 0 42
Mexican Vanilla, ¼ et ½.... lb. 0 35
Parisien, morc. à 5c.......... " 0 30
Royal Navy, ¼ et ½.......... " 0 30
Chocolate Icing pa 1 lb. dz. 2 25
" " ½ " " 1 25
Pearl Pink Icin 1 " " 1 75
White Icing 1 " " 1 75

Chocolats Hérelle

Santé, ¼, ½, 1-6 lb—bte 10 lbs. $2 40
Vanillé, ½, ¼ lb do 3 15
Pastilles, Bte 5 lbs............ 1 00

Cacaos Cowan.

Hygiénique, en tins de ½ lb....dz. 3 75
" " ¼ lb.... " 2 25
" " 5 lbs...lb. 0 55
Essence cacao. non sucré......dz. 1 40
" " sucré, tins ¼ lb. " 2 25

Cirages.

F. F. Dalley Co.

English Army............cse ½ gr. 9 00
No 2 Spanish............ " 3 60
No 3 " .... " 4 50
No 5 " .... " 7 20
No 10 " .... " 9 00
Yucan Oil................cse 1 doz. 2 00
N. Y. Dressing............. " 0 75
Spanish Satin Gloss...... " 1 00
Crescent Ladies Dressing " 1 75
Spanish Glycerine Oil.... " 2 00

Confitures et Gelées.

Lazenby.

Tablettes de Gelées 13 var....pts. 1 20

Conserves alimentaires.

Spécialités de W. Clark.

Compressed Corned Beef 1s. la dz. $1 50
" " 2s. " 2 60
" " 4s. " 5 15
" " 6s. " 7 10
" " 14s. " 18 50
Ready Lunch Beef...... 2s. la dz. 2 50
Geneva Sausage......... 1s. " 1 65
" " .... 2s. " 3 00
Cambridge " .... 1s. " 1 55
" .... 2s. " 2 75
Yorkshire " ..... 1s. " 1 25
" " .... 2s. " 2 25
Boneless Pigs Feet..... 1s. " 1 40
" " ..... 2s. " 2 40
Sliced Smoked Beef.... ½s. " 1 40
" " .... 1s. " 2 30
Roast Beef.............. 1s. " 1 45
" " .... 2s. " 2 60
Pork & Beans with sauce 1s. " 0 50
" " 2s. " 1 00
" " 3s. " 1 50
" Plain.... 1s. " 0 45
Wild Duck Patés......... ½s. " 1 00
Partridge " .... ½s. " 1 00
Chicken " .... ½s. " 1 00
Veal & Ham " .... ½s. " 1 00
Ox Tongue (Whole).... 1½s. " 7 70
" " .... 2s. " 8 80
" " ...2½s. " 10 00
Lunch Tongue........... 1s. la dz. 3 00
" .... 2s. " 6 00

Potted Meats ½s.

Ham, Game, Hare, Chicken, Turkey, Wild Duck, Tongue, Beef .... la dz. .50
Chicken Ham & Tongue. ½s. la doz. 1 00

Soupes.

Mulligatawny, Chicken, Ox Tail, Kidney, Tomato, Vegetable, Julienne, Mock Turtle, Consomme, Pea .... Pints. 1 10 — Quarts. 2 20

Spécialité des Lazenby.

Soupes Real Turtle......dz. 0 00 9 00
Soupes assorties........ " 3 00 3 75
" " bts carrées " 0 00 1 65

Mines.

Tiger Stove Polish........grande 9 00
" " " .... petite 5 00
Mine Royal Dome.....gr. 1 70 0 00
" James............ " 2 40 0 00
" Rising Sun large dz. 0 00 0 70
" " small " 0 00 0 40
Mine Sunbeam large dz 0 00 0 70
" " small " 0 00 0 35

Eau de Javelle

LA VIGAUDINE

La Vigaudine...........la grosse $5.40
" ....la doz. 0.50

Eaux Minérales.

Carabana......................cse. 10 50
Hunyadi Matyas............... " 6 00
Pougues St-Leger.............. " 10 50
St-Galmier qts. (source Badoit) cse. 8 00
" pts. " " 7 50
Vichy Célestins, Grande Grille.. " 10 00
" Hopital, Hauterive...... " 10 00
" St-Louis................ " 00

Empois.

F. F. Dalley Co.

Boston Laundry, cse 40 paq., le paq. 0 07½
Culina Toledo, " 40 " la lb... 0 06½

Grains et Farines.

Farines préparées.

Farine préparée, Brodie XXX, 6 lbs.... 2 20
" " 3 " 1 15
" superb 6 " 2 10
" " 3 " 1 10
Orge mondée (pot barley) sac 2 20
" ....quart 4 40
" perlée..............sac 3 25

F. F. Dalley Co.	doz.
Buckwheat, paq. 2½ lbs, cse 3 doz.	1 20
Pancake, " 2 " "	1 20
Tea Biscuit " 2 " "	1 20
Graham Flour" 2 " "	1 20
Bread & Pastry" 2 " "	1 20

Spécialités de Lazenby.

Huile à salade..............¼ pt. dz. 1 40
" ....½ pt. " 2 15
" ....pints " 3 75
" ....quarts " 6 50
Crème à salade petits........... " 2 00
" grands.................. " 3 75

Liqueurs et spiritueux.

Apéritifs.

Byrrh Wine.............. 9 50 10 00
Orange Bernard.......... 6 75 7 00
Vermouth Noilly Prat.... 6 75 7 00
" Italien.......... 6 50 7 00
Saratoga Cock-Tails......par caisse 8 25

Bénédictine

Litres, 12 à la caisse......18 00 19 00
½ litres, 24 à la caisse....19 50 20 00

Liqueurs Frederic Mugnier, Dijon, France.

Crème de Menthe verte.. 00 00 11 00
" " blanche 00 00 11 00
Curaçao triple sec cru.... 00 00 12 25
Curaçao triple sec bout... 00 00 12 25
Bigarreau (Cherry B'dy).. 00 00 11 00
Cacao l'Hara à la Vanil... 00 00 12 25
Marasquin................ 00 00 13 25
Kirsch * * *................ 00 00 11 25
" * * *................ 00 00 13 25
Brunelle de Bourgogne... 00 00 12 25
Crème de Framboise..... 00 00 12 25
Fine Bourgogne 12 lit.... 00 00 21 15
Eau de Vie de Marc...... 00 00 18 25
Crème de Cassis.......... 00 00 11 25
Crème de Musigny........ 00 00 12 25
Apéritif Mugnier......... 00 00 10 25
Alcool de Menthe......... 00 00 6 15
Absinthe Ed. Pernod...... 00 00 14 50

Stowers.

Lime Juice Cordial p. 2 dz. 0 00 4 70
" " " q. 1 " 0 00 4 20
Double Refi. lime j'ce 1 dz. 0 00 3 80
Lime syrup bout. can 1 " 0 00 4 20

V. Porte ;

Cardinal Quinquina..... 00 00 12 00
Vermouth Champagne.... 15 00 17 00

Moutardes

W. G. Dunn & Co., London, Ont.

Pure D.S.F. ¼ bte, cse 12 lbs. la lb. 0 34
" " ½ " " " 0 32
" " bte 10c, " 2 à 4 dz la dz. 0 80
" " " 5c, " 4 " 0 40
F. Durham ¼ bte, cse 12 lbs, la lb 0 25
" " ½ " " " " 0 23
Fine Durham, pots 1 lb, chaque 0 24
" " " 4 " " 0 70
" " " 5 " " 0 80
Mustard Butter, bout. 12 oz. la doz. 1 30

F. F. Dalley Co.

Dalley's, vrac, pure............la lb. 0 25
" bte ½ lb, cse 2 doz..la doz. 2 00
" " ¼ " " 4 " " 1 00
" Superfine Durham, vrac, lb 0 12
" do bte ¼ lb, cse 4 doz, la doz. 0 65
" " ½ " " 2 " " 1 20
" do pots 1 " .... " 2 40
" " 4 " .... " 7 80
" do verres ¼ lb.......... " 0 75

Poudre à Pâte

Cook's Friend.

No 1, 4 doz. au sc ½ bte..la doz.. $2 40
" 2, 6 " " " " .. 0 80
" 3, 4 " " " " .. 0 45
" 10, 4 " " " " .. 2 10
" 12, 6 " " " " .. 0 70

Océan.

3 oz., csse 4 doz........la doz.. 0 35
4 " " 4 " .... " .. 0 45
8 " " 4 " .... " .. 0 90
16 " " 2 " .... " .. 1 50

F. F. Dalley Co.

Silver Cream, ¼ lb, cse 4 à 6 doz, la doz. 0 75
English " ½ " " " " 1 25
" " 1 " 2 à 4 " " 2 00
Kitchen Queen, ¼ " 4 à 6 " " 0 60
" " ½ " " " " 0 90
English Cream, en verres...... " 0 75
" " pots de ½ lb.... " 1 25
" " " 1½ lb.... " 2 25

Soda à pâte

"Cow Brand"

Boite 60 paquets de 1 lb........ 3 00
" 120 " ½ " 3 00
" 30 1 lb et 60 ½ lb........ 3 00
" 96 paquets 10 oz à 5c...... 3 00

Produits Pharmaceutiques.

Spécialités Pharmacie Gaudet :

	Doz.	Gros.
Restaurateur de Robson.	4 00	40 00
Elixir Résin ux Pectoral.	1 75	16 00
Pilules Anti-Bilieuses Dr Ney..................	1 50	13 50
Pastilles Vermifuges Françaises..............	1 40	14 00
Anti-Cholérique Dr Ney..	1 75	16 00
Anti-Asthmatique........	3 25	30 00
Poudres Condition Prof. Vink..................	1 75	16 00
Colic Cure Prof Vink.....	3 00	30 00
Spavine Cure Prof Vink..	3 50	35 00

Spécialités de J. A. E. Gauvin ;

5 p.c. d'escompte.

Sirop Menthol...............la doz. 1 65
Sirop d'Anis Gauvin......... " 1 75
" " par 3 doz. 1 60
" " par 1 grosse. 17 00
" " par 5 grosses. 16 00
Graine de lin............lb. 0 00 0 03
" moulue... " 0 00 0 04

Réglisse

Young & Smylie.

Y. & S. en bâtons (sticks) :

Bte de 5 lbs, bois ou papier. lb.... 0 40
"Fantaisie" (36 ou 50 bâtons) bt. 1 25
"Ringed," boite de 5 lbs.......lb. 0 40
"Acmé" Pellets, boite de 5 lbs. (can.)......................bte. 2 00
"Acmé" Pellets, boite fantaisie papier, (40 morc)..........bte. 1 25
Réglisse au goudron et gaufres de Tolu, bte de 5 lbs (can)....bte. 2 00
Pastilles réglisse, jarre en verre 5 lbs. 1 75
Pastilles de réglisse, boite de 5 lbs (can.)........................ 1 50
"Purity" réglisse, 200 bâtons.... 1 45
" 100 " ... 0 72½

Réglisse Flexible, bte de 100 morceaux.

Navy plugs........................ 0 70
Tripple Tunnel Tubes.............. 0 70
Mint puff straps.................. 0 70
Golf Sticks....................... 0 70
Blow Pipes (200 à la bte)......... 0 70
do (Triplets, 300 à la bte) 0 70
Manhattan Wafers 2½ lb.......... 0 75

Sauces et Marinades.

Spécialités Skilton Foote & Co ;

Golden German Salad, cse 2 doz. flac 5 75
Tomatoe Relish " " 5 75
Chow Chow, cse 1 doz., flacon ½ gal. 3 00
Caulifsalsa, cse 2 doz.................5 75

Savon.

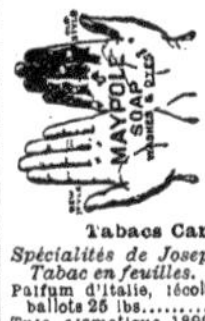

A. P. TIPPET & CO., AGENTS.

Maypole Soap, couleurs, par grs., $12 00
Maypole Soap, noirs, par grs.. $18 00
10 p. c., escompte sur lots de grosses.

Tabacs Canadiens.

Spécialités de Joseph Côté, Québec.

Tabac en feuilles.

Parfum d'Italie, récolte 1898, ballots 25 lbs.................. 0 30
Turc aromatique, 1899, ballots 25 lbs........................ 0 22
Rouge, 1899, ballots 50 lbs 0 15
Petit Havane " 25 lbs...... 0 18
1er choix, 1898, ballots 50 lbs.. 0 12
XXXX, " " .. 0 11

Tabacs coupés.

Petit Havane ¼ lb.............. 0 35
" " ½ "............. 0 35
St-Louis, 1-10, 4—10....... .... 0 40
Quesnel ⅛ 5............ 0 60
Coté's Choice Mixture ⅛ lb 5..... 0 60
Vendome ½ tin................... 1 15

Cigares.

Bianca 1-20...................... 13 00
Bruce 1-20 .... 15 00
Twin Sisters 1-20................ 15 00
" " 1-40................ 16 00
Côté's fine Cheroots 1-10......... 16 00
Beauties 1-20 .... 18 00
Golden Flowers 1-20.............. 23 00
" " 1-40.............. 25 00
My Best 1-20..................... 25 00
Doctor Faust 1-20................ 28 00
" " 1-40................ 30 00
St-Louis 1-20.................... 33 00
" 1-40.................... 35 00
Champlain 1-100.................. 38 00
" 1-40................... 28 00
" 1-20................... 38 00
Saratoga 1-20.................... 40 00
El Sergeant 1-20................. 50 00

Tabacs.

Empire Tobacco Co.

Fumer :

Empire 9s. 4½s, 3s.............lb. 0 36
Sterling 8s..................... " 0 51
Royal Oak 9s.................... " 0 52
Something good 7s.......... ... " 29 0
Louise 14s..................... lb. 0 54
Rosebud, Bars 5½s.............. " 0 44

Chiquer :

Currency, Bars 10½............. " 0 39
Patriot Navy 12s............... " 0 41
Patriot Broad 12s.............. " 0 41
Old Fox 12s.................... " 0 44
Free trade 8s.................. " 0 44
Snowshoe, Bars 12s, 6s......... " 0 44

Spécialités de L. P. Langlois & Cie Trois-Rivieres :

Tabacs coupés.

Quesnel. ⅛...... 0 00 0 60
Rouge et Quesnel, ⅛...... 0 00 0 50
Sweet Rose, ⅛...... 0 00 0 30

Tabacs à chiquer.

King 12s. Solace.. 0 00 0 35
Laviolette, 12s. " .. 0 00 0 35
" 12s. Navy... 0 00 0 35
P. P., 12s. " ... 0 00 0 35
Regina, Bar 10........ 0 00 0 35
Laviolette, " 12........ 0 00 0 35
Old Roy, Bright Chewing, Bar 12.............. 0 00 0 35
Villa. Bright Smoking, Bar 8................ 0 00 0 35

Vins.

Vins toniques.

Vin St-Michel............qrt caisse 8 50
" " ....pts. 2 dz " 9 50
Vin Vial.......................dz. 12 50
Vin Didace................... 0 60 1 25

Vinaigres.

Cie Canadienne de Vinaigre.

Tiger, triple................ le gall. 0 33
Bordeaux, de table........ " 0 28
Extra à marinade.......... " 0 28
Ordinaire à marinade..... " 0 23
Vin blanc, XXX........... " 0 25

Eureka Vinegar Works.

5 o/o 30 jours.

Proof 0 35
Eureka 0 30
Crystal 0 27
XXX 0 24
XX 0 18
Malt.............................. 0 30

POUR LA TABLE — POUR LES CONSERVES DE VIANDES

LE SEL WINDSOR

N'A PAS SON EGAL

POUR LE BEURRE — Tous les épiciers le vendent. — POUR LE FROMAGE

C'est une marchandise honnête et juste l'article pour créer ou étendre un courant d'affaires.

COOK'S FRIEND BAKING POWDER.

Les meilleurs épiciers se font un devoir d'en tenir toujours en stock.

SEL POUR VOTRE STOCK D'AUTOMNE, OBTENEZ NOS BAS PRIX. **SEL**

VERRET, STEWART & CO.,

MONTREAL

SEL NOUS OFFRONS LA MEILLEURE VALEUR. **SEL**

Demandez-donc le Cigare "NEW JERSEY" en boite de 50, 10 cigares au paquet, nouvelle marque que la maison Jos. Côté, vient de mettre sur le marché. Ce Cigare est d'une valeur sans précédent. Pour prix, référez à notre liste des prix courants.

JOS. COTÉ

Importateur et Marchand de Tabac, Cigares et Cigarettes

179 Rue Saint-Joseph, QUEBEC.

Pourquoi ne pas vendre le meilleur, lorsqu'il est tout aussi bon marché ?

Le Noir à Chaussures de l'Armée Anglaise

Le meilleur brillant dans le monde entier. Employé dans tous les quartiers militaires au Canada et par tous les portiers de chars Pullman & Wagner et par tous les portiers d'hôtels.

650 Rue Sherbrooke, MONTREAL.

F. F. DALLEY CO., Limited, - Hamilton, Canada.

POUR LA QUALITÉ, L'AROME ET LE FINI

LES CIGARES

El Parisian à 10 Cts Laviolette à 5 Cts

NE SONT SURPASSÉS PAR AUCUNE AUTRE MARQUE

Prix envoyés sur demande.

L. P. LANGLOIS & Cie, TROIS-RIVIERES, QUE.

COMPTABLES.

F. X. BILODEAU. A. O. CHALIFOUR.

BILODEAU & CHALIFOUR,

Comptables, Auditeurs et Commissaires, Liquidateurs de faillites.

No 15 rue Saint-Jacques,

Téléphone Bell Main 3232. Montréal.

WM. RENAUD,

Comptable, Auditeur et Commissaire. Spécialité : Règlement des affaires de Faillites.

No 15 rue St-Jacques,

Téléphone Main 2274. Montréal.

ST-AMOUR & TURGEON,

Commissaires Comptables Liquidateurs et administrateurs de successions, etc.

Chambres 512 à 514, Edifice New York Life, 11, Place d'Armes.

Tel. Bell Main 3285. Montréal.

ALEX. DESMARTEAU,

Successeur de Charles Desmarteau,

COMPTABLE, AUDITEUR, LIQUIDATEUR DE FAILLITES.

Commissaire pour Québec et Ontario.

Bureaux, 1598 et 1608 rue Notre-Dame, Montréal.

GAGNON & CARON,

Curateurs, Experts Comptables.

Bâtisse des Chars Urbains.

Tel. Bell Main 815. B. P. 911 Montréal.

Arthur Gagnon, Gérant de la Succession Hon. Jean Louis Beaudry.

L. A. Caron, Auditeur de la ville de Maisonneuve et de la Chambre de Commerce du district de Montréal.

GEO. GONTHIER

Expert Comptable et Auditeur

EXPERT REPRESENTANT

The Account, Audit & Assurance Co'y, Limited, New York.

Spécialité : Audition de livres et organisation de comptabilité d'après méthode appelée "Balance Sheet System of Accounts."

11 et 17, Côte de la Place d'Armes

Tel. Bell Main 1480. MONTREAL.

EMILE JOSEPH, L.L.B.

AVOCAT

NEW YORK LIFE BLDG., MONTREAL

Chambre 701. Tel. Bell Main 1787

V. LACOMBE, Architecte

807 rue Ste-Catherine.

L. R. MONTBRIAND,

Architecte et Mesureur,

No 230 rue St-André

Montréal.

Tel. Bell : Main 3397. 1er Etage, Chambre 3

M. VICTOR ROY

ARCHITECTE ET EVALUATEUR — MEMBRE A. A.

146, rue St-Jacques, Montréal.

J. EMILE VANIER,

Ingénieur Civil et Architecte.

Ancien élève de l'Ecole Polytechnique. Constructions Civiles et Religieuses, Aqueducs, Egouts, Pavages. 20 années de pratique.

107 rue St-Jacques, Montréal

PROVINCE DE QUEBEC

Cessions

Montréal — Lapointe Mde Arthur, hôtel, ass 26 oct.
Durocher E. A., cigares, etc.
Duval W. J., mfr de casquettes.
Québec—Brown A.. sauveteurs.
Matte Arthur, quincaillerie.

Concordats

Montréal—Asselin Joseph jr, épic.

Curateurs

St Jérome — Stevenson A. W., à Smith, Fischel & Co, mfrs de cigares.

Dissolution de Sociétés

Sherbrooke—Sargeant & Breadford, plâtriers

En Difficultés

Montréal — Charbonneau Mde Mary, hôtel, ass 26 oct.
Sauvageau Richard, tailleur.

Fonds à vendre

Hull—Gratton Thos, épic. etc.
Montréal—Lesage E. H. & Co, nouv.
Liffiton C. A. & Co, cafés et épices, 29 oct.
Ste-Adèle—Forget Xavier, mag. gén, 26 oct.,

Fonds Vendus

Aylmer—Inglis W. J., épic. etc.
Hemmingford—Figsby Thos, mag. gén.
Montréal—Elliott M. & Co, épic, par huissier.
Marsan F. X., quincaillerie.
Québec—Dugal A., nouv. à 65½c dans la $.
Healey A., tabac.
Ste Ursule—Lessard Mde H., épic.

Nouveaux Etablissements

Caughnawaga—Forbes & Giasson, épic.
Coaticook—Sleeper & Ackhurst, machinistes, charrons, etc.
D'Israeli—Laurie & Frères, charrons.
Montreal—Betts Lunch Room, restaurant; Mde Edm. Betts.
Brethour Ferrier & Co, platriers.
Frappier Mde V. & Co, modiste; Mde Israel Haineault.
McGillis A. D., produits et commissionnaire; Dame Alex. D. McGillis.
Desautels S. & Co, écurie de louage; Dame Jos. Perrault.
Lamplough & McNaughton, quincaillerie à com.
Le Club commercial des commis voyageurs.
Legros Oscar & Co, chaussures; Mde Oscar Legros.
Shulhof & Co, fourrures; R. L. Shulhof.
Québec—St-Lawrence Steamship Co, Ltd.
St-Grégoire—Hébert G. & Frère, négociants.
Sorel—La Cie Pont Briand.

PROVINCE D'ONTARIO

Cessations de Commerce

Markdale—Baker F. A., tailleur.
Tara—Vandusen W., banquier; Merchant's Bk of C., succède.

Cessions

Alliston—Sutherland W. J. épic., etc.
Hamilton—Rule & Co, tailleurs.
Niagara Falls Centre—Smith R. A., épic.; ass. 30 oct.
Ottawa—Lamb Wm (The) Mfg Co, Ltd.
Toronto—Barnett D., épic., etc.
Woodstock — Hayward & Co, marchands-tailleurs.

Fonds à Vendre

Bobcaygeon—Thompson H., hôtel.
Rat Portage—Griffith B. C., chaussures, etc.
Ridgetown—Price J. C., mag. gén.
St-Thomas—Tanner Arch., forgeron.

Fonds Vendus

Cobden—Burton Robt., mag. gén.
Dundalk—Arnott John, épic., à Bert Duncan.
Lockhart T. F., épic.
Hamilton — Stephens Julia, épic., à Jane George.
Kingston—Tierney James & Co, épic. en gros par huissier.
Welland — Cumines Ths, pharmacie à F. Sherin.

Incendies

Toronto—Bishop Mde J., modes ass.

Nouveaux Établissements

Brussels—Campbell M. R., épic. etc.
Cobden—Ross J. E., mag. gén.
Dundalk—Bk of Hamilton a ouvert une succursale.
Hamilton—Jackson A. D. confiseur etc.
Ottawa—Bond H. S. cigares etc.

NOUVEAU BRUNSWICK

Cessions

St Jean—Beverly Geo. F., quincaillerie et articles de Fantaisie,
Keast J. W., épic. etc.

En Difficultés

Chatham—Cassidy J. M. épic.
Loggieville—Fraser A. J., mag. gén.

Fonds à Vendre

Richibucto—Irving Geo. A., hôtel.

Nouveaux Établissements

Hampton Station—Tabor Abram, hôtel.
New Castle—Mailer Mary M. épic.
Richmond Corner—Mersereau Arthur, forgeron.

NOUVELLE-ECOSSE

Cessations de Commerce

Annapolis—Hawkesbury Ida C. hôtel.
Liverpool—Hendry A. W., mag. gén.
Oxford—Kanter S. nouv. etc.

En Difficultés

Windsor—Parsons A. F., épic.

Fonds Vendus

Berwick—Roscoe E. A., forgeron à Bernard McNeil.
Halifax—Dyer R., hôtel et épic.
McLennan J. K., restaurant.
Sydney Mines—Hall J. W., pharmacie.
Yarmouth—Western Grocery Co.

Incendies

Digby—Komiensky Jéremie, nouv.

Nouveaux Établissements

Antigonish—Fraser J. C., provisions.
Bedford—Boutillier & Lebrocq, mag. gén.
Halifax—Mulcahy, Michael, épic. etc.
Wentzell H. W. & Co, épic. en gros et en détail, ont ouvert une succursale à Sydney
Little Glace Bay — McKenzie & McDonald, provisions.
Liverpool—Fraser E. R., mag. gén.
Stellarton—O'Hanley J. D., tabac.
Sydney—Johnson L. H., pharmacie.
Westville—Roy James & Son, épic.

MANITOBA ET TERRITOIRES DU NORD-OUEST

Cessations de Commerce

Fort Francis—Maggrah F. A., chaussures.
Winnipeg — Johns C. R., épic.; T. Avison succède.

Cessions

Lethbridge—Bloomfield Jas N., marchand.
Winnipeg—Garton & Farquhar, épic.

Décès

Brandon—Valde George, tailleur.
Emerson—Hamilton Sarah A., quincaillerie.

Fonds à Vendre

Deloraine—Traynor D. E., hardes et merceries.
Régina—Pocklington W. B., liqueurs.

Fonds Vendus

Carman—Macauley Isabella, modes à Hill & Mallory à 20c dans la piastre.
Emerick & Foster, mag. gén. à Hill & Mallory.
Toombs J. M. & Co, mag. gén., à Hill & Mallory.
Hartney—Hynes W. M., harnais à Jas. A. Turnbull.
Norton Melle A. L., articles de fantaisie à Mlle A. V. Davis.
Innisfail — Douglas H. M., mag. gén., à Campbell Bros.
Moose Jaw—Baker E. A. & Co, quincaillerie, à J. & E. Gaudin.
Plum Coulée—Weir Sinclair, hôtel.
Rathwell—Forbes Adam (The) Trading Co Ltd, mag. gén., à H. Ferguson & Co.
Virden—Zeigler E. E., mag. gén., à N. Rosen.

Incendies

Portage La Prairie—Richmond J. M., thés et épices en gros.

Nouveaux Établissements

Lethbridge—Crichton D. & Son fonderie.
MacLeod—Cowdry Bros, banquiers, ont ouvert une succursale à Cardston.

COLOMBIE ANGLAISE

Cessations de Commerce

Vancouver—Carss Wm & Co, tailleurs; John G. Campbell et John R. Wray succèdent.

Cessions

Ashcroft—Johnson Gus. E., hôtel.
Vancouver—Layfield H. H. & Co nouv. etc.

Dissolutions de Sociétés

Moyie—Bryden & Norton tailleurs; John Bryden continue.

Incendies

Nanaimo—Terre A. (Mde J.) épic.

Nouveaux Établissements

Nelson—Ferland A., nouv. etc.

PROVINCE DE QUEBEC

Cour Supérieure.

ACTIONS

Défendeurs.	Demandeurs.	Montants
Acton Vale		
Golmaire Rose de L. et vir.	Stéphanie Golmaire et vir	1683
Chambord		
Laroche Xavier	Pierre Lapierre	250
Hawkesbury		
Charlebois Jules	J. B. Charlebois	400
Knowlton		
McLaughlin O. A.	Succ. W. W. Ogilvie	111
Longueuil		
Charron Zot	Dame A. Quintin dit Dubois	314
Granby		
Marchessault Ant	Eusèbe Tougas	126
Hamilton		
Carpenter F. A. & Co	The Fairbanks Co 3e cl.	
Montréal		
Allaire Norbert	C. McArthur	300
Ayotte Jos. A. A	H. Rouleau	200

Bardet Henri............Jean Purenne 724
Bumbray Wm.........D. Hamel et al 618
Belasco A. S.......Western Loan and Trust Co 244
Beaudoin Olivette......Jas. E. Wilder et al 286
Becktane Dame Eliz..John S. Budden 4e cl.
Canadian Pacific Ry Co..W. S, Brown 500
Clendinneng Wm & Sons et al...John Atcinson 151
do do do 274
Canadian (The) Food Supply Co..... Raney Selby & Co 117
Champagne Oues......Maria Mondou (dommages) 400
Cité de Montréal......Soc. des Ecoles Gratuites des Enfants Pauvres 1e cl.
Duclos Alex...........A. M. Déchène 823
Dominion of Canada Guard and Accident Insurance Co....Western Loan and Trust Co 10000
Griffin Mich..............Annie Moley 198
Garth & Co.......J.-B. Marion esqual 500
Gagnon J.-B. et al.......The Lachine Rapids Co 339
Hastie Hy...........F. N. Tremblay 153
Kneeland A. J................J. Fabien 205
Lazarus Mlle Nattie.....R. Rosenfield 100
Love Ths H.........Maxime Beauvais 100
Lamontagne Chs..Dame M. L. Chalut 165
Legros Oscar..The Whitham Shoe Co 236
Lavigne Adol et al........ La Banque Nationale 133
Masse Louis D..... De Jannie Corbeil 1100
Montigny Louvigny de......Horace St Louis (dommages) 200
Maxwell W. E. J.......Wm H. Walsh 105
O'Kane De Vve.........Jas Cochrane 200
Paris Milne & Co.....Dean & Duncan 2e cl.
Prescott John..Wm Euard et al esqual 144
Quevillon Jos...............L. Larose 2391
Roncari Angelo....Angus Loynachan 133
Rosatti Giovanni....Mich di Benga esqual (dommages) 199
Scott Frk........Town of Westmount 128
Sauvageau Rich...A. McDougall & Co 224
Stonehouse Adam A..Wm Strachan et al 250
Toupin M.............Alf. Desmarais 101
Vipond McBride & Co..Union Bk of H. 1125
do J.B. Shaffner & Co 450
Victoria-Montreal Ins Co...Union Bk of Canada 533
Vezina Max..........Marg. Perrault 208
Woodhouse Geo......Thos May & Co 158

Sherbrooke

Hains F. X......William Léon Duttill 542

Ste-Angèle de Laval

Scott Root..............Louis Parent 1e cl.

St-Antoine

Millotte Louis.........Louis Lachance (Dommages) 200

St Henri

Lafleur Clément.........J. E. Vanier 331

St-Jean •

Raymond Alcide....Jos. A. Dumontet 150

St-Lambert

Hainault Dame Julia et vir......John Dunlop et al es-qual 137

St-Laurent

Guenette Succ. Esther.. Sun Life Ass. Co 1e cl.

St-Louis—Mile End

Dubuc D............F. X. St-Charles 238
Bélanger Ed.....Succ. W. W. Ogilvie 260
Dubuc D...... F. X. St-Charles & Cie 238

St Louis de Gonzague

Archambault Paul U....Geo. Sleeman 107

Truro, N. E.

Reid Wm G. et al........A. M. Foster 1e cl.

Trois-Rivières

Star Iron & Metal Co.....Canada Mill Stock Co 700

Verdun

Cook W. J.............Chs A. Duclos 150

Vancouver

Taylor A. D...........Robt. R. Goold 1e cl.

Westmount

Méloche Grégoire esqual.....Dame S. Gohier 466
Ogilvie Dame Ida O....Melles Ramsay 146

Cour Supérieure

JUGEMENTS RENDUS

DÉFENDEURS. DEMANDEURS. MONTANTS

Abbottsford

Coiteux Alex............J. C. Rowdel 177

Acton Vale

Roussin Cléophas et al..L. Villeneuve 720

Bolton

Foster James E..........J. C. Bullis 1250

Granby

Lynch Fred. H...........J. E. Lewis 250

Longueuil

Charron Ernest.....Dame A. Quintin dit Dubois 218

Montreal

Alexandrocas Alex.......K. Metrakos 225
Blumenthal Israel et al.........S. G. Waldron et al 2392
Barnabé Jos........J. U. Emard et al 200
Brunet H. Edm............D. Madore 376
Benoit Chs......Succ. L. A. Drapeau 269
Beauchamp A. et al......G. Deserres 271
Casavant Louis......Frs Proulx et al 226
Cité de Montréal.........Mag. Rennie 200
Carmichael Wm J.......The Thomas Davidson Mfg Co 800
Cité de Montréal.......Jos. Bélanger 75
Frigon Ls..............R. Charlebois 102
Hasley John A....Chs H. Branchaud 103
Legault Damase.......Achille Dumont 319
Leprohon Martial E......J. M. Grothé 180
Merchants Cotton Co..Annie Sweenie 1999
McGillis Alex. et al....Merchants Bk of H. 1653
Ottawa Cold Storage...Merchants Bk of Halifax 9894
Palardy Geo............Eug. Palardy 150
Phillips H. S. et al....Fred W. Evans et al 21503
Piggott J. F...... .....S.-S. Penfield 557
Quinn John..Dame Mary Quinn st vir 200
Robert E..................G. Deserres 347
St André Victor..Jos Lamoureux et al 104
Turkish (The) Bath Hotel.....The D. W. Karn Co 297

Rivière des Prairies

Roy Frs.............Frs Archambault 2080

Ste Jovite

Lalonde Wm.....H. C. St Pierre et al 120

St Laurent

Gohier Benj et Ed.......Alph Racine 6113

St Louis-Mile End

Beauchamp De Frs d'A....Wilf. Pagé 50

Westbury

Gagné Charles.......Hon. Wm White 113

Westmount

Chisholm Ths J............La Reine 2000
do do 2000
do do 10000
Watson, Wallace et al do 10000
do do 2000
do do 2000
Newman F. W. et al..Succ. J. Masson 1e cl.

Windsor Mills

Bernard Calixte.........L. L'heureux 132

Cour de Circuit

JUGEMENTS RENDUS

DÉFENDEURS. DEMANDEURS. MONTANTS

Becancour

Verret J. E..............Chs Lacaille 42

Coaticook

Stratton Dame E. A.......M. Hugeon 90

Chambly Bassin

Cooper Arthur..........J. H. Descary 61
Normandin E.............P. Kearney 39

Grand'Mère

Charretier Urcisse..........T. Argall 27

Lachine

Laplaute Ferd..........J. B. St-Aubin 50
Leduc Gilbert.............A. Cardinal 33

Longueuil

Dastous L................G. Pelletier 8

London, Ont.

McLaughlin G. P..J. B. Charbonneau 29

Montreal

Austin A...............J. Internoscia 19
Aubé Alph.................E. Grothé 8
Atlantic & Lace Sup. Ry........B. J. Coghlin 38
Beaudry Henri.......Ern. Desrosiers 73
Barbeau O.........Union Bk of Can. 43
Brunet J. E.............J. Danis et al 31
Bastien Dame Hélène..J. Balcer et al 15
Bourret J. C...............E. Léveillé 9
Burley Wm.............Edwin Booth 21
Bourque Wm.................P. Jetté 51
Bell W. S...............L. Charlebois 45
Brennan John E......The Gault Bros 75
Barton Jas..............M. D. Carroll 56
Bond F. L............N. L. Bonneau 47
Bélair S............G. W. Foisy et al 34
Bédard Godf..............E. Bernier 6
Coté Ed alias S..............R. Kelly 11
Corriveau A. J.........J. R. Savignac 60
Chappell C.............Lawry & Son 32
Charlier E. D...Dame J. Duchesneau 52
Cusson J..................H. Brisebois 37
Clift E.......................D. Peters 10
Charlebois J............R. Charlebois 41
Cains Sam...........David Chambers 7
Collin L. J. et al...........O. Proulx 25
Demers Ulric N.........Ph. Phaneuf 28
Decelle L. J........C. L. Letang et al 25
Dupré B.............Dame L. Morin 18
Deschesnes Malcolm.....Ls Lévesque 19
Daoust Racette & Cie......A. Lafond 25
Dunn Ed J..............V. E. Brien 22
Drapeau B. A.............T. Charette 36
Désormeau A................S. Rosen 16
Etienne Jos..........J. A. Labossière 7
Faucher Urbain............E. Grothé 25
Felkin John............E. Desrosiers 10
Frappier J. A..........W. Tremblay 13
Griffin W...................N. Massé 13
Germain Sam et al.........F. Paquin 32
Geoffrion J. U.........J. A. Marcoux 26
Globensky Stephen....Olv. Raymond 30
Gagnon C. E..............G. Rochon 5
Gray A. C................. H. Tucker 9
Genzmers E.........W. F. Hamilton 8
Hurteau Geo.............A. Germain 15
Hector John.............A. Germain 79
Hudon H..................J. S. Pigeon 19
Jutras De Olier...E. A. B. Ladouceur 66
Jacques E..............E. Sauvageau 7
Jodoin T ....S. Freedman 45
Lusher S................M. Leshinsky 9
Lemieux Gust.........F. A. Boucher 5
Larose P..................H. Corbeil 36
Lavoie T. fils..............E. Bastien 11
Lavoie T. père............ do 12
Lapointe Wm......Delle A. Bélanger 20
Lesieur Arthur.............E. Robert 8
Lefort D............Dame C. Carrière 10
Lauzon Wilbrod...........J. M. Aird 13
Labelle R. L..............J. Laflamme 30
Legault C.................J. F. Houle 8
Lamont Archie..........L. Charlebois 40
Marcille Eugénie et vir....P. Giguère 27
Murray John.............. G. Bowell 6
Moore Azas..................P. Rivet 65
McCartney Naud......T. A. Emmans 7
Newling Ths.............Ths Conroy 7
Neher Chs A............Chs Cousins 17
O'Heir F..........L. C. Meunier et al 8
O'Donnell John.......Ismael Legault 10

Poupart Alph	A. McLaurin	69
Picard F	A. Poitras	36
Proulx Michel	Lactance Laurier	5
Pleau R	M. Genser	5
Pelletier Jos	Z. Arcand et al	55
Proulx Louis et al	S. Craig et al	14
Paré F	E. Major	7
Provost & Villeneuve	P. D. Dods & Co	35
Provencher Henri	Dame P. Aumont	6
Rose Alf	N. Massé	12
Rhéaume J	J. Gariépy	7
Roch Amédée	B. Beauvais et al	25
Reynolds P. et al	S. Craig et al	20
Smith C. W. S	Jos. Vernier	7
St George L	A. Poitras	9
Sirois J	S. Miller	9
Sauvé J. E	P. Robert	39
Séré Jos	J. W. Macduff	6
Sauvé J. E	P. Robert	39
St Denis E	J. Chartier	64
Skelly Jas	G. H. Desjardins	15
Thompson A. jr	The Manufacturers Life Ins. Co	11
Thomas Camille	Corp. Village Dorion	11
Therien N	E. D. Roy	48
Therien C. H	J. Vallières	7
Thomson A	M. Dobrofsky	22
Tyler Geo	Ths Badenach	21
Tansey B. J	D. Parent	56
Turcotte Alph	Dame E. Maisonneuve	10
Wilding C. W. et al	L. Murphy	5
Ward Wm	J. W. Mount	7
St-Alphonse de Caplin		
Leblanc G. M	Jas. Robinson	41
St-Angèle		
Lapierre Jos. A	F. Maher	33
St-Boniface		
Gingras Jos. E	J. S. Mitchell	62
Lapierre Dame A. A	Max. Gagnon	27
St-Casimir		
Dussault J. Ls	T. Argall	35
N.-D. du Mont-Carmel		
Petit Johnny	T. Argall	35
Outremont		
Dunn Hy	Hon. J. G. Laviolette	5
Ste Cunégonde		
Bilodeau W	W. Bilodeau père	5
St Henri		
Shute T	J. M. Aird	10
Létourneau Dame A. et vir	The Singer Mfg Co	19
Gagnon Eug	W. Robidoux	36
St-Hyacinthe		
Joncas Henri	Bissonnette & Co	15
St Laurent		
Dufresne F. et al	C. C. Decary	42
Ste Louise		
Pelletier J. B. & Cie	T. Aubertin	6
St Paul		
Allard W	G. Palardy	12
St Rosaire		
Brisson U	J. E. Godin	27
St Theophile du Lac		
Normandin Hercule	E. Deguise	10
St Valère de Bulstrode		
Defoy Ed	E. G. Wiggett	14
Trois Rivières		
Bureau Sévère	Evans Bros Piano Mfg Co	50
do	S. Decoteau	19
Dessurreau Nap	P. Sarrasin	6
Milot Honoré	G. Cloutier	8
Lefebvre Ernest	J. A. Denault	5
Verdun		
Charland Zénon	D. Monette	30
Varennes		
Lafrance Jos	J. A. Perrault	6
Lafrance J. A	G. N. Pichet	37
Westmount		
Laycock Chs	W. B. Reid	35
Lunan H. F	La Cie Royale Electrique	11

VENTES ENREGISTRÉES

Pendant la semaine terminée le 20 oct. 1900

MONTRÉAL-EST

Quartier St-Jacques

Rue Ste-Catherine, Nos 1542 à 1548. Lot 539 pt S.O. 558, avec maisons en brique, terrain irrg, supr 5177. Alfred Benjamin Trudel et al à Joseph Jobin ; $14500 [51785].

Rues Ste-Catherine, Nos 1586 à 1594, St-Christophe, Nos 83 à 87, et 99 à 105 et St-Hubert. Lots 1/9 ind. 523, ½ de 811, 1203-257B, pt 1203-257A, pt 1203-257C, avec maisons en pierre et brique, terrain 69 x 94, supr 6486 ; 1 do 43.3 d'un côté, 42.6 de l'autre x 73 d'un coté et 73.7 de l'autre, supr 3146 ; 1 do irrg, supr 745 vacant. Joseph Gustave Alex Duclos à Chs Alph. Léveillé ; $3153.33 et autres considérations [51797].

Quartier St-Louis

Rue Grothé, Nos 6 et 8 et Ave Hôtel de Ville, No 266. Lots 667, 317 avec maisons en brique, terrain 31 d'un côté, 32 de l'autre x 61.6, supr 1937 ; 1 do irrg, supr 2488. The British Empire Mutual Life Assurance Co à Damase A. Dufresne ; $4,500 [51770].

Quartier Ste-Marie

Rue Poupart, Nos 40 et 40A. Lot 1376, 1389 avec maison en brique, terrain 174 x 74, supr 12876 ; 1 do 57.6 d'un côté et 53.3 de l'autre x 96, supr 5316. The British Empire Mutual Life Assurance Co à Damase A. Dufresne ; $6000 [51771].

Rue Burnett, No 23. Lot 503-21 avec moulin à scie, terrain 50 x 102.6, supr 5125.6, vacant. Olivier Masson à Aumond & Carrière; $2700 [51775].

Rue Maisonneuve, Nos 302 à 306. Lot 1038, avec maison en brique, terrain 40 x 113. Théophile Chouinard à Arthémise Bélanger; $300 (à réméré) [51784].

Rue Ste-Catherine, Nos 1006 à 1010. Lot 487, avec maison en brique, terrain 40 x 103, supr 4120. Antoine Mazurette dit Lapierre et al à Côme Alfred Dugas ; $3900 [51799].

MONTREAL-OUEST

Quartier St Antoine

Rue St-Antoine, No 412. Lot pt C 87-81 avec maison en pierre et brique, terrain 21.6 x 135. André Silfrid Delisle à Cléophas Roussin ; $7000 [134305].

Rue St Antoine, No 412. Lot pt 87-81, avec maison en pierre et brique, terrain 21.6 x 135. Cléophas Roussin à Dame Stéphanie Godmer, épse de Louis Sauvé ; $7000 [134306].

Rue Ste Catherine, No 2508. Lots 1578-33, 34, 35, 36, terrain 100 x 120, vacants. Wm Ellegood Phillips à Dame Emily Margaret Caverhill, épse de Geo. Caverhill ; $27000 [134313].

Rue Bishop, No 27. Lot pt S.E. 1578-21, avec maison en pierre et brique, terrain 19 x 100. John Henry Wilson à Dame Annie Macdonald épse de James W. Duncan ; $6100 [134316].

HOCHELAGA ET JACQUES-CARTIER

Quartier Hochelaga.

Ave Chicago. Lots 80-243-9, 10, terrain 40x74.3 d'un côté et 74.5 de l'autre, supr 2972 vacant. Latreille & Frère à Joseph Gariépy ; $1100 [87007].

Rue Davidson, Nos 103 à 109. Lots 31-37 à 40, avec maison en brique, terrain 96 x 91 supr 8736. La faillite Pascal et Martial Dagenais à James G. Ross ; $1890 et autres considérations [87016].

Rue Iberville. Lot 166-372, terrain 22 x 80 supr 1760 vacant. Le Shérif de Montréal à Henry Edge ; $80 [87018].

Quartier St-Denis

Rue Cardinal, No 7. Lot 339-12, avec maison en bois, terrain 26 x 91 supr 2366. François-Xavier Adélard Racine à The Canadian Birbeck Investment & Savings Co ; $600 [86994].

Rue Huntley, Nos 1181 et 1183. Lot ½ N. 8-582, avec maison en bois et brique, terrain 25 x 100. Télesphore Decormier et uxor à Philomène Charpentier épse de Pierre B. Roberge ; $935 [87062].

Rue St Hubert. Lot 7-813, terrain 25 x 109 supr 2725 vacant. François Bergeron à Daniel Callahan ; $200 [87073].

Quartier St Gabriel

Rue Rozel. Lots 3370-14, ½ S. O. 3370-15 terrain 27 x 80.5 d'un côté et 79.10 de l'autre supr 2163 ; 1 do 13.6 x 39.11 d'un côté et 39.7 de l'autre supr 1073 vacant. Dame Anne Bowie épse de Ths Brunton à John Watson ; $300 [87012].

Rue Wellington, No 622. Lot pt S. O. 3149, avec maison en brique, terrain 24.2 x 93 supr 2232. The Mechanics Institute of Montreal à Alex Ovila Galarneau ; $5000 [87047].

Quartier St Jean-Baptiste

Ruelle St Hubert. Lots ¾ N. O. 12-230, ½ S. E. 12-231, terrain 25 x 44 vacant. La succession Jos Chs H. Lacroix à Antoine Brunet ; $400 [86991].

Rue Cadieux, Nos 903 et 905. Lot pt N. O. 60, avec maison en bois et brique, terrain 25 x 76, supr 1900. La succession Wm Watson O'Gilvie à Ferdinand Sauche ; $1500 [87005].

Rue St Hypolite, Nos 411 et 413 et Ave. Duluth No 354. Lot 109, avec maison en brique, terrain 40.6 x 70 supr 2835. Joseph Gariépy à Latreille & Frère ; $2525 [87008].

Ave. Duluth, No 81 à 90 et rue St Germain. Droits de succession comme étant le 1/9 ind. des lots 12-4, pt 12-3, 4a ; quartier Hochelaga, lots 50-17, 18, 86, 87, 93, 97 à 100, 102 à 107, 111, ½ ind. pt N. O. 50-88, pt 50-96, 110 ; pt N. O. 50-112 et autres immeubles, avec maison en pierre et brique, 1 terrain supr 2842 ; 16 do 25 x 100 ; 1 do supr 1250 ; 1 do supr 600 ; 1 do 21.6 x 100 ; 1 do 24.6 x 100. Jos. Gustave Alex. Duclos à Chs Alph. Léveillé ; $3153.33 et autres considérations [87054].

Rue Dufferin, Nos 56 et 58. Lot 7-207, avec maison en pierre et brique, terrain 25 x 80. Le Shérif de Montréal à The St Lawrence Investment Society ; $1800 [87059].

Ste Cunégonde

Rue Delisle. Lot 655, avec maison en brique, terrain 30 x 80. George Martel à Alfred Racine ; $3200 [87019].

St Louis—Mile-End

Rue Sanguinet. Lot 154, avec maison en bois, terrain 40 x 152.6, supr. 6100. Louis Benoit et autres à Stanislas D. Vallières ; $1332.64 [86988].

Rue St Urbain. Lot ½ S. 11-547, terrain 25 x 100 vacant. The Montreal Investment and Freehold Co à Alderic Desormeau ; $350 [86989].

Ave Mont Royal. Droits de succession dans le lot 137-5, avec maison en bois, terrain 25 x à10.5 d'un côté et 110.4 de l'autre supr. 2759. Les enfants mineurs de Pierre Pigeon et al à Julie Rodgers Vve de Chs Gonin ; $1009 [87000].

Rue Sanguinet. Lot pt S. E. 138-12, 13, 14, avec maison en bois, terrain 25 x 70. Alphonse Limoges à Lorenzo Guay ; $1300 [87006].

Coin des rues Mance et Van Horne. Lots 12-22-75, 76, 77, 1 terrain 50x105, supr. 5250 ; 1 do 68 de front 52 en arrière x 105, chacun vacants. The Montreal Investment and Freehold Co à Elias alias Philias Wilson ; $2153.20 [87032].

Ave. Mont Royal. Lot 13-33, pt N. E. 13-32, avec maison en bois, terrain 32 x 80 va cant. Ludger Larose à Charles Chaussé ; $1000 [87039].

Westmount

Ave. Roslyn. Lot 219-185 pt S. E. 219-186. 187, terrain 50 x 111 ; 1 do 25 x 111 chacun vacants. The Westmount Land Co à David A. Lewis ; $2858.25 [87025].

Rue Prince Albert. Lots 214-43a-4, 214-42-2, 214-41-2, 208-59b-4, 208-59-3, avec maison en brique, terrain 21.5 x 90 supr 1928. Henry Arthur Depocas à Jennie Ethel Taylor épse de Albert Hy Dalrympe ; $3300 [87028].

Ave. Western. Lot 220-42-2, avec maison en pierre et brique, terrain 22.11 x 113.5½ d'un côté et 110.11 de l'autre supr 2564. Chs James Brown et Ed Riel à M. S. Georgianna Burn épse de Ths Reed Simpson ; $6000 [87046].

St-Henri

Rue Atwater. Lot 2246, avec maison en pierre et brique, terrain 40 x 90. Hypolite Gougeon à Gagnon & Caron ; $4000 (à réméree [$87051].

Maisonneuve

Rue Adam. Lot pt 8-175, 176, terrain 49 x 80 vacant. Marie Julie Beauchemin Vve de Alph Barnabé à Arsène Larocque et Joseph Dussault ; $800 [87020].

Outremont

Rue Durocher. Lot 32-1-86, terrain 25 x 100 vacant. Alfred Desève à Alexander P. Willis ; $800 [86998].

Côte St-Paul

Rue William. Lot 3912-309, terrain 29 x 80 vacant. J. Ulric Emard à Charles Sénécal ; $232 [86993].

Lot 3930, terrain supr 46 arpents. Alexandre Aubertin à Edouard Gohier ; $29250 [87022].

Rue Pavillon. Lot pt 3407-5, avec maison en brique, terrain 40 x 99. Alfred Carignan à Arthur Pigeon et al ; $1000 [87063].

Verdun

Ave Galt. Lot 4532, avec maison en brique, terrain 70 x 135. William Steggles à Arthur McKeown ; $1400 [87060].

Montréal Ouest

Lots 138-112, 115, 67, pt 138-59, 60, terrain supr 32080. James Whitelle à Camille Bourdon ; $6000 [87045].

Sault aux Récollets

Rue Boyer. Lot 488-314, terrain 25 x 114 vacant. Bernard Dumphy à Alex P. Willis ; $250 [86999].

Rue Labelle. Lots 489-85 et 86, terrain 25 x 87 chacun vacants. James Draycott à Joseph Guillemette ; $350 [87052].

Lot 323-26, terrain vacant. Victoria Fortin épse de Jos Bleignier dit Jarry à David Lanrin fils ; $54 [87058].

Rue Boyer. Lot 488-313, terrain 25 x 114. Robert Martin à Layton Bros ; $250 [87068].

Lachine

Lot 522' avec maison en bois, terrain 50 x 100. Louis Gareau à Adélard Binette ; $900 [86996].

Lot 240c. Olivier Décarie à Louis Basile Pigeon ; $250 [87003].

Lot 240c. Louis Basile Pigeon à Philomène Lortie épse de Etienne St Denis ; $250 [87004]

Lot 914-11. Wm Higgins à Mary McDonagh, vve John Johnson ; $1400 [87015].

Pointe-aux-Trembles

Lots 77-13, 18, terrains vacants. Adolphe Duperrault à Joseph Hinton et André Monarque ; $300 [87053].

Voici les totaux des prix de ventes par quartiers :

St Jacques	$ 17,653 33
St Louis	4,500 00
Ste Marie	12,900 00
St Antoine	47,100 00
Hochelaga	3,070 00
St Denis	1,735 00
St Gabriel	5,300 00
St Jean-Baptiste	6,225 00
Ste Cunégonde	3.200 00
St Louis Mile-End	7,135 84
Westmount	12,158 25
St Henri	4,000 00
Maisonneuve	800 00
Outremont	800 00
Cote St Paul	30,482 00
Verdun	1,400 00
Montréal Ouest	6,000 00
	$ 164,459 42

Les lots à bâtir ont rapporté les prix suivants :

Rue Ste-Catherine,	quartier St-Antoine,	$2.25	le pd.
Ave Chicago,	quartier Hochelaga,	37c	"
Rue St Hubert	" St-Denis,	7½c	"
Ruelle	" " St-Jean-Bte	36⅛c	"
Rue St-Urbain,	St-Louis Mile-End,	14c	"
Rue Roslyn,	Westmount,	34½c	"
Rue Adam,	Maisonneuve,	20 2/5c	"
Rue Durocher,	Outremont,	32c	"
Rue William,	Côte St-Paul,	10c	"

PRÊTS ET OBLIGATIONS HYPOTHÉCAIRES

Pendant la semaine terminée le 20 octobre 1900, le montant total des prêts et obligations hypothécaires a été de $91,934 divisés comme suit, suivant catégories de prêteurs :

Particuliers	$43,434
Successions	3,500
Cies de prêts	7,500
Autres corporations.	37,500
	$91,934

Les prêts et obligations ont été consentis aux taux de :

4½ p. c. pour $180.

5 p. c. pour $1,600 ; $2,200 $4,000 ; $4,500 et $7,500.

5½ p. c. pour $950 ; $3,500 et $25,000.

Les autres prêts et obligations portent 6 pour cent d'intérêt à l'exception de $300 ; $1,500 à 7 et $250 à 10 p. c. d'intérêt.

LA CONSTRUCTION

Changement d'Heure.—A la demande des architectes et des entrepreneurs, les heures de bureau de l'Inspecteur des Bâtiments seront de 11 heures du matin à 1 h. p. m. et ce à partir du 1er novembre prochain.

PERMIS DE CONSTRUIRE À MONTRÉAL

Rue Rachel No 49, une bâtisse formant une étable, 26x16, à 2 étages en bois et brique, couverture en feutre et gravois ; coût probable $150. Propriétaire, Alph. Lacombe ; travaux à la journée. (224)

Ave Papineau, modifications et réparations à une bâtisse. Propriétaire, Quebec Bank ; architecte, V. Roy ; charpente, John O'Leary. (225)

Rue Chambord No 97, une maison formant un logement, 25 x 35, à 2 étages, en bois et brique, couverture en gravois ; coût probable $500. Propriétaire, Omer Thibault ; maçon, Jos Dumas. (226)

Rue Bassin, une bâtisse formant une glacière, 79.8 de front, 78 en arrière x 170 à un étage, en bois, couverture en feutre ; coût probable, $6,500. Propriétaire, City Ice Co ; maçons, L. Paton & Son ; charpente, L. Paton & Son (227).

Rue des Commissaires, Nos 321 à 327 et St-Paul, modifications et réparation à une bâtisse ; coût probable, $8000. Propriétaire, Jos. Ward ; charpente, Edw. Casse (228).

VENTES PAR LE SHÉRIF

Du 30 octobre au 6 novembre 1900.

District de Montréal

L'Institution Royale pour l'avancement des arts *vs* Hypolite Gougeon.

St Henri—Les lots 385-167, 168, 169, 170, 77 et 78, situés rue St Antoine, avec bâtisses.

Vente le 2 novembre, à 11 h. a. m., au bureau du shérif à Montréal.

Angers, De Lorimier & Godin *vs* Dame Olier Jutras.

St Louis-Mile End—Le lot 12-2-83, situé avenue du Parc.

Vente le 2 novembre à 10 h. a. m., au bureau du shérif.

District de Bedford

Wm J. Derick *vs* Delle Margaret M. Hudson.

St Jacques de Clarenceville—Le lot 434, avec bâtisses.

Vente le 2 novembre, à 9 h. a. m., à la porte de l'église paroissiale.

District d'Ottawa

Dame G. W. Smith *vs* The Stadacona Water, Light & Power Co.

Pointe Gatineau—Le système d'aqueduc et drainage avec tuyaux à l'eau, etc.

Vente le 30 octobre à 10 h. a. m., au bureau d'enregistrement à Hull.

District de Richelieu

Jacob Belisle *vs* Mary Boivin.

St-Thomas de Pierreville—La partie du lot 903, avec bâtisses.

Vente le 31 octobre à 1 h. p.m., à la porte de l'église paroissiale.

Edm. N. Beaudry *vs* Louis Bergeron.

La Baie—La partie du lot 886, avec bâtisses.

Vente le 31 octobre à 10 h. a.m. à la porte de l'église paroissiale.

JOURNAL DE LA JEUNESSE.—Sommaire de la 1454e livraison (13 octobre 1900).—Un Phénomène, par B. A. Jeanroy.—L'Exposition universelle de 1900 : Les Indes Néerlandaises, par H. Norval.—L'Exposition militaire rétrospective, par Edmond Renoir.—Treize et quatorze, par Yan de Castétis.—Lettres du régiment, par Louis d'Or.

Abonnements : France : Un an, 20 fr. Six mois, 10 fr. Union Postale : Un an, 22 fr. Six mois, 11 fr. Le numéro : 40 centimes.

Hachette & Cie, boulevard St-Germain, 79, Paris.

TOUR DU MONDE—Journal des voyages et des voyageurs.—Sommaire du No 41 (13 octobre 1900).—1o La guerre aux Philippines, par M. Henri Turot.—2o A travers le monde: Croquis Berlinois (Suite).—Le Thiergarien, et la Nouvelle "Sieges Allee", par H. Drahg.—3o La lutte économique : Les progrès industriels du Japon.—L'Ile de Mainau sur le lac de Constance, par C. von Arx.—Le conflit entre la Colombie et le Costa-Rica.—4o Parmi les races humaines : Quelques traits de caractère des Chinois.—5o Les Revues Etrangères : Les Wahabites (Deutsche Rundschau), Berlin.—L'Exposition Coloniale de la Belgique (Le Mouvement Géographique, Bruxelles).

Abonnements : France : Un an, 26 fr. Six mois, 14 fr.—Union Postale : Un an, 28 fr. Six mois, 15 fr. Le numéro : 50 centimes.

Bureaux à la librairie Hachette et Cie, 79, boulevard Saint-Germain, Paris.

Banque d'Hochelaga

AVIS

Est par les présentes donné qu'un dividende de trois et demi pour cent (3½ p. c.) pour les six mois courants, égal au taux de sept pour cent (7 p. c.) par an, a été déclaré sur le capital payé de cette institution, et qu'il sera payable au bureau chef, ou à ses succursales, le ou après samedi, le premier jour de décembre prochain.

Les livres de transferts seront fermés du 16 au 30 de novembre inclusivement.

Par ordre du conseil de direction.

M. J. A. PRENDERGAST,
Gérant Général.

R. WILSON SMITH

COURTIER EN DEBENTURES

Débentures Municipales, des Gouvernements et des Chemins de Fer achetées et vendues. -:- -:- -:- -:- -:- Débentures de premier ordre pour placements de fonds en fidéi-dépots, toujours en mains. -:- -:- -:- -

Batisse Standard Life

151 rue St-Jacques, Montréal

LS. DESCHENES

ENCANTEUR DE COMMERCE

—ET—

Jobber en Chaussures

NO 60 RUE ST-JEAN

QUEBEC

N. B.—Messieurs les marchands de la campagne épargneront de l'argent en venant me faire visite avant d'acheter ailleurs. J'ai constamment en mains toutes sortes de jobs pour leur commerce

---

LA BANQUE DE ST-HYACINTHE

Bureau Principal : St-Hyacinthe, P. Q.

CAPITAL PAYÉ . . . $3'0,840
RESERVE . . . 75,000

DIRECTEURS :

G. C. DESSAULLES, . . . Président.
J. R. BRILLON, . . . Vice-Président
L. P. MORIN, J. NAULT.
DR E. OSTIGUY, EUSEBE MORIN
JOS. MORIN.
E. R. BLANCHARD, Caissier. W. A. MOREAU, Inspecteur

— Succursales —

St. Césaire, M. N. Jarry, gérant.
Farnham, J. E. Campbell, gérant
Iberville, J. M. Bélanger, gérant.
L'Assomption, H. V. Jarry, gérant.

Correspondants : — Canada : Banque des Marchands du Canada et ses succursales. Etats-Unis : New-York. The National Bank of the Republic, Ladenburg, Thalman & Co. ; Boston Merchants National Bank.

UBALDE GARAND. TANCREDE D. TERROUX

GARAND, TERROUX & CIE.,

BANQUIERS ET COURTIERS

116 Rue St-Jacques, MONTREAL.

Effets de commerce achetés. Traites émises sur toutes les parties de l'Europe et de l'Amérique Traites des pays étrangers encaissées aux taux les plus bas. Intérêt alloué sur dépôts. Affaires transigées par correspondance

---

C. H. WALTERS & CO.

BANQUIERS

3, Rue Saint-Sacrement, Montréal.

Achat et vente de Billets de Commerce.
Négociation de Bons et Débentures.

W. H. WEIR F. H. WEIR

W. H. WEIR & SON

COURTIERS

113 RUE ST-FRANCOIS-XAVIER, Montréal.

M. W. H. WEIR, membre du "Montreal Stock Exchange," achète et vend tous les stocks qui figurent sur la liste du Stock Exchange, au comptant ou à terme. Les dernières informations régulièrement classées. Correspondants spéciaux à New York.

LA BANQUE NATIONALE

AVIS DE DIVIDENDE

Vendredi, le 2 NOVEMBRE, et après, cette Banque paiera à ses actionnaires **un dividende de trois par cent** sur son capital pour le semestre finissant le 31 octobre prochain.

Le livre de transport d'actions sera clos depuis le 17 jusqu'au 31 octobre prochain inclusivement.

Par ordre du bureau de direction.

P. LAFRANCE, Gérant.

Québec, 25 sept. 1900.

HOTEL RICHELIEU

Rue St-Vincent

MONTREAL

Confortable. A proximité des chars et bateaux.

Prix populaires.

Tél, Main 514. **L. A. COTÉ, Prop.**

BREVETS D'INVENTION

(France-Etranger)

Marques de Fabrique, Procès en contrefaçon, etc.

CASALONGA

Ingenieur-Conseil (depuis 1867
PARIS
15 r. des Halles

Prop. Direct. (depuis 1878) du Journal (25 f. par an)

"CHRONIQUE INDUSTRIELLE"

THE MOLSONS BANK

Incorporée par acte du ...Parlement en 1855

BUREAU PRINCIPAL - - - - - MONTRÉAL.

Capital versé		$2,474,825 00
Réserve	$2,000,000.00	
Réserve pour rabais sur escomptes courants	$80,000.00	
Compte de Profits et Pertes	18,909.47	1,720,909.4

BUREAU DE DIRECTION.

WM. MOLSON MACPHERSON, President. S. H. EWING, Vice-Président. W. M. Ramsay. Samuel Finley. J. P. Cleghorn. H. Markland Molson. F. C. Henshaw.

JAMES ELLIOT, Gérant Général

A. D. DURNFORD, Inspecteur en Chef et Surintendant des Succursales.

W. H. DRAPER, Inspecteur H. LOCKWOOD, W. W. L. CHIPMAN, } Asst.-Insp.

SUCCURSALES : Alvinston, O., Aylmer, O., Brockville, O., Calgary, Alb., Chesterville, O., Clinton, O., Exeter, O., Fraserville, Q., Hamilton, O., Hensall, O., Kingsville, O., Knowlton, Q., London, O., Meaford, O., Montreal, Q., rue Ste-Catherine, Montréal, Morrisburg, O., Norwich, O., Ottawa, O., Owen Sound, O., Port Arthur, O., Quebec, Q., Revelstoke Sta., B.C., Ridgetown, O., Simcoe, O., Smith's Falls, O., Sorel, Q., St. Thomas, O., Toronto, O., Toronto Junc., O., Trenton, O., Valleyfield, Q., Vancouver, B. C., Victoria, B. C. Victoriaville, Qué., Waterloo, O., Winnipeg, Man., Woodstock, O.

AGENCES à Londres, Paris, Berlin et dans toutes les principales villes du monde.

Emission de Lettres de Crédit pour le commerce et lettres circulaires pour voyageurs.

Attention sérieuse apportée aux Collections.

La Banque Nationale

BUREAU CHEF : QUEBEC

CAPITAL PAYÉ **$1,200,000**
FONDS DE RÉSERVE **$200,000**

DIRECTEURS :

R. AUDETTE, Ecr., Président,
A. B. DUPUIS Ecr., Vice-Président.

L'HON. JUGE CHAUVEAU,	V. CHATEAUVERT, Ecr.,
N. RIOUX Ecr.	NAZ. FORTIER, Ecr.,

J. B. LALIBERTE, Ecr.
P. LAFRANCE, Gérant.
N. LAVOIE, Inspecteur.

SUCCURSALES

Québec : faubourg St Jean,	St-François Nord-Est, Beauce.
Québec : St-Roch.	Ste-Marie, Beauce.
Montréal.	Chicoutimi.
Sherbrooke	Roberval.
St-Hyacinthe.	Ottawa, Ont.
Joliette.	St-Jean, P. Q.
Rimouski, Qué.	Montmagny, Qué.
Murray Bay, Qué.	Fraserville.

Saint-Casimir, Qué.

AGENTS.

Angleterre : The National Bk of Scotland, Londres.
France Crédit Lyonnais et succursales, Paris.
Etats-Unis : The National Bank of the Republic New-York. The Shoe & Leather National Bank, Boston, Mass.

Les collections reçoivent une attention spéciale et les retours en sont faits avec la plus grande promptitude.

On sollicite respectueusement la correspondance.

EDWIN HANSON. WILLIAM HANSON.

Hanson Bros.

Courtiers en obligations des Gouvernements, Municipalités, Chemins de Fer et Industries.

Nous avons toujours en mains des obligations de premier ordre, convenant pour placements par les Fidéi-commissaires, les Banques, les Compagnies d'Assurances, les Sociétés et les spéculateurs privés. On peut obtenir des listes d'obligations ainsi que les prix sur demande adressée au bureau, chambre 20, bâtisse Canada Life, Montréal.

Demandez à votre fournisseur les

LIVRES DE COMPTES, REGISTRES, ETC.,

qui sont fabriqués avec les Papiers "**Superfine Linen Record**" dont l'excellence de la qualité pour la durée et la résistance au grattoir n'est pas surpassée.

Pour vos Entêtes de Lettres, Papeterie de Bureau, exigez toujours les Papiers "**Standard**," "**Earnscliffe**," "**Empire**," "**Donnacona**," "**Canada**," et comme Papeterie de luxe, le "**Papier parchemin Rolland**" qui sont tous de fabrication canadienne, et de qualités supérieures aux beaux papiers importés de l'étranger.

J. B. Rolland & Fils, rue St-Vincent, Montréal

Les Hommes d'Affaires

Ont très peu de temps à dépenser. Je me tiens à leur disposition **à toute heure** du jour ou du soir.

HARDOUIN LIONAIS,

D.C.D., L.C.D.

CHIRURGIEN DENTISTE,

Gradué du "Philadelphia Dental College," licencié du Collège Dentaire de la P. de Q.

2359 RUE STE-CATHERINE.

MONTREAL

Tél. du Bureau : Up 2498. Résidence, E. 870.

LE PRIX COURANT

THE PRICE CURRENT

Vol. XXX — MONTREAL, VENDREDI 2 NOVEMBRE 1900. — No 5

LE PRIX COURANT

Revue Hebdomadaire

COMMERCE, FINANCE, INDUSTRIE, PROPRIÉTÉ FONCIÈRE, ASSURANCE.

Publié par ALFRED et HENRI LIONAIS, éditeurs-propriétaires, au No 25 rue St-Gabriel, Montréal, Téléphone Bell Main 2547, Boîte de Poste 917. Abonnement: Montréal et Banlieue, $2.00; Canada et Etats-Unis, $1.50; France et Union Postale, 15 francs. L'abonnement est considéré comme renouvelé, à moins d'avis contraire au moins 15 jours avant l'expiration, et ne cessera que sur un avis par écrit adressé au bureau même du journal. Il n'est pas donné suite à un ordre de discontinuer tant que les arrérages et l'année en cours ne sont pas payés.

Adresser toutes communications simplement comme suit: LE PRIX COURANT, MONTRÉAL, CAN.

VOL. XXX — VENDREDI, 2 NOVEMBRE 1900 — No 5

LES ELECTIONS

La date des élections est maintenant très rapprochée, cinq jours seulement nous en séparent.

Quand paraîtra notre prochain numéro les électeurs auront rendu leur verdict.

De ce verdict dépend pour le Canada une période de cinq ans de paix, de calme, de tranquillité ou de discorde, d'effervescence et d'excitation.

La paix, le calme et la tranquillité des esprits sont des facteurs puissants et nécessaires pour le progrès et la prospérité d'un pays.

Nous en avons la preuve dans ce fait que, durant les quatre dernières années—après que l'agitation et les discordes créées par la question des écoles du Manitoba eurent cessé, le pays a joui d'une prospérité qu'on chercherait en vain dans les annales de son histoire économique.

Aux temps troublés qu'agitaient les questions de race et de religion a succédé une ère de paix essentiellement favorable aux affaires et dont nous récoltons les fruits.

Les questions irritantes mises de côté, le gouvernement a pu s'occuper utilement de l'avenir du pays et commencer l'exécution d'un programme de longue haleine plein de promesses pour l'avenir.

La Province de Québec a particulièrement intérêt à l'accomplissement intégral du programme du gouvernement actuel.

Elle possède les deux plus grands ports du Canada: Montréal et Québec.

Le creusement des canaux, le draguage du St Laurent, l'établissement de quais, d'entrepôts, d'élévateurs, etc... sont autant de travaux qui, utiles et nécessaires même au Canada tout entier, seront d'un immense avantage à notre province qui, désormais, recevra, aussi bien par eau que par rail, les produits de l'ouest qui nous échappaient autrefois.

Quand le programme des grands travaux publics de canaux, de rivières et de chemins de fer sera parachevé selon les plans du gouvernement actuel, nous serons vraiment outillés pour l'exportation des produits du Canada et, par surcroît, de l'Ouest Américain.

Nos chemins de fer, notre marine marchande seront d'autant plus certains de trouver une abondance de fret que le premier-ministre actuel a su créer entre l'Angleterre et le Canada un courant de sympathie qui n'existait pas au même degré avant les fêtes jubilaires où, à Londres, il représenta si dignement le Canada.

Le souci du gouvernement ne s'est pas attaché seulement à augmenter notre commerce d'exportation vers la Grande-Bretagne.

Il n'a pas répété la faute commise en 1889 par le gouvernement conservateur. Il y avait, cette année là, une exposition internationale à Paris et le Canada n'y prenait pas part. En 1900, la France conviait de nouveau toutes les nations du globe à apporter à Paris des échantillons de leur production et il est à l'honneur du gouvernement libéral d'avoir répondu à cette invitation avec le prodigieux succès que tout le monde sait. C'est que le gouvernement libéral a vu quels avantages immenses le pays doit retirer pour son commerce et ses industries de faire connaître ses ressources et juger de la haute qualité de ses produits par les commerçants de toutes les parties de l'univers.

Etendre au loin les relations commerciales du Canada, accroître des débouchés en vue d'une production toujours grandissante qu'un jour ou l'autre la Grande-Bretagne ne pourra plus à elle seule absorber, sont des actes de sage prévoyance qu'un gouvernement progressif seul sait entreprendre, avant que le pays soit congestionné par un excès de production.

Gouverner, c'est prévoir et le gouvernement que nous avons eu depuis quatre ans a su prévoir.

C'est pourquoi nous avons eu quatre années de pleine prospérité et c'est pourquoi aussi nous pouvons espérer qu'elle se prolongera durant les années à venir avec un gouvernement de progrès qui fait tout en son pouvoir pour le travail, la production, l'écoulement des produits, la facilité des transports, en un mot pour la protection et l'extension du commerce et des industries du pays.

Dans ce sens, n'a-t-il pas étendu et amélioré le service des transports par compartiments frigorifiques qui n'avaient jusqu'alors donné que de pauvres résultats. Dès lors, le beurre, les œufs, les fruits et tous articles d'une nature périssable peuvent arriver de l'autre côté de l'Atlantique dans des conditions de qualité et de fraîcheur telles que nos fruits remportaient quatre médailles d'or supplémentaires à Paris comme nous le disions dans notre dernier numéro.

Une partie de l'augmentation de nos exportations est certainement due à la création de compartiments à réfrigération mécanique sur les vapeurs transatlantiques, d'après les plans fournis par le ministère de l'agriculture.

Nos produits périssables auront donc désormais sur les marchés du dehors le plein prix selon leur qualité réelle et non pas celui de produits de rebut qu'ils obtenaient autrefois par suite de moyens de transport défectueux, quand ils n'arrivaient pas complètement gâtés.

Comme on le voit, l'attention du gouvernement n'a été en défaut sur aucun des points qui pouvaient et devaient améliorer notre commerce d'exportation. Nous en passons et non des moindres. Nous n'avons pas la prétention d'épuiser le sujet dans un article forcément écourté.

Nous voudrions cependant ne pas terminer sans dire un mot des importations.

Pour vendre il faut acheter, et

comme nous avons beaucoup vendu, il a fallu aussi beaucoup acheter. Nos compagnies de navigation, de chemins de fer, les ouvriers des ports, les entrepreneurs de camionnage en ont bénéficié ; le commerce a revendu avec bénéfice et le gouvernement a trouvé dans une augmentation des recettes de douanes des ressources plus grandes qui lui ont permis, tout en dépensant davantage pour les besoins d'un pays en voie de rapide développement, d'avoir des surplus au lieu des déficits avérés des années 1894 à 1897.

A ce propos, disons que le gouvernement libéral, en établissant un nouveau tarif de douane, a diminué les droits sur un grand nombre d'articles et qu'il en a ajouté d'autres à la liste des marchandises entrant en franchise.

Il n'a donc pas augmenté les taxes, comme l'ont dit avec intention certains de ses adversaires qui jouent sur les mots pour créer une confusion dans les esprits.

Le revenu des douanes a augmenté, il est vrai, et s'il a augmenté ce n'est pas par suite d'une élévation des droits, comme nous venons de le voir, mais par le fait d'une augmentation dans la quantité des marchandises importées.

C'est-à-dire que l'abaissement du tarif a procuré à un plus grand nombre de consommateurs l'avantage de se procurer des objets ou marchandises que le pays ne produit pas ou qu'il ne produit pas en quantité suffisante pour répondre aux besoins.

Cette augmentation dans les importations indique de plus que le pouvoir d'achat de la masse du peuple a été plus grand et, par conséquent que sa position s'est améliorée.

En un mot, partout, dans toutes les classes : agricole, commerciale, industrielle, de transport, etc., loin d'avoir à regretter le régime sous lequel nous avons vécu les quatre dernières années, on ne peut que souhaiter et vouloir qu'il se renouvelle et sorte de nouveau le 7 novembre des urnes électorales.

Un changement de personnes n'améliorerait pas une situation prospère et ce serait trop risquer que d'en faire l'essai.

De retour d'Europe

Notre jeune architecte, M. Jos. Sawyer, nous revient après une absence de deux mois, d'un voyage fait en Europe dans l'intérêt de sa profession, ayant visité Paris, Londres, Rouen et autres villes de Province. Nous sommes persuadés que notre jeune ami saura mettre à profit les connaissances qu'il a acquises au cours de son voyage.

COMMERCE INDUSTRIE ET FINANCE

La récolte des olives en Italie : La récolte des olives, qui s'annonçait très abondante en Italie, est, à l'heure actuelle, presque complètement perdue à la suite des ravages faits par le ver "keïroun" qui, comme l'année dernière, a dévasté toutes les provinces méridionales italiennes, où la culture de l'olivier est la principale ressource agricole.

A la faveur d'une température chaude et humide qui persiste depuis un mois, le ver a attaqué les principaux points de production : Bari, Bitonto, Molfetta, Andria, Barletta, Bisceglie, etc.

Malgré les mesures prises par les autorités provinciales pour localiser le fléau, aujourd'hui toute la province des Pouilles est ravagée par l'insecte destructeur, ainsi que la région de Lecce et Calabres.

La mouche "keïroune" a simultanément attaqué la province de Port Maurice, la Sardaigne et la Sicile, qui ne donneront, cette année, que des huiles inférieures.

C'est un véritable désastre pour l'Italie, déjà si éprouvée.

***

La production du poivre au Cambodge : M. Adhémar Leclère, le résident de France à Kampôt, dont les travaux font autorité pour tout ce qui touche à la culture du poivre au Cambodge, a adressé récemment à la direction du commerce et de l'agriculture de l'Indo-Chine un rapport dont nous extrayons ce qui suit :

" Les quatre provinces productrices de poivre au Cambodge, qui comptaient 57 villages poivrers en 1899, en ont recensé 61 en 1900 ; les planteurs qui étaient 3,557 sont maintenant 4,779 ; les pieds producteurs et imposés qui étaient au nombre de 672,325 sont passés à 885,846 ; les jeunes pieds non imposés, qui étaient 1,101,235 — après avoir été diminués de 213,520 pieds, passés aux imposés et de 39,159 pieds morts ou malades, soit de 252,679 pieds— se retrouvent 1,330,060, par suite des plantations nouvellement créées ou des plantations anciennes augmentées.

" Dans cinq, six ou sept ans au maximum, la production du poivre aura doublé au Cambodge, c'est-à-dire atteindra, au minimum, 1,500,000 kilogrammes. Comme, d'autre part, il faut prévoir l'extension de cette culture en Cochinchine, surtout dans l'Est (Baria), on peut admettre même en tenant compte de l'épuisement des poivrières de la région de Hatien, que la production de la Cochinchine (année moyenne) restera au moins égale à celle de 1898, soit un million de kilogrammes.

" A ce moment, la Cochinchine et le Cambodge seront à même de fournir, et au delà, *consommation* (nous ne disons pas l'*importation*) française, qui oscille autour de 2,500,000. Car le poivre est une denrée d'un ordre spécial, pour lequel le débouché n'est pas indéfini. Il faut tenir compte aussi de ce fait qu'il se cultive ailleurs qu'en Indo-Chine, qui n'occupe même que le quatrième rang parmi les pays exportateurs de poivre après la péninsule malaise, l'Inde et les Iles de la Sonde. Les prix qui continuent à se maintenir à Saïgon, à près *du double* de prix du marché libre de Singapour, baisseront forcément."

***

L'industrie chocolatière et la hausse des matières premières : La Chambre Syndicale des fabricants de chocolats en France a déjà dû s'occuper à plusieurs reprises de propositions de hausse générale présentées par ses membres. Jusqu'ici ces propositions n'ont pas été adoptées.

Cependant, dans une de ses dernières séances, la Chambre Syndicale a dû constater que la hausse des cacaos, des beurres de cacao, des amandes, noisettes, étain, charbons, papiers et en général de toutes les matières premières employées par cette industrie, élèvent actuellement les prix de ses produits de la manière suivante :

1o les chocolats en tablettes de 2c par lb.

2o Les articles à la crème de 1c à 2c, suivant qualité.

3 Les articles au praliné de 2 à 4c par lb, suivant qualité.

4o Les cacaos broyés sans sucre en pâte ou en poudre de 5c par lb.

5o Les cacaos en feuilles de 2½c par lb.

Malgré cette constatation, elle a décidé de laisser à chaque fabricant la liberté d'établir ses nouveaux prix de vente pour lutter au mieux de ses intérêts avec cette situation difficile.

***

Le rachat des chemins de fer anglais par l'état : Après l'Allemagne et la Suisse : l'Angleterre.—On écrit de Londres qu'à la conférence annuelle des membres de l'association anglaise du commerce du fer, le président, sir John Jenkins, a lu son mémoire sur cette question. En voici le résumé :

Pour diverses raisons, cette acquisition par l'Etat des chemins de fer anglais devenait désirable surtout au point de vue des tarifs, qui alors deviendraient plus uniformes et en conséquence avanceraient énormément les intérêts des industriels et des commerçants.

L'orateur détailla ensuite un plan de rachat.

On pourrait d'abord racheter les lignes à la valeur totale de leur capital payé, soit environ 1,134,500,000 liv. st., qui. à 3 p. c. d'intérêt, impliquerait une dépense annuelle de 53 millions liv. st.; en prenant pour base les recettes nettes pour 1898, il y aurait un boni de 7 millions liv. st. qui serviraient à différentes réductions. Dans le second cas, en prenant pour base la cote actuelle de la hausse, on arriverait à 1,417 millions liv. st. dont l'intérêt à raison de 3 p. c. serait de 42 millions liv. st. par an.

Le troisième plan de sir John Jenkins serait le rachat des lignes par l'Etat sur la base du coût probable de leur remplacement. L'intérêt annuel dans ce cas ne serait que de 23 millions liv. st. Le meeting s'est séparé en adoptant une résolution pour demander aux Communes la nomination d'une commission pour le rachat des chemins de fer anglais par l'Etat.

***

M. Eyre, grand capitaliste de Londres, a obtenu du gouvernement de Nicaragua l'autorisation, pour le syndicat dont il est le chef, de percer le canal de Nicaragua.

Cette concession fait passer en seconde ligne le projet de percement formé par une compagnie anglo américaine et dont les conditions avaient été arrêtées dans la convention Hay-Pauncefote sur laquelle le Sénat de Washington a encore à se prononcer.

***

Pétrole combustible : M. Gaston Compère, dans le journal le *Transport* (No du 1er août), fait ressortir les avantages du pétrole comme combustible dans le chauffage des chaudières à vapeur. Son emploi, dit-il, réalise des économies considérables résultant de la diminution du personnel des machines (un homme sur trois suffit), des facilités réelles d'approvisionnement et d'embarquement, et chose également appréciable pour la propreté du bord, de l'absence de fumée et de la suppression des scories et des escarbilles.

Des Compagnies telles que la Compagnie Hambourgeoise Américaine, la Raz Company, la Galbraith, la Société Pembroke and Co, la société Cossovith et la Compagnie de Fiume, ont des navires utilisant exclusivement ce combustible.

Une compagnie anglaise, la Shelle line a déjà douze vapeurs chauffés au pétrole. Elle a établi dans tous les ports d'escale entre l'Angleterre et l'Extrême-Orient des dépôts de pétrole pour l'approvisionnement de ses steamers.

Pour donner une idée de l'avantage de ce nouveau mode de chauffage, nous citerons simplement la dépense de combustible faite par le navire *Trigonia* de la Shell line pour un voyage de Singapore au Nhalié. Le *Trigonia* a dépensé à la vitesse de 10 nœuds, 10 tonnes de pétrole à 11 shilling la tonne, soit pour cette traversée $37.50 de combustible.

Le charbon employé pour la même distance à la vitesse de 10 nœuds aurait coûté environ $320 ! Près de 12 fois plus ! Devant une telle preuve, les commentaires seraient superflus.

***

On sait que plusieurs espèces de microbes élaborent de précieuses matières tinctoriales, ou, plutôt, que ces microbes sont parfois d'une couleur éclatante. L'industrie pourrait donc, peut-être, utilement les employer. Quelques-uns de ces microbes sont précisément des plus dangereux, car ils engendrent de graves affections et se propagent avec une extrême facilité. Ces faits ont suggéré à un chimiste américain l'idée originale de cultiver, ou si l'on préfère, d'élever avec soin et en nombre infini ces dangereux petits teinturiers, dont on se débarrasserait avec le même soin aussitot qu'ils auraient fourni tout ce qu'on leur aurait demandé, c'est à dire des couleurs utilisables. Cette idée a séduit un grand industriel de Baltimore qui a, dit on, établi une ferme où différentes espèces de microbes redoutables vont être cultivées pour être ensuite livrées à l'industrie. Desséchés ou transformés en substances colorantes inoffensives, ces mêmes microbes, qui de leur vivant étaient les invisibles destructeurs de l'homme, deviendraient, à leur mort, des serviteurs agréables qui le pareraient de brillantes couleurs.

Au surplus, on cultive déjà avec beaucoup de succès et dans un autre lointain pays une bestiole dont, jusqu'ici, on ne recherchait pas beaucoup la fréquentation : la tarentule. Selon une opinion fort répandue, la morsure de cette araignée produit une grave maladie, une torpeur, une somnolence prolongée qui ne peut être combattue que par la musique ou la danse. C'est cette danse fort agitée qu'on appelle la *tarentelle*, du nom de la bestiole.

Or, en Australie, on élève cette araignée avec beaucoup de zèle et de soin, à cause de sa toile. On en fait un tissu qui, dit-on, est plus solide et bien plus léger que la soie. On s'en sert surtout pour la confection des ballons. Chaque tarentule fournit, en moyenne, trente mètres de filaments, et huit de ceux-ci, réunis et tressés, forment un fil.

***

Le médecin allemand, professeur Hansemann vient d'attirer encore l'attention sur la manière déraisonnable de se chausser de l'homme de nos jours.

Tandis que d'ailleurs, la mode des dernières quinze années, par l'influence de l'hygiène, s'est améliorée, les formes de chaussure sont devenues de plus en plus chinoises.

L'homme civilisé a transformé ses orteils, primitivement mobiles, comme les doigts, en colifichets immobiles de son pied.

Le joint principal du gros orteil est souvent tellement disloqué par les chaussures élégantes, que cet orteil est passé en dessus ou en dessous des autres.

Les chaussures trop courtes faussent les orteils et les blessent. Les ongles entrent dans la chair, et il se produit des inflammations douloureuses, rendant nécessaires des opérations.

On empêche les ongles d'entrer dans la chair en les taillant non pas ronds, comme aux doigts, mais droits afin que les bouts dépassent le plein de l'ongle.

Là où la chaussure presse,—et presque toutes les chaussures modernes pressent,—se forment des cors.

Enfin les talons sont faits trop élevés ; ce qui nous force à marcher en nous balançant sur les pointes de pied et de presser la colonne vertébrale dans la taille en avant. Or, c'est ce qui cause, notamment aux dames, des douleurs dans le dos.

***

L'excessive cherté du charbon suggère à un journal une question toute rationnelle : il demande pourquoi le public ne reprendrait pas l'usage de se chauffer au bois; il signale le profit, soit économique, soit hygiénique, qu'on en retirerait; puis il examine la possibilité d'accommoder à la combustion du bois les appareils de chauffage employés pour le charbon; enfin, il donne, sur ce dernier point, d'utiles indications. Voici, dit-il, ce qu'il faut faire : remplacer la grille par une plaque de fer ou de fonte garnissant complètement le fond du poêle et à la place même de la grille, et faire percer cette plaque de plus ou moins de trous d'un centimètre environ de diamètre. Nous disons qu'il faut percer la plaque de plus ou moins de trous, car cela dépend du tirage des fourneaux et des cheminées. Un appareil tire suffisamment avec quatre ou six trous dans la plaque; un autre demande à avoir le double ou le triple de trous. Nous ne voulons pas dire que les appareils, ainsi économiquement et simplement transformés, vaudront les appareils spéciaux; mais ils pourront tous brûler du bois et le consumer moins rapidement qu'avec les grilles sur lesquelles on place de la houille.—(*Timber Trades Journal*).

***

Pour lutter efficacement contre l'alcoolisme, plusieurs personnalités bordelaises viennent d'étudier la possibilité d'installer sur les quais de Bordeaux des débits de tempérance dans lesquels on vendrait des marchandises de première qualité : bière, vin, café, lait, chocolat, thé, etc., à l'exclusion de tout alcool.

Un premier établissement de ce genre va être construit et un comté s'est formé pour propager l'œuvre.

***

Il résulte d'un travail dû à M. MacNeill, président de l'Association internationale des assureurs-accidents, que le nombre des accidents aux Etats-Unis n'est pas, chiffre moyen, inférieur à 2,490,150, causant une perte matérielle de 117,186,700 dollars et au delà, sans y comprendre les pertes de temps, les incapacités de travail, etc.

Nécessité de l'assurance contre les accidents; nécessité aussi de rechercher sans cesse de nouveaux moyens préventifs.

***

L'assurance et la production agricole : Le produit annuel de la superficie exploitée en France par la culture, soit 44 millions d'hectares, est de 15 milliards de francs environ, ainsi répartis d'après les appréciations si sûres du *Messager* :

4 milliards 140 millions pour les céréales;

1 milliard pour les vins et eaux-de-vie;

650 millions pour les pommes de terre;

600 millions pour les fruits de toutes espèces;

150 millions pour les cultures maraîchères;

250 millions pour les cultures industrielles;

3 milliards 300 millions pour les produits des animaux divers (47 millions ½ de têtes) qui composent le troupeau français;

350 millions pour la volaille, les œufs, le gibier et le poisson de rivière;

2 milliards 550 millions pour les fourrages et la paille;

650 millions pour les bois de chauffage et de construction;

1 milliard 300 millions pour les fumiers.

***

Les mines au Japon : Le gouvernement du Mikado a reçu ces derniers temps un grand nombre de demandes de concessions pour exploiter les gisements miniers. La majeure partie concerne le pétrole; viennent ensuite les demandes de permissions pour l'exploitation des mines de soufre. On dit que les champs pétrolifères les plus riches et les mines de soufre les plus productives se trouvent respectivement dans les monts Atsuma et dans le district Yufutsu.

L'extraction de la houille du charbonnage de Müke à Chikugo a atteint, pendant les sept dernières années, prenant fin en 1899, 28,305,327 yens ou $16,000,000. La moitié de cette production a été exportée vers Hong-Kong, Changhaï et Singapore; le reste a été consommé dans le pays.

***

La plus grande profondeur des mers : Les sondages exécutés pour la pose du câble du Pacifique par le vapeur américain *Nero* ont révélé entre les Mariannes et les Philippines des profondeurs de 9,636 et de 9,435 mètres, qui dépassent de quelques mètres la plus grande trouvée jusqu'ici, c'est-à-dire 9,427 mètres au nord est de la Nouvelle-Zélande et à l'est des îles Kermadec.

***

Une compagnie de navigation américaine vient d'instituer une prime au mariage dans des conditions originales, non pas dans une pensée d'intérêt social, mais tout simplement pour accroître son chiffre d'affaires. Cette Compagnie qui fait le service entre Chicago et la ville de Saint-Joseph, sur le lac Michigan, constatait avec déplaisir que le public délaissait ses bateaux en faveur des steamers d'une Compagnie rivale qui dessert, sur la rive opposée, le petit port de Milwaukee. Elle ouvrit une enquête afin de connaître les causes de cette préférence et finit par savoir que ce qui attirait la foule de ce côté, c'était l'extrême facilité que trouvent à se marier, dans l'état de Wisconsin, les gens désireux de convoler sans grande dépense et sans perte de temps.

La Compagnie n'hésita point; pour combattre une concurrence si redoutable, elle s'entendit aussitôt avec le clerc Needham, de la paroisse de Saint-Joseph, et publia, par voie d'affiches que tous les couples de Chicago qui exhiberaient un certificat de mariage de cette paroisse auraient droit au remboursement du prix de la traversée. Le résultat fut immédiat. Quelques jours plus tard, les bateaux de la Compagnie débarquaient à Saint Joseph une foule considérable venue pour assister aux noces de soixante-trois couples que le pasteur Needham unit.

Le soir, revenus à Chicago, les cent vingt-six conjoints reçurent, selon les conventions, le remboursement du prix de leurs billets, et tout le monde se déclara satisfait : les mariés et la Compagnie. Grâce à cette ingénieuse combinaison, la prospérité semble désormais assurée aux bateaux qui font le service entre Chicago et Saint-Joseph.

***

La lumière vivante : M. Raphaël Dubois adresse à l'Académie des Sciences une note sur l'éclairage par la lumière froide physiologique dite "lumière vivante." M. Dubois a mis sous les yeux du public à l'Exposition certains résultats pratiques qui semblent encourageants.

Pour produire la lumière physiologique avec son maximum d'intensité éclairante, d'une manière rapide et pratique, en quantité aussi considérable qu'on le désire, j'ai imaginé, dit M. Dubois, de cultiver certains microbes lumineux ou *photobactéries* dans des bouillons *liquides* d'une composition spéciale.

Lorsque ces derniers sont ensemencés avec de bonnes cultures, dans les limites moyennes de la température de l'atmosphère, on obtient très vite des liquides lumineux. En plaçant ceux-ci dans des récipients de verre, de préférence à faces planes, convenablement disposés, on arrive à éclairer une salle assez fortement pour qu'on y puisse reconnaître les traits d'une personne à plusieurs mètres de distance, lire des caractères d'imprimerie ou l'heure à une montre, principalement le soir, quand l'œil n'est pas ébloui par la clarté 'u jour, ou bien après un séjour de quelques minutes dans une chambre obscure ou faiblement éclairée. Les bouillons dont je me suis servi doivent contenir de l'eau, du sel marin, un aliment ternaire, un aliment quaternaire azoté, un aliment phosphoré et des traces de ces composés minéraux qui entrent dans la composition de toute matière bioprotéonique.

La persistance de la lumière dans les milieux liquides varie suivant la richesse du bouillon nutritif, son aération, son agitation, suivant la pureté des cultures, la température extérieure : j'en ai vu résister pendant six mois au repos et dans un sous-sol obscur.

En résumé, grâce à nos bouillons liquides conclut M. Dubois, nous sommes parvenus à éclairer une salle avec une lumière égale à celle d'un beau clair de lune. J'ai tout lieu d'espérer que la puissance de cet éclairage pourra être notablement augmentée et que la possibilité de son utilisation pratique ne tardera pas à être reconnue. L'énorme travail industriel produit par la levure de bière montre assez ce que l'on peut attendre de l'activité des infiniment petits, et, en particulier, des microbes lumineux.

Il viendra peut-être un temps où on se pourvoira chez son épicier, de la lumière au litre, comme on y prend maintenant les liquides pour la produire.

NOTIONS DE DROIT

(*Suite*).

DU MARIAGE

Voici, sans contredit l'un des titres les plus intéressants, parmi toutes ces matières si sèches et si arides du Code civil. Malheureusement, le sujet qui nous occupe ne se prête guère à une analyse du mariage au point de vue philosophique ou moral ; et si nous devons nous arrêter sur quelques articles de ce chapitre, ce ne sera que pour considérer les droits, les pouvoirs ou la capacité de la femme sous le régime matrimonial. Nous avons déjà dit que la loi fixe à quatorze ans pour les hommes et à douze ans pour les femmes l'âge auquel on peut contracter mariage. Pour les mineurs, il faut de plus qu'ils obtiennent le consentement de leur père où mère. D'autres formalités essentielles, consistent dans la publication des bans (à moins que dispense de cette publication n'ait été obtenue) dans la célébration du mariage devant un fonctionnaire compétent, lequel doit être un prêtre ou ministre de la religion de l'un des époux, au moins. L'on voit que le mariage civil, ou célébré par un fonctionnaire qui n'exerce aucune autorité religieuse, n'est pas reconnu dans notre province et n'est pas valide.

La loi, après quelques dispositions d'un ordre moral, qu'elle a sanctionnées dans les articles suivants :

173. " Les époux se doivent mutuellement fidélité, secours et assistance.

174. " Le mari doit protection à sa femme, la femme obéissance à son mari."

Etablit dans les articles 176 et 177 le status, ou la capacité de contracter ou de plaider de la femme mariée.

176. " La femme ne peut ester en jugements ans l'autorisation ou l'assistance de son mari, quand même elle serait non commune ou marchande publique.

Celle qui est séparée de biens ne le peut faire non plus si ce n'est dans les cas où il s'agit de simple administration."

177, "La femme, même non commune, ne peut donner ou accepter, aliéner ou disposer entrevifs, ni autrement contracter, ni s'obliger sans le concours du mari dans l'acte ou son consentement par écrit, sauf les dispositions contenues dans l'acte de la 25 Vic. ch. 66. Si cependant elle est séparée de biens, elle peut faire seule tous les actes et contrats qui concernent l'administration de ses biens."

A première vue, de pareilles dispositions paraissent surprenantes et un peu étranges. D'après les principes généraux du droit, les personnes majeures, hommes et femmes, sont placées sur un pied d'égalité. Art. 246 : " Tout individu de l'un ou de l'autre sexe demeure en minorité jusqu'à ce qu'il ait atteint l'âge de vingt-un ans accomplis..." Art. 324 : " A cet âge on est capable de tous les actes de la vie civile." Donc, à 21 ans, la femme non mariée peut contracter seule, s'obliger, hypothéquer ses biens, les vendre ou les échanger, ester en jugement, enfin faire tous les actes de la vie civile avec autant de validité qu'un majeur de l'autre sexe (ester en jugement, c'est plaider en demandant ou en se défendant). De même en est il des femmes veuves qui ont autant de pouvoir devant la loi qu'une majeure non mariée.

Cette faculté, ces droits de la femme disparaissent devant le mariage. Aussitôt qu'elle se marie, la femme, suivant le régime sous lequel elle a convolé (communauté, exclusion de communauté ou séparation de biens) la femme perd tout droit d'administration ou d'aliénation de ses biens sans l'autorisation de son mari ; sans cette autorisation, elle ne peut ni plaider, ni contracter une obligation, ni signer un billet, ni vendre, hypothéquer ou échanger un de ses immeubles, ni emprunter, ni faire, ni recevoir une donation ou accepter une succession, bien que cependant elle conserve le pouvoir de faire un testament.

D'où viennent ces entraves mises au pouvoir d'agir légalement de la femme mariée ? D'où procède cette incapacité ? Les auteurs qui cherchent une raison à ces dispositions de la loi, sont divisés sur ce point. Les uns disent qu'à cause de l'inexpérience, de la faiblesse de son sexe, il convient que la femme mariée reçoive l'appui de son protecteur naturel, son mari. Cette raison, il me semble, ne vaut pas grand'chose. En quoi une femme mariée, âgée de plus de 21 ans est-elle moins apte, moins habile à gérer ses propres affaires qu'une femme du même âge non mariée ? Je crois que le motif de la loi prend son fondement dans l'autorité maritale, dans l'obéissance que la femme doit à son mari.

Ce dernier est chef de la famille ; comme tel, il doit voir à ce que les biens de sa femme, même s'ils lui sont propres et qu'elle en ait seule la jouissance, ne soient pas gaspillés ou perdus ; la famille, en effet, profite toujours, jusqu'à un certain point, de l'état de fortune et des richesses de la femme. L'époux doit donc veiller à la conservation de ces biens, et c'est pourquoi le législateur a voulu que l'autorisation maritale vint habiliter la femme lorsqu'il s'agissait pour elle de passer un contrat avantageux, et que le refus de cette autorisation pût mettre un frein aux caprices de la femme trop prodigue.

EMILE JOSEPH.

LES VACHES LAITIERES

L'état hygrométrique de l'atmosphère dans laquelle vivent les vaches exerce sur le fonctionnement de leurs mamelles une influence considérable. Ce fonctionnement est d'autant plus actif que l'air qui les entoure est plus humide.

Le lait contient de 84 à 88 p. c. d'eau. Or, si cette eau s'élimine par les poumons et par la peau, comme cela a lieu dans un air sec, c'est autant de perdu pour la sécrétion laiteuse. Il n'est donc pas pratique de songer à exploiter des vaches laitières dans un climat sec. Quelle que fût l'aptitude individuelle de ces vaches, elle se trouverait singulièrement diminuée.

Des vaches hollandaises, très bien choisies dans leur pays nathrel et introduites dans certains pays méridionaux, comme en Italie, n'ont pu, malgré tous les bons soins dont elles ont été l'objet, conserver leurs facultés laitières primitives.

Les conditions de la température, tout comme celles de l'humidité de l'atmosphère, sont également à considérer.

Au delà d'un certain degré de chaleur de l'atmosphère, qui est celui des climats dits tempérés, il n'y a plus de vaches exploitables pour la laiterie. On n'en trouve plus au dessous du 43e degré de latitude nord, si ce n'est exceptionnellement, dans quelques situations privilégiées par leur exposition et leur altitude, comme il paraît, en exister en Sicile et dans les Pyrénées. Il n'y en a pas davantage au-dessus du 53e degré.

Toutes les régions où les vaches fournissent assez de lait pour qu'il soit l'objet d'une exploitation commerciale sont comprises entre ces deux limites extrêmes (Danemark, Hollande, Angleterre, France) ; et toutes sont situées soit près du littoral des mers, soit sur les rives des grands cours d'eau, soit sur les montagnes pourvues de grands lacs et fréquemment couvertes de brouillards (Suisse, Jura, Vosges, monts d'Auvergne).

Race. — On admet généralement que certaines races bovines sont meilleures laitières que d'autres, c'est-à-dire donnent une quantité de lait plus abondante.

Les races des Pays Baş (hollandaise et flamande) sont généralement placées au premier rang. Viennent ensuite les variétés de la race normande (cotentine et augeronne). La race de Schwitz ne tient que le troisième rang. Les vaches de Jersey et les bretonnes occupent le dernier rang comme abondance de lait, mais le premier comme richesse de lait en beurre.

Il faut remarquer que ces observations s'appliquent aux bêtes exploitées dans leur milieu naturel ou dans des conditions analogues.

Des vaches hollandaises introduites dans l'Italie méridionale perdent au moins la moitié de leurs facultés laitières. Le mieux est d'exploiter les bêtes du pays, parce qu'elles y sont acclimatées, parce qu'elles pourront être achetées et vendues avec le plus de facilité et avec le moins de frais, avec le moins de dérangement sur les marchés du voisinage : considération importante dans cette industrie, où il faut renouveler à intervalles plus ou moins rapprochés les machines vivantes en exploitation, vendre celles qui ont atteint le terme fixé et acheter celles qui doivent les remplacer.

Caractères laitiers. — Dans une même race, certaines bêtes sont meilleures laitières que d'autres. On les reconnaît ordinairement à certains caractères spéciaux, plus ou moins accusés suivant que la mamelle a déjà ou n'a pas encore fonctionné.

En tout cas, l'examen de la mamelle est le premier qui s'impose. Une mamelle féconde doit avoir la peau nue, dépourvue de poils, recouverte d'un abondant réseau veineux superficiel indiquant une irrigation sanguine abondante et, par suite, une sécrétion lactée également abondante. La mamelle doit être de consistance souple, molle comme une éponge quand elle est vide, gonflée et tendue quand elle est pleine. Les quatre quartiers doivent être volumineux, et s'étendre beaucoup de tous les côtés.

Le nombre des mamelons est normalement de quatre. S'il y en a un ou deux de plus, et qu'ils soient percés pour donner du lait, c'est une condition favorable. Les quatre mamelons normaux doivent être situés aux quatre coins d'un carré parfait. Suivant la race, le mamelon est plus ou moins volumineux ; mais il doit être net, lisse, régulier, sans excroissances ou verrues, percé exactement au bout et non pas sur le côté.

La peau qui recouvre tout le corps est tantôt mince, tantôt épaisse ; mais, quelle que soit son épaisseur ou sa minceur, elle doit toujours être molle et souple, facile à détacher des tissus sous-jacents et à pincer entre les doigts. Cette consistance a une grande importance pour le choix des vaches laitières comme pour celui des animaux d'engrais. Au niveau des orifices naturels (bouche, anus, vulve) la couleur jaune orangé de la peau (peau indienne de Guénon) indique une grande richesse du lait en beurre. Il en est de même des écailles grasses ou de l'enduit sébacé que l'on peut râcler avec l'ongle soit dans les mêmes régions, soit à l'intérieur de l'oreille ou à l'extrémité de la queue.

Enfin le développement des veines abdominales est encore un indice probable de lactation puissante. Chez les vaches qui ont eu déjà plusieurs veaux, ces veines, faciles à sentir sous la peau, ont le volume du pouce. Chez les génisses, on juge de leur grosseur future par la grandeur de l'orifice qui sert à leur pénétration dans l'abdomen.

Ces ouvertures, placées sur les côtés de l'appendice xiphoïde du sternum, laissent parfois pénétrer (par le refoulement de la peau) le bout du doigt.

Ce sont les portes inférieures du lait, signe de valeur réelle, par opposition aux portes supérieures, signe sans valeur, consistant uniquement dans l'enfoncement de la peau entre les apophyses transverses des vertèbres lombaires chez les bêtes amaigries par des lactations réitérées et prolongées.

Ces veines abdominales n'ont de valeur que pour les quartiers antérieurs de la mamelle. Pour les quartiers postérieurs, on a recours également à l'examen du système circulatoire, dont la présence se traduit à l'extérieur par un renversement des poils du périnée sur toute la partie postérieure de la mamelle et sur les régions avoisinantes.

Ces poils renversés forment une figure variable, suivant les animaux, à laquelle un marchand de vaches de Libourne, près de Bordeaux, François Guénon, a donné, au milieu de ce siècle, le nom de gravure ou d'écusson.

Habitation. – Nous ajouterons à ce qui a été dit ici à ce sujet que l'air doit être aussi pur que possible. Il faut se souvenir, en effet, que, dans les vacheries, le lait séjourne toujours en vases ouverts, au moins jusqu'à la fin de la traite. Or, le lait absorbe avec la plus grande facilité les gaz odorants qui se dégagent soit du corps des animaux, soit de leur déjections.

Suivant la propreté de l'étable, ces gaz sont plus ou moins abondants, et le lait sent plus ou moins la vacherie. Il faut donc établir une ventilation convenable pour entraîner ces gaz odorants. Mais il faudra éviter soigneusement aux

vaches les courants d'air qui peuvent frapper leur corps et notamment leurs mamelles. Non seulement ils diminuent la lactation, mais ils peuvent provoquer des inflammations mammaires qui compromettent sérieusement la fonction de l'organe.

Alimentation.—Les vaches laitières doivent toujours être alimentées au maximum. Plus elles consomment d'aliments, plus elles produisent de lait. D'ailleurs, elles ont souvent quelque autre fonction accessoire à remplir, soit l'achèvement de leur propre accroissement, soit celui du fœtus qu'elles portent, soit celui du veau qu'elles allaitent, soit enfin l'accumulation de la graisse, pour être livrées à la boucherie aussitôt que leurs mamelles seront taries.

Voilà pour la quantité des aliments. Quant à leur qualité, elle peut influencer la composition du lait. Ainsi, les aliments très aqueux (comme les feuilles vertes de betteraves) donnent un lait plus aqueux. Mais une même alimentation, chez des vaches différentes, ne modifie pas les différences tenant à la race.

Des vaches hollandaises, mises dans un même pâturage que des vaches bretonnes, donneront toujours un lait beaucoup moins riche en beurre (3 à 4 p. 100 au lieu de 5 à 6 p. 100).

Les odeurs et les saveurs désagréables s'éliminant par le lait, il faut éviter de donner aux vaches laitières des aliments doués de ces propriétés : les plantes à odeur d'ail, les tourteaux de lin, de colza, pommes de terre germées, etc. Au contraire, les tourteaux de palme (ou de palmiste), ceux d'arachide, de sésame, de coton, ne donnent au lait aucun goût désagréable.

On recommande encore les germes de malt ou touraillons, qui ont le double avantage d'être un excellent aliment concentré et peu coûteux.

La farine d'orge et le son de froment sont encore de très bons aliments pour les vaches laitières, à la condition d'être suffisamment étendus d'eau.

La teneur normale en eau d'une ration de vache laitière doit être au moins de 70 p. 100 d'eau. C'est celle des herbes de bonne prairie ; et ces herbes vertes, prises au pâturage ou à l'étable doivent être la nourriture sinon exclusive, au moins principale des vaches laitières pendant la saison d'été.

Les pulpes de diffusion, les drèches, le maïs ensilé sont encore d'excellents aliments, à condition de n'avoir point subi la fermentation lactique.

LA HAUSSE DU CUIVRE

Il y a trois ans, en 1898, le cuivre était à 50 liv. st. 18 sch., comme prix moyen. Au commencement de 1899, il valait 60 liv. st. et s'élevait à 80 liv. st dans le cours de l'année.

Le cuivre enfin vaut maintenant 74 liv. st.

En 1895, la production du cuivre dans le monde entier s'élevait à 334,000 tonnes ; en 1898, elle s'élevait à 424,000 tonnes ; elle a atteint 474,000 tonnes en 1890. Elle dépassera 500,000 tonnes en 1899. Les Etats-Unis produisent plus de la moitié du métal rouge du monde.

En 1889, ils produisaient seulement 83,000 tonnes ; en 1899, leur production s'est élevée à 265,156 tonnes Les Américains sont donc absolument les maîtres de ce marché ; ils peuvent, à leur volonté, en régler la production, la vente et les prix.

Si la production du cuivre a été sans cesse en augmentant, la consommation a pris des proportions bien plus importantes. L'année dernière elle a été en augmentation de 50,000 tonnes sur celle de 1898. Cette année, l'industrie du cuivre s'est développée considérablement. En Angleterre, le gouvernement a fait de nombreux achats pour ses engins de destruction dans le Sud de l'Afrique ; l'application de la traction à l'électricité, les nouveaux câbles télégraphiques ont nécessité, dans le monde entier, des milliers de tonnes de cuivre et partout on voit les besoins augmenter constamment.

La consommation de la France, de l'Angleterre et de l'Allemagne a été, pour le premier semestre de cette année, de 101,317 tonnes, dépassant de 28,173 tonnes ou de 38½ p. c. le chiffre de la période correspondante de 1899 ; et cette augmentation est plus importante encore comparée à celle de 1898, où elle s'élevait seulement à 88,962 tonnes.

L'augmentation de la consommation dans ces trois grands pays dépasse donc, pendant le premier semestre de cette année, de :

12,175 tonnes par rapport à la même période de 1898 ;

28,173 tonnes par rapport à la même période de 1899.

Une autre preuve de l'accroissement de la consommation du cuivre, malgré l'accroissement de la production, est la diminution des stocks disponibles. Ils s'élevaient seulement à 22.817 tonnes au 31 décembre dernier, alors qu'ils étaient de :

56,745 tonnes fin 1892
57,295 — 1893
54,661 — 1894
45,817 — 1895
34,927 — 1896
31,955 — 1897
27,896 — 1898

Cette hausse du cuivre continuera-t elle ?

L'accroissement de la consommation peut être neutralisée en partie et momentanément par l'expansion de la production, stimulée par la hausse des prix. Il est clair que plus haut s'élèvent les prix du cuivre, plus les mines ont intérêt à forcer la production : mais il ne faut pas perdre de vue que les Etats-Unis étant les maîtres de ce marché puisqu'ils produisent et vendent plus de la moitié de ce métal, sauront limiter la production, dans de justes limites, précisément pour ne pas faire baisser les cours.

D'autre part, les besoins du métal rouge sont chaque jour de plus en plus nombreux et ne sont pas près de diminuer tant que, dans le monde entier, on se servira de l'électricité, tant qu'on se servira d'engins de destruction, tant que l'on construira des navires cuirassés.

Quand le cuivre valait 50 liv. st., nous disions que ce métal était appelé à revoir les plus hauts cours qu'il avait jamais cotés et nous indiquions le prix de 80 liv. st, comme devant être facilement atteints. Ce cours a été fait l'an dernier. Des réalisations sont survenues et ont ramené les prix, au commencement de cette année, à 70 liv. st. Aujourd'hui, le cuivre vaut 74 liv. st.

Bien qu'il soit aussi difficile que délicat d'émettre des prévisions sur la production, la consommation et les prix d'un métal dont le marché est soumis à de nombreuses influences, nous croyons, pour les raisons que nous venons d'exposer, que les cours actuels sont appelés à être encore légèrement dépassés : la cote de 80 liv. st., la tonne, sera probablement, avant qu'il ne s'écoule beaucoup de temps, le prix normal et régulier du cuivre.

***

Voici le tableau comparatif de la production du cuivre dans ces deux dernières années :

	Tonnes 1898	Tonnes 1899
Algérie	50	
République argentine	125	65
Asie méridionale	18,000	20,750
Autriche-Hongrie	1,540	1,505
Bolivie	2,000	2,500
Canada	8,040	6,732
Colonie du Cap	7,060	6,490
Chili	21,850	25,000
Allemagne	20,085	23,460
Grande-Bretagne	550	550
Italie	3,135	3,000
Japon	25,175	27.560
Mexique	15,668	19,335

Terreneuve	2,100	2,700
Norvège	3,615	3,610
Pérou	3,040	5,165
Russie	6,000	6,000
Espagne et Portugal	53,225	53,720
Suède	480	520
Etats-Unis	239,241	265,156
	434,329	473,818

L'INDUSTRIE BELGE

Le Recensement général des industries et métiers de Belgique, à la date du 21 décembre 1896, n'est pas encore complètement publié par l'Office du travail. Mais on vient d'en consigner les éléments principaux dans une statistique d'ensemble, de laquelle il résulte que, à ce moment-là, les divers groupes industriels de Belgique occupaient 1,101,000 personnes, soit 836,000 hommes et 265,000 femmes.

La plus grande industrie, ou, si l'on préfère, celle qui fait travailler le plus grand nombre de personnes, est l'industrie textile très répandue, on le sait, en Belgique avec deux centres principaux : Gand, pour les filatures et tissages de coton et de lin ; Verviers, pour les peignages, les filatures et les tissages de laine. Elle fait travailler 160,000 personnes.

Le vêtement occupe, tant dans certains établissements de quelque importance que dans les ateliers familiaux, un ensemble de 131,000 personnes. Les charbonnages emploient 129,000 ouvriers et ouvrières; les carrières, 36,000 ; la métallurgie et la construction mécanique comptent 108,000 travailleurs ; la céramique, la verrerie et les produits chimiques, 51,000 ; les produits alimentaires, 90,000 ; le bâtiment, 93,500 ; les bois et ameublements, 88,500 ; les peaux et cuirs, 57,600, etc.

Les éléments constitutifs des exportations belges ne sont pas absolument identiques aux résultats de ce recensement. Il n'y a pas à s'en étonner, car la consommation intérieure est le premier marché offert à la production industrielle belge et, quelquefois aussi, pour quelques produits, il y a lieu de tenir compte de l'importation en Belgique de produits similaires fabriqués à l'étranger. Toutefois, l'industrie textile—filature ou tissage—arrive encore en tête avec un ensemble de ventes se chiffrant, pour 1899, par 187 millions de francs, auprès desquels on peut placer 11 millions et demi de lingerie et de vêtements confectionnés.

Les exportations de houilles, de cokes et de briquettes sont montées à 120 millions et demi ; celles des pierres grises pour la construction des marbres de diverses couleurs et des pavés n'ont pas été moindres de 38 millions. Les établissements métallurgiques ont fourni au dehors 52 millions et demi de zinc, 14 millions de plomb, 84 millions de fonte de fer et d'acier ouvrés ou mi-ouvrés, 59 millions de fer battu, étiré ou laminé, et les ateliers de construction mécanique ont exporté pour 125 millions de produits finis, dont 60 millions de voitures pour chemins de fer et tramways et 18 millions d'armes. Les verreries, glaceries et poteries ont fait près de 100 millions d'affaires avec l'étranger : il y a là une des branches les plus importantes de l'industrie du Hainaut.

Ces chiffres suffisent pour montrer la corrélation qui existe entre certaines branches de l'industrie belge et le commerce extérieur et pour indiquer à quel point la vie économique de la Belgique est liée au principe de la liberté commerciale. Aussi combien les guerres de tarifs et les conflits armés sont préjudiciables à l'existence matérielle de populations ouvrières qui ne vivent que des ventes plus ou moins lointaines de produits élaborés dans leurs tissages des Flandres ou dans leurs usines du pays wallon ! Pour ne citer qu'un exemple, les verreries belges, qui sont presque les plus importantes du monde, ont exporté 46 millions de francs de verres à vitres, sur lesquels 5 millions sont expédiés directement en Chine et au Japon ; et sur les millions envoyés en Angleterre beaucoup sont revendus à l'Extrême-Orient.

Or, les événements de Chine ont été un élément de trouble dans la verrerie belge et la diminution des ventes a été très sensible. Ainsi l'exportation des verres à vitres et des verreries ordinaires n'a été que de 3,550,000 kilos dans le premier semestre de 1900, au lieu de 4,473,000 dans la période correspondante de 1899. Cette réduction coïncidant avec un certain ralentissement des affaires, fut une des causes des grèves qui sévissent actuellement dans cette industrie, car certains chefs d'usine, en conflit depuis longtemps avec leurs ouvriers, se sont montrés d'autant moins disposés à la conciliation que l'état général du marché était peu satisfaisant.

Ce besoin d'expansion commerciale a poussé le gouvernement belge à conserver avec un soin jaloux les conventions commerciales qui ouvraient ou maintenaient ouverts, aux produits industriels les centres de consommation étrangers.

D'ailleurs la Belgique peut voir que les pays qui lui vendent le plus sont aussi ses meilleurs clients. Si elle prend 389 millions de marchandises à la France, elle lui en vend pour 316 millions. Elle livre une valeur de 485 millions à l'Allemagne, le Luxembourg compris, et en reçoit pour 285 millions. Son commerce avec l'Angleterre s'établit avec 312 millions à l'importation et 361 millions à l'exportation. Enfin, pour en terminer avec les Etats limitrophes, les Pays-Bas donnent 169 millions et en reçoivent 215.

De tous ces chiffres il résulte que la Belgique fait, tant aux entrées qu'aux sorties 2,561 millions d'affaires avec ses voisins immédiats, sur les 3,209 que représente son commerce total. Tous les Etats d'Europe en sont là, au surplus ; mais la Belgique, qui aurait pu se borner à profiter plus particulièrement de ces relations et à être le fournisseur des négociants exportateurs d'Angleterre ou des consommateurs allemands ou français, a voulu étendre son rayon d'action au dehors. C'est même là une caractéristique du mouvement économique de la Belgique, car cette expansion est le fait de l'initiative privée. S'il était du devoir de l'Etat belge de négocier avec les puissances étrangères des traités de commerce, c'était aux industriels, aux commerçants et aux financiers qu'il appartenait de mettre en valeur les régions ouvertes à leur activité. Ils n'y ont pas manqué.

Les bénéfices réalisés au cours de cette magnifique période d'affaires qui suivit la guerre franco-allemande avaient constitué en Belgique une masse de capitaux qui ne trouvèrent pas à s'employer tous quand la crise survint. Beaucoup avaient été affectés à des entreprises locales, notamment aux moyens de locomotion, chemins de fer sur routes et tramways. Car le grand mouvement de l'Etat créant des quantités de lignes ferrées nouvelles avait été accompagné et suivi de la création d'un réseau de transports urbains et vicinaux. Ce réseau, que l'on doit considérer comme l'auxiliaire naturel du réseau des chemins de fer d'intérêt général est un des plus complets qui existent ; cela n'a pas lieu, au surplus, d'étonner, en raison de la densité de la population qui donne le trafic et du bon marché du charbon de terre, qui économise les dépenses d'exploitation.

Pour rendre le papier incombustible.—On peut rendre le papier incombustible en le trempant dans une solution d'alun ; une fois sec, il ne brûlera pas.

L'ARBRE A LIQUEUR

M. Fulbert Dumonteil, un écrivain d'une verve humoristique très particulière a écrit sous le titre ci-dessus, un article aussi instructif que spirituel sur les curieuses propriétés d'une variété de sagoutier.

Il s'agit d'un arbre vraiment singulier auquel certainement on ferait payer licence s'il poussait au Canada au lieu de croître aux îles Moluques dont il est la merveille botanique. C'est une curieuse espèce de palmier Sagou.

Ce végétal de ressource et de friandise, véritable échanson des forêts, verse aux insulaires une liqueur excellente qui, légèrement fermentée, se conserve longtemps.

Ce doux breuvage au délicat arôme se distille des pédoncules des régimes du palmier récemment coupés. On nomme cette liqueur abondante et parfumée *Anisa*. C'est presque anisette! On la recueille dans des vases de bambou attachés aux branches de l'arbre fontaine, au-dessous d'une incision qu'on a soin de rajeunir tous les jours.—Façon assez ingénieuse de tourner le robinet. La cruche se remplit toute seule.

D'après une revue scientifique, cette source végétale coule sans interruption pendant deux mois. Pour empêcher la liqueur de s'aigrir au moment de la fermentation, l'indigène y mêle quelques morceaux d'un bois très amer qui pousse dans le voisinage du palmier distillateur. La quantité de liquide qui coule chaque jour du précieux réservoir est d'environ dix pintes ce qui fait six cents pintes en deux mois. Après ce laps de temps la source est tarie, la pièce vide, le tonneau à sec.

Rien de pittoresque et d'étrange, pendant la récolte, comme ce palmier liquoriste à la fois alambic et barrique, avec ses laboratoires aériens et ses petits tonneaux suspendus pour ainsi dire aux branches du curieux végétal. Il ne manque qu'une enseigne sur sa tige hospitalière : *Bar gratuit. A la renommée du Sagou distillateur. Anissa superfine.*

On a remarqué que l'écoulement de la liqueur est beaucoup plus considérable la nuit que le jour, bien que l'ascension de la sève soit favorisée par la chaleur du soleil. Cela tient à ce que les vapeurs de la nuit, absorbées par les feuilles du palmier, se mêlent aux sucs de l'arbre et les rendent plus abondants. En revanche, la liqueur recueillie pendant la nuit est moins délicate et moins sucrée. En y mettant de l'eau, la nuit "baptise," en quelque sorte, la liqueur du sagou, et c'est ainsi que la falsification se rencontre jusque dans les forêts sauvages des Moluques.

A qui se fier si, pour avoir du naturel, on ne peut compter sur la nature elle-même?

L'Anissa est surtout délicieuse vers le soir. C'est alors que l'indigène se dirige de préférence vers l'arbre à liqueur comme on va au bar pour prendre un apéritif.

L'heure du Sagou est son "heure d'absinthe."

Les insulaires des Moluques qui sont absolument étrangers aux combinaisons chimiques de feu M. Chevreul, arrivent à extraire les partis sucrées du Palmier sagou par la simple évaporation. Le sucre qui est de couleur brune, assez semblable à celle du chocolat, reste au fond du vase.

Lorsqu'on le casse après la dessiccation complète, il laisse voir des grains jaunâtres et brillants. Aussi peut on présumer que le raffinage, amenant un degré suffisant de cristallisation, pourrait donner à ce sucre une qualité très supérieure.

C'est ainsi que l'arbre liquoriste est doublé d'un arbre-épicier.

Sans nul doute, les onctueuses et fines liqueurs de France n'ont pas à redouter la concurrence de la pauvre Anissa des forêts vierges. A coup sûr, l'indigène des Moluques n'en sait pas aussi long que trappistes, chartreux, carmes, bénédictins et autres pieux liquoristes de la haute distillerie religieuse. Chacun fait ce qu'il peut et boit ce qu'il aime.

Le palmier sagou rend aux insulaires d'autres services que celui de charmer leur palais par la douceur d'un fortifiant breuvage. Des filaments de cet arbre, tressés avec habileté, on fabrique des cordes d'une souplesse et d'une solidité admirables, avec son bois on bâtit de jolies cases, avec ses feuilles on façonne des toits, avec sa racine on sculpte des fétiches et des divinités, petits dieux de poche et d'étagère qui sont adorés comme les autres.

Dans le voisinage de l'arbre à liqueur pousse un végétal précieux qui donne à manger comme le palmier sagou donne à boire. C'est le palmier cycas dont l'amande, grillée comme les marrons, est un mets excellent, une pâte savoureuse et substantielle, sorte de petit pain naturel, pétri par la nature.

Le palmier sagou et le palmier cycas dont les racines se touchent quelquefois et dont les rameaux se confondent, sont deux arbres bénis qui se complètent! dans son feuillage, l'un offre des petits verres et l'autre des petits pains.

L'ALIMENTATION EN ASIE

Le riz est aussi commun en Asie que le blé chez nous. C'est le fond de la nourriture de l'Indien. Avec un bol de riz cuit à l'eau, le Chinois passe une journée. On sait que celui-ci ne se sert pas de fourchettes, mais de petits bâtonnets pointus, en ivoire, avec lesquels il pique les grains ou les bouchées de riz.

Cependant le Chinois un peu aisé se donne parfois le luxe d'un plat de viande. Voici, d'après Tissot, quels sont les plats les plus recherchés à Pékin : "le nid d'hirondelle coupé en fils, les crevettes à la sauce, les œufs de pigeons ou de vanneaux pochés, les jaunes de crabes en ragoût, les gésiers de moineaux, les yeux et les boyaux de moutons en bouillon, les pâtes au gras, le canard au bouillon, les carpes en matelotte avec du gingembre, les éperlans frits, le poulet rôti, les moelles de mouton, les holothuries en bouillon, les ailerons de requin, les pousses de bambous au jus, les racines de nénuphars au sucre.

On peut y ajouter les chiens, les singes, le porc, et l'aligator, sans compter l'huile de ricin qui se met dans la salade, ni l'assafœtida qui s'emploie comme assaisonnement!

"Parmi les hors-d'œuvre, dit M. Antonini, les œufs pourris ont droit à une mention spéciale. Il faut deux ou trois ans à un Européen pour supporter l'odeur de ce hors-d'œuvre indispensable à tout repas soigné. Après ce temps, non seulement il n'est plus incommodé par un parfum *sui generis*, mais encore il mange avec plaisir de ces œufs. A vrai dire, le nom qu'on leur donne répond bien à l'odeur, non à la chose. On emploie pour préparer ce hors-d'œuvre, des œufs de canard que l'on met en tas; puis on les recouvre d'une épaisse couche de chaux et de cendres mêlées. Cette couche dégage une certaine odeur et durcit comme un ciment. Après environ trente jours, on la brise : les œufs se trouvent odorants, verts, et cuits durs. Coupés par filet, ils paraissent sur toutes les tables afin d'aiguiser l'appétit des Chinois."

Le Chinois n'aime pas le lait, tandis que son voisin, le Tartare, en tire le principal de sa subsistance. Par contre, il adore le thé, boisson saine et agréable, surtout lorsqu'elle est préparée avec autant de soin qu'en Chine.

Dans le sud de l'Asie nous retrou-

vons les plantes de l'Océanie, et notamment le palmier sagou.

Cet arbre, haut de huit mètres, contient dans sa tige deux cents à trois cents kilogrammes de fécule et peut nourrir un homme toute une année. La nourriture des pays chauds, où l'homme absorbe, par le climat, plus d'énergie calorique que dans les pays froids, a moins besoin, en effet, d'être abondante. On peut encore extraire du sagoutier, par incision, un liquide enivrant, qui, lorsqu'on le fait bouillir, se convertit en sucre. On sait que les feuilles du sagoutier servent à faire des flèches, ou peuvent être tissées en cordages.

Dans l'Asie occidentale, la nourriture est semblable à celle de l'Europe, sauf en Arabie où le dattier joue un si grand rôle, et où le café est pris parfois à la dose de 20 à 30 tasses par jour.

La nourriture des Asiatiques est donc plus végétable que celle des Européens ; elle répond par conséquent plus aux besoins musculaires qu'aux efforts nerveux. C'est là un trait caractéristique de l'influence de l'alimentation sur les mœurs.

Si l'Asiatique consomme peu de viande et peu d'alcool, il s'excite cependant par des substances véritablement corrosives. L'écorce du cocotier donne un liquide très sucré que l'on distille pour obtenir de l'arrak, boisson enivrante, dont se délectent les Indous, malgré les défenses de leur religion et des prêtres-gourous. C'est aussi malgré l'ordre des mandarins, que les Chinois fument leur opium, mille fois plus terrible que le tabac, et qui les fait tomber dans le plus vil crétinisme. Le haschich leur procure aussi des hallucinations étranges, mais paraît moins nuire à la santé. Les Indous et les Siamois portent sur enx une grande tabatière dans laquelle ils s'offrent mutuellement des feuilles de bétel ; ces feuilles, mâchées lentement, donnent des vertiges si on n'y est pas habitué, mais par la suite, le goût en devient plus agréable. Malheureusement ces demi sauvages abusent du bétel, comme nous du tabac, et leur santé s'en trouve atteinte. En somme, le haschich, l'opium, l'arrak, le bétel, l'alcool de grains, le vin de riz, la bière de sorgho, constituent un ensemble de substances excitantes beaucoup plus nuisibles par leur effet et leur communauté que ne le sont en Europe l'alcool et le tabac. La nourriture de l'Europe est donc plus agréable et plus hygiénique que celle de la Chine abrutie ou de l'Inde luxuriante.

REVUE COMMERCIALE ET FINANCIERE

FINANCES

Montréal 31 octobre 1900.

La *Gazette du Canada* publie les avis de paiement de dividendes par un certain nomqre de banques incorporées comme suit :

Banque d'Hamilton	4 p. c.
Traders Bank of Canada	3 "
Banque d'Ontario	2½ "
Banque des March. du Canada	3½ "
Banque Union du Canana	3 "
Banque de Toronto	5 "
Banque de Québec	3 "
Canadian Bk of Commerce	3½ "
Banque d'Hochelaga	3½ "
Banque Impériale	4½ "
Banque de St Jean	3 "
Banque de Montréal	5 "

A part celui de la Banque de St Jean qui est payable le 4 décembre, tous les dividendes sont payables le 1er décembre.

La Bourse de Montréal est assez ferme mais pourrait être plus active. Quand nous parlons de fermeté, nous n'avons pas en vue les valeurs des mines qui continuent de réserver de désagréables surprises à ceux qui spéculaient sur la hausse de ces actions.

La Republic a été malmenée et perd 6 points sur la semaine dernière. Payne descend à 88½ ; War Eagle reperd 3 points ; Virtue par contre en gagne 5 et les autres sont à attendre qu'il y ait acheteurs.

Les valeurs suivantes sont celles sur lesquelles il s'est fait des ventes durant la semaine ; les chiffres sont ceux obtenus à la dernière vente opérée pour chaque valeur :

C. P. R.	86¾
Montreal Str. Ry	281¾
Twin City	61
Toronto St. Ry	109½
Richelieu et Ontario	106
Halifax Tr. (bons)	....
" (actions)	....
St John Ry	....
Royal Electric	204½
Montreal Gas	192
Col. Cotton (actions)	....
" (bons)	....
Dominion Cotton	97½
" pref	114¼
Merchants Cotton	127
Montreal Cotton	139
Cable Comm. (actions)	169
" " (bons)	....
Dominion Coal, pref	....
" " bons	....
" " (ord)	....
Montreal Telegraph	....
Bell Telephone	....
War Eagle	104
Centre Star	....
Payne	88½
Republic	68½
North Star	....
Montreal & London	....
Virtue	45

En valeurs de Banques, il a été vendu :

Banque de Montréal	259
Banque des Marchands	158
Banque du Commerce	....
Banque de Toronto	....
Banque de Québec	123
Banque Molsons	185
Banque Union	....
Banque Ontario	....
Banque d'Hochelaga	....

COMMERCE

Par ce temps d'élection et à l'approche de la fermeture de la navigation, on est moins occupé dans le commerce de gros à enrégistrer des commandes nouvelles qu'à précipiter le départ des marchandises dont les ordres ont été donnés antérieurement pour livraison par les derniers bateaux de la saison.

A ce propos, on nous dit que les marchands de la campagne n'ont guère été plus prévoyants cette année que les années précédentes et que beaucoup d'entre eux tardent trop à donner leurs commandes pour livraison par eau.

Cette année tout particulièrement les navires qui font le service du bas du fleuve sont absolument encombrés de marchandises et obligés de refuser du fret ; il semblerait que la plupart des marchands attendent la dernière limite pour s'approvisionner des marchandises nécessaires au commerce d'automne et d'hiver.

Le résultat est que pour beaucoup les marchandises devront être expédiées par chemin de fer et, de plus, subir le tarif d'hiver qui, comme nous l'avons dit, sera appliqué le 15 novembre.

Cuirs et peaux.—En cuirs, pas de changement de prix, mais la tannerie ne fournit pas les cuirs qu'elle livre d'habitude pour les mêmes prix. La qualité est inférieure à ce qu'attend le marchand et s'il vient un meilleur choix, ce dernier doit payer ½c de plus par lb.

Nous ajoutons 1c par lb sur les trois qualités de peaux vertes de bœuf. On paie aux bouchers 9c le No 1, 8c le No 2 et 7c le No 3.

Les peaux d'agneaux sont payées de 75 à 80c pièce.

Pour les veaux les prix sont sans changement.

Le marché est très ferme pour les peaux vertes.

Epiceries, Vins et Liqueurs — Les sucres sont sans changement de même que les mélasses. Les premiers sont simplement soutenus tandis que les dernières sont fermes.

Les fruits secs, notamment les amandes et les noix ont des stocks très faibles.

Tout dans cette ligne est très ferme, à part, peut-être, les raisins de Valence qui ont momentanément faibli sur les marchés primaires pour se raffermir presque aussitôt.

L'huile à salade a avancé de 2½c par gallon, nous la cotons de 77½ à 80c le gallon.

L'empois Berger coûterait à importer maintenant ½c de plus par lb ; ici le prix n'a pas encore été augmenté.

Fers, Ferronneries et Métaux. — Pas de changement à nos listes cette semaine.

On s'attend à ce que les prix des boulons pour voitures soient relevés prochainement. Aux Etats-Unis, il y a eu une avance ces jours derniers sur cet article.

Huiles, peintures et vernis—L'essence de térébenthine qui se vendait la semaine dernière 61c est cotée cette semaine à une avance de 2c soit 63c le gallon, net, au comptant.

L'huile de lin a également une avance de 2 cts par gallon ; nous cotons 82c l'huile crue et 85c l'huile bouillie. L'huile de lin est rare sur place.

L'huile de loup-marin déjà signalée comme rare sur le marché ne s'obtient plus à moins de 52½c le gallon.

Produits chimiques—La soude caustique, comme notre dernière revue le faisait prévoir, est plus chère. On ne trouve plus à acheter aux anciens prix ; il faut payer aux 100 lbs $2.50 pour la soude à 60 degrés et $2.75 pour celle à 70 degrés.

Salaisons, Saindoux, etc. — Les lards en quart sont sans changement. Les lards fumés sont presqu'introuvables, les empaqueteurs n'en ont pas pour le moment à vendre.

Les jambons sont à prix plus bas, on les cote suivant grosseur de 11 à 12c la lb.

Les saindoux restent aux anciens prix.

REVUE DES MARCHÉS

Montréal, le 31 oct. 1900.

GRAINS ET FARINES

Marchés Etrangers

Les derniers avis télégraphiques cotent ainsi que suit les marchés de l'Europe ;

Londres—Blé et maïs en transit, tranquilles mais soutenus. Chargements de blé La Plata en transit, 29s 6d ; lots de blé du Nord No 1, 31s 3d ; maïs américain ex-navire 22s 3d ; avoine ébarbée Nov. 13s 9d.

Liverpool — Blé disponible ferme ; maïs soutenu. Blé de Californie Standard 6s 3d à 6s 5d. Blé Walla Walla 6s à 6s ½d ; blé roux d'hiver 5s 11d à 6s ; blé du printemps No 2 6s 3d à 6s 3½d. Futurs, blé tranquille, déc., 5s 11½d. Fév. 5s ⅜d ; maïs tranquille, nov. 3s 11¾d, déc. 3s 11¼d et janv. 3s 9⅝d.

Anvers—Blé disponible soutenu, blé roux d'hiver No 2 16⅝.

Paris—Blé terne, oct 19.60 ; avril 21.00 frs. Farine faible, oct. 25.35 ; avril 26.95 frcs.

On lit dans le *Marché Français* du 13 octobre :

Le temps, qui paraissait vouloir se mettre sérieusement à la pluie, au commencement de cette semaine, s'est de nouveau tourné vers le beau fixe depuis quelques jours et l'on craint que les semailles ne puissent se faire dans de bonnes conditions ; les travaux se poursuivent cependant tant bien que mal, mais plutôt mal que bien.

Les marchés américains se sont un peu ralentis depuis la semaine dernière, Chicago cote le blé de novembre à 72⅞c et de décembre à 73⅜.

On cotait en clôture hier à Chicago : Maïs 36½c novembre ; 34⅞c décembre et 36c mai. Avoine : 21⅝c novembre ; 21⅞c décembre et 23⅞c mai.

MARCHÉS CANADIENS

Nous lisons dans le *Commercial* de Winnipeg du 27 octobre, le rapport suivant :

Le marché demeure dans le même état stagnant. Les besoins des meuniers de la ville absorbent la plus grande partie des blés envoyés à ce marché ce qui maintient nos prix de quelques cents au-dessus des prix de l'exportation. Il n'y a que fort peu de blé No 1, ce qui fait que les transactions ne se portent que sur les qualités inférieures. A la fin de la semaine l'on cotait : No 1 dûr, 82c ; No 2 dûr, 76c ; No 3 dûr, 70c. Blé grossier No 2, 70c, grossier No 3, 66c, tous en entrepôt Fort William. Blés mouillés ou humides cotés de 3 à 5c au-dessous des blés grossiers en entrepôt Port Arthur.

Le marché de Montréal offre quelques changements cette semaine. Le fret océanique est un peu plus aisé.

L'avoine est ferme à une avance de ½c par minot, nous la cotons de 28 à 28½c.

L'orge No 1 est terne et à prix nominal ; l'orge à moulée vaut en magasin de 42 à 43c.

Les pois sont sans changement de 66 à 66½c.

Le sarrasin est en baisse, il vaut de 50¼ à 51c par 48 lbs.

Le seigle ne varie pas, les prix sont encore de 58 à 60c.

Les farines de blé s'obtiennent à 10c de moins par baril pour celles d'Ontario et à 20c de moins pour celles du Manitoba.

Patente d'hiver	$3 65	à	$3 90
Patente du printemps	0 00		4 50
Straight roller	3 55		3 65
Forte de boulanger, cité	0 00		4 20
Forte du Manitoba, secondes	3 60		3 70

Les issues de blé sont sans changement, sauf le gru de Manitoba qui se vend $16.00 la tonne, sacs compris, au lieu de $17.00 prix auquel on le vendait encore hier.

Les farines d'avoine roulée restent aux anciens prix de $3.35 à $3.55 le baril et de $1.62½ à $1.72½ le sac. On trouve sur le marché des farines meilleur marché mais la qualité n'en est pas prouvée.

FROMAGE

MARCHÉ ANGLAIS

MM. Marples, Jones & Co. nous écrivent de Liverpool le 19 octobre 1900 :

On ne constate que peu d'amélioration dans la demande pourtant avec des prix plus faciles il y aurait certainement eu plus de transactions. Les détenteurs ont cependant des prétentions plus élevées pour les qualités de fantaisie.

" Nous cotons :	s. d.		s. d.
Fine meaty night Skims	42 0	à	44 0
Blanc et coloré, qualité moyenne	00 0	à	00 0
Blanc de choix, Canada et E.-U.	51 6	à	54 0
Coloré de choix, Canada et E.-U.	52 6	à	55 0

MARCHES D'ONTARIO

			Boites offertes.	Boites vendues.	Prix payés.
Brockville	Oct.	25	2820b et c	1200	10¼c
Madoc	"	25	3959	offert	10⅜c
Kingston	"	25	4360b et c	300	10½c
Iroquois	"	26	674b et c	offert	10¼c
Cornwall	"	27	1421b et c	1207	10 7/16c
Belleville	"	27	2370b et c	offert	10c
London	"	27	1450	..	..
Campbellford	"	30	1670	425	10¼ et 10 5/6

MARCHES AMERICAINS

			Boites offertes.	Boites vendues.	Prix payés.
Watertown	Oct.	27	3000	3000	10¼, 10⅜c
Canton	"	27	..	..	10¼, 10½c
Utica	"	29	500	50	10⅛, 10¼c

MARCHES DE QUEBEC

			Boites offertes.	Boites vendues.	Prix payés.
Cowansville	Oct.	27	2182	757	10¼, 10 5/16c
St Hyacinthe	"	27	6000	6000	10c

MARCHE DE MONTREAL

Les transactions sont à peu près nulles et on attend avec une certaine anxiété les chiffres des stocks existant sur les marchés de Liverpool, Londres et Bristol. On prétend que ces chiffres doivent être inférieurs à ceux d'un approvisionnement normal. En ce cas, il serait difficile d'admettre que les limites accordées par les importateurs d'Angleterre ne soient pas acceptables à notre marché qui a baissé.

On ne peut trouver guère mieux que 10⅛ à 10¼c chez l'exportateur pour le fromage de Québec d'octobre et encore ne trouve-t-on pas toujours à vendre à ce prix.

Les exportations de la semaine dernière ont été de 70,598 boites contre 23,907 la semaine correspondante de 1899.

Depuis le 1er mai, les exportations ont été de 1,862,209 boites contre 1,670,475 l'an dernier pour la même période.

BEURRE

MARCHE ANGLAIS

MM. Marples, Jones & Co. nous écrivent de Liverpool le 19 oct.

Il y a plus de demandes, mais on offre librement de toutes parts, ce qui cause peu d'amélioration dans l'état du marché qui néanmoins est ferme.

" Nous cotons :	s.		s.
Imitation crêmeries, E.-U., choix	78	à	82
Crêmerie, frais, E.-U., choix, boites nominal	96	à	100
Irlande, choix, boites	88	à	92
Crêmerie, canadien, choix, boites	102	à	106
" Irlande, choix, boites	104	à	108
" Danemark, en barils et surchoix	104	à	118

MARCHÉS AMÉRICAINS

Canton 27 octobre—Le beurre s'est vendu 21½c.

Utica 29 octobre—Les ventes ont été de 63 tinettes de beurre à 28c et de 40 caisses en pain à 23½c et 24c.

MARCHES DE QUEBEC

Cowansville 27 octobre—Les ventes ont été de 30 boites de beurre à 20¾c.

MARCHÉ DE MONTRÉAL

Le marché est tranquille, l'exportation ne veut que des beurres frais de la semaine qu'elle paie de 20 à 20½c la lb. Un beurre moins frais serait mieux emballé en tinettes qu'en boites, le fabricant aurait alors avantage à le vendre dans le commerce du gros pour l'approvisionnement local.

Pour l'exportation d'ailleurs on demande plutôt les beurres en boites que ceux en tinettes.

Les beurres de ferme sont vendus au commerce de détail de 16 à 18c ; la qualité de choix est rare.

Les exportations de la semaine dernière ont été de 5,660 paquets contre 4,340 la semaine correspondante de 1899.

Depuis le 1er mai, les exportations ont été de 243,702 contre 431,761 l'an dernier pour la période correspondante.

ŒUFS

MM. Marples, Jones & Co, nous écrivent de Liverpool le 19 octobre :

La demande pour les œufs canadiens et américains est modérée ; les cours sans grand changements sur ceux de la semaine dernière.

Nous cotons :	s d		s d
Œufs frais du Canada	6 6	à	7 6
" d'Irlande	8 6	à	9 6
" du Continent	6 0	à	7 0

Sur le marché de Montréal il n'y a guère de changement que pour les œufs chaulés qui se vendent à 15c la doz comme les œufs mirés.

Les œufs frais conservent leur ancien prix de 20c la doz.

GIBIER

On vend facilement le gibier aux prix suivants : perdriz No 1 70c et No 2 40c la paire ; Chevreuil, bête entière de 6 à 6½c la lb.

POMMES

MM. J. C. Houghton & Co, nous écrivent de Liverpool le 17 oct. 1900 :

Les hauts prix obtenus pendant la semaine pour les meilleurs lots de pommes américaines et canadiennes nonobstant les arrivages importants, sont la meilleure preuve qu'il existe une bonne demande. Malheureusement il en est qui arrivent en mauvaise condition ce qui empêche de meilleurs résultats.

PRIX A L'ENCAN

Pommes	Vendredi 12 oct				Lundi oct. 15.				Mercredi oct. 17.			
	s.	d.	s.	d.	s.	d.	s.	d.	s.	d.		
Canadiennes, barils.												
Gravenstein												
Greening	12	6	17	3					12	0	17	3
Colvert												
M. Blush												
St Laurent												
King Pip												
Baldwin	15	9	18	0								
Ribston Pip												
Snow	20	0	22	6					21	0	22	0
King	17	0	22	6					16	0	23	0
Fallwater	15	0	18	3					14	9	18	6
Ben Davis	15	0	17	9					17	6	20	0
Blenheim	15	0	18	0								
Holland Pippin	13	9	16	9								
Américaines.												
Gravenstein												
Greening					14	0	15	9				
Baldwin	12	6	18	6	10	0	18	6	10	6	17	
Kings					11	6						
Albemarle Pippin	17	3	22	0								
Newtown Pippin	19	0	24	0					19	9	21	6
Hubbardson					11	9	15	9				
Nouvelle-Ecosse.												
Emperor					13	9	15	3				
Gravenstein					11	6	15	6				

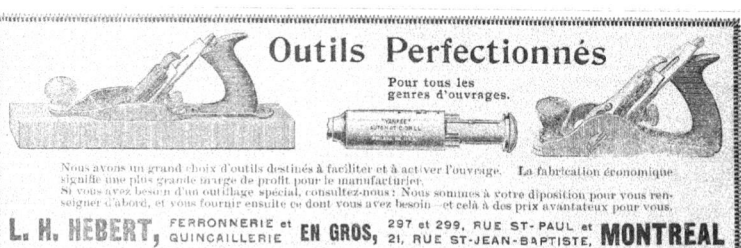

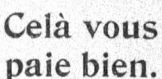

ARRIVAGES

	Barils
Arrivages pour la semaine finissant le 16 oct. 1900.	17797
Arrivages antérieurs depuis le 1er juillet 1900....................................	34390
Total des arrivages au 16 oct. 1900......	52187
Du 1er juillet 1899 au 16 oct. 1899......	71131

LEGUMES

Les pommes de terre sont payées 38c les 90 lbs au char et on les détaille à 55c les 90 lbs.

Les prix des haricots triés à la main sont cotés de $1.50 à $1.55 par minot en lot de char complet.

On cote:

Salade, de 20 à 25c la doz.
Choux, de 25 à 30c la doz.
Carottes, $1.00 le quart.
Navets, de 40c à 50c le sac.
Radis, 20c la doz de paquets.
Choux fleurs, de $1.00 à $1.25 la doz.
Aubergines, 50 à 75c la doz
Céleri, 10c à 40c la doz. de paquets.
Patates sucrées, de $2.75 à $3.00.
Betteraves, 40c. la doz. de paquets.
Oignons rouges, de $1.75 à $2.00, le baril.
Oignons jaunes, de $1.75 à $2.00 le baril.
Oignons d'Egypte, 2.50 le sac de 165 lbs.
Oignons d'Espagne au crate de 75 à 80c.

FRUITS VERTS

Nous cotons:

Atocas, de $6.00 à $7.50 le quart.
Bananes, de $1.00 à $1.50 le régime.
Oranges de Jamaique, de $5.50 à $6.50 le quart.
Citrons de Messine, de $1.25 à $2.00 la caisse.
Citrons de Malaga, de $5.00 à $5.50, $5.75 la caisse de 59 doz.
Citrons de Malaga, $2.00 à $2.25 la caisse de 35 doz.
Pommes, de $1.25 à $2.50 le quart.
Poires d'Anjou, de $8.00 à $10.00 le quart.
Pêches, de $1.00 le panier.
Raisins Concord, 35c le panier.
Delaware, 30c le panier.
Niagara, de 25 à 30c le panier.
Melons d'eau, de 20 à 25c pièce.
Coings, 50c le panier.

FOIN PRESSE ET FOURRAGES

MM. Hosmer, Robinson & Co., nous écrivent de Boston le 25 octobre 1900:

" Les arrivages pour la semaine écoulée ont été de 324 chars de foin et 25 chars de paille et 7 chars de ce foin pour l'exportation. La semaine correspondante, l'an dernier, 338 chars de foin et 52 chars de paille et 35 chars de ce foin pour l'exportation.

Les arrivages de foin et de paille ont été à peu près égaux à la demande ce qui fait qu'il n'y a aucun changement appréciable à noter quant aux prix ni dans la condition du marché.

" Nous cotons:

	Grosses balles.	Petites balles.
Foin, choix...	$18.00 à $18.50	$17.50 à $18.00
— No 1 ...	17.00 à 18.00	16.50 à 17.50
— No 2 ...	16.00 à 16.50	16.00 à 16.50
— No 3 ...	14.00 à 15.00	14.00 à 15.00
— mél.d.trèf.	14.00 à 15.50	14.00 à 15.00
— trèfle ...	14.00 à 15.00	
Paille de seigle long ...	15.00 à 16.00	
— mêlée..	11.00 à 12.00	11.00 à 12.00
— d'avoine	9.00 à 9.50	9.00 à 9.50

Le marché de Montréal est stationnaire quant aux affaires et aux prix, c'est tout ce qu'on en peut dire.

Nous cotons:

Foin pressé, No 1 à choix....	$ 9 00 à 10 00
do do No 2............	8 00 à 9 00
do mél. de trèfle..........	0 00 à 7 50
Paille d'avoine...............	4 50 à 5 00

CHRONIQUE DE QUEBEC

Mardi, 40 octobre 1900.

Le mois qui finit laisserait de bons souvenirs à Québec, si les derniers jours n'avaient été obscurcis par la suspension presque générale du travail dans nos manufactures. En effet, une température exceptionnellement clémente a favorisé le commerce dans tous les genres d'affaires, et nous nous sommes laissé dire que, cette semaine encore, les acheteurs sont venus de la campagne en grand nombre pour faire leurs emplettes d'automne. Comme l'argent circule largement dans la classe agricole, les ventes ont été bonnes en proportion, les marchands de détail se montrent satisfaits de la situation. Quant à la clientèle de la ville, elle a donné sa large part de patronage, car il semble également y avoir eu, dans la classe ouvrière, jusqu'à ces derniers temps, une suite presque ininterrompue de jours, de semaines et de mois pendant lesquels le travail a été à la fois abondant et rémunérateur. L'on avait donc raison de croire que le reste de la saison, jusqu'à la fermeture de la navigation, allait continuer d'être favorable au commerce. Nos chroniques antérieures n'ont pas cessé d'accuser un état de choses satisfaisant, et nous nous demandons vraiment pourquoi les perspectives d'avenir ont changé du tout au tout en si peu de temps.

***

Car les perspectives ont changé. On parle de 5 à 6,000 ouvriers et ouvrières de manufactures, aujourd'hui sans travail, et ce nombre n'est pas exagéré. Cet incident malheureux s'est produit sur l'initiative des patrons, décidés de mettre fin aux coalitions d'employés, et résolus à fermer ensemble leurs ateliers après une couple de jours d'avis. Cette détermination a pris les ouvriers par surprise. Ce qu'ils n'avaient jamais osé faire eux-mêmes, savoir se mettre en grève tous à la fois, les patrons l'ont fait, après entente mutuelle, en vertu du droit qu'a tout homme de suspendre, quand il le juge à propos, le travail sur lequel il a la haute main.

A l'heure où nous écrivons, vingt-et-une manufactures sont fermées aux ouvriers par la volonté des maîtres. Le calme règne encore, et il se fait, dit-on, des efforts considérables pour provoquer une entente. C'est la première fois, croyons-nous, dans l'histoire industrielle de Québec, que les manufactures s'entendent pour forcer leurs employés à se dégager des unions ouvrières, en leur refusant leur moyen ordinaire de gagner leur vie et celle de leurs familles. Cette mesure extrême, aura-t-elle les effets recherchés? Nous le verrons dans quelques jours. L'essai, s'il devait être tenté, l'a été dans de bonnes conditions pour les patrons, car il est de fait que le travail se faisait rare partout.

***

Une question qui se présente est de savoir si les patrons pourront supporter un chômage d'une couple de mois, ou peut-être davantage. D'après nos renseignements, le cas aurait été prévu, et il y aurait eu entente avec les banques pour pourvoir aux échéances des billets et autres effets de commerce. De sorte que, de ce côté du moins, il n'y a pas lieu de craindre de complications. Le mot d'ordre paraît être d'en arriver à conserver l'autorité du maître sur ses ouvriers, dans le but, non pas d'écraser ces derniers, ni de les priver de leur juste salaire, mais de protéger l'existence même de l'industrie de la chaussure à Québec. Comme il est certain que les patrons ont de lourdes responsabilités, encourent des risques considérables, sont obligés de produire avec un minimum de profits, et ont à lutter contre la concurrence sans cesse menaçante de l'étranger, il devient évident que ces mêmes patrons ne peuvent se laisser conduire par des meneurs qui ne cherchent que l'occasion d'augmenter les salaires, sans calculer si, en agissant de la sorte, ils ne mettent pas en péril l'existence même de la manufacture où ils sont employés.

En un mot, l'intérêt du patron et celui de l'ouvrier se trouvent en conflit permanent depuis quelques mois, et ce conflit, au dire des patrons, constitue une menace de ruine pour leurs établissements. De là les mesures rigoureuses qu'ils ont cru devoir adopter. Sans prendre parti entre les intéressés, il nous semble que la question est assez grave pour que les esprits soient calme, que les hommes de conciliation comprennent tout ce qu'il y a de dangereux dans l'état de choses actuel, et s'efforcent d'y mettre fin d'une manière pacifique.

EPICERIES

Les affaires sont bonnes dans cette ligne. Le gros est très occupé à remplir les commandes d'automne.

On remarquera que certaines qualités de sucres ont fléchi quelque peu. Il en est de même pour les balais que nous cotons comme suit: Balais, 2 cordes $1.50 la doz.; à 3 cordes $2.00; à 4 cordes $3.00.

Le commerce de détail se plaint de la collection qui est loin d'être satisfaisante.

Dans les quartiers ouvriers, principalement, l'avenir paraît sombre; si, la fermeture " en Bloc " des manufactures de chaussures se prolonge, plusieurs magasins se trouveront plongés dans des embarras financiers.

Sucres raffinés: Jaunes, $4.10 à $4.20; blanc $4.55; granulé, $5.00 à $5.15; powdered, 7c.

Mélasses: Barbade pur, tonne, 40 à 42c Porto Rico, 38 à 42c; Fajardos, 48 à 50c.

Beurre: Frais, 20c; Marchand, 17c; Beurrerie, 20c.

Conserves en boîtes: Saumon, $1.40 à $1.70 Clover leaf, $1.60 à $1.65; homard, $3.50 à $3.75; Tomates, 95c à $1.00; Blé-d'inde, 85 à 90c; Pois, 90c à $1.00.

Fruits secs: Valence, 9c; Sultana, 11 à 15c; Californie, 8 à 10c; C. Cluster, $2.20; Imp. Cabinet, $2.00; Pruneaux de Californie, 8 à 10c; Imp. Russian, $4.50.

Tabac Canadien: En feuilles, 9 à 10c; Walker *wrappers* 15c; Kentucky, 15c; et le White Burly, 15 à 16c.

Planches à laver: " Favorites " $1.70; " Waverly " $2.10; " Improved Globe " $2.00

FARINES, GRAINS ET PROVISIONS

Il n'y a rien à changer dans les cotations; une grande activité règne partout et tout fait prévoir que la saison sera bonne—seulement les élections générales, qui vont avoir lieu le 7 novembre, auront pour effet de retenir un grand nombre de marchands des campagnes chez eux ce qui ne manquera pas d'influer quelque peu sur le commerce de gros à Québec. On espère, toutefois, qu'à partir du 10 novembre jusqu'à la fermeture de la navigation tous ces marchands s'empresseront de venir faire leurs achats d'automne et, ce sera, alors, le GROS COUP de la saison.

Farines: Forte à levain, $2.25 à $2.30; deuxième à boulanger, $1.90 à $2.10; Patente Hungarian, $2.40; Patente Ontario, $1.90 à $1.95; Roller, $1.85 à $1.90; Extra, $1.60 à $1.65; Superfine, $1.45 à $1.50; Bonne Commune, $1.25 à $1.30.

"SUIVEZ LE LEADER"

Il y a treize mois que nous avons commencé à placer, sur le marché du Canada et des Etats-Unis, les Thés Verts de Ceylan. Le commerce de gros, généralement parlant, riait à l'idée qu'ils déplaceraient les thés du Japon, juste comme il a fait lorsque, il y a de nombreuses années déjà, nous avons pris en mains le commerce des Thés Noirs de Ceylan. Nous avons prédit pendant tout le temps que les Thés Verts de Ceylan auraient le même effet vis-à-vis des Thés du Japon, que les Thés Noirs de Ceylan ont eu sur les Congous de Chine. Que nous ayons fourni la preuve que nous étions dans le vrai au sujet de ces derniers, tout le commerce au Canada est en position d'en juger. Surveillez le résultat de notre travail avec les Thés Verts de Ceylan. Le commerce de gros au Canada se bouscule dans son ardeur à placer sur le marché un paquet de Thé Vert de Ceylan. Chaque maison vous en offrira dans le courant de l'année, quelques-unes même vous en offriront d'ici un mois. De fait, comme par le passé, le commerce "*suit son Leader.*"

THE SALADA TEA COMPANY, - MONTREAL & TORONTO.

EDMOND BOUCHER — HARRY ROFFEY

BOUCHER & ROFFEY

...TAILLEURS...

Coin des rues St-Pierre et Notre-Dame,

Téléphone Main 1548. MONTREAL.

Fondée en 1797

Norwich Union

Fire Insurance Society

J. H. LABELLE, - - - Surintendant

Edifice Temple, 185 rue St-Jacques

MONTREAL.

BELL TEL. EAST 1517. TOUT OUVRAGE GARANTI.

J. G. DUQUETTE

Autrefois de la Montreal Roofing Co.

Couverture et Pavage

- - GENERAL - -

Bureau et Atelier, 949 de Montigny, Montreal.

Spécialités pour les couvertures en Gravois et en Ciment. Planchers en Asphalte, Planchers en Volcanite, Caves mises à l'épreuve des rats et de l'humidité.

Réparations de toutes sortes faites avec promptitude.

Neige enlevée des toits par des hommes expérimentés.

DES SOUMISSIONS Cachetées adressées au soussigné et portant la suscription "Soumission pour jetée et dragage, Sorel," seront reçues à ce bureau jusqu'à vendredi le 23 novembre, 1900, inclusivement, pour la construction d'une jetée à niveau élevé et pour dragage à l'embouchure de la Rivière Richelieu à Sorel, Qué.

Les plans et devis pourront être vus à ce ministère et aux bureaux de l'ingénieur résident, Chambre No. 11, Bâtisse du "Merchants Bank," rue St-Jacques, Montréal ; de Ph. Béland, Ecr., commis des travaux, bureau de poste Québec ; Thos. Berlinguet, Ecr., ingénieur résident, Trois-Rivières, et du maître de poste de Sorel.

Les soumissions devront être faites sur les formules imprimées qui seront fournies, et être signées par les soumissionnaires eux-mêmes ; aucune autre ne sera prise en considération.

Chaque soumission devra être accompagnée d'un chèque accepté par une banque incorporée, pour la somme de vingt-cinq mille piastres ($25,000), et fait à l'ordre de l'Honorable Ministre des Travaux Publics. Ce chèque sera confisqué si le soumissionnaire dont l'offre aura été acceptée refuse de signer le contrat, ou s'il ne l'exécute pas intégralement.

Si la soumission n'est pas acceptée le chèque sera remis.

Le Département ne s'engage à accepter ni la plus basse ni aucune des soumissions.

Par ordre,

JOS. R. ROY,
Secrétaire suppléant.

Ministère des Travaux Publics,
Ottawa, 23 octobre 1900.

N. B.- Nul compte pour publication de cet avis ne sera reconnu si telle publication n'a pas été expressément autorisée par le Ministère.

National Assurance Co.

OF IRELAND.

Incorporée par une charte royale et autorisée par Acte spécial du Parlement.

Bureau Chef au Canada :

1735 Rue Notre-Dame, - Montréal.

M. O. HINSHAW, Agent Principal.

Agents spéciaux, Département Français

Drolet & Alarie, - 20 rue St-Jacques.

Isidore Crépeau, - 34 Côte St-Lambert.

Le REFOULEUR JARDINE

à bandages de roues pour les forgerons, est sans contredit le meilleur.

A. B. JARDINE & CO.,

Hespeler, Ont.

Delorme Frères, - Montréal

AGENTS POUR

QUEBEC ET LES PROVINCES MARITIMES.

Comté Jacques - Cartier

Mr F. D. MONK

Candidat Conservateur

Toutes les informations désirées par les amis de M. Monk pourront être obtenues à sa Salle de Comité, à Montréal, Association Conservatrice, 132 rue St-Jacques.

AVIS DE FAILLITE

Dans l'affaire de

MARY CHARBONNEAU, ès qualité
à **ARTHUR LAPOINTE**, restaurateur,
No 55 rue Craig, Montréal, faillis.

Des soumissions cachetées seront reçues par les soussignés, jusqu'à MARDI midi, le 6 novembre 1900, pour l'achat en bloc de la place d'affaires du failli et du fonds de commerce, ameublement et licence de restaurant, aussi le loyer des prémisses, à échéoir au 1er mai 1901, se montant en tout par inventaire, à la somme de.................. $1,306 00

Les soumissions devront être pour argent comptant ou l'équivalent.

La plus haute ni aucune des soumissions ne sera nécessairement acceptée.

La place d'affaires visible tous les jours.

Pour autres informations, s'adresser à

BILODEAU ET CHALIFOUX,
Curateurs conjoints,
15 rue St-Jacques, Montréal.

AVIS DE FAILLITE

Dans l'affaire de

P. H. VILLENEUNE & CIE.,
Epiciers, No 1205A rue St-Laurent, Montréal,
Faillis.

Les soussignés vendront à l'encan public en bloc, au No 69 rue St-Jacques, Montréal,

Jeudi, le 8 Novembre 1900, à 11 heures a.m.,

L'actif de la dite faillite, savoir :

Stock suivant inventaire..............	$288 59	
Garnitures du magasin..............	89 90	
		$378 19
Les dettes de livres suivant liste seront vendues séparément..............		188 51
		$567 00

Le magasin sera ouvert pour l'inspection du stock, mercredi, le 7 novembre.

Pour toutes autres informations s'adresser à

ALEX. DESMARTEAU,
Curateur
1598 rue Notre-Dame, Montréal.

MARCOTTE FRERES, Encanteurs.

Grains : Avoine (par 34 lbs) Ontario, 35 à 37c ; orge, par 48 lbs, 65 à 70c ; orge à drèche, 70 à 80c ; blé-d'inde, 55 à 56c ; sarrasin, 60 à 70c.

Lard : Short Cut, par 200 lbs, $18.00 à $18.50 ; *Clear Back*, $19.50 à $20.50 ; saindoux canadien, $2.05 à $2.25 ; composé le seau, $1.70 à $1.75 ; jambon, 10½ à 13c ; bacon, 9 à 10c ; porc abattu, $6.00 à $7.50.

Poisson : Hareng No 1, $5.50 à $6.00 ; morue No 1, $4 à $4.25 ; No 2, $3.50 ; morue sèche, $5.00 le quintal ; saumon, $15.00 à $16.00 ; anguille, 4½c la livre.

***

Nous mentionnons que le retour des membres du conseil de ville de Québec et d'un bon nombre de capitalistes et hommes d'affaires, après inspection complète de la voie ferrée du Grand Nord jusqu'à Parry Sound, a été l'occasion d'une démonstration sympathique de la part des citoyens de Québec. C'est une page d'histoire dans le progrès matériel de notre ville, et aussi la réalisation d'un projet d'utilité générale, pour le Canada entier. Tout cela parait évident aujourd'hui mais combien il a fallu dépenser de temps, de travail et d'énergie pour en arriver là.

La leçon qui se dégage de l'inauguration officielle de ce chemin de fer, c'est que l'indomptable volonté de quelques-uns de nos hommes d'affaires de Québec est venue à bout d'une difficulté qui paraissait insurmontable, avec cette conséquence que des facilités nouvelles et considérables sont offertes pour le transport au lieu de consommation des produits de l'ouest, créant ainsi un élément puissant pour le commerce international. C'est ainsi que petit à petit les destinées de Québec s'accomplissent.

L. D.

LA CONSTRUCTION

M. Jos. A. Godin, architecte, au No 8 Côte de la Place d'Armes, a accordé à U. Pauzé & Fils, les bancs de la chapelle du Noviciat des RR. PP. Oblats à Lachine.

PERMIS DE CONSTRUIRE À MONTRÉAL

Rue Ste Catherine, No 2406, une bâtisse formant un magasin, 18.6 x 36, à un étage, en brique, fer et vitre ; couverture en feutre etc. ; coût probable $600. Propriétaire John Withell ; architecte, David Ogilvy ; entrepreneur, John Withell. (229)

Rue Préfontaine, Nos 32 à 35, une bâtisse formant une glacière 36 x 92, à un étage, en bois et tôle, couverture en feutre et gravois ; coût probable $1300. Propriétaire, Elzéar Benoit, travaux à la journée. (230)

Rue St André, Nos 798 et 800, modifications et réparations à une maison ; coût probable, $800. Propriétaire, Jos. Dansereau ; charpente, Jos. Roy. (231)

Rue Montcalm arrière Nos 175 à 179a, 2 maisons formant 6 logements, 26 x 15 chacune à 3 étages, en bois et brique, couverture en gravois ; coût probable $800 chacune. Propriétaire, Ant. Balle. (232)

Rue Montcalm No 116, une maison formant 4 logements, 29 x 33, à 3 étages, en bois et brique, couverture en papier et gravois ; coût probable $2700. Propriétaire, J. B. Ratelle ; architecte, S. Frappier ; charpente, L. Langevin. (233).

Ventes de Fonds de Banqueroute par les Curateurs

Par Lamarche & Benoit, le stock de Xavier Forget, magasin général de Ste Adèle à 34c dans la piastre à M. Boisvert et les dettes de livres à 33c dans la piastre au même.

Par Kent & Turcotte, le stock de nouveautés de Archambault Frère à 55c dans la piastre à Graham & Co et les dettes de livres à 43c dans la piastre à H. Paquette.

NOTES SPECIALES

TABAC.—Le surcroit de besogne et le commerce rural ont depuis une couple de mois, forcé M. Jos. Côté à négliger quelque peu le marché de la ville. Pour obvier à cet inconvénient, M. Côté s'est assuré le service de M. J. T. Drouin, chargé de visiter la clientèle de la ville. Cette augmentation successive du personnel de la maison Joseph Côté de Québec est un indice significatif de l'augmentation incessante du volume de ses affaires.

Plus la valeur hygiénique du thé pur est comprise et plus populaire devient le Thé Vert de Ceylan, feuille naturelle, non coloré, "Salada." Il est de la même couleur légère en infusion que le Japon, véritablement similaire en arôme, mais beaucoup plus délicieux et décidément plus économique à l'usage étant de double force, une livre remplissant l'objet de deux de Thé Japon.

La Salada Tea Company a mis ce thé en vente chez des centaines de marchands dans la province de Québec et la demande devient tellement forte que les prédictions que ce thé déplacerait définitivement les produit japonais paraissent être bien en voie de réalisation.

JOURNAL DE LA JEUNESSE. — Sommaire de la 1455e livraison (20 octobre 1900).— Un Phénomène, par B. A. Jeanroy. — Les Secrets de la Prestidigitation : Le contenu d'un chapeau, par St-J. de l'Escap.—L'Exposition universelle de 1900 : Les Palais de l'Esplanade des Invalides, par H. Norval.— Treize et quatorze, par Yan de Castétis.— Le Pays des Tulipes, par Th. Lally.

Abonnements : France : Un an, 20 fr. Six mois, 10 fr. Union Postale : Un an, 22 fr. Six mois, 11 fr. Le numéro : 40 centimes.

Hachette & Cie, boulevard St-Germain, 79, Paris.

TOUR DU MONDE—Journal des voyages et des voyageurs. — Sommaire du No 42 (20 octobre 1900). — 1o Chez les Ouébias en Nouvelle-Calédonie, par M. Jules Durand. — 2o A travers le monde : Excursions dans le Piémont.—De Turin à Entragne.— Coni.— Limone. — La Madone de Fenestre. — La Miniera, par J. Daigret.—3o Profils de voyageurs : M. Soury, administrateur colonial, par Lag.—4o Dans le monde du travail : Un chemin de fer aérien.—5o Questions politiques et diplomatiques : Les Japonais à Formose, par G. Labadie-Lagrave. — 6o Les Revues Etrangères — Les dangers qui menacent le commerce allemand.—Ecoles de commerce Anglo-Chinoises (Koloniale Zeitschrift).—A travers le Delta du Niger (Travel).

Abonnements : France : Un an, 26 fr. Six mois, 14 fr.—Union Postale : Un an, 28 fr. Six mois, 15 fr. Le numéro : 50 centimes.

Bureaux à la librairie Hachette et Cie, 79, boulevard Saint-Germain, Paris.

LA SCIENCE EN FAMILLE.—Sommaire du numéro du 16 octobre : Curiosités géographiques : Les chutes du Zambèze.—La photographie pratique : Développement au diamidophénol : Balagny.—Le poivre et ses falsifications : Léon Padé.—L'alimentation chez les différents peuples (suite) : VI. Aux pôles : Alfred Moulin.—La science pratique : Petit formulaire technique et procédés d'atelier : Procédés employés pour noircir les pièces de fer brutes ou polies ; nettoyage des brosses employées pour la peinture ; teinture pour donner au chêne neuf la couleur du vieux.— Hygiène, médecine, toilette : Contre l'anémie ; pour faire mûrir les clous ; masques contre les rides.—Economie domestique : Contre la vermine des oiseaux de basse-cour ; manière d'entretenir les chaussures ; caves humides ; épaule de mouton à la luxembourgeoise ; rizot à la piémontaise ; sauce aux champignons ; pour conserver la viande en saumure.

Abonnement pour le Canada : Un an : $1.60. Paris 118 Rue d'Assas.

Verres de lampes

Le choix des verres contribue également à la clarté d'une lampe : outre qu'un socle trop élevé donne une lumière rouge, il a encore l'inconvénient de faire filer la lampe ; s'il est placé trop bas, il divise la lumière et en diminue la puissance.

Lorsque les verres sont sales, on enlève les taches de graisse en les passant à chaud dans de l'eau de lessive ou de l'eau dans laquelle on a fait dissoudre de la potasse ou de la soude.

On les frotte, en y introduisant un bâton garni d'un linge trempé dans cette solution.

Lampes qui fument

Lorsque l'huile est de bonne qualité, que la mèche n'est ni trop serrée ni trop large, qu'elle a été régulièrement coupée, si la lampe fume, c'est que la mèche est de mauvaise qualité. Dans ce cas, s'il en reste plusieurs, pour éviter de les perdre, trempez les dans du fort vinaigre et laissez sécher en les enfermant dans un double papier, pour les utiliser au moment voulu. La lumière que donnera cette mèche sera plus claire et plus brillante que celle des bonnes mèches ordinaires.

Reparation des lampes à petrole

Une lampe à pétrole se compose généralement de deux parties : le bec et porte-verre, puis le récipient, qu'il soit en métal ou en verre.

L'ajustage au ciment, retenant la partie qui se visse à celle du haut, vient souvent à manquer par suite de chocs ou usure, ce qui fait fuir ou suinter.

Il est un moyen bien simple de réparer cet accident : il consiste à la cimenter de nouveau avec une pâte faite de silicate de potasse et de blanc d'Espagne, ou en se servant du mastic de fontainier.

NOS PRIX COURANTS

Nos prix courants sont revisés chaque semaine. Ces prix nous sont fournis pour être publiés, par les meilleures maisons dans chaque ligne; ils sont pour les qualités et les quantités qui ont cours ordinaire dans les transactions entre le marchand de gros et le marchand de détail, aux termes et avec l'escompte ordinaire. Lorsqu'il y a un escompte spécial, il en est fait mention. On peut généralement acheter à meilleur marché en prenant de fortes quantités et au comptant.

Tous les prix sont ceux du marché, en général, et aucune maison ou manufacture n'a le pouvoir de les changer à son avantage, sauf pour ses propres marchandises qui sont alors cotées sous son propre nom et sa propre responsabilité. La Rédaction se réserve le droit de refuser ce privilège à quiconque en abuserait pour tromper le public.

PRIX COURANTS.—MONTREAL, 31 OCTOBRE 1900.

Allumettes.

Walkerville Match Co.

Allumettes Parlor

	1 caisse	5 caisses
Crown	$1.60	1.50
Maple Leaf	2.75	2.65
Imperial	5.50	5.25
Allumettes Soufrées		
Jumbo	5.25	5.00
Héros	3 60	3.40

Articles divers.

Bleu Parisien....lb.	0 12	0 13
Bouchons communs....gr.	0 18	0 30
Briques à couteaux....doz.	0 25	0 30
Brûleurs pour lampes		
No. 1....doz.	0 00	0 75
No. 2.... "	0 00	1 00
No. 3.... "	0 00	0 70
Câble coton ¼ pouce...lb.	0 13	0 14
" Manilla.... "	0 15¼	0 16¾
" Sisal.... "	0 08½	0 10
" Jute.... "	0 10½	0 12
Coton à attacher.... "	0 15	0 21
Chandelles suif....lb.	0 00	0 09
" paraffine... "	0 12	0 12½
" London Sperm. "	0 11	0 11½
" Stéarine.... "	0 13	0 14
Epingles à linge.bte. 5 gr.	0 00	0 70
	3 fils.	6 fils.
Ficelles.... 30 pieds..	0 40	0 75
" .... 40 " ..	0 55	0 85
" .... 48 " ..	0 65	1 00
" .... 60 " ..	0 80	1 35
" .... 72 " ..	0 95	1 60
" .... 100 " ..	1 25	2 00
Lessis concentré, com... "	0 00	0 40
" pur.... "	0 00	0 75
Mèches à lampes No. 1....	0 11	0 13
" No. 2....	0 14	0 16
" No. 3....	0 09	0 11
Sapolio, bte ¼ et ½ gr. la gr.	0 0J	11 30

Cafés.

Cafés rôtis.	la livre.
Arabian Mocha	31
Imperial "	28
Jamaïque	20
Java Siftings	26
Maracaibo	22
Old Gov. "	31
Old Gov. Java et Mocha	31
Pure Mocha	27 à 29
Rio	15 à 18
Standard Java	32
" " et Mocha	32
Santos	18½
Blanke's Faust Blend	36

Conserves alimentaires

Légumes.

Asperges 4 lbs....dz.	0 00	4 50
Baked Beans 3 lbs.... "	0 90	1 00
Blé d'Inde....2 lbs "	0 85	0 95
Champignons....bte.	0 15	0 21
Citrouilles 3 lbs....dz.	0 0J	0 85
Haricots verts.... "	0 00	0 85
Olives, Pints.... "	3 75	5 00
" ½ Pints.... "	2 90	3 60
" en quart, gallon.	0 00	1 50
Petits pois français...bte.	0 09	0 12
" fins.... "	0 14	0 15
" extra fins.. "	0 16	0 17
" surfins.... "	0 18	0 20
Pois canadiens 2 lbs..dz.	0 80	1 10
Tomates.... "	0 87½	0 90
Truffes.... "	4 80	5 00

Fruits.

Ananas 2 et 2½ lbs...dz.	2 15	2 50
Bluets 2 "... "	0 75	0 85
Cerises 2 "... "	1 95	2 15
Fraises 2 "... "	1 70	1 85
" 3 "... "	2 10	2 15
Framboises 2 "... "	1 45	1 60
Pêches 2 "... "	1 60	1 85
" 3 "... "	2 40	2 85
Poires 2 "... "	0 00	1 65
" 3 "... "	1 95	2 10
Pommes gal.... "	0 00	2 15
" 3 lbs... "	0 00	0 90
Prunes vertes 2 "... "	0 00	1 45
" bleues 2 "... "	1 25	1 35

Poissons.

Anchois....dz.	3 25	0 00
Anchois à l'huile.... "	3 25	4 50
Clams 1 lb.... "	1 25	1 35
Harengs marinés.... "	1 55	1 95
Harengs aux Tomates. "	1 50	1 60
Homards, boîte haute. "	3 12½	3 20
" " plate... "	3 65	3 75
Huîtres, 1 lb....dz.	0 00	1 30
" 2 ".... "	0 00	2 40
Maquereau.... "	1 00	1 05
Sardines Canadiennes, cse	4 00	4 50
Sardines ¼ françaises.bte.	0 09	0 25
" ½ " "	0 17	0 35
Sardines Royan à la Vatel.... "	0 00	0 15
Sardines Royan à la Bordelaise....bte.	0 00	0 15
Saumon rouge (Sockeye) boîte haute dz.	0 00	1 60
" " plate "	0 00	1 75
" " ordinaire haute	0 00	1 50
" rose (Cohoe) " dz.	0 00	1 12½
" du printemps, "	0 00	1 50
Smelts (Eperlans).... "	0 40	0 45

Viandes en conserves.

Corned Beef, bte 1 lb....dz.	1 60	2 00
" " 2 ".... "	2 80	3 40
" " 6 ".... "	9 75	11 40
" " 14 ".... "	21 60	24 00
Lang. de porc. " 1 "....dz.	3 00	4 15
" " 2 ".... "	6 00	8 00
" bœuf " 1½ lb.... "	8 00	10 00
" " 2 ".... "	9 25	11 30
" " 3 ".... "	......	14 10
English Brawn 1 lb.... "	1 40	1 70
Bœuf (chipped dried).... "	2 95	3 00
Dinde, bte 1 lb.... "	2 20	2 30
Pâtés de foie gras.... "	3 00	8 00
Pieds de cochon, bte 1½ lb. "	2 30	2 40
Poulets, " 1 lb. "	2 20	2 30

Drogues et Produits Chimiques

Acide carbolique....lb.	0 30	0 40
" citrique.... "	0 50	0 55
" oxalique.... "	0 08	0 10
" tartrique.... "	0 33	0 35
Aloès du Cap.... "	0 14	0 15
Alun.... "	0 01½	0 03
Bicarbonate de Soude, brl.	2 00	2 25
Bichrom. de potasse....lb.	0 10	0 12
Bleu (carré).... "	0 10	0 16
Borax raffiné.... "	0 05	0 07
Bromure de potasse.... "	0 55	0 60
Camphre américain.... "	0 80	0 90
" anglais.... "	0 85	0 95
Cendres de soude.... "	0 01½	0 02
Chlorure de chaux.... "	0 02½	0 05
" de potasse.... "	0 23	0 25
Couperose....100 lbs	0 75	1 00
Crème de tartre....lb	0 22½	0 27½
Extrait de Campêche... "	0 10	0 11
" en paquets.... "	0 12	0 14
Gelatine en feuilles.... "	0 35	0 60
Glucose.... "	0 03½	0 04
Glycérine.... "	0 18	0 20
Gomme arabique....lb	0 40	1 25
Gomme épinette.... "	0 00	0 25
Indigo Bengale.... "	1 50	1 75
" Madras.... "	0 60	0 80
Iodure de potasse.... "	4 00	4 25
Opium.... "	4 50	4 75
Phosphore.... "	0 50	0 75
Pourpre de Paris.... "	0 09	0 10
Résine....(280 lbs)	2 75	5 00
Salpêtre....lb	0 05	0 07½
Sels d'Epsom....100 lbs.	1 50	3 00
Soda caustique 60° " lbs	0 00	2 50
" " 70° " "	0 00	2 75
" à laver.... "	0 70	0 90
" à pâte....brl.	2 00	2 50
Soufre poudre....lb.	0 02	0 03
" bâtons.... "	0 02	0 03
" rock, sacs..100 lbs.	2 00	3 00
Strychnine....oz.	0 90	1 00
Sulfate de cuivre....lb.	0 06	0 07
Sulfate de morphine... "	1 90	2 00
" de quinine....oz.	0 40	0 45
Sumac....tonne.	70 00	75 00
Vert de Paris....lb.	0 18½	0 20½

Epices pures.

Allspice, moulu....lb.	0 15	0 20
Cannelle moulue.... "	0 15	0 20
" en nattes.... "	0 13	0 15
Clous de girofle moulu "	0 18	0 20
" " ronds.. "	0 12½	0 14
Gingembre moulu.... "	0 15	0 25
" racines "	0 10	0 25
Macis moulu.... "	0 90	1 00
Mixed Spice moulu Tin 1 oz.... "	0 00	0 45
Muscade blanchie.... "	0 40	0 50
" non blanchie.. "	0 50	0 60
Piment (clous ronds)... "	0 10	0 12
Poivre blanc, rond.... "	0 23	0 26
" " moulu... "	0 26	0 28
" noir, rond.... "	0 15	0 17
" " moulu.... "	0 18	0 19
" de Cayenne.... "	0 22	0 26
Whole Pickle Spice....lb.	0 15	0 20

Fruits Secs.

Abricot Calif....lb.	0 12	0 13
Amandes ½ molles.... "	0 12	0 13
" Tarragone... "	0 15	0 16
" Valence écalées "	0 40	0 42
Amand. amères écaléeslb	0 00	0 45
" écalées Jordan "	0 40	0 42
Dattes en boîtes.... "	0 00	0 05
Figues sèches en boîtes "	0 07½	0 21
" " en sac.. "	0 03	0 03¼
Nectarines Californie.. "	0 11	0 12
Noisettes (Avelines)...lb.	0 12	0 13
Noix Marbot.... "	0 10	0 11
" Couronne.... "	0 08	0 09
" Grenoble.... "	0 12	0 13
" " écalées. "	0 22	0 23
Noix du Brésil.... "	0 12	0 13
Noix Pecanes poli.... "	0 12½	0 13
Peanuts rôtis (arach).. "	0 06½	0 07½
Pêches Californie.... "	0 10	0 11
Poires " .... "	0 13½	0 15
Pommes séchées.... "	0 00	0 00
Pommes évaporées.... "	0 05	0 06
Pruneaux Bordeaux... "	0 04	0 08
" Bosnie.... "	0 00	0 04
" Californie... "	0 05½	0 11
Raisins Calif. 2 cour.. "	0 00	0 00
" " 3 " .. "	0 00	0 00
" " 4 " .. "	0 00	0 00
Corinthe Provincials... "	0 11	0 12
" Filiatras.... "	0 12	0 13
" Patras.... "	0 00	0 00
" Vostizzas.... "	0 14	0 15
Malag. London Layers bte.	0 00	1 75
" Connoisseur Cluster "	0 00	2 25
" Buckingham Cluster.... "	0 00	3 40
Malaga Russian Cluster bte.	0 00	4 50
Sultana....lb.	0 10	0 12
Valence fine off Stalk.. "	0 00	0 08
" Selected.... "	0 08	0 08½
" layers.... "	0 09	0 09

Fruits verts.

Ananas, pièce....	0 00	0 00
Attocas....quart..	6 00	7 50
Bananes....régime	1 00	1 50
Pommes....baril..	1 25	2 50
Raisins Malaga.... "	5 50	6 00
" " ½ "	0 00	0 00
Oranges Valence (420) cse	0 00	0 00
" " (714)....	0 00	0 00
" Navels....	0 00	0 00
" Seedlings....	0 00	0 00
" Sanguines, ½ cse	0 00	0 00
" Sorrente, caisse.	0 00	0 00
" Messine, "	0 00	0 00
" " ½ "	0 00	0 00
" Jamaïque, baril.	5 50	6 50
Citrons Messine.... caisse.	1 25	2 00
" Malaga. bte 35 dz.	2 00	2 25
" " caisse 59 dz.	5 00	5 50
Oignons rouges.... baril..	1 75	2 00
" jaunes....	1 75	2 00
" d'Egypte, 165 lbs	0 00	2 25
Oignons d'Espagne, boîte.	0 80	0 90
Noix de coco, par 100....	3 25	0 00

Grains et Farines.

GRAINS

Blé roux d'hiver Can. No 2.	0 00	0 00
Blé blanc d'hiver Can. No 2.	0 00	0 00
Blé du Manitoba No 1 dur...	0 90	0 92½
" " No 2 "	0 87½	0 90
Blé du Nord No 1....	0 00	0 85
Avoine blanche No 2....	0 25	0 28½
Orge No 1....48 lbs.	0 50	0 53
" à moulée.... "	0 42	0 43
Pois No 2 ordinaire, 60 lbs...	0 63	0 66½
Sarrasin, 48 " ...	0 50½	0 51
Seigle, 56 " ...	0 58	0 60

FARINES.

Patente d'hiver....	3 65	3 90
Patente du printemps....	0 00	4 50
Straight roller....	3 55	3 65
Forte de boulanger, cité....	0 00	4 20
Forte du Manitoba, secondes	3 60	3 70

FARINES D'AVOINE.

Avoine roulée baril....	3 35	3 55
" " sac....	1 62½	1 72½

ISSUES DE BLE

Son d'Ontario, au char, ton	15 00	15 50
" de Manitoba " "	00 00	15 00
Gru de Manitoba....char	00 00	16 00
" d'Ontario.... "	16 50	17 00
Moulée.... "	17 00	24 00

Huiles et graisses.

HUILES.

Huile de morue, T. N., gal.	0 35	à 0 40
" loup-marin raff.. "	0 00	0 52½
" paille.... "	0 42½	0 45
Huile de lard, extra gal.	0 75	0 85
" " No 1. "	0 65	0 75
" d'olive p. mach.. "	0 90	1 00
" à salade.... "	0 77½	0 82
" d'olive à lampion "	1 20	2 60
" de spermaceti.... "	1 30	1 50
" de marsouin.... "	[illegible] 50	0 60
" de pétrole, par quart.	0 00	0 18½
Acmé Imperial....gal.	0 00	0 18
Huile Américaine par quart:		
Water White.... "	0 00	19½
Pratt's Astral.... "	0 00	0 20½
Huile d'olive Barton et Guestier caisse qts	8 50	
" " " pts	9 50	
" de foie de m. Nor. gal.	1 25	à 1 35
" " T.N. "	1 00	1 10
" de castor "E. I." lb.	0 09½	0 10
" " franç. qrt. lb.	0 09½	0 10
" " " cse.	0 11	0 12

Liqueurs et spiritueux.

Brandies (droits payés)	à la caisse.
Sorin.—Carte bleu....	$ 8 50
Carte rouge....	9 50
Carte d'or....	11 00
24 F. avec verre....	9 00
" Flasks avec verre..	10 00
FUTS.	
Quarts....	4 00
Octaves....	4 25
½ oct....	4 25
Hennessy * pintes....	13 00
" * chopines....	14 25
" ** pintes....	14 75
" *** pintes....	16 25
" V.O. pintes....	17 25
Martel * pintes....	12 75
" * chopines....	14 00
" V. O. pintes....	17 00
" V. S. O. P. pintes....	18 50

Par lots de 10 caisses assorties ou non, 25c de moins par caisse.
F. O. B. Montréal, net 30 jours ou 1% 10 jours.

Boutelleau & Co., F. P....	9 00
" *	10 00
" O. B....	12 00
" V. O. B....	14 00
" X. V. O. B....	16 00
" 1824....	21 00
Couturier....	7 00
" flasks....	8 00
Marion....	6 00
" flasks....	7 00
Rivière-Gardrat....	10 00
Optima....	17 00
Bisquit Dubouché....	9 25
Renaud & Cie....	12 25
E. Puet *....	9 00
" **....	10 75
" ***....	12 50
" V. O....	14 50
" V. O. P....	15 25
" V. S. O. P....	16 25
" V. V. S. O. P....	20 25
E. Puet 1860....	24 25
" 1850....	26 25
" 1840....	30 25
J. Borianne ***....	6 75
Pellisson 1850....	42 50
" V. S. O. P....	29 00
" S. O. P....	22 00
" 1890....	16 00
C. M. Arguet....	11 50
V. Porte 1854....	22 00

	au gallon.	
Fine Champagne....	5 75	5 90
Couturier....	3 80	3 95
Marion....	3 40	3 60
Hennessy....	0 00	6 75

	au gallon.	
Martel....	0 00	8 75
Pellisson, vieux....	0 00	11 60
" XXX....	0 00	8 75
" autre ord....	5 80	7 25
V. Porte 1854....	0 00	8 75
E. Puet....	0 00	3 65
J. Borianne depuis....	0 00	3 75
Rivière-Gardrat....	0 00	4 15
Bisquit-Dubouché....	4 30 @	4 5[illegible]
Renaud & Cie....	4 10 @	4 3[illegible]
Bouteilleau & Cie....	3 80 @	6 00

Rhums		à la caisse.
St-Georges, 12 lit....		12 50
" 24½ pts imp...		14 50
Chauvet cachet or 12 lit.	0 00	14 50
" " rouge 12 lit.	0 00	12 75
St-John....	0 00	7 75
St-Joseph, Jamaïque....	0 00	11 50
St-Félix, Martinique....	0 00	10 50
Talbot frères....	0 00	7 75
		au gallon.
Jamaïque....	4 25	6 15

Whiskey Ecossais.	qt	pts
Mullmore....	9 25	7 50
" flasks....	10 00	10 50
Heather Dew....	7 00	0 00
" flasks....	11 25	0 00
" stone....	12 50	0 00
Special Reserve....	9 00	10 00
" "	0 00	11 75
Ex. Spe Liqueur, flacons.	9 50	0 00
Dewar's Special Liqueur..	12 25	12 50
Dewar Extra Special....	9 25	9 50
H. Fairman & Co....	7 50	8 50
Royal Eagle....	9 25	9 50
Sheriff's....	10 00	18 00
Mackie's R. O. spec....	0 00	10 25
" Islay....	8 25	8 50
Glenfalloch....	8 75	
Glenlivet *....	9 00	9 25
" ***....	10 00	10 25
Cabinet 1 crown....	0 00	8 75
" 2 "	0 00	9 50
" 3 "	0 00	10 75
Harvey's R. O. S. spec. liq.	0 00	12 50
" Fitz-James 8 y. old	0 00	9 75
Alex. McAlpine old scotch.	0 00	6 75

Watson old scotch, qrts...	0 00	8 75
" " pts....	0 00	9 75
Thom & Cameron..........	0 00	6 75
Bernard's Encore..........	0 00	7 75
Bulloch, Lade & Co.		
Special blend............	9 25	9 50
" extra special.......	10 75	11 00
" L. Katrine..........	0 00	7 50
Usher's O. V. G............	0 00	8 75
" special reserve...	0 00	9 75
" G. O. H............	0 00	12 00
Gaelic Old Smuggler......	0 00	9 50
Greer's O. V. H............	0 00	9 50
Stewart's Royal............	0 00	10 00
	au gallon.	
Heather Dew...............	3 65	3 85
Special Reserve............	4 15	4 25
Ex. Spc. Liqueur.........	4 75	4 90
Banagher Irish.............	4 05	4 30
H. Fairman & Co...........	4 05	4 15
Sheriff's..................	4 65	4 85
Glenfalloch	3 70	3 85
lenlivet (old).............	4 30	6 30

Whiskey Irlandais.

	à la caisse	
Old Irish..................	6 00	8 00
" flasks............	11 25	0 00
Special....................	9 00	0 00
" flasks.............	0 00	11 75
Cruiskeen Lawn, stone...	12 50	0 00
Henry Thomson...........	0 00	8 50
St-Kevin..................	0 00	7 50
J. Jameson & Son *........	0 00	9 75
" " ***....	0 00	11 50
Geo. Roe & Co *..........	0 00	9 50
" " **..........	9 75	10 50
Barnagher.................	9 75	10 25
Thom & Cameron..........	0 00	6 75
Burke's *** qrts.........	0 00	8 00
" *** 12 imp.-qt.. flasks	0 00	11 75
Dunville...................	0 00	8 25
Bushmills	0 00	9 75
	au gallon.	
Old Irish..................	3 75	3 90

Gins.

De Kuyper, cse violette..........		2 65
" cses vertes..........		6 00
DeKuyper, cses rouges, 1 à 4 c...		11 50

F. O. B. Montreal, 30 jours net; 1 o/o 10 jours; fret payé à destination par lot de 5 caisses au moins.

Key Brand................	5 00	10 25
" poney	0 00	2 50
Melchers poney...........	0 00	2 50
" picnics 4 doz....	0 00	5 50
" Honey Suckle... (cruchons verre)	8 25	15 00
Wynand Fockink..........	0 00	10 00
Bernard Old Tom..........	0 00	7 25
Booth's " "	0 00	7 85
" " " 5 caisses	0 00	7 60
Melrose Drover Old Tom..	0 00	7 00
Booth's London Dry......	0 00	7 75
Burnett "	0 00	7 25
Melrose Drover Dry......	0 00	7 00
Coate Plymouth..........	0 00	9 25

Gins en futs.

De Kuyper, barriq. le gal.	0 00	3 00
" quarts "	0 00	3 05
" octaves "	0 00	3 10
" au gallon "	0 00	3 20

Tous autres gins, 5c. de moins.
F. O. B. Montréal, 30 jours net ou 1% 10 jours.

Booth's Old Tom, quarts, le gal.	0 00	3 45
" " octaves.	0 00	3 50
" " au gal	0 00	3 90

Whisky Canadien au gallon, en lots d'un ou plusieurs barils de 40 gallons (pas de demi-barils) d'une sorte ou assortis.

Gooderham & Worts 65 O. P	4 50
Hiram Walker & Sons "	4 50
J. P. Wiser & Son "	4 49
J. E. Seagram "	4 49
H. Corby "	4 49
Gooderham & Worts 50 O. P........	4 10
Hiram Walker & Sons "	4 10
J. P. Wiser & Son "	4 09
J. E. Seagram "	4 09
H. Corby "	4 09
Rye Gooderham & Worts............	2 20
" Hiram Walker & Sons...........	2 20
" J. P. Wiser & Son...............	2 19
" J. E. Seagram..................	2 19
" H. Corby........................	2 19
Imperial Walker & Sons.............	2 90
Canadian Club Walker & Sons........	3 60

Pour quantité moindre qu'un quart d'origine mais pas moins de 20 gallons:

65 O. P......................	le gall.	4 55
50 O. P......................	"	4 15
Rye		2 25

Au-dessous de 20 gallons:

65° O. P..................	le gallon	4 60
50° O. P..................	"	4 20
Rye.......................	"	2 30

Pour quantité moindre qu'un baril ou un barillet d'origine:

Imperial Whisky.........	le gallon	3 10
Canadian Club...........	"	3 80

F. O. B. Montreal, 30 jours net ou 1 o/o 10 jours; fret payé pour quantité d'un quart et au dessus.

Pour le Whisky à 50° O. P., 5c de moins par gallon, F. O. B. Montréal, pour l'île de Montréal.

Rye Canadien à la caisse.

Walker's Impérial..........quarts	7 50
" ....16 flasks	8 00
" ....32 "	8 50
Walker' Canadian Club....quarts	9 00
" ..16 flasks	9 50
" ..32 "	10 00
Gooderham & Worts 1891 1 à 4 c.	6 75
Seagram 1896 (Star brand.) quarts	6 50
" No 83 .... "	8 75
Corby I. X. L........................	7 00
Purity, qts..........................	6 50
" 32 flasks	7 50
Canadian, qts.......................	5 00
" 32 flasks	6 00

F. O. B. Montreal, 30 jours net ou 1 o/o 10 jours

Whiskeys importés.

Kitty Scotch..........caisse.			9 25
Buchanan's House of Commons..........	"		9 50
Claymore..............	"	8 50	8 75
Bushmills Irish.......	"	9 25	9 50

Gin (La Clef).

Caisses Rouges...............		10 00
" Vertes..............		4 85
" " Ponies.......		2 50
Gallon........................	2 95	3 15
Nicholsons Old Tom Gin.....	7 50	7 75
" London Dry Gin.	7 50	7 75

Mélasses.

	Au gallon
Barbades tonne..................	0 41
" tierce et qt............	0 43½
" demi quart............	0 44½
" au char ton............	0 40
" " tierce.........	0 42½
" " ½ qt..........	0 43½
Porto Rico, choix, tonne..	0 00
" tierce et quart.	0 00
" ordinaire, tonne....	0 00

Pâtes et denrées alimentaires.

Macaroni importé......lb	0 08	0 10
Vermicelle " ...... "	0 08	0 10
Lait concentré..........dz	0 00	1 90
Pois fendus, qt. 196 lbs..	0 00	4 10
Tapioca, lb................	0 04¾	0 05

Poissons.

Harengs Shore........brl.	0 00	5 00
" ....½ "	0 00	2 75
" Labrador ... "	0 00	5 25
" " ..½ "	0 00	3 00
" Cap Breton .. "	0 00	0 00
" " ½ "	0 00	0 00
Morue sèche.............lb.	0 00	0 04½
" verte No 1, qt..lb.	0 00	0 02½
" No 1 large qt.... "	0 02¾	0 03
" No 1 draft...... "	0 00	0 02¾
" désossée caisse...	0 00	4 50
" " paquet....	0 00	0 06
Saumon C. A.......½ "	0 00	0 00
" ....1 "	0 00	0 00
Saumon Labrador.. 1 "	0 00	14 00
" " ½ "	0 00	8 00

Produits de la ferme.

(Prix payés par les épiciers.)

Beurre.

Townships frais.......lb.	0 19	0 20
En rouleaux.......... "	0 00	0 00
Crémerie août......... "	0 20	0 20½
do Nov...... "	0 00	0 00
do frais...... "	0 21	0 21½

Fromage

De l'Ouest..............lb.	0 11	0 11½
De Québec.............. "	0 10¾	0 11¼

Œufs.

Frais pondus, choix...dz.	0 00	0 22
Mirés	0 00	0 16
Œufs chaulés, Montréal..	0 00	0 00
" " Ontario...	0 00	0 00

Sirop et sucre d'érable.

Sirop d'érable en qrts..lb.	0 06¾	0 07
" en canistre.	0 75	0 80
Sucre d'érable pts pains lb.	0 09	0 10
" vieux......	0 00	0 00

Miel et cire.

Miel rouge coulé.......lb.	0 07	0 08
" blanc " .... "	0 09½	0 10
" rouge en gateaux.. "	0 10½	0 11
" blanc " . "	0 13	0 14
Cire vierge............. "	0 25	0 26

Riz

	Sac.	½ Sac.	Pch.	½ Pch.
B. 1 @ 9 sacs	3 10	3 15	3 20	3 25
B. 10 et plus "	3 00	3 05	3 10	3 15

C.C. 10c. de moins par sac que le riz B.
Patna imp., sacs 224 lbs. lb. 0 4⅞ 0 05

Salaisons, Saindoux, etc.

Lard Can. Sh't Cut Mess qt.	20 00	21 00
" " S. C. Clear.... "	19 50	20 00
" " S. C. désossé.. "	21 00	21 50
" S.C. de l'Ouest "	19 50	20 50
Jambons...............lb.	00 11	00 12
Lard fumé.............. "	00 00	00 14

Saindoux

Pur de panne en seaux..	2 15	2 40
Canistres de 10 lbs....lb.	0 11	0 12¼
" 5 " .... "	0 11¼	0 12⅜
" 3 " .... "	0 11½	0 12½
Composé, en seaux.......	0 00	1 60
Canistres de 10 lbs....lb.	0 00	0 08½
" 5 " .... "	0 00	0 08⅝
" 3 " .... "	0 00	0 08¾
Fairbanks, en seaux......	1 72½	1 75
Cottolene en seaux....lb.	0 00	0 08¾

Sauces et Marinades.

Marinades Morton......dz.	2 10	2 30
" Crosse & Blackwell "	0 00	3 25
" Suffolk, 20 oz...... "	0 00	2 10
" " 16 oz...... "	0 00	1 80
Essence d'anchois...... "	0 00	3 20
Sauce Worcester, ½ ch.doz.	3 50	3 70
" " chop "	6 25	6 50
" Harvey.... ½ " "	3 25	3 55
Catsup de tomates..... "	1 00	4 00
" champignons "	1 90	3 40
Sauce aux anchois..... dz	3 25	3 55
Sauce Chili............. "	3 75	4 05

Sel.

Sel fin, quart, 3 lbs......	2 65	2 75
" " 5 "	2 60	2 65
" " 7 "	2 40	2 50
" ¼ sac 56 "	0 00	0 30
" sac 2 cwts........	0 00	1 00
" gros, sac livré en ville	0 40	0 42½

Sirops.

Perfection.............lb.	0 03	0 03¼
" s. 25 lbs. seau.	0 00	1 20
" seau 3 gall. "	0 00	1 50
Sirop Redpath tins 2 lbs.	0 00	0 09
" " 8 "	0 00	0 35
" Diamond lb........	0 02	0 02½

Sucres.

(Prix aux 100 lbs.)

Jaunes bruts (Barbade)...........		4 37½
" raffinés...........	$4 30	4 90
Extra ground.................qts.		5 60
" " ....bte.		5 80
" " ....½ "		5 85
Cut loaf.......................qts.		5 60
" ....½ "		5 70
" ....bte.		5 60
" ....½ "		5 70
Powdered.....................qts.		5 35
" ....bte.		5 55
Extra granulé ....qts.		5 00
" ....½ "		5 15

Ces prix doivent être augmentés de 5c par 100 lbs pour les villes de Montréal et Québec.

Thés du Japon.

Extra choisi du mois de mai:

Castor No 1..........	lb.	0 00	0 37½
Hibou No 1..........	"	0 00	0 35
Choisi			
Castor No 2..........	"	0 00	0 32½
Hibou No 2..........	"	0 00	0 32½
Bon:			
Hibou No 50.........	"	0 00	0 26
Faucon (Hawk)......	"	0 00	0 25
Spécial:			
Hibou No 100........	"	0 10	0 20
Moyen:			
Otter..................	lb.	0 00	0 18
Commun..............	"	0 14	0 17
Moulu (Siftings).....	"	0 06	0 09
Nibs (choix)..........	"	0 14	0 18

Thés de Chine

Thés verts Young Hyson.

Ping Suey, bts 30 lbs	lb.	0 12	0 14
" ½ cais. (first)	"	0 18½	0 19
" " (points)	"	0 18	0 20
Moyune, caisses.....	"	0 38	0 42

Thés verts Gun Powder.

Moyune, caisses.....	lb.	0 40	0 44
Ping Suey, bts, Pin head	"	0 32	0 35
" " "	"	0 25	0 28
Pea Leaf, choix, bts..	"	0 20	0 22
" commun "	"	0 14	0 16

Thés noirs.

Kaisow...........½ cs	lb.	0 12	0 14
Pan Young........ "	"	0 14	0 16
Keemuns, Kin Tuck "	"	0 18	0 20
Moning, choix..... "	"	0 30	0 34
Packling, boites 20 lbs commun..........	"	0 13	0 15
Packling, boites 20 lbs bon.................	"	0 16	0 18
Packling, boites 20 lbs fin.................	"	0 22	0 25
Orange Pekoe, bts 20 lbs, parfumé.......	"	0 25	0 30
Formosa Oolongs, bts 20 lbs, (le Papillon).	"	0 24	0 30

Thés de l'Inde.

Darjeelings, Bloomfield,	lb.	0 32	0 40
Assam Pekoe....	"	0 20	0 24
Gloria, Pekoe Souchong................	"	0 18	0 20
Amrall, Souchong......	"	0 16	0 18
Gloria, Pekoe..........	"	0 14	0 16

Thés de Ceylan.

Syria, Golden Tipped Pekoe........caisse,	lb.	0 27	0 35
Gallaheria, Flowery Pekoe........caisse,	"	0 20	0 23
Bombra, Pekoe Souchong........caisse.	"	0 16	0 18
Luccombe, Souchong, caisse,	"	0 14	0 16
Golden Tipped Pekoe, (marque Abeille), No 8, caisses 40 lbs, (10 x 1 lb et 60 x ½ lb)..................	"	0 38	0 38
Flowery Pekoe, (marque Abeille), No 9, caisses 40 lbs, 10 x 1 lb et 60 x ½ lb)...	"	0 28	0 30
Flowery Pekoe Nayabedde demi caisses	"	0 24	0 27
Ceylon Pekoe Karana demi caisse	"	0 24	0 27

Vernis.

Vernis à harnais......gal.	0 00	1 80
" " ......dz.	1 10	1 20
" à tuyaux...... gal.	0 00	0 90
" Parisien........dz.	0 70	0 75
" Royal polish... "	0 00	1 25

Vins.

Non Mousseux.

Bordeaux ord.......caisse	2 60	3 50
" " ....gal.	0 90	1 10
" Médoc....caisse	4 65	5 65
" St-Julien. "	5 65	6 65
" Château "	4 25	21 00
Bourgogne.......... "	7 00	20 00
Bourgogne, ordinaire gal.	0 90	1 10
Sicile.................. "	1 35	1 60
Sherry..............caisse	4 50	11 00
" ....gal.	0 95	4 00
Porto..............caisse	6 00	15 00
" Gordon & Cie. "	0 00	3 75
" ....gal.	2 10	4 00
Moselle............caisse	15 00	21 00
Sauternes.......... "	5 65	6 65
Graves............. "	5 50	6 50
Malaga, Gordon & Cie "	0 00	4 00
Claret L. Pinaud qts "	0 00	2 60
" Faure Frères...gal.	0 00	0 90
Robertson Bros Oporto gal.	1 50	10 00
" " Sherry cs.	0 00	10 00
" " " gal.	1 50	8 50

Mousseux.

(Prix à la caisse.)

	qrts.	pts.
Bourgogne Mousseux	00 00	00 00
Moselle Mousseux........	16 00	21 00
Hock Mousseux...........	15 50	17 00
Saumur, Tessier & Co.....	13 00	14 50
" Norea Raphael..	13 00	14 50
" Castellane......	12 50	14 00

Champagnes.

	qrts.	pts.
J. Mumm.................	23 00	25 00
G. H. Mumm..............	28 00	30 00
Arthur Rœderer..........	22 00	24 00
Vve Clicquot..............	28 00	30 00
Eug. Clicquot.............	24 00	00 00
Pommery..................	28 00	30 00
Fréminet..................	23 00	24 00
Louis Rœderer	28 00	30 00
Piper Heidsick............	27 00	29 00
Perrier-Jouet.............	28 00	30 00
E. Mercier & Cie., carte d'or	28 00	30 00
Vin des Princes...........	22 00	23 00
Vin d'été..................	16 00	17 00
E. Cazanove...............	22 00	00 00
Tessier.....................	14 00	15 50
Imperial extra dry........	00 00	15 09
Couvert, très sec.........	20 00	22 00
Théop. Rœderer:		
Cristal Champagne.......	40 00	42 00
Réserve Cuvée............	26 00	28 00
Sportsman Ch............	16 00	18 00

Bois de chauffage

Prix payé par marchands, aux chars, gare Hochelaga

Erable	la corde......		5 50
Merisier	do	....	5 25
Bouleau, etc.	do	....	0 00
Epinette	do	....	4 50
Slabs, par chars	....	....	0 00
do en barge, la corde. ..		2 40	2 75
Rognures, le voyage.......		1 50	2 25

Charbons

PRIX DE DETAIL

Grate	par tonne de 2000 lbs..	6 75
Furnace	do ..	6 75
Egg	do ..	6 75
Stove	do ..	7 00
Chesnut	do ..	7 00
Peanut	do ..	5 00
Screenings	do 2240 lbs..	5 10

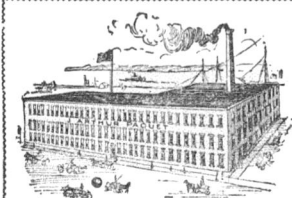

Vale Grate	do 2000	..	0 00
Welsch Anthracite	do do	..	5 75
Picton	do 2240	}	
Cape Breton	do do	}	
Glace Bay	do do	}	0 00
Sydney	do do	}	
Reserve	do do		
Charbon de forge	do 2000	..	0 00
Lehigh pour fond.	do do	..	0 00
Coke do	par chaldron.....		0 00
do usage domestique..............			0 00
do do do	concassé.....		0 00

* Selon distance et qualité.

Cuirs et Peaux.

Cuirs à semelles.

(Prix à la livre.)

Spanish No 1, 18 lbs moy.	0 26	0 27
" No 1,25 lbs et au-d.	0 00	0 26
" No 1, léger........	0 25	0 26
" No 2, "	0 00	0 25
" No 2, 18 lbs moy..	0 00	0 26
Zanzibar	0 23	0 24
Slaughter sole No 1 steers.	0 28	0 30
" " No 1 p. ord.	0 28	0 30
" " No 2 "	0 25	0 27
" union crop No 1	0 30	0 32
" " No 2	0 28	0 30

Cuirs à harnais.

(Prix à la livre.)

Harnais No 1............	0 33	0 35
" No 1 R...........	0 32	0 34
" No 2............	0 30	0 33
" taureau No 1....	0 00	0 30
" " No 2....	0 00	0 28

Cuirs à empeignes.

(Prix à la livre.)

Vache cirée mince........	0 40	0 45
" forte No 1....	0 00	0 40
Vache grain. pesante.....	0 40	0 45
" écossaise	0 38	0 40
Taure française..........	0 95	1 00
" anglaise...........	0 90	1 00
" canadienne, Lion.	0 75	0 85
Veau can. 25 à 30 lbs....	0 75	0 80
" 36 à 45........	0 60	0 65
" 45 et plus.....	0 50	0 60
Vache fendue Ont H......	0 25	0 30
" " H. M ..	0 25	0 30
" " Med ...	0 25	0 30
" " junior .	0 21	0 23
" Qué.sen.h.à.m.	0 24	0 28
" Jun.m.à light.	0 20	0 23
Cuir rouge pour Mocassin Steer, le No..............	0 00	0 08
Cuir rouge pour Mocassin Bull, le No...............	0 00	0 07
Cuir rouge pour Mocassin Steer, la livre............	0 33	0 38
Cuir rouge pour Mocassin Bull, la livre.............	0 30	0 35

Cuirs vernis.

Vache vernie.........pied	0 16	0 18
Cuir verni "Enamel" "	0 15	0 17

Cuirs fins.

Mouton mince.........dz.	3 00	6 00
" épais.......... "	10 00	0 00
Dongola glacé, ord...pied	0 14	0 25
Kid Chevrette........ "	0 25	0 30
Chèvre des Indes glacée"	0 08	0 10
Kangourou .... "	0 35	0 50
Dongola dull.......... "	0 20	0 30
Buff d'Ontario H... "	0 14	0 15
" H. M... "	0 13	0 14
" M... "	0 00	0 13
" L. M... "	0 00	0 13
" No 2... "	0 00	0 12
Buff de Québec H... "	0 13	0 15
" H. M... "	0 13	0 14
" M... "	0 00	0 13
" L. M... "	0 00	0 13
" No 2... "	0 00	0 12
Glove Grain Ontario.. "	0 13	0 15
" " Québec.. "	0 13	0 14
Pebble " Ontario.. "	0 14	0 15
" " Québec .. "	0 13	0 14

Cuirs à bourrures.

Cuir à bourrure No 1.....	0 00	0 20
" N 2.....	0 00	0 18
Cuir fini français... ...	0 00	0 20
" russe	0 20	0 25

Peaux.

(Prix payés aux bouchers.)

Peaux vertes, 1 lb, No 1	0 00	0 08
" " No 2	0 00	0 07
" " No 3	0 00	0 06
Veau No 1............ lb.	0 00	0 08
" No 2............ "	0 08	0 06
Agneaux pièce	0 00	0 70
" en laine "	0 00	0 00
Moutons "	0 00	0 00
Chevaux......... No 1...	0 00	2 00
" .... No 2...	0 00	1 50

Pour peaux asorties et ins ectées.)

Laines.

Toison du Canada... .lb.	0 00	0 17
Arrachée, non asso· ie. "	0 17	0 17½
A, extra supérieure.... "	0 17½	0 18½
B, supérieure......... "	0 17½	0 18½
Noire, extra........... "	00	0 16
Noire . ... "	0 00	0 15½

Fers et Métaux.

FERRONNERIE ET QUINCAILLERIE

Fers à cheval.

Ordinaires...........baril	3 50	4 00
En acier.................	3 60	4 05
"Fer à repasser".......lb	0 04	0 04¼

"Fiches":

Pressées ¼ p. Esc. 25 p.c.	4 75	0 00
" 5-16 "	4 50	0 00
" ⅜ "	4 25	0 00
" 7-16 "	0 00	4 10
" ½ "	0 00	3 90

Fil de fer

Poli et Brûlé.

No 2 à 5, net.........100 lbs	2 87
" 6 à 9 "	2 80
" 10 "	2 87
" 11 "	2 94
" 12 "	3 00
" 13 "	3 15
" 14 "	3 27
" 15 "	3 40
" - 16 "	3 55

Brulé et huilé 10c de plus par 100lbs pour chaque numéro.

Galvanisé Nos 2 à 8, net..	3 85	3 95
" 9 "	3 10	3 20
" 10 "	4 00	4 10
" 11 "	4 05	4 15
" 12 "	3 25	3 35
" 13 "	3 35	3 45
Brulé; p. tuyau..100 lbs	6 00	7 00
Barbelé p. clôtures, 100 lb.	3 20	3 30
Crampes.......... "	0 00	3 45
Fil de laiton à collets..lb.	0 37½	0 46
Fonte Malléable....... "	0 09	0 10
Enclumes.............. "	0 11	0 11½

Charnières.

T. et "Strap"..........lb.	0 05	0 06
Strap et Gonds filetés.....	0 03	0 03¾

CLOUS, ETC.

Clous à cheval.

No 7...............100 lbs.	24 00
No 8............... "	23 00
No 9 et 10.......... "	22 00

Escompte 50 p. c. 1e gal.
" 50 et 10 p. c. 2e ga.
Boites de 1 lb., ½c. net extra.

Clous coupés à chaud.

De 4½ à 6 pcs.........100 lbs.		2 35
3½ à 4 " .... "		2 40
3 à 3¼ " .... "	à 4 mois	2 45
2½ à 2¾ " .... "	à 4 mois	2 50
2 à 2¼ " .... "	à 4 mois	2 65
1½ à 1¾ " .... "	à 4 mois	2 75
1¼ " .... "	à 4 mois	3 00
1 " .... "	à 4 mois	3 35

Clous à finir.

1 pouce................100 lbs.	à 4 mois	3 85
1¼ " ....100 lb.	à 4 mois	3 55
1½ et 1¾ pcs......... "	à 4 mois	3 30
2 et 2¼ " .... "	à 4 mois	3 05
2½ à 2¾ " .... "	à 4 mois	3 00
3 à 6 " .... "	à 4 mois	2 95

Clous à quarts.

⅞ pouce...............100 lbs.	à 4 mois	3 60
1⅛ " .... "	à 4 mois	3 35

Clous à river.

1 pouce.......100 lbs.	à 4 mois	3 85
1¼ " ...... "	à 4 mois	3 55
1½ à 1¾ " ...... "	à 4 mois	3 30
2 à 2¼ " ...... "	à 4 mois	3 05
2½ à 2¾ " ...... "	à 4 mois	3 00
3 à 6 " ...... "	à 4 mois	2 95

Clous d'acier, 10c. en sus.

" galvanisés 1 pouce .100 lbs.	6 35
" à ardoise, 1 pouce... "	3 85

Clous de broche.

1 pouce, No 16, prix net, 100 lbs	4 10
1 " No 15 " "	3 85
1¼ " No 14 " "	3 50
1½ " No 13 " "	3 25
1¾ " No 12 " "	3 25
2, 2¼ " No 11 " "	3 15
2½ " No 10½ " "	3 00
2¾ " No 10 " "	3 00
3 pouces. " "	2 95
3½ et 4 " "	2 90
5 et 6 pouces " "	2 85

Limes, râpes et tiers-points.

1re qualité, escompte.......60 et 10 p.c.
2me " " ....70 p.c.
Mèches de tarrière, esc............55 p.c.
Tarrières, escompte.................55 p.c.
Vis à bois, fer, tête plate 80 p.c.
" " " ronde 75 "
" cuivre tête plate 75 "
" " " ronde, 67½ "
Boulons à bandage........65 à 67½ p.c.
" à lisses.......................75 p.c.
" à voiture.................. 65 p.c.

Métaux.

Cuivres.

Lingots.................lb.	0 14	0 15
En feuilles............. "	0 16	0 17

Etain.

Lingots.................lb.	0 37	0 38
Barres.................. "	0 38	0 39

Plomb.

Saumons.................lb.	0 00	0 04¾
Barres.................. "	0 05	0 05¼
Feuilles................ "	0 05¼	0 05½
De chasse............... "	0 06	0 06½
Tuyau..........100 lbs.	5 95	6 25

Zinc.

Lingots, Spelter........lb.	0 05¾	0 06
Feuilles, No 8.......... "	0 07	0 07¼

Acier.

A ressort.........100 lbs.	0 00	3 50
A lisse............ "	1 90	2 00
A bandage........ "	2 00	2 10
A pince........... "	2 25	2 50

Fer en barres.

Canadien..........100 lbs	1 60	1 70
De Norvège...... "	4 25	4 50

Fontes.

Calder........ ...tonne..	25 00	26 00
Carnbroe......... " ..	25 00	26 00
Glengarnock..... " ..	00 00	00 00
Summerlee....... " ..	25 50	26 50

Matériaux de construction

PEINTURES. 100 lbs.

Blanc de plomb pur......	0 00	6 50
" " No 1..	0 00	6 12½
" " " 2..	0 00	5 75
" " " 3..	0 00	5 37½
" " " 4..	0 00	5 00
" " sec....	6 00	7 50
Rouge de Paris, Red Lead.	5 00	5 50
" Venise, anglais.	1 50	2 00
Ocre jaune...............	1 50	2 00
" rouge...............	1 50	2 00
Blanc de Céruse..........	0 45	0 65
Peintures préparées ..gal.	1 20	1 30
Huile de lin crue(net cash)	0 00	0 82
" bouillie "	0 00	0 85
Ess. de Térébenthine "	0 00	0 63
Mastic....................	2 35	2 80
Papier goudronné rouleau	0 45	0 50
" " 100 lbs	1 60	1 75
" feutre "	2 00	2 20
" gris rouleau	0 30	0 33
" à couv. roul. 2-plis	0 75	0 80
" " " 3 plis	1 00	1 10
I. C. Pure white lead......	0 00	6 25
I. C. " paint....	0 00	6 00
I. C. Special Decorators...	0 00	6 00
No 1 I. C. White lead....	0 00	5 87½
No 1 Star lead............	0 00	5 50

VERRES A VITRES

United 14 @ 25..50 pds.	.....	2 00
" 26 40.. "	.....	2 10
" 41 50 100 pds.	.....	4 50
" 51 60 "	.....	4 75
" 61 70 "	.....	5 25
" 80	.....	5 75

Bois durs.

Prix de détail.

Acajou de 1 à 3 pouces	les 100 pieds....	$12 00	30 00
Cèdre rouge ¼ de pouce	le pied	25 00	35 00
Noyer noir 1 à 4 pouces	do	00 00	16 00
Noyer noir 6 x 6, 7 x 7, 8 x 8	do	00 00	16 00
Cerisier 1 à 4 pouces	do	10 00	15 00
Frêne 1 à 3 pouces	le M	25 00	30 00
Merisier 1 à 4 pouces	do	00 00	30 00
Merisier 5 x 5, 6 x 6, 7 x 7, 8 x 8	do	00 00	35 00
Erable 1 à 2 pouces	do	00 00	40 00
Orme 1 à 2 pouces	do	00 00	25 00
Noyer tendre 1 à 2 pouces	do	00 00	41 00
Cotonnier 1 à 4 pouces	do	45 00	50 00
Bois blanc 1 à 4 pouces	do	25 00	30 00
Chêne 1 à 2 pouces rouge	do	00 00	60 00
Chêne 1 è 2 pouces blanc	do	00 00	60 00
Chêne scié sur grain	do	75 00	100 00

Plaquage (veneers):

Uni	le pied	0 90	1 00
Français	do	0 00	0 15
Américain	do	0 10	0 12
Erable piqué	do	0 10	0 12
Noyé noir ondé	do	0 00	0 10
Acajou (mahogany)	do	0 02	0 10

Bois de Service

Pin

Prix en gros.

1 pouce strip shipping cull	6 à 16 pieds	le M.	$14 00	17 00
1¼, 1½ et 2 pouces shipping cull	do	do	14 50	17 50
1 pouce shipping cull sidings	do	do	16 00	18 00
1¼, 1¼ et 2 pces do	do	do	16 50	18 50
1 pouce qualité marchande	do	do	25 00	35 00
1¼, 1½ et 2 pcs do	do	do	27 50	37 50
1 pouce mill cull, strip, etc. No 2	do	do	10 00	12 00
1¼, 2½ et 2 pcs de	do	do	10 50	12 50
1 pouce mill cull No 1	do	do	14 00	16 00
1, 1½ et 2 pcs do	do	do	14 50	16 50
3 pouces do	do	do	14 00	16 00
do do No 2	do	do	9 00	10 00

Epinette

1 pouce mill cull	5 à 9 pouces	do	10 00	12 00
1¼, 1½ et 2 pouces mill cull	do	do	10 00	12 00
3 pouces mill cull	do	do	10 00	12 00
1, 1¼, 1½ et 2 pouces qualité marchande	do	do	14 00	16 00

Pruche

1, 2 et 3 pouces		do	11 00	13 00
Colombages en pin, 2 x 3, 3 x 3 et 3 x 4—aux chars		do	14 00	16 00
Lattes—1ère qualité	le mille	do	2 75	2 80
2ème do	do	do	2 40	2 60
Bardeau pin XXX	16 pouces	do	0 00	0 00
do XX	do	do	0 00	0 00
do X	do	do	0 00	0 00
do 1ère qualité	18 pouces	do	0 00	0 00
do 2ème do	do	do	0 00	0 00
Bardeaux cèdre XXX	16 pouces	do	2 00	3 00
do XX	do	do	2 40	2 50
do X	do	do	1 50	0 00
Bardeaux pruche marchande	do	do	0 00	0 00

Charpente en pin

de 16 à 24 pieds—3 x 6 à 3 x 11	do	18 00	22 00
de 25 à 30 do do do	do	20 00	24 00
de 31 à 35 do do do	do	26 00	28 00
de 16 à 24 do 3 x 12 à 3 x 14	do	20 00	26 00
de 25 à 30 do do do	do	24 00	28 00
de 31 à 35 do do do	do	30 00	32 00

Bois carré—pin

de 16 à 24 pieds—de 5 à 11 pouces carrés	do	18 00	22 00
de 25 à 30 do do do	do	20 00	24 00
de 31 à 35 do do do	do	20 00	26 00
de 16 à 24 do de 12 à 14 pouces carrés	do	22 00	26 00
de 25 à 30 do do do	do	24 00	28 00
de 31 à 35 do do do	do	30 00	32 00

Charpente en pruche

de 17 à 30 pieds jusqu'à 12 pouces	do	18 00	22 00
Charpente en épinette	do	18 00	22 00
do do rouge		28 00	35 00

LEDUC & DAOUST

MARCHANDS DE GRAINS et de PRODUITS
EN GROS ET A COMMISSION

Spécialité : Beurre, Fromage, Œufs et Patates.

AVANCES LIBERALES FAITES SUR CONSIGNATIONS. CORRESPONDANCE SOLLICITEE....................

1217 ET 1219, RUE SAINT-JACQUES, MONTREAL

POISSONS.. Hareng du Labrador. Hareng du Cap Breton. Morue No 1 et No 2. Morue Sèche. Saumon, Truite, Flétant, Sardines, Etc., Etc. Huile de Morue et de Loup Marin.

AUSSI : FARINE, LARD, SAINDOUX, BEURRE, FROMAGE, Etc. Etc.

J. B. RENAUD & CIE

126-140 Rue Saint-Paul, - - - QUEBEC.

VINAIGRES PURS Nous recommandons tout spécialement aux **Epiciers et Marchands Généraux** notre marque **TIGRE.**

Prix défiant toute compétition.

LA CIE CANADIENNE DE VINAIGRE, 35A, RUE ST-ANTOINE, MONTREAL.

Manufacture sous la surveillance du Revenu de l'Intérieur. Ecrivez pour liste de prix et échantillons.

NAZAIRE TURCOTTE & CIE

- IMPORTATEURS -

Thés, Liqueurs et Epiceries

- - QUEBEC - -

LES CAFÉS SUPÉRIEUR-SPÉCIAL-EXTRA

Sont reconnus les meilleurs pour la force, l'arôme, la saveur.

Prix 15 p.c. à 25 p.c. plus bas que tous les autres cafés.

Demandez Echantillons et Prix.

LANGLOIS & PARADIS, QUEBEC.

TELEPHONE MAIN 3978

GEORGE HODGE & CO.

Exportateurs de Beurre et Fromage, 45 RUE WILLIAM MONTREAL

Nous payons le plus haut prix du marché pour Beurre et Fromage de la première qualité.
Attention spéciale donnée aux consignations de Beurre et Fromage.
Prompt retour pour toute consignation. Correspondance sollicitée.

BOITE DE POSTE 296. TELEPHONE MAIN 1771.

FRANK DUCKETT

Exportateur de Beurre et Fromage, 55, 57 et 59 Rue William, Montréal.

Nous payons le plus haut prix du marché pour Beurre et Fromage de première qualité.
Attention spéciale donnée aux consignations de Beurre et de Fromage.
Prompt retour pour toute consignation. CORRESPONDANCE SOLLICITÉE.

LAKE OF THE WOODS MILLING CO., Ltd.

Les moulins à farines les plus parfaits en Canada. Capacité : 2,500 barils par jour.

Moulins à KEEWATIN et PORTAGE LA PRAIRIE, Manitoba.

Des élévateurs à outes les localités importantes à blé dans le Nord-Ouest. Toutes sortes de farines de blé dur, en barils et en sacs. Les prix et les autres informations sont fournis sur demande.

Bureau : Edifice du Board of Trade, MONTREAL.

E. DOUVILLE, Plombier
137B rue St-Urbain, Montréal.

HORMISDAS CONTANT, Entrepreneur Plâtrier, 290 rue Beaudry. Phone Bell E. 1177.

L. GIRARD & CIE, Plombiers, Couvreurs, Ferblantiers. Spécialité : Corniche en tôle galvanisée. 695 rue St-Denis. Tel. Marchands 1910. Tel. Bell, Est 1017.

O. M. LAVOIE,

Peintre-Décorateur,
Peintre d'Enseignes
et de Maisons.
Tapissier et Blanchisseur,
No 482 rue St-Hubert.

Telephone East 1412. Montréal.

Mc Caskill, Dougall & Co
Fabricants de
Vernis Fins
et Japans.
Montreal

Laurence & Robitaille

MARCHANDS DE

Bois de Sciage et de Charpente

BUREAU ET CLOS

Coin des rues Craig et St-Denis

Bell Tél., Main 1488.
Tél. des Marchands, 804.
MONTREAL

CLOS AU CANAL

Coin des Rues William et Richmond

Bell Tél., Main 3844

Tel. Bell Main 3951 Tel. Marchands 1381

T. PREFONTAINE & CIE

LIMITÉ

Bois de Sciage et de Charpente

GROS ET DETAIL

Bureau : coin des rues NAPOLEON ET TRACY

STE-CUNEGONDE

Clos à bois, le long du Canal Lachine, des deux côtés. Téléphone Bell 8141, Montréal.

Spécialité : Bois préparés de toutes façons, assortis par longueurs et largeurs en grande quantité.

L. N. DENIS

Tapissier-Decorateur
Blanchissage,
Peinture à façon.

Stock considérable de Papiers Peints, Ferronneries. Prix défiant toute concurrence.

Tel. Bell East 1774
Tel. Marchands 166

313 rue St-Laurent,
MONTREAL

SPÉCIALITÉS

Articles divers.

Couleur à beurre Dalley, 2 oz., dos.	1 25
Graine de canari, F. F. Dalley Co :	
Spanish bird seed, cse 40 lbs 0 00	0 06½
Dalley's " " " " 0 00	0 06
Sel céleri Dalley, 2 oz., dz.....	1 25
Poudre Curry Dalley, 2 oz., dz.	1 75
Vito Castile Soap Powder cse 100	3 10

Adams' Root Beer Extract et Adams' English Ginger Beer.

boites de ¼, ½ et 1 grosse,	
grandeur 10 en .... doz.	0 80
" " .... la gr.	9 00
En boites de ¼ de grosse,	
grandeur 25 cents........ la doz.	1 75
" " .... la gr.	20 00

Balais Boeckh.

A, 4 cordes, fini peluche.........	$4 45
B, 4 " " fantaisie........	4 20
C, 3 " " peluche........	3 95
D, 3 " " fantaisie........	3 70
F, 3 " " au fil de fer......	3 45
G, 3 " " " "	3 20
I, 3 " " " "	2 95
K, 2 " pour fillettes.........	2 60

Bières.

Bass Ale.	qts	pts
Head Bros. Dog's Head.....	2 55	1 57½
Guinness' Stout.		
Read Bros. Dogs'Head....	2 52½	1 50

Cafés.

Madden Cereal Health Coffee,	
6 oz, la cse de 100 paq........	6 50
" ½ " 50 "	3 35
" ¼ " 25 "	1 75
paq. de 1¼ lb., la cse de 12....	2 25
" " " 24....	4 40

Chocolats et Cacaos.

Chocolats Cowan.

French Diamond 6 div. 12 lbs, lb.			0 23
Queen's dessert, ¼ et ½......		"	0 40
" " 6 div........		"	0 42
Mexican Vanilla, ¼ et ½....		lb.	0 35
Parisien, morc. à 5c..........		"	0 30
Royal Navy, ¼ et ½..........		"	0 30
Chocolate Icing pa	1 lb.	dz.	2 25
" "	½ "	"	1 25
Pearl Pink Icin	1 "	"	1 75
White Icing	1 "	"	1 75

Chocolats Hérelle

Santé, ¼, ½, 1-6 lb—bte 10 lbs.	$2 40
Vanillé, ½, ¼ lb do	3 15
Pastilles, Bte 5 lbs	1 00

Cacaos Cowan.

Hygiénique, en tins de ½ lb....dz.	3 75
" " ¼ lb.... "	2 25
" " 5 lbs...lb.	0 55
Essence cacao non sucré......dz.	1 40
" " sucré, tins ¼ lb. "	2 25

Cirages.

F. F. Dalley Co.

English Army............	cse ½ gr.	9 00
No 2 Spanish...........	"	3 60
No 3 "	"	4 50
No 5 "	"	7 20
No 10 "	"	9 00
Yucan Oil................	cse 1 doz.	2 00
N. Y. Dressing............	"	0 75
Spanish Satin Gloss......	"	1 00
Crescent Ladies Dressing	"	1 75
Spanish Glycerine Oil....	"	2 00

Confitures et Gelées.

Lazenby.

Tablettes de Gelées 13 var....pts.	1 20

Conserves alimentaires.

Spécialités de W. Clark.

Compressed Corned Beef	1s.	la dz.	$1 50
" "	2s.	"	2 60
" "	4s.	"	5 15
" "	6s.	"	7 10
" "	14s.	"	18 50
Ready Lunch Beef......	2s.	la dz.	2 50
Geneva Sausage........	1s.	"	1 65
" "	2s.	"	3 00
Cambridge "	1s.	"	1 55
" "	2s.	"	2 75
Yorkshire "	1s.	"	1 25
" "	2s.	"	2 25
Boneless Pigs Feet.....	1s.	"	1 40
" " "	2s.	"	2 40
Sliced Smoked Beef....	½s.	"	1 40
" " "	1s.	"	2 30
Roast Beef...............	1s.	"	1 45
" "	2s.	"	2 60
Pork & Beans with sauce	1s.	"	0 50
" " "	2s.	"	1 00
" " "	3s.	"	1 50
" Plain....	1s.	"	0 45
Wild Duck Patés........	½s.	"	1 00
Partridge "	½s.	"	1 00
Chicken "	½s.	"	1 00
Veal & Ham "	½s.	"	1 00
Ox Tongue (Whole)....	1½s.	"	7 70
" " "	2s.	"	8 80
" " "	2½s.	"	10 00
Lunch Tongue..........	1s.	la dz.	3 00
"	2s.	"	6 00

Potted Meats ½s.

Ham	la dz. .50
Game........................	
Hare........................	
Chicken.....................	
Turkey......................	
Wild Duck...................	
Tongue......................	
Beef........................	
Chicken Ham & Tongue. ½s. la doz.	1 00

Soupes.

Mulligatawny	Pints.	1 10
Chicken...............		
Ox Tail...............		
Kidney................		
Tomato................		
Vegetable.............	Quarts.	2 20
Julienne..............		
Mock Turtle...........		
Consomme..............		
Pea...................		

Spécialité des Lazenby.

Soupes Real Turtle ......dz.	0 00	9 00
Soupes assorties........ "	3 00	3 75
" " bts carrées "	0 00	1 65

Mines.

Tiger Stove Polish........grande		9 00
" " " .... petite		5 00
Mine Royal Dome.....gr.	1 70	0 00
" James............. "	2 40	0 00
" Rising Sun large dz.	0 00	0 70
" " small "	0 00	0 40
Mine Sunbeam large dz	0 00	0 70
" " small "	0 00	0 35

Eau de Javelle

LA VIGAUDINE

La Vigaudine...........la grosse	$5.40
" ....la doz.	0.50

Eaux Minérales.

Carabana........................cse.	10 50
Hunyadi Matyas............... "	6 00
Pougues St-Leger.............. "	10 50
St-Galmier qts. (source Badoit) cse.	6 00
" pts. " "	7 50
Vichy Célestins, Grande Grille.. "	10 00
" Hopital, Hauterive...... "	10 00
" St-Louis.................. "	00

Empois.

F. F. Dalley Co.

Boston Laundry, cse 40 paq., le paq.	0 07½
Culina Toledo, " 40 " la lb...	0 06½

Grains et Farines.

Farines préparées.

Farine préparée, Brodie	
XXX, 6 lbs....	2 20
" " 3 "	1 15
" superb 6 "	2 10
" " 3 "	1 10
Orge mondée (pot barley) sac	2 20
" ....quart	4 40
" perlée.................sac	3 25

F. F. Dalley Co.	doz.
Buckwheat, paq. 2½ lbs, cse 3 doz.	1 20
Pancake, " 2 " "	1 20
Tea Biscuit " 2 " "	1 20
Graham Flour " 2 " "	1 20
Bread & Pastry " 2 " "	1 20

Spécialités de Lazenby.

Huile à salade..............¼ pt. dz.	1 40
" ....½ pt. "	2 15
" ....pints "	3 75
" ....quarts "	6 50
Crême à salade petits........... "	2 00
" grands................... "	3 75

Liqueurs et spiritueux.

Apéritifs.

Byrrh Wine..............	9 50	10 00
Orange Bernard..........	6 75	7 00
Vermouth Noilly Prat....	6 75	7 00
" Italien.........	6 50	7 00
Saratoga Cock-Tails......par caisse		8 25

Bénédictine

Litres, 12 à la caisse......	18 00	19 00
½ litres, 24 à la caisse	19 50	20 00

Liqueurs Frederic Mugnier, Dijon, France.

Crême de Menthe verte..	00 00	11 00
" " blanche	00 00	11 00
Curaçao triple sec cru....	00 00	12 25
Curaçao triple sec bout...	00 00	12 25
Bigarreau (Cherry B'dy)..	00 00	11 00
Cacao l'Hara à la Vanil...	00 00	12 25
Marasquin................	00 00	13 25
Kirsch ***..............	00 00	11 25
" ***..............	00 00	13 25
Brunelle de Bourgogne...	00 00	12 25
Crême de Framboise.....	00 00	12 25
Fine Bourgogne 12 lit...	00 00	21 15
Eau de Vie de Marc......	00 00	18 25
Crême de Cassis..........	00 00	11 25
Crême de Musigny........	00 00	12 25
Apéritif Mugnier.........	00 00	10 25
Alcool de Menthe.........	00 00	6 15
Absinthe Ed. Pernod......	00 00	14 50

Stowers.

Lime Juice Cordial p. 2 dz.	0 00	4 70
" " " q. 1 "	0 00	4 20
Double Refi. lime j'ce 1 dz.	0 00	3 90
Lime syrup bout. can 1 "	0 00	4 20

V. Porte ;

Cardinal Quinquina.....	00 00	12 00
Vermouth Champagne....	15 00	17 00

Moutardes

W. G. Dunn & Co., London, Ont.

Pure D.S.F. ¼ bte, cse 12 lbs. la lb.	0 34
" " ½ " " "	0 32
" " bte 10c, " 2 à 4 dz la dz.	0 80
" " " 5c, " 4 "	0 40
F. Durham ¼ bte, cse 12 lbs, la lb	0 25
" " ½ " " " "	0 23
Fine Durham, pots 1 lb, chaque	0 24
" " " 4 " "	0 70
" " " 5 " "	0 80
Mustard Butter, bout. 12 oz. la doz.	1 30

F. F. Dalley Co.

Dalley's, vrac, pure...........la lb.	0 25
" bte ½ lb, cse 2 doz..la doz.	2 00
" " ¼ " " 4 " "	1 00
" Superfine Durham, vrac, lb	0 12
" do bte ¼ lb, cse 4 doz, la doz.	0 65
" " ½ " " 2 " "	1 20
" do pots 1 " .... "	2 40
" " 4 " .... "	7 80
" do verres ¼ lb.......... "	0 75

Poudre à Pâte

Cook's Friend.

No 1, 4 doz. au se ½ bte..la doz..	$2 40
" 2, 6 " " .. " ..	0 80
" 3, 4 " " " .. " ..	0 45
"10, 4 " " .. " ..	2 10
"12, 6 " " .. " ..	0 70

Océan.

3 oz., cse 4 doz........la doz..	0 35
4 " " 4 " .... " ..	0 45
8 " " 4 " .... " ..	0 90
16 " " 2 " .... " ..	1 50

F. F. Dalley Co.

Silver Cream, ¼ lb, cse 4 à 6 doz, la doz.	0 75
English " ½ " " " "	1 25
" " 1 " 2 à 4 " "	2 00
Kitchen Queen, ¼ " 4 à 6 " "	0 60
" " ½ " " " "	0 90
English Cream, en verres...... "	0 75
" " pots de ½ lb.... "	1 25
" " " 1½ lb.... "	2 25

Soda à pâte

"Cow Brand"

Boite 60 paquets de 1 lb........	3 00
" 120 " ½ "	3 00
" 30 1 lb et 60 ½ lb..........	3 00
" 96 paquets 10 oz à 5c......	3 00

Produits Pharmaceutiques.

Spécialités Pharmacie Gaudet ;

	Doz.	Gros.
Restaurateur de Robson.	4 00	40 00
Elixir Résineux Pectoral.	1 75	16 00
Pilules Anti-Bilieuses Dr Ney..................	1 50	13 50
Pastilles Vermifuges Françaises.............	1 40	14 00
Anti-Cholérique Dr Ney..	1 75	16 00
Anti-Asthmatique........	3 25	30 00
Poudres Condition Prof. Vink..................	1 75	16 00
Colis Cure Prof Vink.....	3 00	30 00
Spavine Cure Prof Vink..	3 50	35 00

Spécialités de J. A. E. Gauvin ;

5 p.c. d'escompte.

Sirop Menthol...............la doz.		1 65
Sirop d'Anis Gauvin........ "		1 75
" " par 3 doz.		1 60
" " par 1 grosse.		17 00
" " par 5 grosses.		16 00
Graine de lin...........lb.	0 00	0 03
" moulue... "	0 00	0 04

Réglisse

Young & Smylie.

Y. & S. en bâtons (sticks) :

Bte de 5 lbs, bois ou papier, lb....	0 40
"Fantaisie" (36 ou 50 bâtons) bt.	1 25
"Ringed," boite de 5 lbs.......lb.	0 40
"Acmé" Pellets, boite de 5 lbs. (can.)......................bte.	2 00
"Acmé" Pellets, boite fantaisie papier, (40 morc)..........bte.	1 25
Réglisse au goudron et gaufres de Tolu, bts de 5 lbs (can)....bte.	2 00
Pastilles réglisse, jarre en verre 5 lbs.	1 75
Pastilles de réglisse, boite de 5 lbs (can.)...........................	1 50
"Purity" réglisse, 200 bâtons....	1 45
" 100 " ...	0 72½
Réglisse Flexible, bte de 100 morceaux.	
Navy plugs........................	0 70
Tripple Tunnel Tubes..............	0 70
Mint puff straps..................	0 70
Golf Sticks.......................	0 70
Blow Pipes (200 à la bte).........	0 70
do (Triplets, 300 à la bte)	0 70
Manhattan Wafers 2½ lb..........	0 75

Sauces et Marinades.

Spécialités Skilton Foote & Co ;

Golden German Salad, cse 2 doz. flac	5 75
Tomatoe Relish " "	5 75
Chow Chow, cse 1 doz., flacon ½ gal.	3 00
Caulisalsa, cse 2 doz................	5 75

Savon.

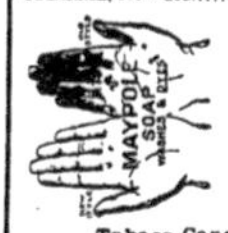

A. P. TIPPET & CO., AGENTS.

Maypole.. Soap, couleurs, par grs.. $12 00

Maypole Soap, noire, par grs.. $18 00

10 p. c., escompte sur lots de grosses.

Tabacs Canadiens.

Spécialités de Joseph Côté, Québec.

Tabac en feuilles.

Parfum d'Italie, récolte 1898, ballots 25 lbs..................	0 30
Turc aromatique, 1899, ballots 25 lbs........................	0 22
Rouge, 1899, ballots 50 lbs......	0 15
Petit Havane " 25 lbs......	0 18
1er choix, 1898, ballots 50 lbs..	0 12
XXXX, " " ..	0 11

Tabacs coupés.

Petit Havane ¼ lb...............	0 35
" " ½ "	0 35
St-Louis, 1-10, 4—10......	0 40
Quesnel ⅛ 5............	0 60
Coté's Choice Mixture ⅛ lb 5......	0 60
Vendome ½ tin.....................	1 15

Cigares.

Bianca 1-20......................	13 00
Bruce 1-20	15 00
Twin Sisters 1-20................	15 00
" " 1-40................	16 00
Côté's fine Cheroots 1-10........	16 00
Beauties 1-20	18 00
Golden Flowers 1-20..............	23 00
" " 1-40..............	25 00
My Best 1-20.....................	25 00
Doctor Faust 1-20................	28 00
" " 1-40................	30 00
St-Louis 1-20....................	33 00
" 1-40....................	35 00
Champlain 1-100..................	38 00
" 1-40...................	28 00
" 1-20...................	38 00
Saratoga 1-20....................	40 00
El Sergeant 1-20.................	50 00

Tabacs.

Empire Tobacco Co.

Fumer :

Empire 9s, 4½s, 3s............	lb.	0 36
Sterling 8s....................	"	0 51
Royal Oak 8s...................	"	0 52
Something good 7s..............	"	29 0
Louise 14s.....................	lb.	0 54
Rosebud, Bars 5½s..............	"	0 44
Chiquer :		
Currency, Bars 10½.............	"	0 39
Patriot Navy 12s...............	"	0 41
Patriot Broad 12s..............	"	0 4.
Old Fox 12s....................	"	0 44
Free trade 8s..................	"	0 44
Snowshoe, Bars 12s, 6s.........	"	0 44

Spécialités de L. P. Langlois & Cie Trois-Rivières :

Tabacs coupés.

Quesnel. ⅛......	0 00	0 60
Rouge et Quesnel, ⅛......	0 00	0 50
Sweet Rose, ⅛......	0 00	0 80

Tabacs à chiquer.

King 12 s. Solace..	0 00	0 35
Laviolette, 12 s. " ..	0 00	0 35
" 12 s. Navy...	0 00	0 35
P. P., 12 s. " ...	0 00	0 35
Regina, Bar 10.........	0 00	0 35
Laviolette, " 12.........	0 00	0 35
Old Boy, Bright Chewing, Bar 12................	0 00	0 35
Villa, Bright Smoking, Bar 8................	0 00	0 35

Vins.

Vins toniques.

Vin St-Michel............qrt caisse	8 50
" " ....pts. 2 dz "	9 50
Vin Vial.......................dz.	12 50
Vin Didace.................. 0 60	1 25

Vinaigres.

Cie Canadienne de Vinaigre.

Tiger, triple...............le gall.	0 33
Bordeaux, de table........ "	0 28
Extra à marinade......... "	0 28
Ordinaire à marinade..... "	0 23
Vin blanc, XXX.......... "	0 25

Eureka Vinegar Works.

5 o/o 30 jours.

Proof	0 35
Eureka	0 30
Crystal	0 27
XXX	0 24
XX	0 18
Malt..............................	0 30

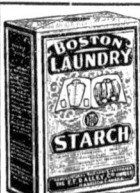

PROVINCE DE QUEBEC

Cessations de Commerce

Sayabec—Côté Ath., cordonnier.

Cessions

Montréal—Bruchési Joseph, négociaut.
Charron C. & Co, mfrs de chaussures.
Quyon—Ritchie & McAdam, mag. gén.
St Henri de Montréal—Rousseau Melle Maria, chaussures.
St Raymond — Moisan Pierre, mag. gén. et bois de chauffage ass 6 nov.

Concordats

Montréal—Montreal Fruit Exchange.

Curateurs

Montréal — Bilodeau & Chalifour à Mde A. Lapointe, hôtel.
Roxton Pond — Dozois J. L., à Jérémie Bachand jr, moulin à scie.

Dissolutions de Sociétés

Montréal—Massey, Howard & Maze, ingénieurs civils etc.
Roy & Co, importateurs, etc.
Paddon & Nicholson, plombier etc.

En Difficultés

Montréal— Sauvageau R., tailleur ass 5 nov.
Duval W. J., mfr de casquettes, offre 25c dans la piastre.

Fonds à Vendre

Lennoxville—Kerr Melle Eliza, modes et nouv.
Montréal— Croil & McCullough (The) Dairy Co, 2 nov.
Villeneuve P. H. & Cie, épic. 8 nov.
Québec — Duperré Dame J. B., modes 2 nov.

Fonds Vendus

Amqui—Langlais J. L., mag. gén. à 63c dans la piastre.
Les Eboulements — Tremblay Chase, mag. gén. à 59c dans la piastre.
Montréal—Lesage E. H. & Co, nouv.
Raymond Louis R., merceries.
Archambault Frères, nouv.
Liffiton C. A. & Co, épices, etc.
Ste Adèle—Forget Xavier, mag. gén.

Nouveaux Établissements

Lachine—Larivière O. et Cie, épic. et bouchers.
Sauvé F. & Co, fruits etc ; Mde F. Sauvé.
Montréal—Bougie et Frères, hôtel.
Kohr Dr (The) Medecine Co.
Leclaire Mde B., négociant.
London (The) Mutual Fire Ins. Co of Canada.
Morin V. & Co, bois et charbon.
Théâtre National Français.
Vallée C. & N., hôtel ; Nap. Vallée.
Hughes (The) Owens Co Ltd, épongeurs de drap.
La Société Anonyme des Desbats.
Wright (The) Paper Roller Bearing Co Ltd. demande charte.
Québec—La Cie de Pulpe de Peribonka.
St Henri de Montréal—Lussier T. & Co, charrons.

PROVINCE D'ONTARIO

Cessations de Commerce

Seaforth—Ellis & Kain, hôtel ; Geo. E. Henderson succède.

Cessions

Crookston—Lyster Chs H., mag. gén., ass. 1 nov.
Galt—Blair Tea Co.
Ganonoque—Latimer W. F., nouv., etc.
Guelph—Duignan Bros, épic.
Niagara Falls—Biggar Amelia L., épic.
Ottawa—Highman John, plombier, etc., ass. 5 nov.
South Mountain—Slater Daniel, tailleur.

Décès

Aylmer—O'Neil Ralph, hôtel.
Seaforth—Stewart James, restaurant.
Sharon—Rose Alonzo, hôtel.

Dissolution de Sociétés

Gravenhurst—Blain & Graves, mag. gén.

En Difficultés

Ottawa—Lamb Wm (The) Mfg Co, Ltd, mfr de biscuits, etc.
Roos John, tabac.

Fonds à Vendre

Bright—Bristow E. J., mag. gén.
Gommorah (Moffat)—Park Thos, forgeron.
Hamilton—Rule & Co, marchands tailleurs ; 5 nov.
Tolton & McKay, mercerières et mfrs de chemises ; les merceries seulement.
Kingston—Squire (The) Co quincaillerie etc, 14 nov.
Walkerton—Magee E., épic. etc.

Fonds Vendus

Aurora—Griffith A., farine et grain.
Bradford et Sault Ste Marie—Bemrose Bros mag. gén., le magasin de Bradford à Moore Bros.
Orangeville—Gray & Co, ferblanterie etc. à Brett & Leighton.
Port Arthur—Shera & Co, nouv. à H. P. Dawson.
Seaforth—Henderson Geo. E., hôtel à Mde Hunter.
Strathroy et Sarnia—Marshall E. M., quincaillerie ; le stock de Strathroy à F. Haney.
St Thomas—Loidlaw John épic. à Wm Trott.

Incendies

Grand Valley—Hopkins R. R., pharmacie.
McLaughlin Thos, épic. etc.
Newberry J. & Son, épic. etc.
Sarnia—Kerby & Co, nouv.

Nouveaux Établissements.

Blyth—McBeath D., mag. gén.
Hawkesbury — McCulloch Melle J., modes a ouvert une succursale à Vankleek Hill.
Toronto — Cuban (The) Cigar Co, mfr de cigares, au lieu de Reid et Howse.

NOUVEAU BRUNSWICK

Cessations de Commerce

Bathurst—Gallant Amos, mag. gén.
Loggieville — Fraser A. J., mag. gén. ; Mary Fraser succède.

Fonds à Vendre

St Jean—Beverly Geo. F., quincaillerie.
Keast J. W., épic. etc.

Incendies

St Jean—Howard Wm, épic.

Nouveaux Établissements

Bathurst—Melanson Bros, mag. gén.
Golden Grove Mills—Golden Grove Mills Co Ltd, demande charte.
St Stephens—Robinson & McLeod, épic.
Woodstock—Lee John H., quincaillerie.

NOUVELLE-ECOSSE

Fonds à Vendre

Truro—McLellan Mde W. L., hôtel.

Cessions

Amherst— Brownell Eph. D., bois de sciage.

Décès

Halifax—Pyke Geo. A. & Son, épic. en gros ; Geo. A. Pyke.
North Sydney—Lawlor D. & Son, marchands-tailleurs.

Fonds Vendus

Maccan—McRae A., hôtel.
South Side—Nickerson Dan., épic.

Nouveaux Etablissements

Acadia Mines— Smith G. R., mag. gén., a ouvert une succursale à Sydney.
Annapolis—Demers N., chaussures.
Canning—Jacobson & Cohen Bros, nouv.
Bridgewater—Ducoffe & Rubin, nouv.
Kentville—Carney W. G., hôtel.
Lawrencetown — Britt A. H., articles de fantaisie.
Maccan—Babineau Placide, hôtel.
Millevale—Stonehouse E. J., mag. gén.
Sydney—Harrie T., nouv.
Impérial Oil Co, Ltd. a ouvert une succursale.
Weymouth Bridge—Comeau & d'Entremont, chaussures.

MANITOBA ET TERRITOIRES DU NORD-OUEST

Cessions

Selkirk West—Bullock Robert, mag. gén.
Treherne—Barkwell C. W., épic. et merceries.
Winnipeg—Udow Jacob, hardes.

Dissolutions de Sociétés

Wapella — Thompson et Sutherland, quincaillerie ; J. W. Sutherland continue.

Fonds Vendus

Glendale—Hatch H. E., mag. gén.
Lethbridge—Ashcroft James, hôtel, à M. E. Roy.

Nouveaux Établissements

High River—Boyce B. F., hôtel.

COLOMBIE ANGLAISE

Cessations de Commerce

Vancouver—Leland Hotel Co, Robt Dowswell succède.

Décès

North Thompson—Roth Geo., mag. gén.
Rivers Inlet—Wadhams E. A., saumon en conserve.

Dissolutions de Sociétés

Fernie—Hayes & Howard, mag. gén.; Geo. E. Hayes continue.

Fonds à Vendre

Victoria—Carne Fred. jr épic.

Nouveaux Établissements

Greenwood—Law McQuaid Co Ltd liqueurs.
Vancouver — Palace Clothing House Ltd merceries.
Vancouver & Victoria—M. P. D. (The) Jobbing & Supply Co, merceries.

PROVINCE DE QUEBEC

Cour Supérieure.

ACTIONS

DÉFENDEURS.	DEMANDEURS.	MONTANTS
Absents		
Newcomb Wm P...........	Jas Shaw	332
Dayton		
Stilwell (The) Bierce & Smith Vaile Co..	The Chambly Mfg Co	1e cl.
Foster		
Légaré Théop.........	P. F. Mailloux	111
Laprairie		
Roberge Dame Marie A. B. E. et vir et al......	J. O. Bétournay esqual	1e cl.
Longue-Pointe		
Delorme Martial....	Dame Philomène Bernard esqual	147
Montréal		
Adams Arth. S. et al.......	M. Tapley	135
Brindle Edw......	Edm. Bell (capias)	79

La Cie d'Assurance d'Angleterre
SÉCURITÉ ABSOLUE
Capital et Actif dépassant $20,000,000

LANCASHIRE

Succursales au Canada :
Bureau Chef à TORONTO. **J. G. THOMPSON, Gérant.**
Inspecteurs : A. W. GILES et J. A. FRIGON.

OTTAWA FIRE INSURANCE CO.

(Compagnie d'Assurance contre le Feu OTTAWA)

Capital : $1,000,000

Bureau Principal pour la Province de Québec : 1831 **Rue Saint-Jacques,**
CARSON BROS. Agents en Chef. **MONTREAL.**

Western Assurance Co.

Compagnie d'Assurance contre le Feu et sur la Marine
INCORPOREE EN 1851

CAPITAL SOUSCRIT	$2,000,000
CAPITAL PAYE	1,000,000
ACTIF, au-delà de	2,320,005
REVENU ANNUEL, au-delà de	2,530,000

BUREAU PRINCIPAL, TORONTO, Ont.
HON. GEO. A. COX, Président. J. J. KENNY, Vice-Prés. et Directeur-Gérant.
C. C. FOSTER, Secrétaire.
Succursale de Montréal : 189 rue Saint-Jacques
ROBT. BICKERDIKE, Gérant. ROUTH & CHARLTON, Agents de la Ville.

FONDÉE EN 1710

SUN FIRE INSURANCE

LONDRES, Angleterre.

La plus ancienne compagnie au monde, faisant exclusivement des opérations d'assurance contre le feu.

Le surplus, au-delà du capital et des obligations, excède **$7,000,000.**

Succursale Canadienne à TORONTO, Ont. H. M. BLACKBURN, Gérant.

On a besoin d'agents dans tous les districts non représentés.

FEU, MARINE
COMPAGNIE D'ASSURANCE

BRITISH AMERICA

FONDÉE N 1833

Capital en Argent	$750,000.00
Actif Total, au-delà de	$1,473,536.05
Pertes payées depuis sa fondation	$18,707,996.75

Bureau Chef à TORONTO, Ont.
GEO. A. C. COX, Président ; J. J. KENNY, Vice-Président ; P. H. SIMS, Secrét.
EVANS & JOHNSON, Agents Résidents, 1723 Notre-Dame, MONTREAL.

London & Lancashire

LIFE INSURANCE COMPANY

BUREAU PRINCIPAL POUR LE CANADA

MONTREAL.

RT. HON. LORD STRATHCONA & MOUNT ROYAL,	Président.
B. HAL. BROWN,	Gérant Général pour le Canada.
J. L. KERR,	Assistant Gérant Général.
F. SICOTTE,	Gérant Département Français.

Agents et Collecteurs demandés
PAR

La Canadienne

S'adresser personnellement ou par lettre à
COMPAGNIE D'ASSURANCE SUR LA VIE
P. GARON, Gérant. **Bureau Principal : 7 Place d'Armes,**
Argent à prêter sur première hypothèque. **MONTREAL.**

A la Hauteur des Circonstances

On ne perd pas une occasion d'améliorer les polices de la Union Mutual. Elles sont

Absolument modernes sous le rapport des privilèges.
Véritablement protectrices sous le rapport des résultats.

Assurance prolongée sans déductions. Incontestabilité sans restrictions.
Les porteurs de Polices comme les agents toujours loyalement traités.

UNION MUTUAL LIFE CO., PORTLAND, MAINE.

Incorporée en 181

Bon territoire disponible pour bons agents, adressez vous à
Fred. E. Richards, Président. **Arthur L. Bates,** Vice Président.
Henri E. Morin, Agent en Chef pour le Canada, **151 Rue St-Jacques,**
MONTREAL, Canada.
Pour les agences de la Div. Ouest de la Prov. de Québec et Est de l'Ontario, adressez-vous à
Walter I. Joseph, Gérant, **151 Rue St-Jacques, MONTREAL.**

PROVIDENT SAVINGS LIFE ASS. SOCIETY

OF NEW YORK

La meilleure Compagnie pour les Assurés et les Agents

Les agents habiles, et les personnes recherchant une position rémunératrice peuvent s'adresser au bureau principal ou à aucun des agents généraux de la Compagnie.

Bureau Principal pour Ontario : -	Temple Building, Toronto.
" " Quebec : -	Temple Building, Montreal.

THE Etablie en 1857.

AMERICAN FIRE INSURANCE Co.

de NEW YORK

Bureau Principal pour le Canada, - - TORONTO.

JAS. BOOMER, Gérant.

DES DEMANDES D'AGENCES SONT SOLLICITÉES DANS TOUT LE DOMINION

N. B.—Les porteurs de polices de cette Compagnie ont la garantie additionnelle de la Manchester Fire Assurance Co., d'Angleterre.

The

Federal Life Assurance

COMPANY

Bureau principal : HAMILTON, Ont.

Capital et Actif,	$1,669,660.80
Surplus aux Porteurs de Polices	723,257.77
Payé aux Porteurs de Polices en 1899	125,454.89

Les Polices-Contrats les plus désirables.

Jas. H. Beatty, Président. **David Dexter,** Directeur-Gérant.
J. K. McCutcheon, Surint. des Agences.

Beauchamp Prudent......Jos Laporte 100
Clark W..................P. E. Brown 110
Cardinal Horm. esqual......Dame P. Cardinal 104
Can. Pac. Ry Co........R. J. Sweeney 265
Dupéré Abr...............Frs Lebeau 127
Desautels Clérilda.......Jos. A. Morin 4000
Dionne Ludger............G. Latreille 270
Foisy Ths jr ....A. Watt & Co 111
Garneau D..........Hon. P. Garneau 2e cl.
Gauthier Tous............G. Deserres 113
Hasley John A.........Ths May & Co 158
Hasley Bros............Ed P. Gordon 195
Jutras Succ. Jos......Ferd Tremblay 340
Kensington Land Co.......G. Meloche es qual 260
Laurier R. C....A. Brien dit Durocher 733
Lazarus D............Ths F. G. Foisy 250
Lamoureux Succ. Ulric..J. B. Ritchot 118
Larivée Ls sr...John Macdonald & Co 101
McArthur (The) Bros Co..E. H. Lemay 2e cl.
Martineau Adhémar......G. Deserres 390
McIntyre J. L....Norman Scott esqual 146
Mignault J. O. C. et al....G. Deserres 400
Middleton Wm.............Onés. Roy 650
Paquin Alph.............Sun Life Ass 171
Robb Edw' M.........D. McNaughton 100
do Jas Scott & Co 3e cl.
Rodgers Wm C.......T. L. Deslauriers 544
Renaud Jos Arth...F. X. Dupuis et al 114
Schofield Chs et al........M. Vineberg 242
Trépanier Ones....Lachine Rapids Co 397
Vincent Stanislas.........Chs Bertelle 472
Wright De Jas A. et vir....... Ths B. Butler et al 563

Pointe Claire

Rickner Dame Wm.....Nap Rhéaume 2318

Shawinigan Falls

Foster John..............Jas W. Pyke 274

St Basile le Grand

Bernard Prosper....Celestin Beaudry 723

Ste Geneviève

Chauret Jos. Adol....P. Alph. Vallée 166

St Henri

Gougeon Hyp.........Olivier Limoges 366
Cité de St Henri....Dame L. Mallette 400

Ste Justine de Newton

Potevin Pierre Montpetit dit...Héritiers de Z. Mousseau 1e cl.

St Louis-Mile End

Kearns Dame Katherine et vir......J. P. Whelan 200
Allen Benj............Robt. N. Smyth 500

Westmount

Ogilvie Dame Ida O. et vir...Rebecca Jacobs 646

Cour Supérieure

JUGEMENTS RENDUS

DÉFENDEURS. DEMANDEURS. MONTANTS

Caughnawaga

DeLorimier J. B.......Jacob Lecuyer 4e cl.

Ham Sud

Roy Alex......A. Provencher & Frère 150

Montreal

Boyd Dame Emily et al... Hon. G. W. Stephens 174
Bernstein Mathias............La Reine 400
Boyer Donat.......Mich. Ths Brennan 267
Barré Alex. E..............B. A. Boas 208
Cité de Montréal...........Jos. Denis 113
Corriveau A. J.........A. J. Whimby 122
Cie Lumière Electrique Impériale..D. Savard 1000
Drainville Gaston.....Ed. F. Surveyer 72
Genser Carl et al............La Reine 400
Hickey Martin.......P. O. Tremblay 103
Hutchison Jas Hy......Isaie Lacaille 1500
Julien Ls père et fils........Jas Bacon 102
Jameison Brodie...Dame Mary Abbott et vir 3247
Kneeland A. J.............Jos. Fabien 205
Larivière P. A...Canada Cong. M. Sy 188
Laviolette Aimé..Gust. Lamothe et al 113
Laplante Ferd.........Alex. Laplante 147
Martin Dame Theresa E.......Hector Mackenzie et al 105
Meloche A..........Jos. F. T. Dubois 67
Mayer Elie......Crédit Foncier F.-C. 1965
Montreal (The) Construction Co..Alf. Roy 400
Meloche F. E....A. C. Decary esqual 362
Morgan John J..........Dame Ellen O'Donnell 2008
Shallow Ths E...........Zélie Davis 155
Sloan Emma et al..Oswald St Jacques 228
Tessier Narc. J.........J. Benj. Aubry 106
Thompson Douglas J. et al........Jas McWilliams 140

Ogdensburg

Brisebois P.............Jos. Dubreuil 116

St Pierre les Becquets

Gervais Pierre..........Dame Célina Latulippe 175
do ....Dame Olive Pouliot 112

St Tite

Ayotte Wilbrod...Dame Olive Vallée 213

Westmount

Hutchison J. H..Isaic Lacaille (dom.) 1500

Cour de Circuit

JUGEMENTS RENDUS

DÉFENDEURS. DEMANDEURS. MONTANTS

Arthabaskaville

Gingras Ferd et al...........E. Pinze 39
Nault Arthur..............E. Crépeau 50
do ....H. Spénard 49

East Hatley

Jones C. R...........K. C. Campbell 26

Joliette

Paquin J. W....Dame C. Champagne 80

Lachine

Laplante F................A. Laplante 76
Vincent Louis..............G. Malone 6
Marquis Ths...........Ls Robert et al 21

Laprairie

Denault Albina.............Fap Doré 15

Longueuil

Robert T. Vincent dit......T. Benoit 14
David J...................M. Patenaude 10

Louiseville

Tétreault G. A. et A. I. Gravel...... A. Panneton 42

Maisonneuve

Dame J...................P. S. Hardy 51

Mascouche

Deslongchamps Frs..........Jos Ward 47

Montreal

Archambault H. E..T. Berthiaume et al 29
Bourdon Ph...........B. Charbonneau 17
Belisles B. Gohier dit......Hon J. A. Ouimet 22
Bourdeau M. Lamère dit.....L. Larose 11
Beauchemin R.......Dame P. Gagnon 15
Brien Alex..........Dame J. M. Mahr 16
Barry Fred...............J. P. Whelan 10
Betts C.......................J. Bernier 5
Brazier J. C....The Ontario Accident Ins. Co 14
Bastien Dame J....A. R. Archambault 90
Boucher A. N ....W. Strachan 13
Brennan H.................A. Delorme 6
Carrington Peter.....James Atchison 58
Corriveau A. J........Alex. Robertson 18
Cartwright Geo..............H. Dufort 50
Chalaner P. P...... .....N. Léveillé 11
Cutler C...................Emma Gray 12
Conseline Eug.......Dame A. Lapien 31
Dick R. E...................J. M. Aird 15
Daoust P. alias Evariste....L. N. Fr-Cypilod 10
Durocher F. X............A. Delorme 16
Dansereau A...............L. Favreau 12
Demers Bénoni...........J. Pelletier 30
Duncan Alex ....E. Muir 14
Fortin E.............F. Themens et al 7
Gobeil Nap...........Dame J. Bastien 18
Heust Robt......................P. Rivet 45
Hamelin Pierre......Médard Dufresne 10
Hurel G.....................D. Lapierre 50
Jackson David E.........A. Delorme 5
Kelly Pat........Dame C. Blanchard 26
King W...........S. R. Clendinneng 7
Kelly E...............P. Whelan et al 9
Keys W........................B. Baker 5
Lyons John.................W. Dufort 60
Labelle F. X et al..........B. Bernard 20
Lefebvre C. & al...........B. Bernard 20
Lefebvre C. et al..........Z. Mayrand 64
Lalonde Geo............Julius Cohen 12
Laughton J. R...........J. M. Jacob 10
Lamontagne Médéric.......O. Proulx 22
Léveillé Nap..............J. E. Caron 36
Lemieux A........La Banque Nationale 15
Labrecque O..................O. Piché 76
Monday N. J.......T. F. Moore & Cie 63
Montreal Gas Co.........Robt A. Ross 60
Mireau A. et al..........J. A. McGee 62
McKenna Jas.............Jos Thérien 8
McIntyre Mlle M.......A. B. Haycock 33
Martel Max et al...C. H. A. Guimond 24
McKercher Félix........Alex Cardinal 26
McBeth W..............L. N. Grignon 6
Nugent John P...F. A. Cookson et al 42
do do 19
Ouimet A......................L. Pilon 11
Phillipot Dame A..........W. Cooper 26
Paquet J. A...............J. L. Smith 33
Price Richard...........M. Vineberg 21
Richer J.................B. McManus 50
Rodrigue O ....A. Deschamps 13
Sangster Dame M.....F. B. McNamee 52
Sullivan F. M..........W. E. Veitch 15
Sicotte Wm..................H. Renaud 6
Sage Aug................S. Margolèse 5
Théoret Anselme.........J. Galarneau 15
Wright Dam Anna M...Alex. S. Ross 27
Williams O.................L. Brunelle 18
Whiteside S...............J. Ettenberg 12
Yaphe A.......................F. Cohen 59

N.-D. du Mont Carmel

Galibert Elizée..De Emelienne Auger 35

Ste Cunégonde

Rocheleau J...................G. Martel 22

St Ferdinand

Grenier Pierre....Succ. L. M. A. Noel 96

St Henri

Henrichon M ....J. L. Lafleur 25
Prudhomme Eust............M. Besner 23
Godin Alex...................G. Gravel 18
Deschamps Albert....Dame E. Lanoix 28
Rousseau Maria..Kingsbury Footwear 88
Lefebvre Victor...............G. Ulric 6
Clement O.......................P. Blain 16

St-Laurent

Dufresne Frs............E. Bellefeuille 11

St-Louis—Mile End

Delisle Wilb. et al.....Comptoir d'Escompte 78
Bazinet Jos...................A. Limoges 6
Langlois David...........D. Messier 98

Thetford Mines

Beaudoin P. E. & Cie...........J. H. Larochelle 16

Trois-Rivières

Bettez Ones................J. G. Harnois 5
Bureau Sévère......Hon. J. K. Ward 45
Sarasin Oscar.......J. N. Godin & Cie 41

Valleyfield

Bellemare Wilf....J. A. St Julien et al 10

Victoriaville

Fournier Eug ....T. H. Christmas 22

Westmount

Johnson A. E....J. A. Ogilvy sr et al [illegible]

VENTES ENREGISTRÉES

Pendant la semaine terminée le 27 oct. 1900

MONTRÉAL-EST

Quartier St - Jacques

Rues Beaudry Nos 275 à 279, Visitation No 138. Lots 666 et 689, avec maisons en brique, terrain 41 x 77.6 supr 3177; 1 do 20 x 80. Eucharitse Hammond à Isidore Trudeau; $3500 (promesse de vente) [51818].

Rue Montcalm, Nos 310 à 314. Lot 998, avec maison en brique, terrain 42.6 x 60.6 d'un côté et 60.9 de l'autre supr 2577. Narcisse Monette dit Lamarche à Lucille Laramée veuve de J. Bte Jetté; $3300 [51819].

Rue Beaudry, No 522. Lot 1006-5, avec maison en brique, terrain 21.6 x 56.10 supr 1222. Ovila Brochu à Marie Louise Viau veuve de Arsène Riopel; $1100 [51849].

Ruelle St André, No 29. Lot 880-27, avec maison en brique, terrain 25 x 75 supr 1875. La succession Flavie Birtz dit Desmarteau à Giovanni di Tullio; $760 [51852].

Rue Wolfe, Nos 468 et 470. Lots 974-98, 99, avec maison en brique, terrain 42 x 66 supr 2772. Olivier Bonin à Ferdinand L'Archevêque; $3200 [51853].

Quartier St-Laurent

Rue Mance, Nos 238 à 254. Lots 43-56 à 58, avec maison en pierre et brique, terrain 75 x 91.4 d'un côté et 91.6 de l'autre. Isaïe Préfontaine à la Succession Jos Aimé Masson; $36500 [51816].

Ave du Parc, No 60. Lots pt S. E. 44-75 et pt N. O. 44-76, avec maisons en pierre et brique, terrain 22 d'un côté, 21.6 de l'autre x 106 supr 2305.6. John Hamilton à James G. Kennedy; $4000 [51830].

Rue St Laurent, Nos 84 à 90. Lot ½ ind pt 627, avec maison en pierre et brique, terrain 56.3 d'un côté, 57.3 de l'autre x 115 supr 6526. Adèle Grothé à Elize Gauthier; $400 (à réméré) [51841].

Quartier St-Louis

Rues St Laurent, Nos 105 à 109 et Lagauchetière, Nos 538 et 540, avec maison en pierre et brique, terrain 46 x irrg, supr 3115. Elizabeth Collins veuve de Stephen Kelly à Fortunat Gaudreau; $22500 [51825].

Rue St Laurent, Nos 347a à 351. Lot 787, avec maison en brique, terrain 52 x 88.2 supr 4585. Oscar Hébert à Wm L. Maltby; $9000 [51850].

MONTREAL-OUEST

Quartier St Antoine

Rue Dorchester, No 879. Lot pt 1369, avec maison en pierre et brique, terrain 26 de front 26.6 en arrière x 100.6. Wm Lovitt Hogg à The Investment Co; $11000.00 [134332].

Rue de la Montagne, No 200. Lot pt 1539, avec maison en pierre et brique, terrain 146 de front 146.6 en arrière x 146 d'un côté 145.8 de l'autre supr 21328. Charles M. Johnson à The Wells and Richardson Co Ltd; $45000 [134333].

Rue St Martin, No 216. Lot pt 365 pt N. O. 366, avec maison en brique, terrain 18.10 x 102.3. John P. Hammill à Dame Ann McDonald Vve de Patrice Hammill; $2400 [134335].

Rue St Antoine, No 177. Lot pt S. O. 661, avec maison en bois et brique, terrain 28.1 de front, irrégulier en arrière x 158.6 d'un côté et 156.4 de l'autre. William Walker à Richard B. Angus & Ths G. Shaughnessy; $16000 [134337].

Rue Dorchester, No 912. Lot pt 607, avec maison en pierre, terrain 30 x 110. La succession C. A. Geoffrion à Charles W. Vipond; $15000 [134340].

HOCHELAGA ET JACQUES-CARTIER

Quartier Hochelaga.

Rue Alwin. Lot 29-187, terrain 25 x 92, supr 2300 vacant. The Montreal Land and Improvement Co à Emile Blais; $480 [87076].

Rue Marlboro, No 29. Lot pt 93, avec maison en brique, terrain 120 x 100. Le Shérif de Montréal à Hélène Turgeon Vve de l'Hon. C. J. Laberge; $5030 [87138].

Rue Frontenac. Lot 166-332, terrain 22 x 80, supr 1760 vacant. J. U. Emard à Arthur Allard; $200 [87180].

Rue Frontenac, No 566. Lot 166-332, avec maison en bois, terrain 22 x 80. Arthur Allard à Emélie Lévesque; $460 [87181].

Rue Notre-Dame. Lot 29 4, terrain 25 x 109 1/10 d'un côté et 111 6/10 de l'autre, supr 2758 vacant. The Montreal Land and Improvement Co à Adol. Chartier; $551.60 [87182].

Quartier St-Denis

Rues St Denis, Nos 1495 à 1505, et Rivard. Lots 209-50, 114, avec maison en pierre et brique, terrain 50 x 100; 1 do 50 x 63.4 d'un côté et 63.1 de l'autre, supr 3160, chacun vacants. Elie Maille à Pierre Méloche; $7600 [87100].

Rue St-Hubert, No 1674. Lot 7-329, terrain 25 x 109, supr 2725, vacant. The St-Denis Land Co à Arsène Demers; $204.37 [87102].

Rue St-Hubert, Nos 1644 et 1646. Lot 7-320, avec maison en pierre et brique, terrain 25 x 109, supr 2725. Joseph Elzéar Bouchard à Adrienne Roch, épse de Jacques Hervieux; $1500 (à réméré) [87124].

Rue Dufferin, No 307. Lot 329-67 avec maison en bois et brique, terrain 25 x 80. David Limoges à Napaléon Robillard; $1000 [87135].

Rue St-André, No 1651. Lot 7-535, avec maison en pierre et brique, terrain 25 x 74.7 d'un côté et 74.10 de l'autre, supr 1868. The St-Lawrence Investment Society Ltd à Stephen Hurteau; $1653.75 [87143].

Rue St-Denis. Lots 209-77-1 et 2, 209-78-1, 2; 4 terrains 25 x 95, supr 2375, chacun vacants. Guillaume Narcisse Ducharme à The Lace of The Woods Milling Co, Ltd; $3040 [87147].

Rue St-Denis. Lots 209-73-1, 2, 209-74-1, 2, 4 terrains 25 x 95, chacun vacants. Eugène Lafontaine à The Lace of the Woods Milling Co, Ltd; $3040 [87148].

Rue St Denis. Lots 206-75-1, 2, 209-76-1, 2, 4 terrains 25 x 95, supr 2375, chacun vacants. Onésime Martineau à The Lace of the Woods Milling Co, Ltd; $3040 [87149].

Rue St-Denis. Lots 209-67-1, 2, 209-68-1, 2, 4 terrains 25 x 95 supr 2375 chacun vacants. Lucien Arsène Bernard à The Lace of the Woods Milling Co, Ltd; $3040 [87150].

Rue St-Denis. Lots 209-19-1, 2, 70-1, 2, 71-71-1, 2, 72-1, 2; 8 terrains 25 x 95, supr 2375, chacun vacants. U. Pauzé & Fils à The Lace of the Woods Milling Co; $6080 [87151].

Rue St-Denis. Lots 209-65-1, 66-1, 2, 79-1, 2, 81-1, 2; 5 terrains 25 x 95, supr 2375; 1 do 45 x 95, supr 4275; 1 do 27.2 x 95, supr 2342, chacun vacants. Guillaume N. Ducharme et al à The Lace of the Woods Milling Co, Ltd; $6045.44 [87152].

Rue St-Hubert. Lot 7-667, terrain 25 x 105.3 d'un côté et 105.2 de l'autre, supr 2630, vacant. The St Denis Land Co à Philomène Neveu, épse de Israël Charbonneau; $118.12 [87155].

Rue St Hubert. Lots 7-687, 688, terrain 50 x 102.6 d'un côté et 102.9 de l'autre, supr 5131 vacant. Edm. Brouillette à Henri Laflèche; $400 [87157].

Rue Boyer. Lots 5-564a, 565a, avec maison en bois, terrain 25 x 95, supr 2375 chacun. Amédée St Jean à Ludger Grizé; $1000 [87166].

Rue Labelle. Lot pt ar. 8-717. terrain 25 x 25, supr 625 vacant. Malvina Rousseau épse de Max. Gervais à Joseph J. Beauregard; $130 [87170].

Rue Beaubien. Lots 7-616,616a, terrain 18 x 84 d'un côté et 85.6 de l'autre, supr 1525 vacant. The St Denis Land Co à Gaudias Morency; $112.53 [87176].

Rue Labelle. Lots 8-763, ½ N. 8-762, terrain 42 x 101, supr 4242; 1 do 25 x 101, supr 2525, chacun vacants. The St Denis Land Co à Joseph Gravel; $647.43 [87186].

Rue Cardinal. Lots ½ S. E. 331-164, terrain 28.4½ d'un côté 27.1½ de l'autre x 73 6, supr 2039.6. vacant. Huntley R. Drummond à Wilfrid Robert; $209.50 [87188].

Rue Brebœuf. Lot ½ S. 331-63, terrain 25 x 86, supr 2150 vacant. Huntley R. Drummond à Guiseppe Riva; $215 [87205].

Quartier St Gabriel

Rue Charron. Lots 3167-142, 143, terrains 22 x 87 supr 1914 chacun vacants. Les Sœurs de la Congrégation Notre-Dame à George Sleep; $893.30 [87196].

Quartier St Jean-Baptiste

Ave. Hotel de Ville, No 1056. Lot 53, avec maison en bois, terrain 27 x 70 supr 1890. Sophranie Tellier dit Lafortune Vve de Israel Rivet à Ludger Rivet; $1200 [87098].

Ruelle St Hubert, Nos 60 et 62. Lot ½ S. 12-186, avec maison en brique, terrain 22.6 x 44 supr 990. Henri Laflèche à Edmond Brouillette; $800 [87158].

Rue Boyer. Lot 8-277, terrain 25 x 47.6 supr 1187.6 vacant. Hon. J. A. Boyer et al à Henri Laflèche; $600 [87159].

Rue Berri. Lots ½ S. E. 15-35, 15-104-35 pt 15-36, 15-104-36, terrain 25 x 80 vacant. La succession Ferdinand David à Antoine Brunet; $750 [87162].

Rue Seaton, Nos 49a et 51. Lot 1-402, avec maison en brique, terrain 25 x 118 supr 2950. Urgel Dubord dit Latourelle à Olympe Giroux; $900 [87204].

Ste Cunégonde

Rue Delisle. Lot 666, avec maison en pierre et brique, terrain 30 x 80. Joseph Marcotte à G orge Martel; $4500 [87108].

Rue Quesnel. Lots 406-6, ½ S. O. 406.7, avec maison en brique, terrain 37 x 75 d'un côté et 90 de l'autre. Alexander Bremner à Stéphane Lecavalier Vve de Gédéon Desforges; $2150 [87113].

Rue Coursol. Lots 386-67 à 70, avec maison en pierre et brique, terrain 86 x 80. Philias Vanier et Adelard Cardinal à J. Bte Vanier; $10000 [87161].

St Louis—Mile-End

Rue St Urbain. Lot ½ N. 11-546, terrain 25 x 100 vacant. The Montreal Investment & Freehold Co à Hormisdas Laroche; $350 [87090].

Rue Mance. Lot ½ N. 12-22-13, terrain 25 x 100 vacant. The Montreal Investment & Freehold Co à William Paul; $325 [87100].

Rue Boulevard. Lot 138-15, terrain 23 x 80 vacant. Alphonse Turcotte à Antoine Bissonnette; $435 et autres considérations [87153].

Rue St Urbain. Lot 11-569-1, terrain 25 x 80 vacant. Antoine Bissonnette à Alfred F. Vincent; $525 [87154].

Ave du Parc. Lot 12-2-83, avec maison en pierre et briqué, terrain 24 x 93.6. Victoria Gougeon épse de Olier Jutras à Wm Badgley; $204.75 et autres considérations [87201]

Westmount

Ave Springfield. Lot 244-8, terrain supr 5000 vacant. Wm Robert Clendinneng à George Ed Blackwell; $1504 [87095].

Ave Grosvenor. Lot ½ S. E. 219-100, avec maison en pierre et brique terrain 25 x 111. Catherine Fraser Coupland épse de John Stewart à Jeannie Greenshields Meckle épse de Andrew D. Gall; $7000 [87119].

Rue Selby. Lots 941-370, 371, 372, terrain

24 x 115 d'un côté et 113.8 de l'autre, supr 2714; 1 do 24 x 113.8 d'un côté et 112.4 de l'autre, supr 2712; 1 do 24 x 112.1 d'un côté et 111 de l'autre, supr 2680, chacun vacants. The Montreal Loan and Mortgage Co à Francis Topp; $3254.40 [87179].

St-Henri

Rue Delinelle. Lot 1707-66, avec maison en bois, terrain supr 2160. Isidore Lebeau à Thomas O'Malia; $1100 [87093].

Rue St Jacques. Lot pt 1663, avec maison en bois et brique, terrain supr 8740. Le Shérif de Montréal à U. Pauzé et Fils; $100 [87103].

Rue Delinelle. Lot 1705-81, avec maison en bois, terrain supr 1752. Le Shérif de Montréal à Ovila Mallette; $735 [87173].

Maisonneuve

Rue Bourbonnière, No 35. Lot 18-40, avec maison en brique, terrain 30 x 100. Ernest D. Aylen à Robert Gilbert; $1500 [87129].

Rue Ontario. Lot 1-129, avec maison en pierre et brique, terrain 30 x 100. Arthur Christin à Hon. N. Perodeau; $2000 (à réméré) [87140].

Côte St-Paul

Rues Beaulieu, Davidson, Ryan et autres, Lots 3912a-1 à 5, 9, 10 et autres, terrains vacants. J. U. Emard à la Cie des Terrains de la Banlieu de Montréal (The Greater Montreal Land Co); $70125.91 [87122].

Verdun

Rue Galt. Lot pt N. O. 4558, terrain 17.6 x 131.6, vacant. C. H. Dandurand et al à Arthur H. Dawe; $180 [87193].

Ave Galt. Lot pt 4558, terrain 17.6 x 131.6 vacant. C. H. Dandurand et al à William Parsons; $180 [87194].

Ave Gordon. Lot 4513-45 terrain 25 x 122, vacant. C. H. Dandurand et al à James Maguire; $260 [87195].

Sault aux Récollets

Rue Boyer. Lots 488-398. Quartier St-Denis, lot 6-157, terrain 25 x 114, vacant. The Amherst Parc Land Co à Harry Hoodspith; $200 [87086].

Lots 301-24 à 28. Le Shérif de Montréal à Philippe Deserres; $53 [87092].

Lot 112. Alexis L'Archevêque à Napoléon Martineau; $300 [87132].

Lots 228-200 à 205. Damase Legault à Wm Rutherford & Sons Co; $500 [87136].

Rue St-André. Lot 488-128, terrain 25x80. The Amherst Parc Land Co à Robert Joseph Taylor; $120 [87175].

St-Laurent

Lot ⅜ ind. 92. Ed. Gohier et al à J. U. Emard; $1.00 et autres bonnes et valables considérations [87199].

Lot ⅛ ind. de 92. Emmanuel St-Louis à Ed. Gohier; $175 [87200].

Lachine

Lot ½ N 746-5. Louis Paré, fils de Joseph à Henriette Paré; $200 (à réméré) [87112].

Lot 833. Firmin Boyer à Hartland McDougall; $150 [87116].

Lot 429. Robert C. Jamieson à Bouchard & Brunet; $400 [87117].

Lot 407. Robert C. Jamieson à Damien Bouchard; $300 [87118].

Longue Pointe

Lots 389-25 pt 389-19. George Tiffen à John Tiffen; $1033 [87171].

Pointe-aux-Trembles

Lots 235-17, 18. Narzal Birtz Desmarteau et al à Julia Poirier veuve de Ths Simpson; $800 et autres conditions [87126].

Lot 210. Olivier Langlois dit Lachapelle et al à Wilfrid Beaudry; $2065 [87302].

Ste Anne de Bellevue.

Lots 116, pt 115, 117. Timothé Gravel, interdit par curateur à Alex Chalomir Doré; $2300 [87160].

Voici les totaux des prix de ventes par quartiers:

St Jacques	$ 11,860 00
St Laurent	40,900 00
St Louis	31,500 00
St Antoine	89,400 00
Hochelaga	6,721 60
St Denis	39,076 14
St Gabriel	893 30
St Jean-Baptiste	4,250 00
Ste Cunégonde	16,650 00
St Louis Mile-End	1,839 75
Westmount	11,758 40
St Henri	1,935 00
Maisonneuve	3,500 00
Cote St Paul	70,125 91
Verdun	620 00
	$ 331,030 10

Les lots à bâtir ont rapporté les prix suivants:

Rue Aylwin, quartier Hochelaga, 20¼c le pied.

Rue Frontenac, quartier Hochelaga, 11⅝c le pied.

Rue Notre-Dame, quartier Hochelaga, 20c le pied.

Rue St Denis, quartier St Denis, 32c le pd.

Rue St Hubert, quartier St Denis, 7½c, 4½c, 7 4/5c le pied.

Rue Beaubien, quartier St Denis, 7½c le pd.

Rue Labelle, quartier St Denis, 9c le pied.

Rue Cardinal, quartier do 10c do

Rue Brebœuf, do do 10c do

Rue Charron, quartier St Gabriel, 23c le pd.

Rue Boyer, quartier St Jean-Bte, 50c do

Rue Berri, do do 37½c do

Rue St Urbain, St Louis-Mile End, 14c et 25c le pied.

Rue Mance, do 13c le pied.

Ave. Springfield, Westmount, 30c do

Rue Selby, do 40c do

PRÊTS ET OBLIGATIONS HYPOTHÉCAIRES

Pendant la semaine terminée le 27 octobre 1900, le montant total des prêts et obligations hypothécaires a été de $61,695 divisés comme suit, suivant catégories de prêteurs:

Particuliers	$28,295
Cies de prêts	18,300
Assurances	13,100
Autres corporations	2,000
	$61,695

Les prêts et obligations ont été consentis aux taux de:

5 p. c. pour $5,000; et $9,000.

5½ p.c. pour $1,200; $2,000; $2,600 et $10,500

Les autres prêts et obligations portent 6 pour cent d'intérêt à l'exception de $600 à 6½; $500; $7,500 à 7 et $150 à 9 p. c.

VENTES PAR LE SHÉRIF

Du 6 au 13 novembre 1900.

C. Jetté *vs* Dame Geo. Daveluy.

Montréal—Les parties des lots 15-418, 417 du quartier St-Jean-Baptiste, situé rue St-Denis, avec bâtisses.

Vente le 8 novembre à 10 h. a.m. au bureau du shérif.

Dame Esdras Bissonnette *vs* Dame Vve Ludger Chénier et al.

St-Joseph de Soulanges—Le lot 220, avec bâtisses.

Vente le 8 novembre à 11 h. a.m. à la porte de l'église paroissiale.

R. H. Buchanan *vs* Cléophas Chenette.

Ste Cunégonde — Les lots 2303 et 2304 situés rue Notre-Dame avec bâtisses.

Vente le 8 novembre, à 11 h. a. m., au bureau du shérif.

Noé Dinelle fils *vs* Noé Dinelle père.

St Louis Mile-End, Montréal, St Laurent et Sault-aux-Récollets—1o Le lot 137-243 situé Avenue Hôtel-de-Ville à St Louis Mile End, avec bâtisses.

2o Les lots 325-105 et 106 du quartier St Denis situés rue St André, avec bâtisses.

3o Les lots 409-144, 145, 146 situés à St Laurent sur l'avenue Ouimet, avec bâtisses.

4o Le lot 489-333 situé au Sault aux Récollets sur la rue Labelle.

Vente le 9 novembre, à 10 h. a. m., au bureau du shérif à Montréal.

La succession Andrew Robertson *vs* Dame John N. Fulton.

Lachine—Les lots 894, 892 et droits sur le lot 891, avec bâtisses.

Vente le 8 novembre à 2 h. p. m., au bureau du shérif.

District de Beauce.

L. Taschereau et al *vs* Thos Grenier.

St Anges—Les lots 948 et 942, avec bâtisses.

Vente le 7 novembre, à midi à la porte de de l'église paroissiale.

Frs Blais *vs* Octave Carrier.

St Anselme—Le lot 727 avec bâtisses.

Vente le 8 novembre à 2 h. p.m., à la porte de l'église paroissiale.

District de Beauharnois

Treflé F. Lachance *vs* A. J. Smith.

St Agnès de Dundee—Le lot 11b contenant 50 arpents.

Vente le 7 novembre, à 11 h. a. m., à la porte de l'église paroissiale.

District de Québec

John Lapointe *vs* Ferd. Provençal.

St Sylvestre—Le lot 689, avec bâtisses.

Vente le 9 novembre, à 10 h. a. m., à la porte de l'église paroissiale.

La Corporation de St Romuald *vs* Charles Fecteau.

St Romuald d'Etchemin—La partie sud-ouest du lot 113, avec bâtisses.

Vente le 10 novembre, 10 h. a. m., à la porte de l'église paroissiale.

La Société Construction Permanente de Québec *vs* Dame Alfred Larochelle et al.

Québec—Le lot 429 de St Sauveur, situé rue Franklin, avec bâtisses.

Vente le 9 novembre, à 10 h. a. m., au bureau du shérif.

La Cité de Québec *vs* Ferdinand Hamel.

Québec—Le lot 945 de St-Sauveur, situé rue Bagot, avec bâtisses.

Vente le 9 novembre à 10 h. a. m., au bureau du shérif.

L. Taschereau et al *vs* George Beaucage.

St-Alban—Les lots 59, 60, 11 et 63, avec bâtisses.

Vente le 12 novembre à 10 h. a.m. à la porte de l'église paroissiale.

La Corporation de Ste-Anne de la Pérade *vs* Geo. Beaucage.

St-Alban—Les lots 32 et 66.

Vente le 12 novembre à 10 h. a.m. à la porte de l'église paroissiale.

District de Rimouski

J. B. Daigle *vs* Narcisse Deroy.

Ste Félicité — Les parties du lot 1, avec bâtisses.

Vente le 7 novembre, à 10 h. a. m. à la porte de l'église paroissiale.

District de St François

Hy M. Piercy *vs* Alph Burbank

Ste Catherine de Hatley—Les lots 969, 970, 973 à 979, 989, 1060, 1063 du 7e rang, avec bâtisses.

Vente le 6 novembre, à 1 h. p. m., à la porte de l'église paroissiale.

District de Terrebonne

Godf. Augrignon *vs* Wilf. Pilon.

St Placide—Le lot 234 avec bâtisses.

Vente le 7 novembre, à 10 h. a. m, à la porte de l'église catholique.

Banque d'Hochelaga

AVIS

Est par les présentes donné qu'un dividende de trois et demi pour cent (3½ p. c.) pour les six mois courants, égal au taux de sept pour cent (7 p. c.) par an, a été déclaré sur le capital payé de cette institution, et qu'il sera payable au bureau chef, ou à ses succursales, le ou après samedi, le premier jour de décembre prochain.

Les livres de transferts seront fermés du 16 au 30 de novembre inclusivement.

Par ordre du conseil de direction.

M. J. A. PRENDERGAST,
Gérant Général.

R. WILSON SMITH

COURTIER EN DEBENTURES

Débentures Municipales, des Gouvernements et des Chemins de Fer achetées et vendues. -:- -:- -:- -:- -:-
Débentures de premier ordre pour placements de fonds en fidéi-dépots, toujours en mains. -:- -:- -:- -

Batisse Standard Life

151 rue St-Jacques, Montréal

LS. DESCHENES

ENCANTEUR DE COMMERCE

—ET—

Jobber en Chaussures

No 60 RUE ST-JEAN

QUEBEC

N. B.—Messieurs les marchands de la campagne épargneront de l'argent en venant me faire visite avant d'acheter ailleurs. J'ai constamment en mains toutes sortes de Jobs pour leur commerce

---

LA BANQUE DE ST-HYACINTHE

Bureau Principal : St-Hyacinthe, P. Q.

CAPITAL PAYÉ $320,840
RESERVE . . . 75,000

DIRECTEURS :

G. C. DESSAULLES, . . . Président.
J. R. BRILLON, ... Vice-President
L. P. MORIN, J. NAULT.
Dr E. OSTIGUY, EUSEBE MORIN
JOS. MORIN.
E. R. BLANCHARD, Caissier. W. A. MOREAU, Inspecteur.

— Succursales —

St. Césaire, M. N. Jarry, gérant.
Farnham, J. E. Campbell, gérant
Iberville, J. M. Bélanger, gérant.
L'Assomption, H. V. Jarry, gérant.

Correspondants : — Canada : Banque des Marchands du Canada et ses succursales. Etats-Unis : New-York. The National Bank of the Republic, Ladenburg, Thalman & Co. ; Boston Merchants National Bank.

UBALDE GARAND. TANCREDE D. TERROUX

GARAND, TERROUX & CIE.,

BANQUIERS ET COURTIERS

116 Rue St-Jacques, MONTREAL.

Effets de commerce achetés. Traites émises sur toutes les parties de l'Europe et de l'Amérique. Traites des pays étrangers encaissées aux taux les plus bas. Intérêt alloué sur dépôts. Affaires transigées par correspondance

---

C. H. WALTERS & CO.

BANQUIERS

3, Rue Saint-Sacrement, Montréal.

Achat et vente de Billets de Commerce.
Négociation de Bons et Débentures.

W. H. WEIR F. H. WEIR

W. H. WEIR & SON

COURTIERS

'13 RUE ST-FRANCOIS-XAVIER, Montréal.

M. W. H. WEIR, membre du "Montreal Stock Exchange," achète et vend tous les stocks qui figurent sur la liste du Stock Exchange, au comptant ou à terme. Les dernières informations régulièrement classées. Correspondants spéciaux à New York.

LA BANQUE NATIONALE

AVIS DE DIVIDENDE

Vendredi, le 2 NOVEMBRE, et après, cette Banque paiera à ses actionnaires **un dividende de trois par cent** sur son capital pour le semestre finissant le 31 octobre prochain.

Le livre de transport d'actions sera clos depuis le 17 jusqu'au 31 octobre prochain inclusivement.

Par ordre du bureau de direction.

P. LAFRANCE, Gérant.

Québec, 25 sept. 1900.

HOTEL RICHELIEU

Rue St-Vincent

MONTREAL

Confortable. A proximité des chars et bateaux.

Prix populaires.

Tél, Main 514. **L. A. COTÉ, Prop.**

BREVETS D'INVENTION (France-Etranger)

Marques de Fabrique, Procès en contrefaçon, etc.

CASALONGA

Ingenieur-Conseil (depuis 1867

PARIS

15 r. des Halles

Prop. Direct. (depuis 1878) du Journal (25 f. par an)

"CHRONIQUE INDUSTRIELLE"

THE MOLSONS BANK

Incorporée par acte du ...Parlement en 1855

BUREAU PRINCIPAL - - - - - MONTRÉAL.

Capital versé.. $2,466,040 00
Réserve.................................. $2,050,000.00
Réserve pour rabais sur escomptes courants.............................. $80,000.00
Compte de Profits et Pertes......... 26,902.48 2,156,992.48

BUREAU DE DIRECTION.

WM. MOLSON MACPHERSON, Président. S. H. EWING, Vice-Président. W. M. Ramsay. Samuel Finley. J. P. Cleghorn. H. Markland Molson. F. C. Henshaw.

JAME ELLIOT, Gérant Général.

A. D. DURNFORD, Inspecteur en Chef et Surintendant des Succursales.

W. H. DRAPER, Inspecteur H. LOCKWOOD, W. W. L. CHIPMAN, } Asst.-Insp

SUCCURSALES : Alvinston, O., Aylmer, O., Brockville, O., Calgary, Alb., Chesterville, O., Clinton, O., Exeter, O., Fraserville, Q., Hamilton, O., Hensall, O., Kingsville, O., Knowlton, Q., London, O., Meaford, O., Montréal, Q., rue Ste-Catherine, Montréal, Morrisburg, O., Norwich, O., Ottawa, O., Owen Sound, O., PortArthur, O., Quebec, Q., Revelstoke Sta., B.C., Ridgetown, O., Simcoe, O., Smith's Falls, O., Sorel, Q., St. Thomas, O., Toronto, O., Toronto June., O., Trenton, O., Valleyfield, Q., Vancouver, B. C., Victoria, B. C. Victoriaville, Qué., Waterloo, O., Winnipeg, Man., Woodstock, O.

AGENCES à Londres, Paris, Berlin et dans toutes les principales villes du monde.

Emission de Lettres de Crédit pour le commerce et lettres circulaires pour voyageurs.

Attention sérieuse apportée aux Collections.

La Banque Nationale

BUREAU CHEF : QUEBEC

CAPITAL PAYÉ...................... **$1,200,000**
FONDS DE RÉSERVE............. **$200,000**

DIRECTEURS :

R. AUDETTE, Ecr., Président,
A. B. DUPUIS Ecr., Vice-Président.

L'HON. JUGE CHAUVEAU,	V. CHATEAUVERT, Ecr.,
N. RIOUX Ecr.	NAZ. FORTIER, Ecr.,

J. B. LALIBERTE, Ecr.
P. LAFRANCE, Gérant.
N. LAVOIE, Inspecteur.

SUCCURSALES

Québec : faubourg St Jean,	St-François Nord-Est, Beauce.
Québec : St-Roch.	Ste-Marie, Beauce.
Montréal.	Chicoutimi.
Sherbrooke	Roberval.
St-Hyacinthe.	Ottawa, Ont.
Joliette.	St-Jean, P. Q.
Rimouski, Qué.	Montmagny, Qué.
Murray Bay, Qué.	Fraserville.

Saint-Casimir, Qué.

AGENTS.

Angleterre : The National Bk of Scotland, Londres.
France Crédit Lyonnais et succursales, Paris.
Etats-Unis : The National Bank of the Republic New-York. The Shoe & Leather National Bank, Boston, Mass.

Les collections reçoivent une attention speciale et les retours en sont faits avec la plus grande promptitude.

On sollicite respectueusement la correspondance.

EDWIN HANSON. WILLIAM HANSON.

Hanson Bros.

Courtiers en obligations des Gouvernements, Municipalités, Chemins de Fer et Industries.

Nous avons toujours en mains des obligations de premier ordre, convenant pour placements par les Fidéi-commissaires, les Banques, les Compagnies d'Assurances, les Sociétés et les spéculateurs privés. On peut obtenir des listes d'obligations ainsi que les prix sur demande adressée au bureau, chambre 20, bâtisse Canada Life, Montréal.

Demandez à votre fournisseur les

LIVRES DE COMPTES, REGISTRES, ETC.,

qui sont fabriqués avec les Papiers "**Superfine Linen Record**" dont l'excellence de la qualité pour la durée et la résistance au grattoir n'est pas surpassée.

Pour vos Entêtes de Lettres, Papeterie de Bureau, exigez toujours les Papiers "**Standard**," "**Earnscliffe**," "**Empire**," "**Donnacona**," "**Canada**," et comme Papeterie de luxe, le "**Papier parchemin Rolland**" qui sont tous de fabrication canadienne, et de qualités supérieures aux beaux papiers importés de l'étranger.

J. B. Rolland & Fils, rue St-Vincent, Montréal

Les Hommes d'Affaires

Ont très peu de temps à dépenser. Je me tiens à leur disposition **à toute heure** du jour ou du soir.

HARDOUIN LIONAIS,

D.C.D., L.C.D.

CHIRURGIEN DENTISTE,

Gradué du "Philadelphia Dental College," licencié du Collège Dentaire de la P. de Q.

2359 RUE STE-CATHERINE

MONTREAL

Tél. de Bureau : Up 2498. Résidence, E. 870.

LE PRIX COURANT

THE PRICE CURRENT

Vol. XXX | MONTREAL, VENDREDI 6 NOVEMBRE 1900. | No 9

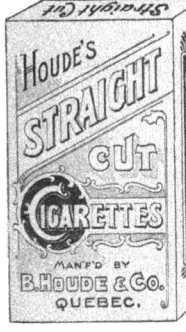

LE PRIX COURANT

Revue Hebdomadaire

COMMERCE, FINANCE, INDUSTRIE, PROPRIÉTÉ FONCIÈRE, ASSURANCE.

Publié par ALFRED et HENRI LIONAIS, éditeurs-propriétaires au No 25 rue St-Gabriel, Montréal. Téléphone Bell Main 2547, Boite de Poste 917. Abonnement : Montréal et Banlieue, $2.00 ; Canada et Etats-Unis, $1 50 ; France et Union Postale, 15 francs. L'abonnement est considéré comme renouvelé, à moins d'avis contraire au moins 15 jours avant l'expiration, et ne cessera que sur un avis par écrit adressé au bureau même du journal. Il n'est pas donné suite à un ordre de discontinuer tant que les arrérages et l'année en cours ne sont pas payés.

Adresser toutes communications simplement comme suit : LE PRIX COURANT, MONTRÉAL, CAN.

VOL. XXX — VENDREDI, 9 NOVEMBRE 1900 — No 6

COMMERCE INDUSTRIE ET FINANCE

L'Exposition et le goût : Le bilan de l'Exposition sera aussi à dresser à un point de vue tout à fait spécial. Aura-t elle fait réaliser des progrès au point de vue du goût artistique ? C'est cet intéressant sujet que traite sommairement, dans le *Journal*, M. Gabriel Hanoteaux. Pour notre confrère, l'impression d'ensemble reste un peu confuse :

" Des idées superbes, à peine réalisées, sont entrées dans l'histoire. La grande percée de Paris, par l'avenue Nicolas II et par le pont Alexandre III, est une œuvre magnifique. On eût pu hésiter, avant de l'entreprendre. L'idée de mettre, en face l'un de l'autre, deux grands palais à colonnades était très discutable. On eût pu blâmer aussi le parti pris de tourner le flanc à la Seine et de ne pas tenir compte de la magnifique disposition des lieux qui, partant du fleuve, s'élève de gradin en gradin jusqu'aux Champs-Elysées, avec la belle lumière du soleil couchant qui éclaire les édifices de Gabriel. On pourrait critiquer le détail des quatre pylônes du pont qui arrêtent la vue, au milieu de la perspective et qui suspendent le regard, alors qu'il voudrait fuir jusqu'au dôme de Mansart. Mais l'effet n'en est pas moins produit, simple, grandiose, émouvant. Il n'est pas un visiteur qui, en pénétrant dans l'avenue, ne reçoive un coup dans la poitrine. Quand l'Exposition de 1900 ne laisserait que cette grande chose, son souvenir ne périrait pas."

Pour le reste, M. Hanoteaux se montre plus sévère et parle de " déception." On reprochait aux artistes de trop copier les modèles anciens ; ils se sont efforcés de faire du nouveau, mais cet effort n'a pas été heureux :

" A l'Allemagne, ils ont emprunté ses effets lourds, ronds et surchargés, son rococo moderne, cent fois plus prétentieux que l'ancien, et, par-dessus le marché, si profondément ennuyeux ! A l'Angleterre, ils ont emprunté le symbolisme lamentable, agressif et superficiel du " modern style." Dans l'art japonais, ils ont vu surtout les singularités mièvres des époques de décadence et ont négligé la grave et mâle autorité des modèles anciens qui, d'ailleurs, n'avaient pas paru en Europe avant l'admirable Exposition du Trocadéro. De tout cela, ils ont fait un mélange capricieux, ondoyant et flottant, une sorte de style " Loïe Fuller " qu'on nous a donné comme la conception suprême de l'art à notre époque.

M. Hanoteaux a, du moins, l'espoir que les tentatives faites auront ce précieux résultat de nous débarrasser de ce qu'on appelle " l'art moderne " tel que l'ont conçu les Anglais et qui est bien la chose la plus détestable au point de vue du goût. Nous ne pouvons que nous associer à cette espérance.

***

La figue hordas : Nous avons déjà eu occasion de signaler le mouvement ascendant de l'importation des figues d'Algérie destinées à la torréfaction et qui tend à remplacer la chicorée comme " succédané " du café. Si l'emploi de cette " figue hordas " se fait ouvertement, il n'y a rien à dire, le danger est qu'elle serve à falsifier le café.

Quoi qu'il en soit, il paraît que c'est surtout en Autriche que la figue hordas jouit d'une véritable vogue, à en croire le *Bulletin Hebdomadaire* du Service des renseignements commerciaux de l'Algérie :

" Il résulte des renseignements précis et sûrs que nous avons fait prendre à Vienne qu'on emploie, dans la plupart des provinces de la monarchie, les figues torréfiées comme *surrogat*, ou succédané, du café. La consommation de ce produit se fait dans des proportions qui égalent tout au moins, celle de la chicorée en France.

Le *Feigen-Kaffee* est en très grande faveur dans le public austro-hongrois. Son rôle diffère de celui de la chicorée en ce qu'il n'agit pas comme colorant ; il tempère l'amertume du café et y ajoute un élément onctueux. Loin de dissimuler l'emploi de ce " surrogat," beaucoup de cafetiers ne craignent pas de le proclamer. C'est même un principe culinaire chez la plupart des ménagères, dans la petite bourgeoisie, qu'il n'y a point de bon café sans figues (*Kein guter Kaffee ohne Feigen*).

L'usage du café de figues tend à se répandre dans toutes les régions de la Cisleithanie et de la Transleithanie. Ce produit s'exporte en Roumanie, en Bulgarie, en Serbie et dans les provinces frontières d'Allemagne'.'

On ajoute que la figue hordas d'Algérie tend de plus en plus à se substituer à la figue de Smyrne.

Comme on l'écrivait, il y a quelques semaines, il n'y a pas de raison pour que la figue algérienne torréfiée ne réussisse pas aussi bien en France qu'en Autriche.

Faisons remarquer que même dans ce dernier pays, la figue torréfiée ne s'emploie que pour le café au lait. Les vrais amateurs de café ne l'accepteraient-ils pas en France ?

***

Manque d'arome dans le beurre : L'on constate souvent le manque d'arome et même la présence d'un goût désagréable dans le beurre.

Dans la majorité des cas, si l'on examine bien les choses, l'on trouvera que ces défauts sont dus à une salaison trop forte ou à ce que l'on a laissé le beurre trop humide, c'est-à-dire qu'on ne l'a pas laissé suffisamment sécher sur le malaxeur.

Ceci évidemment en supposant que les diverses opérations précédentes et ultérieures soient bien conduites tant dans le maniement du lait et de la crème que dans la propreté des emballages.

Le beurre, pour obtenir un bon arome et une saveur agréable, ne devra pas contenir au-dessus de 10 p. c. d'eau et environ 63 grammes de sel pour 1 kilogramme.

Plus le beurre est fabriqué activement, sans cependant briser le grain, et moins de sel on y introduit, mieux cela vaut, autant pour le goût et l'arome que pour la conservation.

Un peu de soins lors du premier égouttage du beurre aidera beaucoup à obtenir une bonne qualité de ce produit.

***

La récolte du riz au Japon : Suivant les évaluations officielles, la récolte du riz est estimée à 80,172,000 hectolitres. Sauf en 1898, la récolte n'avait pas atteint un chiffre aussi important. Voici, à titre de document, les résultats définitifs des quatre dernières années, comparés aux prévisions pour 1900 : En 896, 65,158,000 ; en 1897, 59,470,000 ; en 1898, 85,296,000 ; en 1899, 71,456,000, et en 1900, 80,172,000 hectolitres.

On voit que par rapport à 1899, la nouvelle récolte se présente en augmentation de 8,716,000 hectolitres, ou de 12 p. c. environ.

***

La traversée de la Manche : Les bateaux à vapeur ne mettent guère plus d'une heure et demie pour franchir les 32 kilomètres qui séparent Douvres de Calais.

Au gré de certains impatients, ce voyage est encore trop long. Avec un train express, on l'eût accompli en trente minutes ; de là, l'idée de ce "pont sur la Manche", qui sera probablement une des grandes œuvres du siècle qui va s'ouvrir.

En attendant sa réalisation, un italien, le comte Peiri, s'est avisé d'un procédé qui permettrait d'accomplir la traversée en quinze minutes au plus. Elle s'effectuerait sur deux câbles en acier : le premier chargé d'électricité et le second formant support, maintenus, tous les deux, par cinquante ballons captifs. Les voitures appelées à glisser le long de ces câbles pourraient contenir dix personnes ; elles seraient construites en aluminium.

Deux ingénieurs français ont secondé le comte Peiri dans ses originales recherches.

La volaille aux Etats-Unis : Les Etats-Unis, après avoir longtemps tenu le sceptre de l'industrie, sont-ils à la veille de prendre aussi la première place dans le domaine agricole ? Ils inondent déjà les marchés européens de leur blé, de leur maïs, de leurs fruits, et voilà maintenant que l'Amérique se révèle comme le pays par excellence de la volaille.

Les chiffres officiels que l'on va lire ne laissent aucun doute à cet égard. Ils sont même, dans leur nouveauté, des plus instructifs

En 1896, une statistique dressée par le département de l'Agriculture, fixait à 383,000,000 le nombre des poules, poulets, dindons, oies et canards élevés aux Etats-Unis. La production des œufs était alors de 1,141 millions de douzaines, et la valeur de cette volaille et de ses produits atteignait 343 millions de dollars, en augmentation de 33 p. c. sur l'année 1890.

Actuellement, l'industrie de la volaille s'est accrue dans des proportions plus fortes encore. On compte, en effet, 500 millions de poules, canards, oies et dindons, produisant par an 1 milliard 490 millions de douzaines d'œufs et représentant un capital de 400 millions de dollars.

Voilà quelques chiffres qui méritent bien de fixer notre attention, n'est-ce pas ?

***

Depuis quelques semaines, les peaux de chat sont plus recherchées en Allemagne.

La cause est due à la confection en peau de chat pour les troupes de Chine de 10,000 pelisses, 10,000 paires de gants et 10,000 paires de pardessus de bottes.

Trois maisons de Berlin s'occupent de cette commande.

Comme il faut pour chaque pelisse 14 peaux de chat, pour chaque paire de gants 1 peau, pour chaque paire de bottes 2 peaux, il en résulte des besoins d'environ 200,000 peaux de chat.

Ce chiffre explique la hausse des prix qui s'est produite.

Le prix des pelisses s'établit à environ 40 marks ($10) par pièce.

Les gants pour la cavalerie ont trois doigts, ceux pour l'infanterie deux, parce que pour tenir les rênes on a besoin de trois doigts, tandis que pour le maniement du fusil deux doigts libres suffisent.

Les pardessus de bottes ressemblent aux guêtres de chasse, ils se mettent par-dessus la botte avec un sous pied en cuir.

Ces vêtements sont extraordinairement pratiques et rempliront certainement leur but d'une façon excellente.

***

La Lake of the Woods Milling Co., qui fait un énorme commerce de farines et de grains, fait construire d'immenses entrepôts et magasins sur la rue St-Denis, à proximité de la voie du Pacifique.

Cette nouvelle construction aura 400 pieds de long et 80 pieds de large.

***

Les langues en Belgique : Les différentes statistiques établies au sujet des langues donnent les chiffres intéressants que voici sur les progrès respectifs de chaque langue.

Années	Habitants de langue française	Habitants de langue flamande	Habitants de langue allemande
1846....	1,827,000	2,471,000	34,000
1866....	2,375,000	2,721,000	62,000
1880....	2,702,000	2,925,000	61,000
1890....	3,280,000	3,448,000	134,000

On remarquera de 1880 à 1890 une augmentation de 478,000 unités en faveur de la langue française, tandis que le flamand s'accroissait de 562,000.

***

Gaietés allemandes : Décidément, quand on y regarde bien, l'on trouve des choses vraiment drôles dans les journaux allemands. Ecoutez plutôt :

"Le Conseil municipal de Flensburg est saisi, depuis quelques jours, d'une question fort embarrassante. Le mécanicien X... du chemin de fer, demande à être exempté de la taxe pour son chien "parce que cet animal sert de chauffe pied à sa belle-mère, laquelle est impotente et vieille."

Un certain nombre de conseillers étaient disposés à accorder la détaxe demandée ; mais d'autres ayant fait observer que "les lits n'étaient pas destinés aux chiens et que ces animaux ne devaient pas y coucher," aucune solution n'a encore été adoptée.

La question ne sera tranchée définitivement que lorsque—suivant la proposition du bourgmestre—le mécanicien X..., aura produit un certificat signé d'un médecin et constatant "que la belle-mère susnommée a vraiment besoin d'un chien pour lui chauffer les pieds."

Et vous verrez qu'il se trouvera un docteur pour délivrer cette attestation.

POUR POUSSER LA VENTE DU CAFE

" Comment augmenter la vente du café " tel est le sujet traité par M. Quinn, dans une conférence donnée à ses confrères en épicerie et que nous traduisons du *Grocer's Review* de Philadelphie.

En commençant, M. Quinn dit qu'il est quatre articles sur lesquels l'épicier qui veut établir un commerce profitable doit porter une attention particulière, ce sont : le Café, le Thé, la Farine et le Beurre.

Le café surtout est un article que le consommateur ira chercher au loin pour l'avoir bon.

Dans ce cas, il y a un avantage pour tout épiciers de faire une étude spéciale de son commerce de café. A cette fin, il est nécessaire que l'épicier sache personnellement comment on fait une bonne tasse de café ; de cette façon il pourra en parler en connaissance de cause. Ce n'est pas seulement au sujet du café, mais sur presque tous les articles de son commerce qu'il devrait fortement ouvrir les yeux et chercher à apprendre.

Comme il est impossible d'établir un commerce avec un café de pauvre qualité, il est nécessaire pour l'épicier de débuter avec un bon café. Mais ce n'est pas tout. Sur dix plaintes que reçoit l'épicier de son café, il en est sept qui sont dues non pas à la faute du grain de café mais à une préparation défectueuse. C'est ce qu'on sait quand le client vient se plaindre du café qu'il a eu vendredi et prétendre que le café acheté mardi était parfait alors que tous deux provenaient d'un même grillage. C'est ce qui démontre qu'il est aussi nécessaire pour le client de savoir préparer convenablement le café que pour l'épicier de savoir qu'il a vendu un bon café et de connaître par lui-même comment on fait une bonne tasse de café. Que fera-t-il quand on se plaint à lui ? La question est de conserver ou de perdre un client.

C'est ici qu'il lui sera de grand avantage de savoir comment faire le café.

Tout d'abord il posera au client qui se plaint une ou deux questions pour trouver la cause du grief. Parfois on lui répondra que le café avait un goût de brûlé. La cause souvent ne provient pas de ce que le café a été mal grillé mais de ce que le client met son café au fond du pot et le laisse sur le poêle chauffé où il brûlera et se détériorera aussi complètement qu'il aurait pu l'être par un mauvais grillage.

Un café qui bout se détériore également, car l'huile essentielle qui renferme tout l'arome s'évapore et un excès de caféine se trouve dissous. Un café qui a bouilli est impropre comme breuvage.

Le meilleur mode de préparation est de verser de l'eau bouillante sur le café et de les laisser en contact cinq minutes, ce temps étant suffisant pour obtenir tout l'arome du café.

M. Quinn déclare que, dans son magasin, il fait l'épreuve de son café en présence de sa clientèle, car on ne peut aller à l'encontre d'une démonstration probante. Après avoir goûté une qualité de café, le client saura que la faute en est à lui seul, si ce café préparé à la maison n'est pas aussi bon.

M. Quinn avait apporté avec lui son appareil d'épreuve et fit une expérience devant son auditoire.

Il y a quelques années, pour bien conserver le café après qu'il avait été préparé, il était nécessaire d'avoir un récipient spécial très coûteux ; aujourd'hui on arrive aux mêmes résultats au moyen d'un simple sac filtrant qui s'adapte à n'importe quelle cafetière. Avec l'ancien procédé de préparation du café, il se gâtait si on n'en faisait un usage immédiat. Au moyen du sac filtrant, le café peut rester des heures entières sans pour cela perdre de ses qualités.

Tout d'abord, ayez de l'eau *bouillante*, mettez votre café moulu dans le sac filtrant (M. Quinn met 6 oz de café moulu pour obtenir 4 pintes de liquide ; c'est beaucoup moins que la plupart des ménagères qui cependant obtiennent de maigres résultats) et versez l'eau bouillante sur le café qui le traversera pour passer dans la cafetière. On peut faire un café plus fort en répétant l'opération, c'est-à-dire en versant à nouveau le liquide obtenu à travers le sac filtrant.

Le café pulvérisé ne donne pas d'aussi bons résultats que le café moulu, car il se forme en gâteau et ne laisse pas l'eau le traverser aussi librement. Retirez le sac filtrant avec la mare qu'il contient et qui ne renferme plus d'arome et votre café sera tout aussi bon deux ou trois heures après qu'au moment même où il a été fait. En versant le café dans les tasses, ayez toujours soin de mettre d'abord la crême, car le café chaud la réchauffera.

M. Quinn fit, de la manière qui vient d'être dite, quatre pintes de café en quatre minutes exactement. Le café dont il s'est servi est celui qu'il détaille à 25 cents la livre et ceux qui ont été assez favorisés pour y goûter déclarent qu'il était excellent. Son appareil d'épreuve consiste en un pot en agate de quatre pintes (le café préparé dans les pots en métal noircit par l'action du tanin sur le métal), d'une douzaine de tasses avec leurs soucoupes, du sac filtrant et d'eau bouillante.

L'appareil complet ne coûte guère que quelques dollars et cependant M. Quinn affirme que grâce à lui il a pu vendre 350 lbs d'une seule qualité de café en l'espace de dix jours, sans autre publicité. Il vend également à ses clients qui en désirent des sacs filtrants comme ceux dont il se sert pour ses démonstrations, de sorte qu'ils ont à leur disposition le moyen de préparer un bon café.

LA BAGUETTE DIVINATOIRE

EMPLOYÉE DANS L'ART DE DÉCOUVRIR LES SOURCES D'EAU SOUTERRAINES—SA VALEUR.

L'art de découvrir les sources doit dater du jour où les hommes, obligés de fuir les bords des rivières pour se garantir contre leurs semblables, allèrent se réfugier dans les montagnes, et Moïse ne fut certainement qu'un des plus habiles.

Ces artistes appelés : Sourciers, voyeurs d'eau, etc., etc., sont, dans cette science, aussi charlatans que les rebouteurs, et si les uns et les autres ont de nombreuses réussites à leur actif, ils ne les doivent qu'à une longue expérience ; mais on ne prône, et pour cause, que leurs succès et non tous les cas où leur science a été en défaut.

Nous avons connu nombre de personnes qui, malgré leur recours au sourcier, dans les environs de Toulon, n'ont pas pu trouver de l'eau dans leurs propriétés, et un surtout qui, pendant plus d'un an a creusé le rocher sans rien trouver. Le sourcier descendait dans le puits avec sa Baguette et disait invariablement : " Je sens l'eau, elle n'est pas loin." Et le propriétaire, hynoptisé, continuait à faire creuser. Après avoir dépensé quelques billets de mille, il arrêta les frais et le sourcier, ne voulant pas avoir le dernier mot, affirmait qu'il s'en manquait de peu pour atteindre la bienheureuse couche d'eau.

Il y a plus de 45 ans, le hasard me mit un jour en rapport avec le fameux découvreur de sources, l'abbé Paramelle.

Après lui avoir dit franchement

que je ne croyais pas à la Baguette divinatoire et autres moyens surnaturels, il voulut m'initier à son art de découvrir les sources, ce que je résumerai en quelques mots.

Lorsqu'on est appelé dans une région que l'on ne connaît pas, il faut d'abord se procurer une carte ayant les altitudes des principaux points ; l'étudier dans son ensemble avec les cours d'eaux qui peuvent exister. Aller ensuite dans le pays sans se faire connaître, monter sur les sommets les plus élevés, pour étudier et posséder complètement la configuration des terrains environnant la propriété où l'on doit opérer. Visiter toutes les fermes, les habitations qui ont des puits, et par d'habiles demandes, savoir les époques des maxima et minima de la hauteur d'eau dans ces puits ; enfin prendre tous les renseignements dont on croit avoir besoin, comme les époques des plus grandes crues et de sécheresse, et des renseignements sur les puits voisins.

Ainsi armé, possédant bien son sujet et vu des hauteurs l'ensemble de la propriété, on peut déjà se poser des jalons pour le travail final.

Lorsqu'on arrive dans la propriété, on en visite en détail tous les vallons, les dépressions du sol que l'on compare quant à la hauteur et à la direction, aux divers puits déjà examinés.

Après avoir choisi un ou plusieurs points sous lesquels le travail précèdent vous indique qu'il doit y avoir de l'eau, il reste encore à exécuter deux opérations.

La première consiste à examiner avec attention où poussent des plantes aimant l'eau et qu'il faut bien connaître.

Il reste enfin la dernière opération qui doit indiquer si l'on ne s'est pas trompé et qui donnera la solution désirée.

Il faut alors se lever de bon matin, sous prétexte de promenade et arrivé au point choisi, un peu avant le lever du soleil, se mettre à plat ventre, en amont du courant supposé, et dans cette position on doit attendre le lever du soleil et ne pas quitter des yeux la surface de la terre sur toute la surface du terrain que vos observations précédentes vous ont fait choisir.

On attend dans cette position—et quelquefois longtemps, ou même inutilement ; mais si on en a l'habitude et si on a procédé sérieusement, on croit voir peu à peu un frémissement du sol, qui n'est que le prélude d'un brouillard plus ou moins compact qui s'élève du sol, et que seulement un regard bien exercé peut apercevoir en examinant le terrain alentour.

Suivant l'importance de ce brouillard, du temps qu'il a mis à paraître après le lever du soleil, et d'après la nature du sol, qu'il y a intérêt à connaître, on arrive à fixer approximativement le volume et la profondeur à laquelle se trouve l'eau.

Là se termine le travail, la partie scientifique—si je puis m'exprimer ainsi—du chercheur de sources.

Dans ce métier, plus que dans tout autre, il ne s'agit pas de *savoir faire*, mais il faut surtout *avoir du savoir faire*, pour en imposer davantage.

Suivant le propriétaire, il faudra lui frapper l'imagination en employant la Baguette ou autres simagrées, comme les rebouteurs font des signes de croix et balbutient certaines prières ou mots cabalistiques.

Voilà, dénué de tout artifice, le talent du sourcier ; mais on doit reconnaître que pour être Maître dans cet art, il faut une grande patience, certaines connaissances et surtout faire preuve d'un grand esprit d'observation.

C'est en appliquant ces principes, la partie scientifique seulement du procédé, que nous avons pu, dans le nord du Brésil, introduire les *Puits instantanés* avec une réussite complète, dont un, entre autres, mérite d'être mentionné.

Etant dans une grande *Fazenda* où travaillaient plus de 100 esclaves, et où on était obligé d'aller chercher l'eau à la rivière, distante de plusieurs kilomètres, le propriétaire me dit qu'il avait creusé plusieurs puits autour de son habitation, mais sans rencontrer l'eau.

Après quelques jours d'études, où j'appliquai les données décrites ci-dessus, je fus convaincu qu'il devait y avoir, tout au moins un ruisseau souterrain passant au-dessous d'un espace découvert, composé presque sec où on trouvait le rocher à environ 3 ou 4 mètres.

J'y revins quelques instants après avec un Puits instantané, que j'essayai d'enfoncer dans le sol. Je fis plusieurs tentatives ; mais arrivé à 3, 4 ou 5 mètres, nous rencontrions le rocher et étions obligés de déplacer l'appareil. Après une huitaine de jours de travail, il me dit qu'il abandonnait ses recherches ; mais il m'en coûtait beaucoup de ne pas réussir, car c'était pour moi une question non seulement d'amour-propre, mais d'intérêt, parce que, à cette époque, dans le fond du Brésil, un ingénieur était considéré comme devant tout savoir et tout connaître.

Je lui demandais l'autorisation de continuer le lendemain, ce qu'il m'accorda. Le lendemain, pendant toute la journée, je ne quittais pas les ouvriers. A l'heure du déjeuner, j'avais par deux fois enfoncé le puits et rencontré le rocher. J'avais pourtant la certitude que le rocher devait avoir quelques fentes et je déplaçais encore l'appareil. A 5 h. du soir, le propriétaire vint voir si le puits s'enfonçait. Je dirigeais mes hommes avec force et le mouton se relevait et tombait régulièrement et à coups répétés.

Nous n'enfonçions plus et il partit, m'engageant à cesser le travail. Je ne voulais abandonner le fonçage qu'à la nit, et les coups de mouton se succédaient avec rapidité, mais sans effet ; enfin à 5 h. ½, le bruit du choc me parut n'être plus le même, et à chaque instant je mesurais la longueur du tube. Enfin je crus que l'enfoncement était d'environ 1 m[m. J'en doutais et excitais les noirs et j'eus enfin la certitude que le puits descendait, mais combien lentement! Un peu avant 6 h. un des chocs du mouton fit descendre le tube de 50 m[m ; je fus soulagé et les nègres poussèrent des cris de joie et redoublèrent d'efforts ; chaque coup donnant 5 à 6 centimètres d'enfoncement et un dernier plus de 10 centimètres : nous étions alors à environ 7 mètres de profondeur.

Le démontage de l'appareil et le montage de la pompe sur le tube, furent faits en un instant. Je donnais quelques coups de pompe et j'eus la satisfaction de voir couler une eau pure et fraîche, qui arrivait de dessous le banc de rochers qui avait fait tant de difficultés à se laisser traverser. Inutile de dire que le propriétaire, qui était accouru aux cris de ses esclaves, ne pouvait en croire ses yeux.

Et voilà comment je devins pratiquement sourcier. Si en s'exerçant, on peut arriver quelquefois en se mettant à plat ventre, à reconnaître l'évaporation de l'eau qui circule à plusieurs mètres dans la terre, il est certain que l'on trouvera des appareils assez délicats pour être influencés par une nappe ou un courant d'eau, passant à une certaine profondeur dans le sol

[*La Chronique Industrielle*].

REPONDEZ PROMPTEMENT

Les clients aiment à être servis promptement, c'est une chose que le marchand ne doit pas perdre de vue. S'il y prend garde, il aura avantage sur son concurrent qui laisse les clients attendre avec impatience qu'on veuille bien se déranger pour eux.

Voici une petite histoire qui est arrivée. Ce n'est d'ailleurs pas la première et ce ne sera pas la dernière du même genre.

Un client entrait récemment dans un magasin dans le but d'y faire des achats dont le montant devait s'élever à une somme rondelette. C'était le matin, de bonne henre, et il avait choisi une heure matinale afin de procéder rapidement, avan la poussée des affaires; il voulait gagner du temps et espérait ainsi être servi très promptement.

Se dirigeant vers le comptoir, il n'y vit personne, puis tournant ses regards de tous côtés il aperçut en arrière du magasin, quatre commis; l'un d'eux probablement racontait à ses camarades une histoire intéressante, ou, peut-être encore, discutait — le résultat probable des élections, toujours est il que pas un des commis ne bougea.

Le client eut à attendre jusqu'à ce que l'histoire fût terminée ou la discussion close.

Le client attendit donc ce moment, puis s'en alla vers la porte de sortie suivi par les quatre commis le suppliant de ne pas s'en aller avant qu'on l'eût servi.

Le magasin perdit un bon client qui n'y retournera plus. Il en informa d'ailleurs le patron du magasin qui eut, depuis, sans aucun doute, une conversation avec ses commis, conversation moins agréable évidemment que celle qu'ils avaient entre eux au moment où le client se morfondait dans l'attente.

Patrons veillez à ce que vos clients n'attendent pas. Commis, ne faites pas attendre les acheteurs, vos patrons sauront reconnaître l'attention que vous aurez pour la clientèle.

DOSAGE RAPIDE DU BEURRE

(*Communication faite par M. Lindet à la Société nationale d'Agriculture de France*).

J'ai l'honneur de présenter à la Société un procédé rapide de dosage du beurre dans le lait et dans les produits de la laiterie, et spécialement dans le fromage.

Ce procédé repose sur la solubilité de la caséine dans une solution de résorcine concentrée; traité à la chaleur du bain marie par la résorcine, le lait ou le fromage abandonne très rapidement la matière grasse.

Je me sers, pour effectuer le dosage du beurre, d'une ampoule cylindrique en verre, d'une contenance de 18 centimètres cubes environ, fermée d'un côté par un bouchon de caoutchouc dans lequel peut glisser une baguette de verre terminée du côté opposé par un tube étroit, gradué et ouvert.

Je ferme le tube gradué au moyen d'un caoutchouc et d'une pince, et l'ouverture de l'ampoule étant placée en haut, j'introduis soit 10 grammes de résorcine et 10 centimètres cubes de lait, soit un gramme de fromage, dix grammes de résorcine dissoute préalablement dans 10 centimètres cubes d'eau chaude. (Il est bon pour que le tube gradué ne soit pas souillé par de la matière, qui s'y dissoudrait difficilement à cause de son étroitesse, de le remplir de mercure). Je bouche l'appareil en ayant soin de faire pénétrer le moins possible la baguette de verre dans l'intérieur de l'ampoule; je le place dans un bain marie bouillant. J'agite légèrement, jusqu'à dissolution complète, et quand je juge que le beurre est bien rassemblé à la surface, je le pouce dans le tube gradué en enfonçant la baguette de verre verticalement. On peut faire cette dernière opération en deux fois en réchauffant l'appareil entièrement plongé dans l'eau du bain-marie, la ligne de séparation du beurre et du liquide sous-jacent s'établissant mieux dans ces conditions.

Ce procédé ne détrônera peut être pas le procédé Gerber actuellement en usage pour le dosage du beurre dans le lait; mais il se substituera aux procédés longs et coûteux qui ont été indiqués pour le dosage du beurre dans les fromages. Il offre ce double avantage qu'il peut être exécuté sur 1 gramme de fromage, c'est-à-dire sur une quantité prélevée au moyen d'une sonde, et que l'opération dure 10 à 15 minutes.

MODES DE PAIEMENT EN CHINE

Une idée claire des étrangetés et de l'incommodité de la monnaie chinoise nous est donnée par la lecture d'un article publié dans la feuille périodique *Export*, qui, dans une suite de considérations intéressantes, s'étend en détail sur les affaires de valeurs et de cours de l'Asie orientale.

De ces communications il résulte que la *pièce de cuivre* connue sous le nom de *Käsch*, dont le Chinois se sert dans presque toutes les affaires de commerce en Chine constitue depuis environ 2500 ans, le moyen de paiement largement prépondérant.

Cette monnaie est percée au milieu d'un trou carré, elle n'a pas la même valeur partout et il circule beaucoup de pièces fausses. Le Chinois enfile par 500 à 1000 pièces sur des cordons en paille de riz, le chargement se rompt fréquemment et il faut alors recompter le tout.

Il faut environ 5 kilos de käsch pour représenter la valeur d'un thaler de Prusse (73 cts).

Veut-on aller payer une dette de 100 thalers, on a besoin d'un cheval et d'une voiture pour le transport des 150,000 pièces de cuivre.

Le poids et l'alliage de ces pièces de cuivre ont été de tout temps soumis à de grandes fluctuations.

Le poids normal doit être le dixième d'une once de Chine et la valeur normale le millième d'un taël d'argent.

Depuis quelque temps, l'alliage ne se compose que d'environ 54 p.c. de cuivre, 42 p. c. de zinc et 4 p. c. de plomb.

Depuis environ dix ans le gouvernement fait frapper dans ses monnaies de province installées à l'européenne, des pièces de 1 käsch qui sans doute, comparativement au vieux käsch—qui ne fut pas frappé, mais fondu,—représentent un grand pas vers la perfection, mais ne trouvent que rarement le chemin de l'intérieur du pays, où la population les reçoit même souvent avec défiance.

La *monnaie d'argent*, elle aussi, est frappée depuis une dizaine d'années d'après les modèles d'Occident; mais elle non plus n'a trouvé accès dans le pays que par des quantités infimes.

Malheureusement il ne se publie pas de statistiques sur le nombre des pièces d'argent frappées dans les monnaies respectives; toutefois, il n'est guère important.

C'est ainsi qu'on ne voit que rarement des dollars et des demi-dollar de Chine; quant à l'autre petite monnaie, on la rencontre, il est vrai, très fréquemment dans les ports à traité, cependant ce n'est que très difficilement qu'on peut obtenir d'un Chinois ne demeurant qu'à quelques lieues du port, d'accepter ces pièces lors d'un achat : il préfére son sale argent käsch aux pièces d'argent.

Rectifions à cette occasion une erreur très répandue qui consiste à voir une monnaie dans le *taël d'argent* de Chine.

Effectivement une telle monnaie n'existe pas ; le taël est simplement une once d'argent pur, et le Chinois exprime uniquement par ce terme une certaine unité de poids et de compte.

Pour obvier à ces inconvénients, le gouvernement projette, paraît-il, l'établissement d'une monnaie centrale dans la capitale de l'empire.

Actuellement, chaque satrapie a sa propre monnaie ; et comme elle ne comporte pas la garantie de même poids et de même alliage, il est impossible d'établir pour les monnaies qui circulent un système de paiement légal dans tout l'empire. Pour affaires commerciales plus importantes les Chinois se sont servis depuis bien des siècles de l'argent à l'état non monnayé.

Ces barres d'argent sont nommées par les étrangers, shoes (souliers) à cause de leur forme, elles ne sont pas toutes du même poids.

Ces barres portent comme garantie de leur pureté l'empreinte du poinçon du contrôleur de la monnaie et du banquier qui les met en circulation.

Si l'on veut acheter une marchandise qui ne coûte, par exemple, que la moitié de la barre, on coupe celle-ci simplement en deux morceaux.

A la conclusion de marchés, l'*or* n'est employé que dans des cas extrêmement rares ; les petites barres d'or qu'on rencontre servent presque exclusivement à constituer un trésor.

La valeur de l'or par rapport à l'argent a été, aussi dans l'empire du Milieu, soumise à des fluctuations extraordinaires.

Au début de la dynastie Ming (en 1357) la proportion fut de 1 : 4 ; en 1890, elle fut de 1 : 23.

En ce qui concerne enfin le *papier-monnaie* de Chine, le gouvernement impérial n'a pas émis de billets de banque depuis un demi-siècle.

Les Chinois l'ont pourtant déjà connu au commencement du IXe siècle chrétien, peut-être même déjà plus tôt ; tandis qu'en Europe il n'a fait son apparition qu'en 1668.

La dernière émission de billets de banque s'est faite en Chine en 1853, sous l'empereur Hsienfeng.

C'étaient des billets de 100, 1,000 1,500 et 2,000 käsch ; ils furent en 1861, etc., vendus à l'enchère dans les rues de Pékin, et depuis ils ont complètement disparu du commerce.

Le sort de ces banknotes est en tout cas limité à la confiance que la population du pays a dans ses maisons signantes ; le timbre d'une banque particulière semble offrir au public une garantie plus grande de la sûreté de son argent que celui du gouvernement impérial.

Les billets de banque privés se rencontrent notamment dans les quatre provinces du Nord : Schenking, (Mandchourie), Tschiti, Schantung et Schansi ; ils sont toujours de tant et tant de käsch, et on les préfère même à l'argent de cuivre, parce qu'on ne court pas le risque de subir des pertes... par des käsch de moindre valeur.

Beaucoup de ces billets valent jusqu'à 100,000 käsch, ce qui, au cours actuel, ne fait, il est vrai, qu'environ $250.

Dans les ports à traité et leurs environs, on se sert également d'argent étranger.

LES ELECTIONS

La lutte est terminée.

Au point de vue des affaires, nous ne pouvons que nous en réjouir, car partout, cette semaine, on nous a répété même le refrain dans le commerce de gros : " Tout est aux élections ; on ne fait rien pour le moment et il faudra attendre quelques jours encore après la date des élections pour que le mouvement habituel à cette saison reprenne son cours."

Il faut, en effet, quelques jours aux vainqueurs pour savourer leur joie et aux vaincus pour gémir sur leur défaite. La nature humaine est ainsi faite qu'elle ne reprend ses sens que petit à petit ; il lui faut le temps pour venir à bout des émotions heureuses ou malheureuses qui l'agitent.

Ces émotions les candidats et leurs partisans les éprouvent aujourd'hui. Les libéraux se réjouissent de leur victoire et les conservateurs portent le deuil des victimes du scrutin.

Parmi les victimes sont les têtes les plus marquantes du parti conservateur. Les esprits dirigeants de ce parti ont été rejetés par l'électorat. Les chefs, la tête, ceux qui autrefois menaient leurs partisans à la victoire disparaissent, balayés par des hommes qui, parfois, sont d'une valeur moindre au point de vue de l'intelligence, de l'habileté et des connaissances requises pour tenir une place marquante dans un Parlement.

Peut-être quelques-unes de ces victimes ne doivent-elles leur défaite qu'à la division qu'elles ont elles-mêmes créé dans les rangs du parti conservateur. Elles ont récolté ce qu'elles avaient semé. Nous ne les plaindrons donc pas.

Le résultat général des élections est que le parti libéral conserve le pouvoir.

Sa victoire, il la doit à ses chefs, à un gouvernement sage et progressif et aussi aux fautes de ses adversaires.

Nous avons dit dans un précédent numéro les œuvres du gouvernement pendant les quatre années qu'il a détenu le pouvoir à Ottawa.

Mais l'impulsion qu'il a donnée aux affaires ainsi qu'aux travaux publics qui vont nous doter d'un outillage commercial qui manquait au pays, cette impulsion pouvait-elle, à elle seule, être jugée suffisante pour tourner en certains comtés une majorité conservatrice en une majorité libérale, nous ne le croyons pas.

Il a fallu d'autres raisons pour briser les attaches de parti et ces raisons nous les trouvons en rapprochant du résultat de la lutte, le cri poussé pendant la bataille par les adversaires du gouvernement libéral. "No french domination" disait-on dans Ontario. " Pas de Canadien français au pouvoir," tel était le mot d'ordre dans la province voisine. Ce cri poussé par les conservateurs leur donnait hier un gain net de quatorze sièges dans cette province d'Ontario.

Par contre, ce cri de guerre avait un contre-effet ici et ralliait dans la province de Québec presque tous les canadiens-français sous le drapeau du Premier Ministre Canadien-français. Résultat : huit sièges enlevés au parti conservateur et pas un seul perdu pour les libéraux.

Le gant jeté a été relevé.

Rien n'est plus regrettable, rien n'est à déplorer davantage que cette campagne de préjugés de race et de religion. S'ils devaient s'éterniser, c'en serait fait de la paix, de la bonne harmonie qui doivent exister entre citoyens d'un même pays.

Sir Wilfrid Laurier dans toute sa campagne électorale a fait partout appel à l'union, à la concorde. L'électorat l'a maintenu au pouvoir, persuadé qu'il a, avec ses collègues, l'autorité, la volonté et la force voulues pour tenir en respect les fauteurs de discorde.

LA CRISE DU CHARBON

On écrit de Liverpool que les prix élevés atteints actuellement par les charbons soulèvent de toutes parts des récriminations contre les propriétaires des mines, les intermédiaires et les marchands de charbon. Les raisons qui ont déterminé cette augmentation sont de différentes sortes. Au premier rang, il faut placer l'importance de la demande, puis la décroissance du chiffre de l'extraction par homme. Tandis que, de 1880 à 1890, un homme extrayait par an 328 tonnes, de 1890 à 1899, ce chiffre est tombé à 298 tonnes, soit une diminution de 7½ p. c.

Une autre cause sérieuse de renchérissement a été l'augmentation de l'impôt foncier sur les mines. En outre, le "compensation act," qui accorde des indemnités aux ouvriers blessés en cours de travail, est venu grever de 2 pence par tonne le combustible.

Les bois et tout ce qui est nécessaire à l'exploitation et à l'entretien d'une mine, ont considérablement augmenté de valeur, et si l'on ajoute à cette augmentation celle de 50 à 60 p. c. dans les salaires, depuis 1898, on reconnaîtra sans peine que le surcroît total des dépenses atteint un chiffre élevé.

On peut se demander combien de temps se maintiendront les prix actuels. A cela il est assez difficile de répondre d'une façon précise; mais une chose est certaine: c'est qu'un jour viendra où par la force même des choses, le charbon atteindra des prix encore plus élevés, et cela dans des circonstances absolument normales.

L'aire des couches de charbon superficielles diminue de jour en jour, et celle des grandes profondeurs sera bientôt la ressource, mais alors le coût de l'extraction du charbon en sera tellement accru que la période des prix élevés deviendra définitive. A ce moment il ne restera plus qu'à chercher un remplaçant au combustible, dont le prix sera devenu inabordable.

TABAC—Le surcroit de besogne et le commerce rural ont depuis une couple de mois, forcé M. Jos. Côté à négliger quelque peu le marché de la ville. Pour obvier à cet inconvénient, M. Côté s'est assuré le service de M. J. E. Drouyn, chargé de visiter la clientèle de la ville. Cette augmentation successive du personnel de la maison Joseph Côté de Québec est un indice significatif de l'augmentation incessante du volume de ses affaires.

PROGRES ECONOMIQUES

La chambre de commerce d'Anvers vient de publier un rapport économique des plus intéressants, non seulement sur le mouvement commercial, industriel et maritime de la place d'Anvers en 1899, mais sur les différents mouvements du commerce extérieur des principales nations du monde.

Nous reproduisons de ce travail de plus de 200 pages les passages suivants relatifs au commerce des nations européennes, d'après la *Halle aux Cuirs*.

" Spécialement prononcée dans le domaine maritime, l'activité commerciale et industrielle a été universellement intense en 1899 et la statistique globale des échanges a dépassé sensiblement toutes les précédentes.

Pendant plus de vingt ans, il y avait eu baisse presque continue du prix des principales marchandises, interrompue deux ou trois fois par des hausses passagères. Depuis deux ans la hausse s'est maintenue constamment.

L'outillage terrestre, encore loin de son complément même dans les pays les plus avancés, réserve à la production des peuples civilisés et à leurs transports vers les territoires où presque tout reste à faire, un champ d'opérations que l'on peut qualifier d'inépuisable et dont l'exploitation n'a virtuellement commencé que vers la fin du XIXe siècle.

En même temps que cet ensemble de situations favorables, un phénomène assez inattendu a été constaté: pendant des mois entiers les réseaux des chemins de fer, tant ceux des compagnies que des Etats, ont donné le spectacle étrange d'une insuffisance notoire.

La production houillère s'est trouvée singulièrement inférieure aux besoins non seulement dans notre pays, mais en Angleterre, en Allemagne et en France.

L'industrie métallurgique traverse la plus longue période de prospérité qui se soit présentée depuis trente ans.

Les administrations des chemins de fer ont adressé aux constructeurs de matériel de telles quantités de commandes que les établissements industriels débordés, ne peuvent faire face aux demandes.

Le nombre de kilomètres de railways décrétés et projetés dans les deux hémisphères est énorme.

La Belgique pour 29,457 kilomètres carrés de superficie occupe le premier rang, avec 20 kilomètres de voies ferrées par 100 kilomètres carrés. Viennent après elle, comme ayant le plus de lignes comparativement à leur surface, la Saxe et le grand-duché de Bade, la Grande-Bretagne, les Pays-Bas, la Suisse, la Prusse, la Bavière et la France, avec un nombre de kilomètres variant, par 100 kilomètres carrés, de 18 à 7.8 kilomètres.

On voit ce que peut attendre l'industrie du fer et de l'acier du développement des réseaux des différents pays et de la clientèle que leur achèvement créera en matériel, engins, outils et objets de toute espèce et de toute matière.

Il n'est pas douteux que les usines de tous les pays producteurs charbonniers et métallurgiques ont énormément de travail en perspective, et que le siècle qui va commencer continuera cette ère de prospérité.

Pour la Belgique, il nous est essentiellement agréable de pouvoir ajouter, en même temps que la constation du progrès constant du commerce et de l'industrie, celle de l'expansion simultanée et croissante des capitaux affectés et des industries créées par des Belges en pays étrangers.

Le commerce spécial de la Belgique en 1899, avec une navigation internationale à l'entrée de 8,788 navires et 8,702,290 tonneaux (dont pour Anvers 5,613 navires et 6,872,848 tx.) a donné à l'importation une augmentation générale en valeurs de 10.4 0/0 sur l'année précédente, et à l'exportation une augmentation de 9.1 0/0.

La Grande-Bretagne, bien que se trouvant aux prises avec deux fléaux épouvantables (la famine et la peste perdurante dans l'Inde), et en outre avec la guerre dans l'Afrique du Sud, a réalisé en 1899 des résultats commerciaux qui n'avaient jamais été atteints.

L'exportation comprend 229,870,800 frs. de navires neufs.

Ce poste n'était pas encore compris dans le relevé de 1898: en le défalquant, on trouve que le dernier exercice donne sur le précédent une augmentation de 367,423,275 à l'importation, et de 662,664,125 à l'exportation. On est donc loin encore de la ruine prochaine du commerce et de l'industrie britanniques par les nations concurrentes.

La prospérité de l'Allemagne, bien marquée depuis 1894, ne s'est pas seulement maintenue en 1899, mais elle a encore augmenté, et les Allemands considèrent la situation actuelle comme devant être de longue durée.

Les indices de prospérité sont

multiples : progrès du commerce extérieur, trafic croissant des chemins de fer, fortes recettes du Trésor, élévation du prix des marchandises, accroissement de la consommation intérieure. Cette dernière contribue pour une large part à l'essor de l'industrie allemande.

Une preuve de l'accroissement du bien être, parallèle à l'expansion commerciale et industrielle, est fournie par la décroissance sensible de l'expatriation, qui n'a été en 1898 que de 20,960 émigrants chiffre le plus faible depuis que l'empire existe.

En même temps que la consommation du marché intérieur est devenue meilleure, les traités de commerce avec la Russie, l'Autriche, l'Italie, la Belgique, la Suisse et la Roumanie ont assuré la stabilité dans les débouchés.

De 1894 à 1899, l'exportation allemande a progressé de 3,814,350,000 fr. à 5,189,633,750. Les importations en 1899 ont été de 6,869,816,256 fr. contre 5 milliards 356,016, 250 en 1894.

Pour les Etats-Unis, l'année 1899 a marqué un progrès extraordinaire.

La production de houille et de fonte a été bien supérieure à celle des années précédentes, dépassant celle de la Grande-Bretagne.

Les exportations sidérurgiques ont passé de 6?,727,250 doll. en 1897 à 82,771,550 doll. en 1898, pour atteindre 105,689,645 en 1899.

Le commerce extérieur pendant l'année 1899 s'est monté à doll. 2,074,345,242 dont : Importations 798,845,571 doll., et exportations 1,275,499,671. Les manufactures représentent dans les exportations la plus grande proportion qui ait jamais été constatée, tandis que les matières brutes employées dans les manufactures sont représentées dans les importrtions par une quantité plus grande que jamais.

Le sort des nouvelles possessions des Etats-Unis n'est pas encore définitivement réglé.

Dans l'île de Cuba la longue guerre soutenue contre l'Espagne a été cause de bien des désastres.

Les rapports officiels sur l'état du pays accusent une profonde misère, et la soumission progresse peu.

Le nouveau règlement sur l'immigration à Cuba impose la perception d'un droit d'un dollar pour chaque passager, sauf les citoyens des Etats-Unis.

Les mêmes dispositions sont appliquées dans les Phillippines.

Depuis l'occupation de ce dernier groupe par les Etats-Unis, il a été fait des enquêtes dont le résultat intéresse le monde commercial. Environ huit millions d'acres, soit environ le neuvième de la surface de l'archipel, sont cultivés, et il n'est pas douteux que la production agricole pourrait être décuplée.

La population des Philippines est de 7,636,632 habitants. Les Chinois sont en majorité parmi les étrangers. Il y a à Manille 89 maisons étrangères, dont une belge.

De vastes projets sont préparés par les Américains pour tirer parti des ressources inexploitées de ce grand archipel.

Pendant l'année 1898, le commerce d'exportation a augmenté malgré la situation toujours troublée.

Vers la fin du siècle dernier le commerce de la France dépassait celui de l'Angleterre de 200,000,000 de francs ; en 1850 l'Angleterre avait déjà pris le premier rang universel qu'elle a conservé, et en 1872, la France arrivait encore au second rang ; mais en 1890, il lui était enlevé par l'Allemagne, et à l'heure présente les progrès des Etats-Unis l'on fait reculer jusqu'au quatrième rang.

La France, grâce à des récoltes favorables, a importé en 1899 pour près de 500,000,000 de francs de moins qu'en 1898 en objets d'alimentation ; par contre, elle a importé en plus pour 158,000,000 de matières pour l'industrie et 73,000,000 d'objets fabriqués. Ses exportations ont augmenté de 388,000,000 dont environ 240,000,000 de produits fabriqués.

Le chiffre des exportations françaises de 3,899,142,000 de francs dépasse le plus élevé constaté antérieurement ; mais il est dû surtout au régime de faveur accordé aux produits de la métropole dans ses colonies et qui virtuellement comporte la quasi exclusion des produits des autres nations.

L'orientation plus exploitative en même temps qu'exclusiviste des colonies françaises apporte aux industries nationales un privilège de nature à contrebalancer plus ou moins la perte de débouchés neutres que le protectionnisme inflige à la France.

Le recul des dernières années a dû ainsi que nous l'avons déjà dit antérieurement, ouvrir d'autre part, les yeux au gouvernement français et même à un assez bon nombre de ses nationaux. L'arrangement avec l'Italie, entré en vigueur le 12 février 1899, la résistence assez marquée du pouvoir exécutif contre bon nombre de ses projets d'aggravations de droits de douane qui émaillent les sessions législatives pour périmer à la fin de chacune de celles ci les négociations avec les Etats-Unis et le Brésil, pour obtenir des réductions de l'un et échapper au tarif maximum de l'autre, sont autant de preuves d'une trè sérieuse hésitation sur le terrain protectionniste. Mais que l'on ne soit pas prêt encore à sortir de l'ornière, nous en trouvons également la preuve dans le rejet de la demande d'abolition du droit sur la houille, droit qui pèse lourdement sur l'industrie française.

Il a été question de chercher pour satisfaire celle-ci, un équivalent dans une réduction des tarifs de transport, d'où résulte une fois de plus que le protectionnisme est un véritable cercle vicieux.

De très importants changements ont été opérés dans la manière de gérer et d'approprier les Frances lointaines. Au point de vue administratif, il s'est produit une tendance manifeste d'imposer aux colonies de pourvoir elles-mêmes à leurs besoins, de s'organiser et de s'outiller, le cas échéant avec de simples subventions du Trésor français, en un mot de substituer une autonomie plus effective des colonies à leur vie automatique actuelle en les faisant cesser d'être de simples rouages d'un mouvement d'horlogerie dont le pendule est à Paris.

On procède actuellement par concession de territoires d'exploitation minière, agricole et forestière, de construction de routes, de chemins de fer et autres travaux d'utilité publique.

Mais, comme tout doit s'enchaîner dans un mouvement évidemment progressif, quelles que soient ses imperfections originelles, les esprits prévoyants discutent très opportunément la question de l'uniformité de traitement économique entre la France d'Europe et les Frances d'outre mer.

Sans doute, ce serait encore du protectionnisme, mais il aurait au moins l'excuse de ne constituer qu'un régime préférentiel de réciprocité et un progrès relatif sur le procédé draconien consistant à exiger que les colonies acceptent chez elles en franchise les produits de la métropole et à élever des barrières dès qu'il s'agit de recevoir leurs produits dans celle ci.

Somme toute, bien que les chiffres du commerce de la France ne soient pas décourageants pour l'année 1899 on ne saurait, de la comparaison des statistiques, déduire d'autre conclusion que celle de la continuation d'une décadence, attestée par le recul des ports français, spécialement Marseille, Le Havre, Dunker.

que et Bordeaux, ainsi que celui de la marine marchande.

Le sentiment de cette décadence se généralise à un tel point que l'on semble aspirer dans toutes les directions à une espèce de correctif par l'érection d'un *port franc* à côté de chaque port français.

La chambre de commerce de Paris, après avoir approfondi la question sous toutes ses faces, l'a exposée avec perspicacité dans un récent rapport qui débute en ces termes :

"Le préjudice qui est causé à notre trafic extérieur, à nos ports et à notre marine marchande *par le régime protectionniste actuel* est un fait malheureusement trop visible pour que les esprits clairvoyants, soucieux de l'avenir commercial de la France, n'en soient pas vivement préoccupés et inquiets."

Après avoir longuement traité et analysé la question, la chambre fait justice de toutes les illusions et résume sa manière de voir en émettant le vœu de la création *de zones* franches sous les réserves suivantes :

"1o Qu'elles devront être établies *sur quelques points seulement du littoral*, aux endroits qui répondront le mieux, *géographiquement* aux nécessités commerciales, industrielles et maritimes de l'ensemble du pays.

"2o Mais que, tout d'abord, *et avant cette création*, l'Etat accordera de nouvelles facilités aux industries de l'intérieur ;

"En développant l'usage de l'entrepôt fictif et de l'admission temporaire par une réglementation plus large et mieux appropriée aux besoins du commerce ;

"En appelant un bien plus grand nombre d'articles à profiter des avantages que doivent procurer ces deux régimes :

C'est la réfutation décisive de la supposition tout à fait imaginaire que l'on aurait enfin trouvé la panacée pouvant faire contrepoids aux conséquences fatales du protectionisme.

Passant ensuite en revue le mouvement du commerce extérieur des autres nations, le rapport constate que :

Le commerce de la Suisse a été plus prospère encore pendant l'année 1899 que celui de 1898, dont les résultats dépassaient de loin ceux des années précédentes. Les importations ont atteint 1,103,349,000 fr. contre 1,065,305,000 fr. en 1898, et les exportations 795,921,000 fr. contre 723,826,000 fr.

Malgré les revers qu'elle a éprouvés et la perte de ses colonies, l'Espagne s'applique à se relever. Elle a cédé à l'Allemagne les Carolines, les Palaos et ce qui lui restait des Mariannes.

La production industrielle suit une progression encourageante ; l'extraction du minerai de fer, qui était de 7,197,047 tonnes en 1898, s'est élevée à 9,234,302 tonnes en 1899. Il importe toutefois de remarquer qu'il a été exporté 8,613,-137 t. contre 6,558,062 t. en 1898, comprenant donc la presque totalité du progrès de l'extraction.

Pour l'Italie la statistique démontre une amélioration continue au point de vue commercial. Nous trouvons en 1899 1,506,561,000 francs à l'entrée et 1,431,417,000 à la sortie.

Les importations ont augmenté de 93,226,000 fr. en valeurs, mais elles ont diminué en quantité.

Les exportations représentent une augmentation sur 1898 de 227,848,-000 dont 105 millions par hausse de prix et 123 millions par augmentation des quantités de marchandises.

Les importations de l'Autriche-Hongrie en 1899 ont comporté 1,975,750,000 fr. contre 2,049.500,000 fr. en 1898 et les exportations 2,321,000,000 de francs contre 2,019,000,-000 de francs.

Le commerce extérieur de la Russie est en croissance, mais les importations y sont en recul.

L'importation a comporté en 1899 le total de 1,908,940,225 fr. et l'exportation 1,995,496,775 fr., dans les deux sens l'Allemagne occupe le premier rang, tenu ci-devant par l'Angleterre.

L'industrie russe se développe considérablement. La somme des capitaux des sociétés en activité, qui était de 157,500,000 fr. en 1886, a atteint 5,312,500, en 1899. L'Angleterre se trouve, sur ce terrain, dans un état de grande infériorité vis-à vis de l'Allemagne, de la Belgique et de la France.

L'industrie minière et métallurgique du sud de la Russie est en grande partie aux mains des Belges.

En janvier 1899, 105 entreprises belges avec un capital d'environ 340 millions fonctionnaient en Russie. Au 1er janvier 1898 ce capital n'était que de 175,673,000 fr.

(*A suivre*).

On confectionne une excellente pâte à rasoirs en faisant fondre et en mélangeant ensemble :

Rouge d'Angleterre................	150 gram.
Essence de citron	10 "
Emeri en poudre impalpable.....	185 "
Graisse de mouton................	160 "

Il suffit d'étendre un peu de cette pâte sur le cuir à rasoir et d'y passer plusieurs fois ce dernier pour le faire couper parfaitement.

LES ELECTIONS PROVINCIALES

Au moment d'aller sous presse, nous apprenons d'une source autorisée que le Parlement de la Province de Québec sera dissous dans les quatre jours de cette date et que les électeurs auront à élire leurs candidats à la Chambre des Députés provinciale, un mois après la dissolution.

NOTIONS DE DROIT

(*Suite*).

Du mariage

Il est donc très important, en contractant avec une femme sous puissance de mari, de s'assurer qu'elle est autorisée par ce dernier. Cette autorisation n'est pas requise dans tous les cas. Sous ce rapport, il faut distinguer entre les différents régimes matrimoniaux. Une femme commune en biens avec son mari (c'est-à-dire qu'il s'est mariée sans contrat de mariage) n'a absolument aucune capacité pour contracter ou pour attaquer ou se défendre seule dans un procès ; c'est en ce cas, le mari qui administre les biens de la communauté, et qui seul peut les vendre, les aliéner, les hypothéquer et diriger les actions qui les concernent sans le concours de sa femme. Sous le régime de l'exclusivisme de communauté, la femme conserve la propriété de ses biens meubles et immeubles. Mais c'est encore le mari qui les administre et qui en perçoit les revenus. Sous le régime de la séparation de biens, la femme peut plaider et contracter seule, mais seulement pour ce qui regarde l'administration de ses biens. Enfin, quel que soit le régime sous lequel les époux se sont mariés, si la femme veut faire commerce, si elle veut être marchande publique, elle doit obtenir l'autorisation de son mari ; et alors, elle peut s'obliger seule pour tout ce qui concerne son négoce, et elle oblige aussi son mari s'il y a communauté entre eux. Pour résumer, la femme commune en biens ne peut, sans autorisation, ni signer, ni endosser un billet, ni collecter ses loyers, ni passer un bail, ni être obligée de payer un compte qu'elle a contracté quand bien même crédit lui serait donné à elle-même, ni vendre ses propres effets, ni faire faire des réparations à ses propriétés. Au contraire, la femme séparée de biens tant qu'il ne s'agit que de l'administration de ses biens, peut faire tous les actes ci dessus.

Maintenant, comment se donne

l'autorisation du mari ? C'est ordinairement par sa présence et sa signature à l'acte, jointe à celle de la femme, qu'on juge que cette dernière est autorisée. L'autorisation peut aussi quelquefois être tacite, c'est là une question de faits qu'on détermine suivant la volonté et les agissements du mari antérieurs au contrat que la femme a passé, et d'après lesquels on peut juger qu'il ne s'est pas opposé et qu'il l'a approuvé.

J'ai insisté sur cette question de capacité légale de la femme mariée à cause de la grande importance du sujet. En effet, la femme qui agit seule fait un acte tellement nul, que l'autorisation et la ratification postérieure de cet acte par le mari serait sans effet et ne pourrait le valider. Il faut que cette autorisation ait lieu au moment même que l'acte est passé ou qu'elle ait été donnée avant.

Les tribunaux ou le juge peuvent autoriser la femme mariée lorsqu'à cause de quelque infirmité, comme la démence, ou pour quelque autre raison, le mari refuse ou est incapable de donner son consentement. Néanmoins ce ne sera que lorsque le refus d'autorisation du mari n'aura pas de cause raisonnable pour le motiver que le juge pourra y suppléer. Dans une cause de Rochon et Deschamps, jugée il y a quelque mois, le tribunal a refusé son autorisation à une femme mariée pour passer un acte d'emprunt, il apparaissait en effet que la femme voulait emprunter pour lui permettre de fonder un établissement de commerce pour les boissons enivrantes, en société avec un tiers ; le mari s'était refusé à laisser sa femme faire ce commerce, et le juge a décidé qu'il ne pouvait remplacer l'autorisation du mari par la sienne.

Pour finir cette étude, je ne puis mieux faire que de mettre les marchands en garde contre le danger qu'il y a pour eux d'avancer à crédit à une femme mariée. De nombreuses décisions ont maintenu que même pour les choses nécessaires, telles que épiceries, habillements, etc., la femme ne peut engager son mari et ne peut s'engager elle-même sans autorisation.

Si le compte es ouvert au nom du mari, ce dernier ne peut être tenu responsable des achats faits par sa femme hors sa connaissance et sans qu'il les ait approuvés ; si c'est à la femme elle-même qu'on donne crédit, le marchand devra prouver, outre la livraison des effets, que le mari a autorisé sa femme à acheter et ce dernier n'aura qu'à nier cette autorisation pour faire renvoyer l'action.

Naturellement, ce que je viens d'expliquer, ne s'applique pas à la femme mariée qui fait commerce avec l'autorisation maritale. Dans ce cas, elle peut véritablement s'obliger et contracter seule pour tout ce qui concerne le négoce qu'elle conduit.

EMILE JOSEPH.

L'ININFLAMMABILITE

M. Ch. Girard, directeur du Laboratoire municipal, vient de faire paraître à l'Imprimerie régimentaire une note sur l'ininflammabilité des matériaux et décors des théâtres. Nous croyons devoir reproduire cette intéressante publication.

L'incombustibilité du bois, et, en général, de toutes les matières organiques, c'est-à-dire leur complète conservation sous l'influence d'une forte chaleur, n'est pas réalisable, pas plus, du reste, que pour le zinc et même pour le fer, mais on peut assurer l'ininflammabilité et localiser ainsi la destruction du bois et tissus aux points directement exposés à l'action de la chaleur.

C'est à Gay-Lussac que revient l'honneur d'avoir fait connaître, dès l'année 1821, les principaux éléments nécessaires à l'ininflammabilisation des tissus, qui a été ensuite appliquée aux bois et autres matières inflammables. Gay-Lussac définit ainsi le tissu incombustible : " Nous entendons ici par tissus incombustibles non les tissus qui seraient à l'abri de toute altération par le feu, mais ceux qui par leur nature particulière ou par des préparations convenables, prennent feu difficilement, ne brûlent pas avec flamme, s'éteignent d'eux-mêmes et ne peuvent propager la combustion."—*Annales de Chimie et de Physique*, tome VIII, année 1821.

Pour qu'un tissu soit réellement ininflammable, il est essentiel qu'il satisfasse aux deux conditions indiquées également par Gay-Lussac :

1o Pendant toute la durée de l'action de la chaleur, le tissu doit avoir ses filaments garantis du contact de l'air qui en déterminerait la combustion ;

2o Les gaz combustibles que l'action de la chaleur en dégage, doivent être mélangés en assez forte proportion avec d'autres gaz difficilement combustibles, de façon que la destruction du tissu par la chaleur se réduise à une simple calcination.

La première condition peut être réalisée en imbibant les tissus d'une substance très fusible qui, sous l'action des premières atteintes de la chaleur, enveloppera toute la surface des fibres d'un enduit plus ou moins vitreux incapable de s'effriter sous l'effet prolongé d'une température plus élevée et, par suite, isolera complètement la fibre du contact de l'air.

Parmi les substances qui satisfont à cette condition et ne s'altèrent ni par un excès de sécheresse ou d'humidité, je citerai l'acide borique, les borates alcalins, les phosphates et les tungstates alcalins.

On réalise la seconde condition en employant des produits volatils non combustibles produisant simultanément les deux effets suivants : d'une part la vaporisation, c'est-à-dire la transformation de la matière solide en produits gazéiformes qui absorbera une grande quantité de chaleur, et le calorique ainsi neutralisé sera sans action sur le tissu ; d'autre part, les vapeurs produites et les gaz résultant de leur décomposition se mélangeant aux gaz produits par l'incinération des tissus, donneront un mélange ininflammable.

Les sels ammoniacaux employés dans le plus grand nombre des mélanges ignifuges, satisfont à cette condition : ils jouissent de la propriété d'être volatils ou décomposables en produits volatils ; ils ne sont pas combustibles par eux-mêmes, la chaleur les décompose en donnant, suivant le sel employé, un mélange incombustible d'azote et de vapeur d'eau, en même temps que des produits doués de la propriété d'éteindre les corps en ignition (*acides carbonique, chlorhydrique, sulfureux*, etc.)

Indépendamment des conditions propres à assurer l'ininflammabilité, les préparations doivent encore satisfaire à un certain nombre de conditions pratiques sans lesquelles leur emploi ne pourrait pas être généralisé pour le service des théâtres ; ces conditions sont les suivantes :

1o La substance ou le mélange des substances doit être à bas prix et d'une application facile ;

2o Elle ne doit altérer ni les tissus ni les couleurs qui les recouvrent en les imprégnant ;

3o Elle ne doit être ni vénéneuse ni corrosive ;

4o Elle ne doit s'altérer ni par le temps, ni par un excès de l'humidité de l'air ni par un excès de dessication ;

5o Elle doit adhérer parfaitement

au bois ou aux tissus, de manière à ne pouvoir s'en détacher sous l'action prolongée des frottements et des enroulements nécessités par le service des théâtres.

Quoique Gay-Lussac ait indiqué, dès 1821, les principes de l'ininflammabilité, ainsi que les substances ignifuges à employer pour arriver à ce résultat, et malgré le prix offert par la Société d'encouragement en 1829, et renouvelé en 1875, à l'auteur d'un procédé pratique rendant ininflammables les tissus et les bois, ce n'est qu'en juillet 1886, sur le rapport de M. Troost, que le Conseil de la Société d'encouragement accordait à M. Martin une somme de 1,000 francs pour ses mélanges ignifuges de sulfate, chlorhydrate, carbonate d'ammoniaque, acide borique et borax.

Actuellement, ces mélanges prêts à être employés se trouvent couramment dans le commerce et peuvent servir à ignifuger rapidement les tissus ou étoffes légères ; on trouve même facilement des toiles à décors rendues ininflammables par immersion dans des bains composés de sulfate d'ammoniaoue, acide borique et borax, et sur lesquelles le peintre décorateur n'a plus qu'à appliquer ses couleurs.

En ce qui concerne l'ignifugeage des bois, la question mérite un plus grand développement, car les difficultés sont plus grandes et le résultat à obtenir dépend uniquement du mode d'emploi de ces substances.

Avant de résumer les différents procédés actuellement connus, il me semble utile de donner quelques détails sur la composition chimique du bois.

Le bois est formé principalement par la cellulose et par la matière incrustante qui soude les fibres entre elles.

Cette dernière matière est elle-même composée de *lignose*, de *ligno ne*, accompagnées d'autres corps solides tels que le *pectose*, la *cutose*, la *subérine*, et de substances minérales telles que l'acide phosphorique, l'acide salicilique, la chaux, la magnésie, la potasse, la soude, etc.

Lorsque le bois est incomplètement sec, la partie liquide ou *sève* se compose d'une quantité importante d'eau qui tient en dissolution : 1o Un nombre considérable de substances albuminoïdes et azotées dont la composition est peu connue ; 2. des substances minérales à l'état de sels solubles ; 2o des substances solides d'aspect colloïdal ou graisseux tenues en suspension dans le liquide.

Par la dessication et l'oxydation à l'air, les substances contenues dans la sève et les matières agglomérantes se transforment en substances inertes, mais n'en conservent pas moins la propriété de distiller sous l'influence d'une température élevée, en produisant des gaz éminemment combustibles qui s'enflamment avec la plus grande facilité au contact de l'air, en propageant le feu de proche en proche, la combustion ne s'arrêtera que lorsque la masse tout entière du bois, quelle qu'en soit l'étendue se trouvera réduite en cendres.

L'ininflammabilisation des bois peut être obtenue de deux façons différentes :

1o Par injections de dissolutions salines ;

2o Par application d'enduits extérieurs.

Les principaux procédés par injections actuellement connus sont au nombre de deux. Le premier consiste à enlever au bois ses résines, ses produits de distillation qu'il contient dans toute sa masse, à l'aide de la vapeur d'eau sous pression, et à substituer ensuite à ces matières inflammables des solutions ignifuges généralement composées de phosphate ou sulfate d'ammoniaque, d'acide borique ou d'un borate alcalin. Ces solutions salines pénétrant dans toute l'épaisseur du bois sont absorbées par toutes ses fibres en constituant pour chacune d'elles une double mesure de protection conforme à la théorie de Gay-Lussac exposée plus haut.

A suivre.

NECROLOGIE

C'est avec regret que nous apprenons le décès de M. Charles Edward Colson, marchand à commission, de notre ville, né en Angleterre en 1833, M. C. E. Colson était venu se fixer à Montréal, il y a une quarantaine d'années. Il a été longtemps l'associé de M. Alexander Urquhart.

M. Colson souffrait depuis un an, mais ce n'est que dans ces derniers jours que la maladie de cœur qui devait l'emporter, le retint éloigné des affiires.

Il laisse deux fils MM. C. H. et Alex. Colson, à qui nous présentons nos condoléances dans la perte irréparable qui les frappe.

Nettoyage des toiles cirees

Pour enlever la graisse qui se forme sur les toiles cirées, il suffit de verser dessus quelques gouttes de vinaigre et de les bien essuyer avec un torchon sec.

REVUE COMMERCIALE ET FINANCIERE

FINANCES

Montréal 9 novembre 1900.

La Bourse de Montréal a ouvert ce matin, au lendemain des élections, à des cours légèrement plus hauts que ceux de mardi et a conservé une partie de l'avance.

Durant la huitaine écoulée les gains ont été :

C.P.R. 1¼ ; Twin City ½ ; R. & O. 3 ; Royal Electric ½ ; Gaz de Montréal 8 ; Cable Commercial 4.

Les pertes sont : Chars Urbains de Montréal, 1¼ ; Chars de Toronto, 1½ ; Dominion Cotton ½.

En valeurs des mines, il n'y a que des baisses à enregistrer : War Eagle, 1 ; Payne, 8½ ; Republic 8½ e· Virtue, 10. Le Montréal & London a changé de mains à 5.

Peu de ventes d'actions de banques qui d'ailleurs sont bien tenues.

Les valeurs suivantes sont celles sur lesquelles il s'est fait des ventes durant la semaine ; les chiffres sont ceux obtenus à la dernière vente opérée pour chaque valeur :

C. P. R.	88
Montreal Str. Ry	280
Twin City	61½
Toronto St. Ry	108
Richelieu et Ontario	109
Halifax Tr. (bons)	....
" (actions)	....
St John Ry	....
Royal Electric	205
Montreal Gas	200
Col. Cotton (actions)	90
" (bons)	99
Dominion Cotton	97
" pref	....
Merchants Cotton	....
Montreal Cotton	....
Cable Comm. (actions)	173
" " (bons)	....
Dominion Coal, pref	....
" " bons	....
" " (ord)	....
Montreal Telegraph	....
Bell Telephone	170
War Eagle	103
Centre Star	....
Payne	79
Republic	60
North Star	....
Montreal & London	5
Virtue	35

En valeurs de Banques, il a été vendu :

Banque de Montréal	262
Banque des Marchands	158
Banque de Québec	124
Banque Molsons	188

COMMERCE

Nous ne pouvons guère que répéter ici, ce que nous disons ailleurs : les élections ont nui considérablement aux transactions.

Le commerce de gros a profité d'un ralentissement dans la demande pour pousser plus activement la livraison des marchandises commandées antérieurement.

A la campagne, les paiements de la Toussaint ont été mieux rencontrés que jamais, ce qui indique une bonne situation pour les cultivateurs.

Les marchands se ressentiront de cet état de choses et une fois le calme revenu dans les esprits après une lutte électorale partout ardente, les affaires repartiront avec un nouvel élan.

Cuirs et Peaux—Les cuirs sont encore aux anciens prix, malgré une haussə de ½ à 1c aux Etats-Unis. Le marché canadien suivant généralement les fluctuations qui se produisent chez nos voisins, une hausse en tannerie est possible.

En peaux vertes, les prix en hausse que nous avons indiqués la semaine dernière sont tenus fermes.

Les peaux de moutons sont à 80c pièce suit une avance de 10c.

Epiceries, Vins et Liqueurs — Les raffineurs ont baissé de 15c par 100 lbs les prix de toutes leurs marques de sucre. Voir les nouveaux prix à notre liste d'autre part.

Il faudra attendre les arrivages de la nouvelle récolte pour s'approvisionner en noix écalées dont notre marché est complètement dépourvu.

Le câble Sisal est en baisse; le commerce de gros le vend de 10 à 11½c la lb soit ½c de moins par lb que nos cotes précédentes.

Le rhum de la Jamaïque en fûts est de 20c plus cher par gallon. Nous changeons nos prix en conséquence.

Fers, Ferronneries et Métaux.— Affaires très calmes.

Les prix sont sans changement. On s'attend à une forte demande pour le fer en barres nécessaire à la construction; on va bâtir beaucoup plus qu'on ne l'a fait dans ces derniers temps, nous dit-on, par suite d'une baisse de prix dans les bois de construction et autres matériaux. La main-d'œuvre après la fermeture de la navigatiou sera également meilleur marché, du moins pour les manœuvres. C'est ce qui déciderait certains capitalistes à construire.

Les moulins prétendent qu'on pourrait voir des prix plus élevés pour les fers en barres, la matière première étant rare et les stocks de matière fabriquée peu importants.

Pour le moment, rien n'indique que les prix des clous et ferrures diverses changeront.

Huiles, peintures et vernis — L'huile de loup marin raffinée fait une nouvelle avance de 2½c par gallon; nous la cotons 55 au lieu de 52½c.

Salaisons, Saindoux, etc.— Les saindoux purs de panne en seaux se paient 5c de moins par seau; nous les cotons, suivant marque, de $2.10 à $2.35. Les canistres de 10, 5 et 3 lbs restent aux anciens prix de notre liste.

La maison Fairbank a baissé ses prix de 5c par seau pour la graisse composée qui se vend maintenant, suivant quantité, de $1.67½ à $1.70 le seau.

Ventes de Fonds de Banqueroute par les Curateurs

Par Alex. Desmarteau, le stock de J. A. Dubé, manufacturiers de chaussures, à 50c dans la piastre à R. Lafontaine et les dettes de livres à 52c dans la piastre à Hector Prquet.

Par Kent & Turcotte, le stock de hardes de J. W. Robinson à 30c dans la piastre à Mde Robinson, pour le magasin de la rue Ste-Catherine et 25c dans la piastre à J. A. Jacob pour le magasin de la rue Ste-Hélène.

Par Bilodeau & Chalifour, le stock de Mde A. Lapointe restaurateur pour $1200 à J. M. Gauvreau.

Par Alex. Desmarteau, le stock d'épicerie etc. de P. H. Villeneuve & Cie à 31½c dans la piastre à L. Bruneau et les dettes de livres à 12½c dans la piastre à C. N. Fortin.

M. Alex. Desmarteau a été nommé gardien provisoire à la faillite Jarvis & Fraid, restaurateurs.

REVUE DES MARCHÉS

Montréal, le nov. 8 1900.

GRAINS ET FARINES

Marchés Etrangers

Les derniers avis télégraphiques cotent ainsi que suit les marchés de l'Europe :

Blé, de passage, ferme, mais pas actif; blé d'inde, ferme mais sans activité; chargements de blé Standard No 1 de Californie, sur rail, en route, 29s 3d vendeurs; parties de blé du printemps, No 1 du Nord, sur vapeur, décembre, 31s 6d vendeurs; parties de blé dur No 1 du Manitoba, sur vapeur, novembre, 32s 1½d vendeurs; blé de compagnies anglaises, marché soutenu; blé d'inde américain mélangé, quinzaine de décembre, 19s 6d acheteurs.

A Liverpool, blé disponible, ferme; blé d'inde, soutenu; blé No 1 Standard Californie 6s 3½d à 6s 4½d; Walla Walla, 6s ½d à 4s 1d; Blé du printemps No 2 6s 3½d à 6s 4d; futurs: blé, ferme; décembre 6s 1d; février 6s 2¼d; mars, 6s 2½d; blé d'Inde, soutenu; novembre 4s 1⅝d; janvier 3s 10¾d; blé d'inde américain mélangé, disponible, nouveau, 4s 1¾d à 4s 2d.

Prais — Blé soutenu; novembre frs 19.85; mars, frs 21.30; novembre frs 24; mars, 27.35.

On lit dans le *Marché Français* du 20 octobre :

Les conditions météorologiques sont actuellement favorables à l'agriculture. Les pluies, qui n'avaient intéressé la semaine dernière qu'une partie du territoire, se sont généralisées dans toute la France depuis mercredi et les terres sont maintenant généralement assez uumides pour qu'on puisse y procéder aisément aux travaux de saison. Les arrachages, les labours et les semailles sont partout activement poussés, et ce d'autant mieux que les averses ent été intermittentes, laissant place entre elles à de superbeséclaircies que la culture a mises à profit avec une activité fébrile. On peut donc espérer que les différentes semences d'automne pourront être confiées à la terre en temps utile et il faut d'autant plus s'en réjouir que la température semble maintenant en voie de se modifier, à en juger par les petites gelées nocturnes qu'on commence déjà à signaler.

Les rapports qui parviennent de la République Argentine sur la récolte du blé continuent à indiquer l'existence de sérieux dommages.

Au début de la journée d'hier le marché de Chicago prenait de la fermeté par suite de ses rapports. Mais l'annonce d'une augmentation de plus d'un million dans le *World's Visible* et de la fermeture de nombreux moulins à Minneapolis par suite de l'absence des transactions en farines ont causé une réaction en faveur des baissiers.

Voici les cours en clôture du blé sur le marché de Chicago pour chaque jour de la semaine.

	Nov.	Déc.
Jeudi	72¾	73⅜
Vendredi	72¼	73⅝
Samedi	72½	73¼
Lundi	73	74⅛
Mardi	pas de marché	
Mercredi	72½	73⅜

On cotait en clôture hier à Chicago: Maïs 38⅝c novembre; 35⅝c décembre et 36⅝c mai. Avoine: 21¼c novembre; 21⅛c décembre et 23¾c mai.

Le marché de Montréal est un peu plus ferme pour les grains, mats les affaires sont rendues difficiles à l'exportation par les prix demandés à la campagne qui ne permettent guère de traiter avec une marge suffisante pour les exportateurs.

Un de nos confrères anglais prétend ce matin qu'il s'est fait une transaction de 100,000 boisseaux d'auoine. Renseignements pris, cette affaire n'aurait existé que dans l'imagination du reporter qui aurait passé ce matin un mauvois quart d'heure au Board of Trade.

L'avoine est très ferme aux prix de la semaine dernière; ferme et sans changement le prix des pois.

Le sarrasin est en hausse de 1½c. Nous le le cotons de 52 à 52½c.

Le seigle reste aux anciens prix.

Les farines de blé ont peu de demande, les prix que nous avons cotés la semaine dernière sont encore ceux demandés par la meunerie cette semaine.

Les issues de blé ont une bonne demande aux prix cotés d'autre part.

Les farines d'avoine roulée sont également sans changement avec demande modârée pour la saison.

FROMAGE

MARCHÉ ANGLAIS

MM. Marples, Jones & Co. nous écrivent de Liverpool le 26 octobre 1900 :

"Comme résultat de la tranquillité regnante qui dure depuis environ 6 semaines, le marché est une nuance plus faible, bien que, pour des raisons faciles à comprendre, les détenteurs fassent des réductions bien à contrecœur.

"Nous cotons :	s. d.		s. d.
Fine meaty night Skims	42 0	à	44 0
Blanc et coloré, qualité moyenne	00 0	à	00 0
Blanc de choix, Canada et E.-U.	51 6	à	53 6
Coloré de choix, Canada et E.-U.	52 6	à	54 6

MARCHES D'ONTARIO

		Boites offertes.	Boites vendues.	Prix payés.
Woodstock	Oct. 31	3862	offert	10½c
Picton	" 31	590	offert	10¼c
Vankleek Hill	Nov. 1	2500	offert	10c
Madoc	" 1	1610	offert	10½c
Kingston	" 1	9?3b et c	offert	10 et 10 1/16
Tweed	" 1	1495b	offert	10½c
Brockville	" 1	2000	3500	10½c
Brantford	" 2	2190	pas de ventes	
Winchester	" 2	1035c	offert	10c
Perth	" 2	1128b	1686	10 1/16c
Ottawa	" 2	10'0b et c	1030	9⅞ et 9 13/16
Napanee	" 2	930b et c	offert	10c
Brighton	" 2	1540b	pas de ventes	
Iroquois	" 2	603b et c	370	10 1/16c
South Finch	" 3	1900b et c	offert	9⅞c
Belleville	" 3	2665	..	..
Lindsay	" 5	2409	25'0	9⅞c
Campbellford	" 6	1175	offert	9⅞c

MARCHES AMERICAINS

		Boites offertes.	Boites vendues.	Prix payés.
Watertown	Nov. 3	..	630	10¼, 10⅜c
Ogdensburg	" 3	..	..	10⅜c
Canton	" 3	..	..	10½c
Utica	" 5	298	..	10, 10½c
Little Falls	" 5	3990	..	9⅞, 10½c

MARCHES DE QUEBEC

		Boites offertes.	Boites vendues.	Prix payés.
Cowansville	Nov. 3	2724	1118	9⅞c
Ormstown	" 6	1712	offert	9⅞c

MARCHE DE MONTREAL

La situation du marché est moins favorable aux vendeurs. Le fromage d'octobre ne trouve preneur qu'aux prix de 9⅜ à 9½c; les qualités supérieures de septembre obtiennent assez facilement 10c.

Le câble de Liverpool a baissé, il est de 53 à 54.

Les exportations de la semaine dernière ont été de 68,460 boites contre 80,060 pendant la semaine correspondante de 1899.

Depuis le 1er mai les exportations ont été de 1,930,669 boites contre 1,750,535 durant la période correspondante de l'an dernier

"SUIVEZ LE LEADER"

Il y a treize mois que nous avons commencé à placer, sur le marché du Canada et des Etats-Unis, les Thés Verts de Ceylan. Le commerce de gros, généralement parlant, tiait à l'idée qu'ils déplaceraient les thés du Japon, juste comme il a fait lorsque, il y a de nombreuses années déjà, nous avons pris en mains le commerce des Thés Noirs de Ceylan. Nous avons prédit pendant tout le temps que les Thés Verts de Ceylan auraient le même effet vis-à-vis des Thés du Japon, que les Thés Noirs de Ceylan ont eu sur les Congous de Chine. Que nous ayons fourni la preuve que nous étions dans le vrai au sujet de ces derniers, tout le commerce au Canada est en position d'en juger. Surveillez le résultat de notre travail avec les Thés Verts de Ceylan. Le commerce de gros au Canada se bouscule dans son ardeur à placer sur le marché un paquet de Thé Vert de Ceylan. Chaque maison vous en offrira dans le courant de l'année, quelques-unes même vous en offriront d'ici un mois. De fait, comme par le passé, le commerce "*suit son Leader*."

THE SALADA TEA COMPANY, - MONTREAL & TORONTO.

La Preuve......

Depuis que les Allumettes de la Walkerville Match Company sont sur le marché, le public a été à même de juger de leur qualité égale sinon supérieure à celle de toutes les marques rivales.

La preuve en est dans l'augmentation progressive constante de la vente

des Jumbo, des Imperial, des Hero

Et autres marques que l'on trouvera à la page des spécialités du "PRIX COURANT," avec les cotations révisées.

The Walkerville Match Co.

WALKERVILLE, ONT.

Représentants pour la Province de Québec :

MORIN & CIE, Batisse Impériale, Montréal.

HOTEL RICHELIEU

Rue St-Vincent

MONTREAL.

Confortable. A proximité des chars et bateaux.

Prix populaires.

Tél, Main 514.

L. A. COTÉ, Prop.

LOTS à BATIR DeLORIMIER, Localité Superbe, de Grand Avenir. S'adresser à A. & H. Lionais, 25, r. St Gabriel, Montréal.

LAKE OF THE WOODS MILLING CO., Ltd.

Les moulins à farines les plus parfaits en Canada. Capacité : 2,500 barils par jour.

Moulins à KEEWATIN et PORTAGE LA PRAIRIE, Manitoba.

Des élévateurs à toutes les localités importantes à blé dans le Nord-Ouest. Toutes sortes de farines de blé dur, en barils et en sacs. Les prix et les autres informations sont fournis sur demande.

Bureau : Edifice du Board of Trade, MONTREAL.

Engins à Vapeur "PEERLESS"

Se graissant eux-mêmes, automatiques

Et — Chaudières de tous genres, Réchauffeurs, Pompes, Machines à travailler le bois, Grues à vapeur, etc.

E. LEONARD & SONS

Coin des rues Common et Nazareth, Montréal

BEURRE

MARCHE ANGLAIS

MM. Marples, Jones & Co. nous écrivent de Liverpool le 26 oct.

" Les beurres de choix en crêmerie, danois et irlandais sont peu abondants et plus chers de 2s; mais le crêmerie canadien est sans changement et se vend lentement par suite d'une concurrence active des autres centres de production. La demande pour les qualités moyennes et inférieures continue à être des moins satisfaisantes.

" Nous cotons :

	s.	s.
Imitation crêmeries, E.-U., choix.	78 à	82
Crêmerie, frais, E.-U., choix, boîtes nominal	90 à	94
Irlande, choix, boîtes	96 à	100
Crêmerie, canadien, choix, boites..	102 à	106
" Irlande, choix, boîtes....	106 à	110
" Danemark, en barils et surchoix	108 à	120

MARCHES AMERICAINS

Ogdensburg, 3 nov.—Le beurre s'est vendu 22c.

Conton, 3 nov.—Le beurre s'est vendu 22c.

MARCHES DE QUEBEC

Cowansville 3 nov.—Les ventes ont été de 38 paquets de heurre à 20½c.

MARCHE DE MONTREAL

Peu d'activité dans laligne du beurre à l'exportation, mais assez bon courant d'affaires pour le commerce local d'approvisionnements.

Les prix sont assez fermes de 25 à ¼1c pour 'es qualités supérieures et de 19 à 19¾ pour les qualités au-dessous.

La semaine dernière, il a été exporté 6,684 paquets contre 2721 la semaine correspondante de 1899.

Depuis le 1er mai les exportations ont été de 355,386 paquets contre 434,482 l'an dernier pour la 2ériode correspondante.

ŒUFS

MM. Marples, Jones & Co, nous écrivent de Liverpool le 26 octobre :

Lo demande accuse une certaine amélioration à des prix un peu plus élevés.

Nous cotons :

	s d		s d
Œufs frais du Canada et des E.-U.	6 9	à	7 8
" conservés à la glycertne.	7 4	à	7 8
" " à la chaux....	6 10	à	8 2
" frais d'Irlande	8 3	à	10
" " du Continent	6 8	à	7 6

Sur le marché de Montréal les affaires sont satisfaisantes et les prix restent à peu de chose près les mêmes que la semaine dernière.

Les œufs frais valent 20c; les œufs mirés et les œufs chaulés de 15 à 16c.

GIBIER

Les perdrix se vendent facilement à 70c la paire pour No 1 et à 40c pour No 2.

Le chevreuil, bête entière, est sans changement de 6 à 6½c la lb.

POMMES

MM. J. C. Houghton & Co, nous écrivent de Liverpool le 25 oct. 1900 :

Les pommes occupent maintenant une place importante dans les ventes quotidiennes. Bien que la demande continue à être des plus actives, les arrivages considérables de pommes canadiennes et américaines ont considérablement modifié les prix à la ronde et le niveau raisonnable actuellement atteint est tout en faveur d'une forte consommation. La qualité, en général, est satisfaisante, bien qu'il ne soit pas facile d'en dire autant de la condition des fruits.

PRIX A L'ENCAN

Pommes	Vendredi 19 oct s. d.	s. d.	Lundi oct. 22. s. d.	s. d.	Mercredi oct. 24. s. d.	s. d.
Canadiennes, barils.						
Gravenstein						
Greening	11 0	16 0			11 0	17 9
Colvert	10 0	11 9				
King Pip						
Baldwin	12 0	16 9			8 9	15 3
Ribston Pip						
Snow	11 9	18 9			16 0	19 0
King	16 3	22 6			15 3	25 0
Fallwater	16 6	16 9				
Ben Davis	18 3				13 0	15 3
Holland Pippin	13 9	16 9				
N. Spy	15 6				10 6	14 6
G. Russet					10 9	14 9
Américaines.						
Gravenstein						
Greening			10 6	14 9	10 6	15 3
Baldwin	11 6	18 3	6 9	16 0	7 9	14 3
Kings			14 9	22 0	19 9	21 6
Albemarle Pippin						
Newtown Pippin	18 0	20 0	13 6	20 0	11 0	21 0
Hubbardson			7 9	11 6		
Ben Davis	14 0	16 0	11 9	14 9	11 9	13 0
Nouvelle-Ecosse.						
Emperor						
Gravenstein						

ARRIVAGES

	Barils.
Arrivages pour la semaine finissant le 23 oct. 1900	49984
Arrivages antérieurs depuis le 1er juillet 1900	52187
Total des arrivages au 23 oct. 1900	102171
Du 1er juillet 1899 au 23 oct. 1899	130203

LEGUMES

Les pommes de terre sont payées 38c les 90 lbs au char et on les détaille à 55c les 90 lbs.

Les prix des haricots triés à la main sont cotés de $1.50 à $1.55 par minot en lot de char complet.

On cote :

Salade, de 20 à 25c la doz.
Salade frisée 50c la doz. de paquets.
Salade de Boston 90c la doz.
Choux, de 25 à 30c la doz.
Carottes, $1.00 le quart.
Navets, de 40c à 50c le sac.
Radis, 20c la doz. de paquets.
Choux fleurs, de $1.00 à $1.25 la doz.
Aubergines, 50 à 75c la doz
Céleri, 10c à 40c la doz. de paquets.
Patates sucrées, de $2.75 à $3.00.
Betteraves, 40c. la doz. de paquets.
Oignons rouges, de $1.75 à $2.00, le baril.
Oignons jaunes, de $1.75 à $2.00 le baril.
Oignons d'Egypte, $2.50 le sac de 165 lbs.
Oignons d'Espagne au crate de 75 à 80c.

FRUITS VERTS

Nous cotons :

Atocas, de $6.00 à $7.50 le quart.
Bananes, de $1.00 à $1.50 le régime.
Oranges de Jamaique, de $5.50 à $6.50 le quart.
Citrons de Messine, de $1.25 à $2.00 la caisse.
Citrons de Malaga, de $5.00 à $5 50, $5.75 la caisse de 59 doz.
Citrons de Malaga, $2.00 à $2.25 la caisse de 35 doz.
Pommes, de $1.50 à $2.50 le quart.
Poires d'Anjou, de $7.00 à $10.00 le quart.
Poires de Californie de $4 à $4.50 la boite.
Raisins Catawba de 18c à 20c le panier.
Melons d'eau, de 20 à 25c pièce.
Coings, 50c le panier.

FOIN PRESSE ET FOURRAGES

Le marché de Montréal est moins ferme. Nous maintenons nos anciennes cotes pour le marché local. Il n'y a pas de transactions possibles en ce moment avec Boston qui est encombré.

A la campagne, les cultivateurs et les détenteurs sont toujours fermes dans leurs vues. Peut-être faudra-t-il qu'ils baissent un peu leurs prix si la situation du marché américain ne change pas.

" Nous cotons :

Foin pressé, No 1 à choix....	$ 9 00	à	10 00
do do No 2	8 00	à	9 00
do mél. de trèfle	0 00	à	7 50
Paille d'avoine	4 50	à	5 00

NOTES SPECIALES

WHISKY AINSLIE—La maison L. Chaput, Fils & Cie a reçu par le vapeur "Kastalia" 400 caisses et barils des fameux whiskies écossais de MM. J. Ainslie Co., Ecosse, c'est leur deuxième expédition cet automne. Tous les connaisseurs s'accordent à recommander cette marque qui est de qualité supérieure.

TOUR DU MONDE—Journal des voyages et des voyageurs. — Sommaire du No 43 (27 octobre 1900). — 1o Chez les Ouébias en Nouvelle-Calédonie, par M. Jules Durand. — 2o A travers le monde: Excursions dans le Piémont (*Suite et fin*), d'Entraque à Turin par le Queyras.—Saluzzo.—Le Mont Viso.—Paesana.—Le col de Traversette à Bobbio, par J. Daiaret.—3o L'Expansion Coloniale : Les Chemins de fer de l'Indo Chine, par G. Labadie-Lagrave.—4o Dans le monde du travail: Les chemins de fer en France.—5o Livres et Cartes. — 6o L'Armée autour du monde : Allemagne : L'armement et l'uniforme des volontaires allemands pour la Chine.—Japon : Les qualités militaires des troupes japonaises. — Angleterre : Augmentation de l'artillerie de campagne.—Russie : Création de 3 nouveaux corps d'armée.—Formation de 8 batteries de mitrailleuses Maxim. — Turquie : Augmentation de l'artillerie.

Abonnements : France : Un an, 26 fr. Six mois, 14 fr.—Union Postale : Un an, 28 fr. Six mois, 15 fr. Le numéro : 50 centimes.

Bureaux à la librairie Hachette et Cie, 79, boulevard Saint-Germain, Paris.

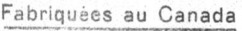

CHRONIQUE DE QUÉBEC

Mercredi, 7 novembre 1800.

Le malentendu entre patrons et ouvriers n'est pas encore terminé.

On conçoit, sans que nous ayons besoin d'appuyer là-dessus, que tous ces pères de famille sans travail, fatalement placés dans une crise dont ils ne prévoient pas l'issue, chargés de pourvoir comme d'habitude aux nécessités de la vie, éprouvent des angoisses et souffrent déjà des conséquences immédiates de la fermeture d'un si grand nombre d'établissements manufacturiers. Nous savons par nous-même que plusieurs se sont vu refuser un plus long crédit chez les épiciers où ils s'approvisionnaient d'ordinaire.

Puis est venue l'échéance d'un mois de loyer, et les propriétaires se sont montrés pour la plupart exigeants, les uns prennent des procédures par saisie gagerie pour expulsion, les autres forcent leurs locataires à donner cautionnement pour paiement du loyer échu et à écheoir. Nous savons également que des employés de manufactures ont déjà quitté Québec, soit pour se rendre dans d'autres villes du pays, soit pour gagner les Etats-Unis. Ceux qui demeurent encore à Québec espèrent une solution pacifique des difficultés, se comptent par milliers; on se demande comment ils pourraient supporter un plus long chômage.

Les patrons, de leur côté, envisagent la situation en hommes d'affaires, et commencent à réaliser un état de choses prévu, il est vrai, mais qui n'en est pas moins génant. Habitués à vivre avec leurs ouvriers, et à travailler avec eux, ils se sentent desœuvrés en quelque sorte, et il désirent en grande partie du moins, la cessation d'un état de choses anormal. S'il est vrai que nous sommes dans la saison de l'année durant laquelle les manufactures peuvent rester fermées avec un minimum de pertes, il est également vrai que la fermeture prolongée est une cause de malaise pour le moment, avec perspective d'embarras financiers pour un certain nombre.

Aussi, nous sommes-nous laissé dire que plusieurs tentatives ont déjà été faites pour provoquer une entente laquelle serait déjà accomplie si la majorité des patrons avait pu imposer à la minorité leur manière de voir.

Actuellement, il paraît démontré que patrons et ouvriers désirent en atriver à une solution de leurs différends. Il n'existe pas apparamment du moins, d'animosité entre les deux parties, et il est vraiment curieux de constater tant de calme dans une situation aussi tendue.

Toutefois, il ne serait ni prudent ni raisonnable d'affirmer qu'il en sera toujours ainsi. Certains indices démontrent qu'on commence à s'agiter dans la masse des travaillants. Le commerce en général ressent le contre-coup de ce chômage forcé qui a déjà duré trop longtemps.

∴

EPICERIES

Sucres raffinés : Jaunes, $4.10 à $4.20; blanc $4.55; granulé, $5.00 à $5.15; powdered, 7c.

Mélasses : Barbade pur, tonne, 40 à 42c Porto Rico, 38 à 42c; Fajardos, 48 à 50c.

Beurre : Frais, 20c; Marchand, 17c; Beurrerie, 20c.

Conserves en boîtes : Saumon, $1.40 à $1.70 Clover leaf, $1.60 à $1.65; homard, $3.50 à $3.75; Tomates, 95c à $1.00; Blé-d'inde, 85 à 90c; Pois, 90c à $1.00.

Fruits secs : Valence, 9c; Sultana, 11 à 15c; Californie, 8 à 10c; C. Cluster, $2.20; Imp. Cabinet, $2.00; Pruneaux de Californie, 8 à 10c; Imp. Russian, $4.50.

Tabac Canadien : En feuilles, 9 à 10c; Walker *wrappers* 15c; Kentucky, 15c; et le White Burly, 15 à 16c.

Planches à laver : "Favorites" $1.70; "Waverly" $2.10; "Improved Globe" $2.00

Balais : 2 cordes, $1.50 la doz; à 3 cordes, $2.00; à 4 cordes, $3.00.

FARINES, GRAINS ET PROVISIONS

Farines : Forte à levain, $2.25 à $2.30; deuxième à boulanger, $1.90 à $2.10; Patente Hungarian, $2.40; Patente Ontario, $1.90 à $1.95; Roller, $1.85 à $1.90; Extra, $1.60 à $1.65; Superfine, $1.45 à $1.50; Bonne Commune, $1.25 à $1.30.

Grains : Avoine (par 34 lbs) Ontario, 35 à 37c; orge, par 48 lbs, 65 à 70c; orge à drèche, 70 à 80c; blé-d'inde, 55 à 56c; sarrasin, 60 à 70c.

Lard : Short Cut, par 200 lbs, $18.00 à $18.50; *Clear Back,* $19.50 à $20.50; saindoux canadien, $2.05 à $2.25; composé le seau, $1.70 à $1.75; jambon, 10½ à 13c; bacon, 9 à 10c; porc abattu, $6.00 à $7.50.

Poisson : Hareng No 1, $5.50 à $6.00; morue No 1, $4 à $4.25; No 2, $3.50; morue sèche, $5.00 le quintal; saumon, $15.00 à $16.00; anguille, 4½c la livre.

∴

La belle température de la semaine a singulièrement favorisé les affaires, qui ont été très actives dans ces derniers temps. Nous avons maintenant le revers, et la saison pluvieuse paraît être commencée pour tout de bon. Les quelques jours qui nous restent avant la fermeture de la navigation seront nécessairement employés à faire de fortes expéditions de marchandises sur tous les points de la province et du pays, car les facilités de transport sont encore augmentées par le fait que le chemin du Grand Nord a maintenant un service régulier, qui a été inauguré cette semaine même.

∴

Il faut avouer que cette dernière huitaine a été fortement détournée des affaires par la préparation aux élections politiques qui ont lieu aujourd'hui par tout le pays.

Il n'est peut-être pas déplacé de constater à ce propos que nous avons admiré l'esprit public de la population québecoise, et de nos hommes d'affaires en particulier. Les liens de partis ne restreingnent plus aujourd'hui les convictions individuelles, et nous avons été témoin, dans bien des cas, qu'un même électeur ayant droit de suffrage dans diverses circonscriptions électorales a enrégistré son vote pour les hommes les plus capables de servir les intérêts de la ville sans égard à leur allégeance politique. Au point de vue strictement d'affaires, nous croyons que cette liberté d'action est de nature à nous assurer les services d'hommes de réelle valeur.

L. D.

Odeur de moisi dans les appartements

Il arrive souvent qu'après un séjour assez prolongé hors de chez soi, on trouve, dans ses appartements, une odeur de moisi ou de renfermé qui persisterait longtemps encore si on ne prenait la précaution d'y déposer, en les humectant, quelques racines de vétyver, que l'on laisse s'y sécher lentement. Cette plante répand une odeur douce et agréable chassant celle du moisi ou du renfermé.

On peut encore se servir de cette plante pour préserver les lainages des attaques des insectes qui les rongent.

EXTRA

RENSEIGNEMENTS COMMERCIAUX

PROVINCE DE QUEBEC

Cessions

Montréal—Leblanc J. R., quincaillerie, etc.
Jarvis & Fraid, restaurant.
Sherbrooke—Gagnon J. M., chaussures.

Concordats

Montréal—Des Troismaisons J. P. A., modes en gros à 27½c dans la piastre.

Curateurs

Montréal—Desmarteau Alex., à Melle Maria Rousseau.
Lefaivre L. J. à R. Sauvageau.

Décès

Montréal—Colson C. E. & Son, café, épices, etc. à com.; Chs E. Colson.

Dissolutions de Sociétés

Montréal—Colson C. E. & Son, café, etc., à com.; Chs H. Colson continue.
Montréal et St-Jérôme—Smith, Fischel & Co mfrs de cigares; S. Fishel continue.
St.Henri de Montréal—Lafleur & Cie, mfrs de chaussures; Chs Lafleur continue.

En Difficultés

Longueuil—Benoit Frs, épic.
Montréal—Brennan J. E., merceries.

Fonds à Vendre

Montréal—Durocher A. E., cigares, etc.
Hasley Bros, chapeaux, etc.
Houle Loùis, nouv., 13 nov.

Fonds Vendus

Montréal—Robinson J. W., mfrs de costumes de dames.

Incendies

Montréal—MacLaren Alex., bois de sciages et moulin à scie, ass.

Nouveaux Établissements.

Magog—Rousseau Bros, hôtel, etc.
Montréal—Dominion Gas Lamp Co; F. A. Surhurier.
Kirk Dr (The) Co.
Van-Ness Cooper Co, produits chimiques.
Trois-Rivières — St-Maurice Foundry and Machine Co.

PROVINCE D'ONTARIO

Cessations de Commerce

Bullocks Corners—Schwinck F., mag. gén.; Israel Swartz succède.
Gorrie—Allison Lucinda, modes.
Hensall—Bauer Hy, farine, etc.
Greenslade Geo, confiserie.
London—Reaume E. D. & Co, épic.
Stratford—Furrow Emma J., épic.

Cessions

Leamington—Batchelor A. E., nouv.
Rat Portage—Campbell Bros, épic.
St-Thomas—Gregory Joseph, nouv.

Dissolutions de Sociétés

Ottawa — Snider Bros, hôtel; A. E. Snider continue.

En Difficultés

Guelph—Dowler F., mag. gén.
Ottawa—Higman John, plombier, etc.

Fonds Vendus

Gorrie—Jardine D. F., épic et nouv.
Lanes—Durnin James, mag. gén. à Sydney Gibson.
London—Groom W. T., épic.
Jones R. A., épic. et nouv. à Burns Bros.
St-Thomas—Sutherland A. M., meubles, à W. B. Jennings Furniture Co.
Wallaceburg—Murphy J. E. & Co, épic., à Duncan Bros.

Incendies

Chaplin Wm, moulin à scie.

Nouveaux Établissements

Gorrie—Riddell May, modes.

L. H. HEBERT — ALF. JEANNOTTE

A l'approche des Temps Froids, il faut songer à fermer ses portes

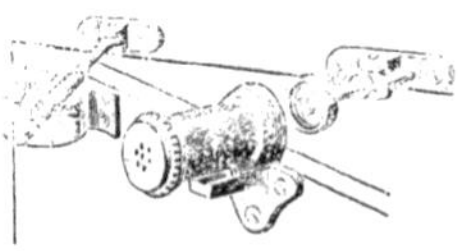

Le Ressort-Combiné "Eclipse"

est un petit ferme-portes très bien compris, remplissant son office sans bruit, mais d'une manière efficace.

Assurer le confort de sa maison, cet hiver, est le désir de tout homme prévoyant.

Pour Informations et Prix écrivez à

L. H. HEBERT, Importateur de Ferronnerie et de Quincaillerie **EN GROS,** 297 et 299, RUE ST-PAUL et 21, RUE ST-JEAN-BAPTISTE, **MONTREAL**

MARINADES

Il y a des gens qui se contentent de ce qui est bon : Mais il faut que les Pickles et les produits alimentaires de Heinz surpassent tous les articles similaires.

Quelques-unes de nos spécialités :

Marinades Sucrées. **Baked Beans,**
India Relish. **Sauce aux Tomates.**
Chutney aux **Tomates.** **Ketchup** aux **Tomates.**

EN VENTE PAR

HUDON, HEBERT & CIE, Montreal.
H. P. ECKARDT & CO, Toronto.

Médailles—

Paris. **Chicago.**
Anvers. **Atlanta, etc.**

The GENUINE always bear this Keystone trade-mark.

Celà vous paie bien.

Le profit que vous réalisez en vendant la marque "Hand in Hand" de Bicarbonate de Soude n'est pas la seule chose que vous gagniez — la clientèle permanente que vous obtenez est dix fois plus précieuse parce qu'elle vous paie un profit continu, de mois en mois, d'année en année.

Pur, blanc, fort — 98 50/000 de Bicarbonate de Soude pur, sous la marque "Hand in Hand," fabriqué par la United Alkali Company de la Grande Bretagne — "Celà vous paie bien d'en vendre."

Arthur P. Tippet & Co., Agents

8, Place Royale, Montréal — **23, rue Scott, Toronto**

Réglisse

Etablis en 1845.

en batons canelés Y. & S., paquets 80 à la boite de bois ; caisses de 20 boites, breveté 20 août 1890 ; une nouveauté unique et désirable en bâtons de réglisse. Réglisse en bâtons Y. & S. [ordinaire], boites de 5 lbs et en vrac, caisse de 25, 50 et 125 lbs net. Pastilles de réglisse Acme, boites de 5 lbs. et en Lozanges de réglisse Y. & S., boites de 5 lbs. et flacons de 5 lbs. Manhattan Wafers [Réglisse mou] empaqueté en boites de 2½ lbs., un délicieux bonbon en réglisse. Vendus par les droguistes en gros du Canada. Catalogue sur demande adressée aux manufacturiers.

YOUNG & SMYLIE, Brooklyn, N.Y.

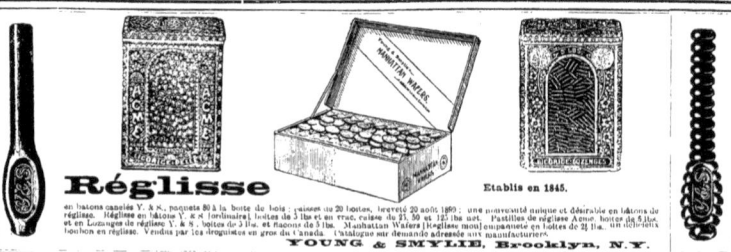

NOS PRIX COURANTS

Nos prix courants sont revisés chaque semaine. Ces prix nous sont fournis pour être publiés, par les meilleures maisons dans chaque ligne; ils sont pour les qualités et les quantités qui ont cours ordinaire dans les transactions entre le marchand de gros et le marchand de détail, aux termes et avec l'escompte ordinaire. Lorsqu'il y a un escompte spécial, il en en est fait mention. On peut généralement acheter à meilleur marché en prenant de fortes quantités et au comptant.

Tous les prix sont ceux du marché, en général, et aucune maison ou manufacture n'a le pouvoir de les changer à son avantage, sauf pour ses propres marchandises qui sont alors cotées sous son propre nom et sa propre responsabilité. La Rédaction se réserve le droit de refuser ce privilège à quiconque en abuserait pour tromper le public.

PRIX COURANTS.—MONTREAL, 8 NOVEMBRE 1900.

Allumettes.

Walkerville Match Co.

Allumettes Parlor

	1 caisse	5 caisses
Crown	$1.60	1.50
Maple Leaf	2.75	2.65
Imperial	5.50	5.25
Allumettes Soufrées		
Jumbo	5.25	5.00
Héros	3 60	3.40

Articles divers.

Bleu Parisien....lb.	0 12	0 13
Bouchons communs....gr.	0 18	0 30
Briques à couteaux....doz.	0 25	0 30
Brûleurs pour lampes		
No. 1....doz.	0 00	0 75
No. 2.... "	0 00	1 00
No. 3.... "	0 00	0 70
Câble coton ¼ pouce...lb.	0 13	0 14
" Manilla.... "	0 15¼	0 16¾
" Sisal.... "	0 08½	0 10
" Jute.... "	0 10	0 11½
Coton à attacher.... "	0 15	0 21
Chandelles suif....lb.	0 00	0 09
" paraffine... "	0 12	0 12½
" London Sperm. "	0 11	0 11½
" Stéarine.... "	0 13	0 14
Epingles à linge. bte. 5 gr.	0 00	0 70
	3 fils.	6 fils.
Ficelles.... 30 pieds..	0 40	0 75
" .... 40 " ..	0 55	0 85
" .... 48 " ..	0 65	1 00
" .... 60 " ..	0 80	1 35
" .... 72 " ..	0 95	1 60
" .... 100 " ..	1 25	2 00
Lessis concentré, com... "	0 00	0 40
" pur.... "	0 00	0 75
Mèches à lampes No. 1....	0 11	0 13
" No. 2....	0 14	0 16
" No. 3....	0 09	0 11
Sapolio, bte ¼ et ½ gr. la gr.	0 00	11 30

Cafés.

Cafés rôtis.	la livre.
Arabian Mocha	31
Imperial "	28
Jamaïque	20
Java Siftings	26
Maracaibo	22
Old Gov. "	31
Old Gov. Java et Mocha	31
Pure Mocha	27 à 29
Rio	15 à 18
Standard Java	32
" " et Mocha	32
Santos	18½
Bjanke's Faust Blend	36

Conserves alimentaires

Légumes.

Asperges 4 lbs....dz.	0 00	4 50
Baked Beans 3 lbs.... "	0 90	1 00
Blé d'Inde....2 lbs "	0 85	0 95
Champignons....bte.	0 15	0 21
Citrouilles 3 lbs....dz.	0 00	0 85
Haricots verts.... "	0 00	0 85
Olives, Pints.... "	3 75	5 00
" ½ Pints.... "	2 90	3 60
" en quart, gallon.	0 00	1 50
Petits pois français...bte.	0 09	0 12
" fins.... "	0 14	0 15
" extra fins.. "	0 16	0 17
" surfins.... "	0 18	0 20
Pois canadiens 2 lbs..dz.	0 80	1 10
Tomates.... "	0 87½	0 90
Truffes.... "	4 80	5 00

Fruits.

Ananas 2 et 2½ lbs....dz.	2 15	2 50
Bluets 2 "... "	0 75	0 85
Cerises 2 "... "	1 95	2 15
Fraises 2 "... "	1 70	1 85
" 3 "... "	2 10	2 15
Framboises 2 "... "	1 45	1 60
Pêches 2 "... "	1 60	1 85
" 3 "... "	2 40	2 85
Poires 2 "... "	0 00	1 65
" 3 "... "	1 95	2 10
Pommes gal.... "	0 00	2 15
" 3 lbs... "	0 00	0 90
Prunes vertes 2 "... "	0 00	1 45
" bleues 2 "... "	1 25	1 35

Poissons.

Anchois....dz.	3 25	0 00
Anchois à l'huile.... "	3 25	4 50
Clams 1 lb.... "	1 25	1 35
Harengs marinés.... "	1 55	1 85
Harengs aux Tomates. "	1 50	1 60
Homards, boite haute. "	3 12½	3 20
" " plate... "	3 65	3 75
Huitres, 1 lb....dz.	0 00	1 30
" 2 ".... "	0 00	2 40
Maquereau.... "	1 00	1 05
Sardines Canadiennes, cse	4 00	4 50
Sardines ¼ françaises. bte.	0 09	0 25
" ½ " "	0 17	0 35
Sardines Royan à la Vatel.... "	0 00	0 15
Sardines Royan à la Bordelaise....bte.	0 00	0 15
Saumon rouge (Sockeye) boite haute dz.	0 00	1 60
" " plate "	0 00	1 75
" " ordinaire haute	0 00	1 50
" rose (Cohoe) " dz.	0 00	1 12½
" du printemps, "	0 00	1 50
Smelts (Eperlans).... "	0 40	0 45

Viandes en conserves.

Corned Beef, bte 1 lb....dz.	1 60	2 00
" " 2 ".... "	2 80	3 40
" " 6 ".... "	9 75	11 40
" " 14 ".... "	21 60	24 00
Lang. de porc. " 1 "....dz.	3 00	4 15
" " 2 ".... "	6 00	8 00
" bœuf " 1½ lb.... "	8 00	10 00
" " 2 ".... "	9 25	11 30
" " 3 ".... "	......	14 10
English Brawn 1 lb .... "	1 40	1 70
Bœuf (chipped dried).... "	2 95	3 00
Dinde, bte 1 lb.... "	2 20	2 30
Pâtés de foie gras.... "	3 00	8 00
Pieds de cochon, bte 1½ lb. "	2 30	2 40
Poulets, " 1 lb. "	2 20	2 30

Drogues et Produits Chimiques

Acide carbolique....lb.	0 30	0 40
" citrique.... "	0 50	0 55
" oxalique.... "	0 08	0 10
" tartrique.... "	0 33	0 35
Aloès du Cap.... "	0 14	0 15
Alun.... "	0 01½	0 03
Bicarbonate de Soude, brl.	2 00	2 25
Bichrom. de potasse....lb.	0 10	0 12
Bleu (carré).... "	0 10	0 16
Borax raffiné.... "	0 05	0 07
Bromure de potasse.... "	0 55	0 60
Camphre américain.... "	0 80	0 90
" anglais.... "	0 85	0 95
Cendres de soude.... "	0 01½	0 02
Chlorure de chaux.... "	0 02½	0 05
" de potasse.... "	0 23	0 25
Couperose....100 lbs	0 75	1 00
Crême de tartre....lb	0 22½	0 27½
Extrait de Campêche... "	0 10	0 11
" en paquets.... "	0 12	0 14
Gelatine en feuilles.... "	0 35	0 60
Glucose.... "	0 03½	0 04
Glycérine.... "	0 18	0 20
Gomme arabique....lb	0 40	1 25
Gomme épinette.... "	0 00	0 25
Indigo Bengale.... "	1 50	1 75
" Madras.... "	0 60	0 80
Iodure de potasse.... "	4 00	4 25
Opium.... "	4 50	4 75
Phosphore.... "	0 50	0 75
Pourpre de Paris.... "	0 09	0 10
Résine....(280 lbs)	2 75	5 00
Salpêtre....lb	0 05	0 07½
Sels d'Epsom....100 lbs.	1 50	3 00
Soda caustique 60° " lbs	0 00	2 50
" " 70° " "	0 00	2 75
" à laver.... "	0 70	0 90
" à pâte....brl.	2 00	2 50
Soufre poudre....lb.	0 02	0 03
" bâtons.... "	0 02	0 03
" rock, sacs..100 lbs.	2 00	3 00
Strychnine....oz.	0 90	1 00
Sulfate de cuivre....lb.	0 06	0 07
Sulfate de morphine... "	1 90	2 00
" de quinine....oz.	0 40	0 45
Sumac....tonne.	70 00	75 00
Vert de Paris....lb.	0 18½	0 20½

Epices pures.

Allspice, moulu....lb.	0 15	0 20
Cannelle moulue.... "	0 15	0 20
" en nattes.... "	0 13	0 15
Clous de girofle moulu "	0 18	0 20
" " ronds.. "	0 12½	0 14
Gingembre moulu.... "	0 15	0 25
" racines "	0 10	0 25
Macis moulu.... "	0 90	1 00
Mixed Spice moulu Tin 1 oz.... "	0 00	0 45
Muscade blanchie.... "	0 40	0 50
" non blanchie.. "	0 50	0 60
Piment (clous ronds)... "	0 10	0 12
Poivre blanc, rond.... "	0 23	0 26
" " moulu... "	0 26	0 28
" noir, rond.... "	0 15	0 17
" " moulu.... "	0 18	0 19
" de Cayenne.... "	0 22	0 26
Whole Pickle Spice....lb.	0 15	0 20

Fruits Secs.

Abricot Calif....lb.	0 12	0 13
Amandes ½ molles.... "	0 12	0 13
" Tarragone... "	0 15	0 16
" Valence écalées "	0 40	0 42
Amand. amères écaléeslb	0 00	0 45
" écalées Jordan "	0 40	0 42
Dattes en boites.... "	0 00	0 05
Figues sèches en boites "	0 07½	0 21
" " en sac.. "	0 03	0 03¾
Nectarines Californie.. "	0 11	0 12
Noisettes (Avelines)...lb.	0 12	0 13
Noix Marbot.... "	0 10	0 11
" Couronne.... "	0 08	0 09
" Grenoble.... "	0 12	0 13
" " écalées. "	0 00	0 00
Noix du Brésil.... "	0 12	0 13
Noix Pecanes poli.... "	0 12½	0 13
Peanuts rôtis (arach).. "	0 06½	0 07½
Pêches Californie.... "	0 10	0 11
Poires " .... "	0 13½	0 15
Pommes séchées.... "	0 00	0 00
Pommes évaporées.... "	0 05	0 06
Pruneaux Bordeaux... "	0 04	0 08
" Bosnie.... "	0 00	0 01
" Californie... "	0 05½	0 11
Raisins Calif. 2 cour.. "	0 00	0 00
" " 3 " .. "	0 00	0 00
" " 4 " .. "	0 00	0 00
Corinthe Provincials... "	0 11	0 12
" Filiatras.... "	0 12	0 13
" Patras.... "	0 00	0 00
" Vostizzas.... "	0 14	0 15
Malag. London Layers bte.	0 00	1 75
" Connoisseur Cluster "	0 00	2 25
" Buckingham Cluster.... "	0 00	3 40
Malaga Russian Cluster bte.	0 00	4 50
Sultana....lb.	0 10	0 12
Valence fine off Stalk.. "	0 00	0 08
" Selected.... "	0 08	0 08½
" layers.... "	0 09	0 09

Fruits verts

Ananas, pièce....	0 00	0 00
Attocas....quart..	0 00	7 50
Bananes....régime	1 00	1 50
Pommes....baril..	1 50	2 50
Raisins Malaga.... "	5 50	6 00
" ½ "	0 00	0 00
Oranges Valence (420) cse	0 00	0 00
" " (714)....	0 00	0 00
" Navels....	0 00	0 00
" Seedlings....	0 00	0 00
" Sanguines, ½ cse	0 00	0 00
" Sorrente, caisse.	0 00	0 00
" Messine, "	0 00	0 00
" " ½ "	0 00	0 00
" Jamaïque, baril.	5 50	6 50
Citrons Messine.... caisse.	1 25	2 00
" Malaga, bte 35 dz.	2 00	2 25
" " caisse 59 dz.	5 00	5 50
Oignons rouges.... baril..	1 75	2 00
" jaunes....	1 75	2 00
" d'Egypte, 105 lbs	0 00	2 25
Oignons d'Espagne, boîte.	0 80	0 90
Noix de coco, par 100....	3 25	0 00

Grains et Farines.

GRAINS

Blé roux d'hiver Can. No 2.	0 00	0 00
Blé blanc d'hiver Can. No 2.	0 00	0 00
Blé du Manitoba No 1 dur...	0 90	0 92½
" " No 2 "	0 87½	0 00
Blé du Nord No 1....	0 00	0 85
Avoine blanche No 2....	0 28	0 28½
Orge No 1....48 lbs.	0 50	0 53
" à moulée.... "	0 42	0 43
Pois No 2 ordinaire, 60 lbs...	0 64	0 65½
Sarrasin, 48 " ...	0 52	0 52½
Seigle, 56 " ...	0 58	0 60

FARINES.

Patente d'hiver....	3 65	3 90
Patente du printemps....	0 00	4 50
Straight roller....	3 55	3 65
Forte de boulanger, cité....	0 00	4 20
Forte du Manitoba, secondes	3 60	3 70

FARINES D'AVOINE.

Avoine roulée baril....	3 35	3 55
" " sac....	1 62½	1 72½

ISSUES DE BLÉ

Son d'Ontario, au char, ton	15 00	15 50
" de Manitoba " "	00 00	15 00
Gru de Manitoba....char	00 00	16 00
" d'Ontario.... "	16 00	17 00
Moulée.... "	17 00	24 00

Huiles et graisses.

HUILES.

Huile de morue, T. N., gal.	0 35	à 0 40
" loup-marin raff.. "	0 00	0 55
" paille.... "	0 00	0 45
Huile de lard, extra gal.	0 75	0 85
" " No 1. "	0 65	0 75
" d'olive p. mach.. "	0 90	1 00
" à salade.... "	0 77½	0 80
" d'olive à lampion "	1 20	2 00
" de spermaceti.... "	1 30	1 50
" de marsouin.... "	0 50	0 60
" de pétrole, par quart.	0 00	0 18½
Acmé Imperial....gal.	0 00	0 18
Huile Américaine par quart:		
Water White.... "	0 00	19½
Pratt's Astral.... "	0 00	0 20½
Huile d'olive Barton et Guestier caisse qts		8 50
" " " pts		9 50
" de foie de m. Nor. gal.	1 25	à 1 35
" " T.N. "	1 00	1 10
" de castor "E. I." lb.	0 09½	0 10
" " franç. qrt. lb.	0 09½	0 10
" " " cse	0 11	0 12

Liqueurs et spiritueux.

Brandies (droits payés)	à la caisse.
Sorin.—Carte bleu	$ 8 50
Carte rouge	9 50
Carte d'or	11 00
24 fl. avec verre	9 00
" Flasks avec verre	10 00
FUTS.	
Quarts	7 00
Octaves	4 25
½ oct	4 25
Hennessy * pintes	13 00
" * chopines	14 25
" * * pintes	14 75
" * * * pintes	16 25
" V.O. pintes	17 25
Martel * pintes	12 75
" * chopines	14 00
" V. O. pintes	17 00
" V. S. O. P. pintes	18 50

Par lots de 10 caisses assorties ou non, 25c de moins par caisse.

F. O. B. Montréal, net 30 jours ou 1% 10 jours.

Boutelleau & Co., F. P.	9 00
" *	10 00
" O. B.	12 00
" V. O. B.	14 00
" X. V. O. B.	16 00
" 1824	21 00
Couturier	7 00
" flasks	8 00
Marion	6 00
" flasks	7 00
Rivière-Gardrat	10 00
Optima	17 00
Bisquit Dubouché	9 25
Renaud & Cie	12 25
E. Puet *	9 00
" * *	10 75
" * * *	12 50
" V. O.	14 50
" V. O. P.	15 25
" V. S. O. P.	16 25
" V. V. S. O. P.	20 25
E. Puet 1860	24 25
" 1850	26 25
" 1840	30 25
J. Borianne * * *	6 75
Pellisson 1850	42 50
" V. S. O. P.	29 00
" S. O. P.	22 00
" 1890	16 00
C. M. Arguet	11 50
V. Porte 1834	22 00

	au gallon.	
Fine Champagne	5 75	5 90
Couturier	3 80	3 95
Marion	3 40	3 60
Hennessy	0 00	6 75
	au gallon.	
Martel	0 00	6 75
Pellisson, vieux	0 00	11 80
" XXX	0 00	8 75
" autre ord	5 80	7 25
V. Porte 1854	0 00	8 75
E. Puet	0 00	3 65
J. Borianne depuis	0 00	3 75
Rivière-Gardrat	0 00	4 1[illegible]
Bisquit-Dubouché	4 30	@ 4 5[illegible]
Renaud & Cie	4 10	@ 4 3[illegible]
Boutelleau & Cie.	3 80	@ 0 00

Rhums		à la caisse.
St-Georges, 12 lit.		12 50
" 24½ pts imp.		14 50
Chauvet cachet or 12 lit.	0 00	14 50
" " rouge 12 lit.	0 00	12 75
St-John	0 00	7 75
St-Joseph, Jamaïque	0 00	11 50
St-Félix, Martinique	0 00	10 50
Talbot frères	0 00	7 75
		au gallon.
Jamaïque	4 45	6 35

Whiskey Ecossais.	qt	pts
Mullmore	6 25	7 50
" flasks	10 00	10 50
Heather Dew	7 00	0 00
" flasks	11 25	0 00
" stone	12 50	0 00
Special Reserve	9 00	10 00
" "	0 00	11 75
Ex. Spe Liqueur, flacons	9 50	0 00
Dewar's Special Liqueur	12 25	12 50
Dewar Extra Special	9 25	9 50
H. Fairman & Co.	7 50	8 50
Royal Eagle	9 25	9 50
Sheriff's	10 00	18 00
Mackie's R. O. spec	0 00	10 25
" Islay	8 25	8 50
Glenfalloch	8 75	
Glenlivet *	9 00	6 25
" * * *	10 00	10 25
Cabinet 1 crown	0 00	8 75
" 2 "	0 00	9 50
" 3 "	0 00	10 75
Harvey's R. O. S. spec. liq.	0 00	12 50
" Fitz-James 8 y. old	0 00	9 75
Alex. McAlpine old scotch.	0 00	6 75

Watson old scotch, qrts...	0 00	8 75
" " pts....	0 00	9 75
Thom & Cameron.........	0 00	6 75
Bernard's Encore.........	0 00	7 75
Bulloch, Lade & Co.		
Special blend...........	9 25	9 50
" extra special......	10 75	11 00
" L. Katrine.........	0 00	7 50
Usher's O. V. G...........	0 00	8 75
" special reserve...	0 00	9 75
" G. O. H..........	0 00	12 00
Gaelic Old Smuggler......	0 00	9 50
Greer's O. V. H..........	0 00	9 50
Stewart's Royal..........	0 00	10 00
	au gallon.	
Heather Dew.............	3 65	3 85
Special Reserve..........	4 15	4 25
Ex. Spc. Liqueur.......	4 75	4 90
Banagher Irish..........	4 05	4 30
H. Fairman & Co.........	4 05	4 15
Sheriff's..................	4 65	4 85
Glenfalloch..............	3 70	3 85
Glenlivet (old)............	4 30	6 30

Whiskey Irlandais.

	à la caisse	
Old Irish..................	6 00	8 00
" flasks............	11 25	0 00
Special....................	9 00	0 00
" flasks.............	0 00	11 75
Cruiskeen Lawn, stone...	12 50	0 00
Henry Thomson..........	0 00	8 50
St-Kevin..................	0 00	7 50
J. Jameson & Son *.......	0 00	9 75
" " ***....	0 00	11 50
Geo. Roe & Co *..........	0 00	9 50
" " **.........	9 75	10 50
Barnagher................	9 75	10 25
Thom & Cameron..........	0 00	6 75
Burke's *** qrts..........	0 00	8 00
" *** 12 imp.-qt... flasks..................	0 00	11 75
Dunville..................	0 00	8 25
Bushmills.................	0 00	9 75
	au gallon.	
Old Irish..................	3 75	3 90

Gins.

De Kuyper, cse violette...........		2 65
" cses vertes...........		6 00
DeKuyper, cses rouges, 1 à 4 c...		11 50

F. O. B. Montreal, 30 jours net; 1 o/o 10 jours; fret payé à destination par lot de 5 caisses au moins.

Key Brand................	5 00	10 25
" poney........	0 00	2 50
Melchers poney...........	0 00	2 50
" picnics 4 doz....	0 00	5 50
" Honey Suckle... (cruchons verre)	8 25	15 00
Wynand Fockink.........	0 00	10 00
Bernard Old Tom.........	0 00	7 25
Booth's " ".........	0 00	7 85
" " 5 caisses	0 00	7 80
Melrose Drover Old Tom..	0 00	7 00
Booth's London Dry......	0 00	7 75
Burnett ".........	0 00	7 25
Melrose Drover Dry......	0 00	7 00
Coate Plymouth..........	0 00	9 25

Gins en fûts.

De Kuyper, barriq. le gal.	0 00	3 00
" quarts "	0 00	3 05
" octaves "	0 00	3 10
" au gallon "	0 00	3 20

Tous autres gins, 5c. de moins.
F. O. B. Montréal, 30 jours net ou 1% 10 jours.

Booth's Old Tom, quarts, le gal.	0 00	3 45
" " octaves.	0 00	3 50
" " au gal	0 00	3 90

Whisky Canadien au gallon, en lots d'un ou plusieurs barils de 40 gallons (pas de demi-barils) d'une sorte ou assortis.

Gooderham & Worts 65 O. P........	4 50
Hiram Walker & Sons "	4 50
J. P. Wiser & Son "	4 49
J. E. Seagram "	4 49
H. Corby "	4 49
Gooderham & Worts 50 O. P........	4 10
Hiram Walker & Sons "	4 10
J. P. Wiser & Son "	4 09
J. E. Seagram "	4 09
H. Corby "	4 09
Rye Gooderham & Worts............	2 20
" Hiram Walker & Sons...........	2 20
" J. P. Wiser & Son...............	2 19
" J. E. Seagram..................	2 19
" H. Corby......................	2 19
Imperial Walker & Sons............	2 90
Canadian Club Walker & Sons.......	3 60

Pour quantité moindre qu'un quart d'origine mais pas moins de 20 gallons:

65 O. P....................	le gall.	4 55
50 O. P....................	"	4 15
Rye........................		2 25

Au-dessous de 20 gallons:

65° O. P..................	le gallon	4 60
50° O. P..................	"	4 20
Rye.......................	"	2 30

Pour quantité moindre qu'un baril ou un barillet d'origine:

Imperial Whisky.........	le gallon	3 10
Canadian Club...........	"	3 80

F. O. B. Montreal, 30 jours net ou 1 o/o 10 jours; fret payé pour quantité d'un quart et au-dessus.

Pour le Whisky à 50° O. P., 5c de moins par gallon, F. O. B. Montréal, pour l'île de Montréal.

Rye Canadien à la caisse.

Walker's Impérial.........quarts	7 50
" ....16 flasks	8 00
" ....32 "	8 50
Walker' Canadian Club....quarts	9 00
" ..16 flasks	9 50
" ..32 "	10 00
Gooderham & Worts 1891 1 à 4 c.	6 75
Seagram 1896 (Star brand.) quarts	6 50
" No 83............. "	8 75
Corby I. X. L..................	7 50
Purity, qts....................	6 50
" 32 flasks..................	7 50
Canadian, qts..................	5 00
" 32 flasks..................	6 00

F. O. B. Montreal, 30 jours net ou 1 o/o 10 jours

Whiskeys importés.

Kilty Scotch..........caisse.			9 25
Buchanan's House of Commons...........	"		9 50
Claymore............	"	8 50	8 75
Bushmills Irish.......	"	9 25	9 50

Gin (La Clef).

Caisses Rouges..............		10 00
" Vertes.................		4 85
" " Ponies.......		2 50
Gallon......................	2 95	3 15
Nicholsons Old Tom Gin.....	7 50	7 75
" London Dry Gin.	7 50	7 75

Mélasses.

	Au gallon
Barbades tonne..................	0 41
" tierce et qt............	0 43½
" demi quart............	0 44½
" au char ton...........	0 40
" " tierce..........	0 42½
" " ½ qt...........	0 43½
Porto Rico, choix, tonne......	0 00
" tierce et quart	0 00
" ordinaire, tonne....	0 00

Pâtes et denrées alimentaires.

Macaroni importé......lb	0 08	0 10
Vermicelle " ......"	0 08	0 10
Lait concentré..........dz	0 00	1 90
Pois fendus, qt. 196 lbs..	0 00	4 10
Tapioca, lb..............	0 04¾	0 05

Poissons.

Harengs Shore........brl.	0 00	5 00
" ....½ "	0 00	2 75
" Labrador.... "	0 00	5 25
" " ..½ "	0 00	3 00
" Cap Breton.. "	0 00	0 00
" " ½ "	0 00	0 00
Morue sèche............lb.	0 00	0 04½
" verte No 1, qt..lb.	0 00	0 02½
" No 1 large qt.... "	0 02¾	0 03
" No 1 draft...... "	0 00	0 02¾
" désossée caisse...	0 00	4 50
" " paquet....	0 00	0 06
Saumon C. A.......½ "	0 00	0 00
" ....1 "	0 00	0 00
Saumon Labrador.. 1 "	0 00	14 00
" " ½ "	0 00	8 00

Produits de la ferme.

(Prix payés par les épiciers.)

Beurre.

Townships frais.......lb.	0 19	0 20
En rouleaux......... "	0 00	0 00
Cremerie août........ "	0 20	0 20½
do Nov...... "	0 00	0 00
do frais...... "	0 21½	0 22

Fromage

De l'Ouest..............lb.	0 11	0 11½
De Québec............. "	0 10¾	0 11¼

Œufs.

Frais pondus, choix...dz.	0 00	0 22
Mirés...................	0 00	0 16
Œufs chaulés, Montréal..	0 00	0 00
" " Ontario....	0 00	0 00

Sirop et sucre d'érable.

Sirop d'érable en qrts..lb.	0 06¾	0 07
" en canistre.	0 75	0 80
Sucre d'érable pts pains lb.	0 09	0 10
" vieux......	0 00	0 00

Miel et cire.

Miel rouge coulé.......lb.	0 07	0 08
" blanc " .... "	0 09½	0 10
" rouge en gateaux.. "	0 10½	0 11
" blanc " "	0 13	0 14
Cire vierge............. "	0 25	0 26

Riz

	Sac.	½ Sac.	Pch.	½ Pch.
B. 1 @ 9 sacs	3 10	3 15	3 20	3 25
B. 10 et plus"	3 00	3 05	3 10	3 15

C.C. 10c. de moins par sac que le riz B.

Patna imp., sacs 224 lbs. lb.	0 4⅝	0 05

Salaisons, Saindoux, etc.

Lard Can. Sh't Cut Mess qt.	20 00	21 00
" " S. C. Clear.... "	19 50	20 00
" " S. C. désossé.. "	21 00	21 50
" S.C. de l'Ouest "	19 50	20 50
Jambons..............lb.	00 11	00 12
Lard fumé............ "	00 00	00 14

Saindoux

Pur de panne en sceaux..	2 10	2 35
Canistres de 10 lbs....lb.	0 11	0 12¼
" 5 " .... "	0 11¼	0 12⅜
" 3 " .... "	0 11½	0 12½
Composé, en seaux.......	0 00	1 60
Canistres de 10 lbs....lb.	0 00	0 08½
" 5 " .... "	0 00	0 08⅝
" 3 " .... "	0 00	0 08¾
Fairbanks, en seaux......	1 67½	1 70
Cottolene en seaux....lb.	0 00	0 08¾

Sauces et Marinades.

Marinades Morton.....dz.	2 10	2 30
" Crosse & Blackwell "	0 00	3 25
" Suffolk, 20 oz...... "	0 00	2 10
" " 16 oz...... "	0 00	1 80
Essence d'anchois...... "	0 00	3 20
Sauce Worcester, ½ ch. doz.	3 50	3 70
" " chop "	6 25	6 50
" Harvey....½ " "	3 25	3 55
Catsup de tomates..... "	1 00	4 00
" champignons "	1 90	3 40
Sauce aux anchois.... dz	3 25	3 55
Sauce Chili............ "	3 75	4 05

Sel.

Sel fin, quart, 3 lbs......	2 65	2 75
" " 5 "	2 60	2 65
" " 7 "	2 40	2 50
" ¼ sac 56 "	0 00	0 30
" sac 2 cwts........	0 00	1 00
" gros, sac livré en ville	0 40	0 42½

Sirops.

Perfection.............lb.	0 03	0 03¼
" s. 25 lbs. seau.	0 00	1 20
" seau 3 gall. "	0 00	1 50
Sirop Redpath tins 2 lbs.	0 00	0 09
" " 8 "	0 00	0 35
" Diamond lb........	0 02	0 02½

Sucres.

(Prix aux 100 lbs.)

Jaunes bruts (Barbade)............		4 37½
" raffinés...........	$4 05	4 75
Extra ground....................qts.		5 45
" " ....bte.		5 65
" " ....½ "		5 70
Cut loaf.........................qts.		5 45
" ....½ "		5 55
" ....bte.		5 45
" ....½ "		5 55
Powdered.......................qts.		5 20
" ....bte.		5 40
Extra granulé...................qts.		4 85
" ....½ "		5 00

Ces prix doivent être augmentés de 5c par 100 lbs pour les villes de Montréal et Québec.

Thés du Japon.

Extra choisi du mois de mai:

Castor No 1..........	lb.	0 00	0 37½
Hibou No 1..........	"	0 00	0 35
Choisi			
Castor No 2..........	"	0 00	0 32½
Hibou No 2..........	"	0 00	0 32½
Bon:			
Hibou No 50.........	"	0 00	0 26
Faucon (Hawk)......	"	0 00	0 25
Spécial:			
Hibou No 100........	"	0 10	0 20
Moyen:			
Otter..................	lb.	0 00	0 18
Commun..............	"	0 14	0 17
Moulu (Siftings).....	"	0 06	0 09
Nibs (choix)..........	"	0 14	0 18

Thés de Chine.

Thés verts Young Hyson.

Ping Suey, bts 30 lbs	lb.	0 12	0 14
" ½ cais. (first)	"	0 18½	0 19
" " (points)	"	0 18	0 20
Moyune, caisses.....	"	0 38	0 42

Thés verts Gun Powder.

Moyune, caisses.....	lb.	0 40	0 44
Ping Suey, bts, Pin head	"	0 32	0 35
" " "	"	0 25	0 28
Pea Leaf, choix, bts..	"	0 20	0 22
" commun "	"	0 14	0 16

Thés noirs.

Kaisow...........½ cs	lb.	0 12	0 14
Pan Young........ "	"	0 14	0 16
Keemuns, Kin Tuck "	"	0 18	0 20
Moning, choix...... "	"	0 30	0 34
Packling, boites 20 lbs commun..........	"	0 13	0 15
Packling, boites 20 lbs bon..............	"	0 16	0 18
Packling, boites 20 lbs fin................	"	0 22	0 25
Orange Pekoe, bts 20 lbs, parfumé........	"	0 25	0 30
Formosa Oolongs, bts 20 lbs, (le Papillon).	"	0 24	0 30

Thés de l'Inde.

Darjeelings, Bloomfield, lb.	0 32	0 40
Assam Pekoe........... "	0 20	0 24
Gloria, Pekoe Souchong............... "	0 18	0 20
Amrali, Souchong...... "	0 16	0 18
Gloria, Pekoe.......... "	0 14	0 16

Thés de Ceylan.

Syria, Golden Tipped Pekoe........caisse, lb.	0 27	0 35
Gallaheria, Flowery Pekoe........caisse, "	0 20	0 23
Bombra, Pekoe Souchong........caisse. "	0 16	0 18
Luccombe, Souchong, caisse, "	0 14	0 16
Golden Tipped Pekoe, (marque Abeille) No 8, caisses 40 lbs, (10 x 1 lb et 60 x ½ lb).................. "	0 36	0 38
Flowery Pekoe, (marque Abeille), No 9, caisses 40 lbs, 10 x 1 lb et 60 x ½ lb)... "	0 28	0 30
Flowery Pekoe Nayabedde demi caisses "	0 24	0 27
Ceylon Pekoe Karana demi caisse .... "	0 24	0 27

Vernis.

Vernis à harnais......gal.	0 00	1 80
" " ......dz.	1 10	1 20
" à tuyaux...... gal.	0 00	0 90
" Parisien........dz.	0 70	0 75
" Royal polish... "	0 00	1 25

Vins.

Non Mousseux.

Bordeaux ord.......caisse	2 60	3 50
" " ....gal.	0 90	1 10
" Médoc....caisse	4 65	5 65
" St-Julien. "	5 65	6 65
" Châteaux "	4 25	21 00
Bourgogne.......... "	7 00	20 00
Bourgogne, ordinaire.gal.	0 90	1 10
Sicile................. "	1 35	1 60
Sherry..............caisse	4 50	11 00
" ....gal.	0 95	4 00
Porto...............caisse	6 00	15 00
" Gordon & Cie. "	0 00	3 75
" ....gal.	2 10	4 00
Moselle............caisse	15 00	21 00
Sauternes.......... "	5 65	6 65
Graves............. "	5 50	6 50
Malaga, Gordon&Cie "	0 00	4 00
Claret L. Pinaud qts "	0 00	2 60
" Faure Frères...gal.	0 00	0 90
Robertson Bros Oporto gal.	1 50	10 00
" " Sherry.cs.	0 00	10 00
" " " gal.	1 50	8 50

Mousseux.

(Prix à la caisse.)

	qrts.	pts.
Bourgogne Mousseux....	00 00	00 00
Moselle Mousseux........	16 00	21 00
Hock Mousseux..........	15 50	17 00
Saumur, Tessier & Co.....	13 00	14 50
" Norea Raphael..	13 00	14 50
" Castellane......	12 50	14 00

Champagnes.

	qrts.	pts.
J. Mumm..................	23 00	25 00
G. H. Mumm..............	28 00	30 00
Arthur Rœderer..........	22 00	24 00
Vve Clicquot..............	28 00	30 00
Eug. Clicquot.............	24 00	00 00
Pommery..................	28 00	30 00
Fréminet..................	23 00	24 00
Louis Rœderer...........	28 00	30 00
Piper Heidsick............	27 00	29 00
Perrier-Jouet.............	28 00	30 00
E. Mercier&Cie., carte d'or	28 00	30 00
Vin des Princes...........	22 00	23 00
Vin d'été..................	16 00	17 00
E. Cazanove..............	22 00	00 00
Tessier....................	14 00	15 50
Imperial extra dry........	00 00	15 09
Couvert, très sec.........	20 00	22 00
Théop. Rœderer:		
Cristal Champagne.......	40 00	42 00
Réserve Cuvée...........	26 00	28 00
Sportsman Ch............	16 00	18 00

Bois de chauffage

Prix payé par marchands, aux chars, gare Hochelaga

Erable	la corde......	....	5 50
Merisier	do	....	5 25
Bouleau, etc.	do	....	0 00
Epinette	do	....	4 50
Slabs, par chars...........		....	0 00
do en barge, la corde....		2 40	2 75
Rognures, le voyage......		1 50	2 25

Charbons

PRIX DE DETAIL

Grate	par tonne de 2000 lbs..	6 75
Furnace	do ..	6 75
Egg	do ..	6 75
Stove	do ..	7 00
Chesnut	do ..	7 00
Peanut	do ..	5 00
Screenings	do 2240 lbs..	5 10

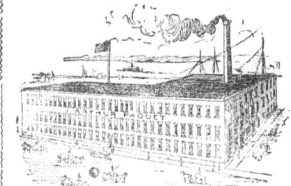

Vale Grate	do 2000	..	0 00
Welsch Anthracite	do do	..	5 75
Pictou	do 2240	}	
Cape Breton	do do	}	
Glace Bay	do do	}	0 00
Sydney	do do	}	
Reserve	do do		
Charbon de forge	do 2000	..	0 00
Lehigh pour fond.	do do	..	0 00
Coke do	par chaldron	.....	0 00
do usage domestique		....	0 00
do do do	concassé	.....	0 00

* Selon distance et qualité.

Cuirs et Peaux.

Cuirs à semelles.

(Prix à la livre.)

Spanish No 1, 18 lbs moy.	0 26	0 27
" No 1, 25 lbs et au-d.	0 00	0 26
" No 1, léger........	0 25	0 26
" No 2, "	0 00	0 25
" No 2, 18 lbs moy..	0 00	0 26
Zanzibar	0 23	0 24
Slaughter sole No 1 steers.	0 28	0 30
" " No 1 p. ord.	0 28	0 30
" " No 2 "	0 25	0 27
" union crop No 1	0 30	0 32
" " No 2	0 28	0 30

Cuirs à harnais.

(Prix à la livre.)

Harnais No 1.............	0 33	0 35
" No 1 R..........	0 32	0 34
" No 2.............	0 30	0 33
" taureau No 1....	0 00	0 30
" " No 2....	0 00	0 28

Cuirs à empeignes.

(Prix à la livre.)

Vache cirée mince........	0 40	0 45
" forte No 1....	0 00	0 40
Vache grain. pesante.....	0 40	0 45
" écossaise	0 38	0 40
Taure française...........	0 95	1 00
" anglaise............	0 90	1 00
" canadienne. Lion.	0 75	0 85
Veau can. 25 à 30 lbs....	0 75	0 80
" 36 à 45........	0 60	0 65
" 45 et plus.....	0 50	0 60
Vache fendue Ont H......	0 25	0 30
" " H. M ..	0 25	0 30
" " Med ...	0 25	0 30
" " junior .	0 21	0 23
" Qué.sen.h.à.m.	0 24	0 28
" Jun.m.à light	0 20	0 23
Cuir rouge pour Mocassin Steer, le No..............	0 00	0 08
Cuir rouge pour Mocassin Bull, le No.............	0 00	0 07
Cuir rouge pour Mocassin Steer, la livre...........	0 33	0 38
Cuir rouge pour Mocassin Bull, la livre............	0 30	0 35

Cuirs vernis.

Vache vernie.........pied	0 16	0 18
Cuir verni "Enamel" "	0 15	0 17

Cuirs fins.

Mouton mince.........dz.	3 00	6 00
" épais........... "	10 00	0 00
Dongola glacé, ord...pied	0 14	0 25
Kid Chevrette......... "	0 25	0 30
Chèvre des Indes glacée"	0 08	0 10
Kangourou .... "	0 35	0 50
Dongola dull.......... "	0 20	0 30
Buff d'Ontario H... "	0 14	0 15
" H. M... "	0 13	0 14
" M... "	0 00	0 13
" L. M... "	0 00	0 13
" No 2... "	0 00	0 12
Buff de Québec H... "	0 13	0 15
" H. M... "	0 13	0 14
" M... "	0 00	0 13
" L. M... "	0 00	0 13
" No 2... "	0 00	0 12
Glove Grain Ontario.. "	0 13	0 15
" " Québec.. "	0 13	0 14
Pebble " Ontario.. "	0 14	0 15
" " Québec.. "	0 13	0 14

Cuirs à bourrures.

Cuir à bourrure No 1.....	0 00	0 20
" No 2.....	0 00	0 18
Cuir fini français... ...	0 00	0 20
" russe	0 20	0 25

Peaux.

(Prix payés aux bouchers.)

Peaux vertes, 1 lb, No 1	0 00	0 09
" " No 2	0 00	0 08
" " No 3	0 00	0 07
Veau No 1............ lb.	0 00	0 08
" No 2.............	0 08	0 06
Agneaux pièce	0 00	0 80
" en laine "	0 00	0 00
Moutons "	0 00	0 00
Chevaux......... No 1...	0 00	2 00
" .... No 2...	0 00	1 50

(Pour peaux assorties et inspectées.)

Laines.

Toison du Canada... lb.	0 00	0 17
Arrachée, non assortie. "	0 17	0 17½
A, extra supérieure.... "	0 17½	0 18½
B, supérieure.......... "	0 17½	0 18½
Noire, extra........... "	00	0 16
Noire. .... "	0 00	0 15½

Fers et Métaux.

FERRONNERIE ET QUINCAILLERIE

Fers à cheval.

Ordinaires...........baril	3 50	4 00
En acier..................	3 60	4 95
"Fer à repasser".......lb	0 04	0 04¼

"Fiches":

Pressées ¼ p. Esc. 25 p.c.	4 75	0 00
" 5-16 "	4 50	0 00
" ⅜ "	4 25	0 00
" 7-16 "	0 00	4 10
" ½ "	0 00	3 90

Fil de fer

Poli et Brûlé.

No 2 à 5, net..........100 lbs	2 87
" 6 à 9 "	2 80
" 10 "	2 87
" 11 "	2 94
" 12 "	3 00
" 13 "	3 15
" 14 "	3 27
" 15 "	3 40
" 16 "	3 55

Brulé et huilé 10c de plus par 100 lbs pour chaque numéro.

Galvanisé Nos 2 à 8, net..	3 85	3 95
" 9 "	3 10	3 20
" 10 "	4 00	4 10
" 11 "	4 05	4 15
" 12 "	3 25	3 35
" 13 "	3 35	3 45
Brulé; p. tuyau..100 lbs	6 00	7 00
Barbelé p. clôtures, 100 lb.	3 20	3 30
Crampes........... "	0 00	3 45
Fil de laiton à collets..lb.	0 37½	0 46
Fonte Malléable....... "	0 09	0 10
Enclumes...... ...... "	0 11	0 11½

Charnières.

T. et "Strap"..........lb.	0 05	0 06
Strap et Gonds filetés.....	0 03	0 03¾

CLOUS, ETC.

Clous à cheval.

No 7...............100 lbs.	24 00
No 8............... "	23 00
No 9 et 10.......... "	22 00

Escompte 50 p. c. 1e gal.
" 50 et 10 p. c 2e ga.
Boites de 1 lb., ½c. net extra.

Clous coupés à chaud.

De 4½ à 6 pcs.........100 lbs.	2 35
3½ à 4 " .... "	2 40
3 à 3¼ " .... "	2 45
2½ à 2¾ " .... "	2 50
2 à 2¼ " .... "	2 65
1½ à 1¾ " .... "	2 75
1¼ " .... "	3 00
1 " .... "	3 35

Clous à finir.

1 pouce...............100 lbs.	3 85
1¼ " ....100 lb.	3 55
1½ et 1¾ pcs......... "	3 30
2 et 2¼ " .... "	3 05
2½ à 2¾ " .... "	3 00
3 à 6 " .... "	2 95

Clous à quarts.

⅞ pouce...............100 lbs.	3 60
1⅛ " .... "	3 35

Clous à river.

1 pouce.......100 lbs.	3 85
1¼ " ...... "	3 55
1½ à 1¾ " ...... "	3 30
2 à 2¼ " ...... "	3 05
2½ à 2¾ " ...... "	3 00
3 à 6 " ...... "	2 95

(à 4 mois)

Clous d'acier, 10c. en sus.

" galvanisés 1 pouce .100 lbs.	6 35
" à ardoise, 1 pouce... "	3 85

Clous de broche.

1 pouce, No 16, prix net, 100 lbs	4 10
1 " No 15 " "	3 85
1¼ " No 14 " "	3 50
1½ " No 13 " "	3 25
1¾ " No 12 " "	3 25
2, 2¼ " No 11 " "	3 15
2½ " No 10½ " "	3 00
2¾ " No 10 " "	3 00
3 pouces, " "	2 95
3½ et 4 " "	2 90
5 et 6 pouces " "	2 85

Limes, râpes et tiers-points.

1re qualité, escompte.......60 et 10	p.c.
2me " " 70	p.c.
Mèches de tarrière, esc.............55	p.c.
Tarrières, escompte.................55	p.c.
Vis à bois, fer, tête plate 80	p.c.
" " " ronde 75	"
" cuivre tête plate 75	"
" " " ronde, 67½	"
Boulons à bandage........65 à 67½	p.c.
" à lisses........................75	p.c.
" à voiture 65	p.c.

Métaux.

Cuivres.

Lingots................lb.	0 14	0 15
En feuilles............ "	0 16	0 17

Etain.

Lingots ....lb.	0 37	0 38
Barres .... "	0 35	0 39

Plomb.

Saumons...............lb.	0 00	0 04¾
Barres .... "	0 05	0 05¼
Feuilles............... "	0 05¼	0 05½
De chasse.............. "	0 06	0 06½
Tuyau..........100 lbs.	5 95	6 25

Zinc.

Lingots, Spelter........lb.	0 05¾	0 06
Feuilles, No 8.......... "	0 07	0 07¼

Acier.

A ressort.........100 lbs.	0 00	3 50
A lisse............ "	1 90	2 00
A bandage........ "	2 00	2 10
A pince........... "	2 25	2 50

Fer en barres.

Canadien..........100 lbs	1 60	1 70
De Norvège...... "	4 25	4 50

Fontes.

Calder........ ...tonne..	25 00	26 00
Carnbroe......... " ..	25 00	26 00
Glengarnock..... " ..	00 00	00 00
Summerlee....... " ..	25 50	26 50

Matériaux de construction

PEINTURES. 100 lbs.

Blanc de plomb pur......	0 00	6 50
" " No 1..	0 00	6 12½
" " " 2..	0 00	5 75
" " " 3..	0 00	5 37½
" " " 4..	0 00	5 00
" " sec....	6 00	7 50
Rouge de Paris, Red Lead.	5 00	5 50
" Venise, anglais.	1 50	2 00
Ocre jaune................	1 50	2 00
" rouge................	1 50	2 00
Blanc de Céruse..........	0 45	0 65
Peintures préparées ..gal.	1 20	1 30
Huile de lin crue(net cash)	0 00	0 82
" bouillie "	0 00	0 85
Ess. de Térébenthine "	0 00	0 63
Mastic....................	2 35	2 80
Papier goudronné rouleau	0 45	0 50
" " 100 lbs	1 60	1 75
" feutre "	2 00	2 20
" gris rouleau	0 30	0 33
" à couv. roul. 2 plis	0 75	0 80
" " " 3 plis	1 00	1 10

Peintures Island City P. D. Dods & Co

I. C. Pure white lead......	0 00	6 25
I. C. " paint....	0 00	6 00
I. C. Special Decorators...	0 00	6 00
No 1 I. C. White lead....	0 00	5 87½
No 1 Star lead...........	0 00	5 50
Peintures préparées, I. C. gall..		1 20
" " Nat " ..		1 05

VERRES A VITRES

United 14 @ 25..50 pds.		.....	2 00
" 26 40.. "		.....	2 10
" 41 50 100 pds.		.....	4 50
" 51 60 "		.....	4 75
" 61 70 "		.....	5 25
" 80		.....	5 75

Bois durs.

Prix de détail.

Acajou de 1 à 3 pouces	les 100 pieds....	$12 00	30 00
Cèdre rouge ¼ de pouce	le pied	25 00	35 00
Noyer noir 1 à 4 pouces	do	00 00	16 00
Noyer noir 6 x 6, 7 x 7, 8 x 8	do	00 00	16 00
Cerisier 1 à 4 pouces	do	10 00	15 00
Frène 1 à 3 pouces	le M	25 00	30 00
Merisier 1 à 4 pouces	do	00 00	30 00
Merisier 5 x 5, 6 x 6, 7 x 7, 8 x 8	do	00 00	35 00
Erable 1 à 2 pouces	do	00 00	40 00
Orme 1 à 2 pouces	do	00 00	25 00
Noyer tendre 1 à 2 pouces	do	00 00	41 00
Cotonnier 1 à 4 pouces	do	45 00	50 00
Bois blanc 1 à 4 pouces	do	25 00	30 00
Chêne 1 à 2 pouces rouge	do	00 00	60 00
Chêne 1 à 2 pouces blanc	do	00 00	60 00
Chêne scié sur grain	do	75 00	100 00

Plaquage (veneers):

Uni	le pied	0 90	1 00
Français	do	0 00	0 15
Américain	do	0 10	0 12
Erable piqué	do	0 10	0 12
Noyé noir ondé	do	0 00	0 10
Acajou (mahogany)	do	0 02	0 10

Bois de Service

Pin

Prix en gros.

1 pouce strip shipping cull	6 à 16 pieds	le M.	$14 00	17 00
1¼, 1½ et 2 pouces shipping cull	do	do	14 50	17 50
1 pouce shipping cull sidings	do	do	16 00	18 00
1¼, 1½ et 2 pcs do	do	do	16 50	18 50
1 pouce qualité marchande	do	do	25 00	35 00
1¼, 1½ et 2 pcs do	do	do	27 50	37 50
1 pouce mill cull, strip, etc. No 2	do	do	10 00	12 00
1¼, 2½ et 2 pcs do	do	do	10 50	12 50
1 pouce mill cull No 1	do	do	14 00	16 00
1, 1½ et 2 pcs do	do	do	14 50	16 50
3 pouces do	do	do	14 00	16 00
do do No 2	do	do	9 00	10 00

Epinette

1 pouce mill cull	5 à 9 pouces	do	10 00	12 00
1¼, 1½ et 2 pouces mill cull	do	do	10 00	12 00
3 pouces mill cull	do	do	10 00	12 00
1, 1¼, 1½ et 2 pouces qualité marchande	do	do	14 00	16 00

Pruche

1, 2 et 3 pouces		do	11 00	13 00
Colombages en pin, 2 x 3, 3 x 3 et 3 x 4—aux chars		do	14 00	16 00
Lattes—1ère qualité	le mille	do	2 75	2 80
2ème do	do	do	2 40	2 60
Bardeau pin XXX	16 pouces	do	0 00	0 00
do XX	do	do	0 00	0 00
do X	do	do	0 00	0 00
do 1ère qualité	18 pouces	do	0 00	0 00
do 2ème do	do	do	0 00	0 00
Bardeaux cèdre XXX	16 pouces	do	2 90	3 00
do XX	do	do	2 40	2 50
do X	do	do	1 50	0 00
Bardeaux pruche marchande	do	do	0 00	0 00

Charpente en pin

de 16 à 24 pieds—3 x 6 à 3 x 11	do	18 00	22 00
de 25 à 30 do do do	do	20 00	24 00
de 31 à 35 do do do	do	26 00	28 00
de 16 à 24 do 3 x 12 à 3 x 14	do	20 00	26 00
de 25 à 30 do do do	do	24 00	28 00
de 31 à 35 do do do	do	30 00	32 00

Bois carré—pin

de 16 à 24 pieds—de 5 à 11 pouces carrés	do	18 00	22 00
de 25 à 30 do do do	do	20 00	24 00
de 31 à 35 do do do	do	26 00	28 00
de 16 à 24 do de 12 à 14 pouces carrés	do	22 00	26 00
de 25 à 30 do do do	do	24 00	28 00
de 31 à 35 do do do	do	30 00	32 00

Charpente en pruche

de 17 à 30 pieds jusqu'à 12 pouces	do	18 00	22 00
Charpente en épinette	do	18 00	22 00
do do rouge		28 00	35 00

SPÉCIALITÉS

Articles divers.

Couleur à beurre Dalley, 2 oz., doz. 1 25
Graine de canari, F. F. Dalley Co:
Spanish bird seed, cse 40 lbs 0 00 0 06½
Dalley's " " " " 0 00 0 06
Sel célert Dalley, 2 oz., dz..... 1 25
Poudre Curry Dalley, 2 oz., dz. 1 75
Vito Castile Soap Powder cse 100 3 10

Adams' Root Beer Extract et Adams' English Ginger Beer.

boites de ¼, ½ et 1 grosse, grandeur 10 en....... doz. 0 80
" " .... la gr. 9 00
En boites de ¼ de grosse, grandeur 25 cents........ la doz. 1 75
" " .... la gr. 20 00

Balais Boeckh.

A, 4 cordes, fini peluche......... $4 45
B, 4 " " fantaisie......... 4 20
C, 3 " " peluche......... 3 95
D, 3 " " fantaisie......... 3 70
F, 3 " " au fil de fer..... 3 45
G, 3 " " " " 3 20
I, 3 " " " " 2 95
K, 2 " pour fillettes......... 2 60

Bières.

Bass Ale. qts pts
Head Bros. Dog's Head..... 2 55 1 57½

Guinness' Stout.
Read Bros. Dogs'Head.... 2 52½ 1 50

Cafés.

Madden Cereal Health Coffee,
6 oz. la cse de 100 paq........ 6 50
" ½ " 50 " 3 35
" ¼ " 25 " 1 75
paq. de 1¼ lb., la cse de 12.... 2 25
" " " 24.... 4 40

Chocolats et Cacaos.

Chocolats Cowan.

French Diamond 6 div. 12 lbs, lb. 0 23
Queen's dessert, ¼ et ½...... " 0 40
" " 6 div........ " 0 42
Mexican Vanilla, ¼ et ½.... lb. 0 35
Parisien, morc. à 5c.......... " 0 30
Royal Navy, ¼ et ½.......... " 0 30
Chocolate Icing pa 1 lb. dz. 2 25
" " ½ " " 1 25
Pearl Pink Icin 1 " " 1 75
White Icing 1 " " 1 75

Chocolats Hérelle

Santé, ¼, ½, 1-6 lb—bte 10 lbs. $2 40
Vanillé, ½ ¼ lb. do 3 15
Pastilles, Bte 5 lbs.............. 1 00

Cacaos Cowan.

Hygiénique, en tins de ½ lb....dz. 3 75
" " ¼ lb.... " 2 25
" " 5 lbs...lb. 0 55
Essence cacao, non sucré......dz. 1 40
" " sucré, tins ¼ lb. " 2 25

Cirages.

F. F. Dalley Co.

English Army............cse ½ gr. 9 00
No 2 Spanish............ " 3 60
No 3 " .... " 4 50
No 5 " .... " 7 20
No 10 " .... " 9 00
Yucan Oil................cse 1 doz. 2 00
N. Y. Dressing............ " 0 75
Spanish Satin Gloss...... " 1 00
Crescent Ladies Dressing " 1 75
Spanish Glycerine Oil.... " 2 00

Confitures et Gelées.

Lazenby.

Tablettes de Gelées 13 var....pts. 1 20

Conserves alimentaires.

Spécialités de W. Clark.

Compressed Corned Beef 1s. la dz. $1 50
" " 2s. " 2 60
" " 4s. " 5 15
" " 6s. " 7 10
" " 14s. " 18 50
Ready Lunch Beef...... 2s. la dz. 2 50
Geneva Sausage......... 1s. " 1 65
" " .... 2s. " 3 00
Cambridge " .... 1s. " 1 55
" .... 2s. " 2 75
Yorkshire " .... 1s. " 1 25
" " .... 2s. " 2 25
Boneless Pigs Feet..... 1s. " 1 40
" " ..... 2s. " 2 40
Sliced Smoked Beef.... ½s. " 1 40
" " " .... 1s. " 2 30
Roast Beef............. 1s. " 1 45
" " .... 2s. " 2 60
Pork & Beans with sauce 1s. " 0 50
" " 2s. " 1 00
" " 3s. " 1 50
" Plain.... 1s. " 0 45
Wild Duck Patés........ ½s. " 1 00
Partridge " .... ½s. " 1 00
Chicken " .... ½s. " 1 00
Veal & Ham " .... ½s. " 1 00
Ox Tongue (Whole)....1½s. " 7 70
" " .... 2s. " 8 80
" " ...2½s. " 10 00
Lunch Tongue.......... 1s. la dz. 3 00
" .... 2s. " 6 00

Potted Meats ½s.

Ham, Game, Hare, Chicken, Turkey, Wild Duck, Tongue, Beef .... la dz. .50
Chicken Ham & Tongue, ½s. la doz. 1 00

Soupes.

Mulligatawny, Chicken, Ox Tail, Kidney, Tomato, Vegetable, Julienne, Mock Turtle, Consomme, Pea .... Pints. 1 10; Quarts. 2 20

Spécialité des Lazenby.

Soupes Real Turtle......dz. 0 00 9 00
Soupes assorties........ " 3 00 3 75
" " bts carrées " 0 00 1 65

Mines.

Tiger Stove Polish.........grande 9 00
" " " .... petite 5 00
Mine Royal Dome.....gr. 1 70 0 00
" James............ " 2 40 0 00
" Rising Sun large dz. 0 00 0 70
" " small " 0 00 0 40
Mine Sunbeam large dz 0 00 0 70
" " small " 0 00 0 35

Eau de Javelle

LA VIGAUDINE

La Vigaudine............la grosse $5.40
" ....la doz. 0.50

Eaux Minérales.

Carabana.......................cse. 10 50
Hunyadi Matyas.............. " 6 00
Pougues St-Leger............. " 10 50
St-Galmier qts. (source Badoit) cse. 6 00
" pts. " " 7 50
Vichy Célestins, Grande Grille.. " 10 00
" Hopital, Hauterive...... " 10 00
" St-Louis.................. " 00

Empois.

F. F. Dalley Co.

Boston Laundry, cse 40 paq., le paq. 0 07½
Culina Toledo, " 40 " la lb... 0 06½

Grains et Farines.

Farines préparées.

Farine préparée, Brodie
XXX, 6 lbs.... 2 20
" " 3 " 1 15
" superb 6 " 2 10
" " 3 " 1 10
Orge mondée (pot barley) sac 2 20
" ....quart 4 40
" perlée..................sac 3 25

F. F. Dalley Co. doz.

Buckwheat, paq. 2½ lbs, cse 3 doz. 1 20
Pancake, " 2 " " 1 20
Tea Biscuit " 2 " " 1 20
Graham Flour " 2 " " 1 20
Bread & Pastry " 2 " " 1 20

Spécialités de Lazenby.

Huile à salade............¼ pt. dz. 1 40
" ....½ pt. " 2 15
" ....pints " 3 75
" ....quarts " 6 50
Crême à salade petits........... " 2 00
" grands.................. " 3 75

Liqueurs et spiritueux.

Apéritifs.

Byrrh Wine.............. 9 50 10 00
Orange Bernard.......... 6 75 7 00
Vermouth Noilly Prat.... 6 75 7 00
" Italien........ 6 50 7 00
Saratoga Cock-Tails......par caisse 8 25

Bénédictine

Litres, 12 à la caisse......18 00 19 00
½ litres, 24 à la caisse....19 50 20 00

Liqueurs Frederic Mugnier, Dijon, France.

Crême de Menthe verte.. 00 00 11 00
" " blanche 00 00 11 00
Curaçao triple sec cru.... 00 00 12 25
Curaçao triple sec bout.... 00 00 12 25
Bigarreau (Cherry B'dy).. 00 00 11 00
Cacao l'Hara à la Vanil... 00 00 12 25
Marasquin............... 00 00 13 25
Kirsch * * *.............. 00 00 11 25
" * * *.............. 00 00 13 25
Brunelle de Bourgogne... 00 00 12 25
Crême de Framboise..... 00 00 12 25
Fine Bourgogne 12 lit... 00 00 21 15
Eau de Vie de Marc...... 00 00 18 25
Crême de Cassis......... 00 00 11 25
Crême de Musigny........ 00 00 12 25
Apéritif Mugnier......... 00 00 10 25
Alcool de Menthe......... 00 00 6 15
Absinthe Ed. Pernod...... 00 00 14 50

Stowers.

Lime Juice Cordial p. 2 dz. 0 00 4 70
" " " q. 1 " 0 00 4 20
Double Refi. lime j'ce 1 dz. 0 00 3 90
Lime syrup bout. can 1 " 0 00 4 20

V. Porte ;

Cardinal Quinquina..... 00 00 12 00
Vermouth Champagne.... 15 00 17 00

Moutardes

W. G. Dunn & Co., London, Ont.

Pure D.S.F. ¼ bte, cse 12 lbs. la lb. 0 34
" " ½ " " " 0 32
" " bte 10c, " 2 à 4 dz la dz. 0 80
" " " 5c, " 4 " 0 40
F. Durham ¼ bte, cse 12 lbs, la lb 0 25
" " ½ " " " 0 23
Fine Durham, pots 1 lb, chaque 0 24
" " " 4 " " 0 70
" " " 5 " " 0 80
Mustard Butter, bout. 12 oz. la doz. 1 30

F. F. Dalley Co.

Dalley's, vrac, pure.............la lb. 0 25
" bte ½ lb, cse 2 doz., la doz. 2 00
" " ¼ " " 4 " " 1 00
" Superfine Durham, vrac, lb 0 12
" do bte ¼ lb, cse 4 doz, la doz. 0 65
" " ½ " " 2 " " 1 20
" do pots 1 " .... " 2 40
" " 4 " .... " 7 80
" do verres ¼ lb.......... " 0 75

Poudre à Pâte

Cook's Friend.

No 1, 4 doz. au cse ½ bte..la doz.. $2 40
" 2, 6 " " " .. " .. 0 80
" 3, 4 " " " .. " .. 0 45
" 10, 4 " " .. " .. 2 10
" 12, 6 " " .. " .. 0 70

Océan.

3 oz., csse 4 doz........la doz.. 0 35
4 " " 4 " .... " .. 0 45
8 " " 4 " .... " .. 0 90
16 " " 2 " .... " .. 1 50

F. F. Dalley Co.

Silver Cream, ¼ lb, cse 4 à 6 doz, la doz. 0 75
English " ½ " " " " 1 25
" " 1 " 2 à 4 " " 2 00
Kitchen Queen, ¼ " 4 à 6 " " 0 60
" " ½ " " " " 0 90
English Cream, en verres...... " 0 75
" " pots de ½ lb.... " 1 25
" " " 1½ lb.... " 2 25

Soda à pâte

"Cow Brand"

Boite 60 paquets de 1 lb........ 3 00
" 120 " ½ " 3 00
" 30 1 lb et 60 ½ lb.......... 3 00
" 96 paquets 10 oz à 5c...... 3 00

Produits Pharmaceutiques.

Spécialités Pharmacie Gaudet : Doz. Gros.

Restaurateur de Robson. 4 00 40 00
Elixir Resineux Pectoral. 1 75 16 00
Pilules Anti-Bilieuses Dr Ney.................. 1 50 13 50
Pastilles Vermifuges Françaises.............. 1 40 14 00
Anti-Cholérique Dr Ney.. 1 75 16 00
Anti-Asthmatique........ 3 25 30 00
Poudres Condition Prof. Vink.................. 1 75 16 00
Colic Cure Prof Vink..... 3 00 30 00
Spavine Cure Prof Vink.. 3 50 35 00

Spécialités de J. A. E. Gauvin ;

5 p.c. d'escompte.

Sirop Menthol...............la doz. 1 65
Sirop d'Anis Gauvin........ " 1 75
" " par 3 doz. 1 60
" " par 1 grosse. 17 00
" " par 5 grosses. 16 00
Graine de lin..........lb. 0 00 0 03
" moulue... " 0 00 0 04

Réglisse

Young & Smylie.

Y. & S. en bâtons (sticks) :
Bte de 5 lbs, bois ou papier, lb.... 0 40
"Fantaisie" (36 ou 50 bâtons) bt. 1 25
"Ringed," boite de 5 lbs....... lb. 0 40
"Acmé" Pellets, boite de 5 lbs. (can.)...................bte. 2 00
"Acmé" Pellets, boite fantaisie papier, (40 morc)..........bte. 1 25
Réglisse au goudron et gaufres de Tolu, bts de 5 lbs (can)....bte. 2 00
Pastilles réglisse, jarre en verre 5 lbs. 1 75
Pastilles de réglisse, boite de 5 lbs (can.)........................ 1 50
"Purity" réglisse, 200 bâtons.... 1 45
" 100 " ... 0 72½
Réglisse Flexible, bte de 100 morceaux.
Navy plugs....................... 0 70
Tripple Tunnel Tubes.............. 0 70
Mint puff straps.................. 0 70
Golf Sticks....................... 0 70
Blow Pipes (200 à la bte).......... 0 70
do (Triplets, 300 à la bte) 0 70
Manhattan Wafers 2½ lb........... 0 75

Sauces et Marinades.

Spécialités Skilton Foote & Co ;

Golden German Salad, cse 2 doz. flac 5 75
Tomatoe Relish " " 5 75
Chow Chow, cse 1 doz., flacon ½ gal. 3 00
Caulisalsa, cse 2 doz.................5 75

Savon.

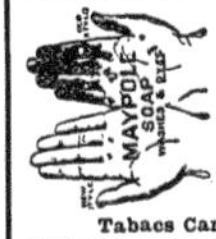

A.P. TIPPET & CO., AGENTS.

Maypole Soap, couleurs, par grs.. $12 00
Maypole Soap, noirs, par grs.. $18 00
10 p. c., escompte sur lots de grosses.

Tabacs Canadiens.

Spécialités de Joseph Côté, Québec.

Tabac en feuilles.

Parfum d'Italie, récolte 1898, ballots 25 lbs................. 0 30
Turc aromatique, 1899, ballots 25 lbs....................... 0 22
Rouge, 1899, ballots 50 lbs 0 15
Petit Havane " 25 lbs...... 0 18
1er choix, 1898, ballots 50 lbs.. 0 12
XXXX, " " .. 0 11

Tabacs coupés.

Petit Havane ¼ lb............... 0 35
" " ½ " 0 35
St-Louis, 1-10, 4—10....... .... 0 40
Quesnel ⅛ 5............ 0 60
Coté's Choice Mixture ⅛ lb 5...... 0 60
Vendome ½ tin.................. 1 15

Cigares.

Bianca 1-20...................... 13 00
Bruce 1-20....................... 15 00
Twin Sisters 1-20................ 15 00
" " 1-40................ 16 00
Côté's fine Cheroots 1-10......... 16 00
Beauties 1-20.................... 18 00
Golden Flowers 1-20.............. 23 00
" " 1-40.............. 25 00
My Best 1-20..................... 25 00
Doctor Faust 1-20................ 28 00
" " 1-40................ 30 00
St-Louis 1-20.................... 33 00
" 1-40.................... 35 00
Champlain 1-100.................. 38 00
" 1-40.................. 28 00
" 1-20.................. 38 00
Saratoga 1-20.................... 40 00
El Sergeant 1-20................. 50 00

Tabacs.

Empire Tobacco Co.

Fumer:

Empire 9s. 4½s, 3s..............lb. 0 36
Sterling 8s...................... " 0 51
Royal Oak 9s..................... " 0 52
Something good 7s.......... ... " 59 0
Louise 14s....................... lb. 0 54
Rosebud, Bars 5½s................ " 0 44

Chiquer:

Currency, Bars 10½............... " 0 39
Patriot Navy 12s................. " 0 41
Patriot Broad 12s................ " 0 44
Old Fox 12s...................... " 0 44
Free trade 8s.................... " 0 44
Snowshoe, Bars 12s, 6s........... " 0 44

Spécialités de L. P. Langlois & Cie Trois-Rivières :

Tabacs coupés.

Quesnel. ⅛...... 0 00 0 60
Rouge et Quesnel, ⅛...... 0 00 0 50
Sweet Rose, ⅛...... 0 00 0 30

Tabacs à chiquer.

King 12 s. Solace.. 0 00 0 35
Laviolette, 12 s. " .. 0 00 0 35
" 12 s. Navy... 0 00 0 35
P. P., 12 s. " ... 0 00 0 35
Regina, Bar 10........ 0 00 0 35
Laviolette, " 12........ 0 00 0 35
Old Boy, Bright Chewing, Bar 12.............. 0 00 0 35
Villa, Bright Smoking, Bar 8.............. 0 00 0 35

Vins.

Vins toniques.

Vin St-Michel............qrt caisse 8 50
" " ....pts. 2 dz " 9 50
Vin Vial........................dz. 12 50
Vin Didace................. 0 60 1 25

Vinaigres.

Cie Canadienne de Vinaigre.

Tiger, triple................ le gall. 0 33
Bordeaux, de table........ " 0 28
Extra à marinade......... " 0 28
Ordinaire à marinade..... " 0 23
Vin blanc, XXX........... " 0 25

Eureka Vinegar Works.

5 o/o 30 jours.

Proof 0 35
Eureka 0 30
Crystal 0 27
XXX 0 24
XX 0 18
Malt............................ 0 30

POUR LA TABLE — POUR LES CONSERVES DE VIANDES

LE SEL WINDSOR

N'A PAS SON EGAL

POUR LE BEURRE — Tous les épiciers le vend nt. — POUR LE FROMAGE

C'est une marchandise honnête et juste l'article pour créer ou étendre un courant d'affaires.

COOK'S FRIEND BAKING POWDER

Les meilleurs épiciers se font un devoir d'en tenir toujours en stock

---

SEL SEL SEL

N'attendez pas au dernier moment pour votre stock d'hiver. Donnez votre commande maintenant, les frets d'hiver vont prochainement entrer en vigueur . . . .

Demandez les prix à

VERRET, STEWART & CO., - MONTREAL.

Demandez-donc le Cigare "NEW JERSEY" en boite de 50, 10 cigares au paquet, nouvelle marque que la maison Jos. Côté, vient de mettre sur le marché. Ce Cigare est d'une valeur sans précédent. Pour prix, référez à notre liste des prix courants.

JOS. COTÉ

Importateur et Marchand de Tabac, Cigares et Cigarettes

179 Rue Saint-Joseph, QUEBEC.

Le seul brillant à poêle (Stove Polish) à la hauteur du progrès au Canada, c'est le

TIGER STOVE POLISH

Le plus avantageux pour l'acheteur, et le meilleur. Il ne sèche pas et donne au poêle un beau lustre, qui reste. Vendu en deux grandeurs, boites de cinq et de dix cents.

650, rue Sherbrook, Montréal.

F. F. DALLEY CO., Limited, HAMILTON, Canada.

POUR LA QUALITÉ, L'AROME ET LE FINI

LES CIGARES

El Parisian à 10 Cts Laviolette à 5 Cts

NE SONT SURPASSÉS PAR AUCUNE AUTRE MARQUE

Prix envoyés sur demande.

L. P. LANGLOIS & Cie, TROIS-RIVIERES, QUE.

COMPTABLES.

F. X. BILODEAU. — A. O. CHALIFOUR.

BILODEAU & CHALIFOUR,

Comptables, Auditeurs et Commissaires, Liquidateurs de faillites.

No 15 rue Saint-Jacques,

Téléphone Bell Main 3232. — Montréal.

WM. RENAUD,

Comptable, Auditeur et Commissaire. Spécialité: Règlement des affaires de Faillites.

No 15 rue St-Jacques,

Téléphone Main 2274. — Montréal.

ST-AMOUR & TURGEON,

Commissaires Comptables Liquidateurs et administrateurs de successions, etc.

Chambres 512 à 514, Edifice New York Life, 11, Place d'Armes.

Tel. Bell Main 3285. — Montréal.

ALEX. DESMARTEAU,

Successeur de Charles Desmarteau,

COMPTABLE, AUDITEUR, LIQUIDATEUR DE FAILLITES.

Commissaire pour Québec et Ontario.

Bureaux, 1598 et 1608 rue Notre-Dame.

Montréal.

GAGNON & CARON,

Curateurs, Experts Comptables.

Bâtisse des Chars Urbains.

Tel. Bell Main 815. — B. P. 911 — Montréal.

Arthur Gagnon, Gérant de la Succession Hon. Jean Louis Beaudry.

L. A. Caron, Auditeur de la ville de Maisonneuve et de la Chambre de Commerce du district de Montréal.

GEO. GONTHIER

Expert Comptable et Auditeur

EXPERT REPRESENTANT

The Account, Audit & Assurance Co'y, Limited,, New York.

Spécialité: Audition de livres et organisation de comptabilité d'après méthode appelée "Balance Sheet System of Accounts."

11 et 17, Côte de la Place d'Armes

Tel, Bell Main 1480. — MONTREAL.

EMILE JOSEPH, L.L.B.

AVOCAT

NEW YORK LIFE BLDG., MONTREAL

Chambre 701. — Tel. Bell Main 1787

V. LACOMBE, Architecte

897 rue Ste-Catherine.

L. R. MONTBRIAND,

Architecte et Mesureur,

No 230 rue St-André

Montréal.

Tel. Bell: Main 3391. — 1er Etage, Chambre 3

M. VICTOR ROY

ARCHITECTE ET EVALUATEUR — MEMBRE A. A.

146, rue St-Jacques. Montréal.

J. EMILE VANIER,

Ingénieur Civil et Architecte.

Ancien élève de l'Ecole Polytechnique. Constructions Civiles et Religieuses, Aqueducs, Egouts, Pavages. 20 années de pratique.

107 rue St-Jacques, Montréal.

RENSEIGNEMENTS COMMERCIAUX

Cessations de Commerce

Calumet—Lanigan Richard, mag. gén.; Lanigan Bros succèdent.
Richmond—Rose Mde G. A., modiste.
St Hyacinthe—Tousignant & Co charrons.

Cessions

Montréal—Cook Wm J., platrier.
Hasley Bros, chapeaux et fourrures.
Dionne Ludger, charbon etc.

Concordats

Montréal—Duval W. J., mfr de casquettes.
Leblanc J. R., quincaillerie à 66c dans la piastre.

Curateurs

Granby—Bernier J. O., à Félix Gaulin, ferblantier.

Décès

Etchemin—Cauchon Pierre N., mag. gén.
Québec—Langlais & Labrecque, couvreurs; Alf. Langlais.
Brousseau J. B., menuisier.

Dissolutions de Sociétés

D'Israeli — Cie manufacturière d'arrache Souche du Canada.
Montréal—Bailey Donaldson (The) Co, importateurs.
Wetstein R. & Co, mfr de fourrures.
Yost & Co, exportateur de fromage et de beurre.
St-Liboire—Demers L. O. & Cie, ferblantiers; Edm. St-Amand continue.

En Difficultés

Chambly Canton—Giffen Albert, hardes etc., demande de cession contestée.
Maisonneuve — Martineau Joseph, quincaillerie.
Montréal—Jarvis & Fraid, restaurant.

Fonds à Vendre

Broughton Station—Dallaire C., tanneur.
Lévis—Thompson Joshua, farine etc.
Montréal—Duclos Alex, bois et charbon.
Lapointe A., restaurant.
Pointe à Pic—Tremblay D., mag. gen.
Richmond—Wales Horace P., mag. gén.

Fonds Vendus

Hull—Gratton Thos, épic. et nouv.
Montréal—David & Bernier, restaurant.
Dussault F. X., hôtel.
Dubé J. A., mfr de chaussures.
Québec—Duperré Mde, modes à 25c dans la piastre.
St Jérome — Smith, Fischel & Co, mfrs de cigares.

Nouveaux Établissements

Bolton Glen — Moffatt & Misener, moulin à scie.
D'Israeli—Corriveau J. A. & Frères, menuiserie.
Lévis—Thibaudeau J. L. & Cie, chaussures; Marie E. Lavoie.
Montréal—Ballantine & Co, plombiers, etc.
Brosseau Joseph, restaurant.
Charpentier Samuel, hotel.
Globe (The) Cap Mfg Co.
Park & Co, agents généraux.
Canada (The) Cold Storage Co, Ltd.
Eaton & Walters, épic.
Gas Appliance (The) Mfg Co.
Malone & Robertson, mfrs de moulures, etc.
Presner I. & Co, tailleurs; Moses Genser.
Todd R. & Co, peintres, etc.; Jas. McAleer.
Wiley A. T. & Co, Ltd, poterie, etc.
Québec—Houghton Ths, forgeron.
Donaldson & Fils, hôtel.
Martel & Martel, poterie.
National (The) Clothing Co.
Patry F., épic.
St-Casimir—Petit A. & Cie, embouteilleurs de bière.
St-Jean—St-John's (The) Knitting Co; Dame Edm. Morin.
St-Louis, Mile End — Amiot & Co, farine; Mde Amiot.

PROVINCE D'ONTARIO

Cessations de Commerce

Hamilton — Parkin Bros épic.; Geo. Evan succède.
London—Bailey Chs H., nouv.
Brown J. S. & Co, chaussures.
Toronto — Gillespie Geo. épic. à G. W. Perkins.
Wabigoon—Lennard & Potts hôtel; W. T. Potts succède.
Wendover—Chalifoux Melle Angèle, mag. gén.
Woodham—Ford A. J. & Co, mag. gén.

Cessions

Keewatin—Jackson Bros épic. etc.
Merrickville—Easton Mde S. F. & Son épic.
Prosser J. H. épic. etc.
Newmarket—Montgomery J. & Son, mag. gén.

Concordats

Toronto—Hislop R. W., boulanger et confiseur à 25c dans la piastre.

Décès

Oshawa—Hare W. J., fonderie.
Toronto—Nerlich & Co, articles de fantaisie etc, en gros; Chs B. Doherty.

Dissolutions de Sociétés

Hammond—Empey & Merrill, mag. gén.
Ottawa—Rafelman et Pullan, bimbloterie en gros; A. Rafelman continue seul.
Toronto—Radcliffe Wm & Co, épic; Wm Radcliffe continue.

En Difficultés

Gananoque—Latimer W. F., nouv.
Napanee — Bartlett Chs E., mfr. de fromage, etc.
St Catharines—Powell George, hôtel.

Fonds à Vendre

Alliston—Sutherland W. J., épic.
Malton—Burbidge J. P., charron.
Seaforth—Stewart James, restaurant.

Fonds Vendus

Barrie — McKeggie J. C. & Co, banquier à T. Beecroft & Co.
Burlington — Hotel Brant Co Ltd à John Patterson.
Forest—Morris H. L., quincaillerie à Andrew Laurie.
Kennicott — Longeway Dame John, hôtel et moulin à scie à L. J. Longeway.
Leamington — Johnson Chs. harnais à L. Boussey.
Lisbon—Wolfe John, forgeron à Hy Witzel.
London—Bernard Cigar Store Co, mfr.
Marshall R., épic. à James Clark.

Incendies

Bloomingdale—McAllister Geo., mfr de douve, etc.
Ottawa—Parsons & Co, poterie, etc., ass.

Nouveaux Établissements

Dutton—Purder & McKenzie, épic. et nouv.
Hawkesbury—Charbonneau W., épic,
Ottawa—Hardiman Mde Ada, confiserie.
Royal Tea Co.
Penetanguishene — Penetanguishene (The) Summer Hôtel Co Ltd.
Rat Portage — Hall E. G. & Co, nouv. etc., ont ouvert une succursale à Keewatin.
Toronto—Stauntons Ltd.
Wendover—Martel Ferd., forgeron.

NOUVEAU BRUNSWICK

Dissolution de Sociétés

Hillsboro—Berry & Stevens, mag. gén; Wm A. Stevens continue.

Fonds à Vendre

Chatham—Marquis Geo R., ferblantier.

Fonds Vendus

St Jean—Keast J. W., épic. et provisions.

Nouveaux Établissements

Burnsville—Theriault G. I. & Co., mag. gén.
Fredericton—Savage M. L., chaussures; a ouvert une succursale à St Jean.
St Jean—Lordley Sterling B., mfr. de meubles.
Wallace, H. S., épic. à com.

NOUVELLE-ECOSSE

Cessations de Commerce

Auburn—Murphy H. W., mag. gén.

Cessions

Halifax—Blakeley James H.

Nouveaux Établissements

Halifax—Harrigan Walter.
Lunenburg—Wynot Rufus épic.
Parrsboro—McDonald Laughlin.
River John—Holmes John épic.
Sydney—Green George hôtel.
Sydney Mines—McAuley D. R., épic.

MANITOBA ET TERRITOIRES DU NORD-OUEST

Cessations de Commerce

Winnipeg — Stewart & Hyndman, hardes, chaussures, etc.; Geo. J. Hyndman & Co, succèdent.

Cessions

Plum Coulée—Stretzel G. R. M., mag. gén.

En Difficultés

Brandon—Thompson W. F., hôtel.
Selkirk West—Bullock Robert, mag. gén.

Fonds à Vendre

Brandon—Valde G., marchand-tailleur.

Fonds Vendus

Deloraine—Traynor D. E., hardes etc à 64½c dans la piastre.
Indian Head—Davidson Adam, hôtel à H. W. Skinner.
Winnipeg—Garton & Farquhar épic. à 51c dans la piastre à Campbell Bros & Wilson

Nouveaux Établissements

Crystal City—Sharp Mutch & Co, mag. gén.
Portage La Prairie—Davis Fair, articles de fantaisie.
Prince Albert—Groves T. C., confiserie a ajouté nouv. et merceries.

COLOMBIE ANGLAISE

Cessations de Commerce

Fort Steele—Gilpin G. H., mag. gén.
Fort Steele Mercantile Co Ltd, mag. gén.

Dissolutions de Sociétés

Kimberley—Campbell et Naubert, mag. gén; Aimé Campbell continue.
Moyie—Mackenzie & Pullman hôtel; Norman A. Mackenzie continue.

Fonds à Vendre

Vancouver—Grass S., épic.

Fonds Vendus

Vancouver—Forbes Mde R. S. épic.

Les lampes à pétrole se nettoient au moyen de chaux éteinte délayée dans de l'eau (lait de chaux). La combinaison de la chaux avec le pétrole forme savon; il ne reste plus qu'à renouveler deux ou trois fois l'opération pour enlever toute trace d'odeur. En ajoutant un peu de chlorure de chaux à l'eau du dernier lavage, le résultat est encore plus complet.

PROVINCE DE QUEBEC

Cour Supérieure.

ACTIONS

Défendeurs.	Demandeurs.	Montants
Arthabaska		
Beauchemin Ernest	J. P. Seybold	125
Cap de la Madeleine		
Moreau Dame Albina M.	J. L. Morris	169
Chambly Canton		
Miller Dame E. et al.	Dame Florence Stephens	2e cl.
Dorion		
Ahern Hector	Corp. Village Dorion	156
Iberville		
DeCow Dame Jane Ida et vir	John W. Blair et al	181
Joliette		
Dalphond Ménard	J. H. Seybold	205
L'Ange Gardien		
Charron Félix	Pierre Demers	229
Longue-Pointe		
Baron Arthur	A. Plouffe	211
Montreal		
A. M. C. Medecine Co.	Western Loan & Trust Co	13000
Bogert Clarence A.	A. F. Gault (Dommages)	345
Bans Fred	Peter Truax	500
Beaumier P. C	Alex Duclos	465
Crawford David et al.	R. R. Richards	30000
Canadian (The) Mills Stock Co.	The Star Iron & Metal Co	1000
Clermont J- B.	Dame R. de L. Laurin	500
Cité de Montréal	V. R. Benjamin	300
Demers Ulric N.	Am. Desautels & Co	216
Daoust H.	Olivier Archambault	108
Fortin Ed	H. W. Lareau	212
Gauthier Tous	H. W. Lareau	128
Hogg W. L.	Western Loan & Trust Co	23033
Hall A. R. et al	Sophie Charlebois	210
Jetté Albert	J. W. Kilgour et al	4116
Levesque Chs.	Dame Cordélia Lemay et al es qual	174
Lapointe Max	Mélina Cloutier	200
Nugent John P.	H. H. Wolf et al	3e cl.
Ogilvy David	Western Loan and Trust Co	4150
Poupart T.	Jos. Ward	104
Proulx Oscar	Dame C. Tersilla Thompson	194
Ross Arthur	Western Loan and Trust Co	3500
Ryan John Jas esqual	Dame Jos. Ryan	260
Rodier J. A.	G. Deserres	300
Rancourt Dame An.	D. A. Lafortune	223
Savard Adélard	Dame Lucie Beaudry esqual	4e cl.
Specialty (The) Mfg Co.	F. E. Brown	180
Tellier E. H. Dame	Hon J. G. Laviolette	300
Weiss Max	S. Davis & Sons	122
Wilson W. W. C. et al.	Hy Graves & Co	1e cl.
Ottawa		
Filion Jos	Eusèbe Beaudoin	169
Rouville		
Poirier Alph	Elie Bernard	113
Sault aux Récollets		
Roger Fabien	Succ. L. A. Drapeau	207
St-Hyacinthe		
Laperle Jos	Clement Lafleur	125
St Joseph, Ont.		
Cantin Narc. M.	N. E. Picotte	536
do	Dame S. Charlebois	110
St-Jean		
Mailloux V	P. Perrin et al	112
St Laurent		
Crevier Alexina et al	E. H. Lemay	475
Toronto		
McNally P. J. et al	John McNally	1e cl.
Thornby		
Wilkins Fred W. et al	Jas Liuton	5e cl.
Westmount		
McDowell C. R.	The S. P. Wetherll Co	188

Cour Supérieure

JUGEMENTS RENDUS

Défendeurs.	Demandeurs.	Montants
Lachine		
Ouellette Jos Alf	Chs W. Meyer	1122
Montreal		
Bruchési Jos	Agenas Goyer	370
Bardet Henri	Jean Purenne	724
Bernier J. L.	Dame Clara Lamoureux	79
Chaput O.	J. T. Marchand esqual	7317
Charette Adol	Ant Bissonnette	237
Costin Jos P.	Dame Harline Kimber	112
Cooke W. J	C. A. Duclos	150
Driscoll N	Wm L. Dutill	62
Denis Pierre E.	S. G. Waldron et al	429
Doyle P. J	Alex Chambers	2000
Guerney Massey Co	Aimé Blais	400
Johnson Jas	Hugh A. Bain	150
Jutras Zenon	J. C. Dulude	12
Johnson Manly J	Canada Cycle & Motor Co	178
Merchants Bk Halifax et al.	Ontario Bk	1e cl.
Morris John	W. H. Lanning	219
Montreal Street Ry Co	Dame Emma Woodley	2000
Noel E. et al	A. Bonin	84
Ogilvie A. T	Union Bk of C.	240
Paris Milne & Co.	Ths H. Dean et al	515
Rodgers Wm C.	Tous. L. Deslauriers	136
Sexton Jas P.	Dame Mary Corse	146
Vincent Stn	Chs Bertelle	472
Richmond		
Brown T. L	J. Shanks	111
St Ferdinand d'Halifax		
Noel Succ. L. M. A.	Dame M. A. B. Chevrefils	3000
St-Louis—Mile End		
Loiselle Olivier	L. F. Brodeur	562
La Ville St Louis	Cité de Montréal	2333
Valleyfield		
McAvoy D	Wm M. Hall	160

Cour de Circuit

JUGEMENTS RENDUS

Défendeurs.	Demandeurs.	Montants
Absents		
Shaver B. D	W. H. Walsh	25
Ascot		
Bérard Johnny et al	P. Fleury	45
Barnston		
Joyle E	Eastern T. Bank	12
Brompton		
Stolker D. S	S. Sénécal	55
Cookshire		
Weston H. H.	A. M. Greenshields	62
De Lorimier		
Courtemanche N	J. Martineau	37
Dudswell		
Crownwall Wm	P. J. Hishew	20
Emberton		
Cadorette Pierre et al.	Banque National	21
Tanguay Ed et al	T. Martel	61
Hampden		
Sherman E. A.	H. B. Brown et al	21
Hull		
Bourque J	Dame A. Lucas	72
Henryville		
Patenaude Jos	J. McCambridge	23
Iberville		
Chaput Frs	G. P. Carreau	14
Lachine		
Leduc D. et al	H. Prévost	38
Low Jas	P. A. Elliott	12
Barbarie Ovila fils	Alph Laplante	9
Lennoxville		
Albert Joseph	W. R. Thomas	20
L'Epiphanie		
Magnan O	H. O. Edy	30
Montréal		
Addleston J	C. Cousins et al	18
Brown P	J. Clark	6
Brouillard J	J. P. Martin	11
Burnett J	E. Cohen	5
Boire A	F. Tremblay	14
Bourgeois Claude	N. B. Desmarteau	20
Brau Tel	R. D. Bousquet	44
Boucher F. A. et al	M. Gabord	10
Bouchard Elie	J. P. Marin	5
Commeraire C	T. Beauchamp	13
Cadieux E. L	A. Sauvé	55
Cameron J. A	J. Phelan	14
Corfield Ths	L. Murphy	29
Champagne Chs.	Rebecca Bercovitch	17
Coleman W. J	F. McMann	58
Daoust Jules	Jos. Paiement	21
Doré Rodolphe	Ths Beaudoin	6
David E	L. J. Harel	30
Douglass DeCow	S. J. Silverman	5
Duvernay O	A. Lavigne	10
Darlington J	O. L. Henault	5
Fiset M	A. Galipeau	45
Grace Tod	M. Landerman	43
Gorn A. et al	J. U. Emard	55
Gravel E	H. Delorme	43
Goulet T. E	L. N. Barré	42
Hickey Martin	W. J. Telfer	17
Harpin Paul et al	Jos. Daigneau	81
Huette A	C. Noel	31
Houle Ant	F. Labelle	6
Haggart Dame Jennie et al	C. Cushing et al	87
Lemieux G.	The Auer Light Mfg Co	12
Lang G	D. J. Ouimet	83
Levesque Aug	F. X. Renaud	7
Leblanc J. A.	Dame E. Moll et vir	18
Larin T	Dame N. Lafortune	27
Lalumière H	G. Vandelac	30
Lefebvre Alb	U. Gosselin	41
Lynch Daniel fils	S. Asner	18
Laflamme Dame A. et vir	V. Allard et al	17
Livingston J	J. E. Dubé	42
Labelle O	Dame D. Lajeunesse	34
Lyons J	J. Labrèche	8
Leblanc A	J. Labrèche	6
Lefebvre A. J	J. A. Labossière	23
Lamontagne T	F. X. A. Lesage	5
Lewis F	S. Margolyes	9
Loverin Dame E	O. L. Henault	10
Meilleur H	A. Delorme	50
McNeil Dame A	O. Brabant	15
Martineau Ls	S. Asner	11
Marchand Albert	E. Pelletier	7
Morel E	N. B. Desmarteau	12
Massicotte O	F. L. Latreille	50
Maguire J	T. R. Ridgeway	77
Marcson Dame F	M. Vineberg	61
Montreal (The) Can. Land & Gravel Co	A. Desrosiers	51
McEachran Chs M.	Jas Scott & Co	63
Mullin J. E	O. L. Henault	9
Nellan M	A. Dagenais	8
Patenaude M	D. J. Ouimet	14
Paré J. B	F. Themens et al	16
Perks Wm	Jas MsShane	43
Roger Alfred	Ths Beaudoin	10
Reilly J	W. Shipton	30
Rocheleau Pierre	Hon. Dargé	36
Rhéaume R. J	J. A. Dionne	41
Sincennes D	P. McCormick	20
Segal Wm	Dame L. Perrault	20
St George Léon	Dame A. Gaudry	7
Sullivan F	J. Palmer	28
Scanlan J	N. Tapley	14

Tansey B. J	E. Millington	25
Théoret A	T. Paquette	8
Tremblay W	F. X. A. Lesage	8
Wallace Ths	T. Kingsland	7
Newport		
Dumont Félix	A. M. Greenshields	22
Flannigan John	do	48
Orford		
Graveson W. J	J. F. Kerr	7
do	L. C. Gervais	13
Dersey Hy	A. M. Greenshields	16
Delafontaine Alex et al	A. M. Greenshields	57
Ottawa		
Duquette Jos	Dame R. A. Limoges	51
Outremont		
Dubé C	S. Robitaille	23
Pointe aux Trembles		
Gauthier P	J. A. Blouin	10
Patton		
Rogers Gilbert	A. C. Thompson	56
Quyon		
Ritchie J. et al	W. B. Reid	13
Québec		
Anctil L. F	Bissonnet & Co	15
Patry Dame A. et vir	H. O. Edy	20
Sault aux Récollets		
Moore J. J	Tel. Bilodeau	50
Sherbrooke		
Baxter John	S. L. Clough	21
Malouin A. F	C. C. Cabana	11
Stratford		
Gagné Wm	M. Allaire	18
Ste Cunégonde		
Lockwood B	W. J. Telfer	7
Jubinville Nap	Rebecca Bercovitch	12
St Henri		
Leduc Polidore	Marie D. Léger et vir	10
Huotte B	C. Doris	19
Gordon W. J	A. Gravel	6
White Jas	K. J. Kuyc	81
Mongeau W	J. Duclos	22
St Hyacinthe		
Bernier H. N	Eureca Cigar Mfg Co	21
Arcand J. Geo	W. R. Webster	94
Comeau Arthur	M. O. David & Co	14
Dubuc J. R. A	M. Dansereau	98
Lecours Rod	L. E. Lussier	30
Poulin Trefflé	N. Daunais	51
Rivet Denis	M. Dansereau	42
St Jean		
Brault Emile	H. Foisy	11
Gervais Ed	P. Gauvin	14
Gendron Oct	A. D. Girard et al	75
St Lambert		
Giguère Frs	Victor Trudeau	23
St Michel de Napierreville		
Giroux Toussaint	Dame S. Moir et al	7
Ste Rose		
Brosseau Jos	Théop. Ceré	16
St Rosaire		
Brisson U	B. Champagne	50
Ste Thérèse		
Roch J	D. Ricard	32
Victoriaville		
Couture Léon	Esther Marcoux et vir	10
Weedon		
Lussier Norbert	M. Allaire	18
Pepin Joseph	do	11
Westbury		
Penny Maurice	J. Planche	44
Penny M. et al	J. M. Stevenson	19
Westgate R. et al	G. A. Lebaron	50
Whitton		
Finley John H	M. Matheson	55
Winslow		
McDonald Murdo	C. Noble	70
Windsor		
Samson James	P. Jalbert	29
Westmount		
Bruce J. K	A. Lachapelle	15

VENTES ENREGISTRÉES

Pendant la semaine terminée le 3 nov. 1900

MONTRÉAL-EST

Quartier St-Jacques

Rue St Denis, Nos 93 à 97. Lot 431-5, avec maison en pierre et brique, terrain 25 x 90. Marie Louise Pillet épse de Jos Séraphin Décary à Anna Pillet; $5628.67 [51856].

Rue Mentana. Lot 1211-62, terrain 25 x 106 supr 2650 vacant. Mathilde Laberge veuve de Jos Bernier à Félix Dansereau; $900 [51861].

Rue Sherbrooke. Lots pt S. O. 1195-23, pt N. E. 1195-24, terrain 39 x 120.7 d'un côté et 110.4 de l'autre supr 4502 vacant. La succession M. S. Elodie Bourret épse de Hubert C. Cadieux à Placide Deslauriers; $5000 [51871].

Rue Cherrier, No 141. Lot pt S. O. 1203-133 pt N. E. 1203-134, avec maison en pierre et brique, terrain 21.6 x 120 supr 2580. Azella Lanthier épse de J. B. Julien à Joseph Archambault; $4000 [51898].

Quartier St-Laurent

Ave du Parc, Nos 38 et 40. Lot 44-88, avec maison en pierre et brique, terrain 26 x 104 supr 2704. Placide Deslauriers à la succession M. S. Elodie Bourret épse de Hubert C. Cadieux; $11250 [51870].

Rue St Urbain, Nos 486 à 498. Lot pt N. 25, avec maison en pierre et brique, terrain irrg supr 13423. Eva D. Ward et Mary K. Ward à Robert Neville jr; $13250 [51888].

Quartier St-Louis

Rue Sanguinet, Nos 477 à 481. Lot 902-63, avec maison en pierre et brique, terrain 24 x 73 supr 1752. Le Shérif de Montréal à Ferdinand Décarie; $4450 [51864].

Rues St Denis, No 122 et Dorchester No 431. Lot 387, avec maison en pierre et brique, terrain 35.4 x 87.6 supr supr 3091. La succession Hélène Guy veuve de Benj. Berthelet à Joseph F. Chartier; $6000 [51865].

Rue Montée du Zouave. Lots 746-35-4, 746-36-4, avec maison en pierre et brique (neuve), terrain 217.5 x irrg supr 1265. Adolphe Duperrault à Wm Hy Edge; $10000 [51869].

Quartier Ste-Marie

Rue Dorchester. No 191. Lot 332, avec maison en brique, terrain 28 x 50. Le Shérif de Montréal à Elmire Chaput Vve de Jacques Roussin; $950 [51863].

Rue Dufresne, Nos 230 à 240. Lots 1359-60, 61, avec maison en brique, terrain 36 x 80, supr 2880 chacun. Trefflé Charpentier jr à Chs Brouillette; $6000 [51872].

Rue Ste Catherine, No 1198. Lot pt 435, terrain irrg. supr 10000 vacant. Charles Brouillette à Trefflé Charpentier jr; $9300 [51873].

Rue Iroquois. Lots 504-20, 21, terrains 22 x 105, supr 2310 chacun vacants. La Banque Provinciale du Canada à Nap. Dupil dit Masson; $400 [51874].

Rues Notre-Dame et St Ignace. Lot pt 15, avec maison en pierre, terrain irrg, supr 53385. Le Jardin Zoologique de Montréal à The Dominion Transportation Co Ltd; $33290.60 [51877].

Rue De Montigny, No 951. Lot ½ N. E., 791, avec maison en brique, terrain 20 x 84. J.-Bte Peltier à The Tetrault Shoe Co; $2350 [51890].

MONTREAL-OUEST

Quartier St Antoine

Rue Busby, Nos 19 à 35. Lot 1040, avec maison en brique, terrain 53.6 x 72. Patrick F. Cusach et al à Elizabeth Watson; $2898 [134352].

Rue St Antoine, No 30. Lot 949, avec maison en pierre et brique, terrain 25 x irrg. supr 2242. Le Shérif de Montréal à Henry Shippel; $3000 [134359].

Rue Mansfield, No 137. Lot pt 1403, avec maison en pierre et brique, terrain 22.5 x 100.6 supr 2252. Placide Allard à Arthur Trudeau; $500 (à réméré) [134364].

Rue Cathcart, Nos 66 et 68. Lots 1361, 1364, avec maison en brique, 1 terrain 19.5 d'un côté et 23.6 de l'autre x 69.9 supr 1328½; 1 do 17.8 d'un côté, 17.4 de l'autre x 60 d'un côté et 61.9 de l'autre supr 1115. John Leslie à La Succession John R. Alexander; $4750 [134367].

HOCHELAGA ET JACQUES-CARTIER

Quartier Hochelaga.

Rue Iberville, Nos 505. Lot 161-364, terrain 22 x 80 supr 1760 vacant. Hon. L. A. Jetté à Samuel Taylor; $150 [87210].

Rue Ste Catherine. Lot pt 76-3, terrain 82.9 d'un côté, 82.3 de l'autre x 221 d'un côté et 217 de l'autre supr 18067 vacant. Guillaume Ernest Roy et Jos. F. Chartier à Sa Majesté La Reine Victoria; $7369.50 [87224].

Rue Dezery. Lots 52-70, 71, 72, terrain 75 x 106.6 d'un côté et 107 de l'autre supr 8006 vacant. Le Shérif de Montréal à Joseph N. Boucher; $60 (sujette à retrait) [87232].

Rue Duquette. Lot 23-512, terrain 23 x 110 supr 2530 vacant. Anthime Paquette à Rose Alba Boyer épse de Jos Dubé; $500 [87250].

Rue Moreau. Lot ½ N. E. 80-46, terrain 24 x 100 vacant. Le Protonotaire de Montréal à Thomas F. Trihey; $130 [87277].

Quartier St-Denis

Rue Drolet, Nos 883 et 883 et 885. Lot 196-64, avec maison en bois et brique, terrain 25 x 102 supr 2550. Le Shérif de Montréal à Joseph Wilfrid Moquin; $375 (sujette à retrait) [87214].

Rue St-Denis, No 1367. Lot 198-35, avec maison en brique, terrain 40 x 75, supr 2800. Le shérif de Montréal à Joseph Albert Gravel; $1300 sujet à retrait [87215].

Rue Labelle. Lot ½ N. 8-745, terrain 25 x 100 vacant. The St-Denis Land Co à Aimé Maheux $191.62 [87243].

Rue Labelle. Lot 7-891, terrain 25 x 110, supr 2750, vacant. The St-Denis Land Co à Marie Louise Ducharme, épse de Jean Théo. Godbout; $233.75 [87244].

Rue Labelle. Lot 8-754, terrain 50x101 5/10 supr 5075, vacant. The St-Denis Land Co à Léandre Landry; $383.18 [87269].

Rue St-André. Lot 7-522, terrain 25 x 87, supr 2175 vacant. The St-Denis Land Co à Alfred Héta; $141.38 [87276].

Rue St-André, Nos 1335 à 1341. Lots 325-111, 112, avec maison en brique, terrain 40 x 94. Alex. Chagnon à Alfred Eaves; $5000 [87282].

Quartier St Gabriel

Rue Grand Trunk, Nos 347 et 349. Lo ½ N. E. 2968, avec maison en brique et bois terrain 24 x 101, supr 2424. Patrick Cogan à à Charles McHugh; $700 [87228].

Rue Charron, No 61. Lot 3167-118-a, avec maison en brique, terrain 24 x 88.6 supr 2124. Arthur Cousins à John Edw. Scott; $2800 [87264].

Rue Reading, No 40. Lot 3399-172, avec maison en brique, terrain 23 x 90, supr 2070. Rose Alba Boyer, épse de Jos. Dubé à Anthime Paquette; $2400 [87265].

Quartier St Jean-Baptiste

Ave Mont Royal, No 171. Lot 7-51, avec maison en brique, terrain 27 x 80 supr 2160. Séraphin Vinet à Théodore St-Onge; $1300 [87225].

Rue Sydenham, Nos 724 à 730. Lots 1-195, 196, avec maison en brique, terrain

41.8 x 103, supr 4290. George Bradshaw à The Sun Life Assurance Co; Pour les hypothèques [87258].

St Louis—Mile-End

Ave du Parc. Lots 12-8-15; 19, terrain 50 110.6 vacant. The Montreal Investment and Freehold Co à Emma Margaret Rykert épse de J. C. McCunig; $1718.67 et autres considérations [87236].

Westmount

Ave Bruce. Lot pt 941-329, avec maison en pierre et brique, terrain 21 x 92. Gardner Gilday à Ths Wm Matthews; $4500 [87253].

St-Henri

Rue Butternut. Lot 1704-385, avec maison en bois et brique, terrain 25 x 115. Charles Cadieux à Joseph Irénée Lussier; $1075 [87260].

De Lorimier

Ave Papineau. Lot ⅛ ind. 153-153, avec maison en bois et brique, terrain 40 x 115. L'Enfant Mineur de Adol. Renaud par tuteur à Fabien Giroux; $183.33 [87242].

Ave Papineau, No 773. Lot 153-153, avec maison en bois et brique, terrain 40 x 115. Fabien Giroux à Auguste Vandelac; $1200 [87246].

Côte St-Paul

Ave Davidson. Loe 3912 274, avec maison en construction, terrain 25 x 119. Philippe Barrie et Narcisse Dupont à Amédée Martin; $600 (à réméré) [87209].

Ave Davidson. Lot 3914-274, terrain 25 x 119 vacant. La Cie des Terrains de la Banlieu de Montréal à Philippe Barrie et Narcisse Dupont; $297-50 [87226].

Verdun

Ave Church. Lot 3405-416. terrain 25 x 114 supr 2850 vacant. La succession Daniel Hadley à Pierre Lafrance; $350 [87235].

Lot pt 4669, terrain 50 x 52 d'un côté et 66 de l'autre supr 2950 vacant. Joseph Brault et al à Joseph Verdon; $350 [87263].

St-Laurent

Lot 92. Hon. J. Aldéric Ouimet et al à Hugh Paton; $2000 [87271].

Lot pt 53. Sophie Desjardins épse de Cyrille Lefebvre à Cléophas Boileau; $175 [87279].

Lachine

Lots 1-53, 54, 55. Le Shérif de Montréal à Joseph H. Macduff; $1450 [87267].

Pointe-aux-Trembles

Lot pt 158. Camille Beaudry à Richmond Decelles; $400 [87272].

Rivière des Prairies

Lot 56. Ovide Lachapelle à Joseph Charette; $750 [87256].

Ste Geneviève

Lot 91. Godfroy Leblanc à Bruno Brunet fils de J. B.; $450 [87233].

Voici les totaux des prix de ventes par quartiers :

St Jacques............	$ 15,528 67
St Laurent............	21,500 00
St Louis..............	20,450 00
Ste Marie.............	52,290 60
St Antoine............	11,148 00
Hochelaga.............	8,209 50
St Denis..............	7,624 93
St Gabriel............	5,900 00
St Jean-Baptiste.......	1,300 00
St Louis Mile-End	1,718 67
Westmount.............	4,500 00
St Henri..............	1,075 00
De Lorimier...........	1,383 33
Cote St Paul..........	897 50
Verdun................	700 00
	$ 157,226 20

Les lots à bâtir ont rapporté les prix suivants :

Rue Mentana, quartier St Jacques, 34c le pied.

Rue Sherbrooke, quartier St Jacques, $1.11 le pied.

Rue Ste Catherine, quartier Ste Marie, 93c le pied.

Rue Iroquois, quartier Ste Marie, 8⅝c le pd.

Rue Iberville, quartier Hochelaga, 8½c le pied.

Rue Ste Catherine, quartier Hochelaga, 40 7/9c le pied.

Rue Duquette, quartier Hochelaga, 19¾c le pied.

Rue Labelle, quartier St Denis, 7½c et 8½e le pied.

Rue St André, quartier St Denis, 6½c le pied.

PRÊTS ET OBLIGATIONS HYPOTHÉCAIRES

Pendant la semaine terminée le 3 novembre 1900, le montant total des prêts et obligations hypothécaires a été de $115,049 divisés comme suit, suivant catégories de prêteurs :

Particuliers.........	$77,589	
Successions	16,300	
Cies de prêts........	16,160	
Autres corporations.	5,000	
		$115,049

Les prêts et obligations ont été consentis aux taux de :

5 p. c. pour $1,000; $1200; $2000; $3000; 2 sommes de $5000; $11,000 et $18,000.

5½ p.c. pour $1,300; $3,000; $5,000; $5137 et $30,000

Les autres prêts et obligations portent 6 pour cent d'intérêt à l'exception de $200 à 6½; $100; $250; $700 et $1107 à 7 p. c. d'intérêt.

VENTES PAR LE SHÉRIF

Du 13 au 20 novembre 1900.

District de Montréal

Plante & Chalifoux *vs* Dame Vve A. McCanachy.

Montréal—Le lot 700 du quartier St Laurent, situé rue Hermine, avec bâtisses.

Vente le 15 novembre à 2 h. p.m. au bureau du shérif.

La succession H. B. Smith *vs* Dame Augustus Loeb.

Montréal—Le lot 1702-49 du quartier St Antoine, situé rue Crescent, avec bâtisses.

Vente le 16 novembre, à 10 h. a. m., au bureau du shérif.

Le Crédit Foncier F.-C. *vs* Ubalde Plourde.

St Louis-Mile End—Les lots 12-2-82 à 86, situés avenue du parc, avec bâtisses.

Vente le 15 novembre, à 10 h. a. m., au bureau du shérif.

Dame Vve Thos. Hébert et al *vs* Joseph Célérier alias Rocque.

St Bruno—Les lots 338, 339, 340, et 341.

Vente le 16 novembre, 11 h. a. m., à la porte de l'église paroissiale.

La Ville de Maisonneuve *vs* Elzéar Breton.

Maisonneuve—Les lots 8-572, 573, situés avenue Lasalle.

Vente le 15 novembre, à 3 h. p. m., au bureau du shérif à Montréal.

Benjamin Décarie *vs* Jos. Bro dit Pominville.

Notre-Dame de Grâce—Le lot 165, avec bâtisses.

Vente le 16 novembre à 11 h. a. m., au bureau du shérif.

La succession Andrew Robertson *vs* Dame John N. Fulton.

Lachine—Les lots 894, 892 et droits sur le lot 891, avec bâtisses.

Vente le 17 novembre à 10 h. a. m., au bureau du shérif à Montréal.

District d'Iberville

Chs Cousins *vs* T. Surprenant

St Luc—La partie du lot 99 avec bâtisses.

Vente le 14 novembre à 11 h. a.m. à la porte de l'église paroissiale.

District de Québec

R. J. Demers *vs* Hubert Sanche et al

St-Alban—La moitié indivise des lots 59, 60, 61 et 66 avec bâtisse.

Vente le 16 novembre à 10 h. a.m., à la porte de l'église paroissiale.

Jules Bélanger *vs* David Guerin.

Beauport—La partie du lot 531A, avec bâtisses.

Vente le 16 novembre à 10 h. a.m., à la porte de l'église paroissiale.

La Cité de Québec *vs* F. X. Allaire.

Québec—Le lot 901 du quartier St-Roch, situé rue du Roi, avec bâtisses.

Vente le 14 novembre à 10 h. a.m., au bureau du shérif.

Arthur White *vs* La succession Helen Hartin.

Québec—Le lot 4132 du quartier Montcalm, situé rue St-Eustache, avec bâtisses.

Vente le 14 novembre à 10 h. a. m. au bureau du shérif.

District des Trois-Rivières

Adol. Milot *vs* Aimé W. Drew.

Yamachiche—La partie du lot 834, avec bâtisses.

Vente le 13 novembre, à 10 h. a. m. à la porte de l'église paroissiale.

La Banque d'Hochelaga *vs* L. P. Levasseur et Luc Forest.

St Grégoire—La partie du lot 50.

Vente le 14 novembre, à 10 h. a. m., à la porte de l'église paroissiale.

LA CONSTRUCTION

PERMIS DE CONSTRUIRE À MONTRÉAL

Rue de la Montagne, No 381, une maison formant un logement, 27 de front, 21 en arrière x 90, à 4 étages, en pierre et brique, couverture en résine, ciment et feutre; coût probable $17000. Propriétaire Dame C. S. Reinhardt; architecte S. A. Finley; maçons P. Lyall & Son. (234)

Rue St Norbert, Nos 88 à 94, modifications et réparations à 4 maisons; coût probable $1600. Propriétaire Narc. Nolin, travaux à la journée. (435).

Rue Ste Catherine, une bâtisse formant une forge 24 x 27, à 2 étages, en brique, couverture en feutre et gravois; coût probable $300. Propriétaire Helen M. Macdonald. (236)

Rue Centre, Nos 436 à 444, réparations et modifications à 2 maisons; coût probable, $1000. Propriétaire, R. Charland; architecte, L. R. Montbriand. (237)

Coin de l'avenue De Lorimier et de la rue Lafontaine, 2 côtés de maison, formant 4 logements, 49 x 93, à 3 étages, en brique, couverture en gravois; coût probable, $3000 chacun. Propriétaire Léon Dupont. (538).

Rue Iroquois, une bâtisse formant un entrepot pour glace, 42 de front, à un étage, en bois et tôle, couverture en feutre et gravois; coût probable, $400. Propriétaire, Nap. Masson. (239).

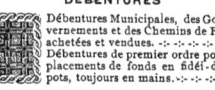

LE PRIX COURANT

THE PRICE CURRENT

Vol. XXX — MONTREAL, VENDREDI 16 NOVEMBRE 1900. — No 7

LE PRIX COURANT

Revue Hebdomadaire

COMMERCE, FINANCE, INDUSTRIE, PROPRIÉTÉ FONCIÈRE, ASSURANCE.

Publié par ALFRED et HENRI LIONAIS, éditeurs-propriétaires au No 25 rue St-Gabriel, Montréal. Téléphone Bell Main 2547, Boîte de Poste 917. Abonnement: Montréal et Banlieue, $2.00; Canada et Etats-Unis, $1.50; France et Union Postale, 15 francs. L'abonnement est considéré comme renouvelé, à moins d'avis contraire au moins 15 jours avant l'expiration, et ne cessera que sur un avis par écrit adressé au bureau même du journal. Il n'est pas donné suite à un ordre de discontinuer tant que les arrérages et l'année en cours ne sont pas payés.

Adresser toutes communications simplement comme suit: LE PRIX COURANT, MONTRÉAL, CAN.

VOL. XXX — VENDREDI, 16 NOVEMBRE 1900 — No 7

L'INDUSTRIE LAITIERE AU DANEMARK

En 1876, on comptait en Danemark l'existence de 167,996 étables, renfermant 1,320,509 bêtes à cornes; en 1893, on recensait 179,800 étables ayant une population de 1,616 190 têtes. Il n'y a que deux races bovines dans le pays: la race rouge et la race de Jutland.

La race rouge habite principalement les îles danoises et est aussi très répandue dans la presqu'île du Jutland; elle est originaire de la Russie. Ces bêtes, soumises au même régime, améliorées sans cesse au point de vue de la production laitière par un bon choix de reproducteurs, présentent aujourd'hui un grand caractère d'uniformité.

Le pelage est rouge foncé ou rougeâtre sans diversité de couleur. On trouve cependant quelquefois des taches blanches sous le ventre et sur le pis.

Les vaches adultes pèsent à l'état normal 490 à 500 kilogrammes. La tête, fine, est ornée de cornes de grandeur moyenne recourbées en avant; la poitrine est profonde et large, la peau fine et souple, le pis volumineux et bien formé avec des trayons plantés régulièrement. Le rendement en lait est subordonné à l'alimentation. D'après M. R. Schou, une bonne vache adulte donne annuellement ·,500 kilogrammes environ de lait. Toutefois, une production annuelle de 4,000 à 4,500 kilogrammes n'est pas rare, et quelques individus vont jusqu'à 5,000 et 6,000 kilogrammes. Pour les étables entières, y compris les génisses, le rendement moyen annuel est de 2,500 kilogrammes environ dans les grandes fermes et de 2,500 à 3,000 kilogrammes dans les fermes ordinaires. Dans les étables très bien dirigées, la moyenne annuelle pour tous les animaux et plus élevée: 3,000 kilogrammes dans les grandes fermes et 3,500 à 4,000 kilogrammes dans les petites. La proportion pour cent de graisse dans le lait est d'environ 3.4 à 3.7.

La race du Jutland, avec sa robe blanche et noire, ressemble à la race hollandaise. Elevée autrefois plus spécialement pour la production de la viande, elle a été améliorée, depuis 25 ans, pour la production du lait, grâce aux encouragements de l'Etat et aux efforts des sociétés d'élevage subventionnées par le gouvernement. Aussi les meilleures étables de bétail laitier du Jutland donnent-elles à présent une moyenne de plus de 4,000 kilogrammes. Aux concours de l'Etat de 1873 à 1900, le rendement moyen des étables jutlandaises a été de 3,210 kilogrammes. Si l'on considère l'ensemble de tous les animaux du Jutland, la moyenne annuelle est beaucoup moindre: 1,500 à 2,000 kilogrammes; c'est le double de ce qu'elle était au milieu du siècle.

De 1865 à 1869, l'excédent annuel de l'exportation du beurre danois était de 4 millions de kilogrammes environ; il se chiffrait, de 1880 à 1884, par 11 millions de kilogram.; il s'élève aujourd'hui à 55 millions de kilogr. Cette rapide évolution de la laiterie a été réalisée sous la double influence de la direction scientifique imprimée à l'agriculture danoise et de l'organisation des associations coopératives qui en a été la conséquence. C'est à MM. Fjord et Segelke, ainsi qu'à la Société royale d'agriculture, qui les a si heureusement secondés, que revient la plus grande part de ce progrès.

L'introduction dans les laiteries, en 1860, du thermomètre et de la balance a été le point de départ des progrès réalisés depuis cette époque d'abord par la méthode d'écrémage du lait à basse température, puis à partir de 1878, par l'emploi de l'écrémeur centrifuge nouvellement inventé. Autrefois, il fallait 28 à 34 litres de lait pour faire un kilogramme de beurre; maintenant 26 à 27 litres suffisent.

L'invention du centrifuge a puissamment contribué à la création des laiteries coopératives. La première fut fondée dans le Jutland, en 1882, par M. Stilling-Andersen, alors laitier à Kjedding et aujourd'hui négociant à Copenhague; depuis cette époque, ces sociétés se sont installées dans tout le pays avec une rapidité extraordinaire. Elles sont généralement organisées au moyen d'un emprunt à 4 ou 5 par cent par an, amortissable le plus souvent dans une période de dix ans. Les membres garantissent ces emprunts, chacun en proportion du nombre de têtes de bétail qu'il possède et ordinairement à raison de fr 41.70 par vache. Le prêteur a, en outre, la première place dans la laiterie.

On comptait, en 1898, en Danemark:

1.073 laiteries coopératives.
269 laiteries communes.
271 laiteries de châteaux.

Il y a actuellement onze sociétés de laiteries répandues dans tout le pays. Ces sociétés publient une statistique hebdomadaire des prix d'environ 300 laiteries coopératives.

Un des conseils de laiterie de l'Etat a mission de dresser une statistique de l'exploitation des laiteries, travail pour lequel l'Etat accorde une subvention annuelle de 4,000 couronnes ($1,112.)

D'après les rapports fournis par 195 laiteries en 1898, on constate que le capital pour l'installation a été, pour 157 laiteries, de 4,691,636 francs, soit environ 30,000 fr. pour chaque laiterie.

Les installations les moins chères ont coûté 11 à 14 mille francs, les plus chères 55 mille francs; 166 laiteries avaient un total de 24,232 participants, soit une moyenne de 146 par laiterie.

Le lait livré à 157 laiteries a été fourni par 130,668 vaches, ce qui fait en moyenne 832 vaches par laiterie. Chaque participant a, en moyenne, 5 à 7 vaches: 195 laiteries ont traité 350,695,417 kilogr. et ont employé environ 26 kil. 5 de lait pour faire un kilogr. de beurre.

Les laiteries ont, pour leurs ouvriers, leur assurance personnelle contre les accidents.

Cette association pour l'assurance comprend 990 laiteries coopératives, 92 laiteries communes et 22 laiteries de châteaux ; 1,104 laiteries qui ont traité, en 1898, 1,627,887,500 kilogr. de lait, ont dû produire un total d'environ 61,661,500 kilogr. de beurre. Si l'on suppose que les 249 laiteries de châteaux, les 23 laiteries coopératives et les 168 laiteries communes, soit en tout 448 laiteries qui ne font pas partie de cette association pour l'assurance, ne fournissent chacune que la moitié de cette quantité de lait, la quantité totale du lait traitée en Danemark par les 1,544 laiteries sera de 2 millions de kilogr. et la fabrication du beurre s'élèvera à environ 75 millions de kilogr. D'après la moyenne fournie par la statistique d'exploitation. l'installation de 1,013 laiteries coopératives a coûté 30 millions de francs ; à ce chiffre il faut ajouter au moins 25 p. c. pour les frais d'achat de nouvelles machines et instruments, tels que écrémeuses centrifuges, appareils à pasteuriser, réfrigérants, chaudières à vapeur, etc. Ce qui porte le capital employé par les laiteries coopératives à 37½ millions D'après le même calcul, les 1,013 laiteries compteraient environ 148 mille participants avec 842 mille vaches qui auraient produit 1,820,000 de kilog. de lait. Cependant, d'après les calculs exacts qui ont été fournis à l'assurance sur les accidents, il faut réduire ce chiffre à 1,570 millions de kilogr. Même en admettant ce dernier chiffre, on constate que les laiteries coopératives auraient fourni, en 1898, le chiffre considérable de 59 millions de kilogr. de beurre.

Généralement ce sont de simples fermiers ou de petits cultivateurs qui dirigent ces laiteries et qui tiennent les comptes et jamais l'on n'entend de plaintes.

Presque toutes les laiteries ont pris à leurs services d'habiles laitiers qui, à toutes les expositions, se disputent les prix.

D'habiles conseils payés par l'Etat sont toujours prêts à venir redresser les fautes et les torts, dès qu'on les appelle. Les laiteries occupent environ 6 mille ouvriers, laitières et apprentis.

Les laiteries ont leur Société particulière *Dansh Mejeriforening* et leur publication hebdomadaire. le *Maelkeritidende*. Un grand nombre de ces laiteries coopératives forment en même temps des sociétés pour l'achat en commun de fourrages, de semences, etc.

En 1887, a été fondée la " Société d'agriculture danoise pour l'exportation du beurre:" c'est une Société de vente comprenant 84 laiteries. Le beurre est exporté de Copenhague où il est envoyé par les laiteries et payé d'après sa qualité. Les laiteries ont une part proportionnelle dans les frais et dans les bénéfices. Le chiffre d'affaires, en 1899, s'élevait à 12,550,000 francs.

La "Smorkkeriet," à Esbjerg, a été fondée en 1895. C'est une société pour la vente en commun du beurre provenant de 20 laiteries du Jutland. Le montant de sa vente, pendant le dernier exercice a atteint 6,255,000 francs.

On peut citer encore la Société des agriculteurs de la Fionie méridionale, réunissant 24 laiteries et vendant annuellement pour plus de 4 millions de francs de beurre ; la Société d'exportation du beurre du Jutland occidental, qui en expédie pour 2,780,000 francs avec la production de 10 laiteries, etc.

Fait à noter, toutes les laiteries employant les mêmes procédés de fabrication, prenant les mêmes soins pour la pasteurisation de la crème et son ensemencement avec des ferments bien préparés, tous les beurres du pays sont excellents et de qualité toujours égale. Aussi l'exportation a t-elle suivi une progression rapide: de 13 millions de kilogr. en 1885, elle est montée en 1895 à 55½ millions de kilogr. Le Danemark exporte donc la plus grande partie de sa production et il importe pour sa consommation une grande quantité de margarine et des beurres de Suède et de Russie.

Presque tout le beurre que l'on exporte du Danemark, écrit M. Schou, est salé et emballé dans des barils de 50 kilogr. environ. L'exportation est à peu près la même pendant les quatre trimestres de l'année, et elle est presque tout entière destinée à l'Angleterre et à l'Ecosse qui en absorbent 97 à 98 p. c. L'Allemagne semble toutefois destinée à devenir un marché important. Quant au beurre expédié dans la Grande-Bretagne, un sixième va directement en Ecosse, un cinquième à Londres et dans le midi de l'Angleterre, et le reste est vendu dans les centres populeux, industriels et miniers de Liverpool, Manchester, Sheffield, Birmingham, etc.

On a essayé, dès 1870, d'exporter du beurre en boîtes closes dans le Brésil et les Indes. Mais ce courant commercial a toujours été très faible et ne semble pas appelé à prendre une grande importance. En revanche, depuis 1891, les Danois expédient à Londres, en quantités de plus en plus grandes, du beurre frais et légèrement salé, en pains d'un demi-kilogramme, faisant concurrence au beurre de Normandie. Pendant une courte partie de l'hiver, ils envoient également à Paris du beurre frais en mottes et sans sel.

Selon M. Schou, le beurre de Danemark obtient sur le marché anglais un prix moyen plus élevé que celui de tout autre pays et qui atteint 266 francs par 100 kilogr.; il est apprécié à cause de sa qualité régulière, de sa finesse et aussi parce qu'il ne contient aucun ingrédient de conservation.

La coopération a été encore appliquée avec le plus grand succès au commerce des œufs. Sur l'initiative de MM. F. Moller et S. Jorgensen, des sociétés locales affiliées à une société centrale ont été établies dans le pays en 1895; leurs membres s'engagent à ne livrer que des œufs fraîchement pondus, recueillis chaque jour dans des nids bien propres, sous peine d'une amende de 5 kr. (6 fr.95) par œuf gâté vendu après avis resté infructueux. Les œufs doivent porter comme marque distinctive le numéro de la société et celui du sociétaire.

La conséquence de cette organisation n'a pas tardé à se faire sentir. En 1895, année de la fondation de la Société coopérative d'exportation d'œufs — qui, pour le dire en passant, compte plus de 20 mille membres,— le Danemark exportait 6 à 7 millions de vingtaines d'œufs. Deux ans après, en 1897, l'exportation atteignait près de 11 millions de vingtaines, pour s'élever successivement à 12 millions en 1898 et en 1899 à 14 millions de vingtaines d'une valeur de 21,642,000 francs.

La plus grande partie de l'exportation est destinée à l'Angleterre où les œufs du Danemark sont appréciés; le seul marché de Londres en prend maintenant huit fois plus qu'en 1895.

Les œufs sont expédiés dans des caisses doubles qui en contiennent 1,440. Ils sont emballés dans de la paille ou de la laine de bois et classés, selon leur grosseur, conformément aux usages anglais.

M.

LES PRINCIPAUX PORTS DE L'EUROPE

Nous trouvons les intéressantes statistiques qui suivent dans le rapport adressé le 22 septembre dernier à M. le ministre du commerce par M. E. Cor, consul général de France à Hambourg :

Les relevés statistiques du mouvement général de la navigation dans les ports de Hambourg, Brême, Amsterdam, Rotterdam et Anvers, pendant l'année dernière, permettent d'établir une comparaison entre les cinq ports principaux de l'Europe continentale ouverts sur la mer du Nord.

Le tableau qui va suivre établit cette comparaison depuis 1894. Le tonnage indiqué est celui des navires à l'entrée :

	Hambourg.	Anvers.
1894	6,228,000	5,008,000
1895	6,254,000	5,363,000
1896	6,445,000	5,820,000
1897	6,708,000	6,215,000
1898	7,354,000	6,415,000
1899	7,768,000	6,842,000
Aug. totale	1,540,000	1,834,000

	Rotterdam.	Brême.
1894	4,143,000	2,172,000
1895	4,177,000	2,183,000
1896	4,951,000	2,011,000
1897	5,109,000	2,258,000
1898	5,751,000	2,464,000
1899	6,343,000	2,406,000
Aug. totale	2,180,000	234,000

	Amsterdam.
1894	1,281,000
1895	1,281,000
1896	1,433,000
1897	1,585,000
1898	1,557,000
1899	1,812,000
Augmentation totale	531,000

Hambourg reste toujours au premier rang des ports continentaux du Nord de l'Europe, mais il est intéressant de constater que son augmentation pour 1899 n'est que de 5,6 p. c., alors que celle d'Amsterdam est de 16,4 p. c., celle de Rotterdam de 10 p. c. et celle d'Anvers de 6,7 p. c.

Brême, au contraire, recule 2,4 p. c., diminution que l'on peut imputer aux conditions peu satisfaisantes des dernières récoltes de coton en Amérique et de tabac au Brésil.

L'augmentation relevée pour Amsterdam sur l'année précédente représente presque la sixième partie de son trafic. Celle de Rotterdam (572,000 tonnes) est plus importante encore que celle d'Anvers et de Hambourg, se chiffrant pour chacune de ces places par environ 400,000 tonnes.

Dans cette période de cinq ans, les progrès réalisés par les ports de la Hollande et de la Belgique sont considérables. Pour Rotterdam, 2,180,000 tonnes d'augmentation représentent plus de la moitié de son mouvement en 1894, et Anvers gagne 1,834,000 tonnes en cinq ans.

L'augmentation de Hambourg, pendant la même période, n'est que de 1,540,000 tonnes, soit le quart du mouvement de l'année initiale. Ce résultat constitue une infériorité relative devant laquelle un sentiment d'inquiétude commence à se manifester ici.

D'après les indications fournies par les documents allemands, on arrive, pour quelques autres ports, aux constatations suivantes :

	1898	1899
Londres..Tonnes.	15,287,000	15,388,000
Liverpool	9,393,000	9,468,000
Cardif	6,378,000	9,589,000
Glasgow	3,710,000	3,550,000
Hull	3,097,000	3,115,000
Dunkerque	1,709,000	1,643,000
Havre	2,292,000	2,139,000
Marseille	6,005,000	6,306,000

Si ces chiffres sont exacts, la comparaison entre le grand port français de la Méditerranée et celui de Hambourg paraît présenter un symptôme assez favorable. Avec ses 6,300,000 tonnes d'ensemble et ses 301,000 tonnes d'augmentation sur 1898, Marseille tend à se rapprocher du grand port de l'Elbe qui présente, comme on l'a vu, un total de 7 millions et demi et un peu plus de 400,000 tonnes sur l'année précédente.

Voici d'ailleurs, d'après les publication allemandes, les relevés indiquant la progression des principaux ports d'Angleterre et de France depuis 1894 :

	Londres	Liverpool	Hull	Cardiff
	(En millions de tonnes.)			
1894	14.8	8.2	2.7	8.,,
1895	14.9	8.6	2.6	7.8
1896	15.8	8.7	2.7	8.2
1897	16.0	8.9	2.7	8.7
1898	15.2	9.3	3.0	6.3
1899	15.''	9.4	3.1	9.5

	Dunkerque	Havre	Marseille
	(En millions de tonnes.)		
1894	1.4	2.,,	,,
1895	1.3	1.9	4.8
1896	1.5	1.9	5.2
1897	1.5	2.1	5.3
1898	1.7	2.2	6.0
1899	1.6	2.1	6.3

Il résulte de ces chiffres que Marseille gagne près de deux millions de tonnes depuis quatre ans, marquant ainsi un essor plus accentué que Londres, Liverpool, Hull. Il est à souhaiter que les récentes grèves n'exercent pas sur les résultats de l'année en cours une influence de nature à enrayer le mouvement de progrès constaté en 1899.

L'immense différence en plus relevée pour Cardiff paraît avoir pour cause les grèves qui s'étaient produites dans les charbonnages, nécessitant de plus amples approvisionnements.

Londres reste à peu près stationnaire, avec une diminution sur 1897. On estime que ce port a atteint son maximum de mouvement maritime : il perd, en effet, tous les jours de son importance comme place de transit, en raison du développement incessant des relations directes entre les ports de l'Europe continentale et les pays d'outre mer. C'est ainsi, par exemple, que, sur les 330,000 tonnes (à 1,000 kilog.) de coton importés en Allemagne pendant l'année dernière, 2,500 tonnes seulement lui venaient d'Angleterre, alors qu'il y a quarante ans l'Allemagne retirait de ce pays tout le coton dont elle avait besoin. Brême est aujourd'hui l'un des principaux marchés de l'Europe pour cet article (324,000 tonnes d'importation en 1899).

Liverpool se maintient toujours au second rang après Londres. Mais il est à remarquer qu'à tenir compte seulement de la navigation internationale, abstraction faite du cabotage, Hambourg revendique à bon droit la seconde place dans l'échelle des ports européens.

Le Havre perd 155,000 tonnes sur 1898 ; le fait que Cherbourg est devenu le port d'escale des paquebots de la ligne allemande d'Amérique ne peut expliquer ce recul qu'en partie seulement.

De l'ensemble des constatations qui précèdent, il résulte que les ports de la Hollande et de la Belgique sont ceux qui font la plus redoutable concurrence à Hambourg, à l'exclusion des places maritimes anglaises et malheureusement aussi des ports français.

En ce qui concerne le Havre, la différence en moins, signalée par M. Cor, provient notamment de ce fait qu'en 1899, l'importation des grains a été absolument nulle.

Quant aux escales des paquebots allemands sur New-York, il y a malheureusement trop longtemps que le Havre les a perdues. Il en sera d'ailleurs ainsi tant que les travaux qui s'exécutent dans le port ne seront pas terminés, et, ils n'avancent qu'avec une lenteur vraiment désespérante.

La chambre de commerce du Havre signale une erreur qui figure dans le rapport de M. Cor.

Le tonnage du Havre, à l'entrée,

y est, en effet, indiqué pour le chiffre de 2,292,000 tonnes en 1898 et de 2,139,000 tonnes en 1899, alors que les chiffres exacts sont de 3,164,-416 tonnes pour 1898 et 2,919,606 pour 1899.

Il est probable que M. Cor n'a fait figurer dans ses chiffres, en ce qui concerne le Havre, que la navigation de concurrence, alors que les statistiques relatives aux autres ports, et notamment à Marseille, englobent tous les autres éléments de mouvement maritime, y compris le petit cabotage.

DEUX ELECTIONS

L'épicerie anglaise enregistre avec regret l'échec de M. W. H. Lever, l'homme de bien, jouissant de l'estime du commerce, en général; le fondateur du village de Port-Sunlight.

M. Lever s'était porté comme candidat libéral pour la section de Wirral, dans le comté de Cheshire. Toutefois, il est bon de remarquer que le candidat conservateur qui avait battu son adversaire libéral, en 1895, de plus de 2,500 voix, n'est passé cette fois qu'avec une majorité de 1,000 voix; ce qui, dans une certaine mesure, peut consoler M. Lever de sa défaite.

En revanche, l'épicerie Ecossaise jubile de la défaite de M. William Maxwell, le candidat libéral pour la section de Tradeston, à Glasgow. Il est vrai que tout le commerce, comme un seul homme a mené contre lui une campagne acharnée, et avec juste raison:

M. W. Maxwell étant le président de la Société coopérative Ecossaise de gros, c'est-à-dire le grand chef de toutes les coopératives d'Ecosse. Le candidat sortant, le conservateur M. A. Cameron Corbett qui n'avait été élu, en 1895, que par 805 voix de majorité, sur le candidat libéral, passe cette fois avec une majorité double, ayant obtenu 1,604 voix de plus que le coopérateur.

Cette dernière élection prouve que, lorsque les commerçants savent faire taire leurs querelles intestines, pour faire face à l'ennemi; ils font toujours pencher la balance du bon côté.

Et il en sera souvent de la sorte quand on aura la sagesse de laisser la politique au vestiaire, pour porter son attention sur ses poches.—*L'Epicerie Française.*

LES ELECTIONS PROVINCIALES

Comme nous le faisions prévoir dans notre dernier numéro, le Parlement provincial a été dissous et le 7 du mois prochain les électeurs devront faire un choix de nouveaux députés pour l'assemblée législative.

Ces élections auront lieu exactement un mois, jour pour jour, après les élections à la chambre des communes du Parlement fédéral.

De même que nous avons félicité le gouvernement fédéral d'avoir rapproché autant que la loi le permet la date des élections de celle de la dissolution, de même aussi nous féliciterons le gouvernement provincial pour ne pas prolonger plus qu'il n'est nécessaire la période électorale dans Québec.

Une période électorale est toujours défavorable aux affaires, mais néanmoins il est impossible d'éviter qu'elle se représente périodiquement.

Nous croyons qu'au point de vue du commerce, il vaut mieux que les élections provinciales aient été fixées à une date rapprochée des élections fédérales.

Il y aura moins d'excitation ainsi et, par conséquent, le calme si nécessaire aux affaires sera moins absent des esprits.

La saison d'hiver s'annonce franchement, cette année; elle est pleine de prmesses pour le commerce et une fois débarrassée de l'agitation politique, compagne inséparable des élections, les marchands pourront espérer faire une récolte abondante par la vente des marchandises d'hiver et des articles spéciaux aux fêtes de Noël et du jour de l'An.

Les marchands, nous l'avons dit maintes fois, ne doivent nullement se désintéresser des élections; ils ont un devoir à remplir envers eux-mêmes et envers la province, celui d'aider, de favoriser et de mener à la victoire les candidats les plus qualifiés pour representer dignement au Parlement les intérêts du commerce.

Il y a, pour les marchands, plusieurs plaies à guérir, la plaie des magasins à départements entr'autres. On sait que les grands bazars sont une ruine et pour le détailleur des villes et pour le marchand des campagnes.

Les marchands des campagnes commencent à reconnaître le tort que leur causent déjà le service des envois par la malle institué maintenant dans ces grands magasins à départements et qui ne pourra que se perfectionner et se développer avec le temps.

Il serait nécessaire de frapper d'une taxe, comme on le fait en certains pays, chacun des départements de ces grands bazars. Cette taxe aurait tout au moins pour effet, de gêner la création de nouvelles maisons de ce genre.

Nous ne nous étendons pas davantage sur ce point que nous avons traité tout au long dans le cours de ce journal à différentes reprises.

On attend depuis longtemps une loi de faillites du Parlement fédéral. Cette loi toujours attendue et toujours différée viendra sûrement, mais quand?

En attendant la Législature Provinciale doit mettre fin à des abus qui ne se reproduisent que trop souvent grâce à des lois incomplètes et même boîteuses.

Nous avons cité à différentes époques maints exemples desquels il ressortait que les créanciers des faillis étaient complètement dépouillés. L'actif passait en entier aux mains de certains privilégiés ou en frais judiciaires et autres.

Dernièrement—la chose s'est faite légalement—un stock de failli s'élevant à un montant considérable était mis en vente hâtivement, sans publicité suffisante, et ne produisait à la vente qu'une somme dérisoire eu égard aux marchandises et aux prix alors courants du marché.

Une loi relative à la vente et aux consignations des produits agricoles et de la laiterie est nécessaire; de récents événements l'ont démontré. Le procès d'entrepositaires de marchandises provisoires actuellement en cours d'assises pour conspiration est une preuve que les honnêtes gens ne sont pas suffisamment protégés par les coquins. Malgré la condamnation qui les attend s'ils sont reconnus coupables, il n'en existera pas moins une perte de $200,000 pour les créanciers des accusés.

Nous pourrions continuer longtemps encore sur la nécessité de remanier les lois qui affectent le commerce, mais nos lecteurs en savent suffisamment pour reconnaître combien il est nécessaire pour eux d'être représentés au Parlement de Québec par des hommes d'affaires entièrement dévoués aux intérêts commerciaux de la province.

Un homme d'affaires n'ignore pas que la province a besoin pour ses progrès de marcher résolument dans la voie de la colonisation des immenses étendues de terres incultes qui forment le domaine de notre province.

Nous conseillons à nos lecteurs de ne voter pour et de n'aider que les candidats qui comprendront et seront prêts à favoriser les intérêts du commerce et de la colonisation dans la Province.

QUARTIER-EST

Dans quelques jours les électeurs du quartier-est de Montréal auront à choisir un échevin pour le siège No 1.

Un nombre considérable d'électeurs de ce quartier a choisi comme candidat M. L. A. Lapointe, secrétaire de l'Association des Débitants de Liqueurs de la Province de Québec.

C'est un excellent choix auquel nous nous associons pleinement.

Le candidat est dans toute la force de l'âge, actif, vigilant, excellent administrateur et, avantage immense pour le succès de la candidature, très populaire, dans le meilleur sens du mot.

Sous son impulsion, l'Association des Débitants de Liqueurs de la Province de Québec a pris un développement tel qu'elle embrasse aujourd'hui la presque totalité des membres de cette corporation qui ont un titre de fai e partie de l'Association. Si nous disions que cinquante hôteliers seulement ne se sont pas encore réunis à leurs collègues nous en exagérions peut être le nombre.

Les membres de l'Association des Débitants de liqueur de la Province de Québec, sans exception, reconnaissent le dévouement, le zèle, l'énergie, la persévérance et les qualités administratives dont M. L. A. Lapointe a fait preuve comme secrétaire de cette Association.

Ce sont des hommes zélés, dévoués, énergiques, persévérants, administrateurs qu'il nous faut au Conseil de Ville ; c'est-à-dire des caractères de la trempe de M. L. A. Lapointe.

Le quartier Est qui est plutôt un quartier central, un quartier commerçant, actif en un mot, ne peut avoir pour le représenter à l'Hôtel de Ville qu'un homme actif comme l'est le candidat M. L. A. Lapointe.

HARENGS.—La maison L. Chaput, Fils & Cie. vient de recevoir ex-vapeur "Bellona," deux chars de hareng du Labrador qui est de toute beauté. Demandez les prix qui sont les plus bas.

UN IMMENSE CHARGEMENT—La Salada Tea Co. a reçu en stock, la semaine dernière, à ses entrepôts, audelà de 800 caisses de Thés de Ceylan "Salada," comprenant un lot de nouveau Thé vert non coloré de Ceylon.

Il y a à peine une douzaine de jours qu'une consignation d'importance égale est arrivée aux mêmes entrepôts. Il faut donc que le "Salada" ait une demande populaire.

DEBOUCHES EN CHINE

La meilleure méthode pour faire de l'importation en Chine.

Le *Manufacturer*, de Philadelphie, donne à ses compatriotes désireux de faire de l'importation en Chine, d'utiles conseils que nous croyons intéressant de soumettre ici à nos lecteurs.

La situation actuelle de la Chine, dit le journal américain, ne paraît pas promettre un accroissement prochain du commerce de cet empire. Cependant, le pays est si vaste, que les troubles qui y règnent à présent n'affectent qu'une petite partie de son territoire. Les événements récen s ont prouvé que les Etats-Unis ont l'intention de revendiquer une part dans le commerce extérieur de la Chine: la création de dépôts d'échantillons organisés par une puissante association américaine est l'indice que les Etats-Unis ne borneront pas leurs efforts à une simple tentative mais qu'ils méditent sérieusement de se jeter avec vigueur dans la lutte économique. Plusie rs firmes ont installé des des dépôts d'échantillons à Shanghaï, où se trouvent accumulés presque tous les articles du dehors dont les Chinois peuvent avoir besoin. Il est même étonnant que certains de ces articles aient pu trouver acheteur, mais c'est en les exposant qu'on a fait naître la demande. De nombreux articles nouveaux ont été introduits à Shanghaï de cette manière. Cette ille est d'ailleurs bien pourvue de boutiques et de dépôts d'échantillons : il faudrait faire la même chose pour toutes les autres parties de la Chine qui ne connaissent que les produitsque le commerçant chinois, routinier et conservateur, a bien voulu introduire.

Les industriels qui veulent faire de l'importation en Chine doivent surtout s'attacher à résoudre les questions suivantes :

1o Quels sont les articles consommés en Chine que le pays de ces industriels pourrait fournir ?

2o Quels sont les articles fabriqués dans les dits pays, que les Chinois achèteraient s'ils les connaissaient ?

3o Quels sont les produits chinois que le dit pays pourrait utiliser ?

4o Comment les négociants du dit pays pourraient ils voir et acheter ces produits ?

Voilà les principales questions qui devraient faire l'objet d'une enquête, qui n'irait pas d'ailleurs sans une certaine dépense. Les exportateurs devront consentir avant tout, à faire quelques sacrifices, car il faut savoir semer pour récolter ; d'ailleurs ils auront un excellent auxiliaire dans une coopération bien comprise. Il est certain qu'une des raisons pour lesquelles le commerce étranger en Chine n'a pas progressé aussi rapidement qu'il lui était possible de le faire est l'élévation excessive des prix de transport : il y a des marchés qui sont à peine pourvus d'articles étrangers, où ceux-ci semblent parvenus par une chance quelconque et où ils coûtent d'ailleurs bien plus cher que s'il existait des relations commerciales régulières. Les produits étrangers arrivent assez facilement dans les places éloignées accessibles aux bateaux à vapeur, les commerçants de l'intérieur vont s'approvisionner régulièrement dans ces places et n'emportent que peu de produits nouveaux, les marchands qui sont encore plus éloignés viennent acheter au centre commercial le plus proche et prennent encore moins de nouveautés. De la sorte les prix de vente s'accroissent avec les distances, et arrivés à une certaine limite deviennent prohibitifs.

Le plus grand obstacle au développement du commerce dans ces régions est le manque d'initiative chez ces peuples aux idées stagnantes. Les Chinois ne feront rien pour entrer en relations commerciales avec les étrangers. Il faudra que les étrangers aillent à eux. Abandonnés à eux-mêmes ils sont incapables d'avoir des idées nouvelles ou de se créer de nouveaux besoins : c'est l'étranger qui devra créer ces besoins s'il désire les satisfaire commercialement.

On a préconisé plus haut le système de la coopération comme favorable à l'extension du commerce étranger en Chine. Ainsi, les fabricants écossais de fil à coudre ont fondé une "Trade Association" et sont en train de répandre leurs produits dans tout l'Empire Chinois. Leur voyageur est un Anglais qui parle bien les dialectes de la Chine, il voyage dans tout le pays et visite les principales villes. Il appointe, quand il le juge nécessaire, des agents locaux qui reçoivent un salaire et des commissions sur les ventes. Il donne aussi de nombreuses informations détaillées sur les prix et les nouveautés aux commerçants en détail. Il faut se rappeler qu'en Chine, une fois une marque bien introduite, il est difficile de la supplanter.

On procède de la même manière pour le placement du sucre fabriqué dans les raffineries de Hong-Kong : on nomme des agents chinois là où

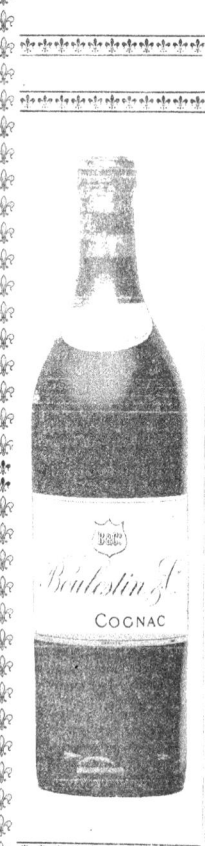

il y a chance de ventes ; ce n'est pas le bénéfice immédiat que l'on vise, mais on cherche d'abord à créer et à développer le goût des Chinois pour le sucre raffiné. Il y a des quantités d'autres articles à peine connus en Chine et pour l'introduction desquels il faudrait faire quelques sacrifices. Il n'y a pas encore bien longtemps on voyait dans chaque maison et dans chaque boutique de barbier des bassins en cuivre jaune, de fabrication indigène. Ils sont remplacés maintenant par des bassins d'étain sans alliage fabriqués en Europe. De même la soucoupe en cuivre jaune de la tasse à thé chinoise commence à être remplacée par une soucoupe de métal de fabrication allemande. Les galoches fabriquées en Angleterre sur des modèles chinois sont maintenant de très bonne vente. Voilà quelques exemples de progrès réalisé par le commerce étranger en en Chine.

Il faudrait tout d'abord former des associations commerciales ayant communauté d'intérêts et capables de réunir les sommes nécessaires à leur fonctionnement. Des voyageurs compétents devraient visiter les villes les plus importantes de la Chine et faire des enquêtes sur les objets susceptibles d'être vendus. Après avoir étudié les besoins de ces places, ils devraient les visiter à nouveau avec des collections d'échantillons. Il serait profitable d'installer pour quelque jours, dans chaque ville, des expositions d'échantillons et d'inviter les commerçants en détail à les examiner. Il faudrait distribuer aussi des prospectus indiquant les moyens de s'approvisionner dans les ports les plus proches, où l on app interait comme agents les firmes existantes. Il serait nécessaire de donner des échantillons ou de les vendre à perte, et là où il y aurait chance de traiter des affaires dans l'avenir, de s'arranger avec un ou deux commerçants en détail pour les approvisionner de marchandises à vendre à la commission. Le but qu'il faudrait constamment suivre serait l'introduction de marchandises sur chaque marché, même à perte.

Enfin, il y a lieu de considérer comme une règle inflexible de donner satisfaction au goût, aux caprices et aux préjugés des Chinois. C'est en observant cette dernière prescription que les Allemands ont accaparé une bonne partie du commerce de l'Empire du Milieu : il était nécessaire de changer la nature des emballages, la qualité de certains articles, etc. ; les Allemands ont compris aussitôt les avantages qui résulteraient pour eux de se conformer aux besoins du marché. Maintenant, dans presque toutes les maisons d'Allemagne qui font des affaires avec la Chine il y a un employé qui parle le chinois."

L'ININFLAMMABILITE

(Suite et fin.)

J'ai eu personnellement et à plusieurs reprises l'occasion de constater la réelle qualité des bois injectés, du reste, leur emploi tend de plus en plus à se généraliser dans la marine et dans la construction des bâtiments de pyrotechnie militaire.

Le deuxième procédé est basé sur l'action d'un courant électrique passant dans le bois à traiter pour permettre les phénomènes d'osmose entre la sève et le liquide du bain dans lequel le bois est plongé. Les bois ainsi obtenus donnent de bons résultats au point de vue de l'ininflammabilité, mais la trop grande quantité de sels absorbés (environ 28 p. c) augmente la densité du bois traité dans de fortes proportions, ainsi que les difficultés du travail.

Ininflammabilité des bois par application d'enduits superficiels.

Ces enduits sont de compositions différentes, ils peuvent être appliqués :

1o Par immersion ou imbibition ;

2o Par application de couches successives à l'aide du pinceau.

La solution ignifuge la plus recommandable pour le procédé par immersion ou imbibition est la suivante :

Phosphate d'ammoniaque..	100 gr.
Acide borique	10 "
Eau	1,000 "

On peut encore employer la formule suivante, mais qui donne des résultats un peu moins bons :

Sulfate d'ammoniaque......	135 gr.
Borate de soude..............	15 "
Acide borique..................	5 "
Eau	1,000 "

Dans le cas où l'application serait faite par imbibition, deux couches au minimum sont nécessaires.

L'application d'enduits ignifuges par couches successives comprend un grand nombre de formules, les meilleures sont les suivantes :

Formule A.

Silicate de soude liquide.....	100 gr.
Blanc de Meudon...............	50 "
Colle de peau......................	100 "

(enduire à chaud).

Formule B.

Première application :	
Sulfate d'alumine........	20 gr.
Eau..............................	100 "
Deuxième application :	
Silicate de soude liquide	50 "
Eau..............................	100 "

Les deux enduits doivent être appliqués successivement et à chaud.

Formule C.

Silicate de soude liquide (D=1280......................	50 gr.
Eau..............................	100 "

Recouvrir ensuite de l'enduit à l'amiante préparé comme suit :

Blanc gélatineux..............	200 gr.
Eau bouillante (pour dissoudre le produit..........	75 "
Malaxer avec :	
Amiante............................	50 gr.
Acide borique....................	10 "
Borax................................	30 "

Cette dernière préparation est, en outre, susceptible de s'appliquer à l'envers des décors déjà peints, en constituant un enduit analogue sinon meilleur, au marouflage à l'aide d'un papier incombustible à base d'amiante.

D'autres enduits pour bois, tels que la peinture à l'asbeste et le mélange de plâtre et d'amiante donnent également de bons résultats.

Enfin, depuis peu de temps, on trouve dans le commerce des peintures à l'huile rendues ininflammables par l'addition de phosphate d'ammoniaque et de borax incorporés à la masse sous forme de poudres impalpables.

Ces derniers procédés d'ignifugeage, qui, selon moi, ne doivent s'appliquer qu'aux bois travaillés et posés, constituent évidemment une mesure de précaution recommandable, car ils préservent les bois exposés à un foyer incendiaire limité et passager, ou tout au moins retardent leur inflammabilité en permettant l'arrivée des secours mais il ne faut pas perdre de vue que la résistance au feu de ces enduits n'est que momentanée et ne saurait constituer une mesure de sécurité absolue, surtout pour les pièces de bois d'un certain volume.

PROGRES ECONOMIQUES

(Suite et fin)

La Russie possédera dans deux ans 54,672 kilomètres de chemin de fer sans compter les lignes projetées. Le rôle que joue cet outillage dans la transformation d'un pays peut être apprécié par l'importance rapide qu'a prise le port de Novorossik, en 1885 village de 2000 habitants, devenu ville florissante comptant déjà 35,000 habitants : ses exportations ont atteint pour les seules céréales 37 millions de pouds en 1895, et en 1897 les importations de produits divers se sont élevés à 68,336 tonnes.

Il est peu fait mention, dans les revues annuelles des pays scandinaves, qui cependant ne font nullement ombre au tableau de l'activité uniuerselle ; le progrès, il est vrai, est lent en Suède et plus lent encore en Norvége, mais il est indéniable.

Le Danemark, jouissant il est vrai d'une situation, plus privilégiée, voit son commerce augmenter plus rapidement.

De 850 millions de francs en 1894, il a monté en 1898 à fr. 1 milliard 9,000,000 pour une population de 2,300,000 habitants. Les exportations ont été en 1897 de 448,000,000 francs et les importations de 561,100,000 fr. Le Danemark est un pays essentiellement agricole, bien que l'industrie commence à s'y développer.

L'Angleterre absorbe à elle seule plus de la moitié de l'exportation danoise et fournit le quart de l'importation, celui-ci cependant dépassé sensiblement par l'Allemagne.

En résumé, comme on le voit, l'année 1899 comptera parmi les plus prospères pour les grands pays industriels de l'Europe.

Le rapporteur termine son travail par les considérations suivantes tendant à l'organisation d'une marine marchande en Belgique, à l'agrandissement du port d'Anvers :

L'extension des débouchés préoccupe à juste titre tous ceux qui de loin ou de près s'intéressent à la prospérité de la Belgique ; à ce propos il en est un d'une étendue éventuellement très grande pour lequel nous n'avons besoin que d'activité et d'initiative et pour la création duquel le commerce d'Anvers a produit d'importants matériaux : la marine marchande belge. Dans des mémoires constituant un exposé historique et pratique déjà très complet mais qui aura nécessairement des compléments, nous avons établi comment la fermeture de l'Escaut avait étouffé dans son germe notre jeune industrie de la construction des navires, qui se développait en 1815 et comment, après avoir depuis 1831 consolidé nos relations extérieures, le moment est venu de songer à desservir nous-mêmes une grande partie de ces relations par des navires belges.

L'étude très résolue de cette importante question est venue démontrer que loin de n'être soulevée que tardivement, elle est actuellement agitée à bon escient, à son heure véritable. Nous avons éprouvé la vive satisfaction de voir, avec la reconstitution des brillantes destinées de la Belgique commerciale et industrielle au 19e siècle, renaître les prédispositions pour le domaine maritime, dans un esprit similaire à celui qui s'était normalememt manifesté au 16e siècle. D'actives et énergiques initiatives privées ont donné récemment à ce sujet si intéressant le coup d'éperon, à la faveur duquel, en repoussant toute idée de favoritisme ou de protection de la part des pouvoirs publics, on peut affirmer que l'industrie de la construction maritime et des armements occupera dignement sa place avant peu, dans l'extension de la rade et des établissements maritimes d'Anvers.

On peut d'autant mieux se confier entièrement aux suggestions et aux efforts des particuliers que, comme tout le monde l'a compris et touché du doigt dans ces derniers temps, les pouvoirs ont à se rattraper d'un arriéré considérable dans la mission qui leur est impartie dans l'accomplissement de l'activité nationale.

L'insuffisance notoire du port d'Anvers, officiellement reconnue ; celle non moins tangible du railway national et des voies de navigation intérieure, difficilement mais dans une certaine mesure suppléée par l'effort de toutes les forces vitales, de toutes les bonnes volontés, coopérant avec énergie à faire face à la bonne situation de prospérité actuelle ; le danger imminent que nous courons de perdre une clientèle qui ne trouve plus de place pour ses navires, ni de quais pour ses manutentions ; mille autres considérations que suggère l'âpre et rude concurrence qui depuis une dizaine d'années se livre entre les grands ports du nord de l'Europe continentale, imposent à la Belgique de prendre catégoriquement les mesures que réclame l'accomplissement de ses destinées de grande puissance commerciale et industrielle.

Sans vouloir que tout se fasse à la fois et en un seul jour, mais aussi sans abandonner le puissant levier de la navigation intérieure, dont il entend poursuivre avec ténacité le perfectionnement prochain et entier, le commerce d'Anvers a fait aux pouvoirs publics un appel vigoureux et convaincu qui, nous en avons la ferme confiance, sera suivi d'actes virils et de l'envergure que les circonstances imposent.

Nous avons la promesse de la complète réfection du réseau ferré national et du réseau local dans la métropole ; nous avons celle de l'agrandissement général du port, qui implique celui de toute la cité par la démolition de l'enceinte fortifiée ; que ces promesses se réalisent dans toute leur ampleur sans aucun délai, et nous serons heureux de féliciter nos pouvoirs publics de marcher, avec nous, la main dans la main, pour faire d'Anvers le premier port du monde.

LES PRODUITS INDUSTRIELS DERIVES DES BOIS

L'industrie retire aujourd'hui de la distillation des diverses essences de bois des sous-produits analogues à ceux qu'on obtient par la distillation de la houille. On a pu en voir de nombreux échantillons à l'Exposition de 1900 et suivre les opérations qui constituent cette récente industrie.

L'opération première consiste à remplir de bois des cornues, puis à commencer le chauffage. On élimine d'abord la vapeur d'eau provenant de l'humidité de la matière, puis on obtient sous forme de liquide, l'acide pyroligneux. Cet acide est recueilli sous forme d'un liquide brun au début, et qui s'éclaircit à la suite de l'opération. Ces deux sortes de liquides sont reçus dans des récipients différents et soumis au traitement que nous allons indiquer.

Un alambic est rempli jusqu'aux deux tiers de pyroligneux; on ajoute alors une quantité de chaux calculée d'après le volume et le titre de l'acide et on actionne un agitateur. Lorsque le liquide est bien saturé, on met en feu et on distille. On recueille le premier liquide dans une cuve dite à flegmes de tête, puis, quand il arrive laiteux, on le reçoit dans une autre cuve dite à flegmes de queue. La distillation est arrêtée quand, après analyse du jet de liquide, on constate qu'il ne contient plus d'alcool.

On entend par flegmes tout liquide alcoolique non encore rectifié, qu'il

J. A. VAILLANCOURT

MARCHAND DE

BEURRE, FROMAGE, PROVISIONS

Achète aux plus hauts prix du marché, et vend à commission tous les produits de la ferme. | Avances libérales sur consignations. Fournitures générales pour Beurreries et Fromageries.

— Spécialité de —

Tinettes pour Beurreries. Boites parafinées de 56 lbs. pour l'expédition du Beurre.

Sels HIGGINS, ASHTON et WINDSOR, les meilleurs pour Beurreries.

333 et 335 Rue des Commissaires, - MONTREAL.

Telephone Bell, Main 907.

J. K. ARMSBY Co.

CHICAGO NEW YORK

SAN FRANCISCO

BOSTON PORTLAND

Une des plus fortes maisons pour l'empaquetage et la distribution des fruits verts et secs de Californie

RAISINS - - - - -	Standard, 2 couronnes, Loose Muscatels, en bts de 50 lbs. " 3 " " " " " " 4 " " " " " Muscatels épépinés " " 2 couronnes, London Layers " 20 lbs. 3 " " " " 4 cour. Clusters. 5 cour. Dehesia Clusters. 6 cour. Imperial.
SULTANAS - - - - en boîtes de 50 lbs.	Unbleached Prime Bleached Standard Bleached Choice Bleached Fancy Bleached
RAISINS ÉPÉPINÉS de la marque J. K. Armsby Co. 1er choix	Cartons de 1 lb—"Blue Ribbon" "Consort" "Silver Crown" "Palmetto" "Star & Crescent" "A 1" "Monopole" Cartons de 12 oz — marques Maximus, Palmetto, Butterfly.

Ces marchandises se trouvent aujourd'hui sur le marché de Montréal, et sont appelées, à raison de leurs prix et qualité, à une vogue méritée.

S'il est vrai...

qu'une pratique bien satisfaite est la meilleure des annonces, vous devriez pousser la vente du

SODA A PATE DWIGHT'S COW BRAND

Sa qualité invariable et garantie, assure bonne satisfaction.

John Dwight & Co., Toronto et Montréal

faut distiller pour obtenir l'alcool que l'on appelle méthylique ou méthylène, que l'on emploie beaucoup dans l'industrie des matières colorantes. Les flegmes de tête en contiennent toujours plus que les flegmes de queue.

Ce qui reste après l'évaporation des flegmes est concentré à feu nu et à mesure qu'il se forme des croûtes cristallines jaunes, on les enlève à la pelle, on les fait égoutter, puis on les sèche. L'acétate ainsi recueilli prend l'aspect grisâtre; mais en lui faisant subir quelques opérations spéciales, on arrive à obtenir des cristaux incolores.

Chauffé dans un récipient en fonte et vivement agité, l'acétate donne un liquide noirâtre que l'on étend d'un tiers d'eau et que l'on distille dans un alambic à vapeur ; on obtient ainsi l'acétone à 90 degrés. Après une nouvelle rectification, l'acétone pure est employée à la fabrication du chloroforme et de l'iodoforme.

A côte de ces deux produits pharmaceutiques, il est un autre produit d'un usage industriel très répandu que l'on retire également du traitement du bois: c'est l'acide acétique.

On peut produire l'acide acétique en décomposant du pyrolignite de chaux par des acides. L'acétate de chaux traité par l'acide sulfurique régénère de l'acide acétique. Si on distille de l'acétate de chaux brun avec une certaine quantité d'acide chlorhydrique on obtient l'acide acétique des arts, qui est employé dans la fabrication de la céruse dont se servent les mécaniciens, notamment pour les joints de tuyaux.

On peut obtenir l'acide acétique par deux méthodes : la fermentation ou la distillation du bois. Ce dernier procédé a réalisé un progrès marqué sur la fermentation, et donne un produit exempt de substances empyreumatiques et servant couramment aux usages alimentaires. La consommation en est devenue si importante que l'on a recours, pour sa fabrication, aux pyrolignites de chaux bruts que l'on fait venir en grandes quantités de l'Amérique du Nord et de la Russie.

Le traitement du goudron de la distillation du bois a été marqué de plusieurs progrès, provoqués par l'utilisation croissante des phénols du goudron de bois et par la séparation des huiles d'acétone, que l'on emploie notamment comme dissolvant de l'anthracène, dans l'industrie des matières colorantes. Si on fait passer une tonne de goudron de bois dans un alambic, on obtient environ 77 gallons de liquide que l'on répartit en cinq ou six bonbonnes. Les premières contiennent de l'alcool et de l'acide, les autres de l'acide seulement, et les bonbonnes de queue de la créosote brute. Cette créosote est redistillée et donne de nouveau de l'acide que l'on peut ajouter à celui des premières bonbonnes, et, finalement, de la créosote qu'il reste à rectifier. Les deux tiers de cette créosote contiennent des phénols, des huiles neutres, des produits très oxydables.

On sait que la créosote trouve un large emploi dans l'industrie ; elle sert à protéger les poteaux télégraphiques et surtout les traverses de chemins de fer. D'après les expériences faites par diverses compagnies, il semble que les traverses, dont la durée serait la plus grande, sont celles en hêtre créosoté. Ce produit est introduit dans le tissu ligneux sous une pression de 6 à 12 atmosphères.

L'emploi du bois pour la fabrication de la pâte à papier mérite une mention à part. La pâte de bois, dont on fait aujourd'hui un usage si considérable, a d'abord été fabriquée mécaniquement. Dans cette méthode, on défibre l'extrémité des souches non cuites contre des pierres meulières qui se meuvent sur un axe horizontal, pendant qu'on arrose continuellement les pierres et les souches. Dans certaines usines on cuit d'abord les souches dans l'eau, ce qui facilite la défibration. Le procédé est long et coûteux par suite de la main-d'œuvre qu'il nécessite.

A côté de la préparation mécanique de la pâte de bois se trouve la préparation chimique. Cette méthode s'est singulièrement développée; elle consiste dans l'utilisation de la soude ou du sulfite. La méthode au sulfite, proposée en 1866 par un américain, devint, dès 1874, un concurrent redoutable de la méthode à la soude. Avec du bisulfite de magnésium, le Suédois Ekman obtint une cellulose d'une pureté et d'un éclat remarquables. Pour la fabrication chimique de la pâte de bois, le tremble et le sapin sont les meilleures essences. On emploie aussi le pin commun, quoique ses fibres soient moins souples.

La Suède est l'un des plus grands producteurs de la pâte de bois. Ses immenses richesses forestières sont l'une des causes de cette supériorité; mais la qualité de ses bois y est aussi pour beaucoup. En d'autres pays, les fibres contiennent un excès de résine qui donne à la pâte une couleur sombre.

L'industrie suédoise de la pâte de bois compte actuellement 124 fabriques occupant plus de 6,000 ouvriers et produisant 3,360,000 quintaux de pâte. La pâte chimique représente une partie toujours croissante de la production totale et s'est élevée, en 1898, à 70 p.c. de la valeur de cette production.—*Moniteur Industriel.*

UNE MALADIE MICROBIENNE DU PAIN

Il y a quelque temps, l'instituteur de Wavrin (Nord), nous adressa dit l'*Epicerie Française*, un échantillon de pain fort curieux. Ce pain de farine de blé, fait depuis trois jours, exhalait une odeur repoussante; brisé, les fragments se séparaient, reliés par de longs fils ; la même substance s'attachait au couteau, c'était du " pain filant " ou " visqueux."

Un examen microscopique de ce pain y révélait la présence de bactéries fusiformes qui étaient évidemment la cause du mal.

En très peu de jours, le pain se ramollit, l'odeur repoussante se développe et, non seulement le pain devient immangeable, mais les animaux mêmes le refusent. Il faut le jeter sur le fumier. C'est donc une perte complète et il paraîtrait que cette maladie a été générale dans les départements du Nord, du Pas-de-Calais et de la Somme et aussi bien chez les fermiers que chez les boulangers ; elle a, par suite, occasionné des pertes considérables et le fait se renouvelle souvent pendant les mois d'août et de septembre très chauds.

Pareils accidents ont été observés, en particulier en Normandie, à la suite surtout d'étés pluvieux ; ils ont été signalés et étudiés en Belgique par M. Laurent.

Nous ne nous attarderons pas ici à décrire la bactérie auteur de ces méfaits, ni les modifications éprouvées par les éléments du pain ; nous indiquerons seulement la génèse du mal pour en conclure le moyen de l'éviter, ce qui intéresse surtout les fermiers et les boulangers.

L'enveloppe des grains de blé introduit dans la farine, pendant la mouture et le blutage, les multiples germes qui sont déposés à sa surface extérieure, aussi la pâte peut-elle fermenter sans levain, ces bactéries et levures naturelles pouvant le remplacer. — La pâte mise au four contient donc, non seulement d'abondantes cellules de levures provenant du levain ajouté, mais encore de nombreuses bactéries originaires de la farine... — Il sem-

ble qu'après la cuisson au four, le pain devrait être sans organismes vivants et par suite il paraît extraordinaire qu'il puisse être le siège de multiplication de microbes qui le décomposent; on sait, en effet, que même l'intérieur de la mie est porté à environ 100°, température suffisante pour détruire les germes de la fièvre typhoïde, du choléra, etc.—Mais il y a aussi dans la pâte des "spores" ou semences de microbes, lesquelles sont enfermées dans une enveloppe épaisse et sont beaucoup plus résistantes à la chaleur ; Pasteur a montré qu'il faut 115° pendant 15 minutes pour tuer les spores dans un bouillon de culture neutre. Pourquoi alors tous les pains qui ne sont cuits qu'à 100° environ ne contiennent ils plus de germes ? — Une expérience de M. Chamberland va nous donner la réponse : ce savant a établi que 100° sont suffisants pour tuer en quelques minutes dans le précédent bouillon toutes les spores si on a soin d'ajouter à ce bouillon des acides à dose convenable. Or, la pâte de pain peut présenter, au moment de la mise au four, des degrés d'acidité variés, mais qui, en général, sont suffisants pour que le pain soit stérilisé à 100° ; cependant, dans quelques cas, la pâte est insuffisamment acide ; il en résulte que les spores ne sont pas tuées par la cuisson, et si le pain se trouve ensuite à une température un peu élevée, 20 à 30°, ces spores germent, se multiplient et rendent le pain visqueux ; c'est ce qui arrive en été.—La mesure directe de l'acidité de la pâte, son abaissement artificiel ont mis en évidence ces faits ; on a pu à volonté faire du pain qui devenait visqueux en diminuant l'acidité de la pâte par des cristaux de soude.

La genèse de la maladie étant ainsi connue, on l'évitera sûrement en préparant toujours la pâte avec une acidité de 1 gr. 5 à 2 gr. évaluée en acide sulfurique par kilo ; c'est le degré normal de l'acidité développée par la fermentation panaire (apprêt ou levée de la pâte), elle est due à l'action des bactéries qui dégagent un mélange d'acides lactique, butyrique et acétique.

Le moyen le plus simple pour compléter l'acidité de la pâte consiste à pétrir la pâte avec de l'eau additionnée soit de vinaigre, soit d'acide acétique, le corps actif du vinaigre. On avait d'abord employé le petit lait qui agissait et par l'acide lactique qu'il apporte et par les bactéries lactiques qui devaient, pendant la fermentation, produire encore de cet acide aux dépens du sucre de lait, mais on comprend que l'addition de vinaigre ou même d'acide acétique pur soit plus pratique.

Quelle dose faut-il ajouter ? Théoriquement, il faudrait compléter l'acidité naturelle de la pâte pour l'amener à 1 gr. 5 au moins, mais on ne peut prévoir cette acidité avant le pétrissage ; le mieux est donc d'ajouter la dose d'acide acétique que l'expérience indiquera comme suffisante et qui ne devra pas dépasser 1 gramme d'acide pur par kilo de farine.—Ainsi, avec l'acide acétique pur cristallisable, qui vaut dans le commerce 6 francs le kilo, il suffira, en général, d'un décilitre environ par 100 kilos de farine—si le pain filait encore on pourrait atteindre 1 décilitre 5 et même 2 décilitres. — On peut d'ailleurs remplacer cet acide par du vinaigre, mais en quantité dix fois plus considérable.

Cet emploi du vinaigre ou de l'acide acétique peut-il nuire à la valeur du pain ? – Nous ne le croyons pas. Il vient remplacer les acides naturels du pain qui sont constitués par ce même acide acétique, par de l'acide butyrique ou de l'acide lactique. — Or, ces acides sont, en grande partie, entraînés avec l'eau évaporée pendant la cuisson, il semble même que si la totalité de l'acidité de la pâte est due à l'acide acétique qui est plus volatil que les deux autres, il en demeurera moins dans le pain : D'ailleurs, une petite trace d'acidité n'est pas désagréable à la bouche.

Cet emploi de l'acide acétique ou du vinaigre a été utilisé cette année avec succès : le vinaigre avait d'ailleurs été indiqué par M. Laurent, en Belgique ; si quelquefois cette addition n'a pas réussi c'est qu'elle a été insuffisante, car la richesse du vinaigre et de l'acide acétique commercial est très variable, aussi vaut-il mieux acheter un peu plus cher un produit pur comme l'acide acétique cristallisable.

En résumé, l'accident du pain filant qui cause souvent des pertes d'argent notables dans la région du Nord, est dû à une maladie microbienne du pain que l'on peut prévenir par une addition soit de vinaigre, soit d'acide acétique au moment du pétrissage.

Alex. Desmarteau a été nommé curateur à la faillite de Jarvis & Fraid, restaurateurs de Montréal, et gardien provisoire de succ. feu Ulric Lamoureux de St Henri, et P. Boileau & Frères, entrepreneurs de l'Ile Bizard.

Ecole et Station Expérimentale de Laiterie de Saint-Hyacinthe

Session de 1900-1901

BUREAU DE DIRECTION

M. J. C. Chapais, assistant-commissaire de l'industrie laitière, St Denis, en bas, Ka., représentant le ministère de l'agriculture fédéral ;

M. C. N. Frégeau, Marieville, représentant le ministère de l'agriculture provincial ;

M. J. de L. Taché, St-Hyacinthe, représentant la société d'industrie laitière de la Province de Québec.

PROGRAMME

Ce programme comporte trois parties principales :

1o Enseignement des meilleures méthodes de production du lait en hiver comme en été ; de fabrication du beurre et du fromage et d'épreuve du lait ;

2o Formation d'inspecteurs de beurreries et de fromageries pour les syndicats créés et à créer ;

3o Etude expérimentale de nouveaux systèmes de machines et d'appareils de laiterie, et des nouveaux procédés de fabrication, ainsi que de tous les progrès dans l'industrie laitière.

OUVERTURE DES COURS

L'ouverture des COURS RÉGULIERS d'enseignement a été fixée au 19 novembre 1900.

ENSEIGNEMENT

L'enseignement sera gratuit pour tous les membres de la Société d'Industrie Laitière de la Province de Québec, inscrits pour 1901.

DURÉE DES COURS

Il y aura huit séries de cours réguliers, réservés aux fabricants ou aux jeunes gens ayant déjà une certaine expérience de la fabrication. Ces séries se tiendront :

1ère série. — Du 19 novembre au 1er décembre, Cours français.

2ème série.—Du 10 au 22 décembre, Cours français.

3ème série.—Du 7 au 26 janvier 1901. Cours pour les candidats-inspecteurs, Cours français, anglais.

4ème série.—Du 28 janvier au 16 février, cours spécial pour les fabricants de beurre, cours français-anglais.

5ème série.—Du 18 février au 9 mars, cours spécial pour les fabricants de beurre, cours français-anglais.

6ème série.—Du 11 au 30 mars, cours spécial pour les fabricants de beurre, cours français-anglais.

7ème série.—Du 8 au 20 avril, cours français.

8ème série.—Du 20 au 30 avril, cours français.

DÉTAIL DES COURS

Dans chacun des cours réguliers, l'enseignement comprendra.

1.—Travaux pratiques de la fabrication du beurre et du fromage, d'épreuve du lait ; d'acidimétrie du lait et de la crême ;

2.—Conférences sur les sujets ci-après énumérés par :

M. J. C. Chapais, assistant-commissaire de l'industrie laitière.

(a) La culture au point de vue de l'industrie laitière.

(b) L'élevage et l'alimentation du bétail à lait ;

(c) Le lait ;

(d) Les conservateurs du lait ;

(e) La propreté au point de vue de la conservation du lait ;

Téléphone Bell Main 2461. Téléphone des Marchands 238. Boite de Poste 62.

N. F. BEDARD, MARCHAND ET COMMISSIONAIRE EN BEURRE, FROMAGE, ŒUFS, ETC.

Et Négociant de Fournitures et Matériaux pour les Fromageries et Beurreries.

BOIS de BOITES a FROMAGE PROVENANT des MEILLEURS MOULINS d'ONTARIO.

Cotations spéciales pour quantité d'un char ou plus livrées dans toutes les parties de la province.

Canistre EMPIRE STATE Sans Rivale au Canada.

PRIX MODÉRÉS ET CONDITIONS FACILES.

N. F. BEDARD, 32-34 RUE FOUNDLING, MONTREAL.

---

164 rue St-Jacques MONTREAL

ETABLIE EN 1858

Manufacture à Cardinal, Ont.

53 Front St., East TORONTO

Empois Enamel de Benson

Un Empois à l'Eau Froide

Voir notre Liste de Prix.

The Edwardsburg Starch Co., LIMITED.

FABRIQUE ET GARANTI par THE EDWARDSBURG STARCH CO., Limited.

La Grande Popularité des

CACAO et CHOCOLAT de Cowan

Est due à sa pureté absolue et à son excellence.

Ils devraient se trouver dans toutes les maisons. Chaque épicier du Dominion devrait les avoir en magasin.

DÉPOT DE GROS :

454, St-Paul - - Montréal.

CHS. LACAILLE & CIE

Epiciers en Gros

IMPORTATEURS DE

Mélasses, Sirops, Fruits Secs, Thés, Vins, Liqueurs, Sucres, Etc., Etc.

Spécialité de Vins de Messe de Sicile et Tarragone.

829 rue St-Paul et 14 rue St-Dizier

MONTREAL

BELL TEL. EAST 1517. TOUT OUVRAGE GARANTI

J. G. DUQUETTE

Autrefois de la Montreal Roofing Co.

Couverture et Pavage

- - GENERAL - -

Bureau et Atelier, 949 de Montigny, Montreal.

Spécialités pour les couvertures en Gravois et en Ciment. Planchers en Asphalte, Planchers en Volcanite. Caves mises à l'épreuve des rats et de l'humidité.

Réparations de toutes sortes faites avec promptitude.

Neige enlevée des toits par des hommes expérimentés.

(*f*) Les plantes agissant sur la santé des vaches, la qualité et la production du lait ;

(*g*) Le porc et l'industrie laitière ;

(*h*) Les aptitudes et rapports des propriétaires, fabricants, patrons et gérants des fabriques de beurre et de fromage ;

(*i*) Les aptitudes et devoirs des inspecteurs de syndicats.

Cette conférence ne sera donnée qu'au cours des candidats-inspecteurs.

M. l'abbé Choquette, chef du laboratoire provincial.—" Eléments de bactériologie."

M. J. D. Leclair, surintendant de l'Ecole de laiterie. — " Principes de la fabrication du beurre " (5 leçons).

M. E. Bourbeau, inspecteur général des syndicats de fromageries. — " Principes de la fabrication du fromage " (5 leçons).

MM. Leclair et Bourbeau.—" Principes de de l'épreuve du lait et de l'acidimétrie." Principes de comptabilité et répartitions."

M. Gabriel Henry, ingénieur de l'école centrale de Paris. — " Eléments des sciences appliquées à la laiterie ; conduite et inspection des bouilloires et engins."

M. Emile Castel, secrétaire de l'école.— " Infection du lait par les microbes. Explication du système métrique pour faciliter la lecture des ouvrages français et américains sur la laiterie."

N. B.—Le sommaire des cours sera envoyé aux élèves qui en feront la demande.

Projections lumineuses — M. Emile Castel illustrera à la lanterne magique les conférences du cours qui se prêtent à ce genre d'illustration.

COURS ANGLAIS

Les élèves anglais ne seront reçus qu'aux 3ème, 4ème, 5ème, et 6ème séries, il ne sera pas donné de cours anglais dans les autres séries.

NOMBRE D'ÉLÈVES

Le nombre d'élèves pour chaque série, est " strictement limité " à 40 sauf pour les 4ème et 6ème séries, où il ne sera admis que 30 fabricants de beurre.

CANDIDAT AU DIPLOME D'INSPECTEURS DE SYNDICATS

La troisième série est spécialement réservée aux fabricants d'au moins 3 ans d'expérience comme chefs de fabrique, aspirant au diplôme d'inspecteur de beurreries ou de fromageries.

Ne seront admis aux examens pour diplômes que ceux qui, ayant été visités l'été dernier par l'inspecteur général, auront suivi le cours complet de cette série.

COURS SPÉCIAUX AUX FABRICANTS DE BEURRE ET AUX FABRICANTS DE FROMAGE

Dans le but de préparer, soit de futurs inspecteurs de syndicats, soit des experts, la Société d'Industrie laitière a jugé bon de donner, cette année : 2 cours spéciaux pour les fabricants de beurre, qui commenceront le 1er, le 28 janvier et le 2ème le 11 mars ; et un cours spécial pour les fabricants de fromage, commençant le 18 février.

Il est bien entendu que pendant les cours spéciaux aux fabricants de beurre, il ne sera point fait de fromage, et que pendant le cours des fabricants de fromage, il ne sera point fait de beurre. Ces deux cours répondront également au besoin nouveau créé par la combinaison des fabriques de beurre et de fromage, de posséder des fabricants experts dans les deux fabrications.

LEÇONS DE FABRICATION

Un certain nombre de fabricants se présentant chaque année pour passer quelques jours à l'école à la veille de l'ouverture de la saison, la dernière semaine d'avril (à partir du 20) sera consacrée à ces leçons spéciales, si le nombre des applicants est suffisant.

CONDITIONS GÉNÉRALES D'ADMISSION

Pour être admis à l'école, il faudra : 1o payer la cotisation d'une piastre de membre de la Société d'Industrie Laitière pour l'année 1901 (1) ;—2o être âgé d'au moins 16 ans. 3o savoir lire, écrire et compter.

Chaque élève devra se pourvoir d'un uniforme de travail (pantalon, blouse et casquette) qu'une maison de la ville fournira au prix d'une piastre et demie à deux piastres.

La demande d'admission à l'école se fera sur une formule spéciale qui sera fournie sur application et remplie par l'élève.

Toutes les demandes d'admission devront être faites dix jours avant l'ouverture du cours, pour les trois premières séries, et avant le 15 février pour les cinq dernières.

Les demandes devront être adressées au secrétaire de l'école de laiterie, à Saint-Hyacinthe.

CONVOCATION DES ÉLÈVES

Chaque élève admis recevra un avis personnel de la date des cours qu'il devra suivre. S'il lui est impossible de se rendre à l'école à la date assignée, il devra en prévenir immédiatement le secrétaire de l'école pour qu'un autre aspirant lui soit substitué comme élève.

LOGEMENT ET PENSION

Les élèves auront dans l'école des salles d'étude et de travail à leur disposition, mais ils devront se loger et prendre pension au dehors à leurs frais. Ils trouveront aisément moyennant environ $3.00 par semaine, dans le voisinage immédiat de l'école qui se trouve situé en face du séminaire de St-Hyacinthe, à peu près à dix minutes de marche de la ville, une bonne pension privée dans des familles recommandées par la corporation du Séminaire.

La direction de l'école ne peut en aucune façon assumer la responsabilité de la surveillance des jeunes élèves en dehors des heures de travail ou d'étude à l'école.

PAIEMENT DE LA CLASSE

Chaque élève, en se présentant au secrétariat de l'école, la veille ou le matin de l'ouverture des cours, sera tenu de déposer, entre les mains du secrétaire, une somme de $2.00 pour garantir le paiement de la casse des instruments de verreries ou autres, qu'il pourrait briser pendant son séjour à l'école. Cette somme sera remise à l'élève à son départ, si aucune réclamation n'est faite contre lui par les officiers en charge du matériel.

Saint-Hyacinthe, 20 octobre 1900.

Le Président de la Société d'Industrie Laitière de la Province de Québec,

J. A. VAILLANCOURT.

Les membres du bureau de direction de l'école et station expérimentale,

J. C. CHAPAIS,
C. N. FRÉJEAU,
J. de L. TACHÉ,

Le Secrétaire E. CASTEL.

---

(1) Ce paiement donne droit à tous les avantages de la Société et en outre à un exemplaire de toutes ses publications et notamment à son rapport annuel, dont l'importance et l'intérêt vont grandissant d'année en année.

N. B.—L'école et station expérimentale de Saint-Hyacinthe étant devenues le siège de la société, toutes les communications concernant la société, devront être adressées au secrétaire de la Société d'Industrie Laitière, à Saint-Hyacinthe.

REVUE COMMERCIALE ET FINANCIERE

FINANCES

Montréal 15 novembre 1900.

La Bourse n'est plus un désert, ni un champ de repos, on y va et on y fait des affaires.

Cette semaine a été active et les cours mieux tenus ; jusqu'aux valeurs des mines qui, pour la plupart, ont repris quelques points de ceux perdus les semaines précédentes.

En somme, la hausse qui a suivi à New-York l'élection présidentielle a eu bon effet ici et le résultat de nos propres élections n'est peut-être pas étranger non plus à la bonne tenue des cours ici.

Les valeurs suivantes sont celles sur lesquelles il s'est fait des ventes durant la semaine ; les chiffres sont ceux obtenus à la dernière vente opérée pour chaque valeur :

C. P. R.	88¼
Duluth	5
Montreal Str. Ry	279
Twin City	63¾
Toronto St. Ry	108¼
Richelieu et Ontario	108¼
Halifax Tr. (bons)	....
" (actions)	....
St John Ry	....
Royal Electric	207¾
Montreal Gas	204
Col. Cotton (actions)	80
" (bons)	....
Dominion Cotton	92¼
" pref	....
Merchants Cotton	....
Montreal Cotton	135
Cable Comm. (actions)	172½
" " (bons)	....
Dominion Coal, pref	115
" " bons	....
" " (ord)	....
Montreal Telegraph	170
Bell Telephone	170
War Eagle	106
Centre Star	....
Payne	86½
Republic	70
North Star	95
Montreal & London	....
Virtue	31⅜
En valeurs de Banques, il a été vendu :	
Banque de Montréal	263½
Banque des Marchands	158
Banque Molson	189
Banque Nationale	96¼

COMMERCE

La saison de navigation est presque terminée et le 22 du mois courant le dernier navire des compagnies ayant un service régulier avec Montréal et les pays au-delà de l'Atlantique aura quitté notre port.

La saison de navigation aura été satisfaisante et pour les compagnies de transport et pour le commerce en général, bien qu'il soit un peu tôt encore pour se prononcer catégoriquement il y a plutôt augmentation.

La fin des élections fédérales coïncidant avec l'approche de la clôture de la navigation sur le St-Laurent, le commerce local a repris de son ancienne activité et la demande de la campagne pour les approvisionnements d'hiver a été très satisfaisante cette semaine.

L'hiver s'annonce d'ailleurs comme devant être rigoureux. Nous avons au moins un commencement de saison bien tranchée qui ne peut qu'aider aux affaires. Le commerce de

BERNIER & Cie

Marchands de Farines

Grains, Moulées, Graines de Semences,
Graines Fourragères, Etc.

Prix Spéciaux par quantité de char ou pour char assorti.

BUREAU ET ENTREPOT:

PRES DE LA GARE DU GRAND TRONC, **St-Hyacinthe**

CORRESPONDANCE SOLLICITÉE.

Fabriquées au Canada

Les Marinades de la Marque "Sterling"

possèdent une délicatesse de saveur qui les a fait adopter par les épicuriens dans tout le Dominion. Egalement les favorites au lunch en famille et sur la table la plus modeste.

—Les épiciers qui étudient les besoins des consommateurs devraient toujours avoir en magasin un bon assortiment des marinades marque "Sterling" et des "South Africa Relish"—condiment exquis.

T. A. LYTLE & CO.

124-128 Rue Richmond, Ouest, - TORONTO.

The St. Lawrence Sugar Refining Co.

LIMITED

MONTREAL

Fabricant des qualités les plus choisies de ....

Sucres Raffinés

JAUNES EFFLORESCENTS, (BLOOMY YELLOWS)

CAFÉ NOIR, (BRIGHT COFFEE SUGARS)

PHŒNIX, (Qualité suivant le granulé)

GRANULÉS "EXTRA STANDARD"

Les meilleurs sur le marché

La Mine Grasse SULTANA

Est maintenant en vente chez

1546

Epiciers à Montréal, d'après nos livres le 1er Novembre, et ils répètent rapidement.

Son mérite l'élève au-dessus de toute compétition.

détail est moins hésitant dans ses achats quand novembre est un mois de neige et de gelées, il a raison, mais si bon espoir qu'il puisse avoir dans une température favorable aux ventes aux articles d'hiver il n'en doit pas moins rester dans les limites d'une saine prudence car l'expérience est là pour rappeler que les hivers rigoureux au début sont parfois contrariés par des temps doux avec lesquels il faut souvent compter.

Cuirs et Peaux—Le commerce des cuirs est satisfaisant. Malheureusement la marchandise se fait rare, surtout en gros cuirs; les tanneurs ne se montrent pas.

Les prix sont tenus très fermes et on en revient à prédire une avance comme très prochaine.

Epceries, Vins et Liqueurs.—Les affaires sont excellentes et le travail ne manque pas dans le commerce de gros où il faut faire face en même temps aux arrivages et aux expéditions qui se multiplient toujours en fin de saison de navigation.

Il y a peu de notes cette semaine dans cette ligne, comme, d'ailleurs, chaque fois que les affaires sont actives.

Les sucres restent aux prix en baisse de la semaine dernière. Les mélasses sont tenues fermes aux anciens prix.

Les fruits secs sont sans changement. Les amandes écalées de Valence de la nouvelle récolte sont sur le marché aux prix de 40 à 42c la lb. suivant quantité.

Il y a hausse de 10c par doz. sur les marinades Morton de $2.00 à $2.40 et sur celles de Cross and Blackwell, de $3.00 à $3.40.

Les pruneaux de Californie ne se vendaient autrefois qu'en boites de 25 lbs on trouve maintenant aussi sur le marché des caisses de 12 boites en fer blanc de chacune 5 lbs. On vend la boite de 5 lbs de 40 à 42c suivant quantité.

Le Gin Key (La clef) caisse rouge, se vend $10.00 la caisse le prix de $9.75 n'existe plus.

Les allumettes Eddy sont de nouveau sur le marché. On vend les Telegraph et les Telephone respectivement $3.70 et $3.60 la caisse pour moins de cinq caisses et $3.50 et $3.40 pour cinq caisses et au-dessus.

Fers, Ferronneries et Métaux.—On vend encore le fer en barres à nos cotes, mais le commerce de gros ne peut plus l'acheter aux laminoirs aux prix que nous cotons. Deux hausses de 5c chacune ont eu lieu dans la huitaine.

Poissons.—Il y a sur le marché des harengs fumés nouveaux en petites boites à 14c la boite.

Demandez les pipes B B B et G B D que M. Côté importe directement d'Angleterre, et dont la qualité supérieure est reconnue depuis longtemps. C'est l'article convenable pour satifaire tous les goûts des bons fumeurs.

N'oubliez pas l'endroit favorable où vous pouvez vous les procurer: chez M. Jos. Côté, marchand de tabac, rue St-Joseph, St-Roch, Québec.

La librairie J. B. Baillière & Fils, 19, rue Hautefeuille à Paris, vient de publier un Catalogue général de Livres de Sciences, comprenant la médecine, l'histoire naturelle, l'agriculture, l'art vétérinaire, la physique, la chimie et l'industrie; on y trouvera l'annonce détaillée de plus de cinq mille volumes, avec un extrait de la table des matières des principaux ouvrages et surtout un repertoire méthodique très détaillé, par ordre de matières.

Cette brochure de 104 pages, gr. in-18, est envoyée gratis et franco dans tous les pays du monde, à toute personne qui en fait la demande par carte postale *double* (avec réponse payée).

REVUE DES MARCHÉS

Montréal, le 15 nov. 1900.

GRAINS ET FARINES

Marchés Etrangers

Les derniers avis télégraphiques cotent ainsi que suit les marchés de l'Europe:

Londres: Blé en transit, facile; maïs, tranquille mais soutenu. Chargements de blé de Californie Standard No 1 30s 9d. Marchés anglais, blé ferme. Avoine canadienne mélangée 14s 3d.

Liverpool — Blé disponible, tranquille; maïs facile. Blé de Californie Standard No 1 6s 3d à 6s 4d. Blé de Walla Walla, 6s à 6s $\frac{1}{2}$d. Blé du printemps No 2 6s $3\frac{1}{2}$d à 6s 4d. Transactions futures. Blé tranquille, déc. 6s; mars 6s 1d; maïs tranquille; nov. 4s $\frac{1}{8}$d; janv. 3s $10\frac{3}{4}$d; maïs américain disponible 4s $\frac{1}{2}$d à 4s $\frac{3}{4}$d.

Paris—Blé à peine soutenu, nov. 19.95; mars, 21.65; farine à peine soutenue, nov., 25.90 et mars 27.70.

On lit dans le *Marché Français* du 27 octobre:

La semaine sous revue a été marquée par du beau temps d'abord, puis ensuite par des pluies assez abondantes et surtout assez générales, qui ont coupé court aux plaintes que la prolongation de la sécheresse provoquait dans quelques rares régions, notamment dans l'ouest. Dans ces conditions, la culture reprise par ses travaux déserte de plus en plus ses marchés respectifs, et ayant en outre interrompu ses battages, elle ne fait plus que des offres insignifiantes, mais qui suffisant à donner satisfaction aux petites demandes de la meunerie.

Les marchés à blé américains ont faibli comme d'ailleurs la plupart des marchés étrangers. Les stocks en Europe sont considérables et tant qu'ils n'auront pas été fortement entamés, la demande du blé américain ne pourra se relever à moins que les prix en soient tendants pour les acheteurs des pays d'importation.

Le température en Argentine est devenue entièrement favorable aux récoltes, ce qui, avec la liquidation, a contribué à maintenir les marchés voisins dans un état de faiblesse qui pourrait s'accentuer davantage, maintenant que les marchés russes et hongrois offrent librement.

On cotait hier à Chicago, blé, au comptant, de $72\frac{1}{4}$ à $75\frac{1}{4}$; novembre 72 à $72\frac{1}{8}$; décembre $62\frac{1}{4}$ à $72\frac{3}{8}$c et janvier $73\frac{1}{8}$c pour blé rouge No 2.

Maïs, au comptant, $39\frac{1}{4}$ à $39\frac{1}{2}$c; novembre $39\frac{1}{8}$c; décembre $35\frac{7}{8}$c et mai $36\frac{5}{8}$c.

Avoine, au comptant, $25\frac{1}{2}$c; novembre $21\frac{5}{8}$c; décembre 22c et mai $23\frac{7}{8}$c.

MARCHES CANADIENS

Nous lisons dans le *Commercial* de Winnipeg du 10 novembre, le rapport suivant:

Le marché n'offre aucun changement sur celui de la semaine dernière. Les expéditions de blé vers l'est augmentent mais sont en diminution de moitié sur ceux de l'année dernière. La demande est faible les prix au-dessus de ceux de l'exportation. Les qualités inférieures ont été recherchées cette semaine pour l'usage des minotiers de l'Ontario. Voici quels étaient les prix de clôture hier. No 1 dûr, 82c; No 2 dûr, 76c; 3 dûr, 71c; No 3 du Nord, 66c; grossier No 2 dûr, 70c; grossier No 3 dûr, 67c; tous en entrepôt Ft William.

Le commerce des grains et farines a été assez actif. L'avoine est ferme à 29c pour le local et à $29\frac{1}{4}$c à flot pour l'exportation. Pour les autres grains nos cotes de la semaine dernière sont sans changement.

Les farines de blé du Manitoba ont une excellente vente, les meuniers ont, néanmoins baissé les prix de 15c par baril pour rencontrer la concurrence de la petite meunerie qui, n'ayant plus de vieux blé met en œuvre des blés nouveaux moins chers que ceux de l'année dernière.

Les farines d'Ontario sont sans changement.

La demande en issues de blé, particulièrement en son, est très forte depuis quelques jours, les prix n'ont cependant pas changé.

FROMAGE

MARCHÉ ANGLAIS

MM. Marples, Jones & Co. nous écrivent de Liverpool le 2 novembre 1900:

La demande laisse toujours à désirer pour les qualités "Finest Cool," mais les fromages plus faits se vendent couramment de 48 à 50 pourvu qu'ils soient des Full Creams. A la fermeture le marché est loin d'être fort.

"Nous cotons:

	s.	d.		s.	d.
Fine meaty night Skims..........	42	0	à	44	0
Blanc et coloré, qualité moyenne	00	0	à	00	0
Blanc de choix, Canada et E.-U.	51	6	à	53	6
Coloré de choix, Canada et E.-U.	52	6	à	54	6

MARCHES D'ONTARIO

		Boites offertes.	Boites vendues.	Prix payés.
Brockville	Nov. 8	4050	4050	10c
Madoc	" 8	2855	offert	10c
Kingston	" 8	1900	offert	9 15/16c
Perth	" 9	1525b	1525	$10\frac{1}{8}$c
Napanee	" 9	455b et c	455	10c
Iroquois	" 9	415b et c	415	10c
Kemptville	" 9	600	..	$10\frac{1}{8}$c
Cornwall	" 10	2265b et c	2265	10 1/16c
Belleville	" 10	450	350	$10\frac{3}{8}$c
London	" 10	1108	250	$10\frac{1}{8}$c
Ingersoll	" 13	1550	offert	$10\frac{3}{8}$c
Woodstock	" 14	7022	offert	$10\frac{3}{8}$c
Peterboro	" 14	3300c	3100	10 et $10\frac{1}{8}$c
Picton	" 14	254	offert	10 1/16c
Stirling	" 14	380	380	$10\frac{1}{8}$c
Russell	" 14	1000	offert	10c

MARCHES AMERICAINS

		Boites offertes.	Boites vendues.	Prix payés.
Watertown	Nov. 10	830	..	10, $10\frac{1}{8}$c
Ogdensburg	" 10	280	280	10c
Utica	" 12	6335	..	$9\frac{3}{4}$, $10\frac{1}{4}$c
Little Falls	" 12	3852	..	10, $10\frac{1}{8}$c

MARCHES DE QUEBEC

		Boites offertes.	Boites vendues.	Prix payés.
St Hyacinthe	Nov. 10	5500	5500	$9\frac{1}{2}$c
Ormstown	" 14	1641b	877	10 5/16c
do	" 14	108 bc	308	10 5/16c
do	" 14 façon de nov		100	10 3/16c

MARCHE DE MONTREAL

Faible au début de la semaine, le marché au fromage se raffermit sur une demande plus accentuée de la part des exportateurs qui, ayant vendu à découvert pour livraisons en novembre, avaient différé d'acheter, dans l'attente d'une baisse plus prononcée.

Le fromage de Québec de septembre est demande à $10\frac{1}{4}$c mais la fabrication d'octobre et de novembre vaut, suivant qualité, de $9\frac{1}{2}$ à 10c.

Les exportations de la semaine dernière ont été de 38,596 boites contre 25,423 pendant la semaine correspondante de 1899.

Depuis l'ouverture de la navigation les exportations totales ont été de 1,969,265 boites contre 1,757,958 pour la période correspondante de l'an dernier.

BEURRE

MARCHE ANGLAIS

MM. Marples, Jones & Co. nous écrivent de Liverpool le 2 nov.

Apparemment les cours ont atteint leur point culminant car bien que le Danois ait été coté un peu plus haut pendant la première partie de la semaine à la clôture il était beaucoup plus facile.

" Nous cotons :	s. s.
Imitation crêmeries, E.-U., choix.	76 à 80
Crêmerie, frais, E.-U., choix, boîtes nominal	96 à 100
Irlande, choix, boîtes	90 à 94
Crêmerie, canadien, choix, boîtes..	102 à 106
" Irlande, choix, boîtes..	100 à 104
" Danemark, en barils et sur choix	108 à 120

MARCHÉ DE MONTRÉAL

Le commerce d'exportation pour le beurre est, pour la saison de navigation, une chose du passé. Il ne s'agit plus maintenant que du commerce pour la consommation locale. La demande pour cette consommation est bonne et, comme il y a peu de beurre de choix, les meilleures qualités obtiennent de 20½ s 20¾c, ce qui peut être considéré comme un très bon prix pour la saison.

Les beurres de qualité inférieure au 'finest' varient, comme prix, de 19 à 19¾c pour ceux de crêmerie.

Les beurres en rouleaux se détaillent aux épiciers à 18½c.

Les exportations de semaine dernière, ont été très pauvres, 128 paquets pour Glasgow. L'an dernier pour la semaine correspondante il était sorti 9,894 paquets.

En résumé, pendant cette saison de navigation, il y a eu recul dans les exportations de beurre. Ainsi, tandis que, depuis le 1er mai de cette année, il a été exporté 255,514, il est à remarquer qu'en 1899 pour une même période l'exportation atteignait 444,376 paquets.

ŒUFS

MM. Marples, Jones & Co, nous écrivent de Liverpool le 2 novembre :

Les œufs se vendent modérément sans grand changement sur les prix de la semaine précédente.

Nous cotons:	s d s d
Œufs frais du Canada et des E.-U.	6 9 à 7 8
" conservés à la glycerine.	7 4 à 7 8
" " à la chaux....	6 10 à 7 2
" frais d'Irlande	9 3 à 10
" " du Continent	6 6 à 7 6

Sur le marché de Montréal la demande en œufs est bonne et pour le local et pour l'exportation.

Les œufs frais se paient en gros à la caisse 20c la doz ; les œufs mirés de 15½ à 16c et les œufs chaulés de Montréal, 15½c.

POMMES

MM. J. C. Houghton & Co, nous écrivent de Liverpool le 1er nov. 1900 :

Les affaires sont très actives et il arrive de fortes quantités de pommes américaines et canadiennes. La qualité de ces arrivages est très bonne et justifie la demande excellente qui existe et les cours un peu moins élevés résultent tout simplement des forts arrivages.

PRIX A L'ENCAN

Pommes	Vendredi 26 oct s.	d.	s.	d.	Lundi oct. 29. s.	d.	s.	d.	Mercredi oct. 31. s.	d.	s.	d.
Canadiennes, barils												
Greening	10	3	16	0	9	0	16	0	11	0	17	9
Baldwin	9	9	15	3	10	0	16	0	10	6	14	6
Ribston Pip												
Snow	15	9	20	0	10	9	18	9	14	9	17	0
King	16	3	22	6	13	6	22	0	16	0	22	0
Fallwater												
Ben Davis					11	6	13	9	15	0	15	9
Holland Pippin												
N. Spy	13	0	16	0					12	6	16	0
G. Russet	14	0	15	3					12	0	16	3
Canada Red					12	9			13	9	14	3
Américaines.												
Greening					11	0	13	6	10	3	10	6
Baldwin	9	0	14	9	8	9	15	3	10	9	14	3
Kings												
Albemarle Pippin					11	0	17	3				
Newtown Pippin.					14	6	20	6	14	0	23	0
Hubbardson												
Ben Davis												
York Imperial					12	3	14	9				
Winesap					10	9	13	0	11	9	12	0
N. Spy									9	3	13	0
Nouvelle-Ecosse.												
Blenheim					9	0	45	0				
Gravenstein					9	6	17	6				
Ribston					9	0	15	0				
Kings					10	3	12	9				

ARRIVAGES

	Barils.
Arrivages pour la semaine finissant le 30 oct. 1900.	45987
Arrivages antérieurs depuis le 1er juillet 1900	102171
Total des arrivages au 30 oct. 1900	148159
Du 1er juillet 1899 au 30 oct. 1899	144554

LEGUMES

Les pommes de terre sont payées 38c les 90 lbs au char et on les détaille à 55c les 90 lbs.

Les prix des haricots triés à la main sont cotés de $1.50 à $1.55 par minot en lot de char complet.

On cote :

Salade, de Waterloo, 50c la doz.
Salade de Boston $1.00 la doz.
Choux, de 25 à 30c la doz.
Carottes, $1.00 le quart.
Navets, de 40c à 50c le sac.
Radis, 20c la doz. de paquets.
Choux fleurs, de $1.00 à $1.25 la doz.
Aubergines, 50 à 75c la doz
Céleri, 10c à 40c la doz. de paquets.
Patates sucrées, de $3.00 à $3.50 le quart.
Betteraves, 40c. la doz. de paquets.
Oignons rouges, de $1.75 à $2.00, le baril.
Oignons jaunes, de $1.75 à $2.00 le baril.
Oignons d'Egypte, :2.50 le sac de 165 lbs.
Oignons d'Espagne au crate de 75 à 80c.

FRUITS VERTS

Nous cotons :

Atocas, de $5.00 à $7.00 le quart.
Bananes, de $1.00 à $2.00 le régime.
Oranges de Jamaïque, de $5.50 à $6.50 le quart.
Citrons de Messine, de $1.25 à $2.00 la caisse.
Citrons de Malaga, de $5.00 à $5 50, $5.75 la caisse de 59 doz.
Citrons de Malaga, $2.00 à $2.25 la caisse de 35 doz.
Pommes, de $1.50 à $3.50 le quart.
Poires d'Anjou, de $7.00 à $10.00 le quart.
Poires de Californie de $4 à $4.50 la boîte.
Raisins Catawba de 25c à 35c le panier.
Raisins de Malaga, de $5.00 à $6.00 le baril.
Coings, 50c le panier.

FOIN PRESSE ET FOURRAGES

MM. Hosmer, Robinson & Co., nous écrivent de Boston le 8 novembre 1900 :

" Les arrivages pour la semaine écoulée ont été de 410 chars de foin et 35 chars de paille et 10 chars de ce foin pour l'exportation. La semaine correspondante, l'an dernier, 397 chars de foin et 26 chars de paille et 76 chars de ce foin pour l'exportation.

Nous avons actuellement une très bonne demande pour toutes les qualités de foin et de paille. Nous ne prévoyons aucun changement dans un avenir rapproché et nous conseillons des expéditions. Nous pensons pouvoir obtenir des prix satisfaisants.

Nous cotons :

	Grosses balles.	Petites balles.
Foin, choix...	$18.00 à $19.00	$17.50 à $18.50
— No 1 ...	17.00 à 18.00	16.50 à 17.50
— No 2 ...	16.00 à 16.50	16.00 à 16.50
— No 3 ...	14.00 à 15.00	15.00 à 16.00
— mél.d.trèf.	15.00 à 16.00	15.00 à 15.50
— trèfle ...	15.00 à 15.50	
Paille de seigle long....	16.00 à 16.50	
— mêlée..	11.00 à 12.00	11.00 à 12.00
— d'avoine	9.00 à 9.50	9.00 à 9.50

Le marché de Montréal est actif, les prix sont fermes aux cotes anciennes.

" Nous cotons :	
Foin pressé, No 1 à choix....	$ 9 00 à 10 00
do do No 2	8 00 à 9 00
do mél. de trèfle	0 00 à 7 50
Paille d'avoine	4 50 à 5 00

NOTES SPECIALES

CAISSE NATIONALE D'ECONOMIE—Les progrès immenses que fait cette nouvelle société dépassent les prévisions des personnes qui l'on fondée. Elle compte dans ses rangs plus de 5,000 sociétaires avec un capital inaliénable de près de $25,000.00, ces chiffres étant pour la même période d'opération cinq fois plus élevés que ceux d'une société semblable qui a été fondée à Paris en 1881. Cette progression constante et rapide fait espérer qu'après 20 ans de présence dans la société, la rente viagère payée à ses membres sera encore plus considérable qu'on ne l'avait d'abord prévu. Les personnes qui s'inscriront immédiatement peuvent faire remonter leur présence dans la société du 1er janvier 1900. Les blancs d'inscription peuvent être obtenus des agents autorisés ou en s'adressant à Arthur Gagnon, Sec.-Trés., Monument National, Montréal.

MEDAILLE D'OR A L'EXPOSITION DE PARIS

Les lecteurs du PRIX-COURANT connaissent tous la maison B. Houde & Cie, les grands manufacturiers de cigarettes et tabacs coupés, de Québec. Ils connaissent également la haute réputation de leurs produits et la grande faveur dont ils jouissent dans le commerce et parmi les consommateurs. Ils ne pourront donc que se joindre à nous pour féliciter cette florissante maison qui vient de remporter une MÉDAILLE D'OR A L'EXPOSITION DE PARIS, pour ses cigarettes et ses tabacs coupés.

C'est un joli succès pour les fabricants des excellentes cigarettes Lord Dufferin, Houde's Straight Cut, Rugby et autres marques de tabacs de choix, et nous nous faisons un véritable plaisir d'en communiquer la nouvelle officielle à nos nombreux lecteurs.

Ce procédé consiste à dissoudre de la colle forte ordinaire, réduite en petits morceaux, et à la faire fondre dans de l'éther nitique. (Une fois l'éther saturé de colle, il n'en dissout plus.) On donne à cette colle la consistance de la mélasse. En y ajoutant quelques fragments de caoutchouc, sa puissance adhésive se trouve encore considérablement augmentée, tout en la préservant de l'humidité. La quantité de caoutchouc à employer peut représenter le volume d'une forte noisette. Il faut quelques jours pour qu'il se dissolve entièrement dans cette colle.

Conservation des plumes de fer

L'encre dont on se sert pour écrire est le plus terrible ennemi des plumes de fer qu'elle oxyde, corrode et détrempe, elle les rend impropres au service qu'on en attend.

Il suffit, pour obvier à cet inconvénient, de placer sur son bureau, dans un petit encrier en porcelaine, une moitié de pomme de terre, la face coupée en dessous, et, en quittant le travail, d'y piquer deux ou trois fois la plume après l'avoir soigneusement essuyée. Elle se débarrasse ainsi de l'encre restée dans l'œil, la fente et les gaufrages, et elle ne s'oxyde pas.

La rouille sur les objets nickeles

Par suite de la grande extension qu'a prise le nickel, il y a intérêt à connaître un moyen pratique pour enlever la rouille qui se montre sur les objets nickelés.

On graisse d'abord la surface rouillée et on la frotte quelques jours plus tard avec un chiffon imbibé d'ammoniaque. Si quelques taches subsistent, on y met avec précaution un peu d'acide chlorhydrique étendu qu'il faut tout de suite essuyer.

On lave ensuite à l'eau, et, une fois la surface sèche, on la polit avec du tripoli.

CHRONIQUE DE QUÉBEC

Mercredi, 14 novembre 1800.

Pratiquement, le chemin de fer du Grand Nord est devenu l'un des facteurs les plus puissants de la prospérité de Québec. Il ne s'agit pas tant de constater aujourd'hui l'existence d'une nouvelle voie ferrée reliant l'ouest canadien et américain avec la ville de Québec, que d'établir que cette voie ferrée a sa raison d'être dans le fait que les produits venus de l'ouest peuvent non seulement être amenés directement chez nous, mais peuvent en être facilement transbordés dans les steamers de grand tonnage pour ensuite être livrés aux endroits de consommation. L'expérience faits cette semaine même a donné les résultats les plus satisfaisants.

Non seulement une dizaine de chars à grains ont atteint Québec venant sans arrêt des lieux de production, mais ils ont été emmagasinés avec facilité dans les élévateurs construits pour les recevoir, et ils ont ensuite été transvidés dans la cale d'un steamer destiné à prendre la haute mer sans délai. Il y a donc là une démonstration palpable d'un état de chose nouveau en ce qui concerne les moyens pratiques de transport des produits naturels du sol canadien et américain. Voilà donc une entreprise menée à bonne fin jusqu'à présent. C'est, sans doute, le secret de l'avenir de prouver si cette ligne nouvelle aura du succès, mais nous constatons la réalisation d'un projet qui tend à améliorer le commerce général du pays, etil nous semble que tout bon Canadien doit en être fier.

***

Nous croyons que la tempête de neige de la nuit dernière nous a amené définitivement l'hiver. C'est à peu près l'époque où il faut songer à voir clore la saison de navigation, et les préparatifs faits en vue de cette éventualité indiquent que ce n'est plus qu'une question de quelques jours. Toutes les principales expéditions pour l'étranger sont maintenant à peu près terminées. Les bateaux à vapeur de cabotage, qui font le service régulier du marché entre Québec et les paroisses riveraines en amont et en aval le long du fleuve, ont eux aussi à peu près transporté toute la partie disponible des céréales et légumes nécessaires à l'approvisionnement de Québec, et vont bientôt prendre leurs quartiers d'hiver. Les goélettes prennent leurs derniers chargements pour les ports en bas du fleuve, et la flotte ordinaire des vaisseaux de tout tonnage se fait de plus en plus rare dans notre port. Sans avoir vu les rapports du pilotage pour le hâvre de Québec et au-dessous, nous avons lieu de croire que la corporation des pilotes va partager entre ses membres une somme relativement considérable, eu égard au fait que la flotte du St-Laurent a été diminuée par les nécessités de la guerre.

∴

EPICERIES

Sucres raffinés : Jaunes, $4.10 à $4.20; blanc $4.55; granulé, $5.00 à $5.15; powdered, 7c.

Mélasses : Barbade pur, tonne, 40 à 42c Porto Rico, 38 à 42c; Fajardos, 48 à 50c.

Beurre : Frais, 20c; Marchand, 17c; Beurrerie, 20c.

Conserves en boîtes : Saumon, $1.40 à $1.70 Clover leaf, $1.60 à $1.65; homard, $3.50 à $3.75; Tomates, 95c à $1.00; Blé-d'inde, 85 à 90c; Pois, 90c à $1.00.

Fruits secs : Valence, 9c; Sultana, 11 à 15c; Californie, 8 à 10c; C. Cluster, $2.20; Imp. Cabinet, $2.00; Pruneaux de Californie, 8 à 10c; Imp. Russian, $4.50.

Tabac Canadien : En feuilles, 9 à 10c; Walker *wrappers* 15c; Kentucky, 15c; et le White Burleigh, 15 à 16c.

Planches à laver : "Favorites" $1.70; "Waverly" $2.10; "Improved Globe" $2.00

Balais : 2 cordes, $1.50 la doz; à 3 cordes, $2.00; à 4 cordes, $3.00.

FARINES, GRAINS ET PROVISIONS

Farines : Forte à levain, $2.25 à $2.30; deuxième à boulanger, $1.90 à $2.10; Patente Hungarian, $2.40; Patente Ontario, $1.90 à $1.95; Roller, $1.85 à $1.90; Extra, $1.60 à $1.65; Superfine, $1.45 à $1.50; Bonne Commune, $1.25 à $1.30.

Grains : Avoine (par 34 lbs) Ontario, 35 à 37c; orge, par 48 lbs, 65 à 70c; orge à drèche, 70 à 80c; blé-d'inde, 55 à 56c; sarrasin, 60 à 70c.

Lard : Short Cut, par 200 lbs, $18.00 à $18.50; *Clear Back*, $19.50 à $20.50; saindoux canadien, $2.05 à $2.25; composé le seau, $1.70 à $1.75; jambon, 10½ à 13c; bacon, 9 à 10c; porc abattu, $6.00 à $7.50.

Poisson : Hareng No 1, $5.50 à $6.00; morue No 1, $4 à $4.25; No 2, $3.50; morue sèche, $5.00 le quintal; saumon, $15.00 à $16.00; anguille, 4½c la livre.

∴

Nous avons espéré toute la semaine pouvoir donner des renseignements encourageants quant aux difficultés actuellement existantes à Québec entre patrons et ouvriers. Nous croyons même pouvoir annoncer pour aujourd'hui, avec une satisfaction complète la réouverture de toutes les fabriques fermées sur l'ordre des patrons depuis maintenant plus d'un mois. Les négociations pour amener un règlement pacifique ont été poussée de part et d'autre avec zèle, intelligence, et bonne volonté. Malheureusement, il semble qu'une question de simple formalité ait seule empêché la reprise du tsavail dans les diverses manufactures.

Les ouvriers et ouvrières ayant été notifiés que dorénavant ils devraient cesser d'appartenir aux unions et accepter une commission d'arbitrage pour le règlement des difficultés futures, se sont montrés disposés en général à se soumettre à ces conditions. Seulement, pour donner effet à cet arrangement, il fallait que chacun des ouvriers allat chez le notaire choisi par les patrons et y inscrivit son nom avant de pouvoir reprendre le travail. Pour des raisons qui se devinent aisément, un grand nombre d'ouvriers ont négligé jusqu'à présent de se rendre chez le notaire, et il est vraisemblable que beaucoup refuseront d'y aller. De là un retard forcé. Nous avons entendu des ouvriers et quelques patrons exprimer l'idée que cet engagement par-devant notaire était de nature à causer du mécontentement; nous n'avons cependant pas à blâmer qui que ce soit dans l'exercice d'un droit.

Il est certain que les patrons, plusieurs fois échaudés, ont résolu de prendre des précautions qui paraissent extraordinaires. Mais comme ils courent le risque ou d'en venir à leurs fins ou de laisser leurs établissements fermés pour un temps indéfini, il n'est que juste de ne pas discuter les moyens qu'ils croient utile d'adopter. Ils ont une responsabilité personnelle considérable qu'ils ont assumée en toute connaissance de cause, il leur reste à en supporter les conséquences en hommes d'affaires, soucieux de sauvegarder leurs réputations et de conserver à Québec une industrie qui fait vivre notre population depuis une trentaine d'année.

L. D.

LA CONSTRUCTION

Contrats donnés

Chez Victor Roy, architecte, rue St-Jacques No 146. Une bâtisse, rue Sherbrooke, à 2 étages, formant un logement. Maçonnerie Nap. Guilbault; charpente et menuiserie, U. Pauzé & Fils; couverture, Herm. Roy & Cie; plombage, Herm. Roy & Cie; chauffage, Herm. Roy & Cie; brique, Isidore Morache; enduits, Jos. Chamberland; peinture et vitrage, Henri Gauthier; propriétaire, Dame Victor Roy.

NOTES

M. Jos. A. Godin, architecte, a accordé à MM. Allard, Leclerc & Crevier, la sculpture, pour la chapelle du noviciat des R. R. P. P. Oblats à Lachine.

Le concours pour la préparation des plans du nouvel hôtel de ville à De Lorimier se terminera aujourd'hui; le coût sera de $10,000.

PERMIS DE CONSTRUIRE À MONTRÉAL

Rue Sherbrooke, une maison formant 2 logements, 25 x 40, à 2 étages, en pierre et brique, couverture en gravois; coût probable, $3,500. Propriétaire, Dame Helen A. Rafter; architecte, Victor Roy; maçon, Nap. Guilbault; charpente, U. Pauzé et Fils (240).

Rue Richmond No 306, une allonge, 22 x 26, à 2 étages, en brique, couverture en gravois; coût probable, $900. Propriétaire, La Fabrique de St Joseph; maçon, Théod. Lessard; charpente, Th. Bélanger. (241)

Ave Duluth No 41, modifications et réparations à une maison; coût probable $100. Propriétaire, C. Desjardins. (242)

Coin des rues Panet et Logan, modifications et réparations à une maison; coût probable $1100. Propriétaire, Horm. Dubuc; travaux à la journée. (243)

Rue de Montigny No 1206, une maison formant 2 logements, 20 x 34, à 3 étages, en bois et brique, couverture en gravois et feutre; coût probable $1500. Propriétaire, L. A. Gagnier; maçon, Alph Chapleau. (244)

Colle forte liquide

Une fois la colle fondue, pour la conserver liquide il n'y a qu'à y ajouter environ son volume de vinaigre, un quart d'alcool et un peu d'alun. Ainsi préparée, elle peut se conserver longtemps. Voici la formule:

Colle forte fondue	50	grammes.
Vinaigre	125	"
Alcool	726	"
Alun, une pincée	5	"

Prendre de grandes précautions en ajoutant l'alcool qui est très inflammable.

Nous trouvons dans l'*Union Pharmaceutique*, p. 316, année 1860, le procédé suivant pour obtenir une excellente colle forte liquide:

Colle de Givet concassée...	1 kilogramme.
Eau	1 litre.

Faire dissoudre au bain-marie et remplacer l'eau évaporée par la même quantité d'eau chaude. Une fois la colle entièrement fondue, verser peu à peu dans la dissolution 200 grammes d'acide nitique. Il se produit une vive effervescence. Une fois apaisée, on agite le liquide, on retire du feu et on laisse refroidir.

Cette colle s'emploie à froid; elle est aussi adhérente que la colle forte à chaud.

EXTRA

RENSEIGNEMENTS COMMERCIAUX

PROVINCE DE QUEBEC

Cessions

Ile Bizard—Boileau P. & Frères, contracteurs.
Montréal—Masterman A. S. & W. H., empaqueteurs de porc.

Dissolutions de Sociétés

Québec—Derouin & Thibaudeau, couvreurs.
St-Laurent — Migneron & Gohier, bois et charbon.

En Difficultés

Montréal—Lemay Victor, hôtel.
Québec—Maranda Adélard, épic.
St-Appolinaire—Lambert J. B., mag. gén., offre 55c dans la piastre.
St-Hyacinthe—Côté J. A. & M., mfrs de chaussures, offrent 25c dans la piastre.

Fonds à Vendre

Quyon—Ritchie & McAdam, mag. gén.

Fonds Vendus

Montréal—Hasley Bros., chapeliers.
Houle L., nouv.
Turcotte A. J. & Co., épic. en gros et en détail à 100c dans la piastre à L. N. Bergeron & Co.

Incendies

Montréal—Brown Wm. Foster & Co., libraires.

Nouveaux Établissements

Montréal—Craven Bros., marchands à com.
Daignault A. & Cie, boulangers, etc., Dame Alph. Daigneault.
Franco-Canadian (The) Co., charcuterie ; Arthur Groll.
Nicolet—Desrochers J. E. & Co., embouteilleurs ; Dame Eugénie Bourque.
St-Camille—Manseau Geo., mag. gén.
St-Claude—Pratt B., mag. gén.
St-Jean—Côté J. & Cie., nouv. ; Dame Julien Côté.
Shawinigan Falls—Chapdelaine J. M. & Co., tabac, etc ; Valarie Drolet.
Shawville—Earl Wm. F., épic. et fruits.
Windsor Mills—Drouin & Plourde, ferblantiers.

PROVINCE D'ONTARIO

Cessations de Commerce

Kingsville—Day W. A., mag. gén. ; Emily Alworth succède.
Thornhill—Adams W. H., tailleur, parti pour Toronto.

Cessions

Cornwall—Massey Mary, modes.
Merrickville—Wright John R., hôtel.

Décès

Hawkesbury—Castello M. J., mag. gén.
London—Fitzgibbon James, épic., etc.
Ottawa East—Biggar Hannah, mag. gén.
Tilsonburg — Rodgers & Torrens, quincaillerie ; C. H. Rodgers.

En Difficultés

Belleville—Fox Geo. E., tailleur.

Fonds à Vendre

Granton—Arnold F J., ferblantier.
London—Howard Thos., forgeron, etc.

Fonds Vendus

Clandeboye—Cunningham Wm., hôtel, à M. Atkinson.
Exeter—Bishop H. & Son, mag. gén.
Gananoque—Latimer W. F., nouv., etc., à George Taylor.
Perth—Masson T. A., épic.
Seaforth—Kling Jacob, hôtel, à James Dick.

Nouveaux Etablissements

Perth—Wood A., etc.

Colle forte ordinaire

La colle forte se prépare au bain-marie, après l'avoir fait gonfler dans l'eau froide.

Il faut une demie-livre de bonne colle forte de Flandre concassée pour un litre d'eau. Un peu avant de la retirer du feu, on y ajoute une ou deux gousses d'ail. Si on désire rendre la colle moins sèche, plus onctueuse et plus souple, on y ajoute 260 grammes de mélasse pour 500 grammes de colle fondue.

Entretien du mica

Il est de mode, depuis quelques années, de garnir les portes des appareils de chauffage de plaques de mica, à travers lesquelles on aperçoit le feu du foyer, et une foule de poêles sont pourvus de ces plaques ; il est donc utile d'indiquer la manière de les entretenir toujours bien transparentes.

Pour ce faire, il suffit de tremper un chiffon dans de l'eau-de vie ou de l'ammoniaque et d'en frotter le mica, pour l'essuyer ensuite à sec avec un linge propre, il redevient aussi transparent qu'étant neuf.

Ce nettoyage doit se faire au moins une fois par semaine.

AVIS DE FAILLITE
IN RE

ARCHAMBAULT FRERES

Faillis.

Les soussignés vendront par encan au No 69 rue St-Jacques, Montréal,

Jeudi, le 6 Décembre 1900, à 11 heures, a.m.

les immeubles ci-après décrits :

1o Une maison avec façade en pierre, portant le No 84 rue Cherrier avec droit de passage dans la ruelle en arrière.

Le lot mesure 55 x 120 pieds anglais et est connu comme étant les subdivisions 9 et 10 du numéro officiel 1207, du quartier St-Jacques, en la Cité de Montréal.

2o Une maison avec façade en pierre, portant le No 86 rue Cherrier avec droit de passage en arrière.

De lot est de 55 x 120 pieds, mesure anglaise, et est connu comme étant les subdivisions 7 et 8 du No officiel 1207 du quartier St-Jacques, en la Cité de Montréal.

3o Cinq lots de terre sur l'avenue Desjardins, contenant 25 x 103.8 pieds, mesure anglaise, chacun, les dits lots étant connus comme étant les Nos 136 à 140 de la subdivision du No officiel 14 pour le village d'Hochelaga avec une maison sus érigée.

Les conditions seront connues le jour de la vente.

KENT & TURCOTTE,
97, rue St-Jacques,
Montréal.

MARCOTTE FRERES,
Encanteurs.

AVIS DE FAILLITE
IN RE

J. M. GAGNON,

Marchand de chaussures de Sherbrooke, Qué.
Failli.

Le soussigné vendra à l'encan public, aux salles de Marcotte Frères, No 69 rue St-Jacques,

Mardi, le 20 de Novembre courant,
à 11 heures a.m.

Tout l'actif du sus-nommé comme suit :

Stock de chaussures	$1,348 41
Stock de claques	369 72
Fixtures du magasin	68 30
Dettes de livres par liste	15 60
Loyer du magasin au 1er mai 1901	100 00
	$1,902 03

Le magasin sera ouvert le 19 du courant, pour inspection du stock. l'inventaire peut être vu tous les jours, à mon bureau.

Seront vendus aussi le même jour, deux lots de terre situés sur la rue Ball, portant les numéros officiels 1398 et 1399 du Quartier Sud de la Cité de Sherbrooke, avec les bâtisses dessus construites.

Pour autres informations, s'adresser à

WM. RENAUD,
Cessionnaire.
15 rue St-Jacques, Montréal

MARCOTTE FRERES,
Encanteurs.

AVIS DE FAILLITE
Dans l'affaire de

ARTHUR-ISIDORE CLEMENT

Epicier de Montréal.

Le soussigné vendra à l'encan public, aux salles d'encan de Marcotte Frères, No 69 rue St-Jacques, en la cité de Montréal,

Mardi, le 20 Novembre 1900, à 11 heures a. m.

Les immeubles cédés par le failli, savoir :

1o Un lot de terre situé dans le quartier St-Jean-Baptiste, en la cité de Montréal, connu et désigné aux plan et livre de renvoi officiels du village St-Jean-Baptiste, sous le No 15—quinze—subdivision officielle No 1230—douze cent trente—avec maison et autres dépendances dessus construites, portant les Nos 416 et 418 de l'avenue Laval, avec droit dans la ruelle en arrière.

2o Trois lots de terre situés dans le quartier St-Jean-Baptiste, en la cité de Montréal, connus et désignés aux plan et livre de renvoi officiels du village St-Jean-Baptiste, sous le No 15—quinze—subdivisions Nos 15-1026, 15-1027 et 15-1028—mille vingt six, mille vingt-sept et mille vingt-huit—avec maisons et dépendances dessus érigées, portant les Nos 127 et 129 rue Rachel, et 423, 425, 427, 429, 431, 433 et 435 de l'avenue Laval, avec l'usage en commun de la ruelle en arrière des dits lots.

Les immeubles ci-dessus décrits seront vendus sujets aux hypothèques et autres charges grevant les dits immeubles, le jour de la dite vente.

Pour titres et autres informations, s'adresser à

F. X. BILODEAU, Curateur.

Bureau de
BILODEAU ET CHALIFOUR,
15 rue St-Jacques, Montréal,

MARCOTTE FRERES, Encanteurs.

AVIS DE FAILLITE

Avantages exceptionnels offerts aux spéculateurs

102.000 PIEDS DE TERRAIN

256 pieds de front par 400 pieds de profondeur, sur le chemin public de la Longue Pointe, côté du fleuve, à quelques minutes de marche du terminus des tramways, avec une allée au milieu du terrain, de 25 pieds, bordée de magnifiques arbres.

Aussi lots à bâtir à Beaurivage.

IN RE

THOMAS F. G. FOISY

Marchand Failli

Les soussignés ont reçu instruction des curateurs à cette faillite, de vendre à l'encan public, au plus offrant et dernier enchérisseur.

MERCREDI, LE 21 NOVEMBRE 1900
à 11 heures a. m.

à leur salle d'encan,

No 453 RUE ST-JACQUES, MONTREAL

les immeubles suivants :

1o Un lot de terre situé dans la paroisse de la Longue Pointe, connu et désigné comme étant le numéro 27 des plan et livre de renvoi de la dite paroisse de la Longue Pointe, comprenant tout le terrain qui se trouve en largeur et en profondeur, entre les bornes suivantes : en front par la rivière St-Laurent, en arrière par le chemin public, d'un côté par Michel Raymond ou ses représentants, de l'autre côte par John Allan ou ses représentants, le tout contenant 102,000 pieds de terrain en superficie, plus ou moins, sujet à la servitude du droit de pasage établi en faveur du lot adjoignant la propriété déjà décrite.

2o 28 lots de terre situés dans la paroisse de la Longue Pointe, comté d'Hochelaga, connus comme étant les numéros 105, 108, 143, 144, 145, 146, 161, 162, 163, 164, 165, 166, 172, 173, 174, 175, 191, 192, 193, 194, 195, 196, 197, 216, 217, 218, 219, 220, des plan et livre de renvoi officiels de la subdivision No 97 de la paroisse de la Longue Pointe.

Pour informations et cahier des charges, s'adresser a

GAGNON & CARON,
Curateurs Conjoints,
41 bâtisse des Tramways, Montréal.

FRASER BROS.,
Encanteurs.

Montréal 2 novembre 1900.

NOS PRIX COURANTS

Nos prix courants sont revisés chaque semaine. Ces prix nous sont fournis pour être publiés, par les meilleures maisons dans chaque ligne; ils sont pour les qualités et les quantités qui ont cours ordinaire dans les transactions entre le marchand de gros et le marchand de détail, aux termes et avec l'escompte ordinaire. Lorsqu'il y a un escompte spécial, il en en est fait mention. On peut généralement acheter à meilleur marché en prenant de fortes quantités et au comptant.

Tous les pr sont ceux du marché, en général, et aucune maison ou manufacture n'a le pouvoir de les changer à son avantage, sauf pour ses propres marchandises qui sont alors cotées sous son propre nom et sa propre responsabilité. La Rédaction se réserve le droit de refuser ce privilège à quiconque en abuserait pour tromper le public.

PRIX COURANTS.—MONTREAL, 15 NOVEMBRE 1900.

Allumettes.

Walkerville Match Co.

Allumettes Parlor

	1 caisse	5 caisses
Crown	$1.60	1.50
Maple Leaf	2.75	2.65
Imperial	5.50	5.25
Allumettes Soufrées		
Jumbo	5.25	5.00
Héros	3 60	3.40

Articles divers.

Bleu Parisien.....lb.	0 12	0 13
Bouchons communs....gr.	0 18	0 30
Briques à couteaux....doz.	0 25	0 30
Brûleurs pour lampes		
No. 1.....doz.	0 00	0 75
No. 2.....“	0 00	1 00
No. 3.....“	0 00	0 70
Câble coton ¼ pouce...lb.	0 13	0 14
“ Manilla.....“	0 15¼	0 16¾
“ Sisal.....“	0 08½	0 10
“ Jute.....“	0 10	0 11½
Coton à attacher.....“	0 15	0 21
Chandelles suif.....lb.	0 00	0 09
“ paraffine...“	0 12	0 12½
“ London Sperm. “	0 11	0 11½
“ Stéarine.....“	0 13	0 14
Epingles à linge. bte. 5 gr.	0 00	0 70
	3 fils.	6 fils.
Ficelles..... 30 pieds..	0 40	0 75
“ ..... 40 “ ..	0 55	0 85
“ ..... 48 “ ..	0 65	1 00
“ ..... 60 “ ..	0 80	1 35
“ ..... 72 “ ..	0 95	1 60
“ ..... 100 “ ..	1 25	2 00
Lessis concentré, com... “	0 00	0 40
“ pur.... “	0 00	0 75
Mèches à lampes No. 1.....	0 11	0 13
“ No. 2.....	0 14	0 16
“ No. 3.....	0 09	0 11
Sapolio, bte ¼ et ½ gr. la gr.	0 0[illegible]	11 30

Cafés.

Cafés rôtis.	la livre.
Arabian Mocha	31
Imperial “	28
Jamaique	20
Java Siftings	26
Maracaibo	22
Old Gov. “	31
Old Gov. Java et Mocha	31
Pure Mocha	27 à 29
Rio	15 à 18
Standard Java	32
“ “ et Mocha	32
Santos	18½
Blanke's Faust Blend	36

Conserves alimentaires

Légumes.

Asperges 4 lbs.....dz.	0 00	4 50
Baked Beans 3 lbs.....“	0 90	1 00
Blé d'Inde.....2 lbs “	0 85	0 95
Champignons .....bte.	0 15	0 21
Citrouilles 3 lbs. .....dz.	0 0[illegible]	0 [illegible]5
Haricots verts.....“	0 00	0 85
Olives, Pints.....“	3 75	5 00
“ ½ Pints.....“	2 90	3 60
“ en quart. gallon.	0 00	1 40
Petits pois français...bte.	0 09	0 12
“ fins.....“	0 14	0 15
“ extra fins..“	0 16	0 17
“ surfins.....“	0 18	0 20
Pois canadiens 2 lbs..dz.	0 80	1 10
Tomates.....“	0 87½	0 90
Truffes.....“	4 80	5 00

Fruits.

Ananas 2 et 2½ lbs....dz.	2 15	2 [illegible]0
Bluets 2 “ ... “	0 75	0 85
Cerises 2 “ ... “	1 95	2 15
Fraises 2 “ ... “	1 70	1 85
“ 3 “ ... “	2 10	2 15
Framboises 2 “ ... “	1 45	1 60
Pêches 2 “ ... “	1 60	1 85
“ 3 “ ... “	2 40	2 85
Poires 2 “ ... “	0 00	1 65
“ 3 “ ... “	1 95	2 10
Pommes gal.....“	0 00	2 15
“ 3 lbs...“	0 00	0 90
Prunes vertes 2 “ ... “	0 00	1 45
“ bleues 2 “ ... “	1 25	1 35

Poissons.

Anchois.....dz.	3 25	0 00
Anchois à l'huile.....“	3 25	4 50
Clams 1 lb.....“	1 25	1 85
Harengs marinés.....“	1 55	1 85
Harengs aux Tomates. “	1 50	1 60
Homards, boite haute. “	3 12½	3 20
“ “ plate...“	3 05	3 75
Huitres, 1 lb.....dz.	0 00	1 30
“ 2 “ .....“	0 00	2 40
Maquereau.....“	1 00	1 05
Sardines Canadiennes, cse	4 00	4 50
Sardines ¼ françaises.bte.	0 09	0 25
“ ½ “ “	0 17	0 35
Sardines Royan à la Vatel.....“	0 00	0 15
Sardines Royan à la Bordelaise.....bte.	0 00	0 15
Saumon rouge (Sockeye) boite haute dz.	0 00	1 60
“ “ plate “	0 00	1 75
“ “ ordinaire haute	0 00	1 50
“ rose (Cohœ) “ dz.	0 00	1 12½
“ du printemps, “	0 00	1 50
Smelts (Eperlans).... “	0 40	0 45

Viandes en conserves.

Corned Beef, bte 1 lb....dz.	1 60	2 00
“ “ 2 “ .... “	2 80	3 40
“ “ 6 “ .... “	9 75	11 40
“ “ 14 “ .... “	21 60	21 00
Lang. de porc. “ 1 “ ....dz.	3 00	4 15
“ “ 2 “ .... “	6 00	8 00
“ bœuf “ 1½ lb.... “	8 00	10 00
“ “ 2 “ .... “	9 25	11 30
“ “ 3 “ .... “	......	14 10
English Brawn 1 lb .... “	1 40	1 70
Bœuf (chipped dried).... “	2 95	3 00
Dinde, bte 1 lb..... “	2 20	2 80
Pâtés de foie gras..... “	3 00	8 00
Pieds de cochon, bte 1½ lb. “	2 30	2 40
Poulets, “ 1 lb. “	2 20	2 30

Drogues et Produits Chimiques

Acide carbolique.....lb.	0 30	0 40
“ citrique.....“	0 50	0 55
“ oxalique.....“	0 08	0 10
“ tartrique.....“	0 33	0 35
Aloès du Cap.....“	0 14	0 15
Alun.....“	0 01½	0 03
Bicarbonate de Soude, brl.	2 00	2 25
Bichrom. de potasse....lb.	0 10	0 12
Bleu (carré).....“	0 10	0 16
Borax raffiné.....“	0 05	0 07
Bromure de potasse....“	0 55	0 60
Camphre américain....“	0 80	0 90
“ anglais.....“	0 85	0 95
Cendres de soude.....“	0 01½	0 02
Chlorure de chaux.....“	0 02½	0 05
“ de potasse.....“	0 23	0 25
Couperose.....100 lbs	0 75	1 00
Crême de tartre.....lb	0 22½	0 27½
Extrait de Campêche...“	0 10	0 11
“ en paquets.....“	0 12	0 14
Gelatine en feuilles....“	0 35	0 60
Glucose.....“	0 03½	0 04
Glycérine.....“	0 18	0 20
Gomme arabique.....lb	0 40	1 25
Gomme épinette.....“	0 00	0 25
Indigo Bengale.....“	1 50	1 75
“ Madras.....“	0 60	0 80
Iodure de potasse.....“	4 00	4 25
Opium.....“	4 50	4 75
Phosphore.....“	0 50	0 75
Pourpre de Paris.....“	0 09	0 10
Résine.....(280 lbs)	2 75	5 00
Salpêtre.....lb	0 05	0 07½
Sels d'Epsom.....100 lbs.	1 50	3 00
Soda caustique 60° “ lbs	0 00	2 50
“ “ 70° “ “	0 00	2 75
“ à laver..... “	0 70	0 90
à pâte.....brl.	2 00	2 50
Soufre poudre.....lb.	0 02	0 03
“ bâtons.....“	0 02	0 03
“ rock, sacs..100 lbs.	2 00	3 00
Strychnine.....oz.	0 90	1 00
Sulfate de cuivre.....lb.	0 06	0 07
Sulfate de morphine...“	1 90	2 00
“ de quinine.....oz.	0 40	0 45
Sumac.....tonne.	70 00	75 00
Vert de Paris.....lb.	0 18½	0 20½

Epices pures.

Allspice, moulu.....lb.	0 15	0 20
Canuelle moulue.....“	0 15	0 20
“ en nattes.....“	0 13	0 15
Clous de girofle moulu “	0 18	0 20
“ “ ronds..“	0 12½	0 14
Gingembre moulu.....“	0 15	0 25
“ racines “	0 10	0 25
Macis moulu.....“	0 90	1 00
Mixed Spice moulu Tin 1 oz.....“	0 00	0 45
Muscade blanchie.....“	0 40	0 50
“ non blanchie..“	0 50	0 60
Piment (clous ronds)...“	0 10	0 12
Poivre blanc, rond.....“	0 23	0 26
“ “ moulu...“	0 26	0 28
“ noir, rond.....“	0 15	0 17
“ “ moulu.....“	0 18	0 19
“ de Cayenne.....“	0 22	0 26
Whole Pickle Spice....lb.	0 15	0 20

Fruits Secs.

Abricot Calif.....lb.	0 12	0 13
Amandes ½ molles.....“	0 12	0 13
“ Tarragone...“	0 15	0 16
“ Valence écalées “	0 40	0 42
Amand. amères écaléeslb	0 00	0 45
“ écalées Jordan “	0 40	0 42
Dattes en boites.....“	0 00	0 05
Figues sèches en boites “	0 07½	0 21
“ “ en sac..“	0 03	0 03¼
Nectarines Californie..“	0 11	0 12
Noisettes (Avelines)....lb.	0 12	0 13
Noix Marbot.....“	0 10	0 11
“ Couronne.....“	0 08	0 09
“ Grenoble.....“	0 12	0 13
“ “ écalées. “	0 00	0 00
Noix du Brésil.....“	0 12	0 13
Noix Pecanes poli.....“	0 12½	0 13
Peanuts rôtis (arach)..“	0 06½	0 07½
Pêches Californie.....“	0 10	0 11
Poires “ .....“	0 13½	0 15
Pommes séchées.....“	0 00	0 00
Pommes évaporées....“	0 05	0 06
Pruneaux Bordeaux...“	0 04	0 08
“ Bosnie.....“	0 00	0 0[illegible]
“ Californie...“	0 05½	0 11
Raisins Calif. 2 cour..“	0 00	0 00
“ “ 3 “ ..“	0 00	0 00
“ “ 4 “ ..“	0 00	0 00
Corinthe Provincials...“	0 11	0 12
“ Filiatras.....“	0 12	0 13
“ Patras.....“	0 00	0 00
“ Vostizzas....“	0 14	0 15
Malag. London Layers bte.	0 00	1 75
“ Connoisseur Cluster “	0 00	2 25
“ Buckingham Cluster.....“	0 00	3 40
Malaga Russian Cluster bte.	0 00	4 50
Sultana.....lb.	0 10	0 12
Valence fine off Stalk,. “	0 00	0 08
“ Selected.....“	0 08	0 08½
“ layers.....“	0 09	0 09

Fruits verts

Ananas, pièce.....	0 00	0 00
Attocas.....quart..	5 00	7 00
Bananes.....régime	1 00	2 00
Pommes.....baril..	1 50	3 00
Raisins Malaga.... “	5 00	6 00
“ ½ “	0 00	0 00
Oranges Valence (420) cse	0 00	0 00
“ “ (714)....	0 00	0 00
“ Navels.....	0 00	0 00
“ Seedlings.....	0 00	0 00
“ Sanguines, ½ cse	0 00	0 00
“ Sorrente, caisse.	0 00	0 00
“ Messine, “	0 00	0 00
“ “ ½ “	0 00	0 00
“ Jamaïque, baril.	5 50	6 50
Citrons Messine.... caisse.	1 25	2 00
“ Malaga. bte 35 dz	2 00	2 25
“ “ caisse 59 dz.	5 00	5 50
Oignons rouges.... baril..	1 75	2 00
“ jaunes.....	1 75	2 00
“ d'Egypte, 165 lbs	0 00	2 25
Oignons d'Espagne, boite.	0 80	0 90
Noix de coco. par 100....	3 25	0 00

Grains et Farines.

GRAINS

Blé roux d'hiver Can. No 2.	0 00	0 00
Blé blanc d'hiver Can. No 2.	0 00	0 00
Blé du Manitoba No 1 dur...	0 90	0 92½
“ “ No 2 “	0 87½	0 90
Blé du Nord No 1.....	0 00	0 85
Avoine blanche No 2.....	0 28	0 28½
Orge No 1,.....48 lbs.	0 50	0 53
“ à moulée.... “	0 42	0 43
Pois No 2 ordinaire, 60 lbs...	0 68	0 68½
Sarrasin, 48 “ ...	0 52	0 52½
Seigle, 56 “ ...	0 58	0 60

FARINES.

Patente d'hiver.....	3 65	3 90
Patente du printemps.....	0 00	4 35
Straight roller.....	3 55	3 65
Forte de boulanger, cité.....	0 00	4 15
Forte du Manitoba, secondes	3 45	3 50

FARINES D'AVOINE.

Avoine roulée baril.....	3 35	3 55
“ “ sac.....	1 62½	1 72½

ISSUES DE BLE

Son d'Ontario, au char, ton	15 00	15 50
“ de Manitoba “ “	00 00	15 00
Gru de Manitoba.....char	00 00	16 00
“ d'Ontario..... “	16 50	17 00
Moulée ..... “	17 00	24 00

Huiles et graisses.

HUILES.

Huile de morue, T. N., gal.	0 35	à 0 40
“ loup-marin raffi.. “	0 00	0 65
“ paille..... “	0 00	0 45
Huile de lard. extra gal.	0 75	0 85
“ “ No 1. “	0 65	0 75
“ d'olive p. mach.. “	0 90	1 00
“ à salade..... “	0 77½	0 80
“ d'olive à lampion “	1 20	2 60
“ de spermaceti.... “	1 30	1 50
“ de marsouin..... “	0 50	0 60
“ de pétrole. par quart.	0 00	0 18½
Acmé Imperial.....gal.	0 00	0 18
Huile Américaine par quart:		
Water White..... “	0 00	19½
Pratt's Astral..... “	0 00	0 20½
Huile d'olive Barton et Guestier caisse qts		8 50
“ “ “ pts		9 50
“ de foie de m. Nor. gal.	1 25	à 1 35
“ “ T.N. “	1 00	1 10
“ de castor “E. I.” lb.	0 09½	0 10
“ “ franç. qrt. lb.	0 09½	0 10
“ “ “ cse.	0 11	0 12

Liqueurs et spiritueux.

Brandies (droits payés)	à la caisse.
Sorin.—Carte bleu	$ 8 50
Carte rouge	9 50
Carte d'or	11 00
24 Fl avec verre	9 00
“ Flasks avec verre	10 00
FUTS.	
Quarts	[illegible] 00
Octaves	4 25
½ oct.	4 25
Hennessy * pintes	13 00
“ * chopines	14 25
“ * * pintes	14 75
“ * * * pintes	16 25
“ V.O. pintes	17 25
Martel * pintes	12 75
“ * chopines	14 00
“ V. O. pintes	17 00
“ V. S. O. P. pintes	18 50

Par lots de 10 caisses assorties ou non, 25c de moins par caisse.

F. O. B. Montréal, net 30 jours ou 1% 10 jours.

Boutelleau & Co., F. P.	9 00
“ *	10 00
“ O. B.	12 00
“ V. O. B.	14 00
“ X. V. O. B.	16 00
“ 1824	21 00
Couturier	7 00
“ flasks	8 00
Marion	6 00
“ flasks	7 00
Rivière-Gardrat	10 00
Optima	17 00
Bisquit Dubouché	9 25
Renaud & Cie	12 25
E. Puet *	9 00
“ * *	10 75
“ * * *	12 50
“ V. O.	14 50
“ V. O. P.	15 25
“ V. S. O. P.	16 25
“ V. V. S. O. P.	20 25
E. Puet 1860	24 25
“ 1850	26 25
“ 1840	30 25
J. Borianne * * *	6 75
Pellisson 1850	42 50
“ V. S. O. P.	29 00
“ S. O. P.	22 00
“ 1890	16 00
C. M. Arguet	11 50
V. Porte 1854	22 00

	au gallon.	
Fine Champagne	5 75	5 90
Couturier	3 80	3 95
Marion	3 40	3 60
Hennessy	0 00	6 75

	au gallon.	
Martel	0 00	6 75
Pellisson, vieux	0 00	11 60
“ XXX	0 00	8 75
“ autre ord.	5 80	7 25
V. Porte 1854	0 00	8 75
E. Puet	0 00	3 65
J. Borianne depuis	0 00	3 75
Rivière-Gardrat	0 00	4 1[illegible]
Bisquit-Dubouché	4 30	@ 4 5[illegible]
Renaud & Cie.	4 10	@ 4 3[illegible]
Boutelleau & Cie.	3 80	@ 8 00

Rhums		à la caisse.
St-Georges, 12 lit.		12 50
“ 24½ pts imp.		14 50
Chauvet cachet or 12 lit.	0 00	14 50
“ “ rouge 12 lit.	0 00	12 75
St-John	0 00	7 75
St-Joseph, Jamaïque	0 00	11 50
St-Félix. Martinique	0 00	10 50
Talbot frères	0 00	7 75
	au gallon.	
Jamaïque	4 45	8 35

Whiskey Ecossais.	qt	pts
Muirmore	6 25	7 50
“ flasks	10 00	10 50
Heather Dew	7 00	0 00
“ flasks	11 25	0 00
“ stone	12 50	0 00
Special Reserve	9 00	10 00
“ “	0 00	11 75
Ex. Spe Liqueur, flacons	9 50	0 00
Dewar's Special Liqueur	12 25	12 50
Dewar Extra Special	9 25	9 50
H. Fairman & Co.	7 50	8 50
Royal Eagle	9 25	9 50
Sheriff's	10 00	18 00
Mackie's R. O. spec.	0 00	10 25
“ Islay	8 25	8 50
Glenfalloch	8 75	
Glenlivet *	9 00	[illegible] 25
“ * * *	10 00	10 25
Cabinet 1 crown	0 00	8 75
“ 2 “	0 00	9 50
“ 3 “	0 00	10 75
Harvey's R. O. S. spec. liq.	0 00	12 50
“ Fitz-James 8 y. old	0 00	9 75
Alex. McAlpine old scotch.	0 00	6 75

Tant que vous n'aurez pas goûté les célèbres

Echantillons envoyés gratis sur demande.

TABACS EN POUDRE....

FRECHETTE

vous ne saurez pas ce que c'est qu'un tabac vraiment supérieur vendu avec la garantie des fabricants

Miller & Lockwell, - - Quebec

The Canada Sugar Refining Co.

MONTREAL. Limited

Manufacturiers de Sucres Raffinés de la Célèbre Marque **REDPATH**

De qualité et pureté les plus hautes, d'après les derniers procédés et les machines nouvelles qui n'ont de supériorité nulle part.

SUCRES EN MORCEAUX.—Boites de 50 et 100 lbs.
GRANULÉ "CROWN."—Marque spéciale, la plus belle qu'on puisse produire.
EXTRA GRANULÉ.—Qualité très supérieure.
SUCRES " CRÈME."—Non séché.
SUCRES JAUNES.—De tous les grades.
SIROPS.—De toutes qualités, en barils et demi barils.

Seuls fabricants de Sirops fins en canistres de 2 lbs. et de 8 lbs.

Une Suggestion de Saison

Plum Pudding Imperial

Mettez-y une pancarte avec le prix de 10c

C'est tout !

LEFEBVRE, RYAN & CIE

MANUFACTURIERS DE

Vinaigres et Marinades, Vinaigres Purs, Marinades de toutes sortes

DE QUALITÉ SUPÉRIEURE SOUS TOUS RAPPORTS.

VINAIGRE IMPERIAL

Reconnu comme donnant toujours la plus entière satisfaction.

BUREAUX ET ENTREPOTS :

155 à 159 rue des Commissaires, et 4 à 10 rue Duc

MONTREAL

Téléphone 13.

JOS. AMYOT

No 45 rue Dalhousie.

QUEBEC

Négociant en Marchandises

Européennes,
Américaines,
et....
Canadiennes.

TEL. BELL MAIN 1571. MAISON ETABLIE EN 1858.

D. COLLINS

(Près de la Gare Dalhousie)

44 Rue St-Paul, Montréal.

Manufacturier de Balances en tous Genres.

Balances à Foin à Charbon, faites à ordre.

Spécialité : Réparations de tous genres.

BLEU CARRÉ PARISIEN

Le "Bleu Carré Parisien" est exempt d'indigo et ne tache pas le linge.

Il est plus fort et plus économique que n'importe quel autre bleu employé dans la buanderie

A obtenu une Médaille d'Or.

TELLIER, ROTHWELL & CIE.

Seuls fabricants. MONTREAL

J. W. HILL

Propriétaire d'Entrepots

ENTREPOT, REFRIGERATEUR PUBLIC POUR EFFETS PERISSABLES EN DOUANE OU LIBRES

Entrepot No 73

Magasin : Coin des rues William et Queen

Bureau : No 48 rue William MONTREAL

La Farine Préparée

(SELF-RAISING FLOUR)

de Brodie & Harvie

est aujourd'hui la farine préférée des ménagères. Elle donne une excellente patisserie, légère, agréable et recherchée par les amateurs. Pour réussir la patisserie avec la arine préparée de Brodie & Harvie, suffit de suivre les directions imprimées sur chaque paquet.

10 et 12 RUE BLEURY, MONTREAL

Watson old scotch, qrts...	0 00	8 75
" " pts....	0 00	9 75
Thom & Cameron.........	0 00	6 75
Bernard's Encore.........	0 00	7 75
Bulloch, Lade & Co.		
Special blend...........	9 25	9 50
" extra special......	10 75	11 00
" L. Katrine.........	0 00	7 50
Usher's O. V. G...........	0 00	8 75
" special reserve....	0 00	9 75
" G. O. H............	0 00	12 00
Gaelic Old Smuggler.......	0 00	9 50
Greer's O. V. H...........	0 00	9 50
Stewart's Royal...........	0 00	10 00
	au gallon.	
Heather Dew..............	3 65	3 85
Special Reserve...........	4 15	4 25
Ex. Spe. Liqueur.......	4 75	4 90
Banagher Irish...........	4 05	4 30
H. Fairman & Co..........	4 05	4 15
Sheriff's..................	4 65	4 85
Glenfalloch	3 70	3 85
Glenlivet (old)............	4 30	6 30

Whiskey Irlandais.

	à la caisse	
Old Irish.................	6 00	8 00
" flasks............	11 25	0 00
Special..................	9 00	0 00
" flasks.............	0 00	11 75
Cruiskeen Lawn, stone...	12 50	0 00
Henry Thomson..........	0 00	8 50
St-Kevin.................	0 00	7 50
J. Jameson & Son *.......	0 00	9 75
" " ***....	0 00	11 50
Geo. Roe & Co *..........	0 00	9 50
" " **.........	9 75	10 50
Barnagher................	9 75	10 25
Thom & Cameron..........	0 00	6 75
Burke's *** qrts...........	0 00	8 00
" *** 12 imp.-qt... flasks................	0 00	11 75
Dunville..................	0 00	8 25
Bushmills	0 00	9 75
	au gallon.	
Old Irish.................	3 75	3 90

Gins.

De Kuyper, cse violette...........		2 65
" cses vertes...........		6 00
DeKuyper, cses rouges, 1 à 4 c...		11 50

F. O. B. Montreal, 30 jours net ; 1 o/o 10 jours ; fret payé à destination par lot de 5 caisses au moins.

Key Brand................	5 00	10 25
" poney.........	0 00	2 50
Melchers poney...........	0 00	2 50
" picnics 4 doz....	0 00	5 50
" Honey Suckle... (cruchons verre)	8 25	15 00
Wynand Fockink.........	0 00	10 00
Bernard Old Tom.........	0 00	7 25
Booth's " "	0 00	7 85
" " " 5 caisses	0 00	7 60
Melrose Drover Old Tom..	0 00	7 00
Booth's London Dry......	0 00	7 75
Burnett "	0 00	7 25
Melrose Drover Dry......	0 00	7 00
Coate Plymouth..........	0 00	9 25

Gins en fûts.

De Kuyper, barriq. le gal.	0 00	3 00
" quarts "	0 00	3 05
" octaves "	0 00	3 10
" au gallon "	0 00	3 20

Tous autres gins, 5c. de moins.
F. O. B. Montréal, 30 jours net ou 1% 10 jours.

Booth's Old Tom, quarts, le gal.	0 00	3 45
" " octaves.	0 00	3 50
" " au gal	0 00	3 90

Whisky Canadien au gallon, en lots d'un ou plusieurs barils de 40 gallons (pas de demi-barils) d'une sorte ou assortis.

Gooderham & Worts 65 O. P........	4 50
Hiram Walker & Sons "	4 50
J. P. Wiser & Son "	4 49
J. E. Seagram "	4 49
H. Corby "	4 49
Gooderham & Worts 50 O. P........	4 10
Hiram Walker & Sons "	4 10
J. P. Wiser & Son "	4 09
J. E. Seagram "	4 09
H. Corby "	4 09
Rye Gooderham & Worts............	2 20
" Hiram Walker & Sons...........	2 20
" J. P. Wiser & Son...............	2 19
" J. E. Seagram..................	2 19
" H. Corby.......................	2 19
Imperial Walker & Sons............	2 90
Canadian Club Walker & Sons.......	3 60

Pour quantité moindre qu'un quart d'origine mais pas moins de 20 gallons :

65 O. P.....................	le gall.	4 55
50 O. P.....................	"	4 15
Rye........................		2 25

Au-dessous de 20 gallons :

65° O. P..................	le gallon	4 60
50° O. P..................	"	4 20
Rye.......................	"	2 30

Pour quantité moindre qu'un baril ou un barillet d'origine :

Imperial Whisky.........	le gallon	3 10
Canadian Club...........	"	3 80

F. O. B. Montreal, 30 jours net ou 1 o/o 10 jours ; fret payé pour quantité d'un quart et au-dessus.

Pour le Whisky à 50° O. P., 5c de moins par gallon, F. O. B. Montréal, pour l'île de Montréal.

Rye Canadien à la caisse.

Walker's Impérial..........quarts	7 50
" ....16 flasks	8 00
" ....32 "	8 50
Walker' Canadian Club....quarts	9 00
" ..16 flasks	9 50
" ..32 "	10 00
Gooderham & Worts 1891 1 à 4 c.	6 75
Seagram 1896 (Star brand,) quarts	6 50
" No 83 .... "	8 75
Corby I. X. L.........................	7 00
Purity, qts..........................	6 50
" 32 flasks	7 50
Canadian, qts........................	5 00
" 32 flasks	6 00

F. O. B. Montreal, 30 jours net ou 1 o/o 10 jours

Whiskeys importés.

Kilty Scotch..........caisse.			9 25
Buchanan's House of Commons...........	"		9 50
Claymore.............	"	8 50	8 75
Bushmills Irish.......	"	9 25	9 50

Gin (La Clef).

Caisses Rouges..............		10 00
" Vertes..............		4 85
" " Ponies.......		2 50
Gallon......................	2 95	3 15
Nicholsons Old Tom Gin.....	7 50	7 75
" London Dry Gin.	7 50	7 75

Mélasses.

	Au gallon.
Barbades tonne...................	0 41
" tierce et qt..............	0 43½
" demi quart.............	0 44½
" au char ton............	0 40
" " tierce..........	0 42½
" " ½ qt...........	0 43½
Porto Rico, choix, tonne........	0 00
" tierce et quart..........	0 00
" ordinaire, tonne....	0 00

Pâtes et denrées alimentaires.

Macaroni importé......lb	0 08	0 10
Vermicelle " ...... "	0 08	0 10
Lait concentré..........dz	0 00	1 90
Pois fendus, qt. 196 lbs..	0 00	4 10
Tapioca, lb................	0 04¾	0 05

Poissons.

Harengs Shore.........brl.	0 00	5 00
" ....½ "	0 00	2 75
" Labrador .... "	0 00	5 25
" " ..½ "	0 00	3 00
" Cap Breton .. "	0 00	0 00
" " ½ "	0 00	0 00
" fumés,......boîte	0 00	0 14
Morue sèche..............lb.	0 00	0 04½
" verte No 1, qt..lb.	0 00	0 02½
" No 1 large qt.... "	0 02¾	0 03
" No 1 draft...... "	0 00	0 02¾
" désossée caisse...	0 00	4 50
" " paquet....	0 00	0 06
Saumon C. A.......½ "	0 00	0 00
" .... 1 "	0 00	0 00
Saumon Labrador.. 1 "	0 00	14 00
" " ½ "	0 00	8 00

Produits de la ferme.

(Prix payés par les épiciers.)

Beurre.

Townships frais.......lb.	0 19	0 20
En rouleaux .... "	0 00	0 18½
Cremerie août......... "	0 20	0 20½
do Nov...... "	0 00	0 00
do frais...... "	0 21½	0 22

Fromage

De l'Ouest..............lb.	0 11	0 11½
De Québec............. "	0 10¾	0 11¼

Œufs.

Frais pondus, choix...dz.	0 00	0 22
Mirés	0 00	0 16
Œufs chaulés, Montréal.	0 00	0 15½
" " Ontario....	0 00	0 00

Sirop et sucre d'érable.

Sirop d'érable en qrts..lb.	0 06¾	0 07
" en canistre.	0 75	0 80
Sucre d'érable pts pains lb.	0 09	0 10
" vieux......	0 00	0 00

Miel et cire.

Miel rouge coulé.......lb.	0 07	0 08
" blanc " .... "	0 09½	0 10
" rouge en gateaux.. "	0 10½	0 11
" blanc " "	0 13	0 14
Cire vierge............. "	0 25	0 26

Riz

	Sac.	½ Sac.	Pch.	½ Pch.
B. 1 @ 9 sacs	3 10	3 15	3 20	3 25
B. 10 et plus "	3 00	3 05	3 10	3 15

C.C. 10c. de moins par sac que le riz B.

Patna imp., sacs 224 lbs. lb.	0 4⅝	0 05

Salaisons, Saindoux, etc.

Lard Can. Sh't Cut Mess qt.	20 00	21 00
" " S. C. Clear.... "	19 50	20 00
" " S. C. désossé.. "	21 00	21 50
" S.C. de l'Ouest "	19 50	20 50
Jambons..................lb.	00 11	00 12
Lard fumé.............. "	00 00	00 14

Saindoux

Pur de panne en sceaux..	2 10	2 35
Canistres de 10 lbs....lb.	0 11	0 12¼
" 5 " .... "	0 11¼	0 12⅜
" 3 " .... "	0 11½	0 12½
Composé, en seaux........	0 00	1 60
Canistres de 10 lbs....lb.	0 00	0 08½
" 5 " .... "	0 00	0 08⅝
" 3 " .... "	0 00	0 08¾
Fairbanks, en seaux......	1 67½	1 70
Cottolene en seaux.....lb.	0 00	0 08¾

Sauces et Marinades.

Marinades Morton......dz.	2 00	2 40
" Crosse & Blackwell "	3 00	3 40
" Suffolk, 20 oz....... "	0 00	2 10
" " 16 oz...... "	0 00	1 80
Essence d'anchois....... "	0 00	3 20
Sauce Worcester, ½ chop.	3 50	3 70
" " chop "	6 25	6 50
" Harvey....½ " "	3 25	3 55
Catsup de tomates...... "	1 00	4 00
" champignons "	1 90	3 40
Sauce aux anchois..... dz	3 25	3 55
Sauce Chili............. "	3 75	4 05

Sel.

Sel fin, quart, 3 lbs......	2 65	2 75
" " 5 "	2 60	2 65
" " 7 "	2 40	2 50
" ¼ sac 56 "	0 00	0 30
" sac 2 cwts........	0 00	1 00
" gros, sac livré en ville	0 40	0 42½

Sirops.

Perfection.............lb.	0 03	0 03¼
" s. 25 lbs. seau.	0 00	1 20
" seau 3 gall. "	0 00	1 50
Sirop Redpath tins 2 lbs.	0 00	0 09
" " 8 "	0 00	0 35
" Diamond lb........	0 02	0 02½

Sucres.

(Prix aux 100 lbs.)

Jaunes bruts (Barbade)............	4 37½
" raffinés........... $4 05	4 75
Extra ground.....................qts.	5 45
" " ....bte.	5 65
" " ....½ "	5 70
Cut loaf...........................qts.	5 43
" ....½ "	5 55
" ....bte.	5 45
" ....½ "	5 55
Powdered.........................qts.	5 20
" ....bte.	5 40
Extra granulé ....qts.	4 85
" ....½ "	5 00

Ces prix doivent être augmentés de 5c par 100 lbs pour les villes de Montréal et Québec.

Thés du Japon.

Extra choisi du mois de mai :

Castor No 1..........	lb.	0 00	0 37½
Hibou No 1..........	"	0 00	0 35
Choisi :			
Castor No 2..........	"	0 00	0 32½
Hibou No 2..........	"	0 00	0 32½
Bon :			
Hibou No 50.........	"	0 00	0 26
Faucon (Hawk)......	"	0 00	0 25
Spécial :			
Hibou No 100........	"	0 10	0 20
Moyen :			
Otter.................	lb.	0 00	18
Commun...............	"	0 14	17
Moulu (Siftings).....	"	0 06	0 09
Nibs (choix)..........	"	0 14	0 18

Thés de Chine.

Thés verts Young Hyson.

Ping Suey, bts 30 lbs	lb.	0 12	0 14
" ½ cais. (first)	"	0 18½	0 19
" " (points)	"	0 18	0 20
Moyune, caisses.....	"	0 38	0 42

Thés verts Gun Powder.

Moyune, caisses.....	lb.	0 40	0 44
Ping Suey, bts, Pin head	"	0 32	0 35
" " "	"	0 25	0 28
Pea Leaf, choix, bts..	"	0 20	0 22
" commun "	"	0 14	0 16

Thés noirs.

Kaisow...........½ cs	lb.	0 12	0 14
Pan Young........ "	"	0 14	0 16
Keemuns, Kin Tuck "	"	0 18	0 20
Moning, choix..... "	"	0 30	0 34
Packling, boîtes 20 lbs commun...........	"	0 13	0 15
Packling, boîtes 20 lbs bon...................	"	0 16	0 18
Packling, boîtes 20 lbs fin....................	"	0 22	0 25
Orange Pekoe, bts 20 lbs, parfumé........	"	0 25	0 30
Formosa Oolongs, bts 20 lbs, (le Papillon).	"	0 24	0 30

Thés de l'Inde.

Darjeelings, Bloomfield,	lb.	0 32	0 40
Assam Pekoe....	"	0 20	0 24
Gloria, Pekoe Souchong................	"	0 18	0 20
Amrall, Souchong......	"	0 16	0 18
Gloria, Pekoe...........	"	0 14	0 16

Thés de Ceylan.

Syria, Golden Tipped Pekoe........caisse,	lb.	0 27	0 35
Gallaheria, Flowery Pekoe........caisse,	"	0 20	0 23
Bombra, Pekoe Souchong........caisse.	"	0 16	0 18
Luccombe, Souchong, caisse,	"	0 14	0 16
Golden Tipped Pekoe, (marque Abeille), No 8, caisses 40 lbs, (10 x 1 lb et 60 x ½ lb)............	"	0 36	0 38
Flowery Pekoe, (marque Abeille), No 9, caisses 40 lbs, 10 x 1 lb et 60 x ½ lb)...	"	0 28	0 30
Flowery Pekoe Nayabedde demi caisses	"	0 24	0 27
Ceylon Pekoe Karana demi caisse.........	"	0 24	0 27

Vernis.

Vernis à harnais......gal.	0 00	1 80
" " ......dz.	1 10	1 20
" à tuyaux...... gal.	0 00	0 90
" Parisien........dz.	0 70	0 75
" Royal polish... "	0 00	1 25

Vins.

Non Mousseux.

Bordeaux ord.......caisse	2 60	3 50
" " ....gal.	0 90	1 10
" Médoc....caisse	4 65	5 65
" St-Julien. "	5 65	6 65
" Château "	4 25	21 00
Bourgogne......... "	7 00	20 00
Bourgogne, ordinaire.gal.	0 90	1 10
Sicile.................. "	1 35	1 60
Sherry...............caisse	4 50	11 00
" ....gal.	0 95	4 00
Porto...............caisse	6 00	15 00
" Gordon & Cie. "	0 00	3 75
" ....gal.	2 10	4 00
Moselle.............caisse	15 00	21 00
Sauternes........... "	5 65	6 65
Graves.............. "	5 50	6 50
Malaga, Gordon&Cie "	0 00	4 00
Claret L. Pinaud qts "	0 00	2 60
" Faure Frères...gal.	0 00	0 90
Robertson Bros Oporto gal.	1 50	10 00
" " Sherry.cs.	0 00	10 00
" " " gal.	1 50	8 50

Mousseux.

(Prix à la caisse.)

	qrts.	pts.
Bourgogne Mousseux	00 00	00 00
Moselle Mousseux.........	16 00	21 00
Hock Mousseux...........	15 50	17 00
Saumur, Tessier & Co.....	13 00	14 50
" Neres Raphael..	13 00	14 50
" Castellane......	12 50	14 00

Champagnes.

	qrts.	pts.
J. Mumm..................	23 00	25 00
G. H. Mumm..............	28 00	30 00
Arthur Rœderer..........	22 00	24 00
Vve Clicquot..............	28 00	30 00
Eug. Clicquot.............	24 00	00 00
Pommery..................	28 00	30 00
Fréminet..................	23 00	24 00
Louis Rœderer	28 00	30 00
Piper Heidsick............	27 00	29 00
Perrier-Jouet.............	28 00	30 00
E. Mercier&Cie., carte d'or	28 00	30 00
Vin des Princes...........	22 00	23 00
Vin d'été..................	16 00	17 00
E. Cazanove...............	22 00	00 00
Tessier....................	14 00	15 50
Imperial extra dry........	00 00	15 00
Couvert, très sec........	20 00	22 00
Théop. Rœderer :		
Cristal Champagne......	40 00	42 00
Réserve Cuvée...........	26 00	28 00
Sportsman Ch............	16 00	18 00

Bois de chauffage

Prix payé par marchands, aux chars, gare Hochelaga

Erable	la corde......		5 50
Merisier	do		5 25
Bouleau etc.	do		0 00
Epinette	do		4 50
Slabs, par chars............			0 00
do en barge la corde ..		2 40	2 75
Rognures, le voyage.......		1 50	2 25

Charbons

PRIX DE DETAIL

Grate	par tonne de 2000 lbs..	6 75
Furnace	do ..	6 75
Egg	do ..	6 75
Stove	do ..	7 00
Chesnut	do ..	7 00
Peanut	do ..	5 00
Screenings	do 2240 lbs..	5 10

PRIX COURANTS.—MONTREAL, 15 NOVEMBRE 1900.

Vale Grate	do 2000	..	0 00
Welsch Anthracite	do do	..	5 75
Picton	do 2240		
Cape Breton	do do		
Glace Bay	do do	}	0 00
Sydney	do do		
Reserve	do do		
Charbon de forge	do 2000	..	0 00
Lehigh pour fond.	do do	..	0 00
Coke do	par chaldron.....		0 00
do usage domestique.............			0 00
do do do	concassé.....		0 00

* Selon distance et qualité.

Cuirs et Peaux.

Cuirs à semelles.

(Prix à la livre.)

Spanish No 1, 18 lbs moy.	0 26	0 27
" No 1, 25 lbs et au-d.	0 00	0 26
" No 1, léger........	0 25	0 26
" No 2, "	0 00	0 25
" No 2, 18 lbs moy..	0 00	0 26
Zanzibar	0 23	0 24
Slaughter sole No 1 steers.	0 28	0 30
" " No 1 p. ord.	0 28	0 30
" " No 2 "	0 25	0 27
" union crop No 1	0 30	0 32
" " No 2	0 28	0 30

Cuirs à harnais.

(Prix à la livre.)

Harnais No 1............	0 33	0 35
" No 1 R...........	0 32	0 34
" No 2.............	0 30	0 33
" taureau No 1....	0 00	0 30
" " No 2....	0 00	0 28

Cuirs à empeignes.

(Prix à la livre.)

Vache cirée mince........	0 40	0 45
" forte No 1....	0 00	0 40
Vache grain. pesante.....	0 40	0 45
" écossaise	0 38	0 40
Taure française..........	0 95	1 00
" anglaise...........	0 90	1 00
" canadienne, Lion.	0 75	0 85
Veau can. 25 à 30 lbs....	0 75	0 80
" 36 à 45.......	0 60	0 65
" 45 et plus.....	0 50	0 60
Vache fendue Ont H......	0 25	0 30
" " H. M ..	0 25	0 30
" " Med ...	0 25	0 30
" " junior .	0 21	0 23
" Qué.sen.h.à.m.	0 24	0 28
" Jun.m.à light	0 20	0 23
Cuir rouge pour Mocassin Steer, le No.............	0 00	0 08
Cuir rouge pour Mocassin Bull, le No.............	0 00	0 07
Cuir rouge pour Mocassin Steer, la livre	0 33	0 38
Cuir rouge pour Mocassin Bull, la livre............	0 30	0 35

Cuirs vernis.

Vache vernie.........pied	0 16	0 18
Cuir verni "Enamel" "	0 15	0 17

Cuirs fins.

Mouton mince.........dz.	3 00	6 00
" épais.......... "	10 00	0 00
Dongola glacé, ord...pied	0 14	0 25
Kid Chevrette........ "	0 25	0 30
Chèvre des Indes glacée "	0 08	0 10
Kangourou .... "	0 35	0 50
Dongola dull......... "	0 20	0 30
Buff d'Ontario H... "	0 14	0 15
" H. M... "	0 13	0 14
" M... "	0 00	0 13
" L. M... "	0 00	0 13
" No 2... "	0 00	0 12
Buff de Québec H... "	0 13	0 15
" H. M... "	0 13	0 14
" M... "	0 00	0 13
" L. M... "	0 00	0 13
" No 2... "	0 00	0 12
Glove Grain Ontario.. "	0 13	0 15
" " Québec.. "	0 13	0 14
Pebble " Ontario.. "	0 14	0 15
" " Québec.. "	0 13	0 14

Cuirs à bourrures.

Cuir à bourrure No 1.....	0 00	0 20
" No 2.....	0 00	0 18
Cuir fini français... ...*	0 00	0 20
" russe	0 20	0 25

Peaux.

(Prix payés aux bouchers.)

Peaux vertes, 1 lb, No 1	0 00	0 00
" " No 2	0 00	0 08
" " No 3	0 00	0 07
Veau No 1............ lb.	0 00	0 08
" No 2............	0 08	0 06
Agneaux pièce	0 00	0 80
" en laine "	0 00	0 00
Moutons "	0 00	0 00
Chevaux......... No 1...	0 00	2 00
" .... No 2...	0 00	1 50

(Pour peaux assorties et inspectées.)

Laines.

Toison du Canada.... .lb.	0 00	17
Arrachée, non assortie. "	0 17	17½
A, extra supérieure.... "	0 17½	18½
B, supérieure.......... "	0 17½	18½
Noire, extra........... "	00	0 16
Noire . ... "	0 00	0 15½

Fers et Métaux.

FERRONNERIE ET QUINCAILLERIE

Fers à cheval.

Ordinaires...........baril	3 50	4 00
En acier..................	3 60	4 95
"Fer à repasser".......lb	0 04	0 04½

"Fiches":

Pressées ¼ p. Esc. 25 p.c.	4 75	0 00
" 5-16 "	4 50	0 00
" ⅜ "	4 25	0 00
" 7-16 "	0 00	4 10
" ½ "	0 00	3 90

Fil de fer

Poli et Brûlé.

No 0 à 5, net.........100 lbs	2 87
" 6 à 9 "	2 80
" 10 "	2 87
" 11 "	2 94
" 12 "	3 00
" 13 "	3 15
" 14 "	3 27
" 15 "	3 40
" 16 "	3 55

Brulé et huilé 10c de plus par 100lbs pour chaque numéro.

Galvanisé Nos 2 à 8, net..	3 85	3 95
" 9 "	3 10	3 20
" 10 "	4 00	4 10
" 11 "	4 05	4 15
" 12 "	3 25	3 35
" 13 "	3 35	3 45
Brulé; p. tuyau..100 lbs	6 00	7 00
Barbelé p. clôtures, 100 lb.	3 20	3 30
Crampes.......... "	0 00	3 45
Fil de laiton à collets..lb.	0 37½	0 46
Fonte Malléable....... "	0 09	0 10
Enclumes.............. "	0 11	0 11½

Charnières.

T. et "Strap".........lb.	0 05	0 06
Strap et Gonds filetés.....	0 03	0 03¾

CLOUS, ETC.

Clous à cheval.

No 7...............100 lbs.	24 00
No 8............... "	23 00
No 9 et 10.......... "	22 00

Escompte 50 p. c. 1e gal.
" 50 et 10 p. c 2e gal.
Boites de 1 lb., ½c. net extra.

Clous coupés à chaud.

De 4½ à 6 pcs.........100 lbs.		2 35
3½ à 4 " .... "		2 40
3 à 3¼ " .... "	à 4 mois	2 45
2½ à 2¾ " .... "		2 50
2 à 2¼ " .... "		2 65
1½ à 1¾ " .... "		2 75
1¼ " .... "		3 00
1 " .... "		3 35

Clous à finir.

1 pouce...............100 lbs.		3 85
1¼ " ....100 lb.		3 55
1½ et 1¾ pcs.... ... "		3 30
2 et 2¼ " .... "		3 05
2½ à 2¾ " .... "		3 00
3 à 6 " .... "	à 4 mois	2 95

Clous à quarts.

⅞ pouce...............100 lbs.		3 60
1½ " .... "		3 35

Clous à river.

1 pouce.......100 lbs.		3 85
1¼ " ...... "		3 55
1½ à 1¾ " ...... "		3 30
2 à 2¼ " ...... "		3 05
2½ à 2¾ " ...... "		3 00
3 à 6 " ...... "		2 95

Clous d'acier, 10c. en sus.

" galvanisés 1 pouce .100 lbs.	35
" à ardoise, 1 pouce... "	6 85

Clous de broche.

1 pouce, No 16, prix net, 100 lbs	4 10
1 " No 15 " "	3 85
1¼ " No 14 " "	3 50
1½ " No 13 " "	3 25
1¾ " No 12 " "	3 25
2, 2¼ " No 11 " "	3 15
2½ " No 10½ " "	3 00
2¾ " No 10 " "	3 00
3 pouces. " "	2 95
3½ et 4 " "	2 90
5 et 6 pouces " "	2 85

Limes, râpes et tiers-points.

1re qualité, escompte.......60 et 10	p.c.
2me " " 70	p.c.
Mèches de tarrière, esc.............65	p.c.
Tarrières, escompte.................55	p.c.
Vis à bois, fer, tête plate 80	p.c.
" " " ronde 75	"
" cuivre tête plate 75	"
" " " ronde. 67½	"
Boulons à bandage........65 à 67½	p.c.
" à lisses...................5	p.c.
" à voiture.................. 65	p.c.

Métaux.

Cuivres.

Lingots ....lb.	0 14	0 15
En feuilles............ "	0 16	0 17

Etain.

Lingots ....lb.	0 37	0 38
Barres .... "	0 38	0 39

Plomb.

Saumons................lb.	0 00	0 04¾
Barres .... "	0 05	0 05¼
Feuilles............... "	0 05¼	0 05½
De chasse.............. "	0 06	0 06½
Tuyau...........100 lbs.	5 95	6 25

Zinc.

Lingots, Spelter........lb.	0 05¾	0 06
Feuilles, No 8.......... "	0 07	0 07¼

Acier.

A ressort.........100 lbs.	0 00	3 50
A lisse............ "	1 90	2 00
A bandage......... "	2 00	2 10
A pince........... "	2 25	2 50

Fer en barres.

Canadien..........100 lbs	1 60	1 70
De Norvège...... "	4 25	4 50

Fontes.

Calder........ ...tonne..	25 00	26 00
Carnbroe........ " ..	25 00	26 00
Glengarnock..... " ..	00 00	00 00
Summerlee....... " ..	25 50	26 50

Matériaux de construction

PEINTURES. 100 lbs.

Blanc de plomb pur......	0 00	6 50
" " No 1..	0 00	6 12½
" " " 2..	0 00	5 75
" " " 3..	0 00	5 37½
" " " 4..	0 00	5 00
" " sec....	6 00	7 50
Rouge de Paris, Red Lead.	5 00	5 50
" Venise, anglais.	1 50	2 00
Ocre jaune................	1 50	2 00
" rouge.................	1 50	2 00
Blanc de Céruse..........	0 45	0 65
Peintures préparées ..gal.	1 20	1 30
Huile de lin crue (net cash)	0 00	0 82
" bouillie "	0 00	0 85
Ess. de Térébenthine "	0 00	0 63
Mastic....................	2 35	2 80
Papier goudronné rouleau	0 45	0 50
" " 100 lbs	1 60	1 75
" feutre "	2 00	2 20
" gris rouleau	0 30	0 33
" à couv. roul. 2 plis	0 75	0 80
" " " 3 plis	1 00	1 10

Peintures Island City P.D.Dods & Co

I. C. Pure white lead......	0 00	6 25
I. C. " paint....	0 00	6 00
I. C. Special Decorators...	0 00	6 00
No 1 I. C. White lead....	0 00	5 87½
No 1 Star lead............	0 00	5 50
Peintures préparées, I. C. gall..		1 20
" " Nat " ..		1 05

VERRES A VITRES

United 14 @ 25..50 pds.	2 00
" 26 40.. "	2 10
" 41 50 100 pds.	4 50
" 51 60 "	4 75
" 61 70 "	5 25
" 80	5 75

Bois durs.

Prix de détail.

Acajou de 1 à 3 pouces	les 100 pieds....	$12 00	30 00
Cèdre rouge ¼ de pouce	le pied..........	25 00	35 00
Noyer noir 1 à 4 pouces	do	00 00	16 00
Noyer noir 6 x 6, 7 x 7, 8 x 8	do	00 00	16 00
Cerisier 1 à 4 pouces	do	10 00	15 00
Frêne 1 à 3 pouces	le M	25 00	30 00
Merisier 1 à 4 pouces	do	00 00	30 00
Merisier 5 x 5, 6 x 6, 7 x 7, 8 x 8	do	00 00	35 00
Erable 1 à 2 pouces	do	00 00	40 00
Orme 1 à 2 pouces	do	00 00	25 00
Noyer tendre 1 à 2 pouces	do	00 00	41 00
Cotonnier 1 à 4 pouces	do	45 00	50 00
Bois blanc 1 à 4 pouces	do	25 00	30 00
Chêne 1 à 2 pouces rouge	do	00 00	60 00
Chêne 1 à 2 pouces blanc	do	00 00	60 00
Chêne scié sur grain	do	75 00	100 00

Plaquage (veneers) :

Uni	le pied..........	0 90	1 00
Français	do	0 00	0 15
Américain	do	0 10	0 12
Erable piqué	do	0 10	0 12
Noyé noir ondé	do	0 00	0 10
Acajou (mahogany)	do	0 02	0 10

Bois de Service

Pin

Prix en gros.

1 pouce strip shipping cull	6 à 16 pieds	le M.	$14 00	17 00
1¼, 1½ et 2 pouces shipping cull	do	do	14 50	17 50
1 pouce shipping cull sidings	do	do	16 00	18 00
1¼, 1½ et 2 pcs do	do	do	16 50	18 50
1 pouce qualité marchande	do	do	25 00	35 00
1¼, 1½ et 2 pcs do	do	do	27 50	37 50
1 pouce mill cull, strip, etc. No 2	do	do	10 00	12 00
1¼, 1½ et 2 pcs do	do	do	10 50	12 50
1 pouce mill cull No 1	do	do	14 00	16 00
1, 1½ et 2 pcs do	do	do	14 50	16 50
3 pouces do	do	do	14 00	16 00
do do No 2	do	do	9 00	10 00

Epinette

1 pouce mill cull	5 à 9 pouces	do	10 00	12 00
1¼, 1½ et 2 pouces mill cull	do	do	10 00	12 00
3 pouces mill cull	do	do	10 00	12 00
1, 1¼, 1½ et 2 pouces qualité marchande	do	do	14 00	16 00

Pruche

1, 2 et 3 pouces		do	11 00	13 00
Colombages en pin, 2 x 3, 3 x 3 et 3 x 4—aux chars		do	14 00	16 00
Lattes—1ère qualité	le mille	do	2 75	2 80
2ème do	do	do	2 40	2 60
Bardeau pin XXX	16 pouces	do	0 00	0 00
do XX	do	do	0 00	0 00
do X	do	do	0 00	0 00
do 1ère qualité	18 pouces	do	0 00	0 00
do 2ème do	do	do	0 00	0 00
Bardeaux cèdre XXX	16 pouces	do	2 90	3 00
do XX	do	do	2 40	2 50
do X	do	do	1 50	0 00
Bardeaux pruche marchande	do	do	0 00	0 00

Charpente en pin

de 16 à 24 pieds—3 x 6 à 3 x 11	do	18 00	22 00
de 25 à 30 do do do	do	20 00	24 00
de 31 à 35 do do do	do	26 00	28 00
de 16 à 24 do 3 x 12 à 3 x 14	do	20 00	26 00
de 25 à 30 do do do	do	24 00	28 00
de 31 à 35 do do do	do	30 00	32 00

Bois carré—pin

de 16 à 24 pieds—de 5 à 11 pouces carrés	do	18 00	22 00
de 25 à 30 do do do	do	20 00	24 00
de 31 à 35 do do do	do	26 00	28 00
de 16 à 24 do de 12 à 14 pouces carrés	do	22 00	26 00
de 25 à 30 do do do	do	24 00	28 00
de 31 à 35 do do do	do	30 00	32 00

Charpente en pruche

de 17 à 30 pieds jusqu'à 12 pouces	do	18 00	22 00
Charpente en épinette	do	18 00	22 00
do do rouge	....	28 00	35 00

SPÉCIALITÉS

Articles divers.

Couleur à beurre Dalley, 2 oz., doz. 1 25
Graine de canari, F. F. Dalley Co :
Spanish bird seed, cse 40 lbs 0 00 0 06½
Dalley's " " " " 0 00 0 06
Sel céleri Dalley, 2 oz., dz..... 1 25
Poudre Curry Dalley, 2 oz., dz. 1 75
Vito Castile Soap Powder cse 100 3 10

Adams' Root Beer Extract et Adams' English Ginger Beer.

boites de ¼, ½ et 1 grosse,
grandeur 10 cen....... doz. 0 80
" " ....la gr. 9 00
En boites de ¼ de grosse,
grandeur 25 cents........la doz. 1 75
" " ....la gr. 20 00

Balais Boeckh.

A, 4 cordes, fini peluche......... $4 45
B, 4 " " fantaisie........ 4 20
C, 3 " " peluche......... 3 95
D, 3 " " fantaisie........ 3 70
F, 3 " " au fil de fer..... 3 45
G, 3 " " " " 3 20
I, 3 " " " " 2 95
K, 2 " pour fillettes......... 2 60

Bières.

Bass Ale.	qts	pts
Head Bros. Dog's Head.....	2 55	1 57½
Guinness' Stout.		
Read Bros. Dogs'Head....	2 52½	1 50

Cafés.

Madden Cereal Health Coffee,
6 oz. la cse de 100 paq........ 6 50
" ½ " 50 " 3 35
" ¼ " 25 " 1 75
paq. de 1¼ lb., la cse de 12.... 2 25
" " " 24.... 4 40

Chocolats et Cacaos.

Chocolats Cowan.

French Diamond 6 div. 12 lbs, lb. 0 23
Queen's dessert, ¼ et ½...... " 0 40
" " 6 div........ " 0 42
Mexican Vanilla, ¼ et ½.... lb. 0 35
Parisien, morc. à 5c........... " 0 30
Royal Navy, ¼ et ½........... " 0 30
Chocolate Icing pa 1 lb. dz. 2 25
" " ½ " " 1 25
Pearl Pink Icin 1 " " 1 75
White Icing 1 " " 1 75

Chocolats Hérelle

Santé, ¼, ½, 1-6 lb—bte 10 lbs. $2 40
Vanillé, ½, ¼ lb do 3 15
Pastilles, Bte 5 lbs 1 00

Cacaos Cowan.

Hygiénique, en tins de ½ lb....dz. 3 75
" " ¼ lb.... " 2 25
" " 5 lbs...lb. 0 55
Essence cacao. non sucré......dz. 1 40
" " sucré. tins ¼ lb. " 2 25

Cirages.

F. F. Dalley Co.

English Army............cse ½ gr. 9 00
No 2 Spanish............ " 3 60
No 3 " .... " 4 50
No 5 " .... " 7 20
No 10 " .... " 9 00
Yucan Oil................cse 1 doz. 2 00
N. Y. Dressing............ " 0 75
Spanish Satin Gloss...... " 1 00
Crescent Ladies Dressing " 1 75
Spanish Glycerine Oil.... " 2 00

Confitures et Gelées.

Lazenby.

Tablettes de Gelées 13 var....pts. 1 20

Conserves alimentaires.

Spécialités de W. Clark.

Compressed Corned Beef 1s. la dz. $1 50
" " 2s. " 2 60
" " 4s. " 5 15
" " 6s. " 7 10
" " 14s. " 18 50
Ready Lunch Beef...... 2s. la dz. 2 50
Geneva Sausage........ 1s. " 1 65
" " ...... 2s. " 3 00
Cambridge " .... 1s. " 1 55
" ..... 2s. " 2 75
Yorkshire .... 1s. " 1 25
" " .... 2s. " 2 25
Boneless Pigs Feet..... 1s. " 1 40
" " ..... 2s. " 2 40
Sliced Smoked Beef.... ½s. " 1 40
" " " .... 1s. " 2 30
Roast Beef.............. 1s. " 1 45
" " .... 2s. " 2 80
Pork & Beans with sauce 1s. " 0 50
" " 2s. " 1 00
" " 3s. " 1 50
" Plain.... 1s " 0 45
Wild Duck Patés......... ½s. " 1 00
Partridge " .... ½s. " 1 00
Chicken " .... ½s. " 1 00
Veal & Ham " .... ½s. " 1 00
Ox Tongue (Whole).... 1½s. " 7 70
" " .... 2s. " 8 80
" " ...2½s. " 10 00
Lunch Tongue.......... 1s. la dz. 3 00
" .... 2s. " 6 00

Potted Meats ½s.

Ham, Game, Hare, Chicken, Turkey, Wild Duck, Tongue, Beef .... la dz. .50
Chicken Ham & Tongue. ½s. la doz. 1 00

Soupes.

Mulligatawny, Chicken, Ox Tail, Kidney, Tomato, Vegetable, Julienne, Mock Turtle, Consomme, Pea .... Pints. 1 10 ; Quarts. 2 20

Spécialité des Lazenby.

Soupes Real Turtle......dz. 0 00 9 00
Soupes assorties........ " 3 00 3 75
" " bts carrées " 0 00 1 65

Mines.

Tiger Stove Polish........grande 9 00
" " " ....petite 5 00
Mine Royal Dome.....gr. 1 70 0 00
" James............ " 2 40 0 00
" Rising Sun large dz. 0 00 0 70
" " small " 0 00 0 40
Mine Sunbeam large dz 0 00 0 70
" " small " 0 00 0 35

Eau de Javelle

LA VIGAUDINE

La Vigaudine............la grosse $5.40
" ....la doz. 0.50

Eaux Minérales.

Carabana ....cse. 10 50
Hunyadi Matyas............... " 6 00
Pougues St-Leger............. " 10 50
St-Galmier qts. (source Badoit) cse. 6 00
" pts. " " 7 50
Vichy Célestins, Grande Grille.. " 10 00
" Hopital, Hauterive...... " 10 00
" St-Louis................. " 00

Empois.

F. F. Dalley Co.

Boston Laundry, cse 40 paq., le paq. 0 07½
Culina Toledo, " 40 " la lb... 0 06½

Grains et Farines.

Farines préparées.

Farine préparée, Brodie
XXX, 6 lbs.... 2 20
" " 3 " 1 15
" superb 6 " 2 10
" " 3 " 1 10
Orge mondée (pot barley) sac 2 20
" ....quart 4 40
" perlée...............sac 3 25

F. F. Dalley Co. doz.

Buckwheat, paq. 2½ lbs, cse 3 doz. 1 20
Pancake, " 2 " " 1 20
Tea Biscuit " 2 " " 1 20
Graham Flour " 2 " " 1 20
Bread & Pastry " 2 " " 1 20

Spécialités de Lazenby.

Huile à salade.............¼ pt. dz. 1 40
" ....½ pt. " 2 15
" ....pints " 3 75
" ....quarts " 6 50
Crème à salade petits........... " 2 00
" grands................ " 3 75

Liqueurs et spiritueux.

Apéritifs.

Byrrh Wine.............. 9 50 10 00
Orange Bernard.......... 6 75 7 00
Vermouth Noilly Prat.... 6 75 7 00
" Italien......... 6 50 7 00
Saratoga Cock-Tails......par caisse 8 25

Bénédictine

Litres, 12 à la caisse......18 00 19 00
½ litres, 24 à la caisse 19 50 20 00

Liqueurs Frederic Mugnier, Dijon, France.

Crème de Menthe verte.. 00 00 11 00
" " blanche 00 00 11 00
Curaçao triple sec cru.... 00 00 12 25
Curaçao triple sec bout... 00 00 12 25
Bigarreau (Cherry B'dy).. 00 00 11 00
Cacao l'Hara à la Vanil... 00 00 12 25
Marasquin................ 00 00 13 25
Kirsch * * *.............. 00 00 11 25
" * * *.............. 00 00 13 25
Brunelle de Bourgogne ... 00 00 12 25
Crème de Framboises..... 00 00 12 25
Fine Bourgogne 12 lit... 00 00 21 15
Eau de Vie de Marc...... 00 00 18 25
Crème de Cassis.......... 00 00 11 25
Crème de Musigny........ 00 00 12 25
Apéritif Mugnier......... 00 00 10 25
Alcool de Menthe......... 00 00 6 15
Absinthe Ed. Pernod..... 00 00 14 50

Stowers.

Lime Juice Cordial p. 2 dz. 0 00 4 70
" " " q. 1 " 0 00 4 20
Double Refi. lime j'ce 1 dz. 0 00 3 90
Lime syrup bout. can 1 " 0 00 4 20

V. Porte :

Cardinal Quinquina..... 00 00 12 00
Vermouth Champagne.... 15 00 17 00

Moutardes

W. G. Dunn & Co., London, Ont.

Pure D.S.F. ¼ bte, cse 12 lbs. la lb. 0 34
" " ½ " " " 0 32
" " bte 10c. " 2 à 4 dz la dz. 0 80
" " " 5c. " 4 " 0 40
F. Durham ¼ bte, cse 12 lbs, la lb 0 25
" " ½ " " " " 0 23
Fine Durham, pots 1 lb. chaque 0 24
" " " 4 " " 0 70
" " " 5 " " 0 80
Mustard Butter, bout. 12 oz. la doz. 1 30

F. F. Dalley Co.

Dalley's, vrac, pure............la lb. 0 25
" bte ½ lb, cse 2 doz., la doz. 2 00
" " ¼ " " 4 " " 1 00
" Superfine Durham, vrac, lb 0 12
" do bte ¼ lb, cse 4 doz, la doz. 0 65
" " ½ " " 2 " " 1 20
" do pots 1 " .... " 2 40
" " 4 " .... " 7 80
" do verres ¼ lb........... " 0 75

Poudre à Pâte

Cook's Friend.

No 1, 4 doz. au cse ½ bte..la doz.. $2 40
" 2, 6 " " " .. " .. 0 80
" 3, 4 " " " .. " .. 0 45
" 10, 4 " " .. " .. 2 10
" 12, 6 " " .. " .. 0 70

Océan.

3 oz., csse 4 doz........la doz.. 0 35
4 " " 4 " .... " .. 0 45
8 " " 4 " .... " .. 0 90
16 " " 2 " .... " .. 1 50

F. F. Dalley Co.

Silver Cream, ¼ lb, cse 4 à 6 doz, la doz. 0 75
English " ½ " " " " 1 25
" " 1 " 2 à 4 " " 2 00
Kitchen Queen, ¼ " 4 à 6 " " 0 60
" " ½ " " " " 0 90
English Cream, en verres...... " 0 75
" " pots de ½ lb.... " 1 25
" " " 1½ lb.... " 2 25

Soda à pâte

"Cow Brand"

Boite 60 paquets de 1 lb........ 3 00
" 120 " ½ " 3 00
" 30 1 lb et 60 ½ lb......... 3 00
" 96 paquets 10 oz à 5c...... 3 00

Produits Pharmaceutiques.

Spécialités Pharmacie Gaudet :

	Doz.	Gros.
Restaurateur de Robson.	4 00	40 00
Elixir Résineux Pectoral.	1 75	16 00
Pilules Anti-Bilieuses Dr Ney..................	1 50	13 50
Pastilles Vermifuges Françaises..............	1 40	14 00
Anti-Cholérique Dr Ney..	1 75	16 00
Anti-Asthmatique........	3 25	30 00
Poudres Condition Prof. Vink..................	1 75	16 00
Colis Cure Prof Vink.....	3 00	30 00
Spavine Cure Prof Vink..	3 50	35 00

Spécialités de J. A. E. Gauvin ;

5 p.c. d'escompte.

Sirop Menthol...............la doz. 1 65
Sirop d'Anis Gauvin........ " 1 75
" " par 3 doz. 1 60
" " par 1 grosse. 17 00
" " par 5 grosses. 16 00
Graine de lin...........lb. 0 00 0 03
" moulue... " 0 00 0 04

Réglisse

Young & Smylie.

Y. & S. en bâtons (sticks) :

Bte de 5 lbs, bois ou papier, lb.... 0 40
" Fantaisie " (36 ou 50 bâtons) bt. 1 25
" Ringed," boite de 5 lbs........lb. 0 40
" Acmé" Pellets, boite de 5 lbs. (can.) ....bte. 2 00
" Acmé" Pellets, boite fantaisie papier, (40 morc)..........bte. 1 25
Réglisse au goudron et gaufres de Tolu, bts de 5 lbs. (can) . .bte. 2 00
Pastilles réglisse, jarre en verre 5 lbs. 1 75
Pastilles de réglisse, boite de 5 lbs (can.)................................ 1 50
" Purity " réglisse, 200 bâtons.... 1 45
" 100 " ... 0 72½
Réglisse Flexible, bte de 100 morceaux.
Navy plugs.......................... 0 70
Tripple Tunnel Tubes............... 0 70
Mint puff straps................... 0 70
Golf Sticks......................... 0 70
Blow Pipes (200 à la bte)......... 0 70
do (Triplets, 300 à la bte) 0 70
Manhattan Wafers 2½ lb.......... 0 75

Sauces et Marinades.

Spécialités Skilton Foote & Co ;

Golden German Salad, cse 2 doz. flac 5 75
Tomatoe Relish " " 5 75
Chow Chow, cse 1 doz., flacon ½ gal. 3 00
Caulisalsa, cse 2 doz................ 5 75

Savon.

A. P. TIPPET & CO. AGENTS.

Maypole Soap, couleurs, per grs.. $12 00
Maypole Soap, noirs, par grs.. $18 00
10 p. c., escompte sur lots de grosses.

Tabacs Canadiens.

Spécialités de Joseph Côté, Québec.

Tabac en feuilles.

Parfum d'Italie, récolte 1898, ballots 25 lbs.................. 0 30
Turc aromatique, 1899, ballots 25 lbs......................... 0 22
Rouge, 1899, ballots 50 lbs...... 0 15
Petit Havane " 25 lbs...... 0 18
1er choix, 1898, ballots 50 lbs.. 0 12
XXXX, " " .. 0 11

Tabacs coupés.

Petit Havane ¼ lb............... 0 35
" " ½ "............... 0 35
St-Louis, 1-10, 4—10........... 0 40
Quesnel ⅛ 5.............. 0 60
Coté's Choice Mixture ⅛ lb 5...... 0 60
Vendome ½ tin..................... 1 15

Cigares.

Bianca 1-20....................... 13 00
Bruce 1-20 .... 15 00
Twin Sisters 1-20................ 15 00
" " 1-40................ 16 00
Côté's fine Cheroots 1-10......... 16 00
Beauties 1-20 .... 18 00
Golden Flowers 1-20.............. 23 00
" " 1-40.............. 25 00
My Best 1-20...................... 25 00
Doctor Faust 1-20................ 28 00
" " 1-40................ 30 00
St-Louis 1-20..................... 33 00
" 1-40..................... 35 00
Champlain 1-100.................. 38 00
" 1-40................... 28 00
" 1-20................... 38 00
Saratoga 1-20..................... 40 00
El Sergeant 1-20.................. 50 00

Tabacs.

Empire Tobacco Co.

Fumer :

Empire 9s, 4½s, 3s.............lb. 0 36
Sterling 8s...................... " 0 51
Royal Oak 8s.................... " 0 52
Something good 7s............. " 0 59
Louise 14s.......................lb. 0 54
Rosebud, Bars 5½s.............. " 0 44

Chiquer :

Currency, Bars 10½............. " 0 39
Patriot Navy 12s................ " 0 41
Patriot Broad 12s............... " 0 44
Old Fox 12s..................... " 0 44
Free trade 8s.................... " 0 44
Snowshoe, Bars 12s, 6s......... " 0 44

Spécialités de L. P. Langlois & Cie Trois-Rivieres :

Tabacs coupés.

Quesnel. ⅛...... 0 00 0 60
Rouge et Quesnel, ⅛...... 0 00 0 50
Sweet Rose, ⅛...... 0 00 0 30

Tabacs à chiquer.

King 12s. Solace.. 0 00 0 35
Laviolette, 12s " .. 0 00 0 35
" 12s. Navy... 0 00 0 35
P. P., 12s. " ... 0 00 0 35
Regina, Bar 10........ 0 00 0 35
Laviolette, " 12........ 0 00 0 35
Old Roy, Bright Chewing, Bar 12................. 0 00 0 35
Villa, Bright Smoking, Bar 8................. 0 00 0 35

Vins.

Vins toniques.

Vin St-Michel............qrt caisse 8 50
" " ....pts. 2 dz " 9 50
Vin Vial ....dz. 12 50
Vin Didace .... 0 80 1 2[illegible]

Vinaigres.

Cie Canadienne de Vinaigre.

Tiger, triple................le gall. 0 3[illegible]
Bordeaux, de table .... " 0 28
Extra à marinade.......... " 0 28
Ordinaire à marinade..... " 0 23
Vin blanc XXX............ " 0 25

Eureka Vinegar Works.

5 o/o 30 jours.

Proof 0 35
Eureka 0 30
Crystal 0 27
XXX 0 24
XX 0 18
Malt................................. 0 30

PROVINCE DE QUEBEC

Cessions

Coocshire—Taylor J. H., mfr de fromage.
Montréal—Royal Canadian (The) Mfg Co, mfr de chapeaux etc.
Shawenegan Falls—Fournier Alfred, mag. gén.

Concordats

Berthier—Durand J. R., ferblantier à 25c dans la piastre.

Curateurs

Montréal—Kent & Turcotte à Jos Bruchési, négociant.
Angus Andrew à Wm J. Cooc, plâtrier.
Masson Arthur, à Ludger Dionne.
Quyon—The Ottawa Trust and Deposit Co Ltd à Ritchie & McAdam, mag. gén.
Québec—Parent E. A. à Arthur Matte, quincaillerie.
St Raymond—Paradis V. E., à Pierre Moisan, mag. gén,
Cap St Ignace—Fortin Nestor, négociant.
Stanbridge East—Palmer L. K., charron.

Dissolutions de Sociétés

Montréal—Charbonneau & Courville, bouchers.

En Difficultés

Longueuil—Benoit Frs, épic. ass 16 nov.
Montréal—Lyons J. T., pharmacie, offre 30c dans la piastre.

Fonds à Vendre

Sherbrooce — Gagnon J. M., chaussures, 20 nov.

Fonds Vendus

Bagotville — Tremblay D., mag. gén. à A. Lepage.
Montréal—Lapointe A., restaurant.
Rousseau Maria, chaussures.
Villeneuve P. H. & Co, meubles, etc.
Pointe à Pic — Tremblay Dominique, mag. gén. à 67c dans la piastre.

Nouveaux Établissements

Montréal—Casselman & Fulton, épic,
Mount Royal Laundry.
Tebb W. A. & Co, hardes.
Beardmore (The) Belting Co Ltd.
Armstrong John & Co, confiseurs.
Canada (The) Cold Storage Co Ltd.
Canadian (The) Bancing Co Ltd.
Green, Fischel & Co, mfrs de cigares.
Hoolahan A., fruits à com. etc.; John Hoolahan.
Patenaude & Desjourdy, banquiers.
Waterloo — Brown Lace (The) Electric Co, demadde charte.

PROVINCE D'ONTARIO

Cessations de Commerce

Blyth—Walcer Wesley, meubles.
Keewatin—Moore W. H., fruits et confiserie; O. A. Wiley succède.
Ottawa—Fisct M. L., meubles etc.
Strathroy—Dyas Wm J., pharmacie; Geo. E. Rason & Co succèdent.

Cessions

Adelaide—Underhay Wilmott G., meuniers.

Dissolution de Sociétés

Merlin—Marshall & Archer, épic. et chaussures; G. C. Marshall & Sons continuent.
St Thomas—Ayearst & Newton épic.; A. J. Ayearst continue.

Décès

Galt—Scelly Frk J., mfr de cigares.

En Difficultés

Bonfield—Thériault Geo., mag. gén. offre 60c dans la piastre.
Hamilton—Burt J., hôtel.
Leamington—Batchelor F. C., nouv.
Ottawa—Lamb Wm (The) Mfg Co Ltd, mfr de biscuits, offre 40c dans la piastre.
Sturgeon Falls—Meagher Ths J., chaussures etc.
St Thomas—Gregory Esther, nouv.

Fonds à Vendre

Kingston — Sands J. S. & Son, marchand-tailleur.
London—Réaume E. D. & Co, épic.
Newmarket — Montgomery J; & Son, mag. gén. 16 nov.
North Bay—Bunyan R. & Co, mag. gén.

Fonds Vendus

Blue Vale — Casemore R. G., mag. gén. à George Porter.
Kintal — McKay H. B., forgeron à John Anderson.
Parkill—Shalloe M., quincaillerie.
Toronto—Golden H. J., épic.
Welland — McMurray Margaret A., ferblanterie à W. R. Walcer.

Incendies

Merrickville—Wright John, hôtel, ass.
Toronto—Taylor Bros, mfrs de papier.

Nouveaux Établissements.

Comber—Chauvin & Rondot, mag. gén. au lieu de D. L. Chauvin.
Kingston—Wilcinson Hy J., hôtel.
Mitchell — Thompson Walter, meunier a admis W. W. Thompson; raison sociale Walter Thompson & Co.
Ottawa—Charlebois Honoré, marchand tailleur, etc.
Richmond—Drace Geo. E., hôtel.

NOUVEAU-BRUNSWICK

Fonds Vendus

St Jean—Beverly Geo F. quincaillerie, etc.

NOUVELLE-ECOSSE

Fonds Vendus

Chester Basin — Keddy N. W., mag. gén. à Oxner Bros.

Nouveaux Établissements

Glace Bay—Williston A. & Co, poisson.
International Peer—Campbell John J., mag. gén.
Lower Stewiacce—Nelson Fred. mag. gén.
Pubinco—Amirault L. J., mag. gén.
Sydney—Beaton A. E., modes.
Joy John P., restaurant.
McLennan Alex., restaurant.
Roop & Armstrong, mag. gén.
McLeod Murray, mag. gén.

ISLE DU PRINCE EDOUARD

Décès

Kensington—Tuplin R. & Co., mag. gén., W. H. Hopgood.

En Difficultés

Charlottetown—Ramsay R. H. & Son, hardes merceries et chaussures offrent 25c dans la piastre.

MANITOBA ET TERRITOIRES DU NORD-OUEST

Cessations de Commerce

Banff—Jackson Robert, hôtel.
Edmonton—Miller W. W., épic.
Grenfill—Howsen John E., hôtel; Empey Bros succèdent.
Red Deer—Scott Geo. forgeron.
Strathcona—Litkun Heinrich, mag. gén.
Treherne—McBain G. F., hôtel; W. T. Lee succède.

Fonds à Vendre

Rossburn—Cooper H. B., mag. gén.
Winnipeg—Rogers James H., chapeaux et fourrures.

Fonds Vendus

Glenboro—Bowser Benj., forgeron à H. Eby.
Winnipeg—Nichols A. E., tabac.

Incendies

Cannington Manor—Bradley R. W., harnais.
Stinson Alex., quincaillerie etc.

Nouveaux Établissements

Brandon—Manitoba (The) Felt and Yarn Worcs Ltd.
Moose Jaw—Commonwealth (The) merceries et chaussures.
Turnbull & McCullough, pharmacie.

COLOMBIE ANGLAISE

Cessations de Commerce

Kamloops—Pinc & Buse hôtel; T. Edwards succède.

Cessions

Kaslo—Trumbull & McDonald, tabac.

Dissolutions de Sociétés

Nelson—Crossett & Ferguson, épic; A. E. Crossett continue.

PROVINCE DE QUEBEC

Cour Supérieure.

ACTIONS

Défendeurs.	Demandeurs.	Montants
Amqui		
Ross T	Jos Horsfall Bros	466
Absents		
Kahal M	Esther Isbisky	882
Belleville		
Graham R. J	Merchants Bk of Halifax	1123
Chambly Canton		
Stephens Harrison	Narc. Gravel	1e cl.
Cowansville		
Buzzell Ths D	McLaughlin Carriage Co	206
Hamilton		
Hamilton Bridge Works Co.	O. Perron	1000
do	G. Bordeleau	1999
Ile Bizard		
Boilean P. & Frère et al	Dame Eva St Amand et vir	502
do	do	303
do	Félix Lauzon	350
Knowlton		
Pepin Jos	Crédit Foncier F. C.	1e cl.
Maisonneuve		
Christin A	Wm Farrell	611
Montreal		
Adelin Alfred	Baron Strathcona et al esqual	4635
Beauchamp Euclide	Amanda Lemire	120
Bergevin A	Canada Paper Co	107
Brunet Jos	Le Crédit Foncier F.-C.	1e cl.
Bury Geo et al	Dame Eva Penton	1024
Bayard Ferd	S. R. O. Dufresne	11690
Boisvert Dame Alexandrine	E. Auclair	2e cl.
Couture J. D	Geo. Socrates	200
Desjardins Ant	Amable Lallemand	386
Dunham E. H. & Co.	J. Rattray & Co	2e cl.
Foisy Eusèbe et al	F. W. May et al	255
Forest Ths	La Canadienne	1e cl.
Fischel Gust	Emm. Fischel	800
Finn Edw	Geo. Durnford	116

Gross John A.........Allan Thomas 2950
Germain R..........Proulx & Damien 125
Hébert C. E. & Nap. E...Dame Marie C. Lauzon 2e cl.
Hart Samuel.....Amanda Charlebois 119
Kerrin Dame Vve Mary.........Aug. Lachapelle 796
Lépine Alph............Cyrille Laurin 110
Lazarus Delle Nettie.....Dame Adèle Dufresne 168
Lebœuf J. A...........Henri Audette 3e cl.
Laurin Alf......J. Z. Resther es qual 144
Lyons J. T....Chandler & Massey Ltd 188
Lyall Peter & Son..P. J. L. Duchesnay (Dommages) 1020
Macdonald G. A.........John Darley 252
Mussen Hy S. et al.....Chs K. Blaccwood 1e cl.
Northern Life Ass Co........Mary T. Shannon 1e cl.
Perrault F. X. et Jos....Raoul Gohier 182
Quinn Dame Mary et vir.......Royal Institution 524
Rhéaume Jos A. fils..Mendoza Langlois 615
Robb Edm............Jules Trépanier 170
Ryan John esqual.....Francis Upton 120
Slater (The) Shoe Co.....G. A. Slater (Dommages) 5000
Sigouin Alex fils.....R. Beaudry et al 105
Seath David et al..H. A. Wilder & Co 168
Shearer Dame Ann........Ths Marcs 1000
Wener & Frèees........Alf. Michaud 162
Ward K. F. et Eva D....F. E. Browne 265
Ward Jos..................Isaac Levy 149

North Hatley

Ramsdell C. L......Ames, Holden Co 3e cl.

Québec

Patry J. H........Frothingham & Co 212

Quyon

O'Reilly J. B...........J. P. Seybold 128

Sherbrooce

Eastern T. Banc.....P. C. Ryan et al 200

Sault aux Récollets

Meiller Ludger....De Jane O'Sullivan 1e cl.

St Barthélemy

Brisset Bernard..Le Crédit Fonc. F.-C. 1e cl.

Ste Cunegonde

Morin Oct et al..Crédit Foncier F.-C. 1e cl.

St Henri

Dagenais Grégoire et al....S. Gosselin 423
Lahaie F. X. et al......Alex Aubertin 100

St Hubert

Dubuc J. fils...............F. Lizotte 100

St Isidore

Vanier Louis..-J. Abr. Defayette et al 147

St-Louis—Mile End

Vigneau Narc R........Andrew Bayle 107

St Philippe

Lefebvre Eximère.....Cléop. Roussin 7900

Ste Rose

Bastien Théop. et al.......T. Bastien 250

St Thomas de Pierreville

Desaulniers L. L..Crédit Foncier F.-C. 2e cl.

Cour Supérieure

JUGEMENTS RENDUS

DÉFENDEURS. DEMANDEURS. MONTANTS

Eaton

Libby L. H. et al...Banque Nationale 145

Montreal

Belasco A. S.......Western Loan and Trust Co 237
Brennan John E..........John Barry 70
Baie des Chaleurs Ry Co et al......M. Connolly 1e cl.
Cruicçshanç W. G......Imp. Ins. Co 351
Dionne Ludger...........G. Latreille 270
Drapeau Benoit A......A. Desjardins 119
De Cow Dame D. McG..The Standard Life Ass. Co 9250
Echenberg M. B...Geo. E. Armstrong 100
Foisy Ths jr.........Arch Watt et al 110
Garneau D..........Hon. P. Garneau 805
Griffin Michael..........Annie Moley 198
Gauthier Tous...........G. Deserres 113
Hastie Hy...........F. N. Tremblay 153
Jetté Albert.......J. W. Kilgour et al 4116
Lafortune Jos......Arthur Desjardins 154
Lawlor Dame Marg......Od. Crépeau 198
Legros Oscar..The Whitham Shoe Co 236
Larivée Ls.......John H. Macdonald 101
Maxwell W. E. J......Wm H. Walsh 105
Martineau Acthemar......G. Deserres 390
Mulligan And L......K. F. Loccharl 116
Prévost Frs..Jos. Fréchette (domm.) 100
Phillips H. S. & Co...Fred. W. Evans et al 20503
Paquin Alph........Sun Life Ass. Co 171
Poupart T.................Jos. Ward 103
Picard Dame Marg. et al......Banque Jacques Cartier 2237
do do 1600
Robb E. W..........Edw. G. Broocs 237
Vanier Jos..............Chs Chaussé 184

Nominingue

Christin T. A..........Pac. Aumond 260

Ottawa

Harris Chs A. E..Gazette Printing Co 262

Sherbrooce

Quebec Central Ry Co.......Dame E. Jacques 450

St Basile le Grand

Gauthier Clément.....Crédit Foncier F.-C. 5309

St Henri

Lamoureux Succ. Ulric..Ed. Chaussé 270
Bouliane Frs............F. S. Hardy 111

St Laurent

Letang Dame Amanda esqual.....Sun Life Ass. Co 3268

St Louis-Mile End

Lavigne Adol. et al........La Banque Nationale 133

Toronto

Coulter & Campbell...A. Masson et al 99

Westmount

Morgan Edw..........John G. Grant 3484

Cour de Circuit

JUGEMENTS RENDUS

DÉFENDEURS. DEMANDEURS. MONTANTS

Acton Vale

Adam Moise......Great West Ass. Co 47
Prévost Ed..................L. Gravel 13

Caughnawaga

Jacob F. McD.........Jos. Hurtubise 10

Edmundton, N. B.

Michaud F. et al..L. J. O. Beauchemin 17

Lachine

Bélanger A................F. Forget 19
Tierney P..........S. Freedman et al 33
Ouellette Alf.............C. Carrière 14

La Baie

Houde H................F. D Shallow 18

Granby

Bergeron Jos...........Frs. Tétrault 13

Montréal

Arnold W. A...........Hugh Graham 36
Brisebois E.............J. C. E. Levy 55
Burnett Alex.....De Hectorine Fabre 10
Burnett G...................E. Cohen 17
Baccman D. L. et al..Cité de Montréal 23
Bronsdon J. B..................J. Bell 41
Blacc Geo...........Jas S. Thompson 15
Bourassa A..............T. Beaudoin 10
Barrett W. J...........S. Daigneault 12
Blais David..............H. Campeau 5
Bertrand T..............J. G. Vaillant 11
Charbonneau Alphonsine......Cité de Montréal 9
Couture L. et al.........E. Choquette 32
Caron J.................F. D. Shallow 17
Chappell Chs..........Geo Wait et al 53
Couette J...............O. A. Goyette 9
Cité de Montréal.........E. Giroux jr 40
Contant G. E........L. E. Beauchamp 85
Cité de Montrél.........J. B. Godbout 9
Craig Jas U............Wm de Marler 16
Charland Chs..............D. Lafleur 8
Dulude Jér ....A. Gagnon 5
Desloche U.......J. N. Archambault 15
Deneault Dame E....Andrew Mackay 72
Dutrisac G...........L. A. Lamarche 19
Dupéré Abr............R. Charlebois 60
Dubuc D...................U. St Onge 23
Dupuis T.......The Williams Mfg Co 8
Dery Jos Ed............F. J. Granger 18
Dolan J. J..........R. F. Hayes et al 37
Desjardins Alfred...........E. Benoit 8
Desautels Delle Albina.....A. Racine 21
Dame Emmanuel.........T. Beaudoin 6
Dufresne F............J. A. Perrault 18
Duvert P. L............Geo. Pineault 11
Frantz J. J ....E. C. Percins 35
Fitzpatricc A. et al......R. A. Kydel 72
Forte Louis...............Jos Gravel 10
Foucault J..............A. Lacombe 5
Gauvreau N...............D. Leclaire 86
Guay J. J. T......Ths Baderach et al 71
Gordon G...........Cité de Montréal 9
Glover F...............M. Hutchison 14
Gundlac W. A..N. Y. Steam Laundry 19
Gillies A. D........M. A. McGaldrick 19
Gagné J. E. alias Gagnon..P, Humphey 25
Glenny John et al........L. Théorest 70
Gallipois F. X........Ths A. Temple 20
Hébert Modeste......B. Charbonneau 12
Hervieux Hortense............Albert Dumouchel 60
Jeannotte A..................A. Bleau 8
Joncas M. M. V......F. X. St Charles 52
Kilner R. S................J. G. Coté 11
Karch Dame E..........Chs Monette 55
Kelly Eliz....................A. Fred 12
Lépine P ....N. Benoit 15
Lowe Albert..........The Singer Mfg 24
Liffiton C. A..........J. B. Campbell 63
Lachapelle J. B............P. Z. Guy 31
Langevin Dame E...........N. Pinze 22
Lamontagne A. W....Alex. Robertson 38
Lacroix E.................N. Collin 26
Lebarron Arth.............A. Morency 8
Laroche E.................D. Caisse 12
Labelle F. X..............A. Contant 6
Limoge Olivier......Adelard Delorme 17
Landry Louis................D. Ruel 12
Laberge Ed............Geo. Pineault 32
Morris I ....Dame M. Cooke 82
Miron Josaphat...........Jos. Lépine 25
McGee Jas................J. O. Déziel 5
Malouin Sam............Jos. Racette 24
Murray T.........Dame E. McGrane 26
Malo A....................G. A. Mace 25
Morris John............Dame Mary E. Mansfield 67
Nullairi Ls................A. Trudeau 10
Paquin Dame J. et vir..L. R. Trudeau 11
Plante Ulderic.........J. L. Chenier 6
Pratt Ths..................J. C. King 10
Petit Jean Léon....J. G. A. Gendreau 11
Pellerin Alfred..Dame P. Bouthillier 31
Perrault H..........C. M. Alexander 71
Piché E.................J. N. Rérard 15
Peltier Geo................O. Brault 12
do ....F. Boisvert 7
Paris J. H. et al............M. Tapley 16
Patenaude Alf. et al.....Nap. Bastien 6
Pellerin A..............J. E. Barnabé 25
Palmer W......Dame Corinne Labbée et vir 57
Reeves G............B. A. Leprohon 7
Regaudie H..................J. Watson 7
Rochon E..............H. Thériault 12
Renaud A................L. Charlebois 20
Société Nationale de Sculpture...The Auer Light Mfg Co 49

Slater Chs	Eucher Thibaudeau	11
Shoesmith W. W	P. Phaneuf	6
Stanton (The) Lith. Co	Jas Whelan	16
Thibault W	Delle R. Davis	15
Tees-A. D	A. Tremblay	10
Théoret Dame J	W. Goulding	66
Turcotte J. B. A	Jérémie Perrault	14
Vallerand A. J	The N. Y. Steam Laundry	10
Vallée M	L. G. Chaussé	99
Viel E	M. Coursol	21
Viau Dame H	M. Franc	12
Vauthier N	M. Tapley	24
Verdon P	A. Fred & Co	19
Walcer Hy McD	Alex. Duclos	18
Wunblenky J	Dame R. D. Limoges	19

Rockland, Ont.

McNoble A	J. Tobias	9

Sault aux Récollets

Legault Dame A. et vir	H. Trudeau	38

Ste Anne de la Perade

Godon Jean	L. Jolin	37

Ste Cunégonde

Gamble C	G. Deserres	40
Boucher T	E. Moineau	49
Chaput Eug	H. Campeau	5

St François du Lac

Chapdelaine C	F. D. Shallow	20

St-Hyacinthe

Lorquet Emile	Massey, Harris Co	16

St Henri

Perrault Jos F	Cité de Montréal	20
Dumesnil A	A. Lespérance	52
Mongeau W	J. A. M. Pilon	57
Saucier Ant	Geo W. Lovejoy	65
Rousseau Delle M	J. O. Authier	17
Jacob Jos	Dame O. Thériault	32
Larin O	P. Saulnier	55
Taillefer J. B	G. Palardy	12

St-Jean, N. B

Hopcins J	E. D. Marceau	56

St Maurice

Lenneville J	S. O. Delorme	15

St Paul de Chester

Coté Cyrille	T. Fortier	50

Trois-Rivières

Cadorette Arthur	J. Ferron	45

Vaudreuil

Jubinville et Cie	St Maurice Tool and Axe Worcs	65

Verchères

Dansereau Alf	Cité de Montréal	25

Westmount

Bruce J. K	A. Lachapelle	15
Johnson A. R	The Patterson Mfg Co	21
Mansfield Dame Mary E	The Town of Westmount	67

Yamachiche

Beaudoin Hy	J. E. Quintal	70

Moyen pour s'assurer de la bonne qualité de la colle

La colle étant un des puissants auxiliaires servant à la réparation des meubles, on doit, avant de l'employer, s'assurer de sa bonne qualité. Il suffit pour cela d'en faire tremper un morceau dans un verre d'eau. Si la colle fond, c'est qu'elle ne vaut rien; si elle a gonflé et qu'une fois séchée à l'air elle reprenne sa dureté, vous pouvez être assuré qu'elle est excellente. Pour bien prendre, il ne faut pas que la colle séjourne trop longtemps sur le feu; aussi doit-on, pour l'aider à fondre facilement, la concasser en petits morceaux et la faire tremper dans l'eau pendant trois à quatre heures avant de la soumettre au feu.

VENTES ENREGISTRÉES

Pendant la semaine terminée le 10 nov. 1900

MONTRÉAL-EST

Quartier St - Jacques

Rue Montcalm, No 252. Lot 983, avec maison en brique, terrain 21 x 75 supr 1575. Joseph Lafleur à James Halpin; $1500 [51899]

Rue Montcalm, No 252. Lot 983, avec maison en brique, terrain 21x75. Jame Halpin à Alexis Foucher; $1600 [51900].

Rue Amherst, Nos 621 à 631. Lots 1155-80 à 83, avec maison en brique, terrain 61x63. La succession Louis Chs Gravel et Gust. Gravel à Geo. Max. Gravel; $3000 [51913].

Rues Beaudry, Nos 559 à 563 et Ontario, Nos 1193 à 1207. Lots 1103. 1130, 1132, avec maison en pierre et brique, 1 terrain 50x105; 1 do 115.9x51. L. E. Beauchamp à A Jetté & Cie et Frs L. Sylvestre; $21500 [51918].

Rues Ontario, Nos 1184 à 1188 et Visitation No 336. Lot 1099, avec maison en brique, terrain 18x44.6 supr 3066. Pierre Mailhiot à Delphis Boucher; $6000 [51945].

Rue Beaudry, Nos 374 et 376. Lot 1036, avec maison en brique, terrain 42.9x77.6 d'un côté et 77.3 de l'autre supr 3307.9. Napoléon Casgrain à Charles Eid et uxor; $6800 [51947]

Quartier St-Laurent

Rue St Laurent, Nos 134 à 138, 178 à 184. Lots 618, 610, avec maisons en pierre et brique, terrain 40 d'un côté 41.6 de l'autre x 68.4 d'un côte 66.8 de l'autre supr 2750; 1 do 29 d'un côté, 28.2 de l'autre x 40.4 supr 1124. Le Shérif de Montréal à The Grand Trunc Ry of Canada Superannuation & Provident Fund Association; $2 [51929].

Rues St Charles-Boromée, No 295, Church Nos 41 à 47. Lots pt N. O. 124, 168-15, 16, avec maison en brique, terrain 26 x 78.6 supr 2043; 2 do 50x83. James Bailey à Eva Bailey épse de Wm E. Vennor; pour les hypothèques [51950].

Quartier Ste-Marie

Rue Visitation Nos 137 et 139. Lot 306, avec maison en brique, terrain 44x129 d'un côté et 128 de l'autre supr 5654. J. Gédéon Gratton à Philomène Rasconi épse de Paul Lagarde; $9250 [51905].

Rue Visitation, Nos 347 à 353. Lot pt N. O. 1108, avec maison en brique, terrain 75x75 supr 5625. Louis Euclide Beauchamp à A. Jetté & Cie et Frs L. Sylvestre; $3950 [51917]

Rue Visitation, Nos 347 à 353, Beaudry, 559 à 563 et Ontario, Nos 1193 à 1207. Lots ½ ind de ½ N. O. 1108. Quartier St Jacques, lot ½ ind de 1103, 1130, 1131, 1132, avec maisons en brique, terrain 75 x 75 supr 5625; 1 do 50x105; 1 do 115.9 x51. Frs L. Sylvertre à A. Jetté & Cie; $20700 [51919].

Rue Ste Catherine, No 1200. Lot 434-1, 2, avec fondations, 1 terrain 57x107.4 d'un côté et 107.6 de l'autre, supr 6123. Joseph E. Brunet à Ed. Alph. Magnan; $23527.50 [51931].

MONTREAL-OUEST

Quartier Ste-Anne

Rue Bassin. Lot 1182, avec maison en brique, terrain 78.3 x 159 d'un côté et 178.9 l'autre, supr 15090. Daniel Morrice à The City Ice Co Ltd; $6536 [134384].

Quartier St Antoine

Rue St Mathieu, No 78. Lot 1661-4, avec maison en brique et pierre, terrain 23 x 85. Dame F. Sarah Leeming épse de Hy W. Walcer à Dame Rachel Osterweis épse de Hy Goldvogel; $7000 [134370].

Rues St Marc Nos 3 à 5, Selby Nos 115 et 116, et avenue du Parc. Lot 1624-5, Westmount lot 384-123, 144, 145 St Henri lot pt c 1123, avec maisons en brique et pierre, terrain 24.1½ x 80.2 supr 1932; 1 do 23 x 87.10 d'un côté et 87 de l'autre; 2 do 23 x 121.9; 1 do 27 x 84.6. Anastasie Poissant épse de Adol. Duperrault à Emélie Anne Trudeau Vve de Jos. Beaudry; $36000 [134372].

Rue St Antoine, Nos 378 à 384. Lot pt N. O. 91, pt 90, avec maison en brique, terrain 89.2 d'un côté 88.6 de l'autre x 49.7; 1 do 50.4 d'un côté 49.7 de l'autre x 10. Michael Guerin à John Maguire Guerin; Pour les hypothèques [134383].

Rue Sherbrooce No 752. Lot 1203. avec maison en pierre, terrain 77.6 x 204.6 d'un côté et 189.6 de l'autre. La succession Walter Drace à Dame Dora T. Pattle épse de J. A. Wright; $23500 [134385].

Rue Maccay, No 121. Lot pt 1699, 1701, avec maison en pierre, terrain 26.6 x 113.6; 1 do 26.6 x 6 supr 153. Wm B. Lindsay à Dame Minnie Douglas Vve du Rév. John Irwin; $4000 [134386].

HOCHELAGA ET JACQUES-CARTIER

Quartier Hochelaga.

Rues Ste Catherine, Nicolet, Chambly et autres. Lots 23-429, 453, 503, 546, 609, 610, 537, terrain 24 x 110 supr 2640; 2 do 24 x 121 supr 2904; 2 do 25 x 121 supr 3025 1 do 23 x 121 supr 2783; 1 do 24 x 122 supr 2928 chacun vacants. Octavie Désy épse de Zotique Riopel à Vincent Lacombe; $5340.15 [87306].

Rue Joliette. Lot 29-58, 59, terrains 24 x 85 supr 2040 chacun vacants. The Montreal Land & Improvement Co à Ambroise Emond; $612 [87332].

Quartier St-Denis

Rue Massue. Lot 325-33, terrain 24 x 72 supr 1728 vacant. Victoria Martin épse de Nap. Deslauriers à Joseph & Ed Latreille; $500 [87308].

Rue Huntley. Lot ½ S. E. 8-512, avec maison en brique, terrain 25 x 100. Jos. Placide C. Lefebvre à Alphonse A. Lefebvre; $1700 (à réméré) [87314].

Rue Bibaud. Lot 218, avec maison en bois, terrain 35.11 x 60.9 supr 2146. Georgiana Roy épse de Aug. Bélair à Joseph Brien; $450 [37346].

Rues St André et Rivard, No 108. Lot 7-183 quartier St Jean Baptiste lot 15-450, avec maison en brique, terrain 25 x 87 supr 2175 vacant 1 do 20 x 70. Julien Desrochers à George Vandelac; $1600 [87355].

Rue Rivard, No 540. Lot 162-179, avec maison en brique, terrain 22 x 70. Zéphirin Langlois à Jos. Narc. Arsenault; $1400 et autres considérations [87369].

Quartier St Jean-Baptiste

Rue Rachel, Nos 225 à 229. Lot 8-106, avec maison en pierre et brique, terrain 25 x 100. Isaie Lalonde à Thomas Forest; $5342.90 [87297].

Rue Mentana. Lot 11-16, terrain 22 x 94, supr 2068 vacant. La faillite Labelle & Deschamps à Moses Vineberg; $325 [87307].

Rue Brebœuf. Lot pt 7-125, avec maison en brique, terrain 16.8x80. Michel Galarneau à Léa Gratton épse de Jos Labelle; $1750 [87315].

Rue St Hypolite, Nos 484 et 486. Lot 269 avec maison en bois, terrain 40 x 75. Ferdinand St Louis à Georgiana Henott dit Bouchard épse de Théodore Bergeron; $1500 [87321].

Rue St Hypolite, Nos 615 à 659. Lot pt S. E. 183, avec maison en brique, 1 terrain 82 x 51; 1 do 39 x 19, supr 4923. Vincent Lacombe à Octave Désy épse de Zotique Riopel; $7000 [87317].

Rue St Dominique, Nos 793 et 795. Lot pt N 311, avec maison en brique, terrain 49 x 75 supr 3675. George Vandelac à Julien Desrochers; $2525 [87354].

St Louis—Mile-End

Ave du Parc. Lots 12-12-4, 12-12-5, terrain 50 x 110 chacun vacants. Thos Hy Yeoman à Emma Margaret Rycert épse de C. J. McCuaig ; $1240 et autre considérations [87338].

Rue St George et Ave Pacific. Lots 11-1010 à 1013, 1022 à 1026 pt S. E. 11-1014, 1021, 1 terrain 38x88 ; 1 do 344 x 88 chacun vacants. The Montreal Investment & Freehold Co à L'Œuvre et Fabrique de St Jean de la Croix ; $3000 [87345].

Westmount

Ave Western. Lot 220-42-1, avec maison en brique, terrain 22.11 x 116 d'un côté et 113.5 de l'autre. Chs J. Brown et Ed Riel à Amélia Maria Haliburton épse de Thomas Henry ; $6000 [87323].

Rue St Antoine. Lot 383-118, avec maison en brique, terrain 26 x 100. Gabrielle Smith épse de John Ford à John Macintosh ; $1232.23 et autres considérations (à réméré) [87339].

St-Henri

Rue St Ambroise. Lots pt N. O. 3412-11, 12, 3413-4, avec maison en brique, terrain 149 2/10x140 5/10 et 139x70 3/10 supr 14650. Gaspard Deserres à The Alaska Feather & Down Co ; $4000 [87286].

Rue Laurier. Lot pt 385-24, 25, avec maison en pierre et brique, terrain 23x72.6 d'un côté et 67.10 de l'autre. Hypolite Gougeon à Proulx & Damien ; $3400 [87289].

Rue Laurier. Lot pt 385-24, 25, avec maison en pierre et brique, terrain 23 x 72.6 d'un côté et 67.10 de l'autre. Oscar Proulx et B. Damien à Gagnon & Caron ; $2525 [87290].

Rue St Ferdinand. Lot pt S. E. 1561, avec maison en bois, terrain 31.6 de front 28 en arrière x 82. Louis Campeau à Zotique Lachaine ; $1969.09 [87295].

Rue Delisle. Lot 5/6 ind 910, avec maison en brique, terrain 30 x 75. Fd Labadie et al à Louis Lemarbe fils ; $2833.34 [87344].

Coin des rues St Albert et St Jean. Lots 941-102 pt S. O. 941-101, terrain 30 de front 38.10 en arrière x 75 vacant. Henri Bisson à Elzéar Lynch ; $1387 [87373].

Maisonneuve

Rues Ontario et d'Orléans. Lots 18-340 à 344, 18-325 à 337, terrain 27.3 de front 13.6 en arrière x 110 supr 2255 ; 3 do 24 x 110 supr 2640 ; 1 do 20 front 33.6 en arrière x 110 supr 2942 ; 1 do supr 1912 ; 12 do 22.6 x 102 supr 2295 chacun vacants. Isaie Préfontaine à U. Pauzé & Fils. $13046.80 [87370].

Côte des Neiges

Lot 55-4, terrain vacant. Agnès Burt à Harry O'Brien $40 [87360].

Lot 25-26. Napoléon Garand à Pierre Many $450 [87283].

Sault aux Récollets

Lot pt 287. Cyrille Gagnon et al à Adolphe Prévost ; $675 [87309].

Sault aux Récollets

Rue St Hubert. Lot 489-272, terrain 25 x 87. Jean Philimon Lacroix à Delphis Lacombe ; $120 [87313].

Lachine

Rue Rutland. Lot 916-183, terrain 40 x 116.10 d'un côté et 105.7 de l'autre vacant. John McGrath à Emma Jane Clarce épse de Geo Royston ; $100 [87363].

Lots 181-11, 12. Le Shérif de Montréal à Catherine Macfarlane ; $20 [87367].

Lot pt 230. The Montreal Loan and Mortgage Co à Joseph O. Desforges ; $800 [87367].

Lot ½ E. 922. Harriet Eliz Evans épse de John F. Reddy à Dora T. Pattle épse de James A. Wright ; $9000 [87368].

Rivière des Prairies

Lot 106. Joseph Charette à Ferdinand Trudeau : $4500 [87371].

Voici les totaux des prix de ventes par quartiers :

St Jacques	$ 40,400 00
St Laurent	2 00
Ste Marie	57,427 50
Ste-Anne	6,536 00
St Antoine	70,500 00
Hochelaga	5,952 15
St Denis	5,650 00
St Jean-Baptiste	18,442 90
St Louis Mile-End	4,240 00
Westmount	7,232 23
St Henri	16,114 43
Maisonneuve	13,046 80
	$ 245,544 01

Les lots à bâtir ont rapporté les prix suivants :

Rue Ste Catherine et autres, quartier Hochelaga, 26 3/7c le pied.
Rue Joliette, quartier Hochelaga, 15c le pd.
Rue Massue, " St Denis, 28½c "
Rue St Albert, St Henri, 50c le pied.
Rues Ontario et d'Orléans, Maisonneuve, 50c le pied.

PRÊTS ET OBLIGATIONS HYPOTHÉCAIRES

Pendant la semaine terminée le 10 novembre 1900, le montant total des prêts et obligations hypothécaires a été de $171,914 divisés comme suit, suivant catégories de prêteurs :

Particuliers	$143,411	
Successions	7,500	
Cies de prêts	10,340	
Assurances	2,750	
Autres corporations	7,913	
		$171,914

Les prêts et obligations ont été consentis aux taux de :

4 p. c. pour $1000.

5 p. c. pour $1,200 ; $2000 ; $3000 ; $4,300 ; $5,000 et $7,500.

5½ p.c. pour $2,500 ; et 2 sommes de $4,000.

Les autres prêts et obligations portent 6 pour cent d'intérêt à l'exception de $1428, $100,000 à 7 p.c. et de $2000 à 8 p.c. d'intérêt.

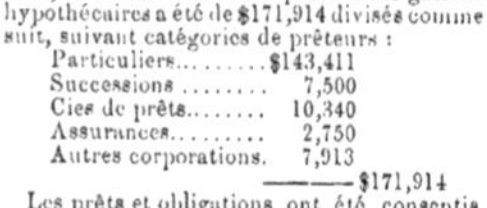

Du 20 au 27 novembre 1900.

District de Montréal

Le Crédit Foncier F.-C. *vs* Hon. James McShane.

Montréal—1o Le lot 870 et pt 821 du quartier St Antoine, situés rue Notre-Dame, avec bâtisses, ainsi que le lot 892 du même quartier, situé rue St Jacques, avec bâtisses.

2o Le lot 1835 du quartier Ste Anne, situé rue St Maurice, avec bâtisses.

3o Les lots 890 et 889 du quartier St Antoine, situés rue St Jacques, avec bâtisses et le lot 205 du même quartier, situé rue Chatham, avec bâtisses.

4o La moitié nord-ouest du lot 1291 du quartier St Antoine, situé rue Université, avec bâtisses.

5o Le lot 1767 du quartier Ste Anne, situé Carré Chaboillez avec bâtisses.

6o Les lots 3239-78, 79 du quartier St Gabriel, situé rue Wellington, avec bâtisses.

Vente le 22 novembre, à 2 h. p. m., au bureau du shérif.

L. Villeneuve & Cie *vs* James Baxter.

Montréal—1o Les lots 80-86 et 83 du quartier Hochelaga, situés rue Moreau.

2o Les parties des lots 19-3, 4, 5, 6 du quartier St Laurent, situés rue St Laurent, avec bâtisses.

Vente le 23 novembre, à 10 h. a. m., au bureau du shérif.

La succession Stanislas Dagenais et al *vs* Stanislas Corbeil.

Sault aux Récollets—Le lot 443, avec bâtisses.

Vente le 22 novembre, à 10 h. a. m., au bureau du shérif à Montréal.

La Banque Nationale *vs* James Baxter.

Montréal—1o Les lots 80-86, 83 du quartier Hochelaga, situés rue Moreau.

2o Les parties des lots 19-3 à 19, situés rue St Laurent, avec bâtisses.

Vente le 21 novembre à 10 h. a. m., au bureau du shérif.

District de Kamouraska

Hon. Ths Pelletier *vs* Magloire Castonguay.

St-Jean de Dieu—Les lots 34, 35a et 35b.

Vente le 21 novembre, à 11 h. a. m., à la porte de de l'église paroissiale.

Octave Rioux *vs* Thos. Nadeau.

Trois-Pistoles—Le lot 125, avec bâtisses.

Vente le 21 novembre, à 10 h. a. m., à la porte de l'église paroissiale.

District de Montmagny

Philias Bernier *vs* Alph. Bernier.

Cap St Ignace—La partie nord du lot 144, avec bâtisses.

Vente le 21 novembre, 10 h. a. m., à la porte de l'église paroissiale.

District de Québec

La Cité de Québec *vs* Ferdinand Hamel.

Québec—Le lot 945 de St Sauveur, situé rue Bagot, avec bâtisses.

Vente le 23 novembre, à 10 h. a. m., au bureau du shérif.

District de Rimouski

Ths Phil. Pelletier *vs* Paul Beaubien.

Amqui—Le lot 45 avec bâtisses.

Vente le 21 novembre, à 10 h. a. m., à la porte de l'église St Benoit Labre (Amqui).

District de St François

Wm N. Paul *vs* D. K. McLeod.

Danville—La partie du lot 21, avec bâtisses.

Vente le 20 novembre à 1 h. p.m. à la porte de l'église St Anne à Danville.

District des Trois-Rivières

Chs Carle *vs* Félix Lacoste.

St Barnabé—Le lot 218, avec bâtisses.

Vente le 20 novembre à 10 h. a.m. à la porte de l'église paroissiale.

Nettoyage des vitres

Les rayures sur les vitres étant moins visibles que sur les glaces étamées, on se sert pour les nettoyer du blanc d'Espagne ou de Meudon, auquel on ajoute de l'eau-de-vie. On commence d'abord par le carreau du haut en posant une légère couche de blanc, puis on frotte avec un linge jusqu'à ce que ce blanc disparaisse complètement. Il ne faut barbouiller qu'un carreau à la fois, car le blanc une fois sec, ne produit plus le même effet.

Pour conserver des fruits frais pendant des années

On lavera du sable blanc fin, jusqu'à ce que l'eau reste très claire après le lavage. Alors on versera pardessus du cognac ou de l'eau-de-vie, puis on place les fruits—ceux-ci ne devront être ni trop ni pas assez mûrs—dans des récipients de terre ou de bois. On répand alors le sable préparé dans le vase, de façon qu'il ne tale pas les fruits. Il faut que le vase de terre ne séjourne pas trop au frais, et celui de bois trop à la chaleur.

LE PRIX COURANT
THE PRICE CURRENT

Vol. XXX MONTREAL, VENDREDI 23 NOVEMBRE 1900. No 8

LE PRIX COURANT

Revue Hebdomadaire

COMMERCE, FINANCE, INDUSTRIE, PROPRIÉTÉ FONCIÈRE, ASSURANCE.

Publié par ALFRED et HENRI LIONAIS, éditeurs-propriétaires au No 25 rue St-Gabriel, Montréal. Téléphone Bell Main 2547, Boîte de Poste 917. Abonnement : Montréal et Banlieue, $2.00 ; Canada et Etats-Unis, $1 50 ; France et Union Postale, 15 francs. L'abonnement est considéré comme renouvelé, à moins d'avis contraire au moins 15 jours avant l'expiration, et ne cessera que sur un avis par écrit, adressé au bureau même du journal. Il n'est pas donné suite à un ordre de discontinuer tant que les arrérages et l'année en cours ne sont pas payés.

Adresser toutes communications simplement comme suit : LE PRIX COURANT, MONTRÉAL, CAN.

VOL. XXX | VENDREDI, 23 NOVEMBRE 1900 | No 8

L'EDUCATION DANS LA FAMILLE

LA FAMILLE ANGLAISE ET LA FAMILLE FRANCAISE

Commençons notre enquête. Prenons l'Anglais au berceau et suivons-le jusqu'au moment où il se jette dans la lutte pour la vie. De l'enfance à l'adolescence, il traverse deux petits mondes, complets en eux-mêmes : la famille et l'école, dont l'influence est presque toujours décisive.

La société anglaise comprend, au premier ang, deux élites : celle des *self-made men* et celle des *university-men* ; l'une s'est faite seule à la dure école de la vie, l'autre est le produit d'institutions très anciennes et très puissantes. Sur toutes deux l'on retrouve la marque originale de la famille.

Le domaine où la famille anglaise s'épanouit, c'est le *home*. Le *home* est à elle, tout à elle : il est sacré, il est inviolable à tous les étrangers. Sont étrangers tous ceux du dehors, tous ceux qui ne s'asseyent point autour du foyer. Chaque *home*, à la ville comme à la campagne, est matériellement indépendant du voisin. Chaque famille a sa maison, son toit, sa communication directe avec le dehors ; elle est chez elle maîtresse absolue, nul étranger sur la tête ou sous les pieds. Point de ces grandes casernes divisées en cellules [1], de ces appartements étroits qui étiolent et restreignent les familles. Elle a toute la place qu'il faut pour s'étendre et s'ébattre à l'aise.

Le *home* a une poésie intime et profonde qu'un Anglais se croit seul capable de sentir et d'exprimer : " C'est le lieu de paix, l'asile qui protège non seulement contre toute injure, mais contre toute terreur, doute et division. Si le foyer n'est point tout cela, ce n'est point le *home* ; si les anxiétés de la vie extérieure y pénètrent, si l'un des époux permet au monde inconnu ou hostile, sans sérieux et sans amour, de franchir le seuil, ce n'est plus le *home* ; ce n'est plus qu'un morceau du monde extérieur que l'on a couvert d'un toit et éclairé au dedans. Si, au contraire, le foyer est un lieu sacré, un temple gardé par les dieux domestiques, où nul n'est admis qui ne puisse être accueilli avec amour, alors c'est bien le *home* ; il mérite le nom et rayonne de sa gloire [1]."

Le chef de famille, époux et père, règne en souverain absolu sur le *home*. Un Américain a remarqué, non sans quelque étonnement, que, en Angleterre, l'homme est toujours considéré par la femme comme lui étant supérieur. " L'Angleterre est le paradis des hommes, s'écrie-t il... La volonté du chef de famille est reconnue comme la loi du ménage, et personne ne songe à la contester [2]." Le chef de famille a créé le *home* ; il entretient le ménage ; responsable devant la société et la loi, ayant la peine et la responsabilité, il reçoit en retour obéissance et respect. Père, il tient à se faire respecter d'abord, avant que d'être aimé [3] ; vous ne retrouveriez pas en lui le père-camarade que nous, Français, connaissons tous, au moins de vue. Il n'est pas rare que le jeune Anglais, en s'adressant à son père, se serve du mot " sir " comme le serviteur parlant au maître. Au respect que le père sait inspirer s'ajoute le prestige du pouvoir qu'il tient de la loi : il peut disposer à son gré de ses biens. Le patrimoine foncier de toute famille anglaise, ancienne ou nouvelle, est regardé comme un petit Etat et s'appelle même ainsi : *estate* [1]. Dans cet Etat, le père est souverain absolu comme dans le *home*. Il exerce une sorte de " magistrature testamentaire [2]." Il ne se croit point obligé de se priver pour ses enfants pendant sa vie, ni d'amasser afin de leur laisser à sa mort. Tout au plus est-il lié par la tradition qui l'invite, et quelquefois par la loi qui l'oblige, à transmettre à l'aîné un domaine intact ou un patrimoine. En France l'autorité du père sur la personne de l'enfant est presque sans bornes, et le pouvoir de disposer des biens par testament, limité ; en Angleterre le pouvoir du père sur la personne est limité (il ne peut faire enfermer son enfant, et n'a plus sur lui autorité d'aucune sorte après

---

1. Sauf quelques exceptions très spéciales ; à Londres, dans certains quartiers où la population est flottante.

---

1. *John Ruskin : his life and teaching*, by Marshall Mather. London, 1890, p. 84.

2. R. G. White, *England without and within.* Boston, 1881, p. 207.

3. " Vos fils, disais-je à un Français de mes amis, en usent librement avec vous. Ils ne semblent nullement impressionnés par l'autorité paternelle.—Comment, me répondit-il, attendre d'eux du respect et de la considération, quand nous leur avons appris nous-mêmes à mépriser les croyances et les institutions de nos pères ?... Le sentiment du respect n'a pas été développé dans leurs âmes." (P.-G. Hamerton, *Français et Anglais*. Paris, 1891, t. I, p. 65.)

Voici le pendant anglais : C..., père de plusieurs enfants, dont l'aîné a dix ans, pratique peu sa religion, mais il est persuadé que la religion est un élément nécessaire de l'éducation. Il recommence d'aller à l'église à mesure que ses enfants grandissent, parce qu'il juge indispensable de donner l'exemple. C... jouait au tennis le dimanche dans son jardin ; il y a renoncé, parce qu'on enseigne à ses enfants que le dimanche est consacré au repos du Seigneur. Il a pris pour règle : " Respecter, si l'on veut être respecté."

---

1. Montalembert, *De l'avenir politique de l'Angleterre*, Paris, 6e édition, p. 120.

2. " La famille anglaise a gardé, jusqu'à nos jours, le caractère d'une monarchie absolue... Le père n'est pas en présence... comme en France de ces parasites légaux qu'on appelle des héritiers inévitables. Il exerce avec une pleine liberté ce que j'appellerais volontiers la magistrature testamentaire... A tout prendre, je ne connais aucun personnage du monde moderne qui, plus que le chef de famille anglais, rappelle l'autorité et le prestige de l'antique *pater familias* romain. C'est un monarque respecté dans son royaume, presque un monarque de droit divin. Comparé à lui, le Français fait penser au président élu d'un parlement raisonneur. L'Anglais ne rencontre chez lui ni opposition, ni résistance. Ses volontés sont indiscutées. Ses fils les respectent ; sa femme s'y associe." (E. Boutmy, *l'Etat et l'individu en Angleterre*. Annales de l'école des sciences politiques, 15 octobre 1887, p. 497-500.)

vingt et un ans), mais sa faculté de tester ne souffre aucune restriction [1].

Pour la femme anglaise, les devoirs de l'épouse passent avant ceux de la mère ; chez la Française l'amour maternel prime tout, l'attachement au mari ne vient qu'ensuite. L'Anglaise est épouse plus qu'elle n'est mère ; la Française est mère plus qu'elle n'est épouse. L'Anglaise, en général, courageuse patiente, d'ailleurs sans grand souci du lendemain, sans peur de l'inconnu que l'avenir ou les pays lointains recèlent, est une épouse résignée, passive plutôt. Elle suit son mari n'importe où ; elle partage cette énergie physique et cette fermeté morale dont il est presque toujours pourvu. En France, la femme, épouse ou mère, préoccupée surtout de bien-être matériel, luxe éclatant ou confort paisible, ambitieuse de briller ou avide de sécurité bourgeoise, ne demande plus guère aux hommes de grandes choses, des entreprises hardies, des travaux héroïques, comme une Chevreuse, une Longneville, ou une princesse Palatine [2]. L'Anglaise est une mère aimante, mais calme. Elle remplit consciencieusement son devoir. Dans toutes les classes, sauf dans l'aristocratie, elle nourrit presque toujours elle même ses enfants [3]. Elle veille sur eux et les dirige, mais son influence ne se traduit guère autrement que par une saine règle de vie établie et maintenue : rien qui ressemble à une sensibilité outrée ou à une tendresse passionnée [4].

Le jeune Anglais apprend, dès l'enfance, à connaître par lui-même les dangers du monde extérieur, les difficultés de la vie et le caractère des hommes, par expérience directe,

---

1. Sauf, bien entendu, en cas de majorat ou de substitution.

2. E. Renan, *Essais de morale et de critique*, p. 366.

3. On sait qu'en France, dans la bourgeoisie riche, aisée ou même modeste, la mère abandonne volontiers à une nourrice le soin de nourrir son enfant.

Un médecin de quartier établi à Londres dans un district central, habité par la classe moyenne, me dit : " Dans les familles que je soigne, toutes les mères nourrissent elles-mêmes."—Un grand médecin de Londres dont la clientèle est exclusivement aristocratique, écrit : " Dans les classes élevées, les mères ne nourrissent pas ; elles disent toutes que les conditions de leur existence et les devoirs sociaux les en empêchent."

La *nurse* n'est donc qu'exceptionnellement une nourrice ; en général elle fait office de bonne ou de gouvernante. La *nursery* est la chambre des enfants.

4. Sauf pourtant dans les cas, rares d'ailleurs en Angleterre, où la famille ne compte qu'un ou deux enfants.

à ses dépens ; le jeune Français est entouré par sa mère de soins incessants, préservé des moindres périls, des plus légers heurts [1]. Tandis que le jeune Anglais s'endurcit, s'aguerrit, le Français reste neuf, frêle, timide, ou, s'il se risque, manquant au moment décisif de sang-froid, de coup d'œil. Sa mère était anxieuse de lui adoucir le présent, tandis que son père peinait pour assurer son avenir. Sans doute les mères françaises sont capables d'héroïsme dans les temps de crise, mais elles sont pusillanimes dans le train ordinaire de la vie. Que de carrières brisées, que d'entreprises anéanties, que d'initiatives paralysées par des mères qui " ne veulent pas se séparer de leurs fils " ! Lequel d'entre nous n'en pourrait citer vingt exemples ? Milne-Edwards, de passage à Oxford, il y a une vingtaine d'années, se promenait en compagnie d'un des chefs du parti whig et d'un professeur de géologie, célèbre pour sa franchise un peu rude [2]. Au cours de l'entretien, Milne-Edwards s'avise de demander : " Comment se fait-il que vos jeunes gens, élevés à faire un peu de latin et de grec, et à dépenser beaucoup de temps au cricket et au *boating*, deviennent tout simplement des hommes de premier ordre, de grands hommes d'Etat, des Palmerston, des Gladstone ? " Et le géologue de répartir d'un ton bourru : " But they have got English mothers..., c'est qu'ils ont des mères anglaises."

" Les enfants sont l'âme de la famille française, nous vivons avec eux, pour eux, en eux [3]." Tout est subordonné à l'enfant : le repos des parents, l'ordre dans la maison, le travail du père, jusqu'à la coquetterie de la mère. Il est le point où convergent toutes les pensées, toutes les inquiétudes, toutes les espérances. Il vit avec ses parents, est

---

1. Deux mères de famille françaises passent l'été à la campagne, en France, avec leurs enfants âgés de cinq à dix ans. L'une, Mme A..., Parisienne, a épusé un Parisien et habite Paris. L'autre, Mme B..., a épousé un Français depuis longtemps fixé en Angleterre. Mme B..., qui a habité l'Angleterre depuis qu'elle est mariée, a subi l'influence du milieu ; elle élève ses enfants à l'anglaise. Toutes deux, pendant leur séjour à la campagne, envoient leurs enfants à l'école primaire du village voisin. Le fils de Mme B..., qui a dix ans, fait 4 kilomètres tout seul sur les routes, comme un homme, pour se rendre à l'école, sans que sa mère soit le moins du monde émue ; Mme A..., la Parisienne, fait conduire par la main ses fils, qui ont dix et onze ans, à l'école du village distante de 300 mètres.

2. C'est l'homme politique qui m'a conté l'anecdote.

3 O. Gréard, *l'Education morale et physique*. (*Revue bleue*, 20 juillet 1889, p. 70).

admis à table dès qu'il est d'âge à se tenir assis ; volontiers on impose ses grâces, ses caprices, ses sourires et ses pleurs aux invités, s'il ne sont point tout à fait des étrangers. Il fait les délices du père qui s'en amuse, sa journée finie, et la gloire de la mère, qui le pare, le frise, le pomponne. Trop souvent, il découvre de bonne heure cette toute-puissance et il en abuse Il est tantôt le jouet, tantôt le tyran de ses parents. Prévoir, ne rien livrer au hasard, à la nature et, quand l'enfant est d'âge à distinguer le bien et le mal, le surveiller pour prévenir ses moindres fautes comme on a prévenu ses moindres faux pas, quand il apprenait à marcher, tel est le penchant commun. Et c'est merveille que l'enfant, ainsi préparé à la vie, ne soit pas tout à fait égoïste, irresponsable et lâche.

Les enfants, nombreux d'ordinaire dans les familles anglaises, se suivent de près et forment un petit bataillon qu'il est nécessaire de discipliner de bonne heure. L'enfant passe les premières années de sa vie dans la *nursery ;* c'est son domaine, il n'y règne pas en maître absolu, il s'y installe en citoyen libre, sous l'œil vigilant de la mère ou de la *nurse :* " Dans la *nursery*, les trois éléments importants sont la mère, la *nurse* et l'air... Plus les choses y seront simples et même grossières, mieux cela vaudra ; pas de dentelles aux berceaux ; lits aussi durs, nourriture aussi simple, parquet et murailles aussi propres que possible." Ruskin donnait ainsi, en évoquant les souvenirs de son enfance, la définition de la *nursery* modèle. Toutes se rapprochent plus ou moins de ce type : au premier étage de la maison, une grande pièce bien éclairée, bien aérée, très propre, toute unie, où l'on dort, où l'on mange, où l'on peut s'ébattre à l'aise sans danger de briser des objets précieux, de troubler le travail de papa ou d'assourdir maman souffrante. La toilette se fait autour du tub et de la baignoire où tous prennent le bain quotidien à l'eau froide qui tonifie et endurcit. Les vêtements sont amples, souples, simplifiés ; ils sont destinés non à la parade, mais à garantir du froid, du vent, de la pluie, tout en laissant les mouvements libres. L'enfant peut jouer sans crainte de froisser un beau ruban ou de déchirer une précieuse guipure. Les enfants mangent ensemble à part ; les heures sont régulières et le régime frugal. On les mène jouer tous les jours, presque par tous les temps, de longues heures en plein air, dans les parcs que toute grande ville possède, en pleine campagne si l'on vit hors des villes, et les bambins ont toute liberté de s'ébattre. Ils apprennent de bonne heure, à leurs dépens, ce qu'il en coûte d'être maladroit ou imprudent [1].

A ce régime, l'enfant reste enfant longtemps, aussi longtemps qu'il faut, naïf et rose ; il l'est sincèrement, naturellement. Ce n'est point le petit homme précoce de six ou sept ans que l'on rencontre dans nos rues et nos promenades.

Ce système, l'Anglais se l'est formé peu à peu, et aujourd'hui il y croit et il y tient : dans la *nursery*, dans la famille, dans la maison ou au dehors, dès que le *baby* peut marcher ou commence à comprendre, l'éducation est entièrement fondée sur la confiance. On donne à l'enfant confiance en lui-même en le livrant de bonne heure à ses seules forces, s'il est valide ; on fait naître le sentiment de la responsabilité en lui laissant—une fois prévenu—le choix entre le bien et le mal : s'il fait mal, il supportera la peine de sa faute ou les conséquences de son acte. Mais sa faute, comme sa faiblesse, n'est jamais présumée ; on ne le surveille pas pour l'empêcher de tomber ; on ne l'épie pas pour le prendre en faute. On lui inspire l'horreur du mensonge ; on le croit toujours sur parole jusqu'à preuve qu'il a menti. Il devient énergique et franc, *self-reliant* et *reliable* ; il est confiant en soi et digne de confiance ; il est habitué à ne compter que sur lui-même et l'on peut compter sur lui.

Sauf exception dans les grandes familles et dans les familles riches, et pour les aînés seulement, le père considère qu'il ne doit à ses fils que le vivre et l'instruction.[2] jusqu'à seize à dix-sept ans (à moins qu'ils n'aient choisi une profession libérale où le stage est toujours long) : c'est à eux ensuite à se tirer d'affaire. Le fils sait en outre, qu'il ne doit point compter sur l'héritage, car le père entame souvent le capital et reste libre de tester à sa guise : l'enfant doit préparer sa vie, et la nécessité l'éperonne rudement. Ainsi toute la vie de l'Anglais se passe à apprendre ou à enseigner la *self help* : aide-toi. Dès la *nursery*, le jeune Anglais est entraîné à l'action : tout est, pour lui, principe d'activité [1].

1. "Dans la *nursery*, comme dans le monde, la seule discipline salutaire, c'est l'expérience des conséquences bonnes ou mauvaises, agréables ou pénibles, qui découlent naturellement de nos actes." (Herbert Spencer.)

2. Quelquefois même, mais très rarement, le père exige que son fils lui rembourse les frais d'éducation.

LA CASEINE

La caséine trouve de nombreux emplois dans la fabrication et la transformation du papier. Les renseignements suivants que nous empruntons au journal *Le Papier* indiquent comment on fabrique cette matière aux Etats-Unis ainsi qu'en Allemagne où l'application de la caséine a été faite en premier par le docteur Muth.

Les grandes laiteries de l'Etat de New-York en Pensylvanie recueillent le lait écrémé dans de grands réservoirs et l'additionnent d'une partie d'acide sulfurique pour le faire coaguler, ou bien le soumettent à une température de 130° Fahr., ce qui produit le même effet. Le petit lait est alors éliminé et la caséine soumise à un séchage pour être pressée ensuite à travers un tamis à ouvertures de $\frac{1}{8}$ pouce, puis tamisée et séchée par essorage ; 90 gallons de lait produisent environ 35 lbs de caséine.

La fabrication de la caséine est très simple, toute la difficulté réside dans l'approvisionnement du lait ; la grande usine de Bellow-Falls (New-York), consomme, à elle seule, plus de 35,000 gallons de lait par jour pour produire 6 tonnes de caséine.

Rapprochement curieux : Louis Robert, l'inventeur de la machine à papier continu, avait proposé, dès 1802,, il y a près d'un siècle, le collage à la caséine si en faveur aujourd'hui.

2. Ce genre d'éducation n'est pas sans avoir une influence sur la famille même. L'individualisme fortifié affaiblit l'esprit de famille fatalement. D'abord la famille telle que nous l'entendons, avec son attirail de cousins, d'oncles et de tantes, ne se rencontre guère chez nos voisins. La famille y existe à peine au delà des limites du *home* paternel : " A quoi bon des cousins, disent les Anglais, ce sont des amis gênants. Les vrais amis sont ceux qu'on peut choisir." On trouve même des frères qui, sans être brouillés, vivent étrangers les uns aux autres et ne s'écrivent jamais. J'ai connu une famille dont le chef habitait Londres : un des fils dirigeait une exploitation agricole à une heure de Londres ; on ne le voyait jamais. Un autre était éleveur au Natal ; il écrivait une fois par an à sa mère. De loin en loin, les sœurs, restées à Londres, parlaient des absents, mais sans jamais exprimer le regret qu'ils donnassent si rarement de leurs nouvelles.

PAS ASSEZ CLAIR

La circulation des billets du gouvernement fédéral était au 31 octobre de $28,113,229.52 d'après la *Gazette du Canada* du 17 novembre.

On se demande, à l'examen des montants partiels qui concourent à former ce total, comment on peut arriver à faire une somme de $8.205.77 avec des billets de $5, $10 et $20. C'est cependant ce que nous lisons à la page 908 du numéro de la *Gazette Officielle*. Jusqu'à présent nous avions cru qu'en multipliant 5 par un chiffre quelconque on ne pouvait trouver qu'un multiple de 5 ; il existe sans doute une nouvelle arithmétique que nous ne connaissons pas.

Dans le même tableau de la circulation, on trouve pour total des billets de $1 et $2 une somme de $10,236,116.50. D'où provient le demi-dollar ? Mystère.

Pour les billets de $4 on arrive au total de $372,963. Par quel moyen ? Nouveau mystère.

Evidemment, on sait compter au ministère des finances, nous n'avons aucun doute à cet égard, mais un petit mot d'explication au tableau sur les différences de multiplication ci-dessus ne serait pas de trop.

Nous n'avons pas le moindre doute qu'il y a des raisons justifiant les montants des billets tels que portés à la *Gazette du Canada*, les erreurs ne sont assurément qu'apparentes et pas du tout réelles, nous serions prêts à le parier.

Ce qui nous contrarie, c'est que nous ignorons absolument les motifs de ces différences et nous aimerons à en percer le mystère, ce qui serait la chose la plus simple du monde pour nous, comme pour tous, si une petite note de deux lignes ajoutée au tableau en donnait la clef.

LES SINISTRES MARITIMES

L'administration du *Bureau Veritas* vient de publier la liste des sinistres maritimes signalés pendant le mois de septembre 1900, concernant tous les pavillons. Nous relevons dans cette publication la statistique suivante :

Navires à voiles signalés perdus. —8 allemands, 14 américains, 16 anglais, 1 brésilien, 4 danois, 7 français, 1 hollandais, 7 italiens, 1 mexicain, 12 norvégiens, 2 portugais, 3 russes, 6 suédois. Total : 77.

Dans ce nombre sont compris 3 navires supposés perdus par suite de défaut de nouvelles.

Navires à vapeur signalés perdus. —3 allemands, 2 américains, 11 anglais, 2 français, 4 norvégiens. Total : 22.

Causes des pertes : Navires à voiles.—Echouements, 31 ; abordages, 7 ; incendiés, 7 ; sombrés, 8 ; abandonnés, 12 ; condamnés, 14 ; sans nouvelles, 3. Total : 77.

Navires à vapeur.—Echouements, 14 ; abordages, 6 ; incendié, 0 ; sombrés, 3 ; abandonné, 0 ; condamnés, 2 ; sans nouvelles, 0. Total : 22.

LES VINS NOUVEAUX DE FRANCE

Nous lisons dans le *Moniteur vinicole :*

" Dans le Midi le commerce continue à ne s'intéresser qu'aux bons vins allant seuls, ou aux beaux produits riches en couleur et en alcool si utiles pour les coupages. Ces qualités sont tenues à prix fermes.

On est à peu près fixé dans le Bordelais sur la qualité des vins courants et ordinaires, qui promet généralement d'être excellente.

Avec le rendement supérieur d'un tiers environ à celui de l'an dernier, ce sera une année d'abondance et de réussite. Quant aux vins fins il ne sera possible de se prononcer qu'après les décuvaisons et les égalisages, opérations qui ne sont pas près de se terminer.

Les vins sont très beaux en Auvergne, mais avec un peu moins de degré que l'année dernière. Des ventes ont été faites dans le Lembron depuis 2 fr. 75 jusqu'à 3 fr. 50 le pot de 15 litres, rendu en gare dans les fûts des acheteurs. Le plus riche titrait 8°, le plus petit 6°.

Des achats sont signalés dans les crus supérieurs du Beaujolais-Mâconnais où les prix de 90 à 100 fr. la pièce ont été pratiqués pour des cuvées de choix. La dégustation permet déjà de reconnaître dans les vins nouveaux une bonne qualité. Il y a aussi des produits faibles et médiocres dans les vignobles de plaine et les mi-coteaux. La demande porte de préférence sur les coteaux, dont les prix sont réduits à raison de la grande production et parce qu'ils sont réussis.

En Algérie, le cours de 1 fr. et 1 fr. 10 est pratiqué couramment en plaine. Le coteaux obtiennent assez facilement 1 fr. 20 et 1 fr. 25. Les beaux vins de couleur et de degré atteignent 1 fr. 30.

NOTIONS DE DROIT

(*Suite*).

DES SUCCESSIONS

La succession d'une personne se compose des biens, des droits et des obligations de cette personne qui se trasmettent par la loi ou par testament à ses héritiers. L'on voit donc qu'il y a deux sortes de successions : celle que la loi établie lorsqu'il n'y a pas de testament, et celle que le défunt a lui-même fixée par disposition testamentaire. Ce sont les enfants qui, d'après la loi, ont d'abord droit à la succession de leur père et mère ; à défaut d'enfants, le père et la mère du défunt prennent ensemble la moitié de la succession ; l'autre moitié échoit à ses frères et sœurs. Les droits des autres parents, sont aussi définis, lorsqu'il n'y a ni père ni mère, ni frères ni sœurs. Les parents plus éloignés que le douzième degré ne succèdent pas. Les conjoints n'ont pas droit non plus à la succession l'une de l'autre, et ne viennent que lorsqu'il n'y a pas de parents plus rapprochés que le douzième degré.

On n'est pas obligé d'accepter une succession qui nous est échue : on peut y renoncer par acte devant notaire. Si personne ne réclame la succession d'une personne décédée, ou si ses héritiers ne sont pas connus, les créanciers ou tous autres intéressés peuvent s'adresser aux tribunaux pour faire nommer un curateur qui représentera la succession, prendra possession des biens, les administrera, paiera les créanciers, etc.

Si une succession est échue à plusieurs personnes, l'une d'elle peut demander la division ou le partage : personne ne peut être forcé de rester dans l'indivision, c'est-à-dire de n'être propriétaire que conjointement avec un autre ; même une convention par laquelle on s'engagerait à ne pas demander le partage, ne serait pas valable, si ce n'est pour un court espace de temps.

Les dettes sont payées par les héritiers : s'il n'y en a qu'un seul, il paie toutes les dettes ; s'il y en a deux, ils en paient chacun la moitié et ainsi de suite, suivant la part de chacun dans la succession. De sorte qu'on ne pourrait demander le paiement d'un billet, par exemple, par une personne défunte, que suivant la part que chacun des héritiers a dans la succession, et l'on ne pourrait forcer l'un d'eux à payer seul le montant entier du billet.

DES TESTAMENTS

Un testament, c'est l'expression de la volonté d'une personne sur ce qui doit être fait de ses biens après sa mort. Nos lois reconnaissent la liberté absolue de faire un testament : les seules conditions requises sont d'être sain d'esprit et d'avoir atteint l'âge de majorité. Le testateur peut disposer de ses biens comme il l'entend : la loi ne met aucune entrave à sa volonté. Elle ne donne aucune part plus considérable à l'un des enfants, au détriment des autres, et n'oblige pas le testateur à disposer de ses biens d'une façon déterminée.

Le testament peut être fait de trois manières : il peut être écrit EN ENTIER et signé de la main de celui qui le fait : c'est le testament olographe. Ou bien, il peut être écrit par une autre personne, mais signé par le testateur en présence de deux témoins qui doivent aussi signer : c'est le testament suivant la forme dérivée de la loi d'Angleterre. Enfin, il peut être fait devant notaires : c'est le testament authentique. Ce sont les trois formes de testament permises, et l'on est libre de choisir celle que l'on veut. Il faut bien remarquer cependant, que dans le testament olographe, il faut que tout ce qui est écrit soit de la main du disposant : un seul mot d'une écriture étrangère pourrait suffire à faire annuler le testament.

L'on peut faire plusieurs testaments : le dernier en date révoque les testaments antérieurs si leurs dispositions sont incompatibles, ou si cette renonciation y est formellement énoncée.

Pour assurer le paiement des legs (donations) qu'il fait par testament, le testateur peut créer une hypothèque sur un ou plusieurs de ses immeubles.

Celui qui fait un testament, peut, afin d'en assurer l'exécution, nommer une ou plusieurs personnes, pour prendre possession des biens, les administrer, payer les dettes et les legs contenus au testament. On nomme ces personnes les exécuteurs testamentaires : leur charge ne dure (à moins que le testateur n'ait ordonné qu'elle dure plus longtemps) que pendant l'an et jour du décès. Après cette époque, l'exécuteur doit rendre compte de son administration, payer aux héritiers ce qui lui reste entre les mains des deniers de la succession, et les remettre en pleine possession des biens qui leur sont échus.

EMILE JOSEPH.

CONSERVATION DU BEURRE

Pour conserver le beurre non-salé, il faut le soustraire aux agents extérieurs, notamment à l'air, à la chaleur et à la lumière.

Dans les ménages, on peut le conserver frais dix à quinze jours en été, vingt à trente jours en hiver, s'il a été bien délaité et malaxé par le procédé suivant: on comprime dans de petits vases qu'on retourne ensuite sur une assiette ou un plat creux contenant de l'eau pure ou légèrement salée : ces vases doivent être déposés en lieu aussi frais que possible.

Pour une conservation moins longue, on se contente de tenir le beurre dans une cave ou tout autre lieu frais et aéré et de le recouvrir d'un linge humecté d'eau un peu salée. On met aussi les mottes de beurre dans un vase fermé plongeant dans de l'eau froide courante, ou sinon que l'on rechange toutes les douze ou vingt-quatre heures.

Voici quelques autres modes de conservation parmi les plus recommandés :

Beurre verni. — On dissout une bonne cuillerée de sucre dans un quart de pinte d'eau et on chauffe la solution. Le beurre placé sur un linge est ensuite enduit rapidement, au moyen d'un pinceau très doux, de la solution chaude du sucre. Par ce procédé, une légère couche de beurre est fondue à la surface, grâce à la chaleur de l'enduit, et forme avec celui-ci une sorte de vernis qui rend le beurre glacé et brillant et le conserve frais longtemps.

Beurre toujours frais.—Le beurre bien lavé et ressuyé est pressé dans des pots en grès, en ayant soin de n'y laisser aucun vide.

Ces pots sont ensuite placés à mi-hauteur dans une chaudière dont l'eau est portée à ébullition ; quand celle-ci est refroidie, on retire les pots. Tout le caséum s'est déposé au fond des vases et le beurre est tout aussi frais six mois après, qu'immédiatement après le barattage.

Il va sans dire que les pots sont soigneusement fermés au papier parchemin retenu par une ficelle solidement fixée.

Procédé Appert. — Il ressemble beaucoup au précédent. On introduit le beurre dans des bocaux en verre ; on bouche, ficelle et lute, puis on met dans de l'eau que l'on chauffe à l'ébullition. On retire, on laisse refroidir et on met en lieu frais ; le beurre ainsi préparé se conserve pendant plus de six mois.

Procédé Bréon.—On tasse le beurre dans des boîtes de fer blanc ; on recouvre d'une légère couche d'acide tartrique ou d'une dissolu ion composée de 4 grammes d'acide tartrique et de 2 grammes de bicarbonate de soute par pinte ; on soude ensuite le couvercle.

Rajeunissement.—On rajeunit les beurre vieux ou altérés en les pétrissant une première fois dans l'eau fraîche, et une seconde fois avec 12 à 15 pour 100 de crème ou de lait frais. Si l'altération est très sensible, on ajoute à l'eau du premier pétrissage 5 pour 100 de bicarbonate de soude.

Salaison.—Le moyen de conserver le beurre longtemps consiste à le saler. Cette opération peut se faire en même temps que le malaxage. On le malaxe d'abord très légèrement ; on le coupe en tranches minces, on y répand le sel en quantité déterminée ; on met ces tranches les unes sur les autres. On coupe ensuite la masse de haut en bas et on malaxe chaque tranche ainsi obtenue. On forme une masse du tout ; on la laisse reposer plusieurs heures, puis on malaxe de nouveau (12 tours environ) jusqu'à ce qu'il ne s'échappe plus d'eau de sel. Ce beurre s'entasse et se conserve en pots, en tinettes, en boîtes ou barils hermétiquement fermés. On se sert de sel bien pur, à la dose de 1 à 10 pour 100 selon le goût des consommateurs et la destination des produits.

Sitôt malaxé, le beurre est mis dans des pots, barils etc.. On place au fond une couche de sel, on serre bien le beurre de façon à ne pas laisser de vides ; on met au dessus une nouvelle couche de sel, on place le fond et on plâtre.

Beurre conservé. — Le beurre se conserve pour l'exportation dans des boîtes en fer blanc hermétiquement fermés que l'on expédie ensuite dans les pays chauds où, grâce à sa bonne qualité et à sa préparation spéciale, il est susceptible d'une longue conservation. On amène des tonnes de beurre dans un atelier marquant moins de 60 degrés Fahr., on introduit ce beurre dans les boîtes en le comprimant fortement, puis on les transporte dans un autre local où a lieu le sertissage hermétique des couvercles, qui remplace avec avantage l'ancien système de soudure.

Beurre stérilisé.—Le beurre est introduit dans des récipients parfaitement clos, puis chauffé dans des autoclaves à une température supérieure à 212° Fahr. ; on refroidit ensuite à une température voisine de la solidification, puis on soumet les récipients à une agitation énergique afin de remettre à l'état d'émulsion les éléments dissociés et reconstituer ainsi le beurre à son état primitif. puis on laisse refroidir complètement. La conservation serait alors indéfinie ; toutefois ce procédé n'a pas encore reçu de sanction pratique.

Fusion du beurre. — On conserve encore le beurre par la fusion, soit à feu nu, soit plutôt au bain-marie ; mais alors il ne peut plus être consommé sur la table, il est exclusivement employé aux usages culinaires. Pendant la fusion les impuretés montent à la partie supérieure ; on les enlève complètement ; on laisse refroidir jusqu'à 50 ou 60°, puis on décante dans des pots à orifice étroit en faisant passer à travers une toile qui retient les dernières impuretés. Quand le beurre est figé, on le recouvre d'une couche de sel et on ferme le vase avec un fort papier fixé par une attache.

Le beurre fondu peut se conserver un an et même davantage. Le meilleur beurre fondu est celui qui est préparé au sortir de la baratte, mais il provient le plus souvent des beurres invendus qui commencent à rancir. En ce cas, on commence à les malaxer dans l'eau fraîche ou additionnée d'un peu de carbonate de soude, puis on les fond en ajoutant un poids égal d'eau ; on brasse fortement pendant la fusion et l'on obtient finalement un produit de qualité moyenne.

E. RIGAUD.

L'ECLAIRAGE A L'ALCOOL

Nos lecteurs n'ignorent pas tout le travail qui se fait depuis plusieurs années pour arriver à obtenir un éclairage meilleur et plus économique. Le gaz a trouvé un redoutable co current dans l'électricité ; le gaz à son tour, a voulu détrôner la lumière électrique ; on a cherché et on est arrivé à créer un appareil qui combinait gaz et électricité ; puis l'acétylène est venue sur laquelle on fondait de grandes espérances qui ne sont pas encore entièrement réalisés. La lumière au gaz, la lumière électrique, l'éclairage à l'acétylène exigent de coûteux appareils. Or, on ne demande pas simplement à la lumière qu'elle soit brillante mais aussi économique, qu'elle n'offre aucun danger et aussi que les appareils générateurs de la lumière soient facilement transportables.

La lampe portative est l'appareil modèle, mais elle ne convient ni au gaz, ni à la lumière électrique et on n'a pas encore trouvé la lampe pratique pour l'acétylène.

Le pétrole et l'huile seuls ont des appareils pratiques, mais l'huile est chère et le pétrole n'est pas sans danger ni sans mauvaise odeur.

On s'est tourné dans ces dernières années du côté de l'alcool.

Voyons où en est la question de l'éclairage à l'alcool, c'est le *Moniteur de l'Industrie du Gaz et de l'Electricité* qui va nous renseigner.

On a déjà parlé de la substitution de l'alcool au pétrole dans l'éclairage, substitution extrêmement intéressante pour l'agriculture et pour la richesse des pays qui produisent de l'alcool et pas de pétrole.

La Société nationale d'agriculture, dans ses études faites sur cette question, a formulé des conclusions défavorables à l'utilisation de l'alcool pour l'éclairage et la force motrice, parce que l'alcool, avec les divers frais dont il est grevé, coûte plus cher que le pétrole.

Cependant, il n'est pas téméraire de prédire qu'avant peu nous verrons l'alcool employé dans les lampes où l'on ne brûle actuellement que du pétrole, et dans les moteurs qui ne consomment que des huiles minérales.

Or, passant l'autre jour boulevard des Capucines, à Paris, je vis un magasin des plus coquets, fraîchement installé, portant l'inscription suivante : *Société d'éclairage, de chauffage et de force motrice par l'alcool.*

C'était tout à fait mon affaire, j'entrai et je priai la personne qui occupait le magasin de vouloir bien me dire de quelle façon la Société utilisait l'alcool, notamment pour l'éclairage.

Cette dame, très obligeamment, me fit les honneurs d'une lampe à alcool, système Denayrouse, qui—c'était vers six heures du soir—éclairait superbement. Cette lampe utilise des vapeurs d'alcool carburé arrivant par capillarité à la partie supérieure d'une mèche, elle les mélange intimement à l'air ambiant et fait arriver ce mélange bien composé, avec une vitesse convenable, sous un manchon incandescent—genre Auer—disposé sur un bec de forme et de dimensions convenablement appropriées.

Le mécanisme de cette lampe est fort simple, et la lumière qu'elle donne, qui est fort belle, est, m'a-t-on dit, cinq fois meilleur marché que celle du gaz ordinaire, six fois moins coûteuse que l'incandescence électrique, sept fois moins chère que la lampe à huile et trois fois moins dispendieuse que la lumière du pétrole. De plus cette lampe n'exige pas de verre, ne suinte pas, ne file pas, ne fume pas, ne sent pas, ne noircit pas les plafonds et elle peut être versée sans inconvénient.

Ce sont des avantages incontestables. Le malheur, c'est que ces lampes coûtent : les petites, 40 fr. (8.00) ; les moyennes, 90 fr. ($18.00), et celles du grand modèle de luxe, 150 fr. ($30.00) ; il est vrai que le pouvoir éclairant de ces dernières est de 200 à 300 bougies ; mais, vraiment, ce n'est pas encore l'éclairage par l'alcool à la portée de tout le monde.

Je demandai, en effet, s'il n'y avait pas d'autre modèle de lampe à la portée des petites bourses. La réponse fut négative.

Quoiqu'il en soit, il est désormais acquis qu'à l'heure actuelle on peut s'éclairer au moyen de lampes à alcool dans des conditions au moins aussi économiques, quant au combustible, qu'avec les lampes employées jusqu'à ce jour.

C'est un résultat extrêmement important, que je suis heureux de faire connaître ici. La question de l'utilisation de l'alcool pour l'éclairage a donc fait un pas considérable, et il faut espérer qu'avant peu on fera des lampes à l'usage de tout le monde, comme celle dans lesquelles on brûle aujourd'hui du pétrole dans toutes les maisons en ville et à la campagne.

Pour cela, il faut deux choses : d'abord des lampes, c'est l'affaire des inventeurs ; ensuite des facilités données par l'Etat aux consommateurs d'alcool d'éclairage, c'est ce dont s'est préoccupée l'*Association pour l'emploi industriel de l'alcool*, qui a lancé une pétition en vue d'obtenir des pouvoirs publics les facilités en question.

LE PRESIDENT KRUGER

SA VIE, SON CARACTÈRE, SA FORTUNE

On sait que le président Kruger a été invité à venir résider en Belgique, au château d'Anderlecht, mis, par son propriétaire, M. Oswald d'Aymeries, à la disposition de "l'oncle Paul." Belge de naissance, mais Hollandais d'origine, M. d'Aymeries professe la plus vive admiration pour les Boers, et c'est ce sentiment qui l'a poussé à offrir un asile à leur chef proscrit, voulant que la Belgique ait l'honneur de servir de refuge à l'illustre vieillard et à sa famille.

Des notes viennent justement de paraître dans la *Revue des Revues*, sous la signature de M. Stead, et grâce à elles, on connaît mieux la physionomie originale d'un chef d'Etat qui restera une figure historique. Le président Kruger est d'une piété rigide. La Bible est son livre de chevet. Il la possède à fond, la cite souvent et la commente d'une façon pittoresque, témoin cette anecdote: un de ses amis lui déclarait un jour ne pas comprendre le mystère de la Sainte-Trinité ; le président, après avoir tancé vertement ce sceptique, lui tint alors ce langage :

" Prenez une chandelle, lui dit-il, qu'avez-vous ? Le suif, qui est le Père; la mèche, qui est le Fils, et la flamme qui est le Saint-Esprit. Et cependant, quoiqu'il y ait là trois choses distinctes, vous admettez qu'elles ne font qu'une, c'est-à-dire la chandelle. Eh bien! si ces choses-là sont possibles dans ce que vous voyez tous les jours sous vos yeux, pourquoi doutez-vous de ce qui est dit dans la Bible ? "

Ce lecteur assidu de la Bible a l'habitude des paraboles et, dans les actes de sa vie publique, il se sert volontiers de comparaisons imagées. A un fonctionnaire qui demandait à se rapprocher de Pretoria, il répondit un jour, ce qui suit :

" Je ne suis pas un homme d'Etat je ne suis qu'un fermier, et dans ma ferme, quand on attelle les bœufs à un char, on met toujours le plus indocile à portée du fouet, tandis que l'on place en avant ceux à qui l'on peut se fier pleinement. De cette façon, il n'y a que les bêtes récalcitrantes qui reçoivent les coups dont elles ont besoin, tandis que les bons bœufs peuvent fort bien ne pas être atteints par le fouet. Il en est de même du gouvernement. Quand j'ai affaire à des fonctionnaires indisciplinés, je les tiens à portée de la main pour pouvoir leur infliger une punition le cas échéant et les obliger à travailler ; et quant aux gens fidèles et de tout repos, je les envoie au loin occuper des positions où ils n'ont pas besoin de ma constante surveillance. Voilà pourquoi je ne vous ai pas rapproché de Pretoria : c'est parce que j'ai toute confiance en vous." Sur ses habitudes, M. Stead nous donne de curieux détails: "La sobriété du président Kruger est proverbiale, et l'on sait qu'il a peu d'indulgence pour ceux qui abusent de l'alcool. Il ne prend que du café dans les banquets officiels, il n'a jamais porté de toast qu'en buvant du lait.

" Kruger n'a pas cessé jusqu'ici de vouloir qu'on lui fasse chez lui de la vieille cuisine hollandaise, s'écartant en cela des habitudes sud-africaines. Il mange très vite et fait trois repas par jour. Le matin un léger déjeuner, à midi un menu copieux et le soir un souper également léger. A midi, il est généralement seul à table, parce qu'il n'est pas d'usage que les dames de la maison prennent leurs repas aux mêmes heures que les hommes, qui sont servis avant elles.

" Kruger gouverne sa famille avee une main de fer qui ne se cache jamais sous un gant de velours. S'il y a quelque chose qui cloche, il dit ce qu'il en pense à celui à qui le reproche incombe, et cela tout haut, devant tout le monde, de sa grosse voix accoutumée. Les étrangers s'en émeuvent, mais les membres de la famille savent à quoi s'en tenir et ne s'en affectent pas autant. Il est du reste très aimé des siens. Les ouvriers employés à la ferme de Kruger n'ont jamais cessé de l'entourer de respect, sinon d'affection, n'ignorant point qu'il est avant tout aussi juste que sévère avec ceux qui le servent. Leurs relations avec le président étaient celles de l'époque féodale. Un d'eux, à qui l'on demandait son opinion sur son maître, répondit : " Il est exigeant, mais il est d'une justice absolue." Quant à Mme Kruger, sa physionomie mérite aussi d'être étudiée. Elle a été tenue par son mari à l'écart de toute vie politique et elle a conservé une simplicité toute rustique. " Elle est très aimée, dit encore M. Stead, surtout à cause de sa tendresse pour les souffrants. Elle se dévoua tellement après l'explosion de dynamite à Johannesburg, où un grand nombre de pauvres gens périrent, qu'elle fut sérieusement malade pendant plusieurs semaines. Elle a en horreur tout ce qui est innovation. Elle ne put se décider, quand eut lieu l'inauguration du premier chemin de fer à Pretoria, à se rendre à la station pour assister à l'arrivée et au départ des trains.

" J'ai vécu jusqu'ici sans voir ces choses-là, dit-elle, et je n'en ai que faire maintenant."

Enfin, M. Stead répond à cette question si souvent posée : Le président Kruger est-il riche? Il assure que sa fortune est réelle et considérable. Et il ajoute : " Kruger a été merveilleusement secondé par la bonne fortune dans ses opérations d'affaires, sans compter les chances de nature spéciale qu'un chef peut toujours encourager. C'est ainsi qu'il a acheté la ferme de *Geduld*, à quelque distance de Randreef, il y a une quinzaine d'années, et ne l'a payée que 1,500 livres sterling (37,500 francs). Depuis elle lui a rapporté plus de 130,000 livres (4,250,000 francs), lorsqu'on a découvert que le Reef principal passait par cette propriété. Chaque fois qu'il a vendu un bien à une compagnie le président a demandé de l'argent en espèces et s'est refusé à prendre des valeurs. Sa réponse en ce cas est toujours catégorique.

" Non, gardez vos titres et donnez nous des écus ; si je prends " des valeurs vous les ferez tomber " à rien et me pousserez, de peur, à " les vendre. Puis vous amènerez " la hausse et j'aurai perdu mon " argent."

Il n'a pas perdu son argent, s'il a perdu son pouvoir. Et, aussi bien, l'honneur lui reste.

LE SEL

De toutes les richesses que la nature met à la disposition de l'homme, il n'en est qui soit d'un usage plus répandu, plus ancien, plus nécessaire que le chlorure de sodium, le *sel marin*.

Il se met en dehors de la classe si nombreuse dee sels avec des qualités si appropriées à nos besoins, si universellement applicables aux usages quotidiens, qu'il est devenu le *sel* par excellence. Sel marin, sel gemme, sont déjà presque des noms savants et, pour la classe populaire il est avant tout le SEL, l'un des éléments essentiels de l'alimentation.

C'est comme tel, surtout, qu'il apparaît dans les usages journaliers et qu'il est devenu pour tous les peuples une chose nécessaire ; sans lui, les mets les plus exquis paraissent fades et sans saveur, il semble que ce soit là un sentiment universel.

De tous les temps on relève l'usage du sel; de simple objet d'alimentation on en a fait un symbole, on l'a mis sur le rang du pain, nécessité dans la vie. "Offrir le pain et le sel" c'est offrir les choses de l'existence, donner l'hospitalité. Le sel complète le goût, la saveur des aliments, et donne le piquant aux choses de l'esprit, suivant cette qualification de la finesse qui fait le grand charme des auteurs athéniens : " le sel attique," image qui rend bien compte de cette qualité qu'on lui reconnaît d'être la condition même de l'agrément des choses du goût.

Nous avons dit qu'on l'a employé de tous temps, nous ajouterons en tous pays: nous ne croyons pas qu'il y ait de nation où son usage ne soit répandu; bien plus, cette denrée, de nécessaire qu'elle est partout, s'est faite précieuse dans les endroits où elle est rare, et certaines peuplades de l'Afrique en ont fait non pas une monnaie, mais une base. un moyen d'échange.

Au moyen-âge, dans les moments de crise, quand le gouvernement de Philippe le Bel aux abois eut besoin de se créer des ressources, il songea à ce besoin primordial que l'on a du sel. Le grand péril des impôts indirects, c'est d'arrêter la consommation s'ils sont trop lourds ; cette loi cesse d'être exacte lorsqu'il s'agit des objets de première nécessité, là, pas d'échappatoire possible entre le besoin et le fisc. Le moyen-âge tout entier fut pressuré, écrasé par la *gabelle;* impôt très onéreux, aggravé des rigueurs de l'arbitraire, et qui pesait sur une denrée de nécessité si absolue. C'est un des impôts les plus impopulaires qui aient existé ; il est encore perçu aujourd'hui dans plusieurs pays.

Les applications innombrables du sel se divisent en deux catégories : 1o emplois alimentaires: 2o emplois industriels. Les emplois alimentaires sont de deux sortes : le sel est utilisé à l'assaisonnement immédiat des mets, ou bien comme conservateur, comme antiputride.

Les emplois industriels du sel sont extrêment importants ; il constitue ce que l'on appelle une matière première, c'est-à dire un produit qui sert de fondement à toute une fabrication et à ses dérivés, un produit qui, par sa présence en grandes quantités dans la nature et par sa facile obtention, ne saurait être remplacé par un autre analogue au point de vue chimique.

Mélangé à l'acide sulfurique et

BENSON'S
ENAMEL
Cold Water
New Process
STARCH
REQUIRES NO BOILING
Prepared especially for
FINE LAUNDRY WORK
MANUFACTURED ONLY BY
Edwardsburg Starch Co
CARDINAL ONT

chauffé dans certaines conditions, il donne l'acide *chlorhydrique ou muriatique* et le *sulfate de soude ;* dissous dans l'ammoniaque et traité par l'acide carbonique, il fournit le *carbonate de soude*, qui par une cristallisation se présente sous la forme bien connue des *cristaux*.

Si l'on voulait parler des industries dérivées des précédentes la page n'y suffirait pas; mentionnons simplement l'emploi du sulfate de soude en verrerie et dans la fabrication du carbonate de soude par le procédé Leblanc. Quant aux usages de l'acide chlorhydrique ils sont innombrables; il suffira de dire que c'est le point de départ de la fabrication du chlore par voie chimique et par suite des produits de blanchiment.

Emploi alimentaire immédiat. — Nous avons dit que le sel était employé de deux façons dans l'alimentation : 1o pour l'assaisonnement direct des mets ; 2o pour la conservation des produits alimentaires. Dans son emploi immédiat, le sel, en dehors du besoin que nous en avons pour satisfaire notre goût, paraît être très utile à notre organisme. Nul n'ignore que le corps humain est formé d'un élément minéral et d'un élément organique ; cet élément minéral se forme aux dépens de tous les sels métalliques qui sont ingérés ; cet élément minéral, notre organisme le demande à l'eau qui contient de notables quantités de sels, aux différents aliments et enfin au sel lui-même, qui, en dehors du chlorure de sodium contient, en quantités minimes il est vrai, une foule d'autres composés assimilables.

De plus il fournit à l'économie le chlore qui paraît aussi nous être indispensable au point de vue de la digestion; l'acide chlorhydrique, composé à base de chlore, a une utilité incontestable; ce chlore provient très vraisemblablement du chlorure de sodium, du sel, en partie tout au moins.

Emploi du sel comme conservateur. —Actuellement on sait que les matières alimentaires se putréfient par l'action d'organismes microscipiques qui se trouvent dans l'air et l'eau; quand ces organismes peuvent se fixer sur une matière capable de les nourrir, ils s'y développent, arrivent à y pulluler et par le fait même de leur vie produisent ce phénomène de putréfaction qui cause cette altération profonde bien connue des matières comestibles. Si par un procédé quelconque on arrive à empêcher les microbes de se développer, ou mieux même à les détruire, la décomposition des produits alimentaires n'aura plus lieu.

Les microbes sont généralement apportés par l'air qui les tient en suspension; l'accès de l'air doit donc être évité ; il faut encore tuer les organismes existants. Pour y arriver, on peut exposer les matières à la vapeur d'eau ayant 230° Fahr. de température, ce qui est impraticable dans la plupart des cas, ou bien faire agir des produits *antiseptiques*. Les antiseptiques sont des produits chimiques qui, à certaines doses, jouissent de la propriété d'anéantir les microbes.

La majorité des antiseptiques est nuisible non-seulement aux micro-organismes, mais encore aux animaux supérieurs : cependant quelques-uns, le sel entre autres, sont inoffensifs.

Il y a fort longtemps que l'on emploie le sel comme conservateur ; tout le monde sait que le bouillon, les légumes additionnés de sel se corrompent moins rapidement qu'à l'état naturel, mais il n'y a que peu de temps que la cause de la conservation est bien connue et par suite utilisée d'une façon plus méthodique et plus sûre.

Comme antiseptique, le sel n'est pas parfait et son action se borne à arrêter la multiplication des microbes, il ne les tue pas. Si le sel vient à être supprimé d'une viande conservée, par exemple, le développement des organismes s'effectue, et on arrive aux mêmes phénomènes de putréfaction que ceux obtenus précédemment avec une viande fraîche. Quoi qu'il en soit, le chlorure de sodium donne d'excellents résultats pour la conservation des tissus organisés, à condition d'être employé en proportions convenables. La découverte de certaines momies, incontestablement conservées au moyen de sel, en est la preuve irrécusable.

Quels moyens avons-nous de nous procurer ce produit si utile ? Le sel est très répandu dans la nature et se trouve soit dissous dans l'eau, soit à l'état solide ; l'eau de la mer constitue une source inépuisable de chlorure de sodium, la matière que l'on en extrait est appelée *sel marin;* en dehors de la mer, il y a aussi des eaux de rivières salées, ainsi que des eaux de lacs.

Sous forme solide, on le nomme *sel gemme.*

LE BOIS INCOMBUSTIBLES

PROCÉDÉ ALBERT NODON

Le procédé d'incombustibilité des bois, proposé par M. Albert Nodon, consiste, d'après le *Cosmos*, à y faire pénétrer des sels ignifuges par l'électricité. Ces sels sont du sulfoborate d'ammoniaque, dont on peut introduire dans le bois, par le courant électrique, des quantités considérables.

M. Nodon fait remarquer que 22 p. c. est un maximum qu'il n'y a jamais lieu d'atteindre dans la pratique.

Une quantité de 12 p. c., particulièrement pour le traitement du hêtre, a été reconnue comme étant absolument suffisante pour rendre ce bois *absolument* incombustible. Le poids du bois n'est alors augmenté que de 12 p. c., ce qui le rend même moins dense que le bois vert après l'abatage.

La dureté du bois, tout en étant augmentée, n'en rend pas le travail difficile, ainsi qu'ont pu le constater les personnes qui ont eu à le travailler.

Les essais ont donné des résultats remarquables.

Des portes ajustées, en hêtre, sapin et peuplier, de 3½ pouces d'épaisseur seulement, ont résisté, pendant une heure, à une température de 1150 °C, sans être attaquées par le feu, et il a fallu les défoncer après les essais pour permettre d'éteindre le brasier. Les portes en tôle et en bois armé de tôle ont travaillé et se sont déformées, pendant les mêmes essais, alors que celles en bois *sénilisé* n'ont subi aucune déformation, et sont restées froides extérieurement.

Un chevron en hêtre sénilisé par l'électricité, d'après ces procédés, de 4 pouces de côté et de 3 pieds de longueur, a résisté pendant une heure à une température de 1350 °C, dans un second essai. Retiré du brasier, après l'extinction de celui-ci, il fut trouvé intact sur une épaisseur de 3 pouces.

Sur la demande du capitaine Cordier, des sapeurs-pompiers, un coffret en hêtre sénilisé de 2 cm d'épaisseur, avait été placé au centre même du foyer de 1150 °C, et ce coffret avait été rempli de brochures. Après une heure, le coffret fut retiré du brasier, il était carbonisé à l'extérieur sur une épaisseur de quelques millimètres ; ouvert, on retrouva toutes les brochures intactes.

LES PONTS GEANTS

Rappelons que depuis l'an dernier la liste des grands ponts en arc doit être modifiée: la première place pour la largeur de l'ouverture n'appartient plus au pont sur le Rhin à Brunn, et le viaduc de Mungsten, en Allemagne, sur la Wupper, est bien distancé, en dépit de sa hauteur énorme de 353 pieds au-dessus du niveau de l'eau. En effet, les Américains ont construit le magnifique pont du Niagara qui n'est qu'à 151 pieds au dessus de la rivière, mais qui a une portée formidable de 844 pieds et plus.

PROVENANCE des PRINCIPAUX MINERAUX

La *houille* a toujours l'Angleterre comme premier pays producteur, mais la rapide extension des mines de charbon des Etats-Unis assurera certainement à ces derniers le premier rang dans peu de temps. En attendant, les Anglais fournissent toujours les deux-cinquième de la production houillère du globe.

L'*or* pour 1898, provient surtout de l'Afrique australe qui, pour la première fois, dépasse les Etats-Unis; ces deux régions et l'Australie donnent chacune plus de un cinquième de la production totale; la Russie donne un dixième.

L'*argent* provient surtout des Etats-Unis, puis du Mexique.

Le *cuivre* est fourni pour plus de moitié par les Etats Unis (223,000 tonnes); l'Espagne et le Portugal n'en fournissent ensemble que un huitième.

Le *fer*, tant comme quantité de minerai que comme poids de métal fabriqué, provient avant tout des Etats-Unis. L'Angleterre, depuis plusieurs années, n'arrive plus qu'au deuxième rang, puis viennent l'Allemagne (10 millions de tonnes) et l'Espagne.

Le *plomb* a sa principale source en Espagne; viennent ensuite les Etats-Unis et l'Allemagne.

Le *nickel* vient exclusivement du Canada et de la Nouvelle-Calédonie; ce dernier pays surtout en renferme d'inépuisables gisement.

Le *pétrole* est fourni surtout par la Russie et les Etats Unis.

Le *sel* provient, pour 2 millions de tonnes, des Etats-Unis et, pour autant d'Angleterre; la Russie en donne $1\frac{1}{2}$ million; l'Allemagne, $1\frac{1}{2}$ million, les Indes 1 million de tonnes.

LA MOUTARDE

Ce condiment, sans être vieux comme le monde, remonte cependant à une antiquité très respectable.

Les Grecs l'appelaient *sinapis* (la pharmacopée française, lui a conservé ce nom), et ils l'employaient réduite en poudre dans leurs ragoûts, comme nous employons le poivre.

Les Hébreux et les Romains l'employaient comme les Grecs. Ce n'est qu'à dater de l'ère chrétienne qu'ils la préparaient en pâte liquide en broyant le *sinapis* dans un mortier et en le délayant ensuite avec du vinaigre.

Sous saint Louis, les vinaigriers avaient seuls le droit de faire de la moutarde.

Louis XI, quand il allait dîner en ville, portait toujours son pot de moutarde avec lui.

Le pape avignonnais Jean XXII raffolait de la moutarde; ne sachant que faire d'un de ses neveux, qui n'était absolument bon à rien, il créa pour lui la charge de *premier moutardier*. De là le dicton appliqué aux sots vaniteux de *premier moutardier du Pape.*

La moutarde nous rappelle un incident scientifique qui remonte à une trentaine d'années et qui fit beaucoup rire.

Un savant avait trouvé dans des décombres un vase de faïence commun, dont la forme vulgaire se rapprochait beaucoup des vases domestiques nocturnes que nous employons, et sur lequel étaient peintes ces lettres :

M. U. S. T.
A. R. D. A. D. I.
J. O. N. I. S.

L'Académie des inscriptions et belles-lettres fut convoquée d'urgence, et l'un des chambellans de la docte assemblée affirma que l'inscription signifiait :

" Vase contenant des parfums destinés à être brûlés en l'honneur de Jupiter."

Et la trouvaille fut placée dans un musée.

Un jour, un épicier, qui visitait le musée, s'écria à la vue du fameux vase: " Ah! un pot à moutarde!"

Mustarda Dijonis! c'était écrit!

Le lendemain, le pot était extrait des vitrines et jeté avec mépris sur le pavé

REVUE COMMERCIALE ET FINANCIERE

FINANCES

Montréal 22 novembre 1900.

La Bourse a manqué d'activité aujourd'hui et les valeurs en ont été affectées quoiqu'à un degré assez restreint. Depuis quelques séances, d'ailleurs, le ton général manque de fermeté et, pour tout dire, la plupart des valeurs en ont été affectées

Depuis la semaine dernière, les changements ont été les suivants:

Gains: Duluth, $\frac{1}{4}$; Twin City, $1\frac{1}{2}$; North Star, $1\frac{1}{2}$ et Virtue, $3\frac{3}{8}$.

Pertes: C. P. R., $\frac{3}{4}$; Montreal Street, 6; Toronto Street, 1; Rich. & Ont., $1\frac{1}{4}$; Royal Electric, $4\frac{3}{4}$; Gaz de Montréal, 5; Dominion Cotton, $1\frac{3}{4}$; Dominion Coal, pref. $\frac{3}{4}$; Montreal Telegraph, 2; War Eagle, 1 et Republic, 5.

Les valeurs suivantes sont celles sur lesquelles il s'est fait des ventes durant la semaine; les chiffres sont ceux obtenus à la dernière vente opérée pour chaque valeur:

C. P. R.	$87\frac{1}{2}$
Duluth	$5\frac{1}{4}$
Montreal Str. Ry	273
Twin City	$65\frac{1}{4}$
Toronto St. Ry	$107\frac{1}{2}$
Richelieu et Ontario	107
Halifax Tr. (bons)	....
" (actions)	95
St John Ry	....
Royal Electric	203
Montreal Gas	199
Col. Cotton (actions)	....
" (bons)	99
Dominion Cotton	91
" pref	....
Merchants Cotton	....
Montreal Cotton	135
Cable Comm. (actions)	....
" " (bons)	$100\frac{3}{4}$
Dominion Coal, pref	$114\frac{1}{4}$
" " bons	....
" " (ord)	41
Intercolonial Coal	55
Montreal Telegraph	168
Bell Telephone	170
Laurentide Pulp	120
" " (bons)	105
War Eagle	105
Centre Star	....
Payne	$86\frac{1}{2}$
Republic	65
North Star	$96\frac{1}{2}$
Montreal & London	....
Virtue	35

En valeurs de Banques, il a été vendu:

Banque de Montréal	259
Banque Molson	191

COMMERCE

La semaine sous revue a vu un bon mouvement d'affaires quoiqu'elle ait été contrariée par une température trop douce pour la saison.

Aux froids vifs qui, cette année, ont pris de bonne heure avec de sérieuses bordées de neige, ont succédé la pluie et le vent. La neige a disparu et les chemins détrempés à la campagne empêchent le mouvement des grains et du foin, ce qui a pour effet d'élancer les prix.

La saison de navigation est, à vrai dire, terminée. Le " Lake Champlain " qui aurait dû quitter notre port aujourd'hui a été retardé à son montée du fleuve par les brouillards de ces derniers jours. Il était encore

hier à Trois-Rivières et sera sans doute aujourd'hui à Montréal. Le "Lake Champlain" sera sans doute le dernier transatlantique à jeter l'ancre dans notre port.

Avec la fin de la saison de navigation, il est naturel que la question des navires brise-glace soit de nouveau ajouté. Aussi, rien de surprenant qu'on s'en soit occupé hier à la Chambre de Commerce. Un de ses membres a présenté à ses collègues le modèle d'un brise-glace de 2000 chevaux construit sur le modèle de ceux en usage en Russie et qui serait destiné à rendre des services sur le St Laurent.

Il vaudrait la peine de tenter l'épreuve ; la construction d'un de ces brise-glace ne serait pas une ruine pour le pays, s'il ne devait jamais servir qu'à un essai infructueux, tandis qu'elle serait une véritable fortune, si à l'aide de ce brise-glace il devenait possible de tenir le fleuve accessible aux navires durant l'hiver.

Cuirs et Peaux — Nous ne changeons rien à nos listes de prix. La fermeté est la note dominante pour les cuirs comme pour les peaux vertes.

Epiceries, Vins et Liqueurs.—Les sucres sont sans changement à l'heure où nous écrivons, mais ils sont faibles.

On a reçu des thés du Japon de la troisième récolte, ce sont les premiers envois. La demande des thés est faible, en général, et les prix sont sans changement.

Les raisins de Valence ne sont pas très fermes ; il y a eu une baisse dans les prix de fine off stalk sur les marchés primaires. Cette baisse est plutôt un ajustement des prix en raison d'un classement plus accentué des qualités. Ainsi, des fine off stalk on a fait plusieurs sortes dont les moins bonnes ont été cotées plus bas, mais en réalité les belles qualités ont conservé leurs prix.

Les pomme évaporées sont à 5½c au lieu de 5c comme prix de début.

Les pruneaux de Bosnie, nouvelle récolte sont vendus à 5½c la lb.

Il y a hausse sur le câble coton qui se vend de 13 à 14c et le câble sisal qui avance de ½c sur nos ancien prix, on le paie de 9 à 10½c.

Il y a hausse également sur les tourteaux de lin moulus qui valent $1.85 les 100 lbs.

Les petits fromages canadiens s'obtiennent toujours de 11 à 11½c la lb.

Fers, Ferronneries et Métaux.—Nous ne changeons pas encore cette semaine nos prix des fers en barres que nous maintenons provisoirement de $1.60 à $1.70 les 100 lbs, suivant quantité.

D'après les renseignements que nous avons obtenus, ces prix ne seront pas longtemps maintenus ; les laminoirs se montrent très indépendants, ils ont de grosses commander à remplir qui les tiendront occupés pous quelques mois encore. Les prix des vieux fers sont élevés et fermes, ils ont donc toutes les raisons en leur faveur.

Aux Etats-Unis, les prix sont bien tenus et, pour le moment, rien n'indique qu'un changement favorable aux acheteurs doit se produire.

Nous ne donnons pas encore de cote cette semaine pour les tuyaux en fer ; on donné bien des cotes en hausse, mais la marchandise n'existe pas ou elle est très rare.

Huiles, peintures et vernis—L'essence de térébenthine est cotée à une avance de 1c. par gallon, soit à 64c, net au comptant.

Nous enregistrons une baisse de ½c par gallon sur l'huile canadienne "Acmé Impérial" à 17½c le gallon et une baisse de 1c sur l'huile américaine "Pratt's Astral" à 19½c le gallon.

Produits chimiques—La couperose se vend 80c les 100 lbs comme prix de début, c'est une hausse de 5c sur l'ancien prix.

Salaisons, Saindoux, etc.—Les sortes de lards canadiens qui manquaient sur le marché, sont de nouveau en approvisionnement. On obtient maintenant de $18.50 à $19.50 le short cut clear qu'on a payé jusqu'à $21 la semaine dernière.

Les lards américains sont vendus de $19 à $19.50 au commerce de détail.

Pas de changements dans les jambons et lards fumés.

Les saindoux sont à prix fermes. On trouve encore à acheter les saindoux purs de panne à $2.10 le seau, mais difficilement ; le prix du marché est plutôt $2.20.

Les saindoux composés et les graisses alimentaires sont aux anciens prix.

REVUE DES MARCHÉS

Montréal, le 22 nov. 1900.

GRAINS ET FARINES

Marchés Etrangers

Les derniers avis télégraphiques cotent ainsi que suit les marchés de l'Europe :

Londres—Blé de passage tranquille mais soutenu ; maïs plus facile. Chargements, blé de CalifornieStandard No 1, tranquille mais soutenu. Maïs américain mélangé ex-navire 21s 3d. Blé anglais et étranger Mark Lane, tranquille mais soutenu. Maïs américain de Mark Lane sans changement. Farine anglaise et américaine soutenue.

Liverpool—Blé et maïs disponible ferme ; blé de Californie Standard No 1, 6s 2d à 6s 3d. Blé de Walla Walla 5s 11½ à 6s ½d. Futures : blé tranquille ; déc. 5s 11½d, mars 6s ¾d ; maïs, nominal, nov. 3s 11¾c, déc. 3s 11¾d, janv. 3s 9½d.

Paris—Blé à peine soutenu, nov. 20.10 ; mars 21.60. Farine, nov. 26.10 ; mars 27.60.

On lit dans le *Marché Français* du 10 octobre :

La semaine sous revue a été marquée par une température variable, mais, en somme favorable à la culture, qui a pu terminer ses semailles dans des conditions généralement très bonnes. On se plaint pourtant encore, dans quelques département du Nord-Ouest, et notamment dans les Côtes-du-Nord, que les pluies n'ont pas été tout à fait suffisantes pour permettre l'achèvement des emblavures. Mais ce ne sont là, croyons-nous pouvoir dire, que des plaintes absolument isolées, qui ne sauraient modifier l'impression excellente et presque inespérée que donnent maintenant la plupart des grains en terre.

Au point de vue des affaires, la huitaine n'a guère été plus animée que la précédente. Les offres sur les marchés de production n'atteignent pas l'importance qu'elles ont habituellement à pareille époque. Toutefois, les effets que cette pénurie de marchandise devrait avoir sont complètement annihilés par la faiblesse de la demande de la meunerie, tenue plus que jamais à une grande réserve par suite de la mévente de ses produits et par l'inconnue que la question des bons d'importation d'une part, et celle des modifications projetées au régime des admissions temporaires, d'autre part, posent devant elles. l'empêchant de rien entreprendre pour l'avenir.

Il ne nous est pas possible de donner des nouvelles étendues du marché de Chicago, par suite du mauvais état des lignes télégraphiques après l'ouragan d'hier.

Tout ce que le fil télégraphique annonce c'est que le blé de décembre avait baissé de de ⅝c à midi, à 77⅛c.

MARCHES CANADIENS

Nous lisons dans le *Commercial* de Winnipeg du 17 novembre, le rapport suivant :

" Il n'y a aucun changement à constater dans la situation locale ; les prix cotés ici sont toujours au-dessus de ceux de l'exportation et bien que les arrivages de blé soient devenus plus considérables les affaires sont sans activité. La navigation des lacs sera close d'ici à deux semaines ce qui empêchera les expéditions de l'intérieur. Les prix du blé en magasin à Fort William sont en réduction de 1 à 2 cents par minot sur ceux de la semaine précéeente. Voici les prix à la clôture hier : No 1 dûr, 81c ; No 2 dûr, 75c ; No 3 dûr, 69c ; No 3 du Nord, 66c. Des ventes ont été effectuées pour la livraison de Déc., dans les blés dûrs No 3 aux prix de 67c à 67½c en magasin à Fort William.

Jusqu'à l'ouverture de la navigation, l'an prochain, c'est désormais par Portland et St-Jean que se fera l'exportation de nos grains à destination de l'Europe. Le port de Montréal est virtuellement fermé pour les navires traversant l'Atlantique.

L'avoine est très ferme ; les pois ont repris de la fermeté ; le sarrasin est assez soutenu et le seigle a faibli.

Nous cotons en magasin : avoine de 29 à 29½c avec perspective de plus hauts prix si une température plus froide ne vient pas améliorer l'état des chemins à la campagne, car avec des routes défoncées, les livraisons de la culture sont arrêtées ; pois No 2, de 67 à 67½c ; sarrasin de 51 à 51½c et seigle de 57 à 58c.

A la campagne, on paie en gare pour Portland et St Jean le sarrasin de 48 à 50c et les pois 58c.

Les farines de blé ont eu une bonne demande, principalement au début de la semaine, la fin de la navigation et l'état des chemins à la campagne causent un ralentissement dans les ventes et les livraisons.

Les farines du Manitoba sont soutenues aux prix en baisse que nous avons indiqués la semaine dernière.

Les farines d'Ontario ont, à leur tour une baisse de 10c par baril. Nous rectifions nos cotes d'autre part en conséquence.

En farines d'avoine, les affaires sont tranquilles aux prix de $3.25 à $3.50 le baril suivant marques et qualités.

Pour issues de blé la demande est toujours bonne aux anciens prix.

FROMAGE

MARCHE ANGLAIS

MM. Marples, Jones & Co. nous écrivent de Liverpool le 9 novembre 1900 :

" C'est encore une autre semaine excessivement tranquille pour les fromages d'automne qui vient de finir ; les commerçants de la campagne ne montrent aucune disposition d'acheter, sauf pour marchandises de 48 à 50s, prix que les détenteurs demandent maintenant pour la fabrication d'été. Il semblerait que pour le fromage de septembre les prix devront être plus aisés, à moins que la demande ne s'améliore.

" Nous cotons :	s. d.		s. d.
Fine meaty night Skims......... ..	40 0	à	42 0
Blanc et coloré, qualité moyenne	00 0	à	00 0
Blanc de choix, Canada et E.-U.	49 0	à	50 0
Coloré de choix, Canada et E.-U.	50 0	à	52 0

MARCHE DE MONTREAL

L'activité au début de la semaine ne s'est pas maintenue ; il n'y a plus de navires en destination de Bristol et les exportateurs semblent avoir en mains ou à bord des navires en partance pour Liverpool à peu près tout ce dont ils ont besoin pour le moment.

Le plus haut prix pour les fromages de Québec, fabrication fin octobre et novembre est de 9¾c

Ler exportations de la semaine dernière ont été de 44,607 boîtes contre 28,610 la semaine correspondante de 1899.

Depuis le 1er mai les exportations totales ont été de 2,013,872 boîtes contre 1,804,568 durant la même période l'an dernier.

BEURRE

MARCHE ANGLAIS

MM. Marples, Jones & Co. nous écrivent de Liverpool le 9 nov.

" Les hauts prix payés récemment ont contrarié la demande; le ton est plus facile sur toute la ligne ; baisse d'environ 2s sur le Danois pur choix et de 5 à 10s sur le *finest* ordinaire. Les beurres canadiens *fancy* sont offerts à 100s quoiqu.on ait obtenu davantage pour des quantités minimes ; pour les qualités moyennes et inférieures c'est à peine si on en demande.

" Nous cotons :	s.	s.
Imitation crêmeries, E.-U., choix.	74 à	78
Crêmerie, frais, E.-U., choix, boîtes nominal	96 à	100
Irlande, choix, boîtes	90 à	94
Crêmerie, canadien, choix, boîtes..	100 à	102
" Irlande, choix, boîtes....	104 à	108
" Danemark, en barils et sur choix	100 à	118

MARCHE DE MONTREAL

Il n'y a plus de demande pour l'exportation ; il ne se traite des affaires que pour le commerce local.

Les épiciers paient les beurres frais de crêmerie de 21½ à 22c ; des townships de 20 à 21c ; de laiterie de 18 à 19c et les beurres en rouleaux de 18 à 19c également, suivant qualité.

Les exportations de la semaine dernière ont été de 5207 paquets contre 15914 pour la semaine correspondante de 1899.

Depuis le 1er mai les exportations totales ont été de 255,721 paquets contre 460,290 pour la période correspondante de l'an dernier.

ŒUFS

MM. Marples, Jones & Co, nous écrivent de Liverpool le 9 novembre :

" Le marché est ferme et les meilleures sortes se vendent promptement à nos cotes :

Nous cotons:	s d	s d
Œufs frais du Canada et des E.-U	6 9 à	8 0
" conservés à la glycerine.	7 6 à	7 10
" " à la chaux....	7 0 à	7 4
" frais d'Irlande	10 0 à	11 0
" " du Continent	6 2 à	7 8

Le marché de Montréal est ferme. On vend à la caisse aux détailleurs, les œufs strictement frais 22c ; les œufs mirés No 1 de 19 à 20c ; No 2 de 15 à 16c et les œufs chaulés de Montréal 16c.

POMMES

MM. J. C. Houghton & Co, nous écrivent de Liverpool le 8 nov. 1900 :

La demande ne semble pas diminuer depuis la semaine dernière mais les arrivages très forts de pommes canadiennes et américaines ont fait faiblir les prix surtout en ce qui concerne les produits canadiens qui laissent à désirer au point de vue de la qualité et de la condition comparativement aux pommes du Maine et du New-Hampshire.

PRIX A L'ENCAN

Pommes	Vendredi nov 2.				Lundi nov. 5.				Mercredi nov. 7.			
	s.	d.	s.	d.	s.	d.	s.	d.	s.	d.		
Canadiennes, barils.												
Greening	10	0	14	6	10	3	18	6	8	3	12	9
Baldwin	9	0	15	6	10	0	12	0	9	0	13	3
Ribston Pip												
Snow	13	9	16	3	10	6	14	6	16	0		
King	11	6	20	6	13	6	19	3	10	0	11	9
Ben Davis	11	9	12	9								
Holland Pippin												
N. Spy	11	6	13	6					9	9	14	0
G. Russet	10	0	14	0					11	6	13	3
Seeks												
Tolman Sweet	10	9										
Américaines.												
Greening	12	0	13	0					12	3	13	6
Baldwin	9	0	13	9	8	9	13	6	8	9	13	3
Kings	15	0	18	3	12	9	15	5				
Newtown Pippin.	14	6	20	0					9	3	21	6
Hubbardson												
Ben Davis	11	0	11	9					11	3		
York Imperial												
Winesap					10	3	10	6	7	6	10	3
N. Spy	13	6	14	3	12	6						
G. Russett	13	9									13	0
Nouvelle-Ecosse.												
Blenheim												
Gravenstein												
Californie.												
Newtown Pippins									10	0	10	3

LEGUMES

Les pommes de terre sont payées 38c les 90 lbs au char et on les détaille à 55c les 90 lbs.

Les prix des haricots triés à la main sont cotés de $1.50 à $1.55 par minot en lot de char complet.

On cote :
Salade, de Waterloo, 50c la doz.
Salade de Boston, de 90c à $1.00 la doz.
Choux, de 25 à 30c la doz.
Carottes, $1.00 le quart.
Navets, de 40c à 50c le sac.
Radis, 20c la doz. de paquets.
Choux fleurs, de $1.00 à $1.25 la doz.
Fèves vertes, $3.25 le quart.
Epinards, $3.00 le quart.
Concombres, $1.30 la doz.
Aubergines, 50 à 75c la doz
Céleri, 10c à 40c la doz. de paquets.
Patates sucrées, de $2.75 à $3.50 le quart.
Betteraves, 40c. la doz. de paquets.
Oignons rouges, de $1.75 à $2.00, le baril.
Oignons jaunes, de $1.75 à $2.00 le baril.
Oignons d'Egypte, $2.50 le sac de 165 lbs.
Oignons d'Espagne au crate de 75 à 80c.

FRUITS VERTS

Nous cotons :
Atocas, de $6.00 à $8.00 le quart.
Bananes, de $1.00 à $2.00 le régime.
Oranges de Jamaique, $5.50 le quart.
Oranges Seedlings, la boîte, $7.00.
Citrons de Messine, de $1.25 à $2.00 la caisse.
Citrons de Malaga, de $5.00 à $5.50, $5.75 la caisse de 59 dox.
Citrons de Malaga, $2.00 à $2.25 la caisse de 35 doz.
Pommes, de $1.50 à $3.50 le quart.
Poires d'Anjou, de $7.00 à $10.00 le quart.
Poires de Californie de $4 à $4.50 la boîte.
Raisins Catawba de 25c à 35c le panier.
Raisins de Malaga, de $5.00 à $6.00 le baril.
Coings, 50c le panier.

PORCS ABATTUS

Peu d'arrivages, ce qui est préférable pour le moment avec une température au-dessus du point de congélation. On vend, suivant grosseur de l'animal, de 6½ à 7e la lb.

GIBIER ET VOLAILLES

La douceur de la température de ces derniers jours n'a pas favorisé les expéditeurs ; les prix sont bas pour le gibier plus particulièrement, les perdrix cependant font exception.

Le chevreuil est abondant et se vend, bête entière, à 5c la lb ; les lièvres de 15 à 20c la paire sont une nourriture à bon marché.

Les perdrix sont plus cher que la semaine dernière ; nous cotons la paire 75c pour No 1 et 45c pour No 2.

En volailles nous cotons à la lb : poules et poulets de 5 à 7c ; canards de 7 à 8c ; oies de 5 à 6c et dindons de 8½ à 9½c.

FOIN PRESSE ET FOURRAGES

MM. Hosmer, Robinson & Co., nous écrivent de Boston le 15 novembre 1900 :

" Les arrivages pour la semaine écoulée ont été de 354 chars de foin et 16 chars de paille et 10 chars de ce foin pour l'exportation. La semaine correspondante, l'an dernier, 366 chars de foin et 20 chars de paille et 47 chars de ce foin pour l'exportation.

Les prix du foin et de la paille continuent à être très soutenus et nous n'avons aucun changements a constater depuis notre dernier rapport.

Nous cotons :

	Grosses balles.		Petites balles.	
Foin, choix...	$18.00 à	$19.00	$17.50 à	$18.50
— No 1 ...	17.00 à	18.00	16.50 à	17.50
— No 2 ...	16.00 à	16.50	16.00 à	16.50
— No 3 ...	14.00 à	15.00	14.00 à	15.00
— mél.d.trèf.	15.00 à	16.00	15.00 à	16.00
— trèfle ...	15.00 à	15.50		
Paille de seigle long.....	16.00 à	16.50		
— mêlée..	11.00 à	12.00	11.00 à	12.00
— d'avoine	9.00 à	9.50	9.00 à	9.50

Sur le marché de Montréal, les prix sont tenus très fermes pour les foins No 1 et No 2, vu le manque de livraisons. Le foin mélangé de trèfle est en approvisionnement suffisant pour la demande et ne profite pas de la fermeté des foins de qualité supérieure.

On paie couramment $10.50 pour le foin No 1 et de $8.50 à $9.00 pour le No 2.

Foin pressé, No 1 à choix....	$10 00 à	10 50
do do No 2	8 00 à	9 00
do mél. de trèfle	0 00 à	7 50
Paille d'avoine	4 50 à	5 00

Ventes de Fonds de Banqueroute par les Curateurs

Par Wm Renaud, le stock de chaussures de J. M. Gagnon de Sherbrooke, à 56½c dans la piastre à A. E. Moore de Magog.

Par Arth. Masson, le stock de L. Dionne boucher à 60c dans la piastre à J. Jeannotte et les dettes de livres à 16c dans la piastre à E. Major.

Feux de cheminée

N'ayant pas de fleur de soufre sous la main, on peut obtenir le même résultat en jetant environ 100 grammes de sulfure de carbone, dont le coût est d'environ dix centimes ; il ne faut pas négliger de boucher hermétiquement l'ouverture de la cheminée pour intercepter le courant d'air.

Le sel ammoniaque, en poudre, la potasse, la soude commune, ou, à défaut, du sel de cuisine en grande quantité, peuvent suppléer aux substances ci-dessus.

N'ayant rien de tout cela sous la main, retirez sans tarder le feu du foyer et bouchez simplement avec une couverture mouillée.

Un nouvel alliage vient de faire son apparition et paraît avoir un brillant avenir industriel, si nous en croyons les revues scientifiques publiées à Berlin, qui signalent depuis peu son avènement.

Il se compose de magnésium, dont la densité est 1.75 et d'aluminium, dont la densité atteint 2.75. Tous deux entrent en fusion à 800 degrés centigrades, et comme leur coefficient de dilatation est très voisin, il forment un alliage parfaitement homogène, ductile, résistant, et surtout extrêmement léger.

Les propriétés métallurgiques du " magnalium "—tel est le nom que lui a donné son inventeur, un chimiste fort connu, M. Ludwig Mach—varient suivant la composition de l'alliage.

A 10 p. c. il ressemble à du zinc, à 15 p. c. il ressemble à du laiton un peu plus brillant, enfin à 25 p. c. le nouveau métal se rapproche beaucoup du bronze.

Normalement, le magnalium a l'apparence d'un lingot d'argent ou d'une barre de nickel. Il peut être tourné, travaillé, découpé, percé ou étiré comme du laiton. Il raie le zinc et l'aluminium. Quoique son prix soit encore assez élevé, le nouvel alliage est un peu moins coûteux que le cuivre, et comme tel a déjà été employé par divers constructeurs d'instruments d'optique et d'électricité.

NOTES SPECIALES

L'on nous informe que le Lake of the Woods Milling Co., est sur le point de construire un élévateur à grains à St Louis du Mile End.

Nous engagons les marchands désireux de faire un commerce profitable pour les fêtes, de lire attentivement l'annonce d'autre part de la maison Laporte, Martin & Cie.

Il n'est offert par cette maison que des marchandises donnant la plus entière satisfaction au consommateur et de bons profits au marchand.

Il semble y avoir toute une commotion dans le marché au Thés du Japon par suite de la grande vogue du Thé "Salada," feuille maternelle, non tolorée. Ce thé vert est devenu un sérieux concurrent pour le thé du Japon ; il est deux fois plus fort, il est plus aromatique et plus savoureux dans la tasse. Mais ce qui vaut mieux encore, c'est que le salada est un thé absolument pur.

Toute demande d'échantillon par la malle sera promptement exécutée si elle est adressée à "Salada" Montréal.

"Plus la connaissance d'un marchand, dans sa ligne commerciale, est sure et pratique, mieux il sait s'attirer la confiance et l'encouragement du public acheteur. Ainsi, le soin particulier, l'attention toute spéciale qu'apporte Monsieur Côté dans son commerce de tabac en feuille, a déjà valu à ce jeune commerçant une réputation marquée, comme spécialiste dans cette matière. En effet, Monsieur Côté, écoule chaque année un lot considérable de tabac en feuille, tel que Parfum d'Italie, Quesnel, x x x x, Petit Rouge, Pure aromatique, Petit Havane, Premier Choix, et les commandes adressées tous les jours à son établissement, prouvent par leur nombre, combien est supérieure la qualité de ces tabacs canadiens. Nous conseillons donc aux marchands qui ne se seraient pas encore procuré leur provision de tabac en feuille, d'écrire ou d'aller faire une visite à Monsieur Jos. Côté, 179 rue St Joseph, St Roch Québec, où nous leur garantissons une pleine et entière satisfaction.

JOURNAL DE LA JEUNESSE. — Sommaire de la 1458e livraison (10 novembre 1900). —Un Phénomène, par B.A. Jeanroy.—Lettres du Régiment, par Louis d'Or.—Hændel, par H. Heinecke.—Les Ascenseurs, par Daniel Bellet.—Treize et quatorxe, par Yan de Castétis.—L'Exposition universelle de 1900 : Les anciens ustensiles de ménage, par Edmond Renoir.

Abonnements : France : Un an, 20 fr. Six mois, 10 fr. Union Postale : Un an, 22 fr. Six mois, 11 fr. Le numéro : 40 centimes.

Hachette & Cie, boulevard St-Germain, 79, Paris.

TOUR DU MONDE—Journal des voyages et des voyageurs. — Sommaire du No 45 (10 novembre 1900).—1o Une mission en Acadie et du lac Saint Jean au Niagara, par M. Gaston Du Boscq de Beaumont.—2o A travers le monde : Thèbes aux cent portes, par Al. Gayet.—3o Parmi les races humaines : Les relations entre Anglais et Indiens.—4o L'Expansion Coloniale : L'organisation des pays du Tchad.—5o A travers la nature : Chez les Fourmis, par Henri Coupin. —6o Livres et Cartes.—7o Conseils aux voyageurs : Pour les Voyageurs - Collectionneurs. — Chasse d'hiver. — Les diverses espèces de canards d'hiver.—Les macreuses, par Paul Combes.

Abonnements : France : Un an, 26 fr. Six mois, 14 fr.—Union Postale : Un an, 28 fr. Six mois, 15 fr. Le numéro : 50 centimes.

Bureaux à la librairie Hachette et Cie, 79, boulevard Saint-Germain, Paris.

CHRONIQUE DE QUEBEC

Mercredi, 21 novembre 1800.

La neige et la pluie ont caractérisé la semaine qui finit. Ce n'est pas encore l'hiver, bien que les voitures d'été aient cessé de circuler dans nos rues et l'on se demande si le dégel accompagné d'une pluie persistante ne nous ramènera pas à quinze jours en arrière. Toute cette incertitude nuit grandement au commerce, et l'on peut dire que le calme, qui a coutume de précéder la reprise des affaires pour le temps des fêtes, est maintenant arrivé. C'est certainement une période difficile pour le commerce local, et l'on s'en plaint généralement. La situation est encore aggravée par la suspension des travaux dans vingt et une de nos plus grandes fabriques de chaussures, lesquelles, par décision des patrons, sont fermées depuis quatre longues semaines. La gêne commence à se faire sentir partout, mais rien n'indique la fin de la crise. Les patrons en souffrent, les ouvriers en souffrent, plusieurs des plus essentielles branches du commerce se trouvent paralysées ; le boucher, le boulanger, l'épicier sont particulièrement aux abois, mais les choses continuent de rester dans le même pénible état.

Les remèdes proposés n'ont pas eu l'effet qu'on en attendait, et chaque partie s'enferme dans sa dignité pour ne plus faire aucune concession. Nous avons entendu des manufacturiers exprimer leur étonnement et leur regret de voir se prolonger un état de choses aussi préjudiciables aux intérêts de tout le monde. Ce qui est remarquable, c'est que les ouvriers restent dans une placidité que rien ne semble devoir troubler. Ils ne paraissent pas avoir fait un pas, ni collectivement ni individuellement, pour répandre le travail. "Pas même une seule petite ouvrière, nous disait un des plus riches patrons, n'est venue s'informer quand j'allais rouvrir ma boutique." Il n'est pas moins vrai que le malaise des ouvriers, bien que soigneusement dissimulé, s'accentue de jour en jour, au détriment des affaires.

Il faut s'attendre à des complications sérieuses avant longtemps, car il n'est pas possible de supposer que toute cette population de plusieurs milliers de personnes peut rester indéfiniment dans le marasme. La pauvreté est mauvaise conseillère, et il paraît y avoir une sourde irritation quelque part, malgré l'apparente tranquillité qui règne à la surface.

∴

Un des sérieux événements de la semaine a été le chargement à Québec d'un vaisseau destiné à l'étranger, au moyen du nouvel élévateur du Grand Nord. Cette cargaison de grains venait directement de l'Ouest, et le chargement en a été opéré sans difficulté aucune. Nous notons cette première expédition parce qu'elle avait tout le caractère n'une cérémonie officielle, à laquelle les hommes d'affaires de Québec et des capitalistes du Canada et des Etats-Unis avaient été spécialement conviés. Il s'est échangé à cette occasion, des remarques fort à l'avantage de notre ville par beaucoup d'hommes influents qui ont exprimé leur pleine confiance dans l'avenir de Québec. Quand les paroles sont appuyées par des faits de l'importance de ceux que nous mentionnons, il y a lieu de croire qu'elles ont une signification pratiuue encourageante.

EPICERIES

Sucres raffinés : Jaunes, $4.10 à $4.20 ; blanc $4.55 ; granulé, $5.00 à $5.15 ; powdered, 7c.

Mélasses : Barbade pur, tonne, 40 à 42c Porto Rico, 38 à 42c ; Fajardos, 48 à 50c.

Beurre : Frais, 20c ; Marchand, 17c ; Beurrerie, 20c.

Conserves en boites : Saumon, $1.40 à $1.70 Clover leaf, $1.60 à $1.65 ; homard, $3.50 à 3.75 ; Tomates, 95c à $1.00 ; Blé-d'inde, 85 à 90c ; Pois, 90c à $1.00.

Fruits secs : Valence, 9c ; Sultana, 11 à 15c ; Californie, 8 à 10c ; C. Cluster, $2.20 ; Imp. Cabinet, $2.00 ; Pruneaux de Californie, 8 à 10c ; Imp. Russian, $4.50.

Tabac Canadien : En feuilles, 9 à 10c ; Walker *wrappers* 15c ; Kentucky, 15c ; et le White Burleigh, 15 à 16c.

Planches à laver : "Favorites" $1.70 ; "Waverly" $2.10 ; "Improved Globe" $2.00

Balais : 2 cordes, $1.50 la doz ; à 3 cordes, $2.00 ; à 4 cordes, $3.00.

FARINES, GRAINS ET PROVISIONS

Farines : Forte à levain, $2.25 à $2.30 ; deuxième à boulanger, $1.90 à $2.10 ; Patente Hungarian, $2.40 ; Patente Ontario, $1.90 à $1.95 ; Roller, $1.85 à $1.90 ; Extra, $1.60 à $1.65 ; Superfine, $1.45 à $1.50 ; Bonne Commune, $1.25 à $1.30.

Grains : Avoine (par 34 lbs) Ontario, 35 à 37c ; orge, par 48 lbs, 65 à 70c ; orge à drèche, 70 à 80c ; blé-d'inde, 55 à 56c ; sarrasin, 60 à 70c.

Lard : Short Cut, par 200 lbs, $18.00 à $18.50 ; *Clear Back*, $19.50 à $20.50 ; saindoux canadien, $2.05 à $2.25 ; composé le seau, $1.70 à $1.75 ; jambon, 10½ à 13c ; bacon, 9 à 10c ; porc abattu, $6.00 à $7.50.

Poisson : Hareng No 1, $5.50 à $6.00 ; morue No 1, $4 à $4.25 ; No 2, $3.50 ; morue sèche, $5.00 le quintal ; saumon, $15.00 à $16.00 ; anguille, 4½c la livre.

∴

La plupart des communications par voie fluviale sont maintenant interrompues. Il n'existe de services réguliers que pour une couple de bateaux à vapeur de cabotage. La saison de navigation est virtuellement finie. Elle aura été bonne pour le port de Québec, malgré les contre-temps occasionnés par les événements de la guerre. Les dernières statistiques du port ne sont pas encore connues officiellement, mais elles révèlent un état d'amélioration, sur les années précédentes. On peut dire, sans exagération, que Québec arrive en première ligne au point de vue de l'ensemble des facilités réalisées dans les six derniers mois dans l'intérêt du commerce en général du Canada.

Les travaux de la construction du hâvre, pour construction de hangar et de quais à eau profonde, la construction d'élévateurs d'une capacité remarquable, la complétion de la voie ferrée du Grand Nord, l'inauguration des travaux pour l'édification d'un pont gigantesque sur le Saint-Laurent, tout cela constitue une somme de progrès qui ne peut échapper à l'attention de quiconque suit le mouvement des affaires. Et voici maintenant que la Québec Railway Light and Power Company découvre qu'une seule voie ferrée ne lui suffit plus sur le parcours de son chemin de Québec à St-Joachim, sur la rive nord du fleuve ; elle a commencé la construction d'une autre voie parallèle, ce qui va nécessairement activer le mouvement des pèlerins et des touristes sur toute cette côte de Beaupré qui attire à la fois par les merveilles de la nature à la chûte Montmorency et au cap Tourmente, et par les merveilles d'un autre ordre à Ste-Anne-de-Beaupré.

L. D.

; trop Tard!!

s **FÊTES** qui vont bientôt nous arriver.
nt complet de Liqueurs de choix, Fruits, etc., etc. ;

Champagnes—

Vve AMIOT—Duc de Pierland & Cardinal — en bouteilles et demi-bouteilles.

Rye—

De la "ROYAL DISTILLERY CO."—en bouteilles — flasks et fûts. Excellente qualité à très bon marché.

Vins—

Un choix de vins canadiens Port et Sherry.

Vins Tarragones—

Notre assortiment en vins blancs et rouges est complet.

Vins de Messe—

De Tarragone et Sicile — qualité sans égal—Nous faisons approuver nos certificats par l'archevêché de Montréal, à chaque arrivée de ces vins.

Noix—

Pure Mayette Grenobles, Amandes Tarragones, (Filberts) Avelines de Sicile, Pecans, Peanuts, Amandes de Valence, Cerneaux (Shelled Walnut.)

LE. RAISINS SULTANA.

urs les plus Bas du Marché.

Epiciers en Gros, Montreal.

LA CONSTRUCTION

Contrats donnés

Chez Hutchison & Wood, architectes, rue St Jacques, No 181, une bâtisse rue St Charles Boromée, à 2 étages, formant une manufacture. J. T. Henderson, entrepreneur genéral ; propriétaire, Adam Beck.

PERMIS DE CONSTRUIRE À MONTRÉAL

Rue St Sulpice en arrière des Nos 55 à 59, une bâtisse formant un magasin, 59 de front 69 en arrière x 70, à 4 étages, en pierre et brique, couverture en métal ; coût probable $15000. Propriétaires, Les Dames de l'Hôtel-Dieu ; maçons, Labelle & Payette ; charpente à la journée (245).

Rue St Dizier, recontruire une bâtisse incendiée; coût probable $4000. Propriétaires, LesDames de l'Hôtel-Dieu ; travaux à la journée (246).

Rue St Urbain, Mos 494 à 498, modifications et réparations à 3 maisons ; coût probable $9000. Propriétaire, R. Neville jr ; architecte, Arth. J. Cook ; charpente, R. Neville. (247)

VENTES PAR LE SHÉRIF

Du 27 novembre au 4 décembre 1900.

District de Montréal

The Trust & Loan Co *vs* Jos. Cyrille Robert.

Montréal—Le lot 1194-20 du quartier St Jacques, situé rue St Hubert, avec bâtisses.

Vente le 29 novembre, à 11 h. a. m., au bureau du shérif.

La Corporation de Lachine *vs* Alfred Ouellette.

Lachine—Le lot 249, situé rue St Joseph.

Vente le 29 novembre, à 10 h. a. m., au bureau du shérif.

Norbert Cadieux *vs* Dame Arthur Cadieux.

St Bruno—Le lot 130, avec bâtisses.

Vente le 29 novembre à 11 h. a.m. à la porte de l'église paroissiale.

Octave Bélanger *vs* Delle Magdalen McHugh

Montréal—Les 7/16 ind de partie du lot 581 du quartier St Jacques, situé rue Amherst avec bâtisses.

Vente le 29 novembre à 2 h. p. m., au bureau du shérif.

L. Villeneuve & Cie *vs* James Baxter

Msntréal—1o Les lots 80-86, 83 du quartier Hochelaga, situés rue Moreau.

2o Les parties des lots 19-3, 4, 5, 6 du quartier St Laurent, situés rue St Laurent, avec bâtisses.

Vente le 30 novembre, à 10 h. a. m., au bureau du shérif.

District des Trois-Rivières

Dame Célina Latulippe *vs* Pierre Gervais

St Pierre les Becquets.— Le lot 201, avec bâtisses.

Vente le 28 novembre, 10 h. a. m., à la porte de l'église paroissiale.

EXTRA

RENSEIGNEMENTS COMMERCIAUX

PROVINCE DE QUEBEC

Cessions

Amqui—Ross Théodore, mag. gén.
Montréal—Léonard M. L., négociant, ass. 27 nov.
Pelletier F. J., nouv.
Québec—Turcotte A. J. & Co, épic. en gros et en détail.

Décès

Cacouna—St-Lawrence Hall, R. M. Stocking.
Ste-Scholastique—Chevrier Léandre, hôtel.

Dissolutions de Sociétés

Lévis—Paquet & Fortin, contracteurs.
Montréal—Montreal (The) Bottle Exchonge ; Moses Yasinooski continue.

En Difficultés

Ile Bizard — Boileau P. & Frères, contracteurs, ass. 28 nov.
St Louis-Mile End—Bolduc Louis, chaussures, ass. 26 nov.

Incendies

Montréal—Lymburner & Mathews, machinistes etc, endommagé, ass.
Pauzé U. & Fils, contracteurs etc ; endommagé, ass,

Nouveaux Etablissements

Bedford—Palmer Bros, mag. gén.
Hull—Fortin J. N., tabac etc, à admis J. E. Grravel, raison sociale Fortin & Gravel.
Racette J. J. & Co, marchands-tailleurs.
Montréal—Baldwin & Brooks farine et grain.
Canada (The) Furniture Exchange ; H. V. Bernier.
Canadian Aluminum Works, mfrs d'articles en aluminium.
Derome L. Robert & Cie, marchands à com.
Gilmor & McBean, grain, etc.
Landeman (The) Shirt Mfg Co; Dame Delphis Landerman.
Miller P. & Co, ébénistes.
Robinson & Ltudan, chaussures ; Ths M. Studan.
Swan (The) Photo Co ; John W. Swan.
Québec — Dominion (The) Adjustment Bureau ; D. Hanson et J. Kennedy.
St-Lonis, Mile End— Oisel & Laframboise, restaurant.

PROVINCE D'ONTARIO

Cessions

Pembrooke—Teevens John B., tabac.
Petrolea—Stephenson Olive L., modes.
Walkerton—Whitlock Wm J., ferblantier.

Décès

Gaalamsville—Lamphier, Peter, mag. gén.
Kingston—Wilson George, contracteur.
St-Thomas—Wooster Joseph, chaussures.
Toronto—Teevin John, forgeron.

Dissolutions de Sociétés

London—London Cigar Co.

En Difficultés

Chatham—Davis Isaac L., pharmacie.
Cornwall—Lapointe & Co, épic.
Merrickville—Wight John R., hôtel.

Fonds Vendus

West Lorne—Straith J. W., mag. gén. à Robinson & Co.

Incendies

Kingston—McLeod John, tanneur ass.

Nouveaux Établissements

Durham—Durham (The) Portland Cement Co Ltd.
Elmira—Elmira (The) Felt Co Ltd.
South Indian—Bruyère Jos., forgeron.

Tant que vous n'aurez pas goûté les célèbres

Echantillons envoyés gratis sur demande.

TABACS EN POUDRE....
FRECHETTE

vous ne saurez pas ce que c'est qu'un tabac vraiment supérieur vendu avec la garantie des fabricants.

Miller & Lockwell, - - Quebec

The Canada Sugar Refining Co.
MONTREAL. Limited

Manufacturiers de Sucres Raffinés de la Célèbre Marque **REDPATH**

De qualité et pureté les plus hautes, d'après les derniers procédés et les machines nouvelles qui n'ont de supériorité nulle part.

SUCRES EN MORCEAUX.—Boites de 50 et 100 lbs.
GRANULÉ "CROWN."—Marque spéciale, la plus belle qu'on puisse produire.
EXTRA GRANULÉ.—Qualité très supérieure.
SUCRES " CRÈME."—Non séché.
SUCRES JAUNES.—De tous les grades.
SIROPS.—De toutes qualités, en barils et demi barils.
Seuls fabricants de Sirops fins en canistres de 2 lbs. et de 8 lbs.

Une Suggestion de Saison
Plum Pudding Imperial

Mettez-y une pancarte avec le prix de **10c**

C'est tout !

LEFEBVRE, RYAN & CIE
MANUFACTURIERS DE

Vinaigres et Marinades, Vinaigres Purs, Marinades de toutes sortes

DE QUALITÉ SUPERIEURE SOUS TOUS RAPPORTS.

VINAIGRE IMPERIAL

Reconnu comme donnant toujours la plus entière satisfaction.

BUREAUX ET ENTREPOTS :

155 à 159 rue des Commissaires, et 4 à 10 rue Duc

MONTREAL

Téléphone 13.

JOS. AMYOT
No 45 rue Dalhousie,
QUEBEC

Négociant en Marchandises

Européennes,
Américaines,
et....
Canadiennes.

TEL. BELL MAIN 1571. MAISON ETABLIE EN 1858.

D. COLLINS
(Près de la Gare Dalhousie)

44 Rue St-Paul, Montréal.

Manufacturier de Balances en tous Genres.

Balances à Foin à Charbon, faites à ordre.

Spécialité : Réparations de tous genres.

BLEU CARRÉ PARISIEN

Le "Bleu Carré Parisien" est exempt d'indigo et ne tache pas le linge.

Il est plus fort et plus économique que n'importe quel autre bleu employé dans la buanderie

A obtenu une Médaille d'Or.

TELLIER, ROTHWELL & CIE.
Seuls fabricants. MONTREAL

J. W. HILL
Propriétaire d'Entrepots

ENTREPOT, REFRIGERATEUR PUBLIC POUR EFFETS PERISSSABLES EN DOUANE OU LIBRES

Entrepot No 73

Magasin : Coin des rues William et Queen

Bureau : No 48 rue William MONTREAL

La Farine Préparée
(SELF-RAISING FLOUR)
de Brodie & Harvie

est aujourd'hui la farine préférée des ménagères. Elle donne une excellente patisserie, légère, agréable et recherchée par les amateurs. Pour réussir la patisserie avec la farine préparée de Brodie & Harvie, suffit de suivre les directions imprimées sur chaque paquet.

10 et 12 RUE BLEURY, MONTREAL

NOS PRIX COURANTS

Nos prix courants sont revisés chaque semaine. Ces prix nous sont fournis pour être publiés, par les meilleures maisons dans chaque ligne; ils sont pour les qualités et les quantités qui ont cours ordinaire dans les transactions entre le marchand de gros et le marchand de détail, aux termes et avec l'escompte ordinaire. Lorsqu'il y a un escompte spécial, il en est fait mention. On peut généralement acheter à meilleur marché en prenant de fortes quantités et au comptant.

Tous les pr sont ceux du marché, en général, et aucune maison ou manufacture n'a le pouvoir de les changer à son avantage, sauf pour ses propres marchandises qui sont alors cotées sous son propre nom et sa propre responsabilité. La Rédaction se réserve le droit de refuser ce privilège à quiconque en abuserait pour tromper le public.

PRIX COURANTS.—MONTREAL, 22 NOVEMBRE 1900.

Allumettes.

Walkerville Match Co.

Allumettes Parlor

	1 caisse	5 caisses
Crown	$1.60	1.50
Maple Leaf	2.75	2.65
Imperial	5.50	5.25
Allumettes souffrées		
Jumbo	5.25	5.00
Héros	3 60	3.40

Articles divers.

Bleu Parisien…lb.	0 12	0 13
Bouchons communs…gr.	0 18	0 30
Briques à couteaux…doz.	0 25	0 30
Brûleurs pour lampes		
No. 1…doz.	0 00	0 75
No. 2…"	0 00	1 00
No. 3…"	0 00	0 70
Câble coton ¼ pouce…lb.	0 13	0 14
" Manilla…"	0 15¼	0 16¾
" Sisal…"	0 09	0 10½
" Jute…"	0 10	0 11½
Coton à attacher…"	0 15	0 21
Chandelles suif…lb.	0 00	0 09
" paraffine…"	0 12	0 12½
" London Sperm…"	0 11	0 11½
" Stéarine…"	0 13	0 14
Epingles à linge.bte. 5 gr.	0 00	0 70
	3 fils.	6 fils.
Ficelles… 30 pieds..	0 40	0 75
" … 40 " ..	0 55	0 85
" … 48 " ..	0 65	1 00
" … 60 " ..	0 80	1 35
" … 72 " ..	0 95	1 60
" … 100 " ..	1 25	2 00
Lessis concentré, com…"	0 00	0 40
" pur…"	0 00	0 75
Mèches à lampes No. 1…	0 11	0 13
" No. 2…	0 14	0 16
" No. 3…	0 09	0 11
Sapolio, bte ¼ et ½ gr. la gr.	0 0	11 30

Cafés.

Cafés rôtis.	la livre.
Arabian Mocha	31
Imperial "	28
Jamaique	20
Java Siftings	26
Maracaibo	22
Old Gov. "	31
Old Gov. Java et Mocha	31
Pure Mocha	27 à 29
Rio	15 à 18
Standard Java	32
" " et Mocha	32
Santos	18½
Blanke's Faust Blend	36

Conserves alimentaires

Légumes.

Asperges 4 lbs…dz.	0 00	4 50
Baked Beans 3 lbs…"	0 90	1 00
Blé d'Inde… 2 lbs "	0 85	0 95
Champignons…bte.	0 15	0 21
Citrouilles 3 lbs…dz.	0 00	0 85
Haricots verts…"	0 00	0 85
Olives, Pints…"	3 75	5 00
" ½ Pints…"	2 90	3 60
" en quart, gallon.	0 00	1 50
Petits pois français…bte.	0 00	0 12
" fins…"	0 14	0 15
" extra fins..."	0 16	0 17
" surfins…"	0 18	0 20
Pois canadiens 2 lbs..dz.	0 80	1 10
Tomates…"	0 87½	0 90
Truffes…"	4 80	5 00

Fruits.

Ananas 2 et 2½ lbs…dz.	2 15	2 50
Bluets 2 "…"	0 75	0 85
Cerises 2 "…"	1 95	2 15
Fraises 2 "…"	1 70	1 85
" 3 "…"	2 10	2 15
Framboises 2 "…"	1 45	1 60
Pêches 2 "…"	1 60	1 85
" 3 "…"	2 40	2 85
Poires 2 "…"	0 00	1 65
" 3 "…"	1 95	2 10
Pommes gal…"	0 00	2 15
" 3 lbs…"	0 00	0 90
Prunes vertes 2 "…"	0 00	1 45
" bleues 2 "…"	1 25	1 35

Poissons.

Anchois…dz.	3 25	0 00
Anchois à l'huile…"	3 25	4 50
Clams 1 lb…"	1 25	1 35
Harengs marinés…"	1 55	1 85
Harengs aux Tomates."	1 50	1 60
Homards, boite haute."	3 12½	3 20
" " plate…"	3 65	3 75
Huitres, 1 lb…dz.	0 00	1 30
" 2 "…"	0 00	2 40
Maquereau…"	1 00	1 05
Sardines Canadiennes, cse	4 00	4 50
Sardines ¼ françaises.bte.	0 09	0 25
" ½ " "	0 17	0 35
Sardines Royan à la Vatel…"	0 00	0 15
Sardines Royan à la Bordelaise…bte.	0 00	0 15
Saumon rouge (Sockeye) boite haute dz.	0 00	1 60
" " plate "	0 00	1 75
" " ordinaire haute	0 00	1 50
" rose (Cohoe) " dz.	0 00	1 12½
" du Printemps, "	0 00	1 50
Smelts (Eperlans)…"	0 40	0 45

Viandes en conserves.

Corned Beef, bte 1 lb…dz.	1 60	2 00
" " 2 "…"	2 80	3 40
" " 6 "…"	9 75	11 40
" " 14 "…"	21 60	24 00
Lang. de porc." 1 "…dz.	3 00	4 15
" " 2 "…"	6 00	8 00
" bœuf " 1½ lb…"	8 00	10 00
" " 2 "…"	9 25	11 30
" " 3 "…"	…	14 10
English Brawn 1 lb…"	1 40	1 70
Bœuf (chipped dried)…"	2 95	3 00
Dinde, bte 1 lb…"	2 20	2 30
Pâtés de foie gras…"	3 00	8 00
Pieds de cochon, bte 1½ lb."	2 30	2 40
Poulets, " 1 lb. "	2 20	2 30

Drogues et Produits Chimiques

Acide carbolique…lb.	0 30	0 40
" citrique…"	0 50	0 55
" oxalique…"	0 08	0 10
" tartrique…"	0 33	0 35
Aloës du Cap…"	0 14	0 15
Alun…"	0 01½	0 03
Bicarbonate de Soude, brl.	2 00	2 25
Bichrom. de potasse…lb.	0 10	0 12
Bleu (carré)…"	0 10	0 16
Borax raffiné…"	0 05	0 07
Bromure de potasse…"	0 55	0 60
Camphre américain…"	0 80	0 90
" anglais…"	0 85	0 95
Cendres de soude…"	0 01½	0 02
Chlorure de chaux…"	0 02½	0 05
" de potasse…"	0 23	0 25
Couperose…100 lbs	0 80	1 00
Crême de tartre…lb	0 22½	0 27½
Extrait de Campêche…"	0 10	0 11
" en paquets…"	0 12	0 14
Gelatine en feuilles…"	0 35	0 60
Glucose…"	0 03½	0 04
Glycérine…"	0 18	0 20
Gomme arabique…lb	0 40	1 25
Gomme épinette…"	0 00	0 25
Indigo Bengale…"	1 50	1 75
" Madras…"	0 60	0 80
Iodure de potasse…"	4 00	4 25
Opium…"	4 50	4 75
Phosphore…"	0 50	0 75
Pourpre de Paris…"	0 09	0 10
Résine…(280 lbs)	2 75	5 00
Salpêtre…lb	0 05	0 07½
Sels d'Epsom…100 lbs.	1 50	3 00
Soda caustique 60° " lbs	0 00	2 50
" " 70° " "	0 00	2 75
" à laver…"	0 70	0 90
à pâte…brl.	2 00	2 50
Soufre poudre…lb.	0 02	0 03
" bâtons…"	0 02	0 03
" rock, sacs..100 lbs.	2 00	3 00
Strychnine…oz.	0 90	1 00
Sulfate de cuivre…lb.	0 06	0 07
Sulfate de morphine…"	1 90	2 00
" de quinine…oz.	0 40	0 45
Sumac…tonne.	70 00	75 00
Vert de Paris…lb.	0 18½	0 20½

Epices pures.

Allspice, moulu…lb.	0 15	0 20
Cannelle moulue…"	0 15	0 20
" en nattes…"	0 13	0 15
Clous de girofle moulu "	0 18	0 20
" " ronds.."	0 12½	0 14
Gingembre moulu…"	0 15	0 25
" racines "	0 10	0 25
Macis moulu…"	0 90	1 00
Mixed Spice moulu Tin 1 oz…"	0 00	0 45
Muscade blanchie…"	0 40	0 50
" non blanchie.."	0 50	0 60
Piment (clous ronds)…"	0 10	0 12
Poivre blanc, rond…"	0 23	0 26
" " moulu…"	0 26	0 28
" noir, rond…"	0 15	0 17
" " moulu…"	0 18	0 19
" de Cayenne…"	0 22	0 26
Whole Pickle Spice…lb.	0 15	0 20

Fruits Secs.

Abricot Calif…lb.	0 12	0 13
Amandes ½ molles…"	0 12	0 13
" Tarragone…"	0 15	0 16
" Valence écalées "	0 40	0 42
Amand. amères écalées lb	0 00	0 45
" écalées Jordan "	0 40	0 42½
Dattes en boites…"	0 00	0 05
Figues sèches en boites "	0 07½	0 21
" " en sac.."	0 03	0 03
Nectarines Californie.."	0 11	0 12
Noisettes (Avelines)…lb.	0 12	13
Noix Marbot…"	0 10	0 11
" Couronne…"	0 08	0 09
" Grenoble…"	0 12	0 13
" " écalées."	0 00	0 00
Noix du Brésil…"	0 12	0 13
Noix Pecanes poli…"	0 12½	0 13
Peanuts rôtis (arach)..."	0 06½	0 07½
Pêches Californie…"	0 10	0 11
Poires "…"	0 13½	0 15
Pommes séchées…"	0 00	0 00
Pommes évaporées…"	0 05½	0 06
Pruneaux Bordeaux…"	0 04	0 08
" Bosnie…"	0 00	0 05½
" Californie…"	0 05½	0 11
Raisins Calif. 2 cour.."	0 00	0 00
" " 3 " .."	0 00	0 00
" " 4 " .."	0 00	0 00
Corinthe Provincials…"	0 11	0 12
" Filiatras…"	0 12	0 13
" Patras…"	0 00	0 00
" Vostizzas…"	0 14	0 15
Malag. London Layers bte.	0 00	1 75
" Connoisseur Cluster "	0 00	2 25
" Buckingham Cluster…"	0 00	3 40
Malaga Russian Cluster bte.	0 00	4 50
Sultana…lb.	0 10	0 12
Valence fine off Stalk,."	0 00	0 08
" Selected…"	0 08	0 08½
" layers…"	0 09	0 09

Fruits verts.

Ananas, pièce…	0 00	0 00
Attocas…quart..	6 00	8 00
Bananes…régime	1 00	2 00
Pommes…baril..	1 50	3 00
Raisins Malaga…"	5 00	6 00
" ½ "	0 00	0 00
Oranges Valence (420) cse	0 00	0 00
" " (714)…	0 00	0 00
" Navels…	0 00	0 00
" Seedlings…	0 00	7 00
" Sanguines, ½ cse	0 00	0 00
" Sorrente, caisse.	0 00	0 00
" Messine, "	0 00	0 00
" " ½ "	0 00	0 00
" Jamaique, baril.	0 00	5 50
Citrons Messine… caisse.	1 25	2 00
" Malaga. bte 35 dz.	2 00	2 25
" " caisse 59 dz.	5 00	5 50
Oignons rouges…baril..	1 75	2 00
" jaunes…	1 75	2 00
" d'Egypte, 165 lbs	0 00	2 25
Oignons d'Espagne, boite.	0 80	0 90
Noix de coco, par 100…	3 25	0 00

Grains et Farines.

GRAINS

Blé roux d'hiver Can. No 2.	0 00	0 00
Blé blanc d'hiver Can. No 2.	0 00	0 00
Blé du Manitoba No 1 dur…	0 90	0 92½
" " No 2 "	0 87½	0 90
Blé du Nord No 1…	0 00	0 85
Avoine blanche No 2…	0 29	0 29½
Orge No 1,…48 lbs.	0 50	0 53
" à moulée…"	0 42	0 43
Pois No 2 ordinaire, 60 lbs…	0 67	0 67½
Sarrasin, 48 "…	0 51	0 51½
Seigle, 56 "…	0 57	0 58

FARINES.

Patente d'hiver…	3 55	3 70
Patente du printemps…	0 00	4 35
Straight roller…	3 50	3 00
Forte de boulanger, cité…	0 00	4 15
Forte du Manitoba, secondes	3 45	3 50

FARINES D'AVOINE.

Avoine roulée baril…	3 35	3 50
" " sac…	1 62½	1 70

ISSUES DE BLE

Son d'Ontario, au char, ton	15 00	15 50
" de Manitoba " "	00 00	15 00
Gru de Manitoba…char	00 00	18 00
" d'Ontario…"	16 50	17 00
Moulée…"	17 00	24 00

Huiles et graisses.

HUILES.

Huile de morue, T. N., gal.	0 35	à 0 40
" loup-marin raffi.. "	0 00	0 55
" paille…"	0 00	0 45
Huile de lard, extra gal.	0 75	0 85
" " No 1. "	0 65	0 75
" d'olive p. mach.. "	0 90	1 00
" à salade…"	0 77½	0 80
" d'olive à lampion "	1 20	2 60
" de spermaceti…"	1 30	1 50
" de marsouin…"	0 50	0 60
" de pétrole, par quart.	0 00	0 16½
Acmé Imperial…gal.	0 00	0 17½
Huile Américaine par quart:		
Water White…"	0 00	0 19½
Pratt's Astral…"	0 00	0 19½
Huile d'olive Barton et Guestier caisse qts	8 50	
" " " pts	9 50	
" de foie de m. Nor. gal.	1 25	à 1 35
" " T.N. "	1 00	1 10
" de castor "E. I." lb.	0 09½	0 10
" " franç. qrt. lb.	0 09½	0 10
" " " cse.	0 11	0 12

Liqueurs et spiritueux.

Brandies (droits Payés)	à la caisse.
Sorin.—Carte bleu	$ 8 50
Carte rouge	9 50
Carte d'or	11 00
24 F. avec verre	9 00
" Flasks avec verre..	10 00
FUTS.	
Quarts	7 00
Octaves	4 25
½ oct	4 25
Hennessy * pintes	13 00
" * chopines	14 25
" ** pintes	14 75
" *** pintes	16 25
" V.O. pintes	17 25
Martel * pintes	12 75
" * chopines	14 00
" V. O. pintes	17 00
" V. S. O. P. pintes	18 50

Par lots de 10 caisses assorties ou non, 25c de moins par caisse.

F. O. B. Montréal, net 30 jours ou 1% 10 jours.

Boutelleau & Co., F. P.	9 00
" *	10 00
" O. B.	12 00
" V. O. B.	14 00
" X. V. O. B.	16 00
" 1824	21 00
Couturier	7 00
" flasks	8 00
Marion	6 00
" flasks	7 00
Rivière-Gardrat	10 00
Optima	17 00
Bisquit Dubouché	9 25
Renaud & Cie	12 25
E. Puet *	9 00
" **	10 75
" ***	12 50
" V. O	14 50
" V. O. P.	15 25
" V. S. O. P	16 25
" V. V. S. O. P	20 25
E. Puet 1860	24 25
" 1850	26 25
" 1840	30 25
J. Borianne ***	6 75
Pellisson 1850	42 50
" V. S. O. P	29 00
" S. O. P	22 00
" 1890	16 00
C. M. Arguet	11 50
V. Porte 1854	22 00

	au gallon.	
Fine Champagne	5 75	5 90
Couturier	3 80	3 95
Marion	3 40	3 60
Hennessy	0 00	6 75

	au gallon.	
Martel	0 00	6 75
Pellisson, vieux	0 00	11 60
" XXX	0 00	8 75
" autre ord.	5 80	7 25
V. Porte 1854	0 00	8 75
E. Puet	0 00	3 65
J. Borianne depuis	0 00	3 75
Rivière-Gardrat	0 00	4 15
Bisquit-Dubouché	4 30 @	4 5[illegible]
Renaud & Cie	4 10 @	4 3[illegible]
Boutelleau & Cie.	3 80 @	6 00

Rhums		à la caisse.
St-Georges, 12 lit.		12 50
" 24½ pts imp…		14 50
Chauvet cachet or 12 lit.	0 00	14 50
" " rouge 12 lit.	0 00	12 75
St-John	0 00	7 75
St-Joseph, Jamaique	0 00	11 50
St-Félix, Martinique	0 00	10 50
Talbot frères	0 00	7 75
		au gallon.
Jamaique	4 45	6 35

Whiskey Ecossais.	qt	pts
Mullmore	6 25	7 50
" flasks	10 00	10 50
Heather Dew	7 00	0 00
" flasks	11 25	0 00
" stone	12 50	0 00
Special Reserve	9 00	10 00
" "	0 00	11 75
Ex. Spc Liqueur, flacons.	9 50	0 00
Dewar's Special Liqueur..	12 25	12 50
Dewar Extra Special	9 25	9 50
H. Fairman & Co	7 50	8 50
Royal Eagle	9 25	9 50
Sheriff's	10 00	18 00
Mackie's R. O. spec	0 00	10 25
" Islay	8 25	8 50
Glenfalloch	8 75	
Glenlivet *	9 00	9 25
" ***	10 00	10 25
Cabinet 1 crown	0 00	8 75
" 2 "	0 00	9 50
" 3 "	0 00	10 75
Harvey's R. O. S. spec. liq.	0 00	12 50
" Fitz-James 8 y. old	0 00	9 75
Alex. McAlpine old scotch.	0 00	6 75

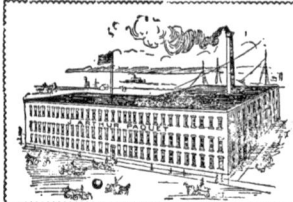

Watson old scotch, qrts...	0 00	8 75
" " pts....	0 00	9 75
Thom & Cameron..........	0 00	6 75
Bernard's Encore.........	0 00	7 75
Bulloch, Lade & Co.		
Special blend...........	9 25	9 50
" extra special......	10 75	11 00
" L. Katrine.........	0 00	7 50
Usher's O. V. G...........	0 00	8 75
" special reserve...	0 00	9 75
" G. O. H...........	0 00	12 00
Gaelic Old Smuggler......	0 00	9 50
Greer's O. V. H...........	0 00	9 50
Stewart's Royal..........	0 00	10 00
	au gallon.	
Heather Dew..............	3 65	3 85
Special Reserve..........	4 15	4 25
Ex. Spe. Liqueur.......	4 75	4 90
Banagher Irish...........	4 05	4 30
H. Fairman & Co..........	4 05	4 15
Sheriff's................	4 65	4 85
Glenfalloch..............	3 70	3 85
Glenlivet (old)...........	4 30	6 30

Whiskey Irlandais.

	à la caisse	
Old Irish................	6 00	8 00
" flasks...........	11 25	0 00
Special..................	9 00	0 00
" flasks...........	0 00	11 75
Cruiskeen Lawn, stone...	12 50	0 00
Henry Thomson..........	0 00	8 50
St-Kevin.................	0 00	7 50
J. Jameson & Son *.......	0 00	9 75
" " ***....	0 00	11 50
Geo. Roe & Co *..........	0 00	9 50
" " **........	9 75	10 50
Barnagher................	9 75	10 25
Thom & Cameron..........	0 00	6 75
Burke's *** qrts.........	0 00	8 00
" *** 12 imp.-qt... flasks	0 00	11 75
Dunville.................	0 00	8 25
Bushmills................	0 00	9 75
	au gallon.	
Old Irish................	3 75	3 90

Gins.

De Kuyper, cse violette..........		2 65
" cses vertes..........		6 00
DeKuyper, cses rouges, 1 à 4 c...		11 50

F. O. B. Montreal, 30 jours net; 1 o/o 10 jours; fret payé à destination par lot de 5 caisses au moins.

Key Brand................	5 00	10 25
" poney.........	0 00	2 50
Melchers poney...........	0 00	2 50
" picnics 4 doz....	0 00	5 50
" Honey Suckle... (cruchons verre)	8 25	15 00
Wynand Fockink.........	0 00	10 00
Bernard Old Tom..........	0 00	7 25
Booth's " "	0 00	7 85
" " 5 caisses	0 00	7 60
Melrose Drover Old Tom..	0 00	7 00
Booth's London Dry......	0 00	7 75
Burnett "	0 00	7 25
Melrose Drover Dry......	0 00	7 00
Coate Plymouth..........	0 00	9 25

Gins en fûts.

De Kuyper, barriq. le gal.	0 00	3 00
" quarts "	0 00	3 05
" octaves "	0 00	3 10
" au gallon "	0 00	3 20

Tous autres gins, 5c. de moins.
F. O. B. Montréal, 30 jours net ou 1% 10 jours.

Booth's Old Tom, quarts, le gal.	0 00	3 45
" " octaves.	0 00	3 50
" " au gal	0 00	3 90

Whisky Canadien au gallon, en lots d'un ou plusieurs barils de 40 gallons (pas de demi-barils) d'une sorte ou assortis.

Gooderham & Worts 65 O. P	4 50
Hiram Walker & Sons "	4 50
J. P. Wiser & Son "	4 49
J. E. Seagram "	4 49
H. Corby "	4 49
Gooderham & Worts 50 O. P........	4 10
Hiram Walker & Sons "	4 10
J. P. Wiser & Son "	4 09
J. E. Seagram "	4 09
H. Corby "	4 09
Rye Gooderham & Worts............	2 20
" Hiram Walker & Sons...........	2 20
" J. P. Wiser & Son..............	2 19
" J. E. Seagram..................	2 19
" H. Corby.......................	2 19
Imperial Walker & Sons............	2 90
Canadian Club Walker & Sons.......	3 60

Pour quantité moindre qu'un quart d'origine mais pas moins de 20 gallons:

65 O. P.................... le gall.	4 55
50 O. P.................... "	4 15
Rye..........................	2 25

Au-dessous de 20 gallons:

65° O. P.................. le gallon	4 60
50° O. P.................. "	4 20
Rye....................... "	2 30

Pour quantité moindre qu'un baril ou un barillet d'origine:

Imperial Whisky......... le gallon	3 10
Canadian Club.......... "	3 80

F. O. B. Montreal, 30 jours net ou 1 o/o 10 jours; fret payé pour quantité d'un quart et au-dessus.

Pour le Whisky à 50° O. P., 5c de moins par gallon, F. O. B. Montréal, pour l'île de Montréal.

Rye Canadien à la caisse.

Walker's Impérial.......... quarts	7 50
" ....16 flasks	8 00
" ....32 "	8 50
Walker' Canadian Club.... quarts	9 00
" ..16 flasks	9 50
" ..32 "	10 00
Gooderham & Worts 1891 1 à 4 c.	6 75
Seagram 1896 (Star brand) quarts	6 50
" No 83............ "	8 75
Corby I. X. L...................	7 00
Purity, qts......................	6 50
" 32 flasks................	7 50
Canadian, qts....................	5 00
" 32 flasks..............	6 00

F. O. B. Montreal, 30 jours net ou 1 o/o 10 jours

Whiskeys importés.

Kilty Scotch.......... caisse.			9 25
Buchanan's House of Commons..........	"		9 50
Claymore..............	"	8 50	8 75
Bushmills Irish.......	"	9 25	9 50

Gin (La Clef).

Caisses Rouges.............		10 00
" Vertes..............		4 85
" " Ponies.......		2 50
Gallon......................	2 95	3 15
Nicholsons Old Tom Gin.....	7 50	7 75
" London Dry Gin.	7 50	7 75

Mélasses.

	Au gallon.
Barbades tonne..................	0 41
" tierce et qt............	0 43½
" demi quart............	0 44½
" au char ton............	0 40
" " tierce..........	0 42½
" " ½ qt............	0 43½
Porto Rico, choix, tonne........	0 00
" tierce et quart.	0 00
" ordinaire, tonne....	0 00

Pâtes et denrées alimentaires.

Macaroni importé...... lb	0 08	0 10
Vermicelle " ...... "	0 08	0 10
Lait concentré.......... dz	0 00	1 90
Pois fendus, qt. 196 lbs..	0 00	4 10
Tapioca, lb...............	0 04¾	0 05

Poissons.

Harengs Shore......... brl.	0 00	5 00
" .... ½ "	0 00	2 75
" Labrador .... "	0 00	5 25
" " .. ½ "	0 00	3 00
" Cap Breton .. "	0 00	0 00
" " ½ "	0 00	0 00
" fumés,..... boîte	0 00	0 14
Morue sèche............. lb.	0 00	0 04½
" verte No 1, qt. lb.	0 00	0 02½
" No 1 large qt.... "	0 02¾	0 03
" No 1 draft...... "	0 00	0 02¾
" désossée caisse...	0 00	4 50
" " paquet....	0 00	0 06
Saumon C. A....... ½ "	0 00	0 00
" .... 1 "	0 00	0 00
Saumon Labrador.. 1 "	0 00	14 00
" " ½ "	0 00	8 00

Produits de la ferme.

(Prix payés par les épiciers.)

Beurre.

Townships frais....... lb.	0 19	0 20
En rouleaux.......... "	0 00	0 18½
Crêmerie août......... "	0 20	0 20½
do Nov...... "	0 00	0 00
do frais..... "	0 21	0 21½

Fromage

De l'Ouest.............. lb.	0 10	0 10½
De Québec.............. "	0 10	0 10½

Œufs.

Frais pondus, choix... dz.	0 00	0 22
Mirés......................	0 00	0 15
Œufs chaulés, Montréal..	0 00	0 15
" " Ontario....	0 00	0 00

Sirop et sucre d'érable.

Sirop d'érable en qrts.. lb.	0 06¾	0 07
" en canistre.	0 75	0 80
Sucre d'érable pts pains lb.	0 09	0 10
" vieux......	0 00	0 00

Miel et cire.

Miel rouge coulé....... lb.	0 07	0 08
" blanc " .... "	0 09½	0 10
" rouge en gateaux.. "	0 10½	0 11
" blanc " "	0 13	0 14
Cire vierge............ "	0 25	0 26

Riz

	Sac.	½ Sac.	Pch.	½ Pch.
B. 1 @ 9 sacs	3 10	3 15	3 20	3 25
B. 10 et plus "	3 00	3 05	3 10	3 15

C.C. 10c. de moins par sac que le riz B.
Patna imp., sacs 224 lbs. lb. 0 4½ 0 05

Salaisons, Saindoux, etc.

Lard Can. Sh't Cut Mess qt.	20 00	20 50
" " S. C. Clear.... "	18 50	19 00
" " S. C. désossé.. "	20 50	21 00
" S.C. de l'Ouest "	19 00	19 50
Jambons.............. lb.	00 11	00 12
Lard fumé............. "	00 00	00 14

Saindoux

Pur de panne en seaux..	2 10	2 35
Canistres de 10 lbs.... lb.	0 11	0 12¼
" 5 " .... "	0 11¼	0 12⅜
" 3 " .... "	0 11½	0 12½
Composé, en seaux.......	0 00	1 60
Canistres de 10 lbs.... lb.	0 00	0 08½
" 5 " .... "	0 00	0 08⅝
" 3 " .... "	0 00	0 08¾
Fairbanks, en seaux......	1 67½	1 70
Cottolene en seaux.... lb.	0 00	0 08¾

Sauces et Marinades.

Marinades Morton..... dz.	2 00	2 40
" Crosse & Blackwell "	3 00	3 40
" Suffolk, 20 oz...... "	0 00	2 1
" " 16 oz...... "	0 00	1 80
Essence d'anchois..... "	0 00	3 20
Sauce Worcester, ½ ch. dos.	3 50	3 70
" " chop "	6 25	6 50
" Harvey.... ½ " "	3 25	3 55
Catsup de tomates..... "	1 00	4 00
" champignons "	1 90	3 40
Sauce aux anchois..... dz	3 25	3 55
Sauce Chili............. "	3 75	4 05

Sel.

Sel fin, quart, 3 lbs......	2 65	2 75
" " 5 "	2 60	2 65
" " 7 "	2 40	2 50
" ¼ sac 56 "	0 00	0 30
" sac 2 cwts........	0 00	1 00
" gros, sac livré en Ville	0 40	0 42½

Sirops.

Perfection............. lb.	0 03	0 03¼
" s. 25 lbs. seau.	0 00	1 20
" seau 3 gall. "	0 00	1 50
Sirop Redpath tins 2 lbs.	0 00	0 09
" " 8 "	0 00	0 35
" Diamond lb........	0 02	0 02½

Sucres.

(Prix aux 100 lbs.)

Jaunes bruts (Barbade)...........		4 37½
" raffinés..........	$4 05	4 75
Extra ground................ qts.		5 45
" " .... bte.		5 65
" " .... ½ "		5 70
Cut loaf.................... qts.		5 45
" .... ½ "		5 55
" .... bte.		5 45
" .... ½ "		5 55
Powdered.................... qts.		5 20
" .... bte.		5 40
Extra granulé .... qts.		4 85
" .... ½ "		5 00

Ces prix doivent être augmentés de 5c par 100 lbs pour les villes de Montréal et Québec.

Thés du Japon.

Extra choisi du mois de mai:

Castor No 1..........	lb.	0 00	0 37½
Hibou No 1..........	"	0 00	0 35
Choisi			
Castor No 2..........	"	0 00	0 32½
Hibou No 2..........	"	0 00	0 32½
Bon:			
Hibou No 50.........	"	0 00	0 26
Faucon (Hawk)......	"	0 00	0 25
Spécial:			
Hibou No 100.......	"	0 10	0 20
Moyen:			
Otter.................	lb.	0 00	0 18
Commun.............	"	0 14	0 17
Moulu (Siftings).....	"	0 06	0 09
Nibs (choix).........	"	0 14	0 18

Thés de Chine.

Thés verts Young Hyson.

Ping Suey, bts 30 lbs	lb.	0 12	0 14
" ½ cais. (first)	"	0 18½	0 19
" " (points)	"	0 18	0 20
Moyune, caisses.....	"	0 38	0 42

Thés verts Gun Powder.

Moyune, caisses.....	lb.	0 40	0 44
Ping Suey, bts, Pin head	"	0 32	0 35
" " "	"	0 25	0 28
Pea Leaf, choix, bts..	"	0 20	0 22
" commun "	"	0 14	0 16

Thés noirs.

Kaisow........... ½ cs	lb.	0 12	0 14
Pan Young........ "	"	0 14	0 16
Keemuns, Kin Tuck "	"	0 18	0 20
Moning, choix..... "	"	0 30	0 34
Packling, boites 20 lbs commun..........	"	0 13	0 15
Packling, boites 20 lbs bon................	"	0 16	0 18
Packling, boites 20 lbs fin.................	"	0 22	0 25
Orange Pekoe, bts 20 lbs, parfumé.......	"	0 25	0 30
Formosa Oolongs, bts 20 lbs, (le Papillon).	"	0 24	0 30

Thés de l'Inde.

Darjeelings, Bloomfield,	lb.	0 32	0 40
Assam Pekoe....	"	0 20	0 24
Gloria Pekoe Souchong................	"	0 18	0 20
Amrail, Souchong......	"	0 16	0 18
Gloria, Pekoe..........	"	0 14	0 16

Thés de Ceylan.

Syria, Golden Tipped Pekoe........ caisse,	lb.	0 27	0 35
Gallaheria, Flowery Pekoe..... ..caisse,	"	0 20	0 23
Bombra, Pekoe Souchong........ caisse,	"	0 16	0 18
Luccombe, Souchong, caisse,	"	0 14	0 16
Golden Tipped Pekoe, (marque Abeille), No 8, caisses 40 lbs, (10 x 1 lb et 60 x ½ lb)................	"	0 36	0 38
Flowery Pekoe, (marque Abeille), No 9, caisses 40 lbs, 10 x 1 lb et 60 x ½ lb)...	"	0 28	0 30
Flowery Pekoe Nayabedde demi caisses	"	0 24	0 27
Ceylon Pekoe Karana demi caisse	"	0 24	0 27

Vernis.

Vernis à harnais...... gal.	0 00	1 80
" " ...... dz.	1 10	1 20
" à tuyaux...... gal.	0 00	0 90
" Parisien........ dz.	0 70	0 75
" Royal polish... "	0 00	1 25

Vins.

Non Mousseux.

Bordeaux ord....... caisse	2 60	3 50
" " .... gal.	0 90	1 10
" Médoc.... caisse	4 65	5 65
" St-Julien. "	5 65	6 65
" Châteaux "	4 25	21 00
Bourgogne.......... "	7 00	20 00
Bourgogne, ordinaire. gal.	0 90	1 10
Sicile.................. "	1 35	1 60
Sherry............... caisse	4 50	11 00
" .... gal.	0 95	4 00
Porto................ caisse	6 00	15 00
" Gordon & Cie. "	0 00	3 75
" .... gal.	2 10	4 00
Moselle.............. caisse	15 00	21 00
Sauternes........... "	5 65	6 65
Graves.............. "	5 50	6 50
Malaga, Gordon & Cie "	0 00	4 00
Claret L. Pinaud qts "	0 00	2 60
" Faure Frères... gal.	0 00	0 90
Robertson Bros Oporto gal.	1 50	10 00
" " Sherry. cs.	0 00	10 00
" " " gal.	1 50	8 50

Mousseux.

(Prix à la caisse.)

	qrts.	pts.
Bourgogne Mousseux	00 00	00 00
Moselle Mousseux........	16 00	21 00
Hock Mousseux...........	15 50	17 00
Saumur, Tessier & Co.....	13 00	14 50
" Norea Raphael..	13 00	14 50
" Castellane......	12 50	14 00

Champagnes.

	qrts.	pts.
J. Mumm..................	23 00	25 00
G. H. Mumm...............	28 00	30 00
Arthur Rœderer..........	22 00	24 00
Vve Clicquot..............	28 00	30 00
Eug. Clicquot.............	24 00	00 00
Pommery..................	28 00	30 00
Fréminet..................	23 00	24 00
Louis Rœderer	28 00	30 00
Piper Heidsick............	27 00	29 00
Perrier-Jouet.............	28 00	30 00
E. Mercier & Cie., carte d'or	28 00	30 00
Vin des Princes..........	22 00	23 00
Vin d'été..................	16 00	17 00
E. Cazanove..............	22 00	00 00
Tessier....................	14 00	15 50
Imperial extra dry.......	00 00	15 00
Couvert, très sec........	20 00	22 00
Théop. Rœderer:		
Cristal Champagne......	40 00	42 00
Réserve Cuvée..........	26 00	28 00
Sportsman Ch............	16 00	18 00

Bois de chauffage

Prix payé par marchands, aux chars, gare Hochelaga

Erable	la corde......	....	5 50
Merisier	do	....	5 25
Bouleau, etc.	do	....	0 00
Epinette	do	....	4 50
Slabs, par chars............		....	0 00
do en barge, la corde ..		2 40	2 75
Rognures, le voyage.......		1 50	2 25

Charbons

PRIX DE DETAIL

Grate	par tonne de 2000 lbs..	6 75
Furnace	do ..	6 75
Egg	do ..	6 70
Stove	do ..	7 00
Chesnut	do ..	7 00
Peanut	do ..	5 15
Screenings	do 2240 lbs..	5 00

PRIX COURANTS.—MONTREAL, 22 NOVEMBRE 1900.

Vale Grate	do 2000	..	0 00
Welsch Anthracite	do do	..	5 75
Picton	do 2240	}	0 00
Cape Breton	do do	}	0 00
Glace Bay	do do	}	0 00
Sydney	do do	}	0 00
Reserve	do do		
Charbon de forge	do 2000	..	0 00
Lehigh pour fond.	do do	..	0 00
Coke do	par chaldron.....		0 00
do usage domestique:.............			0 00
do do do	concassé.....		0 00

* Selon distance et qualité.

Cuirs et Peaux.

Cuirs à semelles.

(Prix à la livre.)

Spanish No 1, 18 ℔s moy.	0 26	0 27
" No 1,25 ℔s et au-d.	0 00	0 26
" No 1, léger........	0 25	0 26
" No 2, "	0 00	0 25
" No 2, 18 ℔s moy..	0 00	0 26
Zanzibar	0 23	0 24
Slaughter sole No 1 steers.	0 28	0 30
" " No 1 p. ord.	0 28	0 30
" " No 2 "	0 25	0 27
" union crop No 1	0 30	0 32
" " No 2	0 28	0 30

Cuirs à harnais.

(Prix à la livre.)

Harnais No 1.............	0 33	0 35
" No 1 R..........	0 32	0 34
" No 2............	0 30	0 33
" taureau No 1....	0 00	0 30
" " No 2....	0 00	0 28

Cuirs à empeignes.

(Prix à la livre.)

Vache cirée mince........	0 40	0 45
" forte No 1....	0 00	0 40
Vache grain. pesante.....	0 40	0 45
" écossaise	0 38	0 40
Taure française..........	0 95	1 00
" anglaise...........	0 90	1 00
" canadienne, Lion.	0 75	0 85
Veau can. 25 à 30 ℔s....	0 75	0 80
" 36 à 45........	0 60	0 65
" 45 et plus.....	0 50	0 60
Vache fendue Ont H......	0 25	0 30
" " H. M ..	0 25	0 30
" " Med ...	0 25	0 30
" " junior .	0 21	0 23
" Qué.sen.h.à.m.	0 24	0 28
" Jun.m.à light.	0 20	0 23
Cuir rouge pour Mocassin Steer, le No..............	0 00	0 08
Cuir rouge pour Mocassin Bull, le No..............	0 00	0 07
Cuir rouge pour Mocassin Steer, la livre............	0 33	0 38
Cuir rouge pour Mocassin Bull, la livre............	0 30	0 35

Cuirs vernis.

Vache vernie.........pied	0 16	0 18
Cuir verni "Enamel" "	0 15	0 17

Cuirs fins.

Mouton mince.........dz.	3 00	6 00
" épais.......... "	10 00	0 00
Dongola glacé, ord...pied	0 14	0 25
Kid Chevrette........ "	0 25	0 30
Chèvre des Indes glacée "	0 08	0 10
Kangourou .... "	0 35	0 50
Dongola dull......... "	0 20	0 30
Buff d'Ontario H... "	0 14	0 15
" H. M... "	0 13	0 14
" M... "	0 00	0 13
" L. M... "	0 00	0 13
" No 2... "	0 00	0 12
Buff de Québec H... "	0 13	0 15
" H. M... "	0 13	0 14
" M... "	0 00	0 13
" L. M... "	0 00	0 13
" No 2... "	0 00	0 12
Glove Grain Ontario.. "	0 13	0 15
" " Québec .. "	0 13	0 14
Pebble " Ontario.. "	0 14	0 15
" " Québec .. "	0 13	0 14

Cuirs à bourrures.

Cuir à bourrure No 1.....	0 00	0 20
" No 2.....	0 00	0 18
Cuir fini français... ...	0 00	0 20
" russe	0 20	0 25

Peaux.

(Prix payée aux bouchers.)

Peaux vertes, 1 ℔, No 1	0 00	0 00
" " No 2	0 00	0 08
" " No 3	0 00	0 07
Veau No 1............ ℔.	0 00	0 08
" No 2.............	0 08	0 06
Agneaux pièce	0 00	0 80
" en laine "	0 00	0 00
Moutons "	0 00	0 00
Chevaux......... No 1...	0 00	2 0
" .... No 2...	0 00	1 50

Pour peaux asorties et inspectées.)

Laines.

Toison du Canada... ℔.	0 00	0 17
Arrachée, non assortie. "	0 17	0 17½
A, extra supérieure.... "	0 17½	0 18½
B, supérieure.......... "	0 17½	0 18½
Noire, extra............ "	00	0 16
Noire . ... "	0 00	0 15½

Fers et Metaux.

FERRONNERIE ET QUINCAILLERIE

Fers à cheval.

Ordinaires...........baril	3 50	4 00
En acier..................	3 60	4 95
"Fer à repasser".......lb	0 04	0 04¼

"Fiches":

Pressées ¼ p. Esc. 25 p.c.	4 75	0 00
" 5-16 "	4 50	0 00
" ⅜ "	4 25	0 00
" 7-16 "	0 00	4 10
" ½ "	0 00	3 90

Fil de fer

Poli et Brûlé.

No 0 à 5, net.........100 ℔s	2 87
" 6 à 9 "	2 80
" 10 "	2 87
" 11 "	2 94
" 12 "	3 00
" 13 "	3 15
" 14 "	3 27
" 15 "	3 40
" 16 "	3 55

Brulé et huilé 10c de plus par 100 lbs pour chaque numéro.

Galvanisé Nos 2 à 8, net..	3 85	3 95
" 9 "	3 10	3 20
" 10 "	4 00	4 10
" 11 "	4 05	4 15
" 12 "	3 25	3 35
" 13 "	3 35	3 45
Brulé; p. tuyau..100 ℔s	6 00	7 00
Barbelé p. clôtures, 100 ℔.	3 20	3 30
Crampes........... "	0 00	3 45
Fil de laiton à collets..℔.	0 37½	0 46
Fonte Malléable....... "	0 09	0 10
Enclumes...... ...... "	0 11	0 11½

Charnières.

T. et "Strap".........℔.	0 05	0 06
Strap et Gonds filetés.....	0 03	0 03¾

CLOUS, ETC.

Clous à cheval.

No 7...............100 ℔s.	24 00
No 8............... "	23 00
No 9 et 10.......... "	22 00

Escompte 50 p. c. 1e gal.
" 50 et 10 p. c 2e ga.
Boîtes de 1 ℔., ½c. net extra.

Clous coupés à chaud.

De 4½ à 6 pcs.........100 ℔s.		2 35
3½ à 4 " .... "		2 40
3 à 3¼ " .... "	à 4 mois	2 45
2½ à 2¾ " .... "	à 4 mois	2 50
2 à 2¼ " .... "	à 4 mois	2 65
1½ à 1¾ " .... "	à 4 mois	2 75
1¼ " .... "	à 4 mois	3 00
1 " .... "	à 4 mois	3 35

Clous à finir.

1 pouce...............100 ℔s.	à 4 mois	3 85
1¼ " ....100 ℔.	à 4 mois	3 55
1½ et 1¾ pcs......... "	à 4 mois	3 30
2 et 2¼ " .... "	à 4 mois	3 05
2½ à 2¾ " .... "	à 4 mois	3 00
3 à 6 " .... "	à 4 mois	2 95

Clous à quarts.

⅞ pouce..............100 ℔s.	à 4 mois	3 60
1⅛ " .... "	à 4 mois	3 35

Clous à river.

1 pouce. ......100 ℔s.	à 4 mois	3 85
1¼ " ...... "	à 4 mois	3 55
1½ à 1¾ " ...... "	à 4 mois	3 30
2 à 2¼ " ...... "	à 4 mois	3 05
2½ à 2¾ " ...... "	à 4 mois	3 00
3 à 6 " ...... "	à 4 mois	2 95

Clous d'acier, 10c. en sus.

" galvanisés 1 pouce .100 ℔s.	6 35
" à ardoise, 1 pouce... "	3 85

Clous de broche.

1 pouce, No 16, prix net, 100 ℔s	4 10
1 " No 15 " "	3 85
1¼ " No 14 " "	3 50
1½ " No 13 " "	3 25
1¾ " No 12 " "	3 25
2,2¼ " No 11 " "	3 15
2½ " No 10½ " "	3 00
2¾ " No 10 " "	3 00
3 pouces. " "	2 95
3½ et 4 " "	2 90
5 et 6 pouces " "	2 85

Limes, râpes et tiers-points.

1re qualité, escompte.......60 et 10 p.c.
2me " " ....70 p.c.
Mèches de tarrière, esc............ 55 p.c.
Tarrières, escompte.................55 p.c.
Vis à bois, fer, tête plate 80 p.c.
" " " ronde 75 "
" cuivre tête plate 75 "
" " " ronde, 67½ "
Boulons à bandage........65 à 67½ p.c.
" à lisses.......................65 p.c.
" à voiture .... 65 p.c.

Métaux.

Cuivres.

Lingots ....℔.	0 14	0 15
En feuilles............. "	0 16	0 17

Etain.

Lingots ....℔.	0 37	0 38
Barres .... "	0 38	0 39

Plomb.

Saumons...............℔.	0 00	0 04¾
Barres .... "	0 05	0 05¼
Feuilles............... "	0 05¼	0 05½
De chasse.............. "	0 06	0 06½
Tuyau........ ...100 ℔s.	5 95	6 25

Zinc.

Lingots, Spelter........℔.	0 05¾	0 06
Feuilles, No 8.......... "	0 07	0 07¼

Acier.

A ressort.........100 ℔s.	0 00	3 50
A lisse............ "	1 90	2 00
A bandage........ "	2 00	2 10
A pince........... "	2 25	2 50

Fer en barres.

Canadien..........100 lbs	1 60	1 70
De Norvège...... "	4 25	4 50

Fontes.

Calder........ ...tonne..	25 00	26 00
Carnbroe......... " ..	25 00	26 00
Glengarnock..... " ..	00 00	00 00
Summerlee....... " ..	25 50	26 50

Matériaux de construction

PEINTURES.		100 ℔s.
Blanc de plomb pur......	0 00	6 50
" " No 1..	0 00	6 12½
" " " 2..	0 00	5 75
" " " 3..	0 00	5 37½
" " " 4..	0 00	5 00
" " sec....	6 00	7 50
Rouge de Paris, Red Lead.	5 00	5 50
" Venise, anglais.	1 50	2 00
Ocre jaune................	1 50	2 00
" rouge................	1 50	2 00
Blanc de Céruse..........	0 45	0 65
Peintures préparées ..gal.	1 20	1 30
Huile de lin crue(net cash)	0 00	0 82
" bouillie "	0 00	0 85
Ess. de Térébenthine "	0 00	0 64
Mastic.....................	2 35	2 80
Papier goudronné rouleau	0 45	0 50
" " 100 ℔s	1 60	1 75
" feutre "	2 00	2 20
" gris rouleau	0 30	0 33
" à couv. roul. 2 plis	0 75	0 80
" " " 3 plis	1 00	1 10

Peintures Island City P. D. Dods & Co

I. C. Pure white lead......	0 00	6 25
I. C. " paint....	0 00	6 00
I. C. Special Decorators...	0 00	6 00
No 1 I. C. White lead....	0 00	5 87½
No 1 Star lead............	0 00	5 50
Peintures préparées, I. C. gall..		1 20
" " Nat. " ..		1 05

VERRES A VITRES

United 14 @ 25..50 pds.	2 00
" 26 40.. "	2 10
" 41 50 100 pds.	4 50
" 51 60 "	4 75
" 61 70 "	5 25
" 90	5 7[illegible]

Bois durs.

Prix de détail.

Acajou de 1 à 3 pouces	les 100 pieds....	$12 00	30 00
Cèdre rouge ¼ de pouce	le pied.........	25 00	35 00
Noyer noir 1 à 4 pouces	do	00 00	16 00
Noyer noir 6 x 6, 7 x 7, 8 x 8	do	00 00	16 00
Cerisier 1 à 4 pouces	do	10 00	15 00
Frêne 1 à 3 pouces	le M	25 00	30 00
Merisier 1 à 4 pouces	do	00 00	30 00
Merisier 5 x 5, 6 x 6, 7 x 7, 8 x 8	do	00 00	35 00
Erable 1 à 2 pouces	do	00 00	40 00
Orme 1 à 2 pouces	do	00 00	25 00
Noyer tendre 1 à 2 pouces	do	00 00	41 00
Cotonnier 1 à 4 pouces	do	45 00	50 00
Bois blanc 1 à 4 pouces	do	25 00	30 00
Chêne 1 à 2 pouces rouge	do	00 00	60 00
Chêne 1 à 2 pouces blanc	do	00 00	60 00
Chêne scié sur grain	do	75 00	100 00

Plaquage (veneers):

Uni	le pied.........	0 90	1 00
Français	do	0 00	0 15
Américain	do	0 10	0 12
Erable piqué	do	0 10	0 12
Noyé noir ondé	do	0 00	0 10
Acajou (mahogany)	do	0 02	0 10

Bois de Service

Pin

			Prix en gros.	
1 pouce strip shipping cull	6 à 16 pieds	le M.	$14 00	17 00
1¼, 1½ et 2 pouces shipping cull	do	do	14 50	17 50
1 pouce shipping cull sidings	do	do	16 00	18 00
1¼, 1½ et 2 pcs do	do	do	16 50	18 50
1 pouce qualité marchande	do	do	25 00	35 00
1¼, 1½ et 2 pcs do	do	do	27 50	37 50
1 pouce mill cull, strip, etc. No 2	do	do	10 00	12 00
1¼, 1½ et 2 pcs do	do	do	10 50	12 50
1 pouce mill cull No 1	do	do	14 00	16 00
1, 1½ et 2 pcs do	do	do	14 50	16 50
3 pouces do	do	do	14 00	16 00
do do No 2	do	do	9 00	10 00

Epinette

1 pouce mill cull	5 à 9 pouces	do	10 00	12 00
1¼, 1½ et 2 pouces mill cull	do	do	10 00	12 00
3 pouces mill cull	do	do	10 00	12 00
1, 1¼, 1½ et 2 pouces qualité marchande	do	do	14 00	16 00

Pruche

1, 2 et 3 pouces		do	11 00	13 00
Colombages en pin, 2 x 3, 3 x 3 et 3 x 4—aux chars		do	14 00	16 00
Lattes—1ère qualité	le mille	do	2 75	2 80
2ème do	do	do	2 40	2 60
Bardeau pin XXX	16 pouces	do	0 00	0 00
do XX	do	do	0 00	0 00
do X	do	do	0 00	0 00
do 1ère qualité	18 pouces	do	0 00	0 00
do 2ème do	do	do	0 00	0 00
Bardeaux cèdre XXX	16 pouces	do	2 90	3 00
do XX	do	do	2 40	2 50
do X	do	do	1 50	0 00
Bardeaux pruche marchande	do	do	0 00	0 00

Charpente en pin

de 16 à 24 pieds—3 x 6 à 3 x 11	do	18 00	22 00
de 25 à 30 do do do	do	20 00	24 00
de 31 à 35 do do do	do	26 00	24 00
de 16 à 24 do 3 x 12 à 3 x 14	do	20 00	26 00
de 25 à 30 do do do	do	24 00	28 00
de 31 à 35 do do do	do	30 00	32 00

Bois carré—pin

de 16 à 24 pieds—de 5 à 11 pouces carrés	do	18 00	22 00
de 25 à 30 do do do	do	20 00	24 00
de 31 à 35 do do do	do	26 00	28 00
de 16 à 24 do de 12 à 14 pouces carrés	do	22 00	26 00
de 25 à 30 do do do	do	24 00	28 00
de 31 à 35 do do do	do	30 00	32 00

Charpente en pruche

de 17 à 30 pieds jusqu'à 12 pouces	do	18 00	2[illegible] 00
Charpente en épinette	do	18 00	22 00
do do rouge	....	28 00	35 00

NOS PRIX COURANTS, PARTIE II

Dans cette seconde partie sont comprises uniquement les marques spéciales de marchandises dont les maisons, indiquées en caracrères noirs, ont l'agence ou la representation directe au Canada, ou que ces maisons manufacturent elles-mêmes.
Les prix indiqués le sont d'après les derniers renseignements fournis par les agents, représentants ou manufacturiers.

PRIX COURANTS.—MONTREAL, 22 NOVEMBRE 1900.

Chs. Boeckh & Sons

TORONTO ET MONTREAL

Balais	*La doz.*
A, 4 cordes, fini peluche	$4 45
B, 4 " " fantaisie	4 20
C, 3 " " peluche	3 95
D, 3 " " fantaisie	3 70
F, 3 " " au fil de fer	3 45
G, 3 " " " "	3 20
L, 3 " " " "	2 93
K, 2 " pour fillettes	2 60

Boivin, Wilson & Cie

MONTREAL

Eaux minérales.	*La caisse.*
Carabana	10 50
Hunyadi Matyas	6 00
Pougues St-Leger	10 50
St-Galmier qts. (source Badoit)	6 00
" pts. "	7 50
Vichy Célestins, Grande Grille	10 00
" Hopital, Hauterive	10 00
" St-Louis	00

Bénédictine	*Qts*	*Pts*
Litres, 12 à la caisse	18 00	19 00
½ litres, 24 à la caisse	19 50	20 00

Liqueurs Frederic Mugnier, Dijon, France.	*La caisse.*
Crême de Menthe verte	11 00
" " blanche	11 00
Curaçao triple sec cru	12 25
Curaçao triple sec bout	12 25
Bigarreau (Cherry B'dy)	11 00
Cacao l'Hara à la Vanille	12 25
Marasquin	13 25
Kirsch * * *	11 25
" * * *	13 25
Brunelle de Pourgogne	12 25
Crême de Framboise	12 25
Fine Bourgogne 12 lit	21 15
Eau de Vie de Marc	18 25
Crême de Cassis	11 25
Crême de Musigny	12 25
Apéritif Mugnier	10 25
Alcool de Menthe	6 15
Absinthe Ed. Pernod	14 50

Bière de Bass.	qts	pts
Read Bros. Dog's Head	2 55	1 57½

Porter's Guinness' Stout.		
Read Bros. Dogs'Head	2 52½	1 50

Apéritifs.		
Byrrh Wine	9 50	10 00
Orange Bernard	6 75	7 00
Vermouth Noilly Prat	6 75	7 00
" Italien	6 50	7 00
Saratoga Cock-Taile ..cse	0 00	8 25

Vins toniques.		
Vin St-Michel ..cse	8 50	9 50
Vin Vial	0 00	12 50

Brodie & Harvey

MONTREAL

Farines préparées.	
Farine préparée, Brodie XXX, 6 lbs	2 20
" " 3 "	1 15
" superb 6 "	2 10
" " 3 "	1 10
Orge mondée (pot barley) sac	2 20
" ...quart	4 40
" perlée ...sac	3 25

The Canadian Specialty Coy

TORONTO

Adams' Root Beer Extract et Adams' English Ginger Beer.

En boites de ¼, ½ et 1 grosse, grandeur 10 cents en cse. doz.	0 80
" " ...la gr.	9 00
En boites de ¼ de grosse, grandeur 25 cents ...la doz.	1 75
" " ...la gr.	20 00

La Cie Canadienne de Vinaigre

MONTREAL

Vinaigre.	*Au gallon.*
Tiger, triple	0 33
Bordeaux, de table	0 28
Extra à marinade	0 28
Ordinaire a marinade	0 23
Vin blanc, XXX	0 25

La Cie Hérelle

LONGUEUIL

Chocolats.	
Santé, ¼, ½, 1-6 lb—bte 10 lbs.	$2 40
Vanillé, ½, ¼ lb. "	3 15
Pastilles, Bte 5 lbs	1 00

Wm Clark

MONTREAL

Conserves.			
Compressed Corned Beef	1s.	la dz.	$1 50
" "	2s.	"	2 60
" "	4s.	"	5 15
" "	6s.	"	7 10
" "	14s.	"	18 50
Ready Lunch Beef	2s.	"	2 50
Geneva Sausage	1s.	"	1 65
" "	2s.	"	3 00
Cambridge "	1s.	"	1 55
" "	2s.	"	2 75
Yorkshire Brawn	1s.	"	1 25
" "	2s.	"	2 25
Boneless Pigs Feet	1s.	"	1 40
" "	2s.	"	2 40
Sliced Smoked Beef	½s.	"	1 40
" " "	1s.	"	2 30
Roast Beef	1s.	"	1 45
" "	2s.	"	2 60
Pork & Beans with sauce	1s.	"	0 50
" "	2s.	"	1 00
" "	3s.	"	1 50
" Plain	1s.	"	0 45
Wild Duck Patés	½s.	"	1 00
Partridge "	½s.	"	1 00
Chicken "	½s.	"	1 00
Veal & Ham "	½s.	"	1 00
Ox Tongue (Whole)	1½s.	"	7 70
" "	2s.	"	8 80
" "	2½s.	"	10 00
Lunch Tongue	1s.	"	3 00
"	2s.	"	6 00

Potted Meats ½s.

Ham, Game, Hare, Chicken, Turkey, Wild Duck, Tongue, Beef ... la dz. .50

Chicken Ham & Tongue. ½s. la doz. 1 00

Soupes.

Mulligatawny, Chicken, Ox Tail, Kidney, Tomato, Vegetable, Julienne, Mock Turtle, Consomme, Pea ... Pints. la doz. 1 10; Quarts. la doz. 2 20

Joseph Côté

QUEBEC

Tabac Canadien en feuilles.	*La lb.*
Parfum d'Italie, récolte 1898, ballots 25 lbs	0 30
Turc aromatique, 1899, ballots 25 lbs	0 22
Rouge, 1899, ballots 50 lbs	0 15
Petit Havane " 25 lbs	0 18
1er choix, 1898, ballots 50 lbs	0 12
XXXX, " "	0 11

Tabacs coupés.	*Le paquet.*
Petit Havane ¼ lb	0 35
" " ½ "	0 35
St-Louis, 1-10, 4—10	0 40
Quesnel ⅛ 5	0 60
Coté's Choice Mixture ⅛ lb 5	0 60
Vendome ½ tin	1 15

Cigares.	*Le 1000*
Bianca 1-20	13 00
Bruce 1-20	15 00
Twin Sisters 1-20	15 00
" " 1-40	16 00
Côté's fine Cheroots 1-10	16 00
Beauties 1-20	18 00
Golden Flowers 1-20	23 00
" " 1-40	25 00
My Best 1-20	25 00
Doctor Faust 1-20	28 00
" " 1-40	30 00
St-Louis 1-20	33 00
" 1-40	35 00
Champlain 1-100	38 00
" 1-40	28 00
" 1-20	38 00
Saratoga 1-20	40.00
El Sergeant 1-20	50 00

The Cowan Chocolate Co

TORONTO ET MONTREAL

Chocolats.		
French Diamond 6 div. 12 lbs,	lb.	0 23
Queen's dessert, ¼ et ½	"	0 40
" " 6 div.	"	0 42
Mexican Vanilla, ¼ et ½	"	0 35
Parisien, morc. à 5c	"	0 30
Royal Navy, ¼ et ½	"	0 30
Chocolate Icing paquet 1 lb.	ds.	2 25
" " " ½ "	"	1 25
Pearl Pink Icing " 1 "	"	1 75
White Icing " 1 "	"	1 75

Cacaos.	
Hygiénique, en tins de ½ lb....dz.	3 75
" " ¼ lb.... "	2 25
" " 5 lbs...lb.	0 55
Essence cacao. non sucré......dz.	1 40
" " sucré, tins ¼ lb. "	2 25

F. F. Dalley & Co

HAMILTON

Divers.	
Couleur à beurre Dalley, 2 oz., doz.	1 25
Spanish bird seed, cse 40 lbs	0 06½
Dalley's " " " "	0 06
Sel céleri Dalley, 2 oz., dz	1 25
Poudre Curry Dalley, 2 oz., dz	1 75

Cirages.		
English Army	cse ½ gr.	9 00
No 2 Spanish	"	3 60
No 3 "	"	4 50
No 5 "	"	7 20
No 10 "	"	9 00
Yucan Oil	cse 1 doz.	2 00
N. Y. Dressing	"	0 75
Spanish Satin Gloss	"	1 00
Crescent Ladies Dressing	"	1 75
Spanish Glycerine Oil	"	2 00

Empois.	
Boston Laundry, cse 40 paq., le paq.	0 07½
Culina Toledo, " 40 " la lb.	0 06½

Farines.	
Buckwheat, paq. 2½ lbs, cse 3 doz.	1 20
Pancake, " 2 " "	1 20
Tea Biscuit " 2 " "	1 20
Graham Flour " 2 " "	1 20
Bread & Pastry " 2 " "	1 20

Moutardes.	
Dalley's, pure, en vrac ...la lb.	0 25
" bte ½ lb, cse 2 doz..la doz.	2 00
" " ¼ " " 4 " "	1 00
" Superfine Durham, vrac, lb	0 12
" do bte ¼ lb, cse 4 doz, la doz.	0 65
" " ½ " " 2 " "	1 20
" do pots 1 " ... "	2 40
" " 4 " ... "	7 80
" do verres ¼ lb. ... "	0 75

Poudres à pâte.	
Silver Cream, ¼ lb, cse 4 à 6 doz, la doz.	0 75
English " ½ " " "	1 25
" " 1 " 2 à 4 " "	2 00
Kitchen Queen, ¼ " 4 à 6 " "	0 60
" " ½ " " " "	0 90
English Cream, en verres ... "	0 75
" " pots de ½ lb. ... "	1 25
" " " 1½ lb. ... "	2 25

Mines.		
Tiger Stove Polish ...grande		9 00
" " " ...petite		5 00
Mine Royal Dome ...gr.	1 70	0 00
" James ... "	2 40	0 00
" Rising Sun large dz.	0 00	0 70
" " small "	0 00	0 40
Mine Sunbeam large d	0 00	0 70
" " small "	0 00	0 35

W. G. Dunn & Co

HAMILTON

Moutardes.	
Pure D.S.F. ¼ bte, cse 12 lbs. la lb.	0 34
" " ½ " " "	0 32
" " bte 10c, " 2 à 4 dz la dz.	0 80
" " " 5c, " 4 "	0 40
E. F. Durham ¼ bte, cse 12 lbs, la lb	0 25
" " ½ " " " "	0 23
Fine Durham, pots 1 lb, chaque	0 24
" " " 4 " "	0 70
" " " 5 " "	0 80
Mustard Butter, bout. 12 oz. la doz.	1 30

John Dwight & Co

TORONTO ET MONTREAL

Soda à pâte.

"Cow Brand"

Boite 60 paquets de 1 lb	3 00
" 120 " ½ "	3 00
" 30 " 1 lb et 60 de ½ lb	3 00
" 96 paquets de 10 oz à 5c	3 00

J. A. E. Gauvin

MONTREAL

Spécialités.	
Sirop Menthol ...la doz.	1 65
Sirop d'Anis Gauvin ... "	1 75
" " par 3 doz.	1 60
" " par 1 grosse.	17 00
" " par 5 grosses.	16 00
Graine de lin ...lb.	0 03
" moulue ...lb	0 04

5 p.c. d'escompte.

L. P. Langlois & Cie

TROIS-RIVIÈRES

Tabacs coupés.	
Quesnel ⅛	0 60
Rouge et Quesnel, ⅛	0 50
Sweet Rose, ⅛	0 30

Tabacs à chiquer.	
King 12 s. Solace	0 35
Laviolette, 12 s. "	0 35
" 12 s. Navy	0 35
P. P., 12 s. "	0 35
Regina, Bar 10	0 35
Laviolette, " 12	0 35
Old Boy, Bright Chewing, Bar 12.	0 35
Villa, Bright Smoking, Bar 8.	0 35

Laporte, Martin & Cie

MONTREAL

Champagne Ve Amiot.	
Carte d'or ...qts.	16 00
" " ...pts	17 00
" blanche ...qts.	13 00
" " ...pts.	24 00
" d'argent ...qts.	10 50
" " ...pts.	11 50

Champagnes.	
Duc de Pierland ...qts.	14 00
" " ...pts.	15 00
Cardinal ...qts.	12 50
" ...pts.	13 50

Champagne CARDINAL, en lots de 5 caisses, 50c de moins et de 10 caisses $1.00 de moins, la caisse.

Brandy.	*En caisse*
Richard, S. O. ...qts.	22 50
" F. C. ...qts.	15 00
" V. S. O. P. ...qts.	12 00
" " ...pts.	13 00
" V. S. O ...qts.	10 00
" V. O. ...qts.	8 50
" " ...pts.	9 50
" " carafes ...qts.	10 50
" " " ...pts.	11 50
Couturier ...qts.	7 00
" ...pts.	8 00
Marion ...qts.	6 00
" ...pts.	7 00

	Au gallon.
Richard, F. C.	6 00
En ½ Oct $5.90	
" V. S. O. P.	5 50
En ½ Oct $5.35, Oct $5.25	
" V. O.	4 25
En ½ Oct $4.10, Oct $4.00, qrt $3.90, Hhd $3.80.	
Couturier	4 00
En ½ Oct $3.95, Oct $3.85, qrt $3.80.	
Marion	3 75
En ½ Oct $3.60, Oct $3.50, qrt $3.40	

Scotch Mitchell.	*A la caisse.*
Heather Dew ...qts	7 00
" (stone jars) Imp. qts	12 50
Special Reserve ...qts	9 00
" " ...pts	10 00
Extra Special Liqueur ...flacons	9 50
Mullmore ...qts	6 50
" ...Imp. qts	10 00
" ...pts	7 50

Par lots de 5 caisses, 25c de moins.

	Au gallon.
Heather Dew	4 00
En ½ Oct $3.85, Oct $3.75.	
Special Reserve	4 50
En ½ Oct $4.25, Oct $4.15.	
Extra Special Liqueur	5 00
En ½ Oct $4.90, Oct $4.80, qrt $4.75	

Irish Mitchell.	*A la caisse.*
Old Irish Flasks ...Imp. qts	11 25
Cruskeen Lawn (stone jars) Imp. qt	12 50
Special ...qts	9 00
Old Irish Square bottles ...qts	8 00
" Round " ...qts	6 50
" " " ...pts	8 00

	Au gallon.
Old Irish	4 00
En ½ Oct $3.90, Oct $3.75, qrt $3.65.	

Vin Tonique.	*A la caisse.*
St. Léon ... litre	6 00
" ... ½ "	8 00

Gin.		*A la caisse.*
Pollen Loon Rouges	15s	9 75
" " Vertes	12s	4 75
" " Violettes	12s	2 45
		Au gallon.
" " Hhds	65 gls	2 95
" " Qrt	40 gls	3 00
" " Oct	18 gls	3 05
" " ½ Oct	9 gls	3 05
" "	gal	3 15

Thés.		*la lb.*
Japon, Victoria	90 lbs	25c
" Princesse Louise	80 lbs	18c
Noir, Victoria	25 lbs	30c
" Princesse Louise	25 lbs	25c
" Lipton No 1	En 1 lb	34c
" " No 1	En ½ lb	35c
" " No 2	En 1 lb	28c
" " No 2	En ½ lb	29c
" " No 3	En 1 lb	2?c
" " No 3	En ½ lb	2?c

Les thés Lipton sont en caisses de 50 lbs.

Noir, Princesse Louise	En ¼ lb	30c
" " "	En ½ lb	27½c
" Victoria	En ½ lb	32c

Vernis à Chaussures.		*A la caisse.*
Victoria, bouteille	12s	90c

Poudre à pâte.

Princesse	tins 5 lbs, 6s chacun	0 60
" carré	" 1 lb, 24s la doz.	1 75
" rond	" 1 lb, 24s "	1 40
" "	" ½ lb, 48s "	0 85
" "	" ¼ lb, 48s "	0 45
" tin cup	1 lb, 12s "	1 50
" paquet	3 oz. 48s "	0 30

E. D. Marceau

MONTREAL

Cafés	*La lb.*
Ceylan pur	0 15
Maracaibo No 1	0 18
" choix	0 20
Santos No 1	0 17
" choix	0 19
Plantation privée	0 27½
Java Malrberry	0 25
" meilleur	0 27½
" choisi	0 30
" Old Gov	0 31
" & Mocha Old Gov	0 30
Mocha Arabe	0 27½
" choisi	0 31
Java Maudheling & Mocha choisi à la main	0 50
Mélange spécial	0 22½
" X X X X	0 30
Mélange de cafés purs en boites de fantaisie de 1 lb., 48 à la caisse	0 20
Café de Madame Huot tins 1 lb	0 31
" " tins 2 lbs	0 30

3 p.c. 30 jours.

Thés Japonais.

Condor I	Boites 40 lbs	0 40
" II	" 80 lbs	0 35
" III	" 80 lbs	0 32½
" IV	" 80 lbs	0 3?
" V	" 80 lbs	0 25
" X	" 80 lbs coloré	0 25
" XXXX	" 80 lbs	0 22½
" XXX	" 80 lbs	0 20
" LX	60 x 1 lb	0 27½
M. D. AAA	Boites 40 lbs	0 37½
" AA	" 40 lbs	0 32½
" AA	" 80 lbs	0 30

NECTAR—Mélange des thés de Chine du Ceylan et des Indes. Caisses de 50 lbs assorties, ¼s, ½s, 1s, aussi caisses de 50 lbs, en 1 lb et ½ lb.

Vert	(se détaille 25c)	0 21
Chocolat	(" 35c)	0 26
Bleu	(" 50c)	0 38
Marron	(" 60c)	0 45

NECTAR NOIR—Boites de fantaisie de 1 lb 50 à la caisse.

Chocolat	0 32½
Bleu	0 42½
Marron	0 50

NECTAR NOIR—Boites de fantaisie de trois livres.

Marron	la boite	1 50

OLD CROW—Noir, mélange des thés de Chine, du Ceylan et des Indes. Boites de 10, 25, 50 et 80 lbs.

	La lb.
No 1	0 35
No 2	0 30
No 3	0 25
No 4	0 20

Vinaigre.	*Le gallon.*
Condor pur, 100 grains	0 30
Old Crow, pur, 75 grains	0 24

W. D. McLaren

MONTREAL

Poudre à pâte, Cook's Friend.

No 1, 4 doz. ½ bte. la doz	$2 40
" 2, 6 " " " "	0 80
" 3, 4 " " " "	0 45
" 10, 4 " " " "	2 10
" 12, 6 " " " "	0 70

Poudre à pâte, Océan.

3 oz., cse 4 doz. la doz.	0 35
4 " " 4 " "	0 45
8 " " 4 " "	0 90
16 " " 2 " "	1 50

Maison V. Porte

MONTREAL

Cardinal Quinquina		12 00
Vermouth Champagne	15 00	17 00
Cognac V. Porte 1854 la c.		22 00
" " " le gl		8 75

Skilton, Foote & Co

BOSTON

Golden German Salad, cse 2 doz. flac	5 75
Tomatoe Relish " "	5 75
Chow Chow, cse 1 doz., flacon ½ gal.	3 00
Caulisalsa, cse 2 doz	5 75

Arthur P. Tippet & Co

MONTREAL

Maison Lazenby.

Tablettes de Gelées 13 var. pts.		1 20
Soupes Real Turtle dz.	0 00	9 00
Soupes assorties "	3 00	3 75
" " bts carrées "	0 00	1 65
Huile à salade ¼ pt. dz.		1 40
" ½ pt. "		2 15
" pints "		3 75
" quarts "		6 50
Crème à salade petits "		2 00
" " grands "		3 75

Maison Stowers.

Lime Juice Cordial p. 2 dz.	0 00	4 70
" " " q. 1 "	0 00	4 20
Double Refl. lime j'ce 1 dz.	0 00	3 95
Lime syrup bout. 1 "	0 00	4 20

Savon.

A. P. TIPPET & CO., AGENTS.

Maypole Soap, couleurs, per grs.. $12 00

Maypole Soap, noirs, par grs.. $18 00

10 p. c., escompte sur lots de grosses.

G. Vigaud

MONTREAL

Eau de Javelle.

La Vigaudine	la grosse	5 40
"	la doz.	0 50

Young & Smylie

BROOKLYN (N Y.)

Réglisse.

Y. & S. en bâtons (sticks) :

Bte de 5 lbs, bois ou papier, lb.	0 40
"Fantaisie" (36 ou 50 bâtons) bt.	1 25
"Ringed," boite de 5 lbs. lb.	0 40
"Acmé" Pellets, boite de 5 lbs. (can.) bte.	2 00
"Acmé" Pellets, boite fantaisie papier, (40 morc) bte.	1 25
Réglisse au goudron et gaufres de Tolu, bts de 5 lbs. (can) bte.	2 00
Pastilles réglisse, jarre en verre 5 lbs.	1 75
Pastilles de réglisse, boite de 5 lbs (can.)	1 50
"Purity" réglisse, 200 bâtons	1 45
" 100 "	0 72½

Réglisse Flexible, bte de 100 morceaux.

Navy plugs	0 70
Tripple Tunnel Tubes	0 70
Mint puff straps	0 70
Golf Sticks	0 70
Blow Pipes (200 à la bte)	0 70
do (Triplets, 300 à la bte)	0 70
Manhattan Wafers 2½ lb	0 75

AVIS DE FAILLITE

IN RE

JARVIS & FRAID

Restaurateurs,
Nos 127 et 131 rue McGill,
Montréal.

Les soussignés vendront à l'encan public, au No 69 rue St-Jacques, Montréal,

LUNDI, LE 26 NOVEMBRE 1900
à 11 heures a. m.

Le restaurant des sus-nommés, consistant en vins, liqueurs, fixtures. La licence et le droit dans le bail des premises, etc.

Pour plus amples informations s'adresser à

ALEX. DESMARTEAU,
Curateur
1598 rue Notre-Dame, Montréal.

MARCOTTE FRERES,
Encanteurs.

Le temps pour recevoir les soumissions pour la construction d'un quai à haut niveau et pour le draguage à l'embouchure de la Rivière Richelieu à Sorel, Qué., est par les présentes

Remis de Vendredi le vingt-trois Novembre à Samedi premier Décembre prochain.

Par ordre,

JOS. R. ROY,
Secrétaire en charge.

Dépt des Travaux Publics,
Ottawa.

AVIS DE FAILLITE

Dans l'affaire de

A. P. LALANDE

Côte St-Paul, de Montréal,
Failli.

Les soussignés vendront à l'encan public, par inventaire, aux salles de Marcotte & Frère, 69 rue St-Jacques, Montréal,

Jeudi, le 29 Novembre 1900, à 11 heures, a.m.
l'actif cédé comme suit, savoir :

Stock d'épicerie	$203 10
Roulant et accessoires	117 90
Cheval, voiture, etc	141 25

Termes de vente : argent comptant.

Le magasin sera ouvert pour inspection, mardi, le 27 novembre 1900. L'inventaire en vue à nos bureaux.

BILODEAU ET CHALIFOUR,
Cessionnaires.
15 rue St-Jacques, Montréal,

MARCOTTE FRERES, Encanteurs.

POUR LA TABLE — POUR LES CONSERVES DE VIANDES

LE SEL WINDSOR

N'A PAS SON EGAL

POUR LE BEURRE — Tous les épiciers le vendent. — POUR LE FROMAGE

C'est une marchandise honnête et juste l'article pour créer ou étendre un courant d'affaires.

COOKS FRIEND BAKING POWDER.

Les meilleurs épiciers se font un devoir d'en tenir toujours en stock.

SEL.....

NOUS EN TENONS DES STOCKS COMPLETS.

Pour tous les usages.

VERRET, STEWART & CO., MONTREAL.

Demandez-donc le Cigare "NEW JER " en boite de 50, 10 cigares au paquet, nouvelle marque que la maison Jos. Côté, vient de mettre sur le marché. Ce Cigare est d'une valeur sans précédent. Pour prix, référez à notre liste des prix courants.

JOS. COTÉ

Importateur et Marchand de Tabac, Cigares et Cigarettes

179 Rue Saint-Joseph, QUEBEC.

Rien de plus beau que.....

L'EMPOIS ...DE... BUANDERIE BOSTON

Il donne universellement satisfaction pour l'empesage des chemises, des manchettes, des faux cols et des blouses de dames. Vendu partout à 10 cents le paquet.

650, RUE SHERBROOKE, MONTREAL.

E. F. DALLEY CO., Limited, - Hamilton (Canada)

POUR LA QUALITÉ, L'AROME ET LE FINI

LES CIGARES

El Parisian à 10 Cts Laviolette à 5 Cts

NE SONT SURPASSÉS PAR AUCUNE AUTRE MARQUE

Prix envoyés sur demande.

L. P. LANGLOIS & Cie, TROIS-RIVIERES, QUE.

COMPTABLES.

F. X. BILODEAU. A. O. CHALIFOUR.

BILODEAU & CHALIFOUR,

Comptables, Auditeurs et Commissaires, Liquidateurs de faillites.

No 15 rue Saint-Jacques, Montréal.

Téléphone Bell Main 3232.

WM. RENAUD,

Comptable, Auditeur et Commissaire. Spécialité : Règlement des affaires de Faillites.

No 15 rüe St-Jacques, Montréal.

Téléphone Main 2274.

ST-AMOUR & TURGEON,

Commissaires Comptables Liquidateurs et administrateurs de successions, etc.

Chambres 512 à 514, Edifice New York Life, 11, Place d'Armes.

Tel. Bell Main 3285. Montréal.

ALEX. DESMARTEAU,

Successeur de Charles Desmarteau,

COMPTABLE, AUDITEUR, LIQUIDATEUR DE FAILLITES.

Commissaire pour Québec et Ontario.

Burecux, 1598 et 1608 rue Notre-Dame. Montréal.

GAGNON & CARON,

Curateurs, Experts Comptables.

Bâtisse des Chars Urbains.

Tel. Bell Main 815. B. P. 911 Montréal.

Arthur Gagnon, Gérant de la Succession Hon. Jean Louis Beaudry.

L. A. Caron, Auditeur de la ville de Maisonneuve et de la Chambre de Commerce du district de Montréal.

GEO. GONTHIER

Expert Comptable et Auditeur

EXPERT REPRESENTANT

The Account, Audit & Assurance Co'y, Limited,, New York.

Spécialité : Audition de livres et organisation de comptabilité d'après méthode appelée "Balance Sheet System of Accounts."

11 et 17, Côte de la Place d'Armes

Tel, Bell Main 1480. MONTREAL.

EMILE JOSEPH, L.L.B.

AVOCAT

NEW YORK LIFE BLDG., MONTREAL

Chambre 701. Tel. Bell Main 1787

V. LACOMBE, Architecte

897 rue Ste-Catherine.

L. R. MONTBRIAND,

Architecte et Mesureur,

No 230 rue St-André Montréal.

Tel. Bell : Main 3391. 1er Etage, Chambre 3

M. VICTOR ROY

ARCHITECTE ET EVALUATEUR — MEMBRE A. A.

146, rue St-Jacques. Montréal.

J. EMILE VANIER,

Ingénieur Civil et Architecte.

Ancien élève de l'Ecole Polytechnique. Constructions Civiles et Religieuses, Aqueducs, Egouts, Pavages. 20 années de pratique.

107 rue St-Jacques, Montréal.

RENSEIGNEMENTS COMMERCIAUX

PROVINCE DE QUEBEC

Cessions

Magog—Schaffer B., mag. gén.
Montréal—Lussier C. Octave, nouv.
Ste Geneviève—Prévost Abel, contracteur.
St Louis Mile-End — Bolduc Louis, charron ass 26 nov.
St Paul—alonde P. A., épic.

Curateurs

Longueuil—Bilodeau & Chalifour à Frs Benoit, épic.
Montréal — Hyde John, à Hearn & Harison, opticiens en liquidation.
Desmarteau Alex, à Jarvis et Fraid, restaurant.
Kent & Turcotte, à J. R. Leblanc, quincaillerie.

Dissolutions de Sociétés

Maisonneuve—Comiré & Demers, fonderie.
Montréal—Colonial Importing Co; une nouvelle société est formée.
Taylor John & Co, mfrs de savon; une nouvelle société est formée.
St Louis Mile-End—Royal (The) Shoe Co.

Fonds à Vendre

Montmagny — Pajnchaud L. A., marchand-tailleur.
Montréal—Jarvis & Fraid, restaurant 26 nov.
Victoriaville—Auger J. E., mag. gén.

Fonds Vendus

Montréal—Durocher E. A., cigares.
Mollinari A., hôtel.
Richelieu—Blais Paul, bois et charbon.
St Luc — Surprenant Théop., boulanger par shérif.

Incendies

Ancienne Lorette—Piché & Fils, moulin à farine, bardeaux etc.
Montréal—Montreal Tent, Awning & Tarpaulin Co, ass.
Shoesmith W. W., chaussures ass.
Québec—Cantin J. A., nouv. ass.

Nouveaux Établissements

Maisonneuve—Royal (The) Shoe Co.
Montréal—American (The) Rubber Specialty Co; Ths W. Mitchell.
Buzzell L. E. négociant; Dame Ths D. Buzzell.
Coleraine (The) Chrome Mining Co; Honoré Favreau.
Grimm (The) Mfg Co, évaporateur; John H. Grimm.
Robert A., hôtel.
Bissonnette & Jarry, bouchers.
Clément A. I. & Co épic.; Mde A. I. Clément.
Holstead & Grant, chaussures.
Lavigne E. & Co négociants; Mde Emile Lavigne.
McKinnon S. F. & Co Ltd, modes en gros etc.
Novelty (The) Clothing Co.
Québec—Reid & Co Ltd, papier, etc.
Shawinigan Falls—Demers & Laliberté, bois de sciage.
St-Alexis des Monts—Caron, Caron & Co, mag. gén.
Ste-Emilie—Bernard & Co, moulin à scie, etc.

PROVINCE D'ONTARIO

Cessations de Commerce

Lambeth—Kelly George, mag. gén.; J. A. Kelly succède.
Omagh—Henderson Mary E., mag. gén.; A. B. McDougall succède.

Cessions

Belleville—Fox Geo E., marchand-tailleur.
Bervie—Welsh John G., quincaillerie.
Chatham—Davis Isaac L., pharmacie.
London—Cannon (The) Stove and Owen Co, Ltd.
North Bay—Halfpenny & Co, merceries et chaussures.
Waverley—Parker W. J., mag. gén.
Wingham—Knechtel Chs, harnais.

Décès

Novar—Savage G. W., mag. gén.; F. H. Lamb.
Pictou—Fraser G. & Son, nouv., hardes, etc.; G. E. Fraser.
Rockport—Lear Théodore, hôtel.
Toronto—Newton James, jr, chaussures.

Dissolutions de Sociétés

London—Brown J. S. & Co, chaussures.

En Difficultés

Cornwall—Mossey Mary, modes.
Ingersoll—Menhennick T. A., chaussures.
Merrickville—Wright J. R. hôtel.

Fonds à Vendre

Kirkfield—Campbell & Co, mag. gén.
Leamington—Batchelor F. E., modes, etc.
St-Thomas—Gregory Resther, nouv.

Fonds Vendus

Blenheim—Springsteen James, hôtel, à Cath. Buzzard.
Cedar Spring—Buzzard Cath., hôtel à James Springsteen.
Fisherville — Held Fred., hôtel, à Wm Reechheld.
Hagersville — Lynch J. S., épic., à John Hewitt.
Kingston—Squire (The) Co, quincaillerie à Lena S. Squire.
Lobo—Wagner Wm, forgeron, à J. D. Wilson.
London—Réaume E. D. & Co, épic., etc.
Newmarket—Montgomery J. & Son, mag. gén.
Ottawa—Higman John, plombier, etc.
Shelburne — Carson Hugh, harnais; R. T. Watson succède.
St-Thomas—Martin Jos., tabac, à Devine & Walsh.

Nouveaux Établissements

Blenheim—Clement James, tailleur.
Kingston—Hall David, plombier,
London—Brown Bros, Chaussures.
Carnell Hat and Cap Co.
Uxbridge—Dobson & Crosby, épic. etc.

NOUVEAU-BRUNSWICK

Cessations de Commerce

St Jean—Williamson Ths, sellier.

Cessions

Richibucto—Vantour John C., mag. gén.

Décès

Kampton—Scribner W, T., hôtel.

Incendies

College Bridge—Sonier & Richard, mag. gén. ass.

Nouveaux Établissements

Bathurst—Mélanson Bros, mag. gén.

NOUVELLE-ECOSSE

Cessations de Commerce

Halifax—Allison & Co, épic; Reid & Colwell succèdent.
Little Glace Bay — Commercial Bank of Windsor, la succursale.
Port Maitland—Fox Chs J., mag. gén.
Sydney—Thompson A. C. & Co, quincaillerie.

Dissolution de Sociétés

Kennetcook Corner — Gustafson & Blois mag. gén; J. W. Gustafson continue.
Wallace Bridge—Dunlap McKim & Co, mag. gén; J. L. McKim, continue.

Fonds à Vendre

Digby—Komiensky Jennie, nouv.

Fonds Vendus

Somerset—Nichols F. B. J., mag. gén.

Incendies

Aylesford—Clements C. H. & Co, mag. gén. ass.
Halifax—Carnfoot N., épic. ass.

Nouveaux Établissements

Baddeck—McAuley J. D., mag. gén.
Brazil Lake—Fox Chs J., mag. gén.
Little Glace Bay—Fried M. & Co, merceries etc.
Glace Bay Tailoring Co.
Metherall T. H., hôtel.
Louisburg—Snow John A., liqueurs.
Oxford—Davis W. H., mag. gén.
Sydney—Nichols F. B. J., mag. gén.
MacDougall Archibald, épic.
McCallum H. M., épic. et quincaillerie.
McKenzie Allan, restaurant.
Morrison A. W., restaurant.
Peckhardt & Warren, épic.
Union Furniture Co, meubles.
Green & Meski, hardes et nouv.

MANITOBA ET TERRITOIRES DU NORD-OUEST

Cessations de Commerce

Huns Valley—André R., épic.
Whitemouth—Tobin M. N., hôtel; Dawson & Chaney succèdent.

Cessions

Medecine Hat—Black D. A., pharmacie.

Dissolutions de Sociétés

Pipestone — Rattray & Skelding, quincaillerie; J. G. Rattray continue.

Fonds à Vendre

Selkirk West—Bullock Robert, mag. gén.
McGregor—Shoults F. E., tailleur.

Fonds Vendus

Rossburn—Coober H. B., mag. gén.
Winnipeg—Bricklin James, mfr de cigares à Fred Roy.

Incendies

Portage La Prairie — Campbell R. P. & Co, meubles ass.

Nouveaux Établissements

Minnewakan — Rerr Robert, mag. gén. a ouvert une succusale à St Laurent.
Winnipeg—Craig Geo. (The) Co Ltd, nouv.

COLOMBIE ANGLAISE

Cessations de Commerce

Steveston—Bishop E. J., pharmacie; W. H. Brooking succède.
Vancouver—Eddington C. M., pharmacie; Harrison & Co succèdent.

Dissolutions de Sociétés

Victoria—Clyde A. J. & Co, quincaillerie etc; A. J. Clyde continue.

Fonds Vendus

Grand Forks—Hibbard J. F, restaurant.
Vancouver—Layfield H. H. & Co, nouv. etc à Scott & Kennedy à 61c dans la piastre.

Nouveaux Établissements.

Fort Steele—Gilpin G. H. & Co., mag. gén., ont ouvert une succursale à Moyie.
Victoria—Smith M. R. & Co, mfrs de biscuits.

PROVINCE DE QUEBEC

Cour Supérieure.

ACTIONS

DÉFENDEURS. DEMANDEURS. MONTANTS

Beauharnois

Brunet D..................Can. Liquor Co 132

Boucherville

Dubois Aurélie Quintin dit..........Zot. Charron 171

Chatham, Ont.

Bernatz & Co..........Hislop & Hunter 1802

Chicago, Ill.

Vaux Geo Wm........Edwin Thompson 247

East Broughton

Beaudry Louis.........Delpuis Lapierre 155

Ile Bizard

Boileau P. & Frère..............C. H. A. Guimond 102

Lachine

Forest Rosanna........Baron Strathcona and Mont-Royal 375

Montebello

Taillefer A. V. et al.......R. J. Demers 155

Montreal

Boyd Jos. C. & al.........John M. Elder 318
Bayard Ferd............R. O. S. Dufresne 2125
Beaudet Philotime..........Narc. Renaud 100
Corp. du Comté d'Hochelaga.........Ls. Pepin et al 2e cl.
Crawford Vve W. et al.........Henriette Mitchell 171
Crawford David......Marie C. C. Dugas 1e cl.
Cité de Montréal............Dame Jennie Kerchberg 1000
Cassidy Dame Marg. et al ....Mich. Rafelovitch 1000
Courville Jos......Crawford & McGarry 130
Cochrane Jas. et al.........James Ferres 226
Chartier Adol.................D. P. Riopel 350
do .... Eug. Lavigne 200
Cité de Montréal...G. de Agelis (Dom.) 500
Dinelle Didace..........Montréal Land & Improvement Co 261
Daoust, Bessette & Cie...J. O. Carceau 128
Evans Wm jr..........Edwin Thompson 213
Fortier J. M.............Ths Davidson Co 220
Forde Ths....... .Duncan H. McLennan 2645
Frappier J. A. S...Crédit Foncier F.-C. 292
Grand Trunk Ry Co...........Rod David 5000
Germaise A...........The Moisons Bank 3e cl.
Hamilton Jas et al............Frs Dugas 1999
Hasley Bros............G. W. Spaulding 145
Jamieson Brodie...R. C. Jameison & Co 1e cl.
Laing (The) Packing & Prov. Co....... Simon Caplan (Dommages 10000
Laurier Jos et al.....Dom. Radiator Co 4e cl.
Michaud Alex & Chs..A. Charland & Co 511
Martel De Flore et vir... Jos Rousseau 114
Murphy Dame Eva S. & John........... A. Letang & Cie 3e cl.
Mackay Robt.................Fred S. Cook 1e cl.
Masterman A. S. & W. H.....Le Crédit Foncier F.-C. 58233
Nadeau George.............D. C. Brosseau 136
Noel Corinne.. La Banque d'Hochelaga 375
North Am. Life Ass. Co..........Pat. C. Shannon esqual 5000
Ogilvie A. T. et al...Union Bk of Can. 1e cl.
do ....A. Hogue 1e cl.
Phillips H. S. et al.........Pat. Wright 204
do .... do 396
Roy Eusèbe..................Wilf. Ouimet 242
do .... do 199
Robidoux Eug............P. E. Duhamel 118
Roe Geo.......................Azarie Brodeur 180
Schiller Jos.........Dame Lydie Goyette 139
Société Nationale de Sculpture......Ernest Pacaud 362
Scott Wm Wilson. .H. Lapointe & Cie 100
Temple Ths A. & Ed L......Hy Upton 753
Victoria Montreal Fire Ins. Co.....The Assoc. Manuf. Mut. Fire Ins. Co 2e cl.
Victoria Montreal Fire Ins. Co...Dame Caroline Smyth et vir 150

Outremont

Villani A..............Agostino de Sienna 174

Pastigo Wis

Haldimand L. F. et al......Dame E. A. Wright 2e cl.

Québec

Tanguay Dame Vitaline...Can. Mutual Loan and Inv. Co. 559

Ste Cunegonde

Walker Frère..............D. C. Brosseau 188
Morin Jos Alb ...... J. A. R. Léonard 108

Ste Dorothee

Laframboise A ....J. H. Wilson 109

Ste Emilie

Aybram J...........Hudon Hebert & Cie 156

Ste Geneviève

Prévost Abel et al.........Jas. W. Pyke 252

St Jean Deschaillons

Barabé David et al..............Phil. Gill 138

St Laurent

Deguire J. L. & Cie......France Lavoie 246

St Louis-Mile End

Bolduc Ls........ .... Ferd. Tremblay 2083

St Nicholas

Martel F. X...English Sewing Cotton Co 100

St Philippe

Lefebvre Max. esqual...Jos Jean Goulet 2858

Trois-Rivières

Cohen Benj. (The Star Iron & Metal Co) ....H. Ellison 200
do Chs Sisewain 600

Toronto, Ont.

Toronto (The) Ry Co.....Geo. Holland 500

Vaudreuil

Lalonde Valery..........The Bell Organ & Piano Co 160

Westmount

L'Allemand Amable............Le Crédit Foncier F. C. 1484

Cour Supérieure

JUGEMENTS RENDUS

DÉFENDEURS. DEMANDEURS. MONTANTS

Labelle

Desroches Nap. & Cie .....M. Williams 300

Lachine

Denis E. L............S. G. Waldron et al 296

Maisonneuve

Christin Arthur......... .....Wm Farrell 611

Montréal

Bergevin A...............Canada Paper Co 107
Bourassa Arth. C... The Trust & Loan Co 100
Cie d'Assurance contre le feu du Canada....................Cité de Montréal 419
Canadian (The) Brewries..............Jos Damphousse 103
Duperré Abr.....................Frs Lebeau 127
Dionne Ludger..................G. Latreille 296
Desmarais G. A............... Nap. Letang 114
Dubord J. J. H..... ....The Montreal Diocesan Theological College 10250
Foisy Eus. père et fils.......O. Limoges 106
Leclair Jos..............J. M. R. Trudeau 200
Lépine Alph..................Cyrille Laurin 110
Lebœuf J. A .... Henri Audette 158
Morin J. & Cie...............Jos A. Morin 400
Morris John et al..........E. A. Bertrand 205
O'Keane Dame veuve John et al......... Jas Cochrane 200
Prévost Jos A ....Geo. Roberts 272
Phelan Jos ....F. W. Cross 620
Riopel Edm et al...........J. F. O'Brien 100
Riopelle & Lafrance et al..J. F. O'Brien 100
Schiller Fred.....................Jos Schiller 800
Sauvageau Richard.....Alex McDougall 224
Sigouin Alex fils.....Rod Beaudry et al 105
Schofield Chs et al..... A. L. Kent et al 175
Weiss Max........... ...... .M. E. Davis 122
Young Succ John B.....Dame Caroline Surgeon 1009

Ste Anne de Bellevue

Crevier Wm..............Hudon & Orsali 151

St Henri

Lamoureux Succ. Ulric...J. B. Ritchot 118
Riel Dame Marie......Th. Birbeck Inv. Sy & Sav. Co 969
Lahaie F. X ....Alex. Aubertin 100

St Jovite

Leblanc Jules....................M. Williams 150

St Laurent

Gohier Ed....F. X. Desève et al esqual 1855

Trois Rivières

Loranger Jos......Waldron Drouin & Co 381

Waterloo

Cragnon J. G. A..............J. H. Sykes 119

Cour de Circuit

JUGEMENTS RENDUS

DÉFENDEURS. DEMANDEURS. MONTANTS

Acton Vale

Roussin Cléop......... Damase Parizeau 41

Ascot

Lefebvre Henri............L. C. Bélanger 12

Brompton

Cusson Damase et al...L. E. Panneton et al 46

Canton Joly

Quevillon Mathias..... J. Z. Desormeau 24

Côte St-Paul

Powers Wm................. Eliza Kirkup 6

Clifton

Girardin Wm, fils.....Eastern T. Bank 68

Ditton

Vallières joseph.......... G. A. Lebaron 7

Eaton

Labonté Chs.........A. M. Greenshields 35

Island Pond

Neagle Wm B...... D. McManamy et al 39

Lachine

Godin & Legault............T. L. Lafleur 86
Lowe Jas ....M. Pilon 26
Richer J. B. fils................P. Phaneuf 22
Léger Léopold.................Frs. Larente 30
Demers J. E..................Dame A. Gagné 13

Longueuil

Emblem J.........................A. McDougall 43

Lac Megantic

Bureau G. et al......Massey, Harris Co 6

Maisonneuve

Demers Eug. N. et al....L. Cohen et al 48

Montreal

Atkinson John H ...... Hector Paquet 18
Allard Ovila.........................J. Sicotte 11
Bellemer J. L...................J. Léonard 35
Bousquet Geo ....W. Geo Couture 21
Bessette Jos...... ....A. E. Gauthier 50
Bourget F. A..............Armand Simon 50
Barrette Jos.....................H. Cardinal 15
Bilodeau F. X. et al esqual...Arth. Roy 7
Blanchard Delphis.......J. H. Mayraud 61
Bédard G. G......................Jos. Marois 36
Bell S. R..................Israel Livinson 5
Boultherhouse W. J. G.............J. D. Paterson et al 48
Brisebois Dame A. et vir.......A. Pilon 60
Boschen F. W. et al........Le Comptoir d'Escompte 74

Bourassa Wilf	Jno W. Mount	20
Charette H	Dame M. Fyfe	25
Cadieux Ed	N. Lavoie	13
Creegan Hy	A. Raza	24
Cowan Wm	M. Larose	7
Cuthbertson John	Delle Henriette Aubin	[illegible] 13
Cité de Montréal	J. Racicot	21
Cassidy Dame M	Dame A. E. Myler	53
Cité de Montréal	Dame C. McCaffrey	50
Chartrand A	Dame M. L. Durand	9
Corbeil Théod	J. Charbonneau	17
Cave Geo	G. Boisvert et al	24
Cité de Montréal	C. de Cazeau	10
Charron Alderic	Léop. Larue	49
David Ernest	Léandre Cusson	18
Dubois Dame E. et vir	The Williams Mfg Co	20
Dixon Rev. Jos	Richard Hensley	17
Décary Sévère	J. U. Archambault	15
Dufault Delle A	J. Charbonneau	7
Durocher E	Méd. Martin	16
Disputeau Théop	E. Ranger	8
Dubé Chs	Henri Foucreau	7
Denis S. Arth	Azarie Brodeur	38
Desaulniers A. A. L. et al	P. A. Gagnon	37
Desjardins J. A	Simpson Hall Miller & Co	15
Edy H. O	A. Bélanger	21
Fournier Rosiane	Jas Robinson	33
Finnie R. G	A. Plante et al	40
Frigon J. et al	Le Comptoir d'Escompte	68
Grothé C. O	T. F. Moore	46
Gendron W	O. Bourdeau	9
Gauvreau Jolias N	O. L. Hénault	30
Gorn A. et al	J. A. E. Delfosse et al	28
Gagnon Albert	A. Lavigne	8
Gagné Chs	Geo Bertrand	9
Globensky Jules	F. D. Shallow	40
Gorn A. et al	J. U. Emard	20
Gagné C	D. Pepin	20
Glassman H	Dame E. Kellert et vir	12
Gauthier Arthur	P. Pelletier	17
Godreau H	H. Coté	98
Giroux Alex	B. St Aubin	9
Hurteau Jes A	A. H. Sims	77
Hamelin Pierre	T. Wilson et al	13
Heney J	C. Renaud	14
Hughés J. J	Gervais & Frères	84
Hébert Z	H. Mercier	20
Harvey Percy	C. H. Gwilt	45
Huard J. O	F. Rosconi	44
Jannard F. Mathias	J. A. Labossière et al	7
Jutras Onés	J. Archambault	31
Lefebvre E	Cité de Montréal	50
Lefebvre M. et al	Le Comptoir d'Escompte	15
Levesque Succ. Paul C	P. Mainville	69
Lanthier Ferd	Chs Lacaille	14
Lépine O	De J. M. Chartrand et vir	10
Lavoie T	J. Nantel	5
Larose M	L. Cardinal et al	23
Lussier Eug	Dame C. Pepin et vir	25
Lusher Solomon	H. Parillis	5
Lorange Z. J	E. Youngheart et al	65
Lightstone J	Max. Letourneau	24
Lewis Geo	Dame Jessie Bennett	7
Lauzon Louis	Ernestine Chaumeau	5
Labranche G. J	B. Dupuis	15
Leard Alexis	Desroches & Frères	17
Marchand L. H	J. D. Rolland et al	41
Moore G	C. Sauvé et al	26
Massicotte Onés	L. Larue	12
Morphy De A. M. et vir	C. H. Winch	52
McKenzie W	H. Lavoie	6
Mercier J. A	G. Deserres	64
Martel Siméon	G. Vermette	6
Mallette J. H	T. Conroy	5
Naud Eug	Marie Lse Naud et vir	95
Porcheron J. D	M. Gabard	9
Prévost V	H. Gauthier	10
Paquette J	U. Mathieu	82
Peak G	T. Badenach et al	5
Penman Moses	M. Lanterman	30
Palin L	G. Deserres	25
Picard Jos. E	Paul Pepin	12
Roy Eusèbe	J. H. Fortin	60
Rochon G	V. Allard et al	17
Robert Xavier	A. Gauthier	16
Robitaille Nap	S. Lesage	46
Renaud Adheimar	Henri Coutu	25
St-George L	J. M. Malo	15
Smallwood Henri	V. A. Harel	22
Smith F. X	F. X. Laliberté	39
St-Germain J	C. Laframboise	8
Statford W. H	C. Benson	5
St-Amour J. B	G. Deserres	28
Tremblay Achille	G. Latreille	12
Tremblay A	R. R. Goold	25
Tci Ing	L. W. Sicotte jr	60
Tuck G	A. Lachapelle	61
Trudeau J. N	A. Desjardins	22
Timossi C. T	W. Farrell	40
Turcot Jos	Adelard Leduc	15
Skelly Ths Dame	Jos. Jeannotte	8
Vincent J. A. T	T. H. Chrismas	49
Venne Alm	A. Fontaine	17
Villeneuve J	H. Poirier	43
Verdun Paul	D. Demers	7
Vincent Arthur	Ths Robertson Co	72
Wood Wm et al	S. J. Carter et al	40
Whelan William	J. A. Paiement	12

North Bay

Wallace T	C. L. Bridman	91

Oxford

Berthiaume Michel	Sherbrooke Gas and Water Co	7
De Lafontaine Max et al	Banque Nationale	41
Drouse A	A. M. Greenshiedls	9
Robidoux Adélard	H. O. Lambert	9

Pointe Claire

Legault Léon	M. Jacques et al	7

Quebec

Kane Jas. K	Armand Simon	19

Sherbrooke

Bertrand F	Eastern Tps Bk	69
Jean Ernest	J. D. Kennedy	16
Peck Thos. F	Eastern T. Bank	41
Talbot Fred	S. L. Clough	55

Ste Agathe

Belisle H. Avila	J. A. Dionne	19

Ste Cunégonde

Boucher Ths	J. Bonhomme	10
Simard Edm	L. Poirier	12
Houle Dame R	L. Rudolph	17
Rochon Henri	H. Maisonneuve	35
Labrèche F	A. Seers & Cie	39

St Henri

Wainright H	E. Charbonneau	10
Daigneault André	Frs Bougie	8
Perrault Jos. F	Dame Rose de L. Roy	30
St Pierre Eusèbe	N. Taillefer	58

St-Hyacinthe

DeMontigny Arthur	M. Jacques et al	5
Decelle Philias	do	13

St-Jean-Baptiste

Salois Dame V	L. Arpin	17

St-Louis—Mile End

Gohier Francis	J. B. Bélanger	30
Bélisle B. Gohier dit	E. Gohier	22

St Michel de Napierreville

Toussaint G	S. Moir et al	17

Ste Rose

Ouimet Isaie	Jean Cadieux	45

St Vincent de Paul

Allaire Augustin	Julie Fortier	18

Valleyfield

Bédard J. Ulric	Geo. E. Forbes et al	57

Varennes

Lafrance J	Dame N. M. Wolvrer	35

Westbury

Westgate Robert	A. M. Greenshields	43

Windsor

Hetherington Geo	B. Quinn	30

VENTES ENREGISTRÉES

Pendant la semaine terminée le 17 nov. 1900

MONTRÉAL-EST

Quartier St-Jacques

Rue St Denis, Nos 419 et 421. Lot 1199-24, avec maison en pierre et brique, terrain 25 x 80. La succession Andrew Robertson à Pierre A. Gagnon ; $5000 [51984].

Rue St Hubert, Nos 473 à 477. Lot 1203-308, avec maison en pierre et brique, terrain 25 x 129 supr 3225. Amédée Chartrand à Blanche E. Lecours épse de Henri Pierre Bruyère ; $7000 [51978].

Quartier St-Laurent

Aves du Parc, Nos 46 et 48 Milton, Nos 134 à 144. Lots 44-84. 85, avec maison en pierre et brique, terrain 54 x 42 ; 1 do 62 x 55. Alice M. Hamilton à Jane Haggart veuve de James George Parks ; $1.00 et autres bonnes et valables considérations [51963].

Quartier St-Louis

Rue St Denis, Nos 252 et 254. Lot 448, avec maison en brique, terrain 42 x 83 supr 3486. The Montreal Loan & Mortgage Co à Délia Collerette épse Leglius A. Gagnier ; $4500 [51965].

Ave Hotel de Ville, No 534. Lot pt N. O. 755A, avec maison en brique, terrain 19 x 81.3 supr 1544. Maria Ricard épse de Joseph Pont à Joseph Antoine Rivest ; $2300 [51971].

Rue DeMontigny, No 1219. Lot pt 695, avec maison en brique, terrain 24 de front, 22 en arrière x 33. Calixte Guertin à Michel Bouthillier ; $1000 [51987].

Quartier Ste-Marie

Rue Malo, Nos 2 à 10. Lots 633-22 à 27, avec maison en brique, 5 terrains 26 x 65 supr 1690 ; 1 do 22 x 65 supr 1440 chacun. Ls Zénon Renaud à Joseph Renaud ; $5000 [51985].

Rue Panet, Nos 427 à 441. Lots 1101-142, 143, avec maison en brique, terrin 38 x 101 supr 3838 chacun. Louis Zénon Renaud à Pierre Paul Renaud ; $6375 [51986].

MONTREAL-OUEST

Quartier St Antoine

Rue Closse. Lots pt 1654-1, pt N. O. 1654-68-10, 1654-68-9, terrain 20 x 140 vacant. Dame Cath. Emma Smith, épse de Edw. Auld à John Auld ; $1627.51 [134407].

Rue Coursol, No 50. Lot pt S. E. 86-16 pt 87-17, avec maison en pierre et brique, terrain irrg supr 1356. Dame Bridget Barry épse de Francis Ant. Bussière à Dame Mary Jane Barry épse de Michael James Walsh ; $4000 [134409].

Rue St Antoine, Nos 409D à 409F. Lots 1637-8, 9, avec maison en pierre et brique, terrain 48 x 112. Le Shérif de Montréal à Dame Agnès Hay veuve de James Gibb Shaw ; $602 [134412].

HOCHELAGA ET JACQUES-CARTIER

Quartier Hochelaga.

Rue Frontenac, Nos 254 à 260. Lots 166-505, 506, avec maison en brique, terrain 44 x 80. Le Shérif de Montréal à l'Abbé Gustave Bourassa, $201 [87438].

Rue Moreau, Nos 21 et 23. Lot 80-3, avec maison en brique, terrain 37.6 x 100 supr 3750. Napoléon Plante à Alfred Longpré ; $2200 [87388].

Rue Notre-Dame, Nos 387 et 389, Ave Elgin et autres. Lots pt de la ½ ind pt 144, ½ ind 143, Longue Pointe, lot 37, Westmount, lots ½ ind 323-3, 328-8, 285-7, 284-5, pt 284-4, ½ ind

250-3, 4, avec maisons en pierre et brique, 1 terrain 70 de front 71 en arrière x 232.6 d'un côté et 224 de l'autre ; 2 do 6 x 75 ; 1 do 45 de front, 46 en arrière x 124 d'un côté et 116.5 de l'autre ; 1 do sup 67 perches et 162 pieds ; 1 do sup 43334 ; 1 do 24 de front, 74.4 en arrière x 101.9 d'un côté et 105 de l'autre. Wm L. Hogg à George Hogg ; $28500 [87456].

Quartier St-Denis

Rue St Hubert. Lot 7-383, terrain 25 x 87 sup 2175 vacant. Léa Gratton épse de Joseph Labelle à Michel Galarneau ; $300[87375]

Rues St Hubert, No 1797 et Beaubien, No 900. Lot 7-450, avec maison en pierre et brique, terrain 25 x 87 sup 2175. Henri Péladeau à Laurent Péladeau ; $4000 [87379].

Rue Huntley. Lot ½ S. 8-448, terrain 25 x 100 vacant. The St Denis Land Co à Delphis Verdon ; 187.50 [87398].

Rue Huntley, No 1354. Lot 8-445, avec maison en brique et bois, terrain 50 x 100. David Perrault à Marie Jos Bénoni Perrault; $800 [87412].

Rue Chambord. Lot ½ N. O. 331-97, terrain 25 x 86 sup 2150 vacant. Huntley R. Drummond à Omer Thibault ; $268.25 [87426]

Rue Huntley. Lot pt 8-493, avec maison en brique, terrain 25 x 100 vacant. Eugène Bleau à Eugénie Ferland épse de Nap. Alexis Ferland ; $2000 [87431].

Rue St Hubert. Lot 7-632, terrain 25 x 109.8 d'un côté et 109.6 de l'autre supr 2739 vacant. The St Denis Land Co à Louis Garand ; $149.87 [87433].

Rue Labelle. Lot 7-932, terrain 25 x 110 sup 2750 vacant. The St Denis Land Co à Séraphin Boutin ; $206.25 [87434].

Rue Huntley. Lot ½ S. 8-512, terrain 25 x 100 vacant. The St Denis Land Co à Joseph P. Lefebvre ; $287.50 [87435].

Rue Huntley. Lot ½ N. 8-466, terrain 25 x 100, vacant. The St Denis Land Co à Sinaï Duclos ; $187.50 [87436].

Rue St-Denis, Nos 1267 à 1273. Lots pt 163A, 162-205, pt 163, 162-204 pt 162-203 avec maison en pierre et brique, terrain 41 x 95. Wilfrid John Wilson à Corinne Mathieu, épse de Joseph Adam ; $9000 [87445].

Rue St André. Lot 7-589, terrain 25x63.10 d'un côté et 64 de l'autre, sup 1598, vacant. The St. Denis Land Co à Joseph Courcelle ; $104 [87446].

Av. Mont-Royal, et rues Cardinal et Chambord. Lots 330-3, 35 à 38, 67 à 70, 111 à 114 et autres lots, 1 terrain 26x100 ; 4 do 24x69, sup 1656 ; 8 do 24 x 70 sup 1680, chacun vacants. Napoléon Rhéaume à Rémi Gohier & Fils ; $6000 [87449].

Rue Chambord. Lot ½ N. O. 331-90, terrain 25 x 86, sup 2150, vacant. Huntley R. Drummond à Azilda Beaudoin, vve Jos. Mathias Picard et épse de Hercule Lefebvre ; $172 [87476].

Rue Brebœuf, Nos 375 à 379. Lot 329 190 avec maison en pierre et brique, terrain 25 x 80. Delphine Roy, vve de Narc. Renaud à Delphis Lauzon ; $1775 [87481].

Quartier St Jean-Baptiste

Rue St-Dominique, No 951. Lot 234 avec maison en bois, terrain 23 x 69, sup 1587. Hon. J. O. Villeneuve à Damase Filion $900 [87378].

Ave Duluth. Lot pt N. O. 12-158, terrain 22 x 35, sup 770, vacant. Pierre Terrault à Adolphe Gladu ; $600 [87393].

Ave Hôtel de Ville, No 680. Lot 76, 77, avec maison en brique, terrain 20 x 80. Pierre Arsène Beaudoin à Dolphis Gaudry ; $1000 [87405].

Ave Hôtel de Ville, No 980. Lots 76, 77, avec maison en brique, terrain 20 x 80. Dolphis Gaudry à Thomas Forest ; $1500 [87406].

Ave Hôtel de Ville, Nos 958 à 962. Lot 79-14 avec maison en brique, terrain 20 x 70. Le Sherif de Montréal à The Confederation Life Association ; $2500 [87415].

Rues Rachel. Nos 225 à 229 et Marie Anne. Lots 8-106, 1-155, avec maison en pierre et brique, terrain 25 x 100 ; 1 do 25 x 100 vacant. Thomas Forest à Marie Demers épse de Godfroy Boileau ; $5342.90 [87437].

St Louis—Mile-End

Rue Mance. Lots ½ N. O. 12-16-26, terrain 20.6 x 100 vacant. The Montreal Investment and Freehold Co à John West jr ; $307.50 [87411].

Rue Clark. Lot pt 11-498, avec maison en brique, terrain 20.6 x 88. George Ducharme à L. Villeneuve & Cie ; $2200 [87416].

Rue St Urbain. Lot 11-566-2, avec maison en brique, terrain 25 x 80. L. Villeneuve & Cie à Adèle Ouimet épse de George Ducharme ; $3500 [87417].

Rue Clark. Lot ½ S. F. 11-532, terrain 25 x 88 vacant. The St Lawrence Investment Society à Arthur Redfern ; $527 [87422].

Ave du Parc. Lot 12-2-85, avec maison en brique. terrain 24 x 93.6. Ubalde Plourde à Gustavus Wm Badgley ; $150 et autres bonnes et valables considérations [87428].

Rue St Laurent. Lot ½ N. 11-1141, terrain 25 x 84 vacant. The Montreal Investment and Freehold Co à Joseph Cusson ; $300 [87480].

Westmount

Ave. Metcalf. Lot pt 261-8, avec maison en brique pressée, terrain 24 x 138.3 d'un côté et 138.6 de l'autre sup 3316. Mary Ann Holgate épse de Jos. Logan Thompson à Webster Bros & Parkes ; $1.00 et autres bonnes et valables considérations [87381].

Ave. Western. Lot 235b pt 235a, 235c pt 235, terrain sup 208254.6, 1 do 309985 chacun vacant. Wm Smith et al et Elizabeth Watson et al à The Town of Westmount ; $83301.60 pour un terrain et $77495 pour l'autre [87444].

Ave. Bruce, No 74. Lot pt 941-329, avec maison en pierre et brique, terrain 21 x 92. Gardiner Gilday à John Metcalf Campbell ; $4500 [87469].

St-Henri

Ave. Atwater. Lot 2246, avec maison en brique, terrain 40 x 90. Hypolite Gougeon à Itzweire & Sarrasin ; $5000 [87439].

De Lorimier

Ave. DeLorimier. Lot 120, terrain 22.7 x 100, vacant. Alfred Lionais et Henri Lionais à Léon Tanguay ; $800 [87424].

Maisonneuve

Rue Bourbonnière. Lot 18-56, terrain 25 x 110 vacant. Marie Julie & Marie F. Gaudry dit Bourbonnière à John Walsh ; $525 [87459].

Outremont

Rue Durocher. Lot 32-2-48, terrain 50 x 100 vacant. The Montreal Investment & Freehold Co à John S. Young ; $900 [87397].

Montréal Ouest

Ave Campbell. Lot pt S. E. 138-16, terrain 40 x 147.6 vacant. David S. Leach et al à George T. Cross ; $500 [87389].

Sault aux Récollets

Lots 299-11, 12. La succession Gardien Mesnard père à J.Bte Imbeau fils ; $150 [87396].

Rue Boyer. Lot 488-30A, terrain sup 4132 vacant. La Cie des Terres du Parc Amherst à Benoit Userean dit Lajeunesse ; $350 [87443]

St-Laurent

Lot pt 52. Hom. Meunier dit Lagacé à Clovis Lemerise ; $350 [87385].

Lot pt 53. Sophie Desjardins épse de Cyrille Blondin à Honorius Blondin ; $200 [87478].

Lot 641-3-96, terrain vacant. The Montreal Investment & Freehold Co à André Paiement ; $80 [87479].

Lachine

Lots 909 pt ind 254. Wm Herbert Evans à Jos Adélard Descarries ; $5250 [87383].

Lot 237-4. J. Bte St Aubin père à François St Aubin son fils ; $1538 [87448].

Ave Parc. Lots 21/24 ind. 754—11, 12, Notre Dame de Grâce, lot 168-73, 74, 75, avec maison en bois, 2 terrains 50 x 95. Les Enfants Mineurs de Benjamin Chs Leduc par Alf. Lapointe curateur à Marie Louise Orphila Latour Vve de R. C. Leduc ; $1509.27 [87458].

Ste Anne de Bellevue.

Lots 292, 293, 294. La faillite John Crowe à John Rogers ; $7750 [87471].

Lots 292,293,294. John F. Rogers à Margaret Agnès Jordan épse de John Crowe ; $5250 [87472].

Voici les totaux des prix de ventes par quartiers :

St Jacques	$ 2,200	00
St Louis	7,800	00
Ste Marie	11,375	00
St Antoine	6,229	51
Hochelaga	30,901	00
St Denis	25,337	87
St Jean-Baptiste	11,842	90
St Louis Mile-End	6,984	50
Westmount	165,296	60
St Henri	5,000	00
De Lorimier	800	00
Maisonneuve	10,525	00
Outremont	900	00
Montréal Ouest	500	00
	$ 285,691	38

Les lots à bâtir ont rapporté les prix suivants :

Rue Closse, quartier St Antoine, 58c le pied.

Rue St Hubert, quartier St Denis, 13 7/9c, 5½c le pied.

Rue Huntley, quartier St Denis, 7½c, 11½c le pied.

Rue Chambord, quartier St Denis, 12½c le pied.

Rue Labelle, quartier St Denis, 7½c le pd.

Rue St André, quartier St Denis, 6½c le pd.

Rue Chambord, quartier St Denis. 8c le pied.

Ave Duluth, quartier St Jean-Baptiste, 77 9/10c le pied.

Rue Mance, St Louis-Mile End, 15c le pied.

Rue Clark, St Louis-Mile End, 23 5/7c le pd.

Rue St Laurent do 14 2/7c le pd.

Ave Western, Westmount, 25c et 40c le pd.

Ave De Lorimier, De Lorimier, 35¼c le pd.

Rue Bourbonnière Maisonneuve, 19c le pd.

Rue Durocher, Outremont, 40c le pied.

PRÊTS ET OBLIGATIONS HYPOTHÉCAIRES

Pendant la semaine terminée le 17 novembre 1900, le montant total des prêts et obligations hypothécaires a été de $239,644 divisés comme suit, suivant catégories de prêteurs :

Particuliers	$ 86,292
Successions	13,000
Assurances	84,962
Autres corporations.	55,390
	$239,644

Les prêts et obligations ont été consentis aux taux de :

4 p. c. pour $1500.

4½ p. c. pour £17,500 sterling.

5 p. c. pour $3,000, $4,000 ; 3 sommes de $5000, $9000, $10,000 $14614 et $20,000.

5¼ p. c. pour $18,000.

5½ p.c. pour $1445, $1,500 et $5,000.

Les autres prêts et obligations portent 6 pour cent d'intérêt à l'exception de $250 et $400 à 7p. c. d'intérêt.

LE PRIX COURANT

Revue Hebdomadaire

COMMERCE, FINANCE, INDUSTRIE, PROPRIÉTÉ FONCIÈRE, ASSURANCE.

Publié par ALFRED et HENRI LIONAIS, éditeurs-propriétaires au No 25 rue St-Gabriel, Montréal, Téléphone Bell Main 2547, Boite de Poste 917. Abonnement : Montréal et Banlieue, $2.00 ; Canada et Etats-Unis, $1 50 ; France et Union Postale, 15 francs. L'abonnement est considéré comme renouvelé, à moins d'avis contraire au moins 15 jours avant l'expiration, et ne cessera que sur un avis par écrit adressé au bureau même du journal. Il n'est pas donné suite à un ordre de discontinuer tant que les arrérages et l'année en cours ne sont pas payés.

Adresser toutes communications simplement comme suit : LE PRIX COURANT, MONTRÉAL, CAN.

VOL. XXX — VENDREDI, 30 NOVEMBRE 1900 — No 9

VENDONS AU CONSOMMATEUR

En jetant un regard sur le mouvement commercial du Canada durant les cinq dernières années dont nous avons les chiffres officiels sous les yeux, nous constatons un progrès sensible d'année en année dans l'ensemble de notre commerce extérieur.

De 224 millions en 1895, notre commerce extérieur passe à 239 millions en 1896, à 257 en 1897, à 304 en 1898 et à 321 en 1899.

L'année terminée le 30 juin 1900 donnerait, d'après les chiffres provisoires, 342 millions. C'est donc une augmentation de 118 millions sur le chiffre de 1895 qui se répartissent par 70.2 millions aux importations et 47.8 millions aux exportations.

Pour l'année 1900 les importations ont dépassé les exportations de 19.5 millions.

En examinant attentivement les tableaux des importations et des exportations, nous remarquons deux choses principalement.

La première, c'est que nous importons des quantités de marchandises manufacturées qui pourraient et devraient être fabriquées en Canada ; il y a donc place encore ici pour la création d'industries nouvelles ; pour une amélioration dans la qualité de certains produits manufacturés au pays, et peut-être encore pour une plus forte production d'articles qui s'y fabriquent déjà, mais en quantité insuffisante.

La seconde, c'est que nous pourrions produire davantage pour l'exportation et exporter pour une valeur beaucoup plus considérable si nous voulions conquérir d'autres marchés d'écoulement pour nos produits. Nous n'en voulons pour preuve que ce fait :

Sur une exportation de 138 millions (en 1899) de produits purement canadiens, 85 millions ont été vendus à l'Angleterre, 40 millions aux Etats-Unis et 13 millions seulement à toutes les autres nations ensemble.

Nous sommes donc loin encore d'avoir atteint le chiffre d'exportation auquel nous pouvons prétendre. Nos blés et autres céréales, nos farines, notre beurre, notre fromage peuvent être produits en des quantités beaucoup plus fortes qu'ils ne le sont à l'heure actuelle. Il ne manque pas de pays qui importent ces marchandises d'ailleurs que du Canada, c'est à nous de leur faire accepter nos produits. Nous pourrions en dire autant des produits de nos mines, de nos pêcheries et de nos forêts, pour lesquels les débouchés ne manquent pas.

Encore une fois, l'avenir commercial du Canada nous apparaît brillant, si nous ne craignons pas de nous déplacer, de nous remuer pour écouler tout ce que nous sommes capables de produire avec l'immense étendue de nos terres, de nos mines, de nos forêts et de nos pêcheries.

Il ne servirait de rien d'augmenter nos moyens d'action, et matière de transports et d'outillage de nos ports, si en même temps nous n'augmentions et notre production et la vente de cette production.

On dit parfois que l'Angleterre peut absorber tout ce que nous pouvons produire ; c'est se bercer d'illusions. Le Royaume-Uni peut sans doute nous acheter de très fortes quantités de produits, mais il ne peut aller au-delà de ce qu'il consomme lui-même et de ce qu'il peut vendre ailleurs. Il ne tient pas sous sa main tous les marchés du monde. Si la Grande-Bretagne est la première nation du globe au point de vue du commerce, elle n'est pas la seule.

La Grande-Bretagne revend à l'étranger une grande partie de ce qu'elle achète ailleurs que chez elle et elle y trouve profit.

Nos exportateurs, peuvent en vendant là où la Grande-Bretagne distribue les produits qu'elle nous achète, réaliser des bénéfices qu'ils laissent aux intermédiaires anglais.

Nous dirons plus, c'est que le marché anglais où convergent d'immenses quantités de marchandises de même nature mais de provenances directes est souvent un facteur puissant de baisse et d'avilissement des prix pour le producteur.

Quand une même marchandise abonde sur un même marché, les prix ne peuvent se maintenir mais fléchissent, l'offre étant supérieure à la demande.

Nous nous trouverions bien mieux, nous le répétons, de vendre notre production là où elle doit être consommée, car nous obtiendrions de meilleurs prix.

Il y a une autre raison encore qui devrait nous inciter à entrer directement en relations avec les pays consommateurs de nos produits. Cette raison c'est que nous tirerions nous-mêmes les matières premières nécessaires à nos industries des pays qui les produisent. Notre marine marchande qui aurait tout à gagner de la création de nouveaux débouchés pour notre production saurait se créer un fret de retour ; nos industriels ne laisseraient pas que d'acheter sur les marchés primaires, sans intermédiaire onéreux, une marchandise qui leur viendrait directement du pays d'origine.

Economie d'intermédiaire, économie de fret, sont deux choses que tout commerçant recherche.

Grâce à l'Exposition de Paris, le Canada et ses produits sont mieux connus qu'ils ne l'étaient,—car ils ne l'étaient guère ailleurs qu'en Angleterre et chez nos voisins immédiats. Avant qu'ils aient été oubliés, il serait bon de faire quelques efforts pour les faire apprécier sur les marchés susceptibles de les consommer.

Recherchons le consommateur.

LA CHINE—LE PERIL JAUNE

M. Marcel Monnier et le Tour d'Asie

Un publiciste français, M. Marcel Monnier, a effectué, ces années dernières, un voyage qu'il a appelé le *tour d'Asie*, et en a rapporté nombre de faits et d'impressions, dont quelques-uns ont été résumés par lui en séance publique, dans la salle de la Société de géographie.

Ces données, qui viennent s'ajouter à tout ce que nous savons déjà touchant les choses de Chine, feront tomber bien des illusions sur ce que, d'avance on appelait le marché chinois et qui, pour les Européens devait constituer la Chine en nouvel Eldorado.

M. Marcel Monnier a parcouru le pays en y entrant par le Nord, rayonnant de l'Est à l'Ouest et au Sud, et recueillant, chemin faisant des indications nouvelles et précieuses sur les facilités que peuvent espérer les Européens de venir, jusque sur les marchés intérieurs de la Chine, faire concurrence aux produits de l'industrie indigène. Sans vouloir exposer ici l'ensemble des études du publiciste français, nous croyons que le lecteur trouvera quelque intérêt dans le résumé de ses observations, touchant deux côtés de ce que l'on a appelé le péril jaune, péril de la concurrence d'une main-d'œuvre à prix avilis, et péril de réveil conquérant.

M. Marcel Monnier est arrivé à Pékin au moment où venait de se rétablir la paix entre la Chine et le Japon. Tout de suite, il a eu une idée des espérances mirifiques que nombre de maisons et de spéculateurs concevaient au sujet d'une ère nouvelle qui, disait-on, allait commencer pour la Chine, qu'en imagination intéressée on voyait s'ouvrir plus largement que par le passé, et que l'on disait décidée à entrer résolument, même plus hardiment que le Japon, dans la voie de ce que nous appelons le progrès.

Descendant à l'hôtel de Pékin, car il y a dans la métropole chinoise un hôtel qui, au-dessus de son entrée, porte en français et en lettres d'or le nom d'Hôtel de Pékin, où l'on est, notre voyageur l'affirme, mieux reçu et mieux traité que dans les somptueux caravansérails anglais de Hong-Kong et de Yokohama, il eut l'idée des folles espérances conçues, des illusions phénoménales, surtout de l'ignorance étrange de ces industriels et commerçants de tous pays européens touchant les idées du gouvernement et les besoins du peuple qu'ils comptaient exploiter. C'est dans cet hôtel que se réunissaient tous les faiseurs d'affaires, tous les représentants des maisons anglaises, françaises, allemandes, belges, suisses, américaines et autres, grandes, moyennes ou petites, pour offrir au gouvernement chinois des rails, des locomotives, des canons perfectionnés, des armes de tous genres, des ballons, etc., ou venant solliciter des concessions de mines, d'emprunts, de monopoles, etc. Et tous ces gens, qui passaient leur temps à mettre en mouvement leurs agents diplomatiques, dévisageaient et dévoraient des yeux, non sans une sorte de haine, tout Européen nouveau venu, dans lequel ils voyaient un concurrent. Jamais, disait M. Marcel Monnier, ils ne parurent concevoir qu'un individu, doué de quelque bon sens, pût venir en Chine sans vouloir demander au pays autre choce que des impressions.

Pour se rendre du nord au centre de la Chine, notre voyageur prit la voie du Yang-tsé Kiang ou fleuve Bleu et s'embarqua à bord d'une jonque marchant à l'aviron, à la voile de nattes en jonc et, pour passer les rapides, remorquée à la cordelle que tiraient un très grand nombre de pauvres diables.

Il y a longtemps que la Chine est est pays organisé et administré, et cependant, malgré le danger de ces passages de rapides, en dépit des pertes de temps et des sinistres nombreux, jamais les Chinois n'ont paru songer à la possibilité de supprimer les obstacles à la navigation, à régulariser le lit de leurs cours d'eau par la destruction des rochers les encombrant.

Cela nous parait étonnant à nous, mais ce qui, aux yeux des Chinois, l'est bien davantage, c'est que le gouvernement ait depuis quelques années, songé à améliorer en partie cette situation par l'établissement, aux points particulièrement périlleux, de postes de secours avec canots de sauvetage que désigne le pavillon jaune impérial. Ici, dans nos pays, dans un but utilitaire, nous détruisons, comme à plaisir, le pittoresque ; là-bas, on paraît y tenir, même au péril de la vie.

Parmi les provinces que M. Marcel Monnier a parcourues, celle du Sé-Tchouen, située à peu près au centre de la Chine, sur le fleuve Bleu, est l'une des plus peuplées et des plus fertiles : pas un pouce de terre n'y reste en friche. Les moyens de circulation y sont peut être mieux entendus que dans les provinces du Nord et les routes un peu mieux comprises, peut-être mieux entretenues. Celle que suivit M. Monnier, et qui passe de la vallée du Yang-tsé-Kiang dans celle du Kialing, est dallée sur une largeur d'environ cinq pieds, et elle offre cette particularité de gravir les collines par des gradins en dalles de pierre que le sabot des mules a polies et usées au point de les rendre extrêmement glissantes.

On voyage généralement en jonque, mais quand manque la voie d'eau, la circulation sur les routes s'effectue à pied et à cheval, mais surtout en brouettes que poussent des hommes, et en palanquins également à dos d'hommes, ou que portent deux mules, l'une au brancard d'avant, l'autre au brancard d'arrière. Le voyage en chaise à porteur ou en palanquin est celui qu'au Sé-Tchouen préfèrent les personnes tenant à leur considération et voulant faire savoir qu'elles ont de l'argent, ce qui, on le sait, n'est pas un sentiment particulièrement chinois.

La chaise à porteur est maîtresse de la route, le cavalier doit lui céder le pas ; mais, en revanche, celui-ci le prend sur le piéton. Parfois, pour se reposer de la fatigue d'un trop long repos, Marcel Monnier mettait pied à terre. Il croyait bien faire puisqu'il permettait ainsi à ses porteurs de reprendre haleine.

Mais, comme il nous l'a dit, quand il s'abaissait au point de marcher à pied, ce n'était pas précisément de l'estime qu'éprouvaient pour lui ses propres porteurs, et encore moins les badauds se pressant et se bousculant pour voir de plus près le diable étranger que ses domestiques qualifiaient de Ta-Fa-Ta-Jem, le grand homme du pays de France.

Non seulement cette province du Sé-Tchouen est prospère, mais elle est relativement accessible par terre et par eau, aussi fut-elle l'un des premiers et des principaux objectifs des commerçants européens, qui voulurent y créer un marché de leurs produits. Pendant quelques années, les Anglais beaucoup, les Français moins, y vendirent de l'horlogerie, de la quincaillerie, des passementeries, des cotonnades, mais furent assez vite évincés par les négociants allemands, moins soucieux de donner de bons objets que de les vendre à plus pas prix que leurs concurrents. A leur tour, les Allemands, surtout depuis la guerre sino-japonaise, ont été supplantés par les Japonais important de leur pays des objets fabriqués sur modèles chinois et européens, meilleurs que ceux des Allemands, mais établis à des prix fabuleux de bon marché.

Au point de vue des objets fabriqués, les Euroqéens sont donc à peu près évincés du Sé-Tchouen ; ils le sont également pour les matières premières laine et coton, que leur demandaient naguère les filateurs chinois. En effet, dans plusieurs provinces de l'Ouest, on cultive maintenant le coton qui arrive par le fleuve Bleu, et la qualité, quoique manquant de finesse, paraît suffisante. Ces cotons, de même que les laines provenant du Thibet, permettent de tisser des étoffes moins fines, mais plus solides d'usage que celles importées par les Anglais de l'Hindoustan ou d'Europe. Le peuple les recherche, parce que, si elles ont moins d'aspect, elles sont de plus bas prix et en même temps d'usage plus durable.

Et la Chine nous est ouverte, dit-on. C'est vrai, mais moins à nous qu'aux Japonais auxquels nous sommes glorieux d'avoir inculqué nos idées et nos convoitises, que nous avons armés de nos outillages industriels et militaires, leur faisant connaître la machine-outil et la machine de guerre : nos élèves japonais profitent de nos leçons et nous prouvent leur excellence en nous supplantant des marchés de la Chine, et bientôt peut-être de nos propres marchés du Tonkin, de l'Annam et de la Cochinchine.

Cette question de la lutte industrielle des extrêmes orientaux contre les Européens devait tout naturellement amener un voyageur en Chine, resté assez longtemps à l'intérieur du pays pour bien observer et connaître, à se rendre compte sur place de ce que l'on appelle le péril chinois, le péril jaune, et qui se résume par ces deux questions : Etant donné que les Chinois forment un groupe de plusieurs centaines de millions d'individus initiés par nous à toutes nos méthodes industrielles et commerciales, n'avons-nous pas à prévoir, sous le rapport industriel, le même fait que nous avons contaté à Sé-Tchouen, notre expulsion de leur marchés et, sous le rapport militaire, le groupement de ces millions d'hommes poussant à la mer les Européens établis à l'est et au sud de leur territoire et, de là, partant à la conquête du monde occidental ?

Disons tout de suite que M. Marcel Monnier ne croit pas au péril chinois, si ce n'est à très long terme et à la condition que ce peuple chinois, toujours subjugué, mais qui toujours a absorbé ses vainqueurs, se les est assimilés, en arrive à se transformer par un nouveau mélange, un métissage avec une race nouvelle. Et il faudrait que cette absorption fût suivie d'une évolution totale de son esprit, de ses idées, de ses habitudes, de son tempéramment, de ses mœurs. Rien à craindre du Chinois tant qu'il restera le Chinois actuel.

Lorsque l'on considère, dit M. Marcel Monnier, non plus les quelques fonctionnaires ou négociants chinois en contact journalier avec les Européens à Shang-Haï, à Hong-Kong, à Canton, mais le vrai Chinois, celui du peuple, on constate qu'il est industrieux, dur au travail, pour lequel il se trouve admirablement organisé, physiquement par la finesse de ses doigts, intellectuellement par son esprit attentif et sa mémoire. En outre, la simplicité de ses besoins est proverbiale, du plus haut au plus bas des degrés de l'échelle sociale : il n'est guère esclave des facilités de l'existence : son égalité d'humeur, à peu près inaltérable dans la bonne comme dans la mauvaise fortune, envisage plutôt le riant côté des choses, se posant comme problème à résoudre d'être le moins malheureux possible.

En tout, fonctionnaire de rang élevé, modeste marchand, journalier, s'accommodent aux circonstances, et beaucoup plus aisément que nous se soumettent à la formule : à la guerre comme à la guerre. C'est, dira-t-on, un philosophe de la plus belle eau. Non dans le sens que nous attachons à ce mot. Mais le Chinois n'est pas, au même degré que la plupart des Européens, un peuple nerveux ; il ignore les impatiences fiévreuses, la recherche constante du mieux, se contente des procédés de travail et des secrets de métiers que lui ont appris les ancêtres. Nul besoin ne semble donc pousser le Chinois en avant. Mais, quand il a quelque peu progressé, un autre élément l'arrête et l'immobilise, c'est la superstition. Insouciant devant certains dangers, stoïque en face de la mort, le Chinois est absolument paralysé par les présages, les mauvais sorts, les formules des sorciers, des diseurs de bonne ou mauvaise aventure, est esclave des mille etun préjugés populaires. Il n'ose rien entreprendre, demeure inerte, sans initiative, s'atrophie sous l'imaginaire menace d'un génie du mal. On pourrait le voir sous la direction d'ingénieurs et de contremaîtres européens exécuter à la perfection le modèle qu'on lui donnera à copier, mais, de perfectionner, de modifier ce modèle, il en paraît incapable, et cette impuissance de modification semble innée en lui, car, rendu à lui-même, il retombera dans les vieilles formules, les antiques recettes, les procédés millénaires de fabrication, dans ses habitudes de travail individuel. Il semble que le peuple chinois est arrivé au sommet de son développement intellectuel, à la limite de ce que peut concevoir et inventer son cerveau ; il ne peut plus aller au delà, il s'est pour ainsi dire figé, cristallisé dans un moule inextensible.

Dans ces conditions, il paraît difficile que, de lui-même, le Chinois s'approprie les procédés européens, leur mode de travail en manufacture, et puisse devenir un concurrent dangereux. D'ailleurs, il travaille si lentement, qu'il faut trois ou quatre Chinois pour exécuter le labeur que, dans le même temps exécute un ouvrier européen. Mais c'est à un prix extraordinairement bas, ajoute-t-on. Sans doute, toutefois, en Chine comme partout, les modifications du travail en arriveront à déterminer des accroissements de besoins, et ceux-ci, concurremment avec les demandes plus nombreuses de main-d'œuvre, devront amener une révolution dans les salaires. Comme conclusion, M. Marcel Monnier considère très difficile, sinon impossible, pour l'industrie chinoise de se modifier au point de devenir assez puissante pour venir nous faire concurrence jusque sur nos propres marchés.

En ce qui concerne le péril résultant de la transformation du peuple chinois, en conquérant du monde, le conférencier nous dit que le Chinois est de caractère éminemment pacifique, n'a rien de l'esprit militaire, ignore le sentiment qui nous domine, le sentiment de patriotisme.

La Chine n'est pas un pays centralisé, dont les parties se considèrent comme liées et solidaires entre elles. C'est une sorte de conglomérat, dont les différents éléments se relient par les intérêts et l'habitude. Chez le Chinois, ce n'est même pas tout à fait l'esprit de clocher qui domine, car il ne voit rien au delà, non pas du grand pays, de la province ni du village, mais de la famille. Fonctionnaires, riches Chinois, hommes des classes inférieures, non seulement ne songent nullement à s'emparer des pays voisins, mais demeurent indifférents à ce qui se passe, les uns, au dehors de leur rayon d'autorité, les autres du cercle de leur intérêts. Ni les premiers, ni les seconds, s'ils vivent

u sud de l'empire, ne s'inquiètent es événements dont les contrées du 'ord peuvent être le théâtre, et il n sera de même pour l'homme du 'ord en ce qui concerne le sud, l'est u l'ouest de la Chine. La plus rande partie du Céleste Empire a gnoré les guerres entre la Chine et la France, la Chine et le Japon, et, nand le gouvernement de Pékin emandait au vice-roi de Canton le oncours de sa flotte pour résister ux Japonais, ce haut fonctionnaire isait la sourde oreille. Ce qui se assait dans les parages de la Corée e lui paraissait pas de son ressort.

En réalité, le Chinois paye ses npôts, subit patiemment de la part es autorités bien des tracasseries, ans trop perdre de son respect raintif pour elles, réclame à peine liberté de la rue et ne demande u'à vaquer à ses affaires. Pourvu ue l'on ne gêne ni son commerce, i son industrie, peu lui importe ui est son maître, qui profite de impôt, qui exige son respect. Il e s'éloignera de son village, même e sa rue que si le nécessitent les esoins de sa profession ou quelque rconstance importante de sa vie. ême s'il émigre et meurt à l'étranger, c'est avec la pensée que, vivant, reviendra, ou mort, on le rapporra au pays des ancêtres. Dans tte situation, quel mobile le pousrait à devenir conquérant? Une rabondance de population? Mais tte surabondance n'existe que ns certaines régions de l'est de la hine, alors que, dans l'ouest, vers Thibet, de vastes espaces sont peu près déserts. Les causes anquent, qui justifieraient le péril une, les effets doivent manquer galement, sous le double aspect dustriel et militaire. Dormons paix, nous d'abord, nos descenants ensuite, nous n'avons rien à douter du mouton chinois.

Cependant, prétendrez-vous que, us nos coups d'épingles incessants, ne deviendra jamais enragé, votre outon, désormais bien armé, répliquent les pessimistes, qui ne sont s de l'avis optimiste de M. Marcel onnier? PAUL LAURENCIN.

SAUCE AUX CHAMPIGNONS. — La lèbre sauce aux champignons n'est s autre chose qu'une cuisson de hampignons au vin ou au vinaigre ns les proportions suivantes :

Champignons, 2 kilos, oignons, 2 ilos, écorce de citrons, 20 gr. sel, gr., poivre blanc, 8 gr., clous de rofle, 3 gr., fleur de muscade, gr.

CULTURE INDUSTRIELLE DU GIROFLIER

TOUT le monde connaît le "clou de girofle", d'un emploi si courant comme produit condimentaire; mais bien peu de personnes savent ce que c'est réellement que ce produit et quelle est son origine. Or, notons tout de suite que ce sont les boutons à fleurs qu'on récolte avant qu'ils soient épanouïs, d'un arbre de l'Océanie appelé giroflier (*Caryophyllus aromaticus*), appartenant à la famille des Myrtacées.

Aujourd'hui, ce bel arbre est l'objet d'une culture très active, non seulement dans la Malaisie, mais encore dans l'Inde, à Zanzibar, à la Guyane, aux Antilles, à la Guadeloupe, à la Réunion, à Siam, à Cayenne et au Gabon.

Le giroflier est un arbre toujours vert, de 25 à 35 pieds de hauteur, de forme conique et à branches opposées. Ses feuilles sont opposées, coriaces, simples, ovales, entières, lisses et luisantes, rétrécies aux deux extrémités et portées par de longs pétioles ; elles sont légèrement ondulées et, d'un beau vert, qui s'accorde très bien avec la couleur rouge des fleurs. Celles-ci sont en cymes terminales à calice rouge et à corolle légèrement purpurine ; il y a quatre sépales et quatre pétales, les étamines sont nombreuses, l'ovaire est à deux loges, renfermant chacune une vingtaine d'ovules.

Ces fleurs ne se montrent que vers la sixième année ; elles donnent naissance à un fruit qui est une baie sèche, elliptique, couronné par les dents du calice, qui est persistant. Il est le plus souvent uniloculaire et à une seule graine par avortement.

D'abord vert, le fruit du giroflier devient jaune pâle, puis d'un beau rouge pourpre.

Cet arbre, qui est un des plus beaux de l'Océanie, croît rapidement ; néanmoins, il est assez délicat et exige une exposition bien choisie. Il peut vivre de soixante à quatre-vingts ans.

On en connaît cinq variétés principales : le *giroflier ordinaire*, le *giroflier à tige pâle*, le *giroflier Loury ou Kiry*, le *giroflier sauvage* et le *giroflier royal*. Ce dernier est le plus estimé.

L'histoire du giroflier est une des plus curieuses. Comme nous l'apprend M. J Dybowski, cette plante fut monopolisée en quelque sorte, par les Hollandais, après qu'ils eurent chassé les Portugais des Moluques, en 1605 ; ces conquérants voulurent, à tout prix, conserver pour eux seuls le commerce du girofle et ils n'hésitèrent pas, dans ce but, à entreprendre de véritables expéditions pour détruire toutes les plantes autres que celles existant dans les cultures de la petite île d'Amboine, dont des mesures extrêmement sévères empêchaient la dissémination.

C'est à Poivre, intendant de Maurice et de Bourbon, que l'on doit l'introduction du giroflier dans ces îles, vers 1770.

On raconte, dit M. C. Chalot, que cet administrateur philosophe fit partir, en 1769, deux vaisseaux commandés par les lieutenants de Trémignon et d'Etcheverry, qui parvinrent, non sans peine, à se procurer, près des rois de Gueby et de Patany (dans la mer des Indes), une grande quantité d'arbres à épices, au nombre desquels était le giroflier.

Le déplacement de Poivre faillit presque anéantir tout ce que les soins de ce philanthrophe avaient créé. Il se trouva fort heureusement, dans l'île de la Réunion, un de ces hommes qui joignent, à l'amour du bien public, des connaissances très étendues sur les cultures et qui fit réussir les plantations de giroflier. Cet homme était M. de Céré, directeur des jardins que Poivre avait établis. Ce fut lui qui envoya, en grande quantité, des plants de giroflier à Cayenne, à Saint Domingue et à la Martinique.

Aujourd'hui, c'est Zanzibar qui est le principal centre pour la production des clous de girofle. En 1891, on a exporté de cet île une quantité de ce produit évaluée à 6 mille tonnes.

Remarquons, en passant, que les clous de girofle, connus des Chinois bien avant notre ère, ne parvinrent en Europe que vers le IVe siècle. On les crut exportés de Java.

D'après M. G. Heuzé, le giroflier demande un terrain argileux, profond et frais, un sol substantiel à sous-sol graveleux ou perméable. Il ne prospère pas très bien sur le bord de la mer parce que les vapeurs maritimes lui sont nuisibles ; c'est pourquoi il végète mal dans les grandes îles de Guilodo et de Ceram. Il craint le froid sur les hautes élévations.

A Bourbon, à l'île de France, il occupe des terrains sablonneux de bonne qualité. A Amboine, les girofliers sont cultivés dans les jardins et les parcs.

Le giroflier se multiplie par boutures ou par marcottes ; quelquefois

aussi on le reproduit par graines ; mais celles-ci doivent être fraîches, car elles perdent rapidement leur faculté germinative. Le semis se fait en pépinière et on met en place un an après, c'est-à-dire lorsque les plantes ont de trente à quarante centimètre de hauteur.

C'est vers l'âge de quatre à six ans, suivant les contrées, qu'on commence à récolter les clous de girofle. On cueille au moyen d'échelles, lorsque les boutons sont rouges, c'est-à-dire bien avant que les corolles soient ouvertes. Cette récolte dure plusieurs mois parce que les fleurs se montrent successivement.

Une fois cueillis, on laisse sécher les clous de girofle au soleil et, par la dessication, ils acquièrent la coloration brune qu'on leur connaît.

La production d'un giroflier oscille entre $4\frac{1}{2}$ lbs et 9 lbs et une livre contient environ 4600 clous de girofle secs ; la perte au séchage est d'environ 60 pour 100.

Ces clous ont une odeur agréable, une saveur forte et piquante ; ils renferment une huile essentielle, ou essence de girofle dans la proportion de 15 à 25 p. 100.

Dans le commerce, on distingue les clous de girofle, suivant leur provenance, sous les noms de Genany, Amboine, Bancoulen, Zanzibar, etc. Ceux qui proviennent de Bourbon et de Cayenne ont des dimensions moindres et contiennent moins d'huile essentielle.

L'après Trommsdorff, la composition moyenne des clous de giofle serait la suivante :

Huile essentielle	18
Matière astringente	17
Gomme	13
Résine	6
Cellulose	28
Eau	18
	100

Le clou de girofle est une des épices les plus communément employées.

En thérapeutique, disent MM. Dujardin-Beaumetz et Egasse, c'est un stimulant diffusible, et l'essence est employée contre la carie dentaire, pour cautériser la pulpe, en ayant soin de n'en pas laisser tomber sur la muqueuse, qui serait excoriée. Mélangée à l'axonge, à la vaseline, à la glycérine, elle peut rendre des services en frictions dans les douleurs rhumatismales, la parésie des membres. Le girofle entre dans la composition du laudanum de Sydenham et de plusieurs autres médicaments.

A. Larbalétrier.

L'AGRICULTURE COLLECTIVE

Sous ce titre, M. Sabatier commence dans le *Matin*, une série d'articles appelés à retenir, croyons nous, soigneusement l'attention de tous ceux qui s'intéressent à la prospérité de notre agriculture.

La France rurale, dit M. Sabatier, se dépeuple au profit des villes. L'inquiétant phénomène date de loin. Dès 1860, sous la pression de l'opinion publique alarmée, une première grande enquête fut ordonnée. Les commissions constatèrent, dans de volumineux rapports, que l'agriculture manquait de bras, et qu'elle était vouée à une décadence inévitable si les pouvoirs publics n'y apportait remède.

Et d'année en année, le mal empira, jusqu'à la guerre.

Depuis la guerre, qui décima également la jeune population des champs et la population des villes, le mouvement d'émigration est allé sans cesse croissant. D'un recensement à l'autre, tous les cinq ans, les campagnes s'appauvrissent d'un demi-million de jeunes gens des deux sexes qui s'encombrent dans le prolétariat pléthorique des grandes agglomérations urbaines, ajoutent leur concurrence à la concurrence mutuelle que les travailleurs se font entre eux, ne se marient pas ou se marient peu, en raison de la cherté progressive de la vie de famille.

Dans les villes, la domesticité de labourgeoisie, les métiers inférieurs, la main-d'œuvre industrielle se recrutent parmi la population agricole. C'est à la même source que puisent les grandes administrations, notamment celles des postes et des chemins de fer, pour l'immense personnel de petits salariés.

L'agriculture fournit de travail leurs presque toutes les branches de l'activité sociale. Elle n'en reçoit d'aucun côté. De toutes part on lui emprunte. Et on ne lui rend rien.

Les conséquences de la dépopulation des campagnes sont diverses et de plus en plus graves : dégénérescence de la race par les vices des encombrements excessifs dans les villes, par la prostitution, par l'alcoolisme ; natalité rarefiée ; fermentations socialistes parmi ces foules des gagne-petit de la société qu'oppressent la dureté du pain quotidien et l'incertitude du pain du lendemain; crises endémiques du travail, grèves incessantes ; agriculture languissaute, dépréciation de la valeur du sol — 35 p. c. de baisse depuis 1875. Or, la valeur du sol, dans un grand pays, est le véritable étalon de la richesse publique.

Quant aux causes elle-mêmes de la dépopulation des campagnes, les économistes et les agronomes les dénoncent à l'envi, mais ils négligent la principale, je vais dire l'unique : la condition précaire du prolétaire rural.

Son salaire est modique, et l'agriculture ne lui fournit qu'un travail irrégulier. Elle ne l'occupe ni l'hiver, ni les jours de mauvais temps, ni les jours de fêtes. C'est un chômage de cinq à six mois.

Est-il étonnant qu'il regarde du côté de la ville prochaine où l'ouvrier, lui dit-on, travaille tous les jours et goûte à tous les plaisirs dont à la campagne il est sevré ? Tant d'autres y sont allés qui n'en reviennent pas, preuve qu'ils s'y trouvent bien !

Mais qu'il s'offre une place vacante de cantonnier ou de garde-champêtre les candidats affluent. Ce n'est pas l'heureux élu qui regrettera de demeurer attaché au sol natal ni qui enviera la vie libre et les jouissances de l'ouvrier des villes. Pourtant le salaire est dérisoire ; mais il est régulier. Qu'il pleuve ou qu'il vente, le mandat arrive à la fin du mois. On sait sur quoi compter sûrement, et l'on règle sa vie en ocnséquence.

Si l'Etat pouvait offrir une place de cantonnier de 50 francs par mois, avec une petite pension après une carrière de vingt-cinq ans, à tous les prolétaires ruraux, pas un ne voudrait quitter l'ombre de son clocher. Et tous ces jeunes hommes auraient leur foyer, se marieraient, feraient famille, car on vit de peu à la campagne, sans besoins artificiels et les petites gens ne craignent pas d'avoir trop d'enfants.

Certaines de trouver à se marier au village, les jeunes filles ne s'en iraient pas "se mettre en condition" et courir les aventures dans les villes; elles se prépareraient sur place aux devoirs de futures maîtresses de maison et de mères de famille, vocation naturelle et ambition exclusive de toutes les filles.

Mais ce n'est pas de l'Etat qu'il faut attendre la réalisation de cet idéal.

Le mal est profond et, d'année en année, il fait de plus grands ravages. De pauvres empiriques ont imaginé que le morcellement de la propriété attacherait le paysan à la terre et que personne s'en irait si chacun avatt son lopin. Or, jamais la grande propriété ne s'est autant démembrée que depuis cinquante ans et jamais le travail des champs n'a été plus déserté. Non, ce n'est pas une agriculture parcellaire qui est le remède, tout simplement parce que l'agriculture parcellaire est une agriculture de misère. Elle ne nourrit pas son homme.

La petite propriété ne peut se soutenir qu'à la condition de pouvoir placer ses excédents de main-d'œuvre dans la grande propriété voisine. Si cette ressource lui fait défaut, le petit cultivateur ne vit que de privations et ses enfants essaiment au loin.

Dans la petite propriété le gaspillage des frais généraux est fatal. Au propriétaire de cinq hectares, il faut le même cheptel mort et vivant qu'au propriétaire de dix hectares. D'ailleurs, la petite propriété est effroyablement endettée, et la grande propriété, de son côté, est hypothéquée jusqu'aux tuiles.

Manquant le capital d'exploitation, la grande propriété ne peut employer ni les engrais ni les bonnes méthodes pour élever ses rendements, seule manière de réduire ses prix de revient. Elle végète tout comme la petite propriété, et si l'état lui retirait sa protection, elle serait écrasée sur le marché national par la concurrence de la culture étrangère.

La propriété, dans son état présent, ne peut donc pas faire plus qu'elle ne fait pour le travailleur. C'est pourquoi il s'éloigne d'elle et s'en éloignera de plus en plus. Le salut sera dans l'exploitation collective de la propriété organisée de manière à assurer, sans risques, un loyer normal au capital foncier, un juste intérêt au capital d'exploitation, et au travailleur un salaire régulier et la constitution mécanique d'un patrimoine, double s'il se marie, accru en outre par chaque enfant qui lui naîtra.

M. Sabatier se propose de donner la formule de ce système dans un prochain article, formule qui, dit-il, sera justifiée et démontrée par d'autres articles invitant d'autres agronomes à en chercher une meilleure, qu'il sera alors des premiers à faire valoir auprès des hommes de bien soucieux de l'avenir de notre pays.'

—(*Marché Français.*)

LE CHARBON ET L'AGRICULTURE EN ANGLETERRE

Lettre adressée de Londres au *Marché Français*, à propos de la rareté et des hauts prix du charbon en Angleterre, est intéressante en ce sens qu'elle attire l'attention sur les résultats que peut avoir et qu'à déjà la crise de charbon pour l'agriculture anglaise déjà si éprouvée.

Nous reproduisons cette lettre:

" La Chambre de Commerce de Manchester s'émouvant, à juste titre, de la hausse des prix du charbon et de la difficulté que chacun rencontre à s'approvisionner de ce combustible, vient d'examiner s'il ne conviendrait pas d'en interdire, pour un certain temps l'exportation.

" Mercredi dernier, lors de la réunion trimestrielle, le président, M. Thompson, a fait connaître qu'une proposition faite par M. Harwood, membre du district de Bolton, concernant ce projet d'interdiction, n'avait pas été prise en considération, les directeurs de la Chambre de Commerce ayant été d'avis qu'avant de prendre une décision il convenait d'avoir un plus grand nombre de renseignements qu'ils n'en possédaient actuellement sur l'importance de la diminution des approvisionnements, d'accord avec les estimations de personnes les plus autorisées en la matière.

" Le projet demandait que le charbon fut frappé d'un droix d'exportation, pour cette raison que c'est un produit dont la nation anglaise a le plus grand besoin pour sa consommation. L'examen de cette question a donc été ajourné, mais il sera repris et discuté dans toutes ses grandes lignes lors de la prochaine réunion, pourvu toutefois que le comité puisse procurer les renseignements désirables sur les principaux points désignés.

" C'est là une question qui intéresse au plus haut degré l'agriculture aussi bien que le commerce et l'industrie du Lancashire ; les intérêts de chacun sont en jeu, bien que comme de justice, ce soit surtout ceux qui font usage d'appareils à vapeur qui souffrentle plus, au point de vue pécuniaire, lorsque le charbon atteint des prix aussi élevés que ceux pratiqués depuis l'hiver dernier. Pendant presque toute la dernière moitié de ce siècle, la majeure partie des grains ont été battus par des machines à vapeur ; le fléau et les machines actionnées à la main et par des chevaux ont été peu à peu abandonnés pour faire place à ces magnifiques machines qui, non seulement battent le grain, mais encore le vannent, le classent, l'ensachent, le pèsent et si on le désire, agissent de même pour la paille, en la hachant.

" C'est là un exemple entre mille de l'importance qu'ont prise les machines à vapeur dans l'agriculture. La culture du sol elle-même n'est pas, il est vrai, pratiquée à l'aide de la vapeur sur une aussi vaste échelle comme l'auraient désiré les agriculteurs audacieux des décades soixante et soixante dix, mais cependant l'on peut voir de vastes étendues de terres dans nombre de districts du Royaume-Uni où ce moyen de culture prévaut, aussi la cherté du charbon vient-elle écraser d'un nouveau poids le malheureux fermier déjà si fortement imposé.

" Je pourrais citer de nombreux cas où des fermiers possédant des machines à vapeur, prêtes à fonctionner, les ont, cette année, laissées de côté par suite de la rareté et de la cherté du combustible.

" Dans certaines exploitations importantes, la préparation des aliments pour le bétail et nombre d'autres travaux ont été grandement facilités par l'emploi des machines à vapeur ; mais si les prix élevés du charbon actuellement en cours, doivent se maintenir pendant encore un certain temps, ces appareils devront faire place aux anciennes machines à main ou actionnées par des chevaux.

" Malheureusement, des changements aussi importants ne se font pas sans entraîner des dépenses considérables que nombre de fermiers, vu la crise qui, depuis si longtemps, sévit sur l'agriculture, se trouvent dans l'impossibilité d'entreprendre.

" Les renseignements que les directeurs de la Chambre de Commerce de Manchester, désirent acquérir sont précisément ceux que les agriculteurs ont le plus grand intérêt à connaître : la rareté et la cherté du charbon sont-elles dues à la diminution naturelle de l'exploitation ou bien sont-elles provoquées par l'entente des propriétaires de mines et des négociants? Il est supposable que c'est plutôt les manœuvres blâmables de ces derniers qu'il faut en rendre responsables, auquel cas

la principale difficulté à surmonter paraît résider dans le fait de savoir s'il peut être pris certaines mesures capables d'empêcher de plus dures privations et de plus grandes souffrances d'atteindre la population en général, pour permettre à quelques-uns de s'enrichir en lèsant les intérêts du pays tout entier.

"Si, au contraire, le résultat de l'enquête démontre que l'extraction du charbon subit un moment d'arrêt, il conviendrait de faire appel aussitôt à la législature pour que des mesures soient prises sans retard, soit en établissant un droit d'exportation sur le charbon, soit en prohibant entièrement l'exportation à l'étranger d'un produit dont nous avons le plus grand besoin chez nous. Déjà, il y a quelques mois, M. T. Luckham, le vaillant député du Herefordshire aurait préconisé cette dernière mesure et sa lettre, répandue à des milliers d'exemplaires, contenait des chiffres montrant l'extension qu'avait prise dernièrement l'exportation directe et indirecte de nos charbons d'énormés quantités étant chargées sur des navires étrangers dans les stations carbonifères.

" En apparence, l'adoption de cette mesure énergique ne devrait rencontrer aucune opposition si si l'exploitation actuelle des mines présentait le moindre danger d'épuisement: si au contraire, ce danger n'existait pas, il est légitime et tout naturel, pour empêcher notre charbon d'aller à l'étranger, de frapper ce produit d'un droit d'exportation qui arrêtera quelque peu les achats de l'étranger et qui, tout en remplissant les coffres nationaux empêchera toute nouvelle taxe locale d'être établie.

"Mais dira-t-on, c'est d'aller contre les principes du libre-échange; soit, j'en conviens, si par libre-échange l'on entend la liberté universelle de trafiquer sur n'importe quelle marchandise, ce qu'actuellement nous sommes loin de permettre. Le charbon est une nécessité première, tout comme le pain, et une disette de charbon serait des plus désastreuses pour la Grande-Bretagne.

Ciment chinois

Piler des fragments de verre blanc dans un mortier en bronze et en passer la poudre au tamis de soie, délayer cette poudre avec de la glaire d'œuf et l'on aura une colle d'une solidité à toute épreuve.

LE POIVRE ET SES FALSIFICATIONS

Le poivre est, après le sel, le condiment le plus répandu dans le monde entier. Il était connu des Romains; c'était alors une des épices les plus précieuses, et l'histoire nous apprend qu'Alaric, roi des Goths, exigea dans la rançon de Rome, 3,000 livres de poivre. A cette époque, le poivre provenait des côtes du Malabar et le commerce s'en faisait par le port d'Alexandrie. Au moyen-âge, des marchands allaient, au prix des plus grands risques, chercher cette épice jusqu'aux Indes on les nommait Pébriers ou Poivriers.

Le *Poivrier aromatique* (*Piper nigrum*, *Piperacées*), arbrisseau grimpant, est originaire des forêts du Malabar. Sa culture s'est étendue dans la péninsule Malaise, dans l'Annam et le Cambodge, dans les îles de Java, de Bornéo, les Philippines, en un mot dans toutes les îles de l'Archipel de la Sonde. Le plus grand centre de production est actuellement Sumatra.

Le fruit du poivrier se présente sous la forme d'une grappe pendante formée de 29 à 30 grains, serrés contre l'axe. La récolte se fait quand les fruits sont mûrs; ils possèdent alors une couleur jaune. On les fait sécher rapidement, soit au soleil, soit au feu, la surface se ride plus ou moins et la coloration devient brun noirâtre. Les grains détachés du rachis sont alors triés; c'est de ce triage que dérivent les trois espèces commerciales du poivre:

1o Le *poivre lourd ou dur*, dont le grain est brun foncé, peu ridé, très dur, à albumen jaunâtre sans cavité centrale. Il provient des grains complètement mûrs. Sa densité apparente est supérieure à celle de l'eau.

2o Le *poivre demi-lourd* ou *demi-dur*, formé des grains plus légers, plus petits, imparfaitement mûrs, brun gris, ridés à la surface et s'écrasant assez facilement sous les doigts.

3o Le *poivre léger*, dont les grains sont noirs gris, très fortement sillonnés de rides. Ils s'écrasent facilement sous les doigts, sont creux au centre et flottent sur l'eau. On peut encore considérer une quatrième sorte de poivre, pouvant dériver de l'une des trois catégories précédentes. Cette sorte provient de la macération dans l'eau de mer ou dans l'eau de chaux, du poivre noir. Le poivre noir ainsi traité est roulé entre les mains, après avoir été séché; l'épiderme se détache complètement et avec lui disparaît une grande partie de l'âcreté du poivre.

Le grain possède alors une couleur blanche, légèrement grise ou jaunâtre, une surface lisse à peine marquée de rayures simulant des méridiens; son goût est plus doux et moins brûlant. C'est le poivre blanc du commerce.

Les poivres sont désignés dans le commerce, d'après le nom du lieu d'origine: l'espèce la plus estimée provient du *Malabar*; puis viennent l'*Alepy*, le *Sumatra*, le *Penang*, le *Tellichery*. Quant aux poivres blancs, ils sont ordinairement désignés sous le nom de *Singapoore*.

Le poivre doit ses propriétés aromatiques à une très petite quantité d'huile essentielle, âcre et brûlante, et surtout à un alcaloïde faible, la *Pipérine* ($C^{17}H^{19}AzO^{3}$) qui existe en quantité variable dans tous les poivres.

Les propriétés énergiques du poivre ont été ainsi énumérées par l'école de Salerne:

Au poivre noir, soit entier, soit en poudre,—donnez les phlegmes à dissoudre.—Il aide à la digestion.— Pour l'estomac le poivre blanc est bon;—Il adoucit une toux violente: —Apaise les douleurs, d'une fièvre ardente.—Détourne le cruel frisson.

Le poivre est non seulement utilisé pour rendre nos mets plus savoureux, mais encore pour assurer la conservation des viandes en détruisant la vitalité des ferments organisés vivants. Pris en excès dans les aliments, au lieu d'exciter l'appétit, il le diminue, et, bien loin de régulariser la digestion, il peut déterminer de dangereuses inflammation gastro-intestinales.

L'analyse complète du poivre est une opération très longue et très délicate; la meilleure méthode consiste à suivre rigoureusement la marche analytique décrite par Dragendorff pour l'analyse des substances végétales.

Voici, d'après une série d'essais opérés en suivant cette marche, les quantités moyennes de diverses substances élémentaires dont se compose le grain de poivre:

Eau	13.1	0/0
Matières minérales	1.3	—
Matières amylacées	40.2	—
Cellulose	29.9	—
Matières albuminoides solubles	8.2	—
" " insolubles	2.8	—
Matières grasses / Huile essentielle non volatille / Résines	7.5	—

Alcaloïdes et tanin	1.7	—
Huile essentielle volatille	1.2	—
	100.0	

Nous ne nous étendrons pas davantage sur la composition du poivre, les chiffres que nous venons de donner sont du reste très variables, suivant les différentes espèces.

Dans le poivre blanc, le poids des cendres ne doit pas être supérieur à 7 pour cent, la quantité de cellulose à 3, l'amidon au contraire a augmenté dans de très fortes proportions et constitue presque à lui seul la presque totalité des substances solides.

Dans le plus grand nombre des cas, le dosage de l'humidité et des cendres ; la détermination de l'extrait éthéré et alcoolique, la densité, un examen microscopique, si le poivre est en poudre, suffisent pour déceler et caractériser une falsification.

LÉON PADÉ.

LE GINGEMBRE ET SES USAGES

Dans maintes fermes l'essence de gingembre de la Jamaïque est considérée comme un des plus utiles remèdes de famille. On l'y donne encore dans de l'eau fraîche sucrée comme boisson aux hommes employés à faucher le foin. C'est un sain breuvage pour tout le monde dans la saison chaude.

Les gens à digestion paresseuse se trouveront bien de prendre quelques gouttes d'essence dans un peu d'eau sans sucre avant le déjeûner.

Le thé de gingembre fait avec la racine de la plante est utile, comme la tisane d'herbe à chat ou la tisane de sauge pour provoquer la transpiration dans les cas de refroidissements ou pour stimuler le système après avoir été exposé aux intempéries. Ce thé est plus agréable au palais que les décoctions d'herbe à chat ou de sauge.

Dans les maux de dents, un morceau de racine de gingembre mâché lentement enlèvera la douleur et tranquillisera le patient en attendant la consultation du dentiste.

On obtient du gingembre à peu près tous les bons effets des stimulants à base d'alcool. Mais on doit se garder de ce qu'on nomme l'habitude du gingembre. Il en est de même de l'habitude du poivre de Cayenne.

—(*Grocer's Monthly Review*).

SUPERTITIONS CHINOISES

Les superstitions chinoises sont des fantaisies brodées sur des croyances primitives. Ce sont des morceaux isolés, des bribes de foi, mais bien plus fortes que cette foi elle-même qui, depuis de nombreux siècles n'est même plus soupçonnée. Un Chinois n'hésitera pas à dépouiller un temple de ses idoles boudhiques, mais n'enterrera pas son père sans avoir consulté, à ce sujet, un savant géomancien. Il rira volontiers des figures et des crânes énormes des divinités taoïstes, mais tremblera de peur si son voisin élève un mur un peu haut qui risque de contrarier le *fong-choué* de sa maison.

Ce mot de *fong choué* demande une explication. A peine arrivé en Chine, l'étranger doit faire son oreille et son intelligence à un certain nombre de termes et d'expressions qui, au premier abord, manquent pour elles totalement de sens. Peu à peu, par une accoutumance rapidement acquise et sans subir, en quoi que ce soit, l'influence si absorbante de la Chine, ces mots, ces expressions deviennent familiers. Nous les employons d'une façon courante dans notre conversation d'Extrême-Orient.

Le mot de *fong choué* (1) est un de ceux qui reviennent le plus souvent.

Le *fong-choué* est difficile à définir: non seulement à cause de son caractère protéiforme, mais surtout parce que notre intelligence d'Occidentaux n'a jamais conçu rien d'identique pouvant servir de base de comparaison. Littéralement, *fong-choué* veut dire *vent et eau*, mais qu'il y a loin du mot à l'idée ou plutôt aux idées qu'il représente. On pourrait, d'une façon générale, le considérer comme une sorte de *superstition topographique*. Pour les Chinois, un point quelconque de l'Empire du Milieu est un centre de forces, d'influences spirituelles, sur la nature desquelles ils n'ont que des idées vagues, mal définies, peu ou pas comprises, d'autant plus craintes et respectées. La moindre perturbation apportée aux choses environnantes, soit par des travaux, soit par des constructions, l'intention seule de faire faire des changements suffisent à modifier en bien ou en mal — en mal le plus souvent — ces influences spirituelles. C'est, en somme, une sorte de géomancie spéciale à chaque parcelle du sol chinois, variable d'un point à un autre.

(1) La *perte de face* dont je parlerai à propos du “Suicide” et le *fong-choué* sont les deux “chinoisismes” les plus courants.

Le mot *fong*, vent représente l'invisible ; le mot *choué*, eau, ce qui peut être saisi. L'association des deux forme un agrégat de forces toutes puissantes, intangibles occultes, mal définies, mais pourtant capitales par leur influence sur la destinée humaine.

Pourquoi a-t on donné ce nom de *fong choué?* Peut être parce que le vent et l'eau sont, aux yeux des Chinois, les deux véhicules lès plus fréquents de la bonne et de la mauvaise chance, que ce sont eux qui peuvent nuire le plus souvent à la prospérité commerciale, c'est-à-dire à la fortune, la chose importante pour les Célestes.

Le *fong choué* nous paraît donc quelque chose de vague, de mystérieux, d'obscur, d'une interprétation difficile, pour ne ne pas dire impossible. Et cependant, pour les Chinois, cette fantaisie devient la science. La théorie est tenue pour aussi sûre que le fait. Des livres, des traités spéciaux sur cette intéressante matière, riches en explications et en observations, ont été écrits et quelques initiés—ou regardés comme tels — ont seul l'inestimable privilège de pouvoir en pénétrer les arcanes. Ce sont les docteurs en fong-choué —*fong choué sien-chan* — spécialité comme une autre, souvent lucrative, toujours influente, car, même lorsqu'on doute de la capacité du “docteur en fong-choué,” on a recours à ses conseils, dans les circonstances graves de la vie. Quelle est la valeur non pas scientifique, mais au moins morale de ces singuliers augures? Une bonne majorité est constituée par d'aimables charlatans qui trouvent dans leur prosession un moyen honoré d'exploiter les naïfs et de vivre de la bêtise humaine. D'autres sont sérieux, c'est-à-dire sont aussi superstitieux que leurs clients. Ils ont une foi absolue dans leur prétendue science, et hésiteront à faire plier le rigorisme de la théorie du *fong choué* aux tentatives les plus séductrices de l'argent. Le fait est rare. Car, en général, moyennant finances, il est avec le *fong choué* des accommodements.

Le *fong-choué* est capricieux comme une jolie femme. Il favorise celui ci et contrarie celui-là, sans motifs apparents, plausibles. Vous bâtissez une maison dans tel endroit,

Vous contrariez le *fong-choué*, d'où ruine, calamités, malheurs, que sais-je? qui vont fondre sur vous. Mais si c'est moi qui bâtis à votre place, j'aurai peut-être le *fong-choué* favorable, d'où prospérité et fortune, pour moi et ma descendance. Il est aussi capricieux pour les hommes que pour les choses. Il verra d'un bon œil s'élever un parc à cochons, mais n'aurait pas été satisfait de l'érection, au même endroit, d'un monument funéraire.

C'est surtout en matière d'enterrements et de constructions que le *fong-choué* joue un rôle capital.

Un Chinois qui vient de perdre son père est beaucoup moins obsédé par le chagrin que par la préoccupation de savoir si les restes du défunt auront ou non un bon *fong-choué*. Non qu'au fond, l'intérêt qu'il porte au mort soit grand; il n'est grand qu'en raison de son propre intérêt de fils. Les sentiments de piété filiale, en effet, ne sortent pas des limites d'un étroit égoïsme. Le culte rendu aux morts par les Chinois procède d'un tout autre esprit que celui qui, en pareille matière, nous anime en Occident. Ce culte a comme point de départ une idée superstitieuse : la peur, si on honore pas bien l'esprit du défunt, de le mécontenter, partant, d'indisposer son *fong-choué* et par là d'attirer toute espèce de de malheurs sur soi et les siens. La crainte du *fong-choué* plus que les sentiments filiaux de respect et d'affection pour les morts entre en jeu dans le culte des ancêtres dont parlent, avec beaucoup d'enthousiasme, ceux qui ne le connaissent pas et qu'on compare, à tort selon nous, à nos fêtes des morts. Convenances, habitudes ou sentiments sincères, peu importe la cause qui nous fait, à certaines dates, accomplir des pélérinages dans les cimetières : elle est désintéressée, et c'est ce qui lui donne son caractère élevé. Chez le Céleste, nous trouvons deux mobiles bien différents : la crainte et le calcul : il faut tâcher de bien disposer, en sa faveur, les esprits des morts et ainsi, honneurs et fortune pourront librement se répandre sur les descendants.

Aussi peut-on prévoir toutes les hésitation, les tergiversations. transes et émotions, par lesquelles passera une famille, avant d'avoir choisi un bon endroit bien propice, pour y enterrer un des siens.

L'inhumation se fait toujours attendre. Le temps écoulé entre la mise en bière et l'enterrement est proportionné à la fortune et à la position sociale de la famille.

Les gens du peuple, les paysans doivent, pour accomplir la cérémonie funèbre, avoir recueilli les sommes d'argent nécessaires. Souvent ils fixent pour l'inhumation une époque où, les travaux des champs étant finis, ils pourront se donner tout entiers, au plaisir de cette fête car c'est une fête qu'un bel enterrement! Aussi n'est-il pas rare de voir des cercueils attendre, pendant des semaines et des mois, sous un hangar, sous une paillote bâtie à cet effet, ou même à travers champs, simplement recouverts d'une natte, que l'heure de la mise en terre soit venue.

Mais cette longue attente a presque toujours une autre cause, celle-là plus puissante que les précédentes. Il faut que l'astrologue ait fixé un jour heureux pour les funérailles, et surtout que, par de longues et sagaces recherches, il ait pénétrer à fond la question du *fong-choué*. La solution est parfois lente à venir pour l'individu de condition moyenne. Elle l'est toujours pour le riche, car toutes les expertises du *docteur ès fong-choué* sont loin d'être gratuites. Je citerai, à ce sujet, un un fait bien connu, car il est historique. Il a trait à l'enterrement du dernier Empereur, Toung-Tche, mort en 1875. Le Fils du Ciel attendit neuf mois avant de rejoindre sa dernière demeure. Pour ménager, équilibrer, à son avantage, les influences du *fong-choué*, la dynastie actuelle avait choisi deux cimetières, situés à égale distance, l'un à l'est, l'autre à l'ouest de Pékin. A tour de rôle, les Empereurs étaient ensevelis dans l'un ou dans l'autre. Sieng-Fong, père de Toung-Tche, avait été enterré dans le cimetière de l'est, Normalement, son fils aurait dû être placé dans celui de l'ouest. Mais en Chine, la chose la plus minime prend des proportions phénoménales quand il s'agit du souverain et surtout de ses obsèques. Les astrologues interviennent ; les ministères sont saisis de cette grave affaire. Tout s'arrête. La question du *fong-choué* impérial passionne les masses. Le peuple attend, anxieux, avide de nouvelles, le résultat définitif de la minutieuse enquête à laquelle se livre d'une façon quotidienne, tout ce que la Chine renferme d'illustrations dans le corps des *fong-choué sien chan*. Enfin, après neuf mois de ces longues et palpitantes hésitations, on apprend que, contrairement aux règles, il a été décidé que le salut de l'Empire et le bonheur de la famille régnant exigeaient que ToungTche reposât à côté de son père. La Chine accepta, sans rien dire, cette laborieuse détermination. Pourtant, cette singulière fantaisie du *fong-choué* parut extraordinaire à quelques hauts personnages. Aussi, quand, deux à trois ans après l'enterrement, des famines, des inondations eurent ravagé certaines régions de l'Empire du Milieu, ils ne manquèrent pas de faire remarquer, dans leurs rapports au trône, que tous ces malheurs ne pouvaient résulter que de la perturbation du *fong-choué* de l'Empereur, enterré dans un cimetière qui ne lui était pas propice.

Les Chinois possèdent, en général, un cimetière de famille, dans lequel ils désirent être ensevelis. Jamais l'inhumation ne se fait sans consulter l'astrologue. Qui sait si le terrain favorable au père et au grand-père ne serait pas funeste au fils? Le docteur en *fong-choué* intervient alors muni de livres spéciaux d'un compas et d'un petit miroir pour voir passer les effluves du *fong-choué*. Nos petites glaces à main d'Europe sont, paraît il, en l'espèce, véritables instruments de précision. Il faut savoir si, au-dessus de l'emplacement de la tombe, il n'y aura pas une étoile, au-dessous un dragon ; si le vent n'y touchera pas trop ; si dans le voisinage, il n'y pas un ravin, une dépression de terre permettant d'arriver par en bas, dans la tombe, et de déplacer, de fond en comble, les os en moins de vingt ans. Il faut tenir compte aussi de l'aspect du terrain environnant, de la configuration des collines et des montagnes qui peuvent se trouver à quelque distance, de l'ombre qu'elles projettent. Il faut encore regarder, soigneusement, l'angle que forment les ruisseaux et les rivières du voisinage, avec le compas du géomancien, le point où leurs affluents se joignent à eux. Enfin, il ne faut pas oublier, toujours d'après les traités du *fong-choué*, que deux courants, connus sous les noms de Tigre et de Dragon, traversent la terre et que toute tombe bien placée doit avoir l'un à sa droite, l'autre à sa gauche. " Un docteur en *fong-choué* peut, dit Williams, les trouver et les définir à l'aide d'un compas, de la direction des ruisseaux, des aspects de la terre, mâle et femelle, de la proportion de l'une ou de l'autre, de la couleur du sol. Le peuple ne comprend rien à ce charlatanisme, mais paye d'autant mieux qu'il a plus de foi.

Les tombes d'une même famille sont, en général, protégées du côté du nord par un petit mur de terre de 1 m. 80 à 2 mètres de hauteur, disposé en demi-cercle, pour rappeler la forme d'un dossier de chaise.

En même temps qu'il protège le défunt contre les mauvaises influences, il permet aux parents de supposer que leur mort est aussi dans sa tombe qu'assis dans un bon fauteuil.

Il est rare que l'astrologue trouve terain absolument propice pour l'inhumation. Mais quand il a, à plusieurs reprises, examiné l'endroit, pesé toutes les choses connues et quelques autres aussi, relatives à la valeur de l'emplacement, il décide que, pour assurer un bon *fong-choué*, il suffira de gratter un peu le sol, de mettre une pelletée de terre ici, de planter ou de déplacer un arbre là, de restaurer un peu le mur de protection, d'enlever quelques cailloux. Alors le mort pourra être enseveli, avec toutes les garanties possibles de bonheur et de fortune pour les siens.

Un Chinois ne peut pas, sans s'exposer à de gros ennuis, à des procès dispendieux, élever toujours là où il lui plaît le genre de construction qui lui agrée. Sait-il si ce bâtiment necontrariera pas le bon *fong-choué* de la maison voisine ? En matière de code, le *fong-choué* est considéré comme une personnalité. Les lois le reconnaissent et admettent son ignorance dans les procès. Les traités européens relatifs aux missionnaires disent : "Les autorités locales ne feront aucune opposition à la construction des maisons à moins qu'il n'y ait objection faite par les habitants, relativement à l'emplacement ", c'est-à-dire, au *fong-choué* du lieu.

Si ma cheminée domine trop une maison, si une fenêtre s'ouvre directement sur la porte de l'habitation d'en face le *fong choué* du voisin pourra en subir très désavantageusement l'influence. Celle-ci deviendra une source féconde de procès. Le juge pèsera le pour et le contre de cette intéressante question et peut-être se prononcera selon sa conscience. Je dis peut-être, car bien souvent l'opinion du magistrat ou de l'arbitre, en matière de *fong-choué*, est moins basée sur sa croyance personnelle que sur l'importance du pot-de-vin destiné à faire pencher de tel ou tel côté la balance. L'argent est, en l'*ultima ratio*.

Un de mes confrères anglais, vieux résident de Pékin, voulait un jour vendre une maison qui lui appartenait, située dans le voisinage d'une église catholique. Le marché était à peu près conclu, quand l'acheteur, avant de signer le contrat, manifesta le désir de consulter un astrologue. Celui-ci fit tout d'abord remarquer que la hauteur du clocher était tout ce qu'il y avait de plus préjudiciable et que, sûrement, le *fong-choué* de la maison devait être des plus mauvais. Le marché allait peut-être se rompre, quand mon confrère, qui parle fort bien le chinois, promis au devin un bon pourboire, s'il démontrait qu'il y avait moyen de contrebalancer l'influence néfaste de l'église ; la chose se fit très facilement.

En Chine, les maisons sont basses. Aussi, la construction d'une chapelle, d'une église amène-t-elle souvent de grandes agitations locales. Non seulement les voisins immédiats de l'édifice, mais ceux qui se trouvent dans un certain rayon se hâtent de venir faire des démarches auprès des missionnaires pour obtenir d'eux qu'ils fassent certaines modifications. Il est généralement facile de leur donner satisfaction. Quand Mgr Favier bâtit la cathédrale du Pé-tang, le trouble fut grand aux alentours, mais l'intelligent évêque sut tranquilliser les plus craintifs par une parole pleine d'à-propos, faite d'un dicton chinois : "A quelle hauteur, demanda-t-il, passent les bons esprits ?—A cent pieds.—J'arrêterai ma flèche à quatre-vingt-dix-neuf." Et cela suffit pour calmer tout le monde.

Mais il n'en est pas toujouas ainsi : il y a quelques vingt ans, les missionnaires américains avaient élevé sur des collines qui dominent Fou-Tchéou une chapelle, des écoles. Les habitants finirent par se persuader que ces constructions pouvaient contrarier le bon génie de la ville. Ce sentiment, habilement exploité par certains meneurs, fut rapidement suivi d'effet ; la foule se rua sur les établissements et les détruisit.

L'ouverture de routes, la création de canaux, l'établissement des lignes de chemins de fer ou de télégraphe ne sont pas choses faciles, tant le nombre de *fong-choué* perturbés est considérable. La ligne télégraphique entre Tien-Tsin et Pékin fut, au début de son installation, sans cesse interrompue. Les indigènes renversaient les poteaux qui projetaient sur les tombes des ombres on ne peut plus préjudiciacles. Il fallut des décrets impériaux et un certain nombre de décapitations pour rendre plus tolérants les adeptes du *fong-ehoué*.

Celui ci peut être contrarié, non seulement par le fait de bâtir, mais par l'intention seule d'élever une construction. En 1876, Fou-tchou eut beaucoup à souffrir d'inondations et d'incendies. Ces malheurs furent attribués par les habitants à l'intention qu'avaient manifestée les missionnaires de faire construire sur les hauteurs qui commandent la ville.

Le Chinois qui fait bâtir n'a pas seulement à tenir compte du *fong-choué* de ses voisins. Il doit aussi se préoccuper de celui de sa maison. Celle-ci ne devra pas être installée n'importe où. Une meule, un puits, un coin de mur, l'intersection de deux rues ne devront pas se trouver devant la porte principale. Il y aura avantage à ce que sa maison se trouve au-devant ou à la gauche d'un temple. Ce n'est pas tout. Si l'emplacement convient au *fong choué*, la destination de l'immeuble lui agréera-t-elle ? X... bâtit une maison avec l'intention d'en faire une boutique de riz. Le capricieux *fong-choué* aurait préféré qu'on y vendit du thé. Pas de doute. Les affaires de X... ne pourront que péricliter. Aussi se hâte-t-il de la céder à Y... Le *fong-choué* de celui-ci s'accommode du riz et l'argent coule à flots, avec le bonheur.

Cette croyance aveugle, irréfléchie, stupide au *fong-choué* doit largement contribuer à entretenir cet état de suspicion dans lequel l'Européen est tenu par le Chinois. Les Célestes, bien que très suffisants et se considérant comme infiniment supérieurs au reste de l'humanité, sur laquelle ils condescendent à jeter un regard plein de mépris, croient cependant que " les diables des mers d'Occident " sont capables de faire, le plus facilement du monde, des choses impossibles : voir dans l'intérieur de la terre, traverser les murs du regard, que sais-je ? Si, par hasard, je me promène dans un endroit où on n'est pas habitué à voir d'Européen, et que j'aie l'air de regarder un peu attentivement, on en conclut que j'examine le *fong choué* de la place. Il paraît, également, que les Chinois, dans certaines villes, n'aiment guère à voir l'Européen se promener sur la muraille d'enceinte : le " diable étranger " porte ombrage au bon génie de la cité et l'indispose à l'égard des habitants.

Cette superstition du *fong-choué* est extrêmement tenace. C'est la dernière qui résiste au christianisme. Et encore, quels sont les Chinois, considérés comme bons chrétiens, qui ont totalement renoncé à leur croyance ?

***

Il est un nom qui, lorsqu'on parle de superstitions chinoises, revient aussi souvent que celui du *fong-choué*, c'est celui du *dragon*. Ce sont

là deux expressions différentes, qui signifient à peu près la même chose. Faire la part de ce qui revient à l'un et de ce qu'il faut attribuer à l'autre est difficile, tant les liens qui les unissent sont étroits. Le *fong-choué* est plus specialement une superstition topographique, dont le rôle capital se montre en matière d'enterrement et de construction. Mais encore, ici, voyons-nous le dragon intervenir.

Le *dragon* est un produit des plus purs de la fantaisie chinoise. C'est un animal fabuleux tenant du crocodile et du boa constrictor. Il a des pattes munies de cinq griffes. Il est privé d'ailes, ce qui ne l'empêche pas de s'élever dans les airs où il peut se métamorphoser à l'infini. Il ne paraît jamais entier aux yeux des mortels assez heureux pour l'apercevoir : sa tête, sa queue ou une partie de son corps sont toujours cachées dans les nuages. Tous les Chinois sont sincèrement convaincus de son existence, et il y a peu de jours, un membre du Tsoung-li-Yamen, plus éclairé pourtant que ses collègues, ayant visité l'Europe et l'Amérique, expliquait à l'un de mes amis comment il avait vu, très clairement, la semaine précédente, un dragon volant dans le ciel.

Le *dragon*, tel que le conçoit l'intelligence chinoise, personnifie tout ce que les mots : "haut", "s'élever" peuvent représenter de sens et d'idées ; ainsi les montagnes, les grands arbres. l'Empereur Fils du Ciel. Il signifie aussi "puissance". Il est essentiellement polymorphe

Il y a de bons et de mauvais dragons, ceux qui sont les gardiens tutélaires et ceux qui causent les malheurs. On peut les gagner à sa cause. Mais rien n'est plus facile que de les irriter.

Le rôle du *dragon* est capital dans la superstition, en rapport avec les phénomènes cosmiques : tremblements de terre, éclipses, inondations. Il explique tout, bien qu'il n'explique rien à une intelligence saine ; mais cela suffit pourtant aux Chinois.

Les tremblements de terre résultent du mouvement intempestifs du *dragon*, manifestant son mécontentement. Dans les éclipses de lune ou de soleil, l'astre est avalé par un *dragon* monstrueux : ces phénomènes sont extrêmement redoutés par les Célestes. Une année a commencé par une éclipse de soleil. Les 8/10 du globe lumineux ont été couverts. C'était là un fait du plus fâcheux augure. Aussi l'Empereur n'a-t-il pas reçu, ce jour-là, comme c'en est l'habitude. Les pétards et pièces d'artifices qui fêtent, pendant la nuit, la venue de la nouvelle année se firent très peu entendre et ce calme était l'indice d'une grande émotion. L'éclipse est attendue avec une sorte de terreur. Les Chinois en suivent avec intérêt les diverses phases et aussitôt que l'ombre commence à être projetée sur le soleil, les gongs, les pétards, les instruments propres à faire du bruit sont mis en jeu, pour effrayer le *dragon*, et lui faire lâcher ou vomir sa proie.

Les débordements des rivières sont imputés à un mauvais *dragon*—"Kiao", le démon des inondations. Dans un des plus vieux livres chinois, le *Calendrier des Hia*, on recommande aux autorités lorsque des inondations sont à craindre, de sortir avec leurs administrés, de battre soigneusement le pays pour tâcher de découvrir le *dragon*. Ces perquisitions sont toujours fructueuses, en ce sens que les chercheurs ne rentrent jamais les mains vides. On trouve constamment quelque chose qui personnifie, qui incarne le "Kiao". Un jour, la foule de Ning-pô étant partie en chasse trouva sur les bords de la rivière derrière une pierre, un malheureux petit caniche noir qui fut aussitôt impitoyablement mis à mort, les gens compétents ayants déclaré qu'il était une forme larvée du *dragon*.

On n'a pas toujours recours à la violence, contre le *dragon*. Souvent c'est la prière qu'on emploie, pour prévenir les calamités. Prière et violence ont toujours eu le même succès : la méthode n'en est pas moins employée, depuis des siècles. Il y a quelques années, le Pé-Hô ayant rompu ses digues et submergé toute la plaine, on trouva, aux environs de Tien-Tsin, un petit serpent, lequel fut porté à Li-houng tchang. Celui-ci y vit—ou voulut bien y voir—le dragon du fleuve débordé et pour obtenir qu'il fît rentrer le Pé Hô dans son lit, il se prosterna devant lui, frappant le front contre la terre, exécutant le *Kôtô*, indice de la plus profonde soumission et révérence. La pluie, elle aussi, est régie par un *dragon*. Quand la saison sèche dure trop longtemps, les habitants de la région privée d'eau partent à la recherche du drugon ; ils le trouvent toujours. L'histoire suivante est relatée dans *A Cycle of Cathay*. Le Dr Martin vit un jour, à Ning-Pô, passer un imposant cortège de musiques et de gongs, précédant une chaise à porteurs qui se dirigeait vers la maison du préfet. S'étant approché du palanquin, il y vit un vase de terre qui contenait une sorte de petit lézard. C'était là le dragon trouvé dans un marais voisin. L'animal, porté chez les autorités, fut solennellement déposé, avec son récipient, sur des coussins. Un tapis fut étendu au devant, sur lequel les magistrats vinrent faire le *Kôtô*. Puis, toujours avec le même cérémonial, le bienheureux lézard fut reporté dans son marais.

Pour toucher le *dragon* de la pluie, les mandarins prescrivent une abstinence rigoureuse ou interdisent seulement la viande. On colle audessus des portes des feuilles de papier jaune, sur lesquelles sont inscrites quelques formules invocatrices et l'image du dragon de la pluie. "Si le ciel est sourd à ce genre de supplications, dit le père Huc, on fait des collectes et on dresse des tréteaux pour jouer des comédies superstitieuses. Enfin, pour dernier et suprême moyen, on organise des processions burlesques et extravagantes, où l'on promène, au bruit d'une musique infernale, un immense dragon, en papier ou en bois. Il arrive quelquefois que le dragon, s'entête et ne veut pas accorder la pluie. Alors, les prières se changent en malédictions et celui qui, naguère, était environné d'hommages est insulté, bafoué et mis en pièces par ses adorateurs révoltés.

"On raconte que, sous Kia-King, une longue sécheresse désola plusieurs provinces du nord. Comme, malgré de nombreuses processions, le dragon s'obstinait à ne plus envoyer de pluie, l'Empereur indigné. lança contre lui un édit foudroyant et le condamna à un exil perpétuel. sur les bords du fleuve Hi, dans la province de Torgot. On se mit en devoir d'exécuter la sentence, et déjà le criminel s'en allait, avec une touchante résignation, à travers les déserts de la Tartarie, subir sa peine sur les frontières du Turkestan, lorsque les cours suprêmes de Pékin, émues de compassion, allèrent en corps se jeter à genoux aux pieds de l'Empereur et lui demander grâce pour ce pauvre diable. L'Empereur daigna révoquer sa sentence et un courrier partit, ventre à terre, pour en porter la nouvelle aux exécuteurs de la justice impériale. Le dragon fut réintégré dans ses fonctions, à la condition qu'à l'avenir il s'en acquitterait un peu mieux."

Il y a, à Pékin, un temple où est vénéré le dragon de la pluie. Dans les grandes sécheresses, l'Empereur peut aller jusqu'à trois fois y faire des prières et des sacrifices. Si malgré cela l'eau bienfaisante ne se décide pas à venir, le souverain délègue un prince du sang pour aller chercher, dans un temple située à

Pourquoi ? La......

Dog's Head Bass' Ale de Read Bros.,

LONDRES.

Est-elle Supérieure aux autres Marques ?

1o Parce que Mess. Read Bros. n'achètent que la première qualité de bière de la maison Bass.

2o Parce que la mise en bouteilles se fait avec un soin tout particulier.

3o Parce que, après avoir laissé vieillir la bière dans des fûts en chêne, pendant dix-huit mois, on l'embouteille avec précaution, puis on la laisse reposer six autres mois avant de la mettre sur le marché. De cette manière, le consommateur boit une bière ayant au moins deux ans, qui a du corps et qui est limpide et brillante.

BOIVIN, WILSON & CIE, 338 Rue Saint-Paul, MONTREAL.

Seuls Agents pour le Canada.

MRS. HOLBROOK'S

Golden German Salad

Cet élégant condiment a été préparé, au début, dans notre établissement, sous la direction personnelle de Mme Holbrook, une ménagère accomplie et une cuisinère expérimentée.

Ce n'est pas une sauce pour la salade, mais un assaisonnement sous la forme d'une salade de légume et comme tel, il n'a pas son égal. Nous n'avons jamais auparavant produit un article qui ait reçu une approbation aussi universelle.

Empaqueté dans de jolies bouteilles de 18 oz. fermées dans le vide. Prix $2.88 la douzaine.

New England Tomato Relish

constitue ce qui s'est jamais fait de meilleur dans les préparations de tomates. Il est préparé avec des fruits frais, mûrs, d'après un procédé scientifiquement exact ; on n'emploie aucune coloration artificielle quelconque. Il ajoute une délicieuse saveur à tous les mets avec lesquels on sert généralement des condiments de cette nature. C'est particulièrement l'article à employer avec les fèves au lard et les huitres cuites ou frites.

Empaqueté seulement dans des bouteilles d'une chopine complète, de forme triangulaire, avec couvercle se vissant, emballé avec goût. Prix : $2.88 la douzaine.

Lorsque vous achetez l'un ou l'autre de ces articles, vous obtenez véritablement ce qu'on peut avoir de meilleur.

SKILTON, FOOTE & CO., - - Boston, Mass.

AGENTS POUR LA PROVINCE DE QUEBEC :

THE FOREIGN CHEESE IMP. Co., 9, rue St-Pierre, Montreal.

plusieurs centaines de kilomètres, au sud-ouest de Pékin, un morceau de fer trouvé il y a de nombreux siècles, dans un puits, où il était, paraît-il, tombé du ciel. Les prosternations que l'Empereur fera à ce fragment de météorite ne pourront pas manquer de vaincre la résistance du dragon. Mais, s'il n'est pas toujours aisé de s'attirer les faveurs du dragon de la pluie, rien ne serait plus facile que de l'irriter. Dans le temple où l'Empereur va faire les prières et sacrifice dont nous venons de parler, se trouve, nous dit Doolittle, un puis fermé par une pierre plate, sur la face inquelle un dragon est sculpté. Déplacer cette pierre, c'est eontiarier le dragon, c'est exposer le peuple aux pires calamités. Un jour, en effet, ce même Kia King qui avait banni le dragon ayant prié pour la pluie, pendant plusieurs jours, furieux et las de ne voir rien venir, osa toucher à cette pierre. Aussitôt les bondes du ciel s'ouvrit.

Après trois jours d'averses, l'Empereur se rend au temple, remercier le dragon et le prier d'arrêter la pluie ; peine perdue. Après six jours, nouvelles supplications, également inutiles. Enfin, au bout de neuf jours, le Fils du Ciel confesse humblement sa faute ; se repent de l'audace qu'il a eue de faire toucher à la pierre du puits et, devant ce *mea-culpa*, le dragon fait cesser la pluie comme par enchantement.

Comme les inondations et les éclipses, la foudre elle-même trouve son explication dans le *dragon*. C'est par l'éclair que souvent la bête fabuleuse témoigne aux mortels son mécontentement. Il y a quelques années, un typhon et la foudre firent des ravages à Canton. La population expliqua le phénomène en disant que les Européens avaient tiré des coups de canon sur le dragon au moment où il planait au-dessus de la concession franco-anglaise et des gravures furent vendues qui reproduisaient cet acte d'insolente témérité des "diables étrangers."

Les marins chinois pensent que les typhons qui ravagent les côtes du Céleste-Empire sont dus à des esprits malveillants cachés dans les eaux et attendant les jonques pour en faire leur proie quand elles s'aventurent dans les paragss difficiles. Aussi, quand la tempête atteint son paroxysme, et que le danger est imminent, les marins lancent-ils à l'eau une jonque en papier ayant en petit les formes et proportions exactes de celle qu'ils montent : ils espèrent ainsi tromper les esprits irrités et mieux que par le filage de l'huile calmer la tempête.

Ce dragon de la foudre est aussi un grand justicier. Quand un individu est tué pendant un orage, il n'y a plus de doute possible aux yeux des Chinois. Eût-il jusque-là été tenu pour le plus honnête homme de l'Empire du Milieu, il doit être considéré comme un criminel que le dragon seul aura su reconnaître : ou bien il pratiquait mal la piété filiale, ou bien il ne respectait pas suffisamment le riz et le blé, ou bien il était irrévérent pour les caractères écrits. "On peut même quelquefois, en se servant d'un miroir, voir sur le dos du mort les caractères indiquant le crime pour lequel il a été frappé."

Enfin, ce dragon est même une providence. Le tonnerre tue un certain nombre d'insectes et de reptiles qui peu à peu deviendraient de malins esprits, capables de revêtir des formes humaines.

Le *dragon* est partout : dans la terre, dans les airs, dans l'eau, son élément de prédilection. Il se tient de préférence au confluent des rivières. Il se trouve aussi dans les maisons où il joue le rôle de génie protecteur. Et c'est pour que son corps, qui a horreur de la ligne droite, soit confortablement installé, que les toitures présentent ces formes relevées et gracieuses, surtout dans le Sud.

Ce sont les sinuosités du corps du dragon qui produisent les ondulations de terrain dans les plaines, les dentelures des montagnes. Certaines cartes géographiques indiquent même les points où se trouvent des dragons et signalent ainsi les endroits où il ne faut pas creuser la terre, si on ne veut pas déchaîner toute sorte de calamités.

Cette croyance—qui est surtout une crainte—au dragon est un obstacle sérieux à l'exploitation de la richesse minière de la Chine. Il est bien probable que les autorités usent et abusent de ce sentiment, surtout développé dans les masses, pour refuser des concessions aux ingénieurs européens et essayer ainsi de maintenir quand même la Chine fermée au progrès. Mais cette terreur de contrarier le dragon en creusant une mine est encore bien puissante, non seulement parmi le peuple, mais aussi dans les classes élevées.

Il n'y a pas bien longtemps, une pétition fut adressée au Trône par un certain nombre de Chinois du plus haut mandarinat, pour obtenir du Fils du Ciel qu'il s'opposât à l'exploitation de mines de charbon voisines des tombes impériales. L'argument principal de la requête était le suivant : le dragon ne pourrait manquer d'être contrarié et et peut-être manifesterait-il sa colère en bouleversant les restes de l'Impératrice, enterrée depuis peu.

Dans un rapport qu'il fit à l'Empereur, un vice-roi du Fo-Kien priait instamment le souverain de ne pas autoriser les étrangers à élever des résidences d'été, dans certains points des collines qui entourent Fou-tchéou. Les fondations de la ville, disait-il, reposent sur le dragon beinveillant. Or, justement où les Européens ont l'intention de bâtir, les veines et artères du monstre protecteur se trouvent tout à fait à la surface du sol. Le poids des constructions provoquerait une certaine gêne dans la circulation de l'animal qui, pour faire cesser la compression et aussi pour témoigner sa colère d'être aussi mal traité, exécuterait un certain nombre de mouvements dont la capitale et la province de Fo-Kien, elle-même, aurait beaucoup à souffrir.

Une telle argumentation peut paraître extraordinaire sous le pinceau d'un haut fonctionnaire. Mais ce vice-rei était nonrri, sans doute, de la plus pure moelle des classiques et rien de prodigieusement invraisemblable ne lui était étranger.

Fait singulier, des idées aussi fausses et absurdes trouvent parfaitement place dans les cerveaux des Chinois qui connaissent l'Europe. Déjeunant un jour avec un jeune mandarin, qui avait habité Paris et Pétersbourg et parlait couramment notre langue, la conversation roula sur les difficultés qu'on pourrait avoir pour jeter sur le Pé-Ho le pont du chemin de fer de Tien-Tsin à Pékin. Les difficultés pour ce Chinois ne faisaient pas de doute. Il me dit, très calmement, qu'il savait d'une façon certaine que le dragon du fleuve avait été mécontenté par l'installation d'une pile du pont et qu'il ne tarderait pas à le renverser.

Moyen pour conserver le brillant des objets dorés

On conserve le lustre des objets dorés en les recouvrant au pinceau, d'un mélange d'ammoniaque pour trois parties d'eau.

Une fois l'objet enduit de cette composition, on le laisse sécher sans essuyer, il forme un vernis protecteur qui conserve le brillant.

UN PROGRES EN PHOTOGRAPHIE

Maintenant que la photographie compte un grand nombre d'adeptes, nous sommes certains que beaucoup de nos lecteurs liront avec intérêt et profit l'article suivant que nous empruntons à l'*Industrie progressive* :

Une découverte à la fois très ingénieuse et très pratique vient d'être faite dans le domaine de la photographie. Elle est destinée à introduire de grands changements dans la manière de procéder, ainsi que dans la vente des fournitures pour la photographie.

Pour en donner une idée, nous allons soulever un voile de l'histoire de cette industrie. Depuis la la découverte des plaques sèches on voit chaque jour apparaître de nouvelles inventions ayant pour but le changement de plaque en pleine lumière dit : "l'escamotage," certaines ne manquent ni d'ingéniosité ni d'originalité ; mais tous ces systèmes et mécanismes se comportent très mal dans la pratique. Les industriels ne s'en servent pas et une grande partie d'amateurs reviennent à l'appareil primitif.

L'industrie photographique l'a bien senti, elle a cherché un remède ; renonçant jusqu'à ce jour à trouver quelque chose de pratique dans cette voie elle a créé la pellicule, croyant remplacer les plaques par cette dernière qui prend peu de place et peut se rouler facilement, mais ce n'est pas encore la perfection désirable.

L'usage de la pellicule offre de graves désavantages. Pour n'en citer que quelques-uns disons que : 1o le prix en est trop élevé ; 2o sa flexibilité rend incommode le développement, ainsi que le tirage des épreuves ; elle supporte ni la chaleur, ni l'humidité, et on ne peut en faire usage dane les pays chauds ; 4o il est difficile de développer isolément chaque photographie et en général on procède par toute une série d'épreuves comprenant généralement des vues prises dans des endroits et à des moments divers. Elles sont différemment impressionnées et cette différence provient surtout des diverses couleurs d'une intensité plus ou moins grande ; pour les faire ressortir sur la photographie, il faut se servir de produits spéciaux afin de donner à chaque image la tonalité spéciale de lumière dont elle a besoin.

D'autre part la durée du développement et la quantité de produits dilués dans le bain dépendent de l'intensité de l'impression, de sorte qu'il faut que chaque cliché soit traité séparément et ceci est presque impossible avec les pellicules.

Voilà quelques-unes des raisons pour lesquelles la pellicule n'a pas détrôné la plaque qui reste et restera toujours la seule usitée par les professionnels ainsi que par les amateurs doué de sens artistique.

La pellicule doit sa principale fortune à cette invention très ingénieuse lancée par la Compagnie Eastman et qui consiste à livrer au public des bobines spéciales contenant des pellicules, avec lesquelles les appareils sont chargés en pleine lumière.

C'est là un attrait pour beaucoup d'amateurs même parmi ceux qui possèdent des appareils à plaques ; pour les travaux artistiques ils en est qui n'hésitent pas à se procurer un appareil à pellicules pour les travaux de second ordre.

L'amateur consent volontiers à payer cette bobine deux ou trois fois autant que les plaques, sans attacher d'importance aux inconvénients qu'elle présente, trop heureux qu'il est de pouvoir se passer de la chambre noire pour charger son appareil qui de cette façon occupe peu de place ; son mécanisme ne s'engorge pas et ne s'arrête jamais.

L'invention qui nous occupe a pour but de relever la plaque et de lui donner les mêmes avantages que ceux de la pellicule tout en conservant sa supériorité au point de vue pratique et artistique.

D'après ce nouveau procédé les plaques seront débitées dans des boîtes spéciales, semblables à celles employées pour les conserves. La boîte pourra se décharger en pleine lumière dans un très élégant *magasin* ayant la forme d'un porte-feuille contenant une douzaine de plaques et pouvant être porté dans la poche. D'un système très simple, ce *magasin* distribue les plaques en pleine lumière une par une dans un appareil pliant pouvant être également porté dans la poche.

Quant au *magasin* son fonctionnement ne fait jamais défaut, et ce qui est à considérer c'est qu'il ne possède aucun mécanisme proprement dit.

L'appareil à photographier qui accompagne ce *magasin* est d'un maniement facile et commode.

Après avoir impressionné la plaque on peut la retirer immédiatement pour la développer, de même qu'on peut la laisser et photographier une douzaine de vues sans être obligé de retirer la plaque de l'appareil. Il est facile alors de transporter de nouveau les plaques impressionnées dans la boîte qui les contenait à l'état vierge, et recommencer l'opération avec d'autres, tout cela en opérant en pleine lumière et étant sûr de mieux réussir qu'avec n'importe quel appareil.

L'importance de cette invention est surtout dans la supression de la chambre noire pour le changement et le *chargement* des plaques. Le même inventeur vient d'imaginer un appareil auxiliaire, fonctionnant avec celui ci-dessus décrit et qui peut également être porté dans la poche ; il a pour but de permettre de développer les plaques en pleine lumière tout en observant la marche de l'opération. Ce dernier appareil supprime complètement le laboratoire. Nous nous réservons de le décrire ultérieurement.

En terminant, donnons un détail qui a son importance.

La plus grande partie des appareils existants pourront être transformés avec une dépense minime et adoptés à ce système. A certain appareils il suffit d'ajouter un châssis spécial. Du reste l'inventeur, M. Hirchenson, de Paris (France) s'occupe actuellement de l'étude de cette dernière partie de sa découverte.

MUSCADE ET MACIS

La muscade ou noix muscade est le fruit du muscadier (*mirystica moschata officinalis*), arbre de la famille des Myristicées, originaire des îles de Banda et d'Amboine dans l'archipel indien ; qui croît aux îles Moluques, aux îles de France et de Bourbon.

La muscade proprement dite est une amande onctueuse, à surface ridée, blanche extérieurement, jaunâtre et marbrée de rouge à l'intérieur. Elle est facile à couper ; son odeur est forte et aromatique, sa saveur chaude et âcre. Elle est recouverte d'une coque brune, dure, peu épaisse, recouverte d'une membrane fibreuse, odorante, rouge-écarlate, qui devient jaune et dure en vieillissant ; c'est l'*arille*, connue dans le commerce, sous le nom de *macis*. En dessus de cette peau est un brou charnu et filandreux.

La noix muscade est pyriforme, marquée d'un sillon longitudinal ; elle ressemble à une pêche-prune de

Vin tonique français hautement recommandé — en bouteilles et en fûts.

Vins de Tarragone Blancs et rouges. Grand choix dans les deux sortes.

Vins de Messe De Tarragone et de Sicile. Origine et pureté garantis par certificats du pays de provenance et approuvés par l'archevêché de **Montréal**.

Vins Canadiens Façon Port et Sherry. Fabrication soignée. Goût exquis.

Gin Pollen & Zoon De Hollande (Qualité Supérieure), caisses rouges, vertes, violettes et fûts.

Vins d'Oporto De la Maison Cockburn, Smithes & Co., Oporto. Cinq qualités différentes en couleurs pâles et foncés.

Vins d'Oporto De la Maison Warre Bros., Oporto. Quatre qualités différentes.

Sherry De la Maison Pedro Doneq, Jerez, Espagne. Quatre qualités différentes.

Sherry De la Maison Humbert & William, Cadiz, Espagne. Six qualités différentes.

NOUS AVONS TOUS CES SHERRIES EN FUTS DE 7, 15, 30 et 50 GALLONS.

LAPORTE, MARTIN & CIE, Epiciers en Gros

MONTREAL.

grosseur moyenne. Dans le commerce, on distingue les muscades par leur forme et par le nom du pays d'où elles proviennent.

Les *muscades des Moluques*, qui sont les plus estimées, se divisent en muscades *mâles* ou *sauvages*, grosses et longues, légères, peu odorantes et se piquant avec facilité, peu employées ; et en muscades *femelles* ou *cultivées*, rondes, d'une grosseur variable, mais n'excédant jamais celle d'une petite noix ; elles sont recouvertes d'une poussière grise.

Les *muscades de l'île de France* sont *longues* ou *rondes*, légères. Il y a aussi la muscade *en coque* (non mondée) ; mais elle est moins fréfréquente dans le commerce, les muscades étant généralement vendues, dépouillées de leur macis.

On l'emploie, dans l'économie domestique, comme aromate et comme condiment ; et, en médecine, comme excitant très énergique.

Les muscades sont quelquefois mêlées de noix piquées, rongées par des insectes et devenues friables ; les piqûres sont alors bouchées avec une espèce de mastic formé de *farine*, d'*huile* et de *poudre de muscade*. Cette pâte a même servi à fabriquer de *toutes pièces* des fausses muscades, inodores et insipides. Des industriels en ont fait avec du *son*, de l'*argile* et des *débris de muscade*. Ces muscades, mises en contact avec l'eau, se délayaient dans ce liquide.

Les muscades piquées sont également insipides et presque inodores ; parfois elles ont une odeur de moisi.

Quant à la fraude qui consiste à vendre des muscades *épuisées par l'alcool et par la distillation*, ou mélangées avec des *fruits étrangers, analogues*, elle serait reconnue par la cassure, l'odeur, la saveur.

EMPAQUETAGE DES ŒUFS

Le jaune de l'œuf se corrompt beaucoup plus vite que le blanc. Pour ce motif, il est important que le jaune soit enveloppé par le blanc. Si l'œuf est placé sur le côté ou sur le gros bout, le jaune, qui est lourd, descendra et viendra en contact avec la coquille qui est perméable à l'air. Si on place l'œuf sur le petit bout il y aura toujours une couche de blanc entre le jaune et la coquille Les œufs absorbent facilement les odeurs de sorte que dans l'emballage on ne doit se servir que de matières inodores.

—(*Ladies' Home Journal.*)

LE NOUVEAU TARIF ALLEMAND

On sait que l'Allemagne a mis à l'étude la préparation d'un nouveau tarif général douanier, destiné à servir de base aux négociations qu'elle engagera avec les divers pays avec lesquels elle est liée par des traités de commerce, à l'expiration prochaine de ceux qui sont actuellement en vigueur. On se rappelle également qu'une Commission centrale a été chargée de réunir les éléments nécessaires à l'élaboration du projet de tarif, de quelque source qu'émane ces éléments. C'est ainsi que des enquêtes officielles ou officieuses ont été ouvertes auprès des Chambre de Commerce, des Associations de l'Empire ; les particuliers ont été aussi invités à faire connaître leurs avis ou leurs propositions.

Les résultats d'un certain nombre de ces enquêtes sont connus ; nous allons résumer les principales réponses, celles qui mettent en lumière le but poursuivi dans ce tarif.

Il s'agit, évidemment, de renforcer le système protectionniste, et quelquefois par des mesures d'un ordre spécial ; c'est ainsi qu'il a été proposé d'appliquer, dans certains cas, des droits différents, selon la saison où se ferait l'importation ; cette mesure s'appliquerait à la demande des jardiniers, aux *raisins*, aux *agrumes* et aux *légumes*. Les importateurs protestent contre cette mesure et font remarquer qu'il est impossible de prévoir le jour exact où arrivera la marchandise importée; les transactions seraient pleines d'aléas, et jamais on ne serait certain du prix réel des produits achetés. Du reste, les jardiniers n'ont pas souffert de la franchise dont jouissent ces articles, car leurs produits ont toujours sur les produits exotiques l'avantage de la fraîcheur.

Le commerce des *vins* en Alsace se plaint de l'importation considérable des raisins frais entassés ; ces raisins ne demeurent pas dans le commerce, mais sont répartis entre des particuliers qui en fabrique leur boisson ordinaire. Avec de l'eau et du sucre, on produit, surtout avec les forts raisins du Midi, de grandes quantités de vin. Cette importation qui n'est frappée que d'un droit de 4 marks par quintal, a causé un grand dommage à la viticulture de l'Allemagne et de l'Alsace ; ce droit doit donc être relevé. Par contre, il faut maintenir le tarif actuel sur les vins, excepté pour les vins de coupage, dont le tarif doit être abaissé. Il n'y a pas lieu de s'arrêter à la proposition tendant à taxer les vins d'après leurs degrés d'alcool.

Les fabricants de *conserves* ont demandé, dans l'intérêt des fabriques qui font elles-mêmes leurs boîtes en fer-blanc pour l'emballage de leurs produits, que l'augmentation sur le ferblanc, réclamée par les intéressés, ne soit pas accordée.

Les industries qui emploient le *caaco*demandent une diminution de droit sur le cacao brut, et s'appuient sur les raisons suivantes : En 1879, les droits fiscaux sur le café, le thé et le cacao ont été augmentés d'une manière égale ; mais on n'a pas fait attention que ces produits ont économiquement parlant, une importance bien diverse. Le thé et le café sont, par eux-mêmes, des articles de commerce, tandis que le cacao fournit la matière première à une industrie, qui fait vivre de nombreux individus. Les pays concurrents qui utilisent ce produit le traitent comme matière première et non comme produit alimentaire complet. C'est ainsi qu'en Hollande, le cacao brut est exempt ; en Suisse, il n'acquitte que le droit de 1 fr. par quintal ; en Angleterre, où il figure parmi les rares articles frappés de droits fiscaux, il paye 20 marks au quintal. C'est à ce taux que devrait aussi en Allemagne être réduit le droit actuel de 35 marks ; de cette façon, le tarif allemand se rapprocherait du tarif autrichien, qui porte 10 florins le quintal. La diminution de recettes qui résulterait de cet abaissement pourrait être compensée par une augmentation de l'impôt sur le sucre, et l'industrie sucrière allemande appuie sur ce point, la demande des fabricants de chocolat.

Les fabricants de *pâtes* et produits similaires demandent l'élévation à 20 marks par quintal du droit actuel de 13.5 sur ces marchandises. Ils s'appuient sur la situation défavorable où se trouve cette industrie en Allemagne, comparée à ce qu'elle est en France et en Italie. Le blé acquitte en France 7 fr., en Italie 7 fr. 50; en France, l'admission temporaire de 100 kilogrammes de blé peut être acquitté par l'exportation de 57 kilogrammes de pâtes ; en Italie, de 60 kilogrammes. D'où il s'ensuivrait que le bénéfice d'exportation de pâtes serait en France de 12 fr.20 (9marks 8) et en Italie 12 fr. 50 (10 marks) par 100 kilogrammes. De sorte que, pour entrer en Allemagne, le fabricant français n'a plus à payer que 3 marks

7 et le fabricant italien 3.5 par quintal. Ces droits sont insuffisants pour protéger l'industrie allemande contre la concurrence française et italienne. Le but peut être atteint par deux moyens : l'un l'abaissement du tarif pour le farines de blé dur, est incompatible avec les intérêts de l'agriculture et de la meunerie allemandes. Il ne reste que le second moyen, qui consiste à élever à 20 marks le droit sur les pâtes, de sorte que les Français auraient à payer 10 marks 2 et les Italiens 10 marks par 100 kilogrammes. Il est admis également que des primes ou des restitutions de droits seraient établies en Allemagne à l'exportation des pâtes.

A la dernière réunion des fabricants d'*amidon*, qui s'est récemment tenue à Berlin, il a été décidé de demander au Gouvernement impérial de faire ses efforts, au renouvellement des traités de commerce, pour que les Etats étrrngers qui, dans ces derniers temps, ont successivement élevé les droits d'entrée sur l'amidon les ramènent autant que possible à 1 mark par quintal. Il paraît peu probable que ce vœu soit exaucé, aussi longtemps qu'en Allemagne le droit sur les amidons sera de 12 marks 5 par quintal.

La confection des *gants* a pour l'industrie alsacienne une grande importance. D'après la Chambre de Commerce de Strasbourg, il est indispensable d'envoyer au dehors, pour y être cousus, les gants coupés ; c'est en Belgique que se fait plus spécialement ce travail de couture. D'autres Chambres allemandes constatent que l'industrie de la couture en Allemagne n'est pas assez perfectionnée pour qu'il soit possible de se passer du travail étranger. En conséquence, on propose de maintenir le régime actuel, tout en créant des écoles qui permettraient, dans l'avenir, de n'avoir plus recours à la main-d'œuvre du dehors.

Les fabricants de *tissus pour chapeaux* ont exprimé le vœu que la franchise continue à être accordée par l'Italie aux tissus de poils de lièvre.

Les fabricants de tissus de *jute* protestent contre l'admission en franchise de sacs neufs servant à l'emballage des céréales, du sucre et d'autres marchandises. Ces sacs sont mis dans le commerce sans avoir acquitté de droits.

Les fabricants de *laine artificielle* prétendent éprouver un grave dommage par suite de l'entrée en franchise de ce produit de Belgique, de France, d'Autriche, d'Angleterre, parce que, pour le moment, ces pays se procurent à bas prix la matière première. Il faudrait rétablir l'équilibre au moyen d'un droit modéré.

En ce qui concerne l'industrie des *draps*, la Chambre de Commerce de Cotbus, centre de cette fabrication, a fait connaître, dans son rapport sur 1899, ses desiderata à l'égard des tarifs douaniers. Elle déclare que les tarifs actuels sont suffisants pour empêcher le marché allemand d'être inondé par les produits étrangers ; une surélévation n'arrêterait pas l'importation des articles fins, recherchés par la classe riche. Ce qui serait bien plus important, ce serait de procurer à l'industrie allemande des débouchés en obtenant, lors de la conclusion de nouveaux traités, des abaissements de droits dans les pays avec lesquels l'Allemagne pourrait étendre son exportation.

Les fabricants alsaciens de *fleurs artificielles* ne peuvent s'accommoder des dispositions du traité germano-suisse : le droit suisse de 2 fr. par kilog., y compris l'emballage, doit être réduit. Actuellement, les marchandises communes, telles que celles en papier et en carton, destinées aux ornements funéraires, acquittent un droit qui représente 40 p. c. de leur valeur, tandis que les plumes de parure, en soie ou autre matière légère, ne payent que 2 ou 3 p. c. de leur valeur.

Les fabricants de *papiers photographiques* se plaignent de ce que leurs produits ne peuvent pénétrer en France et aux Etats-Unis par suite de l'élévation des droits, tandis que, grâce à la faiblesse des droits en Allemagne, soit 10 marks les 100 kilog., ces mêmes pays importent dans l'Empire de grandes quantités de ces papiers.

L'industrie du *bois*, en Alsace, réclame notamment une élévation des droits sur les bois, afin d'arrêter la concurrence des Etats-Unis et de l'Autriche. Le droit de 4 marks par mètre cube met surtout l'Autriche en mesure de faire une sérieuse concurrence en Westphalie et dans les provinces du Rhin. Le gouvernement devrait aussi s'efforcer d'obtenir de la France un abaissement pour les bois découpés.

Les propriétaires de *scieries de pierre et de marbre* prétendent que l'infériorité des salaires dans les pays voisins les mettent dans une situation difficile, à laquelle il faut remédier par une élévation de droits.

Les fabricants de *tissus métalliques*, quoique ne présentant qu'une importance secondaire, puisque leur trafic ne s'exerce qu'avec l'Autriche, demandent ou bien l'abaissement du tarif autrichien au niveau de celui de l'Allemagne, ou plutôt l'admission en franchise réciproque dans les deux pays.

Les producteurs de *mastic* pour vitriers ne se trouvent pas suffisamment protégés contre l'importation suisse. La Suisse n'a pas de droits sur l'huile de lin nécessaire à la fabrication de cet article et de plus elle a à bon compte le travail et la force motrice, ce qui lui permet de faire une concurrence très sérieuse à la production allemande.

Enfin, les consommateurs et non plus les producteurs de *chlorure de chaux*, c'est-à-dire les blanchisseurs de fils de lin, ont adressé une pétition pour obtenir l'abaissement, de 3 à 1 mark le quintal, du droit sur ce produit, bien que l'industrie allemande en produise assez pour la consommation de l'Empire et que l'exportation en soit nulle. Mais les Sociétés productrices ont formé une Union, pour fixer les prix intervenus d'après les prix du marché général, en y ajoutant le droit de douane et les frais de transport, de sorte que les blanchisseurs allemands payent à leurs compatriotes 12 à 13 marks les 100 kilog., tandis qu'au dehors le même produit n'est payé que 8 marks.

Tels sont les résultats des enquêtes parvenus à notre connaissance. On voit que les Allemands sont loin de vouloir renoncer à la protection et qu'ils ne feront, au contraire, que l'accentuer.

Quand nous nous serons procuré d'autres renseignements, nous en ferons part à nos lecteurs.

(*Réforme Economique*).

LA PRODUCTION DU SUCRE EN EUROPE

EVALUATIONS POUR LA CAMPAGNE 1900-1901.

Quoique l'arrachage des betteraves soit loin d'être terminé, on commence déjà à baser, sur les perspectives actuelles, des évaluation de la production éventuelle pendant la campagne qui vient de commencer. Bien entendu, on ne doit accepter de telles évaluations qu'avec beaucoup de circonspection, puisque les circonstances atmosphériques peuvent en modifier encore très sensiblement les résultats définitifs.

M. C. Gieseker, qui s'est fait une spécialite dans la matière, vient de

Les amateurs de Whisky Ecossais, de

Bon Whisky Ecossais,

ne sauraient désirer mieux.

Highland Whisky

Le Roderick Dhu

Se recommande par ses hautes qualités et sa grande pureté.

Il n'est livré au commerce que lorsqu'il a acquis, par un stage prolongé en fûts, la finesse d'arôme et cette saveur spéciale caractéristique — si appréciée des Ecossais et si estimée des amateurs.

Cette capiteuse liqueur ambrée, à la fois limpide et liquoreuse est agréable au palais et " chaude au cœur " suivant un adage populaire.

A la veille de la saison froide — **Le Roderick Dhu** — a sa place marquée sur la table du gourmet le plus raffiné : il facilite la digestion et constitue le meilleur des préventifs contre le froid.

Nous en avons l'agence exclusive pour le Canada.

HUDON, HEBERT & CIE, MONTREAL.

publier ses prévisions actuelles sur la récolte dss betteraves et la production du sucre de l'Europe, pendant la campagne en cours. Nous donnons ces prévisions avec toutes les réserves qu'elles comportent :

Pays producteurs. —	Surface ensemencée. — Hectares.	Rendement cultural par hectare. Kil.	Quantité de betteraves à mettre en œuvre. — Tonnes.
France........	285,000	28,291	8,062,955
Belgique........	68,850	36,632	2,522,113
Hollande........	35,681	30,892	1,411,177
Allemagne.....	443,460	27,220	12,070,981
Autr.-Hongrie	339,600	22,188	7,535,045
Russie..........	548,796	12,644	6,938,976
Suède..........	28,843	28,421	819,747
Danemark.....	14,000	28,609	400,526
Pays divers...	50,000	21,000	1,650,000
Total......	1,824,230	22,347	40,812,000
Cont. 99-1900..	1,697,447	24,014	40,763,000

	Rendement industriel présumé en sucre brut	Production en sucre brute Tonnes.	
	0/0	1900-1901	1899-1900
France.........	13.20	1,065,000	978,000
Belgique......	12.72	320,000	270,000
Hollande......	13.25	185,000	171,000
Allemagne ...	15.00	1,810,000	1,795,000
Aut.-Hougrie	14.00	1,055,000	1,096,000
Russie.........	13.00	900,000	915,000
Suède...........	12.53	100,000	81,000
Danemark.....	12.50	50,000	42,000
Pays divers...	12.50	130,000	87,000
Total......	13.77	5,615,000	5,435,000
Cont. 99-1900.	13.33	5,435,000	

Soit, par conséquent, une augmentation globale de 180,500 tonnes pendant cette campagne sur la précédente.

M. Gieseker fait suivre ces estimations des considérations suivantes :

" Pour toute l'Europe les chiffres de ce tableau indiquent l'excédent des ensemencements (l'Espagne l'Italie et la Roumanie comprises) sur ceux de l'année précédente à 7.47 0/0 ; mais cet excédent est presque totalement compensé par le déficit du rendement cultural par hectare, de sorte que la quantité totale de betteraves à mettre en œuvre est sensiblement la même qu'en 1899-1900. Quant au rendement industriel moyen pour toute l'Europe, je prévois celui de 14.77 0/0 en sucre brut contre 13.33 0/0 résultat réel de l'exercice précédent, et c'est cette supériorité du rendement industriel qui fournit l'excédent de production de 180,000 tonnes de sucre brut sur l'exercice précédent.

" Telles sont mes prévisions sur la base de la situation de la récolte au commencement d'octobre et en escomptant pour l'avenir des conditions météorologiques normales.

" Il va sans dire que ces résultats prévus actuellement varieront suivant la climature ultérieure."

LA SITUATION ECONOMIQUE ET FINANCIERE AU BRESIL

PAR M. PAUL RENGNET

LA crise profonde dont le Brésil commence à peine à se remettre et qui a fait tant de mal au pays, notamment en ruinant son crédit extérieur, a eu trois causes principales :

La surproduction du café ;

La surabondance du papier-monnaie ;

Les déficits budgétaires.

Si les planteurs, par leur imitation servile du voisin et leur ignorance des marchés extérieurs, ont dépassé les besoins de la consommation au point d'amener la crise qui les a ruinés, la faute leur en revient évidemment. On peut cependant remarquer que le Gouvernement eût pu se préoccuper de les mettre en garde contre le danger vers lequel ils marchaient aveuglément.

Dans tous les cas, ce même gouvernement ne peut esquiver la lourde responsabilité des deux autres causes dues uniquement à sa déplorable administration.

En acceptant le pouvoir et en permettant de modifier ce regrettable état de choses, M. Campos Salles prenait un engagement lourd de difficultés, car s'il faut déjà un certain courage à l'individu isolé, habitué à vivre sans compter, pour pour changer sa vie avant la culbute finale et remonter péniblement la pente si aisément descendue, c'est autant dire de l'héroïsme qui est nécessaire à un chef d'Etat élu par le suffrage universel pour agir de même. Il suffit de penser au nombre d'électeurs brutalement atteints dans leurs douces habitudes par l'application d'insitées mesures d'économie, à tous les fonctionnaires démis, et cela dans un pays aussi vaste et aussi impressionnable que le Brésil, pour s'en rendre facilement compte.

Reconnaissons tout de suite que M. Campos Salles et son habile ministre des finances, M. Joaquin Murtinho, n'ont pas failli devant l'ingratitude de leur tâche ; ce sera leur rendre un juste hommage.

L'arrangement connu sous le nom de *Funding Loan* a été un véritable concordat.

Le Brésil courait à la faillite, il ne pouvait plus payer les intérêts de sa dette extérieure. M. Campos Salles a eu recours à un moyen énergique et a courageusement fait la part du feu afin d'éclaircir la situation, qui en avait d'ailleurs grand besoin. Jusqu'en juillet 1901 il a été décidé que tous les paiements en or du Brésil (dette et garanties aux chemins de fer), seraient payés en titres "Funding" émis par MM. Rothschild & Co de Londres au fur et à mesure des besoins et gagés par le revenu des douanes brésiliennes.

C'était autant de répit pour le gouvernement pour réorganiser les finances du pays, d'après certaines données d'ailleurs prévues dans le contrat du "Funding" par les éminents financiers qui ont présidé à sa confection et au nombre des quelles figurait notamment l'incinération progressif d'une certaine quantité de papier-monnaie.

Voyons donc à l'heure actuelle quels sont les résultats de la courageuse politique du gouvernement de M. Campas Salles :

Papier-monnaie.—La masse primitive était évaluée à 788,000 contos de reis (1 conto = 1,000 milreis, un milreis = 27 pence au pair, le Brésil cote le certain, le change à 9 signifie que le milreis est coté à 9 pence).

Au 30 juin, par suite des incinérations successives, cette somme était réduite à 703,000 contos, et l'amoindrissement consécutif avait comme résultat logique l'augmentation de valeur de la masse restante, c'est-à-dire la hausse du change. Celui-ci était descendu, du pair où il était sous l'empire, et qui n'était guère économiquement justifiable d'ailleurs, à 5¾ en mai 1898. A ce moment donc u Brésilion possédant sa fortune en milreis la voyait, *ipso facto*, réduite dans la proportion de 27 à 5,75, ce qui permet d'apprécier la diminution du pouvoir d'achat du pays et l'effondrement de sa richesse effective. Il est remonté aujourd'hui au-dessus de 10.

Les 788,000 contos valaient au change du moment (6)...liv. st.	19,700,000
Les 703,000 contos actuels représentent au change de 10.........	29,290,000
Soit une plus value de liv. st......	9,590,000

Cette constatation se passe de commentaires.

Administration générale—En même temps que s'opérait la diminution du papier-monnaie, des mesures étaient prises pour supprimer les déficits budgétaires. Les sources de revenus ne pouvant être raisonnablement très amplifiées alors que le pays était arrivé à son maximum d'appauvrissement, le gouvernement a eu recours surtout aux diminutions de dépenses, malgré l'impopularité de semblables mesures.

Une partie des impôts n'arrivait pas au Trésor par suite d'une recette mal organisée. On a modifié cet état de choses.

En outre, afin de ne pas influencer le marché du change en y achetant directement les remises sur Londres dont il avait besoin, le gouvernement a fait payer en or une partie des droits de douane.

Finalement, non seulement les déficits budgétaires sont supprimés, mais le dernier exercice s'est soldé par un excédant de recettes.

Café.—La monoculture du café a été une des causes fondamentales de la crise. Le jour où ce produit a été dévalorisé par une production exagérée, le Brésil s'est trouvé paralysé, car il ne savait pas faire autre chose que du café, en dehors du caoutchouc, localisé dans les régions équatoriales du pays.

Par la force des choses, les planteurs moins bien placés pour résister ont sauté tour à tour et la production a diminué d'autant, en sorte que le café qui était coté au Havre à fr 33 les 50 kg en 1899, est aujourd'hui au-dessus de fr 50.

Il est à espérer que les planteurs évincés se sont mis à cultiver d'autres produits, et, en fait, nous voyons par les rapports des Etats que le maïs et d'autres produits sont en augmentation considérable.

C'est une assurance pour l'avenir.

Dans cette liquidation, le gouvernement ne pouvait guère intervenir le mieux était de laisser agir la seule force économique. Mais il est intervenu dans un autre sens en obtenant après de longs pourparlers une réduction des droits d'entrée du café en France et en Italie où ils étaient particulièrement considérables (en France, fr 1.53 par kilo !).

Change.—Un gros inconvénient à l'importation des capitaux étrangers dans ce pays neuf, question vitale cependant, réside dans l'instabilité du change.

C'est que la balance commerciale n'est pas seule en jeu et que toutes les prévisions raisonnables au point de vue économique sont faussées, voire retournées, par la spéculation.

Ici, on ne spécule pas sur la Bourse, les valeurs n'ont, on peut le dire, pas de marché, même à Rio. Tout le monde, par contre joue plus ou moins sur le change, et il en résulte la pire incertitude pour les affaires sérieuses, qui, excellentes à un cours donné, deviennent mauvaises à un autre.

Tel est, actuellement, et tant que les cours ne permettront pas la conversion en or, l'obstacle au développement du pays.

Pour en donner un exemple il suffit de citer les faits :

Le change était à 7 en novembre dernier, il a monté lentement à 9 en mai, puis brusquement à 10, 11, et gagnant 3 points en 4 jours, atteignait $14\frac{3}{4}$ au commencement de juillet, pour dégringoler ensuite à $9\frac{7}{8}$!

Nous sommes maintenant contre 10 et 11, mais on peut se rendre compte de l'incertitude résultant de semblables oscillations dues à la spéculation, surtout à la petite spéculation, qu'on accueille trop facilement.

Le résultat de cette spéculation, créant des différentes considérables, a été d'abaisser au delà de toute mesure le niveau moral des places brésiliennes : ceux qui perdent trop ne paient pas, et malheureusement pous eux et pour leur pays, on passe l'éponge.

Si nous ajoutons à cette démoralisation celle des loteries, entrées dans les mœurs au point que pas un jour ne se passe sans tirages et ventes de billets dans les rues, depuis le *jogo do bicho* du prolétaire jusqu'aux grosses entreprises jouissant de concessions officielles, si nous y ajoutons encore la vénalité de la justice, qui fait dire que le Brésil manque, non de lois, mais de justice, nous aurons mis le doigt sur les plaies qui menacent l'avenir du pays et enrayent les bonnes volontés étrangères.

Il appartient au patriotisme du gouvernement de remédier à ce déplorable état de choses, et on est en droit de l'attendre de lui, comme le complément indispensable de ses courageuses réformes.

LES DATTES DE TRIPOLI

Le nombre des palmiers à dattes dans le vilayet de Tripoli, dans le Nord Africain, est évalué à deux millions ; c'est le plus important de tous les arbres qui croissent en cette région. Toutes les parties qui le composent ont un usage utile d'une façon ou d'une autre. Le fruit est un aliment, les feuilles servent à la fabrication des nattes ou à la couverture des huttes, le bois est employé dans la construction, c'est également un combustible ; avec la fibre on fait des paniers ou des cordages; la sève constitue un breuvage et enfin les noyaux du fruit convertis en pâte sont donnés comme nourriture aux animaux. Une certaine quantité de noyaux est exportée en Italie où on l'emploie pour falsifier le café.

Le consul général Jago, dit aussi que la pâte de dattes forme également au article d'exportation pour l'Egypte et la Turquie. La datte entre pour une forte proportion dans la nourriture du peuple, spécialement dans les années de pauvre récolte des céréales; son prix est alors basé sur celui de l'orge. Les tribus du Fezzan consomment de fortes quantités de dattes de Tripoli comme base de leur nourriture et chaque automne arrivent de l'intérieur des caravanes, à Misurata spécialement, pour s'approvisionner. Dans les oasis de l'intérieur on nourrit les animaux avec des dattes.

A la campagne, dans toutes les classes on fait une grande consommation de logbi, ou vin de palme; il n'est pas considéré au point de vue religieux mahométan comme boisson enivrante. La récolte se fait de mai à octobre ; on pratique une incision à proximité de la tête de l'arbre et la sève s'écoule dans une jarre en terre qu'on attache et change de place deux fois par jour. Le liquide s'écoule pendant près de trois mois mais en quantités variées. Un bon palmier produit quotidiennement en logbi pour une valeur de 2s à 2s 6d (50 à $62\frac{1}{2}$cts), mais après cette saignée le palmier reste deux ou trois ans sans produire de fruits. La consommation cependant en est grande, sa production demandant d'ailleurs peu de travail.

La production totale annuelle est d'environ £3,200 ($15,572) ; la taxe d'accise est de 20s ($4.86) par arbre.

Le logbi fraîchement tiré du palmier ressemble au lait, il est doux ; plus tard il devient sur. On distille de la date, mais en petite quantité un alcool, le bokha, qui se consomme dans la région. C'est une boisson enivrante ressemblant quelque peu à l'arack.

Les tentatives faites pour l'exportation des dattes en Europe pour des fins de distillation ont échoué grâce aux lourds droits de douane dans les pays importateurs.

Les plantations sont rares excepté dans les endroits où les palmiers sont exempts de taxes.

—(*Journal of Society of Arts*).

—On nettoie le marbre blanc en savonnant, puis en rinçant avec une eau additionnée de crème de tartre.

164, rue St-Jacques,
Montréal

ETABLIE EN
1858

Manufacture à
CARDINAL, Ont.

53 Front St. East,
Toronto

Empois Enamel de Benson

Fabriqué et
Garanti
par
Edwardsburg
Starch Co.
Limited

Un
Empois
à l'Eau
Froide.

VOYEZ NOTRE
LISTE DE PRIX.

The
Edwardsburg Starch Co.
Limited

Ces marques sont une garantie de Haute Qualité !
Le "Condor" Thé du Japon
Remarquable dans ses différentes qualités par la perfection de sa feuille, la beauté de sa liqueur et son Arome Exquis.
MARQUE
EMD
Bleu et Or.
JAPAN TEA
LE NEC PLUS ULTRA DES THÉS DU JAPON
Ce qu'il y a de plus fin, de plus choisi dans la récolte des premiers jours de mai.
Le Café de Madame Huot
Mélange de Cafés absolument purs, a obtenu plusieurs Premiers Prix et Médailles aux Expositions de Paris.
CAFÉ DE MADAME HUOT
IMPORTED AND PACKED BY
E.D. MARCEAU, MONTREAL
GUARANTEED
A BLEND OF THE FINEST COFFEES
IL N'A PAS SON EGAL AU CANADA !
LE Vinaigre "Condor"
100 grains, distillé, pur, brillant comme le crystal.
LE CONDOR

Vinaigre "Old Crow"
75 grains, distillé, pur, clair comme de l'eau de roche.
Thé Nectar
Une savante combinaison de trois Thés, dont le résultat est la Force, la Richesse de la Liqueur et le Parfum Délicieux.
Il n'a pas son pareil !
PURE SPICES
EMD
Thé "Old Crow"
...No 1, 2, 3, 4.
Mélange scientifique de Thés Noirs.
La meilleure liqueur, La force, l'Arome.
30 CENTS
RICH & FRAGRANT
THE NECTAR BLEND OF CEYLON
INDIA & CHINA TEAS
Des Epices Pures
et de haute qualité seulement sont vendues sous cette marque.
La Maison par excellence pour les Thés, les Cafés et les Epices :
E. D. MARCEAU, 296, rue St-Paul, MONTREAL

LA QUESTION DU CHARBON

Les hauts prix du charbon envisages par un direcreur de charbonnage

Le consul de France à Manchester, écrit à son gouvernement : Le niveau élevé qu'à atteint le prix du charbon, donne, en ce moment, un intérêt immédiat à tout ce qui a trait à l'économie générale de ce combustible.

A ce titre, je crois devoir signaler l'allocution, pleine d'actualité, prononcée à la séance d'ouverture de l'Institut des ingénieurs des mines du Staffordshire,—Sud et de l'Est,—Worcestershire, à Birmingham, par le président, M. Meachem, directeur des charbonnages d'Hamstead.

De toutes, parts,—a dit cet homme compétent,—on récrimine contre les propriétaires de mines, les intermédiaires et les marchands de charbon ; la presse, elle-même, ne craint pas de prêter son concours à cette œuvre de malveillance, sans se donner la peine d'étudier la question,—étude qui lui apprendrait qu'il y eut jadis une ère de très bas prix, comme il y a maintenant une période de prix élevés, ce qui suggère l'idée d'établir une moyenne générale. Cette moyenne dirait au public que les prix atteints aujourd'hui ne sont pas suffisamment élevés pour contrebalancer entièrement l'effet désastreux des bas prix d'autrefois et que l'industrie du charbon se borne à réaliser, en somme, un gain raisonnable.

Les prix suivants, qui proviennent, du *Wages Board*, montrent que la moyenne des prix a été, dans le passé, favorable au consommateur :

Prix moyen de la tonne de charbon de 1864 à 1900.

Années	Prix moyen	Unité de poids
1864......	8 shell. 6 pence	la tonne.
1870......	7 " 6 "	"
1880.	7 " 6 "	"
1887......	6 " 6 "	"
1890......	7 " 6 "	"
1895... ..	6 "	"
1898......	6 "	"
1900......	10 "	"

On peut se convaincre, en approfondissant, qu'un grand nombre de charbonnage n'ont pas réalisé 5 p.c. par an, dans toute leur existence, en tenant compte de l'épuisement graduel de la mine.

Au premier rang des facteurs dont la combinaison a déterminé la condition de prospérité actuelle de l'industrie du charbon, il faut placer l'importance de la demande, puis la décroissance du chiffre de l'extraction par homme. De 1880 à 1840 un homme extrayait 328 tonnes ce qui représente une diminution de 30 tonnes par homme, soit $7\frac{1}{2}$ p.c.

La tendance générale des mineurs à se syndiquer, tendance que développe l'éducation des masses, a provoqué l'élévation des salaires et nécessité un groupement de même nature parmi les chefs, ainsi que l'obligation, pour ces derniers, de ne vendre qu'à un prix supérieur. Et toutes les mines qui n'ont pu arriver à ce résultat pour payer des salaires et des frais généraux élevés, on dû fermer, les unes après les autres, ce qui a débarrassé le marché d'un courant de vente déprimant.

La concurrence ayant pris un caractère moins agressif entre les propriétaire de mines de charbon, il y aurait lieu pour ces derniers, d'après M. Meachem, d'adopter une politique de coopération, et non de compétition. Il paraîtrait nécessaire de fixer un prix minimum de vente sur une base rémunératrice, comme l'a fait la main-d'œuvre pour ses salaires ; et comme cette dernière ne donne aucun signe de détente, pas plus pour les heures de travail que pour sa rémunération, seuls, des prix plus élevés peuvent permettre aux charbonnages de travailler avec profit.

Une autre cause sérieuse de renchérissement a été l'augmentation de l'impôt foncier sur les mines. En outre, le *Compensation Act*, qui accorde des indemnités aux ouvriers blessés en cours de travail, est venu grever de 2 pence par tonne le prix du combustible, et M. Meachem estime que le public ayant fait cadeau de cette somme, il n'est que juste qu'il en fasse les frais.

Le bois, comme d'ailleurs tout ce qui est nécessaire à l'exploitation et à l'entretien d'une mine a considérablement augmenté de valeur. Si l'on ajoute cette augmentation à celle de 50 ou 60 p.c. dans les salaires depuis 1898, le surcroît total de dépense atteint un chiffre élevé.

En son industrie métallurgique, se trouve la grandeur de l'Angleterre ; aussi, le fait que les prix couteux du combustible favorisent la concurance étrangère, donne matière à sérieuse réflexions. M. Meachem propose de former un conseil de représentation des industries combinées du charbon et du fer conseil dont le rôle sera de surveiller les prix de vente des fers étrangers sur le marché anglais, afin de pouvoir fixer ensuite le prix du charbon de manière à mettre la manufacture nationale en mesure de lutter avec celle du dehors.

On a proposé de remédier aux inconvénients de la situation actuelle par la création d'un impôt qui limiterait l'exportation ; M. Meachem déclare que ce serait injuste pour les propriétaires de mines, qui acquéraient par là le droit de demander l'établissement d'une taxe sur l'importation des machines. La taxation de la production, pas plus que celle de la manufacture ne serait un remède, d'après lui ; car, si le charbon est de nécessité absolue pour l'acheteur étranger, l'impôt n'aboutirait qu'à le lui faire payer plus cher, nullement à le déterminer à restreindre ses achats. D'ailleurs, les expéditions de charbon de l'Angleterre se sont élevées à 27 millions $\frac{1}{2}$ de tonnes en 1888, et à 43 millions en 1899, ce qui ne représente qu'une augmentation de 15 millions $\frac{1}{2}$ de tonnes en onze ans. Le mal est donc moindre qu'on ne le représente.

Parmi les nations qui sont en concurrence avec l'Angleterre, l'Allemagne en a reçu, en 1889, 3 millions $\frac{1}{2}$ de tonnes et 5 millions en 1899. La Belgique en a fait venir 276,920 tonnes, en 1889, contre 741,033 en 1899 ; et la part de la France est montée de 4,036,920 tonnes en 1889, à 6,541,998 en 1899. Il y a donc eu une augmentation d'environ 3 millions $\frac{1}{2}$ de tonnes, et elle a été généralement provoquée par les besoins des flottes de guerre, et l'entretien des dépôts des stations navales. M. Meachem ne pense pas que les exportations de charbon de la Grande-Bretagne aient eu un effet quelconque sur son commerce. C'est le coût de la main-d'œuvre qui a élevé le prix des fers anglais à un niveau tel que l'étranger a pu leur faire concurrence, et c'est de ce côté que doit se diriger l'attention.

Le développement des importations s'est surtout manifesté sur les points où les navires de commerce anglais étaient sûrs de trouver un fret de retour. C'est ainsi que celles à destination d'Egypte ont sensiblement doublé et que l'Italie a absorbé 5 millions de tonnes de charbon au lieu de 3. Par contre, les exportations aux colonies anglaises ont été de 4,245,319 tonnes, en 1889, contre 2,228,716, en 1899, ce qui prouve que ces colonies commencent à se suffire à elles-mêmes. Le Canada, par exemple, a réduit ses importations de moitié en dix ans et l'Inde a fait de même.

L'exagération de la presse est donc manifeste, au gré de M. Meachem, et des restrictions ne vaudraient rien, car elles ne feraient

qu'ouvrir les marchés anglais aux charbons étrangers. Combien de temps se maintiendront les prix actuels? Il est difficile de le dire d'une façon précise ; mais une chose est certaine, c'est qu'un temps viendra sûrement où, par la force même des choses, le charbon atteindra des prix encore plus élevés,—et dans des circonstances entièrement normales. L'aire des couches de charbon superficielles diminue de jour en jour et celle des grandes profondeurs sera bientôt notre seule ressource ; or, creuser des mines profondes,—outre l'accroissement que cela entraîne dans les dépenses initiales,—provoque des frais considérables de toute nature.

Aussi, le coût de l'extraction du charbon en sera t-il tellement accru, que la période des prix élevés finira par devenir définitive. A ce moment, il ne restera plus qu'à chercher un remplaçant pour le combustible dont le prix sera devenu inabordable.

Telle est la manière de voir de M. Meachem, qu'il suffit de dépouiller de la partialité inhérente au jugement d'un directeur de mine de charbon pour qu'elle devienne intéressante.

UN SUCCEDANT DU CELLULOID

Si l'on en croit le *Journal of Photography*, de Londres, le celluloïd trouverait dans un nouveau produit inventé par MM. Cross et Bewan, l'*acéto-cellulose*, un rival des plus dangereux par ses qualités spéciales, dont la plus importante est, évidemment, l'ininflammabilité. A l'encontre du celluloïd, l'acéto-cellulose est insoluble dans les alcools méthyliques, les acétates d'amyle et d'éthyle, le chloroforme, l'anhydride acétique et la nitro-benzine, la solution dans ce dernier produit prenant l'aspect d'une gelée ferme complètement transparente. L'acéto-cellulose résiste à plusieurs réactifs d'une façon remarquable. Les acides faibles et les solutions alcalines détruisent le celluloïd, mais, excepté l'acide azotique, ils n'ont aucune action sur le nouveau produit, même, pour quelques-uns, à la température d'ébullition.

En dehors des applications à la photographie, pour la fabrication des plaques photographiques souples séchables par l'alcool, il est probable que la fabrication des accumulateurs légers accueillerait le produit inventé par MM. Cross et Bewan, s'il présente réellement toutes les qualités que notre confrère lui attribue.

AFRIQUE DU SUD

NOTE SUR LE COMMERCE DANS L'AFRIQUE DU SUD.

On s'attend généralement à la fin prochaine de la guerre et on prévoit qu'une affluence considérable de voyageurs de commerce, venant d'Europe et des Etats-Unis, s'apprête à parcourir le marché, ouvert de nouveau, dans toutes ses directions. A ce sujet il ne serait pas inutile de donner quelques indications nécessaires aux voyageurs qui voudraient faire des tournées fructueuses dans l'Afrique du Sud.

D'abord, quoique les voyageurs puissent voyager en première classe en ne payant que le tarif de seconde, et soient favorisés de quelques autres privilèges, leurs frais ne laissent pas que d'être considérables. Il ne faudra donc point que les patrons mesurent trop la dépense, mais qu'ils paient, au contraire, largement leurs voyageurs s'ils veulent arriver à un bon résultat. Le système ordinaire suivi par ceux qui emploient des agents pour introduire des marchandises dans ce pays, est de leur allouer un salaire fixe, des commissions, des frais de voyage, des frais d'information et autres. En même temps, la méthode usuelle et la moins aléatoire, adoptée par les grandes maisons de commerce, est de vendre seulement au commerce en gros et aux firmes importantes qui se trouvent surtout dans les ports et dans quelques villes de l'intérieur. On court des risques considérables à accorder des crédits à de petites maisons, parce celles-ci n'ont qu'un petit capital et sont trop souvent disposées à s'embarquer dans des affaires qui dépassent la portée de leurs moyens.

L'itinéraire habituel suivi par les voyageurs de commerce dans l'Afrique du Sud est le suivant : Cape Town, Port Elizabeth, Graff Reinet, Middleburg, Grahamstown, East London. King William's Town, Queenstown, Durban, Pietermaritzburg, Johannesburg, Pretoria, Potschefstroom, Kimberley, Bloemfontein, Beaufort West, Cape Town, ou dans le sens inverse, en partant directement pour le nord et en revenant par la route de l'est. Beaucoup de voyageurs partent de Delagoa Bay et visitent le Transvaal avant de se diriger vers le sud. On peut évaluer les dépenses quotidiennes des voyageurs de 2 liv. st. 10 sh. à 3 liv. st. quand ils voyagent par chemin de fer et à une somme plus élevée quand ils empruntent d'autres moyens de transport. il est absolument nécessaire de munir les voyageurs d'échantillons de tout premier ordre et de leur fournir les moyen de les montrer : vouloir réaliser des économies, sur ce chapitre serait aller à l'encontre de ses véritables intérêts. Il faudrait organiser, dans la mesure du possible, des expositions d'échantillons dans les places de commeree importantes : il n'est pas douteux que les résultats obtenus rembourseraient et au delà les industriels des dépenses qu'ils auraient faites.

La nécessité de ces dépôts d'échantillons se fait spécialement sentir pour les machines et outils de fabrication soignée, qu'il faut faire voir en marche, ou tout au moins montés et prêts à fonctionner. Naturellement. le reclame joue un rôle important dans l'Afrique du Sud comme partout ailleurs. Une des meilleures formes qu'elle puisse prendre est celle des catalogues ou liste de prix, d'un aspect extérieur agréable, bien imprimés et bien illustrés. Les langues employées seront l'anglais et l'allemand, et si on vise la clientèle des Boërs, le "Taal" c'est-à-dire le dialecte néerlandais-africain. Les plus grandes maisons anglaises ne doutent plus maintenant de l'efficacité des catalogues bien conçus et ne recherchent plus des économies mal comprises, d'encre, de papier et de reliure.

La question des emballages est encore un point qu'il ne faudra pas négliger. On se servira de caisses très solides, car les facilités de transport sont loin d'être les mêmes dans l'Afrique du Sud que dans le centre de l'Angleterre, par exemple, et il est urgent de protéger les marchandises contre les manipulations plus ou moins brutales auxquelles elles pourraient être exposées. Il faudra toujours se conformer, pour les emballages, aux instructions envoyées par les agents sur place, qui sont à mêmes de juger, mieux que quiconque, de ce qui est le plus pratique. Les caisses devront être aussi petites que possible, et avoir juste la capacité nécessaire pour contenir les objets à expédier. Chaque emballage devra être rendu imperméable soit par une garniture de zinc adaptée à la caisse soit par tout autre moyen. En ce qui concerne les conditions de vente, les crédits qu'on pourra accorder seront déterminés par la notoriété et l'honorabilité commerciale

J-O. LABRECQUE & CIE.
TELEPHONES
BELL .... EST 1251.
MARCHAND .... 358.
Les Boers en extase
devant le "DIAMANT NOIR",
(Célèbre charbon

des acheteurs et la nature de l'affaire traitée. On accorde généralement des crédits de trois à six mois aux maisons de tout repos, mais les industriels qui ne sont pas bien renseignés sur les marchés de l'Afrique du Sud, feront bien de laisser, dans la mesure du possible, le soin de faire des ventes directes à des exportateurs responsables, à moins qu'ils ne se rendent eux-mêmes absolument familiers avec le marché qu'ils désirent fournir. En tout cas, qu'il fasse de l'importation directe ou qu'il ait recours à des commissionnaires, l'industriel doit s'attendre à la concurrence la plus acharnée ; il trouvera le moyen de réussir en s'informant exactement des articles susceptibles de trouver des débouchés, en suivant le mode d'emballage demandés et en vendant au plus bas prix possible.

(*British Journal of Commerce*, de Londres.)

DATTES

Les dattes sont les fruits d'une espèce de palmier, le *phœnix dactylifera*, arbre qui croît dans une partie de l'Asie, en Afrique, en Provence, et aussi en Amérique.

On en connaît quatre sortes dans le commerce :

1o *Dattes d'Egypte ;* 2o *dattes de Syrie ;* 3o *dattes de Barbarie ;* 4o *dattes de Provence.*

Les dattes d'Egypte, de Syrie et de Barbarie sont regardées comme les meilleures ; elles sont longues, ovoïdes, assez grosses, brunes, tendres, d'un goût agréable et sucré ; elles ont une légère odeur de bon miel.

Les dattes de Provence sont plus petites, un peu dures, blanchâtres, mais styptiques.

Les dattes doivent être choisies nouvelles ; par la vétusté, elles se rident, se dessèchent, perdent leurs qualités et se piquent. Ces dernières doivent être rejetées aussi bien que celles qui ont acquis une saveur âpre, rance ou mordante, ou qui font, comme on dit, la *sonnette*, c'est-à-dire qui sont creuses, dont la peau n'est que gonflée, et qui sont privées intérieurement de parties charnues.

Il faut aussi faire attention à ce que les dattes soient bien sèches ; car on a l'habitude de *rober* les vieilles dattes, d'abord en les agitant dans un linge sec, puis dans du *sirop*, afin de leur donner l'apparence de la fraîcheur.

ETAT INDUSTRIEL DU CHILI

Le *Moniteur Officiel du Commerce* publie un intéressant rapport de M. Crouzet, gérant du consulat de France à Valparaiso, sur l'état industriel du Chili. D'après lui, le Chili, pays autrefois voué au commerce, prend de plus en plus d'importance au point de vue industriel. Si l'on considère le temps relativement court qu'a eu ce pays pour se développer, et surtout si l'on tient compte de sa situation géographique peu propice, on reste étonné des résultats acquis. Il est juste de déclarer tout d'abord que ce n'est pas au peuple chilien seul que l'on doit le développement industriel, mais bien à l'élément étranger qui lui a fait faire les premiers pas.

Les premières industries du Chili sont les industries agricoles et minières. L'industrie minière est celle qui, à l'heure actuelle, sauve le Chili d'une ruine qui se montrait imminente.

Les terres épuisées de la vieille Europe et les grandes fabriques de produits chimiques ont consommé pour près de deux milliards de salpêtre et d'iode venant du Chili. L'argent, les cuivre et l'or ont également apporté leur concours. Une seule mine, celle de Chanareille, a fourni 138,000,000 de piastres. Et ce n'est pas là un point maximum atteint par l'industrie minière. Le jour où les voies de communication se seront multipliées, et où les procédés d'extraction se seront améliorées, on peut prévoir une augmentation au moins du triple.

Malheureusement, pour le Chili, les mines de salpêtre sont, paraît-il, appelées à diminuer d'importance, non pas que la matière manque, mais bien à cause de la concurrence que font aux produits naturels les engrais et produits azotés artificiels. C'est là un gros point noir à l'horizon industriel qui ne cesse de préoccuper le pays.

La situation de l'industrie agricole est moins brillante. C'est surtout la viticulture qui a attiré l'attention des agriculteurs, et c'est cependant cette branche qui a fourni les moins bons résultats à l'exportation. Plus de 60,000,000 de piastres, soit environ $24,000,000 ont été dépensés en plantations de vignes. On est arrivé à obtenir ainsi une production considérable et de très bonne qualité qui, cependant, n'est pas encore arrivée à combler la différence existant en faveur de l'importation. C'est un fait assez spécial que de voir les Chiliens préférer les produits européens aux produits nationaux.

Une autre industrie en voie de prospérité est celle du sucre. Dès 1873, le Chili avait voulu s'affranchir de l'Europe et du Pérou qui étaient ses fournisseurs de sucre raffiné, et une raffinerie avait été fondée à Vina del Mar, près de Valparaiso. Cette usine n'a cessé de prospérer et travaille aujourd'hui avec un capital de $1,200,000. Depuis, d'autres usines se sont installées et enfin l'usine de Penco a été montée pour obtenir du sucre de betterave. De grandes plantations de betteraves ont été faites et il y a tout lieu de croire qu'elles seront prospères.

Des huileries se sont aussi élevées et, indépendamment des olives du pays, on y traite des cocos venant de Samoa et de Tahïti. Pour un seul produit, l'importation a été presque complètement supprimée : c'est la bière. Cette fabrication entreprise par la colonie allemande a réalisé des progrès réellement enviables. Elle est arrivée à un tel point, qu'aujourd'hui les fabricants exportent environ pour $2,000 au Centre-Amérique, Equateur, Pérou et Bolivie. La presque totalité des usines est allemande.

On compte aussi dans le pays de nombreuses fabriques de conserves et de chocolat, toutes montées avec les derniers perfectionnements.

En ce qui concerne la fabrication de tissus de coton, de laine et de laine et coton, la situation est moins brillante ; néanmoins, grâce à la loi protectionniste du 12 février 1896, qui déclare libre de droits à l'entrée les fils de coton et grève au contraire les tissus, de sérieux efforts ont été tentés. Ce sont les Anglais qui essayent, en ce moment, d'établir des tissages. Etant donnée la grande consommation faite, on est en droit d'espérer un développement considérable de cette industrie.

On enlève les taches sur les ornements dorés des pendules et des candélabres en les humectant avec un mélange d'eau et d'acide nitrique en parties égales. Il ne faut naturellement toucher que la tache : on se sert à cet effet d'un bout d'allumette avec lequel on dépose le liquide, on frotte pour faire disparaître la tache et l'on essuie ensuite avec un linge doux.

AMANDES

Les Amandes sont les semences d'un arbre connu sous le nom d'amandier (*amygdalus communis*) qui croît dans tous les pays, mais cependant se convient mieux dans les pays chauds (France Méridionale, Italie, Espagne, Afrique, etc.).

On distingue deux espèces d'amandes : les *amandes douces* et les *amandes amères*.

Les amandes douces comprennent deux variétés principales : les *amandes à coques dures* et les *amandes à coques fragiles*.

Les premières, oblongues ou presque rondes, sont appelées *amandes princesses*; on les débite, dans le commerce, ordinairement cassées et mondées de leur enveloppe ligneuse.

Les amandes douces dans le commerce, se divisent en 5 variétés principales :

1o *Amandes d'Espagne*, qui sont de deux espèces, les *Valence* et les *Jourdain*. L'amande du Jourdain se distingue de toutes les autres amandes par sa taille et sa forme. Elle est plus longue que les autres espèces, car elle a un pouce et plus en longueur; c'est pourquoi on l'appelle quelquefois *amande longue*. Elle est, proportionnellement à sa longueur, plus mince que les autres. Sa forme est oblongue ou à peu près. Elle est d'un goût plus délicat, et ce motif, joint à celui indiqué plus haut, doit la faire préférer dans l'usage médicinal.

L'amande de Valence est un peu plus courte que la précédente, et plus large proportionnellement à sa longueur. Elle est de forme ovale, de couleur brune, et recouverte d'un épiderme poudreux.

2o *Amandes de Portugal.* Nous mentionnerons seulement celle dite *de Porto*. Elle est plus petite que la Valence, un peu ovale, et moins large à sa base.

3o *Amandes d'Italie.* La principale espèce est l'amande de Sicile, qui ressemble à la Valence, mais est un peu plus petite.

4o *Amandes de Barbarie.* Elles sont petites et de qualité inférieure.

5o *Amandes des Canaries.* Elles ressemblent aux amandes de Sicile, mais sont un peu plus petites.

Les amandes amères se divisent en deux variétés principales : 1o *Amandes amères de Barbarie.* C'est l'espèce qu'on rencontre le plus fréquemment. Elle est petite, et peut être distinguée, à la vue, de l'amande douce de Barbarie.

2o *Amandes amères de France.* Elles sont plus pâles en couleur et un peu plus grosses que les amandes amères de Barbarie.

On divise aussi, dans le commerce, les amandes en deux sortes : *Amandes en coques* ;

Amandes sans coques ou *écalées.*

Les premières sont revêtues de leur coque ligneuse. On en connaît 4 variétés différentes :

1o Les *amandes Molières* ou de *Sicile*, très dures, pesantes, épaisses ; la coque présente des sillons semblables à ceux des noyaux de pêche ;

2o Les *amandes dures* à coque épaisse, lourde, difficile à rompre ;

3o Les *amandes à la dame*, à coque moins dure ;

4o Les *amandes princesses*, auxquelles on a laissé seulement une pellicule facile à briser entre les doigts. Ce sont les plus estimées et les plus chères.

Ces trois dernières variétés sont des amandes de Provence.

Les amandes sans coques ou écalées sont privées de leur coque ligneuse. On les divise suivant leur provenance, en :

1o *Amandes de Provence*, les plus estimées et les plus belles ; elles se divisent elles-mêmes en 3 sortes : *Amandes flots, amandes triées* ou *à la main ; amandes en sortes.*

2o *Amandes d'Alicante.*
3o — *de Sicile.*
4o — *de Majorque.*
5o — *de Barbarie.*
6o — *de Grèce.*
7o — *de Chinon.*

Les amandes doivent être choisies nouvelles, pleines, entières, bien nourries, sèches et bien saines. Les amandes trop vieilles ou mal conservées sont rongées, vermoulues, jaunâtres à l'intérieur et d'un goût rance très marqué ; elles se réduisent en poudre à la moindre pression ou sont tellement dures qu'on ne peut plus en tirer aucun parti.

Les amandes servent dans l'économie domestique, dans l'art du parfumeur et du confiseur. En médecine, elles servent à faire l'émulsion ou lait d'amandes qui est la base des loochs blancs et du sirop d'orgeat dans la préparation duquel entrent 1 partie d'amandes amères et 2 parties d'amandes douces.

Colle d'Amidon et Colle de Riz

Ces deux genres de colle s'obtiennent identiquement de la même manière, le genre de farine seul diffère. On peut cependant, pour leur donner plus de force, y ajouter un peu de colle de Flandre fondue en gelée.

LE PAPIER

La production de la papeterie est liée au développement intellectuel de l'humanité et il n'y a pas lieu de s'étonner qu'elle ait, dans certains pays, atteint un développement considérable. Ce sont les Etats-Unis qui sont à la tête de ce mouvement pour le monde entier. En Europe, c'est l'Allemagne qui occupe le premier rang des pays producteurs de papier avec 843,000 tonnes de fabrication annuelle. Puis viennent l'Angleterre avec 412,000 tonnes, la France avec 350,000 tonnes, l'Autriche-Hongrie avec 260,000 tonnes, l'Italie avec 200,000 tonnes et la Russie avec 108,000 tonnes.

Sans faire ici l'historique, si intéressant, de la fabrication du papier, cela entraînerait trop loin, l'écrivain veut seulement montrer que le développement de cette industrie, qui l'a conduite à l'état dans laquelle elle se présente aujourd'hui, est dû à deux causes principales : l'invention de la machine à papier et l'emploi des succédanés du chiffon.

Jusqu'à la fin du siècle dernier, la fabrication de la pâte à papier, à l'aide du chiffon s'était faite au moyen des moulins à pilons, et la transformation de la pâte en feuilles avait lieu par l'intermédiaire d'une forme, sorte de treillis métallique que l'ouvrier plongeait dans la cuve et retirait recouvert d'une légère épaisseur de matière qui, faisant prise, donnait naissance après diverses manipulations : mise sur feutres, passage à la presse, encollage à la gélatine, à un papier de grande qualité. Ce mode de travail n'a pas disparu et aujourd'hui tous les papiers de luxe et les papiers administratifs sont encore fabriqués de cette façon. Ils présentent, en effet, grâce à la cellulose pure de chiffons, toile et coton, avec laquelle ils sont faits une garantie de durée que ne possèdent pas ceux obtenus à l'aide des méthodes modernes.

Mais, malheureusement le prix de revient du produit ainsi fabriqué est assez élevé, la production journalière ne peut pas atteindre des proportions importantes, et dès la fin du siècle dernier, le développement de l'imprimerie s'accordant avec la demande de plus en plus grande du livre et des imprimés de toute nature, entraînait, pour la papeterie la recherche de perfectionnements nouveaux. C'est un Français, Robert, qui, en 1780, construisit

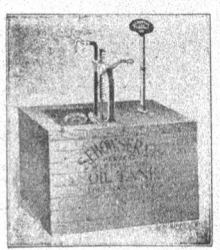

à Essonnes la première machine à fabriquer le papier continu. Cette machine fut perfectionnée par Donkin, Anglais du comté de Kent, et marchant de modifications en modifications elle est arrivée à la forme qu'elle possède aujourd'hui.

Cette forme, il n'entre pas dans mon rôle de la décrire; je me contenterai de dire qu'elle comprend: un épurateur à secousses qui reçoit la pâte raffinée et arrêtant les dernières impuretés qu'elle peut contenir, la déverse en nappe mince à la surface de la toile métallique où elle s'égoutte d'abord, prend corps par le passage sur des aspirateurs et entre les rouleaux d'une presse humide pour finalement, aller sécher sur un nombre variable de cylindres, traversés par un courant de vapeur et s'enrouler sur une bobine.

Trois machines à papier ont été exposées au Champ-de-Mars, à côté de l'exposition des produits chimiques, et celle de la maison Darblay, d'Essonnes dont la réputation n'est plus à faire, et dont tout le monde a pu admirer le fonctionnement, donne l'idée de ce qu'est aujourd'hui cet outil moderne. Cette machine, dont la largeur utile est de 2 m. 85, peut marcher à une vitesse de 90 mètres à la minute, ce qui correspond à une production d'anviron 300 journaux grand format.

La machine exposée par MM. Escher Wyss & Cie, de Zurich, a 1 M. 60 de largeur utile, sa vitesse peut atteindre 80 mètres à la minute. Celle exposée par M. Fullner, de Warmbrün (Allemagne), a 2 m. 30 de largeur utile et peut marcher à 120 mètres—on m'a même affirmé 150—à la minute.

Ces machines, bien entendu, peuvent également marcher à des vitesses moindres et même à une vitesse de quelques mètres à la minute, suivant les besoins du travail. Je n'ai pas besoin d'en dire plus pour faire comprendre combien le mécanisme doit en être équilibré pour que la feuille puisse passer, sans se déchirer, par toutes les stades de la solidité. La machine à papier est devenue un outil de précision.

Malgré tous les perfectionnements qui l'ont amenée à l'état actuel, seule, la machine à papier n'aurait pas suffi à répondre aux besoins de l'imprimerie, surtout depuis un demi-siècle, ou, tout au moins, le développement de celle-ci en eût été paralysé si un autre facteur n'était intervenu.

Au début de la papeterie, en Chine et chez les Maures, c'est aux matières neuves: fibres de mûrier, de bambou, de lin et de chanvre qu'on s'était adressé pour obtenir la matière première nécessaire. Ce n'est que vers le XIIe ou le XIIIe siècle que l'on s'est adressé aux déchets des matières fabriquées et que le chiffon est intervenu. Mais le chiffon n'est pas une matière inépuisable; il est devenu bientôt d'un prix relativement élevé, et vu sa rareté, on a cherché à le remplacer. C'est un Français encore, Léorier-Delisle, qui, vers 1760, dans son usine des Buges, près de Montargis, a eu l'idée de revenir aux matières neuves, et on peut dire que, grâce à lui, dans cet ordre d'idées, il n'y a plus rien à innover. Nous possédons, en effet, au Conservatoire des Arts et Métiers, une collection des papiers de Léorier-Delisle, pour lesquels ce dernier a utilisé les fibres de tous les végétaux possibles: paille, bois, roseau, genêt, racines diverses de guimauve, de chiendent, feuille de bardane, d'artichaut, etc. Mais, depuis cette époque, une sélection est intervenue et le nombre des succédanés du chiffon est aujourd'hui limité au bois (tremble, bouleau, peuplier, pin et sapin divers), à la paille, au sparte et à l'alfa.

La paille, simplement travaillée en fosse avec de la chaux, perdant ainsi une partie de ses gommes incrustantes, donne ces papiers jaunes qui servent comme emballage, en particulier chez les épiciers et bouchers. Mais, lessivée à la soude et blanchie au chlorure de chaux, elle produit, comme le sparte et l'alfa, des fibres blanches, très solides, donnant naissance, par le feutrage, à d'excellent papier. La paille seule est employée en France. En effet, bien que notre colonie d'Algérie soit la productrice principale de l'alfa et du sparte), qui ne sont que deux variétés d'une même plante), les conditions du transport par fer sont telles, chez nous, que la papeterie anglaise, qui reçoit cette matière première presque entièrement par eau, peut seule l'employer économiquement. Cela est regrettable, car les papiers d'alfa sont très beaux et très solides.

Mais c'est surtout l'emploi des bois qui a permis à la papeterie de fabriquer ces papiers à bon marché dont l'industrie du livre, du journal, des publications de toutes sortes a largement bénéficié. Le bois est utilisé sous deux formes. Dans la première, il subit un décreusage à l'autoclave, en présence sence du bisulfite de chaux, et il donne ainsi naissance à une belle fibre qui, blanchie, fait ensuite d'excellents papiers de toutes sortes. Dans la seconde, imaginée par Wœlter, en 1840, le bois est simplement usé à la meule, sous un courant d'eau et donne naissance à une poudre légère qu'on incorpore aux pâtes fibreuses diverses. La pâte de bois défibrée et blanchie, est connue sous le nom de pâte de bois chimique ou aussi, simplement, de cellulose; la pâte de bois usé à la meule prend le nom de pâte de bois mécanique.

C'est surtout depuis une trentaine d'années qu'on a pris l'habitude d'incorporer les bois mécaniques aux fibres diverses, pour remplacer les charges minérales qui intervenaient généralement. De nos jours, cette incorporation a pris des proportions énormes. C'est là un grand avantage pour le bon marché, mais un grand dommage pour le commerce; le bois mécanique, en effet, qui n'est que du bois en réalité, a tous les défauts de celui-ci; par suite, les papiers qui le contiennent jaunissent vite, s'oxydent et se détruisent rapidement.

Les œuvres que nous ont léguées nos ancêtres, imprimées sur les papiers à la forme, de qualité irréprochable, que les siècles passés savaient produire, nous arrivent aujourd'hui parfaitement en état d'être feuilletées et étudiées; on peut prédire à l'avance que, grâce à l'introduction du bois mécanique, il n'en sera pas ainsi, dans l'avenir, pour un grand nombre de nos publications contemporaines.

(*Travail National.*)

HONOLULU

S'il faut en croire les récits des voyageurs, cette capitale de l'ancien royaume d'Hawaï ou des îles Saudwich, aujourd'hui possession américaine, est un véritable paradis.

Les voyageurs qui font escale à Honolulu jouissent, en entrant dans le port de cette ville, du coup-d'œil le plus ravissant: des effluves embaumées se répandent sur la mer jusqu'au navire, avant même qu'il soit entré en rade; on aperçoit la ville étagée sur de vertes collines, tandis qu'à l'horizon se profile la ligne bleue des montagnes. Sur tout ce vert et le bleu intense d'une mer de saphir, rayonne le beau soleil des tropiques.

On débarque: il n'y a rien ici qui rappelle nos villes noires et enfumées. Honolulu est moins une ville qu'un vaste parc, où les maisons disparaissent dans les palmiers les cocotiers, les bananiers, tandis que les oiseaux, cachés dans les

lauriers-roses, chantent la chanson de ce printemps éternel.

Les indigènes s'agitent sur le quai et vous environnent en vous offrant de longues guirlandes de fleurs, roses, rouges, jaunes, d'un jaune métallique qui étonne des yeux européens. Tout le monde ici s'orne de fleurs, les maisons en sont pleines, les rues sont enguirlandées comme pour une fête perpétuelle.

Dans les rues ou plutôt les allées de la ville, va et vient, d'une démarche indolente, la foule la plus bigarrée : des femmes vêtues de longues robes de chambre bariolées, comme celles de nos grands'mères ; couronnées de fleurs, elles s'éventent continuellement d'une main, tandis que de l'autre elles essuient leur face bronzée; des Canaques, qui forment le fond de la populatiion ; des nègres, des Japonais, sans parler des Européens et Américains.

La ville est entourée de hauteurs d'origine volcanique, où l'on cultive le riz, qui fournit cinq récoltes en deux ans, et dont l'exportation rapporte 190,000 dollars par an; le taro, qui est la nourriture principale des Hawaïens; l'andiroba, graud arbre dant le fruit sert de nourriture aux chevaux ; d'immenses cactus, etc. Dans l'archipel, on cultive encore la canne à sucre, qui fournit aux Hawaïens leur revenu principal, soit pour 14 millions de dollars d'exportation; le café, qui prospère à une altitude de 500 à 2600 pieds, et dont on exporte pour 45,000 dollars ; l'ananas, pour 13,000 dollars, etc.

Mais ce qu'il y a de plus remarquable dans ces îles, c'est la flore, une flore presque exclusivement endémique à l'origine, ce qui s'explique par leur position isolée, et qui fait la joie des botanistes. Chose curieuse, la flore importée, soit par les courants marin, soit surtout par les hommes, a pourtant refoulé de toute part la flore primitive; la lantana, la mauvaise herbe la plus envahissante des tropiques, l'andiroba, le cactus ont tout couvert depuis quelques années.

Les soldats américains en garnisons dans l'île sont cantonnés au camp de Waïkiki, près de Honolulu, dans un parc grandiose où, à l'ombre des palmiers, au bord de gais ruisseaux, ils mènent une vie de Sybarites.

Vernis au tampon pour Meubles

Gomme laque blanche..800 grammes
Alcool........................ 1 litre

Opérez à froid et agitez le liquide dans la bouteille.

LES ASCENSEURS

Il est bien évident, que, depuis que l'on a commencé de construire des maisons comportant plusieurs étages au-dessus du rez-de-chaussé, on a dû songer à imaginer un moyen moins fatiguant que les escaliers pour monter aux étages supérieurs. Si en effet, dans la simple marche ordinaire, nos jambes doivent faire des efforts réellement considérables, en soulevant à chaque pas notre corps, quel travail ne leur faut-il pas accomplir pour soulever ce même poids, relativement énorme, de toute la hauteur d'une marche d'escalier, et pour renouveler cet effort des dizaines et des vingtaines de fois successivement !

A la vérité, nous n'avons pas entendu dire que les Chinois, qui ont tout inventé avant nous, se soient jamais mêlés de construire des ascenseurs, mais il est bien certain que, dès le siècle dernier, il existait de ces appareils, sous leur forme la plus élémentaire du reste. C'est ainsi que d'après les mémoires de Constant, valet de chambre de Napoléon 1er, il se trouvait, dans le château de Schœnbrunn, construit par Marie-Thérèse en 1754, " une machine fort curieuse appelée *chaise volante*, sorte de cabine métallique, qui servait à transporter l'impératrice d'un étage à l'autre, pour qu'elle ne fut pas obligée de monter et de descendre les escaliers comme tout le monde." D'autre part, il paraîtrait que Charles de Lorraine, qui mourut à Tervueren, près de Bruxelles, avait fait construire, vers 1820, un château qui contenait également un ascenseur, sans doute à l'instar de celui de Marie-Thérèse, et dont on trouve la mention dans l'inventaire après décès de ce prince : il y est dit qu'une tour existait au centre du château et, " outre l'escalier, il y avait une machine pour élever une personne dans un fauteuil." Bien entendu, ce n'étaient là que des ascenseurs quelque peu primitifs, et la cabine y était élevée au moyen de câbles et de moufles, sur lesquels on agissait à bras d'hommes.

Ces dispositions n'étaient réellement pratiques que dans des palais princiers où l'on pouvait disposer à loisir d'hommes pour tourner les treuils nécessaires à la mise en marche de l'appareil : cela revenait en effet extrêmement cher. On se figurerait volontiers que la machine à vapeur devait amener la vulgarisation des ascenseurs, puisqu'elle fournit la force motrice à bon marché ; mais cela n'est vrai que pour un travail constant ; car, afin de commander un ascenseur, elle devrait continuellement demeurer sous pression, continuellement brûler du charbon, et cela pour un travail effectif qui ne se reproduit qu'à intervalles relativement très peu fréquents. Pour que les ascenseurs devinssent pratiques, il a fallu qu'on eût le moyen de disposer d'une force motrice toujours prête à remplir son rôle, et qui pourtant ne coûtât absolument rien tant qu'elle n'était pas utilisée, c'est-à-dire entre les voyages de l'ascenseur.

Cela s'est produit quand on a commencé à distribuer, dans les villes, de l'eau sous pression pour les divers usages, consommation, incendies, etc ; nous rappelons que cette eau se trouve sous pression généralement parce qu'elle provient de régions plus ou moins montagneuses, qui sont naturellement à un niveau plus élevé que la ville à desservir, et cette pression est une absolue nécessité si l'on veut que le liquide monte aux étages supérieurs des maisons.

Il n'y a pas fort longtemps que l'on n'a pas besoin des services du porteur d'eau pour porter l'eau dans la maison, et c'est pourquoi, jusque vers 1878, les ascenseurs, si communs maintenant, ont été une vraie rareté.

Ce fut un évènement quand, à l'occasion de l'Exposition, on installa un ascenseur, qui avait du reste une belle hauteur, dans une des tours du Palais du Trocadéro : il avait été construit par M. Edoux, et on peut le considérer comme le prototype que l'on a plus ou moins imité depuis en le perfectionnant. Essentiellement, un de ces appareils consiste en une cabine fixée au sommet d'une grande tige métallique, d'un piston, qui peut se déplacer dans un cylindre en fonte, disposé verticalement dans la terre et dans un puits creusé exprès pour cela ; la profondeur et du puits et du cylindre doit être un peu supérieure à la hauteur du piston, qui, à son tour, doit être plus haut que la hauteur totale que l'ascenseur dessert. Il faut assurer les déplacements, qui entraînent, comme de juste, l'ascension et la descente de la cabine que supporte l'extrémité de la tige : en fait, ce piston fonctionne exactement de la même manière que l'appareil bien connu que l'on nomme presse hydraulique. Cette eau sous pression dont nous parlions tout à l'heure, on l'introduit dans le fond

du cylindre, et par suite sous le piston, quand on veut que celui-ci monte en poussant la cage et ses voyageurs vers les étages supérieurs : cela se fait par l'ouverture d'un robinet de prise d'eau approprié ; puis, quand on veut redescendre, on ouvre un robinet par où s'échappe l'eau qu'on avait introduite. Cette évacuation ne se produit que peu à peu, suivant du reste la grosseur du robinet que l'on emploie : la tige et la cabine de l'ascenseur redescendent jusqu'à ce que toute l'eau se soit échappée. Bien entendu c'est là la disposition essentielle ; mais il faut entrer dans quelques détails, si l'on veut expliquer exactement comment les choses se passent dans la pratique, dans les ascenseurs que l'on trouve maintenant un peu partout. Il n'aurait pas été possible de laisser faire la manœuvre à une personne qui serait restée en bas de la maison pour ouvrir ou fermer le robinet d'arrivée ou d'évacuation de l'eau, au fur et à mesure que les passagers eussent voulu se servir de l'appareil : et c'est pour cela que l'on a installé un dispositif qui permet à chacun de manœuvrer l'ascenseur, de le mettre en marche ou de l'arrêter, de le faire monter ou descendre, à quelque étage que l'on se trouve. En effet, du haut en bas de la maison, et parallèlement aux glissières entre lesquelles se déplace la cabine, existe une tige qui vient passer au sommet du bâtiment, puis se relie à une corde qui passe dans la cabine et porte à sa partie inférieure un contrepoids. Celui-ci est là simplement pour assurer la tension constante de la corde. Qu'on tire sur la tige rigide, que tous nos lecteurs ont vue le long des cages d'ascenseurs, ou au contraire sur la corde qu'ils ont non moins remarquée, on agit immédiatement sur ce qu'on appelle le distributeur, qui est fait pour admettre ou chasser l'eau comprimée : seulement, comme la tige et la corde sont reliées, on comprend que, pour obtenir un même résultat, il faut exercer sur l'une ou sur l'autre une action absolution inverse, tirer par exemple l'une vers le bas, quand il faudrait remonter l'autre de bas en haut. Les diverses manœuvres résultent toutes des positions variables du levier, qui commande le robinet du distributeur ; ce robinet amènera par le tuyau, au cylindre en fonte, l'eau sous pression, et alors le piston montera ; ou bien il laissera échapper par un autre tuyau l'eau qui se trouve déjà dans ce cylindre. Et cela suivant que, d'un point quelconque de la maison, on tirera la corde ou la tige de commande dans la direction voulue.

Pour la position intermédiaire du levier, l'appareil est au repos, c'est-à-dire que tout passage est fermé à l'eau. C'est précisément à cette position que le distributeur est ramené automatiquement quand la cabine atteint le sommet ou le bas de sa course : dans ce but, la cabine porte une pièce métallique en relief qui vient rencontrer un taquet disposé sur la tige de manœuvre. De la sorte, la tige rigide est entraînée, et le distributeur est mis à la position de repos, ce qui empêche l'eau de fuir ou de continuer à exercer sa pression, alors que l'ascenseur ne peut plus ni monter ni descendre. Du reste, pour assurer l'arrêt automatique de la cabine à l'étage intermédiaire où l'on désire se rendre, on peut pousser dans la dite cabine un verrou qui vient faire saillie, et rencontrera à cet étage un arrêt placé sur la tige rigide : cela amènera un résultat analogue à celui que nous venons d'indiquer, l'arrêt automatique de l'ascenseur.

Bien entendu, ces appareils comportent des dispositifs accessoires, notamment de sécurité : des freins sont prévus pour prendre appui sur les glissières entre lesquelles se déplace la cabine, dans le cas fort improbable où un dérangement viendrait donner à la cabine une vitesse trop grande. De plus, pour alléger le poids que l'eau comprimée doit soulever, on fait souvent des ascenceurs équilibrés, où la cabine est non seulement posée sur le sommet du piston, mais encore suspendue à une chaîne, à un câble quelconque qui passe sur une poulie en haut de la cage.

L'électricité, qui s'applique à tout, ne devait pas manquer de trouver à s'appliquer utilement aux ascenceurs. D'abord, on s'est contenté de l'employer à commander les mouvements de ce que nous avons appelé tout à l'heure le distributeur : au lieu de la tige rigide et de la corde, on a disposé des fils électriques qui permettent d'envoyer un courant dans tel ou tel électro aimant qui ouvre le robinet dans le sens voulu et assure la montée, la descente ou l'arrêt. Mais maintenant on applique plus largement l'électricité aux ascenseurs, et l'on fait de ces appareils qui sont absolument mus électriquement. Tantôt ils sont hydro électriques, tantôt électriques proprement dits.

Nous avons vu que l'eau comprimée répond parfaitement aux besoins intermittents de force qu'entraîne la manœuvre des ascenseurs ; mais les villes sont obligées de faire des économies sur leur eau de source, celle qui s'offre ordinairement sous pression, et que les Romains savaient si bien se procurer en abondance : afin d'en diminuer la consommation et d'empêcher qu'on s'en serve pour mouvoir les ascenseurs, les administrations se sont mises à la vendre extraordinairement cher. Par conséquent les propriétaires se sont vus obligés d'en moins consommer, et les ingénieurs ont imaginé d'employer toujours la même pour soulever les pistons des ascenseurs.

Dans ce but, l'eau qui s'échappe du cylindre au fur et à mesure que la cabine redescend, ne se perd point, mais s'en va dans un réservoir où elle sera reprise tout à l'heure par une pompe qui la comprimera de nouveau, afin qu'elle continue de remplir son rôle, en soulevant la cabine et en chassant le piston. Toutefois, il fallait une force motrice permettant de commander les pompes sans entraîner de trop fortes dépenses ; et, si une machine à vapeur était possible dans une grande installation, il n'en était pas de même dans une maison particulière : le courant électrique, que l'on trouve aujourd'hui partout pour l'éclairage, est venu fournir la solution. Dans les ascenseurs hydro-électriques, la recompression constante de l'eau, sa *récupération*, comme on dit, est donc obtenue par un moteur électrique ; on sait combien la conduite de ces moteurs est facile, de plus ils ne coûtent rien tant qu'ils ne fonctionnent pas.

Mais on a pensé que l'électricité pouvait suffire à toute la manœuvre, car elle présente les avantages mêmes sur lesquels nous insistions en commençant, et qui ont fait le succès de l'eau sous pression pour la mise en marche des ascenseurs. Ici le piston classique disparaît complètement, et comme cela se produit souvent, ce perfectionnement nous ramène un peu vers les anciens dispositifs où la cabine des primitives chaises volantes était suspendue à un câble, à une chaîne. Dans la cave de la maison à desservir est un petit moteur électrique qui fait tourner un treuil, et sur celui-ci s'enroule un câble qui passe dans deux colonnes creuses servant également de glissières à la cabine : le câble va tourner en haut de la cage d'escalier sur deux poulies. Quant à la manœuvre, elle est très facile à comprendre après ce que nous avons dit tout à l'heure ; elle se fait au moyen de boutons qui envoient le courant ou le cou-

pent de façon à mettre le moteur en mouvement, à l'arrêter ou à le faire tourner en sens inverse. Nous devons bien l'avouer que, pour l'instant, les ascenseurs électriques sont encore peu nombreux, mais ils iront sans doute en se multipliant très vite.

Le fait est que, d'une manière générale, les ascenseurs sont devenus une nécessité absolue dans la vie moderne: aux Etats-Unis en particulier, il n'est presque plus une maison qui n'en possède, et les immenses bâtiments à 20 étages en comptent parfois dix et davantage, qui ont peine à suffire à la circulation. Il faut dire du reste que la marche des ascenseurs y est d'une rapidité qui épouvante les Européens, et en dépit de laquelle les accidents sont aujourd'hui bien rares dans une installation soigneusement faite.

LES CHARBONS AMERICAINS EN EUROPE

On écrit de New-York au journal *Neue Freie Presse*, que cette exportation a maintenant bien dépassée la période des expériences. Pendant la dernière semaine on en a exporté plus de 300,000 tonnes en Angleterre, en Allemagne, en Italie, en France, en Autriche; en outre le chemin de fer Chesepeake-Ohio a conclu avec le gouvernement russe un contrat pour livraison le plus tôt possible de 600,000 tonnes. De toutes les parties de l'Europe on envoie des ordres dont l'exécution dépend du marché des frêts.

A cet égard des changements très importants ont eu lieu ces derniers temps. Depuis longtemps les grandes compagnies des mines étaient en négociations avec les chemins de fer pour obtenir une réduction du transport des charbons aux ports d'exportation. Ces négociations n'ont pas eu de résultat et maintenant les deux groupes financiers les plus grands du pays, ceux de Carnegie et de Rockefeller se sont mis d'accord au sujet d'un plan, grâce auquel les producteurs de l'acier et du charbon deviendront tout à fait indépendants des chemins de fer et des armateurs. On est en train de contruire 19 navires, dont 10 seront employés pour la navigation sur les grands lacs et de là par le canal de Welland et par le fleuve St. Laurent à l'Océan Atlantique. Ces navires dont chacun est de 3,000 tonneaux, forment de cette manière une ligne directe de l'endroit de production à un port européen quelconque. En même temps les docks des grands lacs ont été agrandis et reconstruits de manière à permettre aux vapeurs de charger directement du dock. Jusqu'à aujourd'hui on a dû envoyer l'acier de 450 milles par chemin de fer de Pittsburg à la côte; dorénavant il ne sera envoyé que de 136 milles au lac d'Erie et de là par vapeur transatlantique en Europe.

Jusqu'à ce que les vapeurs soient prêts on a affrêté, après un examen minutieux et après certaines reconstructions, 10 grands vapeurs de minerais des lacs et l'on veut en affrêter encore 24. Leur chargement sera poussé de sorte qu'ils puissent être en route pour l'Europe avant le commencement de l'hiver, et avant que le canal de Welland ne gèle. Cette flotte auxiliaire transportera à la fois 100,000 tonnes de charbon en Europe.

Les plans relatés ci-dessus s'appliquent seulement à l'exportation des charbons mous. La grande grève des mineurs se borne à l'exploitation de charbons durs; mais les charbons mous sont aussi influencés par la grève et leur valeur monte, ce qui doit avoir une certaine influence pour les plans d'exportation.

ORIGINE du PATE de FOIE GRAS

Il n'y a, pour ainsi dire, pas de dîner d'apparat où le pâté de foie gras ne figure triomphalement au milieu des convives enthousiastes; mais peu d'entre eux, voire même les cuisiniers, en connaissent l'origine.

Le maréchal de Contades, commandant militaire d'Alsace depuis mil sept cent soixante-deux jusqu'en mil sept cent quatre-vingt-huit, craignant à ce qu'il paraît de se soumettre au régime culinaire de province, amena avec lui son cuisinier, lequel se nommait Close et était Normand; il conquit bientôt, dans les hautes sociétés de l'époque, la réputation d'un habile opérateur. Le cuisinier normand avait deviné, par l'intuition du génie, ce que le foie gras pouvait devenir entre les mains d'artistes et avec le secours des combinaisons classiques empruntées à l'école française. Il l'avait élevé, sous la forme de pâté, à la dignité de mets souverain, en affermissant et en concentrant la matière première, et l'entourant d'une farce de veau et de lard haché que recouvrait une fine cuirasse de pâté dorée et historiée. Tel était le pâté de foie gras à son origine.

Cela paraît bien simple aujourd'hui. Où est le miracle, dira-t-on?

Eh! oui, cela est simple comme la découverte de la gravitation, de la vapeur et du nouveau monde, avec cette différence que l'œuvre de Close peut être savourée, ce qui est un des plus grands bienfaits de l'humanité. C'est peut-être pour cette raison que ce mets resta un mystère de la cuisine de M. le maréchal de Contades; tant que dura son commandement en Alsace, le pâté de foie gras ne franchit point sa table aristocratique. Cependant, le jour de sa publicité et de sa vulgarisation approchait avec l'orage révolutionnaire qui devait déchirer tant d'autres voiles et détruire tant d'autres secrets.

En 1788, le maréchal de Contades fut remplacé par le maréchal de Stainvillier. Close entra alors chez l'évêque de Strasbourg, où il resta quelque temps; mais il eut bientôt assez de la servitude; il épousa la veuve d'un pâtissier français, nommé Mathieu, s'établit à Strasbourg, et, pour la première fois, on vit vendre ces merveilleux petits pâtés, qui jusque-là avaient fait les délices exclusifs de M. de Contades et de ses convives.

La Révolution éclata et les Parlements venaient de disparaître avec l'ancien régime; les monarques licenciaient leurs cuisiniers quand, par hasard, celui du Parlement de Bordeaux vint chercher fortune à Strasbourg. Il était jeune, intelligent, ambitieux et se nommait Doyen.

Il débuta d'abord par les plus modestes confections, notamment par les *chaussons de pommes*, dans lesquelles il excellait, puis il inventa les *chaussons de veau* hachés; mais le pâté de Close l'intéressait au plus haut point; il lui manquait quelque chose: il le trouva. Doyen lui ajouta la truffe parfumée du Périgord et l'œuvre fut complète.

Nettoyage des objets en Nickle

Lorsque le nickel se ternit, on redonne son brillant en le frottant avec un chiffon de laine que l'on enduit d'une pâle formée de blanc d'Espagne et d'alcool. On frotte jusqu'à ce que l'objet redevienne brillant.

La brilline est préférable au blanc d'Espagne: les objets nickelés, traités par la brilline, deviennent aussi éclatants que l'argent. Ce produit se vend tout préparé.

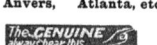

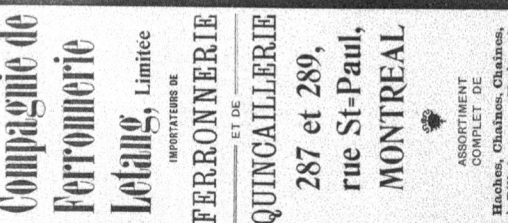

M. N. Lapointe,

RESIDENT de L'ASSOCIATION des EPICIERS de MONTREAL

Nous avons le plaisir de présenter ıjourd'hui à nos lecteurs, à la place 'honneur du numéro spécial du *rix-Courant*, le portrait bien ressem-lant du dévoué président de l'Asso-ation des Epiciers détailleurs de ontréal : M. Narcisse Lapointe.

M. Lapointe a occupé, avec hon-eur et distinction, plusieurs charges ıportantes à l'Association des Epi-ers. Son esprit d'entreprise, ses lents d'organisateur ont été fré-ıemment mis à contribution par s collègues, qui n'ont jamais eu ı'à se féliciter de la confiance pla-e en son habileté.

Depuis plusieurs années, M. La-inte avait accumulé des titres à la ute position qu'il occupe aujour-hui à l'Association des Epiciers Détail de Montréal.

C'est un homme très rond en faires, d'un commerce très agré-le et d'une activité remarquable.

L'*Artisan*, l'intéressant organe de Société des Artisans Canadiens-ançais, dans son numéro de février 00 consacrait à M. Narcisse La-inte une notice biographique dont us détachons les lignes suivantes, utes à l'éloge de notre sympa-ique président. Nous citons :

"M. lapointe est né à Saint-ichel de Bellechasse le 30 octobre 49. Fils de Pierre Lapointe et de nily Meredith, née en Ecosse et bap-ée au Canada à l'âge de sept ans.

"M. Lapointe demeura dans sa ıroisse natale jusqu'à l'âge de 16 s et reçut l'instruction pratique ı'il possède à l'école de son village.

"Il émigra à cet âge aux Etats-nis. D'abord à Boston, ensuite à ew-York, où durant 6 ans il exerça métier de meublier.

"Il revint au bout de ce temps à ontréal et s'établit dans le com-erce d'épicerie qu'il fait depuis ans avec un succès digne de ses érites, car M. Lapointe est un hom-e habile, probe, un homme d'affaires compli. Depuis quelques années, . Lapointe a ajouté à son négoce lui du commerce des fruits en gros.

"Les positions qu'il occupe comme mmissaire d'école de la munici-lité de Ste Cunégonde et comme arguillier de cette même paroise ouvent à l'évidence qu'il est haute ent estimé. M. Lapointe est aussi ı mutualiste accompli. Fondateur l'Alliance Nationale, il a été de-ıis six ans directeur ou censeur de Société des Artisans et est aujourd'hui le 1er commissaire-ordonnateur de la Société."

Il nous reste, en terminant, à former le vœu de voir M. Lapointe continuer, pendant de longues années, à apporter à l'Association des Epiciers Détailleurs de Montréal, le précieux concours de son expérience, de son zèle et de son dévouement à la cause de toute la corporation.—LE PRIX COURANT.

RENSEIGNEMENTS SUR L'INDUSTRIE DES PLUMES A ECRIRE EN ALLEMAGNE

L'industrie des plumes à écrire dont Leipzig possède deux fabriques, a fait dans les derniers temps de grands efforts pour faire reconnaître en Allemagne la qualité de ses produits, et engager le public à ne se servir que des plumes d'origine allemande.

Bien que les administrations aient en partie secondé ces efforts, la statistique ci-dessous prouve que la suite n'a pas répondu aux résultats que l'on en attendait, car l'entrée des plumes à écrire étrangère s'est accrue et l'exportation des plumes allemandes a diminué.

Dans les six premiers mois de l'année 1900, l'importation s'est élevée à 566 doubles quintaux de plumes à écrire d'une valeur de 538,000 marks, contre 564 doubles quintaux d'une valeur de 536,000 marks dans le même espace de temps de l'année précédente, soit une augmentation de 2 doubles quintaux d'une valeur de 2,000 marks ou $\frac{1}{3}$ p. c.

L'Angleterre à elle seule a importé 546 doubles quintaux ou 96.4 p. c. des entrées totales de cet article, tandis que la France n'atteint que le faible chiffre de 16 doubles quintaux soit 2.9 p. c.

L'exportation des plumes allemandes, qui n a atteint, dans les six premiers mois de cette année, que 166 doubles quintaux d'une valeur de 116,000 marks s'élevait dans le même espace de temps de l'année 1899 au chiffre rond de 186 doubles quintaux d'une valeur de 130,000 marks, soit une moins-value en 1900 de 20 doubles quint. d'une valeur de 14,000 marks ou 10.7 p. c.

L'Autriche-Hongrie occupe le premier rang comme acheteur des plumes allemandes, avec 61 doubles quintaux ou 37 p. c. de l'exportation totale ; vient ensuite la Suisse avec 16 doubles quintaux ou 9.6 p. c.

Il résulte de l'exposé ci dessus que les entrées sont de 400 doubles quintaux d'une valeur de 422,000 marks plus élevées que les sorties.

LA SITUATION DES BANQUES

Comparée à celle du 30 septembre la situation des banques au 31 octobre dénote que le mois précédant celui de la fermeture de la navigation a été particulièrement actif et a donné lieu à un mouvement de fonds accentué.

La circulation des billets des banques est en augmentation de près de trois millions, augmentation insuffisante pour couvrir celle qui ressort des prêts courants au Canada. Les escomptes accusent, en effet, une avance sur septembre de $4,200,000 pour les affaires canadiennes seulement. Ailleurs qu'au Canada les prêts courants n'accusent qu'une légère augmentation de $350,000.

Les prêts à demande remboursables au Canada ont augmenté de $1,600,000 ; par contre ceux remboursables au dehors ont diminué d'un million en chiffres ronds.

Il est vrai que les dépôts du public canadien se sont accrus d'une façon notable et ont fait rentrer pour cinq millions de la circulation antérieure. Ainsi pour les dépôts du public remboursables après avis l'augmentation est de plus de quatre millions et pour les dépôts remboursables à demande l'augmentation dépasse le million. L'inverse a lieu pour les dépôts provenant du dehors ; ils sont en diminution de $900,000.

L'actif immédiatement disponible ou réalissble de nos banques incorporées est plus élevé de un million qu'au mois précédent. Nous ne parlons ici que des fonds en caisse, prêts, dépôts et chèques avec d'autres banques et valeurs mobilières ; à ce compte il convient d'ajouter les $1,600,000 de prêts à demande dont il a été question plus haut.

La situation des banques étrangères avec lesquelles les nôtres sont en relations présente les changements suivants :

Les banques anglaises ont en mains à leur crédit $800,000 et à leur débit $120,000.

Les banques américaines et autres de l'étranger ont en mains à leur actif $20,000 et à leur passif $2,330,000.

A signaler encore une augmentation de $750,000 dans l'item autre passif, de $150,000 dans celui désigné autre actif et de $260,000 dans les créances en souffrance.

Dans l'ensemble, le passif est en augmentation de $6,440,000 sur le mois précédent, l'actif en augmentation de $7,170,000, d'où un gain d'actif net de $730,000.

Voici un tableau résumé de la

situation des banques au 31 août et au 30 septembre derniers :

PASSIF.	30 sept. 1900	31 oct. 1900
Capital versé	$65,784,772	$66,264,967
Réserves	33,769,356	33,897,647
Circulation	$50,387,070	$53,198,777
Dépôts du gouvernement féderal	3,095,600	2,588,922
Dépôts des gouvern. provinciaux	2,421,272	2,358,538
Dép. du public remb. à demande	101,911,549	106,015,973
Dép. du public remb. après avis	183,062,013	184,135,857
Dépôts reçus ailleurs qu'en Canada	21,213,758	20,349,048
Emprunts à d'autres banq. en Canada	1,491,563	1,504,870
Dépôts et bal. dus à d'autr. banq. en C.	3,462,114	3,446,113
Bal. dues à d'autres banq. en Anglet	4,998,675	4,192,311
Bal. dues à d'autres banq. à l'étranger.	867,283	819,733
Autre passif	5,692,343	6,440,106
	378,603,318	385,050,323
ACTIF.		
Espèces	$11,080,742	11,606,195
illets fédéraux	18,642,961	19,309,953
épôts en garantie de circulation	2,372,973	2,372,973
illets et chèques sur autres banques	10,045,213	12,426,426
rêts à d'autres banques en Canada, garantis	1,549,743	1,469,870
épôts et balances dans d'autr. banq. en Canada	4,512,917	4,682,011
Balances dues par agences et autres banques en Ang	6,485,226	6,368,471
Balances dues par agences et autres banq. à l'étranger.	12,020,346	9,687,010
Obligations des gouvernements	11,752,678	11,977,479
Obligations des municipalités	11,914,141	12,062,776
Obligations, actions et autr. val. mobilières	25,247,994	25,270,228
Prêts à dem. remboursables en Can.	30,786,953	32,347,947
Prêts à dem. remboursables ailleurs	29,749,949	28,775,146
Prêts courants en Canada	272,020,391	276,216,200
Prêts courants ailleurs	18,650,178	19,003,505
Prêts au gouvernement fédéral	....	....
Prêts aux gouvernements provinciaux	1,572,168	2,181,382
Créanc. en souffrance	2,391,949	2,652,101
mmeubles	1,149,744	1,162,132
Hypothèques	582,202	575,798
mmeubles occupés par les banques	6,426,345	6,448,854
Autre actif	8,129,840	8,261,712
	$487,670,752	494,858,345

Gin à bon marché

LE HOMARD

LE DÉPEUPLEMENT DE SES PÊCHERIES

L'industrie du homard compte au nombre des industries les plus importantes du Canada. Les pêcheries de homard de la côte canadienne de l'Atlantique sont aujourd'hui encore les plus considérables du globe et par leur étendue et par leur production.

Quatre provinces: Nouvelle Ecosse, Nouveau Brunswick, Ile du Prince Edouard et Québec, comptent ensemble 738 homarderies employant 15,165 personnes, d'après une statistique officielle pour l'année 1897.

On voit, par ces chiffres, combien il importe de ne pas laisser péricliter une industrie donnant du pain à un si grand nombre de gens qui ne sauraient trouver à le gagner dans d'autres industries que celle qui nous occupe en ce moment.

Cependant, le homard se fait de plus en plus rare sur nos côtes et le gouvernement fédéral s'est justement préoccupé des mesures à prendre pour éviter le dépeuplement des pêcheries de homard. Dans ce but, il a nommé une commission ayant mission de rechercher les causes du dépeuplement et les remèdes à y apporter.

Les causes du dépeuplement, le président de la commission, le professeur Prince, les indique comme suit :

" Entre autres raisons, dignes d'être mentionnées, signalons le peu d'étendue des limites géographiques dans lesquelles le homard trouve sa subsistance, ses habitudes extrêmement casanières et le champ restreint de ses migrations, ses périls lors de la mue, les dangers qui menacent les œufs de homard, et la nature délicate du jeune fretin pendant un grand nombre de mois au début de son existence. Les ennemis du homard sont légion et l'homme ajoute beaucoup à ces dangers en tendant des pièges appâtés sur les fonds que ce crustacé fréquente lorsqu'il quitte l'eau profonde pour venir couver ses œufs. La principale saison de pêche couvre précisément les mois durant lesquels les homards procèdent à l'incubation de leurs œufs."

Plus loin le rapport dit :

" Les symptômes d'épuisement sont évidents. De petits homards n'ayant pas atteint la limite de leur croissance, et mesurant de cinq à huit et neuf pouces de longueur, lesquels auraient été rejetés avec mépris il y a quelques années, sont maintenant acceptés avec empressement et, dans quelques localités, fournissent l'article de choix sur lequel les fabriques de conserves comptent pour s'approvisionner. Autrefois deux ou trois homards suffisaient à remplir une boîte d'une livre ; maintenant il en faut cinq, six, sept et même dix.

" Il y a dix ans la taille moyenne des homards était de dix pouces (poids 2 lbs); un vieux pêcheur atteste qu'il y a trente ans la moyenne était de 13 pouces ($3\frac{1}{2}$ lbs)."

Les causes de dépeuplement de nos pêcheries de homard sont de deux ordres absolument différents.

L'homme ne peut changer les mœurs du crustacé, il ne peut rien contre ses ennemis ; le maquereau qui se nourrit de larves de homard, la morue, l'égrefin, le merlan, le bar, la raie et autres qui mangent le jeune homard, les corneilles qui en détruisent un grand nombre.

Mais, par contre, l'homme peut et doit, s'il veut conserver une industrie lucrative, ne pas ajouter inconsidérément aux causes naturelles de destruction, si l'on peut dire.

La commission du homard avait été, comme nous l'avons dit, chargée d'étudier les remèdes à apporter à l'état de choses existant, c'est-à-dire à la diminution sensible et graduelle des homards sur nos côtes.

Les instructions officielles étaient, dans ce sens, qu'il fallait étudier les points suivants: quantité et espèces d'engins de pêches; saison de pêche; limite de la taille ; protection des homards reproducteurs ; remèdes aux dommages faits à d'autres pêches ; propagation et augmentation artificielle du homard.

Disons, tout d'abord, que les commissaires se sont acquittés de leur tâche en hommes d'affaires, soucieux des intérêts du présent et de ceux de l'avenir. Ils se sont gardés, comme malheureusement trop souvent, les commissaires-enquêteurs se croient obligés de le faire, de recommander des mesures rigoureuses, vexatoires, une réglementation trop sévère. Ils comptent beaucoup sur les pêcheurs eux-mêmes pour mettre fin à certains abus dont ils sont ou seront les premières victimes. C'est ainsi qu'ils ne recommandent ni ne condamnent aucun système de casiers à pêche, si ce n'est cependant qu'ils demandent, dans de certaines conditions l'interdiction des rets cerclés et des traînes, deux engins destructeurs.

S'inspirant des nécessités locales, les commissaires établissent cinq

ivisions ayant chacune leur saison e pêche bien délimitée.

De même, pour la taille des ho·ıards à capturer, la commission te-ant compte des intérêts divers des êcheurs, des fabricants de conser es, des exportateurs de homards ivants, en même temps que des)nditions de lieux, déclarent que ı minimum de taille imposé à 10½ ouces par les nouveaux règlements e peut être partout applicable.

C'est surtout dans la protection es homards reproducteurs que ré-de le remède au dépeuplement. 'ne l·ı qui serait assez efficace pour btenir réellement la remise à l'eau e tout homard femelle chargée 'œufs et prise dans les casiers, urait pour effet de repeupler les êcheries.

Les commissaires recommandent ı passation d'une loi sévère dans ɜ sens.

Ils recommandent également de réer des réserves de homards. .insi seraient érigés en réserves les ıgunes, bancs et anses qui, selon opinion générale sont les frayures aturelles du homard.

La création d'établissements de eproduction artificielle est un vœu galement émis par les commissaires.

On le voit, les commissaires ne rônent aucune mesure violente ou angereuse qui pourrait affecter les térêts des pêcheurs, des fabricants e conserves ou des exportateurs de omards vivants.

La fermeture des homarderies ɜndant un temps plus ou moins .ng leur semble une mesure par 'op radicale et trop grave dont les 'antages seraient douteux tandis ıe son effet serait désastreux pour s homarderies et les pêcheurs.

L'adoption de moyens aussi vio-nts ne pourrait, ne serait possible ıe si tous les autres avaient été ›uisés sans succès.

Pour nous, nous sommes persua·'s qu'il ne sera jamais nécessaire 'y avoir recours si les trois re ›mmandations ci-dessus sont sui·.es, savoir : Protection des ho·ards reproducteurs ; création de :serves sur les frayères naturelles . incubation artificielle des œufs ɜ homards.

Depuis la mort de Mr. Ogilvie qui a eu ·u en janvier dernier, une compagnie a été rmée par les héritiers sous la présidence de . Albert E. Ogilvie fils aine de feu M. gilvie. Les affaires de cette importante aison continuent comme par le passé.

Une seconde d'attention s. v. p !

Il y a dans les annonces de la maison La-›rte, Martin & Cie, dans ce numéro, des ıjets de méditation pour les acheteurs bien 'isés. Lisez-les avec soin.

CORRESPONDANCE

Nous recevons la lettre suivante :

Monsieur le Rédacteur
du PRIX COURANT.

Cher monsieur,

Il y a quelque temps j'ai commandé une boite de raisins sans graines pour ma maison et, quand il a été livré, ma femme dit immédiatement que la boite n'était pas de la grandeur ordinaire, c'est-à-dire une boite d'une livre. Je l'ai pesée et j'ai trouvé qu'elle ne pesait que 12 onces. Maintenant pensez-vous que ce soit correct et juste de vendre des paquets qui ne renferment pas le poids et de tromper ainsi les acheteurs ?

Si ma femme n'avait pas attiré mon attention, je n'anrais jamais su que j'avais été trompé. Dans un cas semblable à qui incombe la responsabilité.

Je vous rémets ma carte.

CONSOMMATEUR.

NOTE DE LA RÉDACTION.

Nous répondrons à la lettre de notre correspondant :

Le marchand a eu le tort de ne pas déclarer le poids et de faire observer que, la boîte ne contenant pas le poids ordinaire, il vendait meilleur marché peur cette raison. Peut être aussi la marchandise était elle de qualité supérieure et alors les 12 ozs étaient-elles vendues au prix de 16 ozs d'une marchandise ordinaire. Il ne nous est pas possible, ne connaissant ni le prix de vente, ni la qualité de la marchandise vendue à notre correspondant de décider s'il a été trompé ou non.

Mais dans son esprit à lui, il a été abusé, il croyait acheter 16 ozs de raisins et il n'en a reçu que 12 ozs.

Nous ne retiendrons donc que ce fait et nous dirons aux marchands qui ne veulent même pas être soupçonnés de s'assurer par eux-mêmes du poids des paquets pour toutes marchandises se vendant à un poids habituellement fixé pour un genre d'emballage déterminé. En conséquence, ils devront déclarer à l'acheteur que sa marchandise est vendue, selon le cas, non pour une livre, mais pour 12 ou 14 ozs.

Les manufacturiers et les empaqueteurs qui font des emballages ne contenant pas le plein poids aident aux marchands peu scrupuleux à tromper l'acheteur, en lui donnant une tentation facile, puisque le paquet ne contient aucune désignation de poids, quand il renferme un poids de marchandises moindre que celui d'usage et pour ainsi dire règlementaire.

Le marchand peut avoir intérêt à acheter des boîtes de 10, 12 et 14 ozs. d'une marchandise qui d'habitude se vend en boîtes de 16 ozs. parcequ'il trouvera des acheteurs qui n'ont pas besoin d'une livre de marchandises mais d'une quantité moindre.

On ne peut donc condamner l'emballage lui même, mais ce qu'on doit condamner absolument c'est l'absence de l'indication du poids sur le paquet. Le manufacturier ou l'empaqueteur est le vrai coupable ; mais il a parfois pour complice un marchand qui abuse de la non-indication du poids sur le paquet.

Nous connaissons des marchands qui se refusent absolument à tenir des marchandises en paquets n'ayant pas le plein poids.

A bien dire, ils sont dans le vrai et le commerce gagnerait certainement en moralité et en bon renom s'ils avaient plus d'imitateurs.

EAU DE JAVELLE

L'eau de Javelle, ainsi appelée du nom du village de Javelle, près Paris, où on l'a d'abord préparée, est aussi désignée sous les noms de *chlorure de potasse, chlorure d'oxyde de potassium, hypochlorite* ou *chlorite de potasse.* Elle est le résultat de l'union du chlore avec la potasse ou oxyde de potassium.

L'eau de Javelle bien préparée devrait être blanche ; mais souvent elle est colorée en rose plus ou moins foncé. Cette couleur, primitivement due à un accident, parce qu'une partie du résidu (sulfate ou chlorure de manganèse) passait dans l'eau de Javelle à la fin de l'opération, est maintenant communiquée à volonté, pour lui donner ce qu'on appelle l'aspect commercial. On obtient cette coloration de l'eau de Javelle en y versant un peu de solution de *caméléon minéral* préparée d'avance jusqu'à ce que l'on ait obtenu la teinte rosée exigée.

L'eau de Javelle est employée principalement pour blanchir le linge de ménage, pour enlever les taches de fruits, de vin, d'encre, etc. ; à défaut de chlorure de soude ou de chaux, on peut l'employer comme désinfectant.

La véritable eau de Javelle est à base de potasse ; mais très souvent, dans le commerce, on vend sous ce nom du *chlorure de soude* ; cette substitution se reconnaîtra en ce que l'eau à base de soude ne présentera pas les réactions caractéristiques des sels de potasse telles que le précipité jaune serin avec le chlorure de platine, lorsqu'elle aura été préalablement concentrée par évaporation.

Souvent aussi l'eau de Javelle est faible en degré, contient un grand excès de carbonate de potasse ; quel-

Fruits Secs pour les Fetes !

Procurez-vous ce qu'il y a de mieux pour les fêtes — procurez-vous la marque " GRIFFIN " de Raisins épépinés, Abricots secs, Pêches, Poires, Prunes, Etc., et vous obtiendrez ce qu'il y a de mieux.

La marque "GRIFFIN" vous arrive de première main des producteurs et empaqueteurs de la Côte du Pacifique.

Puisque le meilleur n'est jamais trop bon pour les fêtes, vous acheterez naturellement, la marque " GRIFFIN ". La qualité compte pardessus tout pendant le temps des fêtes.

PLEIN POIDS GARANTI.

Arthur P. Tippet & Co., Agents,

8, Place Royale, Montreal.

ies fabricants ont fait leur eau de velle en soumettant à un léger urant de chlore les *eaux mères de lorate de potasse* préalablement endues d'eau. Ces altérations peunt se reconnaître à l'aide de l'aomètre, mais il sera, sans contret, préférable d'avoir recours aux océdés chlorométriques qui feront nnaître la quantité de chlore conaue dans l'eau de javelle, pour un ids ou un volume déterminé.

Le *Correspondant médical* attire ttention sur le Rapport du Dr enry Thierry concernant la peste, au Congrès d'hggiène de Paris. Dr Thierry indique comme meres prophylactiques, applicables, ailleurs, à bien d'autres maladies e la peste :

1o Assainissement constant du vire, à l'embarquement et pennt la traversée ; surveillance et besoin désinfection de certains jets ou marchandises avant le part ; étuvage ou lavage du linge le des passagers et de l'équipage cours de traversée, de façon à iter une perte de temps à l'arrivée. cet effet, l'installation des lessiuses à bord serait un progrès, de ême que l'obligation pour les mpagnies de fournir des *sacs à ge* aux passagers et matelots ;

2o La mesure préventive, par cellence, destinée à empêcher la ssémination des germes importés t l'assainissement des ports.

Les îles de l'Archipel de Cook, couvertes par Cook en 1770, ont é récemment annexées à la Noulle Zélande, dont elles sont relatiment proches. La situation écomique de l'archipel était la suinte en 1899, d'après un rapport résident anglais, M. Gudgeon.

Rarotonga,—dont tous les caféïers ennent d'être détruits par une aladie,—et Aitutaki sont les deux ules îles abordables pour les bâtients de commerce, ce qui nuit au veloppement des riches îlots de auke, Atiu et Mangaia.

Les Maoris, qui viennent de faire iprimer leur code, s'interdisent s alcools, sauf à Rarotonga.

En 1899, le commerce a été de ,555 livres sterling à l'importation de 14,219 livres sterling à l'exortation. Cette exportation se comse de coprah, pour la moitié ; le ste a été du café, des perles, des anges, des bananes, etc.

L'annonce est le vrai tonique des faires.

REVUE COMMERCIALE ET FINANCIERE

FINANCES

Montréal 29 novembre 1900.

Ce n'est pas encore cette semaine que nous parlerons d'activité à la Bourse de Montréal. Nous ne parlerons pas davantage de fermeté car les meilleures valeurs elles mêmes dénotent quelque faiblesse.

Neus ferons cependant remarquer une ou deux exceptions : L'action de la Royal Electric a gagné $4\frac{1}{2}$ points sur la rumeur persistante que cette Compagnie trouvait à se débarrasser avautageusement de la partie de ses affaires qui rapportait le moins ; elle vendrait, d'après cette rumeur, ses ateliers de fabrication d'appareils électriques et ne garderait que ses usines génératrices de lumière qui lui donnent de si gros profits.

L'action Centre Star depuis longtemps négligée a fait 155. Cette compagnie minière a déclaré un dividende mensue. de 1 p. c. égal à 12 p. c. par an.

Les valeurs suivantes sont celles sur lesquelles il s'est fait des ventes durant la semaine ; les chiffres sont ceux obtenus à la dernière vente opérée pour chaque valeur :

C. P. R.	$86\frac{7}{8}$
Duluth	$5\frac{1}{4}$
Montreal Str. Ry	$268\frac{3}{4}$
Twin City	$65\frac{1}{2}$
Toronto St. Ry	107
Richelieu et Ontario	107
Halifax Tr. (bons)	....
" (actions)	95
St John Ry	$117\frac{1}{2}$
Royal Electric	$207\frac{1}{2}$
Montreal Gas	$199\frac{3}{4}$
Col. Cotton (actions)	....
" (bons)	99
Dominion Cotton	90
Montreal Cotton	135
Cable Comm. (actions)	$170\frac{3}{4}$
" " (bons)	$100\frac{1}{4}$
Dominion Coal, pref	$114\frac{1}{4}$
" " bons	....
" " (ord)	44
Intercolonial Coal	55
Montreal Telegraph	$166\frac{1}{2}$
Bell Telephone	170
Laurentide Pulp	120
" " (bons)	105
War Eagle	104
Centre Star	155
Payne	83
Republic	65
North Star	$98\frac{1}{2}$
Montreal & London	$5\frac{1}{2}$
Virtue	28

En valeurs de Banques, il a été vendu :

Banque de Montréal	260
" Molson	190
" du Commerce	148
" des Marchands	157
" de Québec	121

COMMERCE

Nous sommes revenus à une température de saison. Il en était temps car les retards et les difficultés de transport devenaient, avec les mauvais chemins, une calamité pour le commerce.

Les marchands de la campagne ont passé cette année encore par une rude expérience qui leur est d'ailleurs coutumière. Tous les ans, au mois de novembre, dans la première quinzaine surtout, il faut absolument que le commerce de gros s'impose un travail plus qu'ordinaire pour les livraisons par eau avec les derniers bateaux. Mais cette année plus particulièrement avec les tempêtes et les mauvais chemins qui en ont été la conséquence, les voitures déjà rares pour un trafic actif devenaient absolument insuffisantes puisqu'elle ne pouvaient guère prendre que demi-charge et avancer qu'avec lenteur.

Enfin, on a pu faire tant bien que mal les expéditions par eau et les expéditions par voie ferrée ont souffert également d'un état de choses contre lequel il était impossible de lutter.

Aujourd'hui encore, le commerce de gros obtient difficilement des compagnies de chemins de fer le nombre de voitures nécessaires, mais petit à petit cependant elles arriveront à satisfaire leurs clients.

Le malheur dans tout ceci est que, généralement parlant, le marchand ne passe ses passe ses commandes qu'à la dernière limite. Ainsi au moment de la fermeture de la navigation et à l'approche des fêtes, tous les ordres arrivent ensemble et doivent être livrés en même temps. Il y a alors encombrement partout, chez le marchand de gros, chez les camionneurs et dans les compagnies de transport. Les services sont organisés pour une moyenne d'affaires mais non pour répondre à des à-coups qui n'ont que la durée d'un moment.

Le marchand aurait donc tort de ne s'en prendre qu'à son fournisseur si, dans ces derniers temps, il a éprouvé quelque retard dans la réception de ses marchandises.

Cuirs et Peaux—Le cuir est rare, principalement dans le gros article ; les prix sont fermes à nos cotes, d'autre part.

L'industrie de la chaussure va-t-elle passer à Montréal par les mêmes épreuves que celles que traverse la même industrie à Québec et qui durent depuis plusieurs semaines? Nous espérons le contraire et souhaitons vivement qu'il n'y ait ni grève, ni lockout, mais qu'une entente durable soit le résultat des pourparlers engagés entre patrons et ouvriers.

Les prix des peaux vertes sont à $8\frac{1}{2}$c pour le No 1 ; $7\frac{1}{2}$c pour le No 2 et $6\frac{1}{2}$ pour le No 3. C'est une baisse de $\frac{1}{2}$c sur toute la ligne. Le marché est ferme aux nouveaux prix.

Epceries, Vins et Liqueurs. — La semaine dernière nous disions que les sucres étaient faibles et qu'une baisse n'était pas imprévue. Nous disions vrai alors car aujourd'hui nous enlevons 10c por 100 lbs sur toutes nos cotes de sucres raffinés.

Nous avons peu de choses à dire cette semaine. Le commerce de gros est tellement absorbé par le travail des livraisons qu'il n'a pas le loisir de réviser ses prix.

Il est arrivé des avelines de Sicila de la nouvelle récolte,on les vend de 12 à 13c la lb.

La maison Cross & Blackwell a avancé les prix de ses gelées, confitures et marmelades, l'augmentation est de 5 à 10c la lb.

Il est impossible de se procurer chez les manufacturiers des cheminées à lampes No 2 ; c'est un modèle très demandé et il est incompréhensible que le commerce ne puisse en obtenir. La verrerie est, comme on le sait, très fortement protégée par le tarif de douane, nos commerçants ne peuvent donc songer à s'approvisionner à l'étranger de certains articles que d'habitude ils peuvent trouver dans le pays et dont l'importation serait onéreuse. Mais alors il faudrait que les fabricants suivent les besoins du marché, sinon ils ne méritent pas la protection dont ils sont l'objet et qu'ils ont eux-mêmes sollicitée. Ils ont obtenu un tarif prohibitif pour les cheminées à lampes et après en avoir pendant un certain temps approvisionné le marché, ils cessent de lui en livrer. On ne peut rester longtemps à leur merci.

Fers, Ferronneries et Métaux. — Les fers en barres sont tenus fermes aux prix de $1.65 à $1.70 suivant quantité.

Les boulons ont une bonne demande dans es derniers temps; deux hausses successives ur cette marchandise, dont une la semaine ernière, ont été imposées aux Etats-Unis et ı crainte de voir avancer les prix ici ont sans oute incité les marchands à s'approvisionner pour leurs futurs besoins.

En général, le marché est très ferme pour ous les articles du commerce de ferronnerie; ı vieille ferraille, c'est-à-dire la matière preière de nombreux articles de ce commerce paie actuellement $19 un prix qu'on a été in d'atteindre en ces dernières années.

Huiles, peintures et vernis—Une avance de par gallon met l'huile de paille à 50c au eu de 45c la semaine dernière.

Poissons.—Nous ne changeons rien à nos otes, mais nous signalerons qu'il est difficile 'obtenir des harengs de la Nouvelle-Ecosse; vrai dire le marché en est dépourvu.

Il en est de même de la grosse morue en uarts très rare pour le moment; il en est tendu dans quelques jours.

Salaisons, Saindoux, etc. — Les lards et aindoux restent aux prix que nous avons ıdiqués la semaine dernière; nous laissons onc subsister nos cotes d'autre part.

La liste de prix des jambons a été remaiée. On cote les gros jambons 12c; les pets 13c et les très petits 12½c. La raison de changement est que les très petits sont ı excès et que, pour s'en débarrasser, les npaqueteurs les ont mis à un prix plus bas ue les petits.

EXTRA

RENSEIGNEMENTS COMMERCIAUX

PROVINCE DE QUEBEC

Cessions

ontréal—Morin Norbert, épic.

Curateurs

le Bizard—Desmarteau Alex. à P. Boileau & Frère, contracteurs.

ontréal—Desmarteau Alex. à M. L. Léonard négociant.

Décès

-Jean—Ramsay Salomon, confiseur.

Dissolutions de Sociétés

ontréal—Canadian Aluminum Works.

-Jude—Roy & Frère, moulin à scie.

aterloo—Waterloo (The) Steam Laundry Co; une nouvelle société est formée.

Fonds Vendus

ontréal—Montreal—Montreal Cold Storage and Freezing Co; les immeubles.

Incendies

ontréal—Moisan & Moisan, nouv. ass.

Nouveaux Établissements

ontréal—Empire Lithographing Co.

ystic—Bockus & Co, mfrs de beurre et fromage.

PROVINCE D'ONTARIO

Cessations de Commerce

obcaygeon — Thompson Harvey, hôtel; John Kenny succède.

ingham—Canadian Equitable Coopérative Ass.; N. J. Korswell succède.

Cessions

onfield—Huard Edw. mag. gén.

ingston—Sills Fred W., pharmacie.

ichael's Bay—Flesher H. H., mag. gén.

ttawa—Kavanagh Joseph, épic. et liqueurs en gros.

rnia—Kerby & Co., nouv.

urgeon Falls—Dennisson H., épic., etc.

En Difficultés

t Thomas—Smith Hardware Co.

rnia—Morrison Bros., chaussures.

Fonds à Vendre

enelon Falls — McDougall Dame J. A., modes.

orth Bay—Halfpenny & Co merceries, etc., 5 déc.

at Portage—Campbell Bros, épic. etc., 5 déc.

REVUE DES MARCHÉS

Montréal, le 29 nov. 1900.

GRAINS ET FARINES

Marchés Etrangers

Les derniers avis télégraphiques cotent comme suit les marchés de l'Europe:

Londres: Blés et maïs en transit tranquilles mais soutenus. Chargements de blé Walla Walla, 29s; lots de blé No 1 du printemps du nord, 30s 6d. Marchés locaux en Angleterre, tranquilles.

Liverpool—Blé et maïs disponibles soutenus. Blé de Californie Standard No 1, 6s 2d à 6s 3d. Blé de Walla Walla 5s 11½d à 6s. Futurs, blé tranquille, Déc. 5s 10¾d; Mars, 6s 0⅛d. Maïs tranquille, Déc. 4s 1d, Janvier 3s 10¾d.

Paris. — Blé faible, nov. 19.85, mars 21.30 Farine faible, nov. 25.75, mars 27.35.

Aujourd'hui aux Etats-Unis les marchés sont fermés, c'est le *Thanksgiving Day*.

Hier, le blé, assez soutenu, a fermé à Chicago à 70⅛ sur novembre et décembre; le blé d'inde a clôturé en baisse, à 41c novembre et 35⅞ décembre; l'avoine, en baisse de ⅛c était à la clôture de la bourse à 21⅛ novembre et 21¾c décembre.

Nous lisons dans le *Commercial* de Winnipeg en date du 24 courant:

" Le marché local a été actif au début de la semaine, les expéditeurs ayant acheté les qualités inférieures de blé du Manitoba pour expédier par voie des lacs avant la fermeture de la navigation, mais les affaires ont été complètement arrêtées par suite de l'impossibilité pendant les deux dernières journées de pouvoir affrêter des navires ce qui a mis fin aux achats des expéditeurs. Jusqu'à la journée d'hier les prix sont restés fermes aux alentours de 69 cents pour le No 3 dûr en magasin Fort William, mais aujourd'hui les meilleurs prix que l'on pouvait obtenir étaient de 66 à 66½ pour le No 3 dûr en magasin Fort William. Les cotes sont les suivantes: No 1 dûr, 79 cents; No 2 dûr 74½ cents; No 3 dûr, 66½ cents; No 3 du nord, 62½ cents; No 3 grossier, 63½ cents; grossier du nord No 3, 60½ cents en magasins Fort William disponible ou en transit.

Le marché de Montréal est très ferme en l'absence de livraisons de la culture.

On cote l'avoine No 2 en magasin à 31c.

Les pois No 2 ordinaires obtiennent à la campagne de 58 à 59c.

A la campagne également, on paie de 49 à 50c pour le sarrasin.

Le marché des farines est tranquille; la fermeture de la navigation, la difficulté des transports sur routes pendant quelques jours ont réduit les demandes, mais un changement satisfaisant dans la température aidera à compléter les approvisionnements d'hiver chez les marchands de la campagne qui ne peuvent recevoir leurs marchandises que par voie ferrée.

Nous cotons: patentes du printemps $4.35; fortes à boulanger, cité $4.05; fortes du Manitoba, secondes, de $3.40 à $3.45; patentes d'hiver, de $3.55 à $3.70 et straight rollers, de $3.50 à $3.60.

En farines d'avoines roulée les prix sont tenus fermes de $3.35 à $3.50 le baril suivant qualité.

Les issues de blé ont une bonne demande à prix soutenus. Nous cotons: son d'Ontario de $15.50 à $16.00, du Manitoba, $15; gru d'Ontario, $17 à $17.50, du Manitoba, $16 et moulée de $17 à $24 la tonne.

FROMAGE

MARCHÉ ANGLAIS

MM. Marples, Jones & Co. nous écrivent de Liverpool le 16 novembre 1900:

La demande pour les qualités "Fancy Cool" continue à être plus faible quoique les prix soient plus faciles, cependant de 48s à 50s; il y a une assez bonne demande pour des bonnes qualités moyennes. Peu de demandes pour les *Skims*.

" Nous cotons:	s. d.		s. d.
Fine meaty night Skims..........	40 0	à	42 0
Blanc et coloré, qualité moyenne	00 0	à	00 0
Blanc de choix, Canada et E.-U.	49 0	à	50 0
Coloré de choix, Canada et E.-U.	50 0	à	52 0
Blancs de choix septembre	52 0	à	53 0
Coloré " "	53 0	à	54 0

MARCHÉ DE MONTREAL

Les fromages d'octobre et de novembre de la province de Québec ont un marché terne de 9 à 9¼c pour le blanc et une fraction ou deux de plus pour le coloré, suivant qualité.

Les exportations pour la saison entière ont été de 2,077,482 boîtes soit une augmentation de 180,986 boîtes sur le chiffre de l'an dernier pour la période correspondante.

BEURRE

MARCHE ANGLAIS

MM. Marples, Jones & Co. nous écrivent de Liverpool le 16 nov.

Le ton du marché est plus ferme, mais les transactions sont limitées; si ce n'est pour l'article vraiment supérieur qu'il soit Danois Australien ou Canadien. Les qualités de choix commencent à arriver en assez grand nombre.

" Nous cotons:	s.		s.
Imitation crêmeries, E.-U., choix.	74	à	78
Crêmerie, frais, E.-U., choix, boîtes nominal	96	à	100
Irlande, choix, boîtes	90	à	94
Crêmerie, canadien, choix, boîtes..	100	à	103
" Irlande, choix, boîtes....	104	à	110
" Danemark, en barils et sur choix............	100	à	118

MARCHE DE MONTREAL

Les besoins du marché local ne permettent guère de compter sur de nouvelles exportations pour la saison actuelle. Il s'est fait moins de beurre cette année, car partout où il a été possible de se livrer à la fabrication du fromage, on a négligé celle du beurre qui était moins profitable.

La situation du marché anglais s'est améliorée et les avis qui nous parviennent indiquent que la fermeté du marché anglais ne pourra que se maintenir au moins pour quelque temps.

L'exportation de notre port pour la saison entière a été de 256,563 paquets, quantité inférieure de 194,487 paquets au chiffre des exportations de l'an dernier.

Le commerce de détail paie les prix suivants: Crêmerie frais, de 20 à 20½c. laiterie, de 16 à 19c; rouleaux, de 18 à 19c, et townships, choix, de 18 à 19c.

ŒUFS

MM. Marples, Jones & Co, nous écrivent de Liverpool le 16 novembre:

Le marché continue à être ferme et soutenu par une bonne demande.

Nous cotons:	s d		s d
Œufs frais du Canada et des E.-U.	7 6	à	8 3
" conservés à la glycérine.	7 6	à	8 0
" " à la chaux....	7 4	à	8 4
" frais d'Irlande	11 0	à	12 0
" " du Continent	6 6	à	8 0

Le commerce des œufs est purement local et ne manque pas d'activité pour la demande en petit lots. Nous cotons les œufs frais de 22 à 24c; les œufs mirés et les œufs chaulés de Montréal, de 15 à 16c.

Connaissez-vous

Le Vaste Etablissement de Meubles de

N. G. VALIQUETTE

A Montréal ?

C'est le bon temps de venir faire une visite d'inspection à l'occasion des fêtes de Noël et du Jour de l'An.

Seulement dans les grandes villes américaines, on voit des étalages semblables.

Nous occupons la plus grande bâtisse de la partie Est de la Métropole

5 étages, soit : 55,000 pieds carrés

littéralement encombrés de **Meubles** depuis les plus simples jusqu'aux plus artistiques, tels que

SETS DE CHAMBRE, - - - -	de $10.50 à $500
SETS DE SALON, - - - - - -	de $15 à $400
SETS DE CHAISES A DINER, - -	de $6 à $175
TABLES DE SALLE A MANGER, - -	de $4 à $100
"BUFFETS" SIDEBOARDS, - -	de $7 à $250

Ainsi que tous les autres **Meubles** accessoires de toutes descriptions. Tous provenant des manufactures canadiennes et américaines les plus en renom.

Outre nos grandes importations, nous avons pour compléter notre assortiment un stock immense et de choix de **Tapis et Draperies**. Notre département de **Draperies** est sous la direction d'un artiste drapeur qui est à la disposition de nos clients pour exécuter tous les dessins de leur choix.

Notre commerce est basé sur le COMPTANT dans NOS ACHATS ET NOS VENTES.

Nous vous invitons cordialement de venir visiter nos salles d'échantillons, nous sommes persuadés d'avance que notre assortiment, le fini de nos **Meubles**, nos **Bas Prix**, et notre manière de transiger feront de nos visiteurs des clients.

N. G. VALIQUETTE, 1541 et 1547, RUE STE-CATHERINE
MONTREAL

GIBIER ET VOLAILLES

Nous cotons : lièvres 15c la paire ; perdrix No 1 de 75 à 80c et No 2 de 45 à 50c la paire et chevreuil, bête entière, de 5 à 5½c la lb.

Les volailles sont en bonne demande avec un marché peu approvisionné. Avec la température plus froide les arrivages vont certainement reprendre. Nous cotons à la livre : poulets de 6 à 7c ; poules de 5 à 6c ; canards de 8 à 9c ; dindes, de 8 à 9½c et oies de 5 à 6c.

POMMES

MM. J. C. Houghton & Co, nous écrivent de Liverpool le 17 nov. 1900 :

Les pommes américaines et canadiennes sont l'objet d'une demande excellente, bien que le marché soit quelque peu en baisse, résultat des forts arrivages récents.

PRIX A L'ENCAN

Pommes	Vendredi nov 9.				Lundi nov. 12.				Mercredi nov. 14.			
	s.	d.	s.	d.	s.	d.	s.	d.	s.	d.		
Canadiennes, barils												
Greening	9	0	11	3	7	9	11	6	6	3	15	0
Baldwin	9	0	13	9	7	6	13	0	8	9	13	3
Ribston Pip												
Snow	14	6	16	6	15	0			18	3		
King	13	3	17	9					8	6	22	0
Ben Davis	11	0	12	9	10	6	10	9	10	6	14	0
Holland Pippin												
N. Spy	9	9	15	0	8	3	12	6	10	9	15	0
G. Russet	13	6	15	0	9	0	14	0	12	0	15	6
Cramberry									11	0	13	3
Américaines.												
Greening					10	9	16	3	10	0	13	0
Baldwin	7	9	13	3	7	9	13	3	5	6	13	3
Kings					14	3			10	9	14	0
Newtown Pippin	13	3	20	0	12	3	18	3	11	0	17	0
Hubbardson												
Ben Davis					10	6	11	0				
York Imperial												
Winesap	6	0	10	9								
N. Spy					12	0						
G. Russet												
Nouvelle-Ecosse.												
Blenheim					6	3	12	3	6	9		
Gravenstein					3	0	8	0	8	0		
Kings					7	3	14	9	9	3	12	3
Ribston					4	0	8	9	7	9	8	6
Californie.												
Newtown Pippins	8	9	9	6					7	9	8	3

LEGUMES

Les pommes de terre sont payées 38c les 90 lbs au char et on les détaille à 55c les 90 lbs.

Les prix des haricots triés à la main sont cotés de $1.30 à $1.50 par minot en lot de char complet.

On cote :

Salade, de Waterloo, 50c la doz.
Salade de Boston, de 90c à $1.00 la doz.
Choux, de 25 à 30c la doz.
Tomates de Waterloo, 25c la lb.
Carottes, $1.00 le quart.
Navets, de 40c à 50c le sac.
Radis, de 20 à 25c la doz.
Choux fleurs, de $2.00 à $3.50 la doz.
Fèves vertes, $3.25 le quart.
Epinards, $3.00 le quart.
Cresson, 60c doz. de paquets.
Concombres, $1.75 la doz.
Aubergines, 50 à 75c la doz
Céleri, 10c à 40c la doz. de paquets.
Patates sucrées, de $2.75 à $3.50 le quart.
Betteraves, 40c. la doz. de paquets.
Oignons rouges, de $1.75 à $2.00, le baril.
Oignons jaunes, de $1.75 à $2.00 le baril.
Oignons d'Egypte, $2.50 le sac de 165 lbs.
Oignons d'Espagne au crate de 75 à 80c.

FRUITS VERTS

Nous cotons :

Atocas, de $6.00 à $8.00 le quart.
Bananes, de $1.00 à $2.00 le régime.
Oranges de Jamaïque, $5.50 le quart.
Oranges Seedlings, la boîte, $7.00.
Oranges du Mexique, de $2.75 à $3.00.
Citrons de Messine, de $2.25 à $3.00 la caisse.
Pommes, de $1.50 à $3.50 le quart.
Poires d'Anjou, de $7.00 à $10.00 le quart
Poires de Californie, $4 la boîte.
Raisins Catawba de 25c à 35c le panier.
Raisins de Malaga, de $5.00 à $6.00 le baril.

FOIN PRESSE ET FOURRAGES

MM. Hosmer, Robinson & Co., nous écrivent de Boston le 22 novembre 1900 :

" Les arrivages pour la semaine écoulée ont été de 336 chars de foin et 20 chars de paille et 3 chars de ce foin pour l'exportation. La semaine correspondante, l'an dernier, 476 chars de foin et 30 chars de paille et 113 chars de ce foin pour l'exportation.

Par suite du temps doux les affaires en campagne ont été très calmes la semaine dernière.

Nous cotons :

	Grosses balles.	Petites balles.
Foin, choix...	$18.00 à $19.00	$17.50 à $18.50
— No 1 ...	17.00 à 18.00	16.50 à 17.50
— No 2 ...	16.00 à 16.50	16.00 à 16.50
— No 3 ...	14.00 à 15.00	14.00 à 15.00
— mél. d. tréf.	15.00 à 16.00	15.00 à 16.00
— trèfle ...	15.00 à 15.50	
Paille de seigle long...	16.00 à 16.50	
— mêlée..	11.00 à 12.00	11.00 à 12.00
— d'avoine	9.00 à 9.50	9.00 à 9.50

Par suite du manque d'arrivages pour répondre aux besoins du marché, les prix sont plus élevés.

Cependant, nous ferons remarquer à nos lecteurs que nos cotes ci-dessous indiquent les prix du jour qui peuvent varier selon les arrivages.

Un expéditeur ne doit pas absolument compter recevoir ceux que nous donnons ; il ne les obtiendra que, si les livraisons au moment où son foin reçu arrivera à Montréal, ne sont pas en excès de la demande.

Nous cotons :

Foin pressé, No 1 à choix....	$10 50 à 11 00
do do No 2..........	9 00 à 10 00
do mél. de trèfle..........	0 00 à 7 50
Paille d'avoine..............	4 50 à 5 00

Voyageurs de Commerce

Nous avons sous les yeux une circulaire signée par des membres très influents de la Dominion Travellers' Mutual Benefit Society recommandant très chaleureusement à leurs collègues d'élire pour président de cette société leur confrère M. J. T. Le Sueur.

Il serait, en effet, difficile de faire un meilleur choix. Le sympathique voyageur de la maison McArthur, Corneille & Co. M. J. T. Le Sueur, est l'un des plus anciens membres de l'Association des Voyageurs de Commerce de la Confédération ; depuis 20 ans au moins il en fait partie et ses confrères l'ont déjà porté à la Vice-Présidence de la branche-mère de la Mutual Benefit Society. Il est l'un des commissaires (trustees) de cette dernière branche filiale et, comme tel, a montré qu'il était digne de la diriger et de présider à ses destinées.

Nous n'avons aucun doute que M. J. T. Le Sueur sera élu Président par une très forte majorité, et à son honneur et dans l'intérêt de la Mutual Benefit Society de l'Association des Voyageurs de Commerce de la Confédération.

Décès de l'inventeur du " Bovril "

M. John Lawson Johnston, l'inventeur du "Bovril", est mort d'une maladie de cœur le 24 novembre 1900 à bord de son yacht, la *White Ladye*, en rade de Cannes, France. M. J. L. Johnston visita le Canada en 1874 et de concert avec M. Silcock, maintenant de l'Oxo Fluid Beef Co., de Montréal, il établit la Johnston Fluid Beef Co. sur les bords du canal. Quelque temps après, M. J.L. Johnston retourna en Angleterre où la Bovril Co., Ltd. fut fondée au capital de £500,000. Cette compagnie qui était contrôlée en grande partie par M. Johnston fut achetée £2,000,000 par Ernest T. Hooley, le promoteur anglais dont la chute retentissante fit tant de bruit il y a quelques années.

CHRONIQUE DE QUEBEC

Mercredi, 23 novembre 1900.

Nous ne pouvons guère que constater plusieurs faits au détriment du commerce durant la semaine qui se termine aujourd'hui, D'abord, la fermeture de la navigation étant un fait accompli, les expéditions de marchandises ont diminué considérablement dans le gros, et le détail a été privé de la plus grande partie de sa clientèle de la campagne. Les chemins d'hiver sont maintenant établis, mais le courant des affaires n'en reste pas moins à peu près stagnant. L'on est dans l'expectative de la reprise pour le temps de Noël, et l'on se prépare en conséquence. Déjà les nouveautés en jouets et articles de fantaisie ont fait leur apparition, et il y a une certaine activité dans cette spécialité. Une chose à remarquer, c'est que l'article de Paris paraît être encore plus en demande que les années dernières, et le marché semble en être abondamment pourvu. Cela est dû à ce que des agents canadiens de Québec se sont mis à cultiver ce genre d'affaires, avec le résultat de placer une grande quantité de marchandises le goût dans le marché. C'est une innovation très appréciée des connaisseurs.

* * *

Une autre innovation, c'est celle d'un service d'hiver par bateau sur le Saint-Laurent entre la Malbaie et la rive sud. Le steamer subventionné à cet effet par le gouvernement fédéral doit faire toutes les semaines, autant que possible, un voyage de la Malbaie à Québec. Ce problème de la navigation d'hiver est maintenant posé dans des conditions telles qu'on saura d'une manière définitive à quoi s'en tenir. C'est une entreprise hardie, que quelques-uns jugent même téméraire, mais qui est justifiée par l'opinion d'experts très renseignés. Nous souhaitons succès à ceux qui ont eu le courage de tenter de la mener à bonne fin.

* * *

Nous avons une couple de faillites à enregistrer cette semaine. Il ne semble pas que le commerce en soit beaucoup affecté. On nous dit, à propos de faillites, qu'il pourrait bien y avoir encore quelques points noirs d'ici à quelque temps, surtout si les manufactures de chaussures continuent à garder leurs portes fermées. On n'a pas d'idée du désarroi qu'il y a dans le commerce par suite de cette malheureuse affaire.

* * *

La politique bat son plein, au détriment des affaires, et il va en être ainsi pour une huitaine et davantage. Il est curieux de voir comme les magasins et les établissements industriels sont bouleversés par cet élément dissolvant qui met tout le monde dans l'excitation. Encore une fois, ce nous est un devoir de constater cet état de chose, parce que nous y voyons l'indice d'un malaise général qui nuit au commerce. Il est possible, toutefois, que ce soit un mal pour un bien, mais il nous semble qu'un peu moins de politique ferait bien mieux notre affaire.

EPICERIES

Mélasses : Barbade pur, tonne, 40 à 42c Porto Rico, 38 à 42c ; Fajardos, 47 à 48c.

Beurre : Frais, 20c ; Marchand, 17c ; Beurrerie, 20c

Conserves en boîtes : Saumon, $1.40 à $1.70 Clover leaf, $1.60 à $1.65 ; homard, $3.20 à

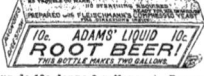

.30 ; Tomates, 95c à $1.00 ; Blé-d'inde, 85 à c ; Pois, 90c à $1.00.

Fruits secs : Valence, 9c ; Sultana, 11 à c ; Californie, 8 à 10c ; C. Cluster, $2.80 ; ıp. Cabinet, $3.70 ; Pruneaux de Californie, à 10c ; Imp. Russian, $4.50.

Tabac Canadien : En feuilles, 9 à 10c ; alker *wrappers* 15c ; Kentucky, 15c ; et le hite Burleigh, 15 à 16c.

Planches à laver : " Favorites " $1.70 ; Waverly " $2.10 ; " Improved Globe " $2.00

Balais : 2 cordes, $1.50 la doz ; à 3 cordes, .00 ; à 4 cordes, $3.00.

FARINES, GRAINS ET PROVISIONS

Farines : Forte à levain, $2.25 à $2.30 ; uxième à boulanger, $1.90 à $2.10 ; Patente ıngarian, $2.40 ; Patente Ontario, $1.90 à .95 ; Roller, $1.70 à $1.80 ; Extra, $1.60 à .65 ; Superfine, $1.45 à $1.50 ; Bonne ommune, $1.25 à $1.30.

Grains : Avoine (par 34 lbs) Ontario, 35 à c ; orge, par 48 lbs, 65 à 70c ; orge à drè-c, 70 à 80c ; blé-d'inde, 55 à 56c ; sarrasin, à 70c.

Lard : Short Cut, par 200 lbs, $18.00 à 8.50 ; *Clear Back*, $19.50 à $20.50 ; sain-ux canadien, $2.05 à $2.25 ; composé le au, $1.70 à $1.75 ; jambon, 10½ à 13c ; con, 9 à 10c ; porc abattu, $6.00 à $7.50.

Poisson : Hareng No 1, $5.50 à $6.00 ; orue No 1, $4.25 à $4.50 ; No 2, $3.70 ; mo-e sèche, $5.00 le quintal ; saumon, $15.00 $16.00 ; anguille, 4½c la livre.

∴

Il n'est pas possible de clore cette chroni-e sans parler de la grande question du jour : continuation de la fermeture de vingt-une briques de chaussures. La misère se fait plus en plus grande, de manière à effrayer autorités. Les nécessités de la vie man-ent aujourd'hui dans un grand nombre de nilles, et la charité publique est mise à ntribution pour diminuer les souffrances s pauvres. Jamais nous n'avons eu autant mendiants dans nos rues, sans compter les ivations endurées par des personnes trop res pour tendre la main. Il y a là un état choses qui ne peut plus se continuer. D'un tre côté, des efforts sont faits pour mettre au malentendu, et tout indique une solu-on prochaine et pacifique des difficultés. Toute la question est maintenant soumise l'arbitrage d'un haut personnage ecclésias-ıue, avec l'entente que les parties intéressés soumettront à sa décision sans appel. Il t regrettable, que pour des fins particulières, rtains journaux et certaines gens aient cru voir aigrir le débat au lieu de l'apaiser. a a perdu un mois en discussions stériles accusations mutuelles, en soupçons inju eux des intentions des uns et des autres. ujourd'hui, le calme se rétablit, tout le onde étant désireux de contribuer à un dé-uement honorable. C'est une leçon qui ne vrait pas être perdue pour l'avenir.

∴

Après renseignements pris à bonne source, ous sommes en mesure d'annoncer que revenu du pilotage pour le hâvre de uébec et au-dessous va donner une moyenne marquable malgré la diminution du nombre vaisseaux dans la flotte du Saint-Laurent, ır suite de la guerre. Les pilotes, qui ont it des années de 500 et 600 dollars, mais ıi, l'année dernière ont vu leur salaire s'éle-r jusgu'à au-delà de 900 dollars, recevront tte année à peu près 750 dollars. Un bon ombre d'entre eux auront en plus l'indem-té payée par les diverses compagnies pro-iétaires de steamers. Voilà un résultat us que satisfaisant, étant données les pers-ectives du printemps dernier.

L. D.

NOTES SPECIALES

St Lawrence Sugar Refining Co.

Cette compagnie est bien connue pour la qualité et la pureté des sucres sortant de sa raffinerie ; elle annonce dans ce numéro les qualités suivantes ; Jaunes Efflorescents (Bloomy Yellows), Bright Coffee ; Phœnix, qualité au-dessous du granulé et les granulés Extra Standard que le commerce apprécie de longue date. Ces marques représentent, toutes et chacunes, d'excellentes valeurs que le public, bon juge, sait reconnaitre.

Cie de Ferronnerie Letang, Limitée

Nous attirons l'attention de nos lecteurs d'une façon toute spéciale sur l'annonce de de la Cie de Ferronnerie Letang (Limitée). Ils trouveront dans les magasins de la compagnie, 287 et 289 rue St-Paul, à Montréal, un assortiment des plus remarquables de haches et de patins de toutes les descriptions et à cela à des prix excessivement avantageux.

Une bonne nomination

M. J. W. Garrett, un des plus habiles agents d'assurances-vie de Toronto, a été nommé assistant-surintendant des agences de la National Life Assurance Co of Canada. M. Garrett est bien connu dans toutes les parties de la Province d'Ontario ; c'est un gentleman de talent, actif et dont la compétence à remplir le poste qui lui a été assigné est indiscutable.

Up-to-date !

Par suite de l'encombrement des commandes, il y a du retard dans la livraison des produits de la Sultana Mfg Co. La direction s'est vue dans l'obligation d'augmenter son personnel et dorénavant les livraisons auront lieu beaucoup plus rapidement. La Sultana Mfg Co vient d'introduire une innovation qui ne pourra manquer de plaire à sa nombréuse clientèle, elle vient d'augmenter la capacité de ses boîtes mises en vente à cinq cents.

Fromage Impérial

Le jury d'examen de l'Exposition de 1900 à Paris a confirmé une fois de plus la supériorité du Fromage Impérial de MacLaren qui avait déjà obtenu à l'Exposition de Chicago les plus hautes récompenses. La supériorité de l'Imperial Cheese est consacrée aujourd'hui en France et dans le monde entier. Ses qualités exceptionnelles lui ont valu, en effet le Grand Prix et la Médaille d'Or de l'Exposition de 1900.

Les Grandes Marques

Il faut qu'un produit se recommande par des qualités intrinsèques indiscutables et une notoriété du meilleur aloi pour que la maison Hudon, Hébert & Cie en accepte la représentation et lui accorde, dans toute l'étendue de ce vaste Dominion, de l'Atlantique au Pacifique, la consécration du succès et le précieux concours d'une vaillante phalange de représentants devant qui s'ouvrent toutes les portes.

La maison Hudon, Hébert & Cie, sous l'impulsion active et incessante de sa direction essentiellement progressive, fait le succès de tous les produits auxquels elle s'intéresse. C'est ainsi que, en un temps excessivement court s'est affirmé le grand succès du *Byrrh*, du *Roderick Dhu*, du *Cognac Boutelleau*, du Whisky Canadien *de Corby* et d'une foule de spécialités de choix, comme les conserves alimentaires de Talbot Frères et quantité d'autres qui figurent avec honneur sur toutes les tables, parce que les premières maisons d'épiceries les achètent et les vendent de confiance.

Marinades

Les consommateurs estiment beaucoup les (pickles) marinades FLETTS offertes par Laporte, Martin & Cie, et qui sont préparées à Londres, Angleterre, et non des marques domestiques. Ces marinades sont supérieures et garanties sous tous les rapports, quoique leur prix soient excessivement bas.

Cigares

Le moment est bien choisi pour recommander au commerce une marque de cigares qui jouit de l'estime particulière des consommateurs et qui sera partout bien accueillie à titre de cadeau de Noël ou du jour de l'an. Le Cigare IRVING manufacturé par MM. J. Hirsch Sons & Co, 505 rue St Paul, Montréal est le cigare du jour ! Que nos lecteurs veuillent bien se le rappeler en passant leurs commandes dans cette ligne spéciale.

Pour polir les métaux

Le Sultana " metal polish," est la seule pâte jaune en usage actuellement au Canada ; sa popularité est devenue telle, qu'elle a conquis la moitié du marché : résultat dû à ses nombreuses qualités. Son efficacité est moitié plus grande que celle des produits similaires, elle nettoie le cuivre non seulement d'une façon plus rapide, mais lui donne un lustre plus brillant et plus durable. De plus, cette pâte ne contient aucun acide.

Soda de Dwight

Dans le commerce de l'épicerie, la tendance générale est à la simplification. On cherche à économiser le temps et la main-d'œuvre. De là l'introduction de plus en plus générale des articles d'épiceries en paquets. La marchandise y gagne en qualité, elle est plus présentable, plus appétissante, se trouve toute pesée, évite les pertes résultant de manipulations, plaît d'avantage au consommateur et, en fin de compte, fait l'affaire du marchand : ce sont là quelques-uns des points qui recommandent le Soda de Dwight, marque de la vache, au commerce de l'épicerie.

Peintures, Vernis

Les peintures et vernis de la Canada Paint Co Ltd, sont fabriqués à l'usine même qui reçoit les matières premières telles qu'elles arrivent de la mine et des pays de production et leur fait subir, sous la direction de chimistes expérimentés, les diverses et multiples transformations requises. C'est dire que cette manufacture est à même de répondre de la qualité des produits qu'elle livre au commerce. Aussi n'y a-t-il rien d'étonnant à ce que la production augmente continuellement et que les commandes affluent à la Canada Paint Co dont l'ambition est de donner pleine satisfaction à ses clients.

Le prix du pétrole

Il est indiscutable que le prix du pétrole revient bien exorbitant au grand nombre des marchands épiciers, qui, ne se souciant pas de ce commerce, parce qu'il est si malpropre, laissent leur pétrole dans les barils tel qu'acheté ; tellement que si l'on ajoute les pertes d'huile qui se font par ce système, au prix d'achat du pétrole, celui-ci coûtera au marchand de quinze à vingt pour cent plus cher que son prix d'achat.

Nous conseillons donc aux marchands d'étudier le système " Bowser " annoncé autre part, pour l'emmagasinage du pétrole dans des réservoirs fermés dans leur cave avec pompe à trois mesures automatiques, etc., à l'étage du magasin.

Sel de Table

Le sel Windsor est le sel de de table par :cellence, le favori des ménagères ; il est ès blanc, très fin et ne prend pas en mor· :aux comme les sels ordinaires. Le com· erce a toujours obtenu satisfaction, tant ıus le rapport de la qualité que des prix en aitant avec MM. Werret, Stewart & Co, ·présentants à Montréal.

Ameublements de bureaux

Les hommes d'affaires trouveront chez N. . Valiquette, rue Ste Catherine' un assorti· ent remarquable de meubles de bureau en ·us genres, casiers, fauteuils, etc. Il va .ns dire, que dans la ligne des ameuble· ents de maison, il y a beaucoup de choix ıns ces vastes magasins : les prix sont de ature à redcontrer les vues des hommes 'affaires.

Marinades

Introduites depuis peu sur le marché, les .arinades de la marque " Bow Park " ont su, :pendant grâce à leurs mérites, se faire une ientèle respectable dans les épiceries pla· ;ées au premier rang.

Avec le capital considérable dont disposent :s manufacturiers de cette marque de choix, en n'a été négligé pour pourvoir les diffé· ents départements de la manufacture de la .achinerie la plus perfectionnée, dont le onctionnement est confié à des ouvriers ha· iles, dirigés par des experts Les marinades Bow Park " figureront avec avantage sur ·s meilleures tables.

Charbon

Au moment où la crise du charbon était à n apogée, où la Corporation aux abois récla· ait du charbon à tous les échos, un homme répondu à son appel, offrant tout le charbon cessaire aux différents services de la ville, ıelque fut l'importance de la demande. Ce ımerçant, vous le connaissez tous, c'est . J. O. Labreqne de la rue Wolfe. La mai· n J. O. Labrecque & Cie occupe dans le ımerce du charbon une situation prépon· :rante. et la crise ne l'a pas·prise à l'impro· ste ; M. Labrecque, jour par jour, se tenant ı courant de toutes les fluctuations du ıarché et de ses tendances. C'est le fait de ·ut commerçant digne de ce nom, de se tenir u courant de tout ce qui intéresse sa ligne et e profiter des circonstances.

Retard dans la livraison des commandes

MM. Laporte, Martin & Cie nous prient de emander à leurs clients, en leur nom, de ouloir bien excuser le retard apporté dans ı livraison de leurs commandes.

Ces délais ne sont que temporaires et sont ccasionnés par l'affluence de commandes rovoquées par la fermeture de la navigation t, par le grand retard dans les arrivages des nportations d'automne.

Comme nos marchands doivent le savoir, · nombre de steamers entrés dans le port de Iontréal est de 73 de moins que l'an dernier t cependant le tonnage total excède de beau· oup celui de l'an dernier, ce qui veut dire ncombrement sur les quais, difficulté à ob· ·nir livraison des marchandises, et, consé· uemment, retard pour les fournisseurs de e gros, au détriment de la clientèle.

Toutes ces causes sont aujourd'hui dispa· ues et maintenant MM. Laporte, Martin & 'ie sont en mesure de remplir les ordres romptement. Nos amis lecteurs voudront ien en prendre avis.

Lacryma Christi

La maison L. Chaput, Fils & Cie, vient de recevoir une consignation de vins d'Italie, 50 caisses, vin rouge et blanc, bouteilles, Qrts et Pts. Les nombreux voyageurs qui sont allés au Vésuve ont sans doute dégusté ces vins délicieux dits Lacrima Cristi del Vesuvio.

MM. L. Chaput, Fils & Cie ont aussi en magasin 200 caisses assorties de pêches, framboises noires et poires, citrouille, to· mates en canistres d'un gallon, ½ doz. à la caisse ; ces marchandises sont de choix et de la récolte 1900. . Commandez-en une caisse au voyageur de la maison qui offre un assor· timent complet de conserves alimentaires comprenant les meilleures marques connues. Nos lecteurs ont tout profit à demander les prix de la maison L. Chaput, Fils & Cie.

Poëles

MM. Letourneux fils & Cie, 265 rue St-Paul, ont dans leurs magasins un assortiment choisi de poêles tortues provenant des meilleures manufactures ainsi qu'un choix considérable de hâches, godandarts, de moulins à laver carrés et ronds. Leurs marchandises de tablettes sont constamment renouvelées et MM. les marchands de la campagne y trouve· ront les dernières nouveautés.

Peintures

La maison McArthur, Corneille & Co. est une des plus anciennes et des plus connues de Montréal. Elle s'est toujours maintenue au premier rang dans le commerce de la peinture. Depuis longtemps, MM. McArthur, Corneille & Co. font une spécialité des arti· cles pour teinturiers et des produits chimi· ques, leurs extraits pour tanneurs sont in· surpassables et absolument garantis. La maison a de plus un grand assortiment de colles fortes.

Fers, ferronneries et métaux

Nous annonçons, d'autre part, l'agrandis· sement des magasins de la maison L. H. Hébert les importateurs et marchands de ferronnerie et de quincaillerie en gros bien connus de la rue St Paul, Montréal. Cet agrandissement est significatif et constitue le plus bel éloge de la direction et de l'admi· nistration de cette ancienne maison dont il fait toujours plaisir de voir le fondateur pré· sider avec une courtoisie empressée aux diffé· rents services administratifs, tâche laborieuse évidemment, mais qui se trouve heureuse· ment allégée grâce au concours de M. Alf. Jeannotte qui est bien l'astivité et l'amabilité personnifiées. Sous l'impulsion de ces hom· mes d'affaires, secondés par un personnel dévoué, il n'y a rien d'étonnant à ce que l'on agrandisse sans cesse les magasins et que l'on ajoute aux entrepôts existants des entre· pôts nouveaux.

Les Viandes de Clark

La vogue obtenue dans ces dernières années par les produits alimentaires en conserve de Clark n'est pas due à un engouement passa· ger du public comme il s'en produit parfois pour certains produits qui, du jour au lende· main retombent dans l'oubli.

Les conserves de Clark ont conquis défini· tivement le public par leur qualité toujours uniformément de premier choix, leur saveur appétissante, et leur mise en boites des plus soignée.

Tous ces produits, dont la variété est énorme, sont bien présentés, sous des éti· quettes qui attirent le regard et font appel à la gourmandise de chacun.

A voir, du reste, les expéditions considéra· bles de produits de cette maison, on ne peut se méprendre sur l'énorme consommation qui s'en fait dans tout le Canada, sans comp· ter les quantités qui s'en exportent à l'étranger.

Vins de fruits

Ne manquez pas de vous approvisionner en vins de fruits pour les fêtes. La maison Laporte, Martin & Cie, en offre de qualité absolument recommandable et que les con· naisseurs apprécieront.

Tabacs, Biscuits, Bonbons

M. Jos. Côté, de Québec, le populaire mar· chand de tabacs, de biscuits et de bonbonss part cette semaine pour visiter les marchand, de la ligne du Grand-Nord. Il passera suc· cessivement par St-Raymond, Grand'Mère, St-Thècle, St-Tite, St-Sévérin, St-Stanislas, St-Prosper, Ste-Anne de la Pérade. M. A. Pelletier, son voyageur, parcourra les dis· tricts de Dorchester et de Beauce d'ici au 15 décembre. M. A. Voyer se rendra à Dalhousie d'ici à une quinzaine de jonrs, et en remon· tant, ira jusqu'à Matane. Nous conseillons aux marchands de ne pas donner leurs com· mandes, en ce qui concerne cette branche de commerce, avant d'avoir vu les prix et les échantillons de cette maison qui est certaine· ment en mesure de donner entière satisfac· tion.

Thés, Cafés, Epices

Nous assistons, depuis bientôt un an, à l'évolution rapide d'une maison de spéciali· tés dans le commerce des épiceries, dont, depuis le début, de semaine en semaine, le développement a été marqué par d'incessants progrès, par une expansion remarquable à tous les points de vue : nous voulons parler de la maison fondée par M. E. D. Marceau pour le commerce des thés, des cafés et des épices. Avec une persévérante régularité, chaque semaine, M. Marceau a, par l'inter· médiaire du *Prix Courant*, familiarisé le commerce avec ses spécialités, et nous sommes heureux de voir, moins d'un an après ses débuts, le remarquable courant d'affaires qu'il a su amener à sa maison, grâce à sa connaissance approfondie de ces lignes spéciales, à un service d'informations contrôlées avec les marchés primaires, et à son entente des achats. Après avoir triom· phé des difficultés du début, M. Marceau marche de l'avant, confiant dans sa bonne étoile, qui le conduira indubitablement dans le chemin du succès. Et nous y applaudis· sons très cordialement.

S. H. Ewing & Sons

Nous appelons d'une façon toute spéciale l'attention de nos lecteurs sur l'annonce de MM. S. H. Ewing & Sons.

M. S. H. Ewing est depuis 50 ans dans le commerce du café et des épices ; on peut dire de lui qu'il est le doyen respecté de ce commerce à Montréal.

Tout dernièrement, MM. S. H. Ewing & Sons ont entrepris l'industrie des bouchons de liège. Dans ce but, ils ont fait construire une bâtisse spéciale munie de la machinerie la plus moderne.

Grâce à la qualité du liège employé et à une main-d'œuvre expérimentée, il sont arrivés d'emblée à prendre le premier rang dans cette industrie.

MM. S. H. Ewing & Sons invitent cordiale· ment nos lecteurs à leur rendre visite, visite qui ne peut manquer d'être pour eux instruc· tive et intéressante.

MM. S. H. Ewing out des voyageurs qui parcourent tout le Canada depuis Halifax jusqu'à Victoria et ils sont également repré· sentés par des agents dans toutes les villes principales.

MM. S. H. Ewing & Sons s'empresseront d'envoyer des échantillons et leurs prix à ceux qui leur en feront la demande.

Une vieille amie.

Au nombre des marchandises offertes dans nos colonnes d'annonces, un des articles—types, de vente courante, qui a subi victorieusement l'épreuve du temps, et a su conserver la confiance des consommateurs—c'est la *Poudre à Pâte* "COOK'S FRIEND."

Elle est depuis plus d'un tiers de siècle devant le public et sa popularité ne fait que s'accentuer.

C'est le genre de marchandises qui aident à créer et à maintenir un magasin et qui devrait faire partie de tout stock d'épicerie.

Elle ne contient pas d'alun, par conséquent aucun marchand n'a à redouter l'intervention proposée du gouvernement qui recherche les personnes vendant des poudres à l'alun pour les condamner à l'amende, etc.

L'Oxol

Les produits de l'Oxol Fluid Beef Company ont déjà, sans le moindre doute, acquis une position et une réputation qui les classent dans un rang égal sinon supérieur aux produits similaires fabriqués à l'heure actuelle.

La demande pour les extraits manufacturés par cette Compagnie qui ne compte qu'une année d'existence a été telle qu'elle prouve indiscutablement leur supériorité quant à la finesse de leur arôme, à leurs qualités nutritives, à leur facile et prompte assimilation et à leur pureté absolue. Ces préparations sont faites exclusivement avec la viande maigre du bœuf; ells sont absolument exemptes de tout préservatif et de toutes matières étrangères; comme elles ne contiennent aucune substance grasse, elles sont facilement assimilées par l'estomac le plus délicat et ont même été données à des enfants de 4 mois que l'on élevait au biberon. Cette nourriture leur a parfaitement convenu et les a fortifiés, alors que des préparations patentées n'avaient eu aucun succès. Nous citerons un fait tout à fait en faveur de la Oxol Fluid Beef Co. C'est que la manufacture est ouverte à l'inspection non seulement des médecins, mais encore du public en général et cela sans notification préalable.

M. F. C. Silcock, le directeur s'empressera de faire visiter la fabrique à ceux qui lui en feront la demande et leur expliquera les procédés de fabrication et la transformation de la viande de bœuf en "bœuf fluide." Ajoutons que M. F. C. Silcock est reconnu au Canada comme étant le praticien le plus expert dans cette ligne spéciale. Il y a vingt ans, il travaillait avec feu M. J. L. Johnston, lorsque ce dernier découvrit le produit auquel il a donné son nom: Johnston Fluid Beef. Les bureaux et la manufacture de l'Oxol Fluid Beef Co., sont situés 38 rue St Pierre à Montréal, et, ainsi que nous l'avons dit plus haut, la direction sollicite respectueusement la visite de MM. les membres du corps médical et du public en général.

Cie de Ferronnerie du Canada Ltée

Etablie depuis le mois d'avril 1899, 10 rue de Bresoles, la Cie de Ferronnerie du Canada Limitée, a, dans un court espace de temps, pris une place importante dans le commerce des ferronneries.

C'est une compagnie essentiellement Canadienne-Française et nos compatriotes n'ont pas hésité à l'encourager. La preuve est que par suite de l'accroissement énorme de son chiffre d'affaires, la compagnie va fortement augmenter son capital-actions, d'ici peu.

L'établissement de la rue de Bresoles comporte tout ce qui fait l'objet du commerce de la quincaillerie et de la ferronnerie légère; on y trouve les dernières nouveautés provenant des fabriques Américaines, Anglaises et Allemandes. Quant aux marchandises lourdes telles que le fer, l'acier en barre, le ciment, etc., la compagnie en a également un stock complet dans son entrepôt situé 45 rue des Communes.

Nous ne saurions trop engager Messieurs les Marchands des villes et des campagnes à visiter les magasins de la rue de Bresoles; qu'ils soient acheteurs ou non, ils peuvent être assurés du meilleur accueil.

Le grand succès de la nouvelle compagnie tient aux raisons suivantes: Toutes les marchandises sont de qualité hors ligne et vendues à petit bénéfice; les marchandises sont expédiées sant retard. Le système d'expédition de la Cie de Ferronnerie du Canada étant le plus rapproché qu'il soit possible de la perfection. Son assortiment est immense et ses prix sont les plus bas.

La meilleure preuve en est dans les nombreux contrats obtenus par elle. Nous nous bornerons à citer les derniers 63 chars de ferronnerie de toute nature livrés aux quais de Maisonneuve et tout le ciment, les boulons et les fers en barre pour les constructions de la compagnie de "Shawenegan Falls."

Ces beaux résultats sont dûs à son personnel choisi de 40 employés que dirigent avec succès MM. A. M. St. Arnaud, gérant; et Eugène Panneton, secrétaire de la compagnie, deux jeunes à qui la carrière commerciale réserve le plus bel avenir.

Edwardsburg Starch Co (Limitée)

Cette entreprise a été fondée il y a 42 ans par feu W. T. Benson, qui arriva au Canada en 1856 et qui, la même année, construisit la première fabrique d'amidon dans la Puissance du Canada. M. Benson mit tout son capital dans cette entreprise qui, dès le début, manqua de succès par suite de la concurrence américaine et ensuite parce que l'introduction de nouvelles marques est toujours difficile. Cependant comme c'était la première et l'unique fabrique de ce genre au Canada et grâce à une surveillance attentive et intelligente de la part du fondateur, les affaires de cette industrie prirent de l'extension et les marques bien connues fabriquées à Edwardsburg devinrent le Standard du Dominion. Pour un certain nombre d'années la maison marcha sous le nom de W. T. Benson & Co, mais par suite de sa mauvaise santé, M. Benson fit de l'entreprise, en 1866, une compagnie sociale sous le nom d'Edwardsburg Starch Co. M. Benson garda la position de directeur-gérant et feu M. Walter Shanly fut élu président. Dans ce premier conseil de direction, on trouve des personnalités aussi connues que MM. Peter Redpath, George A. Drummond, William Workman, John McLennan et George Moffatt.

Les affaires de la compagnie grandissaient et prospéraient graduellement quand en 1875 la fabrique fut complètement détruite par un incendie entraînant à la fois une forte perte financière et une perte dans les affaires. Dès l'année suivante. une fabrique nouvelle remplaça l'ancienne et la compagnie entra dans une ère florissante. Quelques années après, la compagnie entreprit la fabrication de la glucose et du sucre de raisin, mais la concurrence américaine et le peu d'importance de cette branche nouvelle fit que cette manufacture fut abandonnée peu de temps après la mort de M. Benson en 1885.

En 1895 il y eut un changement dans le personnel de la Compagnie: le fils de M. Benson fut nommé président et le fils de l'ancien gérant, J. D. Reid M. P., fut choisi comme directeur gérant. Le conseil de direction actuel est composé comme suit: G. F. Benson, J. D. Reid, Wm Strachan, C. R. Hosmer, R. Mackay, Augus, W. Hooper et Robt. Cunningham, et sous cette direction entreprenante des améliorations nombreuses et importantes ont été faites dans la fabrique aussi bien que dans les bureaux de la Compagnie.

La fabrication de la glucose fut reprise avec de bons résultats, si bien qu'en 1897 une fabrique de glucose entièrement nouvelle fût érigée et la fabrique d'amidon fut considérablement agrandie. Les améliorations les plus importantes apportées à la fabrique d'amidon furent faites l'hiver dernier et entraînèrent également une grande dépense pour le traitement des sous-produits. Toutes ces améliorations venaient d'être complétées quand au 1er avril de cette année un nouvel incendie détruisit entièrement la nouvelle fabrique de glucose et tous les édifices érigés pour le traitement des sous-produits; la fabrique d'amidon fût seule épargnée.

Les affaires de la compagnie subirent du fait de ce sinistre un retard considérable, mais le conseil d'administration prit des mesures énergiques et décida de reconstruire en plus grand et avec de nombreuses améliorations ce qui avait été détruit. Le reste du capital non souscrit fut appelé et un contrat accordé pour la construction d'une nouvelle fabrique de glucose et de sirops avec les derniers perfectionnements et une capacité triple de celle de la fabrique détruite par le feu. Les nouveaux édifices qui seront complétés dans quelques semaines sont en briques et en fer et, une fois l'installation terminée, la compagnie sera en mesure de livrer 5,000 minots par jour à la consommation.

Les agencements de la compagnie sont excellents. Leur pouvoir d'eau est hors de pair; il provient des rapides du Galop situés à Cardinal, Ont. Cet endroit était autrefois connu sous le nom d'Edwardsburg qui a donné son nom à la Compagnie. La fabrique étant située sur le St-Laurent, la réception du maïs et du charbon se fait directement de l'ouest par voie d'eau. Il existe en outre un embranchement de chemin de fer partant de la grande ligne du Grand-Tronc qui permet l'expédition directe des marchandises de la fabrique. Depuis deux ans, un système perfectionné de filtrage de l'eau a été installé à la manufacture, de sorte que chaque gallon d'eau usé dans la fabrication est préalablement filtrée.

Les anciennes marques "Standard" de la compagnie n'ont pas périclité. Le Benson Prepared Corn est toujours au premier rang parmi les amidons destinés à la cuisine, et l'Amidon Satin et Edwardsburg Silver Gloss valent certainement les meilleurs amidons usés dans les blanchisseries.

Durant ces deux dernières années la compagnie a ajouté à ses productions une spécialité qui a été très rapidement appréciée par le commerce du Dominion et qui rivalise facilement avec les meilleures marques connues. L'Empois "Enamel" de Benson a été préparé tout spécialement pour subvenir à la demande d'un empois pour usage domestique et dont on puisse se servir avec de l'eau froide ou tiède. Il y a en ce moment plusieurs empois à eau froide sur le marché, mais dans la plupart des cas on ne se sert que d'un amidon de qualité inférieure, tandis que l'Edwardsburg Starch Co emploie un amidon spécialement préparé pour cet usage.

En plus des différentes variétés d'amidon de maïs, la compagnie fabrique des amidons de riz, de blé et de pommes de terre et des sous-produits connus sous les noms de farine de Gluten, de Germ et Huile de maïs.

Dans l'industrie de la glucose, la manufacture des sirops de maïs a pris de l'importance et les sirops et les sucres de raisin forment une importante addition à la manufacture première de la glucose.

La nouvelle direction a certainement droit à des éloges pour sa superbe manufacture de Cardinal et l'on doit espérer qu'une ère de prospérité couronnera son entreprise et que les fonds qui y ont été placés donneront de beaux dividendes.

NOS PRIX COURANTS, PARTIE I

Nos prix courants sont revisés chaque semaine. Ces prix nous sont fournis pour être publiés, par les meilleures maisons dans chaque ligne; ils sont pour les qualités et les quantités qui ont cours ordinaire dans les transactions entre le marchand de gros et le marchand de détail, aux termes et avec l'escompte ordinaire. Lorsqu'il y a un escompte spécial, il en en est fait mention. On peut généralement acheter à meilleur marché en prenant de fortes quantités et au comptant.

PRIX COURANTS.—MONTREAL, 29 NOVEMBRE 1900.

Articles divers.

Bleu Parisien..........lb.	0 12	0 13
Bouchons communs....gr.	0 18	0 30
Briques à couteaux....doz.	0 25	0 30
Brûleurs pour lampes		
No. 1..................doz.	0 00	0 75
No. 2.................. "	0 00	1 00
No. 3.................. "	0 00	0 70
Câble coton ¼ pouce...lb.	0 13	0 14
" Manilla........... "	0 15¼	0 16¾
" Sisal............. "	0 09	0 10½
" Jute.............. "	0 10	0 11½
Coton à attacher....... "	0 15	0 21
Chandelles suif........lb.	0 00	0 09
" paraffine... "	0 12	0 12½
" London Sperm. "	0 11	0 11½
" Stéarine........ "	0 13	0 14
Epingles à linge. bte. 5 gr.	0 00	0 70
	3 fils.	6 fils.
Ficelles...... ... 30 pieds..	0 40	0 75
" .... 40 " ..	0 55	0 85
" .... 48 " ..	0 65	1 00
" .... 60 " ..	0 80	1 35
" .... 72 " ..	0 95	1 60
" ....100 " ..	1 25	2 00
Lessis concentré, com... "	0 00	0 40
" pur.... "	0 00	0 75
Mèches à lampes No. 1.....	0 11	0 13
" No. 2.....	0 14	0 16
" No. 3.....	0 09	0 11
Sapolio, bte ¼ et ½ gr. la gr.	0 0[illegible]	11 30

Cafés.

Cafés rôtis. la livre.

Arabian Mocha..................	31
Imperial "	28
Jamaïque........................	20
Java Siftings....................	26
Maracaibo	22
Old Gov. "	31
Old Gov. Java et Mocha........	31
Pure Mocha.....................	27 à 29
Rio...............................	15 à 18
Standard Java..................	32
" " et Mocha.....	32
Santos	18½
Blanke's Faust Blend..........	36

Conserves alimentaires

Légumes.

Asperges 4 lbs.........dz.	0 00	4 50
Baked Beans 3 lbs..... "	0 90	1 00
Blé d'Inde........2 lbs "	0 85	0 95
Champignons..........bte.	0 15	0 21
Citrouilles 3 lbs........dz.	0 00	0 85
Haricots verts......... "	0 00	0 85
Olives, Pints............ "	3 75	5 00
" ½ Pints......... "	2 90	3 60
" en quart, gallon.	0 00	1 50
Petits pois français ...bte.	0 09	0 12
" fins .... "	0 14	0 15
" extra fins.. "	0 16	0 17
" surfins..... "	0 18	0 20
Pois canadiens 2 lbs.. dz.	0 80	1 10
Tomates .... "	0 87½	0 90
Truffes................... "	4 80	5 00

Fruits.

Ananas 2 et 2½ lbs....dz.	2 15	2 50
Bluets 2 " ... "	0 75	0 85
Cerises 2 " ... "	1 95	2 15
Fraises 2 " ... "	1 70	1 85
" 3 " ... "	2 10	2 15
Framboises 2 " ... "	1 45	1 60
Pêches 2 " ... "	1 60	1 85
" 3 " ... "	2 40	2 85
Poires 2 " ... "	0 00	1 65
" 3 " ... "	1 95	2 10
Pommes gal....... "	0 00	2 15
" 3 lbs... "	0 00	0 90
Prunes vertes 2 " ... "	0 00	1 45
" bleues 2 " ... "	1 25	1 35

Poissons.

Anchois..................dz.	3 25	0 00
Anchois à l'huile...... "	3 25	4 50
Clams 1 lb............. "	1 25	1 35
Harengs marinés...... "	1 55	1 85
Harengs aux Tomates. "	1 50	1 60
Homards, boite haute. "	3 12½	3 20
" " plate... "	3 65	3 75
Huitres, 1 lb..........dz.	0 00	1 30
" 2 " .... "	0 00	2 40
Maquereau............. "	1 00	1 05
Sardines Canadiennes, cse	4 00	4 50
Sardines ¼ françaises.bte.	0 09	0 25
" ½ " "	0 17	0 35
Sardines Royan à la Vatel.................. "	0 00	0 15
Sardines Royan à la Bordelaise ....bte.	0 00	0 15
Saumon rouge (Sockeye) boite haute dz.	0 00	1 60
" " plate "	0 00	1 75
" " ordinaire haute	0 00	1 50
" rose (Cohœ) " dz.	0 00	1 12½
" du printemps, "	0 00	1 50
Smelts (Eperlans).... "	0 40	0 45

Viandes en conserves.

Corned Beef, bte 1 lb....dz.	1 60	2 00
" " 2 " .... "	2 80	3 40
" " 6 " .... "	9 75	11 40
" " 14 " .... "	21 60	24 00
Lang. de porc. " 1 " ....dz.	3 00	4 15
" " 2 " .... "	6 00	8 00
" bœuf " 1½ lb.... "	8 00	10 00
" " 2 " .... "	9 25	11 30
" " 3 " .... "	......	14 10
English Brawn 1 lb .... "	1 40	1 70
Bœuf (chipped dried).... "	2 95	3 00
Dinde, bte 1 lb........... "	2 20	2 30
Pâtés de foie gras........ "	3 00	8 00
Pieds de cochon, bte 1½ lb. "	2 30	2 40
Poulets, " 1 lb. "	2 20	2 30

Drogues et Produits Chimiques

Acide carbolique.......lb.	0 30	0 40
" citrique......... "	0 50	0 55
" oxalique........ "	0 08	0 10
" tartrique........ "	0 33	0 35
Aloès du Cap.......... "	0 14	0 15
Alun.................... "	0 01½	0 03
Bicarbonate de Soude, brl.	2 00	2 25
Bichrom. de potasse....lb.	0 10	0 12
Bleu (carré)............ "	0 10	0 16
Borax raffiné.......... "	0 05	0 07
Bromure de potasse.... "	0 55	0 60
Camphre américain.... "	0 80	0 90
" anglais ...... "	0 85	0 95
Cendres de soude...... "	0 01½	0 02
Chlorure de chaux..... "	0 02½	0 05
" de potasse.... "	0 23	0 25
Couperose ....100 lbs	0 80	1 00
Crème de tartre ....lb	0 22½	0 27½
Extrait de Campêche... "	0 10	0 11
" en paquets..... "	0 12	0 14
Gelatine en feuilles.... "	0 35	0 60
Glucose................ "	0 03½	0 04
Glycérine .... "	0 18	0 20
Gomme arabique......lb	0 40	1 25
Gomme épinette....... "	0 00	0 25
Indigo Bengale........ "	1 50	1 75
" Madras......... "	0 60	0 80
Iodure de potasse...... "	4 00	4 25
Opium .... "	4 50	4 75
Phosphore .... "	0 50	0 75
Pourpre de Paris....... "	0 09	0 10
Résine ....(280 lbs)	2 75	5 00
Salpêtre................lb	0 05	0 07½
Sels d'Epsom.....100 lbs.	1 50	3 00
Soda caustique 60° " lbs	0 00	2 50
" " 70° " "	0 00	2 75
" à laver...... "	0 70	0 90
à pâte.............brl.	2 00	2 50
Soufre poudre..........lb.	0 02	0 03
" bâtons.......... "	0 02	0 03
" rock, sacs..100 lbs.	2 00	3 00
Strychnine ....oz.	0 90	1 00
Sulfate de cuivre......lb.	0 06	0 07
Sulfate de morphine... "	1 90	2 00
" de quinine.....oz.	0 40	0 45
Sumac ....tonne.	70 00	75 00
Vert de Paris...........lb.	0 18½	0 20½

Epices pures.

Allspice, moulu.........lb.	0 15	0 20
Cannelle moulue....... "	0 15	0 20
" en nattes...... "	0 13	0 15
Clous de girofle moulu "	0 18	0 20
" " ronds.. "	0 12½	0 14
Gingembre moulu...... "	0 15	0 25
" racines "	0 10	0 25
Macis moulu........... "	0 90	1 00
Mixed Spice moulu Tin 1 oz................ "	0 00	0 45
Muscade blanchie...... "	0 40	0 50
" non blanchie.. "	0 50	0 60
Piment (clous ronds)... "	0 10	0 12
Poivre blanc, rond..... "	0 23	0 26
" " moulu... "	0 26	0 28
" noir, rond....... "	0 15	0 17
" " moulu..... "	0 18	0 19
" de Cayenne..... "	0 22	0 26
Whole Pickle Spice....lb.	0 15	0 20

Fruits Secs.

Abricot Calif..........lb.	0 12	0 13
Amandes ½ molles.... "	0 12	0 13
" Tarragone... "	0 15	0 16
" Valence écalées "	0 40	0 42
Amand. amères écalées lb	0 00	0 45
" écalées Jordan "	0 40	0 42½
Dattes en boites .... "	0 00	0 05
Figues sèches en boites "	0 07½	0 21
" " en sac.. "	0 03	0 03
Nectarines Californie.. "	0 11	0 12
Noisettes (Avelines) ...lb.	0 12	0 12
Noix Marbot........... "	0 10	0 11
" Couronne........ "	0 08	0 09
" Grenoble......... "	0 12	0 13
" " écalées. "	0 00	0 00
Noix du Brésil......... "	0 12	0 13
Noix Pecanes poli...... "	0 12½	0 13
Peanuts rôtis (arach).. "	0 06½	0 07½
Pêches Californie...... "	0 10	0 11
Poires " ...... "	0 13½	0 1[illegible]
Pommes séchées....... "	0 00	0 00
Pommes évaporées.... "	0 05½	0 06
Pruneaux Bordeaux... "	0 04	0 08
" Bosnie...... "	0 00	0 05½
" Californie... "	0 05½	0 11
Raisins Calif. 2 cour.. "	0 00	0 00
" " 3 " .. "	0 00	0 00
" " 4 " .. "	0 00	0 00
Corinthe Provincials... "	0 11	0 12
" Filiatras..... "	0 12	0 13
" Patras........ "	0 00	0 00
" Vostizzas.... "	0 14	0 15
Malag. London Layers bte.	0 00	1 75
" Connoisseur Cluster "	0 00	2 25
" Buckingham Cluster...... "	0 00	3 40
Malaga Russian Cluster bte.	0 00	4 50
Sultana ....lb.	0 10	0 12
Valence fine off Stalk,. "	0 00	0 08
" Selected...... "	0 08	0 08½
" layers........ "	0 09	0 09

Fruits verts.

Ananas, pièce.............	0 00	0 00
Attocas............quart..	6 00	8 00
Bananes...........régime	1 00	2 00
Pommes............baril..	1 50	3 00
Raisins Malaga.... "	5 00	6 00
" ½ "	0 00	0 00
Oranges Valence (420) cse	0 00	0 00
" " (714)....	0 00	0 00
" Navels...........	0 00	0 00
" Seedlings	0 00	7 00
" Sanguines, ½ cse	0 00	0 00
" Sorrente, caisse.	0 00	0 00
" Messine, "	0 00	0 00
" " ½ "	0 00	0 00
" du Mexique.....	2 75	8 00
" Jamaïque, baril.	0 00	5 50
Citrons Messine.... caisse.	2 25	3 00
" Malaga, bte 35 dz.	0 00	0 00
" " caisse 59 dz.	0 00	0 00
Oignons rouges....baril..	1 75	2 00
" jaunes	1 75	2 00
" d'Egypte, 165 lbs	0 00	2 25
Oignons d'Espagne, boite.	0 80	0 90
Noix de coco, par 100....	3 25	0 00

Grains et Farines.

GRAINS

Blé roux d'hiver Can. No 2.	0 00	0 00
Blé blanc d'hiver Can. No 2.	0 00	0 00
Blé du Manitoba No 1 dur...	0 90	0 92½
" " No 2 "	0 87½	0 90
Blé du Nord No 1...........	0 00	0 85
Avoine blanche No 2........	0 00	0 31
Orge No 1,........48 lbs.	0 50	0 53
" à moulée.... "	0 42	0 43
Pois No 2 ordinaire, 60 lbs...	0 67	0 67½
Sarrasin, 48 " ...	0 51	0 51½
Seigle, 56 " ...	0 57	0 58

FARINES.

Patente d'hiver...............	3 55	3 70
Patente du printemps.......	0 00	4 35
Straight roller	3 50	3 60
Forte de boulanger, cité.....	0 00	4 05
Forte du Manitoba, secondes	3 40	3 45

FARINES D'AVOINE.

Avoine roulée baril......	3 35	3 50
" " sac........	1 62½	1 70

ISSUES DE BLE

Son d'Ontario, au char, ton	15 50	16 00
" de Manitoba " "	00 00	15 00
Gru de Manitoba.......char	00 00	16 00
" d'Ontario......... "	17 00	17 50
Moulée .... "	17 00	24 00

Huiles et graisses.

HUILES.

Huile de morue, T. N., gal.	0 35	à 0 40
" loup-marin raffi.. "	0 00	0 55
" paille............ "	0 00	0 50
Huile de lard, extra gal.	0 75	0 85
" " No 1. "	0 65	0 75
" d'olive p. mach.. "	0 90	1 00
" à salade......... "	0 77½	0 80
" d'olive à lampion "	1 20	2 60
" de spermaceti.... "	1 30	1 50
" de marsouin..... "	0 50	0 60
" de pétrole, par quart.	0 00	0 16½
Acmé Imperial........gal.	0 00	0 17½
Huile Américaine par quart:		
Water White.......... "	0 00	0 19½
Pratt's Astral......... "	0 00	0 19½
Huile d'olive Barton et Guestier caisse qts		8 50
" " " pts		9 50
" de foie de m. Nor. gal.	1 25	à 1 35
" " T.N. "	1 00	1 10
" de castor "E. I." lb.	0 09½	0 10
" " franç. qrt. lb.	0 09½	0 10
" " " cse.	0 11	0 12

Liqueurs et spiritueux.

Brandies (droits payés) à la caisse.

Sorin.—Carte bleu................	$ 8 50
Carte rouge................	9 50
Carte d'or	11 00
24 Fl avec verre....	9 00
48 ½ Flasks avec verre..	10 00

FUTS.

Quarts..........................	$ 00
Octaves........................	4 25
½ oct..........................	4 25
Hennessy * pintes	13 00
" * chopines..............	14 25
" ** pintes...............	14 75
" *** pintes..............	16 25
" V. O. pintes............	17 25
Martel * pintes..................	12 75
" * chopines...............	14 00
" V. O. pintes..............	17 00
" V. S. O. P. pintes.........	18 50

Par lots de 10 caisses assorties ou non, 25c de moins par caisse.

F. O. B. Montréal, net 30 jours ou 1% 10 jours.

Boutelleau & Co., F. P............	9 00
" *	10 00
" O. B...........	12 00
" V. O. B........	14 00
" X. V. O. B.....	16 00
" 1824.........	21 00

au gallon.

Martel	0 00	6 75
Boutelleau & Cie.	3 80 @	6 00

Rhums à la caisse.

Talbot frères.............	0 00	7 75
		au gallon.
Jamaïque.................	4 45	6 35

Gins.

De Kuyper, cse violette..........	2 65
" cses vertes............	6 00
DeKuyper, cses rouges, 1 à 4 c...	11 50

F. O. B. Montreal, 30 jours net; 1 o/o 10 jours; fret payé à destination par lot de 5 caisses au moins.

Gins en futs.

De Kuyper, barriq. le gal.	0 00	3 00
" quarts "	0 00	3 05
" octaves "	0 00	3 10
" au gallon "	0 00	3 20

Tous autres gins, 5c. de moins.

F. O. B. Montréal, 30 jours net ou 1% 10 jours.

Whisky Canadien au gallon, en lots d'un ou plusieurs barils de 40 gallons (pas de demi-barils) d'une sorte ou assortis.

Gooderham & Worts 65 O. P	4 50
Hiram Walker & Sons "	4 50
J. P. Wiser & Son "	4 49
J. E. Seagram "	4 49
H. Corby "	4 49
Gooderham & Worts 50 O. P........	4 10
Hiram Walker & Sons "	4 10
J. P. Wiser & Son "	4 09
J. E. Seagram "	4 09
H. Corby "	4 09
Rye Gooderham & Worts............	2 20
" Hiram Walker & Sons...........	2 20
" J. P. Wiser & Son..............	2 19
" J. E. Seagram..................	2 19
" H. Corby........................	2 19
Imperial Walker & Sons............	2 90
Canadian Club Walker & Sons.......	3 60

Pour quantité moindre qu'un quart d'origine mais pas moins de 20 gallons:

65 O. P.....................le gall.	4 55
50 O. P..................... "	4 15
Rye	2 25

Au-dessous de 20 gallons:

65° O. P.................le gallon	4 60
50° O. P................. "	4 20
Rye .... "	2 30

Pour quantité moindre qu'un baril ou un barillet d'origine:

Impérial Whisky.........le gallon	3 10
Canadian Club.......... "	3 80

F. O. B. Montreal, 30 jours net ou 1 o/o 10 jours; fret payé pour quantité d'un quart et au-dessus.

Pour le Whisky à 50° O. P., 5c de moins par gallon, F. O. B. Montréal, pour l'île de Montréal.

Rye Canadien à la caisse.

Walker's Impérial..........quarts	7 50
" ....16 flasks	8 00
" ....32 "	8 50
Walker' Canadian Club....quarts	9 00
" ..16 flasks	9 50
" ..32 "	10 00
Gooderham & Worts 1891 1 à 4 c.	6 75
Seagram 1896 (Star brand.) quarts	6 50
" No 83 .... "	8 75
Corby I. X. L	7 00
Purity, qts...........................	6 50
" 32 flasks	7 50
Canadian, qts........................	5 00
" 32 flasks	6 00

F. O. B. Montreal, 30 jours net ou 1 o/o 10 jours

Mélasses.

	Au gallon.
Barbades tonne	0 41
" tierce et qt	0 43½
" demi quart	0 44½
" au char ton	0 40
" " tierce	0 42½
" " ½ qt	0 43½
Porto Rico, choix, tonne	0 00
" tierce et quart	0 00
" ordinaire, tonne	0 00

Pâtes et denrées alimentaires.

Macaroni importé, lb.	0 08	0 10
Vermicelle " "	0 08	0 10
Lait concentré, dz	0 00	1 90
Pois fendus, qt. 196 lbs	0 00	4 10
Tapioca, lb.	0 04¾	0 05

Poissons.

Harengs Shore, brl.	0 00	5 00
" ½ "	0 00	2 75
" Labrador "	0 00	5 25
" " ½ "	0 00	3 00
" Cap Breton "	0 00	0 00
" " ½ "	0 00	0 00
" fumés, boîte	0 00	0 14
Morue sèche, lb.	0 00	0 04½
" verte No 1, qt. lb.	0 00	0 02½
" No 1 large qt. "	0 02¾	0 03
" No 1 draft "	0 00	0 02¾
" désossée caisse	0 00	4 50
" " paquet	0 00	0 06
Saumon C. A. ½ "	0 00	0 00
" 1 "	0 00	0 00
Saumon Labrador 1 "	0 00	14 00
" " ½ "	0 00	8 00

Produits de la ferme.

(Prix payés par les épiciers.)

Beurre.

Townships frais, lb.	0 19	0 20
En rouleaux "	0 18½	0 19
Crèmerie août "	0 20	0 20½
do Nov. "	0 00	0 00
do frais "	0 21	0 21½

Fromage

De l'Ouest, lb.	0 10	0 10½
De Québec "	0 10	0 10½

Œufs.

Frais pondus, choix, dz.	0 22	0 24
Mirés	0 15	0 16
Œufs chaulés, Montréal	0 15	0 16
" " Ontario	0 00	0 00

Sirop et sucre d'érable.

Sirop d'érable en qrts. lb.	0 06¾	0 07
" en canistre.	0 75	0 80
Sucre d'érable pts pains lb.	0 09	0 10
" vieux	0 00	0 00

Miel et cire.

Miel rouge coulé, lb.	0 07	0 08
" blanc " "	0 09½	0 10
" rouge en gateaux "	0 10½	0 11
" blanc " "	0 13	0 14
Cire vierge "	0 25	0 26

Riz

	Sac.	½ Sac.	Pch.	½ Pch.
B. 1 @ 9 sacs	3 10	3 15	3 20	3 25
B. 10 et plus"	3 00	3 05	3 10	3 15

C.C. 10c. de moins par sac que le riz B.

Patna imp., sacs 224 lbs lb.	0 4⅜	0 05

Salaisons, Saindoux, etc.

Lard Can. Sh't Cut Mess qt.	20 00	20 50
" " S. C. Clear "	18 50	19 00
" " S. C. désossé "	20 50	21 00
" S.C. de l'Ouest "	19 00	19 50
Jambons, lb.	00 12	00 13
Lard fumé "	00 00	00 14

Saindoux.

Pur de panne en sceaux	2 10	2 35
Canistres de 10 lbs, lb.	0 11	0 12¼
" 5 " "	0 11¼	0 12⅜
" 3 " "	0 11½	0 12½
Composé, en seaux	0 00	1 60
Canistres de 10 lbs, lb.	0 00	0 08½
" 5 " "	0 00	0 08⅝
" 3 " "	0 00	0 08¾
Fairbanks, en seaux	1 67½	1 70
Cottolene en seaux, lb.	0 00	0 08¾

Sel.

Sel fin, quart, 3 lbs	2 65	2 75
" " 5 "	2 60	2 65
" " 7 "	2 40	2 50
" ¼ sac 56 "	0 00	0 30
" sac 2 cwts	0 00	1 00
" gros, sac livré en ville	0 40	0 42½

Sirops.

Perfection, lb.	0 03	0 03¼
" s. 25 lbs. seau.	0 00	1 20
" seau 3 gall. "	0 00	1 50
Sirop Redpath tins 2 lbs.	0 00	0 09
" " 8 "	0 00	0 35
" Diamond lb.	0 02	0 02½

Sucres.

(Prix aux 100 lbs.)

Jaunes bruts (Barbade)		4 37½
" raffinés	$3 95	4 65
Extra ground, qts.		5 35
" " bte.		5 55
" " ½ "		5 60
Cut loaf, qts.		5 35
" ½ "		5 45
" bte.		5 35
" ½ "		5 45
Powdered, qts.		5 10
" bte.		5 30
Extra granulé, qts.		4 75
" ½ "		4 90

Ces prix doivent être augmentés de 5c par 100 lbs pour les villes de Montréal et Québec.

Thés du Japon.

Extra choisi du mois de mai :

Castor No 1	lb.	0 00	0 37½
Hibou No 1	"	0 00	0 35
Choisi			
Castor No 2	"	0 00	0 32½
Hibou No 2	"	0 00	0 32½
Bon :			
Hibou No 50	"	0 00	0 26
Faucon (Hawk)	"	0 00	0 25
Spécial :			
Hibou No 100	"	0 10	0 20
Moyen :			
Otter	lb.	0 00	0 18
Commun	"	0 14	0 17
Moulu (Siftings)	"	0 06	0 09
Nibs (choix)	"	0 14	0 18

Thés de Chine.

Thés verts Young Hyson.

Ping Suey, bts 30 lbs	lb.	0 12	0 14
" ½ cais. (first)	"	0 18½	0 19
" " (points)	"	0 18	0 20
Moyune, caisses	"	0 38	0 42

Thés verts Gun Powder.

Moyune, caisses	lb.	0 40	0 44
Ping Suey, bts, Pin head	"	0 32	0 35
" " "	"	0 25	0 28
Pea Leaf, choix, bts.	"	0 20	0 22
" commun "	"	0 14	0 16

Thés noirs.

Kaisow ½ cs	lb.	0 12	0 14
Pan Young "	"	0 14	0 16
Keemuns, Kin Tuck "	"	0 18	0 20
Moning, choix "	"	0 30	0 34
Packling, boites 20 lbs commun	"	0 13	0 15
Packling, boites 20 lbs bon	"	0 16	0 18
Packling, boites 20 lbs fin	"	0 22	0 25
Orange Pekoe, bts 20 lbs, parfumé	"	0 25	0 30
Formosa Oolongs, bts 20 lbs, (le Papillon).	"	0 24	0 30

Thés de l'Inde.

Darjeelings, Bloomfield,	lb.	0 32	0 40
Assam Pekoe	"	0 20	0 24
Gloria, Pekoe Souchong	"	0 18	0 20
Amrail, Souchong	"	0 16	0 18
Gloria, Pekoe	"	0 14	0 16

Thés de Ceylan.

Syria, Golden Tipped Pekoe, caisse,	lb.	0 27	0 35
Gallaheria, Flowery Pekoe, caisse,	"	0 20	0 23
Bombra, Pekoe Souchong, caisse.	"	0 16	0 18
Luccombe, Souchong, caisse,	"	0 14	0 16
Golden Tipped Pekoe, (marque Abeille), No 8, caisses 40 lbs, (10 x 1 lb et 60 x ½ lb)	"	0 36	0 38
Flowery Pekoe, (marque Abeille), No 9, caisses 40 lbs, 10 x 1 lb et 60 x ½ lb)	"	0 28	0 30
Flowery Pekoe Nayabedde demi caisses	"	0 24	0 27
Ceylon Pekoe Karana demi caisse	"	0 24	0 27

Vernis.

Vernis à harnais, gal.	0 00	1 80
" " dz.	1 10	1 20
" à tuyaux, gal.	0 00	0 90
" Parisien, dz.	0 70	0 75
" Royal polish "	0 00	1 25

Bois de chauffage

Prix payé par marchands, aux chars, gare Hochelaga

Erable	la corde		5 50
Merisier	do		5 25
Bouleau, etc.	do		0 00
Epinette	do		4 50
Slabs, par chars			0 00
do en barge, la corde		2 40	2 75
Rognures, le voyage		1 50	2 25

Charbons

PRIX DE DETAIL

Grate	par tonne de 2000 lbs	6 75
Furnace	do	6 75
Egg	do	6 70
Stove	do	7 00
Chesnut	do	7 00
Peanut	do	5 15
Screenings	do 2240 lbs	5 00
Vale Grate	do 2000	0 00
Welsch Anthracite	do do	5 75
Picton	do 2240	0. 00
Cape Breton	do do	
Glace Bay	do do	
Sydney	do do	
Reserve	do do	
Charbon de forge	do 2000	0 00
Lehigh pour fond.	do do	0 00
Coke do	par chaldron	0 00
do usage domestique		0 00
do do do concassé		0 00

* Selon distance et qualité.

Cuirs et Peaux.

Cuirs à semelles.

(Prix à la livre.)

Spanish No 1, 18 lbs moy.	0 26	0 27
" No 1, 25 lbs et au-d.	0 00	0 28
" No 1, léger	0 25	0 26
" No 2, "	0 00	0 25
" No 2, 18 lbs moy.	0 00	0 26
Zanzibar	0 23	0 24
Slaughter sole No 1 steers.	0 28	0 30
" " No 1 p. ord.	0 28	0 30
" " No 2 "	0 25	0 27
" union crop No 1	0 30	0 32
" " No 2	0 28	0 30

Cuirs à harnais.

(Prix à la livre.)

Harnais No 1	0 33	0 35
" No 1 R.	0 32	0 34
" No 2	0 30	0 33
" taureau No 1	0 00	0 30
" " No 2	0 00	0 28

Cuirs à empeignes.

(Prix à la livre.)

Vache cirée mince	0 40	0 45
" forte No 1	0 00	0 40
Vache grain. pesante	0 40	0 45
" écossaise	0 38	0 40
Taure française	0 95	1 00
" anglaise	0 90	1 00
" canadienne. Lion.	0 75	0 85
Veau can. 25 à 30 lbs	0 75	0 80
" 36 à 45	0 60	0 65
" 45 et plus	0 50	0 60
Vache fendue Ont H.	0 25	0 30
" " H. M.	0 25	0 30
" " Med	0 25	0 30
" " junior	0 21	0 23
" Qué. sen. h. à m.	0 24	0 28
" Jun. m. à light	0 20	0 23
Cuir rouge pour Mocassin Steer, le No	0 00	0 08
Cuir rouge pour Mocassin Bull, le No	0 00	0 07
Cuir rouge pour Mocassin Steer, la livre	0 33	0 38
Cuir rouge pour Mocassin Bull, la livre	0 30	0 35

Cuirs vernis.

Vache vernie, pied	0 16	0 18
Cuir verni "Enamel" "	0 15	0 17

Cuirs fins.

Mouton mince, dz.	3 00	6 00
" épais "	10 00	0 00
Dongola glacé, ord., pied	0 14	0 25
Kid Chevrette "	0 25	0 30
Chèvre des Indes glacée "	0 08	0 10
Kangourou "	0 35	0 50
Dongola dull "	0 20	0 30
Buff d'Ontario H. "	0 14	0 15
" H. M. "	0 13	0 14
" M. "	0 00	0 13
" L. M. "	0 00	0 13
" No 2 "	0 00	0 12
Buff de Québec H. "	0 13	0 15
" H. M. "	0 13	0 14
" M. "	0 00	0 13
" L. M. "	0 00	0 13
" No 2 "	0 00	0 12
Glove Grain Ontario "	0 13	0 15
" " Québec "	0 13	0 14
Pebble " Ontario "	0 14	0 15
" " Québec "	0 13	0 14

Cuirs à bourrures.

Cuir à bourrure No 1	0 00	0 20
" No 2	0 00	0 18
Cuir fini français	0 00	0 20
" russe	0 20	0 25

Peaux.

(Prix payés aux bouchers.)

Peaux vertes, 1 lb, No 1	0 00	0 08½
" " No 2	0 00	0 07½
" " No 3	0 00	0 06½
Veau No 1 lb.	0 00	0 08
" No 2	0 08	0 06
Agneaux pièce	0 00	0 80
" en laine "	0 00	0 00
Moutons "	0 00	0 00
Chevaux No 1	0 00	2 00
" No 2	0 00	1 50

(Pour peaux asorties et inspectées.)

Laines.

Toison du Canada, lb.	0 00	17
Arrachée, non assortie. "	0 17	17½
A, extra supérieure "	0 17½	18½
B, supérieure "	0 17½	18½
Noire, extra "	00	0 16
Noire "	0 00	0 15½

Fers et Metaux.

FERRONNERIE ET QUINCAILLERIE

Fers à cheval.

Ordinaires, baril	3 50	4 00
En acier	3 60	4 95
"Fer à repasser", lb	0 04	0 04½

"Fiches" :

Pressées ¼ p. Esc. 25 p.c.	4 75	0 00
" 5-16 "	4 50	0 00
" ⅜ "	4 25	0 00
" 7-16 "	0 00	4 10
" ½ "	0 00	3 90

Fil de fer

Poli et Brûlé.

No 2 à 5, net	100 lbs	2 87
" 6 à 9 "		2 80
" 10 "		2 87
" 11 "		2 94
" 12 "		3 00
" 13 "		3 15
" 14 "		3 27
" 15 "		3 40
" 16 "		3 55

Brulé et huilé 10c de plus par 100 lbs pour chaque numéro.

Galvanisé Nos 2 à 8, net	3 85	3 95
" 9 "	3 10	3 20
" 10 "	4 00	4 10
" 11 "	4 05	4 15
" 12 "	3 25	3 35
" 13 "	3 35	3 45
Brulé; p. tuyau, 100 lbs	6 00	7 00
Barbelé p. clôtures, 100 lb.	3 20	3 30
Crampes "	0 00	3 45
Fil de laiton à collets, lb.	0 37½	0 46
Fonte Malléable "	0 09	0 10
Enclumes "	0 11	0 11½

Charnières.

T. et "Strap", lb.	0 05	0 06
Strap et Gonds filetés	0 03	0 03¾

CLOUS, ETC.

Clous à cheval.

No 7	100 lbs.	24 00
No 8	"	23 00
No 9 et 10	"	22 00

Escompte 50 p. c. 10 gal.
" 50 et 10 p. c 2e ga.
Boites de 1 lb., ½c. net extra.

Clous coupés à chaud.

De 4½ à 6 pcs	100 lbs.	2 35
3½ à 4 "	"	2 40
3 à 3¼ "	"	2 45
2½ à 2¾ "	"	2 50
2 à 2¼ "	"	2 65
1½ à 1¾ "	"	2 75
1¼ "	"	3 00
1 "	"	3 35

Clous à finir.

1 pouce	100 lbs.	3 85
1¼ "	100 lb.	3 55
1½ et 1¾ pcs	"	3 30
2 et 2¼ "	"	3 05
2½ à 2¾ "	"	3 00
3 à 6 "	"	2 95

Clous à quarts.

⅞ pouce	100 lbs.	3 60
1⅛ "	"	3 35

Clous à river.

1 pouce	100 lbs.	3 85
1¼ "	"	3 55
1½ à 1¾ "	"	3 30
2 à 2¼ "	"	3 05
2½ à 2¾ "	"	3 00
3 à 6 "	"	2 95

(à 4 mois)

Clous d'acier, 10c. en sus.		
" galvanisés 1 pouce	100 lbs.	6 35
" à ardoise, 1 pouce	"	3 85

Clous de broche.

1 pouce, No 16, prix net,	100 lbs		4 10
1 " No 15	"	"	3 85
1¼ " No 14	"	"	3 50
1½ " No 13	"	"	3 25
1¾ " No 12	"	"	3 25
2 2¼ " No 11	"	"	3 15
2½ " No 10½	"	"	3 00
2¾ " No 10	"	"	3 00
3 pouces,	"	"	2 95
3½ et 4	"	"	2 90
5 et 6 pouces	"	"	2 85

Limes, râpes et tiers points.

1re qualité, escompte	60 et 10 p.c.
2me " "	70 p.c.
Mèches de tarrière, esc.	55 p.c.
Tarrières, escompte	55 p.c.
Vis à bois, fer, tête plate 80	p.c.
" " " ronde 75	"
" cuivre tête plate 75	"
" " " ronde, 67½	"
Boulons à bandage 65 à 67½	p.c.
" à lisses	75 p.c.
" à voiture	65 p.c.

PRIX COURANTS.—MONTREAL, 29 NOVEMBRE 1900.

Métaux.

Cuivres.

Lingots	℔.	0 14	0 15
En feuilles	"	0 16	0 17

Etain.

Lingots	℔.	0 37	0 38
Barres	"	0 38	0 39

Plomb.

Saumons	℔.	0 00	0 04¾
Barres	"	0 05	0 05¼
Feuilles	"	0 05¼	0 05½
De chasse	"	0 06	0 06½
Tuyau	100 ℔s.	5 95	6 25

Zinc.

Lingots, Spelter	℔.	0 05¾	0 06
Feuilles, No 8	"	0 07	0 07¼

Acier.

A ressort	100 ℔s.	0 00	3 50
A lisse	"	1 90	2 00
A bandage	"	2 00	2 10
A pince	"	2 25	2 50

Fer en barres.

Canadien	100 lbs	1 60	1 70
De Norvège	"	4 25	4 50

Fontes.

Calder	tonne	25 00	26 00
Carnbroe	"	25 00	26 00
Glengarnock	"	00 00	00 00
Summerlee	"	25 50	26 50

Matériaux de construction

PEINTURES. 100 ℔s.

Blanc de plomb pur	0 00	6 50
" " No 1	0 00	6 12½
" " " 2	0 00	5 75
" " " 3	0 00	5 37½
" " " 4	0 00	5 00
" " sec	6 00	7 50
Rouge de Paris, Red Lead	5 00	5 50
" Venise, anglais	1 50	2 00
Ocre jaune	1 50	2 00
" rouge	1 50	2 00
Blanc de Céruse	0 45	0 65
Peintures préparées ..gal.	1 20	1 30
Huile de lin crue (net cash)	0 00	0 82
" bouillie "	0 00	0 85
Ess. de Térébenthine "	0 00	0 64
Mastic	2 35	2 80
Papier goudronné rouleau	0 45	0 50
" " 100 ℔s	1 60	1 75
" feutre "	2 00	2 20
" gris rouleau	0 30	0 33
" à couv. roul. 2 plis	0 75	0 80
" " " 3 plis	1 00	1 10

Peintures Island City P. D. Dods & Co

I. C. Pure white lead	0 00	6 25
I. C. " paint	0 00	6 00
I. C. Special Decorators	0 00	6 00
No 1 I. C. White lead	0 00	5 87½
No 1 Star lead	0 00	5 50
Peintures préparées, I. C. gall		1 20
" " Nat. "		1 05

VERRES A VITRES

United 14 @ 25..50 pds.	2 00
" 26 40.. "	2 10
" 41 50 100 pds.	4 50
" 51 60 "	4 75
" 61 70 "	5 25
" 80	5 7[illegible]

Bois durs.

Prix de détail.

Acajou de 1 à 3 pouces	les 100 pieds	$12 00	30 00
Cèdre rouge ¼ de pouce	le pied	25 00	35 00
Noyer noir 1 à 4 pouces	do	00 00	16 00
Noyer noir 6 x 6, 7 x 7, 8 x 8	do	00 00	16 00
Cerisier 1 à 4 pouces	do	10 00	15 00
Frêne 1 à 3 pouces	le M	25 00	30 00
Merisier 1 à 4 pouces	do	00 00	30 00
Merisier 5 x 5, 6 x 6, 7 x 7, 8 x 8	do	00 00	35 00
Erable 1 à 2 pouces	do	00 00	40 00
Orme 1 à 2 pouces	do	00 00	25 00
Noyer tendre 1 à 2 pouces	do	00 00	41 00
Cotonnier 1 à 4 pouces	do	45 00	50 00
Bois blanc 1 à 4 pouces	do	25 00	30 00
Chêne 1 à 2 pouces rouge	do	00 00	60 00
Chêne 1 à 2 pouces blanc	do	00 00	60 00
Chêne scié sur grain	do	75 00	100 00

Plaquage (veneers) :

Uni	le pied	0 90	1 00
Français	do	0 00	0 15
Américain	do	0 10	0 12
Erable piqué	do	0 10	0 12
Noyé noir ondé	do	0 00	0 10
Acajou (mahogany)	do	0 02	0 10

Bois de Service

Pin

			Prix en gros.	
1 pouce strip shipping cull	6 à 16 pieds	le M.	$14 00	17 00
1¼, 1½ et 2 pouces shipping cull	do	do	14 50	17 50
1 pouce shipping cull sidings	do	do	16 00	18 00
1¼, 1½ et 2 pces do	do	do	16 50	18 50
1 pouce qualité marchande	do	do	25 00	35 00
1¼, 1½ et 2 pces do	do	do	27 50	37 50
1 pouce mill cull, strip, etc. No 2	do	do	10 00	12 00
1¼, 2½ et 2 pces do	do	do	10 50	12 50
1 pouce mill cull No 1	do	do	14 00	16 00
1, 1½ et 2 pces do	do	do	14 50	16 50
3 pouces do	do	do	14 00	16 00
do do No 2	do	do	9 00	10 00

Epinette

1 pouce mill cull	5 à 9 pouces	do	10 00	12 00
1¼, 1½ et 2 pouces mill cull	do	do	10 00	12 00
3 pouces mill cull	do	do	10 00	12 00
1, 1¼, 1½ et 2 pouces qualité marchande	do	do	14 00	16 00

Pruche

1, 2 et 3 pouces		do	11 00	13 00
Colombages en pin, 2 x 3, 3 x 3 et 3 x 4—aux chars		do	14 00	16 00
Lattes—1ère qualité	le mille	do	2 75	2 80
2ème do	do	do	2 40	2 60
Bardeau pin XXX	16 pouces	do	0 00	0 00
do XX	do	do	0 00	0 00
do X	do	do	0 00	0 00
do 1ère qualité	18 pouces	do	0 00	0 00
do 2ème do	do	do	0 00	0 00
Bardeaux cèdre XXX	16 pouces	do	2 90	3 00
do XX	do	do	2 40	2 50
do X	do	do	1 50	0 00
Bardeaux pruche marchande	do	do	0 00	0 00

Charpente en pin

de 16 à 24 pieds—3 x 6 à 3 x 11	do	18 00	22 00
de 25 à 30 do do do	do	20 00	24 00
de 31 à 35 do do do	do	26 00	24 00
de 16 à 24 do 3 x 12 à 3 x 14	do	20 00	26 00
de 25 à 30 do do do	do	24 00	28 00
de 31 à 35 do do do	do	30 00	32 00

Bois carré—pin

de 16 à 24 pieds—de 5 à 11 pouces carrés	do	18 00	22 00
de 25 à 30 do do do	do	20 00	24 00
de 31 à 35 do do do	do	26 00	28 00
de 16 à 24 do de 12 à 14 pouces carrés	do	22 00	26 00
de 25 à 30 do do do	do	24 00	28 00
de 31 à 35 do do do	do	30 00	32 00

Charpente en pruche

de 17 à 30 pieds jusqu'à 12 pouces	do	18 00	22 00
Charpente en épinette	do	18 00	22 00
do do rouge	do	28 00	35 00

NOS PRIX COURANTS, PARTIE II

Dans cette seconde partie sont comprises uniquement les marques spéciales de marchandises dont les maisons, indiquées en caractères noirs, ont l'agence ou la représentation directe au Canada, ou que ces maisons manufacturent elles-mêmes.
Des prix indiqués le sont d'après les derniers renseignements fournis par les agents, représentants ou manufacturiers.

Boeckh Bros & Company

TORONTO ET MONTREAL

Balais	*La doz.*
A, 4 cordes, fini peluche	$4 45
B, 4 " " fantaisie	4 20
C, 3 " " peluche	3 95
D, 3 " " fantaisie	3 70
F, 3 " " au fil de fer	3 45
G, 3 " " " "	3 20
I, 3 " " " "	2 95
K, 2 " pour fillettes	2 00

Boivin, Wilson & Cie

MONTREAL

Bière de Bass.	qts	pts
Read Bros. Dog's Head	2 60	1 65
Porter's Guinness' Stout.		
Read Bros. Dogs' Head	2 60	1 65

Clarets et Sauternes Faure Frères.

Côtes	qts	3 50
Bon-Ton	"	4 00
Floriac	"	4 50
Medoc	"	5 00
Margaux	"	5 50
St. Julien	"	6 00
Pontet Canet	"	6 50
Chat. Gruaud Larose	"	12 00
Sauternes	"	4 50
Leon Pinaud Claret	"	2 50

	Au gallon.
Côtes	0 90

Champagne.

Vve A. Devaux....qts 15.00, pts 16 00

Cognacs.		*La caisse.*
E. Puet, *	qts	9 50
" **	"	10 75
" XXX	"	12 00
" V.O	"	14 50
" V.O.P	"	15 25
" V.S.O.P	"	16 25
" V.V.S.O.P	"	20 25
" 1860	"	24 25
" 1850	"	26 25
" 1840	"	30 00
J. Borianne XXX	"	7 00
D'Angely XXX	"	6 75

	Au gallon.	
E. Puet	4 00	7 00
J. Borianne	3 75	4 75

Eaux minérales.	*La caisse.*
Hunyadi Matyas	6 00
St-Galmier (source Badoit)	6 00
Vichy Célestins, Grande Grille	10 00
" Hopital, Hauterive	10 00
" St-Louis	8 00
Rubinet, Sources Serre, 50 bts	9 50

Gins.	*La caisse.*
J. J. Melchers, caisses rouges	10 50
" " vertes	5 15
" Ponies	2 50
Honey Suckle, cruchons verre	8 00
" " " pierre ½ gal.	15 00
	Au gallon.
J. J. Melchers	3 00

Gin Old Tom.	*La caisse.*
Club	6 50
Wilson	5 50
Colonial London Dry	6 50
	Au gallon.
Old Tom	2 00 à 3 00

Liqueurs Fréderic Mugnier, Dijon, France. *La caisse.*

Crême de Menthe verte		11 00
Curaçao		12 50
Cherry B'dy		10 50
Cacao l'Hara à la Vanille		12 50
Marasquin		13 00
Kirsch * * *		11 00
Prunelle de Bourgogne		12 00
Crême de Framboise		12 25
Fine Bourgogne 12 lit		18 00
Crême de Cassis		11 00
Absinthe Ed. Pernod		14 50
Fine Bernard		15 00
Grenadine		7 50
Anisette		10 50
Kummel	qts	15 00
"	pts	16 00
Bigarreaux	qts	9 00
"	pts	5 00

Rye Whiskey.	*La caisse.*
Monopole—1893 qts	6 50
" " 16 flasks	7 00
" " 32 "	7 00
" " 24 "	7 50
" " 48 "	8 50
	Au gallon.
Monopole	3 00

Vermouths.	Qts	Pts
Noilly Prat	7 00	0 00
Cie Cazzaletti & Co	6 50	0 00

Vins d'Oporto Robertson Bros.

	La caisse.
No 1, Medal Port	15 00
No 2, "	12 00
Favorita Oporta	7 00
Au gallon de	2 00 à 6 50

Sherries Robertson Bros.	*La caisse.*
Amontillado	15 00
Manzanilla	12 00
Oloroso	7 50
	Au gallon.
Robertson Bros	1 75 à 7 50
Levert et Schudel	1 25

Vin de messe.	*Au gallon.*
Auguste Gely "Puritas"	1 10

Vins toniques.	Qts	Pts
Vin St-Michel cse	8 50	0 00
Vin Vial	12 50	0 00

Whiskey Ecossais.	*La caisse.*
J. & R. Harvey R.O.S	12 50
" Fitz-James	10 00
" Hunting Stewart	9 00
" Jubilee	8 50
" Old Scotch	7 50
Alex. McAlpin	6 50
Strathspey	6 25
	Au gallon.
J. & R. Harvey	3 65 à 5 50
Melrose Drover & Co	3 75 à 6 00

Whiskeys Irlandais.	*La caisse.*
Henry Thompson	9 00
" St-Kévin	7 50
" Kilkenny	6 50

Rhum.

"Black Joe"	qts	7 50
"	pts	6 50

Brodie & Harvie

MONTREAL

Farines préparées.

Farine préparée, Brodie XXX, 6 ℔s.	2 20
" " 3 "	1 15
" superb 6 "	2 10
" " 3 "	1 10
Crescent 6 "	1 80
" 3 "	0 95

The Canadian Specialty Coy

TORONTO

Adams' Root Beer et Adams' English Ginger Beer Extracts.

En boites de ¼, ½ et 1 grosse, grandeur 10 cents en cse. doz.. 0 80
" " ....la gr. 9 00
En boites de ¼ de grosse, grandeur 25 cents........la doz. 1 75
" " ....la gr. 20 00

La Cie Canadienne de Vinaigre

MONTREAL

Vinaigre.	*Au gallon.*
Tiger, triple force	0 33
Bordeaux, de table	0 28
Extra à marinade	0 28
Ordinaire à marinade	0 23
Vin blanc, XXX	0 25

La Cie Hérelle

LONGUEUIL

Chocolats.

People's, ¼ ℔—bte 12 ℔s	1 92
Santé, ¼, ½, 1-6 ℔—bte 10 ℔s	2 40
Vanillé, ½, ¼ ℔ "	3 15
Pastilles, Bte 5 ℔s	1 00
Great sticks........Btes 1 gros	1 00

Wm Clark

MONTREAL

Conserves.

Compressed Corned Beef 1s. la dz. $1 50
" " 2s. " 2 70
" " 4s. " 5 40
" " 6s. " 8 15
" " 14s. " 18 97
Ready Lunch Beef...... 1s. " 1 50
" " ...... 2s. " 2 70
Geneva Sausage........ 1s. " 1 65
" " ...... 2s. " 3 00
Cambridge " .... 1s. " 1 65
" " .... 2s. " 3 00
Yorkshire Brawn .... 1s. " 1 20
" " .... 2s. " 2 20
Boneless Pigs Feet..... 1s. " 1 30
" " ..... 2s. " 2 40
Sliced Smoked Beef.... ½s. " 1 65
" " " .... 1s. " 2 80
Roast Beef............. 1s. " 1 50
" " .... 2s. " 2 70
Pork & Beans with sauce 1s. " 0 50
" " 2s. " 1 00
" " 3s. " 1 50
" Plain.... 1s. " 0 45
Wild Duck Patés........ ½s. " 1 00
Partridge " .... ½s. " 1 00
Chicken " .... ½s. " 1 00
Veal & Ham " .... ½s. " 1 00
Ox Tongue (Whole).... 1½s. " 8 25
" " ....2s. " 9 35
" " ...2½s. " 10 45
Lunch Tongue.......... 1s. " 3 30
" .... 2s. " 6 60
Imperial plum pudding " 1 00

Potted Meats ½s.

Ham, Game, Hare, Chicken, Turkey, Wild Duck, Tongue, Beef .... la dz. .50
Chicken Ham & Tongue. ½s. la doz. 1 00

Soupes.

Mulligatawny, Chicken, Ox Tail, Kidney, Tomato, Vegetable, Julienne, Mock Turtle, Consommé, Pea:
Pints. la doz. 1 00
Quarts. la doz. 2 20

Joseph Côté

QUEBEC

Tabac Canadien en feuilles. *La lb.*

Parfum d'Italie, récolte 1898, ballots 25 lbs.................. 0 30
Turc aromatique, 1899, ballots 25 lbs......................... 0 22
Rouge, 1899, ballots 50 lbs...... 0 15
Petit Havane " 25 lbs...... 0 18
1er choix, 1898, ballots 50 lbs.. 0 11
8 Nouveau, 50 lbs 0 14

Tabacs coupes. *La lb.*

Petit Havane ¼ lb, btc 6 lbs.... 0 35
" " ½ "............... 0 35
St-Louis, 1-10, 4—10....... .... 0 40
Quesnel ⅛ 5............ 0 60
Coté's Choice Mixture ⅛ lb5..... 0 60
Vendome ½ tin.................... 1 15

Cigares. *Le 1000*

Bianca .... 1-20.... 13 00
Bruce................. 1-20.... 15 00
Twin Sisters........... 1-20.... 15 00
" " .... 1-40.... 16 00
Côté's fine Cheroots... 1-10.... 18 00
Beauties.............. 1-20.... 18 00
Golden Flowers....... 1-20.... 23 00
" " .... 1-40.... 25 00
My Best.............. 1-20.... 25 00
New Jersey............ 1-20.... 25 00
V. H. C .... 1-20.... 25 00
Doctor Faust.......... 1-20.... 28 00
" " .... 1-40.... 30 00
St-Louis.............. 1-20.... 33 00
" .... 1-40.... 35 00
Champlain .... 1-100.... 38 00
" .... 1-40.... 38 00
" .... 1-20.... 38 00
Saratoga.............. 1-20.... 40 00
El Sergeant........... 1-20.... 50 00

Tabac en poudre. *La lb.*

Rose...........Baril, 5, 10, 20.... 0 32
Beau .... " 5, 10, 20.... 0 32
Rose et Fève... " 5, 10, 20.... 0 32
Merise......... " 5, 10, 20.... 0 36

The Cowan Chocolate Co

TORONTO ET MONTREAL

Chocolats.

French Diamond 6s. 12 lbs,... lb. 0 26
Queen's dessert, ¼ et ½ 12 lbs " 0 40
" " 6s 0 42
Mexican Vanilla, ¼ et ½ 12 lbs " 0 35
Parisien, morc. à 5c " " 0 30
Royal Navy, ¼ et ½. " " 0 30
Chocolate Icing paquet 1 lb. dz. 1 75
" " ½ " " 1 00
Pearl Pink Icing " 1 " " 1 75
White Icing " 1 " " 1 75

Cacaos.

Hygiénique, en tins de ½ lb....dz. 3 75
" " ¼ lb.... " 2 25
" " 5 lbs...lb. 0 55
Perfection, non sucré ½ lb tins... 3 60
Essence cacao, non sucré.... .dz. 1 40
" " sucré, tins ½ lb. " 2 25

The F. F. Dalley Co. Limited.

HAMILTON

Divers.

Couleur à beurre Dalley, 2 oz., doz. 1 25
Spanish bird seed, cse 40 lbs....... 0 06
Dalley's " " " " 0 06½
Sel céleri Dalley, 2 oz., dz....... 1 25
Poudre Curry Dalley, 2 oz., dz.... 1 75

Cirages.

English Army............cse ½ gr. 9 00
No 2 Spanish............ " 3 60
No 3 " .... " 4 50
No 5 " .... " 7 20
No 10 " .... " 9 00
Yucan Oil...............cse 1 doz. 2 00
N. Y. Dressing............ " 0 75
Spanish Satin Gloss...... " 1 00
Crescent Ladies Dressing " 1 75
Spanish Glycerine Oil.... " 2 00

Empois.

Boston Laundry, cse 40 paq., le paq. 0 07½
Culina Toledo, " 40 " la lb... 0 06½

Farines.

Buckwheat, paq. 2½ lbs, cse 3 doz. 1 20
" " 5 " 2 30
Pancake, " 2 " " 1 20
Tea Biscuit " 2 " " 1 20
Graham Flour" 2 " " 1 20
Bread & Pastry" 2 " " 1 20

Moutardes.

Dalley's, pure, en vrac........la lb. 0 25
" bte ½ lb, cse 2 doz..la doz. 2 00
" " ¼ " " 4 " " 1 00
" Superfine Durham, vrac, lb 0 12
" do bte ¼ lb, cse 4 doz, la doz. 0 65
" " ½ " " 2 " " 1 20
" do pots 1 " .... " 2 40
" " 4 " .... " 7 80
" do verres ¼ lb.......... " 0 75

Poudres à pâte.

Silver Cream, ¼ lb, cse 4 à 6 doz, la doz. 0 75
English " ½ " " " 1 25
" " 1 " 2 à 4 " " 2 00
Kitchen Queen, 74 la doz.. " 0 60
" " 69 " .. " 0 75
" " 89 " .. " 0 90
" " 128 " .. " 1 15
" " 168 " .. " 1 40
" " 3 lbs " .. " 4 00
" " 5 lbs " .. " 6 50

Mines.

Tiger Stove Polish.........grande 9 00
" " " ....petite 4 80
Mine Royal Dome.....gr. 1 70 0 00
" James............ " 2 40 0 00
" Rising Sun large dz. 0 00 0 70
" " small " 0 00 0 40
Mine Sunbeam large dz 0 00 0 70
" " smal " 0 00 0 35

W. G. Dunn & Co

HAMILTON

Moutardes.

Pure D.S.F. ¼ bte, cse 12 lbs. la lb. 0 34
" " ½ " " " 0 32
" " bte 10c, " 2 à 4 dz la dz. 0 80
" " " 5c, " 4 " 0 40
E. F. Durham ¼ bte, cse 12 lbs, la lb 0 25
" " ½ " " " " 0 23
Fine Durham, pots 1 lb, chaque 0 24
" " " 4 " " 0 70
" " " 5 " " 0 80
Mustard Butter, bout. 12 oz. la doz. 1 30

John Dwight & Co

TORONTO ET MONTREAL

Soda à pâte

"Cow Brand"

Caisse 60 paquets de 1 lb. la c. 3 00
" 120 " ½ " 3 00
" 30 et 60 " ½ et 1 " 3 00
" 96 " à 5c. " 3 00

J. A. E. Gauvin

MONTREAL

Spécialités.

Sirop Menthol..............la doz. 1 65
Sirop d'Anis Gauvin........ " 1 75
" " par 3 doz. 1 60
" " par 1 grosse. 17 00
" " par 5 grosses. 16 00
Graine de lin.....................lb. 0 03
" moulue.............lb. 0 04
5 p.c. d'escompte.

Laporte, Martin & Cie

MONTREAL

Champagne Ve Amiot.

Carte d'or...................qts. 16 00
" " ....pts. 17 00
" blanche ....qts. 13 00
" " ....pts. 14 00
" d'argent..............qts. 10 50
" " ....pts. 11 50

Champagnes.

Duc de Pierland..............qts. 14 00
" " ....pts. 15 00
Cardinal.....................qts. 12 50
" ....pts. 13 50

Champagne CARDINAL, en lots de 5 caisses, 50c de moins et de 10 caisses $1.00 de moins, la caisse.

Brandy. *En caisse.*

Richard, S. O ....qts. 22 50
" F. C...................qts. 15 00
" V. S. O. P..............qts. 12 00
" " ....pts. 13 00
" V. S. O ....qts. 10 00
" V. O....................qts. 8 50
" " ....pts. 9 50
" " carafes..........qts. 10 50
" " " ....pts. 11 50
Couturier......................qts. 7 00
" ....pts. 8 00
Marion.........................qts. 8 00
" ....pts. 7 00

Au gallon.

Richard, F. C.................... 6 00
En ½ Oct $5.90
" V. S. O. P.............. 5 50
En ½ Oct $5.35, Oct $5.25
" V. O.................... 4 25
En ½ Oct $4.10, Oct $4.00, qrt $3.90, Hhd $3.80.
Couturier......................... 4 00
En ½ Oct $3.95, Oct $3.85, qrt $3.80.
Marion............................ 3 75
En ½ Oct $3.60, Oct $3.50, qrt $3.40

Scotch Mitchell. *A la caisse*

Heather Dew...................qts 7 00
" (stone jars) Imp. qts 12 50
Special Reserve...............qts 9 00
" " ....pts 10 00
Extra Special Liqueur....flacons 9 50
Mullmore......................qts 6 50
" ....Imp. qts 10 00
" ....pts 7 50
Par lots de 5 caisses, 25c de moins.

Au gallon.

Heather Dew...................... 4 00
En ½ Oct $3.85, Oct $3.75.
Special Reserve.................. 4 50
En ½ Oct $4.25, Oct $4.15.
Extra Special Liqueur........... 5 00
En ½ Oct $4.90, Oct $4.80, qrt $4.75

Irish Mitchell. *A la caisse.*

Old Irish Flasks.........Imp. qts 11 25
Cruskeen Lawn (stone jars) Imp. qt 12 50
Special........................qts 9 00
Old Irish Square bottles......qts 8 00
" Round " ......qts 6 50
" " " ......pts 8 00

Au gallon.

Old Irish......................... 4 00
En ½ Oct $3.90, Oct $3.75, qrt $3.65.

Vin Tonique. *A la caisse.*

St. Léon................... litre 8 00
" ....½ " 6 00

Gin. *A la caisse.*

Pollen Loon Rouges..........15s 9 75
" " Vertes...........12s 4 75
" " Violettes.........12s 2 45

Au gallon.

" " Hhds ....65 gls 2 95
" " Qrt.............40 gls 3 00
" " Oct.............18 gls 3 05
" " ½ Oct...........9 gls 3 05
" " ....gal 3 15

Thés. *la lb.*

Japon, Victoria..............90 lbs 25c
" Princesse Louise.....80 lbs 18c
Noir, Victoria.................25 lbs 30c
" Princesse Louise.......25 lbs 25c
" Lipton No 1..........En 1 lb 34c
" " No 1..........En ½ lb 35c
" " No 2..........En 1 lb 28c
" " No 2..........En ½ lb 29c
" " No 3..........En 1 lb 22c
" " No 3..........En ½ lb 23c
Les thés Lipton sont en caisses de 50 lbs.
Noir, Princesse Louise......En ¼ lb 30c
" " " .....En ½ lb 27½c
" Victoria..............En ½ lb 32c

Vernis à Chaussures.

Victoria, bouteille...........la doz. 90c

Poudre à pâte.

Princesse......tins 5 lbs, 6s chacun 0 60
" carré " 1 lb, 24s la doz. 1 75
" rond " 1 lb, 24s " 1 40
" " " ½ lb, 48s " 0 85
" " " ¼ lb, 48s " 0 45
" tin cup...1 lb, 12s " 1 60
" paquet....3 oz. 48s " 0 30

E. D. Marceau

MONTREAL

Cafés *La lb.*

Ceylan pur......................... 0 15
Maracaibo No 1..................... 0 18
" choix.................... 0 20
Santos No 1........................ 0 17
" choix........................ 0 19
Plantation privée.................. 0 27½
Java Maleberry..................... 0 25
" fin 0 27½
" choisi......................... 0 30
" Old Gov........................ 0 31
" & Mocha Old Gov................ 0 30
Mocha de l'Arabie.................. 0 27½
" choisi......................... 0 31
Java Maudheling & Mocha choisi à la main.................. 0 50
Mélange spécial................... 0 22½
" X X X X......................... 0 30
Mélange de cafés purs en boîtes de fantaisie de 1 lb., 48 à la caisse........................ 0 20
Café de Madame Huot .tins 1 lb 0 31
" " tins 2 lbs 0 30

3 p.c. 30 jours.

Thés Japonais.

Condor I......Boîtes 40 lbs...... 0 40
" II.... " 80 lbs...... 0 35
" III.... " 80 lbs...... 0 32½
" IV.... " 80 lbs...... 0 3?
" V...... " 80 lbs...... 0 25
" X....... " 80 lbs coloré 0 25
" XXXX. " 80 lbs...... 0 22½
" XXX.. " 80 lbs...... 0 20
" LX.... 60 x 1 lb......... 0 27½
M. D. AAA..Boîtes 40 lbs...... 0 37½
" AA.... " 40 lbs...... 0 32½
" AA.... " 80 lbs...... 0 30

NECTAR—Mélange des thés de Chine, du Ceylan et des Indes. Caisses de 50 lbs assorties, ¼s, ½s, 1s, aussi caisses de 50 lbs, en 1 lb et ½ lb.

Vert ....(se détaille 26c) 0 21
Chocolat........(" 35c) 0 26
Bleu...........(" 50c) 0 38
Marron.........(" 60c) 0 45

NECTAR NOIR—Boîtes de fantaisie de 1 lb 50 à la caisse.

Chocolat.......................... 0 32½
Bleu 0 42½
Marron 0 50

NECTAR NOIR—Boîtes de fantaisie de trois livres.

Marron...................la boîte 1 50

OLD CROW—Noir, mélange des thés de Chine, du Ceylan et des Indes. Boîtes de 10, 25, 50 et 80 lbs.

La lb.

No 1.............................. 0 35
No 2.............................. 0 30
No 3.............................. 0 25
No 4.............................. 0 20

Vinaigre.

Le gallon.

Condor pur, 100 grains......... 0 30
Old Crow, pur, 75 grains........ 0 24

The A. F. McLaren Imperial Cheese Co.

TORONTO

Fromages. *La doz.*

Imperial, grands pots............ 8 25
" moyens " 4 50
" petits " 2 40
" tout petits pots 1 00
" Holders, grands........ 18 00
" " moyens....... 15 00
" " petits......... 12 00

W. D. McLaren

MONTREAL

Poudre à pâte, Cook's Friend.

No 1, en boites de 4 et 2 doz..la doz 2 40
" 2, " 6 et 3 " .. " 0 80
" 3, " 4 " .. " 0 45
" 10, " 4 et 2 " .. " 2 10
" 12, " 6 et 3 " .. " 0 70

Maison V. Porte

MONTREAL

Cardinal Quinquina............ 12 00
Vermouth Champagne.... 15 00 17 00
Cognac V. Porte 1854 la c........ 18 00
" " " le gl....... 8 75
Eau de vie de marc de Bourgogne..................la caisse 12 50

Théop. Rœderer:

Cristal Champagne...... 40 00 42 00
Réserve Cuvée........... 26 00 28 00
Sportsman Ch............ 16 00 18 00

PRIX COURANTS —MONTREAL, 29 NOVEMBRE 1900

Grands vins de Bourgogne, Guiard, Potheret & Fils.

	qts	pts
os Vougeot	21 00	25 00
iambertin	22 75	23 25
rton	17 40	18 40
ommard	12 75	18 75
eaune	12 75	13 75
ourgogne, 1898	5 50	6 50
acon 1898	5 00	6 00

Vins blancs.

ablis	7 50	8 50
ourgogne mousseux	14 50	16 50

F. de Beaumanoir.

iamb rtin	15 35	16 25
rton	11 90	12 90
ommard	10 15	11 15
eaune	9 25	10 25

Cognacs, Pellisson Pere & Cie.

S. O. P.	40°	29 00
O. P.	"	22 00
year old	"	16 00
M Arguet	"	11 50

Skilton, Foote & Co

BOSTON

Golden German Salad, cse 2 dos. flac	5 75
Tomatoe Relish " "	5 75

Arthur P. Tippet & Co

MONTREAL

Maison Stowers.

Lime Juice Cordial p. 2 ds	0 00	4 00
" " " q. 1 "	0 00	3 50
Double Ref. lime j'ce 1 ds	0 00	3 50
Lemon syrup bout. 1 "	0 00	4 00

Savon.

A. P. TIPPET & CO., AGENTS.

Teintures Maypole Soap, couleurs, par grosse $10.20.

Teintures Maypole Soap noirs, par grs.. $15.30.

G. Vigaud

MONTREAL

Eau de Javelle.

La Vigaudine	la grosse	5 40
"	la doz.	0 50

Walkerville Match Co

WALKERVILLE

Allumettes Parlor

	1 caisse	5 caisses
Crown	$1.60	1.50
Maple Leaf	2.75	2.65
Imperial	5.50	5.25

Allumettes soufrées

Jumbo	5.25	5.00
Héros	3 60	3.40

Young & Smylie

BROOKLYN (N.Y.)

Réglisse.

Y. & S. en batons (sticks):	
Bte de 5 lbs, bois ou papier, lb.	0 40
"Fantaisie" (36 ou 50 batons) bt.	1 25
"Ringed," boite de 5 lbs ... lb.	0 40
"Acmé" Pellets, boite de 5 lbs. (can.) bte.	2 00
"Acmé" Pellets, boite fantaisie papier, (40 more) bte.	1 25
Réglisse au goudron et gaufres de Tolu, bts de 5 lbs (can) bte.	2 00
Pastilles réglisse, jarre en verre 5 lbs	1 75
Pastilles de réglisse, boite de 5 lbs (can.)	1 50
"Purity" réglisse, 200 batons	1 45
" 100 "	0 72½
Réglisse Flexible, bte de 100 morceaux.	
Navy plugs	0 70
Tripple Tunnel Tubes	0 70
Mint puff straps	0 70
Golf Sticks	0 70
Blow Pipes (200 à la bte)	0 70
do (Triplets, 300 à la bte)	0 70
Manhattan Wafers ½ lb.	0 75

LA COMPAGNIE de.....

PUBLICATIONS COMMERCIALES

THE TRADES PUBLISHING COMPANY.

Avis est par le présent donné que la première assemblée des actionnaires de cette compagnie aura lieu le 17 décembre 1900, au bureau de la compagnie, No 25, rue Saint-Gabriel, Montréal, pour l'élection des directeurs et la transaction de toutes autres affaires qui seront légalement soumises à l'assemblée.

J. A. LAQUERRE,

Secrétaire, pro temp.

Montréal, 26 Novembre 1900.

RENSEIGNEMENTS COMMERCIAUX

PROVINCE DE QUEBEC

Cessations de Commerce

François Nord Est — Gendreau Nap., menuisier, etc.

Cessions

lar Hall—Pearson Chs & Co, mag. gén.
ntréal—Beauchamp Mde J. A., modes.
Desmarais F. X., chaussures.
Lamoureux Ulric, contracteur.
American Skirt Co, ass. 4 déc.
ébec—DeVarennes Oct., bicycles.
Félicien—Savard Xavier, mag. gén.

Concordats

ntréal—Masterman A. S. & W. H., empaqueteurs de porc.
ntréal et Ste Anne de Bellevue — Blais J. H. A., plombier et quincaillerie.
Appollinaire—Lambert J. B., mag. gén. à 53c dans la piastre.

Curateurs

ntréal—Bilodeau & Chalifour à Louis Bolduc, charron.
Hutchins H. H à The Royal Canadian Mfg Co.

Dissolutions de Sociétés

cienne-Lorette—Dion & Frère, potiers.
vis—Carrier. Lainé & Co, fondeurs; C. H. Carrier et J. E. Roy continuent; même raison sociale.
ntréal—Canada (The) Clothing Mfg Co; Abr. Mendelsohn continue.
Théâtre National Français; Geo. Gauvreau continue.
Montreal Pasteurized Milk Co; G. Jubinville continue.
Jean—Decelles Arcade & Fils, agents financiers; Alex. A. Decelles continue.

En Difficultés

qui—Ross T., mag. gén., ass. 3 déc.
gog—Schaffer B., hardes et chaussures, offre 25c dans la piastre.
ntréal—Lemay Victor, restaurant, offre 25c dans la piastre.
Pelletier F. Jos., nouv. ass. 29 nov.
terloo—Chagnon J. G. A., fruits et confiserie.

Fonds à Vendre

gueuil—Benoit Frs, épic., 29 nov.
ntréal—Philips Hy. S., restaurant.
von—Ritchie & McAdam, mag. gen., 11 déc.
Paul—Lalande A. P., épic., 29 nov.

Fonds Vendus

ntmagny—Paradis L. A., marchand-tailleur, à 61½c dans la piastre.
ntréal—Dionne Ludger, boucher.
Jarvis & Fraid, restaurant.
Quintal Philias, restaurant.
Rochon O., restaurant.
Leblanc J. R., quincaillerie.
Lussier C. O., nouv.
erbrooke—Gagnon J. M., chaussures.

Nouveaux Établissements

rbleton—Nadeau J. A. & Cie, forgerons.
ntréal—American Shoe Co; Chs G. de Tonnancour.
Charpentier & Chagnon, contracteurs.
Cowan & Co, négociants; Jas H. Cowan.
Dionne L. & Co, boucher; Velda, Gagnon.
Frigon L. T., restaurant.
Horsfall & Langlois, hardes en gros.
Landry J. M. et Co, marchands à com.
Metropolitan Dyeing Works Cleaning & Pressing Co.
Prescott (The) Brewing and Malting Co.
Rochon & Fournier, constructeurs etc.
St Germain Adol. barbier, Mde Adol. St Germain.
Trenholm W. H. & Co, laitiers.
Phelan Jas P. restaurant.
Canadian (The) Baling Co.
Québec—Canadian Clothing Co; Louis Lazarovittez & David Goodman.
Québec et Hartford Conn. — Berlin Iron Bridge Co; D. E. Lane.
Sherbrooke—Simoneau & Dion, constructeur, etc
Waterville—Holtham & Co, mag. gen.

PROVINCE D'ONTARIO

Cessations de Commerce

Chatham—Kent Mills (The) Co, Ltd; The Canada Flour Mills Co Ltd succède.
Hamilton — Wentworth Knitting Co Ltd; G. B. Perry succède.
London—Clark James, provisions; J. C. Abbott succède.
Reid W. J. & Co, poterie et verrerie en gros; le détail seulement.
Seaforth — Cunningham Herbert, épic.; R. Mallough succède.

Cessions

Guelph—Warner A. H., confiseur, etc.
Ingersoll—Menhennick T. A., chaussures.
Langton—Sutherland A. R., ferblanterie.
Oil Springs—Hewitt & Zimmerman, mag. gén.
Sarnia—Morrison Bros, chaussures.
Seymour Canton—Ketcheson D. H., grain.
Sturgeon Falls—Meagher Ths. J., chaussures.

Décès

Beachburg—Forbes George, pharmacien.

Dissolutions de Sociétés

Kingston—Sands J. S. & Son, marchands-tailleurs; J. S. Sands continue.
Toronto Junction—Godwin & Bean, épic; Ths. Godwin continue.

En Difficultés

Chatham—Ridley H. K., hardes et merceries.
Ingersoll—Menhennick T. A., chaussures.
London—Cannon (The) Stove & Oven Co Ltd.

Fonds à Vendre

Chatham—Dymond Eliza, épic.
Hamilton—Brierly R., pharmacie.
Sarnia—McMaster David, libraire.
Toronto—Automatic (The) Steam Cooker Co Ltd.

Fonds Vendus

Alliston—Falls John, épic. à W. J. Woods.
Brussels — Ament John, hôtel à Beattie & Clark.
Belleville—Fox Geo. E., tailleur.
Grand Valley — Brown J. R., charron à Hy Bonading.
Leamington—Batchelor F. E., nouv. à S. G. Morris à 71½c dans la piastre.
London — Garner Ths W., épic. à John Tomlinson.
Ottawa—Casey M. A., épic. et liqueurs.
Sarnia—Morrison Bros, chaussures à Callum & Lesueur.

Nouveaux Établissements.

Alliston—Current A. E., épic.
Almonte—Miller Samuel, sellier.
Chesterville et Montréal—Loynachan & Casselman Dairy Co.
Ottawa — Miner & Currier, chaussures ont ouvert une succursale à Huntonburg.

NOUVEAU-BRUNSWICK

Nouveaux Établissements

Canterbury — Moore (The) Shaft Coupling Co Ltd.
Chipman — Sayre & Holley (The) Lumber Co Ltd.

NOUVELLE-ECOSSE

Cessions

Halifax—Hill Owen P., marchand-tailleur.

Dissolution de Sociétés

Church Point—Melanson & Burrill, mag. gén.
Little Glace Bay—Roach & Gillis, mag. gén.; A. J. Gillis continue.
Shubenacadie—Thompson & Scott, mag. gén.

En Difficultés

Halifax—Pyke G. A. & Son, épic en gros, offrent 25c dans la piastre.

Fonds Vendus

Port Greville—Bentley T. K. & Co, Ltd, mag. gén à H. Elderkin & Co.

Incendies

Hantsport—Coffill F. A., épic., ass.
Pulsiver J. T., chaussures, ass.

Nouveaux Établissements

Annapolis—Rogers V. J., hôtel.
Halifax—Hill Owen P., tailleur.
Middleton— Betley F. E. & Co., nouv.; ont ouvert une succursale à Sydney.
North Sydney—Colling J. W., épic.
Williston A., poisson.
Shubenacadie—Thompson & Blois, mag. gén.
Sydney—Morris T. J., épic.
Patillo J. B. & Co, articles de fantaisie.

MANITOBA ET TERRITOIRES DU NORD-OUEST

Cessations de Commerce

Cypress River—Peters W. S., forgeron; W. Wilson succède.

Fonds à Vendre

Plum Coulée—Stritzel G. R. M., mag. gén.

Fonds Vendus

Calgary—Johnston & Co, hôtel à Garret Keefe.
Prince Albert—Woodman Chs., brasserie, à J. R. Downes.

Incendies

Ste-Agathe—Barré & Mignault, fromagerie, ass.
Winnipeg—Paul A., chaussures, ass.

Nouveaux Établissements

Moose Jaw—Moose Jaw (The) Drug & Stationery Co, Ltd, demande charte.
Winnipeg—Keystone (The) Cigar Co; John Heinbecker.

COLOMBIE ANGLAISE

Cessations de Commerce

Cascade City—Mahaffy T. E., mag. gén. parti pour Moyie.
Fort Steele—McBridge Bros., quincaillerie, etc., partis pour Cranbrook.
Moyie—Ferland A., merceries; P. J. Cahill succède.
Vancouver—Close Agnes, épic.
Victoria—Excelsior Biscuit Works; Excelsior Biscuit Co, Ltd, succède.
Smith M. R. & Co, mfrs de biscuit, M. R. Smith & Co, Ltd, succèdent.
Walker Mde E. G., restaurant; Hy. Andrews, succède.

Cessions

Phoenix—Crane Mead W., marchand.

Dissolutions de Sociétés

.il—Milwaukee Brewing Co; John Fluhrer continue.

En Difficultés

.il—Dunkerley Percy, nouv.

Fonds Vendus

umbia—Anderson Joshua, mag. gén. à Jeff Davis & Co.
toria—Pearce J. T., hôtel à J. S. Rollins.

ES MAGAZINES ILLUSTRÉS.—De 324 illusions en 1894 à plus de 1600 en 1900: à des chiffres qui dénotent l'augmenta- et le développement de la partie artis- le du *Ladies Home Journal* de Philadel- e en six années. La qualité de l'illustra- a également augmenté dans de notables portions—le public en réclame de plus en s.—Le *Ladies Home Journal* aura publié .900 plus d'illustrations—en nombre, di- nsions, qualité et coût—que tous les prin- ux magazines d'il y a dix ans réunis.

OURNAL DE LA JEUNESSE. — Somre de la 1459e livraison (17 novembre 1900). n Phénomène, par B. A. Jeanroy.—Les rets de la Prestigitation: Les nouveaux ers d'Hercule, par St-J. de l'Escap. — La ie de Pékin, par Et. Leroux. — Treize et torze, par Yan de Castétis.—Les chemins er monorails, par Daniel Bellet.
bonnements: France: Un an, 20 fr. Six s, 10 fr. Union Postale: Un an, 22 fr. mois, 11 fr. Le numéro: 40 centimes. achette & Cie, boulevard St-Germain, 79, is.

OUR DU MONDE—Journal des voyages es voyageurs. — Sommaire du No 46 (17 embre 1900).—1o Une mission en Acadie lu lac Saint Jean au Niagara, par M. ton Du Bosco de Beaumont.—2o A tra- le monde: Kiao-Tchéou.—La nouvelle nie allemande en Chine, par A. Drahc.— Dans le monde du travail: La navigabilité a Garonne—4o Parmi les races humaines: Président Kruger.—Sa vie, son caractère, fortune.—5o Dans le monde du travail: xploitation des mines au Klondyke. — 6o res et Cartes.—7o Les Revues Etrangères: amoyo (*DeutscheKolonialzeitung*, Berlin). ps de pioche et coups de fortune (*Klon- e Review*). — L'Exploration des iles Salo- n (*Geographical Journal*, Londres).
bonnements: France: Un an, 26 fr. Six s, 14 fr.—Union Postale: Un an, 28 fr. mois, 15 fr. Le numéro: 50 centimes. ureaux à la librairie Hachette et Cie, 79, levard Saint-Germain, Paris.

Blanchiment des cuirs

ifférents procédés sont employés pour ner une couleur claire aux cuirs foncés. bioxyde de sodium, qui est employé pour ichir la soie et la laine, russit pour le ichiment des cuirs.
oici comment on procède :
n fait dissoudre à la chaleur 900 gram- de sulfate de magnésie dans 10 litres u. Cette solution étant refroidie, on te peu à peu 300 grammes de bioxyde odium.
n frotte le cuir avec la solution jusqu'à qu'on obtienne la couleur claire ou blan- désirée.
ans le cas où l'on traite du cuir fort, on t aider l'action en lavant préalablement cuir avec de l'eau légèrement acidulée c de l'acide acétique.
otre confrère de la *Halle aux cuirs*, à qui s empruntons ce renseignement, recom- nde de bien tenir le bioxyde de sodium à ri de l'humidité et de l'eau, car il se ompose promptement.

PROVINCE DE QUEBEC

Cour Supérieure.

ACTIONS

Défendeurs.	Demandeurs.	Montants
Acton Vale		
Robinson Wm D.	Town of Westmount	334
Contrecœur		
Richard Adel. et al	La Banque Nationale	621
Dorval		
Fabrique de Dorval	W. Mongeau	150
Detroit, Mich.		
Sullivan Dame Mary et al.	Robt Smart jr	3e cl.
Ile Bizard		
Boileau P. & Frères	Damase Naud	3455
Killaloe Stn. Ont.		
Mohr & Ryan	Forbes Bros	395
L'Ange Gardien		
Charron Félix	P. Demers & Fils	263
Longueuil		
Robert J. T. A	Ths Ligget	132
Ville de Longueuil	J. U. Emard et al	466
Melbourne		
Larivière P. A	Legal and Financial Exchange	215
Montreal		
Boileau Alph	Dame Liliose Normandeau	350
Barolet Léonidas esqual	Crédit Foncier F.-C.	4888
Baie des Chaleurs Ry Co.	Frothingham & Workman	3966
Cité de Montréal	Hon. Riendeau	1999
do	Geo. Vandelac	206
Catholic Order of Forester et al	Dame Eliza C. Coleman	1000
Clément Xavier	Cecillia Lucas dit Francœur (dommages)	1000
Dunham Eber H.	Bishop's Coll. School Ass.	240
Demers Paul	Birkbeck Investment Security & Savings Co	127
Dunham E. H. & Co	The Troy Laundry Co	162
Donohue Dame Mary et vir	Montreal Protestant House of Ind. & R.	4e cl.
Granger Godfroy	Michel Laforce	175
Grenier Jacques	Touss. Préfontaine	1e cl.
Grier J. & B	Dame D. O'Shaughnessey esqual	100
Grothé Chs R	Rev. H. Bloomfield	4100
Hartland H. F	Geo. Ducharme	100
Harkin Bernard	Pat. McDermott	124
Hickey John C. et al.	J. H. Seed	1400
Jutras Dame Olier	M. Langlois	5e cl.
Kelly Jas	J. W. Kilgour & Bro	241
Lamontagne Hector & Cie	Euclide Paquette ès qual (dommages)	1999
Lapointe J. R	Amable Archambault	420
Lespérance Wm	Odias Cartier	10000
Labossière Jos. Alb. et E. A	Hudon & Orsali	109
Martin T. C. & A	G. Deserres	102
Montreal Street Ry Co	C. H. McLeod	1e cl.
Murray J. C. & Co	The Abbott-Mitchell Iron and Steel Co.	129
McCrea Wm	Frk Devrickx	188
Morris John	Susan Bloomfield	1239
McLaren D. W.	The Montreal & Oregon Gold Mines Co,	1e cl.
Montreal Street Ry Co	Dame Emma R. McConnell (dommages)	1600
Martin Nap	G. Deserres	250
Paquet Moise	J. M. Filiault	500
Poutré N. fils & Cie	Montreal Brewing Co.	110
Plante Ed	Munderlogh & Co.	105
Robb E. M	J. Lefebvre	240
Royal Electric Co	Ernest Audet (dommages)	10000
Sincennes & Courval	L. P. Bérard et al	280
Temple Fred. L	Dame B. Jane Scott et vir	360
Toupin Arth. & al	B. Leclaire et al	105
New Richmond		
Robinson R. B	Tooke Bros	171
Outremont		
Boivin Wilfrid	C. A. Gervais	140
Pointe Claire		
Charlebois Arsène	Mag. Dufresne	120
Duchesneau De Honorine	Lockerby Bros	145
Charlebois De Maria et vir	Jos Charlebois	1e cl.
St André Avelin		
Cardinal L. & O	R. A. Lister & Co	3e cl.
Ste Geneviève		
Prevost Abel et al	Camille Bourdon	200
St Lambert		
Trudeau Victor	Jos Binette	1e cl.
St-Louis—Mile End		
St Denis J. B	Onés. Gaulin	120
Gosselin Philomène	P. Gosselin et vir C. A. Sylvestre	411
Ste Victoire		
Paulhus Hercule	R. A. Lister & Co	3e cl.
Viauville		
Clifford James	Aug. Lachapelle	120
Westmo ınt		
Cass J. H. et al	John H. Seed	275
Honan Cornelius	Ls Parent	190
Chisholm Ths J	G. Meloche	126

Cour Supérieure

JUGEMENTS RENDUS

Défendeurs.	Demandeurs.	Montants
Barnston		
Cromer E. R	J. Riendeau	148
Cowansville		
Buzzell Ths D	McLaughlin Carriage Co	206
Cookshire		
Desrochers J. E. et al.	C. F. Bellam	101
Weston Hy H	Equitable Savings Loan and Bldg, Ass.	321
Dudswell		
Stacey Wm H	W. Dawson	161
Emberton		
Leford Jas	Eastern T. Bank	110
Granby		
Marchessault Ant	Eusèbe Tougas	126
Hawkesbury, Ont.		
Charlebois Jules	J.-B. Charlebois	400
Knowlton		
Pepin Joseph	Le Crédit Foncier F.-C.	402
L'Ange Gardien		
Charron Félix	Pierre Demers et al	229
Lachine		
Leger Leopold et al	Alex. Laplante	127
Montreal		
Adams Arth. W	Michael Tapley	135
Bolduc Louis	Ferd. Tremblay	2083
Barette Wm James	Cie d'App. Alimentaires	107
Cité de Montréal	Hugh Ross	85
Desjardins Ant	Amable Lallemand	386
Fischel Gustave	Em. Fischel	800
Fisk Hy J. et al	Alex. Ramsay	750
Frappier J. A. S	Crédit Foncier F.C.	292
Germain R	Proulx & Damien	125
Kerrin Dame Mary	Aug. Lachapelle	796
Kenney John et al	Jas McShane	150
Lang Gilbert	Jos. Roy	168

C. H. LETOURNEUX, prés. C. LETOURNEUX, vice-prés. J. LETOURNEUX, sec.-trés

LeTOURNEUX, FILS & CIE, Lim., MARCHANDS - FERRONNIERS

NOS. 259, 261, 263 ET 265 RUE SAINT-PAUL MONTREAL

SERRURES, VERROUS et toutes les FERRURES pour Bâtiments.

AUSSI les fameuses **PEINTURES PREPARÉES** de Sherwin-Williams soit pour l'intérieur ou l'extérieur, **VERNIS, PEINTURES à PLANCHER, EMAIL** pour bains ou bric-à-bracs, etc., aussi **PINCEAUX** et **BLANCHISSOIRS** de toutes sortes.

L. J. A. SURVEYER, 6 RUE ST-LAURENT.

Peinture Préparée "Island City."

Pour l'intérieur et l'extérieur des maisons. La meilleure peinture sur le marché. La mieux adaptée pour notre climat. La plus pure et la plus économique.

Peinture à plancher "Island City." Celle qui couvre le plus de surface. Celle qui couvre mieux le bois. Celle qui durcit en vieillissant.

Peinture à vernis "Island City." Pour Voitures, Instruments Aratoires, etc. Elle conserve le bois. Elle dure longtemps propre. Elle donne toujours satisfaction.

P. D. DODS & CIE

Entrepots et Bureaux : 188 et 190 rue McGill,
Usines : 274, 276, 278 rue St-Patrice,
TORONTO. WINNIPEG. MONTREAL.

DR BEAUMIER, Spécialiste à l'

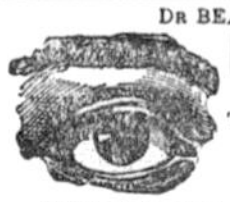

INSTITUT D'OPTIQUE AMERICAIN,

Tél. Bell, Est 89. MONTREAL

1856, Rue Ste-Catherine,

Coin Cadieux
2ème porte à l'Est

Fait la **Spécialité** de la **fabrication** de **Verres** Optiques, **"Cristal de Roche,"** **Diamants** et combinés pour **Lunettes, Lorgnons, Etc.,** taillés et ajustes selon la **Force** de la **Vue,** pour bien **Voir** de **Loin** comme de **Près,** et pour la guérison des yeux.

☞ **Avis.—Nous** sollicitons les **cas** difficiles, désespérés, et déjà abandonnés des **Médecins,** de venir nous voir et d'essayer nos merveilleux **Verres** Optiques, Ophtalmiques pour la guérison des yeux.

Consultations et examen de la Vue Gratis. Satisfaction complète. Toutes prescriptions d'oculistes seront soigneusement remplies. Ouvert de 8 hrs A. M. à 8 hrs p. m. Le Dimanche, de 1 à 4 hrs P. M.

Les Machines à Ecrire

SMITH PREMIER

ont obtenu à l'**Exposition de Paris** le **Diplôme de Grand Prix** avec le plus grand nombre de points, arrivant en tête de toutes les vingt machines exposées. Ayez la meilleure, un Smith Premier, tel qu'attesté par les plus grands experts du monde,

WM. M. HALL & CO.,

1702, Rue Notre-Dame, - Montréal.

TEL. BELL: MAIN 983

J. & J. TAYLOR

TORONTO SAFE WORKS

TORONTO, ONT.

Etablis depuis près d'un demi-siècle.

Manufacturiers de Coffres-forts à l'épreuve du feu, à l'épreuve du feu et des voleurs ; de portes de voûtes à l'épreuve du feu et des voleurs, et de plaques pour voûtes.

R. B. HILLS,

Agent pour Montréal

1804 Rue Notre-Dame.

ang Letang & Cie..........J. Shaw & Sons & Wolverhampton 3715
cDonald G. A. ....John Darley 252
el Corinne....La Banque d'Hochelaga 315
lletier Damase..............Alf. Brunet 399
vost Jos. A .... Owen McDonnell 189
bb Edm.................Jules Trépanier 170
ger Fabien......J. Ald. St Denis et al 207
iller Jos.....Dame N. Robert-Lydie Goyette 139
dacona Water Light & Power Co.. Hanson Bros 702

Oxford

rton A. O..................A. A. Gignac 639

Sault aux Récollets

ger Fabien..........J. A. St-Denis et al esqual 207

Stanbridge

ssier Joseph ....M. L. Brunet 585

St André d'Acton

ussiu Cléop..........Jos Decarie, fils 154

Ste Geneviève

ileau Alph...Dame Marg. Robin dit Lapointe et vir 261

St Louis Mile-End

langer Ed..........The Wm. Watson O'Gilvie Milling Co 260

Ste Rose

stien Théop. et al.....Treffié Bastien 3e cl.

Cour de Circuit

JUGEMENTS RENDUS

FENDEURS. DEMANDEURS. MONTANTS

Cartierville

s Com. d'Ecoles....H. Cadieux et al 15

Côte des Neiges

uzon Louis.......Dame Marie-Rose Lacombe et al 28

Coteau Station

ay Nap.........................D. Dowell 62

Hawkesbury

ttie Dame L. M.........Dame A. Macpherson 5

Longueuil

ust Alexis.....................E. Mercier 5

Montréal

guire N. et al..........Lizzie Murphy 36
guire N .... J. Gold 9
exandre H.....................M. Courtois 15
gé Ed........ .... H. Poirier 10
urbonnais Ant............ Ths Quintal 24
urassa Arthur........B. Leclaire et al 8
av Nap...... .... J. W. Wilson 35
uchard Amédée...........Godf. Lebel 18
ucher Jérémie...................J. Bacon 8
sson J. A..................E. Desrochers 6
ish Dame ....Dame F. Hatch 48
auchamp J. A ....Jos. Ward 86
own J...............Dame M. Desautels 60
uliane Pierre et al. ....La Banque Nationale 50
itterworth Wm..................R. B. Hall 70
ouinard Alex.................. A. Sicard 6
evrier A...............M. J. A. Renaud 25
aude Alfred...................G. Rochon 10
y O...... ....A. Lauzon 6
ihamel H.......................E. Mercier 15
ibé J. A...............Adelard Cloutier 65
war A. W.........Delle Mary J. Closs 40
ipuis Horace...................H. Poirier 8
nond Delle G. et al..........J. Nantel 48
ortier J..............................J. Bacon 9
over S............ ....C. W. Lindsay 36
oderre Anselme..........N. Chartrand 18
roux H.......................F. R. Martin 10
agnon Jos ....J. E. Fortier 6
uthier Edm.......... ....Z. Tougas 13
agnon Wilf.......................Z. Tougas 10
Grenier Ernest..............Louis Riverin 54
Goulet Victor & Cie ....A. Latour 81
Gagnon T. & Cie...............H. Audette 45
Greene T..........................J. Gernier 27
Heir F. O..............L. C. Meunier et al 8
Haddlesey F...............O. Proulx et al 15
Hurteau J. A...................A. H. Sims 40
Hétu Jos...... ....J. A. Hurteau 10
Jackson Wm J.................J. Strachan 5
Jeannotte Jos....... L'Union St Joseph 51
Jacconne A ....H. B. Ames 23
Jacoboff A........... .... H. Ness 10
Kurlandsky M .... L. Jacobs 9
Lynch J....................J. Martin et al 10
Lefebvre J. H..... ....J. A. Hurteau 43
Léger Victor...............Wm H. Evans 38
Leonard Vve Marie Lse.....C. F. Smith 50
Lang G. et al....................H. St Mars 12
Lizabel Jos et al ....P. Vandal 40
Legrow Levi...... ....W. Paul 6
Légaré J. E.........................J. Bacon 10
Larocque Jos...The Beaubien Produce and Mill Co 47
Lorti O.........Frères des Ecoles Chrétiennes 35
Lafontaine E..............L. Cohen et al 32
Latour Chs..................J. O. Gadoury 12
Lahaie N... ....J. Cohen 7
Lang Gilbert........ ......L. Lamoureux 21
Lauzon Godfroi............The Williams Mfg Co 6
Larin Henri et al......Dame A. Rabeau 10
McGee M. A. et al ....E. Cavanagh 14
do .... J. B. Collette 18
Maisonneuve C.............J. A. Ouimet 21
Moore A. D...... Dame Rosalie Legault 25
Malouin Narc............... B. A. Bastien 39
Murphy P. S...............J. A. Gauthier 10
Mulligan Andrew.................H. Stone 10
Mearns James..................A. Chaussé 68
Meehan P.................J. H. Filiatrault 14
McCrae L.......................... C. Lalonde 11
McKenna J......The Williams Mfg Co. 10
Oliver G. W......... The G. A. Holland & Son Co. 15
Pilon Jos. S.............J. S. Prudhomme 7
Poulette Nap....................N. C. Martin 26
Powers Wm................C. Lamoureux 15
Parent L............ :......A. Valiquette 5
Petit P................... ......A. D. Gillis 69
Robillard C........................J. Leacer 7
Rousseau Jos........... Azarie Brodeur 19
Rivet Jos............... J. Simard & Sons 10
St Pierre Placide..........L. A. Cloutier 96
Sturgess H. T. et al...F. O. Lenoir et al 12
Swinburne M...................J. Ettenberg 12
Sweeney Georgiana.....Tanc. Pagnuelo 20
Thouin P. A.......................Z. Tougas 18
Therien W.......................Jos. Nantel 14
Thyman Jos ....Jas Strachan 12
Vézina Jos..........................J. Lanctot 12

Plessisville

Hard J. Ones.................. A. Turcotte 74

Quebec

Roy Geo. et al..........Victor Lévesque 57

Sherbrooke

Parent Gaudias......J. A. Archambault 84

Ste Agathe

Bélisle H. A................. J. A. Dionne 19

Ste Cunegonde

Morin J. A.........................L. Trudel 25
Bélanger Jos.........................E. Pepin 10

St-Damase

Brochu L..............Massey, Harris Co 11

Ste Geneviève

Prevost Abel.................J. Grier et al 62
Prevost Abel...... ...... A. Amiot et al 51

St Henri

Turcot I.......................J. L. Wiseman 6
Paiement Emery.................S. Gohier 12

St Laurent

Dufresne F. & fils.............A. Coudry 35

St Louis Mile End

Mault J H..........................P. D. Monast 7
Taillon Ludger ....H. Payer 5
Gagnon Alexis.....................N. Blain 12

Ste Scholastique

Forest Narc...... ....N. Collin 22

St Tite

Frigon Jos...Dame N. M. Wolever et vir 11

Varennes

Lafrance Jos........H. C, Cadieux et al 16

Warwick

Beauchemin Ernest...Wm Starke et al 88

Waterloo

Chagnon J. G. A.....The Eureka Cigar Mfg Co 37

Westmount

Stearns H. L ....A. Mackay 8
Bartlett Edm. T.....John Murphy et al 32

Pour parfumer les appartements

Lorsque l'on veut parfumer un appartement on met seulement une pincée de poudre de benjoin sur une pelle rougie.

C'est ainsi que l'on se débarrasse de la mauvaise odeur des appartements en lui substituant une odeur plus forte et plus agréable.

Un peu de sucre en poudre projeté sur une pelle rougie produit encore un bon effet.

Conservation des sirops

Les traités spéciaux indiquent aux fabricants prévoyants des procédés variés pour la conservation des sirops, des sucs de fruits, de tout ce qui est fermentescible et corruptible. Le meilleur de tous ces procédés, c'est encore celui qui fut indiqué par notre grand chimiste et physicien français Appert; il consiste à chauffer au bain-marie les bouteilles contenant le liquide que l'on veut soustraire aux irréparables outrages du microbe. On plonge dans le bain les bouteilles bien bouchées et ficelées : c'est la stérilisation opérée de la façon la plus scientifique.

Mais les bouteilles ont des défaillances; il se produit une pression dans leur intérieur pendant l'opération ; parfois le bouchon saute, la bouteille éclate, chose dangereuse.

Comment s'en préserver?

En mettant à profit l'indication que donne M. J. Eury, pharmacien à la Rochelle, et qui a tout le mérite de l'œuf célèbre de Christophe Colomb.

Le procédé de M. Eury consiste, en employant de simples bouchons de liège et des bouteilles de modèle ordinaire, à faire, dans le bouchon, au moyen d'une tige de fer rougie au feu, un trou oblique allant du centre de la base du bouchon au tiers de sa hauteur. Les bouchons ainsi perforés sont placés sur les bouteilles, de façon que la prise d'air reste libre et les bouteilles sont mises dans le bain-marie: ébullition, convulsions intimes des microbes, stérilisation.

On retire alors les bouteilles et tout aussitôt on enfonce le bouchon de façon que la prise d'air soit au-dessus du goulot: voilà l'accès de l'air interdit et la conservation assurée. Il va sans dire que l'on doit utilement cacheter et capsuler au besoin la bouteille.

On a proposé, dans le même but, des bouchons en caoutchouc qui laissent échapper l'air et qui se contractent lors des refroidissements : ils coûtent cher et ne valent pas le simple bouchon de liège percé ainsi, que l'indique. M. Eury. Ce système pourrait, à ce qu'il semble, être appliqué à la stérérilisation économique du lait en bouteilles pour le plus grand profit des nourrissons, et ce ne serait pas le moindre de ses mérites.

Banque d'Hochelaga

AVIS

Est par les présentes donné qu'un dividende de trois et demi pour cent (3½ p. c.) pour les six mois courants, égal au taux de sept pour cent (7 p. c.) par an, a été déclaré sur le capital payé de cette institution, et qu'il sera payable au bureau chef, ou à ses succursales, le ou après samedi, le premier jour de décembre prochain.

Les livres de transferts seront fermés du 16 au 30 de novembre inclusivement.

Par ordre du conseil de direction.

M. J. A. PRENDERGAST,
Gérant Général.

R. WILSON SMITH

COURTIER EN DEBENTURES

Débentures Municipales, des Gouvernements et des Chemins de Fer achetées et vendues. -:- -:- -:- -:- -:-
Débentures de premier ordre pour placements de fonds en fidéi-dépots, toujours en mains. -:- -:- -:- -

Batisse Standard Life

151 rue St-Jacques, Montréal

LS. DESCHENES

ENCANTEUR DE COMMERCE

—ET—

jobber en Chaussures

No 60 RUE ST-JEAN

QUEBEC

N. B.—Messieurs les marchands de la campagne épargneront de l'argent en venant me faire visite avant d'acheter ailleurs. J'ai constamment en mains toutes sortes de Jobs pour leur commerce

---

LA BANQUE DE ST-HYACINTHE

Bureau Principal : St-Hyacinthe, P. Q.

CAPITAL PAYÉ - - -	$320.84[illegible]
RESERVE - - -	75,[illegible]

DIRECTEURS :

G. C. DESSAULLES, - - - Président
J. R. BRILLON, - - - Vice-Président
L. P. MORIN, J. NAULT
DR E. OSTIGUY, EUSEBE MORIN
JOS. MORIN.
E. R. BLANCHARD, Caissier. W. A. MOREAU, Inspecteur.

— **Succursales** —

St. Césaire, M. N. Jarry, gérant.
Farnham, J. E. Campbell, gérant
Iberville, J. M. Bélanger, gérant.
L'Assomption, H. V. Jarry, gérant.

Correspondants : — Canada : Banque des Marchands du Canada et ses succursales. États-Unis : New-York. The National Bank of the Republic, Ladenburg, Thalman & Co.; Boston Merchants National Bank.

UBALDE GARAND. TANCREDE D. TERROUX

GARAND, TERROUX & CIE.,

BANQUIERS ET COURTIERS

116 Rue St-Jacques, MONTREAL.

Effets de commerce achetés. Traites émises sur toutes les parties de l'Europe et de l'Amérique. Traites des pays étrangers encaissées aux taux les plus bas. Intérêt alloué sur dépôts. Affaires transigées par correspondance

---

C. H. WALTERS & CO.

BANQUIERS

3, Rue Saint-Sacrement, Montréal.

Achat et vente de Billets de Commerce.
Négociation de Bons et Débentures.

W. H. WEIR F. H. WEIR

W. H. WEIR & SON

COURTIERS

113 RUE ST-FRANÇOIS-XAVIER, Montréal.

M. W. H. WEIR, membre du "Montreal Stock Exchange," achète et vend tous les stocks qui figurent sur la liste du Stock Exchange, au comptant ou à terme. Les dernières informations régulièrement classées. Correspondants spéciaux à New York.

THE TEL. BELL UP 971

Canada Electric Co.,

L. ROUSSEAU Gérant

2501, STE-CATHERINE, COIN CRESCENT

Installations de lumière électrique et d'Horloges de contrôle électrique
Téléphones pour entrepôts,
Cloches Electriques, Etc., Etc.

SEULS AGENTS POUR LA
STANDARD ELECTRIC TIME CO
de Waterbury, Con

BREVETS D'INVENTION
(France-Etranger)

Marques de Fabrique, Procès en contrefaçon, etc.

CASALONGA

Ingenieur-Conseil (depuis 1867)
PARIS
15 r. des Halles

Prop. Direct. (depuis 1878) du Journal (25 f. par an)

"CHRONIQUE INDUSTRIELLE"

THE MOLSONS BANK

Incorporée par acte du Parlement en 1855

BUREAU PRINCIPAL - - - - - MONTRÉAL.

Capital versé		$2,466,040 00
Réserve	$2,050,000.00	
Réserve pour rabais sur escomptes courants	$80,000.00	
Compte de Profits et Pertes	26,902.48	2,156,992.48

BUREAU DE DIRECTION.

WM. MOLSON MACPHERSON, Président. S. H. EWING, Vice-Président. W. M. Ramsay. Samuel Finley. J. P. Cleghorn. H. Markland Molson. F. C. Henshaw.

JAMES ELLIOT, Gérant Général.

A. D. DURNFORD, Inspecteur en Chef et Surintendant des Succursales.

W. H. DRAPER, Inspecteur. H. LOCKWOOD, W. W. L. CHIPMAN, } Asst.-Insp.

SUCCURSALES : Alvinston, O., Aylmer, O., Brockville, O., Calgary, Alb., Chesterville, O., Clinton, O., Exeter, O., Fraserville, Q., Hamilton, O., Hensall, O., Kingsville, O., Knowlton, Q., London, O., Meaford, O., Montréal, Q., rue Ste-Catherine, Montréal, Morrisburg, O., Norwich, O., Ottawa, O., Owen Sound, O., Port Arthur, O., Quebec, Q., Revelstoke Sta., B.C., Ridgetown, O., Simcoe, O., Smith's Falls, O., Sorel, Q., St. Thomas, O., Toronto, O., Toronto Junc., O., Trenton, O., Valleyfield, Q., Vancouver, B. C., Victoria, B. C. Victoriaville, Qué., Waterloo, O., Winnipeg, Man., Woodstock, O.

AGENCES à Londres, Paris, Berlin et dans toutes les principales villes du monde.

Emission de Lettres de Crédit pour le commerce et lettres circulaires pour voyageurs.

Attention sérieuse apportée aux Collections.

La Banque Nationale

BUREAU CHEF : QUEBEC

CAPITAL PAYÉ	$1,200,000
FONDS DE RÉSERVE	$200,000

DIRECTEURS :

R. AUDETTE, Ecr., Président,
A. B. DUPUIS Ecr., Vice-Président.

L'HON. JUGE CHAUVEAU,	V. CHATEAUVERT, Ecr.,
N. RIOUX Ecr.	NAZ. FORTIER, Ecr.,

J. B. LALIBERTE, Ecr.
P. LAFRANCE, Gérant.
N. LAVOIE, Inspecteur.

SUCCURSALES

Québec : faubourg St Jean,	St-François Nord-Est, Beauce.
Québec : St-Roch.	Ste-Marie, Beauce.
Montréal.	Chicoutimi.
Sherbrooke	Roberval.
St-Hyacinthe.	Ottawa, Ont.
Joliette.	St-Jean, P. Q.
Rimouski, Qué.	Montmagny, Qué.
Murray Bay, Qué.	Fraserville.

Saint-Casimir, Qué.

AGENTS.

Angleterre : The National Bk of Scotland, Londres.
France Crédit Lyonnais et succursales, Paris.
Etats-Unis : The National Bank of the Republic New-York. The Shoe & Leather National Bank, Boston, Mass.

Les collections reçoivent une attention spéciale et les retours en sont faits avec la plus grande promptitude.

On sollicite respectueusement la correspondance.

EDWIN HANSON. WILLIAM HANSON.

Hanson Bros.

Courtiers en obligations des Gouvernements, Municipalités, Chemins de Fer et Industries.

Nous avons toujours en mains des obligations de premier ordre, convenant pour placements par les Fidéi-commissaires, les Banques, les Compagnies d'Assurances, les Sociétés et les spéculateurs privés. On peut obtenir des listes d'obligations ainsi que les prix sur demande adressée au bureau, chambre 20, bâtisse Canada Life, Montréal.

ALMANACHS 1901

La maison J. B. ROLLAND & FILS, Montréal, vient de mettre en vente ses

ALMANACHS ET CALENDRIERS POUR 1901

1. **L'Almanach Agricole, Commercial et Historique,** 35e année.
2. **L'Almanach des Familles**, 24e année.
3. **Le Calendrier de la Puissance.**

Ces trois publications si bien connues et si justement appréciées du public, renferment encore une foule de renseignements des plus utiles sur l'administration religieuse et civile du pays, ainsi qu'un des meilleurs choix d'historiettes, anecdotes, etc., etc. Elles sont en vente chez tous les marchands, au prix de 5 centins chacun.

J. B. Rolland & Fils, rue St-Vincent, Montréal

Les Hommes d'Affaires

Ont très peu de temps à dépenser. Je me tiens à leur disposition **à toute heure** du jour ou du soir.

HARDOUIN LIONAIS,

D.C.D., L.C.D.,

CHIRURGIEN DENTISTE,

Gradué du "Philadelphia Dental College," licencié du Collège Dentaire de la P. de Q.

2359 RUE STE-CATHERINE

MONTREAL

Tél. de Bureau : Up 2498. Résidence, E. 870

VENTES ENREGISTRÉES

Pendant la semaine terminée le 24 no. 1900

MONTRÉAL-EST

Quartier St - Jacques

Rue Craig, Nos 191 à 197. Lot pt 334, avec maison en brique, terrain 71.6 x 59.8 supr 3600. Rose de Lima Robillard Vve de Octave Labrecque à Pierre Mailhot; $7500 [51996].

Rue Ste Catherine, Nos 1420 à 1432. Lot pt 664, avec maison en brique, 1 terrain 67.10 d'un côté, 66 de l'autre x 65.4 d'un côté et 67.8 de l'autre supr 4427 1 do supr 1957. La succession F. X. Beaudry (orphelinat) à La succession F. X. Beaudry (Héritiers); $1781.25 [52012].

Rue Amherst, Nos 475 à 481. Lots 974-40, 41, avec maison en brique, terrain 42 x 63 supr 2646. Onésime alias Olivier Durocher à Delphis Trempe; $3000 [52014].

Rue Lagauchetière, Nos 275 à 281 et St Timothée, No 115. Lot 405, avec maison en bois et brique, terrain 88.6 d'un côté 82 de l'autre x irrg supr 8930. Le Shérif de Montréal à Raymond Préfontaine; $4475 [52016].

Rue De Montigny, Nos 1151 et 1153. Lot pt 851, avec maison en brique, terrain 52 x 75 supr 3900. Godfroi Latreille à Joseph Jeannotte; $5000 [52028].

Rue Montcalm, No 245. Droits dans le lot 1030, avec maison en brique, terrain 21.9 x 76.3 supr 1653. Esther Leclaire Vve de Dominique Larose et al à Rosianne Cusson épse de Félix Rieutord; $40 [52030].

Rue Montcalm, No 245. Lot 1030, avec maison en brique, terrain 21.9 x 76.3 supr 1653. Rosiane Cusson épse de Félix Rieutord à Osine Chabot; $1000 [52031].

Rue Berri, Nos 761 à 769. Lots 1203-209, 210, avec maison en pierre et brique, terrain 50 x 109. Hortense L. Carrière épse de Jos. Girard à Eliza Beauchamp Vve de Chs Clavette; $11000 [52033].

Rue St Timothée, Nos 239 à 243. Lot 786 et autres immeubles, avec maison en brique, terrain 50 x 73.6 supr 3675. Chs Ed Hébert à Ed Nap. Hébert; $5300 et autres considérations (Cessions) [52034].

Quartier St Laurent

Rue Dorchester, No 626. Lot pt 575, avec maison en pierre et brique, terrain 35 x irrg supr 4206. Le Shérif de Montréal à Francis McLennan; $215 [51991].

Quartier St-Louis

Rue Montée du Zouave. Lots 746-35-3, 746-36-3, avec maison en pierre et brique (neuve), 1 terrain 27.5 x 31.2 supr 825; 1 do 27.5 x 9 d'un côté et 8.8 de l'autre supr 225. Adolphe Duperrault à Emile Niquet; $7000 [52013].

Rue St Denis, Nos 242 à 250. Lot 447, avec maison en brique, terrain 43.4 x 34.8 supr 1502. The Montreal Loan & Mortgage Co à William Scott; $7000 [52017].

Quartier Ste-Marie

Rue Fullum, Nos 65 et 67. Lot 1539, avec maison en brique, terrain 32.6 x 50 supr 1625. Le Protonotaire de la Cour Supérieure à Trefflé Bleau; $1225 [52007].

Rues Champlain, Nos 151 à 159 et De Montigny, Nos 861 et 863. Lot ½ ind 846,847, avec maison en brique, 2 terrains 26 x 84; 1 do 40 x 103. Sa succession Gédéon Martel à Odile Cadieux, vve de Gédéon Martel; $7624.70 [52019].

Rue Maisonneuve, Nos 185 à 191. Lot 824 avec maison en brique, terrain 40 x 113, supr 4520. Lucie Nantel, épse de J.-Bte Lemay à Gilbert Gagnon; $3500 [52024].

Quartier St Antoine

Rue Tupper, No 48. Lot 1628-I.L., avec maison en pierre et brique, terrain 21.8 x 73.2 d'un côté et 73 de l'autre. La succession Dame Cath. Acheson, vve de Wm P. Johnson à Martha C. White; $3200 [134420].

Rue St-Marc, No 80. Lot 1654-74. avec maison en pierre et brique, terrain 25 x 77.5. James A. Nicolson à James E. H. Paddon; $4000 et autres considérations [134433].

Rue Drummond, No 71. Lot 1501, avec maison en brique, terrain 28 x 118. George Bullock Sadler à Kerman Jackson; $5000 et autres considérations [134441].

HOCHELAGA ET JACQUES-CARTIER

Quartier St-Denis

Rue Huntley. Lot ½ S. 8-607, terrain 25 x 100, vacant. The St-Denis Land Co au Rév. J. A. Nap. Morin; $262.50 [87488].

Rue Huntley. Lot ½ N. 8-465, terrain 25 x 100, vacant. The St-Denis Land Co à Joseph O. Normand; $187.50 [87493].

Rue Huntley. Lot ½ N. 8-606, ½ S. 8-605 terrain 50 x 100, vacant. The St-Denis Land Co à Godfroi Rabeau; $525 [87494].

Rue St-Hubert, No 1658. Lot 7-324, avec maison en bois et brique, terrain 25 x 109, supr 2725. Joseph Deschambault à George Clements; $850 [87516].

Rue Boyer. Lot 328-466 à 469, terrain 25 x 95, supr 2375, chacun vacants, Berthe Boyer, épse de Jules Hamel à Emile Niquet; $1600 [87534].

Rue St-Hubert. Lots 7-330, 331, terrains 25 x 109, supr 2725, chacun vacants. The St. Denis Land Co à Honoré St-Onge; $408.75 [87544].

Rue Huntley. Lot ½ N 8-621, terrain 25 x 100 vacant. The St Denis Land Co à Timothé Toupin; $287.50 [87546].

Rue St Hubert. Lot 7-120, avec maison en pierre et brique (neuve), terrain 25 x 109. Michel Galarneau à Alcide Blanchard; $3000 [87552].

Rue Prénoveau. Lot pt 271a, terrain 20 x 80 vacant. Victoria Gougeon épse de Olier Jutras à Vital Larose; $120 [87564].

Quartier St Gabriel

Rue Centre, Nos 379 et 381. Lot 3/5 ind. 2749, avec maison en bois, terrain 48 x 111.9, supr 5364. Wilfrid alias Alfred Guertin et al à Delphine Guertin épse de David Brunet; $1050 [87511].

Rue Chateauguay, Nos 295 et 297. Lot pt N. E. 2623, avec maison en brique, terrain 24 x 99, supr 2379. Pierre Milot à Adeline Dunberry Vve de Horace Pepin; $1200 [87517].

Rue Chateauguay, Nos 295 et 297. Lot pt N. E. 2623, avec maison en brique, terrain 24 x 99. Adeline Dunberry, Vve de Horace Pepin à Odile Bessette Vve de Arthur Crompe; $1200 [87518].

Rue St Charles, Nos 42 à 48 et Ropery, Nos 179 à 185. Lot 2881, pt 2880, avec maison en pierre et brique, 1 terrain 64.6 x 106.6, supr 6869; 1 do 13.9 x 106.6, supr 1465. Le Shérif de Montréal à Agnès Gibson French et Betsey B. French; $1050 [87575].

Quartier St Jean-Baptiste

Rue St Dominique, Nos 977 et 979. Lots 215, 216, avec maison en bois et brique, terrain 46.6 x 69. A. Charpentier & Cie à Azarie Lamoureux; $3000 [87551].

Rue St Hypolite, No 488. Lot 303 avec maison en bois, terrain 40 x 75. Joël Lanctôt à Joseph Juteau & Cie; $1350 [87580].

Ste Cunégonde

Rue Notre-Dame. Lots 569, 572, avec maison en pierre et brique, terrain 60 x 110. The Montreal Loan & Mortgage Co à John L. Morris; $9100 [87525].

St Louis—Mile-End

Ave de Gaspé. Lot 10-1451, terrain 26 x 72 vacant. Hon. Louis Beaubien à Arthur Leclerc; $189.20 [87497].

Ave Casgrain. Lots 10-1328, 1329, terrains 25 x 76 chacun vacants. Hon. Louis Beaubien à Frézina Renaud épse de Ferdinand Léveillé; $384 [87498].

Rue St Urbain. Lots ½ N. 11-523, ½ S. E. 11-511, avec maison en pierre et brique, terrain 25x100 chacun. Adolp Lavigne à The St Lawrence Investment Society Ltd; $4726.74 [87505].

Rue St George. Lot ½ N. 11-971, terrain 25x118.6 vacant. The Montreal Investment & Freehold Co à The St Lawrence Investment Society Ltd; $129.77 [87524].

Rue Clark. Lot N. O, 11-529, avec maison en bois et brique, terrain 25x88. La faillite J. A. Dubé à J.Bte Roméo Lafontaine; $450 [87541].

Rue Clark. Lot N. O. 11-529, avec maison en bois et brique, terrain 25x88. J. Bte Roméo Lafontaine à Joseph Aldéric Dubé; $900 [87542].

Ave Casgrain. Lot 10-1330, terrain 25 x 76 vacant. Hon. Louis Beaubien à Charles Guérard; $192 [87560].

Rue Clark. Lot 11-347, avec maison en pierre et brique, terrain 50x84. Joseph Juteau & Cie à Joël Lanctot; $5300 [87579].

Westmount

Ave Bruce. Lots 941-322,323,324, terrains 46.6 x 92 supr 4278; 2 do 40 x 92. George Bradshaw à The St. Lawrence Investment Society Ltd; pour les hypothèques [87523].

Ave Western. Lot 255, avec maison en pierre et brique, terrain 29.8 x 105 d'un côté et 104.8 de l'autre, supr 3109. Chs James Brown et Ed. Riel à Wm Matthew Kerr; $8000 [87540].

Coin ave Montrose et Churchill. Lot 239-38 pt N E 239-37, terrain supr 8600 vacant. Elizabeth Bowman, veuve de Robt. Taylor Raynes et al à Louis Skaife; $4300 [87547].

Ave Elm. Lot 374-1-40, avec maison en pierre et brique, terrain 25 x 105. Mary B. Warmington, épse de Jas W. Snowdon à Edward May; $7150 [87553].

Ave Winchester. Lots 208-77,78, pt S O 208-76, terrain 23.6 x 80 supr 1808; 1 do 23.6 x 72, supr 1692; 1 do 8 x 23. Edward May à Richard Warminton; $1650 [87554].

Ave Grosvenor. Lots 219-91-1, 2, avec maison en pierre et brique, terrain 50 x 111. Le Shérif de Montréal à André Silfrid Delisle; $9600 [87562].

St-Henri

Coin de la rue Notre-Dame et de l'avenue Atwater. Lot 938, avec maison en pierre et brique, terrain irrég. supr 4414 (mesure française). The Montreal Loan & Mortgage Co à Ledeanne Lanctôt, épse de Zénon Trudeau; $7700 [87487].

Maisonneuve

Rue Notre-Dame. Lots 1a-5, 6, 7, terrains 27 x 100, chacun vacants. La succession C. T. Viau à Napoléon Rhéaume; $1500 [87502].

Notre-Dame de Grâces

Lots 65-226 à 230, 255 à 360, 368 à 380, avec maison, etc. The Montreal Investment & Building Co à Joseph Filias Lapierre; $730 [87539].

Ave Madison. Lots 162-364, 365, 366, terrains 25 x 100, chacun vacant. Water G. Marshall à Wm. B. Gilmour; $885 [87557].

Côte des Neiges

Chemin Côte St-Luc. Lot 158, avec bâtisses, terrain 287 x 1308 d'un côté et 1306 de l'autre. Emélie Faron, Vve de Louis Champeau et al à David Yuile; $10500 [87514].

Sault aux Récollets

Lot pt N. O. 466, terrain vacant. Stanislas Corbeil à Joseph Gervais; $300 [87504].

Lot 301-29. Le Shérif de Montréal à Joseph Amédé Lamarche ; $3 [87509].

Lot 493-A. Julien Pitre à Adélard Martin ; $1200 [87549].

Rue Boyer. Lot 488-228, terrain 25 x 114, vacant. La Cie des Terres du Parc Amherst à Eugène Richer ; $250 [87577].

St-Laurent

Ave du Parc et de l'Ile. Lots 2629-250, 251, 252, terrain 75 x 63 d'un côté et 48 de l'autre, vacant. Philippe Elizé Ponneton à Philorume Simard et Mélina Plante, son épouse ; $150 [87499].

Ave du Parc et de l'Ile. Lots 2629-250, 251, 252, terrin 75x63 d'un côté et 48 de l'autre vacant. Philorome Simard et uxor à Joseph Edm Tremblay ; $208.20 [87500].

Lot 176. Félix Clément dit Larivière à Joseph Benoit ; $3300 (à réméré) [87536].

Lots 342-374, 375, 376, 19-1 Sault aux Recollets, lots 323-331, 332. Le Shérif de Montréal à Rodolphe Jules Demers ; $104.50 [87538].

Lot 549. Théophile Deguire à Alphonsine St Germain ; $12000 [87561].

Lot 415-17. Adèle Cousineau épse de Aldéric Pilon à Pierre Lacroix ; $1100 [87567].

Ave Letang. Lots 2629-181, 182, terrain 50x76.10 d'un côte et 67.2 de l'autre supr 3600 vacant. Letang, Letang & Cie faillis à Charles A. Goulet ; $180 [87572].

Lachine

Ave Salisbury. Lot 916-171, terrain 48x92.6 vacant. Charles R. Crowley à Margaret Henry ; $65 [88513].

Lot pt 872, terrain vacant. J. Bte Onésime Martin à David Rousse ; $300 [87528].

Pointe-aux-Trembles

Lot 224. Albini Dulude à Arvida Dagenais ; $4000 [87578].

Voici les totaux des prix de ventes par quartiers :

St Jacques	$ 39,096	25
St Laurent	215	00
St Louis	14,000	00
Ste Marie	12,349	70
St Antoine	12,200	00
St Denis	7,241	25
St Gabriel	4,500	00
St Jean-Baptiste	4,350	00
Ste Cunégonde	9.100	00
St Louis Mile-End	12,271	71
Westmount	30,700	00
St Henri	7,700	00
Maisonneuve	1,500	00
Notre-Dame de Grâces	1,615	00
	$ 156,838	91

Les lots à bâtir ont rapporté les prix suivants :

Rue Huntley, quartier St Denis, 10½, 7½c le pied.

Rue Boyer, quartier St-Denis, 16 4/5c le pied.

Rue St Hubert, quartier St-Denis, 7½, 11½c le pied.

Rue Prénoveau, quartier St-Denis, 7½c le pied.

Ave de Gaspé, St-Louis du Mile-End, 10c le pied.

Rue Casgrain, St-Louis du Mile-End, 10c le pied.

Rue St-George, St-Louis du Mile-End, 4½c le pied.

Coin des avenues Montrose et Churchill, Westmount, 50c le pied.

Ave Winchester, Westmount, 44 9/10c le pied.

Rue Notre-Dame, Maisonneuve, 18⅝c le pied.

PRÊTS ET OBLIGATIONS HYPOTHÉCAIRES

Pendant la semaine terminée le 24 novembre 1900, le montant total des prêts et obligations hypothécaires a été de $98,121 divisés comme suit, suivant catégories de prêteurs :

Particuliers	$ 39,856	
Cies de prêts	44,000	
Assurances	12,000	
Autres corporations	2,265	
		$98,121

Les prêts et obligations ont été consentis aux taux de :

4½ p. c. pour $12,000.

5 p. c. pour $275 ; $700 ; $1,000 ; $3,000 ; $4,000 et $7,000.

5½ p. c. pour $1,050 et $33,000.

Les autres prêts et obligations portent 6 pour cent d'intérêt à l'exception de $498, $1400 à 7 p. c. et $1160 à 8 pour cent.

VENTES PAR LE SHÉRIF

Du 4 au 11 décembre 1900.

District de Montréal

Andrew Irwin *vs* John Morris.

Montréal — Le lot 907-6 du quartier St Louis, situé ave Laval, avec bâtisses.

Vente le 6 décembre, à 10 h. a. m., au bureau du shérif.

W. J. Crotty *vs* Dame Fred. W. Francis.

Westmount—Le lot 244-13, situé ave. Metcalfe, avec bâtisses.

Vente le 6 décembre, à 11 h. a.m., au bureau du shérif.

District d'Arthabaska

Dame Vve Valère Houlé *vs* Arthur Nault.

Arthabaskaville — Les bâtisses érigées sur le lot 87.

Vente le 4 décembre à 10 h. a. m., au bureau du sherif.

In re La Fonderie de Drummondville.

Drummondville—Les lots 70, 198 et 199, avec bâtisses.

Vente le 5 décembre à midi à la porte de l'église St-Frédéric à Drummondville.

In re La Fonderie de Drummondville.

Drummondville—Les 8, 9, 10, 26, 43, 82 et 83, avec bâtisses.

Vente le 5 décembre à 10 h. a. m., à la porte de l'église St-Frédéric à Drummondville.

District de Montmagny

J. C. Tétu *vs* Joseph Lizotte.

St Eugène—Le lot 541 avec bâtisses.

Vente le 4 décembre à 10 h. a. m., à la porte de l'église paroissiale.

District de Québec

Théodore Catellier *vs* Edm. Chabot.

St Valier et St Raphael—1o La moitié sud-est du lot 28 situé à St Valier.

2o La moitié sud-ouest du lot 182 situé à St Raphael.

Vente le 7 décembre à 10 h. a.m., à la porte de l'église St Raphael pour le lot de cette paroisse et le même jour à 3 h. p. m. à la porte de l'église St Valier pour le lot de cette paroisse.

Dame Benj. Demers *vs* Joseph Jean Côté.

St Agapit de Beaurivage—Le lot 201 avec bâtisses.

Vente le 7 décembre à 10 h. a.m., à la porte de l'église paroissiale.

LA CONSTRUCTION

NOTES

MM. Macduff & Lemieux, architectes, préparent les plans et devis pour une extension de 75 x 40, à 3 étages, à la manufacture Moseley, rue St-Ambroise à St-Henri.

M. Alph. Content, architecte, recevra des soumissions jusqu'au 3 décembre prochain pour la construction d'une estrade de 40x200, restaurant, pavillon, etc., devant être érigés au Parc DeLorimier.

PERMIS DE CONSTRUIRE À MONTRÉAL

Rue Ste-Catherine, No 100, une maison formant 3 logements, 25 de front, à 3 étages, en bois et brique, couverture en gravois ; coût probable, $2900. Propriétaire Flavien Lambert ; constructeur, Geo. Tetrault (248).

Avenue Hôtel de Ville, quartier St-Louis, une maison formant un logement, 22x38, à 2 étages ; en pierre et brique, couverture en gravois ; coût probable, $2,500. Propriétaire, Mde L. F. Richer ; maçon, Ls Ouimet ; charpente, D. Houle (249).

Rue Magdalen, une maison formant un logement, 26 de front, 15 en arrière x 53, en brique, couverture en gravois et feutre ; coût probable, $2,200. Propriétaire, James Malone ; maçon, L. Marchessault ; charpente, Geo. Sleep ; brique, L. Marchessault (250).

Rue Murray, arrière du No 184, une bâtisse formant une glacière, 100 x 150, à un étage, en bois et tôle ; couverture en feutre, etc. ; coût probable, $2,000. Propriétaire, J. T. Ewart (251).

Coin des rues Charlevoix & Chateauguay, une maison formant 3 logements, 41 x 32, à 2 étages, en brique, couverture en gravois ; coût probable, $2,000. Propriétaire, J. B. Collette, maçon, Jos. Valade (252).

Ventes de Fonds de Banqueroute par les Curateurs

Par Kent & Turcotte, le stock de quincaillerie de J. R. Leblanc à 61½c dans la piastre, à Ernest Archambault, et les dettes de livres à 27c dans la piastre, à H. Paquet.

Par Alex. Desmarteau, le stock de Jarvis & Fraid, restaurant, pour $1,525, à Samuel Johnson.

Procédé pour donner au bronze la teinte jaune foncé

Polissez et décapez l'objet ; puis frottez avec une solution de protoxide de mercure, et appliquez à plusieurs reprisés une solution de sulfure de potassium. En substituant à ce dernier le sulfure d'antimoine ou d'arsenic, on obtient une teinte variant du jaune brun au brun foncé, et l'on peut obtenir des effets artistiques très variés.

Pour conserver la viande en saumure

Pour 50 kilos de viande, on prépare une saumure composé de 14 litres d'eau.

Sel de cuisine	3 kos
Salpêtre	0,30 gr.
Sucre en pain	0,500 gr.

La viande ayant été déposée dans ce bain, soutirer le liquide au beut de 8 jours, le faire cuire et écumer, puis le verser de nouveau sur la viande après refroidissement.

On peut répéter l'opération, si l'on conserve la viande plus d'un mois

Geiller à ce que la viande reste toujours bien immergée.

Les Meilleurs

WHISKIES ECOSSAIS sont incontestablement ceux de la maison

James Ainslie & Co.,

LEITH, ECOSSE

(POURVOYEURS DE LA MARINE ANGLAISE).

Cette maison, **établie en 1814,** est une des plus anciennes et des plus honorables. Ses whiskies sont connus partout à cause de leur pureté et ils sont conservés longtemps en entrepôt afin d'obtenir une liqueur moelleuse et bien vieillie par l'age.

Les connaisseurs n'en veulent point d'autre.

Nous l'avons en barils, en bouteilles de toutes grandeurs et de toutes qualités.

Essayez-en une caisse et comparez-le, vous n'en voudrez plus d'autre.

En vente chez tous les bons épiciers et dans tous les bars de première classe.

SEULS REPRÉSENTANTS AU CANADA :

Importateurs en Gros,
Thés, Cafés et Fruits,

Montreal.

WILLIAM CLARK
Chicken Ham & Tongue
MONTREAL
WILLIAM CLARK
Compressed Corned Beef
MONTREAL
OX TONGUE
MONTREAL
WILLIAM CLARK
ROAST MUTTON
MONTREAL
WILLIAM CLARK
Pork Beans
WILLIAM CLARK
CAMBRIDGE SAUSAGE
MONTREAL CAN
PRIME
OX TONGUE

LE PRIX COURANT

THE PRICE CURRENT

Vol. XXX — MONTREAL, VENDREDI 7 DECEMBRE 1900. — No 10

La Preuve......

Depuis que les Allumettes de la Walkerville Match Company sont sur le marché, le public a été à même de juger de leur qualité égale sinon supérieure à celle de toutes les marques rivales.

La preuve en est dans l'augmentation progressive constante de la vente

des Jumbo, des Imperial, des Hero

Et autres marques que l'on trouvera à la page des spécialités du "PRIX COURANT," avec les cotations révisées.

The Walkerville Match Co.

WALKERVILLE, ONT.

Représentants pour la Province de Québec

MORIN & CIE, Batisse Imperiale, Montréal.

Transformateurs S.K.C.

Pour..

ECLAIRAGE

Efficacité

Sans Egale

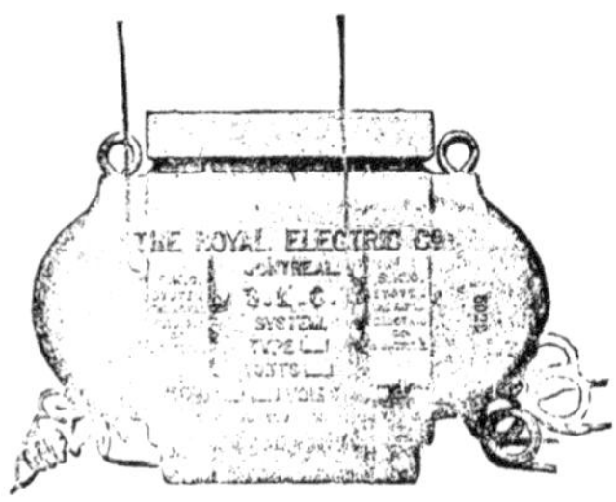

Pour.

MOTEURS

Règlement

Parfait

Voltages primaires et secondaires à volonté.

Toujours en stock des Transformateurs pour éclairage d'une capacité de 10 à 300 lumières.

Toujours en stock des Transformateurs pour moteurs de 1 à 40 C. V.

The Royal Electric Co.

MONTREAL. HALIFAX. TORONTO VANCOUVER.

Nous manufacturons toutes sortes de Transformateurs pour hauts et bas voltages et pour toutes sortes de conditions.

Ecrivez-nous pour nous dire ce dont vous avez besoin.

LE PRIX COURANT

Revue Hebdomadaire

COMMERCE, FINANCE, INDUSTRIE, PROPRIÊTÉ FONCIÈRE, ASSURANCE.

Publié par ALFRED et HENRI LIONAIS, éditeurs-propriétaires au No 25 rue St-Gabriel, Montréal, Téléphone Bell Main 2547, Boîte de Poste 917. Abonnement : Montréal et Banlieue, $2.00 ; Canada et Etats-Unis, $1 50 ; France et Union Postale 15 francs. L'abonnement est considéré comme renouvelé, à moins d'avis contraire au moins 15 jours avant l'expiration, et ne cessera que sur un avis par écrit adressé au bureau même du journal. Il n'est pas donné suite à un ordre de discontinuer tant que les arrérages et l'année en cours ne sont pas payés.

Adresser toutes communications simplement comme suit : LE PRIX COURANT, MONTRÉAL, CAN.

VOL. XXX — VENDREDI, 7 DÉCEMBRE 1900 — No 10

COMMERCE INDUSTRIE ET FINANCE

Les chiffres d'entrées aux Expositions universelles : Nous n'avons pas encore la statistique officielle relative aux chiffres d'entrées de l'Exposition 1900, on peut constater seulement, et c'est le premier point, qu'ils sont très supérieurs à ceux des Expositions antérieures. En ce qui concerne celles-là, voici ce que nous apprennent les statisticiens.

L'Exposition de 1889 donna, du 6 mai au 6 novembre, 25,398,609 entrées payantes et 2,723,456 entrées gratuites ; au total, 28,122,075 entrées et une moyenne d'environ 152,000 entrées, payantes ou non, par jour. Sur les 30 millions de tickets émis, 1,733,274 restèrent inutilisés, soit environ 5,7 p. 100.

A l'Exposition de 1878 (Paris), nous trouvons un total d'entrées de 12 millions et demi et une moyenne de 70,000 par jour.

A Philadelphie, 10 millions d'entrées et moyenne journalière de 64,000.

A l'Exposition de 1867 (Paris), 9 millions d'entrées et moyenne par jour de 42,000.

A Vienne, en 1873, et Londres, en 1851, 7 millions et 6 millions d'entrées, et moyenne quotidienne de 4,000 visiteurs.

A Londres, en 1862, 6 millions de visiteurs et moyenne de 34,000 par jour.

A Paris, en 1855, à l'" Exposition doyenne ", le total est de 4 millions et demi de visiteurs, avec une mryenne de 24,000 par jour.

***

Trottoirs en béton : Le *Mois Scientifique et Industriel* résume comme suit un article de Daniel B. Luten, paru dans *Engineering record*, de New-York :

Les trottoirs en béton sont soumis à trois causes de détérioration : la charge imposée, l'effet de soulèvement dû au froid dans les fondations, et la dilatation provenant des changements de température.

La charge imposée dépasse rarement 100 livres par pied carré, le poids du trottoir y ajoute 75 livres. Au lieu d'une épaisseur uniforme de 4 pouces, il est préférable d'en avoir 6 au milieu et 2 à 3 sur les bords.

Le froid dans les fondations humides tend à soulever le trottoir, car l'eau par la gelée augmente de 1/11 en volume. Pour éviter les fissures, il suffirait de ménager une saignée au contact avec le mur.

Le béton se dilate de 3/4 de pouce sur 100 pieds, pour 100° Fahr. Les trottoirs étant généralement posés dans les temps chauds, une contraction est plutôt à craindre. On ménage un joint transversal de 1/4 de pouce de largeur, tous les 3 ou 4 pieds.

Quelques exemples, avec photographies, sont donnés de fissures observées.

L'emploi de gravier ou de tuyaux de drainage sous les fondations, améliore la construction en permettant l'écoulement de l'eau. Si l'eau ne peut s'écouler, il est alors préférable de poser le trottoir sur le sol naturel.

***

Le pétrole aux Etats-Unis : Les capitalistes britanniques s'occupent en ce moment de pétrole, en Amérique. La " Western States Oil Company " a été formée dans le but d'acquérir plus d'un million d'acres (1 acre ou 40 ares 4,671) de terrains dans l'Etat de Wyoming ; ces terrains se trouvant dans le milieu du fameux bassin d'asphaltes de Wyoming, qui est réputé pour être riche en huiles minérales de toute première qualité.

On dit que le résultat final serait la formation d'une gigantesque entreprise pour entrer en concurrence avec le fameux trust des pétroles, dont M. J. Rockfeller est le grand manitou.—*Grocers' Gazette.*

***

La 19me convention annuelle de la Société d'Industrie Laitière de la Province de Québec qui avait été fixée aux 5 et 6 décembre courant, a été remise à cause des élections provinciales, aux 9 et 10 janvier 1901. Elle aura lieu à la Rivière-du-Loup en Bas.

***

La consommation du tabac, en Angleterre : Suivant le rapport du Laboratoire gouvernement, la statistique concernant les tabacs montre que la quantité totale consommée pour 1899-1900, a été plus forte que jamais, à une exception près. Elle égale juste 2 livres par tête, donnant un total d'environ 90,000,000 de livres.—*Grocers' Gazette.*

***

La ligue contre le mal de mer formée à Paris, a pour but de grouper tous ceux que le mal de mer intéresse, de réunir des documents, de procéder à des expériences scientifiques, de publier tout ce qui peut intéresser les personnes sujettes au mal de mer, de les mettre en relations entre elles, de faire bénéficier tous les adhérents des nouveaux procédés de traitement et d'hygiène contre le mal de mer, de former des médecins spécialistes, soit dans les villes maritimes, soit à bord des bateaux, de former aussi un personnel capable de soigner les personnes atteintes du mal de mer, d'intervenir auprès des pouvoirs publics pour qu'ils n'accordent de subvention qu'aux Compagnies qui modifieront le système d'aération de leurs navires, d'aider et de diriger les constructeurs des bateaux dans cette voie, de faire appel aux inventeurs afin de trouver des appareils pratiques de suspension destinés à détruire l'effet du mouvement des navires.

***

D'après le professeur Marshall, des Etats-Unis, qui a visité de nombreuses laiteries en Danemarc, la réputation des beurres danois est due à la réalisation des conditions suivantes :

1o Propreté dans la traite des vaches et dans toutes les opérations subséquentes, jusques et y compris la fabrication et l'empaquetage du beurre ;

2 Pasteurisation de la crême, devenue aujourd'hui pratiquement générale au Danemarc ;

3o Usage rationnel des ferments ;

4o Surveillance attentive de l'alimentation des vaches laitières ;

5o Adoption des procédés scientifiques ; dans les beurreries ;

6o Encouragements donnés au moyen des concours de beurre ;

7o Les avantages climatériques ;

8o Le contrôle absolu exercé sur le commerce d'exportation.

***

Air liquide dans les mines : Depuis que la liquéfaction de l'air s'obtient par des procédés plus simples et moins coûteux, on propose des quantités d'applications industrielles de ce nouveau produit. Son emploi dans les mines profondes semble tout indiqué, car dans ces mines, la chaleur très forte doit être combattue par des moyens artificiels et l'introduction d'une grande quantité d'air frais.—Avec de l'air liquide, la température de la mine la plus profonde peut être régularisée, l'évaporation du liquide provoquant un refroidissement important et augmentant la quantité d'oxygène.

***

La dépense d'énergie dans les divers modes d'éclairage : Le watt, pris comme unité de la dépense en énergie pour produire les différents éclairages, a donné déjà lieu à plusieurs appréciations.

D'après un électricien, la dépense en énergie pour produire avce les différents éclairages la bougie étalon anglaise correspondrait :

Avec le suif à ....W	124
" la cire à	94
" le spermaceti à	86
" les huiles minérales à	80
" les huiles végétales à	57
" le gaz de houille ordinaire à	68
" " " riche dite cannelle	48
Par l'incandescence électrique......	3.5
Avec la nouvelle lampe Nernst......	1½
Par l'incandescence au gaz..........	1.02
Par l'arc électrique.......................	0.03

La nourriture en pilules : Le *Mois littéraire et pittoresque* donne des détails sur ces mets concentrés qui seront, au dire des chimistes, la nourriture du XXe ou du XXIe siècle. Un repas servi y paraît comme la réunion de quelques pilules et tablettes. Un œuf concentré n'a plus que la dimension d'une pastille quelconque et ainsi de suite. Le lard se comprime en petits cubes. Le potage se transforme en paquets microscopiques. La substance d'une tasse de chocolat ne dépasse pas le volume d'une tête d'épingle. La chair entière d'un bœuf de 300 kilogrammes ne pèse plus que 15 livres et se porte aisément. Le jus de citron enveloppé de chocolat, le tout de la dimension d'une petite carte de visite, désaltère un homme pendant une journée entière. Une pharmacie complète de remèdes concentrés se porte en breloque de montre Les provisions d'un explorateur pour une année ne forment qu'un petit ballot, qui ne remplirait pas une malle. Bientôt un verre de whisky au soda ne sera qu'une pilule. On sucre son déjeuner en marchant. On avalera son dîner comme on fait d'un cachet d'antipyrine. On n'aura, à vrai dire, enlevé aux aliments que l'eau inutile qu'ils contiennent. Et cela suffira pour que la sensualité soit bannie de la surface de la terre.

***

Pendant l'année 1899, il est entré, dans la République Argentine, 84,442 émigrants et il en est sorti 38,397.

Les 84,442 arrivants comprenaient : 53,295 Italiens, 19,798 Espagnols, 3,196 Syriens, 2,473 Français, 4,686 Russes, 950 Autrichiens, 732 Allemands, 477 Anglais, 343 Suisses, 197 Portugais, etc.

Au point de vue professionnel, on trouve : 32,207 agriculteurs, 12,935 journaliers, 12,028 sans profession, 3,980 négociants, 3,907 domestiques, 3,354 couturières, 1,006 charpentiers, etc.

***

Le vapeur *Albatross*, de lUnited States Fisheries Commission, est rentré aux Etats-Unis après avoir effectué de longues études dans les mers du Sud.

Ce bâtiment a constaté que, sauf pour les Fidji et Tahiti,—toutes les cartes portent des indications erronées, indiquant des terres à 2 et même à 12 milles de leur véritable position.

L'*Albatross* a eu des sondes de 7,680 mètres à 50 milles à l'est de l'archipel de Tonga.

Le télégraphe sans fil, système Marconi, a été expérimenté avec succès du 3 au 4 courant, entre La Panne, près Ostende, et Douvres, distant de 61 milles.

D'Ostende à Douvres, le paquebot *Princesse-Clémentine* a pu rester en communication avec La Panne, dont la station était munie d'un mât de 120 pieds environ.

La transmission des télégrammes s'est faite dans une cabine du bord à raison de 20 mots à la minute, au moyen du mât de misaine, dont la hauteur avait été considérablement augmentée.

***

Le sel en Italie : Tout comme les anciens rois, le nouveau roi d'Italie, Victor Emmanuel II, en don de joyeux avènement aurait manifesté l'intention d'abolir le droit sur le sel, ou tout au moins de le diminuer ; disant que ce produit était de première nécessité, surtout pour les industries agricoles.

***

Une vieille coutume : Avec l'arrivée de la saison des harengs, revient à Yarmouth, une vieille coutume qui a survécu aux temps, et qui est assez curieuse.

A cette occasion, la ville est légalement obligée " d'envoyer annuellement 100 harengs aux shérifs de Norwich ". Ces 100 harengs forment 24 pâtés que les shérifs font parvenir au bord du Manoir de East-Carlton, lequel les dépêche au roi." Aujourd'hui, ils sont encore envoyés à l'intendant des cuisines de la reine.—*Grocers' Gazette.*

***

Utilisation du marron d'inde : MM. Cross et Remington ont fait breveter un procédé ayant pour but l'utilisation du marron d'Inde et l'extraction de l'amidon qu'il contient. Ce serait une excellente chose si l'on parvenait à tirer vraiment parti de cette plantureuse et inutile récolte annuelle. Voici la méthode que les auteurs indiquent. On broie le marron s'il est frais ; on le laisse macérer dans l'eau, s'il est sec, à 38.5 degrés centigrades, puis on broie ; l'eau de macération est mise de côté. On isole l'amidon à la matière ordinaire, en passant sur un tamis fin. La pulpe et l'eau de macération sont mélangées avec 2 0/0 d'acide sulfurique. On fait bouillir pendant 2 à 3 heures environ, jusqu'à saccharrification complète. Puis on emploie le produit saccharifié, après concentration suffisante, pour la fermentation.

L'HOPITAL NOTRE-DAME

Nous avons reçu le vingtième rapport annuel de l'Hôpital Notre-Dame et nous sommes heureux que la réception de ce rapport nous donne l'occasion de dire quelques mots de cette institution si méritante.

Comme le dit le rapport, l'Hôpital Notre-Dame est une œuvre de charité canadienne-française et catholique. A ce double point de vue elle est chère à tout canadien-français.

Chaque année des milliers de malades reçoivent à l'Hôpital Notre-Dame des soins. Ceux qui n'ont pas de famille ou que leur famille est impuissante à conserver près d'eux pour les soulager dans la maladie sont certains de trouver à l'Hôpital Notre-Dame des soins intelligents et dévoués.

Cet Hôpital, comme on le sait, ne se soutient que par la générosité du public, le bien qu'il fait devrait cesser s'il n'existait des personnes charitables dont les cordons de la bourse se délient facilement quand il s'agit de soulager une misère ou de ramener un malade à la santé.

La charité est grande à Montréal, mais elle pourrait l'être davantage, particulièrement en faveur de l'Hôpital Notre-Dame.

Jusqu'ici elle a permis à cette institution de charité de faire face à ses besoins immédiats, mais rien de plus. Ce n'est pas assez.

L'Hôpital à des dettes, il a dû faire des emprunts, hypothéquer ses propriétés. Ces emprunts constituent une charge d'intérêt qui diminue d'autant ses ressources.

Nous sommes persuadés que si l'Hopital Notre-Dame était mieux connu, si le bien qu'il repand à pleines mains était moins ignoré du public, ce public se montrerait plus empressé encore à lui faire une part et une part plus large des sommes dont il dispose pour des fins de charité.

L'Hopital Notre-Dame n'est pas uniquement un lieu où le malade peut trouver l'hospitalité, il est aussi un centre d'études ou d'enseignement où nos médecins viennent observer et les étudiants s'instruire.

Si cet hôpital n'existait pas, il faudrait le créer pour notre pépinière de jeunes médecins pour nos étudiants en médecine de l'Université Laval.

Il existe. Il ne s'agit donc que de le soutenir, de le débarrasser de ses dettes, de le doter pour qu'un jour prochain son revenu soit suffisant.

Les chiffres sont éloquents ; nous en extrayons quelques uns du rapport que nous avons sous les yeux. A leur vue nos lecteurs ne manqueront pas de se rendre compte qu'ils ne peuvent faire meilleure œuvre que—de participer—dans la mesure de leurs moyens au bien fait par l'Hôpital Notre-Dame, une œuvre, nous le répétons, essentiellement canadienne-française et catholique.

Il a été admis durant l'année 2023 malades dont 1902 catholiques, soit plus de 94 pour cent.

Au point de vue de la nationalité 1675 étaient des canadiens, c'est-à-dire plus de 82 pour cent de la totalité.

Le nombre de consultations données dans les dispensaires a été de 21878.

La pharmacie de l'hôpital a rempli gratuitement 25867 ordonnances des médecins.

Les sorties des voitures d'ambulance ont été du nombre de 784.

Dans le service de la chirurgie, il a été pratiqué 1011 opérations ; dans le service d'ophtalmie 306 et dans le service de gynécologie 146.

Nous pourrions nous arrêter ici et laisser nos lecteurs réfléchir en présence de pareils résultats.

Cependant, pour terminer, nous dirons que plus la charité publique, plus la générosité des particuliers envers l'Hôpital Notre-Dame se feront sentir et plus l'hôpital se trouvera en mesure de soulager les misères, d'offrir aux étudiants en médecine et aux médecins eux-mêmes les moyens de terrasser les maux qui affligent notre pauvre humanité.

Que chacun donc, selon ses ressources, selon ses moyens, soit secourable à l'institution la plus digne, la plus méritante pour tout Canadien-français et catholique.

LES ETALAGES

Tous les ans, à pareille époque, nous revenons sur cette question des étalages dont les marchands comprennent mieux l'importance qu'autrefois, d'ailleurs.

Pour s'en convaincre, il ne faut que jeter un coup d'œil sur les magasins à l'approche des fêtes de Noël, du jour de l'an ou de Pâques. Les vitrines sont mieux garnies, ne manquent pas de décors parfois et de certaines dispositions artistiques dans l'arrangement des marchandises offertes à la vue du passant.

Par ces temps de concurrence outrée, le marchand aurait grandement tort de ne pas recourir à un moyen de publicité qui ne lui occasionne aucune dépense d'argent. Il a, il est vrai, un petit surcroît de travail, mais ce surcroît de travail n'est pas sans profit.

La meilleure preuve que la publicité par la vitrine, par l'étalage est une source de ventes et par conséquent de bénéfices, c'est que, dans maints magasins d'une certaine importance, on a recours à des spécialistes payés fort cher pour faire, chaque jour de l'année, de nouvelles montres de marchandises.

La plupart des marchands de détail ne peuvent se payer le luxe d'un étalagiste, mais ils doivent comprendre que, si quelques-uns de leurs confrères ne reculent pas devant la dépense pour s'assurer les services d'un expert en matière d'étalage, c'est que cette dépense est productive, et qu'elle est nécessaire au développement ultérieur des affaires de leur maison.

En tous temps et en tous lieux le marchand soucieux de réussir ne doit négliger aucun des moyens propres à pousser les affaires, à les développer. Tous les moyens de publicité doivent être mis à contribution pour en arriver à ce résultat. Encore ne faut-il pas négliger celui qui est à la portée de tout marchand.

Car nous posons en fait qu'aucun d'eux n'a aucune raison à alléguer pour ne pas donner à sa vitrine, à son étalage, un aspect flatteur pour les marchandises qu'il y place.

Il n'en coûte pas davantage d'apporter un certain ordre, un certain goût, dans la disposition des objets que de les mettre les uns à côté des autres sans chercher à les faire valoir aux yeux du passant.

“ Marchandise bien présentée est marchandise à moitié vendue ” dit un vieux dicton qui a cours dans le commerce.

Nous voudrions que nos lecteurs s'en inspirent toujours, ils ne regretteront jamais le travail supplémentaire que leur occasionnera un meilleur étalage de leurs marchandises.

LE MARCHAND QUI VEUT REUSSIR

Attirer l'attention sur vos marchandises, c'est bien ; mais tirer un parti avantageux de l'attention que vous avez attirée, est encore mieux.

LES MINES D'OR DU TRANSVAAL

La prise de possession du Transvaal par l'Angleterre développera-t-elle l'industrie des mines d'or ? Les mines rapporteront-elles davantage aux actionnaires ? Telles sont les deux questions auxquelles répond le correspondant de l'*Economiste français* à Johannesburg.

" Je doute, dit-il, que la suppression de l'administration boër ouvre un champ immense d'amélioration à l'industrie. Je suis convaincu que, avec les chiffres les plus libéraux possible, la réduction en moyenne par tonne broyée que les mines pourront faire après la guerre, par suite d'une réduction possible des salaires des noirs, et du transport du charbon et des matériaux nécessaires à meilleur marché, etc., n'atteindra pas 3 sh. 6 par tonne. J'admets, naturellement, que la main-d'œuvre blanche reste sans changement. " Par contre la guerre a coûté déjà 2 milliards et demi de francs à l'Angleterre et, avant qu'elle ne soit terminée, nous pouvons compter un demi milliard de plus. Cela équivaut à 120 millions de livres sterling. Ce qu'elle a coûté du côté boër y compris les 2 millions que le gouvernement a retirés des mines, peut-être évalué à 10 millions sterling. Les pertes subies par l'industrie peuvent s'évaluer à 10 millions de livres, non pas sur les machines et dans les mines proprement dites, mais par l'arrêt des travaux qui a produit celui de la distribution des dividendes. L'intérêt que ces dividendes eussent produit est perdu à jamais.

" De sorte que nous arrivons à un total général de 140 millions de livres sterling comme coût de cette malheureuse guerre. Or, tout l'or produit par la Wittswaterland depuis son origine jusqu'au jour de la guerre (1887-1899) n'atteint même pas 60 milllions de livres. Trois années sans dividendes, voilà pour les porteurs de mines d'or du Transvaal le résultat le plus clair ; en réalité. le seul clair et certain de la guerre à laquelle ont poussé et applaudi la plupart des grands chefs des mines et des prétendus défenseurs des intérêts des mines."

NOTIONS DE DROIT

DES OBLIGATIONS

Il est assez difficile de définir une obligation. L'on dit ordinairement que c'est un lien de droit par lequel une personne est tenue de donner, de faire ou de ne pas faire quelque chose. Ainsi, je fais une donation : cet acte crée pour moi l'obligation de remettre au donataire la chose qui en est l'objet. Un individu s'engage de bâtir une maison ; il doit remplir son obligation en construisant l'édifice qu'il a promis d'élever : c'est l'obligation de faire, ou s'il s'est engagé de ne pas bâtir sur un terrain déterminé, il devra tenir sa promesse, sous peine de payer des dommages, et même de démolir ce qu'il aura construit : c'est l'obligation de ne pas faire.

La principale source des obligations se trouve évidemment dans les contrats que l'on fait : il ne faut donc pas confondre le contrat avec l'obligation qui en résulte, le contrat est la cause ; c'est lui qui donne naissance à l'obligation qui n'est que la résultante des conventions intervenues entre les parties. Les contrats doivent être remplis strictement, suivant les conventions qui y ont donné lieu, et la loi obligera les parties contractantes de s'y conformer, quelque soit le désavantage qui en résulte pour l'une d'elles. Ainsi, une personne passe bail d'une maison pour une année : elle sera obligé de payer son loyer intégralement et durant l'année entière, quelques valables que pourraient être les raisons qui la forceraient à l'abandonner, telles que manque d'ouvrage, obligation de laisser le pays, etc.

La lésion ou le tort que l'on peut éprouver de l'exécution d'un contrat, ne suffit donc pas pour le faire amender. (Nous verrons cependant plus loin, que les mineurs peuvent faire annuler leur contrats pour cause de lésion.) Les seules causes qui pourront donner lieu à l'annulation d'un contrat sont l'erreur, la fraude, la crainte ou la violence, et la lésion pour les mineurs.

L'erreur a lieu quand on se trompe, par exemple, sur la substance d'un contrat : si on croit acheter un terrain et que c'est un autre qui est vendu. La fraude a lieu quand on est trompé par l'autre partie, et qu'on est amené à passer le contrat par de fausses representations de sa part : v. g. si croyant signer un billet, on signe un acte constituant une hypothèque. Enfin, la violence est une autre cause de nullité ; mais pour cela il faut que ce soit une violence sérieuse et que les menaces soient graves. Néanmoins, on ne pourrait demander qu'un paiement ou qu'un contrat exécuté sous la contrainte de menaces de poursuites judiciaires, soit déclaré nul, lorsque la dette était réellement due.

Tous les jours, les tribunaux sont saisis de demandes d'annulation de contrats basées sur les causes que je viens d'indiquer. Un commerçant fait cession de ses biens pour le bénéfice de ses créanciers ; plus tard, il réussit à obtenir d'eux un arrangement, par lequel il leur paie tant dans la piastre, en règlement de leurs réclamations contre lui. L'un des créanciers, cependant, refuse cet arrangement à moins que le débiteur lui consente un billet promissoire pour le reste de sa dette. Ce créancier ne pourra réclamer le paiement d'un billet signé sous de pareilles circonstances ; ce serait en effet, une préférence indue donnée à l'un au détriment des autres ; ce serait une fraude par rapport à ceux qui ont consenti à n'accepter qu'une partie de leur créance, pensant que leurs co-créanciers ne seraient pas plus favorisés, et la loi considère que le débiteur n'a signé ce billet, que sous l'empire de la crainte où il était de ne pas obtenir sa décharge par suite du refus de son créancier de consentir à l'arrangement.

J'ai dit que les obligations doivent s'exécuter strictement. Si le débiteur refuse d'exécuter l'obligation il peut être condamné à payer des dommages-intérêts. La loi ne possède pas de moyens pour forcer un débiteur à remplir lui-même une obligation de faire ; mais elle remplace cette obligation par le paiement d'une somme d'argent. Un entrepreneur s'est obligé de construire une maison : s'il refuse, la loi ne pourra évidemment pas le forcer à remplir son obligation, mais le créancier pourra obtenir des dommages suivant le tort que lui cause l'inexécution du contrat. C'est pour cela que l'on dit que l'obligation de faire, lorsqu'elle n'est pas exécutée, se charge en obligation de payer une somme d'argent comme dommages, ou autrement dit, en obligation de donner. Néanmoins, dans quelques cas, le créancier peut obtenir que l'obligation de faire soit exécutée aux dépens du débiteur, lorsque cette exécution ne dépend pas exclusivement de la volonté de ce dernier. Par exemple, un individu est condamné à démolir un mur qui empiète sur le terrain de son voisin : si le défendeur refuse de faire cette démolition, le demandeur pourra obtenir de la faire faire aux dépens de celui qui est condamné.

A suivre.

EMILE JOSEPH.

LA VINOTHERAPIE

I.—EXPOSÉ PRÉLIMINAIRES

Lorsqu'on pénètre dans l'étude de la plupart des connaissances humaines, on est frappé d'un double phénomène qui, au premier abord, paraît se contredire lui-même. C'est ainsi que nous sommes frappés par le spectacle des étonnants progrès de ces cent dernières années qui ont transformé toutes les sciences, et qui souvent même paraissent nous en avoir révélé de nouvelles ; et c'est ainsi, chose singulière, qu'une connaissance plus approfondie de l'antiquité nous démontre chaque jour que les anciens possédaient une partie des connaissances dont nous sommes si fiers aujourd'hui.

Ne disait-on pas hier, par exemple, que les Egyptiens se servaient de la pâte à papier et fabriquaient du carton doré? Encore un pas, et un savant égyptologue nous démontrera que l'usage des confetti était populaire dans l'empire des Pharaons.

Dans cet ordre d'idées il n'est pas difficile de se convaincre que l'usage du vin dans la thérapeutique remonte à la plus haute antiquité. Les Grecs qui ne furent eux-mêmes que les continuateurs des Carthaginois, usaient dans la vinification même de diverses pratiques dont quelques-unes sont encore en usage. Certaines de ces pratiques étaient destinées à tuer les ferments, à empêcher les maladies ; les autres avaient pour but d'augmenter les qualités thérapeutiques naturelles du vin.

De nos jours, un grand nombre de médecins se sont occupés de la vigne et de ses produits. Le Dr Guyot est devenu le grand maître de la viticulture moderne en publiant son traité de vinification ; le Dr Bouchardat, un Bourguignon, qui ne pouvait manquer à ses origines, a exalté les mérites et les qualités thérapeutiques des vins ; puis les Drs Barthez, Arthaud, Germain Sée, Jules Simon, Hayem, etc., ont repris ces grandes traditions, ont rendu aux vins la place qu'ils devaient légitimement occuper dans les préoccupations de la science médicale.

Mais ces efforts isolés et intermittents sont restés insuffisants pour amener la vulgarisation de l'emploi judicieux des vins au point de vue thérapeutique.

Dejernon en a donné la raison en 1880 dans son livre sur la vigne en Algérie : il écrivait : " La médecine n'a pas fait entrer plus largement les vins ordinaires dans la thérapeutique parce que les éléments d'appréciation lui ont le plus souvent fait défaut? Il manque encore à nos savants docteurs une étude approfondie des différents caractères de nos vins, et surtout un classement préparatoire permettant de les ordonner suivant le cas et les tempéraments."

Pour être juste, on pourrait répondre au savant professeur d'agriculture, dont les ouvrage sur la viticulture algérienne ont rendu tant de services à la colonie, que l'étude de cette question avait été forcément interrompue depuis une trentaine d'années, à la suite des nombreuses maladies qui avaient assailli la vigne.

Dans ces derniers temps l'application des nouvelles théories scientifiques a fait faire à la viticulture des progrès considérables. Et grâce à la vulgarisation de tous les procédés, on peut commencer le classement si justement souhaité par Dejernon.

L'homme qui a le plus fait dans cet ordre d'idées, dans ces dernières années, est certainement M. Gaillardon, propriétaire dans le Mâconnais et en Algérie, et auteur d'un " Manuel du vigneron algérien," dont j'ai eu souvent l'occasion de faire l'éloge, et qui a été le guide le plus sûr des colons. Je ne ferai donc moi-même ici que reprendre, étendre et vulgariser ses idées, qui me paraissent justes entre toutes.

Aussi bien, j'ai là sous les yeux quelques lignes d'un petit journal qu'il me paraît bon de citer, parce qu'elles résument clairement les aspirations de M. Gaillardon, que je veux moi-même développer ici.

" Mais l'expérience est venue vite chez nos vignerons, et les vignes greffées en prenant de l'âge ont enfin donné des produits plus complets, plus homogènes, sur lesquels des hommes expérimentés ont fait des analyses multiples et répétées. Tous ces résultats ont été recueillis et comparés par un œnologue distingué, notre ami B. Gaillardon, qui est allé ensuite les contrôler sur place dans les principaux vignobles de France, d'Algérie, d'Espagne, de Grèce. L'ensemble de ces travaux permet à M. Gaillardon de présenter aujourd'hui au Corps médical une série assez complète de vins, de natures et de caractères très différents, dont chaque type, analysé, étudié avec soin, se compose d'éléments déterminés, dont l'ensemble est " susceptible de combattre avec efficacité certaines maladies organiques constitutionnelles ou accidentelles."

La série 1 comprend les " vins blancs," diurétique sindispensables dans les maladies des reins et de la vessie. — Ils viennent en partie du pays Nantais, de l'Anjou, de l'Entre-deux-Mers et du Sahel d'Alger.

La série II se compose de cuvées choisies parmi les " vins blancs " peu acidulés récoltés dans les Graves, le Mâconnais, puis dans les environs de Blidah, de Médéah, etc. —Ces qualités sont employées dans les affections de l'estomac : dyspepsie, dilatation, gastralgie, etc.

Dans les IIIe et IVe séries, on trouve les " vins rouges secs," toniques généreux et parfois ferrugineux réservés aux personnes anémiées ou affaiblies ; ils viennent des côtes du Rhône, de la Dordogne, du Libournais, de Cheragas, etc.

La Ve série comprend les vins plus légers et plus frais de Chinon, du Beaujolais, excellents pour les estomacs paresseux et surtout contre les affections du foie.

La VIe serie comprend les " vins vieux du Médoc et du bas Médoc," si précieux à cause de leur délicatesse et surtout par l'absence absolue d'acidité.

Puis viennent les " vins blancs mousseux " de la Touraine, de la Bourgogne, de l'Algérie ; leurs mérites consistent dans des qualités très stimulantes, dont l'effet est d'augmenter le degré de résistance, d'activer les digestions, d'arrêter les nausées, les vomissements ; ils sont encore conseillés dans les dilatations de l'estomac.

Une série comprend les vins de Muscat, d'Alicante, de Grenache, de Banyuls, de Porto, de Xérès, de Malaga, déjà employés par les médecins à cause de leur " haut degré alcoolique " et de leurs qualités stimulantes, toniques et stomachiques.

Cette première excursion dans les vignobles français et étrangers montre déjà les ressources immenses dont la thérapeutique peut disposer malgré les désastres causés par le phylloxera, désastres en partie réparés.

On ne saurait trop l'affirmer et le répéter bien haut, la reconstitution de nos vignobles s'est faite en général dans les meilleures conditions ; celle du Bordelais est particulièrement remarquable, grâce au choix et à la proportion des cépages qui constituent une combinaison presque savante : le mot n'est pas ici trop ambitieux.

Aussi, les produits de ces dernières années ont-ils des caractères bien nettement déterminés. C'est ainsi que sur ces types de source authentique, la seule dégustation a permis à plusieurs experts, parmi lesquels nous citerons plus particulièrement MM. B. Gaillardon et Portes de faire une sélection de vins."

Mais ce qu'il est important dès maintenant de constater, c'est que les premiers, ces savants spécialistes, sont venus donner à cet essai de classification un caractère vraiment scientifique, susceptible d'intéresser vivement non seulement les marchands, mais encore tous ceux qui consomment du vin.

(*A suivre*).

CONDITIONS PRESENTES DE LA MARINE MARCHANDE UNIVERSELLE

On relève dans une étude allemande sur la marine marchande des différentes nations quelques données générales qui présentent des constatations intéressantes.

La Grande-Bretagne avec ses colonies absorbe à elle seule près de la moitié du tonnage total afférent aux marines réunies de quarante nations, soit 14 millions de tonnes sur 29 millions. Ce chiffre de 29 millions de tonnes se répartit entre 28,340 navires dont 10,838 naviguent sous pavillon anglais. La marine à voile anglaise décroît sensiblement et ne représente, avec 2 millions de tonnes, qu'un tiers environ des voiliers de toutes les nations réunies. Au contraire, la marine à vapeur de la Grande-Bretagne accentue toujours ses progrès et arrive aujourd'hui à 12 millions de tonnes, alors que les autres pays ne donnent tous ensemble que 10 millions de tonnes pour leur flotte marchande à vapeur.

Le rapport entre les marines à voile et à vapeur est essentiellement variable pour chaque pavillon. Aux Etats-Unis, il y a parité entre les deux tonnages, tandis que la Norvège ne comptait jusqu'à ces dernières années, que très peu de navires à vapeur. En Danemark, en Suède, en Russie le nombre des bâtiments à voile, dépasse de beaucoup celui des vapeurs.

Relativement aux dimensions, on constate que l'Angleterre possède 1,600 navires à vapeur d'un tonnage supérieur à 3,000 tonnes, l'Allemagne 127, les Etats-Unis 120, et la France 60. L'Allemagne venait en première ligne. il y a encore peu d'années pour les navires de dimensions exceptionnelles dépassant 10,000 tonnes. Actuellement, l'Angleterre a pris la tête avec 24 de ces immenses transports, l'Allemagne n'en comptant que 21.

La tendance à rendre la capacité des navires de plus en plus considérable se remarque chez toutes les nations ; d'année en année, le chiffre du tonnage universel s'accroît dans des proportions énormes. Pour les dernières années l'augmentation a été de 2 millions et demi de tonnes. A se rappeler que ce chiffre dépasse le tonnage d'ensemble de la flotte de commerce française, celui de la marine à voiles britannique et se rapproche du tonnage global de la marine allemande, on est fondé à se demander si cette augmentation ne doit pas avoir pour conséquence une dépression du fret, conduisant à une crise sérieuse de l'industrie des transports maritimes.

Deux faits connexes l'un à l'autre semblent devoir conjurer ce danger et servent à expliquer l'essort actuel de la marine commerciale universelle : l'extension de l'influence européenne ouvrant au trafic des régions qui lui étaient fermées jusqu'ici et les progrès de l'industrie appelée à alimenter ces marchés nouveaux.

Les armateurs trouvent, en outre (et c'est l'explication la plus rationnelle du développement incessant donné aux dimensions des navires) une notable économie à employer des bâtiments de fort tonnage plutôt qu'à augmenter le nombre de ces bâtiments. Aussi, en présence de l'énorme augmentation du tonnage, ne constate-t-on qu'une minime différence en plus dans le chiffre des navires de la flotte commerciale de tous les pays. En effet, de 1898 à 1900, on relève une augmentation de, seulement, 370 navires pour toutes les nations maritimes ; en ce qui concerne l'Angleterre, on trouve même qu'elle compte aujourd'hui 130 navires de moins qu'en 1898, tandis que la capacité de sa flotte de commerce augmente, au contraire, de 653,000 tonneaux.

La Norvège est seule à se signaler entre toutes les nations par une légère diminution de son tonnage ; la cause en paraît être la transformation que ce pays poursuit en ce moment, de sa marine à voile en marine à vapeur. Partout ailleurs les chiffres marquent un progrès. La France et l'Italie présentent une autre exception. Contrairement aux marines concurrentes, celles de ces deux pays augmentent le nombre de leurs bâtiments à voiles; résultat qui s'explique par les réglementations qui leur sont spéciales en matière de primes et autres mesures favorables à cette catégorie d'armement.

EMPLOI INDUSTRIEL DU LAIT ECREME

Dans certaines régions où l'on travaille de grandes quantités de lait en vue de la production du beurre, le lait écrémé ne peut parfois être utilisé en totalité, car on ne s'y livre pas toujours conjointement à la fabrication des fromages ; les fromages maigres, d'une part, ne trouvant pas souvent un débouché rémunérateur, et les fromages margarinés, d'autre part, ne pouvant être mis en vente dans certains pays, par prescriptions réglementaires. Enfin l'emploi du lait écrémé en vue de l'alimentation de l'homme soit par suite des frais de transport nécessaires soit à cause de l'insuffisance du nombre de têtes de bétail dans la région.

C'est du moins le cas, qui s'est présenté pour certaines provinces en Italie, où certains spécialistes comme M. Carlo Besana, directeur de la Station royale de laiterie, à Lodi, ont fait des essais en vue de procurer à ce produit de nouveaux débouchés, en cherchant à l'utiliser davantage dans l'industrie.

Déjà l'on avait extrait du lait écrémé un de ses principaux éléments, la caséine, pour la faire entrer dans la préparation de certains produits alimentaires, lancés récemment dans la circulation. Cependant cette entreprise n'avait pas toujours été couronnée du succès en raison de la méfiance ordinaire du public à l'endroit des compositions alimentaires nouvelles sortant de l'usine, et produites en grand nombre durant ces derniers temps.

Mais la caséine ne possède pas seulement des propriétés nutritives; elle est notamment une substance adhésive de premier ordre, s'affermissant rapidement par évaporation. Dissoute dans des solutions alcalines (potasse, soude, alcalis) et mélangée à de la poudre calcaire, elle devient aussi agglutinative que les solutions de gélatine animale et peut trouver comme telle plusieurs usages dans l'industrie, soit pour rendre le papier plus résistant et imperméable, les tissus plus consistants et mordants en vue de l'imprégnation des couleurs ; pour le plaquage et la coaptation des bois dans l'ébénisterie et la menuiserie d'art ; pour le remplissage des fissures ; pour l'affermissement des pâtes dans la poterie, etc.

La caséine, en vue de son emploi par l'industrie peut être préparée sous trois formes différentes ; caséine hydratée, caséine sèche, caséine en solution. Il suffit d'obtenir la première variété, pour faire dériver les deux autres.

Pour obtenir la caséine hydratée, on ajoute au lait centrifugé, porté à la température de 131 degrés Fahr. de l'acide chlorhydrique qui précipite. Ce précipité est ensuite lavé et pressuré. La caséine hydratée ainsi préparée contient encore 60 p. 100 d'eau.

La caséine sèche s'obtient en exposant au soleil la caséine hydratée, pendant l'été et en l'étalant dans des séchoirs ventilés et modérément chauffés en hiver.

Le lait écrémé fournit en général 8,5 p. 100 de caséine hydratée ou 3,5 p. 100 de caséine sèche.

La caséine en solution s'obtient en dissolvant dans des sels alcalins la caséine hydratée et en évaporant ensuite. La préparation de la première variété, la caséine hydratée, comporte donc moins de manipulations ; la caséine pourra par suite être livrée sous cette forme au commerce, en ayant soin de prévenir, soit pendant sa conservation en magasin, soit pendant son transport, les altérations qui pourraient être engendrées du fait de la chaleur. En pareil cas, on devra songer aux antiseptiques comme moyen préservatif.

La station de Lodi a, d'ailleurs, fait des expéditions importantes de caséine hydratée destinées à une maison de l'Italie méridionale, pendant les saisons d'hiver et de printemps, sans que ces envois aient subi quelque détérioration. Il est préférable toutefois de conseiller d'effectuer les envois de caséine sous forme de caséine hydratée, lorsque les expéditions ont lieu en hiver, que le trajet est court, qu'elle est destinée à l'utilisation immédiate, et sous forme de caséine sèche lorsque ce produit doit être conservé longtemps en magasin, avant son emploi.

L'ILE DE MARGARITA

Les journaux ont annoncé que le gouvernement venezuelien étudie la cession à bail à l'Allemagne, pour 99 ans, de l'île Margarita, comme station de charbon.

L'île Margarita est située dans la mer des Caraïbes, en face de la côte vénézuelienne, qui forme en cet endroit la presqu'île d'Araya, et dont elle est séparée par un détroit de 16 milles de largeur, où s'élèvent les îles de *Coche* et de *Cubagua*. Elle forme administrativement, avec les les petites îles et îlots voisins de *Blanquilla*, de *Hermanos*, de *Pico*, de los *Frailes*, de la *Sola* et de *Testigos*, l'Etat de Nueva Esparta, dont la superficie est de 2530 milles carrés et la population (1881) de 37,000 habitants environ.

L'île Margarita se compose de deux parties unies par une langue de sable, entourant elle même une lagune, la *Restingua*, ou *Laguna Grande*, qui communique par un grau avec le rivage méridional. Au Nord, il n'y a guère, au point le plus étroit, qu'un cordon de sable de 160 pieds de largeur entre la lagune et la mer.

La partie orientale, la plus grande, est faiblement ondulée, mais elle porte à son centre un sommet de 4200 pieds, le *Copei*. La partie occidentale porte un massif montagneux, le *Macanao*, dont le sommet atteint 4500 pieds. Elle est, elle-même, désignée sous ce nom de Macanao.

La partie orientale est la plus fertile relativement et la plus peuplée, c'est là que se concentre surtout la population, et que se trouvent, avec le chef-lieu de l'île et de l'Etat, *Asuncion*, les trois ports de *Pampatar*, le plus important, de *Pueblo de la Mar* et de *Pueblo del Norte*. La partie occidentale n'est guère propre qu'à l'élève du bétail, et spécialement des chèvres.

Dans son ensemble d'ailleurs, l'île Margarita peut être considérée comme une terre aride ; elle a beaucoup de roches nues, de dunes et de salines, et ses plaines sont en maint endroit recouvertes de polypiers qui croissaient autrefois sur le littoral. Il n'y a d'agriculture possible que dans quelques étroites vallées de montagnes. Les principales industries sont la pêche et la récolte du sel. Les femmes tissent des chapeaux d'une fibre grossière et fabriquent des poteries et des cotonnades légères. L'île a dû son nom à ses bancs de perles, qui furent autrefois très exploités, mais qui sont abandonnés aujourd'hui. La pêche proprement dite reste en revanche très abondante. Toutefois, ces faibles richesses ne suffisent pas à nourrir les habitants, dont le nombre s'accroît rapidement, à cause de la salubrité de l'île. Ils émigrent donc en foule vers le Venezuela.

L'île de Margarita fut découverte par Christophe Colomb en 1498. Ce fut une des premières terres américaines colonisées par les Espagnols. La découverte des bancs de perles, faite dès 1499, y amena en foule les aventuriers de Castille. En 1515, la ville de Nuevo Cadiz était fondée dans l'île de Cubagua. En 1525, une forteresse s'élevait sur l'île même de Margarita. Mais ces richesses attirèrent aussi sur les îles les rebelles et les pirates. En 1561, le pirate Lopez de Aguirre s'empara de Margarita et la mit au pillage ; puis, vinrent les Anglais, et, dans le siècle suivant, les Hollandais. Pendant la guerre de l'Indépendance, les Margaritains se joignirent avec enthousiasme au parti de l'insurrection ; mais ils en furent cruellement châtiés par les Espagnols, lors de leur retour offensif contre le Venezuela. C'est à la suite de ces événements qu'on donne à l'Etat formé par l'île et les îlots voisins le nom de Nueva Esparta.

L'ALUMINIUM ET L'ALUMINOTHERMIE

Dans une récente conférence à l'Exposition, M. Guillet, le très distingué ingénieur des arts et des manufactures, a parlé de l'aluminium et de l'aluminothermie.

Après avoir fait l'historique de la préparation de l'aluminium, il a décrit le procédé, actuellement employé, basé sur l'électrolyse d'un mélange d'alumine et de cryolithe, qui permet d'obtenir de l'aluminium à 99,9 p. c. c'est-à dire ne contenant que 0,02 p. c. d'impureté.

M. Guillet a rappelé les multiples applications de ce métal avec lequel peuvent être fabriqués aussi bien des menus objets (rouleaux de serviette, plumes.... etc.) que des pièces devant avoir une très grande résistance (appareils culinaires, carters de bicyclette et d'automobile. Il a insisté sur le très grand développement de l'aluminium dans la carrosserie et sur son introduction dans des industries qui jusqu'à présent ne l'utilisaient pas, pour la construction des ponts, pour la fabrication des pasteurisateurs et des appareils de distillerie, pour l'ameublement.

Le Célèbre Quinquina Dubonnet

Grand Prix

La plus haute récompense obtenue à l'Exposition Universelle de Paris, 1900.

L'IMMENSE SUCCÈS obtenu à l'Exposition Universelle de 1900, où la plus haute récompense lui a été decernée, est une nouvelle preuve de la popularité et de l'excellence de ce fameux ... ...

DUBONNET

Cet excellent vin est toujours employé avec succès lorsqu'il s'agit de fortifier l'estomac, combattre le manque d'appétit, la faiblesse, l'épuisement; c'est l'apéritif le plus tonique et le plus fortifiant.

Vous pourrez le déguster dans tous les "bars" de premier ordre. ...En vente aussi chez les pharmaciens et les épiciers.

Seuls Dépositaires au Canada:

L. Chaput, Fils & Cie

IMPORTATEURS EN GROS,
THÉS, CAFÉS, MÉLASSES

Montreal

Il a ensuite donné lecture d'un extrait de la communication de M. Hérault au Congrès International des mines et de la métallurgie :

" En 1886 l'aluminium valait 80 fr. le kilog. ; en 1887, 25 fr. ; en 1888, 15 fr. ; en 1889, 12 fr. ; en 1890, 6 fr. ; actuellement environ 3 francs.

" En 1886, l'industrie de l'aluminium localisée à Salindres (Gard), occupait 3 ouvriers ; aujourd'hui plus de 4,000 personnes sont employées dans différentes usines, tant à la production du métal même qu'à celle des matières premières servant à sa fabrication.

" En 1886, il se consommait dans le monde entier environ 1,500 kil. de ce métal. En 1889, la consommation a dépassé 5,000 tonnes.

" En 1886, l'aluminium était employé à la confection des tubes pour lorguettes de spectacle, des bijoux et de quelques pièces d'appareils de précision. A l'heure actuelle, 2,500 tonnes sont utilisées dans les aciéries ; une quantité sensiblement égale est absorbée par la bimbeloterie et pour les équipements militaires, pour la fabrication de batterie de cuisine, d'objets d'art de pièces mécaniques, etc.

" En France, deux sociétés fabriquent l'aluminium ; la Société d'Alais et de la Camargue, à St-Michel-de-Maurienne, qui produit l'Alumine dont elle a besoin à Salindres (Gard), et la Société Electro-Métallurgique française dont les usines hydrauliques sont à Froges (Isère) et à La Prag (Savoie) et dont la fabrique d'alumine est à Gardanne (Bouches-du-Rhône).

" En Suisse, en Allemagne et en Autriche, la société pour l'industrie de l'aluminium de Neuhausen, a ses usines hydrauliques à Neuhausen (Suisse), à Rheinfolden (Duché de Bade) et à Gastein (Autriche) ; elle reçoit l'alumine de l'usine de Bergins en Silésie.

" En Angleterre, l'usine de la British aluminium Company " est à Fayers en Ecosse ; elle fabrique l'alumine, en Irlande, à Larne-Harbour. Elle possède, de plus, les usines de Greenack et de Milton-on-Trent où est fait le laminage du métal.

" En Amérique la " Pittsburgh Réduction Company " a son usine hydraulique à Niagara falls ; elle reçoit du dehors l'alumine et les électrodes."

M. Guillet a rappelé que l'aluminium était rarement employé à l'état pur, mais très souvent à l'état d'alliage. Il a cité un alliage aluminium-cuivre-cobalt qui présente une résistance de 40 kilogs par m/m ; puis il a entretenu ses auditeurs de l'aluminothermie.

L'aluminothermie a pour but, dit l'*Industrie Métallurgique*, d'une part, l'obtention de métaux chimiquement purs ; d'autre part, l'obtention de températures extraordinairement élevées qui n'ont pu être produites jusqu'à présent qu'avec le four électrique et qui sont utilisées pour la soudure des rails, le brassage des tubes, etc.

Elle consiste dans la réduction des oxydes métalliques (fer, chrôme, nickel, manganèse) par l'aluminium d'après le procédé récemment imaginé par le docteur Goldschmidt, fabricant de produits chimiques à Essen-sur-Ruhr.

Voici comment opère M. Goldschmidt : Pour obtenir, par exemple, du chrôme chimiquement pur, il mélange dans des proportions déterminées de l'oxyde de chrôme chimiquement pur (soit 15 c. 300 d'oxyde pour 5 c. 400 (d'aluminium).

Il verse dans un creuset en terre dont les parois sont garnies de magnésie, en vue d'éviter la réduction des parties constituant l'enveloppe, un peu du mélange, puis une légère couche d'une poudre spéciale composée de peroxyde de baryum et d'aluminium. Sur cette poudre, il laisse tomber une allumette enflammée : le feu se communique aussitôt à toute la masse. Il achève alors de remplir le creuset avec le reste du mélange.

Lorsque, après refroidissement complet, on brise le creuset, on peut séparer avec la plus grande facilité le métal pur qui s'est déposé à la partie inférieure et le corindon constituant la surface.

Cette opération peut être faite d'une façon continue au moyen de trous de coulée supérieur et inférieur.

L'expérience a prouvé que les quantités à mettre en présence ne sont pas indifférentes. Avec certains métaux, comme le chrôme, il faut agir sur de grandes quantités ; la proportion de chaleur dégagée est plus forte ; le creuset par conséquent est beaucoup plus échauffé, et le métal se rassemble, au lieu de se maintenir dans les masses en grains disséminés.

Ce procédé qui, avec les oxydes de nickel, de cobalt, de chrôme, de manganèse, de fer, donne des résultats très satisfaisants, est excessivement dangereux lorsqu'il est utilisé pour des oxydes volatils à la température de l'expérience qui est de 3,000 degrés pour la réduction du sesquioxyde de chrôme.

La décomposition de l'oxyde de plomb et de l'acide tungstique, par exemple, donne lieu à des explosions très violentes.

On peut dire que tous les oxydes, en général, sont réduits par la méthode de M. Goldsmidt. Il est nécessaire cependant, avec certains d'entre eux, d'avoir recours à des artifices pour que le métal se rassemble en culot.

La température élevée à laquelle est produite la réduction a été utilisée pour la soudure des rails. On se sert alors d'un mélange d'aluminium en grains et d'oxide de fer, qui est très peu couteux et auquel M. Goldschmidt a donné le nom de *thermite*.

Les deux rails à souder sont placés bout à bout et maintenus par des tirants à vis. Autour de la soudure, on dispose un moule en simple feuille de tôle que l'on cale avec du sable et dans lequel on verse la thermite, à l'état de fusion, précédemment enflammé par la poudre d'allumage. L'alumine qui se forme coule la première par suite de sa plus grande légèreté et, rencontrant la surface froide du rail, elle se solidifie en une couche très mince. Le fer coule ensuite ; il déplace l'alumine encore liquide et s'amasse au fond du moule, mais il ne vient pas en contact avec le fer dont il est séparé par la couche de corindon. La soudure se fait alors, non par suite de la présence du fer, mais par l'effet de l'élévation de la température, en serrant fortement contre l'autre les deux rails à l'aide de clefs.

LE COMMERCE DES ALCOOLS EN ALLEMAGNE

On se rappellera de l'année 1899, dit le rapport d'un consul, dans le commerce des spiritueux, comme de celle qui marque la date de la fondation de la *Central fur Spiritus-Verwerthung*. Pendant les vingt dernières années, plusieurs tentatives furent faites pour grouper sous une même direction toutes les distilleries allemandes. Jusqu'ici ces efforts ont échoué. En 1899, l'essai fut renouvelé pour unir les producteurs d'eaux-de-vie et les fabricants de spiritueux, et, en même temps, les amener à former un monopole pour le commerce de gros de ces produits. Ce plan a enfin réussi. Tous les producteurs et fabricants, par cet arrangement, ont sacrifié leur indépendance.

Les fabricants de spiritueux ont été obligés d'arriver à une entente, par crainte de ne pouvoir obtenir autrement les matières premières ; et les producteurs durent se soumettre aux demandes et suivre l'exemple de leurs principaux clients économiques.

Cette "Centrale" pour "Spiritus-Verwerthung" est entièrement une organisation unique. Elle comprend trois parties ; les distillateurs, les fabricants de spiritueux, et ceux qui font le commerce des deux à la fois. Cette organisation s'occupe de tous les arrangements nécessaires aux affaires, dirige les ventes, et règle les comptes financiers de tous les participants. La raison sociale est "*Union des Distillateurs.*" Les fabricants de spiritueux reçoivent certaines sommes pour la rectification, le magasinage, et le prêt des futailles, réservoirs et récipients ; ils travaillent pour une rémunération fixée ; mais les distillateurs prennent à leur charge la totalité des risques de l'entreprise, ces risques devant être compensés par la perspective de bénéfices considérables.

Le gros capital nécessaire à une entreprise aussi gigantesque est fourni par l'emploi de tout l'argent et de tout le matériel existant dans le commerce. Pour cette raison, les marchands en détail ne sont pas exclus : ils ont droit à la participation. C'est de la même façon que les rectificateurs achètent les alcools purs aux distilleries, en payant la commission ci-dessus mentionnée, et livrant à leurs clients suivant ce qui a été convenu avec la *Centrale*.

L'entreprise diffère d'un trust principalement en ce que ce groupement des spiritueux *ne limite pas la production* pour maintenir un prix de vente rémunérateur. On s'occupe, cependant, d'étendre ce commerce des alcools de différentes façons, principalement en ce qui concerne l'éclairage et le chauffage.

La *Centrale* a une section séparée dans laquelle se traitent les affaires avec les chemins de fer et les autorités, lorsqu'il s'agit de présenter des nouveautés, en fait de lampes à esprit de vin et d'appareils de cuisine et de chauffage. Un des grands moyens employés, sinon le principal, pour atteindre ces buts, c'est le bon marché des alcools dénaturés ; la *Centrale* veudant ces alcools, comparativement, meilleur marché que les autres. Un autre moyen de combattre la surproduction, c'est l'encouragement et l'extension du commerce d'exportation. Il serait, cependant, certifié par des autorités compétentes, que l'exportation des alcools allemands en Grande-Bretagne, au Levant, en Afrique et dans les quelques autres contrées où les alcools allemands trouvent un débouché, ne serait pas d'une importance telle qu'elle puisse garantir l'écoulement d'une surproduction un peu conséquente. En Russie, le monopole des alcools jouit d'une assez grande liberté, en ce qui concerne cette production, laquelle excède un peu la consommation du pays ; c'est pour quoi il est probable que l'exportation aura toute chance d'augmenter. En Autriche, de même qu'en Russie, des trusts américains d'alcools ont été fondés avec un capital gigantesque, dans le but bien évident de jeter le plus d'alcool possible sur les marchés du monde.

De tous ces faits, on déduit qu'il est peu probable que l'exportation allemande puisse augmenter. Il est vrai que la *Centrale* s'est arrangée avec deux des plus importantes maisons d'exportation allemandes de Hambourg, avec l'intention bien arrêtée de pousser l'exportation des alcools.

Quoi qu'il en soit, il sera intéressant d'étudier la destinée finale de ce *Ring*. Un cinquième de la production des alcools allemands reste en dehors de ce *Ring* et conserve son indépendance ; un certain nombre de fabricants ne s'étant pas joints aux autres. Cette concurrence, cependant, n'est pas à considérer, comme les distilleries en question ne font qu'un commerce local, et que très peu soient importantes. Un fait, pourtant à noter, est qu'un nombre de producteurs se sont unis pour conserver leur indépendance, et ont fait construire une fabrique importante avec tous les derniers perfectionnements possibles, dans le voisinage de Berlin, de façon à rectifier leurs alcools et d'assurer leur écoulement.

Le *Ring* aura une durée de neuf années. Il a été permis à un certain nombre de distillateurs qui ne voulaient pas sacrifier leur indépendance, de se joindre au *Ring* pour une période de une, deux ou trois années.

La manufacture de moteurs, de Oberursel, vient de lancer sur le marché une locomobile qui promet de jouer un grand rôle dans l'industrie des alcools. La locomobile est de construction fort simple et ne demande que peu de combustible, que l'on peut encore réduire en employant un mélange d'alcool dénaturé avec du benzol. La *Centrale* s'est offerte de fournir les distilleries qui emploieraient ces matières, d'alcool à 88° au prix d'environ 20 pfennigs ($0.05 c.) par litre, à la condition expresse que cet alcool ne serait employé exclusivement que dans leurs établissements. La manufacture de moteurs garantit que l'on ne consommera pas plus de 0,04 à 0,06 kilogr. de ce mélange d'alcool-benzol par heure et par force de 1 cheval. Si le moteur ne remplissait pas ces conditions, elle s'engage à le changer pour un autre actionné par le pétrole.

(*The Grocer*).

A TRAVERS LES JOURNAUX

L'emploi de la cire à cacheter pour la fermeture des lettres ordinaires à destination des pays d'outre mer présente des inconvénients qu'il est utile de signaler au public. L'élévation de la température pendant la traversée ou les opérations de fumigation effectuées à l'arrivée quand il y a des quarantaines liquéfient la cire. Les lettres se trouvent, par suite, adhérentes les unes aux autres, à tel point qu'il devient impossible de les séparer sans les endommager notablement.

Très fréquemment, la disparition du nom du destinataire en empêche la distribution.

Dans plusieurs pays étrangers, les correspondances sont fumigées par les autorités sanitaires locales avant d'être livrées à la poste. Les offices postaux destinataires signalent qu'à la suite de cette opération, les lettres cachetées à la cire sont collées ensemble. Il faut, pour les séparer, déchirer les enveloppes, et parfois la suscription se trouve en partie enlevée.

On ne saurait donc trop recommander aux expéditeurs, dans leur propre intérêt, d'éviter l'emploi de la cire pour la fermeture des lettres d'outre mer. La gomme ou les pains à cacheter ferment les lettres d'une façon suffisante sans présenter les mêmes inconvénients.

***

Après la cession de Cuba, de Porto-Rico et des Philippines, et la vente à l'Allemagne des Carolines, des Mariannes et des Palaos, il ne reste plus à l'Espagne que ses possessions africaines, qui sont : les *presidios* de la côte marocaine, le Rio de Oro et le Rio Mouni, tous deux récemment délimités par traité avec la France, et enfin les îles de Fernando Po et d'Annobon. La superficie de ces colonies est difficile à

JAMAIS BANAL

SEULEMENT **10000 KILOS** Est la quantité que nous avons pu en avoir.

PRUNEAUX DE BORDEAUX,

très jolis, en sacs de 55 lbs. **3½c. la lb.**

Qu'en dites-vous ?

● ●

VINS ET LIQUEURS

DECEMBRE ! c'est le mois du gros débit de liqueurs. Tenez votre stock bien assorti, c'est la seule manière de tenir la clientèle !

Outre les marques de qualité supérieure, que nous avons presque à l'infinité, nous avons de l'attrayant en articles bon marché, insurpassables au prix. En voici quelques-uns :

		LA CAISSE
Scotch Whiskey, Caisse 12 bouteilles	" Ross Glen "	$6.00
Scotch Whiskey, Caisse 12 bouteilles	" Morven Blend "	6.25
Scotch Whiskey, Caisse 12 bouteilles	" Kincairney "	7.00
Scotch Whiskey, Caisse 24 demi-bout.	" Kincairney "	8.00
Scotch Whiskey, Caisse 24 flasks	" Kincairney "	8.00
Rhum " FINE FLEUR " Talbot Frères,		
Caisse 12 bouteilles		7.50
Caisse 24 demi-bouteilles		8.50
Brandy " O. Tesson & CO." ★★★		
Caisse 12 bouteilles		6.00
Caisse 24 demi-bouteilles		7.00
Caisse 48 quart-bouteilles		7.50
Caisse 100 huitième-bouteilles		8.50
Caisse 24 flasks		7.00
Caisse 48 demi-flasks		7.50

Ces liqueurs sont toutes importées, et l'habillage en est élégant et soigné comme celui des marques les plus dispendieuses.

HUDON, HEBERT & Cie

MONTREAL

évaluer ; ni le Rio Mouni, ni le Rio de Oro ne sont encore mesurés. Les îles du golfe de Guinée (Fernando-Po, Annobon, Corisco, Elobey et San Juan) ont ensemble un peu plus de 1250 milles carrés de superficie, et une population d'une trentaine de mille habitants.

***

Les laiteries en Belgique : Les rapports trimestriels des agronomes de l'Etat signalent la constitution, pendant le deuxième trimestre de l'année courante, de nombreuses laiteries. Dans la province d'Anvers, cinq laiteries ont été créées ; de plus, une laiterie a bras a été transformée en laiterie à vapeur. Dans le Brabant, une laiterie a été fondée à Roosbeek. Dans la Flandre occidentale, les propagandistes ont surtout eu en vue l'établissement de caisses Raiffeisen. Dans la Flandre orientale, on a fondé plusieurs laiteries industrielles et une agricole. Le Hainaut a vu augmenter le nombre de ses laiteries et une de celles-ci travaille déjà 4,000 litres de lait par jour. Dans le Luxembourg, la laiterie de Tohogne s'est adjoint deux nouvelles sections d'écrémage et celle de Hotton a installé une turbine à Marenne.

***

Développement de la coopération laitière en Allemagne : Les Sociétés coopératives de laiterie, forme particulière des coopératives de production et de vente, ont pris un grand développement durant ces dernières années en Allemagne. De 639 en 1890 leur nombre s'est élevé à 1,764 en 1899, soit une augmentation de 1,125 en neuf années.

Durant cette même année 1899, on en comptait 1,261 en Prusse, 96 en Bavière, 98 dans le Wurtemberg, 76 dans le Mecklenbourg-Schewerin, 62 dans le Brunswick, 38 dans l'Oldenbourg, 31 dans la Hesse et 20 dans le duché de Bade.

***

Les Juifs en Chine : On ignore généralement qu'il se trouve, dans différentes villes de l'intérieur de la Chine, de petites colonies juives, descendant d'immigrants antérieurs à notre ère. Le nombre de ces Juifs est très diversement évalué ; d'après M. V. Brandt, ancien ministre d'Allemagne en Chine, il serait tout à fait minime ; mais l'attaché de l'ambassade chinoise à Berlin l'évalue à un demi-million, et un Juif anglais, qui a voyagé en 1850 dans le nord de la Chine, prétend avoir vu une ville habitée presque exclusivement par près d'un million de ses coreligionnaires.

Les Juifs de Chine ne se distinguent pas des Chinois par leurs costumes. On trouve parmi eux beaucoup d'individus à type mongolique, issus évidemment de mariages entre Juifs et Chinoises. Mais beaucoup ont gardé le pur type de leurs ancêtres. Ils se servent du chinois dans l'usage courant, et l'hébreu n'est employé que dans le culte. Par un contraste curieux avec leurs coreligionnaires d'autres pays, la plupart sont agriculteurs, et les rapports des voyageurs s'accordent à nous les dépeindre comme vivant très misérablement.

***

Nombre de laiteries existant en Suède : D'après un rapport fait par le professeur Liljhagen, à une réunion de l'Académie agricole suédoise, il y aurait à présent en Suède :

(*a*) Environ 450 laiteries fondées par des sociétés coopératives, dont 300 ne produisant que du beurre et 100 que du fromage, les 50 autres produisant les deux.

(*b*) Environ 1,100 laiteries fondées par des sociétés anonymes, dont 800 ne produisant que du beurre.

(*c*) Environ 200 grandes et un grand nombre de petites laiteries particulières.

***

Une cloche étrange : Il y a quelques années a été fondue à Tokio une cloche remarquable, bien que son apparence ne dit rien à un observateur superficiel ignorant de son histoire.

Cette cloche, d'un métal semblable au bronze, était d'environ 45 centimètres de diamètre sur 65 de hauteur et rendait un son très pur. Sur la surface extérieure de cette cloche était gravée, en quatre langues : anglais, français, allemand et japonais, l'inscription suivante : "Cette "cloche, fondue à Tokio (Japon), le "10 décembre 1892, par Tsuda Sen, "est faite du métal provenant des "pipes de plus de mille hommes "qui, alors esclaves, sont maintenant libres."

La femme d'un missionnaire qui vivait au Japon en 1892, avait déclaré la guerre aux fumeurs et réussi à faire abandonner à plus de mille d'entre eux leur habitude ; n'ayant plus que faire de leurs pipes en métal (telles qu'on le use au Japon), ils les foudirent en une cloche.

***

La machinerie moderne : Un statisticien s'est donné la peine de calculer que les machines employées en Angleterre faisaient autant de travail que sept cent millions d'hommes, c'est-à-dire plus que toute la population adulte du monde. Aux Etats-Unis, le petit Etat de Massachussetts possède, à lui seul, assez de machines pour effectuer le travail de 50 millions d'hommes. La statistique montre également que 500,000 hommes, aidés de la machinerie moderne, font plus de travail que n'en auraient fait 16,000,000 il n'y a que peu d'années.

L'ensemble des machines existant aux Etats-Unis remplace un billion d'ouvriers. Aujourd'hui, un homme, avec l'aide de deux enfants, file autant de coton que 1,100 ouvriers d'il y a un siècle. Un tisserand fait maintenant le travail de 54.

***

L'industrie minérale en Espagne : La production de l'industrie minérale en Espagne s'est élevée, en 1898, à un total de 12,000,000 fr. dont 32,000,000 sont représentés par les minerais de fer, 40,000,000 par le plomb argentifère, 24 par le plomb, 21 par la houille, 13 par le cuivre pour ne parler que des plus gros chiffres. Il y a eu activité 2,589 concessions dont 440 pour les mines de fer, 657 pour les houillères et 438 pour le plomb. Ces exploitations emploient 64,000 hommes, 2,500 femmes et 9,000 enfants et 787 machines à vapeur d'une puissance collective de 2 ,000 Cv. Le plus grand nombre de machines à vapeur est employé par les mines de plomb argentifère, 208, de 6700 Cv.

La production des usines a été, pour la même année, de 167,000,000 fr. fournis par 126 usines en activité.

Les plus gros chiffres sont donnés par le plomb argentifère 30,000,000, le plomb 25, le cuivre 20, le coke 16, le fer 14, l'acier 11.

Ces usines occupent 17,000 hommes, 420 femmes, 2,000 enfants et 423 machines à vapeur de 28,000 Cv., sur lesquelles 28 de 25,000 Cv. sont employées par l'industrie sidérurgique.

***

Les boulangers de Limerick, en Irlande, ont décidé de se joindre aux épiciers sur la question des "Christmas boxes" (Etrennes). Un accord est intervenu par lequel les boulangers s'engagent à supprimer radicalement, cette mauvaise habitude, sous peine d'une amende de $25 pour celui qui contreviendrait à cette règle. La hausse des prix sur de nombreux produits, notamment sur les raisins de Corinthe, serait un des principaux motifs qui les aurait incités à imiter les épiciers.—(*Grocers Gazette*).

REVUE COMMERCIALE ET FINANCIERE

FINANCES

Montréal 6 décembre 1900.

La Cie du Bell Telephone a décidé d'émettre pour $2,500,000 de débentures et elle émettra suivant les besoins un plus fort montant d'actions ordinaires ; telle a été la décision prise mercredi à une réunion des actionnaires.

La Dominion Coal Co a déclaré un dividende semestriel de 4 p. c. payable le 1er janvier.

La Commercial Cable Co paiera le 2 janvier un dividende trimestriel de 1¾ p. c. et un bonus de 1 p. c.

La Bourse de Montreal a, cette semaine, montré peu d'activité, le ton cependant est meilleur, les cours montrent plus de fermeté. Dans l'ensemble, en faisant une réserve pour les valeurs de mines qui ont généralement baissé, les valeurs sont en hausse.

Les valeurs suivantés sont celles sur lesquelles il s'est fait des ventes durant la semaine; les chiffres sont ceux obtenus à la dernière vente opérée pour chaque valeur :

C. P. R.	87
Duluth	....
Montreal Str. Ry	273¼
Twin City	67¼
Toronto St. Ry	108½
Richelieu et Ontario	106¼
Halifax Tr. (bons)	....
" (actions)	....
St John Ry	....
Royal Electric	207¾
Montreal Gas	201
Col. Cotton (actions)	80
" (bons)	99
Dominion Cotton	90
Montreal Cotton	....
Cable Comm. (actions)	172
" " (bons)	....
Dominion Coal, pref	113
" " bons	....
" " (ord)	....
Intercolonial Coal	....
Montreal Telegraph	170
Bell Telephone	171
Laurentide Pulp	....
" " (bons)	105
War Eagle	102
Centre Star	....
Payne	75
Republic	60¼
North Star	95
Montreal & London	....
Virtue	24

En valeurs de Banques, il a été vendu :

Banque de Montréal	260
" Molson	190
" du Commerce	149
" des Marchands	155½

COMMERCE

Nous avons eu, durant la semaine sous revue, plusieurs bordées de neige dont l'effet le plus sensible a été de retarder les trains venant de l'est et du sud principalement et de donner, dans notre ville même, du travail à un grand nombre d'ouvriers pour l'enlèvement de l'épais tapis glissant qui couvrait et couvre encore en maints endroits nos trottoirs et nos rues.

Il serait temps que la ville se chargeât ellemême moyennant compensation, cela va de soi, du nettoyage des trottoirs. Montréal n'innoverait rien en ce sens, mais tirerait de grands avantages à imiter ce qui se fait dans les villes qui passent à bon droit pour avoir quelque souci de la propreté et de l'hygiène.

Si le Conseil municipal ne veut pas se charger du nettoyage des trottoirs, il est nécessaire qu'il tienne la main à la stricte observation des règlements concernant l'enlèvement des neiges et de la glace sur les trottoirs, qui trop souvent sont de menaçants cassecous.

Quant aux affaires, elles ont été contrariées par la température. Néanmoins, si la neige peut rester sans dégel dans les campagnes jusqu'après les fêtes, le commerce ne se plaindra pas d'avoir été ralenti un moment avant la période de récolte la plus abondante de l'année pour un grand nombre de marchands.

Les maisons de gros du commerce de nouveautés et de tissus ont terminé leur inventaire annuel et partout on est satisfait des résultats. L'an dernier, à pareille époque nous disions déjà la même chose, mais en ajoutant que les chiffres de l'année qui vient de finir sont sensiblement supérieurs, nous aurons donné une meilleure idée de la prospérité du commerce de marchandises sèches.

Cuirs et Peaux—Rien de saillant dans le commerce des peaux. Le cuir à semelles est encore difficile à obtenir mais il est un peu plus facile de se procurer les cuirs à harnais.

Aucune modification dans les prix ; notre liste entière reste la même.

Le marché des peaux vertes est faible. Les prix des peaux de bœuf et de veau sont sans changement, les peaux de moutons sont à 90c la pièce au lieu de 80c précédemment.

Epceries, Vins et Liqueurs — Les sucres raffinés ont été avancés de 10c les 100 lbs sur sur toutes les sortes. L'article brut est très ferme sur les marchés primaires, le sucre raffiné l'est également aux Etats-Unis. On prétend que nos raffineurs éprouvent quelque difficuté à acheter les sucres bruts de la qualité convenable pour le marché.

Quelques changements de prix, cette semaine, en fruits secs. Les amandes de Tarragone sont à prix plus bas, nous les cotons de 14 à 15c la lb. Une baisse de 5c sur les anciens prix des amandes de Valence écalées les met de 35 à 37c la lb. Les avelines de Sicile perdent 1c, nous les indiquons de 11½ à 12c la lb. Dans les raisins de Corinthe on obtient des Filiatras à des prix de 11 à 12c la lb.

Le stock des pruneaux de Californie va s'épuisant rapidement. Par contre, il est arrivé des pruneaux de France en sacs de 55 lbs qui se vendent 3¼c la lb.

A signaler également l'arrivée de figues en mattes à 3¼c la lb.

Les petits fromages à détailler par l'épicier se vendent en hausse de ½c la lb soit de 11½ à 12c.

Fers, ferronneries et métaux—Bien que nous n'ayons aucun changement de prix, nous pouvons dire que le marché est ferme et plus ferme qu'il n'a jamais été depuis les dernières baisses.

A moins que quelque cause impossible à prévoir vienne tempérer la tendance des marchés des métaux, nous pourrions avoir quelque surprise à la prochaine réunion des usiniers au mois de janvier.

La matière première est très cher, les salaires sont assez élevés et les manufacturiers pourraient bien s'en prévaloir pour élever leurs prix qui, pour certains articles, sont assez éloignés de ceux demandés aux Etats-Unis.

Poissons.—La situation n'a pas changé, il y a encore rareté pour certaines sortes de harengs et de morue.

Salaisons, Saindoux, etc.—Nous inscrivons des prix en baisse à notre liste d'autre part pour les lards canadiens. Les lards américains sont sans changement bien qu'il soit difficile d'en trouver sur place.

Nous cotons le lard fumé de 13 à 14c.

Les saindoux purs de panne et les saindoux composés sont à une avance de 5 à 10c par seau ; notre liste de prix est modifiée en conséquence.

REVUE DES MARCHÉS

Montréal, le 6 déc. 1900.

GRAINS ET FARINES

Marchés Etrangers

Les derniers avis télégraphiques cotent comme suit les marchés de l'Europe :

Le marché de Liverpool a été faible aujourd'hui, le blé a baissé de ⅜d pour décembre à 5s 11¼d et de ½d pour mars à 6s ¾d. Ces prix sont ceux à la clôture du marché.

A Anvers, marché sans changement à 17⅛ pour blé rouge d'hiver No 2.

A Paris, le blé a fermé à 20.35 pour décembre et 21.55 pour juillet.

On lit dans le *Marché Français* du 17 novembre :

Les premiers jours de la semaine sous revue ont été marqués par des alternatives de pluie et de beau temps qui ont été favorables à la culture, les semailles se sont achevées dans de bonnes conditions et les emblavures se présentent généralement bien ; la levée est bonne. Toutefois, depuis trois jours, les pluies paraissent un peu trop abondantes et surtout trop fréquentes ; elles gênent les derniers travaux des champs dans la région septentrionale et pourraient même avoir une influence plutôt fâcheuse sur les grains en terre. Quelques journées ensoleillées seraient à souhaiter avant l'arrivée des gelées, toujours à craindre.

Les marchés à blé américains sont assez soutenus ; à la clôture hier, les prix étaient sensiblement les mêmes que la veille.

A Chicago on cotait hier, les différents grains comme suit :

Blé : décembre 71c ; janvier 71⅝c et mai 74½c.

Maïs : décembre 37½c ; janvier 36c et mai 36½c.

Avoine : décembre 21½c ; janvier 21¾c et mai 23⅜c.

MARCHÉS CANADIENS

Nous lisons dans le *Commercial* de Winnipeg du 1er décembre, le rapport suivant :

" Le marché local a été terne et sans activité. Les expéditeurs n'ont pas réussi dans leurs efforts pour obtenir plus de fret par les lacs, en conséquence, il y a ici une accumulation de blé que l'on avait l'intention d'expédier par voie des lacs et l'on ne trouve d'acheteurs que pour de petites quantités à des prix graduellement en baisse.

Durant toute la semaine, jusqu'à hier, le No 3 dur s'est vendu de 66c à 66½c en magasins à Fort William et les autres qualités en proportion, mais hier, avec un recul dans les prix du marché, et avec la certitude de l'impossibilité d'obtenir de l'accommodation à bord des bateaux avant la clôture de la navigation, 65½ a été le plus haut prix offert pour No 3 dur.

Nous cotons à prix nominal, No 1 dur à 78c, No 2 dur à 74c ; No 3 dur à 65½c ; No 3 du Nord, 62½c ; No 2 dur, grossier 62½c et No 3 dur, grossier du Nord, 59½c tous en magasin à Fort William, disponible ou en route en deça de Winnipeg.

Le marché de Montréal se ressent des diffi-

BERNIER & Cie

Marchands de Farines

Grains, Moulées, Graines de Semences,
Graines Fourragères, Etc.

Prix Spéciaux par quantité de char ou pour char assorti.

BUREAU ET ENTREPOT:

PRES DE LA GARE DU GRAND TRONC, **St-Hyacinthe**

CORRESPONDANCE SOLLICITÉE.

Assurez-vous que votre Mince Meat soit tel que vous puissiez le recommander.

Si c'est le Mince Meat de Lytle, vous pouvez le recommander.

Mince Meat pour Noël

Vous connaissez nos marinades et nos gelées. On peut toujours s'y fier. Il en est de même de notre Mince Meat.

T. A. LYTLE & CO.

124 - 128, rue Richmond, Ouest,
TORONTO

The St. Lawrence Sugar Refining Co.

LIMITED

MONTREAL

Fabricant des qualités les plus choisies de ....

Sucres Raffinés

JAUNES EFFLORESCENTS, (BLOOMY YELLOWS)

CAFE NOIR, (BRIGHT COFFEE SUGARS)

PHŒNIX, (Qualité suivant le granulé)

GRANULÉS "EXTRA STANDARD"

Les meilleurs sur le marché

La Mine Grasse SULTANA

Est maintenant en vente chez

1546

Epiciers à Montréal, d'après nos livres le 1er Novembre, et ils répètent rapidement.

Son mérite l'élève au-dessus de toute compétition.

cultés de transport, les prix sont tenus fermes par suite du peu d'arrivages des grains.

L'avoine a de nouveau avancé, nous la cotons en magasin de 31½ à 31c.

Les pois et le sarrasin sont également fermes, les prix payés à la campagne restent à peu près les mêmes que la semaine dernière, il y a peut-être en réalité un gain de ½c par minot en faveur du cultivateur; nous cotons sur rails aux points de la campagne: pois, de 59 à 59½c et sarrasin de 49½ à 50c.

Le marché des farines de blé n'offre pas de changement.

"Nous cotons :

Patente d'hiver	$3 55	à	$3 70
Patente du printemps	0 00		4 35
Straight roller	3 50		3 60
Forte de boulanger, cité	0 00		4 05
Forte du Manitoba, secondes	3 40		3 45

En issues de blé, la demande est satisfaisante, les prix sont soutenus.

"Nous cotons : son d'Ontario de $15.50 à $16.00, du Manitoba, $15; gru d'Ontario, $17 à $17.50; du Manitoba, $16 et moulée de $17 à $24 la tonne.

Les farines d'avoine roulée dans les bonnes qualités et les sortes supérieures varient de $3.35 à $3.50 le baril.

FROMAGE

MARCHÉ ANGLAIS

MM. Marples, Jones & Co. nous écrivent de Liverpool le 23 novembre 1900 :

" Une bonne demande pour qualités fraîches de fantaisie, mais les prix ne rencontrant pas les vues des acheteurs, les affaires ont été de peu d'importance; ponr les besoins du moment, les acheteurs se contentent de bonne fabrication d'été aux environs de 50s.

" Nous cotons :

	s. d.		s. d.
Fine meaty night Scims	38 0	à	42 0
Blanc de choix, Canada et E.-U.	48 0	à	50 0
Coloré de choix, Canada et E.-U.	50 0	à	52 0
Blancs de choix septembre	52 0	à	53 0
Coloré " "	53 0	à	54 0

MARCHE DE MONTREAL

Les fromages de fabrication nouvelle trouvent acheteurs aux prix de 9¼ à 9½c.

Les affaire sont calmes et les détenteurs ne paraissent d'ailleurs pas avoir hâte de se séparer de leurs marchandises, principalement des belles qualités dont ils espèrent tirer plus tard un meilleur prix que celui qu'ils pourraient avoir maintenant.

BEURRE

MARCHE ANGLAIS

MM. Marples, Jones & Co. nous écrivent de Liverpool le 23 nov.

Avec de faibles arrivages de beurre Danois, et un temps plus froid, le marché pour beurre de 1er choix est plus ferme, bien que, avec l'exception du Danois, les prix soient sans changement. La demande, cependant, est meilleure, particulièrement pour le beurre de crêmerie du Canada. Les qualités moyennes et inférieures toujours tranquilles.

" Nous cotons :

	s.		s.
Imitation crêmeries, E.-U., choix	73	à	76
Crêmerie, frais, E.-U., choix, boîtes nominal	96	à	100
Irlande, choix, boîtes	90	à	94
Crêmerie, canadien, choix, boîtes	100	à	103
" Irlande, choix, boîtes	104	à	110
" Danemarc, en barils et sur choix	110	à	125

MARCHÉ DE MONTREAL

Les beurres sont à prix fermes; le commerce local est très satisfaisant et les stocks ne sont pas excessifs.

Nous cotons : beurres de crêmeries de 20½ à 21c; beurres de laiterie de 16 à 18c; beurre des Townships (choix) de 18 à 20c et beurres en rouleaux, rares sur place, de 18½ à 19c la lb.

ŒUFS

MM. Marples, Jones & Co, nous écrivent de Liverpool le 23 novembre :

" La demande continue à être bonne aux environs des prix de la semaine dernière.

Nous cotons:

	s d		s d
Œufs frais du Canada et des E.-U	7 10	à	8 6
" conservés à la glycerine	7 6	à	8 0
" " à la chaux	7 4	à	7 8
" frais d'Irlande	11 3	à	12 3
" " du Continent	6 6	à	8 3

Le marché de Montréal est actif et les prix sont fermes. Les œufs frais valent 24c; les œufs mirés, 16c et les œufs chaulés de Montréal, de 15½ à 16c.

GIBIER ET VOLAILLES

Bonne demande pour le gibier dont les prix sont en hausse; nous cotons : perdrix No 1 de 80 à 85c et perdrix No 2, 50c la paire; lièvres 25c la paire; chevreuil, bête entière, 5½c la lb.

Le temps n'est pas favorable aux envois de volailles, une température plus froide serait favorable à ce commerce. Nous cotons à la lb : poules et poulets de 5 à 6c; canards de 7 à 8c; oies, de 5 à 6c et dindes de 8 à 9c.

POMMES

MM. J. C. Houghton & Co, nous écrivent de Liverpool le 22 nov. 1900 :

"La demande continue à être extraordinairement active, et les prix des bonnes qualités américaines et canadiennes se maintiennent bien.

Il y a un peu de déclin dans la condition des nouveaux arrivages. Jusqu'à présent les Newton Pippins de Californie n'ont pas eu grand succès.

PRIX A L'ENCAN

Pommes	Vendredi nov. 16		Lundi nov. 19.		Mercredi nov. 21.	
	s. d.	s. d	s. d.	s. d.	s. d.	s. d.
Canadiennes, barils.						
Greening	9 0	14 0	7 6	15 0	12 9	17 0
Baldwin	7 6	13 3	9 0	11 9	8 9	13 3
Snow						
King	11 3	23 0			18	24 0
Ben Davis	8 6	10 9			12	12 9
N. Spy	8 9	13 0			11	15 3
G. Russet	6 3	13 3			12 6	14 0
Cramberry						
Américaines.						
Greening	10 0	13 9	10 3	15 0	11 0	13 0
Baldwin	7 0	13 0	8 0	14 0	7 3	14 6
Kings						
Newtown Pippin.			12 0	23 0	12 0	17 0
Ben Davis	10 0	11 3	9 9	12 3	10 6	12 0
York Imperial						
Winesap					10 0	10 3
N. Spy			13 0	14 0		
Californie.						
Newtown Pippins	7 9		7 6	7 9	7 9	

ARRIVAGES

	Barils.
Arrivages pour la semaine finissant le 20 nov. 1900	58272
Arrivages antérieurs depuis le 1er juillet 1900	259251
Total des arrivages au 20 nov. 1900	317523
Du 1er juillet 1899 au 10 nov. 1899	288787

LEGUMES

Les pommes de terre sont payées 38c les 90 lbs au char et on les détaille à 55c les 90 lbs.

Les prix des haricots triés à la main sont cotés de $1.30 à $1.50 par minot en lot de char complet.

On cote :

Salade, de Waterloo, 50c la doz.
Salade de Boston, $1.25 la doz.
Choux, de 25 à 30c la doz.
Tomates de Waterloo, 25c la lb.
Carottes, $1.00 le quart.
Navets, de 40c à 50c le sac.
Radis, de 20 à 25c la doz.
Choux fleurs, de $2.50 à $3.00 la doz.
Fèves vertes, $3.50 le quart.
Céleri de Caifornie, $4.50 la doz de paquets.
Epinards, $3.00 le quart.
Cresson, 60c doz. de paquets.
Concombres, $1.75 la doz.
Aubergines, 50 à 75c la doz
Céleri, 10c à 40c la doz. de paquets.
Patates sucrées, de $2.75 à $3.50 le quart.
Betteraves, 40c. la doz. de paquets.
Oignons rouges, de $1.75 à $2.00, le baril.
Oignons jaunes, de $1.75 à $2.00 le baril.
Oignons d'Espagne au crate de 75 à 80c.

FRUITS VERTS

Nous cotons :

Atocas, de $6.00 à $8.00 le quart.
Bananes, de $1.00 à $2.00 le régime.
Oranges de Jamaique, $5.50 le quart.
Oranges Seedlings, la boîte, $3.00.
Oranges du Mexique, de $2.75 à $3.00,
Citrons de Messine, de $2.25 à $3.00 la caisse.
Pommes, de $1.50 à $3.50 le quart.
Poires de Californie, $4 la boîte.
Raisins Catawba de 25c à 35c le panier.
Raisins de Malaga, de $5.00 à $6.00 le baril.

PORCS ABATTUS

La demande est bonne et le marché n'est pas très bien pourvu ; aussi les prix sont-ils tenus fermes de $6.75 à $7.25 les 100 lbs suivant la grosseur des porcs.

FOIN PRESSE ET FOURRAGES

MM. Hosmer, Robinson & Co., nous écrivent de Boston le 28 novembre 1900 :

Les arrivages pour les cinq derniers jours ont été 232 chars de foin et 26 chars de paille.

Pas de foin inscrit pour l'exportation.

Pendant les cinq jours correspondants de l'an dernier, 328 chars de foin et 41 chars de paille, 121 chars de ce foin destiné à l'exportation.

Nous expédions nos prix-courants une journée d'avance, cette semaine, à cause du jour d'actions de grâces. Le marché continue à être soutenu pour le foin et pour la paille et il n'y a pas de changement conséquent dans les prix depuis notre dernier rapport.

Les mauvais chemins dans certaines régions de la campagne ont empêché les expéditeurs de se faire expédier du foin :

Nous cotons :

	Grosses balles.			Petites balles.		
Foin, choix	$18.00	à	$19.00	$17.50	à	$18.50
— No 1	17.00	à	18.00	16.50	à	17.50
— No 2	16.00	à	16.50	16.00	à	16.50
— No 3	14.00	à	15.00	14.00	à	15.00
— mél. d. trèf.	15.00	à	16.00	15.00	à	16.00
— trèfle	15.00	à	15.50			
Paille de seigle long	16.00	à	16.50			
— mêlée	11.00	à	12.00	11.00	à	12.00
— d'avoine	9.00	à	9.50	9.00	à	9.50

Le marché de Montréal est très ferme avec peu d'arrivages. Ce qui vient est immédiatement enlevé.

A la campagne on paie $9.50 pour le foin Nos 1 et $8.50 pour le No 2.

Le bon foin mêlé de trèfle est rare et difficile à obtenir.

Nous cotons :

Foin pressé, No 1 à choix	$10 50	à	11 00
do do No 2	9 00	à	10 00
do mél. de trèfle	0 00	à	7 50
Paille d'avoine	4 50	à	5 00

Claques, Pardessus, Caoutchouc

Nous attirons l'attention du commerce sur une vente importante de chaussures en caoutchouc par MM. Benning & Barsalou, jeudi le 13 décembre, 86 et 88 rue St Pierre. Voir l'annonce. Vente spéciale détaillée dans une autre colonne.

Etoffes blanches

La tache est trempée et frottée au moyen d'une éponge saturée d'essence de térébenthine, puis elle est recouverte d'un morceau de papier buvard, sur lequel on passe à plusieurs reprises un fer très chaud, et ensuite lavée dans de l'eau de savon de température moyenne.

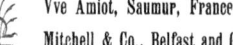

Les Elections à l'Association des Hôteliers Licenciés

Mardi dernier a eu lieu l'assemblée mensuelle des membres de l'Association des Hôteliers Licenciés.

L'assemblée a eu lieu dans la grande salle de notre confrère quotidien *La Patrie*. Les membres présents ont été nombreux, parmi eux nous relevons les noms suivants :

MM. Lawrence A. Wilson, président; Napoléon Richard, vice-président; L. A. Lapointe, secrétaire; Victor Bougie, trésorier; E. L. Ethier, L. Emery Cadieux, B. Lépine, et MM. Henri Dubois, Albert Dansereau, Michael Murphy, J. S. Caron, Benjamin Lépine, Antoine Desormiers, Jos. Taillon, Thos. Barry, Wm. Boutin, Médéric Menard, Jos. Roch, Jos. Cusson, Ovila Lachapelle, Ovila Tessier, T. B. Moineau, Benoni Dupuis, Jos. Clement, Théophile Bougie, P. Vincent, Ovide Galarneau, J. M. Fortier, Nazaire Gauthier, Jos. Lamarche, A. Barbier, Jos. Larivière (Ste-Anne de Bellevue), P. P. Raby, F. X. Sauviat, Jos. Charest, Victor Lemay, Alex. Côté, A. P. Demorasse, P. Monette, Jos. Lemieux, Roch Henrie, Dieudonné Bougie, Alfred Henrie, Jos. A. Lemieux, Louis Durand, Edouard Fortin, Hormisdas Courtois, Toussaint Viau, Alexandre Legault, Jos. Payette, Rodolphe Chevalier, Robert Wiseman, Roch Archambault, Edouard Barrette, Damase Gravelle, J. A. Cataford, Alphonse Poitras, Frs. Berthiaume, P. McGoogan, Napoléon Latraverse (Sorel), Wm O'Brien, Edouard St-Jean, Edmond St-Georges, James Walker, Napoléon Pouliot, Camille Thouin, Geo. Marks, J. A. Ayotte, T. Routhier, Jos. Banteau, Alex. Miller, Jean Lamoureux, Théophile Ethier, Arthur Dudemaine, Edward Brophy, J. F. Giroux, Chas. S. Reinhardt, P. Scullion, Antoine Huot, Lawrence McNiece, L. D. Gagnon, A. H. Goulet, John J. Johnson, Jules Arpin, David Barsalou, Eugène Massé, Wilfrid Method, Napoléon Tremblay, L. V. Thouin, Stanislas Vallée, Calixte Parent, Théophile Parent, James O'Dea, Joseph Neveu, Jos. Dupont.

A l'ouverture de la séance, M. Benj. Lépine, secondé par M. Philippe Vincent, a présenté une résolution de félicitations au trésorier de l'Association, M. L. A. Lapointe pour son élection comme échevin de la Cité de Montréal.

Inutile de dire que cette résolution a été votée à l'unanimité.

M. L. A. Lapointe remercia ses confrères de l'Association en d'excellents termes qui lui valurent de chaleureux applaudissements.

L'ordre du jour appelait l'élection des officiers de l'Association pour l'année 1901.

Toutes les élections ont été faites par acclamation et ont donné les résultats suivants :

Président, Law. A. Wilson; Vice-président, Napoléon Richard; Secrétaire, Ech. L. A. Lapointe; Trésorier, Victor Bougie.

Directeurs, Amédée Blondin, Henri Dubois, B. Lépine, E. L. Ethier, F. A. Chagnon, Louis Poirc.

M. E. Cadieux mis en nomination refusa de se laisser porter comme candidat ayant été directeur et n'habitant pas la ville.

Bureau des aviseurs: Ech. H. Laporte, Ech. H. A. Ekers, Ech. Clearihue, Ech. Clément Robillard, Ech. H. W. Lareau, Ech. Jos Lamarche, Ech. Vital Raby et ex-éch. Kinsella.

A cette assemblée ont également été admis à faire partie de l'Association. MM. Arth. Vinet, Dieudonné Bougie, F. N. F. Catudal, Napoléon Vallée, Jos Parent, Henri St Mars, A. Gervais, A. J. H. St Denis, Jean Lamoureux, J. D. Couture, J. E. Barnabé, L. A. Bernard, David Lachapelle, Armand Dion et John McClanagan.

M. Lawr. A. Wilson remercia les membres de l'Association de sa réélection. L'heure à laquelle nous allons sous presse ne nous permet de reproduire comme nous le voudrions, les remarques qu'il eût alors l'occasion de faire, au sujet de sa propre réelection, et de l'élection de M. L. A. Lapointe comme échevin de Montréal.

Quant à celles qu'il fit au sujet des licences d'hôtelier trop nombreuses à Montréal; du remaniement du tarif sur les vins et spiritueux et de l'inspection des liqueurs, nous aurons certainement l'occasion d'y revenir.

Les applaudissements répétés de son auditoire ont indiqué à M. Lawr. A. Wilson que son Président avait la plus entière confiance des membres de l'Association, qui tous sans exception partagent ses vues.

EXTRA

RENSEIGNEMENTS COMMERCIAUX
PROVINCE DE QUEBEC

Cessations de Commerce

Montréal—Turner T. B., bois et charbon.

Cessions

Georgeville—Heath & Heath, mag. gén., ass. 12 déc.
Montréal—Rochon Moise, contracteur.
St-Hyacinthe—Lapierre Chs M., nouv.
St-Octave de Métis—Desjardins Emile, mag. gén., et ferblantier.

Curateurs

Montréal—Bilodeau & Chalifour à American Skirt Co.

Dissolutions de Sociétés

Montréal—Emard G. & Cie, épic.
Gendron & Viau, épic.
Potton—Chappel & Atvell, bois de sciage.

En Difficultés

Québec—Dion Joseph jr, quincaillerie.
St Tite des Caps — Renaud S., mag. gén. et moulin à scie.

Fonds Vendus

Hull—Gratton Ths, épic. etc., à 72½c dans la piastre.

Incendies

Gracefield—Reid B. N., mag. gén. ass.

Nouveaux Établissements

Montréal — Bell, Simpson & Co, produits à com.; John Simpson.
British American (The) Trading Co; Isaac Levy.
Emard G. A. & Co, épic.
Gendron & Co, nouv.
New York (The) Silk Waist Mfg Co; Isidore Mishkin.
Roy & Co, chapeaux en gros; Gustave Lévesque.
Montréal et Québec — Houde B. & Co, mfrs de tabac.
St Henri de Montréal—Scott Bros, épic.

PROVINCE D'ONTARIO

Cessations de Commerce

Ottawa—Mansfield Pierce, hôtel.
Welland—Hardison F. J., pharmacien.
Woodstock — Haight Edw. W., meubles; Haight & Pomeroy succèdent.

Cessions

Goodwood—Lasher A. T., charron.
Toronto—Mill J. W., épic. etc.

Décès

Elmvale et Toronto—McKeggie J. C. & Co., banquiers etc.; J. H. McKeggie.
Ottawa—Egan Dennis, épic.

Fonds à Vendre

Crumlin—Bailey Turner, forgeron.
Picton—Wait Isaac N., ferblanterie etc.

Fonds Vendus

Kingston—Potter W. A., hôtel.
Seaforth—Stewart James, restaurant, à Oscar Neil.
Woodstock—Buckborough W., épic., à Burgess & Currie.

Nouveaux Établissements

Chatham—Chatham (The) Mineral Water Co, Ltd.
Hamilton—Evans Robt. Seed Co, Ltd.
Meriden Brittania Co, Ltd.
Kingston—Tétrault M. D., hôtel.
London—Sanitary (The) Dairy Co, Ltd.
Wright (The) Hat Co, Ltd.
Ottawa—Ottawa (The) Produce Co, Ltd.
Snider A. R., hôtel.
St-Catharines—McKinnon (The) Dash and Metal Works Co Ltd.
Stratford—Cardigan (The) Overshoe Co, Ltd.
Toronto—Canadian (The) Exporters association of Toronto Ltd.
Macdonald Mfg Co Ltd.
McPherson George Shoe Mfg Co Ltd.
Queen City (The) Plate Glass and Miror Co Ltd.
Woodstock—Boughner Ira H., marchand-tailleur.
White Orlando, épic.

Mauvaises odeurs des peintures

Bien des migraines, des névralgies, sont dues à l'odeur forte et pénétrante qu'exhale la peinture insuffisamment sèche des appartements repeints ou restaurés. On obvie à cet inconvénient au moyen des vapeurs sulfureuses. Voici comment il faut procéder :

Prenant deux ou trois vieilles assiettes, que l'on dépose sur le plancher, on verse dedans un peu d'acide sulfurique : les vapeurs qui s'en dégagent absorbent en quelques heures la mauvaise odeur. Il ne reste plus, pour tout faire disparaître, qu'à aérer la pièce pendant un ou deux jours.

Une concurrence à la tour Eiffel

Il s'agit d'élever, à Montmartre, sur la butte, une tour de 500 mètres, encastrée dans le sol et dans laquelle on pénétrera par un tunnel de 300 mètres, qui prendra naissance sur le boulevard Rochechouart, afin d'éviter la montée de la butte. Elle supportera, à son sommet, un phare colossal, alimenté à l'acétylène, et d'un pouvoir éclairant de 200,000 bougies. Placé à 600 mètres au-dessus de Paris, ce phare pourra éclairer un espace de 1,800 mètres de diamètre, soit une surface de 2,500,000 mètres carrés.

L'auteur du projet, M. Sebillot, ajoute que le poids total du métal serait de 1,800 tonnes et le devis général s'élève à 3 millions. Le projet est à l'étude et, sauf quelques questions d'ordre financier, en bonne voie de solution.

Trempe des aciers

La Société des aciers Poldi publie une notice de laquelle nous extrayons les renseignements suivants, qui paraissent être d'une application générale.

La trempe exige un chauffage lent et régulier jusqu'à la température voulue. Si cette opération se fait à feu découvert, le feu au charbon de bois ou au coke léger est recommandé. Les pièces compliquées doivent être trempées dans l'eau de chaux. Dans le cas où la pièce offre une très grande élasticité, relativement à sa dureté, la trempe doit être effectuée dans l'huile ou dans le suif fondu.

Suivant le degré d'élasticité ou de dureté voulu la pièce trempée est recuite plus ou moins.

LA COMPAGNIE de.....

PUBLICATIONS COMMERCIALES

(THE TRADES PUBLISHING COMPANY.)

Avis est par le présent donné que la première assemblée des actionnaires de cette compagnie aura lieu le 19 décembre 1900, au bureau de la compagnie, No 25, rue Saint-Gabriel, Montréal, à 11 heures a m., pour l'élection des directeurs et la transaction de toutes autres affaires qui seront légalement soumises à l'assemblée.

J. A. LAQUERRE,
Secrétaire, pro temp.

Montréal, 26 Novembre 1900.

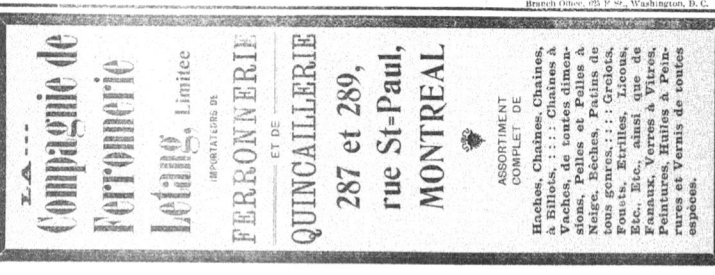

CHRONIQUE DE QUEBEC

Mercredi, 5 décembre 1900.

La semaine, au point de vue commercial, s'est ressentie de l'approche des fêtes. Les nouveautés en jouets et en bimbloteries de toutes sortes sont maintenant offertes à la curiosité publique, et le débit en est déjà considérable. Le choix en est riche et des plus variés, témoignant du bon goût de nos marchands et de leur désir de satisfaire la clientèle. Il existe aujourd'hui, dans les méthodes de vendre ces choses souvent coûteuses, et dont la mode disparaît avec l'année qui s'en va, le souci de n'en conserver en stock que la plus petite quantité possible, à cause de la dépréciation dans les prix. C'est une habitude à suivre, et tous les marchands que cela intéresse feront bien d'y voir, afin d'éviter des mécomptes,

∴

La difficulté ouvrière est encore sans solution définitive. C'est assez dire que le commerce en ressent le contre-coup. Nous entendons, chaque jour, des plaintes nombreuses à ce sujet. Le mode choisi pour régler le différend demande, par sa nature même, de longues études. Il ne s'agit pas d'avoir une décision sur un fait ou une série de faits qui seraient connus et admis sans conteste. Le débat actuel contient des définitions de principes, soulève des problèmes sociaux dont la solution est entourée de dangers, touche aux plus graves questions d'économie politique. On comprend que l'arbitre chargé de mettre fin à un état de choses déplorable prenne le temps nécessaire non seulement pour assurer la reprise du travail dans les manufactures, mais pour prévenir le renouvellement de semblables misères, qui sont une cause de ruine pour tout le monde. Or, il va de soi que, pour satisfaire les intéressés, il faille plus qu'une étude superficielle des faits. Autant la responsabilité assumée par Mgr l'Archevêque est grande, autant la justice veut qu'il prenne tout le temps suffisant pour en arriver à un résultat pratique.

Il a été annoncé que l'arbitre avait invité patrons et ouvriers à accepter un compromis temporaire, de manière que les manufactures fonctionnent sans plus de retard. Deux ou trois établissements sont déjà ouverts, et l'on dit que dès demain (jeudi) plusieurs autres seront en opération. Nous n'avons pas encore confirmation de cette rumeur.

∴

Les communications de la ville avec la campagne sont encore difficiles par suite du manque de neige. On peut donc dire que la fermeture de la navigation fait encore sentir son mauvais effet sur le commerce qui a été un peu ralenti depuis quelques jours. Il paraîtrait y avoir un certain malaise dans les finances de quelques maisons d'affaires, et il est à craindre que des complications surviennent. La suspension des opérations d'un courtier de cette ville, durant la semaine qui vient de s'écouler, montre un état de choses alarmant. Un trop grand nombre d'hommes dans les affaires sont à la merci de personnes qui les exploitent, après que leur crédit est fermé dans les banques.

Nous savions déjà que des prêteurs à la petite semaine se trouvaient gênés et presque ruinés par suite de la fermeture des établissements industriels. Nous savons maintenant que des marchands et des hommes de métiers, en même temps qu'un bon nombre de commis, payent tribut à leurs fournisseurs de fonds, et que ce tribut est désastreux dans bien des cas. Il nous fait plaisir, toutefois, de constater qu'il existe dans ce genre d'affaires des citoyens parfaitement honorable qui aident véritablement au commerce.

EPICERIES

Mélasses : Barbade pur, tonne, 40 à 42c ; Porto Rico, 38 à 42c ; Fajardos, 47 à 48c.

Beurre : Frais, 20 à 21c ; Marchand, 17 à 18½c ; Beurrerie, 20c.

Conserves en boîtes : Saumon, $1.25 à $1.70 ; Clover leaf, $1.60 à $1.65 ; homard, $3.15 à $3.30 ; Tomates, 95c à $1.00 ; Blé-d'inde, 85 à 90c ; Pois, 90c à $1.00.

Fruits secs : Valence, 9c ; Sultana, 11 à 15c ; Californie, 8 à 10c ; C. Cluster, $2.80 ; Imp. Cabinet, $3.70 ; Pruneaux de Californie, 8 à 10c ; Imp. Russian, $4.50.

Tabac Canadien : En feuilles, 9 à 10c ; Walker *wrappers* 15c ; Kentucky, 15c ; et le White Burleigh, 15 à 16c.

Planches à laver : "Favorites" $1.70 ; "Waverly" $2.10 ; "Improved Globe" $2.00

Balais : 2 cordes, $1.50 la doz ; à 3 cordes, $2.00 ; à 4 cordes, $3.00.

FARINES, GRAINS ET PROVISIONS

Farines : Forte à levain, $2.25 à $2.30 ; deuxième à boulanger, $1.90 à $2.10 ; Patente Hungarian, $2.40 ; Patente Ontario, $1.90 à $1.95 ; Roller, $1.70 à $1.80 ; Extra, $1.60 à $1.65 ; Superfine, $1.45 à $1.50 ; Bonne Commune, $1.25 à $1.30.

Grains : Avoine (par 34 lbs) Ontario, 35 à 37c ; orge, par 48 lbs, 65 à 70c ; orge à drèche, 70 à 80c ; blé-d'inde, 55 à 56c ; sarrasin, 60 à 70c.

Lard : Short Cut, par 200 lbs, $18.00 à $18.50 ; *Clear Back*, $19.50 à $20.50 ; saindoux canadien, $2.05 à $2.25 ; composé le seau, $1.70 à $1.75 ; jambon, 10½ à 13c ; bacon, 9 à 10c ; porc abattu, $6.00 à $7.50.

Poisson : Hareng No 1, $5.50 à $6.00 ; morue No 1, $4.25 à $4.50 ; No 2, $3.70 ; morue sèche, $5.00 le quintal ; saumon, $15.00 à $16.00 ; anguille, 4½c la livre.

∴

Nous réservons pour plus tard quelques commentaires sur la part que nos hommes d'affaires de Québec ont prise aux dernières luttes de la politique, et sur le rôle qu'ils auront à jouer dans la législation du pays. Nous ne croyons pas nous tromper en affirmant qu'il s'est opéré un progrès réel dans la manière de choisir les représentants du peuple en Parlement. La part large faite au commerce est une garantie que les affaires de la province seront administrées avec soin et par des spécialistes accoutumés au rude et difficile labeur des chiffres. C'est, du reste, le vœu que nous formions dans ces mêmes colonnes, il y a un an passé. Nous ne croyions pas alors que notre désir serait sitôt réalisé. Les débats parlementaires y perdront quelque chose de leur caractère déclamatoire, mais ils y gagneront au point de vue pratique.

L. D.

Ventes de Fonds de Banqueroute par les Curateurs

Par Bilodeau & Chalifour, le stock d'épicerie de A. P. Lalande & Cie, de Côte St-Paul, à 40c dans la piastre à Damien & Proulx.

Par Bilodeau & Chalifour, le stock d'épicerie de Frs Benoit de Longueuil à 57c dans la piastre à Mich. Viger et les dettes de livres à 14c dans la piastre à H. Paquet.

NOTES SPECIALES

La firme "Salada" reporte de bonnes ventes soutenues de son nouveau thé vert non coloré de Ceylan. Bien plus, elle dit que la qualité et la valeur de ce thé sont telles qu'elles le pousseront au pinacle sur le marché américain du Thé. On recevra des échantillons sur demande. Adresse : Salada, Montréal.

Monsieur Jos. Coté, marchand de tabac, parti de Québec depuis quelques jours pour le Grand Nord, est rentré en ville hier. Son voyage a été des plus heureux, et le résultat promet beaucoup d'encouragement. Monsieur Coté, durant son excursion, a su s'attirer le patronage et la confiance de plusieurs clients. Les commandes qu'il doit faire expédier cette semaine sont nombreuses et nécessiteront pour quelques jours un surcroit de besogne et d'activité.

Nos félicitations à Monsieur Côté pour les succès continus qu'il remporte."

Epices et Cafés

La maison E. D. Marceau, 296 rue St Paul, Montréal, attire l'attention des acheteurs sur la haute qualité de ses cafés et de ses épices dont les prix ne sont pas beaucoup plus élevés que pour les grades inférieurs, mais dont la valeur est bien supérieure.

Tant que vous n'aurez pas goûté les célèbres

TABACS EN POUDRE....
FRECHETTE

Echantillons envoyés gratis sur demande.

vous ne saurez pas ce que c'est qu'un tabac vraiment supérieur vendu avec la garantie des fabricants

Miller & Lockwell, - - Quebec

Téléphone 13.

JOS. AMYOT

No 45 rue Dalhousie,

QUEBEC

Négociant en Marchandises Européennes, Américaines, et.... Canadiennes.

The Canada Sugar Refining Co.

MONTREAL. Limited

Manufacturiers de Sucres Raffinés de la Célèbre Marque **REDPATH**

De qualité et pureté les plus hautes, d'après les derniers procédés et les machines nouvelles qui n'ont de supériorité nulle part.

SUCRES EN MORCEAUX.—Boites de 50 et 100 lbs.
GRANULÉ "CROWN."—Marque spéciale, la plus belle qu'on puisse produire.
EXTRA GRANULÉ.—Qualité très supérieure.
SUCRES " CRÈME."—Non séché.
SUCRES JAUNES.—De tous les grades.
SIROPS.—De toutes qualités, en barils et demi barils.

Seuls fabricants de Sirops fins en canistres de 2 lbs. et de 8 lbs.

T BELL MAIN 1571. MAISON ETABLIE EN 1858.

D. COLLINS

(Près de la Gare Dalhousie)

44 Rue St-Paul, Montréal.

Manufacturier de Balances en tous Genres.

Balances à Foin à Charbon, faites à ordre.

Spécialité : Réparations de tous genres.

Si vous vous tenez en contact

Avec le Commerce, vous trouverez que

Les Viandes de Clark constituent une ligne des plus attrayantes et ou il y a beaucoup de choix.

55 Variétés.

BLEU CARRÉ PARISIEN

Le "Bleu Carré Parisien" est exempt d'indigo et ne tache pas le linge.

Il est plus fort et plus économique que n'importe quel autre bleu employé dans la buanderie

A obtenu une Médaille d'Or.

TELLIER, ROTHWELL & CIE.

Seuls fabricants. MONTREAL

J. W. HILL

Propriétaire d'Entrepots

ENTREPOT, REFRIGERATEUR PUBLIC POUR EFFETS PERISSABLES EN DOUANE OU LIBRES

Entrepot No 73

Magasin : Coin des rues William et Queen

Bureau : No 48 rue William MONTREAL

LEFEBVRE, RYAN & CIE

MANUFACTURIERS DE

Vinaigres et Marinades, Vinaigres Purs, Marinades de toutes sortes

DE QUALITÉ SUPERIEURE SOUS TOUS RAPPORTS.

VINAIGRE IMPERIAL

Reconnu comme donnant toujours la plus entière satisfaction.

BUREAUX ET ENTREPOTS :

155 à 159 rue des Commissaires, et 4 à 10 rue Duc

MONTREAL

La Farine Préparée

(SELF-RAISING FLOUR)

de Brodie & Harvie

est aujourd'hui la farine préférée des ménagères. Elle donne une excellente patisserie, légère, agréable et recherchée par les amateurs. Pour réussir la patisserie avec la farine préparée de Brodie & Harvie, suffit de suivre les directions imprimées sur chaque paquet.

10 et 12 RUE BLEURY, MONTREAL

NOS PRIX COURANTS, PARTIE I

Nos prix courants sont revisés chaque semaine. Ces prix nous sont fournis pour être publiés, par les meilleures maisons dans chaque ligne; ils sont pour les qualités et les quantités qui ont cours ordinaire dans les transactions entre le marchand de gros et le marchand de détail, aux termes et avec l'escompte ordinaire. Lorsqu'il y a un escompte spécial, il en en est fait mention. On peut généralement acheter à meilleur marché en prenant de fortes quantités et au comptant.

PRIX COURANTS.—MONTREAL, 6 DECEMBRE 1900.

Articles divers.

Bouchons communs....gr.	0 18	0 30
Briques a couteaux....doz.	0 25	0 30
Brûleurs pour lampes		
No. 1..................doz.	0 00	0 75
No. 2.................. "	0 00	1 00
No. 3.................. "	0 00	0 70
Câble coton ¼ pouce...lb.	0 13	0 14
" Manilla.......... "	0 15¼	0 16¾
" Sisal............ "	0 09	0 10½
" Jute............. "	0 10	0 11½
Coton à attacher....... "	0 15	0 21
Chandelles suif........lb.	0 00	0 09
" paraffine... "	0 12	0 12½
" London Sperm. "	0 11	0 11½
" Stéarine........ "	0 13	0 14
Epingles à linge.bte. 5 gr.	0 60	0 70
	3 fils.	6 fils.
Ficelles........ 30 pieds..	0 40	0 75
" .... 40 " ..	0 55	0 85
" .... 48 " ..	0 65	1 00
" .... 60 " ..	0 80	1 35
" .... 72 " ..	0 95	1 60
" .... 100 " ..	1 25	2 00
Lessis concentré, com... "	0 00	0 40
" pur.... "	0 00	0 75
Mèches à lampes No. 1.....	0 11	0 13
" No. 2.....	0 14	0 16
" No. 3.....	0 09	0 11

Conserves alimentaires

Légumes.

Asperges 4 lbs.........dz.	0 00	4 50
Baked Beans 3 lbs..... "	0 90	1 00
Blé d'Inde.........2 lbs "	0 85	0 95
Champignons ...... bte.	0 15	0 21
Citrouilles 3 lbs.......dz.	0 00	0 85
Haricots verts......... "	0 00	0 85
Olives, Pints........... "	3 75	5 00
" ½ Pints.......... "	2 90	3 60
" en quart, gallon.	0 00	1 50
Petits pois français...bte.	0 09	0 12
" fins......... "	0 14	0 15
" extra fins.. "	0 16	0 17
" surfins..... "	0 18	0 20
Pois canadiens 2 lbs.. dz.	0 80	1 10
Tomates............... "	0 87½	0 90
Truffes................ "	4 80	5 00

Fruits.

Ananas 2 et 2½ lbs....dz.	2 15	2 50
Bluets 2 " ... "	0 75	0 85
Cerises 2 " ... "	1 95	2 15
Fraises 2 " ... "	1 70	1 85
" 3 " ... "	2 10	2 15
Framboises 2 " ... "	1 45	1 60
Pêches 2 " ... "	1 60	1 85
" 3 " ... "	2 40	2 85
Poires 2 " ... "	0 00	1 65
" 3 " ... "	1 95	2 10
Pommes gal....... "	0 00	2 15
" 3 lbs... "	0 00	0 90
Prunes vertes 2 " ... "	0 00	1 45
" bleues 2 " ... "	1 25	1 35

Poissons.

Anchois...............dz.	3 25	0 00
Anchois à l'huile...... "	3 25	4 50
Clams 1 lb............. "	1 25	1 35
Harengs marinés...... "	1 55	1 85
Harengs aux Tomates. "	1 50	1 60
Homards, boite haute. "	3 12½	3 20
" " plate... "	3 65	3 75
Huitres, 1 lb..........dz.	0 00	1 30
" 2 " .... "	0 00	2 40
Maquereau............ "	1 00	1 05
Sardines Canadiennes, cse	4 00	4 50
Sardines ¼ françaises.bte.	0 09	0 25
" ½ " "	0 17	0 35
Saumon rouge (Sockeye) boite haute dz.	0 00	1 60
" " plate "	0 00	1 75
" " ordinaire haute	0 00	1 50
" rose (Cohœ) " dz.	0 00	1 12½
" du printemps, "	0 00	1 50
Smelts (Eperlans).... "	0 40	0 45

Viandes en conserves.

Corned Beef, bte 1 lb....dz.	1 60	2 00
" " 2 " .... "	2 80	3 40
" " 6 " .... "	9 75	11 40
" " 14 " .... "	21 60	21 00
Lang. de porc." 1 " ....dz.	3 00	4 15
" " 2 " .... "	6 00	8 00
" bœuf " 1½ lb.... "	8 00	10 00
" " 2 " .... "	9 25	11 30
" " 3 " .... "	......	14 10
English Brawn 1 lb .... "	1 40	1 70
Bœuf (chipped dried).... "	2 95	3 00
Dinde, bte 1 lb........... "	2 20	2 30
Pâtés de foie gras........ "	3 00	8 00
Pieds de cochon, bte 1½ lb. "	2 30	2 40
Poulets, " 1 lb. "	2 20	2 30

Drogues et Produits Chimiques

Acide carbolique.......lb.	0 30	0 40
" citrique...... .... "	0 50	0 55
" oxalique......... "	0 08	0 10
" tartrique......... "	0 33	0 35
Aloès du Cap........... "	0 14	0 15
Alun.................. "	0 01½	0 03
Bicarbonate de Soude, brl.	2 00	2 25
Bichrom. de potasse.....lb.	0 10	0 12
Bleu (carré)........... "	0 10	0 16
Borax raffiné.......... "	0 05	0 07
Bromure de potasse.... "	0 55	0 60
Camphre américain.... "	0 80	0 90
" anglais ...... "	0 85	0 95
Cendres de soude...... "	0 01½	0 02
Chlorure de chaux..... "	0 02½	0 05
" de potasse.... "	0 23	0 25
Couperose ....100 lbs	0 80	1 00
Crème de tartre ....lb	0 22½	0 27½
Extrait de Campèche... "	0 10	0 11
" en paquets..... "	0 12	0 14
Gelatine en feuilles.... "	0 35	0 60
Glucose................ "	0 03½	0 04
Glycérine .... "	0 18	0 20
Gomme arabique...... lb	0 40	1 25
Gomme épinette........ "	0 00	0 25
Indigo Bengale........ "	1 50	1 75
" Madras........ "	0 60	0 80
Iodure de potasse...... "	4 00	4 25
Opium .... "	4 50	4 75
Phosphore .... "	0 50	0 75
Pourpre de Paris....... "	0 09	0 10
Résine ....(280 lbs)	2 75	5 00
Salpêtre................lb	0 05	0 07½
Sels d'Epsom.....100 lbs.	1 50	3 00
Soda caustique 60° " lbs	0 00	2 50
" " 70° " "	0 00	2 75
" à laver...... "	0 70	0 90
à pâte...........brl.	2 00	2 50
Soufre poudre. ....lb.	0 02	0 03
" bâtons.......... "	0 02	0 03
" rock, sacs..100 lbs.	2 00	3 00
Strychnine ....oz.	0 90	1 00
Sulfate de cuivre.......lb.	0 06	0 07
Sulfate de morphine... "	1 90	2 00
" de quinine.....oz.	0 40	0 45
Sumac ....tonne.	70 00	75 00
Vert de Paris...........lb.	0 18½	0 20½

Epices pures.

Allspice, moulu.........lb.	0 15	0 20
Cannelle moulue....... "	0 15	0 20
" en nattes...... "	0 13	0 15
Clous de girofle moulu "	0 18	0 20
" " ronds.. "	0 12½	0 14
Gingembre moulu...... "	0 15	0 25
" racines "	0 10	0 25
Macis moulu............ "	0 90	1 00
Mixed Spice moulu Tin 1 oz.................. "	0 00	0 45
Muscade blanchie...... "	0 40	0 50
" non blanchie.. "	0 50	0 60
Piment (clous ronds).... "	0 10	0 12
Poivre blanc, rond..... "	0 23	0 26
" " moulu... "	0 26	0 28
" noir, rond........ "	0 15	0 17
" " moulu..... "	0 18	0 19
" de Cayenne..... "	0 22	0 26
Whole Pickle Spice....lb.	0 15	0 20

Fruits Secs.

Abricot Calif...........lb.	0 12	0 13
Amandes ½ molles.... "	0 12	0 13
" Tarragone... "	0 14	0 15
" Valence écalées "	0 35	0 37
Amand. amères écaléeslb	0 00	0 45
" écalées Jordan "	0 40	0 42½
Dattes en boites .... "	0 00	0 05
Figues sèches en boites "	0 07½	0 12
" " en mattes "	0 00	0 03¼
Nectarines Californie.. "	0 11	0 12
Noisettes (Avelines) ...lb.	0 11½	0 12
Noix Marbot............ "	0 10	0 11
" Couronne........ "	0 08	0 09
" Grenoble......... "	0 12	0 13
" " écalées. "	0 00	0 00
Noix du Brésil......... "	0 12	0 13
Noix Pecanes poli...... "	0 12½	0 13
Peanuts rôtis (arach).. "	0 06½	0 07½
Pêches Californie...... "	0 10	0 11
Poires " ...... "	0 13½	0 15
Pommes séchées....... "	0 00	0 00
Pommes évaporées.... "	0 05½	0 06
Pruneaux Bordeaux... "	0 04	0 08
" Bosnie...... "	0 00	0 05½
" Californie... "	0 05½	0 11
Raisins Calif. 2 cour.. "	0 00	0 00
" " 3 " .. "	0 00	0 00
" " 4 " .. "	0 00	0 00
Corinthe Provincials... "	0 11	0 12
" Filiatras..... "	0 11	0 12
" Patras........ "	0 00	0 00
" Vostizzas .... "	0 14	0 15
Malag. London Layers bte.	0 00	1 75
" Connoisseur Cluster "	0 00	2 25
" Buckingham Cluster...... "	0 00	3 40
Malaga Russian Cluster bte.	0 00	4 50
Sultana ....lb.	0 10	0 12
Valence fine off Stalk,. "	0 00	0 08
" Selected ...... "	0 08	0 08½
" layers....... "	0 09	0 09

Fruits verts

Ananas, pièce............	0 00	0 00
Attocas............quart..	6 00	8 00
Bananes...........régime	1 00	2 00
Pommes...........baril..	1 50	3 00
Raisins Malaga.... "	5 00	6 00
" ½ "	0 00	0 00
Oranges Valence (420) cse	0 00	0 00
" " (714)....	0 00	0 00
" Navels...........	0 00	0 00
" Seedlings	0 00	3 00
" Sanguines, ½ cse	0 00	0 00
" Sorrente, caisse.	0 00	0 00
" Messine "	0 00	0 00
" " ½ "	0 00	0 00
" du Mexique.....	2 75	0 00
" Jamaique, baril.	0 00	5 50
Citrons Messine.... caisse.	2 25	3 00
" Malaga. bte 35 dz	0 00	0 00
" " caisse 59 dz.	0 00	0 00
Oignons rouges.... baril..	1 75	2 00
" jaunes	1 75	2 00
" d'Egypte, 165 lbs	0 00	2 25
Oignons d'Espagne, boite.	0 80	0 90
Noix de coco, par 100....	3 25	0 00

Grains et Farines.

GRAINS

Blé roux d'hiver Can. No 2.	0 00	0 00
Blé blanc d'hiver Can. No 2.	0 00	0 00
Blé du Manitoba No 1 dur...	0 90	0 92½
" " No 2 "	0 87½	0 90
Blé du Nord No 1..........	0 00	0 85
Avoine blanche No 2........	0 31¼	0 31½
Orge No 1,.........48 lbs.	0 50	0 53
" à moulée.... "	0 42	0 43
Pois No 2 ordinaire, 60 lbs...	0 67	0 67½
Sarrasin, 48 " ...	0 51	0 51½
Seigle, 56 " ..	0 57	0 58

FARINES.

Patente d'hiver.............	3 55	3 70
Patente du printemps.......	0 00	4 35
Straight roller	3 50	3 60
Forte de boulanger, cité.....	0 00	4 05
Forte du Manitoba, secondes	3 40	3 45

FARINES D'AVOINE.

Avoine roulée baril......	3 35	3 50
" " sac........	1 62½	1 70

ISSUES DE BLE

Son d'Ontario, au char, ton	15 50	16 00
" de Manitoba " "	00 00	15 00
Gru de Manitoba.......char	00 00	16 00
" d'Ontario......... "	17 00	17 50
Moulée .... "	17 00	24 00

Huiles et graisses.

HUILES.

Huile de morue, T. N., gal.	0 35	à 0 40
" loup-marin raffi.. "	0 00	0 55
" paille............ "	0 00	0 50
Huile de lard, extra gal.	0 75	0 85
" " No 1. "	0 65	0 75
" d'olive p. mach.. "	0 90	1 00
" à salade......... "	0 77½	0 80
" d'olive à lampion "	1 20	2 60
" de spermaceti.... "	1 30	1 50
" de marsouin..... "	0 50	0 60
" de pétrole, par quart.	0 00	0 16½
Acmé Imperial........gal.	0 00	0 17½
Huile Américaine par quart:		
Water White.......... "	0 00	0 19½
Pratt's Astral.......... "	0 00	0 19½
Huile de foie de m. Nor. gal	1 25	à 1 35
" " T.N. "	1 00	1 10
" de castor "E. I." lb.	0 09½	0 10
" " franç. qrt. lb.	0 09½	0 10
" " " cse.	0 11	0 12

Liqueurs et spiritueux.

Rhum.

Jamaique.................	4 45	6 35

Whisky Canadien au gallon, en lots d'un ou plusieurs barils de 40 gallons (pas de demi-barils) d'une sorte ou assortis.

Gooderham & Worts 65 O. P	4 50
Hiram Walker & Sons "	4 50
J. P. Wiser & Son "	4 49
J. E. Seagram "	4 49
H. Corby "	4 49
Gooderham & Worts 50 O. P........	4 10
Hiram Walker & Sons "	4 10
J. P. Wiser & Son "	4 09
J. E. Seagram "	4 09
H. Corby "	4 09
Rye Gooderham & Worts............	2 20
" Hiram Walker & Sons...........	2 20
" J. P. Wiser & Son..............	2 19
" J. E. Seagram..................	2 19
" H. Corby.......................	2 19
Imperial Walker & Sons............	2 90
Canadian Club Walker & Sons.......	3 60

Pour quantité moindre qu'un quart d'origine mais pas moins de 20 gallons:

65 O. P.......... ....le gall.	4 55
50 O. P....................... "	4 15
Rye	2 25

Au-dessous de 20 gallons:

65° O. P..................le gallon	4 60
50° O. P................... "	4 20
Rye...................... "	2 30

Pour quantité moindre qu'un baril ou un barillet d'origine:

Imperial Whisky.........le gallon	3 10
Canadian Club............ "	3 80

F. O. B. Montreal, 30 jours net ou 1 o/o 10 jours; fret payé pour quantité d'un quart et au-dessus.

Pour le Whisky à 50° O. P., 5c de moins par gallon, F. O. B. Montréal, pour l'île de Montréal.

Rye Canadien à la caisse.

Walker's Impérial..........quarts	7 50
" ....16 flasks	8 00
" ....32 "	8 50
Walker' Canadian Club....quarts	9 00
" ..16 flasks	9 50
" ..32 "	10 00
Gooderham & Worts 1891 1 à 4 c.	6 75
Seagram 1896 (Star brand.) quarts	6 50
" No 83 .... "	8 75
Corby I. X. L.	7 00
Purity, qts........................	6 50
" 32 flasks	7 50
Canadian, qts.......................	5 00
" 32 flasks	6 00

F. O. B. Montreal, 30 jours net ou 1 o/o 10 jours

Mélasses.

	Au gallon
Barbades tonne...................	0 41
" tierce et qt............	0 43½
" demi quart............	0 44½
" au char ton...........	0 40
" " tierce...........	0 42½
" " ½ qt...........	0 43½
Porto Rico, choix, tonne..	0 00
" tierce et quart.	0 00
" ordinaire, tonne....	0 00

Pâtes et denrées alimentaires.

Macaroni importé......lb	0 08	0 10
Vermicelle " ...... "	0 08	0 10
Lait concentré..........dz	0 00	1 90
Pois fendus, qt. 196 lbs..	0 00	4 10
Tapioca, lb..............	0 04¾	0 05

Poissons.

Harengs Shore........brl.	0 00	5 00
" ....½ "	0 00	2 75
" Labrador .. "	0 00	5 25
" " ..½ "	0 00	3 00
" Cap Breton .. "	0 00	0 00
" " ½ "	0 00	0 00
" fumés,......boite	0 00	0 14
Morue sèche..............lb.	0 00	0 04½
" verte No 1, qt..lb.	0 00	0 02½
" No 1 large qt.... "	0 02¾	0 03
" No 1 draft...... "	0 00	0 02¾
" désossée caisse..	0 00	4 50
" " paquet....	0 00	0 06
Saumon C. A.......½ "	0 00	0 00
" .... 1 "	0 00	0 00
Saumon Labrador.. 1 "	0 00	14 00
" " ½ "	0 00	8 00

Produits de la ferme.

(Prix payés par les épiciers.)

Beurre.

Townships frais.......lb.	0 19	0 20
En rouleaux ... . "	0 18½	0 19
Crémerie août......... "	0 20	0 20½
do Nov...... "	0 00	0 00
do frais..... "	0 21	0 21½

Fromage

De l'Ouest..............lb.	0 10	0 10½
De Québec............. "	0 10	0 10½

Œufs.

Frais pondus, choix...dz.	0 22	0 24
Mirés	0 15	0 16
Œufs chaulés, Montréal..	0 15	0 16
" " Ontario....	0 00	0 00

Sirop et sucre d'érable.

Sirop d'érable en qrts..lb.	0 06¾	0 07
" en canistre.	0 75	0 80
Sucre d'érable pts pains lb.	0 09	0 10
" vieux......	0 00	0 00

Miel et cire.

Miel rouge coulé.......lb.	0 07	0 08
" blanc " .... "	0 09½	0 10
" rouge en gateaux.. "	0 10½	0 11
" blanc " "	0 13	0 14
Cire vierge............. "	0 25	0 26

Riz

	Sac.	½ Sac.	Pch.	½ Pch.
B. 1 @ 9 sacs	3 10	3 15	3 20	3 25
B. 10 et plus"	3 00	3 05	3 10	3 15

C.C. 10c. de moins par sac que le riz B.

Patna imp., sacs 224 lbs. lb.	0 4¾	0 05

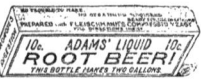

Salaisons, Saindoux, etc.

Lard Can. Sh't Cut Mess qt.	00 00	18 50
" " S. C. Clear.... "	00 00	17 50
" " S. C. désossé.. "	00 00	19 50
" S.C. de l'Ouest "	19 00	19 50
Jambons.......... lb.	00 12	00 13
Lard fumé.......... "	00 13	00 14

Saindoux

Pur de panne en seaux..	2 10	2 40
Canistres de 10 lbs.... lb.	0 11	0 12
" 5 " .... "	0 11¼	0 12½
" 3 " .... "	0 11½	0 12¾
Composé, en seaux......	1 50	1 70
Canistres de 10 lbs.... lb.	0 07¾	0 08⅞
" 5 " .... "	0 07⅞	0 09
" 3 " .... "	0 08	0 09⅛
Fairbanks, en seaux......	1 67½	1 70
Cottolene en seaux .... lb.	0 00	0 08¾

Sel.

Sel fin, quart, 3 lbs......	2 65	2 75
" " 5 "	2 60	2 65
" " 7 "	2 40	2 50
" ¼ sac 56 "	0 00	0 30
" sac 2 cwts........	0 00	1 00
" gros, sac livré en ville	0 40	0 42½

Sirops.

Perfection............ lb.	0 03	0 03¼
" s. 25 lbs. seau.	0 00	1 20
" seau 3 gall. "	0 00	1 50
Sirop Redpath tins 2 lbs.	0 00	0 09
" " 8 "	0 00	0 35
" Diamond lb........	0 02	0 02½

Sucres.

(Prix aux 100 lbs.)

Jaunes bruts (Barbade)...........		4 37½
" raffinés..........	$4 05	4 75
Extra ground.................. qts.		5 45
" " .... bte.		5 65
" " .... ½ "		5 75
Cut loaf..................... qts.		5 45
" .... ½ "		5 55
" .... bte.		5 46
" .... ½ "		5 55
Powdered..................... qts.		5 20
" .... bte.		5 40
Extra granulé .... qts.		4 85
.... ½ "		5 00

Ces prix doivent être augmentés de 5c par 100 lbs pour les villes de Montréal et Québec.

Vernis

Vernis à harnais...... gal.	0 00	1 80
" " ...... dz.	1 10	1 20
" à tuyaux...... gal.	0 00	0 90

Bois de chauffage

Prix payé par marchands, aux chars, gare Hochelaga

Erable la corde......		5 50
Merisier do		5 25
Bouleau, etc. do		0 00
Epinette do		4 50
Slabs, par chars..........		0 00
do en barge, la corde....	2 40	2 75
Rognures, le voyage.......	1 50	2 25

Charbons

PRIX DE DETAIL

Grate	par tonne de 2000 lbs..	6 75
Furnace	do ..	6 75
Egg	do ..	6 70
Stove	do ..	7 00
Chesnut	do ..	7 00
Peanut	do ..	5 15
Screenings	do 2240 lbs..	5 00
Vale Grate	do 2000 ..	0 00
Welsch Anthracite	do do .	5 75
Picton	do 2240	}
Cape Breton	do do	}
Glace Bay	do do	} 0 00
Sydney	do do	}
Reserve	do do	
Charbon de forge	do 2000 ..	0 00
Lehigh pour fond.	do do ..	0 00
Coke do	par chaldron.....	0 00
do usage domestique	....	0 00
do do do	concassé.....	0 00

* Selon distance et qualité.

Cuirs et Peaux

Cuirs à semelles.

(Prix à la livre.)

Spanish No 1, 18 lbs moy.	0 26	0 27
" No 1, 25 lbs et au-d.	0 00	0 26
" No 1, léger........	0 25	0 26
" No 2, "	00	0 25
" No 2, 18 lbs moy..	00	0 26
Zanzibar	23	0 24
Slaughter sole No 1 steers.	28	0 30
" " No 1 p. ord.	28	0 30
" " No 2 "	0 25	0 27
" union crop No 1	30	0 32
" " No 2	28	0 30

Cuirs à harnais.

(Prix à la livre.)

Harnais No 1............	0 33	0 35
" No 1 R..........	0 32	0 34
Harnais No 2............	0 30	0 33
" taureau No 1....	0 00	0 30
" " No 2....	0 00	0 28

Cuirs à empeignes.

(Prix à la livre.)

Vache cirée mince........	0 40	0 45
" forte No 1....	0 00	0 40
Vache grain, pesante.....	0 40	0 45
" écossaise	0 38	0 40
Taure française..........	0 95	1 00
" anglaise...........	0 90	1 00
" canadienne, Lion.	0 75	0 85
Veau can. 25 à 30 lbs....	0 75	0 80
" 36 à 45........	0 60	0 65
" 45 et plus.....	0 50	0 60
Vache fendue Ont H......	0 25	0 30
" " H. M ..	0 25	0 30
" " Med ...	0 25	0 30
" " junior .	0 21	0 23
" Qué.sen.h.à.m.	0 24	0 28
" Jun.m.à light.	0 20	0 23
Cuir rouge pour Mocassin Steer, le No..............	0 00	0 08
Cuir rouge pour Mocassin Bull, le No..............	0 00	0 07
Cuir rouge pour Mocassin Steer, la livre............	0 33	0 38
Cuir rouge pour Mocassin Bull, la livre............	0 30	0 35

Cuirs vernis.

Vache vernie......... pied	0 16	0 18
Cuir verni "Enamel" "	0 15	0 17

Cuirs fins.

Mouton mince......... dz.	3 00	6 00
" épais.......... "	10 00	0 00
Dongola glacé, ord... pied	0 14	0 25
Kid Chevrette........ "	0 25	0 30
Chèvre des Indes glacée "	0 08	0 10
Kangourou .... "	0 35	0 50
Dongola dull......... "	0 20	0 30
Buff d'Ontario H... "	0 14	0 15
" H. M... "	0 13	0 14
" M... "	0 00	0 13
" L. M... "	0 00	0 13
" No 2... "	0 00	0 12
Buff de Québec H... "	0 13	0 15
" H. M... "	0 13	0 14
" M... "	0 00	0 13
" L. M... "	0 00	0 13
" No 2... "	0 00	0 12
Glove Grain Ontario.. "	0 13	0 15
" " Québec.. "	0 13	0 14
Pebble " Ontario.. "	0 14	0 15
" " Québec.. "	0 13	0 14

Cuirs à bourrures.

Cuir à bourrure No 1.....	0 00	0 20
" No 2.....	0 00	0 18
Cuir fini français... ...	0 00	0 20
" russe	0 20	0 25

Peaux.

(Prix payés aux bouchers.)

Peaux vertes, 1 lb. No 1	0 00	0 08½
" " No 2	0 00	0 07½
" " No 3	0 00	0 06½
Veau No 1........... lb.	0 00	0 08
" No 2............	0 08	0 06
Agneaux pièce	0 00	0 00
" en laine "	0 00	0 00
Moutons "	0 00	0 90
Chevaux........ No 1...	0 00	2 00
" .... No 2...	0 00	1 50

Pour peaux asorties et inspectées.)

Laines.

Toison du Canada... lb.	0 00	0 17
Arrachée, non assortie. "	0 17	0 17½
A, extra supérieure.... "	0 17½	0 18½
B, supérieure.......... "	0 17½	0 18½
Noire, extra...... ..... "	00	0 16
Noire ...... "	0 00	0 15½

Fers et Métaux.

FERRONNERIE ET QUINCAILLERIE

Fers à cheval.

Ordinaires........... baril	3 50	4 00
En acier................	3 60	4 95
"Fer à repasser"....... lb	0 04	0 04¼

"Fiches":

Pressées ¼ p. Esc. 25 p.c.	4 75	0 00
" 5-16 "	4 50	0 00
" ⅜ "	4 25	0 00
" 7-16 "	0 00	4 10
" ½ "	0 00	3 90

Fil de fer

Poli et Brûlé.

No 0 à 5, net.......... 100 lbs		2 87
" 6 à 9 "		2 80
" 10 "		2 87
" 11 "		2 94
" 12 "		3 00
" 13 "		3 15
" 14 "		3 27
" 15 "		3 40
" 16 "		3 55

Brulé et huilé 10c de plus par 100 lbs pour chaque numéro.

Galvanisé Nos 2 à 8, net..	3 85	3 95
" 9 "	3 10	3 20
" 10 "	4 00	4 10
" 11 "	4 05	4 15
" 12 "	3 25	3 35
" 13 "	3 35	3 45

Brulé; p. tuyau.. 100 lbs	6 00	7 00
Barbelé p. clôtures, 100 lb.	3 20	3 30
Crampes.......... "	0 00	3 45
Fil de laiton à collets.. lb.	0 37½	0 46
Fonte Malléable...... "	0 09	0 10
Enclumes...... ...... "	0 11	0 11½

Charnières

T. et "Strap"......... lb.	0 05	0 06
Strap et Gonds filetés.....	0 03	0 03¾

CLOUS, ETC.

Clous à cheval.

No 7.............. 100 lbs.	24 00
No 8.............. "	23 00
No 9 et 10......... "	22 00

Escompte 50 p. c. 1e gal.
" 50 et 10 p. c. 2e ga.
Boites de 1 lb., ½c. net extra.

Clous coupés à chaud.

De 4½ à 6 pcs........ 100 lbs.		2 35
3½ à 4 " .... "		2 40
3 à 3¼ " .... "	à 4 mois	2 45
2½ à 2¾ " .... "	à 4 mois	2 50
2 à 2¼ " .... "	à 4 mois	2 65
1½ à 1¾ " .... "	à 4 mois	2 75
1¼ " .... "	à 4 mois	3 00
1 " .... "	à 4 mois	3 35

Clous à finir.

1 pouce.............. 100 lbs.	à 4 mois	3 85
1¼ " .... 100 lb.	à 4 mois	3 55
1½ et 1¾ pcs..... ... "	à 4 mois	3 30
2 et 2¼ " .... "	à 4 mois	3 05
2½ à 2¾ " .... "	à 4 mois	3 00
3 à 6 " .... "	à 4 mois	2 95

Clous à quarts.

⅞ pouce.............. 100 lbs.	à 4 mois	3 60
1⅛ " .... "	à 4 mois	3 35

Clous à river.

1 pouce....... 100 lbs.	à 4 mois	3 85
1¼ " ...... "	à 4 mois	3 55
1½ à 1¾ " ...... "	à 4 mois	3 30
2 à 2¼ " ...... "	à 4 mois	3 05
2½ à 2¾ " ...... "	à 4 mois	3 00
3 à 6 " ...... "	à 4 mois	2 95

Clous d'acier, 10c. en sus.

" galvanisés 1 pouce . 100 lbs.	6 35
" à ardoise, 1 pouce... "	3 85

Clous de broche.

1 pouce, No 16, prix net, 100 lbs	4 10
1 " No 15 " "	3 85
1¼ " No 14 " "	3 50
1½ " No 13 " "	3 25
1¾ " No 12 " "	3 25
2, 2¼ " No 11 " "	3 15
2½ " No 10½ " "	3 00
2¾ " No 10 " "	3 00
3 pouces, " "	2 95
3½ et 4 " "	2 90
5 et 6 pouces " "	2 85

Limes, râpes et tiers-points.

1re qualité, escompte....... 60 et 10 p.c.
2me " " .... 70 p.c.
Mèches de tarrière, esc............. 55 p.c.
Tarrières, escompte................ 55 p.c.
Vis à bois, fer, tête plate 80 p.c.
" " " ronde 75 "
" cuivre tête plate 75 "
" " " ronde, 67½ "
Boulons à bandage....... 65 à 67½ p.c.
" à lisses..................... 75 p.c.
" à voiture .... 65 p.c.

Métaux.

Cuivres.

Lingots .... lb.	0 14	0 15
En feuilles........... "	0 16	0 17

Etain.

Lingots .... lb.	0 37	0 38
Barres .... "	0 38	0 39

Plomb.

Saumons.............. lb.	0 00	0 04¾
Barres .... "	0 05	0 05¼
Feuilles.............. "	0 05¼	0 05½
De chasse............. "	0 06	0 06½
Tuyau......... ... 100 lbs.	5 95	6 25

Zinc.

Lingots, Spelter........ lb.	0 05¾	0 06
Feuilles, No 8.......... "	0 07	0 07¼

Acier.

A ressort......... 100 lbs.	0 00	3 10
A lisse........... "	1 90	2 00
A bandage........ "	2 00	2 10
A pince.......... "	2 25	2 50

Fer en barres.

Canadien.......... 100 lbs	1 65	1 70
De Norvège...... "	4 25	4 50

Fontes.

Calder........ ... tonne..	25 00	26 00
Carnbroe......... " ..	25 00	26 00
Glengarnock..... " ..	00 00	00 00
Summerlee...... " ..	25 50	26 50

Matériaux de construction

PEINTURES. 100 lbs.

Blanc de plomb pur......	0 00	6 50
" " No 1..	0 00	6 12½
" " " 2..	0 00	5 75
" " " 3..	0 00	5 37½
" " " 4..	0 00	5 00
" " soc....	6 00	7 50
Rouge de Paris, Red Lead.	5 00	5 50
" Venise, anglais.	1 50	2 00
Ocre jaune................	1 50	2 00
" rouge.................	1 50	2 00
Blanc de Céruse..........	0 45	0 65
Peintures préparées .. gal.	1 20	1 30
Huile de lin crue (net cash)	0 00	0 82
" bouillie "	0 00	0 85
Ess. de Térébenthine "	0 00	0 64
Mastic..................	2 35	2 80
Papier goudronné rouleau	0 45	0 50
" " 100 lbs	1 60	1 75
" feutre "	2 00	2 20
" gris rouleau	0 30	0 33
" à couv. roul. 2 plis	0 75	0 80
" " " 3 plis	1 00	1 10

Peintures Island City P. D. Dods & Co

I. C. Pure white lead......	0 00	6 25
I. C. " paint....	0 00	6 00
I. C. Special Decorators...	0 00	6 00
No 1 I. C. White lead....	0 00	5 87½
No 1 Star lead...........	0 00	5 50
Peintures préparées, I. C. gall..		1 20
" " Nat " ..		1 05

VERRES A VITRES

United 14 @ 25..50 pds.	.....	2 00
" 26 40.. "	.....	2 10
" 41 50 100 pds.	....	4 50
" 51 60 "	.....	4 75
" 61 70 "	.....	5 25
" [illegible]		[illegible]

Bois durs.

Prix de détail.

Acajou de 1 à 3 pouces	les 100 pieds....	$12 00	30 00
Cèdre rouge ¼ de pouce	le pied	25 00	35 00
Noyer noir 1 à 4 pouces	do	00 00	16 00
Noyer noir 6 x 6, 7 x 7, 8 x 8	do	00 00	16 00
Cerisier 1 à 4 pouces	do	10 00	15 00
Frêne 1 à 3 pouces	le M	25 00	30 00
Merisier 1 à 4 pouces	do	00 00	30 00
Merisier 5 x 5, 6 x 6, 7 x 7, 8 x 8	do	00 00	35 00
Erable 1 à 2 pouces	do	00 00	40 00
Orme 1 à 2 pouces	do	00 00	25 00
Noyer tendre 1 à 2 pouces	do	00 00	41 00
Cotonnier 1 à 4 pouces	do	45 00	50 00
Bois blanc 1 à 4 pouces	do	25 00	30 00
Chêne 1 à 2 pouces rouge	do	00 00	60 00
Chêne 1 à 2 pouces blanc	do	00 00	60 00
Chêne scié sur grain	do	75 00	100 00

Plaquage (veneers) :

Uni	le pied	0 90	1 00
Français	do	0 00	0 15
Américain	do	0 10	0 12
Erable piqué	do	0 10	0 12
Noyé noir ondé	do	0 00	0 10
Acajou (mahogany)	do	0 02	0 10

Bois de Service

Pin

Prix en gros.

1 pouce strip shipping cull	6 à 16 pieds	le M.	$14 00	17 00
1¼, 1½ et 2 pouces shipping cull	do	do	14 50	17 50
1 pouce shipping cull sidings	do	do	16 00	18 00
1¼, 1¼ et 2 pcs do	do	do	16 50	18 50
1 pouce qualité marchande	do	do	25 00	35 00
1¼, 1½ et 2 pcs do	do	do	27 50	37 50
1 pouce mill cull, strip, etc. No 2	do	do	10 00	12 00
1¼, 2½ et 2 pcs do	do	do	10 50	12 50
1 pouce mill cull No 1	do	do	14 00	16 00
1, 1½ et 2 pcs do	do	do	14 50	16 50
3 pouces do	do	do	14 00	16 00
do do No 2	do	do	9 00	10 00

PRIX COURANTS.—MONTREAL, 6 DECEMBRE 1900.

Epinette

1 pouce mill cull	5 à 9 pouces	do	10 00	12 00
1¼, 1½ et 2 pouces mill cull	do	do	10 00	12 00
3 pouces mill cull	do	do	10 00	12 00
1, 1¼, 1½ et 2 pouces qualité marchande	do	do	14 00	16 00
Pruche				
1, 2 et 3 pouces		do	11 00	13 00
Colombages en pin, 2 x 3, 3 x 3 et 3 x 4—aux chars		do	14 00	16 00
Lattes—1ère qualité	le mille	do	2 75	2 80
2ème do	do	do	2 40	2 60
Bardeau pin XXX	16 pouces	do	0 00	0 00
do XX	do	do	0 00	0 00
do X	do	do	0 00	0 00
do 1ère qualité	18 pouces	do	0 00	0 00
do 2ème do	do	do	0 00	0 00
Bardeaux cèdre XXX	16 pouces	do	2 90	3 00
do XX	do	do	2 40	2 50
do X	do	do	1 50	0 00
Bardeaux pruche marchande	do	do	0 00	0 00

Charpente en pin

de 16 à 24 pieds—3 x 6 à 3 x 11	do	18 00	22 00
de 25 à 30 do do do	do	20 00	24 00
de 31 à 35 do do do	do	26 00	24 00
de 16 à 24 do 3 x 12 à 3 x 14	do	20 00	26 00
de 25 à 30 do do do	do	24 00	28 00
de 31 à 35 do do do	do	30 00	32 00
Bois carré—pin			
de 16 à 24 pieds—de 5 à 11 pouces carrés	do	18 00	22 00
de 25 à 30 do do do	do	20 00	24 00
de 31 à 35 do do do	do	26 00	28 00
de 16 à 24 do de 12 à 14 pouces carrés	do	22 00	26 00
de 25 à 30 do do do	do	24 00	28 00
de 31 à 35 do do do	do	30 00	32 00
Charpente en pruche			
de 17 à 30 pieds jusqu'à 12 pouces	do	18 00	22 00
Charpente en épinette	do	18 00	22 00
do do rouge	do	28 00	35 00

NOS PRIX COURANTS, PARTIE II

Dans cette seconde partie sont comprises uniquement les marques spéciales de marchandises dont les maisons, indiquées en caractères noirs, ont l'agence ou la représentation directe au Canada, ou que ces maisons manufacturent elles-mêmes.
Des prix indiqués le sont d'après les derniers renseignements fournis par les agents, représentants ou manufacturiers.

Boeckh Bros & Company

TORONTO ET MONTREAL

Balais	*La doz.*
A, 4 cordes, fini peluche	$4 45
B, 4 " " fantaisie	4 20
C, 3 " " peluche	3 95
D, 3 " " fantaisie	3 70
F, 3 " " au fil de fer	3 45
G, 3 " " " "	3 20
I, 3 " " " "	2 95
K, 2 " pour fillettes	2 60

Boivin, Wilson & Cie

MONTREAL

Bière de Bass.	qts	pts
Read Bros. Dog's Head	2 60	1 65
Porter Guinness' Stout.		
Read Bros. Dogs'Head	2 60	1 65

Clarets et Sauternes Faure Frères.

Côtes	qts	3 50
Bon-Ton	"	4 00
Florac	"	4 50
Medoc	"	5 00
Margaux	"	5 50
St. Julien	"	6 00
Pontet Canet	"	6 50
Chat. Gruaud Larose	"	12 00
Sauternes	"	4 50
Leon Pinaud Claret	"	2 50
		Au gallon.
Côtes		0 90

Champagne.

Vve A. Devaux....qts 15.00, pts 16 00

Cognacs.		*La caisse.*
E. Puet, *	qts	9 50
" **	"	10 75
" XXX	"	12 00
" V.O	"	14 50
" V O P	"	15 25
" V S.O P	"	16 25
" V.V.S.O P	"	20 25
" 1860	"	24 25
" 1850	"	26 2[illegible]
" 1810	"	30 00
J. Borianne XXX	"	7 00
D'Angely XXX	"	6 75

		Au gallon.
E. Puet	4 00	7 00
J. Borianne	3 75	4 75

Eaux minérales.	*La caisse.*
Hunyadi Matyas	6 00
St-Galmier (source Badoit)	6 00
Vichy Célestins, Grande Grille	10 00
" Hopital, Hauterive	10 00
" St-Louis	8 00
Rubinat, Sources Serre, 50 bts	9 50

Gins.	*La caisse.*
J. J. Melchers, caisses rouges	10 50
" " vertes	5 15
" Ponies	2 50
Honey Suckle, cruchons verre	8 00
" " " pierre ½ gal.	15 00
	Au gallon.
J. J. Melchers	3 00

Gin Old Tom.	*La caisse*
Club	6 50
Wilson	5 50
Colonial London Dry	6 50
	Au gallon.
Old Tom	2 00 à 3 00

Liqueurs Fréderic Mugnier, Dijon, France. *La caisse.*

Crème de Menthe verte	11 00
Curaçao	12 50
Cherry B'dy	10 50
Cacao l'Hara à la Vanille	12 50
Marasquin	13 00
Kirsch * * *	11 00
Prunelle de Bourgogne	12 [illegible]0
Crème de Framboise	12 25
Fine Bourgogne 12 lit	18 00
Crème de Cassis	11 00
Absinthe Ed. Pernod	14 50
Fine Bernard	15 00
Grenadine	7 50
Anisette	10 50
Kumel	10 00
Grand Marnier ....qts	15 00
" " ....pts	16 00
Bigarreaux ....qts	9 00
" ....pts	5 00

Rye Whiskey.		*La caisse.*
Monopole—1893	qts	6 50
" " 16 flasks		7 00
" " 32 "		7 50
" " 24 "		7 50
" " 48 "		8 50
		Au gallon.
Monopole		3 00

Vermouths.	*Qts*
Noilly Prat	7 00
Cte Chazalette & Co	6 50

Vins d'Oporto Robertson Bros.

	La caisse.
No 1, Medal Port	15 00
No 2, "	12 00
Favorita Oporto	7 00
Au gallon de	2 00 à 6 50

Sherries Robertson Bros.	*La caisse.*
Amontillado	15 00
Manzanilla	12 0
Oloroso	7 00
	Au gallon.
Robertson Bros	1 75 à 7 50
Levert et Schudel	1 25

Vin de messe.	*Au gallon.*
Auguste Gely "Puritas"	1 10

Vins toniques.	*Qts*
Vin St-Michel ....cse	8 50
Vin Vial	12 50

Whiskey Ecossais.	*La caisse.*
J. & R. Harvey R O.S	12 50
" Fitz-James	10 0[illegible]
" Hunting St.wart	9 0
" Jubilee	8 50
" Old Scotch	7 50
Alex. McAlpine	6 50
Strathspey	6 25
	Au gallon.
J. & R Harvey	3 65 à 5 50
Melrose Drover & Co	3 75 à 6 00

Whiskeys Irlandais.	*La caisse.*
Henry Thomson	9 00
" St-Kevin	7 0
" Kilkenny	6 50

Rhum.		
"Black Joe"	qts	7 50
"	pts	6 50

Brodie & Harvie

MONTREAL

Farines préparées.

Farine préparée, Brodie	
XXX, 6 lbs	2 20
" 3 "	1 15
" superb 6 "	2 10
" " 3 "	1 10
" Crescent 6 "	1 80
" " 3 "	0 93

The Canadian Specialty Coy

TORONTO

Adams' Root Beer et Adams' English Ginger Beer Extracts.

En boites de ¼, ½ et 1 grosse, grandeur 10 cents en cse. doz.	0 80
" " ....la gr.	9 00
En boites de ¼ de grosse, grandeur 25 cents....la doz.	1 75
" " ....la gr.	20 00

La Cie Canadienne de Vinaigre

MONTREAL

Vinaigre.	*Au gallon.*
Tiger, triple force	0 33
Bordeaux, de table	0 28
Extra à marinade	0 28
Ordinaire à marinade	0 23
Vin blanc, XXX	0 25

La Cie Hérelle

LONGUEUIL

Chocolats.	
People's, ¼ lb—bte 12 lbs	1 92
Santé, ¼, ½, 1-6 lb—bte 10 lbs	2 40
Vanillé, ½, ¼ lb "	3 15
Pastilles, Bte 5 lbs	1 00
Great sticks....Btes 1 gros	1 00

L. Chaput, Fils & Cie

MONTREAL

Articles divers.

	la doz	la gr
Lessive Greenbank, solide	0 70	7 75
" Red Heart poudre	0 70	7 70
Chlorure de Chaux Greenbank ¼s	0 35	
Chlorure de Chaux Greenbank ½s	0 60	7 00
Chlorure de Chaux Greenbank lb	1 00	11 75

Cafés moulus ou rôtis.	*La lb.*
Owl Blend, No 10	0 27
" " 20	0 30
" " 20	0 31
" " 10	0 32
" " [illegible]0	0 22½

En lots de 100 lbs le fret est payé à Ottawa, Sorel, Trois-Rivières.

Conserves Alimentaires.

Asperges Canadiennes "Schencks" 2 lbs	la doz. 2 50

Dandicolle & Gaudin.

Asperges françaises btes ferblanc		2 90
Asperges françaises sous verre		4 80
Champignons choix	la cse	14 [illegible]0
" extra	"	18 75
" surchoix	"	[illegible]9 00
" sous verre	la doz	8 00
Pois moyens	la cse	11 [illegible]0
" fins	"	13 [illegible]0
" mi-fins	"	12 00
" extra fins	"	15 00
" sur extra fins	"	18 00

Sardines Dandicolle & Gaudin.

Royan à la Bordelaise	la cse	12 75
" " Vatel	"	1[illegible] 00
Cordons bleus ¼s	"	12 75
Réduites sans arêtes Am ¼s	"	[illegible]8 00
" " " ¼ old.	"	12 00

Pâtés de foie gras Dandicolle & Gaudin.

¼	la doz	6 00
½	"	9 60

Fruits secs.

Pommes évaporées	la lb	0 05¼
Raisins de Calif. 2 cour	"	0 0[illegible]¾
" " 3 "	"	0 09¼
" " 4 "	"	0 09⅞
" Malaga Bull	la btc	2 70
" " Tiger	"	3 60
" " Leo	"	4 40
" " Elephant	"	5 20
" Sultana	la lb.	10 à 0 12

Huile d'Olive.		*La caisse.*
Dandicolle & Gaudin, Lion	qts	5 25
" "	pts	3 00
" "	¼ pts	1 80
" "	litre	8 00

Brandies.		*La caisse.*
Gonzalez	qts	8 75
" *	"	10 50
" * * *	"	14 00
" V. S. O	"	16 00
" V. S. O. P	"	18 50
" Sup champ	"	22 00
" 24 flasks		9 50
" 48 "		8 00
Hulot	qts	6 75
"	pts	7 75
" 24 flasks		7 [illegible]0
" 48 "		8 00
" 48 ¼ btles		8 50
Boulestin *	qts	11 00
"	pts	1[illegible] 00
" 24 flasks		11 50
" 48 "		13 50
" V. S. O. P	qts	20 00
" V. V. S. O. P	"	28 00

Gin "Night Cap."	*La caisse.*
Caisses Vertes	5 25
" Bleus	5 40
" Rouges	10 50
" Jaunes	10 40
" Poney doz	2 50
" 40 ¼ btles	7 00

Whiskey Ecossais.		*La caisse.*
"Ainslie" Highland Dew		6 75
" Carte Jaune		8 75
" Loch Venacher		8 00
" Carte Blanche		9 50
" Extra		10 50
" Extra Special		12 50
Champion	qts	7 50
"	pts	8 50
" Imp	qts	10 75
Duc of Cambridge	qts	12 00
Big Ben	"	10 75

Marinades Williams Bros & Charbonneau

Amer. ½ gallon	0 [illegible]0
Imp. round qrts	0 00
Octogon sweet mixed	3 50
" " Gherkins	3 50
" Sour mixed	3 35
" " Gherkins	3 35
" Onions	3 50
" Chow Chow	3 35
Imp. Oct pts	2 20
Triangular ½ pts	1 37½
Catsup Mad Jones ½ pts	1 00
" " " pts	1 55
" Waldorf	1 25
Moutarde W B & C	1 25
Mince Meat 2 lbs	1 25

Wm Clark

MONTREAL

Conserves.

Compressed Corned Beef	1s.	la dz.	$1 50
" "	2s.	"	2 70
" "	4s.	"	5 40
" "	6s.	"	8 15
" "	14s.	"	18 97
Ready Lunch Beef	1s.	"	1 50
" "	2s.	"	2 70
Geneva Sausage	1s.	"	1 65
" "	2s.	"	3 00
Cambridge "	1s.	"	1 65
" "	2s.	"	3 00
Yorkshire Brawn	1s.	"	1 20
" "	2s.	"	2 20
Boneless Pigs Feet	1s.	"	1 30
" "	2s.	"	2 40
Sliced Smoked Beef	½s.	"	1 65
" " "	1s.	"	2 80
Roast Beef	1s.	"	1 50
" "	2s.	"	2 70
Pork & Beans with sauce	1s.	"	0 50
" "	2s.	"	1 00
" "	3s.	"	1 50
" Plain	1s.	"	0 45

Wild Duck Patés	½s.	"	1 00
Partridge "	½s.	"	1 00
Chicken "	½s.	"	1 00
Veal & Ham "	½s.	"	1 00
Ox Tongue (Whole)	1½s.	"	8 25
" "	2s.	"	0 35
" "	2½s.	"	10 45
Lunch Tongue	1s.	"	3 30
"	2s.	"	6 60
Imperial plum pudding		"	1 00

Potted Meats ¼s.

Ham, Game, Hare, Chicken, Turkey, Wild Duck, Tongue, Beef ... la dz. .50

Chicken Ham & Tongue. ½s. la doz. 1 00

Soupes.

Mulligatawny, Chicken, Ox Tail, Kidney, Tomato, Vegetable, Julienne, Mock Turtle, Consomme, Pea — Pints. la doz. 1 00; Quarts. la doz. 2 20

Joseph Côté

QUEBEC

Tabac Canadien en feuilles.	*La lb.*
Parfum d'italie, récolte 1898, ballots 25 lbs	0 30
Turc aromatique, 1899, ballots 25 lbs	0 22
Rouge, 1899, ballots 50 lbs	0 15
Petit Havane " 25 lbs	0 15
1er choix, 1898, ballots 50 lbs	0 11
8 Nouveau, 50 lbs	0 15

Tabacs coupes.	*La lb.*
Petit Havane ¼ lb, bte 6 lbs	0 35
" " ½ "	0 35
St-Louis, 1-10, 4—10	0 40
Quesnel ⅛ 5	0 60
Coté's Choice Mixture ⅛ lb 5	0 60
Vendome ½ tin	1 15

Cigares.		*Le 1000*
Bianca	1-20	13 00
Hume	1-20	15 00
Twin Sisters	1-20	15 00
" "	1-40	18 00
Côté's fine Cheroots	1-10	18 00
Beauties	1-20	18 00
Golden Flowers	1-20	23 00
" "	1-40	25 00
My Best	1-20	25 00
New Jersey	1-20	25 00
V. H. C	1-20	25 00
Doctor Faust	1-20	28 00
" "	1-40	30 00
St-Louis	1-20	35 00
"	1-40	35 00
Champlain	1-100	38 00
"	1-40	78 00
"	1-20	38 00
Saratoga	1-20	40 00
El Sergeant	1-20	50 00

Tabac en poudre.		*La lb.*
Rose	Baril, 5, 10, 20	0 31
Beau	" 5, 10, 20	0 32
Rose et Fève	" 5, 10, 20	0 32
Merise	" 5, 10, 20	0 36

The Cowan Chocolate Co

TORONTO ET MONTREAL

Chocolats.	
Diamond. Bts 12 lbs ¼ et ½...lb	0 25
" ⅛s ..."	0 28
French Diamond Bts 12 lbs, ⅛s.	0 26
Queen's dessert, " ¼ et ½ "	0 40
" " ⅛s " "	0 42
Parisien, morc. à 5c. Bts 12 lbs "	0 30
Royal Navy, ¼ et ½. "	0 30
Rock sucré	0 30
Batons à 1c ... la gr	1 00
Caracas pur Bts 12 lbs ½ lb	0 35
Perfection " " ¼ et ½ "	0 35
Chocolate Icing paquet 1 lb. dz.	1 75
" " " ½ " "	1 00
Pearl Pink Icing " 1 " "	1 75
" " " " ½ " "	1 00
White Icing " 1 " "	1 75
" " " ½ " "	1 00
Lemon Icing " 1 " "	1 75
" " " " ½ " "	1 00

Cacaos.	
Hygiénique, 4 dz. tins ½ lb....dz.	3 75
" " ¼ lb.... "	2 25
" " 5 lbs...lb.	0 55
Perfection. " ½ lb...doz	3 00
Imperial Dutch 4 doz Bts ¼...lb	0 90
Chocolate powder btes 10, 15, 30 lbs	0 25
Cacao Soluble Bts 10, 15, 30 lbs	0 20
Cocoa Nibs "	0 35
" Shells "	0 05
Essence cacao sucre. ½ lb.....dz.	2 25

Confections Cowan.	
Cream Bars 6 à la bte, 4 z btes	2 25
" " 6 " "	1 35
" " 60 " la bte	1 10

Chocolate Ginger bts 1 lb....doz	4 00
" " " ½ " "	2 25
" " Crystalisé btes 1 lb "	4 00
Chocolate Ginger Crystalisé btes ½ lb "	2 25
Chocolate Wafers btes ½ lb "	2 25
" " " ¼ " "	1 30

The F. F. Dalley Co. Limited.

HAMILTON

Divers.	
Couleur à beurre Dalley, 2 oz., doz.	1 25
Spanish bird seed, cse 40 lbs	0 06
Dalley's " " " "	0 06½
Sel céleri Dalley, 2 oz., dz.	1 25
Poudre Curry Dalley, 2 oz., dz.	1 75

Cirages.	
English Army .....cse ½ gr.	9 00
No 2 Spanish "	3 60
No 3 " "	4 50
No 5 " "	7 20
No 10 " "	9 00
Yucan Oil.....cse 1 doz.	2 00
N. Y. Dressing "	0 75
Spanish Satin Gloss "	1 00
Crescent Ladies Dressing "	1 75
Spanish Glycerine Oil "	2 00

Empois.	
Boston Laundry, cse 40 paq., le paq.	0 07½
Culina Toledo, " 40 " la lb.	0 06½

Farines.	
Buckwheat, paq. 2½ lbs, cse 3 doz.	1 20
" " 5 "	2 30
Pancake, " 2 " "	1 20
Tea Biscuit " 2 " "	1 20
Graham Flour " 2 " "	1 20
Bread & Pastry " 2 " "	1 20

Moutardes.	
Dalley's, pure, en vrac.....la lb.	0 25
" bte ½ lb, cse 2 doz..la doz.	2 00
" " ¼ " " 4 " "	1 00
" Superfine Durham, vrac, lb	0 12
" do bte ¼ lb, cse 4 doz, la doz.	0 65
" " ½ " " 2 " "	1 20
" do pots 1 " "	2 40
" " 4 " "	7 80
" do verres ¼ lb. "	0 75

Poudres à pâte.	
Silver Cream, ¼ lb, cse 4 à 6 doz, la doz.	0 75
English " ½ " " " "	1 25
" " 1 " 2 à 4 " "	2 00
Kitchen Queen, 74 la doz.. "	0 60
" " 69 " "	0 75
" " 89 " "	0 90
" " 128 " "	1 15
" " 168 " "	1 40
" " 3 lbs " "	4 00
" " 5 lbs " "	6 10

Mines.		
Tiger Stove Polish.....grande		9 00
" " " .....petite		4 80
Mine Royal Dome.....gr.	1 70	0 00
" James "	2 40	0 00
" Rising Sun large dz.	0 00	0 70
" " small "	0 00	0 40
Mine Sunbeam large dz	0 00	0 70
" " small "	0 00	0 35

W. G. Dunn & Co

HAMILTON

Moutardes.	
Pure D.S.F. ¼ bte, cse 12 lbs. la lb.	0 34
" " ½ " " "	0 32
" " bte 10c, " 2 à 4 dz la dz.	0 80
" " " 5c. " 4 "	0 40
E. F. Durham ¼ bte, cse 12 lbs, la lb	0 25
" " ½ " " " "	0 23
Fine Durham, pots 1 lb. chaque	0 24
" " " 4 " "	0 70
" " " 5 " "	0 80
Mustard Butter, bout. 12 oz. la doz.	1 30

John Dwight & Co

TORONTO ET MONTREAL

Soda à pâte

"Cow Brand"

Caisse 60 paquets de 1 lb. la c	3 00
" 120 " ½ "	3 00
" 30 et 60 " ½ et 1 "	3 00
" 96 " à 5c. "	3 00

J. A. E. Gauvin

MONTREAL

Spécialités.	
Sirop Menthol.....la doz.	1 65
Sirop d'Anis Gauvin "	1 75
" " par 3 doz	1 60
" " par 1 grosse.	17 00
" " par 5 grosses.	16 00
Graine de lin.....lb.	0 03
" moulue.....lb.	0 04

5 p.c. d'escompte.

Laporte, Martin & Cie

MONTREAL

Champagne Ve Amiot.		
Carte d'or	qts.	16 00
" "	pts.	17 00
" blanche	qts.	13 00
" "	pts.	14 00
" d'argent	qts.	10 50
" "	pts.	11 50

Champagnes.		
Duc de Pierland	qts.	14 00
" "	pts.	15 00
Cardinal	qts.	12 50
"	pts.	13 50

Champagne CARDINAL, en lots de 5 caisses, 50c de moins et de 10 caisses $1.00 de moins, la caisse.

Brandy.		*En caisse*
Richard, S. O	qts.	22 50
" F. C.	qts.	15 00
" V. S. O. P	qts.	12 00
" "	pts.	13 00
" V. S. O	qts.	10 00
" V. O.	qts.	8 50
" "	pts.	9 50
" " carafes	qts.	10 50
" " "	pts.	11 50
Couturier	qts.	7 00
"	pts.	8 00
Marion	qts.	6 00
"	pts.	7 00

Au gallon.

Richard, F. C.	6 00
En ½ Oct $5.90	
" V. S. O. P.	5 50
En ½ Oct $5.35, Oct $5.25	
" V. O.	4 25
En ½ Oct $4.10, Oct $4.00, qrt $3.90, Hhd $3 80.	
Couturier	4 00
En ½ Oct $3.95, Oct $3.85, qrt $3.80.	
Marion	3 75
En ½ Oct $3.60, Oct $3.50, qrt $3.40	

Scotch Mitchell.		*A la caisse*
Heather Dew	qts	7 00
" (stone jars) Imp.	qts	12 50
Special Reserve	qts	9 00
" "	pts	10 00
Extra Special Liqueur	flacons	9 50
Mullmore	qts	8 50
" Imp.	qts	10 00
"	pts	7 50

Par lots de 5 caisses, 25c de moins.

Au gallon.

Heather Dew	4 00
En ½ Oct $3.85, Oct $3.75.	
Special Reserve	4 50
En ½ Oct $4.25, Oct $4.15.	
Extra Special Liqueur	5 00
En ½ Oc. $4.90, Oct $4.80, qrt $4.75	

Irish Mitchell.		*A la caisse.*
Old Irish Flasks Imp.	qts	11 25
Cruskeen Lawn (stone jars) Imp	qt	12 50
Special	qts	9 00
Old Irish Square bottles	qts	8 00
" Round "	qts	6 50
" " "	pts	8 00

Au gallon.

Old Irish	4 00
En ½ Oct $3.90, Oct $3.75, qrt $3.65.	

Vin Tonique.		*A la caisse.*
St. Léhon	litre	8 00
"	½ "	6 00

Gin.		*A la caisse.*
Pollen Zoon Rouges	15s	9 75
" " Vertes	1?s	4 75
" " Violettes	12s	2 45

Au gallon.

" " Hhds	65 gls	2 95
" " Qrt.	40 gls	3 00
" " Oct.	18 gls	3 05
" " ½ Oct.	9 gls	3 05
" "	gal	3 15

Thés.		*la lb.*
Japon, Victoria	90 lbs	25c
" Princesse Louise	80 lbs	18c
Noir, Victoria	25 lbs	30c
" Princesse Louise	25 lbs	25c
" Lipton No 1	En 1 lb	34c
" " No 1	En ½ lb	35c
" " No 2	En 1 lb	28c
" " No 2	En ½ lb	29c
" " No 3	En 1 lb	22c
" " No 3	En ½ lb	23c

Les thés Lipton sont en caisses de 50 lbs.

Noir, Princesse Louise	En ¼ lb	30c
" " "	En ½ lb	27½c
" Victoria	En ½ lb	32c

Vernis à Chaussures.	
Victoria, bouteille.....la doz.	90c

Poudre à pâte.	
Princesse.....tins 5 lbs, 6s chacun	0 60
" carré " 1 lb, 24s la doz.	1 75
" rond " 1 lb, 24s "	1 40
" " " ½ lb, 48s "	0 85
" " " ¼ lb, 48s "	0 45
" tin cup...1 lb, 12s "	1 20
" paquet...3 oz. 48s "	0 30

E. D. Marceau

MONTREAL

Cafés	*La lb.*
Ceylan pur	0 15
Maracaibo No 1	0 18
" choix	0 20
Santos No 1	0 17
" choix	0 19
Plantation privée	0 27½
Java Maleberry	0 25
" fin	0 27½
" choisi	0 30
" Old Gov	0 31
" & Mocha Old Gov	0 30
Mocha de l'Arabie	0 27½
" choisi	0 31
Java Maudheling & Mocha choisi à la main	0 50
Mélange spécial	0 22½
" X X X X	0 30
Mélange de cafés purs en boîtes de fantaisie de 1 lb., 48 à la caisse	0 20
Café de Madame Huot tins 1 lb	0 31
" " tins 2 lbs	0 30

3 p c 30 jours.

Thés Japonais.		
Condor I.....Boites 40 lbs		0 40
" II..... " 80 lbs		0 35
" III..... " 80 lbs		0 32½
" IV..... " 80 lbs		0 30
" V..... " 81 lbs		0 25
" X..... " 80 lbs coloré		0 25
" XXXX. " 80 lbs		0 22½
" XXX.. " 80 lbs		0 20
" LX.... 60 x 1 lb.		0 27½
E.M.D AAA ..Boites 40 lbs		0 37½
" AA.... " 40 lbs		0 32½
" AA.... " 80 lbs		0 30

NECTAR—Mélange des thés de Chine, du Ceylan et des Indes. Caisses de 50 lbs assorties, ¼s. ½s, 1s. aussi caisses de 50 lbs, en 1 lb et ½ lb.

Vert.....(se détaille 26c)	0 21
Chocolat.....(" 35c)	0 26
Bleu.....(" 50c)	0 38
Marron.....(" 60c)	0 45

NECTAR NOIR—Boites de fantaisie de 1 lb 50 à la caisse.

Chocolat	0 32
Bleu	0 42½
Marron	0 50

NECTAR NOIR—Boites de fantaisie d trois livres.

Marron.....la boite	1 50

OLD CROW—Noir, mélange des thés d Chine, du Ceylan et des Indes. Boite de 10, 25, 50 et 80 lbs.

	La lb.
No 1	0 35
No 2	0 30
No 3	0 25
No 4	0 20

Vinaigre.	*Le gallon*
Condor pur, 100 grains	0 30
Old Crow, pur, 75 grains	0 24

The A. F. McLaren Imperial Cheese Co.

TORONTO

Fromages.	*La doz.*
Imperial, grands pots	8 25
" moyens "	4 50
" petits "	2 40
" tout petits pots	1 00
" Holders, grands	18 00
" " moyens	15 00
" " petits	12 00

W. D. McLaren

MONTREAL

Poudre à pâte, Cook's Friend.

No 1, en boites de 4 et 2 doz..la doz	2 40
" 2, " 6 et 3 " .. "	0 80
" 3, " 4 " .. "	0 45
" 10, " 4 et 2 " .. "	2 10
" 12, " 6 et 3 " .. "	0 70

Maison V. Porte

MONTREAL

Cardinal Quinquina		12 00
Vermouth Champagne	15 00	17 00
Cognac V. Porte 1854 la c.		18 00
" " " le gl.		8 75
Eau de vie de marc de Bourgogne.....la caisse		12 50

Théop. Rœderer:

Cristal Champagne	40 00	42 00
Réserve Cuvée	26 00	28 00
Sportsman Ch.	16 00	18 00

PRIX COURANTS —Montreal, 6 Decembre 1900

A. Robitaille & Cie
MONTREAL

Brandies. (droits payés) *La caisse.*

Sorin.—Carte bleu	$ 8 50
Carte rouge	9 50
Carte d'or	11 00
24 Flasks avec verre	9 00
48 Flasks avec verre	10 00
Au gallon.	
Quarts	4 00
Octaves	4 25
½ oct.	4 25

Grands vins de Bourgogne, Guichard, Potheret & Fils.

	qts	pts
Clos Vougeot	24 00	25 00
Chambertin	22 25	23 25
Corton	17 40	18 40
Pommard	12 75	13 75
Beaune	12 75	13 75
Bourgogne, 1898	5 50	6 50
Macon 1898	5 00	6 00
Vins blancs.		
Chablis	7 50	8 50
Bourgogne mousseux	14 50	16 50
F. de Beaumanoir.		
Chambertin	15 35	16 35
Corton	11 90	12 90
Pommard	10 15	11 15
Beaune	9 25	10 25

Cognacs, Pellisson Père & Cie.

V. S. O. P	16°	29 00
S. O. P	"	22 00
10 year old	"	16 00
C. M. Arguet	"	11 50

Skilton, Foote & Co
BOSTON

Golden German Salad, cse 2 doz. flac	5 75
Tomatoe Relish " "	5 75

Arthur P. Tippet & Co
MONTREAL

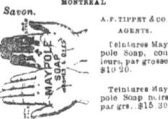

Savon.

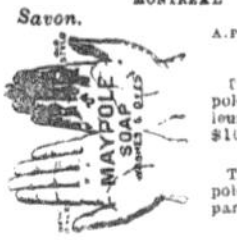

A. P. TIPPET & CO., AGENTS.

Teintures Maypole Soap, couleurs, par grosse, $10 20.

Teintures Maypole Soap noire par grs.. $15 30.

Maison Stowers.

Lime Juice Cordial p. 2 dz	0 00	4 00
" " " q. 1 "	0 00	3 50
Double Refi. lime j'ce 1 dz	0 00	3 50
Lemon syrup bout. 1 "	0 00	4 00

G. Vigaud
MONTREAL

Eau de Javelle.

La Vigaudine..........la grosse	5 40
" ....la doz.	0 50

Walkerville Match Co
WALKERVILLE

Allumettes Parlor

	1 caisse	5 caisses
Crown	$1.60	1.50
Maple Leaf	2.75	2.65
Imperial	5.50	5.25
Allumettes soufrées		
Jumbo	5.25	5.00
Héros	3 60	3.40

Young & Smylie
BROOKLYN (N.Y.)

Réglisse.

Y. & S. en bâtons (sticks):	
Bte de 5 lbs, bois ou papier, lb....	0 40
"Fantaisie" (36 ou 50 bâtons) bt.	1 25
"Ringed," boite de 5 lbs......lb.	0 40
"Acmé" Pellets, boite de 5 lbs. (can.)..........bte.	2 00
"Acmé" Pellets, boite fantaisie papier, (40 morc)..........bte.	1 25
Réglisse au goudron et gaufres de Tolu, bts de 5 lbs (can)....bte.	2 00
Pastilles réglisse, jarre en verre 5 lbs.	1 75
Pastilles de réglisse, boite de 5 lbs (can.)	1 50
"Purity" réglisse, 200 bâtons....	1 45
" 100 "	0 72½
Réglisse Flexible, bte de 100 morceaux.	
Navy plugs	0 70
Tripple Tunnel Tubes	0 70
Mint puff straps	0 70
Golf Sticks	0 70
Blow Pipes (200 à la bte)	0 70
do (Triplets, 300 à la bte)	0 70
Manhattan Wafers 2½ lb	0 75

DES SOUMISSIONS cachetées adressées au soussigné et portant la suscription "Soumission pour Bureau de Poste, Nelson, C. A.," seront reçues à ce bureau jusqu'à mercredi, le 2 janvier, 1901, inclusivement, pour la construction d'un Bureau de Poste à Nelson, C. A.

Les plans et devis pourront être vus aux bureaux de M. James Allan Macdonald, architecte, Nelson, C.A., G. A. Keefer, Ecr., ingénieur résident New Westminster C.A., Wm. Henderson, Ecr., commis des travaux, Victoria C.A., ainsi qu'au Ministère des Travaux publics, Ottawa.

Les soumissions devront être faites sur les formules imprimées qui seront fournies, et être signées par les soumissionnaires eux-mêmes; aucune autre formule de soumission ne sera prise en considération.

Chaque soumission devra être accompagnée d'un chèque accepté sur une banque incorporée pour une somme égale à dix pour cent de son montant (10 p. c.) et fait à l'ordre de l'Honorable Ministre des Travaux Publics. Ce chèque sera confisqué si le soumissionnaire dont l'offre aura été acceptée refuse de signer le contrat ou s'il ne l'exécute pas intégralement.

Si la soumission n'est pas acceptée le chèque sera remis.

Le Ministère ne s'engage à accepter la plus basse ni aucune des soumissions.

Par ordre,

JOS. R. ROY,

Secrétaire-suppléant.

Ministère des Travaux Publics.
Ottawa, 3 décembre, 1900.

N.B.—Nul compte pour publication de cet avis ne sera reconnu si telle publication n'a pas été expressément autorisée par le Ministère.

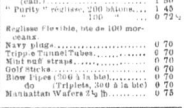

Faites-vous usage de Sel? N'employez que le meilleur.

Le Sel Windsor

LE PLUS PUR ET LE MEILLEUR.

TOUS les EPICIERS de GROS le VENDENT.

-:- C'est une marchandise honnête et juste l'article pour -:- créer -:- ou étendre un courant d'affaires.

COOK'S FRIEND BAKING POWDER

-:- Les meilleurs épiciers se font un devoir d'en tenir toujours en stock.

LAKE OF THE WOODS MILLING CO., Ltd.

Les moulins à farines les plus parfaits en Canada. Capacité: 2,500 barils par jour.

Moulins à KEEWATIN et PORTAGE LA PRAIRIE, Manitoba.

Des élévateurs à outes les localités importantes à blé dans le Nord-Ouest. Toutes sortes de farines de blé dur, en barils et en sacs. Les prix et les autres informations sont fournis sur demande.

Bureau: Edifice du Board of Trade, MONTREAL.

JOS. COTÉ

IMPORTATEUR ET MARCHAND DE

Tabac, Pipes, Cigares, Biscuits et Confiseries

EN GROS. QUEBEC.

Pourquoi ne pas vendre le meilleur, lorsqu'il est tout aussi bon marché?

Le Noir à Chaussures de l'Armée Anglaise

Le meilleur brillant dans le monde entier. Employé dans tous les quartiers militaires au Canada et par tous les portiers de chars Pullman & Wagner et par tous les portiers d'hôtels.

650 Rue Sherbrooke, MONTREAL.

F. F. DALLEY CO., Limited, - Hamilton, Canada.

Fondée en 1797

Norwich Union

Fire Insurance Society

J. H. LABELLE, - - - Surintendant

Edifice Temple, 185 rue St-Jacques

MONTREAL.

LA CHANCE D'UN CONCURRENT

Il n'y a pas un commerce assis de telle façon qu'un concurrent actif ne puisse détourner au moyen de la publicité.

LA BANQUE D'EPARGNE

De la Cité et du District de Montréal.

AVIS est par le présent donné qu'un dividende de Huit Dollars par action et un Bonus de Deux Dollars par action sur le capital de cette institution a été declaré et sera payable à son bureau principal, à Montréal, le et après

Mercredi, le 2 Janvier prochain.

Les livres de transferts seront fermés du 15 au 31 décembre prochain, ces deux jours compris.

Par ordre du bureau des directeurs.

H. BARBEAU,
Gérant.

Montréal, 30 Novembre 1900.

COMPTABLES

F. X. BILODEAU. A. O. CHALIFOUR

BILODEAU & CHALIFOUR,

Comptables. Auditeurs et Commissaires, Liquidateurs de faillites.

No 15 rue Saint-Jacques,
Téléphone Bell Main 3232. Montréal.

WM. RENAUD,

Comptable, Auditeur et Commissaire. Spécialité: Règlement des affaires de Faillites.

No 15 rue St-Jacques,
Téléphone Main 2274. Montréal.

ST-AMOUR & TURGEON,

Commissaires Comptables Liquidateurs et administrateurs de successions, etc.

Chambres 512 à 514, Edifice New York Life, 11, Place d'Armes.

Tel. Bell Main 3285. Montréal.

ALEX. DESMARTEAU,

Successeur de Charles Desmarteau.

COMPTABLE, AUDITEUR, LIQUIDATEUR DE FAILLITES.

Commissaire pour Québec et Ontario.

Bureaux, 1598 et 1608 rue Notre-Dame.
Montréal.

GAGNON & CARON,

Curateurs, Experts Comptables.
Bâtisse des Chars Urbains,
Tel. Bell Main 815. B. P. 911 Montréal.

Arthur Gagnon, Gérant de la Succession Hon. Jean Louis Beaudry.

L. A. Caron, Auditeur de la ville de Maisonneuve et de la Chambre de Commerce du district de Montréal.

GEO. GONTHIER

Expert Comptable et Auditeur

EXPERT REPRESENTANT

The Account, Audit & Assurance Co'y, Limited., New York.

Spécialité: Audition de livres et organisation de comptabilité d'après méthode appelée "Balance Sheet System of Accounts."

11 et 17, Côte de la Place d'Armes

Tel, Bell Main 1480. MONTREAL.

EMILE JOSEPH, L.L.B.

AVOCAT

NEW YORK LIFE BLDG., MONTREAL

Chambre 701. Tel. Bell Main 1787

V. LACOMBE, Architecte
897 rue Ste-Catherine.

L. R. MONTBRIAND,

Architecte et Mesureur,

No 230 rue St-André
Montréal.

Tel. Bell: Main 3301. 1er Etage, Chambre 3

M. VICTOR ROY

ARCHITECTE ET EVALUATEUR — MEMBRE A.A.

146, rue St-Jacques. Montréal.

J. EMILE VANIER,

Ingénieur Civil et Architecte.
Ancien élève de l'Ecole Polytechnique. Constructions Civiles et Religieuses, Aqueducs, Egouts, Pavages. -:- 20 années de pratique.
107 rue St-Jacques, Montréal.

RENSEIGNEMENTS COMMERCIAUX

PROVINCE DE QUEBEC

Cessions

:hine—Gariépy Mde C. H., nouv. etc.
ntréal—Marin Norbert, épic. ass 7 déc.
Allard Henri, restaurant.
Labossière & Frère, épic.
ébec—Duval J. V., banquier, etc.
rennes—Lafrance Jos, mag. gén.

Concordats

smarais F. X., chaussures.

Curateurs

ntréal — Lamarre H. à F. Jos Pelletier, épic.
Geneviève — Desmarteau Alex à Abel Prévost, contracteur.

Dissolutions de Sociétés

ntréal — Bissonuette & Guilbault, négociants.
Dominion Mfg Co, mfr de biscuits, etc.; une nouvelle société est formée.
Wardrobe (The) Service Dyeing & Cleaning Co.

En Difficultés

awenegan Falls — Fournier Alph, mag. gén., offre 25c dans la piastre.
Octave — Desjardins Emile, mag. gén., offre 50c dans la piastre.

En Liquidation

ébec—Sterlized Milk Supply Co ass 10 déc.

Fonds à Vendre

ntréal—Léonard M. L., chaussures.
Beauchamp Mde J. A., modes.
ébec — Maranda Adel, épic., par huissier le 10 déc.

Fonds Vendus

ugneuil—Benoit Frs, épic.
ntréal—Charron C. & Co, mfrs de chaussures.
Dorion J. D. & Co, boulangers,
ébec — Matte Arthur, quincaillerie à 59½c dans la piastre.
Paul—Lalonde A. P., épic.

Nouveaux Établissements

scade Coint—Finn & Thompson, remorqueurs.
ntréal—Cabana & Co, boulangers.
Fenlin (The) Leather Co, mfr de cuir; Hy G. Fenlin.
Home (The) Nursery Co; G. V. Keen.
Legal and Financial (The) Exchange.
Lussier C. O., nouv.; Dame Chs. Bazinet.
Rodrigue M., épic.; Placida Daoust.
Beaver (The) Rubber Clothing Co Ltd, demande charte.
Duhaime A. L., boucher.
Horsfall & Langlois, hardes en gros.
Hutchinson F. L. & Co, courtiers, etc.; Frk L. Hutchinson.
McCready James & Co, mfrs de chaussures.
Pacific (The) Coal Co, Ltd.
Proulx Damien & Co, épic., etc.
Slater (The) Shoe Co.
Cœur de Marie—Potvin Peter, moulin à scie a ajouté mag. gén.
Edouard de Lotbinière—Société de Fabrication de Fromage de St Edouard.
Louis Mile End—David & Alarie, coutracteurs.
ois-Rivières—Berlin Iron Bridge Co.

PROVINCE D'ONTARIO

Cessations de Commerce

utton—Wilson S. V., mfr de lainage; James Guhen succède.
Fenelon Falls—Nevison Stephen, articles de fantaisie etc.
Hamilton—Pryke John épic.; Arch. Peffer succède.
Ottawa Est—Biggar Dame Hannah, hôtel.
Tilsonburg—Durward Annie, articles de fantaisie.
Walsingham Centre—Morgan W., mag. gén.; Geo. Pirie succède.

Cessions

London—Walker John mfr de brique.
Mewmarket—McDougal N. N., marchand-tailleur.
Tory Hill—Scott Richard, mag. gén.

Dissolutions de Sociétés

Hammond—Empey & Merrill, mag. gén; W. F. Empey continue seul.
Ottawa—Canadian House Furnishing Co; A. Freidman et M. Cramer continuent.
Ridgetown—Weese & Merrifield, hôtel, Wm Merrifield continue.

En Difficultés

Kingston—Sills Fred W., pharmacie.
Ottawa—Kavanagh Joseph, épic. et liqueurs en gros et en détail, ass. 10 déc.
The Brook—Charette Samuel, mag. Gén.

En liquidation

London—Cannon & Owen Co Ltd.

Fonds à Vendre

Adelaide—Underhay W., meunier.
Barrie—McMillan D., meunier.
Granton—Arnold F. J., poêles et ferblanterie.
Lakefield—Tanner A. M., épic.
London—Smith J. J., poisson, etc.
Norwich—Hicks R. F., élévateur à grain.
St-Thomas—Wooster Joseph, chaussures.

Fonds Vendus

Hamilton—Konkle Mde J. W., restaurant.
London—Bernard Cigar Co à Ross & Walker.

Incendies

Cornwall—Cornwall Milling Co. Ltd., ass.
Hamilton—Butler A. E. & Co, chassures.
London—Smith C. W., tonnelier.
Toronto—Smith Wool Stock Co.

Nouveaux Établissements.

Fordwich—Nichols John, épic., etc.
Ottawa Est—Allaire Elzéar, hôtel.

NOUVEAU-BRUNSWICK

Décès

Woodstock—Gillen Pat., épic.

En Difficultés

Fredericton—Pond C. W., épic.

Fonds à Vendre

Richibucto—Vautour John C., mag. gén. 8 déc.

Incendies

St Jean—Goodwin A. L., fruits etc. en gros, ass.

NOUVELLE-ECOSSE

Cessations de Commerce

Yarmouth—Eldridge A. E. S., poterie.

Cessions

East Pubnico—Hipson Isaac C., négociant.
New Germany—McClelland J. H., hôtel.

En Difficultés

Halifax—Pyke G. A. & Son, épic. en gros etc
Springhill—Devinne Wm, merceries.

Fonds à Vendre

Kentville—Belcher H. S., merceries.

Fonds Vendus

Wolfville — Bishop E. B. & Sons, épic., à L. S. Messenger.

Incendies

Amherst—Wright George, restaurant.

Nouveaux Établissements

Cunning Cove—Banks J. H., mag. gén.
Lawrencetown—Dewit H. S., hôtel.
Lunenberg—Acme Mfg Co, poudre engraissive.
New Germany—Varner W., forgeron.
Oxford—Rubie Clothing Co, a ouvert une succursale.
Parrsboro—Rubie Clothing Co a ouvert une succursale.
Sydney—Cruise A. W., articles de sport.
Westville—McLeod & Maxwell, épic.
Yarmouth—Pheasant Fred, poterie.
Barteaux F. L., épic.

MANITOBA ET TERRITOIRES DU NORD-OUEST

Cessations de Commerce

Partage Pa Prairie—McKenzie R. S,, merceries etc.
Rapid City—Watson Dame S. S., modes.
Wapella—Magrath C. E., mag. gén; C. E. Nugent & Co succèdent.

Fonds Vendus

Grenfill—Reade Chs M., liqueurs à John Laird.
Portage La Prairie—Street Ths forgeron à A. G. Dawson.
Rapid City—Brown A. D., hôtel à Frk Colwell.
Selkirk West—Bullock Robert, mag. gén. à 72¼c dans la piastre.
Winnipeg—Borland Anson F., hôtel à C. H. Farrester.

Nouveaux Etablissements

Carberry—McClocklin C. J., mag. gén. à ouvert une succursale à Grand View..

COLOMBIE ANGLAISE

Cessations de Commerce

Chilliwack—Hall R., tabac, etc.; Thos Lay jr succède.
Cranbrook et Fort Steele—Fort Steele Mercantile Co Ltd, la succursale de Fort Steele.

Dissolutions de Sociétés

Chilliwack—Denholm & Uhley, farine, grain etc.; John L. Denholm continue.

Fonds à Vendre

North Bend—Webb John, hôtel et mag. gén.

Fonds Vendus

Kamloops—Gladins Theo., mag. gén.
Vanconver—Smith J. S. & Co, épic., à H. P. Edgett & Co.

TOUR DU MONDE—Journal des voyages et des voyageurs. — Sommaire du No 47 (24 novembre 1900)—1o Une mission en Acadie et du lac Saint Jean au Niagara, par M. Gaston Du Boscq de Beaumont.—2o A travers le monde: A Venise en Gondole, par Jacques-André Méris.—3o La lutte économique: Les Marines Marchandes en 1900.—4o Parmi les races humaines: Psychologie de l'interprète en Indo-Chine.—Le Neubourg.—5o Civilisations et religions: Une procession à Thèbes, par Al. Gayet.—6o Livres et Cartes.—Les Revues Etrangères: Les Montagnes du territoire allemand de Kiao-Itchéo (*Mittheilungen des Deutschen und Œsterreichischen Alpenvereins*, Vienne).—Le régime des Concessions au Congo français (*Le Mouvement Géographique*, Bruxelles).

Abonnements: France: Un an, 26 fr. Six mois, 14 fr.—Union Postale: Un an, 28 fr. Six mois, 15 fr. Le numéro: 50 centimes.

Bureaux à la librairie Hachette et Cie, 79, boulevard Saint-Germain, Paris.

PROVINCE DE QUEBEC

Cour Supérieure.

ACTIONS

DÉFENDEURS. DEMANDEURS. MONTANTS

Absents

Phillips H. S..........Annie L. Briggs 1e cl.

Batiscan

Marquis Dame Magloire et al........The Telfer Ruthven Co 275

Canton de Shipton

Brock Chester.....A. R. Williams & Co 329

De Lorimier

Gauthier Elizabeth et al...........F. W. Molson (dommages) 202

Edmonton

Roy Phillippe........Dame A. Chiniquy et vir 398

Isle Bizard

Boileau P. & Frères......A. Jetté & Cie 205
do ,......R. J. Demers 300

Lachine

Gariépy Dame C. H...Waldron Drouin & Cie 195

Maisonneuve

Ville de Maisonneuve......Walter Reid 395
do ...Hubert Prevost 395
do ...J. R. Guillemette 395

Moose Creek

Gagnon Jos. & Ths.....A. L. Kent et al 180

Moosomin T. N. O.

Lewin F. G. & Co...Samuel Roman et al 113

Montreal

Brown Bros..........Alb W. Crankshaw 162
razier J. C. et al.. Phœnix Ins. Co of Hartford 317
ernier Chs et al......... A. Jetté & Cie 103
rown Bros........Geo. F. Loveitt & Co 144
arber Chs A. et al...Lessard & Harris 1956
ruchési Jos...Le Credit Foncier F.-C. 1e cl.
oté Alph......... Aug alias Jos Richer 100
avid Donatien ....Albertine Lesage 3000
ubord J. J. H................Synod of the Diocèse of Montréal 8590
uclos Alex................L. de Montigny 195
ecelles M. J. A............R. J. Demers 150
ansereau Arthur......Alph. A. Neveu 320
ubois J. B. et al.........A. E. Gauthier 300
etlefs J. H. et al..........B. Shepperd 142
leury J. H .... J. W. Kilgour 1189
oster Geo G...Dme M. H. Hart et vir 1e cl.
uilbault Godf. et al..J. H. Hutchinson 337
ravel Théobald.....Succ. C. S. Rodier 108
ones H. Austin.......... McLaurin Bros 138
acotel Théod... O. Gravel et al esqual 2642
ove Lilian Logan....Julius McIntyre 2e cl.
ove Lilian L. et al...........J. Eveleigh 120
efebvre M. Théod. et al............ Alex McLaurin et al 138
arue L.......... ...... A. L. Kent et al 406
esage Tel. H. et al...Bérard & Brodeur 2e cl.
latte Choiseul............A. E. Gauthier 100
orris John....The Telfer Ruthven Co 125
ount E. C. & Co.......Can. Comp. Co 3e cl.
étivier J. N. et al...Telfer & Rutven Co 791
akes Dame Mary. ....Alfred Ward 140
rume Jehin...Chandler & Massey Ltd 205
oussin Cléophas et al.............Crédit Foncier F. C. 1e cl.
obinson De Jos...Richard Hicht et al 149
later Frk M.....................J. & T. Bell 121
mall Alfred.........Geo. A. Thompson 120
mith J. W.....................Chs Cushing 283
ict Mont. Fire Ins Co. .Jno McDonald 3580
do do -The Susquehanna Paper Co 2e cl.
Vilson Succ. Hon Chs.... Marg. Wilson 1e cl.
Vhite Neville............ Wm McGuigan 792

Ste Brigitte des Sault

Poulin Z.....................Aug. Couillard 122

St Basile le Grand

Parent Horm............A. L. Kent et al 150
Deslauriers Vve Touss.............Ant. Préfontaine 313
Lafrance Victor.......Adelard Lafrance 200

St Césaire

Gaulin Wm... Ths Robertson & Co 260

Ste Cunégonde

Dulude Procule.............Henri Bonin 100

St Cyprien

Palin Dame Vve Frs.....Crédit Foncier F.-C, 2009

Ste Geneviève

Prévost Abel et al........A. Jetté et Cie 451

St Henri

Bourelle Arsène..........Edm. Schinck 200

St Lazare

Rozon Joseph..........L. J. O. Chevrier 100

St Louis Mile End

Bolduc Louis.............Ferd Tremblay 1250

Ste Monique

Ledurre A........J. W. Kilgour & Bro 111

Toronto

Draper W. R. et al............M. S. Foley 259

Villeray

Dalbec Victor.........Succ. C. S. Rodier 153

Westmount

Mount E. C..........Town of Westmount 155
Strong A. H............Chs L. Buchanan 164
Moseley Dame J. Frk...Alex D. Fraser 185
Hutcheson Robt B. esqual......L. J. M. McAdoo 300

Cour Supérieure

JUGEMENTS RENDUS

DÉFENDEURS. DEMANDEURS. MONTANTS

Hawkesbury

Charlebois Jules........J. B. Charlebois 400

Ile Bizard

Boileau P. & Cie et al...A. Jetté & Cie 502
do ... do 303

Lachine

Forest Géd. & Co.....Baron Strathcona 375

Montebello

Taillefer Alph. V. et al...R. J. Demers 155

Montreal

Carron Mathilda et J. B...United Shoe Mach. of C. 500
Cochrane Jas..................James Ferres 226
Dunham E. H. & Co......J. H. Kimball & Co 150
Douville Elie.....Hon. L. F. R. Masson et al esqual 6092
Dominion Wire Mfg Co...Edw. Hurrell 200
Finn Edw.....................Geo. Durnford 116
Fortin Ed..................H. W. Lareau 212
Filion Jos...............Eusèbe Beaudoin 92
Gervais Henri............P. E. Panneton 100
Hasley John A......Geo. W. Spaulding 145
Indemnity (The) Mutual Marine Ins. Co....................Cité de Montréal 220
Jameison Brodie.........R. C. Jameison 5130
Lapointe J. R.....Amable Archambault 420
MacDonald E. de B..E. L. de Bellefeuille 361
Moreau Dame Alb M........J. L. Morris 141
Nugent John P........H. H. Wolff et al 351
Nadeau Geo................D. C. Brosseau 136
Roy Eusèbe...................G. B. Burland 11165
Racette Euclide et al ....J. O. Gareau 128
Sharpe John ....Alfred Brunet 160
Sincennes Alb. et al..Bérard & Brodeur 286
Specialty Mfg Co...Fitz Jas E. Browne 189
Temple Ths A. et al..Imperial Bk of C. 2502
Vineberg Hyman..... Dame Mary McDonald et vir 100

Outremont

Boivin Wilf...................C. A. Gervais 140

Quebec

King Bros...........................L. Morin 1500
Patry Jos H...............Geo. W. Eadie 214

St David

Brouillard Aimé.....Massey, Harris Co 132

St Joseph. Ont

Cantin Narc. U.........Narc. E. Picotte 536

St-Louis—Mile End

Vigneau Narc R........... Andrew Boyle 107

Ste Victoire

Paulhus Hercule.....R. A. Lister & Co 349

Vancouver C. A.

Taylor A. D..................B. O. Lambert 5153

Verdun

Allsopp R. Morris............A. A. Curtis 2954

Westmount

Murray Jas.......................John Corbett 210

Cour de Circuit

JUGEMENTS RENDUS

DÉFENDEURS. DEMANDEURS. MONTANTS

Coteau St Pierre

Poirier H. et al.....Frères de l'Instruction Chrétienne 54

Grand'Mère

Gingras Arthur............C. N. Lindsay 20

Isle Bizard

Boileau P....Le Comptoir d'Escompte 57

Laprairie

Lacasse Jos....................P. S. Hardy 7

Laval

Desjardins J..............J. A. Ouellet 5

Lachine

Robidoux Etienne.......Dame C. Hétu 19

Montréal

Atkins Robt.............Delle E. Circé 11
Alain F...................L. Charlebois et al 25
Abraham John...Dame Hogg A. et vir 5
Baker Walker.......................I. Tougas 13
Blais Chs.........................I. Lemieux 20
Bruneau Ls ....M. Lacroix 11
Bouler Pat......................D. R. Murphy 5
Beckstead Ira A.............Henri Crevier 11
Black Alladin.........Dame J. Monarque 60
Boucher Marie................J. A. Giguère 11
Béland A......................J. E. Lafrance 15
Beaumont H.................J. Astrofsky 12
Charlebois Jos............O. J. Bertrand 14
Coté Nap.........................J. V. Poulin 6
Cahill J. A...............J. E. Donaldson 8
Champagne Chs.............A. Desroches 6
Cunning John...........Dame M. Carroll 13
Chouinard Dame Marie..............J. A. Duhamel 20
Chaput Jos...............H. Lamontagne 19
Collin L. J ....Origène Loiselle 30
Canadian (The) Breweries......J. Damphouse 69
Cyr Damase.......................H. Simard 5
Cane Geo.................Dame J. Cunin 11
Cartier J. O.........................H. Malo 6
Carrigan Arch. A......G. A. Lafontaine 6
Doyer P. et al ....A. Mathieu 40
Desjardins R.............................J. Coté 12
Daoust J. et al...............A. Amiot et al 54
Diamond Robt........................Jas Willis 5
Emond J...................................F. Emond 18
Forest Ths..........................Dame S. Hall 10
Grosbois T. B. de...........H. W. Lareau 50
Gagné H...................................E. Major 50
Gauthier Edm............H. Lamontagne 20
Gagnon P. Horm.......Simpson Hall & Miller 8
Gelber S....................................J. Gelber 74
Henney Jas...............................E. Martel 16
Henault Jos. esqual..............Dame J. Aubertin 10
Hamilton H. et al...Dame C. Levasseur 37
Hacket Geo...............J. A. Francœur 8

VICTOR PORTE

IMPORTATEUR DE

VINS, COGNAC,

LIQUEURS, ETC.

Agent de Schroder, Schyler & Cie, Bordeaux; Guichard Potheret & Fils, Chalon sur Saône; Théophile Roederer & Cie, Reims; Pellisson Père & Cie, Cognac; L. A. Price, Bordeaux; Cardinal Quinquina, Paris; Delettrez, Paris.

A. BARBIER,

DIRECTEUR.

34, RUE LEMOINE,

MONTREAL.

JOURNAL DES DÉBATS, PARIS

Edition Hebdomadaire

Le journal des Debats, dont la réputation est universelle, publie une édition hebdomadaire spécialement distribuée aux pays qui n'ont pas de relations postales quotidiennes avec la France.

Cette revue contient les meilleurs articles parus dans l'édition quotidienne.

Prix d'abonnement, $2.60 pour six mois.

7 rue des Prêtres St-Germain l'Auxerrois, Paris, France.

FOURRURES

Importateur, Exportateur et Manufacturier en gros de FOURRURES en tous genres pour hommes femmes et enfants. Les plus hauts prix du marché seront payés pour toutes sortes de fourrures non-apprêtées.

N. B.—Le plus haut prix payé pour cire d'abeilles et ginseng.

HIRAM JOHNSON

494 RUE ST-PAUL MONTREAL.

The

National Life Insurance Co

Of Canada

Incorporée par acte spécial du Parlement du Canada.

Capital autorisé - - $1,000,000

Bureau Principal:

Temple Building, Toronto

H. S. HOWLAND, Président,
R. H. MATSON, Directeur-Gérant,
F. SPARLING, Secrétaire-Trésorier

Les personnes qui ont l'intention de s'assurer devraient examiner les plans attrayants de la "National Life," avant de s'assurer ailleurs.

On demande des agents actifs et de confiance, dans tous les comtés de la Province de Québec: ils devront être des hommes d'une réputation inattaquable.

S'adresser au Bureau Principal,
TEMPLE BUILDING, TORONTO,
ou à **CHS. G. GLASS,** Gérant Provincial,
180 rue St-Jacques, Montréal.

G. ELIE AMYOT

IMPORTATEURS D'ARTICLES DE

Modes et Hautes Fantaisies

EUROPÉENNES ET AMÉRICAINES

Téléphone 887 ◆ En gros seulement

59, rue Dalhousie, B. V., Québec

A. RACINE & CIE

IMPORTATEURS ET JOBBERS

— EN —

Marchandises Sèches

Générales

DE TOUTES SORTES.

340 et 342 Rue St-Paul

— ET —

179 et 181 rue des Commissaires

MONTREAL.

Modes d'Été Pour Hommes

Dans les Derniers Genres

Coupe Parfaite, Façon Soignée, Prix Raisonnables.

A. L. Brault

MARCHAND-TAILLEUR

No 53, rue Bleury, Montréal.

TEL. MAIN 1961

LA CIE HERELLE'S CHOCOLATE WORKS

Longueuil, (Montreal), Can.

Remercie Messrs. les Epiciers et le public en général de la faveur avec laquelle ils accueillent ses produits; faveur qu'elle s'efforce et s'efforcera toujours de mériter par la perfection de ses

CHOCOLATS et CACAOS

qu'elle vend au plus juste prix. Son motto est: Vendre à petit bénéfice et bon, pour vendre beaucoup.

E. R. GAREAU

AGENT D'IMMEUBLES

1511, RUE NOTRE-DAME, MONTREAL

Près de la rue Bonsecours.

TELEPHONE BELL MAIN 2154

ON DEMANDE à acheter une maison double sur la rue Sherbrooke, ou au nord de la rue Sherbrooke dans les environs du Carré Saint-Louis.

A VENDRE—2788, rue Ste-Catherine, à bas prix, pour clore une succession, une maison en parfait ordre. Pour plus amples informations, s'adresser à

H. M. SIMPSON,

No 29 Canada Life Building

TELEPHONE: MAIN 3344

A VENDRE

et

ECHANGER

Propriétés payant **10%**

Conditions faciles. Bonne localité.

Maisons à Louer.

Argent à Prêter.

Art. C. Bourassa & Cie

26 Rue Saint-Jacques.

Téléphone Bell Main 2681

Marc A. Brodeur & Cie

Marchands Tailleurs...

1858 Rue Notre-Dame

A quelques portes à l'ouest de la rue McGill,

MONTREAL.

Hall Ths	A. Trottier	30
Jodoin Isidore	L. A. Cloutier	9
Lavoie P. et al	S. Craig et al	22
Lemieux Dieudonné	O. Dubrule	9
Lewis C	Olive Legault	11
Larivière C	Delle A. Gravel	24
Larocque D	F. Themens	8
Lenoir A	Delle N. Ste Marie	10
McFadden J	M. de Repentigny	14
Mignault Ls	J. A. Ouellet	5
Morel A	N. Léveillé	8
Morel Simon	J. C. Dulude	25
Mellivard Dlle A	S. H. Huxley	16
Murisson J	M. MacLeod	11
Nadeau Nap	J. A. Desjardins	49
Noël Ls	T. Conroy	8
Ouellet Chs	J. Bacon	10
Perrault F. X	J. H. Caillé	11
Picotte C	D. Sperber	8
Prume Jules J	F. Poirier et al	5
Plumkett Dame	J. Tomalty	7
Rose Ovila	A. Desroches	13
Reynold E. S	Irving L. Smith	30
Raymond A. P. et al	M. Tapley	12
Ruel Frs	Dame T. Gervais	12
Robitaille J. A	G. St Pierre	24
Shea J	J. H. Filintrault	9
Sharpe H. F	F. Racicot	24
Smardon Delle Cate T	A. Munro	25
Sturgess H. T	J. W. Eadie et al	47
St-Germain Aug	A. L'Archevêque	22
Tessier Gustave	Dame Marie Pinsonnault	9
Tétrault Amédée	H. Lamontagne	18
Thompson John	Ths Legget	25
Thouin J	G. Couture	14
Verdi M	L. Blais	18
Wilson Jas.	Dame A. Dorion et vir	7
Woodall J. et al	A. Amesse	20
Young John	S. S. Stephens	50

Québec

Petit Frs	Z. Phenix	33
Dion Jos	A. MacPherson et al	75

Sault aux Récollets

Jacques Edm	J. Charbonneau	50

Ste Agathe

D'Ivry Raoul M. A. O	Dame Jane L. Moir	95

St Boniface

Bellemare Henri	P. Béland	75

Ste Cunégonde

Lavoie Emile	B. Labrosse	6

St Henri

Dupuis Alph	W. Robidoux	9
Lahaye F. X	Léon de Bellefeuille	5
Lowe Albert et al	M. Tapley	30
McKenzie Jas	M. Tapley	5
Dupré Nap	Dame A. Ménard et vir	21

St-Hyacinthe

Windenger Paul	Bissonnet & Co	20
Reeves L. fils	J. V. Boudrias	8

St Louis Mile-End

Millette, Neveu & Cie	D. Bernier	30

Warwick

Beauchemin Ernest	Atlantic Ry Co	66

JOURNAL DE LA JEUNESSE. — Sommaire de la 1460e livraison (24 novembre 1900. —Un Phénomène, par B. A. Jeanroy.—Les chemins de fer monorails, par Daniel Bellet. —Les dangers de l'Alimentation moderne, par L. Viator. —Un locataire génant, par Augusta Latouche.—Treize et quatorze, par Yan de Castétis.— Nicolas Poussin (1594-1665), par Louise Compain-Masselieau.

Abonnements : France : Un an, 20 fr. Six mois, 10 fr. Union Postale : Un an, 22 fr. Six mois, 11 fr. Le numéro : 40 centimes.

Hachette & Cie, boulevard St-Germain, 79, Paris.

VENTES ENREGISTRÉES

Pendant la semaine terminée le 1er Décembre 1900

Quartier St Laurent

Quartier St-Louis

Ave Laval, Nos 58 à 62. Lot 907-4, 5 et autres immeubles, avec maison en pierre et brique, terrain 49 x 100. James Bailey à Frk Bailey ; pour les hypothèques [52039].

Rue Lagauchetière, No 429. Lot 9/10 ind. 194, avec maison en brique, terrain 30.4 x irrg, supr 1696. Lucie Tison, vve de Benj. Tison et al à Lomer Gouin ; (à réméré) $900 [52052].

Ave Hôtel de Ville, Nos 221 et 223. Lot 347, avec maison en brique, terrain 24.3 x 63 supr 1528. Timothée Fortin à Grégoire Rochon ; $2,500 [52059].

Quartier Ste-Marie

Rue Partenais. Lot pt N. O. 1305B, terrain 42.6 x 163, supr 6927, vacant. Godfroy Gamelin Gaucher à Narcisse Papineau ; $1 et autres bonnes et valables considérations [52035].

MONTREAL-OUEST

Quartier St Antoine

Rue Sherbrooke, No 1108. Lot 1688-8-3, avec maison en pierre et brique (neuve) terrain 21 x 132.2. Dame Mary Ann Findlay, épse de W. H. Weir à Albert Ed. Ogilvie ; $18,000 [134445].

Rue Lagauchetière, No 823. Lot 1111-1, avec maison en pierre et brique, terrain 24x68. Charles Lafond à Louis N. Dupuis ; $4,400 [134449].

Ave Cedar. Lot pt 1722, terrain 209 d'un côté, 211 de l'autre x 407 d'un côté et 440 de l'autre, supr 88850, vacant. Dame Véronica Annie May Ritchie, épse de J. Baxter Wood à Robert Mackay ; $15,548.75 [134464].

Rue Richmond, Nos 342 et 338, ave Leclerc, Nos 10 à 16. Lot pt N. 421, avec 2 maisons en brique, 1 terrain 67.2 x34, supr 2284 ; 1 do 33 x 58.6, supr 1930. Le Shérif de Montréal au Rév. P. A. Campeau ; $1,675 [134465].

Rue St-Antoine, Nos 409c à 409F. Lot 1637-8, 9, avec maison en pierre et brique, terrain 48 x 112. Dame Agnes Hay, vve de James G. Shaw à Raymond Préfontaine ; $11,000 [134468].

HOCHELAGA ET JACQUES-CARTIER

Quartier Hochelaga.

Rue Ste Catherine. Lot 166 23, terrain 23.8 x 100 supr 2367 vacant. J. U. Emard à Napoléon Séguin ; $1 et autres bonnes et valables considérations [87586].

Rue Ste Catherine. Lot 166-23, terrain 23.8 x 100 supr 2367 vacant. Nap. Séguin à Narcisse Papineau ; $1 at autres bonnes et valables considérations [87587].

Rue Marlborough, Nos 14 à 22. Lot pt 143 et autres immeubles, avec maison en brique, terrain 50 x 106 supr 5300. James Bailey à Frank Bailey ; pour les hypothèques [87606].

Rues Desery, Nos 223 225 et St Germain. Lots 54-91, pt S. E. 54-90, 54-38, ½ N. O. 54-37, 38 avec maison en brique, terrain 40 x 100 ; 1 do 37.6 x 100 supr 3750 ; 1 do 50 x 100. Jessie Mary Lewin épse de Wm D. Harris à The Chateauguay & Northern Ry Co ; $1373.70 [87649].

Quartier St-Denis

Rue Huntley. Lot ½ S. E. 8-495, terrain 25 x 100 vacant. Honorius Dominique à Mélina Plante épse de Philorum Simard ; $225 [87601].

Rue Huntley. Lot 8-632, terrain 50 x 100 vacant. The St Denis Land Co à Joseph Abel ; $994.60 [87603].

Aves Laurier, Christophe Colomb et rue Gilford. Lots 328-392 à 398, 401 à 404, 310, 2 terrains 25 x 100 ; 5 do 24 x 100 ; 4 do 25 x 148 supr 3700 ; 1 do 28 x 100 chacun vacant. Le Shérif de Montréal à Louis A. Boyer ; $1603 [87638].

Rue St Hubert. Lot 7-649, terrain 25 x 107 vacant. The St Denis Land Co à Vitaline Valiquette épse de Stevane Bénard ; $147.13 [87656].

Rue Rivard. Lot pt 160-16d, avec maison en brique (neuve), terrain 20 x 70. Anselme Bertrand à Amable Boulard ; $1850 [87657].

Quartier St Gabriel

Rue Reading. Lots 3399-208, 209, terrain 23 x 90 supr 2070 chacun vacant. Elizabeth Smart veuve de James Howley à J. K. Ward & Co ; $1072 [87669].

Rue Chateauguay, No 349. Lot pt S. 2603, avec maison en bois et brique, terrain 45 x 67.2 d'un côté et 61.7 de l'autre. Pierre Dumouchel à Olivier Bonin ; $1975 [87670].

Quartier St Jean-Baptiste

Rue Dufferin. Lot ½ S. 7-168, terrain 25 x 40 vacant. Clément Daunais à Sydney Daunais ; $350 [87631].

Ste Cunégonde

Rue Richelieu. Lot 562. avec maison en brique, terrain 30 x 80. Le Shérif de Montréal à The Montreal Loan and Mortgage Co ; $6201 [87648].

Rue Richelieu. Lot 562, avec maison en brique, terrain 30 x 80. The Montreal Loan and Mortgage Co à Adolphe Duperrault ; $5000 [87660].

St Louis—Mile-End

Rue Clark. Lot ½ N. 11-451, terrain 25 x 88 vacant. The Montreal Investment and Freehold Co à Donald McLea ; $400 [87633].

Rue Mance. Lots 12-16-6 pt S. E. 12-16-3, terrain 41 x 105 ; 1 do 25 x 105, chacun vacants. The Montreal Investment and Freehold Co à Eliza McEwen Neville ; $975 [87659].

Westmount

Ave. Mount Pleasant. Lot 374-64, terrain 125 x 184 d'un côté 189 de l'autre supr 24827 vacant. David Yuile à Léonard G. Little ; $4965.40 [87661].

Ave. Mount Pleasant. Lot 374-64, terrain 125 x 184 d'un côté, 189 de l'autre supr 24827 vacant. Léonard G. Little à Charles Byrd ; $4500 (à réméré) [87662].

Ave. Gladstone. Lots 379-30-13, pt 379-31-7 pt 379-30-14 pt 379-31-8, pt 379-31-9, pt 379-31-10 pt 379-31-11, avec maison en pierre et brique, terrain 22.6 x 84.4 d'un côté et 84 de l'autre. Lizzie S. Bishop épse de Hy W. Stephenson à Robert P. Barrett ; $4500 et autres considérations [87589].

Ave Gladstone. Lots 379-30-13 pt 379-31-7 pt 379-30-14 379-31-8, pt 379-31-9 pt 379-31-10 pt 379-31-11, avec maison en pierre et brique, terrain 22.6 x 84.4 d'un côté et 84 de l'autre. Anastasie Hackett, vve de Robt. P. Barrett à Geo. B. Burland ; $4,593 [87592].

St-Henri

Ave. Lime. Lot 1704-344, terrain 25 x 100 vacant. The St Henry Land Co à Henri Cazelais ; $375 [87634].

De Lorimier

Ave de Lorimier. Lot ½ ind 133, terrain 26 x 100, vacant. Louis Dufour dit Latour à Arthur Leblanc ; $390 [87611].

Maisonneuve

4e Avenue. Lot 1a-813, terrain 25 x 100 vacant. Joseph Trudel à Siméon Charpentier ; $700 [87593].

Lot pt 7, terrain 50 x irrg, supr 19800 vacant. James Morgan à The Montreal Terminal Ry Co ; $3000 [87617].

Ave Lasalle. Lot 8-273 avec maison en brique, terrain 25 x 100. Siméon Charpentier à Joseph Trudel; $1800 [87639].

Côte St-Paul

Rue St Gabriel. Lot pt 1702. avec maison en bois, terrain 53.10 x 81.3 d'un côté et 109 de l'autre. James Deegan alias James Nicholson à John Waddell; $300 (à réméréc) [87685].

Verdun

Rue Rushbrooke. Lot 3268-100, pt N. E. 3268-99, terrain 21.5 x 138 d'un côté et 133 de l'autre; 1 do 3.7 x 133. Anna Dorken veuve de Edw Henser à Tobias Butler; $508.35 [87632].

Sault aux Récollets

Lot 228-611, terrain vacant. J. Bte Péloquin à Exilda Leroux veuve de Robert Galaspe; $100 [87619].

Rue Labelle. Lot 489-17, terrain 25 x 87 vacant. The St Denis Land Co à Arthur Gamache; $55 [87604].

Lachine

Lots 181-19, 20. Le Shérif de Montréal à The Montreal Loan & Mortgage Co; $2403 [87588].

Lots 181 1, 2, 8, 9, 14, 15, 21 à 24. Le Shérif de Montréal à Louis Alph Boyer; $1560 [87616].

Lots 909 pt 254. Joseph Adélard Descarries à La Communauté des Sœurs de Ste Anne; $5250 [87625].

Pointe Claire

Lot pt 24. Hon John S. Hall à Hon Geo. A. Drummond; $6250 [87642].

Rivière des Prairies

Lot 78. François Roy père à Jean Polycarpe Paré; $2500 [87678].

Isle Bizard.

Lot 54. Napoléon Boileau à Aldéric Théoret; $3000 [87688].

Voici les totaux des prix de ventes par quartiers :

St Louis	3,400 00
St Antoine	50,623 75
Hochelaga	1,373 70
St Denis	4,519 73
St Gabriel	3,047 00
St Jean-Baptiste	350 00
Ste Cunégonde	11,201 00
St Louis Mile-End	1,375 00
Westmount	18,558 40
St Henri	375 00
De Lorimier	390 00
Maisonneuve	5,500 00
Cote St Paul	300 00
Verdun	508 35
	$ 120,521 93

Les lots à bâtir ont rapporté les prix suivants :

Ave Cedar, quartier St Antoine, 17½c le pied.

Rue Huntley, quartier St Denis, 9c et 13 9/10c le pied.

Rue St Hubert, quartier St Denis 5½c le pd.

Rue Reading, quartier St Gabriel, 25 9/10c le pied.

Rue Dufferin, quartier St Jean-Baptiste, 35c le pied.

Rue Clark, St Louis-MileEnd 18c le pied.

Rue Mance, St Louis-Mile End, 14c le pd.

Ave Mount Pleasant, Westmount, 20c le pied.

Ave Lime, St Henri, 15c le pied.

4e Avenue Maisonneuve, 28c le pied.

PRÊTS ET OBLIGATIONS HYPOTHÉCAIRES

Pendant la semaine terminée le 1er décembre 1900, le montant total des prêts et obligations hypothécaires a été de $124,069 divisés comme suit, suivant catégories de prêteurs :

Particuliers	$ 82,219
Successions	1,050
Cies de prêts	15,800
Autres corporations.	25,000
	$124,069

Les prêts et obligations ont été consentis aux taux de :

5 p.c. pour $500 ; $2,000 ; $3,000 ; $4,000 ; 2 sommes de $4,500 ; $7,500 et $11,500.

5½ p. c. pour $3,000 et $6,600.

Les autres prêts et obligations portent 6 pour cent d'intérêt à l'exception de $1,050 à 7 p. c. $350 et $1,000 à 8 pour cent d'intérêt.

M. J. A. Godin, architecte, prépare les plans et devis pour le prebytère de St-Rémi de Napierreville. Les soumissions seront demandées sous peu.

PERMIS DE CONSTRUIRE À MONTRÉAL

Rue Amherst, Nos 438 à 444, une maison formant 3 logements, 25 x 53, à 3 étages, en brique, couverture en gravois ; coût probable, $3,100. Propriétaire, D. Généreux, architecte, S. Frappier; charpente, L. Langevin (253).

Rue St.Dominique, No 272, une bâtisse formant un hangar, 48 x 10, à 2 étages, en bois et brique, couverture en papier et gravois; coût probab'e, $500. Propriétaire, Philias Milaire; maçon, Durocher Frère; charpente, Rochon & Fournier (254).

Rue Rachel, No 45, une maison formant un logement, 25 x 40, à 2½ étages, en brique, couverture en gravois ; coût probable, $4000. Propriétaire, Nap. Hébert, maçon, F.Colleret, charpente, H. Tessier (255).

Rue Kent No 17, une maison formant 3 logements, 30 x 36, à 2 étages, en bois et brique, couverture en gravois ; coût probable $2,000. Propriétaire, P. Prévost; maçon, Jos. Rieudeau; charpente, Jos. Riendeau (256).

Vis rouillées

Le meilleur moyen d'enlever une vis rouillée consiste à en chauffer la tête avec un fer rouge que l'on introduit dans la fente de la tête (un vieux tournevis suffit parfaitement pour cet usage), après quelques instants, la vis s'enlève sans aucune difficulté.

LA SCIENCE EN FAMILLE.—Sommaire du 1er novembre : Le poivre et ses falsifications : Léon Padé.—L'alimentation chez les différents peuples (suite) : VII. en Europe : Alfred Moulin.—Fabrication des lampes à incandescence ; A. B.—Petite chronique.—La science pratique : Petit formulaire technique et procédés d'atelier : cordes métalliques ; vernis noir pour le zinc; pour préserver le fer et l'acier contre la rouille; encre noire pour copier sans presse; hygiène, médecine, toilette ; l'amidon et ses propriétés médicales; taches de rousseur ; remède contre les démangeaisons ; moyen de faire prendre l'huile de ricin sans en sentir le goût ; économie domestique : lavage de toutes étoffes, noires ou de couleurs délicates ; mites du fromage ; conservation des cèpes ; moyen de dérougir les fûts à vin ; cuisson des pommes de terre.

Abonnement : Un an : Union postale, $1.60 118, rue d'Assas, Paris.

Du 11 au 18 décembre 1900.

District de Montréal

La succession N. A. Hurteau *vs* Joseph Duclos.

Montréal—Les lots 434-3 à 7 du quartier Ste Marie, situés rue Ste Catherine.

Vente le 14 décembre, à 10 h. a.m., au bureau du shérif.

The Montreal Loan & Mortgage Co *vs* Robert Wiseman et al.

Outremont — Le lot 36-23 situé ave Wiseman avec bâtisses.

Vente le 13 décembre, à 2 h. p. m. au bureau du shérif à Montréal.

Le Crédit-Foncier Franco-Canadien *vs* James Baxter.

Montréal—Les parties du lot 19-19, 20, 21, 22 et 23 du quartier St-Laurent, situés rue St-Laurent, ac bâtisses.

Vente le 13 décembre à 10 h. a. m., au bureau du sherif.

Louis Bouvier *vs* Thos. A. Richardson.

Montréal—Le lot 394 du quartier St-Jean-Baptiste, situé rue St-Laurent, avec bâtisses.

Vente le 13 décembre à 11 h. a. m., au bureau du shérif.

In re Chs Desjardins entrepreneur failli.

Montréal—La partie du lot 799 du quartier St Jacques, situé rue St André, avec 12 maisons.

Vente le 14 décembre, à 11 h. a. m., au bureau du shérif.

District d'Arthabaska

In re La Fonderie de Drummondville.

St Germain de Grantham, Drummondville et Arthabaskaville—1o La ½ nord-ouest de la ½ sud-ouest du lot 791, ¼ nord-est de la ½ nord-ouest du lot 790, le lot 789, pt 991, les lots 987 et 988, situés à St Germain.

2o Le lot 17, situé à Drummondville.

3o Le lot 240, situé à Arthabaskaville.

Vente le 11 décembre, à 10 h. a. m., à la porte de l'église St Germain de Grantham pour les lots de cette paroisse, le même jour à 1 h. p. m., à la porte de l'église St Fredéric à Drummondville pour le lot de cette paroisse et le 12 décembre à 3 h. p. m., au bureau du shérif à Arthabaskaville pour le lot de cette ville.

Elzéar Vézina *vs* Jean Bilodeau.

St Pierre de Broughton—Les ¾ sud-ouest de la moitié sud-ouest du lot 9 contenant 75 acres.

Vente le 13 decembre, à 10 h. a. m., à la porte de l'église paroissiale.

District de Beauce.

Alfred Gendreau *vs* Nap. Gendreau.

St François—La partie nord-ouest du lot 158 et la partie du lot 159.

Vente le 20 décembre à midi à la porte de l'église paroissiale.

District de Québec

La Cité de Québec *vs* Vve Jas. Brown et al.

Québec—Le lot 4426 du quartier Montcalm situé rue d'Artigny.

Vente le 14 décembre, à 10 h. a. m., au bureau du shérif à Montréal.

PAS D'IMITATION TROP SERVILE

Ne suivez pas les précédents de trop près. Créez plutôt un précédent à suivre par les autres.

BANQUE D'HOCHELAGA

BUREAU PRINCIPAL, ... MONTREAL

Capital souscrit,	$1,500,000
Capital payé,	1,500,000
Fonds de Réserve,	680,000

DIRECTEURS: F. X. ST-CHARLES, Président. R. BICKERDIKE, Vice-Président. C. CHAPUT, HON. J. D. ROLLAND, J. A. VAILLANCOURT. M. J. A. PRENDERGAST, Gérant-général, C. A. GIROUX, Assistant Gérant, O. E. DORAIS, Inspecteur.

SUCCURSALES: Québec, Trois Rivières, Joliette, Sorel, Valleyfield, Sherbrooke, Louiseville, Vankleek Hill, Ont., Winnipeg, Man., Montréal, 1376 Ste-Catherine, et 1756 Ste-Catherine près Sanguinet, et 2204 Notre-Dame ouest.

DEPARTEMENT D'EPARGNE:
Au Bureau Principal et aux Succursales.

CORRESPONDANTS:

Londres, Anglt., Les agences du Crédit Lyonnais. Crédit industriel et commercial. Comptoir National d'escompte de Paris. Clydesdale Bank, limited.

Paris, Fra. Crédit Lyonnais. Comptoir National d'Escompte. Crédit Industriel et Commercial. Société Générale.

Berlin, Deutsche Bank.
Bruxelles, Crédit Lyonnais.
Vienne, Autr., Banque I.I.P. des Pays Autrichiens.

New-York National Park Bank. The National City Bank of New York. Importers and Traders Nat. Bank. Ladenburg, Thalmann & Co. Heidelbach, Ickelheimer & Co.

Boston Third National Bank. National Bank of Redemption. International Trust Co.

Chicago National Live Stock Bank. Illinois Trust and Savings Bank.

Collections dans tout le Canada, aux taux les plus bas. Emet des crédits commerciaux et des lettres circulaires pour les voyageurs, payables dans toutes les parties du monde.

R. WILSON SMITH

COURTIER EN DEBENTURES

Débentures Municipales, des Gouvernements et des Chemins de Fer achetées et vendues. Débentures de premier ordre pour placements de fonds en fidéi-dépots, toujours en mains.

Batisse Standard Life

151 rue St-Jacques, Montréal

LS. DESCHENES

ENCANTEUR DE COMMERCE

ET

Jobber en Chaussures

No 60 RUE ST-JEAN

QUEBEC

N. B.—Messieurs les marchands de la campagne épargneront de l'argent en venant me faire visite avant d'acheter ailleurs. J'ai constamment en mains toutes sortes de Jobs pour leur commerce

---

LA BANQUE DE ST-HYACINTHE

Bureau Principal: St-Hyacinthe, P. Q.

CAPITAL PAYÉ	$320,840
RESERVE . . .	75,000

DIRECTEURS:

G. C. DESSAULLES, ... Président,
J. R. BRILLON, ... Vice-President
L. P. MORIN, J. NAULT,
DR E. OSTIGUY, EUSEBE MORIN
JOS. MORIN.
E. R. BLANCHARD, Caissier. W. A. MOREAU, Inspecteur.

— Succursales —

St. Césaire, M. N. Jarry, gérant.
Farnham, J. E. Campbell, gérant
Iberville, J. M. Bélanger, gérant.
L'Assomption, H. V. Jarry, gérant.

Correspondants: — Canada: Banque des Marchands du Canada et ses succursales. Etats-Unis: New-York. The National Bank of the Republic, Ladenburg, Thalman & Co.; Boston Merchants National Bank.

UBALDE GARAND. TANCREDE D. TERROUX

GARAND, TERROUX & CIE.,

BANQUIERS ET COURTIERS

116 Rue St-Jacques, MONTREAL.

Effets de commerce achetés. Traites émises sur toutes les parties de l'Europe et de l'Amérique. Traites des pays étrangers encaissées aux taux les plus bas. Intérêt alloué sur dépôts. Affaires transigées par correspondance

---

C. H. WALTERS & CO.

BANQUIERS

3, Rue Saint-Sacrement, Montréal.

Achat et vente de Billets de Commerce.
Négociation de Bons et Débentures.

W. H. WEIR F. H. WEIR

W. H. WEIR & SON

COURTIERS

113 RUE ST-FRANCOIS-XAVIER, Montréal.

M. W. H. WEIR, membre du "Montreal Stock Exchange," achète et vend tous les stocks qui figurent sur la liste du Stock Exchange, au comptant ou à terme. Les dernières informations régulièrement classées. Correspondants spéciaux à New York.

THE TEL. BELL UP 971

Canada Electric Co.,

L. ROUSSEAU Gérant

2501, STE-CATHERINE, COIN CRESCENT

Installations de lumière électrique et d'Horloges de contrôle électrique, Téléphones pour entrepôts, Cloches Electriques, Etc., Etc.

SEULS AGENTS POUR LA

STANDARD ELECTRIC TIME CO

de Waterbury, Con

BREVETS D'INVENTION (France-Etranger)

Marques de Fabrique, Procès en contrefaçon, etc.

CASALONGA

Ingenieur-Conseil (depuis 1867) PARIS 15 r. des Halles

Prop. Direct. (depuis 1878) du Journal (25 f. par an)

"CHRONIQUE INDUSTRIELLE"

THE MOLSONS BANK

Incorporée par acte du Parlement en 1855.

BUREAU PRINCIPAL - - - - MONTRÉAL.

Capital versé		$2,500,000 00
Reserve	$2,050,000.00	
Réserve pour rabais sur escomptes courants	$80,000.00	
Compte de Profits et Pertes	26,992.48	2,156,992.48

BUREAU DE DIRECTION.

WM. MOLSON MACPHERSON, President. S. H. EWING, Vice-Président W. M. Ramsay. Samuel Finley. J. P. Cleghorn. H. Markland Molson. F. C. Henshaw.

JAMES ELLIOT, Gérant Général.

A. D. DURNFORD, Inspecteur en Chef et Surintendant des Succursales.

W. H. DRAPER, Inspecteur. H. LOCKWOOD, W. W. L. CHIPMAN, Asst.-Insp

SUCCURSALES: Alvinston, O., Aylmer, O., Brockville, O., Calgary, Alb., Chesterville, O., Clinton, O., Exeter, O., Fraserville, Q., Hamilton, O., Hensall, O., Kingsville, O., Knowlton, Q., London, O., Meaford, O., Montreal, Q., rue Ste-Catherine, Montréal, Morrisburg, O., Norwich, O., Ottawa, O., Owen Sound, O., Port Arthur, O., Quebec, Q., Revelstoke Sta., B.C., Ridgetown, O., Simcoe, O., Smith's Falls, O., Sorel, Q., St. Thomas, O., Toronto, O., Toronto Junc., O., Trenton, O., Valleyfield, Q., Vancouver, B.C., Victoria, B.C. Victoriaville, Qué., Waterloo, O., Winnipeg, Man., Woodstock, O.

AGENCES à Londres, Paris, Berlin et dans toutes les principales villes du monde.

Emission de Lettres de Crédit pour le commerce et lettres circulaires pour voyageurs.

Attention sérieuse apportée aux Collections.

La Banque Nationale

BUREAU CHEF: QUEBEC

CAPITAL PAYÉ	$1,200,000
FONDS DE RÉSERVE	$200,000

DIRECTEURS:

R. AUDETTE, Ecr., Président,
A. B. DUPUIS Ecr., Vice-Président.

L'HON. JUGE CHAUVEAU, V. CHATEAUVERT, Ecr.,
N. RIOUX Ecr. NAZ. FORTIER, Ecr.,
J. B. LALIBERTE, Ecr.
P. LAFRANCE, Gérant.
N. LAVOIE, Inspecteur.

SUCCURSALES

Québec: faubourg St Jean,	St-François Nord-Est, Beauce.
Québec: St-Roch.	Ste-Marie, Beauce.
Montréal.	Chicoutimi.
Sherbrooke	Roberval.
St-Hyacinthe.	Ottawa, Ont.
Joliette.	St-Jean, P. Q.
Rimouski, Qué.	Montmagny, Qué.
Murray Bay, Qué.	Fraserville.

Saint-Casimir, Qué.

AGENTS.

Angleterre: The National Bk of Scotland, Londres.
France Crédit Lyonnais et succursales, Paris.
Etats-Unis: The National Bank of the Republic New-York. The Shoe & Leather National Bank, Boston, Mass.

Les collections reçoivent une attention spéciale et les retours en sont faits avec la plus grande promptitude.

On sollicite respectueusement la correspondance.

EDWIN HANSON. WILLIAM HANSON.

Hanson Bros.

Courtiers en obligations des Gouvernements, Municipalités, Chemins de Fer et Industries.

Nous avons toujours en mains des obligations de premier ordre, convenant pour placements par les Fidéi-commissaires, les Banques, les Compagnies d'Assurances, les Sociétés et les spéculateurs privés. On peut obtenir des listes d'obligations ainsi que les prix sur demande adressée au bureau, chambre 20, bâtisse Canada Life, Montréal.

ALMANACHS 1901

La maison J. B. ROLLAND & FILS, Montréal, vient de mettre en vente ses

ALMANACHS ET CALENDRIERS POUR 1901

1. L'Almanach Agricole, Commercial et Historique, 35e année.
2. L'Almanach des Familles, 24e année.
3. Le Calendrier de la Puissance.

Ces trois publications si bien connues et si justement appréciées du public, renferment encore une foule de renseignements des plus utiles sur l'administration religieuse et civile du pays, ainsi qu'un des meilleurs choix d'historiettes, anecdotes, etc., etc. Elles sont en vente chez tous les marchands, au prix de 5 centins chacun.

J. B. Rolland & Fils, rue St-Vincent, Montréal

Les Hommes d'Affaires

Ont très peu de temps à dépenser. Je me tiens à leur disposition **à toute heure** du jour ou du soir.

HARDOUIN LIONAIS,

D.C.D., L.C.D.

CHIRURGIEN DENTISTE,

Gradué du "Philadelphia Dental College," licencié du Collège Dentaire de la P. de Q.

2359 RUE STE-CATHERINE

MONTREAL

Tél. de Bureau: Up 2498. Résidence, E. 870

LE PRIX COURANT
THE PRICE CURRENT

Vol. XXX — MONTREAL, VENDREDI 14 DECEMBRE 1900. — No 11

LE PRIX COURANT

Revue Hebdomadaire

COMMERCE, FINANCE, INDUSTRIE, PROPRIÉTÉ FONCIÈRE, ASSURANCE.

Publié par ALFRED et HENRI LIONAIS, éditeurs-propriétaires au No 25 rue St-Gabriel, Montréal, Téléphone Bell Main 2547, Boîte de Poste 917. Abonnement: Montréal et Banlieue, $2.00; Canada et Etats-Unis, $1 50; France et Union Postale, 15 francs. L'abonnement est considéré comme renouvelé, à moins d'avis contraire au moins 15 jours avant l'expiration, et ne cessera que sur un avis par écrit, adressé au bureau même du journal. Il n'est pas donné suite à un ordre de discontinuer tant que les arrérages et l'année en cours ne sont pas payés.

Adresser toutes communications simplement comme suit: LE PRIX COURANT, MONTRÉAL, CAN.

VOL. XXX — VENDREDI, 14 DÉCEMBRE 1900 — No 11

Aux Epiciers

A maintes reprises, nous avons, dans le corps de ce journal, fait un appel pressant aux membres des diverses associations des marchands d'apporter aux réunions et assemblées des organisations dont ils font partie le concours de leur présence, de leur parole et de leur vote. Il est une association que nous pouvons donner comme exemple aux autres, car ses membres comprennent leur devoir et le remplissent, ce qui est mieux encore.

Dans notre dernier numéro, nous avons donné le compte rendu de la nomination des officiers. pour l'année 1901, de l'Association des Commerçants Licenciés de Vins et Liqueurs et bien que la liste des membres présents que nous avons publiée ait été forcément incomplète, nos lecteurs ont pu se rendre compte qu'elle était déjà d'une bonne longueur.

Nous souhaiterions fort que, dans nos comptes-rendus des assemblées de l'Association des Epiciers de Montréal, nous ayions, chaque mois, à enregistrer une longue liste des membres présents aux réunions. Ce fait dénoterait que l'Association est vigoureuse, vivace et active.

Malheureusement les membres de l'Association des Epiciers ne se rendent pas très volontiers aux assemblées mensuelles. Il faut pour les y attirer quelque événement peu ordinaire.

S'ils se sentent menacés par quelque mesure législative ou lésés dans leur intérêt corporatif, on les voit immédiatemeet faire preuve de vigueur, d'énergie, d'union et de cohésion.

C'est quelque chose, mais ce n'est pas assez. En dehors des questions menaçantes qui surgissent de temps à autre il en est qui, pour paraître secondaires n'en sont pas moins d'un intérêt très sérieux pour des commerçants.

C'est ce que comprend parfaitement bien le dévoué président de l'Association des Epiciers, M. N. Lapointe que nous avons eu l'honneur de rencontrer ces jours derniers et qui nous demandait de l'aider à réchauffer le zèle des membres de l'Association un peu refroidi par la température, sans doute, et aussi nous n'en doutons pas, par l'excès de travail occasionné par la perspective des fêtes et la fin de l'année.

Les membres de l'Association des Epiciers sont certainement très attachés à leur organisation; ils regretteraient, c'est certain, qu'elle vint à disparaître et s'en consoleraient difficilement. Ils font cependant comme s'ils s'en désintéressaient complètement. Ce n'est pas ainsi qu'ils donneront à leur Association une preuve de l'intérêt qu'ils lui portent. Ce n'est pas ainsi non plus qu'ils la feront puissante et prospère.

Qu'ils voient ce qui se passe à l'Association des Commerçants Licenciés de Vins et Liqueurs où les réunions sont suivies, nombreuses, intéressantes et animées.

Il n'en tient qu'aux membres de l'Association des Epiciers que leurs assemblées soient, comme celles de l'Association des Commerçants Licenciés de Vins et Liqueurs, pleines de résultats au point de vue de l'intérêt de la corporation.

Ce ne sont pas les questions à étudier et à régler qui manquent. Pour n'en citer que quelques unes qui nous viennent au bout de la plume, il y a la question des magasins à départements, question d'actualité puisque nous avons la promesse qu'elle se représentera de nouveau à l'étude du Parlement provincial dans sa prochaine session; la question de la fermeture à bonne heure que ramènent sur le tapis les diverses associations de commis; la question d'entente sur les prix de vente de certains articles de plus en plus coupés par des confrères qui consomment leur propre ruine et causent un tort sérieux aux épiciers du voisinage; la question de vente des stocks de faillite en bloc, etc... etc... etc...

Il est à espérer que les fêtes terminées, les membres de l'Association des Epiciers n'auront aucune excuse pour ne pas accorder une soirée par mois à leurs collègues de l'association, afin d'étudier avec eux les remèdes à apporter aux maux qui affligent leur commerce ou le retardent dans son développement et ses progrès.

L'ARGENT DÉPENSÉ EN ANNONCES

Le premier argent dépensé en publicité pour annoncer un nouvel article, peut être figuré par un pilier sous l'eau, sur lequel un édifice sera construit. On ne voit pas ce pilier, mais il existe, et il est indispensable.

La Vogue du Délicieux

Whisky Ecossais Ainslie

Continuant à s'accentuer, nous avons entré en magasin, cet automne,

650 Paquets Assortis

DE CETTE LIQUEUR EXQUISE

● ● ●

La Maison James Ainslie & Co.,

LEITH, ECOSSE

(POURVOYEURS DE LA MARINE ANGLAISE)

A été **fondée en 1814**, c'est une des plus anciennes et des plus honorables. Ses Whiskies sont connus partout à cause de leur pureté et ils sont conservés longtemps en entrepôt, afin d'obtenir une liqueur fine et moelleuse.

Les connaisseurs le préfèrent aux autres marques.

Nous l'avons en barils, en bouteilles de toutes grandeurs et de toutes qualités.

Essayez-en une caisse et comparez-le, vous n'en voudrez plus d'autre.

En vente chez tous les bons épiciers et dans tous les bars de première classe.

● ● ●

Seuls Représentants au Canada:

L. Chaput, Fils & Cie

Importateurs en Gros,
Thés, Cafés et Fruits.

MONTREAL.

COMMERCE INDUSTRIE ET FINANCE

Le préfet de police à Paris s'est préoccupé de diminuer les chances ou plutôt les malchances d'incendie dans les théâtres. Dans ce but, il a prescrit au Laboratoire municipal de faire des études pour découvrir le meilleur ignifuge. Les travaux viennent d'aboutir et M. Lépine a décidé qu'une expérience aurait lieu en plein air dans la cour de la Cité. Cette expérience a eu lieu récemment en sa présence et devant MM. Chardenet, directeur du cabinet du préfet de police ; Girard, directeur du Laboratoire municipal; Bordas, sous-directeur ; Bunel, architecte de la préfecture de police; Claretie, administrateur général de la Comédie-Française ; Carré, directeur de l'Opéra-Comique ; Rochard, directeur du Châtelet ; Marx, directeur de Cluny ; Debruyère, directeur de la Gaité, et Micheau, directeur des Nouveautés.

Des boîtes en bois enduites d'une composition chimique et remplies de copeaux ont été enflammées. Certaines d'entre elles sont restées absolument intactes. Quelques industriels avaient concouru avec le Laboratoire dans cette expérience, mais ils ont été battus. C'est la formule du Laboratoire qui l'a emporté ; toutes les boîtes que M. Girard avait ignifugées sont restées intactes. Le procédé du Laboratoire municipal est le suivant : on enduit les objets de deux couches de phosphate d'ammoniaque et d'acide borique et d'une couche d'un enduit découvert par le Laboratoire.

On a expérimenté, en outre, un procédé nouveau qu'exploite une maison de Londres et qui a donné des résultats absolument curieux. Non seulement une boîte remplie de copeaux inflammables n'a pas brûlé mais pendant l'incendie, le bois de cette boîte était resté sans chaleur comme si un foyer n'existait pas dedans.

On a fait ensuite des essais sur une toile du commerce ignifugée et couverte de peinture ordinaire et sur divers objets de fil très légers. Ces essais ont été concluants.

Le préfet de police a témoigné sa satisfaction du résultat à M. Girard, dont les formules ont obtenu un succès complet. Le laboratoire fournira gratuitement ces formules à toutes les personnes qui voudront les utiliser.

***

L'assemblée annuelle de la société d'exposition de Montréal a eu lieu lundi au Monument National. Les directeurs suivants ont été élus pour l'année courante : MM. Peter Lyall, Raymond Préfontaine, T. A. Trenholme, G. W. Sadler, Hector Prévost, Paul Galibert, Thomas Gauthier, William Ewing et J. W. R. Brunet. A une assemblée des directeurs, M. Lyall a été élu président ; M. R. Préfontaine, premier vice-président ; M. T. A. Trenholme, second vice-président ; M. G. W. Sadler, trésorier et M. J. B. L. Bérubé, secrétaire.

On a annoncé que la société s'abstiendrait, au moins pour deux ans encore de tenir une exposition.

***

Du *Hide and leather* de Chicago : Les chaussures noires n'ont pas seulement battu en brèche la popularité des chaussures tan aux Etats-Unis, mais nous apprenons aussi de Saint-Pétersbourg que l'on y dit adieu aux chaussures blanches et même aux chaussures jaunes et que l'on ne porte plus que des hautes chaussures noires à boutons.

Du *Boots and shoes weekly* de New-York : Les chaussures de dame couleur vin se porteront beaucoup au printemps prochain.

***

Papier pour impression électrique : M. William Friese Greene, de Londres, est l'inventeur d'un procédé d'impression sans encre par procédé électrique. Le papier dont il fait usage, contient une substance qui forme instantanément des signes visibles et permanents en recevant un courant électrique. Voici le procédé de fabrication de ce papier. Un extrait liquide sensibilisateur est ajouté à la pâte avant la fabrication ou bien lui est incorporé, sous forme de poudre impalpable, pendant le passage sur la toile de la machine ou sur une forme, ou encore après la formation de la feuille, celle-ci étant encore humide ou sèche.

Le liquide ou la solution est un extrait d'algue marine obtenu, d'après l'inventeur, par le procédé suivant :

Pour 100 litres d'eau de mer il prend 10 kilogrammes d'algues et 2 kg 500 de sel de soude qu'il chauffe pendant environ vingt cinq minutes jusqu'à ce que le liquide devienne entièrement trouble par l'effet d'une substance alcaline en suspension. Après le refroidissement il ajoute suffisamment d'acide chlorhydrique pour achever la solution qui est décantée ensuite et additionnée d'hyposulfite de soude dans la proportion d'un quart environ du poids de la liqueur. Celle-ci peut-être ajoutée alors à la pâte à papier à raison d'environ 5 kilogrammes par 100 kilogrammes de papier sec.

Ces proportions peuvent varier, mais ce sont celles que M. Friese Greene a trouvées les plus convenables.

Le papier, ainsi préparé, donne, au moyen du courant électrique, une impression de couleur brun foncé.

***

La tonte des laines en Argentine : On lit dans le *Standard* de Buenos Ayres : En ce qui concerne les perspectives de la tonte dans la République Argentine, on admet franchement qu'elles sont loin d'être brillantes. En outre de la destruction d'environ 10 millions de moutons par inondations et maladies, les pluies persistantes ont fait se propager d'une manière exceptionnelle la gale parmi les troupeaux et empêché de la guérir convenablement. Il y a donc de fortes raisons de craindre que la tonte sera inférieure à celle de la saison dernière, tant sous le rapport de la qualité que de la quantité. Les arrivages des peaux de moutons des provinces Buenos-Ayres et de l'Entre-Rios fournissent une preuve convaincante de la mortalité parmi les brebis et, au lieu de 1.03, prix moyen des peaux l'année dernière, elles ne se cotent guère qu'environ 50c., cette année. Quant à la réalisation de la tonte, cela sera une tâche difficile, sans aucun doute, et les experts ne s'attendent pas à voir se produire quelque chose ressemblant à de l'activité avant les environs de janvier.

***

L'Angleterre protectionniste : L'établissement du régime protecteur en Angleterre commence à être envisagé très sérieusement.

Le *Daily Mail* vient de publier un article commentant les nouveaux impôts à établir en vue de payer les dépenses de la guerre du Transvaal et indique, comme moyen de faire face à ces dépenses, l'adoption du système de la protection en remplacement du libre échange.

Tout en restant opposé à la taxe sur les matières premières importées, le journal proclame la nécessité de frapper tous les produits fabriqués venant de l'étranger.

***

THÉ CONDOR JAPONAIS. CAFÉ DE Madame HUOT. THÉ NECTAR NOIR.

Ne Saviez-vous pas ?—

Que c'est ici qu'il faut s'adresser pour acheter les plus belles marchandises en THÉS, CAFÉS et ÉPICES ? Si non, un coup d'œil sur cette liste vous convaincra du fait.

Fantaisie de forme, Délicatesse de saveur, Beauté parfaite, sont les qualités de ces THÉS.

Pureté et Richesse d'arôme, la Crême des Pays d'où ils viennent, sont les attributs de ces CAFÉS et de ces ÉPICES.

Pour les Marchandises de Choix, C'EST ICI la place !

Conditions : 3 pour cent, 30 jours.

Un Thé de Ceylan, Orange Pekoe (Golden Tipped), boites de 50 lbs @ - - 40c
" " **des Indes,** " " (Golden Tipped), boites de 105 lbs @ - 35c
" " **de Chine,** Pecco Congou (Silver Tipped), boites de 60 lbs @ - - - 30c
" " " " Packling (Silver Tipped), boites de 20 lbs @ - - - - 30c
" " " " Gun Powder, Moyune, "Lang Hing," caisse de 75 lbs @ - 40c
" " **du Japon,** extra-choix, récolte des premiers jours de mai, btes 40 lbs @ 40c
" " " " choix, récolte des premiers jours de mai, boites de 40 lbs @ 32½c
Le Thé Condor du Japon, paquets de 1 lb en plomb, ne coûte pas plus qu'en H/chests ; 60 x 1 lb, par caisse - - - - - - - - 27½c
Le Thé Nectar Noir, magnifiques boites de fantaisie, tout à fait l'article pour Présents de Noël et du Jour de l'An. 1 lb : couleur Chocolat à 32½c ; Bleue 42½c, Marron 50c ; 3 lbs Marron $1.50.
Un Café Java, Vieux Mandheling avec un Mocha trié à la main, rond ou moulu pur à - - - - - - - - - - - - - - 50c

C'est le meilleur Café qu'il y ait au monde !

Un Café des Plantations de Ceylan, un des meilleurs de cette Ile, rond ou moulu pur à - - - - - - - - - - - - - 35c
Le Café de Madame Huot, la perle des cafés, mis en canistre de 1 lb à 31c
2 lbs à 30c par lb.
Le Clou de Girofle d'Amboine, rond à 25c, moulu pur à 30c.
Le Cassia de Batave, " 25c, " " à 30c.
Gingembre de Jamaïque, surchoix, " 25c, " " 30c.

Sont les meilleurs importés au Canada.

Un Bargain !

200 **H/chests de SIFTINGS,** excellente liqueur, belle feuille, couleur naturelle à 7½c.

L'assortiment le plus complet de Thés, Cafés et Epices.
Mes échantillons et mes prix sont à votre disposition.

E. D. MARCEAU, 296 Rue St-Paul, Montréal.

On annonce dans le *Mouiteur agricole* que quelques-uns des plus importants parmi les fabricants de biscuits en Allemagne, prenant modèle sur ceux des Etats Unis d'Amérique, viennent d'organiser un trust, de façon à être ainsi les maîtres de la biscuiterie en ruinant d'abord tous les petits fabricants, pour ensuite relever les prix lorsqu'ils seraient seuls à fabriquer. Ils ont commencé par établir une baisse importante sur les biscuits communs *Volks biscuits* et les marchandises vendues en vrac, *Nachte Waare.*

***

Vitesse des automobiles : On étudie de divers côtés le moyen de contrôler, par la photographie, la vitesse des automobiles ; il n'est pas douteux qu'un procédé pratique de vérification puisse être bientôt réalisé dans cet ordre d'idées.

***

Une mine sous-marine : A Barrow, en Angleterre, on exploite une mine qui s'étend sous la mer ; on a dû protéger les travaux en construisant des barrages et des systèmes d'assèchement très coûteux.

***

M. Dreaper, chimiste à Braintrie et M. Tompkins, chimiste à West-Dulwich ont fait breveter, récemment, un procédé de fabrication des fibres textiles avec la cellulose ; ils préparent les fibres au moyen d'une dissolution de cellulose dans du nitrate ou dans du chlorure de zinc. Afin d'augmenter la résistance des fibres, ils ajoutent à la dissolution une petite proportion d'un sel soluble de baryum, de strontium ou de calcium.

***

Papier incombustible : C'est au moyen de sels d'ammoniaque que l'on rend ignifuges les papiers et les étoffes. L'efficacité de ces sels est très grande, mais ils ne peuvent être employés dans tous les cas, car ils sont solubles dans l'eau et très hygroscopiques même, car l'humidité de l'atmosphère suffit à les décomposer, de sorte que les matières isolées se détériorent rapidement.

M. R. Haddan a fait breveter récemment un procédé qui évite l'inconvénient dont il vient d'être question, il emploie un sel insoluble, du type du sulfate de magnésie ammoniacal.

Le papier, les tissus ou autres matières traitées par une solution plus ou moins concentrée de ce sel double, après leur séchage, peuvent résister à toutes les influences de la température et restent incombustibles.

***

Un procédé breveté par M. T. Conn, à Bristol, a pour objet de rendre le papier d'impression ou de tenture tel qu'il est impossible de faire disparaître sur la feuille l'impression, l'écriture ou la coloration. Le papier reçoit, avant ou après l'impression, une couche de gélatine recouverte d'une couche de formaldéhyde en solution. Lorsqu'il s'agit de protéger la couleur de fond même d'un papier de tenture par exemple imprimé en plusieurs couleurs, on peut employer, pour la surface, un émail blanc fixé par la gélatine, avant ou après la couche de la solution de formaldéhyde, mais celle ci doit être faite en tout cas seulement après le gélatinage. On peut ajouter au formaldéhyde une certaine quantité de glycérine ou de fiel de bœuf.

Les papiers ainsi préparés peuvent être employés pour plans, dessins ou figures et sont à l'épreuve de tout lavage ou de tout grattage. Les papiers de tenture ou pour la décoration conservent toute leur fraîcheur et leurs couleurs premières.

Le formaldéhyde en dissolution à 40 p. 100 est mélangé à cinq fois poids d'eau ; le papier peut être imprégné par trempage dans un bain ou recevoir la couche au moyen d'une brosse. Lorsqu'on emploie un émail pour la surface, cet émail (oxyde de zinc) est d'abord mélangé à la gélatine. Les proportions du mélange peuvent varier ; 5 kilogrammes d'oxyde de zinc mélangés à 1 kilogramme de gélatine et à 9 litres d'eau donnent un bon résultat ; 200 grammes de glycérine ou 150 grammes de fiel de bœuf suffisent pour 6 litres d'eau et 1 litre de formaldéhyde en solution.

***

On a procédé, à Barrow, au lancement d'un nouveau cuirassé japonais le *Inikasa*, qui est, à l'heure actuel le, le plus formidable cuirassé du monde entier.

Le monstre a 400 pds de longueur entre les perpendiculaires et 432 pieds de longueur totale ; sa largeur est de 76 pieds et son déplacement et de 15.150 tonnes. Le poids des projectiles que ses canons pourront lancer est de 11½ tonnes par minute. Ses machines peuvent fournir une vitesse de 18 nœuds et ses soutes sont assez vastes pour contenir suffisamment de charbon pour faire 9,000 milles sans avoir à se réapprovisionner.

Le Ministre du Japon et une nombreuse assistance étaient présents à la cérémonie. La baronne Hayashi a procédé au baptême du nouveau-né.

***

Il ne fait pas bon d'avoir des dettes en Chine. La loi est impitoyable pour les débiteurs et pleine de prevenance à l'égard des créanciers. Ainsi le taux courant des prêts est de 36 p.c. par an, soit de 3 p. c. par mois.

Trois mois après l'échéance, le débiteur qui n'a pas satisfait son créancier est amené devant le mandarin, qui, séance tenante, sur le vu du titre de créance et la réponse du débiteur, lui fait infliger la bastonnade.

La loi, du reste, gradue les peines suivant un tarif basé d'après la valeur en argent de la chose due.

Les châtiments infligés sont de 3 sortes, selon l'importance de la dette :

Pour une somme inférieure à $7, le débiteur en retard de 3 mois, reçoit une première fois dix coups de bâton. Si le mois suivant il n'a pas payé, la peine est augmentée d'un degré et ne s'arrête qu'à quarante coups.

Pour une somme supérieure à $7, mais n'excédant pas $14, le débiteur en retard reçoit une première fois vingt coups. Pour chaque mois en plus, la peine est augmentée d'un degré et s'arrête à cinquante coups.

Au-dessus de $14, trente coups. Pour chaque mois de retard en plus, la peine est augmentée d'un degré et ne s'arrête qu'à 60 coups.

***

La consommation du tabac en France. Pour les dix mois écoulés de 1900, la vente des tabacs a déterminé une recette de 343 millions, supérieure de 2 millions à celle de l'année dernière, qui était cependant la plus forte constatée jusqu'à ce jour, et supérieure de 8½ millions aux prévisions budgétaires.

Si le mouvement de progression se continue dans les deux derniers mois, comme tout permet de le prévoir, le résultat de l'année entière atteindra 410 à 412 millions, c'est-à-dire la limite la plus élevée qui ait été observée jusqu'ici.

L'Exposition a sans doute contribué à ce résultat par l'affluence de visiteurs qu'elle a provoquée.

Le département de la Seine a, à lui seul, fourni 60 millions sur les 343 encaissés depuis le 1er janvier

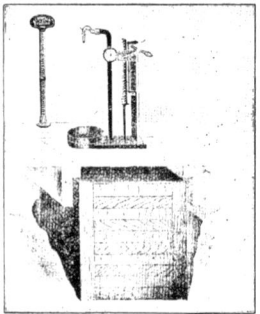

jusqu'au 31 octobre de cette année. C'est-à-dire qu'il a contribué à la recette pour près du sixième.

***

Carton pour stéréotypie sèche: On emploie depuis quelque temps, pour faire les clichés stéréotypés un carton fabriqué spécialement, d'une grande souplesse et recevant les empreintes des lettres ou gravure sur zinc, galvano, etc., avec une grande netteté, sans donner lieu aux manipulations de la clicherie avec flan humide et chauffage.

Le carton sec est posé sur la forme, recouvert d'un molleton et d'une feuille de carton à satiner pour éviter le plissage. Le tout est passé dans la presse et l'empreinte est obtenue sur le carton ; celui-ci est placé sur le fourneau qui chauffe le moule, talqué avec une brosse bien douce, puis placé dans le moule en l'encadrant des équerres de la hauteur des clichés qu'on veut obtenir.

***

Le repos de la matière : C'est un fait scientifiquement démontré, que les fils télégrahiques, tout comme nous autres, se fatiguent.—On a en effet prouvé d'une façon irréfutable qu'ils fonctionnaient mieux le lundi que le samedi, tout au moins dans les pays où les télégraphistes jouissent du repos dominical. Les personnes compétentes estiment que les fils télégraphiques devraient se reposer complètement un jour sur 20.

***

Consommation des œufs : A Paris, on consomme annuellement 280,-000,000 d'œufs, valant plus de 30,-000,000 de francs, ce qui correspond à 200 œufs par an et par habitant à peu près.

***

L'éclairage et l'hygiène : Quelle est la lumière qui doit être préférée, celle d'une lampe électrique ou celle d'un manchon incandescent ? Telle est la question que s'est posée récemment le Conseil de l'Université de Heidelberg. Après bien des essais comparatifs sur l'influence de ces deux sortes de lumière sur la vue, on est arrivé à cette conclusion que ni l'une ni l'autre n'exercent d'effet nuisible sur les yeux lorsqu'elles sont convenablement placées. Cependant, il semblerait que la lumière électrique fut sans aucun doute préférable pour l'éclairage des bibliothèques, salles de conférence, etc. et, en général, de tout espace où se trouvent réunies un grand nombre de personnes.

A L'HOTEL DE VILLE

LE RÈGNE DE LA TERREUR

L'économie est en soi une excellente chose. Mais il y a économie et économie. Celle qui a pour but de mettre fin à des dépenses nuisibles ou inutiles est absolument recommandable et doit être pratiquée par les gouvernements et les municipalités dans l'intérêt public aussi bien qu'elle se pratique avec avantage pour les intérêts particuliers dans les maisons de commerce et dans les entreprises de l'industrie et de la finance.

Mais on ne peut appeler économie la réduction de dépenses dont l'effet immédiat est de gêner les services, de démoraliser les serviteurs et d'aboutir en fin de compte à la production d'un travail moindre et moins parfait.

Pour obtenir un bon travail, il faut de bons ouvriers et pour s'assurer les services de bons ouvriers, il faut les rétribuer convenablement.

C'est une vérité que le conseil municipal de la cité de Montréal semble ignorer, comme il semble en ignorer d'autres dans la politique dite d'économie qu'il nous paraît vouloir poursuivre en diminuant à tort et à travers les traitements du personnel de l'Hôtel-de-Ville et en congédiant à droite et à gauche des employés dont on n'indique pas les torts envers l'administration municipule.

De bons, anciens et fidèles serviteurs de la municipalité se voient mis en demeure de choisir entre une diminution de traitement et leur démission. Et chose curieuse, ou plutôt comble d'ironie, avec une diminution de leur traitement, on leur offre des éloges pour leur zèle, leur travail et les services qu'ils ont rendus à la ville.

Réduire les salaires d'un officier fidèle et modèle qu'on encense pour sa conduite passée, son dévouement à la chose publique, son caractère et son désintéressement, n'est-ce pas une chose inouïe? Cette chose inouïe, cependant s'est vue, mais elle ne pouvait se voir qu'à l'Hôtel de Ville de Montréal.

Pour justifier une pareille monstruosité, étant donné l'importance et les ressources de la métropole du du Canada, on a lâché un gros mot, on a prétendu que la ville courait à la banqueroute si on ne rognait pas les salaires des employés de la municipalité. Ce mot est tellement absurde quand il s'agit de Montréal que nous ne nous y arrêterons même pas une seconde. S'il ne les a pas encore, celui qui a prononcé ce mot en aura des remords cuisants.

Mais quelle mouche pique donc nos échevins pour agir avec tant de hâte dans les réductions de traitement et dans les décapitations sans nombre auxquelles ils s'attellent avec un acharnement digne d'une meilleure cause ?

Les bons employés, nous l'avons vu, sont victimes de réductions de salaires. Les économies qui en résulteront sont-elles dignes et de la ville et de la source d'où elles proviennent ?

Non.

La situation financière de la ville n'est pas tellement obérée qu'elle ne puisse continuer à ses serviteurs les traitements qu'elle leur a consentis dans le passé et nous ne voyons aucune autre cause qui justifie la mesure décrétée contre de bons employés.

Un grand nombre d'employés sont menacés de perdre leur emploi. Fera-t-on croire au public qu'il y avait à l'Hôtel de Ville un si grand nombre de têtes inutiles ou de mauvais employés. Car enfin il faut une raison pour priver de travail tant d'hommes dont la plupart comptent un certain nombre d'années au service de la ville.

Nous concèderons volontiers qu'il peut y avoir dans le personnel de la municipalité quelques employés dont le travail peut être réparti sur d'autres, sans que ces derniers soient trop surchargés de besogne ; nous concèderons que quelques employés n'apportent pas à l'accomplissement de leurs devoirs tout le zèle et tout le dévouement dont ils sont capables, mais ce n'est en tous cas que l'infime minorité.

Nous pourrions peut-être plaider en leur faveur indulgence et atermoiement, mais à quoi bon invoquer ces deux sentiments auprès de juges qui ne paraissent même pas se souvenir des principes de justice et d'équité qui doivent gouverner leurs actes.

L'arbitraire, une sévérité inflexible, voilà ce que nous voyons apparaître ; le régime de la terreur, sous le prétexte d'économie.

Le conseil devra statuer sur les décapitations proposées par les comités. L'unité sera-t-elle plus sage, plus juste, plus équitable, plus humaine que ses fractions ? Nous le souhaitons de grand cœur.

La vie de l'homme est limitée ; celle de la ville de Montréal est sans bornes pour ainsi dire. Les employés que les échevins veulent congédier disparaîtront d'eux-mêmes assez vite, la ville peut attendre

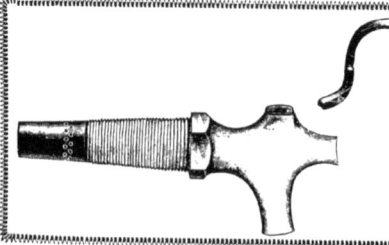

et si quelques employés sont en excès des besoins à l'Hôtel de Ville, ils s'en iront assez vite d'eux-mêmes pour faire un vide dans des rangs peut-être un peu serrés. Ce n'est pas le pain qu'ils gagnent aujourd'hui qui mènera la ville à la ruine. Mais eux, les employés, qu'on les jette dehors en ce moment, de quoi vivront-ils ? C'est la morte saison, c'est la mauvaise saison et puis à quoi sont-ils bons quand ils ont dépensé un certain nombre d'années,—les meilleures celles de la jeunesse où l'esprit se forme à la profession entreprise—à l'exécution d'un travail dont le similaire n'existe nulle part ailleurs ?

Brisé à un travail spécial et limité à une partie bien déterminée l'employé de l'Hôtel de Ville trouve difficilement un emploi,—pour lequel il n'est d'ailleurs nullement préparé,—dans le commerce, dans l'industrie ou dans la finance.

C'est donc commettre une mauvaise action que de congédier un employé dans ces conditions, si des motifs impérieux n'ordonnent pas son renvoi.

Nous ne croyons pas les échevins capables de se rendre coupables d'une telle action pour le seul but de mettre à la place de ceux qui seraient congédiés leurs propres créatures.

Ce serait un précédent trop dangereux et plein de périls pour l'avenir auquel le parti de la Réforme ne voudra certinement pas attacher son nom.

Qu'il réforme ce qu'il y a de réellement mauvais dans notre organisation municipale, mais qu'il n'oublie pas que les réformateurs de nom, les réformateurs à tout prix ont souvent marché à côté des sentiers de la justice et de l'équité, pour entrer dans la voie de la tyrannie et du despotisme.

Les mandataires des électeurs municipaux sont à l'Hôtel-de-Ville pour administrer la chose publique et non pour y inspirer la crainte et la terreur dans les rangs des employés de la ville. Voilà ce que chacun pense et ce que chacun dit en présence des hétacombes dont sont menacés les anciens serviteurs de la municipalité.

L'ASSOCIATION

DES NÉGOCIANTS EN GROS DE MARCHANDISES SÈCHES

L'assemblée annuelle de l'Association des Négociants en Gros de Marchandises Sèchès, a eu lieu le 12 décembre. Le rapport présenté par le président pour l'année écoulée a été lu et adopté. Les officiers dont les noms suivent ont été élus : président, M. James Rodger ; vice-président, M. W. D. Howell ; trésorier, M. George Sumner ; directeurs : MM. Alphonse Racine, James Slessor, R. N. Smyth, Benj. Tooke.

LA VINOTHERAPIE

(Suite et fin)

II

ÉLÉMENTS CONSTITUTIFS DU VIN

Les vins sont des liquides d'une nature très complexe, et les éléments qui les composent varient sensiblement suivant les terrains, les cépages, le climat, les procédés de culture, de taille et de vinification ; ils sont encore sensiblement modifiés par tous les soins qu'on est appelé à leur donner dans la suite.

Les principaux éléments constitutifs du vin sont : l'eau, l'alcool, la glycérine, les matières colorantes et azotées, les tartrates et acétates, les sulfates, azotates, phosphates, silicates, chlorures, bromures, les acides carbonique, tartrique, tannique, œnogalique ; enfin, l'iode, le fluor, les éthers et les huiles essentielles.

L'eau entre dans la proportion de 750 à 950 grammes dans un litre de vin et la somme des éléments nutritifs ou excitants est seulement de 150 à 240 grammes. Les vins du Centre titrent de 6 à 9 degrés d'alcool, ceux du Midi de 8 à 13 degrés. Dans les années de grande maturité, les premiers peuvent atteindre de 12 à 13 degrés et certains des autres de 14 à 15. Mais ce sont là des exceptions qui, d'ailleurs, ne prouvent rien en faveur de la qualité des vins. Tout le monde sait que certains gros vins rouges espagnols titrent 15 et 16 degrés et que certains vins australiens sont encore plus alcoolisés, ce qui ne les empêche pas de n'avoir aucun rapport, par exemple, avec nos grands crus de Bourgogne français.

On trouve par litre de 4 à 8 grammes de glycérine ; le titre "acide" d'un vin comprend les acides libres et la partie des acides, des sels acides, qui n'est pas saturée. L'acide carbonique et l'acide tartrique ne sont pas comptés dans l'indication de la teneur du vin en acides. Du reste, c'est surtout dans certains vins blancs ou vins fabriqués, comme le champagne, que l'on retrouve l'acide carbonique en grande quantité. Il faut se garder de confondre l'acidité naturelle des vins qui est fort utile avec l'"acide acétique" ; la présence dans les vins des acides : acétique, butyrique, propionique, métapectique, valérianique, constituent la présence évidente d'une altération, d'une maladie ou d'un accident qui, dans tous les cas, a enlevé au vin une partie de ses qualités essentielles et de sa valeur nutritive.

Les vins jeunes contiennent en excès de l'acide carbonique ; les vins mousseux en sont généralement saturés et n'en renferment pas moins de 1 à 2 grammes par litre.

L'acide tartrique se trouve dans les vins sous forme de bitartrate de potasse ou crème de tartre ; souvent aussi il est combiné avec la chaux, la magnésie, le fer ; les vins nouveaux en contiennent plus que les vieux, les rouges plus que les blancs. Le tanin existe dans le vin à l'état d'œtotanin ; il est particulièrement abondant dans les vins rouges, il se précipite avec les matières colorantes et albuminoïdes, ainsi qu'on le constate par l'analyse des lies ; les vins vieux renferment donc peu de tanin, les vins blancs en contiennent moins encore. S'il est dangereux de laisser trop vieillir les vins qui perdent de leurs qualités après un temps trop long, on voit également qu'au point de vue médical ils ont perdu aussi certaines de leurs vertus, puisque le tanin les a abandonnés. On attribue à l'absence du tanin divers accidents : la graisse et le défaut de limpidité, par exemple, aussi certains producteurs ajoutent-ils du tanin à leurs vins blancs au sortir du pressoir. Cela va à l'encontre du but poursuivi par les médecins, qui ordonnent du vin blanc précisément à cause de l'"absence du tanin."

En effet, si ce dernier élément est excellent en maintes circonstances, s'il est parfois nécessaire de le supprimer en partie lorsqu'on se trouve en présence d'estomacs très délicats, il est non moins intéressant de se trouver en face de "vins blancs absolument purs," puisque les médecins les ordonnent pour leur légéreté proverbiale. Il est possible que certains vins blancs excitent trop les nerfs, mais cet inconvé-

nient disparaît en coupant le vin avec de l'eau de Vichy.

L'acide œnogalique se trouve dans les vins de macération ; il donne un principe astringent qui augmente l'extrait sec, sans augmenter " sensiblement le tanin."

L'iode se trouve dans les vins récoltés dans les terrains granitiques du Beaujolais et du Mâconnais, dans les terrains crayeux de la Champagne et dans quelques vignobles de la Dordogne et du Lot.

On trouve le brome et le fluor dans les vins récoltés au bord de la mer, dans les îles du Ré ou d'Oléron ou sur les dunes d'Arcachon.

Les tartrates et les phosphates de fer sont contenus dans la proportion de 0 gr. 05 à 0 gr. 12 par litre.

Les éthers et les huiles essentielles donnent le bouquet, c'est-à-dire le parfum particulier à chaque vin.

En présence de la diversité de ces éléments, de leur combinaison presque infinie et surtout des " accidents multiples qui, souvent, dénaturent les vins tout en leur laissant l'apparence d'une bonne constitution," les médecins reconnaîtront la nécessité de se faire présenter l' " analyse du vin " qui constitue la boisson quotidienne de leurs clients.

Lorsqu'ils auront comparé cette analyse à celles faites par M. Portes sur les vins collectionnés et expérimentés par M. B. Gaillardon, ils pourront en toute sécurité déterminer la nature du vin à imposer au malade.

Ce qu'il y a, en effet, de fort intéressant dans les travaux de MM. Portes et Gaillardon, dans les tableaux qu'ils ont dressés, c'est que l'on y trouve en quelque sorte le baromètre raisonné de tout ce qui est bon ou mauvais dans les vins.

Ils n'ont pas la prétention, à eux seuls, de guider et d'indiquer au médecin ce qu'il doit faire, mais ils ont du moins la certitude de lui offrir une base solide d'opération et des données scientifiques sur lesquelles il peut s'appuyer avec sécurité.

C'est ainsi que le vin, la boisson nationale, le breuvage alimentaire par excellence, peut devenir, à la grande satisfaction de tous, " un véritable médicament."

LA POSTE AERIENNE EN MER

Nul n'ignore les dangers auxquels peut être exposé un navire isolé en plein Océan, loin de tout secours, livré à lui-même et à ses propres ressources. Aussi, naguère encore, les retards des transatlantiques étaient-ils bien gros d'angoisses pour ceux qui, restés à terre, attendaient un parent ou un ami, et il se déroulait parfois des scènes poignantes dans les bureaux de la compagnie où, en l'absence de tout renseignement, on ne pouvait que répondre d'espérer.

Car, en attendant que la télégraphie sans fil ait dit son dernier mot et soit d'un usage constant, comment communiquer avec le continent du milieu des flots !

Grâce à l'utilisation du pigeon voyageur, cet inappréciable auxiliaire de l'homme, toutes les fois que, séparé du reste de l'humanité, il attend des nouvelles ou veut en donner, le problème est maintenant résolu.

Au moyen de ces messagers ailés, il est non seulement possible aujourd'hui, d'être fixé sur la nature des accidents qui retardent l'arrivée des bateaux, mais encore un navire en marche peut assurer, d'une façon pour ainsi dire continue, ses relations avec la terre.

Le paquebot transatlantique *La Lorraine*, qui a accompli tout dernièrement son premier voyage en Amérique et sa rentrée au Havre, avait emporté, comme à présent tous les autres transatlantiques français, une équipe de pigeons voyageurs, permettant aux passagers de communiquer avec la terre en cours de route.

Or, les pigeons de *La Lorraine* ont réussi à franchir, avec un vent contraire, environ 365 milles, dépassant ainsi le record de distance établi par les équipes précédentes.

Inutile de dire qu'un résultat aussi remarquable n'a pas été l'œuvre d'un jour.

***

On connaît les immenses services que les pigeons voyageurs rendirent au cours de la guerre 1870 71, à l'époque de l'investissement de Paris.

Ces animaux, qu'un instinct aussi merveilleux qu'inexplicable ramène toujours à leur colombier, apportèrent aux assiégés privés de toute communication plus de cent cinquante mille dépêches officielles et un million de dépêches privées.

Depuis lors, la colombophilie a singulièrement progressé. Par des sélections bien comprises, on est arrivé à avoir des produits réunissant de sérieuses qualités d'endurance, de vitesse et de fond. Des perfectionnements considérables ont été apportés dans le matériel des colombiers mobiles du service en campagne et on a créé, en particulier, la *poste aérienne en mer*.

Il y a déjà neuf ans que des essais dans ce sens avaient été tentés ; ils n'avaient pas donné d'abord des résultats pleinement satisfaisants. Le pigeon messager naval, en effet, doit être particulièrement résistant. Sur terre, l'oiseau peut franchir de très longues distance, parce qu'il a à tout moment la faculté de se reposer, de s'abriter d'une tempête, de trouver sa nourriture si la faim le gagne.

En mer, les conditions sont toutes différentes. A moins qu'il ne rencontre un navire sur sa route, il ne peut ni se percher ni se restaurer, et il est obligé d'affronter toute la violence du vent qu'aucun obstacle n'arrête. Aussi est-il obligé de vaincre ou de succomber, et ce n'est qu'à la puissance de son organisme ou de ses muscles qu'il devra son salut.

Encore une fois, la colombophilie a marché au cours de ces dernières années, et le concours de colombophilie maritime, institué en 1896 par le *Petit Journal*, qui s'est toujours si vivement intéressé à tout ce qui concerne les pigeons voyageurs, n'a pas peu contribué à faire avancer la question d'une façon définitive.

Toutefois, le principal honneur de la création de la poste aérienne en mer revient au capitaine Reynaud, de l'état-major du 9e corps d'armée, le distingué praticien que l'on connait. " C'est lui, dit notre confrère *Armée et Marine*, qui a organisé l'an dernier le service colombophile de la Compagnie transatlantique ; c'est lui qui a été chargé aux récentes manœuvres navales, de faire pour la première fois, avec des pigeons voyageurs des expériences officielles à bord des cuirassés des escadres françaises.

" Les résultats sur ce point ont dépassé tout ce qu'on pouvait attendre. Cinquante dépêches de service et trois cents lettres privées ont été portées par les pigeons à la vitesse moyenne de 45 à 50 milles à l'heure, de l'armée navale aux trois villes de Tours, Angers, Rennes où était situé leur colombier.

De ces trois villes, les dépêches étaient, soient télégraphiées à leur adresse définitive, soit envoyées par la poste. Aucun des pigeons lâchés ne s'est égaré ; ils ont tous franchi sans accident des distances variant de 210 à 280 milles.

BERNIER & Cie

Marchands de Farines

Grains, Moulées, Graines de Semences,
Graines Fourragères, Etc.

Prix Spéciaux par quantité de char ou pour char assorti.

BUREAU ET ENTREPOT :

PRES DE LA GARE DU GRAND TRONC,

St-Hyacinthe

CORRESPONDANCE SOLLICITÉE.

Ce qu'il y a de bon dans le Mince Meat

C'est peut-être avec le Mince Meat plus qu'avec n'importe quelle autre chose qu'il vous est facile de désappointer votre client. C'est quelque chose qui est demandé pour une occasion spéciale et la maitresse de la maison est généralement exigeante.

Si vous lui donnez le Mince Meat de Lytle, il est certain qu'il lui plaira et sera un clou de plus pour attacher la clientèle à votre magasin.

T. A. LYTLE & CO.

124 - 128, rue Richmond, Ouest,
TORONTO

The St. Lawrence Sugar Refining Co.

LIMITED

MONTREAL

Fabricant des qualités les plus choisies de ....

Sucres Raffinés

JAUNES EFFLORESCENTS, (BLOOMY YELLOWS)

CAFE NOIR, (BRIGHT COFFEE SUGARS)

PHŒNIX, (Qualité suivant le granulé)

GRANULÉS "EXTRA STANDARD"

Les meilleurs sur le marché

CHAUSSURES POUR ENFANTS

Nous offrons au commerce l'assortiment le plus complet de chaussures pour enfants qu'il soit possible de réunir. C'est notre unique spécialité.

Nous avons les chaussures à semelles souples pour bébés de 3 à 7	8 à 10 points.
Chaussures pour petits garçons, (Little Gents)	8 à 10 points.
Chaussures pour garçons (Youths)	11, 12 et 13 points.
" " fillettes	11 à 2 points.

American Shoe Co., New-York & Montreal

1744½ RUE NOTRE-DAME.

" Ce brillant succès a eu son retentissement au ministère de la Marine et un projet doit être mis à l'étude, en vue de la création d'un colombier mobile naval analogue à celui qui fonctionne sur terre depuis plusieurs années et qui donne de si bons résultats. Nous souhaitons vivement que ce projet soit mis à exécution. L'Angleterre et l'Amérique ont devancé les autres nations en ce sens ; l'Allemagne et l'Italie poursuivent activement des expériences de même nature."

***

C'est en 1898 que la Compagnie transatlantique commença sérieusement ses essais de poste aérienne en mer. *La Bourgogne*—qui sombra depuis, on sait dans quelles circonstances tragiques—quitta le Havre le 20 mars, emportant une centaine de pigeons constituant le premier bataillon de ces messagers maritimes.

Ces pigeons furent lâchés à environ 60 milles du port. On opéra une première sélection parmi ceux qui revinrent le plus rapidement et le plus sûrement dans leurs colombiers. Cette élite fut embarquée à nouveau, le 26 mars, à bord de *La Bretagne*, qui quitta le Havre emportant quatre-vingts pigeons. Malgré un temps épouvantable, trois lâchers étaient effectués entre les Gasquets et le Havre. Les vieux pigeons rentraient sans difficulté, tandis que les pigeons d'un an se montraient tous incapables de lutter contre le vent et la pluie. Plusieurs d'entre eux essayaient de raser la surface de l'eau, mais bientôt atteints par les éclaboussures des vagues, par l'embrun, comme disent les marins, alourdis par la pluie, ils tombaient en vue du navire.

Le lendemain, *La Bretagne* avait franchi 360 milles lorsqu'elle rencontra un voilier anglais en perdition, le *Bothnia*.

La Bretagne put recueillir l'équipage de ce navire, après un sauvetage plein de péripéties émouvantes, dont les incidents furent aussitôt relatés dans une courte dépêche. Cette dépêche fut écrite en sept exemplaires et chacun fut confié à un pigeon. Le lâcher eut lieu à midi par un vent violent qui rejetait les pauvres oiseaux vers le Sud ; les pigeons, ne voyageant pas la nuit, devaient avant six heures du soir avoir trouvé un refuge sur un navire ou à terre.

L'un d'eux tomba dans le golfe de Gascogne sur un steamer anglais qui, dès le lendemain, fit câbler l'importante dépêche en Amérique et à Paris. Un autre pigeon fut recueilli par un cargo qui recherchait l'épave du *Bothnia* et un troisième pigeon reparut à son colombier blessé et sans dépêche, huit jours après l'événement. On n'eut jamais de nouvelles des quatre autres messagers.

Après avoir continué pendant deux mois sur tous les paquebots les essais inaugurés sur *La Bretagne*, la Compagnie Transatlantique a procédé, au cours de l'été de 1898, à la deuxième série d'expériences : un lot d'animaux de choix, rompus aux grands voyages sur terre, a été soumis en mer à des épreuves de plus en plus rigoureuses.

Les résultats furent concluants et c'est alors que la poste aérienne a été définitivement établie. Un colombier à Rennes et un autre à New-York assurent le service. Le jour et le lendemain du départ et deux jours avant l'arrivée, les passagers peuvent envoyer tous les messages qu'ils veulent à leurs amis et connaissances. A cet effet, il est distribué à bord des cartes spéciales.

Toutes les dépêches sont ensuite réduites par la photographie sur une pellicule très mince, puis confiées à un pigeon, dans un appareil spécial à cet usage. Une réduction de toutes les dépêches du bord est portée par chaque pigeon ; il suffit donc qu'un seul arrive pour que les correspondances parviennent à leur adresse.

Au cours des expériences qui ont été faites en 1898 et 1899, dans les circonstances les plus défavorables et par les plus mauvais temps, sur quelques pigeons lâchés, s'il y en a eu de perdus, il en est toujours arrivé à destination, ce qui démontre l'efficacité de ce moyen simple de correspondance.

A cette heure, un pigeon éprouvé, lancé dès l'aube, dans les grands jours de l'été, peut parcourir jusqu'à 625 milles avant la nuit. C'est actuellement, le parcours maximum qu'on puisse espérer du pigeon messager en mer. Mais, grâce à de nouvelles sélections et à un entraînement de plus en plus rigoureux, il est probable que ces résultats seront encore dépassés. Il s'agit peut-être de la création d'une nouvelle race ; mais, soyez tranquille, l'homme saura y parvenir.

REVUE COMMERCIALE ET FINANCIERE

FINANCES

Montréal 13 décembre 1900.

Des dépêches de Berlin indiquent une situation financière grave en Allemagne. Les obligations hypothécaires sont en très forte hausse, il en existe pour ($1,250,000,000) cinq milliards de marcs en circulation. Une banque a racheté dans une seule semaine pour $4,000,000 de ses propres obligations ; deux banques de prêts hypothécaiqes sont entre les mains de liquidateurs. La confiance du public dans ces valeurs a entièrement disparu.

Les bourses étrangères n'ont pas été affectées par la gravité de la situation du marché allemand. Les banquiers de New-York en relations intimes avec le monde financier allemand tout en reconnaissant combien la situation est sérieuse disent qu'il n'y a pas lieu de s'alarmer.

On annonce la retraire de M. Pease qui quitterait la banque des Marchands d'Halifax et serait remplacé dans quelques semaines à la gérance par M. C. S. Hoare, gérant de la succursale à Winnipeg de l'Imperial Bank.

La Bourse de Montréal sans avoir été véritablement active, à vu, cette semaine, un bon mouvement d'affaires.

Les cours sont, pour la plupart des valeurs, en légère hausse. Cependant le gaz de Montréal a gagné 4½ points; le Richelieu et Ontario, 2½ ; l'action Colored Cotton, 2½ ; ce sont les plus forts gains.

Les valeurs suivantes sont celles sur lesquelles il s'est fait des ventes durant la semaine; les chiffres sont ceux obtenus à la dernière vente opérée pour chaque valeur :

C. P. R.	87⅜
Duluth (ord)	5¼
" (pref.)	14
Montreal Str. Ry	271
Twin City	68¼
Toronto St. Ry	108½
Richelieu et Ontario	108½
Halifax Tr. (bons)	....
" (actions)	....
St John Ry	....
Royal Electric	206
Montreal Gas	204½
Col. Cotton (actions)	82½
" (bons)	98½
Dominion Cotton	89½
Montreal Cotton	....
Cable Comm. (actions)	171
" " (bons)	....
Dominion Coal, pref	113½
" " bons	....
" " (ord)	39¼
Intercolonial Coal	....
Montreal Telegraph	170
Bell Telephone	171
Laurentide Pulp	....
" " (bons)	....
War Eagle	100
Centre Star	....
Payne	76
Republic	61½
North Star	95
Montreal & London	5½
Virtue	31

En valeurs de Banques, il a été vendu :

Banque de Montréal	256
" Molson	190
" du Commerce	149
" des Marchands	156
" d'Hochelaga	129¾
" de Québec	120

COMMERCE

L'approche des fêtes se fait sentir dans le commerce de gros comme dans celui de détail; la température aidant, certains commerces qui tiennent des articles qui peuvent être offerts en cadeaux et qui sont en même temps de saison, tels que les fourrures, par exemple, font d'excellentes affaires depuis que la température s'est refroidie et que la neige s'est fixée au sol.

A la campagne les chemins son bons et les voyageurs qui sont encore sur la route donnent à leurs maisons des nouvelles très encourageantes sur les affaires du moment et pleines de promesses pour la saison future.

Les collections sont satisfaisantes à la ville comme à la campagne.

Cuirs et Peaux—Pendant la longue période de fermeture des fabriques de chaussure à Québec la tannerie ne pouvant espérer vendre à ces fabriques a forcé l'écoulement de ses cuirs en Angleterre et maintenant les manufactures de Québec qui, dit-on, ont des ordres importants à remplir éprouveront sans doute des difficultés sérieuses à obtenir la matière première. On prévoit avec la rareté de certains cuirs, une hausse des prix.

Le marché des peaux vertes est chancelant; on s'attend à des prix plus bas; pour le moment nos cotes d'autre part sont celles d'après lesquelles on paie aux bouchers.

Epiceries, Vins et Liqueurs—La demande est bonne pour l'assortiment général; les ordres de la campagne sont toujours nombreux pour les articles du commerce des fêtes. Les détaillants de la ville qui ont toute facilité de s'approvisionner se trouvant sur le lieu de distribution commencent eux aussi à donner leurs ordres en fruits secs, liqueurs, etc. . En somme, le commerce d'épiceries est actif.

Les sucres restent aux prix indiqués la semaine dernière.

Les mélasses sont fermes et sans changement de prix.

Les thés ont une assez bonne demande aux anciens prix.

On trouve maintenant à acheter les raisins de Valence : de 7 à 7½c les fine off stalk, 8c les selected et 8½c les layers.

Il s'est offert dernièrement sur le marché des raisins de Valence à très bas prix, c'était une marchandise avariée en cours de route; le lot n'en était pas très important. L'offre de ces raisins dans le commerce de détail a fait supposer à un certain nombre d'épiciers que les prix des raisins de Valence avaient subi une très forte baisse; il n'en est rien.

Les Malaga Connoisseur Cluster sont à $2.60 la boîte pour la nouvelle récolte.

Nous avons dernièrement parlé des difficultés qu'éprouvait le commerce à s'approvisionner de cheminées de lampes. Ces difficultés n'existent plus.

Les verriers fabriquant cet article se sont combinés et ont forcé la main aux commerçants de gros pour unifier les prix, c'est-à-dire à se combiner pour la vente des cheminées de lampe; hors de la combinaison pas de salut, c'est-à-dire pas de marchandises. Voici les prix adoptés pour les *first*, c'est-à-dire l'article courant: de 1 à 24 caisses, 43c pour les 0, 45c pour les A et 65c pour les B à la douzaine. Pour lot de 25 caisses et plus 39c les 0, 41c les a et 59c les b.

Fers, ferronneries et métaux.— Très bonne demande pour toutes les marchandises de tablettes, mais peu de ventes dans les marchandises pesantes.

Les prix sont tenus fermes dans toutes les lignes.

Pas de changement à nos listes.

Huiles, peintures et vernis—L'huile de loup-marin raffinée est à prix en hausse; on la vend au quart 60c le gallon et en canistres 90c emballage compris.

L'huile de pétrole américaine Acmé supérieure a été baissée de 5c par gallon à 19c.

Poissons.—Très forte demande avec approvisionnements restreints. La morue est à prix en hausse; nous cotons: morue verte No 1 ordinaire de 2¾ à 3c, No 1 large de 3 à 3½c, et No 1 draft de 3 à 3½c la lb.

La truite des lacs et le poisson blanc se vendent $6 le baril de 100 lbs.

Salaisons, Saindoux, etc. — Il est arrivé quelques petits lots de lard de l'ouest, en quarts dont le marché était dépourvu. Les prix de cette marchandise varient de $20 à $21, suivant coupe.

Notre liste de prix pour les lards canadiens et autres salaisons, ainsi que les saindoux, est sans changement.

NOTES SPECIALES

Les marchands de la campagne qui désirent se procurer de jolis cadeaux de Noël et du Jour de l'An, doivent s'adresser à M. Jos. Côté, tabaconiste, 179 rue St-Joseph, Québec, où ils pourront choisir une foule d'articles des plus convenables pour ces circonstances, tels que pipes d'écume de mer, pipes en bois G B D, B B B, cigares importés, étuis à cigares, bonbonnières et sucreries, etc.

Inutile d'ajouter que tous ces objets sont supérieurs par leurs prix et leurs qualités, et que la maison qui les fournit est experte dans sa ligne.

Almanachs

Les almanachs commencent à nous arriver.

MM. J. B. Larue & Fils, marchands-tailleurs, 266 rue St-Laurent, ouvrent la marche avec une jolie photogravure: La Consultation de l'oracle qui est agréable à regarder. Un cadre or, en relief, complète bien ce petit tableau qui aura des amateurs.

M. L. P. Lebel, 1633 rue Notre-Dame, merceries pour hommes, nous envoie l'*Eté* sous forme d'un couple amoureux musant au bord de l'eau. Une gentille petite aquarelle pour accompagner les douze mois de l'année.

La Union Mutual Life Insurance Co., de Portland, Maine, nous envoie son almanach sur fond rouge, lettré or, avec la date de sa fondation: 1848 — un âge respectable. M. Fred. E. Richards est le président de cette florissante compagnie.

La Western Assurance Co., de Toronto, nous envoie son almanach sur lequel se détache le capital rondelet de $2,000,000 en chiffres... d'or, naturellement. Le fond est rouge comme l'électorat. M. Robert Bickerdike est le gérant de la succursale de Montréal. MM. Routh & Charlton sont les agents de la ville.

Contre les Vers

Pour détruire les vers qui rongent le bois des meubles, ou les empêcher de s'y mettre, il suffit de faire un encaustique un peu dur avec :

	Parties.
Cire jaune	60
Térébenthine de Venise............	28
Essence de térébenthine	20
Acide phénique liquide	2

Faites fondre au bain-marie, agitez de temps en temps jusqu'à refroidissement.

Frottez les meubles avec un linge trempé dans cette préparation.

Les vers sont tués par les émanations de l'acide phénique et les trous sont bouchés par la cire; de plus, le meuble acquiert un très beau poli.

REVUE DES MARCHÉS

Montréal, le 13 déc. 1900.

GRAINS ET FARINES

Marchés Etrangers

Les derniers avis télégraphiques cotent comme suit les marchés de l'Europe:

Blé en transit, tranquille et soutenu. Maïs américain, ferme; id. du Danube, terne. Chargements de blé de Walla Walla, 29s; chargements de blé La Plata, 29s 3d. Marchés locaux en Angleterre, ternes; maïs américain, vieux, 4s 2½ à 4s 2¾d.

Liverpool—Blé et maï disponibles, soutenu. Blé de Californie Standard No 1 6s 2d à 6s 2½d. Blé de Walla Walla, 5s 11d à 5s 11½d, Blé roux d'hiver No 2, 5s 11d à 6s 0½d.

Futurs—Blé, tranquille: Déc. 5s 11⅜d; mars, 6s 03⅜d; maïs tranquille: Jan., 3s 10½d; mars, 3s 9½d; maïs américain disponible, 4s 1½d à 4s 1¾d.

Paris—Blé ferme, déc., 20.30; mars, 21.60; farine ferme, déc., 26.20; mars, 27.65.

Anvers—Blé disponible, soutenu. Blé roux d'hiver No 2, 17.

On lit dans le *Marché Français* du 24 novembre:

"Pendant toute cette semaine, le temps a été relativement doux, avec alternatives de pluies et d'éclaircies considérées généralement comme favorables aux grains en terre, surtout aux derniers semés. Toutefois, maintenant que les jeunes plantes ont pris un développement suffisant, il serait à souhaiter pour enrayer la végétation des mauvaises herbes, ainsi que pour la bonne conservation de la betterave et des autres racines ou tubercules.

"La récolte des pommes est très avancée dans tout l'Ouest. Malheureusement les cours ne laissent qu'un bénéfice insignifiant. Pour qu'ils puissent se relever, il faudrait faciliter l'écoulement à l'intérieur de la France et à l'étranger en abaissant les frais de transport. C'est dans cette intention que la Société d'agriculture, de commerce et d'industrie d'Ile-et-Vilaine a émis le vœu: Que le tarif du transport des pommes et du cidre soit exceptionnellement réduit et que le retour des fûts vides soit obtenu gratuitement."

Les marchés américains à blé se sont raffermis. D'après Bradstreet le *visible supply* du monde est en diminution de 2,184,000 boisseaux. Les marchés importateurs de blé américains sont plus fermes et comme leurs stocks diminuent, on considère aux Etats-Unis la situation favorable à de plus hauts prix.

On cotait hier en cloture sur le marché de Chicago:

Blé: décembre 70½c; janvier 71⅛c et mai 73⅞c.

Avoine: décembre 21½c; janvier 21⅝c et mai 23¾c.

Maïs: décembre 37¼c; janvier 35¼c et mai 36⅜c.

MARCHÉS CANADIENS

Nous lisons dans le *Commercial* de Winnipeg du 8 courant:

Le marché local a été tranquille pendant la semaine qui vient de se terminer. La demande a été des plus modérée et les prix ont suivi les fluctuations des marchés étrangers. Les transactions ont été nulles dans les qualités No 1 et No 2 dûr; la demande s'étant surtout portée sur les qualités inférieures. Le prix du No 3 dûr a varié entre 65c et 66c.

DES SOUMISSIONS cachetées adressées au soussigné et portant la suscription "Soumission pour Bureau de Poste, Nelson, C. A.," seront reçues à ce bureau jusqu'à mercredi, le 2 janvier, 1901, inclusivement, pour la construction d'un Bureau de Poste à Nelson, C. A.

Les plans et devis pourront être vus aux bureaux de M. James Allan Macdonald, architecte, Nelson, C.A., G. A. Keefer, Ecr., ingénieur résident New Westminster C.A., Wm. Henderson, Ecr., commis des travaux, Victoria C.A., ainsi qu'au Ministère des Travaux publics, Ottawa.

Les soumissions devront être faites sur les formules imprimées qui seront fournies, et être signées par les soumissionnaires eux-mêmes; aucune autre formule de soumission ne sera prise en considération.

Chaque soumission devra être accompagnée d'un chèque accepté sur une banque incorporée pour une somme égale à dix pour cent de son montant (10 p. c.) et fait à l'ordre de l'Honorable Ministre des Travaux Publics. Ce chèque sera confisqué si le soumissionnaire dont l'offre aura été acceptée refuse de signer le contrat ou s'il ne l'exécute pas intégralement.

Si la soumission n'est pas acceptée le chèque sera remis.

Le Ministère ne s'engage à accepter la plus basse ni aucune des soumissions.

Par ordre,
JOS. R. ROY,
Secrétaire-suppléant.

Ministère des Travaux Publics.
Ottawa, 3 décembre, 1900.

N.B.—Nul compte pour publication de cet avis ne sera reconnu si telle publication n'a pas été expressément autorisée par le Ministère.

AVIS DE FAILLITE

Dans l'affaire de

LOUIS BOLDUC, Carrossier,

Nos 1320-1334 rue St-Laurent, Mile-End, Montréal.

Failli.

Les soussignés vendront à l'encan public, en bloc, ou en détail, à la place d'affaires du failli.

VENDREDI, LE 21 NOVEMBRE 1900

à 11 heures a. m.

L'actif meuble cédé en cette affaire, savoir :

Stock de voitures d'été et d'hiver, finies ou en voie de fabrication, environ	$1 512 50
1 automobile	1,200 00
Stock de bois, peinture, vernis, fer, drap, cuir et peluche, outillage et patrons, environ	2,015 09
Machineries, arbres de couche, courroies, poulies, engin	
Dettes de livres, par liste	325 79
Loyer des prémisses à échoir au 1er mai 1901	910 00
	$6,023 38

Termes : Argent comptant. Les prémisses seront ouvertes pour inspection, jeudi, le 20 décembre 1900. L'inventaire et liste des dettes de livres en vue à nos bureaux. Pour autres informations, s'adresser à

BILODEAU & CHALIFOUR,
Curateurs-conjoints.
15 rue St-Jacques, Montréal.

MARCOTTE FRERES,
Encanteurs.

AVIS DE FAILLITE

Dans l'affaire de

TÉLESPHORE PICHE,

Pont Maskinongé,

Failli.

Les Curateurs soussignés recevront des soumissions pour les propriétés et droits ci-dessous décrits, se trouvant au village de Pont-Maskinongé, jusqu'à

Mardi, le 18ème jour de décembre 1900 à midi

1o—Les numéros 708, 696, 706, 699, 705 et 694, à distraire toutefois de ce dernier sur toute sa largeur, 234 pieds sur la profondeur à partir du chemin public, la partie à être vendue se trouvant bornée en arrière par partie du numéro 696 susdit les numéros des lots sus-décrits appartenant au Cadastre Officiel pour la paroisse de St-Joseph de Maskinongé, avec le moulin à scie et à bardeau, le magasin et la résidence et leurs dépendances, avec un droit à la moitié de la chaussée et à l'usage de certains chemins, à la charge de certaines servitudes et obligations, tous les droits sus-décrits se trouvant à l'endroit appelé Pont Maskinongé.

2o—Les droits de la faillite dans certains constituts payables chaque année par les occupants des lots numéros 697, 698, 700, 702 et 703 du Cadastre sus-mentionné, chaque constitut ainsi payable étant de quatre dollars. Les soumissions devront être faites séparément pour la totalité des constituts mentionnés en premier lieu ou la totalité des constituts mentionnés en second lieu.

Les curateurs avisés par les inspecteurs à la faillite, seront libres d'accepter ou de refuser aucune des soumissions ou toutes les soumissions faites.

Pour plus amples informations s'adresser à

LAMARCHE et BENOIT,
Curateurs conjoints.
Bureau : No 1709 rue Notre-Dame, Montréal.

Hier on cotait 65¾ et 64½ pour la livraison de janvier et 70c pour celle du mois de mai. Les grains grossiers ne sont pas demandés. Les meuniers de l'Ontario ne semblent pas vouloir de nos qualités inférieures telles que le No 3 dûr. Les prix de la fermeture étaient les suivants: No 1 dûr 77c, No 2 dûr 72½c; 3 dûr 65½c; 3 du nord 62c; grossier No 2 67c; grossier No 3 61½c, et grossier No 3 du nord 59c en magasins Fort William,

Le marché de Montréal est tranquille; nous cotons l'avoine plus faible, de 30 à 30¼c en magasin.

On paie à la campagne sur char les pois de 60 à 60½c, soit 1c de plus que la semaine dernière et le sarrasin sans changement de 49½ à 50c.

Les prix des farines de blé sont soutenus avec une demande locale modérée.

" Nous cotons :

Patente d'hiver	$3 65	à	$3 90
Patente du printemps	0 00		4 35
Straight roller	3 25		3 50
Forte de boulanger, cité	0 00		4 05
Forte du Manitoba, secondes	3 40		3 45

Bonne demande pour les issues de blé, les prix quoiqae sans changement sont tenus très fermes, les stocks étant feibles.

Nous cotons : son d'Ontario de $15.50 à $16.00, du Manitoba, $15; gru d'Ontario, $17 à $17.50; du Manitoba, $16 et moulée de $17 à $24 la tonne.

Les farines d'avoine roulée restent aux anciens prix; on cote pour les qualités bonnes et supérieures de $3.35 à $3.50 le baril et de $1.62½ à $1.70 le sac. En lots de char on obtiendrait une concession sur ces prix.

FROMAGE

MARCHÉ ANGLAIS

MM. Marples, Jones & Co. nous écrivent de Liverpool le 30 novembre 1900 :

Uu commencement de la semaine nous avons une bonne demande pour les qualités cotées à 5 p. c. mais vers la fin de la semaine la demande a cessé. Les stocks en mains sont en augmentation sensible.

" Nous cotons :	s. d.		s. d.
Fine meaty night Skims	38 0	à	42 0
Blanc de choix, Canada et E.-U.	48 0	à	50 0
Coloré de choix, Canada et E.-U.	50 0	à	52 0
Blancs de choix septembre	52 0	à	53 0
Coloré " "	53 0	à	54 0

MARCHE DE MONTREAL

Il existe peu de fromage de la fabrication d'arrière saison sur notre place; le fromage de cette qualité trouverait preneur aux environs de 9½c. Les qualités d'Octobre choix changent de main à 10½c; c'est le fromage recherché par les expéditeurs en ce moment. Quant au fromage de septembre qui est le véritable article de choix il est à prix nominal en l'absence de transactions.

BEURRE

MARCHE ANGLAIS

MM. Marples, Jones & Co. nous écrivent de Liverpool le 30 nov.

Marché sans changement mais ferme. Demande soutenue pour les qualités de choix surtout les crêmeries canadiennes quoique les Australiens et les Nouvelle-Zélande attirent beaucoup d'attention. Point de demandes pour les imitations et très peu de demandes pour les qualités moyennes.

" Nous cotons :	s.		s.
Imitation crêmeries, E.-U., choix	73	à	76
Crêmerie, frais, E.-U., choix, boîtes nominal	96	à	100
Irlande, choix, boîtes	90	à	94
Crêmerie, canadien, choix, boîtes	100	à	104
" Irlande, choix, boîtes	110	à	116
" Danemark, en barils et sur choix	110	à	125
Australie, choix, en boîtes	102	à	106

MARCHÉ DE MONTREAL

Bonne demande locale pour les beurres; les arrivages ne sont pas considérables et les stocks sur place diminuent graduellement. Il s'est fait moins de beurre cette année que de coutume et, malgré une diminution sensible dans le chiffre de nos exportations, les quantités restant pour la consommation locale ne sont pas telles qu'on n'envisage la possibilité de maintenir longtemps les cours actuels. Les prix sont donc tenus très fermes avec perspective de hausse prochaine. Nous cotons les beurres frais de crêmerie de 20½ à 21c; les beurres de laiterie et des townships de l'est de 17 à 19c et les beurres en rouleaux à 19c la lb.

ŒUFS

MM. Marples, Jones & Co, nous écrivent de Liverpool le 23 novembre :

Par suite de forts arrivages les prix pour toutes les qualités excepté pour les œufs d'Irlande sont en baisse.

Nous cotons:	s d		s d
Œufs frais du Canada et des E.-U.	7 6	à	8 6
" conservés à la glycerine	7 3	à	7 10
" " à la chaux	7 0	à	7 6
" frais d'Irlande	11 6	à	12 6
" " du Continent	6 6	à	8 0

Le marché de Montréal a une bonne demande locale et il s'y traite quelques affaires en œufs conservés pour l'exportation.

La demande locale est surtout en petits lots: les arrivages se sont fortement ralentis durant ces derniers jours et les prix se maintiennent. On cote; œufs dits frais 24c; œufs mirés de 16 à 16½c; œufs chaulés de 15½ à 16c et œufs conservés en glacière de 14 à 15c la doz.

GIBIER ET VOLAILLES

La demande est excellente pour la volaille; il n'y a pas encore d'accumulation de stocks à vrai dire, mais le marché est bien approvisionné et les arrivages, avec un temps froid favorable à la conservation et aux expéditions, ne peuvent qu'augmenter en importance.

Nous cotons à la lb : poulets, de 6 à 7c; dindes, de 8 à 9½c; canards, de 7 à 8c et oies, de 6 à 7c.

En gibier, bonne demande avec marché assez bien approvisionné. Nous cotons : perdrix, de 75 à 80c la paire No 1, de 45 à 50c No 2; lièvres, 25c la paire, et chevreuil, de 5 à 5½c la lb pour bête entière.

POMMES

MM. J. C. Houghton & Co, nous écrivent de Liverpool le 29 nov. 1900 :

Il existe évidemment une bonne demande pour la consommation courante et les quantités considérables de pommes américaines et canadiennes qui nous arrivent se vendent à des prix soutenus.

PRIX A L'ENCAN

Pommes	Vendredi nov. 23 s. d.	s. d	Lundi nov. 26. s. d.	s. d.	Mercredi nov. 28. s. d.	s. d.
Canadiennes, barils.						
Greening	7 9	15 3	8 9	16 0	12 6	13 9
Baldwin	8 0	13 0	7 9	12 9	11 6	12 0
Phœnix	11 9	13 3				
King	19 3	24 0				
Ben Davis	12 0	12 3				
N. Spy	5 9	13 0	9 9	11 6	10 0	15 6
G. Russet	8 6	15 0	9 9	11 0		
Cramberry						
Américaines.						
Greening	9 9	14 0	10 0	11 3	12 9	15 6
Baldwin	7 9	11 3	7 0	14 0	8 0	13 6
Kings					17 9	23 0
Newtown Pippin	17 6	19 6	12 0	22 6	13 3	25 0
Ben Davis	8 0	12 0	10 9	11 3	10 9	13 3
York Imperial						
Winesap						
N. Spy			7 3	12 0		
G. Russet						
Nouvelle-Ecosse.						
Blenheim					8 0	9 9
Gravenstein						
Kings					7 9	15 3
Ribston					11 0	11 9
Californie.						
Newtown Pippins	7 9		7 9	8 3	7 6	8 9

ARRIVAGES

	Barils.
Arrivages pour la semaine finissant le 27 nov. 1900	79782
Arrivages antérieurs depuis le 1er juillet 1900	317523
Total des arrivages au 27 nov. 1900	397204
Du 1er juillet 1899 au 17 nov. 1899	295217

LEGUMES

Les pommes de terre sont payées 43c les 90 lbs au char et on les détaille à 55c les 90 lbs.

Les prix des haricots triés à la main sont cotés de $1.30 à $1.50 par minot en lot de char complet.

On cote:

Salade, de Waterloo, 50c la doz.
Salade de Boston, $1.25 la doz.
Choux, de 25 à 30c la doz.
Tomates de Waterloo, 25c la lb.
Carottes, $1.00 le quart.
Navets, de 40c à 50c le sac.
Radis, de 20 à 25c la doz.
Choux fleurs, de $2.50 à $3.00 la doz.
Fèves vertes, $350 le quart.
Céleri de Caifornie, $4.50 la doz de paquets.
Epinards, $3.00 le quart.
Cresson, 60c doz. de paquets.
Concombres, $1.75 la doz.
Aubergines, $2.00 la doz
Céleri, 10c à 40c la doz. de paquets.
Patates sucrées, de $2.75 à $3.50 le quart.
Betteraves, 40c. la doz. de paquets.
Oignons rouges, de $1.75 à $2.00, le baril.
Oignons jaunes, de $1.75 à $2.00 le baril.
Oignons d'Espagne au crate de 75 à 80c.

PORCS ABATTUS

Bonne demande et peu d'offres, aussi les prix sont ils tenus fermes de $7 à $7.50 les 100 lbs, suivant grosseur des porcs.

FOIN PRESSE ET FOURRAGES

MM. Hosmer, Robinson & Co., nous écrivent de Boston le 6 décembre 1900 :

Les arrivages pour les cinq derniers jours ont été 315 chars de foin et 20 chars de paille. 13 chars pour l'exportation.

Pendant les cinq jours correspondants de l'an dernier, 407 chars de foin et 142 chars de paille, 121 chars de ce foin destiné à l'exportation.

Nous constatons une bonne demande pour le foin et la paille. Le marché est ferme. Les ventes devraient être lucratives. Nous conseillons les expéditions.

Nous cotons :

	Grosses balles.			Petites balles.		
Foin, choix	$18.00	à	$19.00	$17.50	à	$18.50
— No 1	17.00	à	18.00	16.50	à	17.50
— No 2	16.00	à	17.00	16.00	à	17.00
— No 3	15.00	à	16.00	15.00	à	16.00
— mél.d.trêf.	15.00	à	16.00	15.00	à	16.00
— trèfle	15.00	à	16.00			
Paille de seigle long	16.00	à	17.00			
— mêlée	11.00	à	12.00	11.00	à	12.00
— d'avoine	9.00	à	9.50	9.00	à	9.50

Le marché de Montréal est toujours ferme avec des stocks très réduits.

Nous cotons :

Foin pressé, No 1 à choix	$ 9 50	à	10 50
do do No 2	8 50	à	9 50
do mél. de trêfle	7 50	à	8 50
Paille d'avoine	4 50	à	5 00

Moyen de resserrer un pas de vis

Lorsqu'un pas de vis est devenu trop libre, qu'il ne fait plus l'office de boulon avec la tige, il suffit simplement de marteler la partie taraudée destinée à recevoir le filet, qui, se refoulant sur elle-même, remplit de nouveau son office.

Ce procédé est utile pour réparer les chandeliers de cuisine, les bougeoirs, les candélabres, les écrous des vases, etc.

De Bonnes Choses ! . . .

C'est ce qu'il vous faut pour les affaires de Noel et du Jour de l'An

En voila quelques-unes :

VIN OPORTO

Army and Navy Favorite Port,	Caisse 12 bouteilles	$ 4.50
Royalty Special Reserve Port,	Caisse 12 bouteilles	7.50
Convido Port,	Caisse 12 bouteilles	13.00
Convido Port,	Caisse 24 x ½ bout.	14.00
Commendador Port,	Caisse 12 bouteilles	15.00

VIN SHERRY

Imperial Cabinet Sherry,	Caisse 12 bouteilles	4.50
Emperor Grand Superior Old Sherry,	Caisse 12 bouteilles	7.50
Emperador Sherry,	Caisse 12 bouteilles	15.00

CLARET et SAUTERNES

Medoc Paul Clairval,	Caisse 12 bouteilles	2.50
Medoc Paul Clairval,	Caisse 24 x ½ bout.	3.50
St-Estèphe, Louis Rupert & Fils,	Caisse 12 bouteilles	3.00
St-Emillion, Jacques Durier & Frères,	Caisse 12 bouteilles	3.50
St-Julien, Henri Dauville & Cie,	Caisse 12 bouteilles	4.00
Sauternes, Marcel Lemer & Cie,	Caisse 12 bouteilles	3.50

EXTRA

RENSEIGNEMENTS COMMERCIAUX

PROVINCE DE QUEBEC

Curateurs

Lachine—Kent & Turcotte à Dame C. H. Gariépy nouv., etc.

Montréal—Bilodeau & Chalifour à Henri Allard, restaurant.

Décès

Québec—Grenier Hector, quincaillerie.

Dissolutions de Sociétés

Montréal—Montréal Plating Co ; une nouvelle société est formée.

Nicolet—Lecomte & Martin, bois de sciage.

Sherbrooke—Bryant G. G. & Co, contracteurs.

Victoriaville—La Fonderie de Victoriaville, N. Mercier se retire ; Alf. Poulx et Thos. Buteau continuent.

En Difficultés

Montréal—Hoolaham James, négociants conteste demande de cession.

Wright Mde M., modes.

Pointe Claire—Duchesneau Herm., marchand.

St Jérôme (Chicoutimi)—Guay Eugène jr., mag. gén.

St Octave—Desjardins E., mag. gén., offre 35c dans la piastre.

Fonds à Vendre

Montréal—Bolduc Louis charron, 21 déc.

Marin Norbert épic., 18 déc.

Pelletier F. J., nouv. 21 déc.

St Raymond—Moisan Pierre, mag. gén., 18 déc.

Varennes—Lafrançe Jos., mag. gén. 18 déc.

Nouveaux Établissements

Hull—Gadbois F., nouv.

Montréal — "Amédée" modiste ; Mde Ed. Larue.

Bisaillon Jos., pharmacie, etc.

Dominion (The) Agency, jobbers, etc ; Chs E. Marchand.

Théâtre de la Renaissance ; James et John Hoolahan.

Thériault P. A. & Co, épic.

Virtue (The) Bottling Co, embouteilleur de bière ; Alb. H. Brown.

Wilks & Michaud, comptables, etc.

St-Henri de Montréal—Bernard Francis & Co, plombiers, etc.

Caron A. L. & Co, bijoutiers.

Verchères—Dansereau Dame Pierre, négociant.

PROVINCE D'ONTARIO

Cessations de Commerce

Lakefield—McPherson W., tailleur.

Cessions

Toronto—Kennedy A. E., pharmacie.

Concordats

Chatham—Powell & David, pharmacie à 15c dans la piastre.

The Brook—Charette Samuel, mag. gén. à 40c dans la piastre.

Fonds à Vendre

London—Cannom Stove and Oven Co, 18 déc.

Groom W. T., épic.

Seaforth—Johnston Bros, quincaillerie.

Trenton—Haines & Lockett, chaussures.

Fonds Vendus

Rat Portage—Campbell Bros, épic.

Newman W. T., tabac, etc., à Thos. Davidson.

Nouveaux Établissements

Carp—McKay D., hôtel.

Forest—Scott & Houghton, quincaillerie.

Orillia—Metal (The) Novelty Co Ltd.

Ottawa—Warner C., harnais, etc.

Toronto—Havana (The) Cigar Co Ltd.

Walkerville—Canadian (The) Bridge Co Ltd.

DATTES—A arriver incessamment un char de dattes. C'est le temps de passer vos commandes à la maison L. Chaput, Fils & Cie pour ce fruit recherché.

TOUR DU MONDE—Journal des voyages et des voyageurs.—Sommaire du No 48 (1er décembre 1900)—1o Une mission en Acadie et du lac Saint Jean au Niagara, par M. Gaston Du Boscq de Beaumont.—2o A travers le monde : La "Nippon Yusen Kwaiska."—Société des bateaux poste du Japon, par Villetard de Laguérie.—3o Missions politiques et militaires : La Mission Saharienne Blanchet.—4o La lutte économique : Le développement du port de Rotterdam.—5o A travers la nature : Chez les fourmis, par Henri Coupin. —6o Livres et Cartes —Les Revues Etrangères : Les Montagnes du territoire allemand de Kiao-Itchéo (*Mittheilungen des Deutschen und Œsterreichischei Alpenvereins*, Vienne).—Le régime des Concessions au Congo français (*Le Mouvement Géographique*, Bruxelles).

Abonnements : France : Un an, 26 fr. Six mois, 14 fr.—Union Postale : Un an, 28 fr. Six mois, 15 fr. Le numéro : 50 centimes.

Bureaux à la librairie Hachette et Cie, 79, boulevard Saint-Germain, Paris.

CHRONIQUE DE QUÉBEC

Mercredi, 12 décembre 1900.

Le froid glacial des derniers jours, venant à la suite d'une abondante tombée de neige, a définitivement mis les chemins d'hiver dans un état parfait, ce qui a contribué à activer les affaires avec les campagnes environnantes. Comme une douzaine de jours à peine nous séparent des fêtes de Noël, le commerce reçoit une impulsion nouvelle très sensible, et les marchands sont en général satisfaits. Le va-et-vient est considérable dans les centres de magasins de détail, où s'étale la marchandise avec tout l'attrait de l'élégance et de la nouveauté. Certes, nous savons bien que tous ces riens délicats coûtent cher et représentent des sommes importantes qui pourraient être utilisées d'une manière plus pratique. Mais, d'un autre côté, la nature humaine est ainsi faite qu'il lui faut sacrifier aux exigenses de la mode, surtout quand il s'agit de faire des heureux dans le monde des parents, des amis, des enfants.

C'est une réelle jouissance de voir chacun et chacune se presser autour des tables d'installation, y rechercher, selon ses moyens ou sa générosité, l'objet destiné à servir de cadeau, et, après souvent de longues hésitations, faire un choix entre tant de choses diverses C'est là peut-être que les employés de magasins, jeunes gens et jeunes filles, ont la meilleure occasion de montrer leur savoir-faire, par l'art de deviner l'espèce d'objets qu'il faut à la pratique, par la patience à écouter ses remarques et à endurer ses caprices; enfin et surtout par l'habileté à faire la vente dans des conditions avantageuses pour les deux parties en cause. Il est agréable de dire que la classe des commis-marchands est parfaitement à la hauteur de cette besogne délicate, et qu'elle donne généralement satisfaction sous ce rapport. La tâche n'en est pas moins difficile, et souvent ingrate et c'est un mérite réel pour ceux qui l'accomplissent comme il faut.

∴

La navigation d'hiver sur le fleuve St Laurent, en haut de Québec, et même jusqu'aux grands lacs, est à l'ordre du jour. Déjà, l'expérience s'en fait dans les meilleures conditions possibles, de Québec à la Malbaie, et de la Malbaie à la Rivière-du-Loup, par le vapeur "Adriatic" subventionné par le gouvernement fédéral. L'essai, jusqu'à présent, a réussi au-delà de toutes les prévisions. On se demande même comment on a pu autant retarder à inaugurer ce système. Toutefois, il y a encore des sceptiques qui se refusent à se rendre à l'évidence des faits. Un appoint en faveur des partisans de la navigation hivernale, c'est que les stations météorologiques indiquent à l'avance, les variations de la température et l'approche de la tempête ou du beau temps, mettant ainsi constamment sur leurs gardes les marins chargés d'un service régulier.

Il pourra y avoir des retards ou des mécomptes, mais ce sera l'exception. Une séance importante de le Chambre du Commerce, séance à laquelle le public est invité, doit avoir lieu, et des experts en cette matière étudieront la question. Il est certain que nous sommes, à ce point de vue, passablement en arrière des pays septentrionaux de l'Europe. Il y a lieu de reprendre le temps perdu et il y va de notre intérêt qu'il en soit ainsi.

EPICERIES

Sucres: Sucre jaunes, $4 à $4.10; Granulé, 4.90; Powdered 6 à 7c; Paris Lump, 7c à 7½c.

Mélasses: Barbade pur, tonne, 40 à 41c; Porto Rico, 38 à 42c; Fajardos, 47 à 48c.

Beurre: Frais, 20 à 21c; Marchand, 17 à 18½c; Beurrerie, 20c.

Conserves en boîtes: Saumon, $1.25 à $1.70; Clover leaf, $1.60 à $1.65; homard, $3.15 à $3.30; Tomates, 95c à $1.00; Blé-d'inde, 85 à 90c; Pois, 90c à $1.00.

Fruits secs: Valence, 9c; Sultana, 11 à 15c; Californie, 8 à 10c; C. Cluster, $2.80; Imp. Cabinet, $3.70; Pruneaux de Californie, 8 à 10c; Imp. Russian, $4.50.

Tabac Canadien: En feuilles, 9 à 10c; Walker *wrappers* 15c; Kentucky, 15c; et le White Burleigh, 15 à 16c.

Planches à laver: "Favorites" $1.70; "Waverly" $2.10; "Improved Globe" $2.00

Balais: 2 cordes, $1.50 la doz; à 3 cordes, $2.00; à 4 cordes, $3.00.

FARINES, GRAINS ET PROVISIONS

Farines: Forte à levain, $2.25 à $2.30; deuxième à boulanger, $1.90 à $2.10; Patente Hungarian, $2.40; Patente Ontario, $1.90 à $1.95; Roller, $1.70 à $1.80; Extra, $1.60 à $1.65; Superfine, $1.45 à $1.50; Bonne Commune, $1.25 à $1.30.

Grains: Avoine (par 34 lbs) Ontario, 35 à 37c; orge, par 48 lbs, 65 à 70c; orge à drèche, 70 à 80c; blé-d'inde, 55 à 56c; sarrasin, 60 à 70c.

Lard: Short Cut, par 200 lbs, $18.00 à $18.50; *Clear Back,* $19.50 à $20.50; saindoux canadien, $2.05 à $2.25; composé le seau, $1.70 à $1.75; jambon, 10½ à 13c; bacon, 9 à 10c; porc abattu, $6.00 à $7.50.

Poisson: Hareng No 1, $5.50 à $6.00; morue No 1, $4.25 à $4.50; No 2, $3.70; morue sèche, $5.00 le quintal; saumon, $15.00 à $16.00; anguille, 4½c la livre.

∴

Quelques faillites dans notre district ont un peu affecté le commerce de Québec, sans cependant qu'il y ait lieu de s'alarmer. On se demande comment il se fait qu'avec de bonnes récoltes et des années de prospérité générale dans le pays, un aussi grand nombre de marchands de la campagne soient obligés de suspendre leurs affaires. Nous croyons, et c'est le sentiment des hommes d'affaires, que les longs crédits sont en grande partie la cause de cet état de choses. L'expérience de quelques récents embarras financiers nous démontre que la proportion des crédits prescrits dans les livres d'un marchand est de plus d'un tiers. Les crédits restants sont de quatre, trois et deux ans, ceux de l'année comptant pour une partie relativement faible. Il y a là un manque de sens pratique des nécassités du commerce, et une routine dangereuse, contre laquelle le plus tôt on réagira, le mieux ce sera.

∴

La bonne nouvelle de la semaine, c'est la réouverture des fabriques de chaussures. Il y avait, nous dit-on, des commandes amoncelées en masse par les patrons, de sorte que l'ouvrage va être abondant durant quelques semaines. La réjouissance est générale parmi les intéressés, et la paralysie partielle du commerce va se trouver par le fait guérie. Il est étonnant de constater encore tous les jours comme la gêne avait envahi tout le monde. Nous connaissons des propriétaires, accoutumés de vivre avec le revenu de leurs loyers, qui se trouvaient presque réduits à la mendicité par suite de la suppression du travail des locataires. Il n'est pas opportun de développer davantage ces inconvénients multiples, mais nous avons un vœu à formuler, c'est que tout le monde mettre de la bonne volonté pour l'apaisement de l'antagonisme entre employeurs et employés, de manière à prévenir le renouvellement de semblables misères.

Nous avons été sur le bord de l'abîme, et la crise ne pouvait pas se continuer une quinzaine sans déchaîner une tempête qu'il aurait été difficile d'apaiser. Le danger a été grand : à nous de faire en sorte qu'il soit conjuré pour longtemps. Pour arriver à ce résultat, autant que possible il faut que chacun, dans sa sphère d'action, évite tout ce qui est de nature à raviver des haines et des discussions qui surexcitent les esprits. Encore une fois, c'est le calme et l'oubli des difficultés passées qui prépareront des jours heureux pour les maîtres et pour les ouvriers.

L. D.

La navigation d'hiver sur le St-Lanrent

Séance très intéressante mercredi dernier à la Chambre de Commerce. L'inventeur d'un bateau brise-glace, M. Inman, de Duluth, Minn. a donné quelques explications et renseignements sur son bateau et sur son projet de tenir ouvert en hiver comme en été le port de Montréal.

Ce projet, s'il est réalisable, mérite l'attention la plus sérieuse de tous les hommes d'affaires sans exception et devra aboutir.

Jusqu'ici rien d'absolument convaincant n'a été dit et encore bien moins démontré. D'ailleurs le sujet n'est pas épuisé, on y reviendra à la Chambre de Commerce.

Tenir la navigation ouverte entre Québec et Montréal ne parait pas une impossibilité à certaines personnes très au courant de la navigation du fleuve. Mais les dépenses qu'entraînerait l'entretien continuel du chenal nécessaire au passage des navires durant la saison des glaces, ne sont-elles pas hors de proportion avec les bénéfices qu'en retirerait le monde commercial et le public en général? Voilà une question qui demande un examen très sérieux de la part des gens compétents.

Au dire de personnes éxperimentées il serait presque impossible tout au moins de naviguer entre Québec et le Golfe, même avec le travail de brise-glaces durant la plus grande partie de la saison d'hiver. Dans ce cas, ni Québec ni Montréal ne sauraient être des ports d'hiver, pour le moment du moins, car pour l'avenir personne ne peut répondre des surprises qu'il nous réserve dans la voie du progrès.

Nous avons eu le plaisir d'entendre l'aimable et dévoué capitaine du "Longueuil," M. Jodoin, qui d'ailleurs se réserve, du moins nous le croyons, d'émettre ses idées devant la Chambre de Commerce, dire avec infiniment de raison que, dès le mois de mars, la glace ne se forme plus sur le fleuve et qu'un brise-glace mis en service à cette époque avancerait d'un mois ou deux l'époque de la navigation au grand avantage de notre port.

Nous le répétons, il y a lieu d'étudier cette question plus qu'elle ne l'a été dans le passé. Car il est possible, malgré les dépenses d'entretien du chenal, qu'il y ait avantage réel à retarder tous les ans la clôture de la navigation et à en devancer la date d'ouverture au moyen de navires brise-glace; même si le fleuve ne pouvait être rendu libre que sur une faible partie de son parcours.

Nous félicitons bien sincèrement de leur initiative les hommes qui se sont mis résolument à l'étude de cette question vraiment importante et bien digne d'attention.

NOIX.—MM. L. Chaput, Fils & Cie disposent actuellement de 100 balles de belles noix Mayette. C'est un article demandé pour les fêtes.

NOS PRIX COURANTS, PARTIE I

Nos prix courants sont revisés chaque semaine. Ces prix nous sont fournis pour être publiés, par les meilleures maisons dans chaque ligne; ils sont pour les qualités et les quantités qui ont cours ordinaire dans les transactions entre le marchand de gros et le marchand de détail, aux termes et avec l'escompte ordinaire. Lorsqu'il y a un escompte spécial, il en en est fait mention. On peut généralement acheter à meilleur marché en prenant de fortes quantités et au comptant.

PRIX COURANTS.—MONTREAL, 13 DECEMBRE 1900.

Articles divers.

Bouchons communs....gr.	0 18	0 30
Briques à couteaux....doz.	0 25	0 30
Brûleurs pour lampes		
No. 1..........doz.	0 00	0 75
No. 2.......... "	0 00	1 00
No. 3.......... "	0 00	0 70
Câble coton ¼ pouce...lb.	0 13	0 14
" Manilla.......... "	0 15¼	0 16¾
" Sisal.......... "	0 09	0 10½
" Jute.......... "	0 10	0 11½
Coton à attacher....... "	0 15	0 21
Chandelles suif........lb.	0 00	0 09
" paraffine... "	0 12	0 12½
" London Sperm. "	0 11	0 11½
" Stéarine....... "	0 13	0 14
Epingles à linge. bte. 5 gr.	0 00	0 70
	3 fils.	6 fils.
Ficelles...... 30 pieds..	0 40	0 75
" .... 40 " ..	0 55	0 85
" .... 48 " ..	0 65	1 00
" .... 60 " ..	0 80	1 35
" .... 72 " ..	0 95	1 60
" .... 100 " ..	1 25	2 00
Lessis concentré, com... "	0 00	0 40
" pur.... "	0 00	0 75
Mèches à lampes No. 1.....	0 11	0 13
" No. 2.....	0 14	0 16
" No. 3.....	0 09	0 11

Conserves alimentaires

Légumes.

Asperges 4 lbs.........dz.	0 00	4 50
Baked Beans 3 lbs..... "	0 90	1 00
Blé d'Inde.........2 lbs "	0 85	0 95
Champignons.........bte.	0 15	0 21
Citrouilles 3 lbs.......dz.	0 00	0 85
Haricots verts........ "	0 00	0 85
Olives, Pints........... "	3 75	5 00
" ½ Pints......... "	2 90	3 60
" en quart, gallon.	0 00	1 50
Petits pois français ...bte.	0 09	0 12
" fins......... "	0 14	0 15
" extra fins.. "	0 16	0 17
" surfins..... "	0 18	0 20
Pois canadiens 2 lbs.. dz.	0 80	1 25
Tomates............... "	0 87½	0 90
Truffes............... "	4 80	5 00

Fruits.

Ananas 2 et 2½ lbs....dz.	2 15	2 50
Bluets 2 " ... "	0 75	0 85
Cerises 2 " ... "	1 95	2 15
Fraises 2 " ... "	1 70	1 85
" 3 " ... "	2 10	2 15
Framboises 2 " ... "	1 45	1 60
Pêches 2 " ... "	1 60	1 85
" 3 " ... "	2 40	2 85
Poires 2 " ... "	0 00	1 65
" 3 " ... "	1 95	2 10
Pommes gal....... "	0 00	2 15
" 3 lbs... "	0 00	0 90
Prunes vertes 2 " ... "	0 00	1 45
" bleues 2 " ... "	1 25	1 35

Poissons.

Anchois...............dz.	3 25	0 00
Anchois à l'huile...... "	3 25	4 50
Clams 1 lb............ "	1 25	1 35
Harengs marinés...... "	1 55	1 85
Harengs aux Tomates. "	1 50	1 60
Homards, boite haute. "	3 12½	3 20
" " plate... "	3 65	3 75
Huitres, 1 lb..........dz.	0 00	1 40
" 2 "........... "	0 00	2 40
Maquereau............ "	1 00	1 05
Sardines Canadiennes, cse	4 00	4 50
Sardines ¼ françaises. bte.	0 09	0 25
" ½ " "	0 17	0 35
Saumon rouge (Sockeye) boite haute dz.	0 00	1 60
" " plate "	0 00	1 75
" " ordinaire haute	0 00	1 50
" rose (Cohœ) " dz.	0 00	1 12½
" du printemps, "	0 00	1 50
Smelts (Eperlans).... "	0 40	0 45

Viandes en conserves.

Corned Beef, bte 1 lb....dz.	1 60	2 00
" " 2 "..... "	2 80	3 40
" " 6 "..... "	9 75	11 40
" " 14 "..... "	21 60	24 00
Lang. de porc. " 1 "....dz.	3 00	4 15
" " 2 "..... "	6 00	8 00
" bœuf " 1½ lb.... "	8 00	10 00
" " 2 "..... "	9 25	11 30
" " 3 "..... "	......	14 10
English Brawn 1 lb ..... "	1 40	1 70
Bœuf (chipped dried).... "	2 95	3 00
Dinde, bte 1 lb.......... "	2 20	2 40
Pâtés de foie gras........ "	3 00	8 00
Pieds de cochon, bte 1½ lb. "	2 30	2 40
Poulets, " 1 lb. "	2 20	2 40

Drogues et Produits Chimiques

Acide carbolique.......lb.	0 30	0 40
" citrique.......... "	0 50	0 55
" oxalique......... "	0 08	0 10
" tartrique......... "	0 33	0 35
Aloès du Cap.......... "	0 14	0 15
Alun.................. "	0 01½	0 03
Bicarbonate de Soude, brl.	2 00	2 25
Bichrom. de potasse....lb.	0 10	0 12
Bleu (carré)........... "	0 10	0 16
Borax raffiné.......... "	0 05	0 07
Bromure de potasse.... "	0 55	0 60
Camphre américain.... "	0 80	0 90
" anglais ...... "	0 85	0 95
Cendres de soude...... "	0 01½	0 02
Chlorure de chaux..... "	0 02½	0 05
" de potasse.... "	0 23	0 25
Couperose.........100 lbs	0 80	1 00
Crème de tartre........lb	0 22½	0 27½
Extrait de Campêche... "	0 10	0 11
" en paquets..... "	0 12	0 14
Gelatine en feuilles.... "	0 35	0 60
Glucose............... "	0 03½	0 04
Glycérine.............. "	0 18	0 20
Gomme arabique...... lb	0 40	1 25
Gomme épinette....... "	0 00	0 25
Indigo Bengale........ "	1 50	1 75
" Madras......... "	0 60	0 80
Iodure de potasse...... "	4 00	4 25
Opium................. "	4 50	4 75
Phosphore............. "	0 50	0 75
Pourpre de Paris....... "	0 09	0 10
Résine.........(280 lbs)	2 75	5 00
Salpêtre.............lb	0 05	0 07½
Sels d'Epsom.....100 lbs.	1 50	3 00
Soda caustique 60° " lbs	0 00	2 50
" " 70° " "	0 00	2 75
" à laver...... "	0 70	0 90
" à pâte...........brl.	2 00	2 50
Soufre poudre. ....lb.	0 02	0 03
" bâtons......... "	0 02	0 03
" rock, sacs..100 lbs.	2 00	3 00
Strychnine............oz.	0 90	1 00
Sulfate de cuivre......lb.	0 06	0 07
Sulfate de morphine... "	1 90	2 00
" de quinine.....oz.	0 40	0 45
Sumac..............tonne.	70 00	7 00
Vert de Paris...........lb.	0 18½	0 20½

Epices pures.

Allspice, moulu........lb.	0 15	0 20
Cannelle moulue....... "	0 15	0 20
" en nattes...... "	0 13	0 15
Clous de girofle moulu "	0 18	0 20
" " ronds.. "	0 14½	0 14
Gingembre moulu...... "	0 15	0 25
" racines "	0 10	0 25
Macis moulu........... "	0 90	1 00
Mixed Spice moulu Tin 1 oz............. "	0 00	0 45
Muscade blanchie...... "	0 40	0 50
" non blanchie.. "	0 50	0 60
Piment (clous ronds)... "	0 10	0 12
Poivre blanc, rond..... "	0 23	0 26
" " moulu... "	0 26	0 28
" noir, rond....... "	0 15	0 17
" " moulu..... "	0 18	0 19
" de Cayenne..... "	0 22	0 26
Whole Pickle Spice....lb.	0 15	0 20

Fruits Secs.

Abricot Calif..........lb.	0 12	0 13
Amandes ½ molles.... "	0 12	0 13
" Tarragone... "	0 14	0 15
" Valence écalées "	0 35	0 37
Amand. amères écalées lb	0 00	0 45
" écalées Jordan "	0 40	0 42½
Dattes en boites....... "	0 00	0 05
Figues sèches en boites "	0 07½	0 12
" " en mattes "	0 00	0 03¼
Nectarines Californie.. "	0 11	0 12
Noisettes (Avelines)....lb.	0 11½	0 12
Noix Marbot.......... "	0 10	0 11
" Couronne....... "	0 08	0 09
" Grenoble........ "	0 12	0 13
" " écalées. "	0 00	0 00
Noix du Brésil......... "	0 12	0 13
Noix Pecanes poli...... "	0 12½	0 13
Peanuts rotis (arach).. "	0 06½	0 08
Pêches Californie...... "	0 10	0 11
Poires " ...... "	0 13½	0 15
Pommes séchées....... "	0 00	0 00
Pommes évaporées.... "	0 05½	0 06
Pruneaux Bordeaux... "	0 04	0 08
" Bosnie...... "	0 00	0 05½
" Californie... "	0 05½	0 11
Raisins Calif. 2 cour.. "	0 00	0 00
" " 3 " .. "	0 00	0 00
" " 4 " .. "	0 00	0 00
Corinthe Provincials... "	0 11	0 12
" Filiatras..... "	0 11	0 12
" Patras........ "	0 00	0 00
" Vostizzas.... "	0 14	0 15
Malag. London Layers bte.	0 00	1 75
" Connoisseur Cluster "	0 00	2 60
" Buckingham Cluster...... "	0 00	3 40
Malaga Russian Cluster bte.	0 00	4 50
Sultana...............lb.	0 10	0 12
Valence fine off Stalk,. "	0 07	0 07½
" Selected...... "	0 08	0 08
" layers........ "	0 09	0 08½

Fruits verts.

Ananas, pièce............	0 00	0 00
Attocas...........quart..	6 00	8 00
Bananes..........régime	1 00	2 00
Pommes...........baril..	1 50	3 50
Raisins Malaga.... "	5 00	6 00
" ½ "	0 00	0 00
Oranges Valence (420) cse	0 00	0 00
" " (714)....	0 00	0 00
" Navels..........	0 00	0 00
" Seedlings.......	0 00	3 00
" Sanguines, ½ cse	0 00	0 00
" Sorrente, caisse.	0 00	0 00
" Messine, "	0 00	0 00
" " ½ "	0 00	0 00
" du Mexique.....	2 75	× 00
" Jamaique, baril.	0 00	5 50
Citrons Messine.... caisse.	2 25	3 00
" Malaga. bte 35 dz	0 00	0 00
" " caisse 59 dz.	0 00	0 00
Oignons rouges.... baril..	1 75	2 00
" jaunes	1 75	2 00
" d'Egypte, 165 lbs	0 00	2 25
Oignons d'Espagne, boite.	0 80	0 90
Noix de coco, par 100....	3 25	0 00

Grains et Farines.

GRAINS

Blé roux d'hiver Can. No 2.	0 00	0 00
Blé blanc d'hiver Can. No 2.	0 00	0 00
Blé du Manitoba No 1 dur...	0 90	0 92½
" " No 2 "	0 87½	0 90
Blé du Nord No 1...........	0 00	0 85
Avoine blanche No 2........	0 30	0 30¼
Orge No 1,.........48 lbs.	0 50	0 53
" à moulée.... "	0 42	0 43
Pois No 2 ordinaire, 60 lbs...	0 67	0 67½
Sarrasin, 48 " ...	0 51	0 51½
Seigle, 56 " ...	0 57	0 58

FARINES.

Patente d'hiver..............	3 65	3 90
Patente du printemps.......	0 00	4 35
Straight roller...............	3 35	3 80
Forte de boulanger, cité.....	0 00	4 05
Forte du Manitoba, secondes	3 40	3 45

FARINES D'AVOINE.

Avoine roulée baril......	3 35	3 50
" " sac........	1 62½	1 70

ISSUES DE BLE

Son d'Ontario, au char, ton	15 50	16 00
" de Manitoba " "	00 00	15 00
Gru de Manitoba.......char	00 00	16 00
" d'Ontario......... "	17 00	17 50
Moulée .... "	17 00	24 00

Huiles et graisses.

HUILES.

Huile de morue, T. N., gal.	0 35	à 0 40
" loup-marin raffi.. "	0 00	0 60
" paille........... "	0 00	0 50
Huile de lard, extra gal.	0 75	0 85
" " No 1. "	0 65	0 75
" d'olive p. mach.. "	0 90	1 00
" à salade......... "	0 77½	0 80
" d'olive à lampion "	1 20	2 60
" de spermaceti.... "	1 30	1 50
" de marsouin..... "	0 50	0 60
" de pétrole, par quart.	0 00	0 16
Acmé Imperial........gal.	0 00	0 17½
Huile Américaine par quart:		
Acmé Supérieur...... "	0 00	0 19
Pratt's Astral......... "	0 00	0 19½
Huile de foie de m. Nor. gal	1 25	à 1 35
" " T.N. "	1 00	1 10
" de castor "E. I." lb.	0 09½	0 10
" " franç. qrt. lb.	0 09½	0 10
" " " cse	0 11	0 12

Liqueurs et spiritueux.

Rhum.

Jamaique................	4 45	6 35

Whisky Canadien au gallon, en lots d'un ou plusieurs barils de 40 gallons (pas de demi-barils) d'une sorte ou assortis.

Gooderham & Worts 65 O. P	4 50
Hiram Walker & Sons "	4 50
J. P. Wiser & Son "	4 49
J. E. Seagram "	4 49
H. Corby "	4 49
Gooderham & Worts 50 O. P........	4 10
Hiram Walker & Sons "	4 10
J. P. Wiser & Son "	4 09
J. E. Seagram "	4 09
H. Corby "	4 09
Rye Gooderham & Worts............	2 20
" Hiram Walker & Sons............	2 20
" J. P. Wiser & Son...............	2 19
" J. E. Seagram...................	2 19
" H. Corby........................	2 19
Imperial Walker & Sons............	2 90
Canadian Club Walker & Sons.......	3 00

Pour quantité moindre qu'un quart d'origine mais pas moins de 20 gallons:

65 O. P.....................le gall.	4 55
50 O. P........................ "	4 15
Rye...........................	2 25

Au-dessous de 20 gallons:

65° O. P..................le gallon	4 60
50° O. P...................... "	4 20
Rye........................... "	2 30

Pour quantité moindre qu'un baril ou un barillet d'origine:

Imperial Whisky.........le gallon	3 10
Canadian Club........... "	3 80

F. O. B. Montreal, 30 jours net ou 1 o/o 10 jours; fret payé pour quantité d'un quart et au-dessus.

Pour le Whisky à 50° O. P., 5c de moins par gallon, F. O. B. Montréal, pour l'île de Montréal.

Rye Canadien à la caisse.

Walker's Impérial..........quarts	7 50
" ....16 flasks	8 00
" ....32 "	8 50
Walker's Canadian Club....quarts	9 00
" ..16 flasks	9 50
" ..32 "	10 00
Gooderham & Worts 1891 1 à 4 c.	6 75
Seagram 1896 (Star brand) quarts	6 50
" No 83............ "	8 75
Corby I. X. L......................	7 00
Purity, qts.......................	6 50
" 32 flasks	7 50
Canadian, qts.....................	5 00
" 32 flasks	6 00

F. O. B. Montreal, 30 jours net ou 1 o/o 10 jours

Mélasses.

	Au gallon.
Barbades tonne.....................	0 41
" tierce et qt.............	0 43½
" demi quart..............	0 44½
" au char ton.............	0 40
" " tierce...........	0 42½
" " ½ qt.............	0 43½
Porto Rico, choix, tonne..	0 00
" tierce et quart. ..	0 00
" ordinaire, tonne....	0 00

Pâtes et denrées alimentaires.

Macaroni importé......lb	0 08	0 10
Vermicelle " ...... "	0 08	0 10
Lait concentré..........dz	0 00	1 90
Pois fendus, qt. 196 lbs..	0 00	4 10
Tapioca, lb................	0 04¾	0 05

Poissons.

Harengs Shore.........brl.	0 00	5 00
" ....½ "	0 00	2 75
" Labrador .... "	0 00	5 25
" " ..½ "	0 00	3 00
" Cap Breton .. "	0 00	0 00
" " ½ "	0 00	0 00
" fumés,......boite	0 00	0 14
Morue sèche...............lb.	0 00	0 03½
" verte No 1, qt. lb.	0 02¾	0 03
" No 1 large qt.... "	0 03	0 03½
" No 1 draft...... "	0 03	0 03½
" désossée caisse...	0 00	4 50
" " paquet, lb.	0 00	0 06
Truite des lacs, brl 100 lbs	0 00	6 00
Poisson blanc, " "	0 00	6 00
Saumon C. A.......½ "	0 00	0 00
" ....1 "	0 00	0 00
Saumon Labrador.. 1 "	0 00	14 00
" " ½ "	0 00	8 00

Produits de la ferme.

(Prix payés par les épiciers.)

Beurre.

Townships frais.......lb.	0 19	0 20
En rouleaux .... "	0 19	0 19½
Crémerie août......... "	0 20	0 20½
do Nov....... "	0 00	0 00
do frais...... "	0 21½	0 22

Fromage

De l'Ouest..............lb.	0 10	0 10½
De Québec............. "	0 10	0 10½

Œufs.

Frais pondus, choix...dz.	0 00	0 24
Mirés	0 15	0 16
Œufs chaulés, Montréal..	0 15	0 16
" " Ontario....	0 00	0 00

Sirop et sucre d'érable.

Sirop d'érable en qrts..lb.	0 06¾	0 07
" en canistre.	0 75	0 80
Sucre d'érable pts pains lb.	0 09	0 10
" vieux......	0 00	0 00

Miel et cire.

Miel rouge coulé.......lb.	0 07	0 08
" blanc " .... "	0 09½	0 10
" rouge en gateaux.. "	0 10½	0 11
" blanc " "	0 13	0 14
Cire vierge............. "	0 25	0 26

Riz

	Sac.	½ Sac.	Pch.	½ Pch.
B. 1 @ 9 sacs	3 10	3 15	3 20	3 25
B. 10 et plus "	3 00	3 05	3 10	3 15

C.C. 10c. de moins par sac que le riz B.

Patna imp., sacs 224 lbs. lb.	0 4⅜	0 05

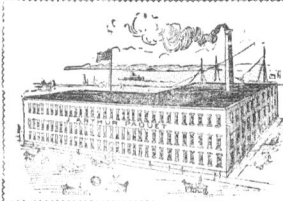

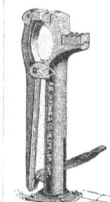

Salaisons, Saindoux, etc.

Lard Can. Sh't Cut Mess qt.	00 00	18 50
" " S. C. Clear.... "	00 00	17 50
" " S. C. désossé.. "	00 00	19 50
" S.C. de l'Ouest "	20 00	21 00
Jambons.................lb.	00 12	00 13
Lard fumé............... "	00 13	00 14

Saindoux.

Pur de panne en sceaux..	2 10	2 40
Canistres de 10 lbs....lb.	0 11	0 12
" 5 " .... "	0 11¼	0 12⅛
" 3 " .... "	0 11½	0 12¼
Composé, en seaux.......	1 50	1 70
Canistres de 10 lbs....lb.	0 07¾	0 08⅞
" 5 " .... "	0 07⅞	0 09
" 3 " .... "	0 08	0 09⅛
Fairbanks, en seaux......	1 67½	1 70
Cottolene en seaux....lb.	0 00	0 08¾

Sel.

Sel fin, quart, 3 lbs......	2 65	2 75
" " 5 "	2 60	2 65
" " 7 "	2 40	2 50
" ¼ sac 56 "	0 00	0 30
" sac 2 cwts........	0 00	1 00
" gros, sac livré en ville	0 40	0 42½

Sirops.

Perfection..............lb.	0 03	0 03¼
" s. 25 lbs. seau.	0 00	1 20
" seau 3 gall. "	0 00	1 50
Sirop Redpath tins 2 lbs.	0 00	0 09
" " 8 "	0 00	0 35
" Diamond lb........	0 02	0 02½

Sucres.

(Prix aux 100 lbs.)

Jaunes bruts (Barbade)...........		4 37½
" raffinées...........	$4 05	4 75
Extra ground....................qts.		5 45
" " ....bte.		5 65
" " ....½ "		5 75
Cut loaf.........................qts.		5 45
" ....½ "		5 55
" .... bte.		5 45
" ....½ "		5 55
Powdered.........................qts.		5 20
" ....bte.		5 40
Extra granulé ....qts.		4 85
" ....½ "		5 00

Ces prix doivent être augmentés de 5c par 100 lbs pour les villes de Montréal et Québec.

Vernis.

Vernis à harnais......gal.	0 00	1 80
" " ......dz.	1 10	1 20
" à tuyaux...... gal.	0 00	0 90

Bois de chauffage

Prix payé par marchands, aux chars, gare Hochelaga

Erable la corde......		5 50
Merisier do		5 25
Bouleau, etc. do		0 00
Epinette do		4 50
Slabs, par chars...........		0 00
do en barge, la corde....	2 40	2 75
Rognures, le voyage.......	1 50	2 25

Charbons

PRIX DE DETAIL

Grate par tonne de 2000 lbs..	6 75
Furnace do ..	6 75
Egg do ..	6 70
Stove do ..	7 00
Chesnut do ..	7 00
Peanut do ..	5 15
Screenings do 2240 lbs..	5 00
Vale Grate do 2000 ..	0 00
Welsch Anthracite do do ..	5 75
Pictou do 2240 }	
Cape Breton do do }	
Glace Bay do do }	0 00
Sydney do do }	
Reserve do do	
Charbon de forge do 2000 ..	0 00
Lehigh pour fond. do do ..	0 00
Coke do par chaldron.....	0 00
do usage domestique:.............	0 00
do do do concassé.....	0 00

* Selon distance et qualité.

Cuirs et Peaux.

Cuirs à semelles.

(Prix à la livre.)

Spanish No 1, 18 lbs moy.	0 26	0 27
" No 1,25 lbs et au-d.	0 00	0 26
" No 1, léger........	0 25	0 26
" No 2, "	0 00	0 25
" No 2, 18 lbs moy..	0 00	0 26
Zanzibar	0 23	0 24
Slaughter sole No 1 steers.	0 28	0 30
" " No 1 p. ord.	0 28	0 30
" " No 2 "	0 25	0 27
" union crop No 1	0 30	0 32
" " No 2	0 28	0 30

Cuirs à harnais.

(Prix à la livre.)

Harnais No 1.............	0 33	0 35
" No 1 R............	0 32	0 34
Harnais No 2.............	0 30	0 33
" taureau No 1....	0 00	0 30
" " No 2....	0 00	0 28

Cuirs à empeignes.

(Prix à la livre.)

Vache cirée mince.........	0 40	0 45
" forte No 1....	0 00	0 40
Vache grain. pesante.....	0 40	0 45
" écossaise	0 38	0 40
Taure française..........	0 95	1 00
" anglaise...........	0 90	1 00
" canadienne. Lion.	0 75	0 85
Veau can. 25 à 30 lbs....	0 75	0 80
" 36 à 45........	0 60	0 65
" 45 et plus.....	0 50	0 60
Vache fendue Ont H......	0 25	0 30
" " H. M ..	0 25	0 30
" " Med ...	0 25	0 30
" " junior .	0 21	0 23
" Qué.sen.h.à.m.	0 24	0 28
" Jun.m.à light.	0 20	0 23
Cuir rouge pour Mocassin Steer, le No..............	0 00	0 08
Cuir rouge pour Mocassin Bull, le No..............	0 00	0 07
Cuir rouge pour Mocassin Steer, la livre............	0 33	0 38
Cuir rouge pour Mocassin Bull, la livre............	0 30	0 35

Cuirs vernis.

Vache vernie.........pied	0 16	0 18
Cuir verni "Enamel" "	0 15	0 17

Cuirs fins.

Mouton mince.........dz.	3 00	6 00
" épais.......... "	10 00	0 00
Dongola glacé, ord...pied	0 14	0 25
Kid Chevrette......... "	0 25	0 30
Chèvre des Indes glacée "	0 08	0 10
Kangourou .... "	0 35	0 50
Dongola dull.......... "	0 20	0 30
Buff d'Ontario H... "	0 14	0 15
" H. M... "	0 13	0 14
" M... "	0 00	0 13
" L. M... "	0 00	0 13
" No 2... "	0 00	0 12
Buff de Québec H... "	0 13	0 15
" H. M... "	0 13	0 14
" M... "	0 00	0 13
" L. M... "	0 00	0 13
" No 2... "	0 00	0 12
Glove Grain Ontario.. "	0 13	0 15
" " Québec.. "	0 13	0 14
Pebble " Ontario.. "	0 14	0 15
" " Québec.. "	0 13	0 14

Cuirs à bourrures.

Cuir à bourrure No 1.....	0 00	0 20
" No 2.....	0 00	0 18
Cuir fini français... ...	0 00	0 20
" russe	0 20	0 25

Peaux.

(Prix payés aux bouchers.)

Peaux vertes,1 lb, No 1	0 00	0 08½
" " No 2	0 00	0 07½
" " No 3	0 00	0 06½
Veau No 1............ lb.	0 00	0 08
" No 2............	0 08	0 06
Agneaux pièce	0 00	0 00
" en laine "	0 00	0 00
Moutons "	0 00	0 90
Chevaux......... No 1...	0 00	2 00
" .... No 2...	0 00	1 50

(Pour peaux asorties et inspectées.)

Laines.

Toison du Canada.... .lb.	0 00	0 17
Arrachée, non assortie. "	0 17	0 17½
A, extra supérieure.... "	0 17½	0 18½
B, supérieure.......... "	0 17½	0 18½
Noire, extra............ "	00	0 16
Noire ... . "	0 00	0 15½

Fers et Métaux.

FERRONNERIE ET QUINCAILLERIE

Fers à cheval.

Ordinaires............baril	3 50	4 00
En acier..................	3 60	4 95
"Fer à repasser".......lb	0 04	0 04½

"Fiches":

Pressées ¼ p. Esc. 25 p.c.	4 75	0 00
" 5-16 "	4 50	0 00
" ⅜ "	4 25	0 00
" 7-16 "	0 00	4 10
" ½ "	0 00	3 90

Fil de fer

Poli et Brûlé.

No 2 à 5, net.........100 lbs	2 87
" 6 à 9 "	2 80
" 10 "	2 87
" 11 "	2 94
" 12 "	3 00
" 13 "	3 15
" 14 "	3 27
" 15 "	3 40
" 16 "	3 55

Brulé et huilé 10c de plus par 100lbs pour chaque numéro.

Galvanisé Nos 2 à 8, net..	3 85	3 95
" 9 "	3 10	3 20
" 10 "	4 00	4 10
" 11 "	4 05	4 15
" 12 "	3 25	3 35
" 13 "	3 35	3 45
Brulé; p. tuyau..100 lbs	6 00	7 00
Barbelé p. clôtures, 100 lb.	3 20	3 30
Crampes........... "	0 00	3 45
Fil de laiton à collets..lb.	0 37½	0 46
Fonte Malléable....... "	0 09	0 10
Enclumes...... ...... "	0 11	0 11½

Charnières

T. et "Strap"..........lb.	0 05	0 06
Strap et Gonds filetés.....	0 03	0 03¾

CLOUS, ETC.

Clous à cheval.

No 7...............100 lbs.	24 00
No 8............... "	23 00
No 9 et 10......... "	22 00

Escompte 50 p. c. 1e gal.
" 50 et 10 p. c 2e ga.
Boites de 1 lb., ½c. net extra.

Clous coupés à chaud.

De 4½ à 6 pcs.........100 lbs.	2 35
3½ à 4 " .... "	2 40
3 à 3¼ " .... " }	2 45
2½ à 2¾ " .... " }	2 50
2 à 2¼ " .... " } à 4 mois	2 65
1½ à 1¾ " .... " }	2 75
1¼ " .... " }	3 00
1 " .... " }	3 35

Clous à finir.

1 pouce...............100 lbs. }	3 85
1¼ " ....100 lb. }	3 55
1½ et 1¾ pcs..... ... " }	3 30
2 et 2¼ " .... " }	3 05
2½ à 2¾ " .... " }	3 00
3 à 6 " .... " }	2 95

Clous à quarts.

⅞ pouce...............100 lbs. } à 4 mois	3 60
1⅛ " .... " }	3 35

Clous à river.

1 pouce.......100 lbs. }	3 85
1¼ " ...... " }	3 55
1½ à 1¾ " ...... " }	3 30
2 à 2¼ " ...... " }	3 05
2½ à 2¾ " ...... " }	3 00
3 à 6 " ...... " }	2 95

Clous d'acier, 10c. en sus.	
" galvanisés 1 pouce .100 lbs.	35
" à ardoise, 1 pouce... "	6 85

Clous de broche.

1 pouce, No 16, prix net, 100 lbs	4 10
1 " No 15 " "	3 85
1¼ " No 14 " "	3 60
1½ " No 13 " "	3 25
1¾ " No 12 " "	3 25
2,2¼ " No 11 " "	3 15
2½ " No 10½ " "	3 00
2¾ " No 10 " "	3 00
3 pouces. " "	2 95
3½ et 4 " "	2 90
5 et 6 pouces " "	2 85

Limes, râpes et tiers-points.

1re qualité, escompte.......60 et 10	p.c.
2me " " 70	p.c.
Mèches de tarrière, esc............55	p.c.
Tarrières, escompte...............55	p.c.
Vis à bois. fer, tête plate 80	p.c.
" " " ronde 75	"
" cuivre tête plate 75	"
" " " ronde, 67½	"
Boulons à bandage........65 à 67½	p.c.
" à lisses......................65	p.c.
" à voiture 65	p.c.

Métaux.

Cuivres.

Lingots ....lb.	0 14	0 15
En feuilles............. "	0 16	0 17

Etain.

Lingots ....lb.	0 37	0 38
Barres.................. "	0 38	0 39

Plomb.

Saumons...............lb.	0 00	0 04¾
Barres .... "	0 05	0 05¼
Feuilles................ "	0 05¼	0 05½
De chasse.............. "	0 06	0 06½
Tuyau....... ...100 lbs.	5 95	6 25

Zinc.

Lingots, Spelter........lb.	0 05¾	0 06
Feuilles, No 8.......... "	0 07	0 07¼

Acier.

A ressort.........100 lbs.	0 00	3 00
A lisse............ "	1 90	2 00
A bandage........ "	2 00	2 10
A pince........... "	2 25	2 50

Fer en barres.

Canadien..........100 lbs	1 65	1 70
De Norvège...... "	4 25	4 50

Fontes.

Calder........ ...tonne..	25 00	26 00
Carnbroe......... " ..	25 00	26 00
Glengarnock..... " ..	00 00	00 00
Summerlee...... " ..	25 50	26 50

Matériaux de construction

PEINTURES.		100 lbs.
Blanc de plomb pur......	0 00	6 50
" " No 1..	0 00	6 12½
" " " 2..	0 00	5 75
" " " 3..	0 00	5 37½
" " " 4..	0 00	5 00
" " sec....	6 00	7 50
Rouge de Paris, Red Lead.	5 00	5 50
" Venise, anglais.	1 50	2 00
Ocre jaune................	1 50	2 00
" rouge................	1 50	2 00
Blanc de Céruse..........	0 45	0 65
Peintures préparées ..gal.	1 20	1 30
Huile de lin crue(net cash)	0 00	0 82
" bouillie "	0 00	0 85
Ess. de Térébenthine "	0 00	0 64
Mastic....................	2 35	2 80
Papier goudronné rouleau	0 45	0 50
" " 100 lbs	1 60	1 75
" feutre "	2 00	2 20
" gris rouleau	0 30	0 33
" à couv. roul. 2 plis	0 75	0 80
" " " 3 plis	1 00	1 10

Peintures Island City P. D. Dods & Co

I. C. Pure white lead......	0 00	6 25
I. C. " paint....	0 00	6 00
I. C. Special Decorators...	0 00	6 00
No 1 I. C. White lead....	0 00	5 87½
No 1 Star lead............	0 00	5 50
Peintures préparées, I. C. gall..		1 20
" " Nat " ..		1 05

VERRES A VITRES

United 14 @ 25..50 pds.	2 00
" 26 40.. "	2 10
" 41 50 100 pds.	4 50
" 51 60 "	4 75
" 61 70 "	5 25
" [illegible]	5 7[illegible]

Bois durs.

Prix de détail.

Acajou de 1 à 3 pouces	les 100 pieds....	$12 00	30 00
Cèdre rouge ¼ de pouce	le pied	25 00	35 00
Noyer noir 1 à 4 pouces	do	00 00	16 00
Noyer noir 6 x 6, 7 x 7, 8 x 8	do	00 00	16 00
Cerisier 1 à 4 pouces	do	10 00	15 00
Frêne 1 à 3 pouces	le M	25 00	30 00
Merisier 1 à 4 pouces	do	00 00	30 00
Merisier 5 x 5, 6 x 6, 7 x 7, 8 x 8	do	00 00	35 00
Erable 1 à 2 pouces	do	00 00	40 00
Orme 1 à 2 pouces	do	00 00	25 00
Noyer tendre 1 à 2 pouces	do	00 00	41 00
Cotonnier 1 à 4 pouces	do	45 00	50 00
Bois blanc 1 à 4 pouces	do	25 00	30 00
Chêne 1 à 2 pouces rouge	do	00 00	60 00
Chêne 1 à 2 pouces blanc	do	00 00	60 00
Chêne scié sur grain	do	75 00	100 00

Plaquage (veneers):

Uni	le pied	0 90	1 00
Français	do	0 00	0 15
Américain	do	0 10	0 12
Erable piqué	do	0 10	0 12
Noyé noir ondé	do	0 00	0 10
Acajou (mahogany)	do	0 02	0 10

Bois de Service

Pin

			Prix en gros.	
1 pouce strip shipping cull	6 à 16 pieds	le M.	$14 00	17 00
1¼, 1½ et 2 pouces shipping cull	do	do	14 50	17 50
1 pouce shipping cull sidings	do	do	16 00	18 00
1¼, 1¼ et 2 pcs do	do	do	16 50	18 50
1 pouce qualité marchande	do	do	25 00	35 00
1¼, 1½ et 2 pcs do	do	do	27 50	37 50
1 pouce mill cull, strip, etc. No 2	do	do	10 00	12 00
1¼, 2½ et 2 pcs do	do	do	10 50	12 50
1 pouce mill cull No 1	do	do	14 00	16 00
1, 1½ et 2 pcs do	do	do	14 50	16 50
3 pouces do	do	do	14 00	16 00
do do No 2	do	do	9 00	10 00

Le COGNAC PH. RICHARD

Fine Champagne—V.S.O.P.—V.S.O.—V.O.—est

LE MEILLEUR. LE PLUS PUR

d'après l'opinion de tous les consommateurs,
aussi, la demande en est-elle considérable.

LANGLOIS & PARADIS, Québec.

Seuls Agents pour le District de Québec et l'Est.

LEDUC & DAOUST

MARCHANDS DE GRAINS et de PRODUITS
EN GROS ET A COMMISSION

Spécialité : Beurre, Fromage, Œufs et Patates.

AVANCES LIBERALES FAITES SUR CONSIGNATIONS.
CORRESPONDANCE SOLLICITEE.....................

1217 ET 1219, RUE SAINT-JACQUES, MONTREAL

POISSONS.. Hareng du Labrador. Hareng du Cap Breton. Morue No 1 et No 2. Morue Sèche. Saumon, Truite, Flétant, Sardines, Etc., Etc. Huile de Morue et de Loup Marin

AUSSI : FARINE, LARD, SAINDOUX, BEURRE, FROMAGE, Etc. Etc.

J. B. RENAUD & CIE

126-140 Rue Saint-Paul, - - - QUEBEC.

VINAIGRES PURS Nous recommandons tout spécialement aux **Epiciers et Marchands Généraux** notre marque **TIGRE.**

Prix défiant toute compétition.

LA CIE CANADIENNE DE VINAIGRE, 35A, RUE ST-ANTOINE, MONTREAL.

Manufacture sous la surveillance du Revenu de l'Intérieur. Ecrivez pour liste de prix et échantillons.

Pour vos Achats de

Raisins, Amandes, Liqueurs Fines, Vins, Alcools

Et autres articles d'actualités pour les Fêtes.

NAZAIRE TURCOTTE & CIE, - Rue Dalhousie, Québec.

ST-ARNAUD & CLEMENT, 4 rue Foundling

MONTREAL

BEURRE, FROMAGE, ŒUFS ET PROVISIONS

... Achetés au plus Haut Prix ...

FOURNITURES FROMAGERIES ET BEURRERIES.

Les MOUTARDES PURES DE DUNN

donnent une satisfaction sans melange.
La raison en est — qu'elles donnent du profit aux marchands et de la satisfaction aux consommateurs.

DUNN'S MUSTARD WORKS, HAMILTON, ONT.

COLD STORAGE

Beurre,
Fromage,
Œufs,
Fruits.

COIN DES RUES
des Sœurs Grises
et William,

THE GOULD COLD STORAGE CO'Y
INCORPORATED
1895
MONTREAL

Conservation d'après les méthodes scientifiques les plus approuvées.

Ventilation parfaite, air sec, température appropriée à la nature des produits à conserver.

O. M. GOULD,
GÉRANT.

E. DOUVILLE, Plombier
137B rue St-Urbain, Montréal.

HORMISDAS CONTANT, Entrepreneur Platrier, 290 rue Beaudry. Phone Bell E. 1177.

L. GIRARD & CIE, Plombiers, Couvreurs, Ferblantiers. Spécialité : Corniche en tôle galvanisée. 695 rue St-Denis. Tel. Marchands 1910. Tel. Bell, Est 1017.

O. M. LAVOIE,

Peintre-Décorateur,
Peintre d'Enseignes
et de Maisons.
Tapissier et Blanchisseur,
No 482 rue St-Hubert.

Telephone East 1412. Montréal.

McCaskill, Dougall & Co.
Fabricants de
Vernis Fins
et Japans,
Montreal.

Laurence & Robitaille

MARCHANDS DE

Bois de Sciage et de Charpente

BUREAU ET CLOS

Coin des rues Craig et St-Denis

Bell Tél., Main 1488.
Tél. des Marchands, 804. MONTREAL

CLOS AU CANAL

Coin des Rues William et Richmond

Bell Tél., Main 3844

Tel. Bell Main 3951 Tel. Marchands 1381

T. PREFONTAINE & CIE

LIMITÉ

Bois de Sciage et de Charpente

GROS ET DETAIL

Bureau : coin des rues NAPOLEON ET TRACY

STE-CUNEGONDE

Clos à bois, le long du Canal Lachine, des deux côtés. Téléphone Bell 8111, Montréal.

Spécialité : Bois préparés de toutes façons, assortis par longueurs et largeurs en grande quantité.

L. N. DENIS

Tapissier-Decorateur
Blanchissage,
Peinture a façon.

Stock considérable de Papiers Peints, Ferronneries. Prix défiant toute concurrence.

Tel. Bell East 1774
Tel. Marchands 166

313 rue St-Laurent,

MONTREAL.

Epinette					
1 pouce mill cull	5 à 9 pouces	do	....	10 00	12 00
1¼, 1½ et 2 pouces mill cull	do	do	....	10 00	12 00
3 pouces mill cull	do	do	....	10 00	12 00
1, 1¼, 1½ et 2 pouces qualité marchande	do	do	....	14 00	16 00
Pruche					
1, 2 et 3 pouces		do	....	11 00	13 00
Colombages en pin, 2 x 3, 3 x 3 et 3 x 4—aux chars		do	....	14 00	16 00
Lattes—1ère qualité	le mille	do	....	2 75	2 80
2ème do	do	do	....	2 40	2 60
Bardeau pin XXX	16 pouces	do	....	0 00	0 00
do XX	do	do	....	0 00	0 00
do X	do	do	....	0 00	0 00
do 1ère qualité	18 pouces	do	....	0 00	0 00
do 2ème do	do	do	....	0 00	0 00
Bardeaux cèdre XXX	16 pouces	do	....	2 90	3 00
do XX	do	do	....	2 40	2 50
do X	do	do	....	1 50	0 00
Bardeaux pruche marchande	do	do	....	0 00	0 00

Charpente en pin				
de 16 à 24 pieds—3 x 6 à 3 x 11	do	....	18 00	22 00
de 25 à 30 do do do	do	....	20 00	24 00
de 31 à 35 do do do	do	....	26 00	29 00
de 16 à 24 do 3 x 12 à 3 x 14	do	....	20 00	26 00
de 25 à 30 do do do	do	....	24 00	28 00
de 31 à 35 do do do	do	....	30 00	32 00
Bois carré—pin				
de 16 à 24 pieds—de 5 à 11 pouces carrés	do	....	18 00	22 00
de 25 à 30 do do do	do	....	20 00	24 00
de 31 à 35 do do do	do	....	26 00	28 00
de 16 à 24 do de 12 à 14 pouces carrés	do	....	22 00	26 00
de 25 à 30 do do do	do	....	24 00	28 00
de 31 à 35 do do do	do	....	30 00	32 00
Charpente en pruche				
de 17 à 30 pieds jusqu'à 12 pouces	do	....	18 00	22 00
Charpente en épinette	do	....	18 00	22 00
do do rouge	do	....	28 00	35 00

NOS PRIX COURANTS, PARTIE II

Dans cette seconde partie sont comprises uniquement les marques spéciales de marchandises dont les maisons, indiquées en caractères noirs, ont l'agence ou la représentation directe au Canada, ou que ces maisons manufacturent elles-mêmes.
Des prix indiqués le sont d'après les derniers renseignements fournis par les agents, représentants ou manufacturiers.

Boeckh Bros & Company

TORONTO ET MONTREAL

Balais — *La doz.*

A, 4 cordes, fini peluche......... $4 45
B, 4 " " fantaisie......... 4 20
C, 3 " " peluche......... 3 95
D, 3 " " fantaisie......... 3 70
F, 3 " " au fil de fer..... 3 45
G, 3 " " " " 3 20
I, 3 " " " " 2 95
K, 2 " pour fillettes......... 2 60

Boivin, Wilson & Cie

MONTREAL

Bière de Bass. — qts — pts
Read Bros. Dog's Head.... 2 60 — 1 65

Porter Guinness' Stout.
Read Bros. Dogs'Head.... 2 60 — 1 65

Clarets et Sauternes Faure Frères.
Côte ....qts 3 50
Bon-Ton........................ " 4 00
Floirac........................ " 4 50
Medoc........................ " 5 00
Margaux........................ " 5 50
St. Julien........................ " 6 00
Pontet Canet........................ " 6 50
Chat Gruaud Larose.......... " 12 00
Sauternes........................ " 4 50
Leon Pinaud Claret.......... " 2 50

Au gallon.
Côtes........................ 0 90

Champagne.
Vve A. Devaux....qts 15.00, pts 16 00

Cognacs. — *La caisse.*
E. Puet, *........................qts 9 50
" **........................ " 10 75
" XXX........................ " 12 50
" V O .... " 14 50
" V O P........................ " 15 25
" V S O P........................ " 16 25
" V.V S.O.P........................ " 20 25
" 1860........................ " 24 25
" 1850........................ " 28 25
" 1810........................ " 30 00
J. Borianne XXX........................ " 7 00
D'Angely XXX........................ " 6 75

Au gallon.
E. Puet........................ 4 00 — 7 00
J. Borianne........................ 3 75 — 4 75

Eaux minérales. — *La caisse.*
Hunyadi Matyas........................ 6 00
St-Galmier (source Badoit)........ 6 00
Vichy Célestins, Grande Grille.... 10 00
" Hopital, Hauterive......... 10 00
" St-Louis........................ 8 00
Rubinat, Sources Serre, 50 bts.. 9 50

Gins. — *La caisse.*
J. J. Melchers, caisses rouges.... 10 50
" " vertes.... 5 15
" Ponies........... 2 50
Honey Suckle, cruchons verre... 8 00
" " " pierre ½ gal. 15 00

Au gallon.
J. J. Melchers........................ 3 00

Gin Old Tom. — *La caisse.*
Club........................ 6 50
Wilson........................ 5 50
Colonial London Dry........................ 6 50

Au gallon.
Old Tom........................ 2 00 à 3 00

Liqueurs Frédéric Mugnier, Dijon, France. — *La caisse.*
Crême de Menthe verte.......... 11 00
Curaçao........................ 12 50
Cherry B'dy........................ 10 50
Cacao l'Hara à la Vanille........ 12 50
Marasquin........................ 13 00
Kirsch * * *........................ 11 00
Prunelle de Bourgogne........... 12 10
Crême de Framboise........... 12 25
Fine Bourgogne 12 lit.......... 18 00
Crême de Cassis........................ 11 00
Absinthe Ed. Pernod.............. 14 50
Fine Bernard........................ 15 00
Grenadine........................ 7 50
Anisette........................ 10 50
Kumel........................ 10 00
Grand Marnier....................qts 15 00
" " ....pts 16 00
Bigarreaux....................qts 9 00
" ....pts 5 00

Rye Whiskey. — *La caisse.*
Monopole—1893............. qts 6 50
" " 16 flasks...... 7 00
" " 32 " 7 10
" " 24 " 7 50
" " 48 " 8 50

Au gallon.
Monopole........................ 3 00

Vermouths. — *Qts*
Noilly Prat........................ 7 00
Cte Chasaletti & Co........................ 6 50

Vins d'Oporto Robertson Bros. — *La caisse*
No 1, Medal Port........................ 15 00
No 2, " 12 00
Favorita Oporto........................ 7 00
Au gallon de............... 2 00 à 6 50

Sherries Robertson Bros. — *La caisse.*
Amontillado........................ 15 00
Manzanilla........................ 12 0
Oloroso........................ 7 00

Au gallon.
Robertson Bros............. 1 75 à 7 50
Levert et Schudel........................ 1 25

Vin de messe. — *Au gallon.*
Auguste Gely "Puritas"........ 1 10

Vins toniques. — *Qts*
Vin St-Michel....................cse 8 50
Vin Vial........................ 12 50

Whiskey Ecossais. — *La caisse.*
J. & R. Harvey R O S 12 50
" Fitz-James......... 10 00
" Hunting Stewart. 9 00
" Jubilee 8 50
" Old Scotch........ 7 50
Alex. McAlpine........................ 6 50
Strathspey........................ 6 25

Au gallon.
J. & R. Harvey.......... 3 65 à 5 50
Melrose Drover & Co.... 3 75 à 6 00

Whiskeys Irlandais. — *La caisse*
Henry Thomson 9 00
" St-Kevin........ 7 0
" Kilkenny........ 6 50

Rhum.
"Black Joe"....................qts 7 50
" ....pts 6 50

Brodie & Harvie

MONTREAL

Farines préparées.
Farine préparée, Brodie XXX, 6 lbs.... 2 20
" " 3 " 1 15
" superb 6 " 2 10
" " 3 " 1 10
" Crescent 6 " 1 80
" " 3 " 0 95

The Canadian Specialty Coy

TORONTO

Adams' Root Beer et Adams' English Ginger Beer Extracts.
En boites de ¼, ½ et 1 grosse, grandeur 10 cents en cse. doz.. 0 80
" " ....la gr. 9 00
En boites de ¼ de grosse, grandeur 25 cents........ la doz. 1 75
" " ....la gr. 20 00

La Cie Canadienne de Vinaigre

MONTREAL

Vinaigre. — *Au gallon.*
Tiger, triple force........................ 0 33
Bordeaux, de table........................ 0 28
Extra à marinade........................ 0 28
Ordinaire à marinade........................ 0 23
Vin blanc, XXX........................ 0 25

La Cie Hérelle

LONGUEUIL

Chocolats.
People's, ¼ lb—bte 12 lbs........ 1 02
Santé, ¼, ½, 1-6 lb—bte 10 lbs .. 2 40
Vanillé, ½, ¼ lb " 3 15
Pastilles, Bte 5 lbs................ 1 00
Great sticks..........Btes 1 gros 1 00

L. Chaput, Fils & Cie

MONTREAL

Articles divers. — la doz — la gr
Lessive Greenbank, solide. 0 70 — 7 75
" Red Heart poudre. 0 70 — 7 75
Chlorure de Chaux Greenbank ¼s 0 35
Chlorure de Chaux Greenbank ½s............ 0 60 — 7 00
Chlorure de Chaux Greenbank 1 lb............ 1 00 — 11 75

Cafés moulus ou rôtis. — *La lb.*
Owl Blend, No 40........................ 0 27
" " 30........................ 0 30
" " 20........................ 0 31
" " 10........................ 0 32
" " 50........................ 0 22½
En lots de 100 lbs le fret est payé à Ottawa Sorel, Trois-Rivières.

Conserves Alimentaires.
Asperges Canadiennes "Schencks" la doz. 2 lbs........................ 2 50

Dandicolle & Gaudin.
Asperges françaises btes ferblanc 2 90
Asperges françaises sous verre 4 80
Champignons choix..........la cse 14 00
" extra........ " 18 75
" surchoix...... " 9 00
" sous verre .. la doz 8 90
Pois moyens..................la cse 11 00
" fins........................ " 14 00
" mi-fins........................ " 12 0
" extra fins............. " 15 00
" sur extra fins............. " 18 00

Sardines Dandicolle & Gaudin.
Royan à la Bordelaise......la cse 12 75
" " Vatel .... " 14 00
Cordons bleus ¼s.... .. " 12 75
Réduites sans arêtes Am ¼s " 18 00
" " " o.d. " 12 00

Patés de foie gras Dandicolle & Gaudin.
⅛........................la doz 6 00
¼........................ " 9 60

Fruits secs.
Pommes évaporées..........la lb 0 05¼
Raisins de Calif. 2 cour ..... " 0 08½
" " 3 " ...... " 0 09
" " 4 " ...... " 0 09½
" Malaga Bull.........la bte 2 70
" " Tiger........ " 3 50
" " Leo .... " 4 40
" " Eléphant .. " 5 20
" Sultana.........la lb. 10 à 0 12

Huile d'Olive. — *La caisse.*
Dandicolle & Gaudin, Lion....qts 5 25
" " ....pts 3 00
" " .¼ pts 1 80
" " ...litre 8 00

Brandies. — *La caisse.*
Gonzales........................qts 8 75
" *........................ " 10 50
" * * *........................ " 14 00
" V. S. O........................ " 16 00
" V. S O. P........................ " 18 50
" Sup champ........................ " 22 00
" 24 flasks........................ 9 50
" 48 " 8 00
Hulot........................qts 6 75
" ....pts 7 75
" 24 flasks........................ 7 50
" 48 " 8 00
" 48 ¼ btles........................ 8 50
Boulestin *........................qts 11 00
" ....pts 1 00
" 24 flasks........................ 11 50
" 48 " 13 50
" V. S O P.......................qts 20 00
" V. V. S. O. P.................. " 28 00
5 caisses assorties, 25c de moins.

Gin "Night Cap." — *La caisse.*
Caisses Vertes........................ 5 25
" Bleus........................ 5 40
" Rouges........................ 10 50
" Jaunes........................ 10 40
" Poney 1 doz........................ 2 50
" 48 ¼ btles........................ 7 00
5 caisses assorties, 10c de moins.

Whiskey Ecossais. — *La caisse.*
"Ainslie" Highland Dew.......... 6 75
" Carte Jaune.......... 8 75
" Loch Venacher........ 8 00
" Carte Blanche 9 50
" Extra 10 50
" Extra Special........ 12 50
Champion........................qts 7 50
" ....pts 8 50
" ....Imp qts 10 75
Duc of Cambridge..................qts 12 00
Big Ben .... " 10 75

Marinades Williams Bros & Charbonneau
Amer. ½ gallon........................ 3 50
Imp round qrts........................ 3 50
5 caisses 10c de moins.
Octogon sweet mixed.............. 3 50
" " Gherkins 3 50
" Sour mixed............... 3 35
" " Gherkins 3 35
" Onions 3 50
" Chow Chow 3 35
Imp. Oct pts........................ 2 20
Triangular ½ pts 1 37½
Catsup Mad Jones ½ pts 1 00
" " " pts........... 1 55
" Waldorf........................ 1 25
Moutarde W B & C........................ 1 25
Mince Meat 2 lbs........................ 1 25

Thés du Japon.
Extra choisi du mois de mai : — La lb.
Castor No A 1........................ 37½
" No 2........................ 32½
Hibou No 1........................ 35
" No 2........................ 32½
La Loutre No 1........................ 35
" No 2........................ 30
Feuilles Naturel (Basked Fired) 30
Le Faucon No 00........................ 25
Spécial du mois de mai :
Owl Chop No 100........................ 21
La Loutre No 3........................ 22½
Moyen et ordinaire de mai et juin :
Le Loutre (Pan Fired)........................ 18
La Roche Rouge........................ 19
La Source Courte........................ 16
Commun........................ 14
Moulu (Dust)........................ 5 à 6½
Sifting........................ 6½ à 8½
Fannings........................ 8½ à 10
Nib........................ 12 à 14
Stubs (choix)........................ 15 à 17½

Thés verts de Chine.

Caisse	La lb.
Gunpowder, moyenne de choix	45
" moyen	37½
" ordinaire	28
Ping Suey, boites 35 lbs.	
Pine Head, choix	35
" moyen	28
" ordinaire	18
Pea Leaf, choix	22
" moyen	18
" ordinaire	16
" commun	11½ à 15
Young Hyson moyenne (Sifted)	35
" Points	25
" First	17 à 20
Canton Pingsweep	11½ à 18

Thés noirs de Chine. — *La lb.*

Pariucas Oolong (Le Pin) bte 20 lbs.	35
Pekoé Orange Parfumé " "	35
Packlin Congon extra choix	30
" " choix	25
" " moyen	20
" " ordinaire	12 à 18
King Chow moning choix bte 55 lbs.	25
Hau Kow " " "	20
Keemus " " "	24
Kin Tuck " " "	20
Pecco Congon	20 à 25
Packlum "	15 à 20
Parngong "	14 à 18
Kaisow	12 à 17
Sargunos	11 à 13

Thés des Indes. — *La lb.*

Dar Jelling des meilleurs jardins, extra choix	30 à 35
Dar Jelling des meilleurs jardins, choix	25 à 30
Dar Jelling des meilleurs jardins moyens	20 à 25
Assaur des meilleurs jardins, extra	25 à 30
Assaur des meilleurs jardins, moyen	20 à 25
Pekoa Souchong	13 à 17

Thés de Ceylan. — *La lb.*

Tyria, (Golden Tipped)	35
Nayabedde (Flowery Pekoe)	32
Kurenita " "	28
La Kamit " "	26
Sinniwossa " "	24
Luccombe Orange Pekoe	20
" Pekoe Souchong	16
Dolucuma " "	14

Thés purs de Ceylan.

Hibou, marque "Owl Chap" boites 60 lbs. 100 paquets ½ lb. et 10 paquet 1 lb.

	La lb.
Etiquette Rouge (Flowery Pekoe)	22
No 10 Etiquette Verte (Flowery Pekoe)	30
No 15 Etiquette Argentée (Golden Tipped)	35
No 20 Etiquette Jaune (Choice Golden Tipped Pekoe)	35
No 30 Etiquette d'Or (Extra Choice Golden Tipped Pekoe)	50

Thés de Ceylan, en paquets de ½ lb. et 1 lb. boites assorties de 10 lbs.

(Marque l'Abeille)

No 8 Golden Tipped Pekoe, Etiquette Rouge	38
No 8 Flowery Pekoe, Etiquette Verte	30

Wm Clark

MONTREAL

Conserves.

Compressed Corned Beef	1s.	la dz.	$1 50
" "	2s.	"	2 70
" "	4s.	"	5 40
" "	6s.	"	8 15
" "	14s.	"	18 97
Ready Lunch Beef	1s.	"	1 50
" "	2s.	"	2 70
Geneva Sausage	1s.	"	1 65
" "	2s.	"	3 00
Cambridge "	1s.	"	1 65
" "	2s.	"	3 00
Yorkshire Brawn	1s.	"	1 20
" "	2s.	"	2 20
Boneless Pigs Feet	1s.	"	1 30
" "	2s.	"	2 40
Sliced Smoked Beef	½s.	"	1 65
" " "	1s.	"	2 80
Roast Beef	1s.	"	1 50
" "	2s.	"	2 70
Pork & Beans with sauce	1s.	"	0 50
" "	2s.	"	1 00
" "	3s.	"	1 50
" Plain	1s.	"	0 45
" "	2s.	"	0 90
Wild Duck Patés	½s.	"	1 10
Partridge "	½s.	"	1 10
Chicken "	½s.	"	1 10
Veal & Ham "	½s.	"	1 10
Ox Tongue (Whole)	1½s.	"	8 25
" "	2s.	"	9 35
" "	2½s.	"	10 45
Lunch Tongue	1s.	"	3 30
" "	2s.	"	6 60
Imperial plum pudding		"	1 00

Potted Meats ½s.

Ham, Game, Hare, Chicken, Turkey, Wild Duck, Tongue, Beef — la dz. .50

Chicken Ham & Tongue. ½s. la doz.	1 00

Soupes.

Mulligatawny, Chicken, Ox Tail, Kidney, Tomato, Vegetable, Julienne, Mock Turtle, Consomme, Pea — Pints. la doz. 1 00; Quarts. la doz. 2 20

Mince Meat.

Tins fermées hermétiquement.

1s	1 00
2s	2 00
3s	2 97
4s	3 95
5s	4 95

Joseph Côté

QUEBEC

Tabac Canadien en feuilles. — *La lb.*

Parfum d'Italie, récolte 1898, ballots 25 lbs	0 30
Turc aromatique, 1899, ballots 25 lbs	0 22
Rouge, 1899, ballots 50 lbs	0 15
Petit Havane " 25 lbs	0 15
1er choix, 1898, ballots 50 lbs	0 11
8 Nouveau, 50 lbs	0 15

Tabacs coupes. — *La lb.*

Petit Havane ¼ lb, bte 6 lbs	0 35
" " ½ "	0 35
St-Louis, 1-10, 4—10	0 40
Quesnel ⅛ 5	0 60
Coté's Choice Mixture ⅛ lb 5	0 60
Vendome ½ tin	1 15

Cigares. — *Le 1000*

Biancal	1-20	13 00
Bruce	1-20	15 00
Twin Sisters	1-20	15 00
" "	1-40	16 00
Côté's fine Cheroots	1-10	16 00
Beauties	1-20	18 00
Golden Flowers	1-20	23 00
" "	1-40	25 00
My Best	1-20	25 00
New Jersey	1-20	25 00
V. H. C	1-20	25 00
Doctor Faust	1-20	28 00
" "	1-40	30 00
St-Louis	1-20	33 00
"	1-40	35 00
Champlain	1-100	38 00
"	1-40	38 00
"	1-20	38 00
Saratoga	1-20	40 00
El Sergeant	1-20	50 00

Tabac en poudre. — *La lb.*

Rose	Baril, 5, 10, 20	0 32
Beau	" 5, 10, 20	0 32
Rose et Fève	" 5, 10, 20	0 32
Merise	" 5, 10, 20	0 36

The Cowan Chocolate Co

TORONTO ET MONTREAL

Chocolats.

Diamond. Bts 12 lbs ¼ et ½...lb	0 25
" 8s "	0 28
French Diamond Bts 12 lbs, 6s. "	0 26
Queen's dessert, " ¼ et ½ "	0 40
" " 6s " "	0 42
Parisien, morc. à 5c. Bts 12 lbs "	0 30
Royal Navy, ¼ et ½. " "	0 30
Rock sucré	0 30
Batons à 1c...la gr	1 00
Caracas pur Btes 12 lbs ½ lb	0 35
Perfection " " ½ et ¼ "	0 35

Icings.

Chocolate Icing paquet 1 lb. dz.	1 75
" " " ½ " "	1 00
Pearl Pink Icing " 1 " "	1 75
" " " " ½ " "	1 00
White Icing " 1 " "	1 75
" " " ½ " "	1 00
Lemon C Icing " 1 " "	1 75
" " " " ½ " "	1 00

Cacaos.

Hygiénique, 4 ds. tins ½ lb...ds.	3 75
" " ¼ lb... "	2 25
" " 5 lbs...lb.	0 55
Perfection, " ½ lb...doz	3 00
Imperial Dutch 4 doz Bts. ¼...lb	0 90
Chocolate powder Btes 10, 15, 30 lbs "	0 25
Cacao Soluble Btes 10, 15, 30 lbs "	0 20
Cocoa Nibs "	0 35
" Shells "	0 05
Essence cacao sucré. ½ lb...ds.	2 25

Confections Cowan.

Cream Bars, gds 6 à la bte. doz btes	2 25
" " pts 6 " " "	1 35
" " gds 60 " la bte	1 80
" " pts 60 " "	1 10
Chocolate Ginger btes 1 lb....doz	4 00
" " " ½ " .... "	2 25
" " Crystalisé btes 1 lb "	4 00
Chocolate Ginger Crystalisé btes ½ lb "	2 25
Chocolate Wafers btes ½ lb "	2 25
" " " ¼ " "	1 30

The F. F. Dalley Co. Limited.

HAMILTON

Divers.

Couleur à beurre Dalley, 2 oz., doz.	1 25
Spanish bird seed, cse 40 lbs	0 06
Dalley's " " " "	0 06½
Sel céleri Dalley, 2 oz., dz.	1 25
Poudre Curry Dalley, 2 oz., dz.	1 75

Cirages.

English Army	cse ½ gr.	9 00
No 2 Spanish	"	3 60
No 3 "	"	4 50
No 5 "	"	7 20
No 10 "	"	9 00
Yucan Oil	cse 1 doz.	2 00
N. Y. Dressing	"	0 75
Spanish Satin Gloss	"	1 00
Crescent Ladies Dressing	"	1 75
Spanish Glycerine Oil	"	2 00

Empois.

Boston Laundry, cse 40 paq., le paq.	0 07½
Culina Toledo, " 40 " la lb.	0 06½

Farines.

Buckwheat, paq. 2½ lbs, cse 3 doz.	1 20
" " 5 "	2 30
Pancake, " 2 " "	1 20
Tea Biscuit " 2 " "	1 20
Graham Flour " 2 " "	1 20
Bread & Pastry " 2 " "	1 20

Moutardes.

Dalley's, pure, en vrac...la lb.	0 25
" bte ½ lb, cse 2 doz...la doz.	2 00
" " ¼ " " 4 " "	1 00
" Superfine Durham, vrac, lb	0 12
" do bte ¼ lb, cse 4 doz, la doz.	0 65
" " ½ " " 2 " "	1 20
" do pots 1 " "	2 40
" " 4 " "	7 80
" do verres ¼ lb. "	0 75

Poudres à pâte.

Silver Cream, ¼ lb, cse 4 à 6 doz, la doz.	0 75
English " ½ " " "	1 25
" " 1 " 2 à 4 " "	2 00
Kitchen Queen, 74 la doz.. "	0 60
" " 69 " "	0 75
" " 89 " "	0 90
" " 128 " "	1 15
" " 168 " "	1 40
" " 3 lbs " "	4 00
" " 5 lbs " "	6 10

W. G. Dunn & Co

HAMILTON

Moutardes.

Pure D.S.F. ¼ bte, cse 12 lbs. la lb.	0 34
" " ½ " " "	0 32
" " bte 10c, " 2 à 4 dz la dz.	0 80
" " " 5c, " 4 "	0 40
E. F. Durham ¼ bte, cse 12 lbs, la lb	0 25
" " ½ " " " "	0 23
Fine Durham, pots 1 lb, chaque	0 24
" " " 4 " "	0 70
" " " 5 " "	0 80
Mustard Butter, bout. 12 oz. la doz.	1 30

John Dwight & Co

TORONTO ET MONTREAL

Soda à pâte

"Cow Brand"

Caisse 60 paquets de 1 lb, la c.	3 00
" 120 " ½ "	3 00
" 60 pqts d' ½ et 30 de 1 lb. "	3 00
" 96 " à 5c "	3 00

J. A. E. Gauvin

MONTREAL

Spécialités.

Sirop Menthol...la doz.	1 65
Sirop d'Anis Gauvin "	1 75
" " par 3 doz.	1 60
" " par 1 grosse.	17 00
" " par 5 grosses.	16 00
Graine de lin...lb.	0 03
" moulue...lb.	0 04

5 p.c. d'escompte.

Laporte, Martin & Cie

MONTREAL

Champagne Ve Amiot.

Carte d'or	qts.	16 00
" "	pts.	17 00
" blanche	qts.	13 00
" "	pts.	14 00
" d'argent	qts.	10 50
" "	pts.	11 50

Champagnes.

Duc de Pierland	qts.	14 00
" "	pts.	15 00
Cardinal	qts.	12 50
"	pts.	13 50

Champagne CARDINAL, en lots de 5 caisses, 50c de moins et de 10 caisses $1.00 de moins, la caisse.

Brandy. — *En caisse*

Richard, S. O.	qts.	22 50
" F. C.	qts.	15 00
" V. S. O. P.	qts.	12 00
" "	pts.	13 00
" V. S. O	qts.	10 00
" V. O.	qts.	8 50
" "	pts.	9 50
" " carafes	qts.	10 50
" " "	pts.	11 50
Couturier	qts.	7 00
"	pts.	8 00
Marion	qts.	6 00
"	pts.	7 00

Au gallon.

Richard, F. C. — En ½ Oct $5.90	6 00
" V. S. O. P. — En ½ Oct $5.35, Oct $5.25	5 50
" V. O. — En ½ Oct $4.10, Oct $4.00, qrt $3.90, Hhd $3.80.	4 25
Couturier — En ½ Oct $3.95, Oct $3.85, qrt $3.80.	4 00
Marion — En ½ Oct $3.60, Oct $3.50, qrt $3.40	3 75

Scotch Mitchell. — *A la caisse.*

Heather Dew	qts	7 00
" (stone jars)	Imp. qts	12 50
Special Reserve	qts	9 00
" "	pts	10 00
Extra Special Liqueur	flacons	9 50
Mullmore	qts	6 50
"	Imp. qts	10 00
"	pts	7 50

Par lots de 5 caisses, 25c de moins.

Au gallon.

Heather Dew — En ½ Oct $3.85, Oct $3.75.	4 00
Special Reserve — En ½ Oct $4.25, Oct $4.15.	4 50
Extra Special Liqueur — En ½ Oct $4.90, Oct $4.80, qrt $4.75	5 00

Irish Mitchell. — *A la caisse.*

Old Irish Flasks	Imp. qts	11 25
Cruskeen Lawn (stone jars)	Imp. qt	12 50
Special	qts	9 00
Old Irish Square bottles	qts	8 00
" Round "	qts	6 50
" " "	pts	8 00

Au gallon.

Old Irish — En ½ Oct $3.90, Oct $3.75, qrt $3.65.	4 00

Vin Tonique. — *A la caisse.*

St. Léhon	litre	8 00
"	½ "	6 00

Gin. — *A la caisse.*

Pollen Zoon Rouges	15s	9 75
" " Vertes	12s	4 75
" " Violettes	12s	2 45

Au gallon.

" " Hhds	65 gls	2 95
" " Qrt	40 gls	3 00
" " Oct	18 gls	3 05
" " ½ Oct	9 gls	3 05
" "	gal	3 15

Thés. — *la lb.*

Japon, Victoria	90 lbs	25c
" Princesse Louise	80 lbs	18c
Noir, Victoria	25 lbs	30c
" Princesse Louise	25 lbs	25c
" Lipton No 1	En 1 lb	34c
" " No 1	En ½ lb	35c
" " No 2	En 1 lb	28c
" " No 2	En ½ lb	29c
" " No 3	En 1 lb	22c
" " No 3	En ½ lb	23c

Les thés Lipton sont en caisses de 50 lbs.

Noir, Princesse Louise	En ¼ lb	30c
" " "	En ½ lb	27½c
" Victoria	En ½ lb	32c

Vernis à Chaussures.

Victoria, bouteille...la doz.	90c

Poudre à pâte.

Princesse......tins 5 lbs, 6s chacun	0 60
" carré " 1 lb, 24s la doz.	1 75
" rond " 1 lb, 24s "	1 40
" " " ½ lb, 48s "	0 85
" " " ¼ lb, 48s "	0 45
" tin cup...1 lb, 12s "	1 50
" paquet...3 oz. 48s "	0 30

E. D. Marceau

MONTREAL

Cafés	*La lb.*
Ceylan pur	0 15
Maracaibo No 1	0 18
" choix	0 20
Santos No 1	0 17
" choix	0 19
Plantation privée	0 27½
Java Maleberry	0 25
" fin	0 27½
" choisi	0 30
" Old Gov	0 31
Old Gov. Java & Mocha	0 30
Mocha de l'Arabie	0 27½
" choisi	0 31
Java Maudheling & Mocha choisi à la main	0 50
Mélange spécial	0 22½
" XXXX	0 30
Mélange de cafés purs en boites de fantaisie de 1 lb., 48 à la caisse	0 20
Café de Madame Huot tins 1 lb	0 31
" " tins 2 lbs	0 30

3 p. c. 30 jours.

Thés Japonais.	
Condor I ...... Boites 40 lbs	0 40
" II ...... " 80 lbs	0 35
" III ...... " 80 lbs	0 32½
" IV ...... " 80 lbs	0 31
" V ...... " 80 lbs	0 25
" X ...... " 80 lbs coloré	0 25
" XXXX. " 80 lbs	0 22½
" XXX.. " 80 lbs	0 20
" LX .... 60 x 1 lb	0 27½
E.M.D. AAA .. Boites 40 lbs	0 37½
" AA .... " 40 lbs	0 32½
" AA .... " 80 lbs	0 30

NECTAR—Mélange des thés de Chine, du Ceylan et des Indes. Caisses de 50 lbs assorties, ¼s, ½s, 1s, aussi caisses de 50 lbs, en 1 lb et ½ lb.

Vert	(se détaille 26c)	0 21
Chocolat	(" 35c)	0 26
Bleu	(" 50c)	0 38
Marron	(" 60c)	0 45

NECTAR NOIR—Boites de fantaisie de 1 lb 50 à la caisse.

Chocolat	0 32½
Bleu	0 42½
Marron	0 50

NECTAR NOIR—Boites de fantaisie de trois livres.

Marron .... la boite	1 50

OLD CROW—Noir, mélange des thés de Chine, du Ceylan et des Indes, Boites de 10, 25, 50 et 80 lbs.

	La lb.
No 1	0 35
No 2	0 30
No 3	0 25
No 4	0 20

Vinaigre.	*Le gallon.*
Condor pur, 100 grains	0 30
Old Crow, pur, 75 grains	0 24

The A. F. McLaren Imperial Cheese Co.

TORONTO

Fromages.	*La doz.*
Imperial, grands pots	8 25
" moyens "	4 50
" petits "	2 40
" tout petits pots	1 00
" Holders, grands	18 00
" " moyens	15 00
" " petits	12 00

W. D. McLaren

MONTREAL

Poudre à pâte, Cook's Friend.

No 1, en boites de 4 et 2 doz.. la doz	2 40
" 2, " 6 et 3 " .. "	0 80
" 3, " 4 " .. "	0 45
" 10, " 4 et 2 " .. "	2 10
" 12, " 6 et 3 " .. "	0 70

Maison V. Porte

MONTREAL

Cardinal Quinquina		12 00
Vermouth Champagne	15 00	17 00
Cognac V. Porte 1854 la c		14 00
" " " le gl		8 75
Eau de vie de marc de Bourgogne .... la caisse		12 50
Théop. Rœderer :		
Cristal Champagne	40 00	42 00
Réserve Cuvée	26 00	28 00
Sportsman Ch	16 00	18 00

Grands vins de Bourgogne, Guichard, Potheret & Fils.

	qts	pts
Clos Vougeot	24 00	25 00
Chambertin	22 25	23 25
Corton	17 40	18 40
Pommard	12 75	13 75
Beaune	12 75	13 75
Bourgogne, 1898	5 50	6 50
Macon 1898	5 00	6 00

Vins blancs.		
Chablis	7 50	8 50
Bourgogne mousseux	14 50	16 50

F. de Beaumanoir.		
Chambertin	15 35	16 35
Corton	11 90	12 90
Pommard	10 15	11 15
Beaune	9 25	10 25

Cognacs, Pellisson Père & Cie.		
V. S. O. P	160	29 00
S. O. P	"	22 00
10 year old	"	16 0..
C M Arguet	"	11 50

A. Robitaille & Cie

MONTREAL

Brandies. (droits payés)	*La caisse.*
Sorin.—Carte bleu	$ 8 50
Carte rouge	9 50
Carte d'or	11 00
24 Flasks avec Verre	9 00
48 Flasks avec verre	10 00
	Au gallon.
Quarts	4 00
Octaves	4 25
½ oct	4 25

Skilton, Foote & Co

BOSTON

Golden German Salad, cse 2 doz. flac	5 75
Tomatoe Relish " "	5 75

Arthur P. Tippet & Co

MONTREAL

Savon.

A. P. TIPPET & CO., AGENTS.

Teintures Maypole Soap, couleurs, par grosse, $10.20.

Teintures Maypole Soap noirs par grs.. $15.30,

Maison Stowers.

Lime Juice Cordial p. 2 ds	0 00	4 00
" " " q. 1 "	0 00	3 50
Double Refi. lime j'ce 1 ds	0 00	3 50
Lime o'l syrup bout. 1 "	0 00	4 00

G. Vigaud

MONTREAL

Eau de Javelle.

La Vigaudine .... la grosse	5 40
" .... la doz.	0 50

Walkerville Match Co

WALKERVILLE

Allumettes Parlor

	1 caisse	5 caisse
Crown	$1.60	1.50
Maple Leaf	2.75	2.65
Imperial	5.50	5.25

Allumettes souffrées

Jumbo	5.25	5.00
Héros	3 60	3.40

Young & Smylie

BROOKLYN (N.Y.)

Réglisse.

Y. & S. en bâtons (sticks) :

Bte de 5 lbs, bois ou papier. lb	0 40
" Fantaisie " (36 ou 50 bâtons) bt.	1 25
" Ringed," boite de 5 lbs ...... lb.	0 40
" Acmé " Pellets, boite de 5 lbs. (can.) .... bte.	2 00
" Acmé " Pellets, boite fantaisie papier, (40 morc) .... bte.	1 25
Réglisse au goudron et gaufres de Tolu. bts de 5 lbs. (can) . bte.	2 00
Pastilles réglisse, jarre en Verre 5 lbs.	1 75
Pastilles de réglisse, boite de 5 lbs (can.)	1 50
" Purity " réglisse, 200 bâtons	1 45
" 100 "	0 72½
Réglisse Flexible, bte de 100 morceaux.	
Navy plugs	0 70
Tripple Tunnel Tubes	0 70
Mint puff straps	0 70
Golf Sticks	0 70
Blow Pipes (200 à la bte)	0 70
do (Triplets, 300 à la bte)	0 70
Pipes à manche recourbé, (00 à la boite) .... la bte	0 75
Manhattan Wafers 2½ lb	0 75

Faites-vous usage de Sel? N'employez que le meilleur.

Le Sel Windsor

LE PLUS PUR ET LE MEILLEUR.

TOUS les EPICIERS de GROS le VENDENT.

C'est une marchandise honnête et juste l'article pour créer ou étendre un courant d'affaires.

COOK'S FRIEND BAKING POWDER.

Les meilleurs épiciers se font un devoir d'en tenir toujours en stock.

LAKE OF THE WOODS MILLING CO., Ltd.

Les moulins à farines les plus parfaits en Canada. Capacité : 2,500 barils par jour.

Moulins à KEEWATIN et PORTAGE LA PRAIRIE, Manitoba.

Des élévateurs à outes les localités importantes à blé dans le Nord-Ouest. Toutes sortes de farines de blé dur, en barils et en sacs. Les prix et les autres informations sont fournis sur demande.

Bureau : Edifice du Board of Trade, MONTREAL.

JOS. COTÉ

IMPORTATEUR ET MARCHAND DE

Tabac, Pipes, Cigares, Biscuits et Confiseries

EN GROS. QUEBEC.

Rien de plus beau que.....

L'EMPOIS DE BUANDERIE BOSTON

Il donne universellement satisfaction pour l'empesage des chemises, des manchettes, des faux cols et des blouses de dames. Vendu partout à 10 cents le paquet.

650, RUE SHERBROOKE, MONTREAL.

E. F. DALLEY CO., Limited, - Hamilton (Canada)

McArthur, Corneille & Cie

Importateurs et Fabricants de

Peintures, Huiles, Vernis, Vitres, Produits Chimiques et Matières colorantes de tous genres.

Spécialités de Colles-fortes et d'Huiles à Machinerie.

DEMANDEZ NOS PRIX

310, 312, 314, 316 RUE ST-PAUL

MONTREAL.

LA BANQUE D'EPARGNE

De la Cité et du District de Montréal.

AVIS est par le présent donné qu'un dividende de Huit Dollars par action et un Bonus de Deux Dollars par action sur le capital de cette institution a été déclaré et sera payable à son bureau principal, à Montréal, le et après

Mercredi, le 2 Janvier prochain.

Les livres de transferts seront fermés du 15 au 31 décembre prochain, ces deux jours compris.

Par ordre du bureau des directeurs.

H. BARBEAU, Gérant.

Montréal, 30 Novembre 1900.

COMPTABLES.

F. X. BILODEAU. A. O. CHALIFOUR

BILODEAU & CHALIFOUR,

Comptables, Auditeurs et Commissaires, Liquidateurs de faillites.

No 15 rue Saint-Jacques,
Téléphone Bell Main 3232. Montréal.

WM. RENAUD,

Comptable, Auditeur et Commissaire. Spécialité : Règlement des affaires de Faillites.

No 15 rue St-Jacques,
Téléphone Main 2274. Montréal.

ST-AMOUR & TURGEON,

Commissaires Comptables Liquidateurs et administrateurs de successions, etc.

Chambres 512 à 514, Edifice New York Life, 11, Place d'Armes.

Tel. Bell Main 3285. Montréal.

ALEX. DESMARTEAU,

Successeur de Charles Desmarteau.

COMPTABLE, AUDITEUR, LIQUIDATEUR DE FAILLITES.

Commissaire pour Québec et Ontario.

Burecux, 1598 et 1608 rue Notre-Dame, Montréal.

GAGNON & CARON,

Curateurs, Experts Comptables.
Bâtisse des Chars Urbains,
Tel. Bell Main 815. B. P. 911 Montréal.

Arthur Gagnon, Gérant de la Succession Hon. Jean Louis Beaudry.

L. A. Caron, Auditeur de la ville de Maisonneuve et de la Chambre de Commerce du district de Montréal.

GEO. GONTHIER

Expert Comptable et Auditeur

EXPERT REPRESENTANT

The Account, Audit & Assurance Co'y, Limited,, New York.

Spécialité : Audition de livres et organisation de comptabilité d'après méthode appelée "Balance Sheet System of Accounts."

11 et 17, Côte de la Place d'Armes

Tel, Bell Main 1480. MONTREAL.

EMILE JOSEPH, L.L.B.

AVOCAT

NEW YORK LIFE BLDG., MONTREAL

Chambre 701. Tel. Bell Main 1787

V. LACOMBE, Architecte
897 rue Ste-Catherine.

L. R. MONTBRIAND,

Architecte et Mesureur,

No 230 rue St-André

Montréal.

Tel. Bell : Main 3391. 1er Etage, Chambre 3

M. VICTOR ROY

ARCHITECTE ET EVALUATEUR — MEMBRE A.A.

146, rue St-Jacques, Montréal.

J. EMILE VANIER,

Ingénieur Civil et Architecte.
Ancien élève de l'Ecole Polytechnique. Constructions Civiles et Religieuses, Aqueducs, Égouts, Pavages. 20 années de pratique.

107 rue St-Jacques, Montréal.

RENSEIGNEMENTS COMMERCIAUX

PROVINCE DE QUEBEC

Cessions

Montréal—Sykes J. H., confiseur en gros.
St Octave—Hudon E. & Co, mag. gén.
St Tite des Caps—Renaud Siméon, mag. gén. et moulin à scie.
St Urbain—Primeau Cyprien, mag. gén.
Trois-Rivières — Cohen Benjamin, Star Iron Metal Co.

Curateurs

Amqui—Paradis V. E. à T. Ross, mag. gén.
Québec — Paradis V. E. à Sterilized Milk Supply Co.-

Décès

Hull—Lyons W. H., épic. etc.
Sanche Adol., hôtel.
Montréal—Fenley James, restaurant.
Québec—Douglas Ths L., restaurant.

Dissolutions de Sociétés

Brompton Falls—Martel & Co, fabricant de fromage.
Cookshire — Desroches & McAdams, tailleurs de marbre.
Lévis—Québec (The) District Oil Co.
Montréal — Gold S. & Co, mfrs de hardes; Samuel Gold continue.
Québec—Gauvreau, Belleau & Cie, nouv. en gros.
Rock Island—Canadian Whip Co.
Tadousac—Goodman & Licker, mag. gén.

En Difficultés

Lachine—Gariépy Mde C. H. nouv. etc., ass 12 déc.
Montréal—Hoolahan James, négociant.
Marin Norbert, épic. ass 10 déc.
Pelletier F. J., nouv., ass 11 déc.
Varennes—Lafrance Jos, mag. gén. ass 11 déc.

Fonds à Vendre

Montréal—American Skirt Co, 20 déc.
Labossière & Frère, épic. 19 déc.

Nouveaux Établissements

Garthby—Desrochers & Jacques, contracteurs
Hull—Vézina Ludger, restaurant.
Lennoxville—Abbott E. W. & Son, mag. gén.
Lévis—Mechanics (The) Star File & Mfg Co.
Mégantic—Métivier & Beaudry, tailleurs.
Montréal — Gorham (The) Mfg Co Ltd, argenterie etc., demande charte.
Harvey (The) Medicine Co, demande charte.
North American (The) Cigar Co, demande charte.
St George (The) Distillery Co Ltd, demande charte.
Québec — Gauvreau, Beaudry & Cie, nouv. en gros.
Langlois C. & Cie, ferblantiers et plombiers; Dame Adèle Paquet.
St Hyacinthe — Dansereau & St Onge, bouchers.
Sherbrooke — Dupuis E. & Co, négociants; Mde E. Dupuis.
Stanstead — Wells & Todd, fabricants de beurre et fromage.
Trois-Rivières—Berlin Iron Bridge Co.

PROVINCE D'ONTARIO

Cessations de Commerce

London—Brown S. R., chaussures; Brown Bros succèdent.
Port Rowan—Ryan James, épic.; G. W. Ryan succède.

Cessions

Oshawa—Hook Fred. R., boulanger et confiseur.
Ottawa—Bélanger Edw. T., peintre.

Décès

Barrie—Simpson Ths W., brasserie.
Hamilton—Kerr A. R. & Co., nouv. et modes; A. R. Kerr.
Toronto—McDonald & Wilson, merceries; Chs R. Wilson.

Fonds à Vendre

Oil Spring — Hewitt & Zimmerman, mag. gén. 17 déc.
Port Elgin—Powell E. H., confiseur etc.
Simcoe—Browne W. B. & Co, meuniers.
Woodham—Ford A. J. & Co, mag. gén.

Fonds Vendus

Rat Partage—Campbell Bros, épic. etc.
Ridgeway—Michael Alonzo, hôtel à E. L. Ramey.
Toronto—Foreman A. O., épic.

NOUVEAU-BRUNSWICK

En Difficultés

Cambridge—Humphrey H., mag. gén.
Fredericton—Howie Robt. jr., tailleur.
Moncton—Edwards H. B., épic.

NOUVELLE-ECOSSE

Cessations de Commerce

Salmon River—Perry Alfred, mag. gén.
Sydney—McNamara David P., restaurant.

Cessions

Kentville—Belcher H. S., merceries.

Décès

Halifax—Peart Dame H. P., articles de fantaisie.

Fonds à Vendre

Digby — Letterney F. M. & Co, magasin à dépt., par shérif.
Pictou—Tanner Ths, épic., par shérif.

Fonds Vendus

Halifax—Crockett & Co, épic., etc.
Parrsboro—Howard R. A., mag. gén., à D. S. Howard.
Tangier—Hilchey C. B., mag. gén.

Nouveaux Etablissements

Amherst Beach—Pipes Bros, épic.
Baddeck—McCurdy & Co, mag. gén.; Wm. McCurdy.
Debert Station—McLaughlin D., mag. gén.
Halifax—Fogarty Robt. J., chaussures.
Verdi G., liqueurs, a ajouté épic.
North Sydney—Craft & Strong, restaurant.
Oxford—Hue Stanley E. jr, merceries.
Sydney—Vossolo A., restaurant.
Tatamagouche—Jack A. F., harnais.

Nouveaux Établissements

Brooklyn—Robinson Alex., forgeron.
Louisburg—Mitchell C. L. & Co, empaqueteurs de homard.
North Sydney—Allen D. W. & A., mag. gén.
Sydney—Patillo J. B., articles de fantaisie.
Yarmouth—Big Tusket Lobster Co Ltd.

MANITOBA ET TERRITOIRES DU NORD-OUEST

Cessations de Commerce

Carlyle—Jones W. H., mag. gén. parti pour Arcola.
Portous L. C., quincaillerie et épic.; l'épicerie seulement.
Osterwick—Goertzen Dyck & Co, mag. gén.; P. J. Dyck succède.
Virden—Adams Bros, harnais et chaussures.
Anderson & Martin, modes.
Winnipegosis—Bradley & Co, harnais; M. J. Jones succède.

Cessions

Calgary—Kelly J. B., chaussures.
Regina—Sweet Richard, harnais.

Décès

Virden—Schoenau James A., quincaillerie.

Dissolutions de Sociétés

Winnipeg—Manitoba Spring Bed & Mattress Co; Alex. MacDonald continue.
Wapella — Thompson & Sutherland, quincaillerie.

En Difficultés

Strathclair—Roberts H. & Co, mag. gén.

Fonds Vendus

Alexander — Adams Bros, harnais, etc., en gros et en détail à Wm Rade.
Carberry—McMillan J., forgeron à Chs Burton
Plum Coulée—Stritxel G. R. M., mag. gén. à 70c dans la piastre.

Nouveaux Établissements.

Brandon — Manitoba (The) Felt and Yarn Works Ltd.
Winnipeg—Stephens G. F. & Co, peintures et huiles en gros demande charte.

COLOMBIE ANGLAISE

Cessations de Commerce

Nanaimo—Thurston J. A., mfr de chaussures; Nanaimo Boot & Shoe Mfg Co succèdent.

Cessions

Trail—Dumkerley P., nouv.

Décès

Port Haney—Carr & Co, mag. gén.; John Carr
Victoria—Berryman R. H., restaurant.

Dissolutions de Sociétés

Nicola—Tannahill John et Ths, marchands.

En Difficultés

Victoria—Lindsay David, hardes, etc.

Fonds Vendus

Cranbrook—Creighton T. A. épic à M. B. King.
Greenwood—Bennett & Eccles, tailleurs etc., à J. Lnkov.

LA CONSTRUCTION

M. Jos. Sawyer, architecte, prépare les plans et devis pour une résidence que M. S. Sénécal fera ériger à St-Césaire.

Les soumissions seront demandées sous peu.

PERMIS DE CONSTRUIRE À MONTRÉAL

Rue Sherbrooke, No 955, une maison formant un logement, 53 x 56, à 3 étages, en pierre, couverture en ardoise rouge, résine et feutre; coût probable, $40,000. Propriétaire, J. R. Wilson; architecte, R. A. White; maçon, P. Lyall & Son; charpente, Ths. Ford; brique, P. Lyall & Son; enduits, John McLean (257).

Coin des rues Notre-Dame et St-Ignace, une bâtisse formant une écurie, 245.4 x 162-6, à 3 étages, en pierre et brique, couverture en gravois; coût probable $50,000. Propriétaire, Dominion Transportation Co; architectes, Hutchison & Wood; brique, T. W. Peel (258.

Rue Ste Catherine, No 2645, modifications et réparations à une bâtisse; coût probable, $3,200. Propriétaire, W. H. Scroggie; architectes, Hutchison & Wood, maçon, John Stewart; charpente, T. Light (259).

PROVINCE DE QUEBEC

Cour Supérieure.

ACTIONS

Défendeurs.	Demandeurs.	Montants
Chambly Canton		
Courtemanche F..	Montreal Lumber Co	155
Coteau du Lac		
Pedulla Santo	C. Spagnoli	150
Coteau Landing		
Stevens Ernest	S. Filiatrault	200
Cornwall		
Genest A. T. et al	L. J. Desrosiers	217
Eganville, Ont.		
Bulger Pat...	Em. Archambault	158
Little River		
Alexander Bros...	The Howell Lith Co	271
Liverpool, Ang.		
McIver D. et C	Chs McLean et al	1e cl.
Longueuil		
Larivée Ls sr.	Hislop & Hunter	172
Normandin G	Banque d'Hochelaga	3e cl.
Montreal		
Boudreau Jos	N. Taillefer	200
Bélanger Jos. et al	M. Hiccey	4e cl.
Brown Robt et al	M. Taply	132
Bailey Dame Ths et al...	Ester Moreau	112
Breux Jos	Hyacinthe F. Poirier	1e cl.
Conibear W. H. et al	M. Taply	125
Crevier Dame Tous...	Jas C. McArthur	752
Can. Food Supply Co et al	Dame Mary A. Swail	3328
Crown (The) Point Mining Co	Loccerby Bros	327
Dumouchel Jos	Arth. Desjardins	219
Dinelle Didace	R. Préfontaine	496
David Dame Vve Alph. et al	J. A. David	1e cl.
Deslauriers Wilbrod et al	M. Galarneau	500
Franco Am. Chemical Co	Hy O'Donohue	10000
Flenning James J...	Dame J. M. Fortier	226
Favreau Avila	L. E. Charron	545
Gauvreau Nap	Ths W. Peel	850
Guillet Modeste	Chs Lenoir	313
Germain Oct. et al...	Delle M. McHugh	2e cl.
Lafrance Jos. et al	Dominion Radiator Co	4e cl.
Leclaire Dame Flavie esqual	G. Simard	141
Milot Pierre	Ths Fortin	1e cl.
Montreal Street Ry Co	Jas Jeanson	500
Morris John	John E. T. Foster	372
Macpherson J. T	T. J. Darling	350
Montreal Street Ry Co	B. Tordoroufsky (dommages)	5000
Nelligan Dav..	Marie Sophie Gonée et al	171
Nugent J. P	J. H. Jacob	163
O'gilvie A. T. et al	Succ John O'Gilvie	1e cl.
Ouimet Léandre	Geo Piché	151
Riopelle Ed et al	L. P. Bérard et al	141
Sweeney Jas et al ..	E. F. Malconronne	138
Syces John H	J. S. Lavery	220
Syces John H. et al...	J. K. Crooks et al	459
State A. T	A. E. de Lorimier et al	100
Temple Ths A. & Sons	Trustees of St James Methodist Church	875
Temple Ths A. & Sons	J. J. MacRae	380
Vervort Adol	James Hoolohan (dommages)	5000
Withell John	F. X. Tessier	200
Workman Isaac	Chs Worcman	5000
Waldron, Drouin & Cie	Em. Mendel	1e cl.
White R. & Co	Jos Aur. Robitaille esqual	3000
Robinson		
Boydell J. & Co	Forbes Bros	106
Shawinigan Falls		
Frigon J. A	R. W. Douglass	173
do	do	1030
Ste Cunégonde		
Martinelli Jos	Eph Legault	200
MacPherson J. T..	Jos Robert	108
St Henri		
Cité de St Henri	Dame Julie Lebuis (dommages)	1000
St Hyacinthe		
Poulin J. A	J. W. Smith (dommages)	500
St Jérome		
Stephens S. W	Western Lean & Trust Co	1e cl.
Ste Rose		
Labelle Dame Marg. et al	Arth Pepin	150
St Thomas d'Alfred		
Bourcier Romain..	Daoust, Lalonde & Cie	220
St Vincent de Paul		
Bousquet J. H. & Cie..	Bastien & Lafleur	104
Warwick		
Beauchemin Ern	Dame A. Letang	106
Westmount		
Moseley E. Frk	Succ John O'Gilvie	1e cl.
Duff Willis	Gardiner Gilday	180
Duverger Henri	D. Appleten & Co	144

Cour Supérieure

JUGEMENTS RENDUS

Défendeurs.	Demandeurs.	Montants
Absents		
Taylor A. D	Robt R. Goold	4257
Newcombe W. P	Jas Shaw	332
Farnham		
Slacc G. F	G. F. Harvey	115
Isle Bizard		
Boileau P. Frères	Félix Lauzon	800
Boileau P. et al	do	350
Boileau P. & Frères	Dame L. Normandin	200
Knowlton		
McLaughlin A. A	W. W. Ogilvie Milling Co	138
Longueuil		
Robert J. T. A	Ths Liggett	132
Maisonneuve		
Christin T. A. et al	P. Aumond	4e cl.
Montreal		
Cousineau L. et al	Jules St Pierre	33
Cité de Montréal	Dame Elmire Joyal esqual (dommages)	1000
Durham Eber H	Bishop Coll School Ass.	240
Dansereau Arthur	A. A. Nepven	320
Evans Wm jr	Edwin Thompson	206
Germaise A	The Molsons Bk	319
Hartland H. F	Geo Ducharme	100
Jaslow Samuel et al	W. E. Phillips	500
Kelley Jas	J. W. Kilgour et al	238
Laurin Alf	Succ. J. A. Massue	144
Monette Olivier	Succ. J. A. Massue	396
Martin Nap	G. Deserres	250
Ogilvie A. T. et E. Moseley	Union Bk. of C.	74506
Potvin Pierre Montpetit dit	Geo. Champagne	1192
Perron Dame Vital	Crédit Foncier F.-C.	2e cl.
Reilly Dame Chs	The Protestant House of Industry and Refuge	162
Roy Eusèbe	Wilfrid Ouimet	242
Robert Jas	J. A. Morin	300
Simpson W. D	Cléop. Pagnuelo	128
Slonensky I	Sam. W. Boyd	236
Temple Ths A. & Sons	Hy Upton	753
Small Alf	Geo. A. Thompson	178
Vianez Emile R..	F. X. St Charles	177
Richelieu		
Riendeau Ant	C. E. Robertson	63
Stanbridge		
Messier Jos	Sun Life Ass.	8133
St Césaire		
Gaulin Wilfrid	Ths Robertson Co	260
Ste Geneviève		
Boileau A. et al	Dame M. A. H. Brunel	300
St Louis Mile End		
Dubuc D	F. X. St Charles	238

Cour de Circuit

JUGEMENTS RENDUS

Défendeurs.	Demandeurs.	Montants
Barrington		
Faubert J. O. & Co	W. Starce et al	32
Coaticook		
Bertrand N. J	J. Sager	80
Coteau Station		
Bray Nap..	J. R. F. Beaudry	46
De Lorimier		
Dugas Philias	Louis Thérien	9
Digby, N E.		
Letteney F. M	H. Vineberg	52
Grand'Mère		
Bissonnette G. E	A. Trottier	28
Gibson R. M...	Hovey Bros Paccing Co	10
Lefebvre Raoul	F. Lamy	20
Hull		
Bourque J	J. Bertrand	6
do	J. Brusa	6
Hudson		
Aubin J, A. et al	J. P. Seybold	31
Bertrand Cyp	John McNaughton	6
Iberville		
Corriveau A. J	The Can. Gen. Electric Co	90
Isle Bizard		
Boileau P. et al	Dame E. Wood	84
Lachine		
Ouellette J. A	J. Deguise	75
Lauzon		
Bourget P. A. & Cie	David Madore	72
Longueuil		
Favreau Alidor	Narc. Pérodeau	75
Houliston Dame J. et vir..	Jos. Morin	81
Maisonneuve		
Girard Albert...	Alexina Crevier et vir	18
Beaudoin L	M. Raphaelovitch	34
Montréal		
Authier Emile et al	A. J. Proctor et al	35
Auger E	E. Desmarais	14
Alexandrakos A	A. Romanus	50
Bainville A	L. J. Harel	59
Bélanger Dame F	E. Lemire	6
Brabant Wm et al	Dame M. Drouin	25
Boucher Chs	L. B. Durocher	22
Brunet J. E	A. Duperrault	24
Brault P	A. Brunet	37
Bédard G. G	E. Brossard	5
Bertrand Théop	J. H. Desrosiers	18
Bouchette A	J. Purcell	22
Brunelle C. B	B. A. Bastien	8
Belleville A. H	F. O'Connor	9
Bud Frk	Benj. Gagnon	6
Croysdell S	Hugh Graham	36
Chartier Dame A...	Dame M. Fitzallen	36
Creamer Pat	Odilon Dion	20
Crawford	M. Tapley	19
Collwell C. V. et al	M. Tapley	34
Cohen I	A. Adleson	5
Chartrand Jos	Ferd Lévesque	5
Dussault André	J. Marcs	11
Delorme David	B. Rigler	12
Dubois Ed	J. C. Webster	66
Diamond G...	De M. A. E. Defoy et vir	9
Desjardins A	L. J. Harel	96
Delatre Jules	J. Mouton	19

VICTOR PORTE

IMPORTATEUR DE

VINS, COGNAC,

LIQUEURS, ETC.

Agent de Schroder, Schyler & Cie, Bordeaux; Guichard Potheret & Fils, Chalon sur Saône; Théophile Roederer & Cie, Reims; Pellisson Père & Co, Cognac; L. A. Price, Bordeaux; Cardinal Quinquina, Paris; Delettrez, Paris.

A. BARBIER,

DIRECTEUR.

34, RUE LEMOINE,

MONTREAL.

JOURNAL DES DÉBATS, PARIS

Edition Hebdomadaire

Le journal des Debats, dont la réputation est universelle, publie une édition hebdomadaire spécialement distribuée aux pays qui n'ont pas de relations postales quotidiennes avec la France.

Cette revue contient les meilleurs articles parus dans l'édition quotidienne.

Prix d'abonnement, $2.60 pour six mois.

7 rue des Prêtres St-Germain l'Auxerrois, Paris, France.

FOURRURES

Importateur, Exportateur et Manufacturier en gros de **FOURRURES** en tous genres pour hommes femmes et enfants. Les plus hauts prix du marché seront payés pour toutes sortes de fourrures non apprêtées.

N. B.—Le plus haut prix payé pour cire d'abeilles et ginseng.

HIRAM JOHNSON

494 RUE ST-PAUL MONTREAL.

The

National Life Insurance Co

Of Canada

Incorporée par acte spécial du Parlement du Canada.

Capital autorisé - - $1,000,000

Bureau Principal :

Temple Building, Toronto

H. S. HOWLAND, Président.
R. H. MATSON, Directeur-Gérant.
F. SPARLING, Secrétaire-Trésorier

Les personnes qui ont l'intention de s'assurer devraient examiner les plans attrayants de la "National Life," avant de s'assurer ailleurs.

On demande des agents actifs et de confiance, dans tous les comtés de la Province de Québec ; ils devront être des hommes d'une réputation inattaquable.

S'adresser au Bureau Principal,
TEMPLE BUILDING, TORONTO,
ou à **CHS. G. GLASS**, Gérant Provincial,
180 rue St-Jacques, Montréal.

G. ELIE AMYOT

IMPORTATEURS D'ARTICLES DE

Modes et Hautes Fantaisies

EUROPÉENNES ET AMÉRICAINES

Téléphone 887 En gros seulement

59, rue Dalhousie, B. V., Québec

A. RACINE & CIE

IMPORTATEURS ET JOBBERS

— EN —

Marchandises Sèches

Générales

DE TOUTES SORTES.

340 et 342 Rue St-Paul

— ET —

179 et 181 rue des Commissaires

MONTREAL.

Modes d'Été Pour Hommes

Dans les Derniers Genres

Coupe Parfaite, Façon Soignée, Prix Raisonnables.

A. L. Brault

MARCHAND-TAILLEUR

No 53, rue Bleury, Montréal.

TEL. MAIN 1961

LA CIE HERELLE'S CHOCOLATE WORKS

Longueuil, (Montreal), Can.

Remercie Messrs. les Epiciers et le public en général de la faveur avec laquelle ils accueillent ses produits ; faveur qu'elle s'efforce et s'efforcera toujours de mériter par la perfection de ses

CHOCOLATS et CACAOS

qu'elle vend au plus juste prix. Son motto est : Vendre à petit bénéfice et bon, pour vendre beaucoup.

E. R. GAREAU

AGENT D'IMMEUBLES

1511, RUE NOTRE-DAME, MONTREAL

Près de la rue Bonsecours.

TELEPHONE BELL MAIN 2154

ON DEMANDE à acheter une maison double sur la rue Sherbrooke, ou au nord de la rue Sherbrooke dans les environs du Carré Saint-Louis.

A VENDRE — 2788, rue Ste-Catherine, à bas prix, pour clore une succession, une maison en parfait ordre. Pour plus amples informations, s'adresser à

H. M. SIMPSON,

No 29 Canada Life Building

TELEPHONE : MAIN 3344

A VENDRE et ECHANGER

Propriétés payant **10 %**

Conditions faciles. Bonne localité.

Maisons à Louer.

Argent à Prêter.

Art. C. Bourassa & Cie

26 Rue Saint-Jacques.

Téléphone Bell Main 2681

Marc A. Brodeur & Cie

Marchands Tailleurs...

1858 Rue Notre-Dame

A quelques portes à l'ouest de la rue McGill,

MONTREAL.

Dubé Jos	L. J. Harel	36
Dulude J	M. Davidson	13
Donohue J. D. et al	The Telfer Ruthven Co	12
Deslauriers Euclide	S. Asner	11
Daoust J. O	Ernest Lemire	27
Dipper C. H. et al	Wm Middleton	53
Evans J. S	J. A. Lamarche	40
Frigon H. T	T. Ladouceur	6
Favreau E. M	L. Brunelle	15
Fortin Olivier	J. Marcs	11
Fortin Z	J. Marcs	13
Forget J. B	C. Charbonneau	59
Frostreau Daniel	Ernest Lemire	6
Gosselin M. et al	A. Ménard	30
Germain Nap	J. E. Fortier	5
Godbout Delle A	Dame V. O. Gagnon et vir	22
Gauthier F	A. Robitaille	6
Gorman J. T	O. G. Trudeau	33
Gauvreau A	Dame V. Lacroix	7
Gendron J	E. Montreuil	11
Gaudreau Alexis	Dame C. Guimond	14
Hains Geo	C. H. A. Guimond	22
Hogue F	J. Levesque	91
Hillsden Sydney	Ths Wilson	58
Huot Dame A	D. Parizeau	33
Inkivitch J	M. Perman	17
Jolivet Noé	J. Lanctot	59
Kelly Wm F	J. A. Bernard	68
Loranger J. Nap	J. H. Grenier	10
Lachapelle Elz	F. X. A. Lesage	15
L'Etoile Alph	V. F. Jasmin	22
Lefebvre Théo. et al	G. Paré	20
Lallemand A. G	A. B. Haycocc	31
Leroux Dame M	P. M. Durand	25
Lefebvre A	T. Ladouceur	12
Laverdure Arth	H. Levitt	32
Larivière E	L. P. Barette	26
McInerney J	C. Currier & Cie	41
Miron Ant	J. E. Fortier	11
McNeely B. et al.	R. Bower	25
McLean Acetylen Gas Co.	Ant. Poitras	40
McCuaig D. N	M. Tapley	25
Moran G.	J. S. Archambault et al esql	28
Marchand A	The Williams Mfg Co	35
Moreau M	G. M. H. Ross	8
Monette B. E	J. V. Boudrias	53
Montreal (The) Camera Co	C. A. Sharpe	7
Miller Arsène et al	Wm Young	45
Metayer J. A	D. Harris	5
Nugent J. P	W. J. Grégoire	15
Ouellet F	L. J. Harel	38
O'Hara J	Dame A. Archambault	10
Paxton Jno	The Can. Woolen Mills Co	64
Petit J. F	Toronto Type Foundry Co	10
Paré J. B	J. E. Mainville	27
Petelle H	M. Jaslow	6
Peddie C	Dame A. Ménard et vir	8
Ritchie J. J	Dame J. Gallagher	7
Roy Jos	Jos Brien	27
Rhéaume Raoul	J. B. Roy	18
Rivet Dame D	J. W. Scelley	79
Robitaille A	D. Picard	26
Racicot A. E	E. Major	42
Raymond M	A. C. Savage	23
Sirois J	J. Bourdon	9
Sénécal J. F	P. Gravel	9
St Hilaire Zéphir	Théop Girouard	5
Théoret J. O	Dame P. Morin	26
Wemberg B	M. Rubenstein	10
Wheeler A. H	L. J. Harel	23

Napierville

Patenaude F	Massey Harris Co	13

Pointe Claire

Charlebois A. J. et al	M. Boisvert	92

Québec

Champagne C. A	Dr P. E. Prévost	32
Charlebois Alph. et al	Le Comptoir d'Escompte	78

Richelieu

Panet H. P	W. H. Walsh	17

Stanfold

Bernard Jos. L	A. Letourneau	44

Ste Cunégonde

Miron Hilaire et al	Chs Mayrand	32
McGovern Hy	Robt Arnold	18
Bleau Zot	M. St Onge	9
Thornton Jas	Euclide Daoust	17
Prudhomme Z. L	J. Poliquin	40

St Dominique

L'Heureux Louis	Girard et Godin	36

Ste Flore

Vincent Moise	A. Guertin	92

St Henri

Jacob Jos	U. Pauzé et al	44
Briseboie Horm	W. Robidoux	69
Brisebois A	A. Ethier	39
Jeannotte Théop	Moise St Onge	17
Pichette Dame A. et vir	U. Garand et al	50
Robert J	D. Messier	12
Fauteux T	J. Lalonde	7
Bédard Mathilda	Louis Poirier	8

St-Louis—Mile End

Lachance J. A. et al	Dame Mary H. Duncan et al	50
McKenzie Wm	Arth. Cusson	10
Elliott G. W	A. Fisc	21

St-Marcel

Ouellette Achille	P. S. Hardy	53

St-Mathias

Adam Ernest	A. Savaria	40

Ste-Martine

Laberge Cléop	Alf. Bariteau	11

Ste Monique

Regimbal Alfred	J. H. Wilson	14

Ste Rose

Pagé J	P. Kearney	25

St Séverin

Veillet Adélard	L. Deshais	33

Ste-Thérèse

Pepin A. et vir	G. Deserres	65

Trois-Rivières

Cohen Benj	L. N. Jourdain	41
Municipalité de Trois-Rivières	Dame Emma Landry	30

Westmount

Liman H. F	G. H. Randall	17
Garceau L. A	J. B. Hay	8
Holgate Mary Ann et vir	Alf. Cadieux et vir	26

JOURNAL DE LA JEUNESSE. — Sommaire de la 1461e livraison (1er décembre 1900).—Un mousse de Surcouf, par Pierre Maël.—Le roi des monts maudits, par Paul Mieille. — Un déjeuner à Pécin, par T. Choutzé.—Vers la gloire par Henry Guy.—Les établissements du Creusot, par Daniel Bellet.

Abonnements: France: Un an, 20 fr. Six mois, 10 fr. Union Postale: Un an, 22 fr. Six mois, 11 fr. Le numéro: 40 centimes.

Hachette & Cie, boulevard St-Germain, 79, Paris.

Etoffes de coton et de laine teintes

La tache est trempée, recouverte d'huile d'olive et bien brossée avec du savon. Quand la tache a subi pendant quelques minutes l'action du savon, on la lave alternativement dans de l'essence de térébenthine et dans de l'eau chaude.

Si, par ce procédé, la tache n'est pas encore complètement enlevée, on la recouvre d'un mélange d'essence de térébenthine et de jaune d'œuf, on attend quelques minutes pour laisser sécher ce mélange puis on le gratte, on lave la tache dans l'eau chaude et on la rince ensuite dans de l'eau froide contenant une petite quantité d'acide oxalique.

VENTES ENREGISTRÉES

Pendant la semaine terminée le 8 Décembre 1900

MONTRÉAL-EST

Quartier St-Jacques

Rue Parc Logan-Ouest, Nos 184 à 188. Lot 1211-103 avec maison en pierre et brique, terrain 25 x 110, supr 2750. Chs R. Grothé a Eugène Gadoury; $5,600 [52072].

Quartier St Laurent

Rue Cheneville, No 11. Lot pt N.O., 566 avec maison en pierre et brique, terrain 57.7 x irrg, supr 3341.6. The Corporation of Spanish and Portuguese Jews (Shearith Israel) à The Congregation of Roumanian Jews "Beth David"; $8,000 [52097].

Quartier St-Louis

Rue St-Denis, Nos 728 à 738. Lot 903-80 pt 903-79, 81, avec maison en pierre et brique, terrain 60 x 100. J. Jacques Henri Dubord à Mary Jane O'Neil, vve de Robert Burrell; $10,097.96 [52085].

Quartier Ste-Marie

Rue Allard, No 9. Lot 727, avec maison en brique, terrain 19.6 d'un côté, 12.6 de l'autre x 24 d'un côté et 56 de l'autre, supr 1392. Agnesina Angers, épse de George Adel Morrison à Arthur Gauthier; $1000 [52075].

Rue Allard, No 9. Lot 727, avec maison en brique, terrain 19.6 d'un côté, 12.6 de l'autre x 24 d'un côté et 56 de l'autre, supr 1392. Arthur Gauthier à Marie Adèle Alice Duccett; $1200 [52076].

Quartier Ste-Anne

Rue Murray, No 25. Droits dans le lot 1476 avec maison en pierre et brique, terrain terrain irrg, supr 28,056. John Cunningham à Wm John Wells; $1 et autres considérations [134471].

Rue Bourgeois, Nos 303 à 309. Lots 175, 176A, 176B, avec maison en pierre et brique, terrain 47.5 de front, 47.9 en arrière x 85. Charles C. Corneille à James E. Hayden; $6,500 [134473].

Rue des Seigneurs, No 269 à 273. Lot pt N. O. 1158, avec maison en pierre et brique, terrain 30 de front 43.7 en arrière x 123, supr. 4134.6, Delle Nellie Clément à Arthur Merrill; $8,000 [134485].

Quartier St Antoine

Rue St-Antoine, Nos 415. Lot pt S. E. 1637-26 et autres lots, avec maison en pierre et brique, terrain 24 x 112. Napoléon Rhéaume à R. Gohier & Fils; $6,000 [134482].

Rue Quesnel, No 47. Lots pt N. E. 86-20 pt N. E. 86-19, avec maison en brique; 2 terrains 30 x 34 chacun, supr 1920. The The Montreal Loan and Mortgage Co à Charles R. Paquin; $1300 [134487].

Rue Victoria, No 44. Lot 1308-2, avec maison en pierre et brique, terrain 16.9 de front, 17.3 en arrière x 59.11 d'un côté et 60.2 de l'autre, supr 1020. Dame Ann Dowd Vve de Pat. McKewn et al à The Royal Institution for the Learning (dation en paiement); $1500 [134498].

Rue Drummond. Lot pt 1757, 2 terrains 15 x 140, chacun vacants. Samuel Carsley à Robert Wilson Reford et F. W. Molson; $6300 (Promesse de vente) [134499].

HOCHELAGA ET JACQUES-CARTIER

Quartier Hochelaga.

Rue Moreau. Lot 80-83, 86, terrain 48 x 100, chacun vacants. Le Shérif de Montréal à Garand, Terroux & Cie; $196 [87731].

Quartier St-Denis

Rue St-Hubert. Lot 7-422, terrain 25 x 87, supr 2175, vacants. The St-Denis Land Co à Eustache Beauchamp ; $141.37 [87699].

Rue St-Edouard, Nos 6 à 12. Lots 197-138, 139 avec maison en brique, terrain 46 x 73. Ephrem Lebœuf à L. Villeneuve & Cie ; $4,138.66 [87712].

Rue Dufferin, Nos 228 et 230. Lot 329-17, avec maison en brique et bois, terrain 25 x 80. Onésime Lafrance jr à The Montreal Loan & Mortgage Co ; $700 [87736]

Rue Drolet, Nos 666 à 676. Lots 165-54 à 57, St Louis Mile End, lot 11-784, avec maison en brique et pierre, terrain 88 x 70 ; 1 do 50 x 88. Marion Fitzallen épse de Wm Hy Dion alias Young à Patrick Murphy ; $10500 [87746].

Rue St André. Lot 325-227, terrain 22 x 75 supr 1650 vacant. Isaie Préfontaine à David Ouimet ; $500 [87752].

Quartier St Gabriel

Rue Rushbrook. Lot 3297, terrain 25 x irrg supr 2367 vacant. Sarah Isabella Fulton à Arthur Gillott ; $625 [87739].

Quartier St Jean-Baptiste

Rues Rachel, Nos 91 à 95 et Durham, No 2. Lots 1-9, 10, avec maison en brique, terrain 25.6 x 108 supr 2707 ; 1 do 26 x 108.6 supr 2827. Emma Allard Vve de Hilaire Brien dit Desrochers à Jos. Ovila Déziel ; $8000 [87716].

Rue St Dominique, Nos 980 et 982. Lot 399, avec maison en brique, terrain 47 x 84 supr 3948. Le Shérif de Montréal à Margaret Eliz. McDonald Vve de J. C. Hy Delisle ; $1500 [87757].

St Louis—Mile-End

Rue Hutchison. Lot pt 12-2-97, 98, 99, avec maison en brique, terrain 21.6 x 75. Harold E. M. Wadge à James Brechin ; $3000 [87741].

Ave. de Gaspé. Lots 10-914a, 915, terrains 25 x 72 chacun vacants. Hon. Ls Beaubien à Richard Meehan ; $430 [87763].

Rue Clark. Lot ½ N. 11-1106, terrain 25x 88 vacant. The Montreal Investment & Freehold Co à Napoléon Larocque ; $220 [87765].

Ave du Parc. Lots 12-2-67, 68, 69, pt 12-22-74, avec moulin, etc., 2 terrains 50 x 110 ; 1 do supr 5637. The Montreal Milling Co Ltd (en liquidation) à Félix Casey ; $5500 (77769).

Ave du Parc. Lots 12-2-83, 85, avec maison en brique, terrain 48 x 93.6. Gustavus Wm Badgley à Albert Neville jr ; $6110 [87770].

Ave Parc et rue Mance. Lots 12-15-2, 12-15-3, 12-16-34, 35, 12-16-20 à 23, ½ N. O. 12-16-24, 2 terrains 50 x 110 ; 4 do 50 x 100 ; 1 do 25x 100 chacun vacants. Robert Neville jr à The Montreal Investment & Freehold Co ; $1200 et autres considérations [87771].

Westmount

Ave Lansdown. Lot ½ N. O. 220-20, avec maison en pierre et brique, terrain 25 x 150.3. Alonzo Chs Matthews à Annie Houston épse de Robert King ; $7000 [87691].

Rue Windsor. Lots 214-4c, 4d, 5b, terrain 93.10 de front 93.3 en arrière x 109.10 d'un côté et 109.8 de l'autre vacant. Annie Houston épse de Robert King à Alonzo C. Matthews ; $2500 [87693].

Maisonneuve

Rue Jeanne d'Arc, Nos 321 à 325. Lots 14-251-1, 14-249-2, avec maison en brique, terrain 20 x 100. Elie Mayer à Octave Poirier ; $2500 [87717].

2ème Avenue. Lot 1-433, 434, terrain 25 x 100 chacun vacants. Délima Bissonnette veuve de Adol Trudel à Anselme Bissonnette ; $1068 [87753].

4ème Avenue. Lots 1-1237, 1238, terrain 25 x 100 chacun vacants. La succession C. T. Viau à Marie Anne Hectorine Fabre épse de L. J. A. Surveyer ; $800 [87754].

Rue Adam. Lots 1a-74, 75, terrains 27 x 100 chacun vacants. La succession C. T. Viau à Napoléon Rochon ; $850 [87755].

Ave Lasalle. Lot 8-613, terrain 25 x 100 vacant. Chs Henri Letourneux à Elzéar Lapointe ; $350 [87772].

Outremont

Rue Bloomfield. Lot 34-403, avec maison en pierre et brique, terrain 30 x 155. Jean-Bte Senay à Marie Louise Senay épse de Rolland Desjardins ; $2500 [87761].

Côte St-Paul

Lot pt 3601, avec bâtisses. Le Shérif de Montréal à Jos. E. Beaudoin ; $500 [87708].

Ave. Davidson. Lot 3912-336, terrain 25 x 82 vacant. The Greater Montreal Land Co à Firmin Gratton ; $211.50 [87724].

Lot 3709, terrain supr 6553 (mesure française) vacant. Jos. Ulric Girard à Louis Arthur Robitaille ; $300 [87706].

Verdun

Ave. Galt, Church. Lots ½ ind. 4615-1, 2, 6 à 17, 4613, 4539, 4540, 4541, 4546-22 à 30, 32 à 41, 44 à 47, 51 à 55, 57, 4513-15, 16, 17, 20 à 23, 26 à 34, 37, 39 4502, 4505 à 4512, 4513-1 à 8, 4324 à 4334, 4305 à 4314, 4554, 4555, 4556, 4565, 4566, 4568, ½ N. O. 4553, ½ S. E. 4564, 4557, terrains vacants. Ucal H. Dandurand à Orille Louis Hénault ; $6500 [87704].

Lot 4546-48, terrain vacant. U. H. Dandurand et al à James Austin Beckstead ; $260.80 [87720].

Montréal Ouest

Ave Herald. Lots 140-44, 45, terrain 50 x 88 chacun vacants. J. J. Cook à Wm Gray ; $1144 [87719].

Sault aux Récollets

Rue Labelle. Lots 489 94, 95, terrains 25 x 87 chacun vacants. Louis Davidson à John Davidson ; $200 [87703].

Lots 301-88, 89. Edouard Cadieux à Rose de Lima Piché veuve de Henri Gohier ; $400 (à réméré) [87728].

Lot pt 425, terrain vacant. Joseph Beauchamp à Jos Siméon Nap. Lemay dit Delorme et al ; $316 [87759].

St-Laurent

Lot pt 389, terrain vacant. Caroline Flavie Anne Leprohon veuve de J. L. de Bellefeuille à Dominique Lauzé ; $350 [87709].

Lachine

1ère Avenue. Lot 916-123, terrain 50 x 129 vacant. James Armstrong et J. J. Cook à Ferdinand Corbeil ; $165 [87701].

Ave Rockfield. Lot 916-241, terrain 59 x irrg vacant. James Armstrong et J. J. Cook à George Hy Horsfall ; $175 [87718].

Longue Pointe

Lot 472. Olivier Archambault et al à Godfroy Defoy ; $400 87707].

Voici les totaux des prix de ventes par quartiers :

St Jacques	$ 5,600 00
St Louis	18,097 96
Ste Marie	2,200 00
Ste-Anne	14,500 00
St Antoine	15,100 00
Hochelaga	196 00
St Denis	15,980 03
St Gabriel	625 00
St Jean-Baptiste	9,500 00
St Louis Mile-End	16,460 00
Westmount	9,500 00
Maisonneuve	5,568 00
Outremont	2,500 00
Cote St Paul	1,011 50
Verdun	6,760 80
Montréal Ouest	1,144 00
	$ 124,743 29

Les lots à bâtir ont rapporté les prix suivants: le pd.

Rue Drummond,	quartier St-Antoine	$1.50	"
" St-Hubert,	" St-Denis :	6½c	"
" St-André,	" "	30 3/10c	"
" Rusbrooke,	" St-Gabriel :	26⅝c	"
Ave Gaspé,	St-Louis-Mile End :	11 9/10c	"
Rue Clarke,	" "	10c	"
" Windsor,	Westmount :	25c	"
2e Avenue,	Maisonneuve :	20¼c	"
Rue Adam,	"	15¾c	"
Ave Lasalle,	"	14c	"
" Davidson,	Côte St-Paul :	10 3/10c	"

PRÊTS ET OBLIGATIONS HYPOTHÉCAIRES

Pendant la semaine terminée le 8 décembre 1900, le montant total des prêts et obligations hypothécaires a été de $38,133 divisés comme suit, suivant catégories de prêteurs :

Particuliers	$ 29,210	
Successions	4,300	
Cies de prêts	2,500	
Autres corporations	2,123	
		$38,133

Les prêts et obligations ont été consentis aux taux de :

5 p.c. pour $1,000 ; 2 sommes de $2,000 ; $3,000 et $3,500.

5½ p. c. pour $1,400 et $2,500.

Les autres prêts et obligations portent 6 et 7pour cent d'intérêt à l'exception de $100, $300 à 8 et $100 à 9 pour cent.

Du 18 au 25 décembre 1900.

District de Montréal

La Corporation de Lachine *vs* Alfred Ouellette

Lachine—Le lot 249, situé rue St-Joseph.

Vente le 20 décembre, à 11 h. a. m., au bureau du shérif à Montréal.

J. Arth. Guilbault *vs* Benjamin Voyer et John Morris.

Montréal—1o Le lot 236 du quartier St-Jacques, situé rue Contant.

2o La partie sud est du lot 632-15 et pt N.-O. 632 16 et sud 632-6, tous du quartier Ste-Marie, situés avenue Papineau, avec bâtisses.

3o La moitié sud-ouest du lot 900, du quartier Ste Marie, situé rue Logan, avec bâtisses.

Vente le 20 décembre, à 2 h. p. m., au bureau du shérif.

District d'Arthabaska

Bénoni Champagne *vs* Ustazarde Brisson.

St Valère de Bulstrode—Le lot 186, contenant 100 acres.

Vente le 18 décembre à 11 h. a. m., à la porte de l'église paroissiale.

Dame Veuve Louis M. A. Noël *vs* Delle Zéphirine Noël.

St Ferdinand d'Halifax—Le lot 468, parties des lots 460 à 465, 426 à 431 et autres lots, avec bâtisses.

Vente le 20 décembre à 11h. a.m. à la porte de l'église paroissiale.

District de Chicoutimi

Perron Desbiens & Cie *vs* Camille Tremblay et al.

St Jérome—Les lots 7 et 8 avec bâtisses.

Vente le 18 décembre, à 10 h. a. m., à la porte de l'église paroissiale.

District d'Ottawa

In re Wm J. Inglee.

Aylmer—Le lot 1710, avec bâtisses.

Vente le 18 décembre, à 10 h. a.m., au bureau d'enregistrement à Hull.

BANQUE D'HOCHELAGA

BUREAU PRINCIPAL, - - - - - MONTREAL

Capital souscrit, - $1,500,000
Capital payé, - - 1,500,000
Fonds de Réserve, - 680,000

DIRECTEURS:
- F. X. ST-CHARLES, Président.
- R. BICKERDIKE, Vice-Président
- C. CHAPUT, HON. J. D. ROLLAND.
- J. A. VAILLANCOURT.
- M. J. A. PRENDERGAST, Gérant-général,
- C. A. GIROUX, Assistant Gérant,
- O. E. DORAIS, Inspecteur.

SUCCURSALES: Québec, Trois-Rivières, Joliette, Sorel, Valleyfield, Sherbrooke, Louiseville, Vankleek Hill, Ont., Winnipeg, Man., Montréal, 1376 Ste-Catherine, et 1756 Ste-Catherine près Sanguinet, et 2204 Notre-Dame ouest.

DEPARTEMENT D'EPARGNE:
Au Bureau Principal et aux Succursales.

CORRESPONDANTS:

Londres, Angl., Les agences du Crédit Lyonnais. Crédit industriel et commercial. Comptoir National d'escompte de Paris. Clydesdale Bank, limited.

Paris, Fra. Crédit Lyonnais. Comptoir National d'Escompte. Crédit Industriel et Commercial. Société Générale.

Berlin, Deutsche Bank.

Bruxelles, Crédit Lyonnais.

Vienne, Autr., Banque I.R.P. des Pays Autrichiens.

New-York National Park Bank. The National City Bank of New York. Importers and Traders Nat. Bank. Ladenburg, Thalmann & Co. Heidelbach, Ickelheimer & Co.

Boston Third National Bank. National Bank of Redemption. International Trust Co.

Chicago National Live Stock Bank. Illinois Trust and Savings Bank.

Collections dans tout le Canada, aux taux les plus bas.

Emet des crédits commerciaux et des lettres circulaires pour les voyageurs, payables dans toutes les parties du monde.

R. WILSON SMITH

COURTIER EN
DEBENTURES

Débentures Municipales, des Gouvernements et des Chemins de Fer achetées et vendues. -:- -:- -:- -:- -:- Débentures de premier ordre pour placements de fonds en fidéi-dépots, toujours en mains. -:- -:- -:- -

Batisse Standard Life

151 rue St-Jacques, Montréal

LS. DESCHENES
ENCANTEUR DE COMMERCE

—ET—

Jobber en Chaussures

NO 60 RUE ST-JEAN

QUEBEC

N. B.—Messieurs les marchands de la campagne épargneront de l'argent en venant me faire visite avant d'acheter ailleurs. J'ai constamment en mains toutes sortes de Jobs pour leur commerce

---

LA BANQUE DE ST-HYACINTHE

Bureau Principal: St-Hyacinthe, P. Q.

CAPITAL PAYÉ - - - $320,840
RESERVE - - - 75,000

DIRECTEURS:

G. C. DESSAULLES, - - - Président.
J. R. BRILLON, - - - Vice-President
L. P. MORIN, J. NAULT.
DR E. OSTIGUY, EUSEBE MORIN
JOS. MORIN.
E. R. BLANCHARD, Caissier. W. A. MOREAU, Inspecteur

— Succursales —

St. Césaire, M. N. Jarry, gérant.
Farnham, J. E. Campbell, gérant
Iberville, J. M. Bélanger, gérant.
L'Assomption, H. V. Jarry, gérant.

Correspondants: — Canada: Banque des Marchands du Canada et ses succursales. Etats-Unis: New-York. The National Bank of the Republic, Ladenburg, Thalman & Co.; Boston Merchants National Bank.

UBALDE GARAND. TANCREDE D. TERROUX

GARAND, TERROUX & CIE.,

BANQUIERS ET COURTIERS

116 Rue St-Jacques, MONTREAL.

Effets de commerce achetés. Traites émises sur toutes les parties de l'Europe et de l'Amérique. Traites des pays étrangers encaissées aux taux les plus bas. Intérêt alloué sur dépôts. Affaires transigées par correspondance

---

C. H. WALTERS & CO.

BANQUIERS

3, Rue Saint-Sacrement, Montréal.

Achat et vente de Billets de Commerce.
Négociation de Bons et Débentures.

W. H. WEIR F. H. WEIR

W. H. WEIR & SON

COURTIERS

113 RUE ST-FRANCOIS-XAVIER, Montréal.

M. W. H. WEIR, membre du "Montreal Stock Exchange," achète et vend tous les stocks qui figurent sur la liste du Stock Exchange, au comptant ou à terme. Les dernières informations régulièrement classées. Correspondants spéciaux à New York.

THE TEL. BELL UP 971

Canada Electric Co.,

L. ROUSSEAU Gérant

2501, STE-CATHERINE, COIN CRESCENT

Installations de lumière électrique et d'Horloges de contrôle électrique, Téléphones pour entrepôts, Cloches Electriques, Etc., Etc.

SEULS AGENTS POUR LA

STANDARD ELECTRIC TIME CO

de Waterbury, Con

BREVETS D'(France-Etranger) INVENTION

Marques de Fabrique, Procès en contrefaçon, etc.

CASALONGA

Ingenieur-Conseil (depuis 1867) PARIS 15 r. des Halles

Prop. Direct. (depuis 1878) du Journal (25 f. par aLAn)

" CHRONIQUE INDUSTRIELLE "

THE MOLSONS BANK

Incorporée par acte du Parlement en 1855.

BUREAU PRINCIPAL - - - - - MONTRÉAL.

Capital versé.. $2,500,000 00
Réserve................................ $2,050,000.00
Réserve pour rabais sur escomptes courants.................. $80,000.00
Compte de Profits et Pertes......... 26,992.48 2,156,992.48

BUREAU DE DIRECTION.

WM. MOLSON MACPHERSON, Président. S. H. EWING, Vice-Président W. M. Ramsay. Samuel Finley. J. P. Cleghorn. H. Markland Molson. F. C. Henshaw.

JAMES ELLIOT, Gérant Général.

A. D. DURNFORD, Inspecteur en Chef et Surintendant des Succursales.

W. H. DRAPER, Inspecteur H. LOCKWOOD, W. W. L. CHIPMAN, } Asst.-Insp

SUCCURSALES: Alviuston, O., Aylmer, O., Brockville, O., Calgary, Alb., Chesterville, O., Clinton, O., Exeter, O., Fraserville, Q., Hamilton, O., Hensall, O., Kingsville, O., Knowlton, Q., London, O., Meaford, O., Montréal, Q., rue Ste-Catherine, Montréal, Morrisburg, O., Norwich, O., Ottawa, O., Owen Sound, O., Port Arthur, O., Quebec, Q., Revelstoke Sta., B.C., Ridgetown, O., Simcoe, O., Smith's Falls, O., Sorel, Q., St. Thomas, O., Toronto, O., Toronto Junc., O., Trenton, O., Valleyfield, Q., Vancouver, B. C., Victoria, B. C. Victoriaville, Qué., Waterloo, O., Winnipeg, Man., Woodstock, O.

AGENCES à Londres, Paris, Berlin et dans toutes les principales villes du monde.

Emission de Lettres de Crédit pour le commerce et lettres circulaires pour voyageurs.

Attention sérieuse apportée aux Collections.

La Banque Nationale

BUREAU CHEF: QUEBEC

CAPITAL PAYÉ.................... $1,200,000
FONDS DE RÉSERVE............ $200,000

DIRECTEURS:

R. AUDETTE, Ecr., Président,
A. B. DUPUIS Ecr., Vice-Président.
L'HON. JUGE CHAUVEAU, | V. CHATEAUVERT, Ecr.,
N. RIOUX Ecr. | NAZ. FORTIER, Ecr.,
J. B. LALIBERTE, Ecr.
P. LAFRANCE, Gérant.
N. LAVOIE, Inspecteur.

SUCCURSALES

Québec: faubourg St Jean,	St-François Nord-Est, Beauce.
Québec: St-Roch.	Ste-Marie, Beauce.
Montréal.	Chicoutimi.
Sherbrooke	Roberval.
St-Hyacinthe.	Ottawa, Ont.
Joliette.	St-Jean, P. Q.
Rimouski, Qué.	Montmagny, Qué.
Murray Bay, Qué.	Fraserville.

Saint-Casimir, Qué.

AGENTS.

Angleterre: The National Bk of Scotland, Londres.
France Crédit Lyonnais et succursales, Paris.
Etats-Unis: The National Bank of the Republic New-York. The Shoe & Leather National Bank, Boston, Mass.

Les collections reçoivent une attention speciale et les retours en sont faits avec la plus grande promptitude.

On sollicite respectueusement la correspondance.

EDWIN HANSON. WILLIAM HANSON.

Hanson Bros.

Courtiers en obligations des Gouvernements, Municipalités, Chemins de Fer et Industries.

Nous avons toujours en mains des obligations de premier ordre, convenant pour placements par les Fidéi-commissaires, les Banques, les Compagnies d'Assurances, les Sociétés et les spéculateurs privés. On peut obtenir des listes d'obligations ainsi que les prix sur demande adressée au bureau, chambre 20, bâtisse Canada Life, Montréal.

ALMANACHS 1901

La maison J. B. ROLLAND & FILS, Montréal, vient de mettre en vente ses

ALMANACHS ET CALENDRIERS POUR 1901

1. **L'Almanach Agricole, Commercial et Historique,** 35e année.
2. **L'Almanach des Familles.** 21e année.
3. **Le Calendrier de la Puissance.**

Ces trois publications si bien connues et si justement appréciées du public, renferment encore une foule de renseignements des plus utiles sur l'administration religieuse et civile du pays, ainsi qu'un des meilleurs choix d'historiettes, anecdotes, etc., etc. Elles sont en vente chez tous les marchands, au prix de 5 centins chacun.

J. B. Rolland & Fils, rue St-Vincent, Montréal

Les Hommes d'Affaires

Ont très peu de temps à dépenser. Je me tiens à leur disposition **à toute heure** du jour ou du soir.

HARDOUIN LIONAIS,

D.C.D., L.C.D.,

CHIRURGIEN DENTISTE,

Gradué du "Philadelphia Dental College," licencié du Collège Dentaire de la P. de Q.

2359 RUE STE-CATHERINE

MONTREAL

Tél. de Bureau: Up Résidence, E. 270

LE PRIX COURANT

THE PRICE CURRENT

Vol. XXX MONTREAL, VENDREDI 21 DECEMBRE 1900. No 12

LE PRIX COURANT

Revue Hebdomadaire

COMMERCE, FINANCE, INDUSTRIE, PROPRIÉTÉ FONCIÈRE, ASSURANCE.

Publié par ALFRED et HENRI LIONAIS, éditeurs-propriétaires, au No 25 rue St-Gabriel, Montréal, Téléphone Bell Main 2547, Boite de Poste 917. Abonnement : Montréal et Banlieue, $2.00 ; Canada et Etats-Unis, $1.50 ; France et Union Postale, 15 francs. L'abonnement est considéré comme renouvelé, à moins d'avis contraire au moins 15 jours avant l'expiration, et ne cessera que sur un avis par écrit, adressé au bureau même du journal. Il n'est pas donné suite à un ordre de discontinuer tant que les arrérages et l'année en cours ne sont pas payés.

Adresser toutes communications simplement comme suit : LE PRIX COURANT, MONTRÉAL, CAN.

VOL. XXX — VENDREDI, 21 DÉCEMBRE 1900 — No 12

COMMERCE INDUSTRIE ET FINANCE

Le résultat des élections de la Dominion Commercial Travelers Association a été annoncé samedi soir, au Karn Hall, au milieu de l'enthousiasme d'une nombreuse assistance.

Président : M. T. L. Paton, élu par 2,297 voix, contre 949 voix remportées par son adversaire, M. Croil.

Vice-président : M. J. E. Robinson, élu sans opposition.

Secrétaire : M. A. E. Wadsworth, réélu.

Trésorier : M. G. E. N. Dougall.

Directeurs : MM. L. O. Demers, Gus. Tassé, R. Booth, A. R. Colvin et J. W. Ramsay.

L'effectif de l'Association des Commis-Voyageurs se décompose aujourd'hui comme suit :

Commis-voyageurs	3,130
Membres associés	356
Membres honoraires à vie	7
Total	3,493

577 nouveaux membres ont été enrôlés cette année.

Les revenus se sont élevés à $43,-329.40, dont $8,384.15 représentent l'intérêt du capital consolidé. Le surplus a été de $5,341.80, portant le capital au chiffre de $174,714.74.

32 membres sont décédés et l'Association a dû payer $33,800 en bénéfices mortuaires en 1900.

Cinq prêts divers, constituant une somme de $28,500, ont été faits sur première hypothèque.

Deux prêts de $13,000 et $3,000 ont été retirés, puis placés de nouveau. Le total des argents prêtés sur première hypothèque s'élève à $157,500.

Le C. P. R. a consenti à réduire les taux de passage dans le Manitoba de 3 cents à $2\frac{1}{4}$ cents par mille pour les membres de l'Association.

***

L'Allemagne paraît décidée à entreprendre une lutte douanière sérieuse contre les Etats-Unis. En effet, le comte Kanitz, M. Lieber et plusieurs autres députés de différents groupes, viennent de déposer au bureau du Reichstag une motion tendant à modifier de la façon suivante le texte du paragraphe 6 de la loi du 15 juillet 1879 sur les tarifs douaniers :

" Les produits soumis à des droits de douane, qui proviennent de pays où les produits allemands sont taxés en douane suivant leur valeur, peuvent, dans la mesure où les dispositions des traités ne s'y opposent pas, être soumises, non plus au droit d'entrée fixé par les tarifs, mais à un droit déterminé d'après leur valeur.

Il faudrait, par suite, transformer la liste des droits d'entrée établis par les tarifs en une liste des centièmes des valeurs des marchandises, lesquelles valeurs doivent être établies chaque année par l'Office de statistique.

Si l'estimation qui sera faite par les autorités douanières de la valeur d'un produit importé est supérieure à la valeur précédemment reconnue à ce produit, c'est la valeur la plus haute que l'on devra prendre comme base d'application.

Les produits soumis aux droits de douane qui proviennent d'Etats où les navires ou les produits allemands jouissent d'un traitement moins favorable que ceux d'autres Etats, peuvent, dans la mesure où les dispositions des traités ne s'y opposent pas, être l'objet du droit d'entrée fixé par les tarifs ou du montant du droit de douane basé sur la valeur des produits.

Dans les mêmes conditions, les produits que les tarifs ne frappent d'aucun droit peuvent être frappés d'un droit pouvant atteindre 40 p. c. de leur valeur.

Le prélèvement des droit basés sur la valeur et celui des surtaxes sera prescrit sur une ordonnance impériale après approbation du Conseil fédéral.

Cette ordonnance devra être soumise au Reichstag immédiatement, ou bien s'il n'est pas réuni, dès que commencera la prochaine session. Si le Reichstag ne ratifie pas cette ordonnance elle cesse d'être appiiquée."

Les modifications proposées se résument ainsi : la surtaxe de 200 p. c. remplace la surtaxe de 100 p. c. inscrite dans le tarif actuel ; le droit de 40 p. c. appliqué à des produits, en général, remplace le taux de 20 p. c. dans le régime en vigueur.

***

Recette pour supplimer la faim : Elle aurait été employée par le philosophe Epiménide qui, dit-on vécut cinquante ans dans une caverne sans que le vulgaire sût au juste ce qu'il pouvait bien manger.

On fait cuire de la seille ou de l'oignon. On hache très menu, on mélange avec un cinquième de sésame et environ un quinzième de pavot. On broie le tout ensemble, en ajoutant un peu de miel et l'on en fait des boulettes de la grosseur d'une forte olive. En prenant une de ces boulettes vers huit heures et une autre vers quatre heures, on ne saurait souffrir de la faim.

***

L'Association des fabricants montréalais s'est fusionnée avec l'Association des Fabricants canadiens.

La prochaine réunion annuelle de cette dernière association, aura lieu à Montréal. L'exécutif de l'association sera représentée à Montréal par le comité suivant :

MM. Frank Paul, président ; Wm McMaster, George Esplin, Paul Galibert, J. T. Hagar, W. Hooper, G. W. Sadler, Robert Munroé, J. J.

McGill, l'hon. J. D. Rolland, E. Macdougall, J. A. Pillow, J. Shearer, fils ; A. H. Sims, W. W. Watson, C. R. Whitehead, C. C. Ballantyne, James Davidson, John McFarland, Henry Miles, Walter Roach.

L'Association des Manufacturiers Canadiens est fortement opposée à l'établissement des droits de douane sur les articles de provenance allemande. Elle se propose ensuite de demander l'abolition ou l'amendement des lois fédérales et provincia les qui obligent les compagnies manufacturières à se munir d'une charte corporative avant de commencer leurs opérations.

***

Le " roi du cuivre," M. Marcus Daly, dont on a annoncé la mort, était l'un des types les plus curieux de cette extraordinaire race des " rois américains."

Il avait vingt fois, avec une audace qu'on nommerait ailleurs une folle témérité, risqué sa fortune dans des spéculations sur les métaux, et particulièrement sur les cuivres, qui lui réussirent toujours. Sa chance, bien qu'elle fût servie par une vive intelligence des affaires, était telle qu'elle émerveillait tous ses collègues américains, gens que peu de choses étonnent. Il faut d'ailleurs remarquer que, pour un roi du cuivre, de l'or ou du blé, des milliers de prétendants malheureux viennent grossir les rangs des sans-fortune américains.

C'est près de trois cents millions, dit-on, que le " roi du cuivre " avait conquis, avec son titre, pendant sa vie.

***

Nouvelle manière d'anesthésier. Du *New-York Herald* : La méthode consistant à injecter de la cocaïne dans l'épine dorsale, pour insensibiliser le malade pendant une opération chirurgicale, vient d'être appliquée avec succès à l'hôpital du comté Cook.

Il s'agissait de l'amputation d'une jambe.

Ce n'est que dix minutes avant la fin de l'opération que le patient accusa une tendance à l'évanouissement et, à ce moment, on lui administra une faible dose de chloroforme.

Autrement, pendant tout le reste du temps, le malade avait gardé sa pleine connaissance et déclarait qu'il ne sentait nullement le couteau. L'effet de la cocaïne était tellement persistant que l'engourdissement du moignon, après l'opération, dura une heure un quart.

Les chirurgiens déclarent que l'état de l'opéré est des plus satisfaisants.

***

Les germes purs pour les fromages : La question de l'emploi des germes purs (ferments de culture purs) dans l'ensemencement des caillés de fromagerie, semble entrer véritablement dans le domaine de la pratique. C'est ainsi que M. Georges Berger, directeur du laboratoire des fromages à pâte molle, à la Ferté sous Jouarre (Seine et-Marne), rend compte de ses récents résultats dans le *Journal de l'Agriculture.* Depuis quelque temps, il arrive à l'auteur de nombreuses demandes de renseignements sur l'application de sa méthode d'ensemencement des germes purs pour les fromages à pâte molle.

Depuis une première publication sur la fabrication du fromage de Brie, il a continué l'étude des autres fromages à pâte molle, coulommiers, camemberts, neufchâtels, fromages maigres, etc.

L'auteur est arrivé à cette certitude que, pour tous ces fromages, la mucédinée blanche (*Penicillium candidum*) et les deux microbes qu'il a découverts, surtout celui produisant le rouge, sont les agents indispensables à leur bonne qualité et à leur maturation normale. C'est par l'emploi de cultures pures de ces micro-organismes, en faisant varier leurs proportions pour chaque sorte de fromage, que M. Georges Berger est arrivé à leur donner le maximum de qualité.

L'application de sa méthode consiste à stériliser les locaux, laiteries, caves, haloirs, au moyen d'un badigeon antiseptique qui détruit tous les ferments nuisibles et à ensemencer les caillés avec les microorganismes purs nécessaires à telle ou telle sorte de fromage.

L'auteur a eu la satisfaction de voir que, dans les grandes usines comme dans les plus petites fermes le succès a toujours été absolu.

C'est par la valeur immédiate que prennent sur les marchés les fromages traités par ces procédés, que M. Roger s'est rendu compte de l'efficacité de sa méthode. C'était, à coup sûr, la meilleure manière d'en connaître l'utilité au point de vue industriel.

***

L'autre jour un marchand d'œufs français, à Londres, déclarait qu'il ne pouvait plus garantir la fraîcheur des œufs de Normandie, les producteurs de ce pays ayant l'habitude de conserver les œufs pendant plusieurs mois pour les revendre en novembre et décembre et surtout en décembre. Si ces œufs étaient vendus comme œufs de conserve, les affaires seraient loyales, mais les vendre comme œufs frais est une indigne tromperie qui réagit sérieusement sur les producteurs, détruisant la confiance et diminuant le prix. *Grocer.*

***

On sait que les chapeaux des dames, au théâtre, ont toujours soulevé les réclamations des spectateurs placés derrière.

Or, l'autre jour, dans un théâtre de New-York, on vit arriver une dame élégamment habillée, ayant sur la tête une mignonne toque en velours surmontée d'une vraie montagne de plumes d'autruche. La jolie spectatrice prit place à l'orchestre. Déjà, on percevait des murmures de protestation parmi les spectateurs que leur mauvaise fortune avait placés derrière le chapeau malencontreux, lorsque d'un geste léger, l'élégante enleva la touffe de plumes, la déploya, fit sortir d'une gaine invisible un manche en ivoire et se servit de sa garniture de chapeau en guise d'éventail. La toque à elle seule était une merveille de goût.

A la fin de la représentation, l'ingénieuse inconnue repiqua sur sa coiffure son panache et quitta la salle aux applaudissements des spectateurs de l'orchestre.

La voilà la mode pratique !

***

Le Gouvernement japonais va adopter comme peine capitale la " suffocation." Ce supplice consiste à placer le condamné dans une chambre exiguë dont on expulse l'air par la machine pneumatique. Les parois sont munies d'une lucarne qui permet à l'exécuteur des hautes œuvres de suivre les progrès de l'opération. L'expulsion de l'air s'opère en une minute et quarante secondes. Un essai fait sur un gros chien du Saint-Bernard a montré qu'une minute et demie est nécessaire pour tuer l'animal, qui n'a paru ressentir aucune souffrance. Ce procédé est du reste, le même que celui qui est employé à la fourrière municipale de Marseille pour la suppression des chiens errants et capturés.

***

Le " Neishout " ou " Pteroxydon utile " est un bois ressemblant à l'acajou ; il croit dans le Sud l'Afrique , il est de couleur brun-clair, très dur et d'une densité spécifique plus élevée que celle de l'eau ; il se polit aisément et peut s'employer dans la construction des docks, des piliers, des jetées, car il ne se détériore pas lorsqu'il est placé dans l'eau.

***

Le gommier noir de la Californie, qui croît dans les forêts des Etats du Sud de l'Amérique du Nord est employé depuis deux ans, à l'essai, pour le pavage de quelques rues de Londres. Les résultats ont été très satisfaisants et l'on vient de l'adopter pour une autre période de dix années dans d'autres districts de la capitale. Il est de couleur très foncée ; très dur, ne tend pas à se gonfler ou à se rétrécir comme les autres bois employés jusqu'ici, et le prix de ce bois n'est pas aussi élevé que celui de ses concurrents.

***

La Compagnie américaine *Oil Well Supply Co*, de Philadelphie, avait installé à l'exposition de Vincennes un des Derricks qui servent à forer les puits à pétrole, et, pour que la leçon fût plus complète, elle l'a mis en action. Il ne s'agissait pas, bien entendu, de trouver du pétrole ; mais, pour que ce grand travail ne fût pas perdu, on résolut de le pousser jusqu'à une nappe d'eau jaillissante, de forer un puits artésien ; ce fut fait, et la Compagnie américaine, en enlevant son matériel, céda gracieusement cette source à la Ville de Paris, cadeau fort appréciable pour une ville toujours à la recherche de l'eau nécessaire à ses habitants.

On ne cherchait que de l'eau, et, si l'on en croit certains racontars, on aurait trouvé bien d'autres trésors ; notamment, à une profondeur insignifiante de 35 m., une couche d'excellent charbon de 2 m. de puissance. Un puits de 35 mètres., cela n'est rien à ouvrir ; si la chose est vraie, nous serons sans doute renseignés sous peu. Les sondes auraient aussi rapporté de nombreux fossiles trouvés dans les bancs de grès vert.

***

M. J. A. Robitaille, marchand en gros, de la rue St-Paul, a été nommé marguiller à l'église Notre-Dame, dimanche après-midi, en remplacement de M. A. Vaillancourt, qui sort de charge, au mois de janvier.

Nous adressons à M. Robitaille nos sincères félicitations à l'occasion de sa nomination à ce poste honorifique.

***

Un négociant en comestibles de Colchester, dont la maison est très ancienne, laissa tomber une pièce de 1 couronne sur le plancher de sa boutique ; elle passa dans une fente du parquet. Pour la retrouver, il fit sauter la planche et quelle ne fut pas sa surprise de retrouver non seulement sa pièce de monnaie, mais toute une collection de monnaies de cuivre et d'argent, en parfait état de conservation, du règne de Guillaume IV et de Georges II. Le plus curieux est qu'une nichée de toutes jeunes souris montait la garde.—(*Grocers' Gazette*).

CHRONIQUE SCIENTIFIQUE ET INDUSTRIELLE

Une application nouvelle du phonographe : la sirène parlante.—Le verre armé : cloisons transparentes incombustibles et de sûreté.—De l'utilité des appareils contre l'asphyxie pour la localisation des incendies dans les navires : le sac préservateur Debancheron.

Tout le monde connaît la sirène qui remplace avantageusement le sifflet ordinaire, en ce sens que son bruit est bien plus intense, bien plus caractéristique, et perce par conséquent les couches de brouillard d'une manière beaucoup plus effective. Mais elle présente non seulement l'inconvénient d'avoir un son absolument lugubre, qui affecte assez vivement les passagers, mais encore le tort de ne donner qu'une indication, toujours la même, un beuglement confus et uniforme. C'est pourquoi un inventeur anglais, M. Horace L. Shork, de Brighton, propose de la remplacer par une combinaison ingénieuse du mégaphone et du phonographe. Nous laissons, du reste, la responsabilité des détails qui suivent au *London Mail*.

L'idée de l'invention est la création d'un phonographe dont la puissance soit telle que les sons qu'il émet s'entendent à des kilomètres de distance ; et des expériences probantes auraient été faites à Brighton même, où le phonographe en question s'est entendu à une distance de 10 milles. L'essai se poursuivait à Devil's Dyke, dans la banlieue de Brighton, et l'instrument avait été placé sur le toit d'un atelier ; plusieurs personnes postées à 10 milles entendirent parfaitement les phrases criées par l'appareil, et un autre jour, par un vent favorable, on put atteindre une portée de 12 milles. Il est évidemment à supposer que sur l'eau, qui porte les sons, la distance franchie sera bien supérieure. L'appareil est en somme un phonographe dans lequel on dicte les paroles, les phrases qu'il aura ensuite à répéter : l'enregistrement des sons est obtenu au moyen d'une aiguille de saphir qui se déplace tout comme le stylet du phonographe et qui vient inscrire les vibrations sonores sur un cylindre d'argent.

Comme dans le phonographe également, si, après l'inscription, on fait tourner le cylindre, après avoir, d'ailleurs, mis le stylet en relation avec une membrane parlante, ce stylet fait vibrer cette membrane suivant la profondeur des sillons où il s'enfonce, et il en résulte une émission d'ondes sonores qui reproduisent exactement les phases dictées. Bien entendu, et c'est là l'originalité de l'instrument, on a disposé le parleur de telle façon qu'il émette des sons d'une grande intensité, et de plus les sons s'échappent par un pavillon de 4 pieds de longueur qui produit l'effet d'un formidable amplificateur. Nous signalons la chose, mais nous la voudrions voir appliquée sur un bateau ou un phare. Dans le premier cas, elle peut donner des indications précieuses sur la route à suivre ; dans second, elle rendra bien plus claire la signification des signaux lumineux ou sonores.

Il y a déjà fort longtemps que nous avions signalé, dans la *Nature*, l'invention aux Etats-Unis de ce qu'on appelait du nom pittoresque de verre *armé* ; au moment où vous vous étendez le verre sur une plaque pour en faire une glace (car on ne pourrait recourir ici à la méthode de fabrication des vitres par étendage d'un cylindre coupé, suivant une de ses génératrices), noyez dans la masse un treillage métallique, de telle manière que le ver recouvre complètement le métal sur ses deux faces, et vous aurez le verre armé. Toutefois, il se présentait une difficulté dans la pratique : la dilatation et la contraction du verre et du métal qu'on employait, avaient des coefficients différents, et il en résultait des décollements et des dislocations qui rompaient l'union intime entre la substance englobante et la matière englobée. Par suite, les parois de verre armé, dont on avait pensé faire des toits, des châssis vitrés et incassables, des cloisons, etc., avaient perdu toute étanchéité à l'eau ou au gaz. Il fallait donc, pour que le verre armé rendît les services qu'on en attendait, qu'on trouvât des variétés de verre et d'acier ayant des coefficients de dilatation suffisamment voisins.

Une solution satisfaisante semble avoir été donnée au problème par un verrier français des plus habiles, M. Appert, et des expériences fort concluantes ont été faites tout récemment à Londres. Elles montrent que, aux plus hautes températures pratiquement à craindre, le verre armé résiste sans aucune dissociation. On a construit un petit édifice en briques présentant une foule d'ouvertures toutes fermées, par de grand panneaux de verre armé ; on a rempli la maisonnette de matériaux combustibles, on entassa tout autour une masse de matériaux du même genre, et on mit le feu avec force aspersions de pétrole.

Or, à la fin, quand le feu s'éteignit faute d'aliments, on put constater que, en dépit des jets de pompes qu'on avait dirigés sur certains points pour obtenir des refroidissements brusques, pourtant les panneaux de verre étaient absolument indemnes et la flamme n'avait pu faire brèche. Nous n'avons pas besoin d'insister pour montrer l'intérêt de cette nouvelle forme de verre : on en comprend immédiatement les applications multiples, notamment dans la construction et les aménagements intérieurs des bateaux, et cela d'autant plus que les grillages métalliques que l'on noie dans la masse du verre peuvent être assez solides pour résister même à une effraction.

***

Les incendies de navires sont malheureusement assez fréquents, et ils prennent d'autant plus de gravité qu'on ne peut pas descendre dans l'enceinte où l'incendie s'est déclaré et chercher à le localiser complètement pour le mieux combattre, simplement parce qu'on ne possède pas le moyen de pénétrer au milieu des fumées et des gaz asphyxiants. On a bien la ressource de recourir à un scaphandre (qu'on trouve pour ainsi dire toujours à bord d'un grand bateau), mais cet appareil, en dehors de l'eau, alourdit par trop l'homme chargé des recherches. Il faudrait avoir à sa disposition un appareil simple, léger et entourant seulement la tête de l'homme en question.

Un inventeur ingénieux, M. Th. Debaucheron, vient d'imaginer un dispositif assez pratique qui nous semble mériter d'être signalé. L'appareil se compose d'un sac fait d'une étoffe double et étanche dont on se coiffe complètement la tête en serrant la coulisse en caoutchouc ; des deux étoffes du sac, l'une est ignifugée, ce qui est une bonne précaution puisqu'elle peut être en contact avec des gaz particulièrement chauds, et même avec des étincelles ; quant à l'imperméabilité, il est évidemment facile de trouver un endroit qui l'assure. A la hauteur des yeux, on a posé une lame de mica maintenue dans un cadre métallique, ce qui donne le moyen de voir suffisamment les objets extérieurs. A la hauteur de la bouche est une autre ouverture close par un tamis qui filtre l'air venant de l'extérieur. Le tamis, ou plutôt le filtre, est formé de coton, de laine cardée et de flanelle de feutre dédoublé ; bien entendu, le tout est monté dans un cadre métallique dont la fermeture hermétique est assurée de plus par des bandes de peau de chamois. Mais ces précautions ne pouvaient pas suffire, car elles n'auraient point empêché l'air provenant du foyer de l'incendie de contenir une proportion plus ou moins forte d'acide carbonique, et, de plus, la respiration même de l'homme portant le sac est susceptible de donner lieu à une accumulation de ce même acide.

Aussi a-t-on prévu, à l'intérieur du cadre et près de la bouche, un récipient métallique renfermant des sels anglais et de la potasse. Il faut évidemment que la carbonatation de la potasse ne puisse pas se faire inutilement quand l'appareil n'est pas en service, et, pour éviter cela, il a suffi de disposer extérieurement (afin que le porteur du sac puisse le manœuvrer lui-même et sans difficulté) un petit bouton qui commande l'ouverture ou la fermeture du récipient en question.

Il paraît que ce dispositif a été soumis à un certain nombre d'essais et qu'il semble donner satisfaction, mais, bien entendu, pour un séjour relativement peu prolongé au milieu du foyer d'un incendie.

DANIEL BELLET.

Un char de Dattes

LES BEURRES MARBRES

Des expériences ont été organisées à la Station Expérimentale du Maryland, Etats-Unis, pour déterminer les causes de la marbrure des beurres.

Le premier essai fut fait sur le beurre provenant de 5 barattées. Chacun des cinq échantillons fut divisé en 2 lots dont chacun fut lavé avec des eaux de diverses températures : les premières à 50° F ; les seconds à 35° à 40° F. Le lavage durait 1 minute. Après cela une portion de chaque lot fut travaillée pendant 3 minutes et l'autre pendant 4 minutes. Des 5 lots lavés avec de l'eau à 50° F. et travaillés pendant 3 minutes, 1 seul était *légèrement* marbré. Des 5 lots lavés à l'eau froide et travaillés pendant le même espace de temps, quatre étaient marbrés. Ce résultat est attribué à l'action *moins complète* du travail sur un beurre *durci* par le lavage à l'eau glacée.

Aucun des beurres travaillés pendant quatre minutes n'était marbré. Dans quatre essais supplémentaires on a recherché l'effet de l'eau froide. Après un séjour dans l'eau à 40° F. pendant 15 minutes, une portion de beurre était travaillée pendant 3 minutes, l'autre pendant 4 minutes. Le beurre travaillé pendant 4 minutes n'a présenté, dans aucun cas, aucune trace de marbrure, tandis que deux des beurres travaillés pendant 3 minutes étaient légèrement marbrés. Aucune différence matérielle n'a d'ailleurs été constatée entre les beurres qui ont séjourné 15 minutes dans l'eau et ceux qui n'y ont séjourné que 1 minute.

1re Conclusion : Les marbrures des beurres peuvent provenir de *l'insuffisance du travail du beurre.*

Dans le but de déterminer l'effet d'une distribution incomplète du sel, on a divisé en deux lots, immédiatement après le lavage, les beurres de 20 barattées.

Chaque échantillon du 1er lot fut salé et l'autre ne reçut aucune addition ; tous les échantillons furent travaillés 1 minute et après cela placés dans la chambre frigorifique. Aucun des beurres non salés ne présenta de marbrure, tandis que les beurres salés étaient distinctement marbrés. On constata de plus, par le goût, que les portions les plus claires des beurres marbrés contenaient moins de sel que les portions plus colorées. Cette constatation a d'ailleurs été faite sur un grand nombre d'échantillons du commerce provenant d'origines diverses.

Deuxième conclusion : La marbrure peut provenir *d'une répartition inégale du sel.*

D'autres expériences furent établies pour déterminer si la coloration irrégulière ne provenait pas de l'action du sel sur la caséine du lait de beurre. Le résultat fut négatif.

FROMAGES VEGETAUX

Il est des fromages obtenus non avec le lait, mais avec un caséum végétal ou légumine, analogue par ses propriétés au caséum d'origine animale.

Les Chinois ont tiré parti de ce fait pour faire des fromages avec les graines du pois oléagineux, le *dolichos soja*, ou d'autres pois, des haricots, etc.

Voici comment M. Simon, ancien consul de Chine, décrit cette fabrication :

On fait gonfler les pois dans l'eau tiède une demi-journée (mieux vaut prolonger l'action de l'eau jusqu'à ce que les pois s'écrasent facilement sous l'ongle) ; on les broie à la meule, en ajoutant par petites cuillerées les pois et l'eau dans laquelle ils ont gonflé. On recueille la purée qui s'écoule et on la passe dans un linge placé sur un cadre de bois ; on chauffe le liquide qui s'écoule à environ 150° Fahr., puis on y ajoute du plâtre calciné en poudre (gros comme un œuf de petite dimension et même moins pour 6 lbs. de pois secs). On continue à chauffer en remuant. Quand le liquide commence à bouillir, on le retire avec une cuiller en bois et on le verse dans des moules garnis à l'intérieur d'un tissu assez lâche (les moules chinois sont formés d'un carré de 16 pouces de côté, sur 3 à 4 de hauteur) ; on recouvre le moule d'un linge, puis d'une planchette qu'on charge de pierres.

On laisse le fromage ressuyer une heure et demie et on peut le manger. Ces fromages préparés ainsi ne se conservent pas plus de deux jours en été ; pour les conserver un temps plus considérable, on les presse très fortement et on les aromatise par des plantes. Le fromage sec se mange frit dans du beurre ou de la graisse.

On peut saler ou sucrer les fromage frais.

QUELQUES POINTS A NOTER

L'usage de vieux journaux quoique très restreint dans le commerce d'épiceries devrait complètement cesser.

Un épicier raconte qu'il a été fortement impressionné un jour par la remarque d'un de ses clients : " Je ne veux pas que vous enveloppiez mon beurre dans ce journal. Il m'arrive parfois en lisant mon journal d'éternuer dedans, vous pensez bien que je ne puis aimer que vous enveloppiez quoique ce soit dans un papier semblable."

***

Un bon moyen de réclame pour attirer l'attention des clients du voisinage est de distribuer des échantillons. Pour un épicier la chose est facile et peu coûteuse, s'il sait s'y prendre. Ainsi, par exemple, il peut s'entendre avec un fabricant de biscuits qui sera heureux d'entrer dans la combinaison qui donnera plus de publicité à ses marques. L'arrangement conclu et les biscuits reçus, faites imprimer quelques petites enveloppes du format des biscuits sur lesquelles vous indiquerez la qualité de l'échantillon, le prix habituel de la marchandise en faisant remarquer que pendant une semaine et afin de la faire apprécier vous la vendrez au prix réduit de...

Essayez de ce plan et prenez note du résultat. Vous verrez arriver chez vous des acheteurs que vous n'avez jamais vus. Ils remarqueront votre magasin, propre, bien pourvu de marchandises fraîches, à des prix raisonnables (s'ils le sont) et, bien que vous ne fassiez pas de profit sur votre vente de réclame, vous vous créerez une nouvelle clientèle qui vous sera profitable.

***

Adoptez une signature invariable, de manière que votre banque reconnaise le faux si quelque criminel imite votre signature.

***

Présentez les chèques sans retard à la banque, ils doivent être convertis en espèces non pas demain, mais aujourd'hui.

***

Un chèque payable au porteur est payable à la personne qui le présente ; si vous le perdez ou s'il vous est volé et qu'il soit encaissé par celui qui l'a trouvé ou volé vous n'avez de recours contre personne.

***

Les chèques à ordre sont plus surs, ne faites que des chèques semblables et demandez à vos clients de les faire payables à votre ordre, comme ils doivent être endossés par vous à l'encaissement, vous aurez toute sécurité.

***

Déposez vous-même votre argent en banque et faites vous-même vos feuilles de dépôt, ayez soin de les faire entrer dans votre livre de banque au moment où vous faites votre dépôt ; mais ne faites vous-même aucune entrée dans ce livre.

***

Autrefois, le marchand se croyait obligé de donner des étrennes à ses bons clients.

Il n'en est plus tout à fait de même aujourd'hui. Et c'est tant mieux que cette coutume onéreuse ait cessé ou soit en train de disparaître.

Le marchand ne doit rien à son client sinon que de lui fournir de la marchandise pour son argent. Qu'il le serve poliment, consciencieusement, ponctuellement, c'est tout ce que le client exige de son fournisseur ; c'est tout ce qu'il peut demander. Si vous voulez faire une bonne œuvre, donnez aux pauvres l'argent que vous auriez consacré aux petits cadeaux à faire aux clients. Les pauvres aussi ont besoin d'un peu de joie au moment des fêtes.

ATTIREZ LE CLIENT

C'est une vérité bien connue qu'une vitrine attrayante fait vendre la marchandise. Un épicier pratique en disposant sa vitrine avec goût en tirera un profit certain, aussi bien que tout autre commerçant. L'époque des fêtes prête plus que tout autre à la décoration des vitrines ; une bonne partie des marchandises offertes en ce moment sont par elles-mêmes décoratives. C'est donc le temps plus que jamais pour ceux qui n'ont jamais apporté beaucoup d'attention à l'aspect extérieur de leurs vitrines de commencer à leur donner un cachet attrayant et engageant. Les résultats seront tels que le marchand continuera à faire de sa vitrine un engin de publicité peu coûteux.

Ecoutons ce que dit un épicier dont le succès a couronné les efforts, au sujet de la valeur et de l'importance des expositions dans la vitrine comme moyen d'attirer la clientèle :

"Contrairement à la pratique habituelle, l'épicier de détail ne saurait trop améliorer ses méthodes d'attirer le client à son magasin. Celui qui n'est pas assez entreprenant pour inventer ou copier les procédés employés pour amener le client met son concurrent en mesure de le devancer et dès que son concurrent est lancé, c'est chose difficile que de le surpasser. Comme tout épicier le sait, le premier pas pour obtenir un client est de le faire entrer dans le magasin, et comme c'est le premier pas, c'est aussi le plus important.

C'est un fait évident que le passant juge du genre et du volume de vos affaires par un coup d'œil jeté sur votre vitrine. Si elle est disposée avec goût, son impression est bonne ; au contraire s'il n'y existe que de la confusion et que rien n'ait été disposé pour attirer l'attention d'un client possible, son impression sera que vos affaires sont conduites sans ordre, que vous manquez d'esprit d'entreprise et que votre magasin est destiné à ne s'emplir jamais.

Apprenez à arranger vos vitrines ; faites un tour dans la ville ; étudiez celles qui attirent votre regard ; analysez-les ; imitez-les ; lisez les journaux de commerce dans lesquelles vous trouverez de temps à autre des idées nouvelles et pratiques sur le sujet; cela vous aidera grandement dans vos premiers efforts. Ce que vous aurez vu ou ce que vous aurez lu vous suggèrera d'autres idées et, avant même que vous vous en aperceviez, vous aurez vous même créé du nouveau dans le genre.

A ceux qui ne sont pas naturellement doués du don d'invention et de construction nécessaire pour attirer les regards du public, les remarques suivantes indiqués par une vieille expérience, seront utiles. Cultivez l'art de décorer vos vitrines. Evitez la confusion, changez aussi souvent que possible et que le changement soit frappant. Souvenez-vous que plus l'exposition dans la vitrine sera faite avec soin, plus profonde sera la conviction de ce qu'elle vaut.

Calendriers

Nous adressons nos sincères remerciements à MM. Hudon & Orsali pour leur superbe calendrier. Il n'y a pas de doute que la nombreuse clientèle de cette maison ne manquera pas d'apprécier l'envoi d'un exemplaire de cette artistique publication.

Du Scotch!—pour les Fêtes.

La vente du Scotch Whisky de la maison Ainslie augmente sensiblement en ce moment. Le fait est que cette liqueur est des plus présentables et il s'en consommera certainement des quantités à l'occasion de Noël, du jour de l'An, pour ne rien dire du jour des Rois. MM. L. Chaput, Fils et Cie, enregistrent de de bonnes commandes.

BEURRE ARTIFICIEL OU MARGARINE

Le beurre naturel étant beaucoup plus cher que la plupart des graisses animales ou végétales, il n'est pas étonnant que les fraudeurs aient cherché là une occasion d'exercer leur coupable industrie Et, en effet, depuis longtemps le suif a été employé pour ce genre de fraude. Ce n'est qu'après 1870, lorsque la margarine fut découverte et exploitée industriellement, que le beurre subit de nombreuses additions de ce corps gras. On en est même arrivé à fabriquer des margarines qui, grâce à une addition de lait ou de beurre, sont vendues comme beurres sur les marchés.

Les graisses solides sont un mélange de glycérides à acide gras fixes et insolubles ; tel est le suif, composé de stéarine, de margarine et d'oléine.

Le beurre est composé : 1o de glycérides à acides gras fixes et insolubles, la margarine et l'oléine ; 2o de glycérides à acides gras, volatils et solubles, la butyrine. la caprine, la caproïne et la capryline.

La fabrication du beurre artificiel, d'après le procédé de Mège-Mouriès, consiste à prendre un corps gras solide et à en séparer la stéarine ; les deux principes gras restants, la margarine et l'oléine, constituent une oléo-margarine que l'on désigne communément sous le nom de margarine.

La stéarine ne fond qu'à 114°, la margarine à 47° et l'oléine est liquide à la température ordinaire, même encore à 32°.

La matière première généralement employée est le suif de bœuf tel qu'il a été levé à l'abattoir, ce qu'on appelle le suif en branches. Il est d'abord lavé, puis coupé, haché, déchiqueté en pulpe menue et enfin jeté avec de l'eau dans une cuve où il est soumis à une température de 157 à 176°. On décante dans une chaudière en tôle chauffée au bain-marie, puis de là dans des baquets ou moulots d'une contenance de 66 lbs maintenus à 90° pendant vingt-quatre heures, afin d'obtenir la solidification ou cristallisation de la matière grasse.

Le contenu des moulots est ensuite divisé en morceaux d'environ 2 lbs enveloppés dans des carrés de toile de 3 pieds sur 3 pieds disposés en sacs plats et placés quatre par quatre sur des plaques de tôle chauffées ; ces plaques ainsi chargées, sont entassées les unes sur les autres par groupes de vingt à trente sous le plateau d'une presse hydraulique pouvant fournir une pression de 100 lbs par mètre carré. L'oléo margarine s'écoule ; elle est recueillie dans des tonneaux où elle finit par se solidifier. On retire ainsi de 100 lbs de suif, environ 50 lbs d'oléo-margarine, 35 lbs de suif et 15 lbs de déchets. C'est ce produit qui sert de base aux beurres factices que l'on trouve dans le commerce. Voici une des méthodes de préparation : chauffer légérement l'oléo, l'émulsionner avec du lait, chauffer à part du lait caillé naturellement, verser le tout dans un baratte avec un peu d'huile d'arachide, destiné à abaisser le point de fusion, baratter, refroidir énergiquement, puis délaiter et malaxer comme pour le beurre naturel. Ce produit, quoique moins digestible que le beurre, n'en constitue pas moins un produit sain et hygiénique que quantité de personnes exercées ont confondu avec le véritable beurre, surtout lorsqu'on a fait usage de ferments lactiques purs.

Néanmoins, ce produit n'a pas sous son vrai nom conquis la faveur du public, et la presque totalité de la margarine consommée est vendue pure ou mélangée au beurre, sous le nom de beurre naturel. Il est regrettable que l'usage n'ait pas consacré la consommation de la margarine sous son vrai nom, car ce produit fait une concurrence désastreuse au beurre. L'analyse chimique ne peut déceler dans les mélanges des quantités inférieures à 10 p. c. Comme ce genre de fraude n'est nullement profitable au consommateur, qui paie aussi cher que si c'était du beurre pur, la fabrication de la margarine n'est donc profitable qu'aux margariniers et à leurs clients qui pratiquent les mélanges frauduleux. On a prétendu que les usines à margarine rendent des services en achetant à des prix élevés les graisses de boucherie et les huiles sans valeur : c'est une erreur; les prix de ces denrées n'ont pas sensiblement augmenté. Puisque la margarine n'est pas acceptée par le public comme beurre factice, nous ne voyons pas qu'il y ait lieu d'en fabriquer, et les usines devraient être mises en demeure de fermer. La solution est radicale, mais rationnelle.

Aujourd'hui les beurres ordinaires sont à des prix égaux ou inférieurs à ceux de la margarine de qualité inférieure et ces prix n'ont guère de chances d'augmenter à cause du grand développement de l'industrie laitière dans le monde entier.

Les pouvoirs publics en quelques

pays, ont élaboré des lois sur la répression des fraudes dans la vente des beurres. Mais ces lois sont d'une application difficile, souvent impossible, car la fraude consiste surtout dans l'addition de margarine aux beurres naturels dans une proportion de moins de 10 p.c. que nos procédés d'analyse ne nous permettent pas de déceler avec certitude.

Comme, en fait de fraudes il n'y a pas d'autre frein que la loi, et que dans le cas actuel elle est impuissante, certains margariniers s'en donnent à cœur joie. Ils se procurent des graisses de toutes provenances, d'animaux morts par suite de maladies contagieuses, de débris de clos d'équarrissage, de graisse en décomposition, où fourmillent les asticots ; tout cela est jeté dans la chaudière, et d'après ce principe que le feu purifie tout, la margarine ainsi obtenue est servie comme beurre de table ! Ces graisses n'étant pas chauffées au délà de 167°, Fahr. ne sont nullement exemptes de germes de maladies ; et puis aucun amateur de beurre ne consentirait, s'il le savait, à se servir d'un aliment provenant de sources aussi répugnantes !

Aussi n'avons nous qu'à nous réjouir de ce que la fabrication, l'importation et la vente de la margarine soient interdites au Canada.

LA SUPPRESSION DES TIMBRES-POSTE

Les meilleures choses n'ont qu'un temps en ce bas monde, et, sans cesse, le flot toujours mouvant du progrès recouvre le flot qui l'a précédé. C'est ainsi que les timbres-poste, dont l'invention fut un trait de génie, qui donna un si bel essor aux transactions commerciales et facilita si prodigieusement les relations sociales, sont appelés à disparaître très prochainement. *Sic transit gloria mundi.* Que les amateurs se hâtent de terminer leurs collections, ils pourront ensuite se croiser les bras.

Chose curieuse, en effet ; nous en sommes arrivés à un état d'activité tellement fiévreuse, que ces petits carrés de papier, pourtant si légers, sont devenus une entrave, de sorte que leur suppression sera aussi favorable que le fut autrefois leur invention à la rapidité et à la facilité des relations.

Il faut, en effet, aller acheter ces timbres, les coller, porter ensuite les lettres à la boîte. Puis les employés de la poste apposent deux ou trois cachets sur ces lettres pour oblitérer, mettre hors d'usage ces timbres, qui sont fabriqués avec tant de précautions minutieuses pour ne servir qu'un instant. C'est là autant de pertes, de complications et de lenteurs, qui passent inaperçues bien souvent, mais qui pèsent aux gens toujours affairés.

L'affranchissement par le timbre est surtout une entrave pour les journaux et revues d'un fort tirage. Aussi beaucoup de ces périodiques se sont-ils libérés de cette servitude en contractant un abonnement dont le prix est calculé d'après le tirage.

D'autre part, dans certaines localités, plusieurs personnes ont établi l'usage courant de ne plus affranchir leurs lettres, mais de remettre directement le montant de l'affranchissement au facteur, qui appose ensuite les timbres ; pratique simple et rapide, mais qui ne saurait devenir universelle.

Du moins, tous ces faits semblent exprimer éloquemment le désir de voir l'usage des timbres remplacé par un système plus simple. Aussi le Post Office de Londres a-t-il mis la question à l'étude.

En effet, le progrès projeté consiste à remplacer le timbre volant par une simple estampille, un cachet qui sera apposé mécaniquement sur l'enveloppe par des appareils analogues aux distributeurs automatiques, placés dans les gares. Il suffira de déposer dans l'appareil avec la lettre les 2 sous, solde de l'affranchissement.

La suppression des timbres et des manipulations nécessaires pour les oblitérer permettra donc ainsi de réduire considérablement le nombre des employés.

Avec le nouveau système, nous n'aurons plus le souci d'acheter des timbres, de les coller sur l'enveloppe avant de porter les lettres à la boîte. Cette dernière opération seule restera de rigueur, et encore pour une faible minorité seulement. Dans chaque bureau de poste, la boîte aux lettres sera constituée par un appareil ou timbre enregistreur analogue au distributeur automatique. Je mets d'abord ma lettre dans la boîte, puis une pièce de 2 sous dans l'ouverture *ad hoc*. Je tire un anneau ou je tourne une manette, et le timbre est apposé sur l'enveloppe, qui tombe alors au fond de la boîte, et tout est dit.

Toute lettre introduite dans la boîte porte ainsi la marque authentique de son affranchissement. Et remarquez que le timbre ainsi apposé n'a pas besoin d'être oblitéré. Il ne pourra jamais servir une seconde fois, puisqu'aucune lettre ne peut passer, qu'à la condition de payer les 2 sous qui lui ouvrent l'entrée de la boîte.

Ainsi rien de plus simple, de plus sûr, de plus rapide tout à la fois que ces automates.

Le timbreur automatique (pourvu que son déclanchement soit irréprochable) rendra impossible toute fraude de la part des particuliers. Pour éviter également les fraudes du côté des préposés aux postes et établir un contrôle rigoureux de l'argent encaissé, le timbreur automatique sera en même temps enregistreur. Il comptera et inscrira une à une sur un cadran chaque lettre reçue, chaque sou encaissé, absolument comme un compteur à gaz mesure et enregistre les pieds cubes dépensés. L'appareil enregisteur, scellé et fermé en présence de l'inspecteur, ne sera ouvert et ramené au zéro que devant lui, après l'établissement de la caisse.

Ainsi, toutes les fraudes seront rendues impossibles, et cela de la manière la plus simple.

Mais ceci est encore bien compliqué dans sa simplicité. On se fatiguerait vite à introduire des gros et des petits sous, à tirer un anneau. Il serait impossible aux maisons d'éducation, de commerce, aux banquiers, hôteliers, etc., de porter ainsi à estampiller des centaines de lettres. Bientôt, d'ailleurs, les caisses des bureaux de poste absorberaient toute la monnaie de billon au grand détriment de tous. Mais il y a mieux, et c'est là surtout que le système devient très pratique.

En effet, ces appareils timbreurs et enregistreurs peuvent être multipliés et répartis partout, autant que le besoin le demande, distribués aux maisons de commerce, banques, etc. Celles-ci peuvent ainsi estampiller leurs lettres à domicile, et le facteur qui apporte le courrier les emporte à chaque levée.

De plus, l'appareil peut, dans ce cas, se simplifier énormément. Plus n'est besoin de boîte qui reçoive et renferme les lettres estampillées, ni surtout, plus besoin de solder sou par sou l'affranchissement. Il suffit que l'appareil soit enregistreur, que chaque coup de timbre donné soit inscrit sur un cadran, qui donne à chaque instant la somme des lettres affranchies, comme le compteur à gaz les mètres cubes dépensés. L'instrument se réduit alors aux dimensions d'un timbre ou d'un cachet ordinaire, muni de son cadran enregistreur (analogue de tous points aux cylindres à chiffres des petits cachets, qui servent à la pagi-

nation des manuscrits, à la numérotation des billets de loterie, etc).

Lorsque le commerçant aura terminé et cacheté une lettre, il y apposera son timbre, et la lettre ainsi estampillée n'aura plus aucune manipulation à subir pour parvenir à destination. C'est le dernier degré de simplicité qui ne pourra être dépassé que le jour où l'Etat, père de famille, se chargera de porter les lettres gratis et franco.

L'appareil enregistreur, adapté à chacun de ces cachets, scellé et fermé, est remis au zéro seulement en présence de l'inspecteur ou au moins du directeur du bureau de poste, qui vient de temps en temps relever le chiffre inscrit et dresser la note. Ou bien plus simplement, lorsque le cadran enregistreur serait complètement rempli, l'appareil tout entier serait remis ainsi au bureau de poste, qui, sur le payement de la note, en délivrerait un nouveau mis au zéro.

Si les particuliers veulent estampiller aussi leurs cartes à domicile, il leur faudra avoir trois appareils différents, comme au bureau de poste. Mais ces appareils très simples seront d'un prix si modique, ils seront si avantageux, que personne ne voudra s'en passer.

Il sera de toute nécessité alors d'avoir, pour chacune des trois sortes d'appareils, des timbres différents correspondant aux différentes taxes d'affranchissement, afin que les lettres ne puissent pas être estampillées avec le timbre d'une des taxes inférieures. Cette distinction de forme ou de couleur sera facile à établir comme on l'a vu plus haut.

Il faudra surtout que l'on ne puisse pas se servir de cachets analogues, non soumis au contrôle de la poste, ou au moins rendre ces cachets inutiles. Pour cela, leur forme pourrait être changée de temps en temps, mais il serait à la fois plus simple et plus sûr, comme le fait actuellement la poste pour oblitérer les timbres, de se servir d'une encre spéciale, dont les réactions caractéristiques révéleraient immédiatement l'authenticité ou la fraude de l'estampille. En outre, les cachets porteraient le nom de la maison, avec la date et au besoin le numéro d'ordre de la lettre estampillée, ou bien le bureau de poste d'arrivée conserverait l'usage de timbrer le dos de la lettre pour fixer les dates, ce qui empêcherait absolument de faire servir à nouveau les enveloppes déjà estampillées.

Il est facile, dès lors, de juger après ce court aperçu des projets futurs, quels progrès ils apporteraient dans la facilité et la rapidité des correspondances. Il nous reste à appeler de tous nos vœux leur réalisation.

LE DEVELOPPEMENT DE L'INDUSTRIE DU FER AUX ETATS-UNIS

C'est en 1585 que furent découverts les premiers gisements de minerai de fer sur les bords du Roanoke, dans la Caroline du Nord, et Falling Creek, en Virginie, vit naître la première usine. Après trois ans de travaux préparatoires, les ouvrages déjà construits furent détruits par les Indiens en 1622 et les ouvriers massacrés. Ce n'est qu'environ un siècle plus tard qu'un nouvel essai fût tenté. La première usine établie dans des conditions de réussite fut celle de Lynn, dans le Massachusetts, avec l'aide de capitaux anglais et d'ouvriers anglais. En 1645, vingt cinq ans avant l'établissement de la colonie, et pendant un siècle l'État de Massachusetts, a été le siège principal de cette industrie aux Etats-Unis. En 1750, on commença à fabriquer de l'acier dans le Connecticut. Un siècle s'écoula entre la découverte du minerai et la fabrication du fer et un autre avant celle de l'acier. A l'heure présente, des mines du Minnesota aux usines de rails d'acier, une semaine suffit à la transformation.

Des mines connues au commencement du dix-huitième siècle, deux sont encore les plus importantes, tant sous le rapport de la quantité que sous celui de la qualité. Ce sont celles de Salisbury, dans le Connecticut, et de Cornwall, en Pennsylvanie. Les premières prirent de l'importance en 1731, et c'est de leur minerai que furent fabriqués les ancres, les canons et les mousquets en usage pendant la guerre de la Révolution. En 1735 commença l'exploitation des mines du Cornwall, qui pendant longtemps furent les plus riches du pays. Celles de Cranberry, dans la partie septentrionale de la Caroline du Nord, étaient connues dès la fin du siècle dernier, mais ce n'est qu'en 1830 que celles du Lac Supérieur furent découvertes, et leur exploitation ne commença qu'en 1845, en même temps que celles de l'Iron Mountain et du Pilot Knob, dans le Missouri. De l'expédition des minerais du Lac Supérieur aux hauts fourneaux de l'Est date le commencement de l'industrie du fer aux Etats-Unis. Ces expéditions, jointes à l'emploi du charbon bitumineux et du coke dans la fabrication du fer, causèrent le transfert de cette industrie à l'ouest des Alleghanies, qui s'opéra de 1870 à 1880.

En 1870, les Etats qui produisaient la plus grande quantité de fer étaient la Pennsylvanie, le Michigan, New-York, New-Jersey, l'Ohio et le Missouri. Aucun autre n'atteignait le chiffre de 100,000 tonnes.

En 1872, les sources principales de minerai à l'ouest des Alleghanies étaient le Lac Supérieur, le Lac Champlain et la région de l'Iron Mountain. Pendant cette année-là, Pittsburg reçut de ees mines environ 175,000 tonnes.

En 1880, la production fut à peu près la même. Le recensement de 1879 porte la quantité extraite à 7,974,806 tonnes. Sept Etats entrent pour 90 p. 100 dans la production, mais le développement des mines du Sud commence à se produire.

Quoique jusqu'à cette époque les importations de minerai de fer n'eussent pas été fortes, proportionnellement parlant, elles avaient pris une place importante dans les questions de politique nationale concernant l'industrie du fer. Les hauts fourneaux de l'Est, qui fabriquaient le Bessemer et d'autre fer en saumon dans le voisinage de la côte de l'Atlantique, désiraient la matière première à bon marché. Les frets de mer étaient bas, les minerais espagnols de Bilbao et des ports de la Méditerranée se vendaient à bon marché, quoique riches et purs. Les navires transatlantiques, en quête de fret chargeant avec du grain, du coton, du bois, du pétrole dans les ports américains, pouvaient prendre ces minerais comme fret de retour à un prix à peu près égal à celui du ballast. De là la hausse naturelle, automatique, du fret, complètement indépendante des conditions industrielles et commerciales. D'autre part, les hauts fourneaux de l'Ouest ne pouvaient pas profiter de ce bon marché de la matière première, ayant à ajouter au premier prix celui du transport jusqu'à leurs usines. Pour ces raisons, l'Est et l'Ouest s'unirent pour faire ressortir l'importance du développement des ressources indigènes. Cependant, le prix des minerais de l'Ouest était élevé et on croyait généralement que les qualités requises pour la fabrication du Bessemer étaient épuisées ou sur le point de l'être. Avant 1879, les importations de minerai aux Etats-Unis ne dépassaient

Deux Stimulants de Qualité

Que tout marchand soucieux du soin de sa clientèle devrait avoir dans les rayons de son établissement.

LE CAFÉ DE Madame HUOT

Préparé d'après la formule acquise de Madame Huot propriétaire d'un hôtel de famille, célèbre à Paris, et qui a obtenu dans cette ville, **3 Médailles** et **plusieurs Premiers Prix**, combine la force et l'arôme des cafés les plus estimés des gourmets parisiens.
Ce mélange ne contient que des **Cafés purs.** Canistres de 1 lb à 31c, 2 lbs à 30c par lb.

Le Thé Nectar

Mélange parfait des **Thés noirs** de **Ceylan,** des **Indes** et de la **Chine.** Une combinaison savante qui produit la richesse et le parfum délicat de liqueur et une boisson saine et rafraîchissante dans ses effets.

LE NECTAR N'A PAS SON EGAL.

Paquets en plomb à 21c, 26c, 38c et 45c, se détaillent à 26c, 35c. 50c et 60c.
Boîtes de fantaisie de 1 lb à 32½c, 42½c et 50c. Boîtes de fantaisie de 3 lbs à $1.50 la boîte.

CONDITIONS : 3% 30 JOURS.

E. D. MARCEAU, La Maison par Excellence pour les Thés, les Cafés et les Epices de haut grade en gros.

296 RUE ST-PAUL, MONTREAL.

MRS. HOLBROOK'S

Golden German Salad

Cet élégant condiment a été préparé, au début, dans notre établissement, sous la direction personnelle de Mme Holbrook, une ménagère accomplie et une cuisinère expérimentée.

Ce n'est pas une sauce pour la salade, mais un assaisonnement sous la forme d'une salade de légume et comme tel, il n'a pas son égal. Nous n'avons jamais auparavant produit un article qui ait reçu une approbation aussi universelle.

Empaqueté dans de jolies bouteilles de 18 oz. fermées dans le vide. Prix $2.88 la douzaine.

New England Tomato Relish

constitue ce qui s'est jamais fait de meilleur dans les préparations de tomates. Il est préparé avec des fruits frais, mûrs, d'après un procédé scientifiquement exact; on n'emploie aucune coloration artificielle quelconque. Il ajoûte une délicieuse saveur à tous les mets avec lesquels on sert généralement des condiments de cette nature. C'est particulièrement l'article à employer avec les fèves au lard et les huitres cuites ou frites.

Empaqueté seulement dans des bouteilles d'une chopine complète, de forme triangulaire, avec couvercle se vissant, emballé avec goût. Prix: $2.88 la douzaine.

Lorsque vous achetez l'un ou l'autre de ces articles, vous obtenez véritablement ce qu'on peut avoir de meilleur.

SKILTON, FOOTE & CO., - - Boston, Mass.

AGENTS POUR LA PROVINCE DE QUEBEC:

THE FOREIGN CHEESE IMP. Co., 9, rue St-Pierre, Montreal.

pas 100,000 tonnes par an, mais à dater de cette époque elles augmentèrent considérablement. En 1879, elles s'élevaient à 284,141 tonnes, en 1880 à 782,887, pour tomber en 1884 à 487,820 et en 1885 à 390,786.

Largement 15 0/0 des importations de 1885 le furent pour compte des hauts fourneaux de la Pennsylvanie, mais cet accroissement dans l'importation du minerai n'empêcha pas le développement des mines de l'Est, qui eut pour conséquence une baisse de 37½ p. c. en cinq ans sur le prix des minerais des Lacs.

De 1870 à 1880, le point le plus saillant dans la production du minerai fut l'augmentation de celles du Lac Supérieur, de la Pennsylvanie, de New-York et du New-Jersey. Les prix tombèrent de 1[illegible] dollars la tonne livrée à Cleveland, Ohio, en 1873, à 7 dollars 50 au commencement de 1875. Le développement de l'Ouest et la construction de voies ferrées stimulèrent la demande pour le minerai. Le mouvement du produit du Lac Supérieur, qui n'était en 1860 que de 114,400 tonnes, s'élevait en 1870 à 859,907 et en 1880 à 1,997,598.

Le fait que la consommation indigène du minerai de fer était, à cette époque, le double de la production des principales mines, explique le développement des intérêts miniers. La tendance à concentrer les usines dans une région et à réaliser des économies sur les frais de transport n'avait pas encore eu pour effet de fermer nombre de mines locales, qui ont depuis succombé devant la baisse du minerai. La balance des minerais indigènes provenait, à ce moment-là, de mines situées dans tous les Etats et Territoires qui produisaient le fer en saumon et qui étaient situés à proximités des hauts fourneaux. Il existait à cette date très peu d'Etats ou Territoires dans lesquels on n'avait pas découvert de mines de fer.

Chaque Etat cherchait alors à se rendre indépendant de son voisin, et de là d'innombrables essais d'exploitation de mines dans le but d'établir des hauts fourneaux dans la région même. Plus tard, on visa à consolider les intérêts miniers et manufacturiers. Sous l'empire de cette tendance, le mouvement vers l'exploitation se manifesta dans trois directions définies, comme le prouve la situation du minerai de fer vers 1885. La première fut le développement systématique des mines du Sud causé par les efforts des fabricants d'acier Bessemer pour découvrir de nouvelles sources où ils pourraient trouver la qualité de minerai qui leur était nécessaire. La seconde, la réduction des droits d'entrée sur les minerais de fer de 20 p. c. à 75 cents par tonne à dater du 1er juillet 1883, afin de permettre l'importation des Bessemer que l'industrie tirait en grande quantité du Canada et de Cuba. Le troisième effet de la situation nouvelle fut l'influence de ces deux sources étrangères et des Etats du Sud sur les intérêts miniers de l'Est. L'expérience du New-Jersey comme Etat producteur de minerai est une des preuves de la réduction dans la Nouvelle-Angleterre et ailleurs. C'est en 1884 que cet Etat atteignit son plus haut chiffre de production. Le géologue de l'Etat dit dans son rapport :

" Le bas prix du minerai a été la cause d'une diminution dans la production et de la fermeture de nombre de mines. Les fortes et toujours croissantes importations d'Espagne et d'Afrique nuisent à nos mines depuis que ces espèces peuvent être délivrées à nos hauts fourneaux près de la côte à des prix inférieurs à ceux du New Jersey." Evidemment, dès cette époque, l'industrie du fer et de l'acier avait posé les fondations nouvelles de son futur développement en se créant des ressources nouvelles et plus abondantes, et en augmentant la consommation des produits fabriqués à l'aide des bas prix du fer et de l'acier. En 1885, le fer en saumon tomba à 18 doll. la tonne et les rails d'acier se vendirent en moyenne à 28 doll. 50. Le progrès ne dépendait plus de l'entreprise locale, il suivait la ligne de l'obtention au meilleur marché possible de la matière première.

Sur 591 hauts fourneaux qui existaient aux Etats-Unis en 1885, les 315 éteints étaient généralement les plus anciens, les plus petits et ceux bâtis dans les localités les plus éloignées de la côte. Le mouvement de la fabrication du fer et de l'acier avait commencé à se concentrer sérieusement dans la direction des lieux de production les plus importants, mais si les usines étaient moins nombreuses, elles étaient de beaucoup plus importantes. Ce fait est la base de la concentration de cette industrie telle qu'elle existe aujourd'hui. Les localités principales restent les mêmes—la côte de l'Atlantique et le sud des Alleghanies.

Sur cette base, nous pouvons maintenant comparer les importations de minerai de fer avec la production indigène à dater de 1886. Cette année-là, les importations dépassèrent un million de tonnes et la production indigène atteignit le chiffre de 10 millions. En 1899, l'importation a été de 674,000 tonnes et la production de 24,683,17[illegible] tonnes.

L'existence de stocks de minerai aux mines est un facteur important dans le commerce. Dans les Etats du Sud ces stocks sont faibles parce que les hauts fourneaux sont peu éloignés et que les transports ne sont que rarement interrompus, contrairement à ce qui a lieu pour les lacs. Quand la navigation est fermée, la distribution cesse de ce fait, mais la production continue, ce qui cause une accumulation aux mines pendant quatre ou cinq mois de l'année. Au 31 décembre 1894, les stocks de cette nature représentaient 3,236, 199 tonnes et en 1898, 2,846,457 tonnes. Ces stocks ne produisent pas, généralement parlant, l'effet ordinaire de surplus sur le prix du minerai parce qu'ils sont contrôlés par les grands usiniers. De plus, dans l'état actuel du développement des mines, celles-ci sont tellement grandes et le coût d'extraction est si faible, que l'on peut accumuler ces stocks sans frais assez importants pour qu'ils puissent augmenter le coût de la production.

En comparant les quantités importées et la production indigène, on voit que, pour le moment du moins, la compétition entre les deux sources est des plus restreintes et que les prix des deux produits ont une tendance marquée a conserver le même niveau.

NOIRCISSAGE DU CUIR

Difficulté à surmonter. — Traitement. — Dosage. — Conseils.

Le noircissage du cuir est une occupation que peu d'ouvriers se soucient d'apprendre à fond. Lorsqu'il arrive que l'on veut noircir un lot de cuir, qui est resté quelque temps en magasin et qui est probablement couvert de moisissure, on s'aperçoit qu'en dépit d'un frottement répété, le noir ne prend pas, mais reste à la surface comme de l'eau jusqu'à ce que l'humidité traverse jusqu'au côté chair, formant des taches noires, tandis que sur la fleur se trouvent de grandes taches brunes où le noir n'a pas pris.

Afin de faire le noircissage facilement et bien, il faut ce qui suit : une pièce bien chauffée, un banc uni et de niveau, une brosse à frotter en soie de porc pour la mixture tinctoriale et une brosse plus molle pour

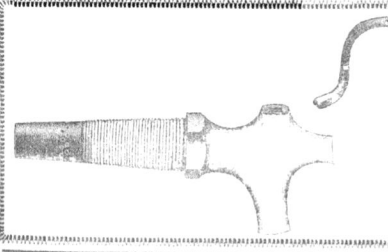

noircir (brosse à faire reluire les chaussures). Pour le traitement du cuir on se sert de soude, d'extraits de bois de campêche et de bois jaune des Antilles pâteux et de pyrolignite de fer.

On emploie la soude en faisant le jus à étendre sur le cuir et la quantité d'eau ou de jus de tan à employer en même temps dépend de l'épaisseur du cuir. La meilleure proportion est celle qui donne au jus un toucher lisse. On peut en ajouter un peu plus, à n'importe quel moment, si l'on s'aperçoit que les taches de graisse ne sont pas saponifiées.

Le jus colorant consiste en trois parties d'extrait de bois, en une partie d'extrait de bois jaune et en une quantité suffisante d'eau. L'extrait pâteux est préférable à celui en poudre parce qu'il est plus pur et qu'il se mélange plus rapidement avec l'eau. L'ouvrier lui-même peut faire le pyrolignite de fer en remplissant un tonneau de débris de fer propres et en les couvrant de vinaigre de bois (acide pyroligneux), au bout de deux semaines on retire la solution qui est prête à employer et on l'éclaircit en ajoutant un gallon d'eau pour chaque 2 gallons de pyrolignite.

Il faut faire disparaître du cuir à noircir toute graisse pouvant adhérer au côté chiar, on l'étend alors sur toute sa longueur sur le banc, avec assez de largeur pour pouvoir frotter vigoureusement avec la brosse. On mouille alors le cuir et l'on applique le jus à frotter sur environ la moitié de sa longueur, puis l'on frotte à fond; il faut apporter une attention toute spéciale pour faire disparaître les taches de graisse. Avant de continuer le frottement, la portion déjà faite doit être de nouveau mouillée et laissée au repos jusqu'à ce que le reste du cuir déjà mouillé soit frotté et remouillé. On traite alors le reste du cuir de la même manière.

Il faut toujours avoir soin qu'il ne reste aucun tache de graisse sur le cuir; s'il en reste, il faut les mouiller à nouveau et frotter jusqu'à ce qu'elles aient entièrement disparu.

Le travail et la disparition des taches de graisse sont toujours facilités lorsque l'on mouille le cuir avant d'appliquer le jus à frotter. On applique alors le jus tinctorial avec une autre brosse puis l'on brosse bien.

L'application du pyrolignite de fer et le noircissage effectués, chacun avec des brosses différentes, le travail devient facile, pourvu que le frottement soit fait intelligemment.

Il faut avoir soin, lorsque l'on travaille une peau trop grande pour être noircie d'un seul coup, de ne laisser le noir toucher aucune partie n'ayant pas été frottée. On peut arriver à ce but en faisant une raie avec la brosse à noircir, en dehors de laquelle le travail n'est pas à faire.

Il ne faut pas mélanger le jus à frotter avec le jus tinctorial, le mélange rend le travail plus difficile parce que les taches de graisse se trouvent recouvertes.

Dans la pratique, ce frottement peut être facilité en chauffant préalablement à fond le cuir. Lorsque l'on peut placer le banc servant au noircissage dans le voisinage de l'étuve, de manière que l'on puisse suspendre une peau dans l'étuve pendant qu'on en noircit une autre, le frottement se fait facilement

Il ne faut pas essayer de garder chaud le jus à frotter.

Le noircissage ou le renoircissage de cuir couvert de moisissure peut être simplifié et bien fait, en mouillant à fond au moyen de jus à frotter puis en étendant dessus de la vallonée ou du myrobolam moulu et en frottant avec la même poudre, après quoi on peut noircir comme on le fait pour du cuir non moisi.

Les composés noircissants, introduits récemment avec succès, ne conviennent pas aux cuirs qui doivent être travaillés longtemps après avoir été noircis.

(Traduit du *Farberzeitung* pour *La Halle aux Cuirs*).

M. James Robertson

Nous avons le regret d'annoncer la mort de M. James Robertson, président de la Compagnie Anonyme James Robertson et l'un des principaux hommes d'affaires du Dominion, décédé mardi à midi, après une longue maladie, à l'âge de 69 ans.

M. Robertson, né en Ecosse de parents pauvres, avait réalisé à Montréal une grande fortune dans le commerce des métaux. La maison fondée par lui a des succursales à Toronto, Winnipeg, St-Jean (N.-B.) et Baltimore. A l'âge de 33 ans il avait épousé Mlle Morris, de Ste-Thérèse. Il laisse, outre sa femme, quatre fils—James, John, Charles et Alexander—et deux filles. C'était un homme d'une haute probité.

Portes et charnières qui grincent

Il n'est rien de plus insupportable et de plus agaçant qu'une porte qui grince sur ses gonds.

Si l'on endure ce bruit, il ne faut s'en prendre qu'à soi, car il suffit d'un peu de suif pour l'arrêter. N'avez-vous pas de suif sous la main, recourez à un peu de savon ou bien encore tout simplement à la plombagine, en frottant la fiche avec un crayon ordinaire, un peu tendre, et tout bruit disparaîtra à l'instant.

REVUE COMMERCIALE ET FINANCIERE

FINANCES

Montréal 20 décembre 1900.

La Bourse de Montréal est devenue plus active; une bonne partie des valeurs qui y sont cotées ont vu des transactions et presque toutes sont à des cours plus élevés que la semaine dernière.

Nous parlons ici des valeurs qui prêtent à la circulation, mais pour les actions de banque qui s'achètent comme placement, c'est plutôt le contraire qui a lieu.

Pour en revenir aux valeurs manipulées par les professionnels de la bourse, on pourrait se reporter à deux ou trois mois en arrière pour constater les différences plus que sensibles existant entre les cours actuels et ceux de la période noire. La hausse poussée comme elle l'a été depuis lors sur certaines valeurs est-elle solide, est-elle étayée sur une une base sérieuse. Un avenir très prochain nous le dira sans doute.

Les valeurs suivantes sont celles sur lesquelles il s'est fait des ventes durant la semaine; les chiffres sont ceux obtenus à la dernière vente opérée pour chaque valeur:

C. P. R.	89
Duluth (ord)	6
" (pref.)	16
Montreal Str. Ry	275
Twin City	$69\frac{1}{4}$
Toronto St. Ry	$109\frac{1}{8}$
Richelieu et Ontario	109
Halifax Tr. (bons)	....
" (actions)	99
St John Ry	$117\frac{1}{4}$
Royal Electric	$206\frac{1}{2}$
Montreal Gas	209
Col. Cotton (actions)	....
" (bons)	....
Dominion Cotton	$88\frac{1}{2}$
Montreal Cotton	135
Cable Comm. (actions) ex-div.	$165\frac{1}{4}$
" " (bons)	101
Dominion Coal, pref	$109\frac{1}{4}$
" " bons	....
" " (ord)	....
Intercolonial Coal	55
" " (pref)	80
Montreal Telegraph	$172\frac{1}{2}$
Bell Telephone	$173\frac{3}{4}$
Laurentide Pulp	114
" " (bons)	....
War Eagle	105
Centre Star	....
Payne	78
Republic	62
North Star	....
Montreal & London	6
Virtue	31

En valeurs de Banques, il a été vendu:

Banque de Montréal	$255\frac{1}{2}$
" Molson	$190\frac{1}{4}$
" du Commerce	$148\frac{1}{4}$
" d'Hochelaga	129
" de Québec	120
" Ontario	124

COMMERCE

Le début de la semaine a été favorisé par une excellente température de saison; malheureusement, depuis deux jours, nous avons du dégel et ce changement ne peut être que défavorable aux affaires à tous les points de vue. Le froid revenant avant les fêtes, le commerce n'aurait pas les craintes qui l'assiègent aujourd'hui.

Le commerce de détail dans certaines lignes, avec un hiver ayant commencé rudement et tôt s'est approvisionné un peu plus largement que de coutume et maintenant il faut vendre les marchandises. La saison ne peut être bonne pour ces marchands que si le dégel cesse rapidement. Quant au commerce des fêtes en général, il est d'autant plus brillant que la neige et le froid existent. Pour quoi? On n'en sait rien, mais l'expérience est là qui le prouve.

Une grève des charretiers d'une forte compagnie de camionnage est venue retarder les livraisons du commerce de gros qui se trouve obligé de chercher des charretiers partout où il en peut trouver quand il en trouve. C'est un contretemps fâcheux qu'une grève, mais celle-ci arrive bien mal à propos de toutes façons.

Une autre déconvenue est celle de la cessation des travaux un peu brusque du Syndicat Conners. Nous avons lieu de craindre que le port de Montréal ait à regretter que la construction des élévateurs dont le besoin se fait trop sentir, ait été concédée à ce syndicat.

La Commission du port nous semble décidée à ne pas laisser les choses traîner en longueur. Nous espérons qu'elle montrera quelque fermeté en la circonstance et qu'elle déploiera toute l'énergie voulue pour que le port ne soit pas à la merci d'un syndicat qui n'a déjà reçu que trop de faveurs pour l'exécution de son contrat.

Cuirs et Peaux. — La situation est moins ferme; les tanneurs paient les peaux vertes meilleur marché. La baisse aux Etats-Unis a donné à réfléchir à la tannerie dont les membres, comme on le sait, s'entendent fort bien entre eux. Le cuir qui était rare tant que les prix étaient fermes, ne l'est plus. Les commerçants et manufacturiers qui tiraient la langue alors qu'ils avaient le plus besoin de matière première, en obtiennent autant qu'ils veulent maintenant que le calme est venu. Les prix des cuirs sont moins fermes, mais il n'y a pas baisse réelle.

Avec la baisse dans le prix des peaux vertes, il devrait y avoir logiquement baisse dans le prix du cuir dès que les peaux payées moins cher seront mises en œuvre. Mais ce n'est pas toujours la logique qui guide les tanneurs combinés.

Les prix des peaux de bœuf payés aux bouchers sont de 8, 7 et 6c pour les Nos 1, 2 et 3 respectivement.

Les autres peaux restent aux anciens prix de notre liste d'autre part.

Epiceries, Vins et Liqueurs — Toujours bonne demande en articles de fêtes pour les épiceries et pour la ligne des vins et liqueurs en général.

Les sucres ont une vente modérée; l'incertitude des cours, depuis quelque temps, rend les acheteurs prudents, ils n'achètent que pour leurs besoins immédiats.

Les mélasses sont toujours fermes et sans changement de prix.

Les pommes au gallon de la nouvelle récolte se vendent à $1.80 la doz, au lieu de $2.15 précédemment.

L'orge moudée (pot barley) s'obtient maintenant à $4 le quart et $1.95 le sec.

Les fèves blanches ont une légère hausse, on les vend à la livre de 2$\frac{3}{4}$ à 3c.

Les chandelles de paraffine ont baissé de $\frac{1}{2}$c à la lb, on cote de 11$\frac{1}{2}$ à 12c la lb.

Même baisse pour le câble Sisal dont les prix varient de 8$\frac{1}{2}$ à 10c.

Bien que la maison Eddy ait, comme nous l'avons annoncé, repris la fabrication des allumettes, elle ne livre pas les "Telephone" en ce moment; le commerce de gros n'en sera guère pourvu avant le mois de janvier.

Le soufre en poudre a subi une avance, on le vend de 2 à 3c la lb.

Fers, ferronneries et métaux.—Les prix sont tenus fermes sur toute la ligne. Il est difficile de prévoir ce qui ressortira de la réunion des manufacturiers qui aura lieu au commencement de janvier; cependant, si nous en croyons certaine rumeur, l'Association considèrerait la question d'une hausse sur les clous coupés. Nous donnons la rumeur pour ce qu'elle peut valoir, elle indiquerait cependant la fermeté de l'article.

Huiles, peintures et vernis.—L'huile canadienne de pétrole ordinaire est en baisse de $\frac{1}{2}$c. On vend maintenant 16c le gallon au quart.

Baisse egalement sur les huiles de lin que nous cotons 80c pour l'huile crue et 83c pour l'huile bouillie; c'est 2c le gallon de moins que nos cotes précédentes.

L'essence de térébenthine recule également de 2c à 62c le gallon.

L'huile de ricin est à prix fermes.

Poissons.—Le marché est mieux approvisionné; nous maintenons nos anciens prix, sauf pour la morue pelée qui est en hausse à $4.25 la caisse de 100 lbs.

Salaisons, Saindoux, etc. — Les prix sont stationnaires à notre liste d'autre part.

REVUE DES MARCHÉS

Montréal, le 20 déc. 1900.

Les derniers avis télégraphiques cotent comme suit les marchés d'Europe:

Blé en transit tranquille sans transactions: Maïs ferme mais sans activité; chargements de blé de Walla Walla février et mars 28s 6d. Maïs américain ex-navire 20s 9d; avoine canadienne mélangée janvier 15s 1$\frac{1}{2}$d.

Liverpool—Blé et maïs disponibles soutenus. Blé de Californie Standard No 1 6s 2d à 6s 2$\frac{1}{2}$d. Blé du printemps No 2 6s 2$\frac{1}{2}$d à 6s 3d. Futurs: Blé terne, février 5s 11$\frac{3}{4}$d; mars 6s. Maïs ferme, janvier 3s 10$\frac{5}{8}$d; mars 3s 9$\frac{1}{4}$d. Maïs américain mélangé, nouveau 4s 1$\frac{3}{4}$d à 4s 2d.

Paris—Blé faible déc. 20.10, juin 21.30; farine, tranquille; déc. 26.00, juin 27.25.

On lit dans le *Marché Français* du 1er décembre 1900:

"Les premiers jours decette semaine ont encore été marqués par des pluies abondantes, accompagnées d'une température douce, qui ont favorisé le développement des dernières céréales semées, mais qui ont également fait progresser les mauvaises herbes d'une manière quelque peu inquiétante. Depuis deux jours, le temps est heureusement plus sec et plus froid et la neige parait même vouloir tomber; elle serait bien accueilli epar toute la culture, qui, sans se plaindre positivement de ses récoltes, verrait généralement avec plaisir survenir une température plus rude."

Le marché de Chicago fermait hier en hausse sur la nouvelle de pluies fâcheuses dans la république Argentine. Cependant comme le marché manquait d'animation et que les recettes de blé sur les points de livraison étaient fortes on prévoyait une réaction prochaine, d'autant plus que la demande du dehors était à peu près nulle.

Aujourd'hui, le marché a fermé à très peu de chose près aux cours d'hier, à peine $\frac{1}{8}$c. de différence:

Blé: janvier, 70$\frac{1}{4}$ et mai 73; maïs: janvier 37 et mai 36$\frac{1}{4}$; avoine: janvier 21$\frac{3}{4}$ et mai 23$\frac{3}{4}$c.

MARCHÉS CANADIENS

Nous lisons dans le *Commercial* de Winnipeg du 15 courant:

Le marché local est terne et sans transactisns. La navigation des lacs est close et les arrivages de blé de l'Ouest sont en diminution. Jusqu'à présent peu de blé a été expédié par rail; la demande de l'Ontario est limitée et l'on ne pense pas encore à exporter. Voici les dernières cotes: No 1 dur 76$\frac{1}{2}$c, No 2 72c, No 3 65c; No 3 du Nord, 61$\frac{1}{2}$c; No 3 grossier 61c en magasin à Fort William.

Le marché de Montréal est tranquille.

L'avoine en magasin est toujours aux anciens prix de notre liste, c'est-à-dire de 30 à 30$\frac{1}{2}$c.

On cote à la campagne sur rails: pois de 60 à 60$\frac{1}{2}$c; sarrasin de 50 à 50$\frac{1}{2}$c; orge No de 40 à 40$\frac{1}{2}$c et seigle de 47$\frac{1}{2}$ à 48c.

Les farines de blé ont une bonne demande locale aux anciens prix, sauf pour les straight rollers que nous cotons à des prix plus bas de 10 à 30c suivant qualités et marques.

Les issues de blé toujours en bonne demande restent aux anciens prix d'autre part.

Les farines d'avoine ont une demande modérée à prix un peu moins fermes. Nous cotons pour les bonnes qualités de $3.30 à $3.50 au baril et de $1.60 à $1.70 au sac.

FROMAGE

MARCHÉ ANGLAIS

MM. Marples, Jones & Co. nous écrivent de Liverpool le 7 décembre 1900:

"Les fromages de fabrication d'été en bonne condition de 47s à 50s ont une demande modérée; il y a eu aussi un peu de spéculation sur les fromages doux de choix, d'octobre à 51s mais ceux de septembre sont toujours tranquilles. Les blancs et colorés "lightly scimmed" ont une certaine demande, mais les "scims" ordinaires ne sont pas demandés.

"Nous cotons:

	s. d.		s. d.
Fine meaty night Scims............	38 0	à	42 0
Blanc de choix, Canada et E.-U.	47 0	à	50 0
Coloré de choix, Canada et E.-U.	50 0	à	52 0
Blancs de choix septembre	52 0	à	53 0
Coloré " "	53 0	à	54 0

MARCHE DE MONTREAL

Les stocks du fromage d'arrière-saison sont presque complètement épuisés. La plus grande partie des 66,000 boîtes exportées depuis que la navigation du St-Laurent est fermée était de la fabrication d'octobre et de novembre. Bientôt il ne restera plus que les fromages de septembre qui, comme on le sait, ont été payés de bons prix aux producteurs. Les détenteurs, pour s'en dessaisir attendront une hausse que nous souhaitons sur le marché anglais; actuellement ils ne vendraient guère qu'à perte.

La cote est de 9$\frac{1}{4}$ à 10c, suivant qualité, pour le fromage d'arrière-saison.

BEURRE

MARCHE ANGLAIS

MM. Marples, Jones & Co. nous écrivent de Liverpool le 7 déc.

"Les qualités de choix, autres que les Danois, sont fermes et en bonne demande; mais les beurres Canadiens de crêmeries strictement parfaits sont actuellement en faible approvisionnement. Il n'y a toujours pas de demandes pour les laddles, et les qualités moyennes n'ont qu'un petit mouvement d'affaires.

"Nous cotons:

	s.		s.
Imitation crêmeries, E.-U., choix.	72	à	75
Crêmerie, frais, E.-U., choix, boîtes nominal	96	à	100
Irlande, choix, boîtes	90	à	94
Crêmerie, canadien, choix, boîtes..	102	à	106
" Irlande, choix, boîtes....	110	à	116
" Danemark, en barils et sur choix............	110	à	125
Australie, choix, en boîtes........	102	à	106
Nouv.-Zélande do	104	à	108

MARCHÉ DE MONTREAL

Les stocks ne sont pas très forts sur notre place et la demande locale est très satisfaisante. On paie le beurre de crêmerie, à la campagne de 21½ à 21¾c en grosses tinettes et 22c en petites tinettes.

Les beurres des townships de l'est obtiennent 20c, les beurres de fermes de 17 à 19c et les rouleaux de 19 à 20c.

ŒUFS

MM. Marples, Jones & Co, nous écrivent de Liverpool le 27 décembre :

Les œufs n'ont qu'une demande modérée. Les œufs canadiens sont abondants sur le marché.

Nous cotons :

	s	d		s	d
Œufs frais du Canada et des E.-U	7	9	à	8	6
" conservés à la glycerine	7	3	à	7	9
" " à la chaux	7	0	à	7	6
" " frais d'Irlande	12	0	à	13	0
" " du Continent	6	6	à	8	0

Peu d'arrivages sur le marché de Montréal avec bonne demande. Nous cotons : frais d'automne de 24 à 25c ; conservés en glacière, de 18 à 20c ; mirés, 16c et chaulés de Montréal de 15½ à 16c la doz.

GIBIER ET VOLAILLES

Excellente demande, principalement pour les volailles. Le gibier moins abondant et une bonne demande pour les perdrix en a élevé le prix. On cote la paire 90c pour No 1 et 65c pour No 2. Les lièvres sont à 25c la paire. Le chevreuil n'arrive plus à vrai dire et bientôt on n'en pourra plus vendre dans le détail en vertu de la loi de chasse et pêche.

Mous cotons pour les volailles ; poules et poulets de 6 à 7c ; oies de 6 à 7c ; canards de 7 à 8c. et dindes, en hausse, de 9½ à 10c la lb.

POMMES

MM. J. C. Houghton & Co, nous écrivent de Liverpool le 6 déc. 1900 :

"Les pommes ont une demande active croissante, et les ventes d'hier des meilleures pommes du Maine et du Canada indiquent une avance de 3s à 4s sur les prix de la semaine dernière. Comme on pourrait s'y attendre à cette saison de l'année, les Newtowns Pippins de bonne qualité commandent de pleins prix. Les Newtons de Californie, en boites, dont l'approvisionnement dernièrement a été considérable, ont également bénéficié de l'amélioration dans la demande.

PRIX A L'ENCAN

Pommes	Vendredi nov. 30		Lundi déc. 3.		Mercredi déc. 5.	
	s. d.	s. d.	s. d.	s. d.	s. d.	s. d.
Canadiennes, barils.						
Greening	11 6	16 3	11 3	14 9	10 9	20 0
Baldwin	11 9	15 0	13 0	14 6	14 0	19 3
Phœnix						
King					13 0	23 6
Ben Davis	11 9	12 9	10 6	13 3		
N. Spy	10 6	13 3			12 0	20 6
G. Russet	10 6	13 3	10 9	15 0	13 6	16 9
Cramberry						
Américaines.						
Greening	11 3	15 9			15 3	16 0
Baldwin	8 0	14 1	10 6	11 6	11 3	18 0
Kings	19 0	21 0				
Newtown Pippin	16 9	20 0	11 9	29 6	17 3	30 0
Ben Davis					13 6	15 0
York Imperial						
Winesap						
N. Spy	12 6	14 6				
Californie.						
Newtown Pippins	7 9	8 0	7 6	7 9	7 0	9 0

ARRIVAGES

	Barils.
Arrivages pour la semaine finissant le 4 déc. 1900	33945
Arrivages antérieurs depuis le 1er juillet 1900	397415
Total des arrivages au 4 déc. 1900	431360
Du 1er juillet 1899 au 4 déc. 1899	356667

LEGUMES

Les pommes de terre sont payées 47c les 90 lbs au char et on les détaille à 55c les 90 lbs.

Les prix des haricots triés à la main sont cotés de $1.30 à $1.50 par minot en lot de char complet.

On cote :

Salade, de Waterloo, 50c la doz.
Salade de Boston, de $1.00 à $1.10 la doz.
Choux, de 25 à 30c la doz.
Tomates de Waterloo, 30c la lb.
Tomates de Floride, $6.00 la boite de 6 casseaux.
Carottes, $1.00 le quart.
Navets, de 40c à 50c le sac.
Radis, de 40 à 50c la doz.
Choux fleurs, de $2.50 à $4.50 la doz.
Choux de Bruxelles, 25c la pinte.
Fèves vertes, $5.00 le quart.
Céleri de Californie, $4.50 la doz de paquets.
Salsifis, 40c la doz de paquets.
Epinards, $3.00 le quart.
Cresson, 60c doz. de paquets.
Concombres, de $2.00 à $3.00 la doz.
Aubergines, $2.00 la doz
Céleri, 10c à 40c la doz. de paquets.
Patates sucrées, de $2.75 à $4.00 le quart.
Betteraves, 40c. la doz. de paquets.
Oignons rouges, de $1.75 à $2.00, le baril.
Oignons jaunes, de $1.75 à $2.00 le baril.
Oignons d'Espagne au crate de 75 à 80c.
Oignons d'Egypte, $2.25 les 165 lbs.

FRUITS VERTS

Nous cotons :

Ananas, 25c la pièce.
Atocas, de $6.00 à $8.00 le quart.
Bananes, de $1.00 à $2.00 le régime.
Pommes, de $1.50 à $3.50 le quart.
Oranges Seedlings, $3.00 la caisse.
Oranges du Mexique, de $2.75 à $3.00 la caisse.
Oranges de la Jamaique, $5.50 le baril.
Citrons de Messine, de $2.25 à $3.00 la caisse.
Raisins de Malaga, de $5.00 à $6.00 le baril.

PORCS ABATTUS

L'arrivée d'une température plus douce et les recettes plus fortes de porcs abattus sont une gène momentanée pour ce genre de commerce. La demande s'est ralentie et les prix sont moins fermes. Nous cotons de 7¼ à 7½c pour les porcs frais tués en excellente condition.

FOIN PRESSE ET FOURRAGES

MM. Hosmer, Robinson & Co., nous écrivent de Boston le 13 décembre 1900 :

Les arrivages pour la semaine dernière ont été 348 chars de foin et 12 chars de paille. 10 chars pour l'exportation.

Pendant les cinq jours correspondants de l'an dernier, 356 chars de foin et 38 chars de paille, 40 chars de ce foin destiné à l'exportation.

Le foin et la paille sont en bonne demande et le marché est en condition favorable. Nous conseillons d'expédier.

Nous cotons :

	Grosses balles.	Petites balles.
Foin, choix	$18.00 à $19.00	$17.50 à $18.50
— No 1	17.00 à 18.00	16.50 à 17.50
— No 2	16.00 à 17.00	16.00 à 17.00
— No 3	15.00 à 16.00	15.00 à 16.00
— mél. d. trèf.	15.00 à 16.00	15.00 à 16.00
— trèfle	15.00 à 16.00	15.00 à 16.00
Paille de seigle long	16.00 à 17.00	
— mêlée	11.00 à 12.00	11.00 à 12.00
— d'avoine	9.00 à 9.50	9.00 à 9.50

Le arrivages à Montréal sont peu importants ; la demande est bonne. On obtient parfois 50c. de plus par tonne que les prix que nous donnons ci-dessous.

Nous cotons :

Foin pressé, No 1 à choix	$ 9 50 à 10 50
do do No 2	8 50 à 9 55
do mél. de trèfle	7 50 à 8 00
Paille d'avoine	4 50 à 5 00

NOTES SPECIALES

"Si vous désirez de la belle marchandise pour le temps des fêtes de Noël et du jour de l'an, adressez-vous à la maison Jos. Côté marchand de tabac, Québec, où, on reçoit actuellement une foule d'articles les mieux appropriés pour ces circonstances. Vous y aurez sûrement ample et entière satisfaction."

Thé

La maison L. Chaput, Fils & Cie, vient de recevoir 300 boîtes de son fameux thé Japon Hibou No 100, ainsi qu'un envoi de thé noir Oolong de Formose et de Scented Orange Pecoe qui entrent dans le mélange des thés Maharadjah mis en boîtes décorées de 10, 30 et 60 lbs. Demandez prix et échantillons.

Tabacs

Au premier rang — toujours — les tabacs coupés et en poudre de la maison B. Houde et Cie de Québec. Les consommateurs leur accordent la préférence et les marchands y gagnent un bon profit. Demandez prix et échantillons à B. Houde & Cie manufacturiers Québec ou à J. C. Moquin, 43 rue Saint Gabriel, Montréal.

Provisions

MM. St Arnaud et Clément, marchands de provisions 4 rue Foundling, qui font un grand commerce de fromage, de beurre et d'œufs, s'occupent également du commerce de volailles, gibier, porcs en carcasse. Ils achètent ferme ou reçoivent en consignation pour revendre au plus haut prix du marché. MM. St Arnaud & Clément possèdent une grande expérience qui est toute à la disposition de leurs clients.

Caisse Nationale d'Economie

Les personnes désireuses de s'inscrire à cette société pour l'année 1900 devront donner leur application avant le 31 décembre. L'année dernière plusieurs centaines de demandes d'inscription pour l'année 1899 ont dû être refusées parce qu'elles ont été envoyées trop tard. Demandez des blancs d'application pour vous et vos enfants aux agents autorisés ou au Bureau principal, Monument National, Montréal.

Le "Grocery World" de Philadelphie

Nous félicitons nos confrères de Philadelphie du beau numéro spécial qu'ils offrent à leurs lecteurs à l'occasion de Noël. Ce *Christmas Number*, en couleurs, contient de nombreux articles originaux, avec les portraits des auteurs de ces articles, et une foule de renseignements intéressants pour le commerce de l'épicerie. Les annonces sont abondantes : aux Etats-Unis, la publicité est généralement bien comprise et judicieusement employée : Bref, c'est un beau succès pour le *Grocery World* de Philadelphie.

Le Thé par excellence !

C'est assurément le Thé Nectar, une heureuse combinaison de la fine fleur des Thés Noirs de Ceylan, des Indes et de la Chine. La liqueur est superbe dans la tasse, ce qui est une belle qualité assurément ; mais—c'est encore bien mieux au palais ! Le consommateur, à la dégustation, le proclame absolument supérieur à toutes les marques annoncées. Son nom résume et proclame tout à la fois ses exquises qualités : un nectar !

MM. les épiciers ne l'oubliez pas dans vos commandes. La maison E. D. Marceau en fait un débit considérable.

Homonyme

Dans le numéro du PRIX COURANT du 7 décembre, il est rendu compte d'un jugement rendu contre M. Ed. Fortin. Ce M. Fortin, n'est pas M. Ed. Fortin, hôtelier à l'angle des rues St Jacques et St Gabriel.

Peaux et Fourrures

Si vous voulez acheter de belles fourrures, à bon marché, pour les fêtes, adressez-vous en toute confiance à M. Hiram Johnson, 494, rue St Paul, Montréal. Il possède l'assortiment le plus complet que l'on puisse désirer et comme M. Johnson achète directement sur les marchés primaires, il est à même d'établir des prix très bas.

Les chasseurs et trappeur pourront s'adresser à M. Hiram Johnson pour la vente de peaux non-préparées.

Changement d'adresse

Par suite de l'augmentation constante de leurs affaires MM. A. O. Morin et Cie actuellement dans la bâtisse du Board of Trade déménageront au commencement de l'année prochaine pour occuper un local plus grand.

C'est une jeune maison que celle de MM. A. O. Morin et Cie, mais grâce à l'activité et à la connaissance parfaite des besoins du commerce de détail que possède le chef de la maison, la firme a rapidement progressé et pris une place marquante dans le commerce de gros de la nouveauté.

ASSOCIATION DES COMMIS-VOYAGEURS EN EPICERIE DE GROS DE MONTREAL

C'est avec plaisir que nous reproduisons la circulaire suivante adressée aux amis de l'Association :

Montréal, 17 Décembre 1900.

Monsieur,

A la dernière assemblée des membres de l'Association il a été décidé de donner notre sixième Banquet Annuel, dans le courant de janvier prochain.

Encouragés par nos succès passés, nous profitons de cette occasion pour remercier d'abord les généreux souscripteurs de nos banquets précédents et ensuite pour vous demander de nous continuer votre bienveillant concours pour celui que nous entreprenons, car nous avons résolu de nous réunir avec les épiciers et les manufacturiers annuellement.

Ces réunions intimes et toutes fraternelles donnent un nouvel élan au commerce et font connaître à nos humbles commis-voyageurs les produits de nos manufacturiers.

Vous n'êtes pas sans savoir que nous nous imposons de grands sacrifices. Notre association étant encore jeune, nous comptons beaucoup sur votre appui pour en faire une association forte et puissante qui sera appelée à rendre d'importants services au commerce de'piceries, vins et liqueurs en général.

Soyez persuadés que nous saurons apprécier ceux qui nous auront aidé par leur contribution ; une liste des donateurs sera distribuée à tous les membres de l'Association avec ordre d'encourager la vente des marchandises vendues ou manufacturées par eux.

Votre souscription, soit en marchandises, soit en argent, sera reçue d'ici au 8 janvier prochain et devra être adressée au président honoraire :

M. Jos Lamoureux, 119 rue St Timothée, Montréal. Ou au président actif, E. Massicotte, 26 rue Brébœuf, Montréal. Vous remerciant d'avance, veuillez nous croire vos humbles serviteurs,

L'Association des Commis Voyageurs en Epicerie de Gros de Montréal.

E. MASSICOTTE, Président.

LA CONSTRUCTION

M. C. Dufort, architecte, prépare les plans et devis pour les réparations et modifications à faire à une maison située rue St Antoine dont M. A. C. Décary est propriétaire.

M. C. Dufort, architecte, prépare les plans et devis pour deux maisons de 3 logemenss chacune que la succession C. S. Rodier fera ériger rue Emery.

MM. Perrault & Lesage, architectes, ont préparé les plans et devis pour le bureau de poste que le Département des Travaux Publics fera ériger à Hochelaga. Ce bureau aura une dimension de 50 x 50, à 2 étages et sera du style Renaissance.

M. Jos. Sawyer, architecte, prépare les plans et devis pour les modifications et les réparations à faire à une maison située au coin des rues Bourgeois et Wellington ; M. A. O. Galarneau est propriétaire de cette maison.

PERMIS DE CONSTRUIRE À MONTRÉAL

Rue Ste Catherine, No 1526, modifications et réparations à faire à une maison ; coût probable $100. Propriétaire, P. P. Martin ; charpente, Labrecque & Mercure. (260)

Rue Aqueduct, une maison formant 3 logements, 47x35, à 3 étages, en brique, couverture en feutre et gravois ; coût probable $3000. Propriétaire, Grégoire Méloche ; architecte, Jos Sawyer ; maçonnerie et charpente, G. Méloche. (261)

Petite rue St Antoine, une maison formant 2 logements ; 32 x 32, à 2 étages, en bois et brique, couverture en gravois ; coût probable $2,000. Propriétaire, O. Faucher, maçon, O. Lemay, charpente, F. Sauvageau (262).

EXTRA

RENSEIGNEMENTS COMMERCIAUX PROVINCE DE QUEBEC

Cessions

Cookshire — Cole & Hurd, agents d'instruments agricoles.
Montréal—Fauteux Dame Corinne, modes.
Roy Eusèbe, contracteur.
Taillefer Dame Arthur, modes.
St Jérome (Chicoutimi) — Guay Eugène, mag. gén.

Concordats

Nontréal — Guillet Modeste, chapeaux et fourrures.

Curateurs

Québec—Parent E. A., à Joseph Dion, quincaillerie.

Décès

Montréal—Fauteux L., charbon.
Lareau Edm, boucher.
Robertson James (The) Co Ltd mfr ; James Robertson président.

Dissolutions de Sociétés

Montréal—Bourgouin & Co, contracteurs.

En Difficultés

Chicoutimi—Rivard J. A., sellier.
Farnham—Labelle R., chaussures ; offre 55c dans la piastre.
Montréal—Lafrance Jos. & Co, contracteurs plombiers, contestent demande de cession.
Slater Shoe Store (F. W. Slater, prop.) offre 25c dans la piastre.
Temple Thos. A. & Sons, agents d'assurance.
Vian A. & D., merceries, etc.
St-Félicien—Savard Xavier, mag. gén., ass. 28 déc.
St-Hyacinthe—Lapierre Chs M., nouv., ass. 21 déc.
St-Tite des Caps—Renaud S., mag. gén., offre 25c dans la piastre.

Fonds à Vendre

Chicoutimi—Rivard J. A., sellier, 28 déc.
Shawinigan Falls—Fournier Alf. mag. gén. 22 déc.

Fonds Vendus

Montréal—Labossière & Frère, épic.
Marin Norbert, épic.
Pelletier F. J., nouv.
Sykes J. H., confiseur en gros.
Québec—Devarennes Oct., bicycles etc à 25c dans la piastre.
Turcotte A. J. & Co, épic. en gros et en détail, les dettes de livres à 48c dans la piastre.
St Raymond—Moisan Pierre, mag. gén. à 67½c dans la piastre.
Varennes—Lafrance Jos. mag. gén.

Nouveaux Établissements

Longueuil—Lachapelle & Viger, épic.
Montréal—American Guarantee and Collecting Agency.
Jacobson & Ram Co, épic.
Vaillancourt, Dufault & Co, mfrs de chaussures.
Shawinigan—Shawinigan (The) Falls Brick Mfg Co.

PROVINCE D'ONTARIO

Cessations de Commerce

London—Watt & Woodward, liqueurs ; P. J. Watt succède.
Wyoming — Westland A. & Co, banquiers ; E. A. Westland & Co succèdent.

Cessions

Sault Ste Marie—Martel Médéric, épic. etc.
Windsor—Learoyd Alf D., nouv. etc.

En Difficultés

Toronto—Kennedy A. E., pharmacie.

Fonds Vendus

Ottawa—Kavanagh Joseph, épic et liqueurs en gros et en détail.
Toronto—McMillan Martin, épic. à J.M. Cork
Vankleek Hill—Mercier Mde Alex, hôtel.

Nouveaux Établissements

Ottawa—MacMullan & Maclennan, courtiers de drogues.
Vankleek Hill—Dupuis W., hôtel, etc.

PERSONNEL

M. Jos. Côté, marchand, de Québec, était à Montréal cette semaine.

Ventes de Fonds de Banqueroute par les Curateurs

Par Alex. Desmarteau, le stock d'épicerie de Norbert Marin à 45c dans la piastre à Proulx, Damien & Cie et les dettes de livres à 18c dans la piastre à Hector Paquet.

Par Kent & Turcotte, le stock de confiserie en gros de John H. Sykes à 51½c dans la piastre à Laporte Martin & Cie ; les machineries à 19¼c dans la piastre à L. E. Charron, les fixtures et le roulant à 23c dans la piastre au même et les dettes de livres à 34c dans la piastre à G. Deserres.

Par Bilodeau & Chalifour, le stock d'épicerie de Labossière & Frère à 35c dans la piastre à Pierre Leclaire et les dettes de livres à 15½c dans la piastre à J. R. Savignac

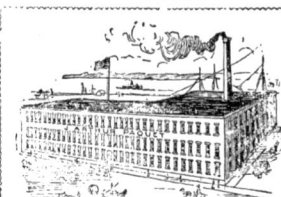

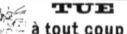

Mercredi, 19 décembre 1900.

Quant à ce qui concerne la navigation d'hiver sur le fleuve Saint Laurent, question qui passionne actuellement l'opinion publique à Québec, il semble que le dernier mot est loin d'en être dit encore. Toutefois, l'idée est maintenant lancée, et elle ne s'arrêtera plus, aussi longtemps que le problème n'aura pas eu une solution pratique et satisfaisante. Ce qui réjouit l'homme de progrès, dans des études et des expériences de cette nature, ce n'est tant le fait en lui-même que l'ensemble des circonstances qui demandent impérieusement, au nom du commerce et de l'intérêt public, que des risques et des difficultés enormes soient bravés pour réaliser ce besoin d'expansion des affaires. Il y a donc une force majeure qui domine les événements et qui oblige les hommes, malgré quelquefois leur répugnance, à se lancer dans des entreprises périlleuses. Il nous paraît certain que l'essai définitif et sérieux de navigation hivernale sera précédé d'une enquête minutieuse faite par une commission royale qui va être nommée bientôt par le gouvernement fédéral pour s'enquérir de tout ce qui a trait à la navigation dans l'intérieur et sur les côtes du Canada. Comme ces expertises sont généralemeni longues, précisément parce qu'elles doivent subir toutes les phases officielles, il est à présumer que le projet de la navigation d'hiver sera quelque peu retardé dans son exécution. Cela permettra aux incrédules de se rendre à l'évidence, et à ceux qui veulent quelquefois trop brusquer une affaire, d'y apporter les lenteurs indispensables au succès.

∴

On nous informe qu'il s'expédie beaucoup de besogne dans les centres manufacturiers. L'on essaie d'y reprendre le temps perdu, ce qui est difficile. Il s'est aussi perdu beaucoup d'argent, cela se voit par l'état de gêne de presque tous les négoces. Mais en acceptant le fait accompli, et en essayant d'en tirer des leçons utiles pour l'avenir, nous croyons, avec la grande majorité des intéressés, que l'expérience, bien que douloureuse, sera profitable. Ce qui est certain, c'est qu'à l'approche des fêtes l'aubaine est magnifique pour tous ces travailleurs forcément astreints au repos durant cinq longues semaines; leurs familles, leurs fournisseurs, tout le monde en ressent les heureux effets. Il existe un air de satisfaction et de gaîté dans les milieux industriels; c'est une vie nouvelle qui y circule, et qui semble plus intense que jamais.

∴

La ville de Québec commence à faire des avances de fonds à la Cie du Pont de Québec, à même la somme votée pour venir en aide à cette gigantesque construction. La proportion de $18,000 versée par le trésorier de la cité, indique que les travaux sont poussés avec une grande vigueur. C'est une jouissance de payer quand on en a pour son argent et plus. Cette remarque n'est pas faite comme simple encouragement. Nous avons pu constater de nos yeux que l'entreprise est en pleine voie d'exécution. La quantite d'hommes et matériaux employés sont la meilleure preuve que l'ouvrage se continué dans des conditions absolument sérieuses.

EPICERIES

Sucres: Sucre jaunes, $4 à $4.35; Granulé, $4.85 à 4.90; Powdered 6 à 7c; Paris Lump, 7c à 7½c.

Mélasses: Barbade pur, tonne, 40 à 41c; Porto Rico, 38 à 42c; Fajardos, 47 à 48c.

Beurre: Frais, 20 à 21c; Marchand, 17 à 18½c; Beurrerie, 20c.

Conserves en boîtes: Saumon, $1.25 à $1.70; Clover leaf, $1.60 à $1.65; homard, $3.15 à $3.30; Tomates, 95c à $1.00; Blé-d'inde, 85 à 90c; Pois, 90c à $1.00.

Fruits secs: Valence, 9c; Sultana, 11 à 15c; Californie, 8 à 10c; C. Cluster, $2.80; Imp. Cabinet, $3.70; Pruneaux de Californie, 8 à 10c; Imp. Russian, $4.50.

Tabac Canadien: En feuilles, 9 à 10c; Walcer *wrappers* 15c; Kentucky, 15c; et le White Burleigh, 15 à 16c.

Planches à laver: " Favorites " $1.70; " Waverly " $2.10; " Improved Globe " $2.00

Balais: 2 cordes, $1.50 la doz; à 3 cordes, $2.00; à 4 cordes, $3.00.

FARINES, GRAINS ET PROVISIONS

Farines: Forte à levain, $2.25 à $2.30; deuxième à boulanger, $1.90 à $2.10; Patente Hungarian, $2.40; Patente Ontario, $1.90 à $1.95; Roller, $1.70 à $1.80; Extra, $1.60 à $1.65; Superfine, $1.45 à $1.50; Bonne Commune, $1.25 à $1.30.

Grains: Avoine (par 34 lbs) Ontario, 35 à 37c; orge, par 48 lbs, 65 à 70c; orge à drèche, 70 à 80c; blé-d'inde, 55 à 56c; sarrasin, 60 à 70c.

Lard: Short Cut, par 200 lbs, $18.00 à $18.50; *Clear Back,* $19.50 à $20.50; saindoux canadien, $2.05 à $2.25; composé le seau, $1.70 à $1.75; jambon, 10½ à 13c; bacon, 9 à 10c; porc abattu, $6.00 à $7.50.

Poisson: Hareng No 1, $5.50 à $6.00; morue No 1, $4.25 à $4.50; No 2, $3.70; morue sèche, $5.00 le quintal; saumon, $15.00 à $16.00; anguille, 4½c la livre.

∴

Le commerce de saisou est dans tout son épanouissement. Il s'est rarement vu, à cette période de l'année, un va et vient aussi considérable dans le monde des affaires. Cet état de choses résulte du fait que des communications additionnelles sont ouvertes à la population des campagnes pour atteindre la ville, venir y écouler leurs produits, et en rapporter les mille et une nécessités et superfluités de la vie. C'est ainsi que nos amis de l'île d'Orléans ont depuis plusieurs jours un pont de glace qui leur permet d'avoir et de maintenir un champ constant avec la ville. De même, le bateau à vapeur *Adriatic* fait bravement son voyage hebdomadaire entre Québec et la Malbaie.

C'est une innovation d'une importance capitale. Nous devous toutefois à la vérité de dire que l'un des bateaux à vapeur de la traverse entre Québec et Lévis, et l'un des plus puissants, a été bel et bien saisi par la glace et le courant et transporté à deux milles en bas de Québec. On voit par là qu'il ne faut pas toujours compter sans cette puissante résistance des éléments, qui offrent un obstable parfois insurmontable. Malgré tout, et grâce à la belle température de ces derniers jours, la population de Québec et des environs envahit les magasins. Rien de charmant comme de voir circuler cette foule autour des comptoirs où s'entassent les choses les plus jolies, les plus simples comme les plus dispendieuses, champ inexploré de convoitises. A certaines heures, la circulation est à peine possible. On s'étonne, à bon droit, que l'argent soit encore assez abondant. Mais il faut se souvenir qu'il y a des réserves spéciales et sacrées pour ces emplettes de Noël et du Nouvel An.

On signale une couple de faillites survenues durant la semaine. Quelques hommes renseignés n'hésitent pas à dire qu'il pourra y avoir encore quelques catastrophes avant longtemps. En attendant, tout semble rentrer dans l'ordre, et rien n'indique que la fin de l'année doive être troublée en quelque façon.

L. D.

Du 25 décembre 1900 au 1er janvier 1901.

District de Montréal

Denis Martin *vs* Dame Télesp. Pelletier.

Coteau du Lac—Le lot 16 avec bâtisses.

Vente le 27 décembre à 11 h, a. m. à la porte de l'église paroissiale.

Clément Gauthier fils *vs* Clément Gauthier père.

St Basile le Grand et Ste Julie—1o Les lots 286, 282 281 et 282, situés à St Basile, avec bâtisses. 2o Les lots 62, 63 et 64, situés à Ste Julie.

Vente le 27 décembre à 11 h. a. m. à la porte de l'église St Basile pour les lots de cette paroisse et le 29 décembre à 11 h. a. m. à la porte de l'églice Ste Julie pour les lots de cette paroisse.

Le Crédit Foncier F. C. *vs* Elie Mayer.

Montréal—Le lot 209-53 du quartier St Denis, situé rue St Denis, avec bâtisses.

Vente le 27 déecmbre à 10 h. a. m., au bureau du shérif.

La succession Andrew Robertson *vs* Dame John N. Fulton.

Lachine—Les lots 894, 892 et droits sur le lot 891, avec bâtisses.

Vente le 27 décembre, à 2 h. p. m., au bureau du shérif à Montréal.

District de Québec

Jos Julien fils de Guillaume *vs* Joseph Julien fils de Jacques.

St Raymond—Les lots 282 et 283.

Vente le 28 décembre à 11 h. a. m., à la porte de l'église St Léonard Port Maurice.

District de St François

Francis Haynes *vs* David Graham.

St Venant d'Hereford—Le lot 17a avec bâtisses.

Vente le 26 décembre à 1h. p. m. à la porte de l'église paroissiale.

District des Trois-Rivières

Amédée W. Grenier *vs* George Daveluy.

Yamachiche—Le lot 533.

Vente le 27 décembre à 10 h. a. m., à la porte de l'église paroissiale.

TOUR DU MONDE—Journal des voyages et des voyageurs. — Sommaire du No 49 (8 décembre 1900)—1o Aquileja (Autriche), par M. T.-A. Martel. — 2o A travers le monde: Venise.—En Gondole.—Le port de Tché-Fou. —3o Missions politiques et militaires: La Mission saharienne Blanchet. — 4o Civilisations et religions: Emigrants Italiens au Brésil, par Marcel des Forez. — 5o La lutte économique: Le développement de l'industrie navale en Allemagne.— 6o Livres et Cartes. — 7o Conseils aux voyageurs: Pour les voyageurs collectionneurs. —Chasses d'hiver (*Suite et fin*). — Oiseaux de mer. — Oiseaux aquatiques.—Oiseaux de Montagnes par Paul Combes.

Abonnements: France: Un an, 26 fr. Six mois, 14 fr.—Union Postale: Un an, 28 fr. Six mois, 15 fr. Le numéro: 50 centimes.

Bureaux à la librairie Hachette et Cie, 79, boulevard Saint-Germain, Paris.

NOS PRIX COURANTS, PARTIE I

Nos prix courants sont revisés chaque semaine. Ces prix nous sont fournis pour être publiés, par les meilleures maisons dans chaque ligne; ils sont pour les qualités et les quantités qui ont cours ordinaire dans les transactions entre le marchand de gros et le marchand de détail, aux termes et avec l'escompte ordinaire. Lorsqu'il y a un escompte spécial, il en en est fait mention. On peut généralement acheter à meilleur marché en prenant de fortes quantités et au comptant.

PRIX COURANTS.—MONTREAL, 20 DECEMBRE 1900.

Articles divers.

Bouchons communs....gr.	0 18	0 30
Briques à couteaux....doz.	0 25	0 30
Brûleurs pour lampes		
No. 1..................doz.	0 00	0 75
No. 2.................. "	0 00	1 00
No. 3.................. "	0 00	0 70
Câble coton ¼ pouce...lb.	0 13	0 14
" Manilla........... "	0 15½	0 16¾
" Sisal.............. "	0 08½	0 10
" Jute............... "	0 10	0 11½
Coton à attacher....... "	0 15	0 21
Chandelles suif.........lb.	0 00	0 09
" paraffine.... "	0 11½	0 12
" London Sperm. "	0 11	0 11½
" Stéarine......... "	0 13	0 14
Epingles à linge, bte. 5 gr.	0 00	0 70
	3 fils.	6 fils.
Ficelles........ 30 pieds..	0 40	0 75
" .... 40 " ..	0 55	0 85
" .... 48 " ..	0 65	1 00
" .... 60 " ..	0 80	1 35
" .... 72 " ..	0 95	1 60
" .... 100 " ..	1 25	2 00
Lessis concentré, com .. "	0 00	0 40
" pur.... "	0 00	0 75
Mèches à lampes No. 1.....	0 11	0 13
" No. 2.....	0 14	0 16
" No. 3.....	0 09	0 11

Conserves alimentaires

Légumes.

Asperges 4 lbs.........dz.	0 00	4 50
Baked Beans 3 lbs..... "	0 90	1 00
Blé d'Inde.........2 lbs "	0 85	0 95
Champignons ....bte.	0 15	0 21
Citrouilles 3 lbs.........dz.	0 00	0 85
Haricots verts........ "	0 00	0 85
Olives, Pinte............ "	3 75	5 00
" ½ Pints............ "	2 90	3 60
" en quart, gallon.	0 00	1 50
Petits pois français ...bte.	0 09	0 12
" fins........... "	0 14	0 15
" extra fins.. "	0 16	0 17
" surfins....... "	0 18	0 20
Pois canadiens 2 lbs.. dz.	0 80	1 25
Tomates................... "	0 87½	0 90
Truffes...................... "	4 80	5 00

Fruits.

Ananas 2 et 2½ lbs....dz.	2 15	2 50
Bluets 2 " ... "	0 75	0 85
Cerises 2 " ... "	1 95	2 15
Fraises 2 " ... "	1 70	1 85
" 3 " ... "	2 10	2 15
Framboises 2 " ... "	1 45	1 60
Pêches 2 " ... "	1 60	1 85
" 3 " ... "	2 40	2 85
Poires 2 " ... "	0 00	1 65
" 3 " ... "	1 95	2 10
Pommes gal........ "	0 00	1 80
" 3 lbs... "	0 00	0 90
Prunes vertes 2 " ... "	0 00	1 45
" bleues 2 " ... "	1 25	1 35

Poissons.

Anchois..................dz.	3 25	0 00
Anchois à l'huile...... "	3 25	4 50
Clams 1 lb.............. "	1 25	1 35
Harengs marinés...... "	1 55	1 85
Harengs aux Tomates. "	1 50	1 60
Homards, boite haute. "	3 12½	3 20
" " plate... "	3 65	3 75
Huitres. 1 lb...........dz.	0 00	1 40
" 2 "............ "	0 00	2 40
Maquereau............. "	1 00	1 05
Sardines Canadiennes, cse	4 00	4 50
Sardines ¼ françaises, bte.	0 09	0 25
" ½ " "	0 17	0 35
Saumon rouge (Sockeye) boite		
haute dz.	0 00	1 60
" " plate "	0 00	1 75
" " ordinaire haute	0 00	1 50
" rose (Cohoe) " dz.	0 00	1 12½
" du printemps, "	0 00	1 50
Smelts (Eperlans).... "	0 40	0 45

Viandes en conserves.

Corned Beef, bte 1 lb....dz.	1 60	2 00
" " 2 "..... "	2 80	3 40
" " 6 "..... "	9 75	11 40
" " 14 "..... "	21 60	21 00
Lang. de porc. " 1 "....dz.	3 00	4 15
" " 2 "..... "	6 00	8 00
" bœuf " 1½ lb.... "	8 00	10 00
" " 2 "..... "	9 25	11 30
" " 3 "..... "	......	14 10
English Brawn 1 lb ..... "	1 40	1 70
Bœuf (chipped dried).... "	2 95	3 00
Dinde, bte 1 lb............ "	2 20	2 40
Pâtés de foie gras........ "	3 00	8 00
Pieds de cochon, bte 1½ lb "	2 30	2 40
Poulets, " 1 lb. "	2 20	2 40

Drogues et Produits Chimiques

Acide carbolique.........lb.	0 30	0 40
" citrique........... "	0 50	0 55
" oxalique........... "	0 08	0 10
" tartrique.......... "	0 33	0 35
Aloès du Cap............ "	0 14	0 15
Alun......................... "	0 01½	0 03
Bicarbonate de Soude, brl.	2 00	2 25
Bichrom. de potasse.....lb.	0 10	0 12
Bleu (carré)............... "	0 10	0 16
Borax raffiné .... "	0 05	0 07
Bromure de potasse.... "	0 55	0 60
Camphre américain..... "	0 80	0 90
" anglais ...... "	0 85	0 95
Cendres de soude...... "	0 01½	0 02
Chlorure de chaux ..... "	0 02½	0 05
" de potasse.... "	0 23	0 25
Couperose ....100 lbs	0 80	1 00
Crème de tartre ....lb	0 22½	0 27½
Extrait de Campêche.... "	0 10	0 11
" en paquets.... "	0 12	0 14
Gélatine en feuilles..... "	0 35	0 60
Glucose..................... "	0 03½	0 04
Glycérine.................. "	0 18	0 20
Gomme arabique......lb	0 40	1 25
Gomme épinette......... "	0 00	0 25
Indigo Bengale.......... "	1 50	1 75
" Madras.......... "	0 60	0 80
Iodure de potasse...... "	4 00	4 25
Opium...................... "	4 50	4 75
Phosphore .... "	0 50	0 75
Pourpre de Paris........ "	0 09	0 10
Résine ....(280 lbs)	2 75	5 00
Salpêtre...................lb	0 05	0 07½
Sels d'Epsom......100 lbs.	1 50	3 00
Soda caustique 60° " lbs	0 00	2 50
" " 70° " "	0 00	2 75
" à laver...... "	0 70	0 90
" à pâte..............brl.	2 00	2 50
Soufre poudre. ....lb.	0 02	0 03
" bâtons.......... "	0 02	0 03
" rock, sacs..100 lbs.	2 00	3 00
Strychnine.................oz	0 90	1 00
Sulfate de cuivre........lb.	0 06	0 07
Sulfate de morphine.. "	1 90	2 00
" de quinine......oz.	0 40	0 45
Sumac ....tonne.	70 00	75 00
Vert de Paris..............lb.	0 18½	0 20½

Epices pures.

Allspice, moulu ....lb.	0 15	0 20
Cannelle moulue....... "	0 15	0 20
" en nattes...... "	0 13	0 15
Clous de girofle moulu "	0 18	0 20
" " ronds.. "	0 13½	0 14
Gingembre moulu...... "	0 15	0 25
" racines "	0 10	0 25
Macis moulu............ "	0 90	1 00
Mixed Spice moulu Tin		
1 oz...................... "	0 00	0 45
Muscade blanchie...... "	0 40	0 50
" non blanchie.. "	0 50	0 60
Piment (clous ronds)... "	0 10	0 12
Poivre blanc, rond..... "	0 23	0 26
" " moulu... "	0 26	0 28
" noir, rond....... "	0 15	0 17
" " moulu..... "	0 18	0 19
" de Cayenne..... "	0 22	0 26
Whole Pickle Spice....lb.	0 15	0 20

Fruits Secs.

Abricot Calif...........lb.	0 12	0 13
Amandes ½ molles.... "	0 12	0 13
" Tarragone... "	0 14	0 15
" Valence écalées "	0 35	0 37
Amand. amères écaléeslb	0 00	0 45
" écalées Jordan "	0 40	0 42½
Dattes en boites .... "	0 00	0 05
Figues sèches en boites "	0 07½	0 12
" " en mattes "	0 00	0 03¼
Nectarines Californie.. "	0 11	0 12
Noisettes (Avelines)...lb.	0 11½	0 12
Noix Marbot............ "	0 10	0 11
" Couronne........ "	0 08	0 09
" Grenoble.......... "	0 12	0 13
" " écalées. "	0 00	0 00
Noix du Brésil.......... "	0 12	0 13
Noix Pecanes poli...... "	0 12½	0 13
Peanuts rôtis (arach).. "	0 06½	0 08
Pêches Californie...... "	0 10	0 11
Poires " ...... "	0 13½	0 15
Pommes séchées....... "	0 00	0 00
Pommes évaporées.... "	0 05½	0 06
Pruneaux Bordeaux... "	0 04	0 08
" Bosnie...... "	0 00	0 05½
" Californie... "	0 05½	0 11
Raisins Calif. 2 cour.. "	0 00	0 00
" " 3 " .. "	0 00	0 00
" " 4 " .. "	0 00	0 00
Corinthe Provincials.. "	0 11	0 12
" Filiatras..... "	0 11	0 12
" Patras....... "	0 00	0 00
" Vostizzas.... "	0 14	0 15

PRIX COURANT—MONTREAL, 20 DECEMBRE 1900.

Malag. London Layers bte.	0 00	1 75
" Connoisseur Cluster "	0 00	2 60
" Buckingham Cluster...... "	0 00	3 40
Malaga Russian Cluster bte.	0 00	4 50
Sultana................lb.	0 10	0 12
Valence fine off Stalk,. "	0 07	0 07½
" Selected...... "	0 08	0 08
" layers........ "	0 09	0 08½

Fruits verts.

Ananas, pièce............	0 00	0 25
Attocas............quart..	6 00	8 00
Bananes............régime	1 00	2 00
Pommes............baril..	1 50	3 50
Raisins Malaga.... "	5 00	6 00
" ½ "	0 00	0 00
Oranges Valence (420)cse	0 00	0 00
" " (714)....	0 00	0 00
" Navels..........	0 00	0 00
" Seedlings.......	0 00	3 00
" Sanguines, ½ cse	0 00	0 00
" Sorrente, caisse.	0 00	0 00
" Messine, "	0 00	0 00
" " ½ "	0 00	0 00
" du Mexique.....	2 75	8 00
" Jamaïque, baril.	0 00	5 50
Citrons Messine.... caisse.	2 25	3 00
" Malaga. bte 35 dz	0 00	0 00
" " caisse 59 dz.	0 00	0 00
Noix de coco, par 100....	3 25	0 00

Grains et Farines.

GRAINS

Blé roux d'hiver Can. No 2.	0 00	0 00
Blé blanc d'hiver Can. No 2.	0 00	0 00
Blé du Manitoba No 1 dur...	0 90	0 92½
" " No 2 "	0 87½	0 90
Blé du Nord No 1...........	0 00	0 85
Avoine blanche No 2........	0 30	0 30¼
Orge No 1,.........48 lbs.	0 50	0 53
" à moulée.... "	0 42	0 43
Pois No 2 ordinaire, 60 lbs...	0 00	0 00
Sarrasin, 48 " ...	0 00	0 00
Seigle, 56 " ...	0 57	0 58

FARINES.

Patente d'hiver...............	3 65	3 90
Patente du printemps.......	0 00	4 35
Straight roller...............	3 25	3 50
Forte de boulanger, cité.....	0 00	4 05
Forte du Manitoba, secondes	3 40	3 45

FARINES D'AVOINE.

Avoine roulée baril......	3 30	3 50
" " sac........	1 60	1 70

ISSUES DE BLE

Son d'Ontario, au char, ton	15 50	16 00
" de Manitoba " "	00 00	15 00
Gru de Manitoba.......char	00 00	16 00
" d'Ontario......... "	17 00	17 50
Moulée .... "	17 00	24 00

Huiles et graisses.

HUILES.

Huile de morue, T. N., gal.	0 35	à 0 40
" loup-marin raffi.. "	0 00	0 60
" paille............ "	0 00	0 50
Huile de lard, extra gal.	0 75	0 85
" " No 1. "	0 65	0 75
" d'olive p. mach.. "	0 90	1 00
" à salade.......... "	0 77½	0 80
" d'olive à lampion "	1 20	2 60
" de spermaceti.... "	1 30	1 50
" de marsouin..... "	0 50	0 60
" de pétrole, par quart.	0 00	0 16
Acmé Imperial........gal.	0 00	0 17½
Huile Américaine par quart:		
Acmé Supérieur...... "	0 00	0 19
Pratt's Astral......... "	0 00	0 19½
Huile de foie de m. Nor. gal	1 25	à 1 35
" " T.N. "	1 00	1 10
" de castor "E. I." lb.	0 09½	0 10
" " franç. qrt. lb.	0 08½	0 10
" " " cse.	0 11	0 12

Liqueurs et spiritueux.

Rhum.

Jamaïque..................	4 45	6 35

Whisky Canadien au gallon, en lots d'un ou plusieurs barils de 40 gallons (pas de demi-barils) d'une sorte ou assortis.

Gooderham & Worts 65 O. P........	4 50
Hiram Walker & Sons "	4 50
J. P. Wiser & Son "	4 49
J. E. Seagram "	4 49
H. Corby "	4 49
Gooderham & Worts 50 O. P........	4 10
Hiram Walker & Sons "	4 10
J. P. Wiser & Son "	4 09
J. E. Seagram "	4 09
H. Corby "	4 09
Rye Gooderham & Worts............	2 20
" Hiram Walker & Sons...........	2 20
" J. P. Wiser & Son...............	2 19
" J. E. Seagram...................	2 19
" H. Corby........................	2 19
Imperial Walker & Sons.............	2 90
Canadian Club Walker & Sons........	3 60

Pour quantité moindre qu'un quart d'origine mais pas moins de 20 gallons:

65 O. P.....................le gall.	4 55
50 O. P..................... "	4 15
Rye	2 25

Au-dessous de 20 gallons:

65° O. P..................le gallon	4 60
50° O. P.................. "	4 20
Rye........................ "	2 30

Pour quantité moindre qu'un baril ou un barillet d'origine:

Imperial Whisky.........le gallon	3 10
Canadian Club........... "	3 80

F. O. B. Montreal, 30 jours net ou 1 o/o 10 jours; fret payé pour quantité d'un quart et au-dessus.

Pour le Whisky à 50° O. P., 5c de moins par gallon, F. O. B. Montréal, pour l'île de Montréal.

Rye Canadien à la caisse.

Walker's Impérial..........quarts	7 50
" ....16 flasks	8 00
" ....32 "	8 50
Walker' Canadian Club....quarts	9 00
" ..16 flasks	9 50
" ..32 "	10 00
Gooderham & Worts 1891 1 à 4 c.	6 75
Seagram 1896 (Star brand.) quarts	6 50
" No 83 .... "	8 75
Corby I. X. L........................	7 00
Purity, qts..........................	6 50
" 32 flasks	7 50
Canadian, qts.......................	5 00
" 32 flasks	6 00

F. O. B. Montreal, 30 jours net ou 1 o/o 10 jours

Mélasses.

	Au gallon.
Barbades tonne.....................	0 41
" tierce et qt.............	0 43½
" demi quart............	0 44½
" au char ton............	0 40
" " tierce...........	0 42½
" " ½ qt...........	0 43½
Porto Rico, choix, tonne..	0 00
" tierce et quart.	0 00
" ordinaire, tonne....	0 00

Pâtes et denrées alimentaires.

Macaroni importé......lb	0 08	0 10
Vermicelle " ...... "	0 08	0 10
Lait concentré..........dz	0 00	1 90
Pois fendus, qt. 196 lbs..	0 00	4 10
Tapioca, lb...............	0 04¾	0 05

Poissons.

Harengs Shore.........brl.	0 00	5 00
" ....½ "	0 00	2 75
" Labrador .... "	0 00	5 25
" " ..½ "	0 00	3 00
" Cap Breton .. "	0 00	0 00
" " ½ "	0 00	0 00
" fumés,.....boîte	0 00	0 14
Morue sèche..............lb.	0 00	0 03½
" verte No 1, qt..lb.	0 02¾	0 03
" No 1 large qt.... "	0 03	0 03½
" No 1 draft...... "	0 03	0 03½
" désossée caisse...	0 00	4 50
" " paquet, lb.	0 00	0 06
" pelée, caisse 100 lbs	0 00	4 25
Truite des lacs, brl 100 lbs	0 00	0 00
Poisson blanc, " "	0 00	6 00
Saumon C. A.......½ "	0 00	0 00
" .... 1 "	0 00	0 00
Saumon Labrador.. 1 "	0 00	14 00
" " ½ "	0 00	8 00

Produits de la ferme.

(Prix payés par les épiciers.)

Beurre.

Townships frais.......lb.	0 20	0 21
En rouleaux.......... "	0 19	0 19½
Crèmerie août......... "	0 20	0 20½
do Nov...... "	0 00	0 00
do frais...... "	0 22	0 22½

Fromage

De l'Ouest..............lb.	0 10	0 10½
De Québec............. "	0 10	0 10½

Œufs.

Frais pondus, choix...dz.	0 24	0 25
Mirés	0 15	0 16
Œufs chaulés, Montréal..	0 15	0 16
" " Ontario....	0 00	0 00

Sirop et sucre d'érable.

Sirop d'érable en qrts..lb.	0 06¾	0 07
" en canistre.	0 75	0 80
Sucre d'érable pts pains lb.	0 09	0 10
" vieux......	0 00	0 00

Miel et cire.

Miel rouge coulé.......lb.	0 07	0 08
" blanc " .... "	0 09½	0 10
" rouge en gateaux.. "	0 10½	0 11
" blanc " "	0 13	0 14
Cire vierge............. "	0 25	0 26

Riz

	Sac.	½ Sac.	Pch.	½ Pch.
B. 1 @ 9 sacs	3 10	3 15	3 20	3 25
B. 10 et plus"	3 00	3 05	3 10	3 15

C.C. 10c. de moins par sac que le riz B.

Patna imp., sacs 224 lbs. lb. 0 4⅝ 0 05

DES SOUMISSIONS cachetées adressées au soussigné et portant la suscription "Soumission pour le brise-lames de Mispec," seront reçues à ce bureau jusqu'à vendredi, le 4 janvier 1901, inclusivement, pour la construction d'un brise-lames à Mispec, comté de Saint-Jean, N. B.

Des plans et devis pourront être vus à ce Ministère; aux bureaux de E. T. P. Shewen, Ecr., ingénieur résidant, Saint-Jean, N.-B.; ainsi qu'au bureau du maitre de poste de Mispec, N.-B.

Les soumissions devront être faites sur les formules imprimées qui seront fournies et être signées par les soumissionnaires eux-mêmes; aucune autre ne sera prise en considération.

Chaque soumission devra être accompagnée d'un chèque accepté par une banque incorporée, pour la somme de douze cents piastres ($1200) et fait à l'ordre de l'Honorable Ministre des Travaux Publics. Ce chèque sera confisqué si le soumissionnaire dont l'offre a été acceptée refuse de signer le contrat ou s'il ne l'exécute pas intégralement.

Si la soumission n'est pas acceptée le chèque sera remis.

Le Ministère ne s'engage à accepter ni la plus basse ni aucune des soumissions.

Par ordre,
JOS. R. ROY,
Secrétaire-suppléant.

Ministère des Travaux Publics.
Ottawa, 5 décembre, 1900.

N.B.—Nul compte pour publication de cet avis ne sera reconnu si telle publication n'a pas été expressément autorisée par le Ministère.

PRIX COURANTS.—MONTREAL, 20 DECEMBRE 1900.

Salaisons, Saindoux, etc.

Lard Can. Sh't Cut Mess qt.	00 00	18 50
" " S. C. Clear.... "	00 00	17 50
" " S. C. désossé.. "	00 00	19 50
" S.C. de l'Ouest "	20 00	21 00
Jambons.................lb.	00 12	00 13
Lard fumé.............. "	00 13	00 14
Saindoux		
Pur de panne en sceaux..	2 10	2 40
Canistres de 10 lbs....lb.	0 11	0 12
" 5 " .... "	0 11½	0 12½
" 3 " .... "	0 11¼	0 12¼
Composé, en seaux.......	1 60	1 70
Canistres de 10 lbs....lb.	0 07¾	0 08⅞
" 5 " .... "	0 07⅞	0 09
" 3 " .... "	0 08	0 09⅛
Fairbanks, en seaux......	1 67½	1 70
Cottolene en seaux....lb.	0 00	0 08¾

Sel.

Sel fin, quart, 3 lbs......	2 65	2 75
" " 5 "	2 60	2 65
" " 7 "	2 40	2 50
" ¼ sac 56 "	0 00	0 30
" sac 2 cwts.........	0 00	1 00
" gros, sac livré en ville	0 40	0 42½

Sirops.

Perfection...............lb.	0 03	0 03¼
" s. 25 lbs. seau.	0 00	1 20
" seau 3 gall. "	0 00	1 50
Sirop Redpath tins 2 lbs.	0 00	0 09
" " 8 "	0 00	0 35
" Diamond lb.........	0 02	0 02½

Sucres.

(Prix aux 100 lbs.)

Jaunes bruts (Barbade)............		4 37½
" raffinés..........	$4 05	4 75
Extra ground...................qts.		5 45
" " ....bte.		5 65
" " ....½ "		5 75
Cut loaf.......................qts.		5 45
" ....½ "		5 55
" ....bte.		5 45
" ....½ "		5 55
Powdered......................qts.		5 20
" ....bte.		5 40
Extra granulé ....qts.		4 85
....½ "		5 00

Ces prix doivent être augmentés de 5c par 100 lbs pour les villes de Montréal et Québec.

Vernis.

Vernis à harnais......gal.	0 00	1 80
" " ......dz.	1 10	1 20
" à tuyaux...... gal.	0 00	0 90

Bois de chauffage

Prix payé par marchands, aux chars, gare Hochelaga

Erable la corde......		5 50
Merisier do		5 25
Bouleau, etc. do		0 00
Epinette do		4 50
Slabs, par chars............		0 00
do en barge, la corde...	2 40	2 75
Rognures, le voyage.......	1 50	2 25

Charbons

PRIX DE DETAIL

Grate par tonne de 2000 lbs..	6 75
Furnace do ..	6 75
Egg do ..	6 70
Stove do ..	7 00
Chesnut do ..	7 00
Peanut do ..	5 15

Cuirs et Peaux.

Cuirs à semelles.

(Prix à la livre.)

Spanish No 1, 18 lbs moy.	0 26	0 27
" No 1,25 lbs et au-d.	0 00	0 26
" No 1, léger........	0 25	0 26
" No 2, "	0 00	0 25
" No 2, 18 lbs moy..	0 00	0 26
Zanzibar	0 23	0 24
Slaughter sole No 1 steers.	0 28	0 30
" " No 1 p. ord.	0 28	0 30
" " No 2 "	0 25	0 27
" union crop No 1	0 30	0 32
" " No 2	0 28	0 30

Cuirs à harnais.

(Prix à la livre.)

Harnais No 1..............	0 33	0 35
" No 1 R...........	0 32	0 34
Harnais No 2..............	0 30	0 33
" taureau No 1....	0 00	0 30
" " No 2....	0 00	0 28

Cuirs à empeignes.

(Prix à la livre.)

Vache cirée mince.........	0 40	0 45
" forte No 1....	0 00	0 40
Vache grain. pesante.....	0 40	0 45
" écossaise	0 38	0 40
Taure française..........	0 95	1 00
" anglaise...........	0 90	1 00
" canadienne, Lion.	0 75	0 85
Veau can. 25 à 30 lbs....	0 75	0 80
" 36 à 45........	0 60	0 65
" 45 et plus.....	0 50	0 60
Vache fendue Ont H......	0 25	0 30
" " H. M ..	0 25	0 30
" " Med ...	0 25	0 30
" " junior .	0 21	0 23
" Qué.sen.h.à.m.	0 24	0 28
" Jun.m.à light	0 20	0 23
Cuir rouge pour Mocassin Steer, le No..............	0 00	0 08
Cuir rouge pour Mocassin Bull, le No..............	0 00	0 07
Cuir rouge pour Mocassin Steer, la livre...........	0 33	0 38
Cuir rouge pour Mocassin Bull, la livre............	0 30	0 35

Cuirs vernis.

Vache vernie..........pied	0 16	0 18
Cuir verni "Enamel" "	0 15	0 17

Cuirs fins.

Mouton mince.........dz.	3 00	6 00
" épais.......... "	10 00	0 00
Dongola glacé, ord....pied	0 14	0 25
Kid Chevrette........ "	0 25	0 30
Chèvre des Indes glacée "	0 08	0 10
Kangourou .... "	0 35	50
Dongola dull......... "	0 20	30
Buff d'Ontario H... "	0 14	15
" H. M... "	0 13	14
" M... "	0 00	0 13
" L. M... "	0 00	0 13
" No 2... "	0 00	0 12
Buff de Québec H... "	0 13	0 15
" H. M... "	0 13	0 14
" M... "	0 00	0 13
" L. M... "	0 00	0 13
" No 2... "	0 00	0 12
Glove Grain Ontario.. "	0 13	0 15
" " Québec .. "	0 13	0 14
Pebble " Ontario.. "	0 14	0 15
" " Québec .. "	0 13	0 14

Cuirs à bourrures.

Cuir à bourrure No 1.....	0 00	0 20
" No 2.....	0 00	0 18
Cuir fini français... ...	0 00	0 20
" russe	0 20	0 25

Peaux.

(Prix payés aux bouchers.)

Peaux vertes, 1 lb, No 1	0 00	0 08
" " No 2	0 00	0 07
" " No 3	0 00	0 06
Veau No 1............ "	0 00	0 08
" No 2.............	0 08	0 06
Agneaux pièce	0 00	0 00
" en laine "	0 00	0 00
Moutons "	0 00	0 90
Chevaux......... No 1...	0 00	2 00
" .... No 2...	0 00	1 50

Pour peaux asorties et inspectées.)

Laines.

Toison du Canada... .lb.	0 00	0 17
Arrachée, non assortie. "	0 17	0 17½
A, extra supérieure.... "	0 17½	0 18½
B, supérieure........... "	0 17½	0 18½
Noire, extra............ "	00	0 16
Noire . ... "	0 00	0 15½

Fers et Métaux.

FERRONNERIE ET QUINCAILLERIE

Fers à cheval.

Ordinaires...........baril	3 50	4 00
En acier....................	3 60	4 95
"Fer à repasser".......lb	0 04	0 04¼
"Fiches":		
Pressées ¼ p. Esc. 25 p.c.	4 75	0 00
" 5-16 "	4 50	0 00
" ⅜ "	4 25	0 00
" 7-16 "	0 00	4 10
" ½ "	0 00	3 90

Fil de fer

Poli et Brûlé.

No 2 à 5, net..........100 lbs	2 87
" 6 à 9 "	2 80
" 10 "	2 87
" 11 "	2 94
" 12 "	3 00
" 13 "	3 15
" 14 "	3 27
" 15 "	3 40
" 16 "	3 55

Brulé et huilé 10c de plus par 100lbs pour chaque numéro.

Galvanisé Nos 2 à 8, net..	3 85	3 95
" 9 "	3 10	3 20
" 10 "	4 00	4 10
" 11 "	4 05	4 15
" 12 "	3 25	3 35
" 13 "	3 35	3 45
Brulé; p. tuyau..100 lbs	6 00	7 00
Barbelé p. clôtures, 100 lb.	3 20	3 30
Crampes........... "	0 00	3 45
Fil de laiton à collets..lb.	0 37½	0 46
Fonte Malléable....... "	0 09	0 10
Enclumes.............. "	0 11	0 11½

Charnières.

T. et "Strap"..........lb.	0 05	0 06
Strap et Gonds filetés.....	0 03	0 03¾

CLOUS, ETC.

Clous à cheval.

No 7................100 lbs.	24 00
No 8................ "	23 00
No 9 et 10.......... "	22 00

Escompte 50 p. c. 1e gal.
" 50 et 10 p. c 2e ga.
Boites de 1 lb.. ½c. net extra.

Clous coupés à chaud.

De 4½ à 6 pcs.........100 lbs.		2 35
3½ à 4 " .... "		2 40
3 à 3¼ " .... "	à 4 mois	2 45
2½ à 2¾ " .... "		2 50
2 à 2¼ " .... "		2 65
1½ à 1¾ " .... "		2 75
1¼ " .... "		3 00
1 " .... "		3 35

Clous à finir.

1 pouce.................100 lbs.		3 85
1¼ " ....100 lb.		3 55
1½ et 1¾ pcs..... ... "		3 30
2 et 2¼ " .... "		3 05
2½ à 2¾ " .... "		3 00
3 à 6 " .... "		2 95

Clous à quarts.

⅞ pouce.................100 lbs.	à 4 mois	3 60
1⅛ " .... "		3 35

Clous à river.

1 pouce.......100 lbs.		3 85
1¼ " ...... "		3 55
1½ à 1¾ " ...... "		3 30
2 à 2¼ " ...... "		3 05
2½ à 2¾ " ...... "		3 00
3 à 6 " ...... "		2 95

Clous d'acier, 10c. en sus.

" galvanisés 1 pouce .100 lbs.	6 35
" à ardoise, 1 pouce... "	3 85

Clous de broche.

1 pouce, No 16, prix net, 100 lbs	4 10
1 " No 15 " "	3 85
1¼ " No 14 " "	3 50
1½ " No 13 " "	3 25
1¾ " No 12 " "	3 25
2,2¼ " No 11 " "	3 15
2½ " No 10½ " "	3 00
2¾ " No 10 " "	3 00
3 pouces, " "	2 95
3½ et 4 " "	2 90
5 et 6 pouces " "	2 85

Limes, râpes et tiers-points.

1re qualité, escompte.......60 et 10 p.c.
2me " " ....70 p.c.
Mèches de tarrière, esc............55 p.c.
Tarrières, escompte.................55 p.c.
Vis à bois, fer, tête plate 80 p.c.
" " " ronde 75 "
" cuivre tête plate 75 "
" " " ronde, 67½ "
Boulons à bandage........65 à 67½ p.c.
" à lisses.........................75 p.c.
" à voiture.................. 65 p.c.

Cuivres. **Metaux.**

Lingots..................lb.	0 14	0 15
En feuilles............. "	0 16	0 17

Etain.

Lingots.................lb.	0 37	0 38
Barres.................. "	0 38	0 39

Plomb.

Saumons...............lb.	0 00	0 04¾
Barres................. "	0 05	0 05¼
Feuilles................ "	0 05¼	0 05½
De chasse............... "	0 06	0 06½
Tuyau.......... ...100 lbs.	5 95	6 25

Zinc.

Lingots, Spelter........lb.	0 05¾	0 06
Feuilles, No 8.......... "	0 07	0 07¼

Acier.

A ressort.........100 lbs.	0 00	3 50
A lisse............ "	1 90	2 00
A bandage........ "	2 00	2 10
A pince........... "	2 25	2 50

Fer en barres.

Canadien..........100 lbs	1 65	1 70
De Norvège...... "	4 25	4 50

Fontes.

Calder........ ...tonne..	25 00	26 00
Carnbroe......... " ..	25 00	26 00
Glengarnock..... " ..	00 00	00 00
Summerlee....... " ..	25 50	26 50

Matériaux de construction

PEINTURES.	100 lbs.	
Blanc de plomb pur......	0 00	6 50
" " No 1..	0 00	6 12½
" " " 2..	0 00	5 75
" " " 3..	0 00	5 37½
" " " 4..	0 00	5 00
" " sec....	6 00	7 50
Rouge de Paris, Red Lead.	5 00	5 50
" Venise, anglais.	1 50	2 00
Ocre jaune.................	1 50	2 00
" rouge..................	1 50	2 00
Blanc de Céruse..........	0 45	0 65
Peintures préparées ..gal.	1 20	1 30
Huile de lin crue (net cash)	0 00	0 80
" bouillie "	0 00	0 83
Ess. de Térébenthine "	0 00	0 62
Mastic.....................	2 35	2 80
Papier goudronné rouleau	0 45	0 50
" " 100 lbs	1 60	1 75
" feutre "	2 00	2 20
" gris rouleau	0 30	0 33
" à couv. roul. 2 plis	0 75	0 80
" " " 3 plis	1 00	1 10

Peintures Island City P.D. Dods & Co

I. C. Pure white lead......	0 00	6 25
I. C. " paint....	0 00	6 00
I. C. Special Decorators...	0 00	6 00
No 1 I. C. White lead....	0 00	5 87½
No 1 Star lead............	0 00	5 50
Peintures préparées, I. C. gall..		1 20
" " Nat " ..		1 05

VERRES A VITRES

United 14 @ 25..50 pds.	.....	2 00
" 26 40.. "	.....	2 10
United 41 50 100 pds.	....	4 50
" 51 60 "	...	4 75
" 61 70 "	...	5 25
" 80		5 75

Prix de détail. **Bois durs.**

Frêne 1 à 3 pouces	le M	....	25 00	30 00
Merisier 1 à 4 pouces	do	....	00 00	30 00
Merisier 5 x 5, 6 x 6, 7 x 7, 8 x 8	do	....	00 00	35 00
Erable 1 à 2 pouces	do	....	00 00	40 00
Orme 1 à 2 pouces	do	....	00 00	25 00
Noyer tendre 1 à 2 pouces	do	....	00 00	41 00
Cotonnier 1 à 4 pouces	do	....	45 00	50 00
Bois blanc 1 à 4 pouces	do	....	25 00	30 00
Chêne 1 à 2 pouces rouge	do	....	00 00	60 00
Chêne 1 à 2 pouces blanc	do	....	00 00	60 00
Chêne scié sur grain	do	....	75 00	100 00

Pin **Bois de Service** Prix en gros.

1 pouce strip shipping cull	6 à 16 pieds	le M.	....	$14 00	17 00
1¼, 1½ et 2 pouces shipping cull	do	do	....	14 50	17 50
1 pouce shipping cull sidings	do	do	....	16 00	18 00
1¼, 1½ et 2 pces do	do	do	....	16 50	18 50
1 pouce qualité marchande	do	do	....	25 00	35 00
1¼, 1½ et 2 pcs do	do	do	....	27 50	37 50
1 pouce mill cull, strip, etc. No 2	do	do	....	10 00	12 00
1¼, 2½ et 2 pcs do	do	do	....	10 50	12 50
1 pouce mill cull No 1	do	do	....	14 00	16 00
1, 1½ et 2 pcs do	do	do	....	14 50	16 50
3 pouces do	do	do	....	14 00	16 00
do do No 2	do	do	....	9 00	10 00
Epinette—1 pouce mill cull	5 à 9 pouces	do	....	10 00	12 00
1¼, 1½ et 2 pouces mill cull	do	do	....	10 00	12 00
3 pouces mill cull	do	do	....	10 00	12 00
1, 1¼, 1½ et 2 pouces qualité marchande	do	do	....	14 00	16 00
Pruche—1, 2 et 3 pouces		do	....	11 00	13 00
Colombages en pin, 2 x 3, 3 x 3 et 3 x 4—aux chars		do	....	14 00	16 00
Lattes—1ère qualité	le mille	do	....	2 75	2 80
2ème do	do	do	....	2 40	2 60
Charpente en pin					
de 16 à 24 pieds—3 x 6 à 3 x 11		do	....	18 00	22 00
de 25 à 30 do do do		do	....	20 00	24 00
de 31 à 35 do do do		do	....	26 00	28 00
de 16 à 24 do 3 x 12 à 3 x 14		do	....	20 00	26 00
de 25 à 30 do do do		do	....	24 00	28 00
de 31 à 35 do do do		do	....	30 00	32 00
Bois carré—pin					
de 16 à 24 pieds—de 5 à 11 pouces carrés		do	....	18 00	22 00
de 25 à 30 do do do		do	....	20 00	24 00
de 31 à 35 do do do		do	....	26 00	28 00
de 16 à 24 do de 12 à 14 pouces carrés		do	....	22 00	26 00
de 25 à 30 do do do		do	....	24 00	28 00
de 31 à 35 do do do		do	....	30 00	32 00
Charpente en pruche					
de 17 à 30 pieds jusqu'à 12 pouces		do	....	18 00	22 00
Charpente en épinette		do	....	18 00	22 00
do do rouge		do	....	28 00	35 00

AVIS DE FAILLITE

Dans l'affaire de

FRANCOIS BENOIT,

De la Ville de Longueuil.

Absent, Failli.

Les soussignés vendront à l'encan public aux salles d'encan de Marcotte Frères, 69 rue St-Jacques, en la cité de Montréal,

MERCREDI, LE 9 JANVIER 1901

A 11 heures a.m.

les immeubles appartenant au dit failli, savoir :

1. Un terrain situé en la ville de Longueuil, au coin nord-est des rues St-Charles et St-Thomas, contenant 78 pieds de front sur 106 pieds de profondeur, dans la ligne nord-est, et soixante-dix pieds de profondeur dans la ligne sud ouest, sans garantie de mesure précise, connu et désigné le dit emplacement comme faisant partie du lot No 156, cent cinquante-six sur le plan et au livre de renvoi officiels du village de Longueuil, maintenant ville de Longueuil, tenant en front à la rue St-Charles, en profondeur à Alexis Lamarre, d'un côté au sud-ouest à la rue St-Thomas, et de l'autre côté au nord-est, au résidu du lot No 156, avec bâtisses et autres dépendances dessus érigées.

2. Un terrain situé dans la ville de Longueuil, formant le coin des rues Jodoïn et St-Thomas, de la contenance de 106 pieds de front sur la dite rue Jodoin, par 109 pieds de profondeur, sans garantie de mesure précise, connu et désigné comme faisant partie des lots Nos 12 et 13, douze et treize, de la subdivision du lot No 273, deux cent soixante-treize, au plan et livre de renvoi officiels du village de Longueuil, borné en front par la dite rue Jodoin, en profondeur et du côté nord-est par le résidu des dits lots de subdivision Nos 12 et 13 douze et treize, et du côté sud-ouest par la dite rue St-Thomas, avec glacière de 26 pieds par 60 pieds dessus érigée ; de plus à peu près 3,000 tonnes de glace plus ou moins, que la dite glacière contient actuellement.

Les immeubles ci-dessus décrits seront vendus sujets aux hypothèques et autres redevances les grevant le jour de la vente. Pour titres et autres informations, s'adresser à

BILODEAU ET CHALIFOUR
Curateurs Conjoints,
15 rue St-Jacques, Montréal.

MARCOTTE FRERES,
Encanteurs.

NOS PRIX COURANTS, PARTIE II

Dans cette seconde partie sont comprises uniquement les marques spéciales de marchandises dont les maisons, indiquées en caractères noirs, ont l'agence ou la représentation directe au Canada, ou que ces maisons manufacturent elles-mêmes.
Des prix indiqués le sont d'après les derniers renseignements fournis par les agents, représentants ou manufacturiers.

PRIX COURANTS—MONTREAL, 20 DECEMBRE 1900

Boeckh Bros & Company
TORONTO ET MONTREAL

Balais — *La doz.*
A, 4 cordes, fini peluche $4 45
B, 4 " " fantaisie 4 20
C, 3 " " peluche 3 95
D, 3 " " fantaisie 3 70
F, 3 " " au fil de fer 3 45
G, 3 " " " " 3 20
I, 3 " " " " 2 95
K, 2 " pour fillettes 2 60

Boivin, Wilson & Cie
MONTREAL

Bière de Bass. — qts — pts
Read Bros. Dog's Head .... 2 60 — 1 65

Porter Guinness' Stout.
Read Bros. Dogs'Head .... 2 60 — 1 65

Clarets et Sauternes Faure Frères.
Côtes .... qts 3 50
Bon-Ton .... " 4 00
Floirac .... " 4 50
Medoc .... " 5 00
Margaux .... " 5 50
St. Julien .... " 6 00
Pontet Canet .... " 6 50
Chat. Gruaud Larose .... " 12 00
Santernes .... " 4 50
Leon Pinaud Claret .... " 2 50

Au gallon.
Côtes 0 90

Champagne.
Vve A. Devaux....qts 15.00, pts 16 00

Cognacs. — *La caisse.*
E. Puet, * .... qts 9 50
" ** .... " 10 75
" XXX .... " 12 50
" V.O .... " 14 50
" V.O.P .... " 15 25
" V.S.O.P .... " 16 25
" V.V.S.O.P .... " 20 25
" 1860 .... " 24 25
" 1850 .... " 26 25
" 1810 .... " 30 00
J. Borianne XXX .... " 7 00
D'Angely XXX .... " 6 75

Au gallon.
E. Puet .... 4 00 — 7 00
J. Borianne .... 3 75 — 4 75

Eaux minérales. — *La caisse.*
Hunyadi Matyas 6 00
St-Galmier (source Badoit) 6 00
Vichy Célestins, Grande Grille 10 00
" Hopital, Hauterive 10 00
" St-Louis 8 00
Rubinat, Sources Serre, 50 bts 9 50

Gins. — *La caisse.*
J. J. Melchers, caisses rouges 10 50
" " vertes 5 15
" Ponies 2 50
Honey Suckle, cruchons verre 8 00
" " " pierre ½ gal. 15 00

Au gallon.
J. J. Melchers 3 00

Gin Old Tom. — *La caisse.*
Club 6 50
Wilson 5 50
Colonial London Dry 6 50

Au gallon.
Old Tom .... 2 00 à 3 00

Liqueurs Fréderic Mugnier, Dijon, France. — *la caisse.*
Crème de Menthe verte 11 00
Curaçao 12 50
Cherry B'dy 10 50
Cacao l'Hara à la Vanille 12 50
Marasquin 13 0
Kirsch * * * 11 00
Prunelle de Bourgogne 12 50
Crème de Framboise 12 25
Fine Bourgogne 12 lit 18 00
Crème de Cassis 11 00
Absinthe Ed. Pernod 14 50
Fine Bernard 15 00
Grenadine 7 50
Anisette 10 50
Kumel 10 00
Grand Marnier .... qts 15 00
" " .... pts 16 00
Bigarreaux .... qts 9 00
" .... pts 5 00

Rye Whiskey. — *La caisse.*
Monopole—1893 .... qts 6 50
" " 16 flasks 7 00
" " 32 " 7 00
" " 24 " 7 50
" " 48 " 8 50

Au gallon.
Monopole 3 00

Vermouths. — *Qts*
Noilly Prat 7 00
Cte Chazalette & Co 6 50

Vins d'Oporto Robertson Bros. — *La caisse.*
No 1, Medal Port 15 00
No 2, " 12 00
Favorita Oporto 7 50
Au gallon de .... 2 00 à 6 50

Sherries Robertson Bros. — *La caisse.*
Amontillado 15 00
Manzanilla 12 00
Oloroso 7 50

Au gallon.
Robertson Bros .... 1 75 à 7 50
Levert et Schudel 1 25

Vin de messe. — *Au gallon.*
Auguste Gely "Puritas" 1 10

Vins toniques. — *Qts*
Vin St-Michel .... cse 8 50
Vin Vial 12 50

Whiskey Ecossais. — *La caisse.*
J. & R. Harvey R.O.S 12 50
" Fitz-James 10 00
" Hunting Stewart 9 00
" Jubilee 8 50
" Old Scotch 7 50
Alex. McAlpine 6 50
Strathspey 6 25

Au gallon.
J. & R. Harvey .... 3 65 à 5 50
Melrose Drover & Co .... 3 75 à 6 00

Whiskeys Irlandais. — *La caisse.*
Henry Thomson 9 00
" St-Kevin 7 50
" Kilkenny 6 50

Rhum.
"Black Joe" .... qts 7 50
" .... pts 6 50

Brodie & Harvie
MONTREAL

Farines préparées.
Farine préparée, Brodie XXX, 6 lbs 2 20
" " 3 " 1 15
" superb 6 " 2 10
" " 3 " 1 10
" Crescent 6 " 1 80
" 3 " 0 95

The Canadian Specialty Coy
TORONTO

Adams' Root Beer et Adams' English Ginger Beer Extracts.
En boites de ¼, ½ et 1 grosse, grandeur 10 cents en cse. doz .. 0 80
" " .... la gr. 9 00
En boites de ¼ de grosse, grandeur 25 cents .... la doz. 1 75
" " .... la gr. 20 00

La Cie Canadienne de Vinaigre
MONTREAL

Vinaigre. — *Au gallon.*
Tiger, triple force 0 33
Bordeaux, de table 0 28
Extra à marinade 0 28
Ordinaire à marinade 0 23
Vin blanc, XXX 0 25

La Cie Hérelle
LONGUEUIL

Chocolats.
People's, ¼ lb—bte 12 lbs 1 92
Santé, ¼, ½, 1-6 lb—bte 10 lbs .. 2 40
Vanillé, ½, ¼ lb " 3 15
Pastilles, Bte 5 lbs 1 00
Great sticks .... Btes 1 gros 1 00

L. Chaput, Fils & Cie
MONTREAL

Articles divers. — la doz — la gr
Lessive Greenbank, solide 0 70 — 7 75
" Red Heart poudre. 0 70 — 7 75
Chlorure de Chaux Greenbank ¼s 0 35
Chlorure de Chaux Greenbank ½s .... 0 60 — 7 00
Chlorure de Chaux Greenbank 1 lb .... 1 00 — 11 75

Cafés moulus ou rôtis. — *La lb.*
Owl Blend, No 40 .... 0 27
" " 20 .... 0 30
" " 20 .... 0 31
" " 10 .... 0 32
" " 50 .... 0 22½
En lots de 100 lbs le fret est payé à Ottawa, Sorel, Trois-Rivières.

Conserves Alimentaires.
Asperges Canadiennes "Schencks" la doz. 2 lbs 2 50

Dandicolle & Gaudin Ltd.
Asperges françaises btes ferblanc 2 90
Asperges françaises sous verre 4 80
Champignons choix .... la cse 14 50
" extra .... " 18 75
" surchoix .... " 19 00
" sous verre .... la doz 3 90
Pois moyens .... la cse 11 50
" fins .... " 13 50
" mi-fins .... " 12 00
" extra fins .... " 15 00
" sur extra fins .... " 18 00

Sardines Dandicolle & Gaudin Ltd.
Royan à la Bordelaise ...... la cse 12 75
" " Vatel .... " 13 00
Cordons bleus ¼s .... " 12 75
Réduites sans arêtes Am ¼s. " 18 00
" " " ¼ ord. " 12 00

Patés de foie gras Dandicolle & Gaudin Ltd.
⅛ .... la doz 6 00
½ .... " 9 60

Fruits secs.
Pommes évaporées .... la lb 0 05¼
Raisins de Calif. 2 cour ...... " 0 04½
" " 3 " ...... " 0 09
" " 4 " ...... " 0 09½
" Malaga Bull .... la bte 2 70
" " Tiger .... " 3 60
" " Lion .... " 4 40
" " Elephant ... " 5 20

Raisins de Corinthe, ... quart 10⅜
" " .... cse 10⅝
" " .... ½ cse 10⅞ à 11
" " nettoyés, vrac 12
" " .... paqts 13
" Sultana .... la lb. 10 à 0 12
" " .... paqts. 11½

Huile d'Olive. — *La caisse.*
Dandicolle & Gaudin, Lion ... qts 5 25
" " .... pts 3 00
" " .¼ pts 1 80
" " ... litre 8 00

Brandies. — *La caisse.*
Gonzalez .... qts 8 75
" * .... " 10 50
" * * * .... " 14 00
" V.S.O .... " 16 00
" V.S.O.P .... " 18 50
" Sup champ .... " 22 00
" 24 flasks 9 50
" 48 " 8 00
Hulot .... qts 6 75
" .... pts 7 75
" 24 flasks 7 50
" 48 " 8 00
" 48 ¼ btles 8 50
Boulestin * .... qts 11 00
" .... pts 14 00
" 24 flasks 11 50
" 48 " 13 50
" V.S.O.P .... qts 20 00
" V.V.S.O.P .... " 28 00
5 caisses assorties, 25c de moins.

Gin "Night Cap." — *La caisse.*
Caisses Vertes 5 25
" Bleues 5 40
" Rouges 10 50
" Jaunes 10 40
" Poney 1 doz 2 50
" 48 ¼ btles 7 00
5 caisses assorties, 10c de moins.

Whiskey Ecossais. — *La caisse.*
"Ainslie" Highland Dew 6 75
" Carte Jaune 8 75
" Loch Venacher 8 00
" Carte Blanche 9 50
" Extra 10 50
" Extra Special 12 50
" Yellow Label, Im . qts 13 50
Clynelish, 8 years old .... ord. " 12 50
Champion .... qts 7 50
" .... pts 8 50
" .... Imp qts 10 75
Duc de Cambridge .... qts 12 00
Big Ben .... " 10 75

Quinquina Dubonnet. — *la caisse.*
Fameux Apéritif .... litres 12 00
" " .... ½ " 13 00

Oporto en bouteilles. — *la caisse.*
Commendador 15 00
Sup. Old Port 11 50
Old Port 10 00

Lagrima Christi, de Pasquale Scala, le seul et vrai vin. — *la caisse.*
Rouge .... qts 6 00
" .... pts 7 00
Blanc .... qts 8 00
" .... pts 9 00

Sherry en bouteilles. — *la caisse.*
Emperador 15 00
Manzanilla 11 00
Amontellado 14 00
Vino de Pasto 9 00

Sauternes Dandicolle & Gaudin Ltd. — *la caisse.*
Château du Roc .... qrts 3 00
" " .... pts 3 77
Ordinaire .... qrts 2 40
" .... pts 3 00
Audinet & Buhan .... qrts 3 75
" .... pts 4 75

Rhum, Dandicolle et Gaudin Ltd. — *la caisse.*
Lion .... qrts 7 50
" .... pts 10 00
" .... ¼ pts 10 00
5 caisses, 25c de moins.
Saint-Marc .... qrts 8 75
Royal .... qrts 10 25

Rye. — en caisses.
L. C. F. C .... Ord. flasks 24 — 7 50
" .... ½ " 48 — 8 50
" .... ¼ " 64 — 9 50
Canada .... 48 demi-flasks 7 50
" .... 24 flasks 6 50

Clarets en bouteilles. Dandicolle & Gaudin Ltd.
Chateau du Diable .... qrts 2 50
" .... pts 3 15
St-Julien Médoc .... qrts 3 00
" " .... pts 3 90
Dumont .... qrts 2 40
" .... pts 3 20
A. Lacoste & Fils, St-Julien qrts 2 60
" " " .. pts 3 25
Vigneau, (Médoc) .... qrts 2 50

Audinet & Buhan. Bordeaux.
Médoc .... qrts 3 25
" .... pts 4 25
Croix Rouge .... qrts 5 25
Château Moulerens .... qrts 7 50
Latrille "Petite Côte" ...... qrts 3 50
" " ...... pts 4 50

Clairet, en barriques. — *le gallon.*
Audinet & Buhan .... No 1 — 0 70
" .... No 2 — 0 80
" .... No 3 — 0 90

Marinades Williams Bros & Charbonneau.
Amer. ½ gallon 3 50
Imp round qrts 3 50
5 caisses, 10c de moins.
Octogon sweet mixed 3 50
" " Gherkins 3 50
" Sour mixed 3 35
" " Gherkins 3 35
" Onions 3 50
" Chow Chow 3 35
Imp. Oct pts 2 20
Triangular ½ pts 1 37½
Catsup Mad Jones ½ pts 1 00
" " " pts 1 55
" Waldorf 1 25
Moutarde W. B. & C 1 25
Mince Meat 2 lbs 1 25

Thés du Japon.
Extra choisi du mois de mai: — La lb.
Castor No A 1 .... 37½
" No 2 .... 32½
Hibou No 1 35
" No 2 .... 32½
La Loutre No 1 35
" No 2 30
Feuilles Naturel (Basket Fired) 30
Le Faucon No 500 25
Spécial du mois de mai:
Owl Chop No 100 21
La Loutre No 3 .... 22½
Moyen et ordinaire de mai et juin:
Le Loutre (Pan Fired) 18
La Hache Rouge 19
La Course à Courir 16
Commun 14
Moulu (Dash) .... 5 à 6½
Siftings .... 6½ à 8½
Fannings .... 8½ à 10
Nibs .... 12 à 14
Stubs (choix) .... 14 à 17½

Thés verts de Chine.

Caisse		La lb
Gunpowder, moyune de choix		45
" moyen		37½
" ordinaire		28
Ping Suey, boites 35 lbs.		
Pin Head, choix		33
" moyen		28
" ordinaire		18
Pea Leaf, choix		22
" moyen		18
" ordinaire		16
" commun	11½ à	15
Young Hyson, moyen (Sifted)		35
" Points		25
" First	17 à	70
Canton Pingsueys	11½ à	18

Thés noirs de Chine — *La lb.*

Formosa Oolong (Le Pin) bte 20 lbs.	35
Pekoe Orange Parfumé " "	35
Paklin Congou, extra choix	30
" " choix	25
" " moyen	20
" " ordinaire	12 à 18
King Chow moning choix bte 5½ lbs.	28
Hau Kow " " "	26
Keermus " " "	24
Kin Tuck " " "	20
Pecco Congou	20 à 25
Packluin "	15 à 20
Panyong "	14 à 18
Kaisow	12 à 17
Saryunes	11 à 13

Thés des Indes. — *La lb.*

Darjeeling des meilleurs jardins, extra choix	30 à 35
Darjeeling des meilleurs jardins, choix	25 à 30
Darjeeling des meilleurs jardins moyen	20 à 25
Assam des meilleurs jardins, extra	25 à 30
Assam des meilleurs jardins, moyen	20 à 25
Pekoe Souchong	13 à 17

Thés de Ceylan. — *La lb.*

Tyria, (Golden Tipped)	35
Nayabedde (Flowery Pekoe)	32
Kurana " "	28
La Kainit " "	26
Siriniwassa " "	24
Luccombe Orange Pekoe	20
" Pekoe Souchong	18
Dalucama " "	14

Thés purs de Ceylan.

Hibou, marque "Owl Chop" boites 60 lbs 100 paquets ½ lb. et 10 paquet 1 lb.

	La lb.
Etiquette Rouge (Flowery Pekoe)	22
No 10 Etiquette Verte (Flowery Pekoe)	30
No 18 Etiquette Argentée (Golden Tipped)	33
No 20 Etiquette Jaune (Choice Golden Tipped Pekoe)	35
No 30 Etiquette d'Or (Extra Choice Golden Tipped Pekoe)	50

Thés de Ceylan, en paquets de ¼ lb. et 1 lb. boites assorties de 40 lbs.

(Marque l'Abeille)

No 8 Golden Tipped Pekoe, Etiquette Rouge	33
No 8 Flowery Pekoe. Etiquette Verte	30

Wm Clark

MONTREAL

Conserves.

Compressed Corned Beef	1s.	la dz.	$1 50
" "	2s.	"	2 70
" "	4s.	"	5 40
" "	6s.	"	8 15
" "	14s.	"	18 97
Ready Lunch Beef	1s.	"	1 50
" "	2s.	"	2 70
Geneva Sausage	1s.	"	1 65
" "	2s.	"	3 00
Cambridge "	1s.	"	1 65
" "	2s	"	3 00
Yorkshire Brawn	1s.	"	1 20
" "	2s.	"	2 20
Boneless Pigs Feet	1s.	"	1 30
" "	2s.	"	2 40
Sliced Smoked Beef	½s.	"	1 65
" " "	1s.	"	2 80
Roast Beef	1s.	"	1 50
" "	2s.	"	2 70
Pork & Beans with sauce	1s.	"	0 50
" "	2s.	"	1 00
" "	3s.	"	1 38
" Plain	1s.	"	0 45
" "	2s.	"	0 90
" "	3s.	"	1 25
Wild Duck Patée	½s.	"	1 10
Partridge "	½s.	"	1 10
Chicken "	½s.	"	1 10
Veal & Ham "	½s.	"	1 10
Ox Tongue (Whole)	1½s.	"	8 25
" "	2s.	"	9 35
" "	2½s.	"	10 45
Lunch Tongue	1s.	"	3 30
"	2s.	"	6 60
Imperial plum pudding		"	1 00

Potted Meats ¼s.

Ham, Game, Hare, Chicken, Turkey, Wild Duck, Tongue, Beef	la dz. .50
Chicken Ham & Tongue. ½s. la doz.	1 00

Soupes.

Mulligatawny, Chicken, Ox Tail, Kidney, Tomato, Vegetable, Julienne, Mock Turtle, Consomme, Pea	Pints. la doz.	1 00
	Quarts. la doz.	2 20

Mince Meat.

Tins formées hermétiquement.

1s	1 00
2s	2 00
3s	2 97
4s	3 95
5s	4 95

Joseph Côté

QUEBEC

Tabac Canadien en feuilles. — *La lb.*

Parfum d'Italie, récolte 1898, ballots 25 lbs	0 30
Turc aromatique, 1899, ballots 25 lbs	0 22
Rouge, 1899, ballots 50 lbs	0 15
Petit Havane " 25 lbs	0 15
1er choix, 1898, ballots 50 lbs	0 11
8 Nouveau, 50 lbs	0 15

Tabacs coupes. — *La lb.*

Petit Havane ¼ lb, bte 6 lbs	0 35
" " ½ "	0 35
St-Louis, 1-10, 4—10	0 40
Quesnel ⅛ 5	0 60
Coté's Choice Mixture ⅛ lb 5	0 60
Vendome ½ tin	1 15

Cigares. — *Le 1000*

Blanca	1-20	13 00
Bruce	1-20	15 00
Twin Sisters	1-20	15 00
" "	1-40	16 00
Côté's fine Cheroots	1-10	16 00
Beauties	1-20	18 00
Golden Flowers	1-20	23 00
" "	1-40	25 00
My Best	1-20	25 00
New Jersey	1-20	25 00
V. H. C	1-20	25 00
Doctor Faust	1-20	28 00
" "	1-40	30 00
St-Louis	1-20	33 00
"	1-40	35 00
Champlain	1-100	38 00
"	1-40	38 00
"	1-20	38 00
Saratoga	1-20	40 00
El Sergeant	1-20	50 00

Tabac en poudre. — *La lb.*

Rose	Baril, 5, 10, 20	0 32
Beau	" 5, 10, 20	0 32
Rose et Fève	" 5, 10, 20	0 32
Merise	" 5, 10, 20	0 36

The Cowan Chocolate Co

TORONTO ET MONTREAL

Chocolats.

Diamond. Bts 12 lbs ¼ et ½ ...lb	0 25
" " 8s ... "	0 28
French Diamond Bts 12 lbs, 6s "	0 26
Queen's dessert, " ¼ et ½ "	0 40
" " 6s " "	0 42
Parisien, morc. à 5c. Bts 12 lbs "	0 30
Royal Navy, ¼ et ½. " "	0 30
Rock sucré	0 30
Batons à 1c. ... la gr	1 00
Caracas pur Bts 12 lbs ½ lb	0 40
Perfection " " ½ et ¼ "	0 35

Icings.

Chocolate Icing paquet 1 lb. dz.	1 75
" " " ½ " "	1 00
Pearl Pink Icing " 1 " "	1 75
" " " " ½ " "	1 00
White Icing " 1 " "	1 75
" " " ½ " "	1 00
Lemon C Icing " 1 " "	1 75
" " " " ½ " "	1 00

Cacaos.

Hygiénique, 4 dz, tins ½ lb...dz.	3 75
" " ¼ lb... "	2 25
" " 5 lbs...lb.	0 55
Perfection, " ½ lb ...doz	3 00
Essence cacao sucré. ½ lb ....dz.	2 25
Imperial Dutch 4 doz Bts. ¼ ...lb	0 90
Chocolate powder btes 10, 15, 30 lbs "	0 25
Cacao Soluble Btes 10, 15, 30 lbs "	0 20
Cocoa Nibs "	0 35
" Shells "	0 05

Confections Cowan.

Cream Bars, gds 6 à la bte. doz btes	2 25
" " pts 6 " " "	1 35
" " g's 60 " la bte	1 80
" " pts 60 " "	1 10
Chocolate Ginger btes 1 lb....doz	4 00
" " " ½ " .... "	2 25
" " Crystalisé btes 1 lb. "	4 00
Chocolate Ginger Crystalisé btes ½ lb. "	2 25
Chocolate Wafers btes ½ lb "	2 25
" " " ¼ " "	1 30

The F. F. Dalley Co. Limited.

HAMILTON

Divers.

Couleur à beurre Dalley, 2 oz., doz.	1 25
Spanish bird seed, cse 40 lbs	0 06
Dalley's " " " "	0 06½
Sel céleri Dalley, 2 oz., dz.	1 25
Poudre Curry Dalley, 2 oz., dz.	1 75

Cirages.

English Army	cse ½ gr.	9 00
No 2 Spanish	"	3 60
No 3 "	"	4 50
No 5 "	"	7 20
No 10 "	"	9 00
Yucan Oil	cse 1 doz.	2 00
N. Y. Dressing	"	0 75
Spanish Satin Gloss	"	1 00
Crescent Ladies Dressing	"	1 75
Spanish Glycerine Oil	"	2 00

Empois.

Boston Laundry, cse 40 paq., le paq.	0 07½
Culina Toledo, " 40 " la lb.	0 06½

Farines.

Buckwheat, paq. 2½ lbs, cse 3 doz.	1 20
" " 5 "	2 30
Pancake, " 2 " "	1 20
Tea Biscuit " 2 " "	1 20
Graham Flour " 2 " "	1 20
Bread & Pastry " 2 " "	1 20

Moutardes.

Dalley's, pure, en vrac ...la lb.	0 25
" bte ½ lb, cse 2 doz. .la doz.	2 00
" " ¼ " " 4 " "	1 00
" Superfine Durham, vrac, lb	0 12
" do bte ¼ lb, cse 4 doz, la doz.	0 65
" " ½ " " 2 " "	1 20
" do pots 1 " "	2 40
" " 4 " "	7 80
" do verres ¼ lb. "	0 75

Poudres à pâte.

Silver Cream, ¼ lb, cse 4 à 6 doz, la doz.	0 75
English " ½ " " "	1 25
" " 1 " 2 à 4 " "	2 00
Kitchen Queen, 74 la doz.. "	0 60
" " 69 " .. "	0 75
" " 89 " .. "	0 90
" " 128 " .. "	1 15
" " 168 " .. "	1 40
" " 3 lbs " .. "	4 00
" " 5 lbs " .. "	6 50

W. G. Dunn & Co

HAMILTON

Moutardes.

Pure D.S.F. ¼ bte, cse 12 lbs. la lb.	0 34
" " ½ " " "	0 32
" " bte 10c, " 2 à 4 dz la dz.	0 80
" " " 5c, " 4 "	0 40
E. F. Durham ¼ bte, cse 12 lbs, la lb	0 25
" " ½ " " " "	0 23
Fine Durham, pots 1 lb, chaque	0 24
" " " 4 " "	0 70
" " " 5 " "	0 80
Mustard Butter, bout. 12 oz. la doz.	1 30

John Dwight & Co

TORONTO ET MONTREAL

Soda à pâte

"Cow Brand"

Caisse 60 paquets de 1 lb, la c.	3 00
" 120 " ½ "	3 00
" 60 pqts d' ½ et 30 de 1 lb, "	3 00
" 93 " à 5c. "	3 00

J. A. E. Gauvin

MONTREAL

Spécialités.

Sirop Menthol ...la doz.	1 65
Sirop d'Anis Gauvin "	1 75
" " par 3 doz.	1 60
" " par 1 grosse.	17 00
" " par 5 grosses.	16 00
Graine de lin ...lb.	0 03
" moulue ...lb.	0 04

5 p.c. d'escompte.

Laporte, Martin & Cie

MONTREAL

Champagne Ve Amiot.

Carte d'or	qts.	16 00
" "	pts.	17 00
" blanche	qts.	13 00
" "	pts.	14 00
" d'argent	qts.	10 50
" "	pts.	11 50

Champagnes.

Duc de Pierland	qts.	14 00
" "	pts.	15 00
Cardinal	qts.	12 50
"	pts.	13 50

Champagne CARDINAL, en lots de 5 caisses, 50c de moins et de 10 caisses $1.00 de moins, la caisse.

Brandy. — *En caisse*

Richard, S. O	qts.	22 50
" F. C	qts.	15 00
" V. S. O. P	qts.	12 00
" "	pts.	13 00
" V. S. O	qts.	10 00
" V. O	qts.	8 50
" "	pts.	9 50
" " carafes	qts.	10 50
" " "	pts.	11 50
Couturier	qts.	7 00
"	pts.	8 00
Marion	qts.	6 00
"	pts.	7 00

Au gallon.

Richard, F. C	6 00
En ½ Oct $3.90	
" V. S. O. P	5 50
En ½ Oct $5.35, Oct $5.25	
" V. O	4 25
En ½ Oct $4.10, Oct $4.00, qrt $3.90, Hhd $3.80.	
Couturier	4 00
En ½ Oct $3.95, Oct $3.85, qrt $3.80.	
Marion	3 75
En ½ Oct $3.60, Oct $3.50, qrt $3.40	

Scotch Mitchell. — *A la caisse.*

Heather Dew	qts	7 00
" (stone jars) Imp.	qts	12 50
Special Reserve	qts	9 00
" "	pts	10 00
Extra Special Liqueur	flacons	9 50
Mullmore	qts	6 50
" Imp.	qts	10 00
"	pts	7 50

Par lots de 5 caisses, 25c de moins.

Au gallon.

Heather Dew	4 00
En ½ Oct $3.85, Oct $3.75.	
Special Reserve	4 50
En ½ Oct $4.25, Oct $4.15.	
Extra Special Liqueur	5 00
En ½ Oct $4.90, Oct $4.80, qrt $4.75	

Irish Mitchell. — *A la caisse.*

Old Irish Flasks	Imp. qts	11 25
Cruskeen Lawn (stone jars)	Imp qt	12 50
Special	qts	9 00
Old Irish Square bottles	qts	8 00
" Round "	qts	6 50
" " "	pts	8 00

Au gallon.

Old Irish	4 00
En ½ Oct $3.90, Oct $3.75, qrt $3.65.	

Vin Tonique. — *A la caisse.*

St. Léon	litre	8 00
"	½ "	6 00

Gin. — *A la caisse.*

Pollen Zoon Rouges	15s	9 75
" " Vertes	12s	4 75
" " Violettes	12s	2 45

Au gallon.

" " Hhds	65 gls	2 95
" " Qrt.	40 gls	3 00
" " Oct.	18 gls	3 05
" " ½ Oct	9 gls	3 05
" "	gal	3 15

Thés. — *la lb.*

Japon, Victoria	90 lbs	25c
" Princesse Louise	80 lbs	18c
Noir, Victoria	25 lbs	30c
" Princesse Louise	25 lbs	25c
" Lipton No 1	En 1 lb	34c
" " No 1	En ½ lb	35c
" " No 2	En 1 lb	28c
" " No 2	En ½ lb	29c
" " No 3	En 1 lb	22c
" " No 3	En ½ lb	23c

Les thés Lipton sont en caisses de 50 lbs.

Noir, Princesse Louise	En ¼ lb	30c
" " "	En ½ lb	27½c
" Victoria	En ½ lb	32c

Vernis à Chaussures.

Victoria, bouteille ...la doz.	90c

Poudre à pâte.

Princesse ...tins 5 lbs, 6s chacun	0 60
" carré " 1 lb, 24s la doz.	1 70
" rond " 1 lb, 24s "	1 40
" " " ½ lb, 48s "	0 85
" " " ¼ lb, 48s "	0 45
" tin cup...1 lb. 12s "	1 50
" paquet...3 oz. 48s "	0 30

E. D. Marceau

MONTREAL

Cafés	*La lb.*
Ceylan pur	0 15
Maracaibo No 1	0 18
" choix	0 20
Santos No 1	0 17
" choix	0 19
Plantation privée	0 27½
Java Maleberry	0 25
" fin	0 27½
" choisi	0 30
" Old Gov	0 31
Old Gov. Java & Mocha	0 30
Mocha de l'Arabie	0 27½
" choisi	0 31
Java Maudheling & Mocha choisi à la main	0 50
Mélange spécial	0 22½
" XXXX	0 30
Mélange de cafés purs en boites de fantaisie de 1 lb., 48 à la caisse	0 20
Café de Madame Huot tins 1 lb	0 31
" " tins 2 lbs	0 30

3 p.c. 30 jours.

Thés Japonais.

Condor I......Boites 40 lbs	0 40
" II.... " 80 lbs	0 35
" III.... " 80 lbs	0 32½
" IV.... " 80 lbs	0 30
" V.... " 80 lbs	0 25
" X.... " 80 lbs coloré	0 25
" XXXX. " 80 lbs	0 22½
" XXX.. " 80 lbs	0 20
" LX.... 60 x 1 lb	0 27½
E.M.D.AAA ..Boites 40 lbs	0 37½
" AA.... " 40 lbs	0 32½
" AA.... " 80 lbs	0 30

NECTAR—Mélange des thés de Chine, du Ceylan et des Indes. Caisses de 50 lbs assorties, ¼s, ½s, 1s, aussi caisses de 50 lbs, en 1 lb et ½ lb.

Vert	(se détaille 26c)	0 21
Chocolat	(" 35c)	0 26
Bleu	(" 50c)	0 38
Marron	(" 60c)	0 45

NECTAR NOIR—Boites de fantaisie de 1 lb 50 à la caisse.

Chocolat	0 32½
Bleu	0 42½
Marron	0 50

NECTAR NOIR—Boites de fantaisie de trois livres.

Marron ......la boite	1 50

OLD CROW—Noir, mélange des thés de Chine, du Ceylan et des Indes, Boites de 10, 25, 50 et 80 lbs.

	La lb.
No 1	0 35
No 2	0 30
No 3	0 25
No 4	0 20

Vinaigre.

	Le gallon.
Condor pur, 100 grains	0 30
Old Crow, pur, 75 grains	0 24

The A. F. McLaren Imperial Cheese Co.

TORONTO

Fromages.	*La doz.*
Imperial, grands pots	8 25
" moyens "	4 50
" petits "	2 40
" tout petits pots	1 00
" Holders, grands	18 00
" " moyens	15 00
" " petits	12 00

W. D. McLaren

MONTREAL

Poudre à pâte, Cook's Friend.

No 1, en boites de 4 et 2 doz..la doz	2 40
" 2, " 6 et 3 " .. "	0 80
" 3, " 4 " .. "	0 45
"10, " 4 et 2 " .. "	2 10
"12, " 6 et 3 " .. "	0 70

Maison V. Porte

MONTREAL

Cardinal Quinquina		12 00
Vermouth Champagne	15 00	17 00
Cognac V. Porte 1854 la c.		18 00
" " " le gl.		8 75
Eau de vie de marc de Bourgogne ......la caisse		12 50
Théop. Rœderer :		
Cristal Champagne	40 00	42 00
Réserve Cuvée	26 00	28 00
Sportsman Ch.	16 00	18 00

Grands vins de Bourgogne, Guichard, Potheret & Fils.

	qts	pts
Clos Vougeot	24 00	25 00
Chambertin	22 25	23 25
Corton	17 40	18 40
Pommard	12 75	13 75
Beaune	12 75	13 75
Bourgogne, 1898	5 50	6 50
Macon 1898	5 00	6 00

Vins blancs.

Chablis	7 50	8 50
Bourgogne mousseux	14 50	16 50

F. de Beaumanoir.

Chambertin	15 35	16 35
Corton	11 90	12 90
Pommard	10 15	11 15
Beaune	9 25	10 25

Cognacs, Pellisson Pere & Cie.

V. S. O. P	40°	29 00
S. O. P	"	22 00
10 year old	"	16 00
C. M Arguet	"	11 50

A. Robitaille & Cie

MONTREAL

Brandies. (droits payés)	*La caisse.*
Sorin.—Carte bleu	$ 8 50
Carte rouge	9 50
Carte d'or	11 00
24 Flasks avec verre	9 00
48 Flasks avec verre	10 00
	Au gallon.
Quarts	4 00
Octaves	4 25
½ oct	4 25

Skilton, Foote & Co

BOSTON

Golden German Salad, cse 2 doz. flac	5 75
Tomatoe Relish " "	5 75

Arthur P. Tippet & Co

MONTREAL

Savon.

A. P. TIPPET & CO., AGENTS.

Teintures Maypole Soap, couleurs, par grosse. $10.20.

Teintures Maypole Soap noirs par grs..$15.30,

Maison Stowers.

Lime Juice Cordial p. 2 dz	0 00	4 00
" " " q. 1 "	0 00	3 50
Double Refi. lime j'ce 1 dz	0 00	3 50
Lemon syrup bout. 1 "	0 00	4 00

G. Vigaud

MONTREAL

Eau de Javelle.

La Vigaudine ......la grosse	5 40
" ......la doz.	0 50

Walkerville Match Co

WALKERVILLE

Allumettes Parlor

	1 caisse	5 caisse
Crown	$1.60	1.50
Maple Leaf	2.75	2.65
Imperial	5.50	5.25

Allumettes souffrées

Jumbo	5.25	5.00
Héros	3 60	3.40

Young & Smylie

BROOKLYN (N. Y.)

Réglisse.

Y. & S. en bâtons (sticks) :	
Bte de 5 lbs, bois ou papier, lb.	0 40
" Fantaisie " (36 ou 50 bâtons) bt.	1 25
" Ringed," boite de 5 lbs......lb.	0 40
" Acmé " Pellets, boite de 5 lbs. (can.)......bte.	2 00
" Acmé " Pellets, boite fantaisie papier, (40 morc)......bte.	1 25
Réglise au goudron et gaufres de Tolu, bts de 5 lbs. (can)....bte.	2 00
Pastilles réglisse, jarre en verre 5 lbs.	1 75
Pastilles de réglisse, boite de 5 lbs (can.)	1 50
" Purity " réglisse, 200 bâtons	1 45
" 100 "	0 72½
Réglisse Flexible, bte de 100 morceaux.	
Navy plugs	0 70
Tripple Tunnel Tubes	0 70
Mint puff straps	0 70
Golf Sticks	0 70
Blow Pipes (200 à la bte)	0 70
do (Triplets, 300 à la bte)	0 70
Pipes à manche recourbé, (200 à la boite)......la bte	0 75
Manhattan Wafers 2½ lb.	0 75

RENSEIGNEMENTS COMMERCIAUX

PROVINCE DE QUEBEC

Cessations de Commerce

Elmside—Campbelle Robert, mag. gén.

Cessions

Montréal—Guimond Alph., quincaillerie.
Morris John, agent d'immeubles ass 24 déc
Edson M. G. & Co, mfr de chocolat, etc.
Guillet Modeste, chapeaux et fourrures.
Lafrance Joseph & Co, plombiers.
Pointe Claire—Duchesneau Herm., mag. gén.
Québec—Constantine E. & Fils, nouv.
Stanfold—Roux Télesphore, mag. gén.

Curateurs

Montréal—Desmarteau Alex à Moïse Rochon contracteur.

Décès

Hull—Lyons W. H., épic. ; De W. H. Lyons.
Montréal—Couillard J. N., chaussures.

Dissolutions de Sociétés

Gentilly—Poisson & Beaudet, foin.
Poliquin & Beauchemin, moulin à scie.
Martinville—Cass Bros, négociants.
Montréal—Hersey & Wood, analystes.
O'Dowd Bros, épic. ; Joseph T. O'Dowd, continue seul.
Paddon & Nicholson, plombiers.
Rock Island—Dominion Specialty Co.

En Difficultés

Bécancour—Verret John, mag. gén. offre 50c dans la piastre.
Montréal—Morgan John J., restaurant.
Allard Henri, restaurant, offre 25c dans la piastre.
Lamoureux U. (Succ.), ass 20 déc.
Temple Ths A. & Sons, agents d'assurance ass 24 déc.

Fonds Vendus

Montréal—Asiatic (The) Trading Co Ltd à The Montreal Canning & Preserving Co.
Beauchamp Mde J. A., modes.
Quyon—Ritchie & McAdam, mag. gén.

Incendies

Québec—Au Grand Bazar, nouv. ass.

Nouveaux Établissements.

Beaurivage—Panneton & Cie, hôtel ; Mde Ed. Panneton.
Elmside—McCreadie Dame James, mag. gén.
Gentilly—Poisson J. B. & Co, pulpe.
Hull—Lapointe & Quesnel, nouv.
Montréal—Johnson & Tourgis, agents de mfrs.
Riopelle F. & Fils, plombiers, etc.
Beauchamp & Co, modes.
Canadian Wrapper (The) Mfg Co.
Demers & Frère, bouchers.
Giles Bros, cuir et formes de chaussures.
Morin Pelgrims L. & Co, importateurs, etc.
Tremblay A. J. & Co, buanderie, etc. ; Mde A. J. Tremblay.
Nicolet—Larivière P. B. & Co, négociants ; Mde Clara St Pierre.
Rock Island—Telford & Chapman (The) Mfg Co.
Shawinigan Falls—Belgo-Canadian Pulp Co.
St Emélie de Lotbinière—Société de Fabrication de Fromage.
St Pierre aux Liens—Knapp W. H. & Co, hôtel ; Dame Wm H. Knapp.
Ste Thècle—Vallée & Jobin, moulin à scie.

PROVINCE D'ONTARIO

Cessations de Commerce

Exeter—Gidley & Son, meubles ; Beverley & Huston succèdent.
Hamilton—Hetherington Jos., restaurant.
Iroquois—Merchant J. F. & Son, marchands tailleurs.

Cessions

Font Hill—Lymburner A. A. & Son, mag. gén.
Hamilton—White Henry, épic.
Lefaivre—Bourcier Romain, mag. gén.

Concordats

Brinston's Corners—Cook A., ferblantiers, à 50c dans la piastre.

Décès

Toronto—McKeller & Dallas, chaussures en gros ; Lachlan McKiller.

En Difficultés

Ottawa—Miner & Currier, chaussures etc.

Fonds à Vendre

London—Walker John, briqueterie.
Oshawa—Hook Fred. R., confiseur, etc.
Sarnia—Kerby & Co, nouv., etc.

Fonds Vendus

Aylmer & Paris—Christie & Caron, hardes etc ; le stock de Paris.
Clappison's Corners—Lynch John, hôtel à Frk Smith.
Hamilton—McCurdy H. W., pharmacie à A. E. Drewry.
Ingersoll—Campbell James, quincaillerie à T. N. Dunn.
Oil Springs Hewith & Zimmerman, mag. gén. à W. Duggan à 66c dans la piastre.
Port Stanley—Godhue W. H., quincaillerie à W. Mitchell ;
Hawkins Walter A., épic. etc., à W. Mitchell.
St Thomas—Wooster J., chaussures à Raven & Couch.
Hamblyn Ths épic. à Wm Trott.
Sarnia—Kerby & Co, nouv. à 57c dans la piastre à W. B. Kellet.
Toronto—McDougall W., épic.

Incendies

Foxboro—Dafoe Lillie E., mag. gén.

Nouveaux Établissements

Horning's Mills—Brown John, mfr de tricots a admis John I. Smith ; raison sociale Brown & Smith.
Inwood—Silverspray & Wilcox, épic.
Ottawa—Capital Wire Works.
St Thomas—Day W. A., mag. gén.

NOUVEAU-BRUNSWICK

Cessations de Commerce

Penobsquis—Huestis & Mills, mag. gén.; The Sussex Mercantile Co Ltd succède.
Morton H. & Co, mag. gén.
St Jean—Matthews S. F., confiseur.

Cessions

Hartland—Tailor C. H., mag. gén.

Décès

Chatham—McLachlan Donald, épic.
Hopewell Ralph, mag. gén.

Fonds Vendus

St Jean—Burnett C. H. (The) Co Ltd à A. M. Rowan.

Incendies

Woodstock—Monaghan T. V., restaurant.

Nouveaux Établissements

St Mary's—Ferry McFerland Neill, mfg Co Ltd.

NOUVELLE-ECOSSE

Falkland Ridge—Stoddart Lemuel, fournisseur, parti pour Lawrencetown.
Tusket—Gilman W. H., hôtel.

Cessions

Antigonish—Broadfoot James, hôtel.

Décès

Halifax—Dillon Bros, épic. et liqueurs en gros et en détail ; John P. Dillon.

Fonds Vendus

Digby—Letteney F. M. & Co, mag. à dépt.

Nouveaux Etablissements

Annapolis—Broadfoot James, hôtel.
Antigonish—Broadfood James, hôtel.
Lawrencetown—Cameron L., tailleur.
Hall S. C., épic.
Meagher's Grant—Seeton John, hôtel.
Middleton—Morrison S. H., marchand tailleur a ouvert une succursale à Lawrencetown
New Glasgow—McDonald A. A., épic.
Sydney—Prowse Bros & Crowell, mag. à dépt.
Sutherland H. H. & Co, merceries.

MANITOBA ET TERRITOIRES DU NORD-OUEST

Cessations de Commerce

Hartney — Bowers E., harnais ; D. W. Ferguson succède.
Newdale — Walkey A. E., mag. gén. ; Isaac Crossley succède.

Cessions

Winnipeg—O'Donohue R. P., hôtel.

Fonds Vendus

Hamiota — Early D. P., forgeron à Chs Sheardown.
Napinka — Gaudin J. A., quincaillerie à Marcel & Gaudin.

Incendies

Winnipeg—Collins James & Co, tailleurs.

COLOMBIE ANGLAISE

Cessations de Commerce

Cascade City—Monnier V. & Co, liqueurs en gros, parti pour Phœnix.
Nelson — McEwen Joseph & John Simpson, épic., S. B. Enman succède.

Dissolutions de Sociétés

Victoria—Onions & Plimley, quincaillerie, etc ; Ths Pimley continue.

Fonds à Vendre

Kamloops—Wehrfritz Benj. ; hôtel.
Nelson—Enman S. B., épic.

Fonds Vendus

Greenwood — Hooper & Co, hôtel à T. Peck & P. McDonald.

PROVINCE DE QUEBEC

Cour Supérieure.

ACTIONS

Défendeurs.	Demandeurs.	Montants
Belœil		
Préfontaine A. J	Hercule Bernard	382
Franklin Canton		
Cantwell Frk A	McKenna & Thomson	165
Hamilton		
Wilson Robert	Geo. A. Slater	254
Laprairie		
Moquin Alexis	Nap. Hen	200
Maisonneuve		
Martineau J. D. & Cie	Provident Trust & Inv. Co	562
Montfort		
Chasle J. Hilaire	F. Froidevaux	121
Montreal		
Biggs Ths	J. N. Archambault	128
Briggs Annie L. et al	Arth. S. Birchall	948
Bonin L. S	J. W. Kilgour	145
Barrett Wm J	Fontaine & Frères	201
Boyer Xavier	Olivier Hamelin	500
Cunningham John et al	J. T. Williams (dommages)	900
Caron Nap	A. Nordheimer et al	160

La Cie d'Assurance d'Angleterre
SÉCURITÉ ABSOLUE
Capital et Actif dépassant $20,000,000

LANCASHIRE

Succursales au Canada :
Bureau Chef à TORONTO. **J. G. THOMPSON, Gérant.**
Inspecteurs : A. W. GILES et J. A. FRIGON.

OTTAWA FIRE INSURANCE CO.

(Compagnie d'Assurance contre le Feu OTTAWA)
Capital : $1,000,000
Bureau Principal pour la Province de Québec : 183½ Rue Saint-Jacques,
CARSON BROS, Agents en Chef. **MONTREAL.**

Western Assurance Co.

Compagnie d'Assurance contre le Feu et sur la Marine
INCORPOREE EN 1851

CAPITAL SOUSCRIT	$2,000,000
CAPITAL PAYE	1,000,000
ACTIF, au-delà de	2,320,005
REVENU ANNUEL, au-delà de	2,530,000

BUREAU PRINCIPAL, TORONTO, Ont.
Hon. GEO. A. COX, Pésident. J. J. KENNY, Vice-Prés. et Directeur Gérant.
C. C. FOSTER, Secrétaire.
Succursale de Montréal : 189 rue Saint-Jacques
ROBT. BICKERDIKE, Gérant. ROUTH & CHARLTON, Agents de la Ville.

FONDÉE EN 1710

SUN FIRE INSURANCE

LONDRES, Angleterre.

La plus ancienne compagnie au monde, faisant exclusivement des opérations d'assurance contre le feu.

Le surplus, au-delà du capital et des obligations, excède **$7,000,000.**

Succursale Canadienne à TORONTO, Ont. H. M. BLACKBURN, Gérant.

On a besoin d'agents dans tous les districts non représentés.

FEU, MARINE

COMPAGNIE D'ASSURANCE

BRITISH AMERICA

FONDÉE N 1833

Capital en Argent	$750,000.00
Actif Total, au-delà de	$1,473,536.05
Pertes payées depuis sa fondation	$18,707,996.75

Bureau Chef à TORONTO, Ont.
GEO. A. C. COX, Président ; J. J. KENNY, Vice-Président ; P. H. SIMS, Secrét.
EVANS & JOHNSON, Agents Résidents, 1723 Notre-Dame, MONTREAL.

London & Lancashire

LIFE INSURANCE COMPANY

BUREAU PRINCIPAL POUR LE CANADA :

MONTREAL.

RT. HON. LORD STRATHCONA & MOUNT ROYAL,	President.
B. HAL. BROWN,	Gérant Général pour le Canada.
J. L. KERR,	Assistant Gérant Général.
F. SICOTTE,	Gérant Département Français.

Agents et Collecteurs demandés

PAR

La Canadienne

S'adresser personnellement ou par lettre à
COMPAGNIE D'ASSURANCE SUR LA VIE
P. GARON, Gérant. **Bureau Principal : 7 Place d'Armes,**
Argent à prêter sur première hypothèque. **MONTREAL.**

A la Hauteur des Circonstances

On ne perd pas une occasion d'améliorer les polices de la Union Mutual. Elles sont
Absolume t modernes sous rapport des privilèges.
Véritablement protectrices sous le rapport des résultats.
Assurance prolongée sans déductions. Incontestabilité sans restrictions.
Les porteurs de Polices comme les agents toujours loyalement traités.

UNION MUTUAL LIFE CO., PORTLAND, MAINE.

Incorporée en 184

Bon territoire disponible pour bons agents, adressez vous à
Fred. E. Richards, Président. **Arthur L. Bates**, Vice-Président.
Henri E. Morin, Agent en Chef pour le Canada, **151 Rue St-Jacques,**
MONTREAL, Canada.
Pour les agences de la Div. Ouest de la Prov. de Québec et Est de l'Ontario, adressez-vous à
Walter I. Joseph, Gérant, **151 Rue St-Jacques, MONTREAL.**

PROVIDENT SAVINGS LIFE ASS. SOCIETY

OF NEW YORK

La meilleure Compagnie pour les Assurés et les Agents

Les agents habiles, et les personnes recherchant une position rémunératrice peuvent s'adresser au bureau principal ou à aucun des agents généraux de la Compagnie.

Bureau Principal pour Ontario - Temple Building, Toronto.
" " Quebec:- Temple Building, Montreal.

THE Etablie en 1857.

AMERICAN FIRE INSURANCE Co.

de NEW YORK

Bureau Principal pour le Canada, - - TORONTO.

JAS. BOOMER, Gérant.

DES DEMANDES D'AGENCES SONT SOLLICITÉES DANS TOUT LE DOMINION

N. B.—Les porteurs de polices de cette Compagnie ont la garantie additionnelle de la Manchester Fire Assurance Co., d'Angleterre.

The

Federal Life Assurance

COMPANY

Bureau principal : HAMILTON, Ont.

Capital et Actif,	**$1,669,660.80**
Surplus aux Porteurs de Polices	**723,257.77**
Payé aux Porteurs de Polices en 1899	**125,454.89**

Les Polices-Contrats les plus désirables.

Jas. H. Beatty, Président. **David Dexter**, Directeur-Gérant.
J. K. McCutcheon, Surint. des Agences.

Deslauriers J. A. L...Amiot Decours & Larivière 144
Dupré P. L. Wilf.......Louis Gaudreau 106
Deneault Jos. A. & Jos..Marcil Robert esqual 700
Demers Alph et al.........The Guerney Massey Co 653
Dufort J.........Dame Angeline Racicot 182
Deslauriers Wilb. et al..S. L. Dusablon 200
Elder, Dempster & Co..Chs Desjardins 292
Ethier Martial.........C. H. Champagne 141
Favreau Ern. M...........Jos. Riendeau 161
Grothé C. O......T. A. & L. O. Grothé 306
Galarneau Ovide......The Star Iron Co 102
Grant E...... ....Benoit Bastien 186
Grand Trunk Ry Co...........V. Vurra (dommages) 999
Hébert C. F............Western Loan and Trust Co 22000
Loughman Mich......Mich. Benoit et al 128
Lafrance Dame Jos......Onés Lafrance 2e cl.
L'Alliance Nationale. ....J. B. Marion es qual 1000
Lemire Henri ....Jos Cartier 222
Larivière J. N............Fred Monarque 979
Lamy Phil & Gélinas...W. Agnew & Co 159
Lapierre A. et al...Dame Ths Simpson 115
Montreal (The) Quarry Co........Dame Arth Dubuc et al esqual 797
Montreal Gas Co..Brosseau Lajoie & Cie 1e cl.
Montreal Street Ry Co......Wm Brown 199
Monette Léandre & Wilb..Jno Wilcock 501
Rickner M. L. & Co.....Henri Noiseux 549
Rich. & Ont. Nav.Co..Victor Patenaude 719
Ruel David......Dame Marie D. Poirier 104
Smith J. W. jr .... Wm Mann 300
Sanden Albert E...De Harline Kimber 133
Salhani A.................. Israel Livinson 110
Temple Ths A. & Sons..........Victoria Montreal Fire Ins Co 20000
Temple Ths A. & Sons et al.........Chs W. Adams 178
Temple F.L. et al..The Robt Mitchell Co 120
Thompson De J. L..Rev R. H. Warden 6700
Victoria Mont. Ins Co......J. E. Grady 2e cl.
do S. M. Weld et al 2e cl.
Weir Wm & Godf..... W. J. Henderson 1e cl.
Wilson J. Hy.. .. Octavien Rolland 256

Pointe Claire

Duchesneau Herm.....................Hudon, Hébert & Cie 631

Sorel

Roch De Anna et al......Chs Sisenwain 267

Ste Cunégonde

Laprairie J. B. et al................Cité Ste Cunégonde 260

St Henri

Viau Albert . ...Pierre Demers 126
Doutre Alexis...........Arth Myre et al 225
Leger Ant.........................Jos Cadieux 101

St-Louis—Mile End

Piette Louis............Dominion Mfg Co 1200
do ....J. P. Marchildon 800
Turner Ths B.............The Wilson Co 192
Guimond De Jos A...A. J. H. St Denis 1e cl.
Gravel J. N .... F. X. St Charles 116

Westmount

Fowley Fred...A. W. Stevenson esqual 933
Letang De Anselme...Ern. Beauchemin 4e cl.

Yamaska

Letendre Pierre et al.. Jos Berthiaume et al 202

Cour Supérieure

JUGEMENTS RENDUS

DÉFENDEURS. DEMANDEURS. MONTANTS

Ascot

Robinson P. J. L.........Manufacturers Life Ins. Co 143

Bury

Dumont Félix. ....J. Begley 368

Coaticook

Larue Dr. Eug.........G. F. Harvey Co 109

Isle Bizard

Boileau P. & Frère.........R. J. Demers 300
do ....Dame E. St Amand et vir 205
do ...C. H. A. Guimond 205

Lachine

Gagnon Siméon et al......Stn. Caillé dit Jasmin 800

Magog

Whitehead Arthur J........British Am. Land Co 719
Yerton H. E. et al..........A. A. Gignac 640

Montreal

Blondin Oscar Sureau dit...Jos. Comte 100
Bourcier R...... ... .. Jos Daoust et al 220
Corbeil Jennie...... ....La Reine 100
Clendinneng Wm sr et al.. ....John Atkinson 151
Fortin Jos. H.............Adol. Lefebvre 33
Harris Irwin............Lewis P. Tauton 350
Jutras Succ. Jos...... . .. Benj. Decarie 10000
Jobin Jos. et al...........John Atkinson 440
Laing R............ . . ..Chs H. Winch 97
Leclaire J. L................. E. Choquette 252
Larivière P. A......Legal and Financial Exchange 215
Matte Choiseul............A. E Gauthier 102
Ogilvie A. T. & E. Frk Moseley......... Dame Margaret Watson et al 10418
Ogilvie A. T. et al..........Ovila Hogue 8171
O'Connell John.........Chs. Wm Myers 2e cl.
Prume Jehin.. Chandler & Massey 205
Roy Eusèbe ... .Wilf. Ouimet 199
Robitaille Wilf. et al......Trust & Loan Co 10990
Ryan Dame Bridget et al......Mich. A. Ryan 1e cl.
Sykes John H.................J. S. Lavery 220
Savard Scholastique et David.....Dame Math. Payette 120
Toupin Arth. et al.......Bruno Leclaire 105
Tassé Dame Emma..........Sœur Cong. N. D. 3231
Toupin Dame Marie Lse................A. Desmarais 101

Outremont

Dunn Hy...Birbeck Inv S. and Sav. Co 1169

Plessisville

Lavoie J. E................... .... A. Eaves 309

Québec

King Bros............. ....L. Morin 504

Shawinigan Falls

Girard Ths L. & Louis Duperré......... Quebec Clothing Mfg Co 296

Sorel

Morgan Jas et al..........Ths F. Hastle 154

St Basile le Grand

Rafrance Victor........Adelard Lafrance 200
Deslauriers Vve Tous...... ....Ant. Préfontaine 350

St George de Beauce

Champagne Honoré....J. O. Legendre 136

St Lambert

Munro Dame Wm et Wm..........Dame Jane Stevenson 748

Ste Monique

Ledurre A.....................J. W. Gilgour 111

St Tite

Descoteaux Louis..... .....S. H. Frigon 123
Curé et Marguillers..........A. Germain 1926

Trois-Rivières

Cohen Benj ....G. Méthot 172

Westmount

Duff Willis .... G. Gilday 180
Mount E. C...The Can. Composing Co 250

Cour de Circuit

JUGEMENTS RENDUS

DÉFENDEURS. DEMANDEURS. MONTANTS

Absents

Boyer Chs.... ....Alf Richard 16

Amqui

Ross Théod.......................C. Degnise 74

Beebe Plain

Browning E. T....... .... The Eureka Cigar Mfg Co 24

Buckingham

Kelly W. H..................W. H. Minogue 30

Chambly

Lareau F.........................G. Larocque 5

De Lorimier

Lafontaine R... ....A. Lavigne 8

Egypte

Chaput Désiré........J. D. Rolland et al 19

Emberton

Tardif Jacob..................C. C. Cabana 18

Georgeville

Achilles H. S...................E. Dufresne 25

Grand'Mère

Thatcher S.J..The Lockwood Journal Co 24

Ham

Roy Ferd..............................T. Malieu 31

Hudon

Clarke A. G...........H. Mackenzie et al 42

Lachine

Forest G. & Cie. ....T. Morisset 58
Léger Léopold...................N. Galipeau 29
Forest Géd. & Co............ Wm Farrell 26

Longueuil

Smallshire veuve T. C.....Jos Marcotte 23
Ste Marie J. A..... ....A. Mainville 25

Maisonneuve

Gignac Aurèle........Dllé R. Bercovitch 9

Magog

Schoffer B.................... ... L. Klineberg 40

Mégantic

Mrthieu Jos...................J. E. Gingras 55

Montréal

Aubry Benj...................J. Bonhomme 7
Arnold W. A........... .. N. Sorrensky 19
Allard J. B..... ....E. Beaudry 5
Authier E. et al............F. X. Dupuis 25
Bourassa P. & Fils..........W. Lavallée 8
Burns John ....E. Renaud 10
Brien C..............................H. Courtois 26
Claney T............ ....T. Carroll 14
Coté G...............................J. Levêque 15
Caisse Alex..........................J. Martin 67
Currie Pat...........................P. Ryan 21
Charron Aldéric..... .....J. A. Gillespie 34
Cité de Montréal..................J. Bourget 16
Chisholm Geo ....A. Labrèche 13
Chagnon & Frère............Cie Tel. des Marchands 14
Charron L. C. et al..........Dame E. St Amand 5
Chouinard H.......................J. Poirier 14
Caron Frs............... .... J. R. Savignac 20
Caron Nap.............. ....Ls Masson 64
Couvrette A. et al..............J. W. Pyke 59
Desrochers F.................. A. Gauthier 5
Demers Noel......................A. Trottier 10
Davis Nap............L. A. Archambault 21
Deegan W.........................J. E. O'Brien 18
Dallard Andrew............J. Darlington 8
Delorme Pierre ....P. R. Goyet 77
Desormeau Stn......Albina Desormeau et vir 5
Desrochers Dame P. et vir... .... L. T. Maréchal 30
Doyle P............. .Dame C. Scott 16
Desjardins J...... .... .A. Beauchamp 47
Dorval Henri E....A. S. Décary esqual 20
Donohue Dame M. O. et vir...J. Watts et al 88
Egan R.........Dame J. Rhéaume et vir 7
Egan Richard C................J.-B. Pilon 51
Frnatz J. J.......................W. H. Pope 6
Forest Théod...............Camille Piché 5
Foucrault Ant.............J. P. Bernard 91
Fortier C. O......................A. Lamarche 29

VICTOR PORTE

IMPORTATEUR DE

VINS, COGNAC, LIQUEURS, ETC.

Agent de Schroder, Schyler & Cie, Bordeaux; Guichard Potheret & Fils, Chalon sur Saône; Théophile Roederer & Cie, Reims; Pellisson Père & Cie, Cognac; L. A. Price, Bordeaux; Cardinal Quinquina, Paris; Delettrez, Paris.

A. BARBIER,

DIRECTEUR.

34, RUE LEMOINE,

MONTREAL.

JOURNAL DES DÉBATS, PARIS

Edition Hebdomadaire

Le journal des Debats, dont la réputation est universelle, publie une édition hebdomadaire spécialement distribuée aux pays qui n'ont pas de relations postales quotidiennes avec la France.

Cette revue contient les meilleurs articles parus dans l'édition quotidienne.

Prix d'abonnement, $2.60 pour six mois.

7 rue des Prêtres St-Germain l'Auxerrois, Paris, France.

FOURRURES

Importateur, Exportateur et Manufacturier en gros de **FOURRURES** en tous genres pour hommes, femmes et enfants. Les plus hauts prix du marché seront payés pour toutes sortes de fourrures non-apprêtées.

N. B.—Le plus haut prix payé pour cire d'abeilles et ginseng.

HIRAM JOHNSON

494 RUE ST-PAUL MONTREAL.

The

National Life Insurance Co

Of Canada

Incorporée par acte spécial du Parlement du Canada.

Capital autorisé - - $1,000,000

Bureau Principal:

Temple Building, Toronto

H. S. HOWLAND, Président,
R. H. MATSON, Directeur-Gérant,
F. SPARLING, Secrétaire-Trésorier

Les personnes qui ont l'intention de s'assurer devraient examiner les plans attrayants de la "National Life," avant de s'assurer ailleurs.

On demande des agents actifs et de confiance, dans tous les comtés de la Province de Québec; ils devront être des hommes d'une réputation inattaquable.

S'adresser au Bureau Principal,
TEMPLE BUILDING, TORONTO,
ou à **CHS. G. GLASS**, Gérant Provincial,
180 rue St-Jacques, Montréal.

G. ELIE AMYOT

IMPORTATEURS D'ARTICLES DE

Modes et Hautes Fantaisies

EUROPÉENNES ET AMÉRICAINES

Téléphone 887 — En gros seulement

59, rue Dalhousie, B. V., Québec

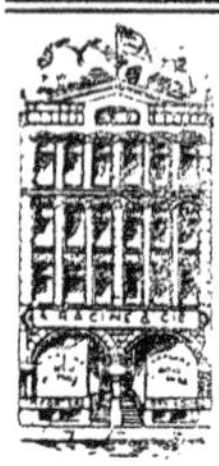

A. RACINE & CIE

IMPORTATEURS ET JOBBERS

— EN —

Marchandises Sèches

Générales

DE TOUTES SORTES.

340 et 342 Rue St-Paul

— ET —

179 et 181 rue des Commissaires

MONTREAL.

Modes d'Été Pour Hommes

Dans les Derniers Genres

Coupe Parfaite, Façon Soignée, Prix Raisonnables.

A. L. Brault

MARCHAND-TAILLEUR

No 53, rue Bleury, Montréal.

TEL. MAIN 1901

LA CIE HERELLE'S CHOCOLATE WORKS

Longueuil, (Montreal), Can.

Remercie Messrs. les Epiciers et le public en général de la faveur avec laquelle ils accueillent ses produits; faveur qu'elle s'efforce et s'efforcera toujours de mériter par la perfection de ses

CHOCOLATS et CACAOS

qu'elle vend au plus juste prix. Son motto est: Vendre à petit bénéfice et bon, pour vendre beaucoup.

E. R. GAREAU

AGENT D'IMMEUBLES

1511, RUE NOTRE-DAME, MONTREAL

Près de la rue Bonsecours.

TELEPHONE BELL MAIN 2154

ON DEMANDE à acheter une maison double sur la rue Sherbrooke, ou au nord de la rue Sherbrooke dans les environs du Carré Saint-Louis.

A VENDRE—2788, rue Ste-Catherine, à bas prix, pour clore une succession, une maison en parfait ordre. Pour plus amples informations, s'adresser à

H. M. SIMPSON,

No 29 Canada Life Building

TELEPHONE: MAIN 3344

A VENDRE et ECHANGER

Propriétés payant 10%

Conditions faciles. Bonne localité.

Maisons à Louer.

Argent à Prêter.

Art. C. Bourassa & Cie

26 Rue Saint-Jacques.

Téléphone Bell Main 2681

Marc A. Brodeur & Cie

Marchands Tailleurs...

1858 Rue Notre-Dame

A quelques portes à l'ouest de la rue McGill,

MONTREAL.

Chagnon Rév. H. E	The Manufacturers Life Ins.	43
Grenier Cyrille	J. B. Roy	16
Guay A. C. et al	J. C. Lamothe	62
Godin Jos	C. Dumberry	6
Gale J	J. Théoret	5
Gloster T	L. Brunelle	8
Gray H. R	G. Haynes	47
Goulet Théodore	L. J. R. Hubert	45
Gravel E. & J. A	Lionel Joubert	65
Gagné Wm	J. Vernier	28
Houde Jules	J. N. Poupart	7
Héronguille F	Dame C. Aquin et vir	17
Hébert C. et al	E. Choquette	63
Hogue Olivier	O. Proulx	7
Harden J	F. Hadlessey	45
Isaac Dame C. et vir	C. Charters	12
Jetté M	A. Leduc	6
Jaccson F	A. Renaud et al	11
Lauzon J	N. Lavallée	27
Lamoureux T	Dame A. Ménard et vir	6
Lawick Chs	J. Décroisette	9
Larue J, S.	The Dominion Banc	25
Landry Chs	Jos Dumont	11
Livinson J	Dame C. Lebœuf	10
Lebel J. A	F. J. Murray	15
Lamoureux Dame A. et vir	H. A. Archambault	10
Laporte J. B	Jos Pepin	34
Lanoix J. P	Auer Inc. Light Co	21
Lefebvre F	E. Morin	17
Lagallée J. J. et al	A. Boisvert et al	40
Lapierre Alfred	M. Pageau	10
Lortie Alf	E. Lespérance	24
Lafrance O. et al	L. P. Bérard et al	68
Lebeau R	J. A. Hurteau	23
Leprohon Dlle G	De M. Blackadded	75
Lafleur O.	L'Association des Barbierrs	10
Madore J	Dame A. Ménard et vir	5
Millier Arsène et al	Wm Young	45
Meigs Walter	M. P. Broocs et al	5
Mulcahy J	A. G. Hogg	14
Markofski J	M. Genser	5
McNamara F	E. Goodman	7
Montreal Camera	Ths Moldon	56
Martineau Louis	Dame J. Lalonde	11
McLaughlin Alf	A. Labrèche	5
McEilravey Dame C	R. A. Holmes	7
Messier Henri	F. X. Gagné	9
Major K	J. D. Rolland et al	7
Moisan R	F. B. Matheys	15
McGoogan P	R. N. Sivigny	12
Minogus W. H	J. Macduff	42
Noel Euclide	O. S. Rivet	7
O'Brien J. M	F. W, Evans	15
Osterweis De Rachel	Em Rochon	12
Poupart Tel	L. de Bellefeuille	8
Picard P	W. Clarce	26
Paxton S. et al	J. M. Ferguson	20
Prévost Delphis	H. Foucrault	48
Prume J	C. Charters	18
Provost J. et al	Rév. J. W. Casey	19
Pruneau Jér	J. A. Drouin	15
Poirier C	J. O. Gadoury	7
Raymond Suprême	Dom. Mignac	25
Richardson Chs et al	E. Leroux	5
Riopel Donat	L. A. Lacombe	5
Rappell G. W	A. G. Hogg	43
St Martin Denis	S. Delisle	65
Smallshire T	T. Lefebvre	6
Sheridan John	Dame A. Trepanier	50
Sturgess H. T. et al	Dame C. Matthews	66
Shea W	E. Beaudry	5
Turcotte J. B. A	S. D. Vallières	28
Turmel Omer	Chs Corbeil	10
Tétreault H	R. Bagley et al	9
Thurlow A	Chs Searles	6
Thyman Pat	P. Henry	10
Turgeon Alf. G. et al	Le Comptoir d'Escompte	68
Viau O	P. Deschamps	70
Verdun Paul	J. B. Jasmin	23
Villeneuve Delle Marie	G. Foisy	25
Vaillant J. A	J. Ward	69
Young John	E. P. Fontaine	18

Pointe Claire

Paquette Moïse	Com. d'Ecoles Pointe C'aire	32

Québec

Rose John	The Cooperative Flint Glass Co	18

Scotstown

Clarc Sam. jr	Dame E. Shelley et vir	42

Sherbrooke

Chabot Pierre	J. C. Beaudette	54
Sawyer Chs	A. N. Worthington	32
Catellier Jos	Frs Lefebvre	20

Sorel

Lindsay Jos	Amédée Moquin	18

Ste Anne des Saults

Esnouf J. F	The Imperial Oil Co	27

Ste Cunégonde

Gendron E	G. Deserres	6
Laramée Louis	Dame S. A. Rodgers	14
Despocas Chs.	Delle M. A. A. Duskett	67
Morin J. A	O. L. Hénault	7

St Henri

Viau Albert	The Grand Trunc Ry Co	45

St Hyacinthe

Poulin Jos A	J. W. Smith	32
Daoust Henri	J. Decroisette	21
Gervais Rémi	F. X. Bertrand	83

St Jean, Isle d'Orléans

Morin Frères	S. Daignault	63

St Léonard

Tardy Damase	Théo. Collerette	66

St Louis Mile-End

Hogue Hercule	Wilfrid David	89
Lalongé Cléop.	L. Brazeau	18
Rouillard Dame M	L. Ouimet	20
Guillaume E	A. C. Décary esqual	52

St Martin

Delcourt Jos	J. B. Paquette	6

St Pie

Gaudreau Wilf	A. Girouard	9

St Valérien

Chaput C. D	J. D. Racine	20

Villerai

Ouimet J	L. A. Cyr	25

Waterville

Edgecombe J	A. M. Greenshields	14

Westmount

Gwilt Chs H	Jas Ferres	35
Brown F. H	J. C. Macdiarmid	16
Mann F. A	Willison Bros	32

Westbury

Bernard O	E. J. Planche	27
Horton John	do	37

Pendant la semaine terminée le 15 Décembre 1900

MONTRÉAL-EST

Quartier St-Jacques

Rue Mentana, Nos 226 et 228. Lot 1207-132, avec maison en brique, terrain 24 x 94, supr 2256. Alphonse Lussier à Rose Anne Turcot épse de Herm. Lussier $1500 [52105].

Rue Ste Catherine, Nos 1518 à 1528. Lots 560, 561 etc, avec maison en brique, 1 terrain 34.2 d'un côté 33.9 de l'autre x 84.4 d'un côté et 84.8 de l'autre supr 2880; 1 do 40 x 86 supr 3440. Alma Germain Vve de Alf. Meunier à Pierre Paul Martin; $8800 et une rente viagère [52119].

Rue St André, No 556. Lots pt S. E. 1193-4 pt N. O. 1193-5, avec maison en brique, terrain 18.9 x 65 supr 1218.9. Laura Gagnier épse de Cyrias Ladouceur à Herminée Boivin épse de Stanislas L. Dusablon; $1950 [52120].

Rue Visitation. Lot 2 pt 1115, terrain 76 d'un côté, 75 de l'autre x 43.4 d'un côté et 39.6 de l'autre supr 3131; 1 do 30 x 17.6 d'un côté et 17.9 de l'autre supr 527 chacun vacants. James C. McArthur à Stanley H. McDowell; $2000 [52124].

Rue Amherst, No 209. Lot 7/16 ind. pt 581, avec maison en bois, terrain 25 x 80. Le Shérif de Montréal à Octave Germain; $395 [52129].

Rues Lagauchetière, Nos 275 à 281 et St Timothée No 115. Lot 405, avec maison en bois, terrain 88.6 d'un côté 82 de l'autre x irrg supr 8930. Raymond Préfontaine à Joseph Lamoureux; $5000 [52134].

Rue Beaudry. Lots pt S. O. 1115, pt N. O. 1116, pt N. E. 1117, pt N. 1118, pt O. 1113 pt S. O. 1114, 1213-2, terrain supr 24000. Stanley H. McDowell à The Montreal Canning & Preserving Co; $10000 [52155].

Rue Sherbrooce. Lot 1165-7, terrain 25 x 113.2 d'un côté et 106.3 de l'autre supr 2742 vacant. Victor Roy à Catherine Agnès Rafter; $2500 [52156].

St-Laurent

Rue Hermine, Nos 62 et 64. Lot 700, avec maison en brique, terrain 21.6 x 55.9, supr. 1199. Le Shérif de Montréal à Kate McCanachy Vve de John Chadock; $150 [52108].

Rue Dorchester, Nos 700 et 702. Droits de successions dans le lot 543, avec maison en brique, terrain 25.6 x irrg., supr 4794. Wm L. Chipchase à Stevens S. Kimball; $1824.75 [52113].

Quartier St-Louis

Rues St Laurent, Nos 467½ à 471 et St Dominique Nos 384 à 388. Lot 803. avec maison en brique, terrain 50.4 d'un côté, 50.10 de l'autre x 73, supr 3735; 1 do 50.10 d'un côté, 50.2 de l'autre x 74.10, supr 3777. Louis Hughes à John O'Leary; $8800 [52116].

Rue St Laurent, Nos 353 à 361, St Dominique, No 276, avec maison en pierre et brique, terrain 74,90 d'un côté 75.10 de l'autre x 69.10 d'un côté et 71.60 de l'autre, supr 5287; 1 do irrg, supr 4993. The Union Brewery à Moses Yasinoosky; $19000 [52118].

Quartier Ste-Marie

Rue Ste Catherine, Nos 949 et 851. Lot 1499-19, avec maison en brique, terrain 19.10 x 86 supr 1705. Julie Bousquet épse de Hector Dubois à Joseph Lalonde; $3700 [52117].

Rue Albert, No 20. Lot 1497 pt S. O. 1496, avec maison en brique, terrain 56 x 120. Joseph Cusson à The Montreal Hide & Calf Skin Co; $2500 [52125].

Rue Allard, No 11. Lot 726 et autres droits, avec maison en bois, terrain 21 x 80. Joseph Dupont et uxor à Charles Gratton; $225 (à réméré) [52126].

Rues Maisonneuve Nos 273 à 277, Lalonde, Nos 302 à 320 et Panet Nos 304 à 312. Lots 1060, 972, 973, avec maison en brique, terrain 40 x 113; 1 do 76 x 70; 1 do irrg supr 1861; 1 do 69.6 x 75. Adeline Lolonde à François-Xavier Lalonde; $10200 [52147].

MONTREAL-OUEST

Quartier Ste-Anne

Rues St Paul, Nos 629 à 632 et O'Connell. Lots 1830, 1838 pt 1890, avec maison en bois, hangars etc., terrain 48 x 60.6; 1 do 50 x 39.09 supr 1987; 1 do 62.3 x 100. La succession Miles Lawrence Williams à Lothar Reinhardt; $6800 [134502].

Rue Young, Nos 137 à 143. Lot 1326, avec maison en brique, terrain 48 x 96 supr 4608. Le Shérif de Montréal à The Canadian Birbecc Investment & Saving Co; $10 [134529].

Quartier St Antoine

Rue Metcalfe, No 158. Lot pt S. E. 1460-30, avec maison en pierre et brique, terrain 26 x 116. La succession Dame Emily H. Stephenson veuve John Atcin à Wm Wainright; $10000 [134524].

Rue Shuter, Nos 32 à 36. Lot pt N. O. 1839-10, 11 avec maisons en pierre et brique, terrain 25.6 de front 24.9 en arrière x 137; 1 do 15.9 de front 16.8¾ en arrière x 137. Dame Margaret Cassidy épse de Ed Elliot à Charles Sisenwain et Zigmond Fineberg; $9800 [134530].

Rue St Marc, No 79. Lot pt 1655, avec maison en pierre et brique, terrain 21.3 x 64.10. Dame Alice M. Renfrew épse de Clamont H. McFarlane à David McFarlane; $5500 [134533].

Rue Metcalfe, No 158. Lot pt S. E. 1460-30, avec maison en pierre et brique, terrain 26 x 116. Wm Wainwright à la succession Dame E. H. Stephenson Vve de John Atcin; $10000 [134536].

HOCHELAGA ET JACQUES-CARTIER

Quartier Hochelaga.

Rue Moreau. Lot pt 80-244, 245; 2 terrains 50 x 158, supr 7900, chacun vacants. Petrus Pollascio à Chs H. Catelli; $2457.50 [87854].

Rue Moreau. Lot 80-19, terrain 48 x 100 vacant. Wm Edm Blumhart à Chs H. Catelli; $600 [87855].

Quartier St-Denis

Ave Christophe Colomb. Lots 5-368 et 369, terrain 25 x 130 chacun vacants. La Cie des Terres du Parc Amherst à Albert Pierre Pigeon; $900 [87808].

Rue Rivard, Nos 634 à 642. Lots 162-141, 142, avec moison en brique, terrain 108 d'un coté 84 de l'autre x 50 supr 4800. The Montreal Loan & Mortgage Co à Geo. Vandelac; $3700 [87817].

Quartier St Jean-Baptiste

Rue Dufferin, Nos 136 et 138. Lot 7-185, avec maison en brique, terrain 25 x 80. Lafrance & Larivière faillis à Ernestine Riopel épse de Joseph Lafrance; $2000 [82856].

Ave Laval, Nos 416 et 418 et Rachel No 436. Lot 15-1230, avec maison en brique, terrain 20 x 70. La faillite Isidore Clément à Alexis Derousselles; $2825 [87863].

Ste Cunégonde

Rue Quesnel. Lots ½ ind 386-32, 33, avec maison en pierre et brique, 2 terrains 22.6 x 69.9 d'un côté et 71.3 de l'autre supr 3163. François Bonhomme à Louis Napoléon Noiseux; $2500 [87775].

St Louis—Mile-End

Rue St Dominique. Lots pt 132-1, 2; 2 terrains 46 x 25 supr 2300 vacants. Isaïe Labelle à Eugène Themens; $805 [87795].

Rue Clark. Lot ½ S. E. 11-435, avec maison en brique, terrain 25 x 88. Joseph Arthur Guilbault à Cordélia Roger épse de Edm. Brunet; $2230 (à réméré [87803].

Ave Monongahela. Lot 10-1510, terrain 26x72 vacant. Hon. Louis Beaubien à Louis Nap. Dupuis; $228.52 [87816].

Rue St Urbain. Lot ½ S. 11-582, terrain 25 x 100 vacant. The Montreal Investment and Freehold Co à Cordélia Roger épse de Edm. Brunet; $310.36 [87852].

Rue Comte. Lot 10-865a, terrain 25 x 100 vacant. Hon. Louis Beaubien à Patrick Donohue; $275 [87857].

Westmount

Rue Dorchester, No 4266. Lot 941-289, avec maison en pierre et brique, terrain 25 x 130.7 d'un côté et 132.2 de l'autre, supr 3284. Rev. John Williamson à Mary Helen Fraser Vve de Chs M. Acer; $9000 [87846].

Ave Mount Pleasent. Lot pt 325, terrain supr 1736 vacant. Wm Little Leonard, G. Little et al es qual à Leonard G. Little; $1 et autres bonnes et valables considérations [87859].

Ave. Mount Pleasant. Lot 374-69b, terrain irrg supr 2160 vacant. David Yuile à Wm Little et al; $378 [87860].

Ave. Mount Pleasent. Lot 374-69, terrain 278 d'un côté 182 de l'autre x irrg supr 50269 vacant. David Yuile à Leonard G. Little; $8797.08 [87861].

De Lorimier

Ave. Papineau. Lot 159a-2, avec maison en brique, terrain 51 x 170. The Montreal Hide & Calf Scin Co à Joseph Cusson; $1500 [87804].

Maisonneuve

Ave. Letourneux. Lots 8-358, 359, terrain 25x100 chacun vacant. Chs Henri Letourneux à Gilbert Lamoureux; $700 [87818].

Rue Ernest. Lots 14-515, 513a, 515b, 515c, 515d, 515e, 563 à 566; 8 terrains 25 x 80, 2 terrains 20 x 100 chacun vacants. Hon. Alph. Desjardins à The Royal Shoe Co; $3350 [87819].

Ave. Jeanne d'Arc. Lots 14-312d, 312e, 313 à 321, avec maison en brique, terrain 275 x 100. Jos. Wilfrid R. Brunet à James B. Campbell et Wm Pratt; (Acme Can. Works) $19500 [87820].

Outremont

Rue Durocher. Lots 32-3-39, 40, terrains 50 x 102.6 chacun vacants. Florida Bolduc épse de Jos Albert Guimond à André J. H. St Denis; $2000 [87796].

Notre-Dame de Grâces

Lot 98, avec maison, etc., terrain supr 107 arpents et 10 perches. Marie Louise Thérèse Prudhomme et al à Antoine Turgeon; $13500 [87841].

Lot 115 et St Laurent, lot 556, avec maison etc., 2 terrains supr 60 arpents chacun. Le Shérif de Montréal à Benjamin Décarie; $3300 [87843.]

Montréal Ouest

Ave Inspector. Lot 140-597, terrain 50 x 110. James Plow à Wm Thomas Jarneau; $1050 [87810]].

St-Pierre-aux-Liens

Lot 119-5, Lachine, lot 951-4, pt 951-3 vacants. Wm Trenholme à Antoine Gauthier; $350 [87848].

Lot pt 119-5, Lachine, lot 951 4 pt S. E. 951-3. Antoine Gauthier à Gilbert Constantineau; $1000 [87849].

Lot 120-16, terrain vacant. Israël Gauthier à Wm Trenholme; $456 [87850].

Sault aux Récollets

Rue Labelle. Lot 489-11, St Laurent, lot 2629-238, terrain 25 x 109.6. Oscar Levesque à Ths de Villeneuve Viau; $300 (à réméré); [87838].

St Laurent

Lot 43. Flavie Provost Vve de Jos. Simard et al à Gervais Cousineau fils; $215 [87835].

Rue Everett. Lot 2629-238, terrains 43 de front 26 en arrière x 82 vacant. Letang Letang & Cie, faillis à Oscar Levesque; $200 [87837].

Ave Letang. Lot 2629-72, terrain 25 x 80 vacant. Philippe Eliséc Panneton à Léon Duchesne; $125 [87866].

Lachine

Ave Salisbury. Lot 916-191, terrain 48 x 100 vacant. Frederick Whyte à Thomas Whyte; $100 [87851].

Longue Pointe

Lot pt 26 (pt 506) terrain vacant. La succession C. S. Rodier à The Chateauguay & Northern Ry Co; $500 [87830].

Pointe-aux-Trembles

Lots 235-1, 187. Alex Desmarteau et al à La Cie de Chemin de Fer Chateauguay & Nord; $6000 [87831].

Lot pt 70, Longue-Pointe, lot pt 409 (pt 236), pt 506. Annie Tiffin épse de Jos Chaussé et al à The Chateauguay & Northern Ry Co; $189 [87832].

Ste Geneviève

Lots 13, 14. Hilaire Mainville sr à Albert Edm Ogilvie; $4100 [87824].

Voici les totaux des prix de ventes par quartiers :

St Jacques	$32,145 00
St Laurent	1,974 75
St Louis	27,800 00
Ste Marie	16,625 00
Ste-Anne	6,810 00
St Antoine	35,300 00
Hochelaga	3,057 50
St Denis	4,600 00
St Jean-Baptiste	4,825 00
Ste Cunégonde	2,500 00
St Louis Mile-End	3,848 88
Westmount	18,175 08
De Lorimier	1,500 00
Maisonneuve	23,550 00
Outremont	2,000 00
Notre-Dame de Grâces	16,800 00
Montréal Ouest	1,050 00
St Pierre-aux-Liens	1,806 00
	$ 204,367 21

Les lots à bâtir ont rapporté les prix suivants:

Rue Visitation, quartier St-Jacques : 54½c le pied.

Rue Sherbrooke, quartier St-Jacques $1.01 le pied.

Rue Moreau, quartier Hochelaga, 15 4/9c et 13c le pied.

Ave Christophe Colomb, quartier St-Denis: 13 5/6c le pied.

Rue St-Dominique, St-Louis, Mile End : 35c le pied.

Ave Monongahela, do do 12 1/5c le pied.

Rue St-Urbain, do do 12 2/5c le pied.

Rue Comte, do do 11c le pied.

Ave Mount Pleasant, Westmount, 17½c le pied.

Ave Letourneux, Maisonneuve: 14c le pied.

Rue Ernest, Maisonneuve : 16¾c le pied.

Rue Durocher, Outremont: 19 9/10c le pied.

PRÊTS ET OBLIGATIONS HYPOTHÉCAIRES

Pendant la semaine terminée le 15 décembre 1900, le montant total des prêts et obligations hypothécaires a été de $100,710 divisés comme suit, suivant catégories de prêteurs :

Particuliers	$ 57,235	
Successions	16,000	
Cies de prêts	7,000	
Autres corporations	20,475	
		$100,710

Les prêts et obligations ont été consentis aux taux de :

3½ p. c. pour $825.

4 p. c. pour $600 et $4,000.

5 p. c. pour $6,000; $6,800; $7,000 et $20,000.

5½ p. c. pour 2 sommes de $2,000; $5,000 et $7,000.

Les autres prêts et obligations portent 6 pour cent d'intérêt à l'exception de $700, $900, $3,000 à 7, $560 et $1,000 à 8 p. c. d'intérêt.

JOURNAL DE LA JEUNESSE. — Sommaire de la 1462e livraison 8 décembre 1900). —Un mousse de Surcouf, par Pierre Maël Les établissement du Creuson, par Daniel Bellet. — Vers la gloire, par Henry Guy. —Plumes de parure, par Mme Gustave Dumoulin.

Abonnements: France: Un an, 20 fr. Six mois, 10 fr. Union Postale: Un an, 22 fr. Six mois, 11 fr. Le numéro: 40 centimes.

Hachette & Cie, boulevard St-Germain, 79, Paris.

LE PRIX COURANT

THE PRICE CURRENT

Vol. XXX — MONTREAL, VENDREDI 28 DECEMBRE 1900. — No 13

LE PRIX COURANT

Revue Hebdomadaire

COMMERCE, FINANCE, INDUSTRIE, PROPRIÉTÉ FONCIÈRE, ASSURANCE.

Publié par ALFRED et HENRI LIONAIS, éditeurs-propriétaires, au No 25 rue St-Gabriel, Montréal, Téléphone Bell Main 2547, Boite de Poste 917. Abonnement : Montréal et Banlieue, $2.00 ; Canada et Etats-Unis, $1.50 ; France et Union Postale, 15 francs. L'abonnement est considéré comme renouvelé, à moins d'avis contraire au moins 15 jours avant l'expiration, et ne cessera que sur un avis par écrit adressé au bureau même du journal. Il n'est pas donné suite à un ordre de discontinuer tant que les arrérages et l'année en cours ne sont pas payés.

Adresser toutes communications simplement comme suit : LE PRIX COURANT, MONTRÉAL, CAN.

VOL. XXX — VENDREDI, 28 DÉCEMBRE 1900 — No 13

Nos Souhaits

Avec le présent numéro LE PRIX COURANT fait sa dernière visite de l'année et du siècle à ses lecteurs.

Nous en profiterons donc pour souhaiter à tous ceux qui nous font l'honneur de nous lire et nous accordent leur bienveillant patronage, une

Bonne Année.

Nous voudrions pouvoir également formuler un souhait embrassant le siècle entier dans lequel nous allons entrer d'ici quelques jours ; mais la vie humaine est tellement courte qu'il ne nous est guère permis de croire qu'un pareil souhait de longévité pourrait se réaliser.

Qui sait cependant si le vingtième siècle, grâce à la science, à une hygiène mieux entendue ne réserve pas aux humains une vie de plus longue durée. C'est un vœu auquel on peut s'arrêter, car, ici-bas, notre bien le plus cher est la vie, la vie avec la santé.

Vivre longtemps et heureux est le souci de chacun. Nous souhaitons donc aux lecteurs du PRIX COURANT de vivre dans le bonheur de nombreuses années pendant le vingtième siècle.

Celui que nous quittons, le dix-neuvième siècle, se termine heureusement pour la presque totalité de nos lecteurs, si nous nous en tenons au côté pratique et matériel. Depuis quatre ans surtout, une ère de prospérité s'est ouverte pour le Canada. Cette ère de prospérité se continuera au début du vingtième siècle et nous souhaitons sincèrement à tous qu'ils profitent des bons temps qui passent, car, malheureusement, ils sont de durée trop éphémère.

Oui, la prospérité du pays s'est grandement développée depuis quelques années ; le commerce du Canada est plus actif, ses industries sont plus nombreuses et florissantes ; sa population s'accroît rapidement, comme le démontrera un prochain recensement, et, en même temps, la masse a une puissance d'achat beaucoup plus considérable que par le passé, toutes les classes ayant été favorisées par le progrès accompli dans le développement des ressources, des industries et de la richesse du Canada.

Nous augurons bien de l'avenir, car de plus grands développements sont réservés à notre production et à la consommation de nos produits. Notre outillage commercial va s'améliorant sans cesse par la création et l'amélioration des voies fluviales, des chemins de fer, des routes, etc. Le vingtième siècle sera, nous n'en doutons nullement, un siècle de très grand progrès en ce sens pour le Canada.

Espérons que nos lecteurs verront tous ces progrès se réaliser et qu'ils en profiteront par un accroissement d'affaires et que le succès couronnera leurs entreprises.

LA SITUATION DES BANQUES

La situation des banques incorporées au 30 novembre écoulé, nous est donnée par le dernier numéro de la *Gazette du Canada*.

La circulation, bien qu'en diminution de $1,250,000, se maintient à un chiffre élevé, soit à près de cinquante deux millions, dépassant de plus de quatre millions le montant de la circulation au 30 nov. 1899.

Le chiffre des escomptes et avances au commerce nous indique que la période de prospérité commerciale commencée il y a quatre ans s'est bien poursuivie jusqu'ici ; le gain sur l'année dernière est de 13 millions et sur le mois d'octobre de cette année de $250,000 seulement.

Il est vrai que, durant novembre, la navigation a pris fin et que les chemins n'ont pas été favorables aux transports des produits de la ferme, il y a eu dans ces deux motifs une cause de ralentissement dans la circulation et un obstacle aux transactions si nous en jugeons par les escomptes qui n'ont progressé que de $250,000 d'un mois à l'autre, tandis que l'an dernier, les avances au commerce en nov. étaient supérieures de $3,750,000 à celles d'octobre.

Les dépôts du public dans les banques sont toujours en progrès ; le gain en novembre est de $1,900,000 pour les dépôts en comptes courants et de $2,400,000 pour les dépôts portant intérêt.

Comparés à ceux du mois de novembre 1899, les dépôts au 30 novembre dernier montrent les augmentations suivantes : $6,500,000 pour les dépôts en comptes courants et $12,000,000 pour les dépôts portant intérêt.

Les dépôts provenant du dehors ont augmenté pendant le mois sous revue de $1,000,000 ; nous ne pouvons faire la comparaison avec l'an dernier, car ce n'est que depuis quelques mois seulement qu'il a été fait une distinction des dépôts provenant du dehors de ceux de provenance canadienne.

Les prêts des banques remboursables à demande sont en augmentation de $1,400,000 pour ceux remboursables au Canada et de $1,800,000 pour ceux au dehors.

Nous remarquons également une augmentation assez sensible sur certains items de l'actif des banques de réalisation facile, presque immédiate. Ainsi les banques, tant anglaises qu'américaines, ont à leur débit un montant plus élevé de $1,700,000 et les valeurs mobilières en portefeuille sont en augmentation de près de $800,000.

Voici le tableau résumé de la situation des banques au 31 octobre et au 30 novembre derniers :

PASSIF.	31 oct. 1900	30 nov. 1900
Capital versé	$66,264,967	$66,674,653
Réserves	33,897,647	34,154,043
Circulation	$53,198,777	$51,947,269
Dépôts du gouvernement féderal	2,588,922	2,922,658
Dépôts des gouvern. provinciaux	2,358,538	2,186,699
Dép. du public remb. à demande	106,015,973	107,935,633
Dép. du public remb. après avis	184,135,857	186,520,765
Dépôts reçus ailleurs qu'en Canada	20,349,048	21,222,627
Emprunts à d'autres banq. en Canada	1,504,870	1,585,586
Dépôts et bal. dus à d'autr. banq. en C.	3,446,113	3,012,579
Bal. dues à d'autres banq. en Anglet.	4,192,311	3,798,247
Bal. dues à d'autres banq. à l'étranger.	819,733	938,396
Autre passif	6,440,106	7,075,605
	385,050,323	389,126,133
ACTIF.		
Espèces	$11,606,195	11,372,861
Billets fédéraux	19,309,953	19,517,119
Dépôts en garantie de circulation	2,372,973	2,372,973
Billets et chèques sur autres banques	12,426,426	12,049,905
Prêts à d'autres banques en Canada, garantis	1,469,870	1,509,389
Dépôts et balances dans d'autr. banq. en Canada	4,682,011	4,478,434
Balances dues par agences et autres banques en Ang.	6,368,471	7,520,888
Balances dues par agences et autres banq. à l'étranger.	9,687,010	10,241,361
Obligations des gouvernements	11,977,479	12,284,478
Obligations des municipalités	12,062,776	12,214,143
Obligations, actions et autr. val. mobilières	25,270,228	25,475,144
Prêts à dem. remboursables en Can.	32,347,947	33,767,136
Prêts à dem. remboursables ailleurs	28,775,146	30,536,502
Prêts courants en Canada	276,216,200	276,464,126
Prêts courants ailleurs	19,003,505	19,067,825
Prêts au gouvernement fédéral	....	....
Prêts aux gouvernements provinciaux	2,181,382	2,483,795
Créanc. en souffrance	2,652,101	2,256,765
Immeubles	1,162,132	1,158,727
Hypothèques	575,798	586,469
Immeubles occupés par les banques	6,448,854	6,478,965
Autre actif	8,261,712	8,169,577
	$494,858,345	$500,006,770

Bon voyage ! Bonnes vacances !

M. Charles Chaput de la maison L. Chaput, Fils & Cie doit partir dans les premiers jours de janvier pour un voyage dans le Sud où il compte prendre une quinzaine de jours d'un repos bien mérité après une laborieuse campagne d'affaires.

Nous lui souhaitons bon voyage et bonnes vacances.

LA BANQUE VILLE-MARIE

La liquidation de la banque Ville-Marie, bien que se faisant d'une façon très satisfaisante, se trouve toujours retardée par la question de compensation dont nous avons déjà parlé, il y a quelques mois. Les tribunaux sont appelés à trancher cette question et, tant qu'elle ne l'aura pas été, les liquidateurs ne pourront terminer leurs travaux.

Un premier dividende de 5 p. c. a été payé aux créanciers ; les liquidateurs pensent pouvoir payer en février un deuxième dividende de même taux, soit $65,000.

Les billets rachetés de la circulation forment un total de $530,000, c'est-à-dire un chiffre double de celui de la circulation à laquelle la banque avait droit, et on prétend qu'il vient encore des billets à rembourser.

Les collections poursuivies par les liquidateurs ont, dans les deux derniers mois, été plus satisfaisantes qu'on n'osait l'espérer, les endosseurs de billets ont préféré payer plutôt que de s'exposer à courir les risques d'un procès devant les tribunaux. On pense pouvoir collecter $90,000 sur un montant de $260,000 de créances.

QUALITES ET DEFAUTS DES BEURRES

Les qualités que l'on doit rencontrer dans le beurre sont : le lustre, la saveur, la couleur, l'odeur.

Le lustre est l'éclat particulier d'un beurre bien travaillé, la saveur douce rappelle celle de la noisette fraîche; la couleur doit être jaune d'or et l'odeur agréable, légèrement aromatique. On reconnaît qu'un beurre est bon quand il a la pâte fine et qu'il se laisse trancher nettement en lames minces.

Les causes de production de beurres médiocres ou mauvais sont nombreuses ; nous allons les passer toutes ou à peu près en revue.

Aliments.—L'alimentation exerce une influence marquée sur la constitution du lait, laquelle répercute sur la saveur, la consistance et la couleur du beurre. C'est le cas des fourrages gâtés, moisis, fortement mouillés, des pommes de terre, des raves, des choux gelés. Un été humide est contraire à la finesse du beurre, tandis que les fines herbes de la montagne, les fourrages artificiels ont une action favorable. Les plantes à huiles essentielles telles que l'ail, le poireau, la menthe, transmettent au beurre leur odeur et leur saveur.

La paille donne un beurre blanc dépourvu d'arome; les carottes lui communiquent une saveur agréable et une belle couleur jaune; les choux-navets sont très estimés; par contre, les betteraves, raves, navets, pommes de terre ne doivent pas entrer en trop grande quantité dans la constitution de la ration. Les tourteaux de lin font un beurre savoureux, mais dur; ceux de colza le font mou; les germes de malt et les résidus de brasserie sont sans inconvénient; les résidus de la fabrication de l'amidon ou des extraits de viande doivent, au contraire, être rejetés ou administrés en très petite quantité.

Période de lactation.—On remarque fréquemment qu'à la dernière phase de leur période de lactation, les vaches donnent un lait à goût amer, se communiquant à la crème et au beurre. De plus, la crème est difficile à baratter. Ces laits doivent être mis de côté, donnés aux animaux, ou, s'ils sont convertis en beurre, celui-ci doit être fondu et employé aux usages domestiques.

Procédés de crémage.—Les crèmes douces, fraîches, obtenues par refroidissement ou par l'emploi du centrifuge, donnent d'excellents beurres de longue conservation, qui ne se ressentent que faiblement des effets de fourrages avariés ou à saveur et à odeur fortes.

Les beurres de crème aigre, préparés d'une façon irréprochable, sont d'aussi bonne conservation que ceux provenant de crème douce; ils se comportent également bien dans le cas d'exportation sous les tropiques; mais si la crème est impure, trop acide, prélevée sur un lait déjà acide, le beurre qui en résulte ne peut être de longue conservation.

Malaxage et salage.—La façon de délaiter le beurre, de le malaxer, influe considérablement sur sa conservation et sa qualité. Les premiers jours, rien d'anormal ne se remarque; les beurres mal délaités sont peut être plus agréables que les autres, mais, après quelque temps, surtout en été, l'acide lactique se développe et donne un produit aigre qui n'est plus acceptable comme beurre de table; il faut se hâter de le fondre. Un salage bien fait a également une influence marquée sur la qualité et surtout sur la conservation du beurre.

Rancissement.—Le beurre frais, abandonné à l'air et à la lumière, s'altère d'autant plus rapidement qu'il a été mal préparé, et, par suite, qu'il renferme des éléments autres que la matière grasse. Il devient plus odorant, légèrement acide, sa couleur s'accentue, l'odeur finit par devenir désagréable, le goût fort; c'est le rancissement, phénomène dû à la décomposition des glycérides du beurre sous l'influence de l'oxygène de l'air, d'une température élevée, de la lumière, des microbes. Ce sont surtout les glycérides à acides volatils qui se décomposent, mettant ainsi en liberté leurs acides dont l'odeur (arôme), agréable dans la proportion de 1 à 2 centièmes pour cent, devient pénible à 5 centièmes et intolérable à 1 dixième pour cent.

L'oxygène est le principal agent de développement de l'acide butyrique, et autres acides volatils libres; très lentement à l'obscurité, plus rapidement à la lumière diffuse, très rapidement au soleil, la matière grasse se saponifie sous l'influence de l'oxygène, se dédouble en éléments atteints à leur tour et transformés en produits nouveaux tous plus oxydés, allant de l'acide oxyoléique à l'acide formique et à l'acide carbonique. Les transformations que subit la matière grasse sous l'influence des microbes sont analogues à celles résultant de l'influence de l'air et de la lumière. L'âge des beurres n'affecte pas sensiblement la composition des glycérides à acides volatils, s'ils sont à l'abri de l'influence des agents extérieurs.

Le rancissement du beurre se traduit encore par des odeurs et des saveurs spéciales selon son mode de préparation plus ou moins défectueux.

Ainsi le goût de vache ou d'étable provient d'étables malpropres, mal aérées, du pis non lavé, d'un lait insuffisamment tamisé. Le goût de fumée ou de moisi vient de l'air impur où le lait et la crème ont été conservés.

Le beurre huileux, aigrelet, est le résultat d'une acidification mal entendue, produite par l'emploi de vieille crème ou de vieux lait de beurre.

Un beurre graisseux est le fait de causes diverses: un malaxage trop énergique, une alimentation exagérée en résidus graisseux, une décomposition de la matière grasse par certaines bactéries, etc.

Le goût de poisson ou d'huile de poisson peut provenir d'une alimentation trop chargée en tourteaux huileux, ou encore d'une action microbienne.

Le beurre amer est le fait de lait amer résultant d'une alimentation avec le lupin, par exemple, ou avec des fourrages gâtés. Il paraît être produit aussi par une bactérie spéciale développant de l'acide butyrique et décomposant l'albumine. Par un malaxage défectueux, par une expulsion incomplète du sucre de lait et surtout des matières albuminoïdes, on a un produit envahi de microbes qui lui donne un saveur désagréable qui le fait désigner sous le nom de beurre caséeux.

Les beurres tachetés, marbrés, striés résultent d'un malaxage incomplet à la suite du mauvais emploi d'un colorant en poudre. Si le beurre est irrégulièrement salé, la couleur s'accentue dans les parties les plus salées.

Quand les locaux où l'on conserve le beurre ou les récipients vides sont humides, il s'y développe des végétations cryptogamiques ou moisissures qui donnent une saveur désagréable.

Les modes d'emballages ou d'expédition du beurre ont une influence marquée sur sa conservation et sa qualité; les parois des fûts en bois doivent être bien lessivées, saupoudrées de sel fin, les joints bien fermés afin d'éviter l'arrivée de l'air et le goût de bois; toutefois, ce goût de bois paraît provenir d'un défaut du beurre que le contact immédiat avec un bois mal nettoyé accentuerait d'avantage.

Remèdes.—Les remèdes aux diverses altérations précitées sont tout indiqués: ils consistent à faire disparaître les causes. D'une façon générale, on y arrivera par une judicieuse alimentation, une grande propreté et un traitement conforme à nos indications, du lait, de la crème et du beurre.

E. RIGAUX.

Les calendriers pour l'année 1901 nous arrivent de toutes parts. Nous remercions cordialement ceux qui nous les adressent et regrettons de ne pouvoir dire un mot de chacun. Citons: Compagnie d'Assurance "Sun Fire," Ocean Accident and Guarantee Corporation, National Ass. Co of Ireland; Alliance Assurance Co.

MM. Amiot, Lecours et Larivière quincailliers. M. de Lorimier, mercerie pour hommes.

"Nous sommes passés la semaine dernière par l'établissement de Monsieur Jos. Côté, tabaconiste, et nous avons été témoin de l'immense travail qui s'y opère de ce temps-ci. Aucune peine n'est épargnée pour que toutes les commandes de la campagne soient expédiées promptement, et qu'en même temps le commerce de détail n'ait rien à souffrir. Aussi, il faut y voir le beau choix, l'assortiment le plus complet que possède Monsieur Côté en fait de pipes, étuis à cigares, pots à tabac, etc. Nous conseillons amicalement à tous ceux qui désirent faire un cadeau à un parent ou à un ami d'aller faire leur choix à ce magasin populaire qui est sans contredit le plus beau de la ville."

1901

A nos Clients et Amis

Permettez-nous de vous adresser l'expression de nos sincères remerciements pour la confiance dont vous nous avez honorés pendant cette fin de siècle.

A nos remerciements, nous joignons tous nos vœux de bonheur et de prospérité pour vous et pour les personnes qui vous sont chères.

Puissent l'année 1901 et celles qui la suivront resserrer de plus en plus nos amicales relations mutuelles d'affaires et les rendre profitables à notre mutuel avantage.

Laporte, Martin & Cie

Epiciers en Gros
et Importateurs,

Montreal

COMMERCE INDUSTRIE ET FINANCE

Il vient de se produire en Angleterre un très grand nombre d'empoisonnements dont, au commencement, on ne s'expliquait pas la cause. Ce n'est que par degrés que l'on en vint à découvrir la cause du mal. Dans toutes les villes où il sévit, les médecins étaient, depuis deux ou trois mois, très intrigués. On croyait, en plusieurs endroits, à une importation de la maladie tropicale le *beri beri*, qui tue par l'insomnie, la fièvre lente et l'inquiétude physique. Un médecin ayant été frappé par la similitude des symptômes avec ceux de l'empoisonnement par l'arsenic, on fit analyser des échantillons de pain, de viande, de bière, pris un peu partout dans le Lancashire.

Dans plusieurs échantillons de bière on trouva de l'arsenic en quantité suffisante pour provoquer un empoisonnement. Comment y était-il venu ? Par l'acide sulfurique commercial, qui sert à faire le sucre de brasserie. Les pyrites de fer, qui servent à fabriquer l'acide sulfurique du commerce contiennent, en effet, souvent de l'arsenic. Le *Times*, commentant ce vaste empoisonnement de toute une région, dénonce l'ignorance et l'insouciance d'un trop grand nombre d'industriels anglais.

***

Une des causes les plus communes des faillites dans le petit commerce est l'absence ou l'insuffisance de comptabilité : ne se rendant qu'un compte négatif ou imparfait de ses opérations, le petit commerçant va souvent à la faillite pour avoir excédé son budget de dépenses personnelles, celles-ci ne répondant pas aux bénéfices réalisés et d'ailleurs inconnus.

C'est que le petit commerçant recule la plupart du temps devant la dépense, cependant si nécessaire, d'un comptable.

La Chambre de Commerce de Milan vient de prendre une initiative aussi généreuse qu'intelligente : elle met des comptables à la disposition des petits commerçants et ce gratuitement.

Ce système n'a pas l'inconvénient d'enlever du travail à une catégorie de professionnels, car la Chambre de Commerce rétribue ces comptables à ses frais ; ceux-ci n'y perdent donc rien. Mais il y a mieux. Lorsque les effets salutaires d'une comptabilité en règle se sont fait sentir pendant quelques mois, le petit commerçant reconnaît que la dépense de cet employé — commun à plusieurs maisons — est minime en regard des avantages qu'il en retirerait, il n'hésite plus à s'attacher entièrement un comptable.

Voilà un exemple que nous recommandons à l'initiative de nos Chambres de Commerce.

***

Les cartes à jouer : C'est l'Inde qui paraît avoir été le premier pays où l'on a fait usage des cartes à jouer. De là, les jeux de cartes furent transportés en Italie. En 1400, dans ce pays, on faisait usage de cartes représentant des dieux, des animaux, des oiseaux, etc. C'est d'une combinaison de ces images avec les cartes simplement immorales que naquit le Tarroco ou tarot de Venise :

" Il se composait de 78 cartes, dont 56 étaient divisées en quatre séries, désignées par un signe spécial et comprenant chacune quatre figures réglémentaires : le roi, la dame, le cavalier et le valet et dix cartes de points, de un à dix. Les 22 autres cartes représentaient des figures allégoriques et, excepté le fou, elles étaient supérieures à toutes les autres cartes du jeu et de ce chef étaient appelées atouts (at tutti) ou triomphes ; c'est à elles que s'appliquait réellement le nom de tarot."

Plus tard, on imagina le tarrachino de Bologne, qui date de 1419 et comptait 62 cartes. Les *minchiale* de Florence, nées au XVIe siècle, comptaient 97 cartes, dent 41 tarots.

" Les signes distinctifs des cartes de points, empruntés aux cartes orientales, étaient coupes ou calices (coppe), épées (spade), deniers (danari) et bâtons (bastoni). En France on a remplacé ces signes par piques, carreaux, cœurs et trèfles. Les Allemands ont employé toutes sortes d'objets animés ou inanimés pour leurs cartes. Ceux qui se sont le plus maintenus sont les cœurs, les grelots, les feuilles de vigne ou de lierre et les glands."

Les cartes n'avaient d'abord servi qu'à se récréer. Elles devinrent les instruments de jeux de hasard. On les peignit d'abord à la main. Il en subsiste quelques-unes ayant un caractère très artistique. Puis, après les avoir peints sur patrons, on commence en 1440, en Allemagne, à les graver sur bois et parfois sur métal.

Les cartes françaises étaient surtout gravées sur bois. Au XVIe siècle, on donna aux figures des noms variés empruntés d'ordinaire aux romans de chevalerie. C'est au XVIIe siècle que furent adoptées les dénominations encore en vigueur.

Telle est la force de l'habitude, que la Révolution et plus tard Napoléon essayèrent en vain de transformer les cartes à jouer. Elles sont demeurées immuables malgré ces tentatives.

***

Depuis quelque temps il arrive de Russie en France, par le port de Marseille, des farines dont les proportions de gluten dépassent de beaucoup les limites acceptées jusqu'à ce jour. Ces farines vendues sous les noms de *farines améliorantes* ou de *farines de force*, se distinguent, à première vue, des farines ordinaires par une nuance moins blanche, une odeur moins aromatique et une saveur moins agréable ; au toucher, il n'y a pas de souplesse, et la pression dans la main donne des pelotes sans consistance.

Ces produits spéciaux sont vraisemblablement des mélanges, à proportions variables, de farines de blé et de farines de gluten. Ils sont offerts aux boulangers français pour améliorer les farines pauvres en gluten et augmenter, assurent les fabricants, le rendement en pain. Il est certain qu'à l'aide de tels mélanges on peut restituer aux farines la matière azotée qu'un excès de blutage leur a enlevée ; mais on ne leur rend pas les phosphates, dont les proportions sont aujourd'hui si réduites. Quant au rendement en pain, qui pour 100 kilogr. de farine serait porté de 132 à 140 kilogr., il est purement fictif pour le consommateur, la différence de poids étant due à un excès d'eau retenu par le gluten. Les pains ne diffèrent en réalité, que par la matière azotée qui a été substituée à l'amidon.

M. Balland a fait récemment une communication à l'Académie des Sciences, au sujet de ces farines dont il a donné l'analyse.

***

Le Consul des Etats-Unis à Berlin appelle l'attention de ses compatriotes sur une disposition de la loi allemande sur les marques de fabrique, dont certaines personnes peu scrupuleuses profitent pour causer un assez grand préjudice aux fabricants étrangers expédiant leurs produits en Allemagne.

D'après la loi Allemande, toute personne peut, en effet, faire enregistrer comme marque de fabrique

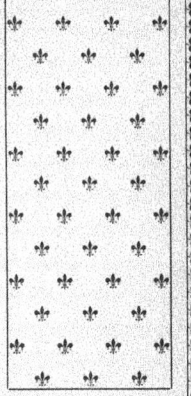

un nom ou une marque quelconque n'ayant pas encore été déposée par une autre firme en Allemagne. En d'autres termes, les fonctionnaires qui reçoivent la demande d'enregistrement ne font aucune enquête pour savoir si le demandeur a déjà employé la marque en question ou même s'il a le droit de l'employer; ils consultent simplement les registres pour savoir si la marque n'a pas encore été déposée en Allemagne ; si la marque n'y figure pas encore, ils l'enregistrent purement et simplement.

On comprend aussi qu'il est relativement très facile, pour des personnes peu scrupuleuses, d'abuser de cette disposition. C'est ainsi qu'il y a quelques années, lorsque les bicycles américains commençaient à être importés en Allemagne, certaines personnes ayant intérêt à empêcher le mouvement n'hésitèrent pas à faire enregistrer en leur nom plusieurs marques de bicyclettes et obligèrent les fabricants américains à changer leurs marques ou à leur payer une redevance.

Plus récemment encore, la marque d'un fabricant américain de fruits conservés à été enregistrée de la même façon par une personne étrangère, à laquelle le véritable propriétaire de la marque a également dû payer une certaine redevance en Allemagne.

Ces manœuvres déloyales sont d'ailleurs parfaitement connues en Allemagne, où elles ont déjà fait l'objet de vives critiques. Aussi, avant de commencer l'exploitation de leurs produits dans ce pays, les fabricants étrangers agiraient ils prudemment en commençant par y faire enregistrer leur marque de fabrique, de crainte, le cas échéant, de se la voir enlever frauduleusement par quelque concurrent peu scrupuleux.

***

La farine comprimée américaine : Non contents d'inonder le marché de blé, les Américains tentent d'envoyer en Europe leurs farines, en les comprimant pour pouvoir les expédier sous le plus petit volume possible. S'il faut en croire l'*American Miller*, un procédé pratique aurait été trouvé par M. Jago et permettrait de réduire à 60 p. c. le volume de la farine comprimée. Ce procédé ne modifierait pas les qualités de la farine, mais il est de nature à faciliter considérablement la falsification : addition de talc, etc.

***

Une exposition *militaire* internationale aura lieu à Londres (Earl's Court) dans le courant de l'année 1901. Elle comprendra tout ce qui a rapport à l'art militaire, armes, munitions, uniformes, campements, ouvrages, etc.

Pour tous renseignements, s'adresser à M. Imre Kirally, directeur de l'Exposition, Earl's Court, à Londres.

***

On a remarqué que les compteurs à gaz, suivant l'endroit chaud ou froid qu'ils occupent, dépensent plus ou moins de gaz.

D'après notre confrère, le *Moniteur Agricole*, un moteur qui devait employer 1,000 litres à l'heure, en consommait 1,300, parce que son compteur était placé dans une température constante de 25°. Dès que ce dernier eut été placé dans une cave, la consommation ne fut plus que de 1,000 litres.

Il faut donc placer les compteurs dans un endroit à température fraîche, mais à l'abri de la congélation.

***

La lutte d'un tramway et d'un train : C'est naturellement aux Etats-Unis que la chose a eu lieu, et elle a cet intérêt pratique de montrer la supériorité de la traction électrique et l'avantage qu'on aurait à l'appliquer sur toutes les lignes de fer petites et grandes. La lutte fut absolument improvisée, en ce sens que les concurrents se trouvèrent réunis par le hasard : un tramway à trolley suivait sa voie, établie parallèlement au chemin de fer du Missouri Pacific, juste au moment où un train était lui-même engagé dans la section en question. Il faut dire qu'à cet endroit les deux voies sont tout à fait droites et de niveau, ce qui favorisait évidemment le tramway en lui permettant de donner toute sa vitesse sans crainte de renversement. La course s'engagea sans qu'un mot fût lancé de part et d'autre, mais l'amour-propre des conducteurs, et même celui des voyageurs étaient en jeu. Pendant la moitié du premier mille, le train de voyageurs avait une avance de quelques mètres, mais le tramway le rattrapa bientôt et durant quelque 1500 mètres ils marchèrent exactement à la même allure. Finalement, quand le tramway s'engagea dans le tunnel où la voie commence à tourner pour s'éloigner, il avait une avance de 27 mètres, et ses voyageurs dans la joie poussaient de bruyants hurrahs.

Le navire de l'expédition allemande au Pôle sud : Les Allemands préparent pour 1901 une expédition antarctique, pour laquelle on est en train de construire à Kiel un navire spécial dont le petit modèle se trouvait récemment à l'Exposition. Ce bateau est en somme une reproduction du *Fram* de Nansen, qui a fait jadis si glorieusement ses preuves, c'est-à-dire qu'il a des formes massives et qu'il est en bois, pour mieux résister à la formidable pression des glaces. Il a 46 mètres de long sur 11 de large, et un tirant d'eau de 5 mètres. Il pourra emporter des provisions et du charbon pour trois ans, ce qui n'est point trop pour des expéditions de cette nature ; chaque professeur et chaque officier qui prendra part à l'expédition aura une cabine pour lui seul ; l'équipage, composé de 20 hommes, disposera de quatre locaux pour y prendre ses repas et y dormir. Le navire aura une voilure qui en fera un trois mâts, mais il possèdera comme de juste une machinerie qui pourra lui imprimer une allure de 7 nœuds et lui permettra de frayer son chemin à travers les glaces. On embarquera à bord 50 chiens esquimaux destinés à traîner les trois traîneaux nécessaires pour faire des expéditions en dehors du navire.

***

Le "rhum industriel" est celui qui sort d'usines spéciales, dont le plus grand nombre se trouve dans la ville de Saint-Pierre ou ses environs. Il est d'une grande finesse, contrairement à ce qui arrive généralement dans d'autres pays, où le rhum est d'autant moins bon qu'il est produit en quantités plus considérables et par des procédés plus intensifs.

M. Landes explique cette particularité par le fait que les guildiveries industrielles utilisaient, il y a quelques années, presque exclusivement des mélasses d'importation étrangère, alors qu'aujourd'hui elles se servent surtout de celles de la Martinique et de la Guadeloupe : "Il s'est établi dans ces rhummeries, conséquence probable de l'apport de mélasses exotiques, une fermentation spéciale, ayant pour agents des ferments de forme bacillaire, qui fournit un tafia dont l'arôme spécial est connu sous le nom de "grand arôme." C'est grâce à cette circonstance que les importateurs le connaissent sous le nom de tafia "industriel" et qu'ils l'achètent à des prix souvent plus élevés et de préférence au tafia "habitant."

***

Bonne et Heureuse Année...

à vous tous, clients et amis, dont nous sommes fiers d'avoir su acquérir et conserver le patronage dans le passé.

Nous nous sommes toujours efforcés de vous donner satisfaction sous tous les rapports. Nous ne changerons rien aux saines traditions commerciales dont s'honore notre maison. Vous recevrez toujours de nous l'accueil le plus empressé et vos commandes seront, comme d'habitude, remplies avec soin et à votre entière satisfaction.

L. H. Hebert, Ferronneries et Quincailleries en Gros,

297 et 299 Rue St-Paul, et 21 Rue St-Jean-Baptiste, Montreal.

Une Maison Recommandable

J. K. ARMSBY & Co.

Succursales: NEW YORK, CHICAGO — **SAN FRANCISCO** — Succursales: BOSTON, PORTLAND Maine.

Une des plus grandes, comme des plus honorables maisons faisant le commerce des fruits de Californie

Raisins-loose Muscatels, Naturels et Epépinés (seeded) 1-2-3 et 4 Couronnes. Boîtes de 50 lbs et Cartons de 12 ozs et 1 lb.

Raisins de Table, London Layers, Clusters, Crown Dehesas, Imperial. Boîtes de 20 lbs.

Raisins Sultana, Toutes les qualités. Naturels et nettoyés. Boîtes de 50 lbs, Cartons de 1 lb.

Pruneaux Santa Clara, $\frac{50}{60}$ — $\frac{70}{80}$ — $\frac{90}{100}$

Fruits Evaporés, Pêches, Abricots, Poires et Nectarines. En sacs et en boîtes de 25 et 50 lbs.

Demandez les marques de raisins épépinés (seeded) de J. K. A. & CO., et vous êtes assuré de recevoir les meilleures qualités à des prix raisonnables.

CARTONS 1 lb. — "Ruban Bleu," — "Etoile et Croissant," — "Couronne d'argent," — "A I" — et "Monopole."

CARTONS 12 ozs.—"Maximus," "Palmetto," Papillon."

Spécialité de Fruits en Conserves, 2½ lbs. Pêches, Poires, Cerises blanches, rouges et noires, Abricots, Raisins, Prunes blanches et rouges.

Vous trouverez ces marchandises chez les meilleurs Epiciers en Gros, du Marché.

L'Appréciation des Canadiennes

pour le Soda à Pâte de Dwight (marque de la vache), a justifié les efforts que nous avons faits pour introduire cette marque de Soda, qui est de beaucoup le plus pur et le meilleur sur le marché. Tous les marchands de gros le tiennent en stock.

John Dwight & Cie, 34 rue Yonge, Toronto.

Les statisticiens n'épargnent rien, et l'un d'eux s'est attaqué à la danse.

Selon lui, une valse ordinaire représente pour chaque danseur un trajet de 1,200 mètres environ.

Le quadrille exige une plus longue marche. Ses quatre figures réunies font faire, à chacune des huit personnes qui y prennent part, près de 2 kilomètres.

La mazurka représente 950 mètres, la berline 900, la polka 870 et le pas de quatre à peine 800 mètres.

Le même statisticien a calculé, en se basant, paraît-il, sur de nombreuses expériences, que dans un grand bal, commençant à dix heures du soir pour finir à cinq heures et demie du matin, une personne ayant figuré à toutes les danses, y compris le cotillon, n'a pas fait moins de 28,000 pas, soit 19 kilomètres sur le parquet. La distance de Paris à Versailles !

***

Exposition internationale : Saint-Louis se propose de célébrer en 1903, par une grande exposition internationale, le centième anniversaire de la cession de la Louisiane par la France aux Etats-Unis. Ce projet, qui a l'assentiment et la coopération assurée de tous les Etats formant l'ancien territoire cédé, ne présente plus guère de doute quant à son exécution, 5 millions de dollars sont ou vont être avant peu entièrement souscrits par les habitants de Saint-Louis ; la ville, de son côté, consent à avancer la même somme et un projet de loi est en ce moment soumis au Congrès des Etats-Unis demandant au Gouvernement une allocation de pareille somme, ce qui porterait à 15 millions de dollars le fonds destiné à cette exposition.

***

Rhums : Les rhums de la Martinique se présentent sous trois aspects principaux : la "grappe blanche," le "rhum habitant" et le "rhum industriel."

La "grappe blanche," obtenue par la fermentation directe du jus extrait de la canne (vesou), est une spécialité de la Martinique ; son goût, très fin et délicat, se rapproche plutôt de celui de l'eau-de-vie que de celui du rhum. Divers échantillons, rectifiés et présentés sous le nom d'*eau-de-vie de canne*, semblent devoir être particulièrement appréciés.

Le "rhum habitant" est obtenu en laissant vieillir dans les fûts de chêne, légèrement carbonisés à l'intérieur, les "tafias" préparés eux-mêmes de la manière suivante : Le vesou, transformé en sirop par la cuisson, est mélangé à la "vidange," ou résidu d'une opération antérieure, et étendu d'eau ; on le soumet alors à la fermentation, puis on distille. Le goût de ces produits est très variable. Nous empruntons à ce sujet, à la notice de M. Landes, les très curieuses indications suivantes :

"La grande variété des rhums obtenus dans les rhummeries agricoles est l'un des caractères les plus frappants de cette industrie. La raison de ce fait est donnée par le nombre considérable de levures qui interviennent dans les fermentations et que l'on ne peut isoler. Pour obtenir un liquide de même goût, les producteurs s'astreignent à la même pratique et pendant longtemps obtiennent le goût recherché ; cependant, il arrive parfois qu'une anomalie survient et que le produit change de goût ou que la quantité d'alcool diminue. Il faut alors s'ingénier et faire de multiples efforts pour chercher à obtenir de nouveau ce qu'ils avaient autrefois sans peine. La fermentation présente souvent des aléas de cette nature."

***

Nous empruntons au rapport officiel de l'Exposition les renseignements suivants sur les produits de la Martinique qui intéressent le commerce de l'épicerie.

Cafés.—Les spécimens de café sont pleins d'intérêt, mais ne représentent qu'une culture à peu près morte. Le café de la Martinique a joui autrefois d'une renommée énorme : puis les plantations ont été peu à peu abandonnées pour la canne à sucre ; compromises par des maladies, elles disparaissent de jour en jour. L'*hemileia vastatrix*, si redoutable ailleurs, n'a pas fait son apparition aux Antilles ; mais la *rouille*, occasionnée par une larve qui s'attaque aux feuilles, cause de grands ravages à la Martinique, où, de plus, les racines du caféier d'Arabie sont lentement détruites par des anguillules. Le caféier de Liberia, plus gros, plus rustique, résiste mieux, mais ses produits sont inférieurs. On essaie actuellement la greffe de l'autre variété sur celle-ci, et l'on obtient, paraît il, de bons résultats.

Cacao. — Le cacao est dans une meilleure situation que le café. Sa culture s'est développée, grâce à une prime de 10 centins par arbre, et les plantations, qui ne couvraient que 300 hectares il y a trente ans, en occupent aujourd'hui cinq fois plus. Il est malheureux que la variété à peu près uniquement répandue à la Martinique soit précisément la moins appréciée de toutes, le *calabacillo* ; mais les beaux échantillons exposés montrent les excellents résultats que peuvent donner des soins méthodiques, la taille des arbres et la fermentation rationnelle des produits.

***

Du *Commercial Intelligence*, de Londres : Le Canada semble devenir un des principaux fournisseurs de fruits de l'Angleterre. Pendant une seule semaine du mois d'octobre 1900, la ville de Manchester a reçu 1,000 caisses de poires, 25 caisses de pêches, 125 caisses de pommes de dessert de provenance canadienne.

Jusqu'à présent, les fruits canadiens avaient toujours souffert de la traversée, mais depuis quelque temps on a fait des expériences sur le meilleur mode d'emballage à adopter, et on a cherché à déterminer la température qu'il faut conserver aux fruits pendant la durée du transport. Ces expériences ont bien réussi, et les fruits délicieux du Canada peuvent arriver maintenant en Angleterre dans un état de conservation parfaite.

***

Les directeurs de la Banque de Montréal ont définitivement adopté les plans de la nouvelle bâtisse qu'ils se proposent de faire construire sur la rue Craig.

MM. McKinn, Mead et White, de New-York, et A. T. Taylor, de Montréal, en sont les architectes.

Dans un an ou à peu près, la Banque de Montréal possédera un des plus beaux édifices du Nouveau-Monde, et un monument artistique égal aux édifices des plus importantes maisons financières du monde entier.

La façade aura 191½ pieds de longueur ; la profondeur sera de 94 pieds et la hauteur d'environ 90 pieds.

La structure sera des plus imposantes, en style corinthien. La pierre employée sera celle des carrières de Montréal.

L'intérieur sera tout de marbre et de bronze.

Les travaux commenceront de bonne heure au printemps et entraîneront probablement une dépense d'un million.

***

Le *Journal de Saint-Petersbourg* annonce que l'on a découvert dernièrement de riches gisements naphtiphères dans la steppe Kirghise,

Téléphone Bell Main 2461. Téléphone des Marchands 238. Boîte de Poste 62.

N. F. BEDARD, MARCHAND ET COMMISSIONAIRE EN **BEURRE, FROMAGE, ŒUFS, ETC.**

Et Négociant de Fournitures et Matériaux pour les Fromageries et Beurreries.

BOIS de BOITES a FROMAGE PROVENANT des MEILLEURS MOULINS d'ONTARIO.

Cotations spéciales pour quantité d'un char ou plus livrées dans toutes les parties de la province.

Canistre EMPIRE STATE Sans Rivale au Canada.

PRIX MODÉRÉS ET CONDITIONS FACILES.

N. F. BEDARD, 32-34 RUE FOUNDLING, MONTREAL.

164 rue St-Jacques MONTREAL

ETABLIE EN 1858

Manufacture à Cardinal, Ont.

53 Front St., East TORONTO

Empois Enamel de Benson

Un Empois à l'Eau Froide

Voir notre Liste de Prix.

The Edwardsburg Starch Co., LIMITED.

FABRIQUE ET GARANTI par THE EDWARDSBURG STARCH CO., Limited.

Réglisse

Etablis en 1845.

en bâtons canelés Y. & S., paquets 80 à la boite de bois : caisses de 20 boites, breveté 20 août 1899 ; une nouveauté unique et désirable en bâtons de réglisse. Réglisse en bâtons Y. & S (ordinaire), boites de 5 lbs et en vrac, caisse de 25, 50 et 125 lbs net. Pastilles de réglis e Acme, boites de 5 lbs. et en Lozanges de réglisse Y. & S , boites de 5 lbs. et flacons de 5 lbs. Manhattan Wafers (Réglisse mou) empaqueté en boites de 2½ lbs., un délicieux bonbon en réglisse. Vendus par les droguistes en gros du Canada. Catalogue sur demande adressée aux manufacturiers.

YOUNG & SMYLIE, Brooklyn, N.Y.

sur la côte nord-est de la mer Caspienne. Ces gisements occupent une superficie de plusieurs milliers de déciatines de terrains domaniaux. On affirme même qu'ils seraient beaucoup plus riches que les gisements de Bakou, considérés jusqu'ici comme les plus importants de l'empire.

***

La North British and Mercantile Insurance Company doit ajouter deux autres étages à sa bâtisse, angle des rues St-François-Xavier et de l'Hôpital. Une fois ces additions terminées, cette bâtisse sera aussi élevée que sa voisine, la bâtisse du Télégraphe du Pacifique Canadien. Les travaux ont été confiés à M. A. T. Taylor, architecte, de Montréal.

UN DEJEUNER A PEKIN

En pénétrant dans un restaurant à Pékin, je n'ai jamais pu m'empêcher d'admirer l'excellente idée qu'ont eue les Chinois d'installer leur cuisine à la porte d'entrée. Il faut traverser le laboratoire culinaire avant de gagner les salles communes ou les cabinets particuliers. N'est-ce pas un progrès sur nous qui, au contraire, cachons nos cuisines dans des caves où nos restaurateurs semblent vouloir nous dissimuler les horreurs d'une conspiration contre nos estomacs ?

En Chine, on n'entre chez tel restaurateur de préférence à tel autre que sur la vue de la cuisine et la constatation du soin qu'on met à accommoder les mets. Souvent le restaurant qui a la clientèle la plus nombreuse et la mieux composée n'est pas celui dont les cabinets sont les plus élégants et dont la devanture est la mieux décorée.

La cuisine du temple du Bonheur céleste, où nous avait invités notre ami chinois Ouang tsoun sin, était donc sous nos yeux. Elle avait, en sa manière de se montrer, le calme de l'innocence devant un juge. Nids d'hirondelle, canards, foies de volaille, poissons, crevettes grouillantes, tout cela était exposé ou se tordait en chantant dans les nombreuses casseroles qui couvraient les fourneaux.

A peine avions nous traversé la première cour que nous vîmes arriver au-devant de nous notre ami, Ouang-laoyé, autrement dit le seigneur Ouang, nous reçut avec l'effusion orientale ordinaire, toujours excessive. Je lui présentai mes compagnons ; ce furent des saluts à n'en plus finir.

On s'adressa à tour de rôle la série de questions sacramentelles qu'il est d'usage de s'adresser entre personnes qui se voient pour la première fois. " Quel est votre noble nom ? votre noble lieu de naissance ? votre noble emploi ? combien avez vous de princes héritiers ? où est situé votre palais ? " etc. Toutes questions auxquelles il faut répondre avec humilité : " Mon humble ceci, mon méprisable cela." Quant aux enfants, il est comme il faut d'en exprimer le nombre en disant : " J'ai tant de petits chiens." Vous demande-t-on si vous avez une une femme, il est convenable pour l'affirmer de répondre qu'on possède " un vieux balai."

Sur la table de notre cabinet particulier on venait de placer du thé, des pralines d'arachide, des noix au sucre, des pépins de pastèques séchées au four et des poires coupées en minces tranches. Tout cela n'était que pour passer le temps.

Quelques instants après, on enleva le thé et on apporta les *leung'rhoune* ou mets froids, composés à peu près de tout ce qui constitue chez nous les hors-d'œuvre. Poissons salés, raisin sec, crevettes salés, confitures de pommelles, crabes à l'eau-de-vie et œufs conservés.

Les crabes à l'eau-de-vie sont mis vivants dans l'eau-de-vie froide, préalablement chauffée avec des grains de genièvre. Quant aux œufs conservés appelés *songrhoa*, ou " fleurs de pin ", ce sont des œufs de cane, enfermés dans de la chaux le temps voulu pour que le blanc en soit devenu ferme, tout en restant transparent comme de la gélatine ; le jaune en durcissant tourne au verdâtre et exhale une légère odeur d'ammoniaque.

Il n'y avait plus de raison de ne pas se mettre à déjeuner. La table était ronde, nous étions six, il y avait trois tabourets, deux fauteuils et un petit banc tout près de la porte. Ce petit banc, mis à la plus mauvaise place, est toujours pour celui qui invite, tandis que les deux fauteuils sont pour les deux invités les plus distingués ; comme généralement il y a plus de deux invités, ce n'est pas l'amphitryon qui se permettra de désigner quels sont les deux plus distingués d'entre eux ; il les invite simplement à s'arranger comme bon leur semble. Quelquefois alors il y a pour une demi-heure de cérémonie : c'est à qui refusera l'honneur du fauteuil.

Le couvert se compose de petites soucoupes en guise d'assiettes, de bâtonnets en guise de fourchettes, de spatules en porcelaine comme cuillers. Le vin est renfermé tiède dans des théières de métal ; on le boit dans de petites tasses ayant un pouce à un pouce et demi de diamètre et de profondeur. Pas de nappe sur la table laquée de noir ; pas de serviettes, mais de petits carrés de papier dont on use une partie dès qu'on a pris place ; on les passe sur ses bâtonnets, dans sa tasse pour en bien contrôler la propreté.

Quand ce petit nettoyage est terminé, l'amphitryon se lève, prend la tasse de chacun et la remplit de vin en lui faisant un grand salut, ensuite il porte son propre verre à la hauteur de ses yeux et invite à boire ; cela fait, il prend ses bâtonnets et sert à tout le monde des hors-d'œuvres dont la table est couverte. Il est comme il faut, quand on vient d'être servi, de prendre d'un plat quelconque avec ses deux baguettes et de servir à son tour l'amphitrion ; quand on ne le fait pas, on doit s'excuser de manquer de respect et de bon procédé, cela tient lieu de remerciements. Cette manière de servir un peu cérémonieuse ne dure qu'un instant ; bientôt arrive le maître d'hôtel qui vient prier de commander le dîner. Chaque invité choisit son plat de prédilection, et après eux, l'amphitryon, à son tour, indique les mets coûteux qu'il suppose que ses invités ont eu crainte de demander. Au bout de dix minutes, on apporte le premier plat sur un réchaud. Les invités convenant alors que chacun en agira à sa guise, se servent simultanément en portant chacun leurs baguettes dans le plat. Ces coutumes de politesse sont invariables. Les Chinois, même les gens de la plus basse condition, ne s'en exemptent jamais.

Je n'ai pas à faire ici un éloge pompeux de la cuisine des Chinois. Je dirai seulement qu'elle est propre et savante. Ils ont dû évidemment avoir été cuisiniers avant nous, car je vois que leur cuisine offre beaucoup plus de variété que la nôtre. Le Chinois est de sa nature foncièrement cuisinier ; aussi le forme-t-on très facilement, sous la surveillance d'un chef français, à faire de la cuisine que ne renieraient pas nos cordons bleus.

Les plats les plus demandés à Pékin sont : le nid d'hirondelles coupé en fils, accommodé avec des œufs brouillés (médiocre), les crevettes à la sauce (assez bon), les œufs de pigeon et de vanneau pochés (très bon), les jaunes de crabes en ragoût (très bon), les gésiers de moineaux, les yeux et les boyaux de mouton au bouillon avec une pointe

La Compagnie de Ferronnerie du Canada

Importateurs en Gros

NOUS AVONS, sans doute, le plus complet assortiment de quincaillerie générale. Nous invitons cordialement ::: les marchands à nous visiter ou à nous écrire.

NOS CLIENTS SONT
BIEN REÇUS,
BIEN TRAITÉS,
BIEN SERVIS.

Nos marchandises leur :: laissent :: un bon profit.

SPÉCIALITÉS :

Coutellerie, Armes a feu
Grelots, Clochettes,
Patins, Etc.,
Batons de Hockey,
Fournitures pour Contracteurs et Chemins de fer,
Ciment, Etc.,
Limes "Arcade" et "Victor"
Cartouches de "Peters"
"Gem Food Chopper,"
Vitres, Peintures,
Vernis, Etc.,
Fers en Barres et Acier.

ARCADE TRADE MARK

BUREAUX ET SALLES DE VENTE :

10, RUE DE BRESOLLES,

ENTREPOTS : 45, RUE COMMON,

MONTREAL

d'ail (très bon), les raviolis, les pâtes aux gras, le canard gras au bouillon (exquis), les carpes en matelote avec du gingembre, les éperlans frits (délicieux), le poulet rôti, des moelles de mouton repoussées et accommodées très savamment (excellent), les oloturies ou "bicho da mar" au bouillon (exécrable), les ailerons de requin (gélatine insignifiante, mais plutôt désagréable), les pousses de bambou au jus et les racines de nénufar au sucre (passable).

Le riz termine le repas. On en apporte à chaque personne une tasse ; et si l'on ne se sent pas capable d'en prendre autant, il faut en faire retirer ce que l'on en a de trop, car il n'est pas convenable d'en laisser même un grain. Il se sert sec ou avec un peu de l'eau dans laquelle on l'a cuit ; on l'assaisonne de bouillon des différents plats laissés sur la table ; et quand on a fini, il faut placer ses deux baguettes sur sa tasse ; les déposer sur la table avant que l'amphitryon ait lui-même terminé son riz serait lui marquer qu'il est en retard.

Après le riz, nous nous sommes levés de table, et on nous a présenté une serviette imbibée d'eau bouillante pour nous la passer sur le visage ; on ne saurait se faire une idée de l'agréable sensation qu'on éprouve à s'éventer après s'être débarbouillé de la sorte : cela dissipe les fumées du vin et des viandes. On apporte ensuite une autre table chargée de fruits à la glace et de thé bouillant.

Nous avions en somme très bien déjeuné.

SUPERSTITION CRIME ET MISERE EN CHINE

(*Suite*).

La disette, la famine, la sécheresse, les épidémies donnent libre carrière aux pratiques superstitieuses les plus étranges dont beaucoup revêtent le caractère de la prière. Elles sont résultat de croyances populaires à des démons, à des génies qui aident les hommes, mais surtout les contrecarrent dans leurs desseins et les suppliques tendent moins à demander des bienfaits qu'à conjurer le mauvais sort.

Pendant les périodes de grande sécheresse, les habitants de Pékin vont, par milliers, faire leurs dévotions à un terrier de renard qui se trouve en dehors de la ville, sur les anciennes fortifications de la vieille capitale mongole. Là, on fait des prières, on brûle de l'encens, espérant par ce moyen faire venir la pluie tant désirée.

Les épidémies sont souvent expliquées par des causes que seul l'imagination fertile des Chinois pouvait inventer mais qui, grâce à la grande crédulité et à la facile suggestibilité des Célestes, prennent très vite le caractère de la réalité. Pendant l'été de 1897, je me trouvais dans une région de la Mongolie, occupée à peu près uniquement par les Chinois et que la peste visite tous les ans.

En 1896, l'épidémie avait été très grave. Des gens sérieux racontaient que le fléau avait été apporté par un taureau noir qui, tous les soirs, quelque temps avant l'apparition des premiers cas, entre 9 heures et 10 heures, mugissant d'une façon terrible, lançant du feu par les yeux et le nez, descendait au galop du plateau de Mongolie dans la vallée de So-leu-Kô. Beaucoup d'indigènes étaient convaincus d'avoir, non-seulement entendu mais vu l'animal, le décrivaient et cette conviction avait même été partagée par un excellent p être chinois qui, tout en pratiquant la religion chrétienne, n'avait pas totalement dépouillé le Céleste superstitieux.

De même, quand l'épidémie de peste commença à décroître, puis eut disparu, les mêmes individus qui avaient vu et entendu le taureau racontèrent qu'ils avaient parfaitement aperçu, deux soirs durant, deux lamas mongols, vêtus de tuniques rouges, portant sur la tête une sorte de braséro qui répandait au loin une flamme resplendissante, suivre, pendant un à deux milles, les bords du torrent qui traverse la vallée, puis remonter dans la montagne. Tous étaient sûrs d'avoir vu taureau et lamas. Le fait est d'autant plus intéressant à signaler que tous les indigènes, dès l'entrée de la nuit, sont enfermés dans leur maison d'où ils n'aiment guère sortir, le Chinois étant très peureux dans l'obscurité.

***

Les démons, les génies qui sont à la base de la grande majorité de ces superstitions, ne représentent à l'esprit chinois rien de caractérisé. Ils sont bons ou mauvais, voilà tout. Les Célestes n'ont pas essayé d'en faire des individualités vivantes en quelque sorte bien typiques, comme celles de la mythologie grecque, par exemple. Le vague, l'approximatif donnent une satisfaction suffisante à l'intelligence chinoise et surtout lui inspirent, sinon le respect, au moins la crainte.

Il y a des superstitions en rapport avec tous les actes de la vie, la naissance, le mariage, la mort, le manger, le boire, le sommeil. Il y a des jours de bon et de mauvais augure. Ils sont, d'ailleurs, mentionnés par le calendrier impérial ; les jours jaunes sont heureux ; les noirs malheureux. Un industriel, un commerçant n'ouvrira pas à une date quelconque sa boutique. Il se sera assuré au préalable d'un jour favorable.

***

L'*enfant*, à peine né, commence à être soumis à des pratiques superstitieuses. Pour le protéger contre les mauvais esprits, pour lui assurer fortune et honneurs futurs, on place autour de ses poignets des bracelets faits de corde rouge, supportant de vieilles sapèques ou certains bibelots d'argent. Un peu plus tard, les deux poignets sont attachés ensemble pour empêcher le nouveau-né d'être méchant et ennuyeux, quand il aura grandi. Il y a une expression populaire relative aux enfants colères, désagréables : "Sa mère lui a-t-elle lié les poignets ?" En même temps, un paquet contenant certaines graines, deux bâtonnets pour manger, deux oignons, deux morceaux de charbon, quelques poils de chien et de chat, est enveloppé dans du papier et suspendu, par une corde rouge, au montant de la porte de la chambre de la mère. On joint au paquet un pantalon du père, auquel on épingle l'inscription suivante : "Que les mauvais esprits entrent dans ces culottes au lieu d'attaquer le bébé."

Quand l'enfant atteint un mois, on lui rase la tête, avec un certain cérémonial, si les parents sont riches. Puis a lieu l'*acte de passer la porte*. Au milieu d'une pièce, on dresse un cadre de porte. L'enfant, porté par son père et précédé de cymbales, de gongs, d'individus armés de sabres qu'ils agitent fiévreusement contre des ennemis imaginaires, est passé au travers du cadre. Les méchants esprits ont été chassés par le bruit et les menaces. En même temps, on prépare pour les esprits malveillants et affamés qui pourraient encore se trouver dans la maison un repas avec accessoires en papier.

(*A suivre*).

Crevasses

Voici un remède bien simple et qui réussit presque toujours : si vous avez des crevasses, frottez-les simplement avec du jus d'oignons ; elle se guériront rapidement et ne reviendront pas, du moins au même endroit.

LA . . .
Compagnie de Ferronnerie Letang, Limitee

IMPORTATEURS DE
FERRONNERIE
ET DE
QUINCAILLERIE

287 et 289, rue St-Paul, MONTREAL

ASSORTIMENT COMPLET DE

Haches, Chaînes, Chaînes à Billots, : : : : Chaînes à Vaches, de toutes dimensions, Pelles et Pelles à Neige, Bêches, Patins de tous genres, : : : Grelots, Fouets, Etrilles, Licous, Etc., Etc., ainsi que de Fanaux, Verres à Vitres, Peintures, Huiles à Peintures et Vernis de toutes espèces.

Les Commandes Pressées

pour les

MARINADES, RELISHES, GELÉES ET MARMELADES

de la Marque
"Sterling"

reçoivent notre prompte attention. Vous appréciez l'importance qu'il y a de tenir vos stocks bien assortis de ces marchandises pour les fêtes du Nouvel An et des Rois.

—Les Epiciers qui vendent les produits "Sterling" s'entourent de la meilleure clientèle de leur localité.

T. A. LYTLE & CO.
124 - 128, rue Richmond, Ouest,
TORONTO

The St. Lawrence Sugar Refining Co.
LIMITED
MONTREAL

Fabricant des qualités les plus choisies de . . . .

Sucres Raffinés

JAUNES EFFLORESCENTS, (BLOOMY YELLOWS) **CAFE NOIR,** (BRIGHT COFFEE SUGARS)

PHŒNIX, (Qualité suivant le granulé) **GRANULÉS "EXTRA STANDARD"**

Les meilleurs sur le marché

CHAUSSURES POUR ENFANTS

Nous offrons au commerce l'assortiment le plus complet de chaussures pour enfants qu'il soit possible de réunir. C'est notre unique spécialité.

Nous avons les chaussures à semelles souples pour bébés de 3 à 7—	**8 à 10 points.**
Chaussures pour petits garçons, (Little Gents)	**8 à 10 points.**
Chaussures pour garçons (Youths)	**11, 12 et 13 points.**
" " fillettes	**11 à 2 points.**

American Shoe Co., New-York & Montreal

1744½ RUE NOTRE-DAME.

REVUE COMMERCIALE ET FINANCIERE

FINANCES

Montréal 27 décembre 1900.

On parle de la fondation d'une banque nouvelle sous le nom de Banque des Artisans Canadiens-français.

L'idée de fonder une banque nouvelle serait due à un ancien comptable d'une banque canadienne française qui aurait trouvé un sérieux appui auprès de plusieurs négociants en gros. La souscription aux actions de la nouvelle banque en perspective rencontrerait, dit-on, un accueil favorable auprès du commerce.

La Bourse de Montréal est entrée à pleines voiles dans un mouvement de hausse.

Le C.P.R. et le Gaz de Mont ont été remarquablement actifs; on prétend que le C.P.R. atteindra bientôt le pair; il est en bon chemin à $92\frac{5}{8}$, en hausse de $3\frac{5}{8}$ points depuis samedi dernier.

Le gaz de Montréal gagne 9 points dans la semaine à 218; peut-être y a-t-il quelque consistance dans la rumeur d'un projet d'amalgation de toutes les compagnies productrices de lumière, gaz et électricité. Un fait certain c'est que la Royal Electric avance aussi, à 210 elle a gagné $3\frac{1}{2}$ points depuis notre dernière revue.

Quelques autres valeurs ont changé de mains avec des gains notamment: Dominion Cotton, 5 points; Laurentide Pulp, 4 points.

Les actions de mines restent négligées et font tache sur l'ensemble, War Eagle perdant 2 et Payne 3 points.

Les valeurs suivantes sont celles sur lesquelles il s'est fait des ventes durant la semaine; les chiffres sont ceux obtenus à la dernière vente opérée pour chaque valeur:

C. P. R.	$92\frac{5}{8}$
Duluth (ord)	....
" (pref.)	....
Montreal Str. Ry	278
Twin City	$69\frac{5}{8}$
Toronto St. Ry	$109\frac{3}{4}$
Richelieu et Ontario	$108\frac{1}{4}$
Halifax Tr. (bons)	....
" (actions)	....
St John Ry	....
Royal Electric	210
Montreal Gas	218
Col. Cotton (actions)	....
" (bons)	....
Dominion Cotton	$93\frac{1}{2}$
Montreal Cotton	....
Cable Comm. (actions) ex-div.	166
" " (bons)	....
Dominion Coal, pref	....
" " bons	$110\frac{1}{2}$
" " (ord)	37
Intercolonial Coal	....
" " (pref)	....
Montreal Telegraph	....
Bell Telephone	173
Laurentide Pulp	118
" " (bons)	105
War Eagle	103
Centre Star	....
Payne	75
Republic	....
North Star	....
Montreal & London	....
Virtue	31

En valeurs de Banques, il a été vendu:

Banque de Montréal	255
" Molson	$191\frac{1}{2}$
" du Commerce	$148\frac{1}{4}$
" d'Hochelaga	129
" de Québec	$120\frac{1}{2}$
" Ontario	124
" des Marchands	154

COMMERCE

Nous ne pouvons guère envisager cette semaine que la situation du commerce de détail, le commerce de gros ayant ses voyageurs de retour. A cette époque le marchand de détail n'a plus guère en vue que l'écoulement des marchandises en stock et il a besoin de tout son temps pour les ventes pour peu que la clientèle se montre.

Le commerce des fêtes a été un peu contrarié par deux ou trois jours d'un temps doux qui nous a valu du dégel, mais le Jour de l'An arrive et pour nombre de nos lecteurs, la seconde fête est de beaucoup plus profitable que celle de Noël.

Le temps s'étant remis au froid il y aura certainement bénéfice pour le marchand dans le changement de température.

Il est un fait bien et dûment constaté, c'est qu'une fois le jour de l'an passé certains genres de commerce entrent dans la morte-saison et qu'ils manquent complètement leur saison de ventes, si dans la dernière semaine de décembre il manque ou de froid ou de la neige. Les vêtements chauds, les étoffes à robes pesantes, etc., se vendent bien avec une fin de décembre rigoureuse; en janvier les jours commencent à allonger et on se dit qu'à la saison d'hiver succédera celle du printemps, on achète plus ou on achète beaucoup moins de ce qui convient particulièrement à la mode d'hiver.

Espérons que dans les derniers jours qui nous séparent de l'année prochaine le commerce de détail verra ses stocks diminuer grandement.

Après le Jour de l'An, il faudra étudier les moyens de se débarrasser avec le moins de sacrifice possible de ce qui pourrait n'être plus de vente facile plus tard.

En attendant, que chacun s'ingénie à vendre pendant les fêtes et aux pleins prix le plus de marchandises qu'il pourra.

Cuirs—Rien absolument à signaler dans le commerce des cuirs; les prix sont soutenus, les livraisons de la tannerie se font régulièrement.

Epiceries, Vins et Liqueurs.—Bien peu de changements cette semaine.

Les sucres restent aux anciens prix.

Les mélasses sont à prix soutenus; c'est une article qui mérite l'attention de nos lecteurs; les nouvelles des pays de production sont, s'il faut en croire le câble, que les cannes à sucre souffrent de la sécheresse et que les perspectives de la prochaine récolte ne sont pas très encourageantes.

Les stocks sur place, nos letceurs le savent, sont loin d'être excessifs et quand, à l'époque du carême, la demande sera active, on paiera sans doute de plus hauts prix que ceux actuellement cotés. Un fait paraît certain c'est que les prix ne peuvent baisser; en conséquence le commerce de détail agira sagement en ne tardant pas trop à donner ses ordres.

Il est arrivé des dattes de la dernière récolte, le commerce de gros les vend à $4\frac{1}{4}$c la lb; c'est $\frac{3}{4}$c plus bas que l'ancien stock.

Les fèves blanches ont encore avancé de $\frac{1}{4}$c; nous les cotons de 3 à $3\frac{1}{4}$c la lb.

Le câble Sisal que nous avons coté en baisse la semaine dernière a été avancé de 1c cette semaine par les manufacturiers; les prix sont de $9\frac{1}{2}$ à 11c la lb.

Huiles, peintures et vernis.—L'huile de foie de morue est faible; nous cotons en baisse de 5c par gallon: huile de foie de morue de Norvège, de $1.20 à $1.30 et de Terreneuve de 95c à $1.05.

Produits chimiques et drogueries—Le lessis concentré commun en boites se vend $37\frac{1}{2}$c la doz. en baisse de $2\frac{1}{2}$c.

A la grosse on vend $33\frac{1}{3}$c la doz.

Le soufre en poudre est également en baisse; on demande, suivant quantité de $1\frac{3}{4}$ à 2c la lb.

Salaisons, Saindoux, etc.—Notre liste de prix de la semaine dernière reste la même; aucun changement à noter.

REVUE DES MARCHÉS

Montréal, le 27 déc. 1900.

Le 26 décembre étant un "Bank Holiday" (jour férié) il n'y a pas eu de transactions sur les grains ni à Londres ni à Liverpool.

On lit dans le *Marché Français* du 8 décembre 1900:

"Cette huitaine a encore été caractérisée par des pluies abondantes, qui ont rendu les terres inabordables, et par une température beaucoup trop douce pour la saison. Les nouvelles générales n'en sont pas moins satisfaisantes, mais on réclame maintenant un temps sec et froid pour enrayer la végétation des mauvaises herbes, qui se développe trop, et pour pouvoir reprendre les labours d'hiver dont l'effet n'est bon qu'à la condition qu'ils aient été effectués de bonne heure.

A ce sujet, il n'est peut-être pas inutile de rappeler, comme le fait la *Semaine agricole*, que les labours donnés à cette époque ci, pour les cultures qui en reçoivent de nouveaux au printemps, doivent se faire à raie large et profonde, surtout dans les sols argileux. On laisse ensuite la terre sur le labour brut, et elle passe l'hiver en cet état.

Par ces temps de pluie, le cultivateur doit surveiller avec la plus grande attention ses silos de racines ou de tubercules établis en plein air afin de déboucher immédiatement les fissures qui se forment sous l'action de l'eau. S'il s'aperçoit qu'un affaissement s'est produit tout d'un coup sur un point quelconque du tas, c'est qu'il y a pourriture; dans ce cas, il doit aussitôt découvrir le point attaqué et enlever les racines, en creusant dans la partie saine. jusqu'à ce qu'il ne trouve plus rien de gâté, car une racine gâtée a bientôt amené la pourriture de dix autres."

Hier, les marchés américains ont fermé en baisse. Les marchés anglais étaient fermés, les marchés du continent étaient à la baisse.

La bourse de Chicago a fermé comme suit:

Blé: décembre, $69\frac{5}{8}$c; janvier, $70\frac{1}{8}$c et mai, $72\frac{3}{4}$.

Blé-d'inde: décembre, $36\frac{3}{4}$c; janvier, $35\frac{7}{8}$c et mai, $35\frac{1}{4}$c.

Avoine: décembre, $21\frac{3}{8}$c; janvier, $21\frac{1}{2}$c et mai, $23\frac{5}{8}$c.

Le marché de Montréal est tranquille; les affaires sont restreintes et la période des fêtes dans laquelle nous sommes entrés n'est pas étrangère au calme des transactions.

L'avoine blanche No 2 est faible de 30 à $30\frac{1}{4}$c avec tendance à la baisse.

Les pois No 2 valent en magasin de 61 à 62c; le sarrasin 51c; l'orge No 1 de 50 à 53c; l'orge à moulée de 42 à 43; blé-d'inde canadien de 45 à 46c et le blé-d'inde américain de 46 à 48c.

Les farines de blé ont, pour une fin de décembre, une assez bonne demande locale aux prix précédents.

La demande pour les farines d'avoine roulée est lente aux cotes de la semaine dernière.

Les prix des issues de blé sont sans changement avec une bonne demande.

FROMAGE

MARCHÉ ANGLAIS

MM. Marples, Jones & Co. nous écrivent de Liverpool le 14 décembre 1900 :

Pour faire face à leurs besoins les acheteurs ont pris quelques " Finest Octobers," qualité de septembre à 51s et à 52s 5d et des Summers de 47s à 50s, ce dernier prix pour les qualités extra. Les Septembers et les Night Skims sont absolument sans demande.

" Nous cotons :	s. d.		s. d.
Fine meaty night Skims	38 0	à	40 0
Blanc de choix, Canada et E.-U.	47 0	à	50 0
Coloré de choix, Canada et E.-U.	50 0	à	51 0
Blancs de choix septembre	51 0	à	52 0
Coloré " "	52 0	à	53 0

MARCHE DE MONTREAL

Le marché est tranquille, on espère un réveil en janvier ; c'est sur quoi comptent les détenteurs ds fromage de septembre dont ils ne se sépareraient qu'avec perte aux prix actuels. Ils ont confiance que le mois prochain le marché anglais aura besoin de leur fromage et qu'ils l'écouleront avec quelque profit.

Le fromage d'arrière-saison reste aux prix de 9½ à 10c payés à la campagne.

BEURRE

MARCHE ANGLAIS

MM. Marples, Jones & Co. nous écrivent de Liverpool le 14 déc.

Marché sans changements, mais ferme. Il y a de nouveau une bonne demande pour les Australiens, Canadiens et Nouvelle-Zélande de qualité supérieure. Demande plus accentuée pour les qualités moyennes. Les " Ladles " sont négligés.

" Nous cotons :	s.		s.
Imitation crêmeries, E.-U., choix.	70	à	75
Crêmerie, frais, E.-U., choix, boites nominal	100	à	102
Irlande, choix, boîtes	90	à	94
Crêmerie, canadien, choix, boîtes..	102	à	106
" Irlande, choix, boîtes....	110	à	116
" Danemark, en barils et sur choix	110	à	125
Australie, choix, en boîtes	102	à	106
Nouv.-Zélande do	104	à	108

MARCHÉ DE MONTREAL

Les exportations de beurre sont insignifiantes ; il en a été expédié la semaine dernière 624 paquets sur Liverpool et 22 sur Londres.

Le marché local est très ferme avec une bonne demande ; on paie à la campagne 21¼ à 21¾ pour le beurre de crêmerie.

Les épiciers paient les beurres de fermes, les beurres des townships et les beurres en rouleaux de 19 à 20c.

ŒUFS

MM. Marples, Jones & Co, nous écrivent de Liverpool le 14 décembre :

Les œufs frais du Canada sont rares et plus chers mais les œufs conservés sont sans demandes.

Nous cotons :	s d		s d
Œufs frais du Canada et des E.-U.	8 10	à	9 3
" conservés à la glycerine.	7 3	à	7 7
" " à la chaux....	6 9	à	7 0
" " frais d'Irlande.	11 6	à	12 6
" " du Continent......	6 9	à	9 0

Sur le marché de Montréal la demande est bonne pour lots de détail. Nous cotons : œufs frais d'automne de 24 à 25c ; œufs mirés de 15 à 16c et œufs chaulés de Montréal de 15 à 16c la doz.

Il a été exporté la semaine dernière par les ports de St Jean et de Portland 13,682 caisses d'œufs à destination de l'Angleterre.

GIBIER ET VOLAILLES

Le peu de dégel que nous avons eu cette semaine n'a pas été favorable à ce commerce qui est très tranquille aujourd'hui.

Nous cotons : perdrix No 1, 80c et No 2, 45c la paire ; lièvres, 25c. la paire.

Les volailles obtiennent les prix suivants : poules et poulets de 5 à 7c ; canards de 7 à 8c ; oies de 5 à 6c et dindes de 9 à 9½c la lb.

POMMES

MM. J. C. Houghton & Co, nous écrivent de Liverpool le 13 déc. 1900 :

Les pommes arrivent en grande quantité mais la demande est toujours forte pour les pommes canadiennes et américaines de bonne qualité. Les pommes arrivant de la Nouvelle-Ecosse laissent tant soit peu à désirer.

PRIX A L'ENCAN

Pommes	Vendredi déc. 7		Lundi déc. 10.		Mercredi déc. 12.	
	s. d.	s. d.	s. d.	s. d.	s. d.	s. d.
Canadiennes, barils.						
Greening	10 0	18 0	12 9	15 3	12 0	20 6
Baldwin	13 0	16 6	13 0	16 9	13 9	17 9
Phœnix					17 9	18 0
King	18 0	27 0			15 3	25 6
Ben Davis	14 3				14 0	15 9
N. Spy	14 6		10 6	12 9	12 0	20 6
G. Russet	15 6	18 3	10 3	12 0	13 0	18 0
Seek					17 9	19 0
Américaines.						
Greening	12 3	17 0	12 5	16 0	13 6	17 0
Baldwin	12 6	17 6	9 3	17 3	10 0	17 6
Kings	14 0	18 3				
Newtown Pippin.	14 0	20 6	12 6	30 0	13 0	27 0
Ben Davis	12 0	14 9	13 6	15 0	14 0	16 3
N. Spy					14 0	
G. Russet.					16 3	16 6
Nouvelle-Ecosse.						
Baldwin					11 6	13 6
Kings					10 0	19 6
Greening					10 0	14 6
Californie.						
Newtown Pippins	7 6	8 9	7 0	8 0	7 6	7 9

ARRIVAGES

	Barils.
Arrivages pour la semaine finissant le 11 déc. 1900	60696
Arrivages antérieurs depuis le 1er juillet 1900	451860
Total des arrivages au 11 déc. 1900	492056
Du 1er juillet 1899 au 11 déc. 1899	392300

LEGUMES

Les pommes de terre sont payées 47c les 90 lbs au char et on les détaille à 55c les 90 lbs.

Les prix des haricots triés à la main sont cotés de $1.30 à $1.50 par minot en lot de char complet.

On cote :

Salade, de Waterloo, 50c la doz.
Salade de Boston, de $1.00 à $1.20 la doz.
Choux, de 30 à 40c la doz.
Tomates de Waterloo, 30c la lb.
Tomates de Floride, $6.00 la boite de 6 casseaux.
Carottes, $1.00 le quart.
Navets, de 40c à 50c le sac.
Radis, 40c la doz.
Choux fleurs, de $2.50 à $4.50 la doz.
Choux de Bruxelles, 25c la pinte.
Fèves vertes, $5.00 le panier.
Céleri de Caifornie, $4.50 la doz de paquets.
Salsifis, 50c la doz de paquets.
Epinards, $3.00 le quart.
Cresson, 60c doz. de paquets.
Concombres, de $2.50 à $3.00 la doz.
Aubergines, $2.00 la doz
Céleri, 10c à 40c la doz. de paquets.
Patates sucrées, de $2.75 à $4.00 le quart.
Betteraves, $1.00 à $1.25 le quart.
Oignons rouges, de $1.75 à $2.00, le baril.
Oignons jaunes, de $1.75 à $2.00 le baril.
Oignons d'Espagne au crate de 75 à 80c.

FRUITS VERTS

Nous cotons :

Ananas, 25c la pièce.

Atocas gelés, $5.50 le quart, et non gelés $12.00.

Bananes, de $1.00 à $2.00 le régime.

Pommes, de $2.25 à $4.00 le quart.

Oranges de Valence, caisses de 420, $4.50, et caisses de 714, $5.50 la caisse.

Oranges Seedlings, $3.00 la caisse.

Oranges du Mexique, de $2.75 à $3.00 la caisse.

Oranges de la Jamaique, $5.50 le baril.

Citrons de Messine, de $2.25 à $3.00 la caisse.

Raisins de Malaga, de $5.00 à $6.00 le baril.

FOIN PRESSE ET FOURRAGES

Le marché de Montréal est mieux approvisionné ; avec les bons chemins partout existant, maintenant les arrivages ne peuvent que se multiplier. On peut obtenir les prix ci-dessous, mais pas toujours.

A la campagne, la culture demande toujours des prix élevés; quand elle ne les obtient pas, elle préfère souvent ne pas vendre. C'est un tort, car ce qui maintient les prix élevés aux Etats-Unis et aussi quelque peu ici, c'est la difficulté qui ont les expéditeurs d'obtenir des chars pour le chargement. Mais qu'alors la situation change et en très peu de temps les marchands seront encombrés et les prix baisseront en proportion.

Nous cotons :			
Foin pressé, No 1 à choix	$10 00	à	10 50
do do No 2	9 00	à	9 50
do mél. de trêfle	8 00	à	9 00
Paille d'avoine	4 50	à	5 00

Encre à copier

Vous n'avez pas de presse à copier, pas d'encre à copier et néanmoins vous avez une lettre à écrire dont vous voulez gardez la copie absolument identique. Mélangez deux parties de glycérine avec six parties d'encre noire ordinaire ; vous écrivez avec ce mélange. Vous aurez soin d'appuyer et d'alourdir un peu votre écriture ; ensuite vous reproduirez ces traits sur une feuille de papier buvard en appuyant simplement la main.

Colle de pâte pour les papiers-tapisseries.

La colle de pâle servant à fixer les papiers-tapisseries sur les murs se compose de la manière suivante :

Délayer dans de l'eau froide une certaine quantité de farine et faire cuire sur un feu doux, toujours en remuant avec une cuillère en bois, jusqu'à ce que le liquide soit pris ; puis y ajouter 2 ou 3 grammes d'alun de potasse par 100 grammes ; ou, ce qui est préférable, 1 p. 100 de soude (borax du commerce). Non seulement la colle de farine ou celle d'amidon, ainsi boratée, est moins sujette à la fermentation, mais encore elle est plus adhésive et possède plus de fixité.

Brûlures et ulcères.

Dans le traitement des plaies purulentes, on emploie habituellement l'eau de chaux, la créoline, crésoline et d'autres désinfectants qui ne sont pas toujours sans danger. Un remède aussi efficace qu'inoffensif, c'est le miel pur que l'on étend sur un linge et que l'on applique sur les plaies. La suppuration cesse bientôt, la plaie prend meilleur aspect et guérit vite.

L'eau miellée additionnée de quelques gouttes de teinture d'arnica est également à recommander pour le lavage des blessures.

Le miel et la farine de seigle, dont on forme une épaisse bouillie, appliquées sur les brûlures produit la suppuration et en fait sortir l'humeur. Si l'on tient le membre brûlé dans le miel, on sent aussitôt la douleur s'appaiser et les ampoules cessent de se former. L'emploi du miel est à conseiller surtout pour les brûlures au visage où l'on ne peut employer d'autre remède.

CHRONIQUE DE QUÉBEC

Mercredi, 26 décembre 1900.

Grâce à une température exceptionnelle, la semaine de Noël aura été des plus avantageuse pour le commerce. C'est une réjouissance générale dans Québec, attendu que la réouverture des établissements manufacturiers recommencera à faire circuler l'argent dans la classe ouvrière. Sans cette circonstance, il est certain que plusieurs marchands seraient restés avec de grandes quantités de jouets et autres objets de fantaisie sur les bras. Même dans l'état de choses actuel, il va y avoir des mécomptes dans bien des maisons de commerce, qui n'ont pas reçu l'encouragement sur lequel elles comptaient quand elles ont fait leurs achats de stock. D'un autre côté, il paraît admis que la balance des affaires de l'année est favorable pour ce qui concerne Québec au point de vue strictement commercial.

C'est le temps des inventaires dans les magasins de gros, et l'on nous affirme que la prospérité est sensible partout. Il en sera certainement ainsi dans le détail dans la plupart des cas, d'après nos renseignements. Il se peut, toutefois, que quelques maisons soient de court, et il ne faudra pas s'étonner s'il survient quelques incidents désagréables au commencement de l'année prochaine. C'est ce que nous disent des gens qui s'y entendent, et nous savons nous-même personnellement qu'il y a gêne à certains endroits. Nous regrettons la nécessité qui nous force à prévoir ces choses et à les mentionner, mais il nous paraît faire acte de bon chroniqueur en nous faisant l'écho de bruits qui courent avee une certaine persistance. Déjà, cette semaine, une couple de maisons peu importantes ont fermé leurs portes, et l'ont voit que le crédit de quelques autres s'épuise rapidement. Tout cela ne veut pas dire que le commerce soit mauvais généralement, mais il semble que le temps soit arrivé de faire un peu d'épuration, dans l'intérêt même des maisons sérieuses. A Québec, comme ailleurs, il y a des gâte-métiers dont il vaut mieux se débarrasser tout de suite.

EPICERIES

Sucres : Sucre jaunes, $4 à $4.35 ; Granulé, $4.85 à 4.90 ; Powdered 6 à 7c ; Paris Lump} 7c à 7½c.

Mélasses : Barbade pur, tonne, 40 à 41c ; Porto Rico, 38 à 42c ; Fajardos, 47 à 48c.

Beurre : Frais, 20 à 21c ; Marchand, 17 à 18½c ; Beurrerie, 20c.

Conserves en boîtes : Saumon, $1.25 à $1.70 ; Clover leaf, $1.60 à $1.65 ; homard, $3.15 à $3.30 ; Tomates, 95c à $1.00 ; Blé-d'inde, 85 à 90c ; Pois, 90c à $1.00.

Fruits secs : Valence, 9c ; Sultana, 11 à 15c ; Californie, 8 à 10c ; C. Cluster, $2.80 ; Imp. Cabinet, $3.70 ; Pruneaux de Californie, 8 à 10c ; Imp. Russian, $4.50.

Tabac Canadien : En feuilles, 9 à 10c ; Walker *wrappers* 15c ; Kentucky, 15c ; et le White Burleigh, 15 à 16c.

Planches à laver : "Favorites" $1.70 ; "Waverly" $2.10 ; "Improved Globe" $2.00

Balais : 2 cordes, $1.50 la doz ; à 3 cordes, $2.00 ; à 4 cordes, $3.00.

FARINES, GRAINS ET PROVISIONS

Farines : Forte à levain, $2.25 à $2.30 ; deuxième à boulanger, $1.90 à $2.10 ; Patente Hungarian, $2.40 ; Patente Ontario, $1.90 à $1.95 ; Roller, $1.70 à $1.80 ; Extra, $1.60 à $1.65 ; Superfine, $1.45 à $1.50 ; Bonne Commune, $1.25 à $1.30.

Grains : Avoine (par 34 lbs) Ontario, 35 à 37c ; orge, par 48 lbs, 65 à 70c ; orge à drèche, 70 à 80c ; blé-d'inde, 55 à 56c ; sarrasin, 60 à 70c.

Lard : Short Cut, par 200 lbs, $18.00 à $18.50 ; *Clear Back,* $19.50 à $20.50 ; saindoux canadien, $2.05 à $2.25 ; composé le seau, $1.70 à $1.75 ; jambon, 10½ à 13c ; bacon, 9 à 10c ; porc abattu, $6.00 à $7.50.

Poisson : Hareng No 1, $5.50 à $6.00 ; morue No 1, $4.25 à $4.50 ; No 2, $3.70 ; morue sèche, $5.00 le quintal ; saumon, $15.00 à $16.00 ; anguille, 4½c la livre.

***

L'ensemble des opérations de l'année, en ce qui coucerne Québec, donne pleine raison à ceux qui ont eu confiance et qui ont su faire bon usage de leur travail et de leurs talents. Tout est là, en définitive. Beaucoup se plaignent qui n'ont rien fait pour coopérer à la prospérité commune. Naturellement, il n'est pas raisonnable de vouloir fuire une abondante moisson quand la semence a été petite. Ce qui est arrivé pour Québec, c'est que quiconque s'est remué dans son cercle ordinaire d'affaires, et ne s'est pas contenté d'attendre ou de critiquer, a eu l'occasion de constater plus de facilité à développer son commerce ou son industrie, à faire des transactions avantageuses, à ajouter à son bien-être, à prendre, en un mot, sa part légitime d'influence et de bénéfice dans le progrès général.

A moins d'être pessimiste, il faut admettre que cette dernière année du siècle aura créé pour Québec un état de choses qui fait augurer magnifiquement de son avenir. Nous mentionnons, au passage, la complétion des travaux du chemin de fer du Grand Nord et l'inauguration des travaux du pont de Québec. Il n'y a pas à se dissimuler les conséquences de ces grandes entreprises dans l'intérêt du commerce général du Canada. Il semble que la Confédération, si riche en produits naturels et si rapide dans son développement industriel et commercial, manquait jusqu'à présent d'un point de concentration pour le trafic d'exportation au moins égal en avantages aux grands ports de mer européens et américains. Aujourd'hui, il n'en est plus ainsi. Les nécessités mêmes du commerce ont forcé les hommes d'affaires à rechercher des voies nouvelles à l'activité sans cesse grandissante des peuples, et Québec, paraît destiné à être, dans un avenir prochain, un centre important de distribution des produits de toutes sortes de l'Amérique et du monde, pour les fins internationales.

***

Les manufactures de chaussures fournissent encore de l'ouvrage en abondance, au grand plaisir des employés, et, espérons-le, pour le bénéfice des patrons. Le différend survenu il y a quelques semaines ne paraît pas avoir laissé de traces trop profondes. On attend, cependant, avee une certaine hâte la décision arbitrale qui doit être rendue ces jours-ci, dans le but de définir les droits respectifs des patrons et des ouvriers.

***

Notre besogne de chroniqueur devant se terminer pour cette année, avec la présente lettre, nous remercions nos lecteurs de leur encouragement, et nous leur souhaitons du bonheur et de la prospérité à tous.

L. D.

Enduit pour sous-sols humide

On pulvérise avec soin 93 parties de brique et 7 parties de litharge.

On mélange cette poudre à de l'huile de lin de manière à en faire une pâte.

Celle-ci, appliquée sur les objets à protéger, durcit en deux jours et constitue une barrière infranchissable pour l'humidité.

NOTES SPECIALES

Nos remerciements à M. C. X. Tranchemontagne pour l'envoi de son calendrier pour 1901. Les marchands de nouveautés et les marchands-tailleurs le recevront certainement avec plaisir.

Nous accusons réception avec remerciements du calendrier mémorandum de la Standard Life Assurance Co. pour l'année 1901. Il sera, c'est certain, le bienvenu auprès des gens d'affaires qui le recevront.

MM. B. Houde & Cie les grands manufacturier de tabac qui ont obtenu tant de succès à la fin du XIXe siècle, continueront au XXme de mériter la haute réputation acquise pour les produits de leur fabrication, tabacs coupés et tabacs en poudre. Le fait est qu'on les rencontre partout.

M. Arthur Vaillancourt fils de M. J. A. Vaillancourt, négociant en beurre et fromage et M. Ernest Vaillancourt, fils de M. Benjamin Vaillancourt négociant en farines, sont de retour à Montréal après un séjour de plusieurs mois en Europe.

La maison A. Robitaille & Cie, 354 et 356 rue St-Paul, nous envoie un très joli petit carnet-calendrier pour l'année 1901.

Il contient d'utiles renseignements pour le commerce qui appréciera comme nous l'utilité de ce charmant carnet.

Nos remerciements.

La compagnie d'assurance Lancashire of England nous a envoyé un calendrier réaliste. C'est une vue de l'incendie de Hull et Ottawa. Il frappera l'imagination de plus d'un et en décidera plusieurs à faire ce qui est leur devoir, c'est-à-dire à s'assurer.

Merci de l'envoi.

Steno-Dactylographes

On nous demande s'il n'est pas un terme en français pour désigner l'employé sténographiant sous la dictée et reproduisant à la machine à écrire, ou clavigraphe, le document qui lui a été dicté.

En France, on appelle cet employé le sténo-dactylographe.

On se sert communément en France du terme dactylographe, au lieu de celui de clavigraphe dont on fait généralement usage au Canada.

Ventes de Fonds de Banqueroute par les Curateurs

Par Bilodeau & Chalifour, le stock de Louis Bolduc carrossier à St Louis-Mile End à 60c dans la piastre à Ferd. Tremblay et les dettes de livres à 40c dans la piastre à C. Turgeon.

Par H. Lamarre, le stock de nouveautés de F. J. Pelletier à 60c dans la piastre à Marcotte & Frères.

Vernis pour les Tapisseries

Encoller le papier de deux couches d'une solution d'eau et de gélatine blanche, puis vernir une fois sec avec le vernis suivant :

Sandaraque lavée.........	5 parties.
Alcool à 90°.................	18 —
Térébenthine fine.........	9 —

Faire dissoudre la sandaraque dans l'alcool, à une douce chaleur, ajouter ensuite l'essence de térébenthine, puis filtrer.

Lorsqu'on vernit un papier d'appartement, il faut tenir la pièce bien chaude.

NOS PRIX COURANTS, PARTIE I

Nos prix courants sont revisés chaque semaine. Ces prix nous sont fournis pour être publiés, par les meilleures maisons dans chaque ligne; ils sont pour les qualités et les quantités qui ont cours ordinaire dans les transactions entre le marchand de gros et le marchand de détail, aux termes et avec l'escompte ordinaire. Lorsqu'il y a un escompte spécial, il en en est fait mention. On peut généralement acheter à meilleur marché en prenant de fortes quantités et au comptant.

PRIX COURANTS.—MONTREAL, 27 DECEMBRE 1900.

Articles divers.

Bouchons communs....gr.	0 18	0 30
Briques à couteaux....doz.	0 25	0 30
Brûleurs pour lampes		
No. 1.................doz.	0 00	0 75
No. 2................ "	0 00	1 00
No. 3................ "	0 00	0 70
Câble coton ¼ pouce...lb.	0 13	0 14
" Manilla........... "	0 15¼	0 16¾
" Sisal............. "	0 09½	0 11
" Jute.............. "	0 10	0 11½
Coton à attacher....... "	0 15	0 21
Chandelles suif........lb.	0 00	0 09
" paraffine... "	0 11½	0 12
" London Sperm. "	0 11	0 11½
" Stéarine........ "	0 13	0 14
Epingles à linge bte. 5 gr.	0 60	0 70
	3 fils.	6 fils
Ficelles......... 30 pieds..	0 40	0 75
" .... 40 " ..	0 55	0 85
" .... 48 " ..	0 65	1 00
" .... 60 " ..	0 80	1 35
" .... 72 " ..	0 95	1 60
" .... 100 " ..	1 25	2 00
Lessis concentré, com.. dz	0 00	0 37½
" pur.... "	0 00	0 75
Mèches à lampes No. 1.....	0 11	0 13
" No. 2.....	0 14	0 16
" No. 3.....	0 09	0 11

Conserves alimentaires

Légumes.

Asperges 4 lbs.........dz.	0 00	4 50
Baked Beans 3 lbs..... "	0 90	1 00
Blé d'Inde........2 lbs "	0 85	0 95
Champignons ..... bte.	0 15	0 20
Citrouilles 3 lbs.......dz.	0 0[illegible]	0 85
Haricots verts........ "	0 00	0 85
Olives, Pinte........... "	3 75	5 00
" ½ Pints......... "	2 90	3 60
" en quart, gallon.	0 00	1 60
Petits pois français ...bte.	0 09	0 12
" fins........ "	0 14	0 15
" extra fins.. "	0 16	0 17
" surfins..... "	0 18	0 20
Pois canadiens 2 lbs.. dz.	0 80	1 25
Tomates................ "	0 87½	0 00
Truffes................ "	4 80	5 00

Fruits.

Ananas 2 et 2½ lbs....dz.	2 15	2 50
Bluets 2 " ... "	0 75	0 85
Cerises 2 " ... "	1 95	2 15
Fraises 2 " ... "	1 70	1 85
" 3 " ... "	2 10	2 15
Framboises 2 " ... "	1 45	1 60
Pêches 2 " ... "	1 60	1 85
" 3 " ... "	2 40	2 85
Poires 2 " ... "	0 00	1 55
" 3 " ... "	1 95	2 10
Pommes gal....... "	0 00	1 80
" 3 lbs... "	0 00	0 90
Prunes vertes 2 " ... "	0 00	1 45
" bleues 2 " ... "	1 25	1 35

Poissons.

Anchois................dz.	3 25	0 00
Anchois à l'huile...... "	3 25	4 50
Clams 1 lb............. "	1 25	1 35
Harengs marinés...... "	1 53	1 55
Harengs aux Tomates. "	1 50	1 60
Homards, boite haute. "	3 12½	3 20
" " plate... "	3 65	3 75
Huitres, 1 lb..........dz.	0 00	1 40
" 2 "........... "	0 00	2 40
Maquereau............. "	1 00	1 05
Sardines Canadiennes, cse	4 00	4 50
Sardines ¼ françaises.bte.	0 09	0 25
" ½ " "	0 17	0 35
Saumon rouge (Sockeye) boite haute dz.	0 00	1 60
" " plate "	0 00	1 75
" " ordinaire haute	0 00	1 50
" rose (Cohoe) " dz.	0 00	1 12½
" du printemps, "	0 00	1 50
Smelts (Eperlans)..... "	0 40	0 45

Viandes en conserves.

Corned Beef, bte 1 lb....dz.	1 60	2 00
" " 2 "..... "	2 80	3 40
" " 6 "..... "	9 75	11 40
" " 14 "..... "	21 80	24 00
Lang. de porc. " 1 "....dz.	3 00	4 15
" " 2 "..... "	6 00	8 00
" bœuf " 1½ lb.... "	8 00	10 00
" " 2 "..... "	9 25	11 30
" " 3 "..... "	......	14 10
English Brawn 1 lb ... "	1 40	1 70
Bœuf (chipped dried).... "	2 95	3 00
Dinde, bte 1 lb.......... "	2 20	2 40
Pâtés de foie gras........ "	3 00	8 00
Pieds de cochon, bte 1½ lb. "	2 30	2 40
Poulets. " 1 lb. "	2 20	2 40

Drogues et Produits Chimiques

Acide carbol.que.......lb.	0 30	0 40
" citrique.......... "	0 50	0 55
" oxalique.......... "	0 08	0 10
" tartrique......... "	0 33	0 35
Aloès du Cap........... "	0 14	0 15
Alun.................... "	0 01½	0 03
Bicarbonate de Soude, brl.	2 00	2 25
Bichrom. de potasse....lb.	0 10	0 12
Bleu (carré)............ "	0 10	0 16
Borax raffiné.......... "	0 05	0 07
Bromure de potasse.... "	0 55	0 60
Camphre américain.... "	0 80	0 90
" anglais...... "	0 85	0 95
Cendres de soude...... "	0 01½	0 02
Chlorure de chaux..... "	0 02½	0 05
" de potasse "	0 23	0 25
Couperose..........100 lbs	0 80	1 00
Crème de tartre........lb	0 22½	0 27½
Extrait de Campêche... "	0 10	0 11
" en paquets..... "	0 12	0 14
Gelatine en feuilles.... "	0 35	0 60
Glucose................ "	0 03½	0 04
Glycérine.............. "	0 18	0 20
Gomme arabique...... lb	0 40	1 25
Gomme épinette....... "	0 00	0 25
Indigo Bengale........ "	1 50	1 75
" Madras........ "	0 60	0 80
Iodure de potasse...... "	4 00	4 25
Opium.................. "	4 50	4 75
Phosphore............. "	0 50	0 75
Pourpre de Paris ..... "	0 09	0 10
Résine..........(280 lbs)	2 75	5 00
Salpêtre...............lb	0 05	0 07½
Sels d'Epsom.....100 lbs.	1 50	3 00
Soda caustique 60° " lbs	0 00	2 50
" " 70° " "	0 00	2 75
" à laver...... "	0 70	0 90
à pâte............brl.	2 00	2 50
Soufre poudre..........lb.	0 01¾	0 02
" bâtons........ "	0 02	0 03
" rock, sacs..100 lbs.	2 00	3 00
Strychnine............oz.	0 90	1 00
Sulfate de cuivre......lb.	0 06	0 07
Sulfate de morphine... "	1 90	2 00
" de quinine.....oz.	0 40	0 45
Sumac..............tonne.	70 00	75 00
Vert de Paris...........lb.	0 18½	0 20½

Epices pures.

Allspice, moulu........lb.	0 15	0 20
Cannelle moulue....... "	0 15	0 20
" en nattes..... "	0 13	0 15
Clous de girofle moulu "	0 18	0 20
" " ronds.. "	0 12½	0 14
Gingembre moulu ..... "	0 15	0 25
" racines "	0 10	0 25
Macis moulu........... "	0 90	1 00
Mixed Spice moulu Tin 1 oz.................. "	0 00	0 45
Muscade blanchie...... "	0 40	0 50
" non blanchie.. "	0 50	0 60
Piment (clous ronds)... "	0 10	0 12
Poivre blanc, rond..... "	0 23	0 26
" " moulu... "	0 26	0 28
" noir, rond....... "	0 15	0 17
" " moulu..... "	0 18	0 19
" de Cayenne..... "	0 22	0 26
Whole Pickle Spice....lb.	0 15	0 20

Fruits Secs.

Abricot Calif...........lb.	0 12	0 13
Amandes ½ molles.... "	0 12	0 13
" Tarragone... "	0 14	0 15
" Valence écalées "	0 35	0 37
Amand. amères écalées lb	0 00	0 45
" écalées Jordan "	0 40	0 43¼
Dattes en boites....... "	0 00	0 04¼
Figues sèches en boites "	0 07½	0 12
" " en mattes "	0 00	0 03¼
Nectarines Californie.. "	0 11	0 12
Noisettes (Avelines)...lb.	0 11½	0 12
Noix Marbot........... "	0 10	0 11
" Couronne....... "	0 08	0 09
" Grenoble........ "	0 12	0 13
" " écalées. "	0 00	0 00
Noix du Brésil......... "	0 12	0 13
Noix Pecanes poli ..... "	0 12½	0 13
Peanuts rôtis (arach).. "	0 06½	0 08
Pêches Californie...... "	0 10	0 11
Poires " ...... "	0 13½	0 15
Pommes séchées ...... "	0 00	0 00
Pommes évaporées.... "	0 03½	0 06
Pruneaux Bordeaux... "	0 04	0 08
" Bosnie...... "	0 00	0 05½
" Californie... "	0 05½	0 11
Raisins Calif. 2 cour.. "	0 00	0 00
" " 3 " .. "	0 00	0 00
" " 4 " .. "	0 00	0 00
Corinthe Provincials... "	0 11	0 12
" Filiatras..... "	0 11	0 12
" Patras....... "	0 00	0 00
" Vostizzas.... "	0 14	0 15

Malag. London Layers bte.	0 00	1 75
" Connoisseur Cluster "	0 00	2 60
" Buckingham Cluster...... "	0 00	3 40
Malaga Russian Clusterbte.	0 00	4 50
Sultana.....................lb.	0 10	0 12
Valence fine off Stalk.. "	0 07	0 07½
" Selected...... "	0 08	0 08
" layers........ "	0 09	0 08½

Fruits verts.

Ananas, pièce..............	0 00	0 25
Attocas..............quart..	5 50	12 00
Bananes.............régime	1 00	2 00
Pommes..............baril..	2 25	4 00
Raisins Malaga.... "	5 00	6 00
" ½ "	0 00	0 00
Oranges Valence (420)cse	0 00	4 50
" " (714)....	0 00	5 50
" Navels...........	0 00	0 00
" Seedlings........	0 00	3 00
" Sanguines, ½ cse	0 00	0 00
" Sorrente, caisse.	0 00	0 00
" Messine, "	0 00	0 00
" " ½ "	0 00	0 00
" du Mexique.....	2 75	8 00
" Jamaïque, baril.	0 00	5 50
Citrons Messine.... caisse.	2 25	3 00
" Malaga, bte 35 dz.	0 00	0 00
" " caisse 59 dz.	0 00	0 00
Noix de coco, par 100....	3 25	0 00

Grains et Farines.

GRAINS

Blé roux d'hiver Can. No 2.	0 00	0 00
Blé blanc d'hiver Can. No 2.	0 00	0 00
Blé du Manitoba No 1 dur...	0 90	0 92½
" " No 2 "	0 87½	0 90
Blé du Nord No 1............	0 00	0 85
Avoine blanche No 2........	0 30	0 30¼
Orge No 1,..........48 lbs.	0 50	0 53
" à moulée.... "	0 42	0 43
Pois No 2 ordinaire, 60 lbs...	0 61	0 62
Sarrasin, 48 " ...	0 00	0 51
Seigle, 56 " ...	0 57	0 58
Blé d'inde canadien.........	0 45	0 46
" américain........	0 46	0 48

FARINES.

Patente d'hiver..............	3 65	3 90
Patente du printemps.......	0 00	4 35
Straight roller..............	3 25	3 50
Forte de boulanger, cité.....	0 00	4 05
Forte du Manitoba, secondes	3 40	3 45

FARINES D'AVOINE.

Avoine roulée baril......	3 30	3 50
" " sac........	1 60	1 70

ISSUES DE BLE

Son d'Ontario, au char, ton	15 50	16 00
" de Manitoba " "	00 00	15 00
Gru de Manitoba.......char	00 00	16 00
" d'Ontario......... "	17 00	17 50
Moulée.................. "	17 00	24 00

Huiles et graisses.

HUILES.

Huile de morue, T. N., gal.	0 35	à 0 40
" loup-marin raffi.. "	0 00	0 60
" paille............. "	0 00	0 50
Huile de lard, extra gal.	0 75	0 85
" " No 1. "	0 65	0 75
" d'olive p. mach.. "	0 90	1 00
" à salade.......... "	0 77½	0 80
" d'olive à lampion "	1 20	2 60
" de spermaceti.... "	1 30	1 50
" de marsouin..... "	0 50	0 60
" de pétrole, par quart.	0 00	0 16
Acmé Imperial........gal.	0 00	0 17½
Huile Américaine par quart:		
Acmé Supérieur...... "	0 00	0 19
Pratt's Astral.......... "	0 00	0 19½
Huile de foie de m. Nor. gal	1 20	à 1 30
" " T.N. "	0 95	1 05
" de castor "E. I." lb.	0 09½	0 10
" " franç. qrt. lb.	0 09½	0 10
" " " cse.	0 11	0 12

Liqueurs et spiritueux.

Rhum.

Jamaique....................	4 45	6 35

Whisky Canadien au gallon, en lots d'un ou plusieurs barils de 40 gallons (pas de demi-barils) d'une sorte ou assortis.

Gooderham & Worts 65 O. P........	4 50
Hiram Walker & Sons "	4 50
J. P. Wiser & Son "	4 49
J. E. Seagram "	4 49
H. Corby "	4 49
Gooderham & Worts 50 O. P........	4 10
Hiram Walker & Sons "	4 10
J. P. Wiser & Son "	4 09
J. E. Seagram "	4 09
H. Corby "	4 09
Rye Gooderham & Worts............	2 20
" Hiram Walker & Sons............	2 20
" J. P. Wiser & Son...............	2 19
" J. E. Seagram...................	2 19
" H. Corby........................	2 19
Imperial Walker & Sons............	2 90
Canadian Club Walker & Sons.......	3 60

Pour quantité moindre qu'un quart d'origine mais pas moins de 20 gallons:

65 O. P.......................le gall.	4 55
50 O. P........................ "	4 15
Rye..............................	2 25

Au-dessous de 20 gallons:

65° O. P..................le gallon	4 60
50° O. P.................. "	4 20
Rye...................... "	2 30

Pour quantité moindre qu'un baril ou un barillet d'origine:

Imperial Whisky.........le gallon	3 10
Canadian Club.......... "	3 80

F. O. B. Montreal, 30 jours net ou 1 o/o 10 jours; fret payé pour quantité d'un quart et au-dessus.

Pour le Whisky à 50 O. P., 5c de moins par gallon, F. O. B. Montréal, pour l'île de Montréal.

Rye Canadien à la caisse.

Walker's Impérial..........quarts	7 50
" ....16 flasks	8 00
" ....32 "	8 50
Walker' Canadian Club....quarts	9 00
" ..16 flasks	9 50
" ..32 "	10 00
Gooderham & Worts 1891 1 à 4 c.	6 75
Seagram 1896 (Star brand.) quarts	6 50
" No 83............ "	8 75
Corby I. X. L........................	7 00
Purity, qts.........................	6 50
" 32 flasks.....................	7 50
Canadian, qts.......................	5 00
" 32 flasks..................	6 00

F. O. B. Montreal, 30 jours net ou 1 o/o 10 jours

Mélasses.

	Au gallon.
Barbades tonne.....................	0 41
" tierce et qt............	0 43½
" demi quart............	0 44½
" au char ton...........	0 40
" " tierce.........	0 42½
" " ½ qt..........	0 43½
Porto Rico, choix, tonne.........	0 00
" tierce et quart.........	0 00
" ordinaire, tonne....	0 00

Pâtes et denrées alimentaires.

Macaroni importé......lb	0 08	0 10
Vermicelle " ...... "	0 08	0 10
Lait concentré..........dz	0 00	1 90
Pois fendus, qt. 196 lbs...	0 00	4 10
Tapioca, lb.................	0 04¾	0 05

Poissons.

Harengs Shore.........brl.	0 00	5 00
" ....½ "	0 00	2 75
" Labrador.... "	0 00	5 25
" " ..½ "	0 00	3 00
" Cap Breton.. "	0 00	0 00
" " ½ "	0 00	0 00
" fumés,......boite	0 00	0 14
Morue sèche..............lb.	0 00	0 04½
" verte No 1, qt..lb.	0 02¾	0 03
" No 1 large qt.... "	0 03	0 03½
" No 1 draft...... "	0 03	0 03½
" désossée caisse...	0 00	4 50
" " paquet, lb	0 00	0 06
" pelée, caisse 100 lbs	0 00	4 25
Truite des lacs, brl 100 lbs	0 00	6 00
Poisson blanc, " "	0 00	6 00
Saumon C. A.......½ "	0 00	0 00
" ....1 "	0 00	0 00
Saumon Labrador.. 1 "	0 00	14 00
" " ½ "	0 00	8 00

Produits de la ferme.

(Prix payés par les épiciers.)

Beurre.

Townships frais.......lb.	0 20	0 21
En rouleaux ... . "	0 19	0 19½
Crémerie août......... "	0 20	0 20½
do Nov...... "	0 00	0 00
do frais..... "	0 22	0 22½

Fromage

De l'Ouest..............lb.	0 10	0 10½
De Québec.............. "	0 10	0 10½

Œufs.

Frais pondus, choix...dz.	0 24	0 25
Mirés......................	0 15	0 16
Œufs chaulés, Montréal..	0 15	0 16
" " Ontario....	0 00	0 00

Sirop et sucre d'érable.

Sirop d'érable en qrts..lb.	0 06¾	0 07
" en canistre.	0 75	0 80
Sucre d'érable pts pains lb.	0 09	0 10
" vieux......	0 00	0 00

Miel et cire.

Miel rouge coulé.......lb.	0 07	0 08
" blanc " .... "	0 09½	0 10
" rouge en gateaux.. "	0 10½	0 11
" blanc " "	0 13	0 14
Cire vierge............ "	0 25	0 26

Riz

	Sac.	½ Sac.	Pch.	½ Pch.
B. 1 @ 9 sacs	3 10	3 15	3 20	3 25
B. 10 et plus "	3 00	3 05	3 10	3 15

C.C. 10c. de moins par sac que le riz B.

Patna imp., sacs 224 lbs. lb.	0 4⅔	0 05

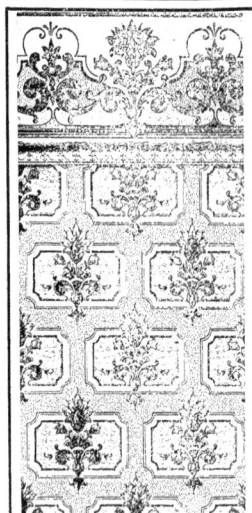

PRIX COURANTS.—MONTREAL, 27 DECEMBRE 1900.

Salaisons, Saindoux, etc.

Lard Can. Sh't Cut Mess qt.	00 00	18 50
" " S. C. Clear.... "	00 00	17 50
" " S. C. désossé.. "	00 00	19 50
" S.C. de l'Ouest "	20 00	21 00
Jambons..............lb.	00 12	00 13
Lard fumé.............. "	00 13	00 14

Saindoux.

Pur de panne en sceaux..	2 10	2 40
Canistres de 10 lbs....lb.	0 11	0 12
" 5 " .... "	0 11⅛	0 12⅛
" 3 " .... "	0 11¼	0 12¼
Composé, en seaux.......	1 50	1 70
Canistres de 10 lbs....lb.	0 07¾	0 08⅞
" 5 " .... "	0 07⅞	0 09
" 3 " .... "	0 08	0 09⅛
Fairbanks, en seaux......	1 67½	1 70
Cottolene en seaux....lb.	0 00	0 08¾

Sel.

Sel fin, quart, 3 lbs......	2 65	2 75
" " 5 "	2 60	2 65
" " 7 "	2 40	2 50
" ¼ sac 56 "	0 00	0 30
" sac 2 cwts.........	0 00	1 00
" gros, sac livré en ville	0 40	0 42½

Sirops.

Perfection..............lb.	0 03	0 03¼
" s. 25 lbs. seau.	0 00	1 20
" seau 3 gall. "	0 00	1 50
Sirop Redpath tins 2 lbs.	0 00	0 09
" " 8 "	0 00	0 35
" Diamond lb........	0 02	0 02½

Sucres.

(Prix aux 100 lbs.)

Jaunes bruts (Barbade)...........		4 37½
" raffinés...........	$4 05	4 75
Extra ground..................qts.		5 45
" " ....bte.		5 65
" " ....½ "		5 75
Cut loaf.......................qts.		5 45
" ....½ "		5 55
" ....bte.		5 45
" ....½ "		5 55
Powdered.......................qts.		5 20
" ....bte.		5 40
Extra granulé ....qts.		4 85
" ....½ "		5 00

Ces prix doivent être augmentés de 5c par 100 lbs pour les villes de Montréal et Québec.

Vernis.

Vernis à harnais......gal.	0 00	1 80
" " ......dz.	1 10	1 20
" à tuyaux......gal.	0 00	0 90

Bois de chauffage

Prix payé par marchands, aux chars, gare Hochelaga

Erable la corde......		5 50
Merisier do		5 25
Bouleau, etc. do		0 00
Epinette do		4 50
Slabs, par chars............		0 00
do en barge, la corde....	2 40	2 75
Rognures, le voyage.......	1 50	2 25

Charbons

PRIX DE DETAIL

Grate	par tonne de 2000 lbs..	6 25
Furnace	do ..	6 25
Egg	do ..	6 20
Stove	do ..	6 50
Chesnut	do ..	6 00
Peanut	do ..	5 15

Cuirs et Peaux.

Cuirs à semelles.

(Prix à la livre.)

Spanish No 1, 18 lbs moy.	0 26	0 27
" No 1, 25 lbs et au-d.	0 00	0 26
" No 1, léger........	0 25	0 26
" No 2, "	0 00	0 25
" No 2, 18 lbs moy..	0 00	0 26
Zanzibar	0 23	0 24
Slaughter sole No 1 steers.	0 28	0 30
" " No 1 p. ord.	0 28	0 30
" " No 2 "	0 25	0 27
" union crop No 1	0 30	0 32
" " No 2	0 28	0 30

Cuirs à harnais.

(Prix à la livre.)

Harnais No 1..............	0 33	0 35
" No 1 R..........	0 32	0 34
Harnais No 2............	0 30	0 33
" taureau No 1....	0 00	0 30
" " No 2....	0 00	0 28

Cuirs à empeignes.

(Prix à la livre.)

Vache cirée mince.........	0 40	0 45
" forte No 1....	0 00	0 40
Vache grain. pesante.....	0 40	0 45
" écossaise..........	0 38	0 40
Taure française..........	0 9.	1 00
" anglaise..........	0 90	1 00
" canadienne. Lion.	0 75	0 85
Veau can. 25 à 30 lbs....	0 75	0 80
" 36 à 45........	0 60	0 65
" 45 et plus.....	0 50	0 60
Vache fendue Ont H......	0 25	0 30
" " H. M..	0 25	0 30
" " Med ...	0 25	0 30
" " junior.	0 21	0 23
" Qué.sen.h.à.m.	0 24	0 28
" Jun.m.à light.	0 20	0 23
Cuir rouge pour Mocassin Steer, le No............	0 00	0 08
Cuir rouge pour Mocassin Bull, le No............	0 00	0 07
Cuir rouge pour Mocassin Steer, la livre..........	0 33	0 38
Cuir rouge pour Mocassin Bull, la livre............	0 30	0 35

Cuirs vernis.

Vache vernie.........pied	0 16	0 18
Cuir verni "Enamel" "	0 15	0 17

Cuirs fins.

Mouton mince..........dz.	3 00	6 00
" épais.......... "	10 00	0 00
Dongola glacé, ord...pied	0 14	0 25
Kid Chevrette........ "	0 25	0 30
Chèvre des Indes glacée "	0 08	0 10
Kangourou .... "	0 35	0 50
Dongola dull.......... "	0 20	0 30
Buff d'Ontario H... "	0 14	0 15
" H. M... "	0 13	0 14
" M... "	0 00	0 13
" L. M... "	0 00	0 13
" No 2... "	0 00	0 12
Buff de Québec H... "	0 13	0 15
" H. M... "	0 13	0 14
" M... "	0 00	0 13
" L. M... "	0 00	0 13
" No 2... "	0 00	0 12
Glove Grain Ontario.. "	0 13	0 15
" " Québec.. "	0 13	0 14
Pebble " Ontario.. "	0 14	0 15
" " Québec.. "	0 13	0 14

Cuirs à bourrures.

Cuir à bourrure No 1.....	0 00	0 20
" No 2.....	0 00	0 18
Cuir fini français... ...	0 00	0 20
" russe	0 20	0 25

Peaux.

(Prix payés aux bouchers.)

Peaux vertes, 1 lb, No 1	0 00	0 08
" " No 2	0 00	0 07
" " No 3	0 00	0 06
Veau No 1............ lb.	0 00	0 08
" No 2............	0 08	0 06
Agneaux pièce	0 00	0 00
" en laine "	0 00	0 00
Moutons "	0 00	0 90
Chevaux......... No 1...	0 00	2 00
" .... No 2...	0 00	1 50

(Pour peaux asorties et inspectées.)

Laines.

Toison du Canada... .lb.	0 00	0 17
Arrachée, non assortie. "	0 17	0 17½
A, extra supérieure.... "	0 17½	0 18½
B, supérieure.......... "	0 17½	0 18½
Noire, extra.......... "	00	0 16
Noire .. .. "	0 00	0 15½

Fers et Métaux.

FERRONNERIE ET QUINCAILLERIE

Fers à cheval.

Ordinaires...........baril	3 50	4 00
En acier................	3 60	4 95
"Fer à repasser".......lb	0 04	0 04½

"Fiches":

Pressées ¼ p. Esc. 25 p.c.	4 75	0 00
" 5-16 "	4 50	0 00
" ⅜ "	4 25	0 00
" 7-16 "	0 00	4 10
" ½ "	0 00	3 90

Fil de fer

Poli et Brûlé.

No 2 à 5, net..........100 lbs		2 87
" 6 à 9 "	..	2 80
" 10 "	..	2 87
" 11 "	..	2 94
" 12 "	..	3 00
" 13 "	..	3 15
" 14 "	..	3 27
" 15 "	..	3 40
" 16 "	..	3 55

Brulé et huilé 10c de plus par 100lbs pour chaque numéro.

Galvanisé Nos 2 à 8, net..	3 85	3 95
" 9 "	3 10	3 20
" 10 "	4 00	4 10
" 11 "	4 05	4 15
" 12 "	3 25	3 35
" 13 "	3 35	3 45
Brulé; p. tuyau..100 lbs	6 00	7 00
Barbelé p. clôtures, 100 lb.	3 20	3 30
Crampes.......... "	0 00	3 45
Fil de laiton à collets..lb.	0 37½	0 46
Fonte Malléable....... "	0 09	0 10
Enclumes.............. "	0 11	0 11½

Charnières.

T. et "Strap"..........lb.	0 05	0 06
Strap et Gonds filetés.....	0 03	0 03¾

CLOUS, ETC.

Clous à cheval.

No 7..............100 lbs.		24 00
No 8.............. "		23 00
No 9 et 10......... "		22 00

Escompte 50 p. c. 1e gal.
" 50 et 10 p. c. 2e ga.
Boites de 1 lb., ½c. net extra.

Clous coupés à chaud. (à 4 mois)

De 4½ à 5 pcs	100 fbs.		2 35
3½ à 4 "	"		2 40
3 à 3¼ "	"		2 45
2½ à 2¾ "	"		2 50
2 à 2¼ "	"		2 65
1½ à 1¾ "	"		2 75
1¼ "	"		3 00
1 "	"		3 35

Clous à finir. (à 4 mois)

1 pouce	100 fbs.		3 85
1¼ "	100 fb.		3 55
1½ et 1¾ pcs	"		3 30
2 et 2¼ "	"		3 05
2½ à 2¾ "	"		3 00
3 à 6 "	"		2 95

Clous à quarts.

⅞ pouce	100 fbs.		3 60
1⅛ "	"		3 35

Clous à river.

1 pouce	100 fbs.		3 85
1¼ "	"		3 55
1½ à 1¾ "	"		3 30
2 à 2¼ "	"		3 05
2½ à 2¾ "	"		3 00
3 à 6 "	"		2 95
Clous d'acier, 10 c. en sus.			
" galvanisés 1 pouce	100 fbs.		6 35
" à ardoise, 1 pouce	"		3 85

Clous de broche.

1 pouce, No 16, prix net,	100 fbs		4 10
1 " No 15 "	"		3 85
1¼ " No 14 "	"		3 50
1½ " No 13 "	"		3 25
1¾ " No 12 "	"		3 25
2, 2¼ " No 11 "	"		3 15
2½ " No 10½ "	"		3 00
2¾ " No 10 "	"		3 00
3 pouces, "	"		2 95
3½ et 4 "	"		2 90
5 et 6 pouces "	"		2 85

Limes, râpes et tiers points.

1re qualité, escompte	60 et 10 p.c.
2me " "	70 p.c.
Mèches de tarrière, esc	55 p.c.
Tarrières, escompte	55 p.c.
Vis à bois, fer, tête plate	80 p.c.
" " " ronde	75 "
" cuivre tête plate	75 "
" " " ronde,	67½ "
Boulons à bandage	65 à 67½ p.c.
" à lisses	65 p.c.
" à voiture	65 p.c.

Cuivres. **Métaux.**

Lingots	fb.	0 14	0 15
En feuilles	"	0 16	0 17

Etain.

Lingots	fb.	0 37	0 38
Barres	"	0 38	0 39

Plomb.

Saumons	fb.	0 00	0 04¾
Barres	"	0 05	0 05¼
Feuilles	"	0 05¼	0 05½
De chasse	"	0 06	0 06½
Tuyau	100 fbs.	5 95	6 25

Zinc.

Lingots, Spelter	fb.	0 05¾	0 06
Feuilles, No 8	"	0 07	0 07¼

Acier.

A ressort	100 fbs.	0 00	3 50
A lisse	"	1 90	2 00
A bandage	"	2 00	2 10
A pince	"	2 25	2 50

Fer en barres.

Canadien	100 lbs	1 65	1 70
De Norvège	"	4 25	4 50

Fontes.

Calder	tonne	25 00	26 00
Carnbroe	"	25 00	26 00
Glengarnock	"	00 00	00 00
Summerlee	"	25 50	26 50

Matériaux de construction

PEINTURES. 100 fbs.

Blanc de plomb pur	0 00	6 50
" " No 1	0 00	6 12½
" " " 2	0 00	5 75
" " " 3	0 00	5 37½
" " " 4	0 00	5 00
" " sec	6 00	7 50
Rouge de Paris, Red Lead.	5 00	5 50
" Venise, anglais.	1 50	2 00
Ocre jaune	1 50	2 00
" rouge	1 50	2 00
Blanc de Céruse	0 45	0 65
Peintures préparées ..gal.	1 20	1 30
Huile de lin crue(net cash)	0 00	0 80
" bouillie "	0 00	0 83
Ess. de Térébenthine "	0 00	0 62
Mastic	2 35	2 80
Papier goudronné rouleau	0 45	0 50
" " 100 fbs	1 60	1 75
" feutre "	2 00	2 20
" gris rouleau	0 30	0 33
" à couv. roul. 2 plis	0 75	0 80
" " " 3 plis	1 00	1 10

Peintures Island City P. D. Dods & Co

I. C. Pure white lead	0 00	6 25
I. C. " paint	0 00	6 00
I. C. Special Decorators	0 00	6 00
No 1 I. C. White lead	0 00	5 87½
No 1 Star lead	0 00	5 50
Peintures préparées, I. C. gall.		1 20
" " Nat "		1 05

VERRES A VITRES

United 14 @ 25..50 pds.	.....	2 00
" 26 40.. "	.....	2 10
United 41 50 100 pds.	.....	4 50
" 51 60 "	.....	4 75
" 61 70 "	.....	5 25
" 80	.....	5 75

Prix de détail. **Bois durs.**

Frêne 1 à 3 pouces	le M	25 00	30 00
Merisier 1 à 4 pouces	do	00 00	30 00
Merisier 5 x 5, 6 x 6, 7 x 7, 8 x 8	do	00 00	35 00
Erable 1 à 2 pouces	do	00 00	40 00
Orme 1 à 2 pouces	do	00 00	25 00
Noyer tendre 1 à 2 pouces	do	00 00	41 00
Cotonnier 1 à 4 pouces	do	45 00	50 00
Bois blanc 1 à 4 pouces	do	25 00	30 00
Chêne 1 à 2 pouces rouge	do	00 00	60 00
Chêne 1 à 2 pouces blanc	do	00 00	60 00
Chêne scié sur grain	do	75 00	100 00

Pin **Bois de Service** Prix en gros.

1 pouce strip shipping cull	6 à 16 pieds	le M.	$14 00	17 00
1¼, 1½ et 2 pouces shipping cull	do	do	14 50	17 50
1 pouce shipping cull sidings	do	do	16 00	18 00
1¼, 1½ et 2 pces do	do	do	16 50	18 50
1 pouce qualité marchande	do	do	25 00	35 00
1¼, 1½ et 2 pcs do	do	do	27 50	37 50
1 pouce mill cull, strip, etc. No 2	do	do	10 00	12 00
1¼, 2½ et 2 pcs do	do	do	10 50	12 50
1 pouce mill cull No 1	do	do	14 00	16 00
1, 1½ et 2 pcs do	do	do	14 50	16 50
3 pouces do	do	do	14 00	16 00
do do No 2	do	do	9 00	10 00
Epinette—1 pouce mill cull	5 à 9 pouces	do	10 00	12 00
1¼, 1½ et 2 pouces mill cull	do	do	10 00	12 00
3 pouces mill cull	do	do	10 00	12 00
1, 1¼, 1½ et 2 pouces qualité marchande	do	do	14 00	16 00
Pruche—1, 2 et 3 pouces		do	11 00	13 00
Colombages en pin, 2 x 3, 3 x 3 et 3 x 4—aux chars		do	14 00	16 00
Lattes—1ère qualité	le mille	do	2 75	2 80
2ème do	do	do	2 40	2 60

Charpente en pin

de 16 à 24 pieds—3 x 6 à 3 x 11	do	18 00	22 00
de 25 à 30 do do do	do	20 00	24 00
de 31 à 35 do do do	do	26 00	24 00
de 16 à 24 do 3 x 12 à 3 x 14	do	20 00	26 00
de 25 à 30 do do do	do	24 00	28 00
de 31 à 35 do do do	do	30 00	32 00

Bois carré—pin

de 16 à 24 pieds—de 5 à 11 pouces carrés	do	18 00	22 00
de 25 à 30 do do do	do	20 00	24 00
de 31 à 35 do do do	do	26 00	28 00
de 16 à 24 do de 12 à 14 pouces carrés	do	22 00	26 00
de 25 à 30 do do do	do	24 00	28 00
de 31 à 35 do do do	do	30 00	32 00

Charpente en pruche

de 17 à 30 pieds jusqu'à 12 pouces	do	18 00	22 00
Charpente en épinette	do	18 00	22 00
do do rouge	do	28 00	35 00

AVIS DE FAILLITE

IN RE

MINER & CURRIER,

Marchands de chaussures de la cité d'Ottawa, Ont.

Faillis.

Le sous-signé vendra à l'encan public, à la place d'affaires des dits faillis, rue Bank, Ottawa,

Jeudi, le 3 Janvier prochain,

à 2 heures p.m.

L'actif cédé dans cette affaire :

Stock de chaussures et claques, rue Bank	$3,167 42
Stock de chaussures et claques Richmond Road	840 97
Fixtures des deux magasins	219 24
	$4,227 63

Les magasins seront ouverts pour inspection des stocks les deux jours précédant la vente.
Pour toutes informations, s'adresser à

Wm RENAUD,
Cessionnaire,
No 15 rue St-Jacques, Montréal.

NOS PRIX COURANTS, PARTIE II

Dans cette seconde partie sont comprises uniquement les marques spéciales de marchandises dont les maisons, indiquées en caractères noirs, ont l'agence ou la representation directe au Canada, ou que ces maisons manufacturent elles-mêmes.
Des prix indiqués le sont d'après les derniers renseignements fournis par les agents, représentants ou manufacturiers.

PRIX COURANTS.—MONTREAL, 27 DECEMBRE 1900

Boeckh Bros & Company

TORONTO ET MONTREAL

Balais — *La doz.*

A, 4 cordes, fini peluche......... $4 45
B, 4 " " fantaisie........ 4 20
C, 3 " " peluche......... 3 95
D, 3 " " fantaisie........ 3 70
F, 3 " " au fil de fer..... 3 45
G, 3 " " " " 3 20
I, 3 " " " " 2 95
K, 2 " pour fillettes......... 2 60

Boivin, Wilson & Cie

MONTREAL

Bière de Bass. — qts — pts

Read Bros. Dog's Head.... 2 60 1 65

Porter Guinness' Stout.

Read Bros. Dogs'Head.... 2 60 1 65

Clarets et Sauternes Faure Frères.

Côtes............qts 3 50
Bon-Ton.... " 4 00
Floirac.... " 4 50
Medoc.... " 5 00
Margaux.... " 5 50
St. Julien.... " 6 0
Pontet Canet.... " 6 50
Chat Gruaud Larose.... " 12 00
Sauternes.... " 4 50
Leon Pinaud Claret.... " 2 50

Au gallon.

Côtes.... 0 90

Champagne.

Vve A. Devaux....qts 15.00, pts 16 00

Cognacs. — *La caisse.*

E. Puet, *............qts 9 50
" **.... " 10 75
" XXX.... " 12 50
" V.O.... " 14 50
" V.O.P.... " 15 25
" V.S.O.P.... " 18 25
" V.V.S.O.P.... " 20 25
" 1860.... " 24 25
" 1850.... " 26 25
" 1810.... " 30 00
J. Borianne XXX.... " 7 00
D'Angely XXX.... " 6 75

Au gallon.

E. Puet.... 4 00 7 00
J. Borianne.... 3 75 4 75

Eaux minérales. — *La caisse.*

Hunyadi Matyas.... 6 00
St-Galmier (source Badoit).... 6 00
Vichy Célestins, Grande Grille.... 10 00
" Hopital, Hauterive.... 10 00
" St-Louis.... 8 00
Rubinat Sources Serre, 50 bts.. 9 50

Gins. — *La caisse.*

J. J. Melchers, caisses rouges.... 10 50
" " vertes.... 5 15
" Poneys.... 2 50
Honey Suckle, cruchons verre... 8 00
" " " pierre ½ gal. 15 50

Au gallon.

J. J. Melchers.... 3 00

Gin Old Tom. — *La caisse*

Club.... 6 50
Wilson.... 6 50
Colonial London Dry.... 6 50

Au gallon.

Old Tom.... 2 00 à 3 00

Liqueurs Frederic Mugnier, Dijon, France. — *la caisse.*

Crème de Menthe verte.... 11 00
Curaçao.... 12 50
Cherry B'dy.... 10 50
Cacao l'Hara à la Vanille.... 12 50
Marasquin.... 13 0
Kirsch * * *.... 11 00
Prunelle de Bourgogne.... 12 0
Creme de Framboise.... 12 50
Fine Bourgogne 12 lit.... 18 00
Crême de Cassis.... 11 00
Absinthe Ed Pernod.... 14 50
Fine Bernard.... 15 00
Grenadine.... 50
Anisette.... 10 50
Kummel.... 10 0
Grand Marnier....qts 15 50
" ....pts 16 00
Bigarreaux....qts 9 00
" ....pts 5 00

Rye Whiskey. — *La caisse.*

Monopole—1893....qts 6 50
" " 16 flasks.... 7 00
" " 32 " 7 0
" " 24 " 7 50
" " 48 " 8 50

Au gallon.

Monopole.... 3 00

Vermouths. — *Qts*

Noilly Prat.... 7 00
Cte Chazalette & Co.... 6 50

Vins d'Oporto Robertson Bros. — *La caisse.*

No 1, Medal Port.... 15 00
No 2. " 12 00
Favorita Oporto.... 7 50
Au gallon de.... 2 00 à 6 50

Sherries Robertson Bros. — *La caisse.*

Amontillado.... 15 00
Manzanilla.... 12 00
Oloroso.... 7 50

Au gallon.

Robertson Bros.... 1 75 à 7 50
Levert et Schudel.... 1 25

Vin de messe. — *Au gallon.*

Auguste Gely "Puritas".... 1 10

Vins toniques. — *Qts*

Vin St-Michel....cse 8 50
Vin Vial.... 12 50

Whiskey Ecossais. — *La caisse.*

J. & R. Harvey R.O.S.... 12 50
" Fitz-James.... 10 00
" Putting Stewart. 9 00
" Jubilee.... 8 50
" Old Scotch.... 7 50
Alex. McAlpine.... 6 50
Strathspey.... 6 25

Au gallon.

J & R Harvey.... 3 65 à 5 50
Melrose Drover & Co.... 3 75 à 6 00

Whiskeys Irlandais. — *La caisse.*

Henry Thomson.... 9 00
" St-Kevin.... 7 50
" Kilkenny.... 6 50

Rhum.

"Black Joe"....qts 7 50
" ....pts 6 50

Brodie & Harvie

MONTREAL

Farines préparees.

Farine préparée, Brodie
XXX, 6 lbs.... 2 20
" " 3 " 1 15
" superb 6 " 2 10
" " 3 " 1 10
" Crescent 6 " 1 80
" " 3 " 0 95

The Canadian Specialty Coy

TORONTO

Adams' Root Beer et Adams' English Ginger Beer Extracts.

En boites de ¼, ½ et 1 grosse, grandeur 10 cents en cse. doz.. 0 80
" " ....la gr. 9 00
En boites de ¼ de grosse, grandeur 25 cents....la doz. 1 75
" " ....la gr. 20 00

La Cie Canadienne de Vinaigre

MONTREAL

Vinaigre. — *Au gallon*

Tiger, triple force.... 0 33
Bordeaux, de table.... 0 28
Extra à marinade.... 0 28
Ordinaire marinade.... 0 23
Vin blanc, XXX.... 0 25

La Cie Hérelle

LONGUEUIL

Chocolats.

People's, ¼ lb—bte 12 lbs.... 1 92
Santé, ¼, ½, 1-6 lb—bte 10 lbs.. 2 40
Vanille ½, ¼ lb " 3 15
Pastilles, bte 5 lbs.... 1 00
Great sticks....Btes 1 gros 1 00

L. Chaput, Fils & Cie

MONTREAL

Articles divers. — la doz — la gr

Lessive Greenbank solide 0 70 7 75
" Red Heart poudre. 0 70 7 75
Chlorure d Chaux Greenbank ¼s.... 0 35
Chlorure d Chaux Greenbank ½s.... 0 60 7 00
Chlorure d Chaux Greenbank 1 lb.... 1 00 11 75

Cafés moulus ou rôtis. — *La lb.*

Owl Blend, No 40.... 0 27
" " 30.... 0 30
" " 20.... 0 31
" " 10.... 0 32
" " 50.... 0 22½
En lots de 100 lbs le fret est payé à Ottawa, Sorel, Trois-Rivières.

Conserves Alimentaires.

Asperges Canadiennes "Schencks" la doz. 2 lbs.... 2 50

Dandicolle & Gaudin Ltd.

Asperges françaises btes ferblanc 2 90
Asperges françaises sous verre 4 80
Champignons choix....la cse 14 50
" extra.... " 18 75
" surchoix.... " 10 00
" sous verre ...la doz 3 90
Pois moyens....la cse 11 50
" fins.... " 13 50
" mi-fins.... " 12 00
" extra fins.... " 15 00
" sur extra fins.... " 18 00

Sardines Dandicolle & Gaudin Ltd.

Royan à la Bordelaise....la cse 12 75
" " Vatel.... " 13 00
Cordons bleus ¼s.... " 12 75
Réduites sans arêtes Am ¼s. " 18 00
" " " ¼ ord. " 12 00

Patés de foie gras Dandicolle & Gaudin Ltd.

⅛....la doz 6 00
½.... " 9 60

Fruits secs.

Pommes évaporées....la lb 0 05¼
Raisins de Calif. 2 cour.... " 0 04½
" " 3 " .... " 0 09
" " 4 " .... " 0 09½
" Malaga Bull....la bte 2 70
" " Tiger.... " 3 60
" " Lion.... " 4 40
" " Eléphant... " 5 20
Raisins de Corinthe,....quart 10⅜
" " ....cse 10⅝
" " ....½ cse 10⅞ à 11
" " nettoyés, vrac 12
" " ....paqts 13
" Sultana....la lb. 10 à 0 12
" " ....paqts. 11½

Huile d'Olive. — *La caisse.*

Dandicolle & Gaudin, Lion....qts 5 25
" " ....pts 3 00
" " ....½ pts 1 80
" " ....litre 8 00

Brandies. — *La caisse.*

Gonzalez....qts 8 75
" *.... " 10 50
" * * *.... " 14 00
" V.S.O.... " 16 00
" V.S.O.P.... " 18 50
" Sup champ.... " 22 00
" 24 flasks.... 9 50
" 48 " 9 00
Hulot....qts 6 75
" ....pts 7 75
" 24 flasks.... 7 50
" 48 " 8 00
" 48 ¼ btles.... 8 50
Boulestin *....qts 11 00
" ....pts 1 00
" 24 flasks.... 11 50
" 48 " 13 50
" V.S.O.P....qts 20 00
" V.V.S.O.P.... " 28 00
5 caisses assorties, 25c de moins.

Gin "Night Cap." — *La caisse.*

Caisses Vertes.... 5 25
" Bleues.... 5 40
" Rouges.... 10 50
" Jaunes.... 10 40
" Fancy 1 doz.... 2 50
" 48 ¼ btles.... 7 00
5 caisses assorties, 10c de moins.

Whiskey Ecossais. — *La caisse.*

"Ainslie" Highland Dew.... 6 75
" Carte Jaune.... 8 75
" Loch Venacher.... 8 00
" Carte Blanche.... 9 50
" Extra.... 10 50
" Extra Special.... 10 50
" Yellow Label, Imp. qts 13 50
Clynelish, 8 years old....ord. " 11 50
Champion....qts 7 50
" ....pts 8 50
" ....Imp qts 1 75
Duc de Cambridge....qts 12 0
Big Ben.... " 10 75

Quinquina Dubonnet. — *la caisse.*

Fameux Apéritif.... litres 12 00
" " ....½ " 13 00

Oporto en bouteiles. — *la caisse.*

Commendador.... 15 00
Sup. Old Port.... 11 50
Old Port.... 10 00

Lagrima Christi, de Pasquale Scala, lo seul et vrai vin. — *la caisse.*

Rouge....qts 6 00
" ....pts 7 00
Blanc....qts 8 00
" ....pts 9 00

Sherry en bouteilles. — *la caisse.*

Emperador.... 15 00
Manzanilla.... 11 00
Amontellado.... 14 00
Vino de Pasto.... 9 00

Sauternes Dandicolle & Gaudin Ltd. — *la caisse.*

Château du Roc....qrts 3 00
" " ....pts 3 77
Ordinaire....qrts 2 40
" ....pts 3 00
Audinet & Buhan....qrts 3 75
" ....pts 4 75

Rhum, Dandicolle et Gaudin Ltd. — *la caisse.*

Lion....qrts 7 50
" ....pts 1 00
" ....¼ pts 10 00
5 caisses, 25c de moins.
Saint-Marc....qrts 8 75
Royal....qrts 10 25

Rye. — en caisses.

L. C. F. C....Ord. flasks 24 7 50
" ....½ " 48 8 50
" ....¼ " 64 9 50
Canada....48 demi-flasks 7 50
" ....24 flasks 6 50

Clarets en bouteilles. Dandicolle & Gaudin Ltd,

Chateau du Diable....qrts 2 50
" ....pts 3 15
St-Julien Médoc....qrts 3 00
" " ....pts 3 90
Dumont....qrts 2 40
" ....pts 3 20
A. Lacoste & Fils, St-Julien qrts 2 60
" " " ..pts 3 25
Vigneau, (Médoc)....qrts 2 50

Audinet & Buhan, Bordeaux.

Médoc....qrts 3 25
" ....pts 4 25
Croix Rouge....qrts 5 25
Château Moulerens....qrts 7 50
Latrille "Petite Côte"....qrts 3 50
" " ....pts 4 50

Clairet, en barriques. — *le gallon*,

Audinet & Buhan....No 1 0 70
" ....No 2 0 80
" ....No 3 0 90

Marinades Williams Bros & Charbonneau.

Amer ½ gallon.... 3 50
Imp round qrts.... 3 50
5 caisses 10c de moins.
Octogon sweet mixed.... 3 50
" " Gherkins.... 3 50
" Sour mixed.... 3 35
" " Gherkins.... 3 35
" Onions.... 3 50
" Chow Chow.... 3 85
Imp Oct pts.... 2 20
Triangular ½ pts.... 1 37½
Catsup Mad Jones ½ pts.... 1 00
" " " pts.... 1 55
" Waldorf.... 1 25
Moutarde W B & C.... 1 85
Mince Meat 2 lbs.... 1 25

Thés du Japon.

Extra choisi du mois de mai : — La lb.

Castor No A 1.... 37½
" No 2.... 32½
Hibou No 1.... 35
" No 2.... 32½
La Loutre No 1.... 35
" No 2.... 30
Feuilles Naturel (Basket Fired).... 30
Le Faucon No 5 0.... 25

Spécial du mois de mai :

Owl Chop No 100.... 21
La Loutre No 3.... 22½

Moyen et ordinaire de mai et juin :

Le Loutre (Pan Fired).... 18
La Hache Rouge.... 19
La Course à Courio.... 16
Commun.... 14
Moulu (Dash).... 5 à 6½
Siftings.... 6½ à 8½
Fannings.... 8½ à 0
Nibs.... 12 à 11
Stubs (choix).... 14 à 17½

Thés verts de Chine.

	Caisse	La lb
Gunpowder, moyune de choix		45
" moyen		37½
" ordinaire		28
Ping Suey, boites 35 lbs.		
Pin Head, choix		35
" moyen		28
" ordinaire		18
Pea Leaf, choix		22
" moyen		18
" ordinaire		16
" commun		11½ à 15
Young Hyson, moyen (Sifted...)		35
" Points		25
" First		17 à 70
Canton Pingsueys		11½ à 18

Thés noirs de Chine. — *La lb.*

Formosa Oolong (Le Lys) bte 20 lbs.	35
Pekoe Orange Parfumé " "	35
Paklin Congou extra choix	31
" " choix	25
" " moyen	20
" " ordinaire	12 à 18
King Chow moning choix bte 55 lbs.	25
Hau Kow " " "	26
Keemus " " "	24
Kin Tuck " " "	20
Pecco Congou	20 à 25
Packlum "	15 à 20
Panyong "	14 à 18
Kaisow	12 à 17
Saryunes	11 à 13

Thés des Indes. — *La lb.*

Darjeeling des meilleurs jardins, extra choix	30 à 55
Darjeeling des meilleurs jardins, choix	25 à 30
Darjeeling des meilleurs jardins moyen	20 à 25
Assam des meilleurs jardins, extra	25 à 30
Assam des meilleurs jardins, moyen	20 à 25
Pekoe Souchong	13 à 17

Thés de Ceylan. — *La lb.*

Tyria, (Golden Tipped)	35
Nayabedde (Flowery Pekoe)	32
Kuranna " "	28
La Kamit " "	26
Siriniwassa " "	24
Luccombe Orange Pekoe	20
" Pekoe Souchong	16
Dalucama " "	14

Thés purs de Ceylan.

Hibou, marque "Owl Chop" boites 60 lbs 100 paquets ½ lb. et 10 paquet 1 lb.

	La lb.
Etiquette Rouge (Flowery Pekoe)	22
No 10 Etiquette Verte (Flowery Pekoe)	30
No 15 Etiquette Argentée (Golden Tipped)	35
No 20 Etiquette Jaune (Choice Golden Tipped Pekoe)	35
No 30 Etiquette d'Or (Extra Choice Golden Tipped Pekoe)	50

Thés de Ceylan, en paquets de ½ lb. et 1 lb. boites assorties de 40 lbs.

(Marque l'Abeille)

No 8 Golden Tipped Pekoe, Etiquette Rouge	38
No 8 Flowery Pekoe, Etiquette Verte	30

Wm Clark

MONTREAL

Conserves.

Compressed Corned Beef	1s.	la dz.	$1 50
" "	2s.	"	2 70
" "	4s.	"	5 40
" "	6s.	"	8 15
" "	14s.	"	18 97
Ready Lunch Beef	1s	"	1 50
" "	2s.	"	2 70
Geneva Sausage	1s.	"	1 65
" "	2s.	"	3 00
Cambridge "	1s.	"	1 65
" "	2s.	"	3 00
Yorkshire Brawn	1s.	"	1 20
" "	2s.	"	2 20
Boneless Pigs Feet	1s.	"	1 30
" "	2s.	"	2 40
Sliced Smoked Beef	½s.	"	1 65
" " "	1s.	"	2 80
Roast Beef	1s.	"	1 50
" "	2s.	"	2 70
Pork & Beans with sauce	1s.	"	0 50
" "	2s.	"	1 00
" "	3s.	"	1 38
" Plain	1s.	"	0 45
" "	2s.	"	0 90
" "	3s.	"	1 25
Wild Duck Patés	½s.	"	1 10
Partridge "	½s.	"	1 10
Chicken "	½s.	"	1 10
Veal & Ham "	½s.	"	1 10
Ox Tongue (Whole)	1½s.	"	8 25
" "	2s.	"	9 35
" "	2½s.	"	10 45
Lunch Tongue	1s.	"	3 30
"	2s.	"	6 60
Imperial plum pudding		"	1 00

Potted Meats ½s.

Ham, Game, Hare, Chicken, Turkey, Wild Duck, Tongue, Beef	la dz. .50
Chicken Ham & Tongue. ½s. la doz.	1 00

Soupes.

Mulligatawny, Chicken, Ox Tail, Kidney, Tomato	Pints. la doz.	1 00
Vegetable, Julienne, Mock Turtle, Consomme, Pea	Quarts. la doz.	2 20

Mince Meat.

Tins fermées hermétiquement.

1s	1 00
2s	2 00
3s	2 97
4s	3 95
5s	4 95

Joseph Côté

QUEBEC

Tabac Canadien en feuilles. — *La lb.*

Parfum d'Italie, récolte 1898, ballots 25 lbs	0 30
Turc aromatique, 1899, ballots 25 lbs	0 22
Rouge, 1899, ballots 50 lbs	0 15
Petit Havane " 25 lbs	0 15
1er choix, 1898, ballots 50 lbs	0 11
S Nouveau, 50 lbs	0 15

Tabacs coupés. — *La lb.*

Petit Havane ¼ lb, btes 6 lbs	0 35
" " ½ "	0 35
St-Louis, 1-10, 4—10	0 40
Quesnel ⅛ btes 5	0 60
Coté's Choice Mixture, ⅛ lb bte 5	0 60
Vendome, ½ tin	1 15

Cigares. — *Le 1000*

Bianca	1-20	13 00
Bruce	1-20	15 00
Twin Sisters	1-20	15 00
" "	1-40	16 00
Côté's fine Cheroots	1-10	16 00
Beauties	1-20	18 00
Golden Flowers	1-20	23 00
" "	1-40	25 00
My Best	1-20	25 00
New Jersey	1-20	25 00
V. H. C	1-20	25 00
Doctor Faust	1-20	28 00
" "	1-40	30 00
St-Louis	1-20	33 00
"	1-40	35 00
Champlain	1-100	38 00
"	1-40	38 00
"	1-20	38 00
Saratoga	1-20	40 00
El Sergeant	1-20	50 00

Tabac en poudre. — *La lb.*

Rose	Baril, 5, 10, 20	0 32
Beau	" 5, 10, 20	0 32
Rose et Fève	" 5, 10, 20	0 32
Merise	" 5, 10, 20	0 36

The Cowan Chocolate Co

TORONTO ET MONTREAL

Chocolats.

Diamond. Bts 12 lbs ¼ et ½...lb	0 25
" " 6s "	0 28
French Diamond Bts 12 lbs, 6s. "	0 26
Queen's dessert, " ¼ et ½ "	0 40
" " 6s " "	0 42
Parisien, morc. à 5c. Bts 12 lbs "	0 30
Royal Navy, ¼ et ½. " "	0 30
Rock sucré	0 30
Batons à 1c. la gr	1 00
Caracas pur, btes 12 lbs ½ lb	0 40
Perfection " " ¼ et ½ "	0 35

Icings. — *La doz.*

Chocolate Icing paquet 1 lb	1 75
" " " ½ "	1 00
Pearl Pink Icing " 1 "	1 75
" " " " ½ "	1 00
White Icing " 1 "	1 75
" " " ½ "	1 00
Lemon C Icing " 1 "	1 75
" " " " ½ "	1 00

Cacaos.

Hygiénique, 4 dz, tins ½ lb...dz.	3 75
" " ¼ lb... "	2 25
" " 5 lbs...lb.	0 55
Perfection, " ½ lb...doz	3 00
Essence cacao sucré. ½ lb...doz	2 25
Imperial Dutch 4 doz bts. ¼...lb	0 90
Chocolate powder btes 10, 15, 30 lbs "	0 25
Cacao Soluble btes 10, 15, 30 lbs "	0 20
Cocoa Nibs "	0 35
" Shells "	0 05

Confections Cowan.

Cream Bars, gds 6 à la bte.doz btes	2 25
" " pts 6 " " "	1 35
" " gds 60 " la bte	1 80
" " pts 60 " "	1 10
Chocolate Ginger btes 1 lb....doz	4 00
" " " ½ "....."	2 25
" " Crystalisé btes 1 lb "	4 00
Chocolate Ginger Crystalisé btes ½ lb "	2 25
Chocolate Wafers btes ½ lb "	2 25
" " " ¼ " "	1 30

The F. F. Dalley Co. Limited.

HAMILTON

Divers.

Couleur à beurre Dalley, 2 oz., doz.	1 25
Spanish bird seed, cse 40 lbs	0 06
Dalley's " " " "	0 06½
Sel céleri Dalley, 2 oz., dz.	1 25
Poudre Curry Dalley, 2 oz., dz.	1 75

Cirages.

English Army	cse ½ gr.	9 00
No 2 Spanish	"	3 60
No 3 "	"	4 50
No 5 "	"	7 20
No 10 "	"	9 00
Yucan Oil	cse 1 doz.	2 00
N. Y. Dressing	"	0 75
Spanish Satin Gloss	"	1 00
Crescent Ladies Dressing	"	1 75
Spanish Glycerine Oil	"	2 00

Empois.

Boston Laundry, cse 40 paq., le paq.	0 07½
Culina Toledo, " 40 " la lb.	0 06½

Farines.

Buckwheat, paq. 2½ lbs, cse 3 doz.	1 20
" " 5 "	2 30
Pancake, " 2 " "	1 20
Tea Biscuit " 2 " "	1 20
Graham Flour " 2 " "	1 20
Bread & Pastry " 2 " "	1 20

Moutardes.

Dalley's, pure, en vrac......la lb.	0 25
" bte ½ lb, cse 2 doz..la doz.	2 00
" " ¼ " " 4 " "	1 00
" Superfine Durham, vrac, lb	0 12
" do bte ¼ lb, cse 4 doz, la doz.	0 65
" " ½ " " 2 " "	1 20
" do pots 1 " "	2 40
" " 4 " "	7 80
" do verres ¼ lb. "	0 75

Poudres à pâte.

Silver Cream, ¼ lb, cse 4 à 6 doz, la doz.	0 75
English " ½ " " " "	1 25
" " 1 " 2 à 4 " "	2 00
Kitchen Queen, 74 la doz.. "	0 60
" " 69 " .. "	0 75
" " 89 " .. "	0 90
" " 128 " .. "	1 15
" " 168 " .. "	1 40
" " 3 lbs " .. "	4 00
" " 5 lbs " .. "	6 60

W. G. Dunn & Co

HAMILTON

Moutardes.

Pure D.S.F. ¼ bte, cse 12 lbs. la lb.	0 34
" " ½ " " "	0 32
" " bte 10c, " 2 à 4 dz la dz.	0 80
" " " 5c, " 4 "	0 40
E. F. Durham ¼ bte, cse 12 lbs, la lb	0 25
" " ½ " " " "	0 23
Fine Durham, pots 1 lb. chaque	0 24
" " " 4 " "	0 70
" " " 5 " "	0 80
Mustard Butter, bout. 12 oz. la doz.	1 30

John Dwight & Co

TORONTO ET MONTREAL

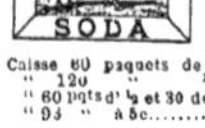

Soda à pâte

"Cow Brand"

Caisse 60 paquets de 1 lb, la c.	3 00
" 120 " ½ "	3 00
" 60 pqts d' ½ et 30 de 1 lb, "	3 00
" 96 " à 5c "	3 00

J. A. E. Gauvin

MONTREAL

Spécialités.

Sirop Menthol......la doz.	1 65
Sirop d'Anis Gauvin "	1 75
" " par 3 doz.	1 60
" " par 1 grosse.	17 00
" " par 5 grosses.	16 00
Graine de lin......lb.	0 03
" moulue......lb.	0 04

5 p.c. d'escompte.

Laporte, Martin & Cie

MONTREAL

Champagne Vc Amiot.

Carte d'or	qts.	16 00
" "	pts.	17 00
" blanche	qts.	13 00
" "	pts.	14 00
" d'argent	qts.	10 50
" "	pts.	11 50

Champagnes.

Duc de Pierland	qts.	14 00
" "	pts.	15 00
Cardinal	qts.	12 50
"	pts.	13 50

Champagne CARDINAL, en lots de 5 caisses, 50c de moins et de 10 caisses $1.00 de moins, la caisse.

Brandy. — *En caisse.*

Richard, S. O	qts.	22 50
" F. C	qts.	15 00
" V. S. O. P	qts.	12 00
" "	pts.	13 00
" V. S. O	qts.	10 00
" V. O	qts.	8 50
" "	pts.	9 50
" " carafes	qts.	10 50
" " "	pts.	11 50
Couturier	qts.	7 00
"	pts.	8 00
Marion	qts.	8 00
"	pts.	7 00

Au gallon.

Richard, F. C	6 00
En ½ Oct $5.90	
" V. S. O. P	5 50
En ½ Oct $5.35, Oct $5.25	
" V. O	4 25
En ½ Oct $4.10, Oct $4.00, qrt $3.90, Hhd $3 80.	
Couturier	4 00
En ½ Oct $3.95, Oct $3.85, qrt $3.80.	
Marion	3 75
En ½ Oct $3.60, Oct $3.50, qrt $3.40	

Scotch Mitchell. — *A la caisse.*

Heather Dew	qts	7 00
" (stone jars)	Imp. qts	12 50
Special Reserve	qts	9 00
" "	pts	10 00
Extra Special Liqueur	flacons	9 50
Mullmore	qts	8 50
"	Imp. qts	10 00
"	pts	7 50

Par lots de 5 caisses, 25c de moins.

Au gallon.

Heather Dew	4 00
En ½ Oct $3.85, Oct $3.75.	
Special Reserve	4 50
En ½ Oct $4.25, Oct $4.15.	
Extra Special Liqueur	5 00
En ½ Oct $4.90, Oct $4.80, qrt $4.75	

Irish Mitchell. — *A la caisse.*

Old Irish Flasks	Imp. qts	11 25
Cruskeen Lawn (stone jars)	Imp. qt	12 50
Special	qts	9 00
Old Irish Square bottles	qts	8 00
" Round "	qts	6 50
" " "	pts	8 00

Au gallon.

Old Irish	4 00
En ½ Oct $3.90, Oct $3.75, qrt $3.65.	

Vin Tonique. — *A la caisse.*

St. Léon	litre	8 00
"	½ "	6 00

Gin. — *A la caisse.*

Pollen Zoon Rouges	15s	9 75
" " Vertes	12s	4 75
" " Violettes	12s	2 45

Au gallon.

" " Hhds	65 gls	2 95
" " Qrt	40 gls	3 00
" " Oct	18 gls	3 05
" " ½ Oct	9 gls	3 05
" "	gal	3 15

Thés. — *la lb.*

Japon, Victoria	90 lbs	25c
" Princesse Louise	80 lbs	18c
Noir, Victoria	25 lbs	30c
" Princesse Louise	25 lbs	25c
" Lipton No 1	En 1 lb	34c
" " No 1	En ½ lb	35c
" " No 2	En 1 lb	28c
" " No 2	En ½ lb	29c
" " No 3	En 1 lb	22c
" " No 3	En ½ lb	23c

Les thés Lipton sont en caisses de 50 lbs

Noir, Princesse Louise	En ¼ lb	30c
" " "	En ½ lb	27½c
" Victoria	En ½ lb	32c

Vernis à Chaussures.

Victoria, bouteille......la doz.	90c

Poudre à pâte.

Princesse......tins 5 lbs, 6s chacun	0 60
" carré " 1 lb, 24s la doz.	1 75
" rond " 1 lb, 24s "	1 40
" " " ½ lb, 48s "	0 85
" " " ¼ lb, 48s "	0 45
" tin cup...1 lb 12s "	1 60
" paquet...3 oz. 48s "	0 30

E. D. Marceau

MONTREAL

Cafés	*La lb.*
Ceylan pur	0 15
Maracaibo No 1	0 18
" choix	0 20
Santos No 1	0 17
" choix	0 19
Plantation privée	0 27½
Java Maleberry	0 25
" fin	0 27½
" choisi	0 30
" Old Gov	0 31
Old Gov. Java & Mocha	0 30
Mocha de l'Arabie	0 27½
" choisi	0 31
Java Maudheling & Mocha choisi à la main	0 50
Mélange spécial	0 22½
" X X X X	0 30
Mélange de cafés purs en boites de fantaisie de 1 lb., 48 à la caisse	0 20
Café de Madame Huot ..tins 1 lb	0 31
" " tins 2 lbs	0 30

3 p.c. 30 jours.

Thés Japonais.

Condor I......Boites 40 lbs	0 40
" II.... " 80 lbs	0 35
" III.... " 80 lbs	0 32½
" IV.... " 80 lbs	0 30
" V..... " 80 lbs	0 25
" X..... " 80 lbs coloré	0 25
" XXXX. " 80 lbs	0 22½
" XXX.. " 80 lbs	0 20
" LX.... 60 x 1 lb	0 27½
E.M.D.AAA ..Boites 40 lbs	0 37½
" AA .... " 40 lbs	0 32½
" AA .... " 80 lbs	0 30

NECTAR—Mélange des thés de Chine, du Ceylan et des Indes. Caisses de 50 lbs assorties, ¼s, ½s, 1s, aussi caisses de 50 lbs, en 1 lb et ½ lb.

Vert	(se détaille 26c)	0 21
Chocolat	(" 35c)	0 26
Bleu	(" 50c)	0 38
Marron	(" 60c)	0 45

NECTAR NOIR—Boites de fantaisie de 1 lb 50 à la caisse.

Chocolat	0 32½
Bleu	0 42½
Marron	0 50

NECTAR NOIR—Boites de fantaisie de trois livres.

Marron ....la boite	1 50

OLD CROW—Noir, mélange des thés de Chine, du Ceylan et des Indes. Boites de 10, 25, 50 et 80 lbs.

	La lb.
No 1	0 35
No 2	0 30
No 3	0 25
No 4	0 20

Vinaigre.

	Le gallon.
Condor pur, 100 grains	0 30
Old Crow, pur, 75 grains	0 24

The A. F. McLaren Imperial Cheese Co.

TORONTO

Fromages.	*La doz.*
Imperial, grands pots	8 25
" moyens "	4 50
" petits "	2 40
" tout petits pots	1 00
" Holders, grands	18 00
" " moyens	15 00
" " petits	12 00

W. D. McLaren

MONTREAL

Poudre à pâte, Cook's Friend.

No 1, en boites de 4 et 2 doz..la doz	2 40
" 2, " 6 et 3 " .. "	0 80
" 3, " 4 " .. "	0 45
"10, " 4 et 2 " .. "	2 10
"12, " 6 et 3 " .. "	0 70

Maison V. Porte

MONTREAL

Cardinal Quinquina		12 00
Vermouth Champagne	15 00	17 00
Cognac V. Porte 1854 la c		14 00
" " " le gl		8 75
Eau de vie de marc de Bourgogne............la caisse		12 50
Théop. Rœderer :		
Cristal Champagne	40 00	42 00
Réserve Cuvée	26 00	28 00
Sportsman Ch	16 00	18 00

Grands vins de Bourgogne, Guichard, Potheret & Fils.

	qts	pts
Clos Vougeot	24 00	25 00
Chambertin	22 25	23 25
Corton	17 40	18 40
Pommard	12 75	13 75
Beaune	12 75	13 75
Bourgogne, 1898	5 70	6 50
Macon 1898	5 00	6 00

Vins blancs.

Chablis	7 50	8 50
Bourgogne mousseux	14 50	16 50

F. de Beaumanoir.

Chambertin	15 35	16 35
Corton	11 90	12 90
Pommard	10 15	11 15
Beaune	9 25	10 25

Cognacs, Pellisson Père & Cie.

V. S. O. P	46°	29 00
S. O. P	"	22 00
10 year old	"	16 00
C. M Arguet	"	11 50

A. Robitaille & Cie

MONTREAL

Brandies. (droits payés)	*La caisse.*
Sorin.—Carte bleu	$ 8 50
Carte rouge	9 50
Carte d'or	11 00
24 Flasks avec verre	9 00
48 Flasks avec verre	10 00
	Au gallon.
Quarts	4 00
Octaves	4 25
½ oct	4 25

Skilton, Foote & Co

BOSTON

Golden German Salad, cse 2 doz. flac	5 75
Tomatoe Relish " "	5 75

Arthur P. Tippet & Co

MONTREAL

Savon.

A. P. TIPPET & CO., AGENTS.

Teintures Maypole Soap, couleurs, par grosse, $10.20.

Teintures Maypole Soap noirs par grs..$15.30,

Maison Stowers.

Lime Juice Cordial p. 2 ds	0 00	4 00
" " " q. 1 "	0 00	3 50
Double Refi. lime j'ce 1 dz	0 00	3 50
Lemon syrup bout. 1 "	0 00	4 00

G. Vigaud

MONTREAL

Eau de Javelle.

La Vigaudine............la grosse	5 40
" ....la doz.	0 50

Walkerville Match Co

WALKERVILLE

Allumettes Parlor

	1 caisse	5 caisse
Crown	$1.60	1.50
Maple Leaf	2.75	2.65
Imperial	5.50	5.25

Allumettes soufrées

Jumbo	5.25	5.00
Héros	3 60	3.40

Young & Smylie

BROOKLYN (N.Y.)

Réglisse.

Y. & S. en bâtons (sticks) :

Bte de 5 lbs, bois ou papier, lb	0 40
"Fantaisie" (36 ou 50 bâtons) bt.	1 25
"Ringed," boîte de 5 lbs.......lb.	0 40
"Acmé" Pellets, boite de 5 lbs. (can.)..........bte.	2 00
"Acmé" Pellets, boite fantaisie papier, (40 morc)..........bte.	1 25
Réglise au goudron et gaufres de Tolu, bts de 5 lbs (can)....bte.	2 00
Pastilles réglisse, jarre en verre 5 lbs.	1 75
Pastilles de réglisse, boite de 5 lbs (can.)	1 50
"Purity" réglisse, 200 bâtons	1 45
" 100 "	0 72½

Réglisse Flexible, bte de 100 morceaux.

Navy plugs	0 70
Tripple Tunnel Tubes	0 70
Mint puff straps	0 70
Golf Sticks	0 70
Blow Pipes (200 à la bte)	0 70
do (Triplets, 300 à la bte)	0 70
Pipes à manche recourbé, (200 à la boite)..................la bte	0 75
Manhattan Wafers 2½ lb	0 75

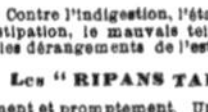

DES SOUMISSIONS cachetées adressées au soussigné et portant la suscription "Soumission pour Bureau de Poste, Hochelaga, Qué.," seront reçues à ce bureau jusqu'à mercredi, le 2 janvier 1901, pour la construction d'un Bureau de Poste, à Hochelaga, Qué.

Les plans et devis pourront être vus et les formules de soumission pourront être obtenues au bureau de l'Ingénieur Résident, chambre No 411, Bâtisse du "Merchants Bank," rue Saint-Jacques, Montréal, ainsi qu'au Ministère des Travaux Publics, Ottawa.

Les soumissions devront être faites sur les formules imprimées qui seront fournies, et être signées par les soumissionnaires eux-mêmes.

Chaque soumission devra être accompagnée d'un chèque accepté sur une banque incorporée, pour une somme égale à dix pour cent (10 p. c.) de son montant, et fait à l'ordre de l'Honorable Ministre des Travaux Publics. Ce chèque sera confisqué si le soumissionnaire dont l'offre aura été acceptée refuse de signer le contrat ou s'il ne l'exécute pas intégralement.

Si la soumission n'est pas acceptée le chèque sera remis.

Le Département ne s'engage à accepter ni la plus basse ni aucune des soumissions.

Par ordre,

JOS. R. ROY,
Secrétaire-suppléant.

Ministère des Travaux Publics.
Ottawa, 18 décembre, 1900.

N.B.—Nul compte pour publication de cet avis ne sera reconnu si telle publication n'a pas été expressément autorisée par le Ministère.

RENSEIGNEMENTS COMMERCIAUX

PROVINCE DE QUEBEC

Cessions

Farnham—Denis A. D., nouv
Montmorency Falls—Lamontagne Jos; épic.
Ste Félicité—Prément & Co, mag. gén.

Dissolutions de Sociétés

Montréal—Maillé A. E. & Co, négociants.

Curateurs

Montréal — Kent & Turcotte à John Sykes, confiseur.

En Difficultés

Montréal—Edson M. G. Co, mfr de chocolat, ass 26 déc.
Morgan John J., restaurant ass 28 déc.
Robinson—Boydell J. & Co, mag. gén.
St Urbain—Primeau Cyprien, mag. gén. ass 27 déc.

Fonds à Vendre

St Octavie—Hudon E, & Cie, mag. gén.

Fonds Vendus

Bryson—Ricard Mde H, M , mag. gén.
Montréal—Bolduc Louis, charron.

Nouveaux Établissements.

Bryson—St Germain Eugène, mag. gén.
Montréal — Beauchamp Mde, modes; Dame J. B. Deslauriers.
Patenaude A. & Cie, bouchers.
Peterson William Ltd.
St Lawrence & Adirondack Ry Co.
Vincent & Saucier, bois, charbon et grain.
Québec—Larochelle J. H., mfr de chaussures a ajouté mfr de gant, sous la raison sociale "Dominion Glove Works."
Turcot—Pairier Marceline, quincaillerie, etc; Mde Léon Gauthier.

PROVINCE D'ONTARIO

Cessions

Canning—Canning Woolen Co.
Parry Sound—Moffatt May, modes.

Décès

Petroleo—Van Tuyl & Fairbank, quilcaillere etc; B. Van Tuyl.

Dissolutions de Sociétés

London—Ross & Walker, mfr de cigares ; H. Walker continue.

Fonds à Vendre

Clachan—Tristian J. H., mag. gén.
Ottawa—Miner & Currier, chaussures, 3 janvier.

Fonds Vendus

Beamsville—Hunter Wm, hôtel.
Hamilton—Brierley Richard, pharmacie, à H. W. Ralph.
Ridgetown—Peltier Eugène J., liqueurs, à John Weese.

Incendies

Blyth—Hamilton James M., pharmacie.
Mason Francis, hôtel.
Hanover—Ahrens B. F., quincaillerie etc.
Dœpel Chs, farine et grain.
Graff & Weppler, mag. gén.
Maurer Hy, forgeron, etc.
Poehlman T. & Co, épic. e.c.
Oakville—Ferrah Robert, confiseur, etc.
Gulledge E. H., chaussures, etc.
Wilson Hy, épic.

Nouveaux Établissements

Ottawa—Kavanagh J. & Co, épic. etc.

NOUVELLE-ECOSSE

Décès

Digby—Woodman Mary, hôtel.

Fonds à Vendre

Weymouth—Nicholl W. F., charron, etc.

Nouveaux Établissements

Halifax—Archibald J. L. & Son, épic.
Pictou—De Wolff Stephen, harnais.
Sydney—Horne Chs W. & Co, tailleurs etc.

MANITOBA ET TERRITOIRES DU NORD-OUEST

Décès

Edmonton—Stovel & Strang, quincaillerie, etc., Colin F. Strang.

Dissolutions de Sociétés

Russell—Lennard & McDonagh, quincaillerie; W. B. Lennard continue.

Fonds Vendus

Leduc—Vellat D. J., hôtel, à J. F. Smith.
Medecine Hat—Black D. A., pharmacie à Chs S. Pingle.

Incendies

Portage La Prairie—Boyd F., tailleur, ass.

COLOMBIE ANGLAISE

Cessions

Vancouver—Murray Arch., marchand-tailleur.

Décès

North Bend—Webb John, hôtel et magasin.

Fonds Vendus

Vancouver—Brown B. B., épic., etc., à W. B. Skinner.

Incendies

Dawson—Burke & O'Neill, modes.

LA CONSTRUCTION

Les soumissions seront reçues jusqu'au 2 janvier prochain pour la construction du bureau de poste à Hochelaga. Les plans et devis pourront être vus au bureau de l'ingénieur, chambre 411 Bâtisse du "Merchants Bank of Canada," rue St Jacques.

PERMIS DE CONSTRUIRE À MONTRÉAL

Rue Ste-Catherine, No 1847, modifications et réparations à une maison ; coût probable, $1,500. Propriétaire, L'Archevêché de Montréal ; maçon, O. Deguise ; charpente, O. Deguise (263).

Rue St-André, quartier St-Denis, une maison formant un magasin et 2 logements 23 x 50 à 2 étages, en pierre et brique, couverture en goudron et gravois ; coût probable, $1500. Propriétaire, Cyrias Ladouceur ; maçon, Alexis Pilon, charpente, Cyrias Ladouceur (264).

Colle forte liquide

On commence par faire gonfler dans un pot vernissé un kilogramme de bonne colle forte ordinaire, puis on jette le surplus de l'eau. On met sur le feu, au bain marie, et quand la colle est fondue, on ajoute, par petites portions et en remuant sans cesse environ 200 grammes d'acide azotique ordinaire. On retire du feu et on laisse refroidir : la colle reste liquide pendant près d'un an.

VENTES ENREGISTRÉES

Pendant la semaine terminée le 23 Décembre 1900

MONTRÉAL-EST

Quartier St - Jacques

Rue Bonaparte, Nos 25 à 33. Lots 320, 321, avec maison en bois, terrain 64.3 x 85 supr 5503. Théophile Bélisle à Malvina Descoteau épse de L. C. Alph Loranger ; $3200 [52159].

Rue Montcalm, Nos 260 à 262. Lot ½ N. O. 986, avec maison en brique, terrain 20 x 72. Frs-Xavier St Jean à Léger St Jean ; $950 et autres considérations (à réméré) [52168].

Quartier St Laurent

Rue Ste Famille, Nos 64 et 66. Lot ½ N.O. 76-3, avec maison en pierre et brique, terrain 25 x 89. R. Alexander Kydd à Alfred Dalbec; $4025 [52167].

Rue Mitcheson, Nos 1 à 5. Lots 11-39, 41, avec maison en brique, terrain 50 x 85. Henry Beaumont à The St Lawrence Investment Society ; $3076.57 [52184].

Ave Tara Hall, No 4. Lots 101-3 pt 100-14, avec maison en pierre et brique, terrain 26.9 x irrg supr 1582. John Randal McDonald à Charlotte E. Steele épse de Wm H. Eaton ; $3080 [52188].

Quartier Ste-Marie

Rue Plessis, Nos 16 à 20. Droits dans le lot 269, avec maison en bois, terrain 51.4 x 101.4 supr 5201. Gédéon Bélanger et Marie Bélanger à Jos Oscar Bélanger ; $800 [52170]

Ave DeLorimier. Lot 503-13, terrain 49 x 95 supr 4655 vacant. Joseph Simard à Léon Dupont ; $1800 [52174].

Rue Joséphat, Nos 13 à 17. Lots 2 pt 638-16, 22 pt 640 pt 642, 643, 638-17, 18, avec moulin à scie en brique, 1 terrain 17.3 x 89 supr 1673 ; 1 do 27.9 x 85 supr 2358 ; 1 do 4 x 9 ; 1 do 5.7 x 73 ; 2 do 22.5 x 73 ; 1 do 12x50. Azarie Lamarche à V. E. Traversy & Co ; $8500 [52178].

Ave DeLorimier. Nos 596, 598 et Ave Papineau No 499. Lots 1226, 1226-1, 2, pt N. O. 1225, 1225-1 à 4 et mobilier, avec maison en brique et briqueterie, terrain irrg supr 334476 ; 1 do irrg supr 373520. J. Brunet & Cie à J. W. Rodolph Brunet ; $11000 [52180].

Rue Ste Catherine. Lots 434-3 à 7, terrain 75 x 107.4 d'un côté et 107.1 de l'autre supr 6040 ; 1 do 25 d'un côté 24.6 de l'autre x 123.2 supr 3045 chacun vacants. Le Shérif de Montréal à Gaspard Deserres ; $1000 [52199].

MONTREAL-OUEST

Quartier St Antoine

Rue Dominion, Nos 65 à 69. Lot 86-19, avec maison en bois et brique, terrain 30x76.3. The Montreal Loan & Mortgage Co à Joseph Gauthier ; $2100 [134553].

Rue St Antoine, No 28. Lot 949a, avec maison en pierre et brique, terrain 25 x irrg supr 2242. Le Shérif de Montréal à Delle Amy C. Lindsay ; $330 [134558].

HOCHELAGA ET JACQUES-CARTIER

Quartier Hochelaga.

Rue Frontenac. Lot 166-332, terrain 22 x 80 supr 1760 vacant. Emile Levesque à Vitaline Rochon épse de Zénon Desrosiers ; $505 [87869].

Rue Ontario. Lot 23-144, terrain 24 x 110 supr 2640 vacant. Ths G. Shaughnessey et al à Robert H. Lambton ; $528 [87908].

Quartier St-Denis

Rue Huntley, Nos 776 et 778. Lot ½ N. 8-503, avec maison en construction, terrain 25

La Cie d'Assurance d'Angleterre
SÉCURITÉ ABSOLUE
Capital et Actif dépassant $20,000,000

LANCASHIRE

Succursales au Canada :
Bureau Chef à TORONTO. J. G. THOMPSON, Gérant
Inspecteurs : A. W. GILES et J. A. FRIGON.

OTTAWA FIRE INSURANCE CO.

(Compagnie d'Assurance contre le Feu OTTAWA)
Capital : $1,000,000
Bureau Principal pour la Province de Québec : 183½ Rue Saint-Jacques,
CARSON BROS, Agents en Chef. MONTREAL.

Western Assurance Co.

Compagnie d'Assurance contre le Feu et sur la Marine
INCORPOREE EN 1851

CAPITAL SOUSCRIT	$2,000,000
CAPITAL PAYE	1,000,000
ACTIF, au-delà de	2,320,005
REVENU ANNUEL, au-delà de	2,530,000

BUREAU PRINCIPAL, TORONTO, Ont.
Hon. GEO. A. COX, Président. J. J. KENNY, Vice-Prés. et Directeur Gérant.
C. C. FOSTER, Secrétaire.
Succursale de Montréal : 189 rue Saint-Jacques
ROBT. BICKERDIKE, Gérant. ROUTH & CHARLTON, Agents de la Ville.

FONDÉE EN 1710

SUN FIRE INSURANCE

LONDRES, Angleterre.
La plus ancienne compagnie au monde, faisant exclusivement des opérations d'assurance contre le feu.
Le surplus, au-delà du capital et des obligations, excède $7,000,000.
Succursale Canadienne à TORONTO, Ont. ** H. M. BLACKBURN, Gérant.
On a besoin d'agents dans tous les districts non représentés.

FEU, MARINE
COMPAGNIE D'ASSURANCE

BRITISH AMERICA

FONDÉE EN 1833

Capital en Argent	$750,000.00
Actif Total, au-delà de	$1,473,536.05
Pertes payées depuis sa fondation	$18,707,996.75

Bureau Chef à TORONTO, Ont.
GEO. A. C. COX, Président; J. J. KENNY, Vice-Président; P. H. SIMS, Secrét.
EVANS & JOHNSON, Agents Résidents, 1723 Notre-Dame, MONTREAL.

London & Lancashire

LIFE INSURANCE COMPANY

BUREAU PRINCIPAL POUR LE CANADA :
MONTREAL.

RT. HON. LORD STRATHCONA & MOUNT ROYAL, President.
B. HAL. BROWN, ... Gérant Général pour le Canada.
J. L. KERR, ... Assistant Gérant Général.
F. SICOTTE, ... Gérant Département Français.

Agents et Collecteurs demandés
PAR

La Canadienne

S'adresser personnellement ou par lettre à
COMPAGNIE D'ASSURANCE SUR LA VIE
P. GARON, Gérant. Bureau Principal : 7 Place d'Armes,
Argent à prêter sur première hypothèque. MONTREAL.

A la Hauteur des Circonstances
On ne perd pas une occasion d'améliorer les polices de la Union Mutual. Elles sont
Absolument modernes sous rapport des privilèges.
Véritablement protectrices sous le rapport des résultats.
Assurance prolongée sans déductions. Incontestabilité sans restrictions.
Les porteurs de Polices comme les agents toujours loyalement traités.

UNION MUTUAL LIFE CO., PORTLAND, MAINE.

Incorporée en 184
Bon territoire disponible pour bons agents, adressez vous à
Fred. E. Richards, Président. Arthur L. Bates, Vice-Président.
Henri E. Morin, Agent en Chef pour le Canada, 151 Rue St-Jacques,
MONTREAL, Canada.
Pour les agences de la Div. Ouest de la Prov. de Québec et Est de l'Ontario, adressez-vous à
Walter I. Joseph, Gérant, 151 Rue St-Jacques, MONTREAL.

PROVIDENT SAVINGS LIFE ASS. SOCIETY
OF NEW YORK

La meilleure Compagnie pour les Assurés et les Agents
Les agents habiles, et les personnes recherchant une position rémunératrice peuvent s'adresser au bureau principal ou à aucun des agents généraux de la Compagnie.
Bureau Principal pour Ontario - Temple Building, Toronto.
" " Quebec - Temple Building, Montreal.

THE Etablie en 1857.

AMERICAN FIRE INSURANCE Co.
de NEW YORK

Bureau Principal pour le Canada, - - TORONTO.
JAS. BOOMER, Gérant.
LES DEMANDES D'AGENCES SONT SOLLICITÉES DANS TOUT LE DOMINION
N. B.—Les porteurs de polices de cette Compagnie ont la garantie additionnelle de la Manchester Fire Assurance Co., d'Angleterre.

The

Federal Life Assurance
COMPANY

Bureau principal : HAMILTON, Ont.

Capital et Actif,	$1,669,660.80
Surplus aux Porteurs de Polices	723,257.77
Payé aux Porteurs de Polices en 1899	125,454.89

Les Polices-Contrats les plus désirables.
Jas. H. Beatty, Président. David Dexter, Directeur-Gérant.
J. K. McCutcheon, Surint. des Agences.

x 100. Eugénie Ferland épse de Nap. Alexis Ferland à Marie Jessie Pérusse épse de Eugène Bleau et al ; $600 [87898].

Rue Huntley, Nos 776 et 778. Lot ½ ind de la ½ N. 8-503, avec maison en brique, terrain 25 x 100. Emma Beaudry épse de M. Théop. Nap. Bleau à Marie Jessie Perusse épse de Eugène Bleau ; $1800 [87899].

Rue Massue. Lot 325-29, terrain 24 x 72 supr 1728 vacant. Victoria Martin épse de Nap. Deslauriers à Edouard Blanchet ; $500 [87909].

Rue St Hubert, No 1953. Lot 7-674, terrain 25 x 104.6 d'un côté et 104.3 de l'autre supr 2608 vacant. The St Denis Land Co à Trefflé Bastien ; $117 [87952].

Quartier St Gabriel

Rue Charron. Lots 3167-142, 143, avec maison en brique (neuve), terrain 22 x 87 supr 1914 chacun. George Sleep à The Montreal Loan & Mortgage Co ; $2200 [87934].

Rue St Charles, Nos 174 à 180. Lot 2766, avec maison en brique, terrain 48 x 106.6 supr 5112. Wm Patterson à Ths F. McGrail ; $4000 et autres considéraeions ; [87955].

Quartier St Jean-Baptiste

Ave Laval, Nos 518 à 526. Lots 15-1132, 1133. Sault aux Récollets lots 301-9, avec maison en brique, terrain 40 x 70 et l'autre terrain vacant. George Galarneau à la Succ. Hon. Fred Wm Torrance ; $3500 [87931].

Ruelle St Hubert, Nos 78 à 84. Droits dans les lots 12-190, 191, avec maison en bois et brique, terrain 40 x 44. Sevère Sarrasin à Joseph N. Arsenault ; $850 [87943].

Rue Berri, Nos 1120 à 1126. Lots 15-277, 278, avec maison en brique, terrain 40 x 70. Malvina Contant épse de Méderic Beauchamp à Casimir Brazeau ; $3200 [87967].

Ste Cunégonde

Rue Delisle. Lot 674, avec maison en brique, terrain 30 x 80. Alfred Silfrid Delisle à Charles Gratton ; $1700 [87868].

St Louis—Mile-End

Rue St Urbain. Lot 12-26-43, terrain 25 x 80 vacant. The Montreal Investment and Freehold Co à The St Lawrence Investment Society ; $160 [87897].

Ave du Parc. Lots 12-2-111, 112, 113, terrains 24 x 93.6, chacun vacants. The Montréal Investment and Freehold Co à Marie Eliza Augustina Granger ; $2700 [87911].

Rue Waverley. Lot 12-26-78 ; St-Laurent. Lot 641-1-11, terrain 25 x 80, vacant. The Montréal Investment and Freehold Co à Marie Pérusse ; $145 [87912].

Rue Clarc. Lot 11-373, terrain 50 x 84, vacant. The Montreal Investment and Freehold Co à Napoléon Léonard ; $620 [87919].

Ave du Parc. Lot 12-2-57 avec maison en pierre et brique, terrain 22 x 80. Thos F. McGrail à Wm Patterson ; $5400 [87954].

Westmount

Ave Clarc. Lot pt N.O. 302-5 pt S.E. 302-4 avec maison en pierre et brique, terrain 23.8 x 138.6 d'un côté et 138.4 de l'autre. Elizabeth Louise Marie J. Herreboudt, épse de M. Alph. Raoul Ogier d'Ivry à Adol. Herreboudt ; $11000 [87901].

Rue Boulevard. Lots 285-3-1, 285-2-1B, 285 1-1, 285-2-1c, terrain 50 x 69 d'un côté et 107 de l'autre supr 4400 ; 1 do 25 x 107 d'un côté et 177 de l'autre, supr 2925, chacun vacants. David Yuile à Wm Alex. McKay ; $3662.50 [87950].

St-Henri

Rue Delinelle, Lot 1707-66, avec maison en bois, terrain supr 2160. Agnes Mason, vve de Ths O'Malea esqual à Godfroy Clairoux ; $1100 [87979].

Maisonneuve

Ave Letourneux. Lot 8-40, 41 terrains 25 x 100, chacun vacants. Emilien Jeannard à Joseph Darius Martineau ; $800 [87921].

Rue Bourbonnière. Lot 18-147 terrain 23 x 102, vacant. Isaïe Préfontaine à Esther Laurent, épse de Jos. Brunet ; $500 [87968].

Outremont

Rue St-Louis. Lots 32-1-99 et 100, terrains 25 x 101, chacun vacants. Joseph Dugal à Marie Louise Charbonneau, épse de Martial Dagenais ; $1600 [87978].

Côte St-Paul

Rue St-Jean-Baptiste. Lot 186-28 avec maison en bois, terrain 23 x 66. Marceline Poirier, épse de Léon Gauthier à Célina Durand, épse de Pierre Octave Trudel ; $650 (à réméré) [87929].

Rue Molson. Lot 3465, avec maison en bois, terrain 50 x 100. Joseph A. Simon à Michael Judge (Guidice) $580 [87935].

Verdun

Rue Evelyn. Lots 3405-302, 303, ½ N. E., 3405-304 ; 2 terrains 25 x 112.6 ; 1 do 12.6 x 112.6, chacun vacants. La succession Daniel Hadley à Trefflé Valiquette ; $562 [87873].

Côte des Neiges

Lot 80. La Subsfitution Benjamin Lortie à Alphonsiue Cardinal Vve de Alph Goyer ; $968.20 [87920].

Sault aux Récollets

Lot 228-434, terrain vacant. J.-Bte Peloquin à Achille Fortier ; $200 [87886].

Lot 228-432, terrain vacant. J.-Bte Péloquin à Léonard A. Fortier ; $200 [87887].

Lot 228-433, terrain vacant. J.Bte Péloquin à Ernest Lamy ; $200 [87888].

Rue Boyer. Lots 488-251, 252, avec maison en bois et brique, terrain 50 x 114. James Forcand à The Canadian Savings Loan & Building Ass. ; $1200 Dation en paiement [87892].

Rue St André. Lots 488-52b, 488-53b, terrain 25 x 80 chacun vacants. Omer Pilou et Jos Trépanier à Philorum Simard ; $75 [87962]

Rue St Hubert. Lot 489-277, terrain 25x87 vacant. Réal Cloutier à Joseph Grenon ; $150 [87963].

St Laurent

Lots 409-144 à 149, terrains vacants. Le Shérif de Montréal à Colonel L. Edge ; $101 [87918].

Lachine

Lots 1-51, 52, 56, 57, avec maison, etc. Lucy Alice MacDonald épse de D. Fraser et al à James Robinson ; $4000 [87914].

Lot 875-73d, terrain vacant. Chs Decary fils de Jean à Dominique Ducharme ; $169 [87957].

Lot 16-25, terrain vacant. Charles Léandre Allard à Ernest Lecourt, $225 [87973].

Ste Anne de Bellevue.

Lots 15-1 à 7, 16-5. La succession Sir John J. C. Abbott à Marianne Jane Campbell épse de Arthur E. Abbott ; $1500 [87942].

Ste Geneviève

Lot pt 93. Fabien Montpellier dit Beaulieu et uxor à Bruno Brunet, fils de J. Bte ; $45 [87947].

Lots 70, 71. François Lalonde à Hyacinthe Brunet dit Letang ; $500 [87948].

Voici les totaux des prix de ventes par quartiers :

St Jacques	$ 4,150 00
St Laurent	10,181 67
Ste Marie	23,100 00
St Antoine	2,430 00
Hochelaga	1,033 00
St Denis	3,017 00
St Gabriel	6,200 00
St Jean-Baptiste	7,550 00
Ste Cunégonde	1,700 00
St Louis Mile-End	9,025 00
Westmount	4,762 50
St Henri	1,100 00
Maisonneuve	1,300 00
Outremont	1,600 00
Cote St Paul	1,230 00
Verdun	562 00
	$ 78,941 07

Les lots à bâtir ont rapporté les prix suivants:

Ave De Lorimier, quartier Ste Marie, 38⅔c le pied.

Rue Frontenac, quartier Hochelaga 28 7/10 le pied.

Rue Ontario, quartier Hochelaga, 20c le pied.

Rue Massue, quartier St Denis, 25 5/6c le pied.

Rue St Hubert, quartier St Denis, 4½c le pied.

Rue St Urbain, St Ls Mile End, 8c le pd.

Ave du Parc, St Louis-Mile End, 40c le pd.

Rue Waverley, do 7½c le pied.

Rue Clark, do 14 9/10c le pd.

Rue Boulevard, Westmount, 50c le pied.

Ave Letourneux, Maisonneuve. 16c le pd.

Ruc Bourbonnière, Maisonneuve, 21 3/10c le pied.

Rue St Louis, Outremont, 31⅔c le pd.

PRÊTS ET OBLIGATIONS HYPOTHÉCAIRES

Pendant la semaine terminée le 22 décembre 1900, le montant total des prêts et obligations hypothécaires a été de $80 ,046 divisés comme suit, suivant catégories de prêteurs :

Particuliers	$ 53,396	
Successions	8,600	
Cies de prêts	18,050	
		$80,046

Les prêts et obligations ont été consentis aux taux de :

5 p. c. pour 2 sommes de $500 ; $2,200 ; $5,500 ; $8,500 et $14,000.

5½ p. c. pour $1,500 et $5,500.

Les autres prêts et obligations portent 6 pour cent d'intérêt à l'exception de $100, $150, $700 et $1,100 à 7, p. c. d'intérêt.

JOURNAL DE LA JEUNESSE. — Sommaire de la 1463e livraison 15 décembre 1900) —Un mousse de Surcouf, par Pierre Maël. La photographie des étincelles électriques, imité de l'anglais de Julius Vogel par Fr. Aucis.—Nuit de Noël, par Augusta Latouche. —Vers la gloire, par Henry Guy.—Plumes de parure, par Mme Gustave Dumoulin.

Abonnements : France : Un an, 20 fr. Six mois, 10 fr. Union Postale : Un an, 22 fr. Six mois, 11 fr. Le numéro : 40 centimes.

Hachette & Cie, boulevard St-Germain, 79, Paris.

TOUR DU MONDE—Journal des voyages et des voyageurs. — Sommaire du No 50 (15 décembre 1900) — 1o Voyage en Syrie et en Mésopotamie (de Damas à Bagdad), par M. le Baron d'Oppeinheim.—2o A travers le monde: Notes sur le Baoulé. — Situasion géographique.—Population.— Habitants et Habitantes. —Fétiches et fétichisme par Nebout.—Parmi les race humaines : Les Igorrotes des Philippines.—La Médecine chinoise.— 4o Civilisations et religions : Kufou. la Mecque des Chinois.— 6o Livres et Cartes.—6oLes Revues Etrangères : Du Cap au Caire, à travers l'Afrique.—Le capitaine Welby en Abyssinie (*The Geographical Journal*), Londres.

Abonnements : France : Un an, 26 fr. Six mois, 14 fr.—Union Postale : Un an, 28 fr. Six mois, 15 fr. Le numéro : 50 centimes.

Bureaux à la librairie Hachette et Cie, 79, boulevard Saint-Germain, Paris.

Nettoyage des toiles cirées.—Pour enlever la graisse qui se forme sur les toiles cirées, il suffit de verser dessus quelques gouttes de vinaigre et de les bien essuyer avec un torchon sec.

VICTOR PORTE

IMPORTATEUR DE

VINS, COGNAC,

LIQUEURS, ETC.

Agent de Schroder, Schyler & Cie, Bordeaux; Guichard Potheret & Fils, Chalon sur Saône; Théophile Roederer & Cie, Reims; Pellisson Père & Cie. Cognac; L. A. Price, Bordeaux; Cardinal Quinquina, Paris; Delettrez, Paris.

A. BARBIER,

DIRECTEUR.

34, RUE LEMOINE,

MONTREAL.

JOURNAL DES DÉBATS, PARIS

Edition Hebdomadaire

Le journal des Débats, dont la réputation est universelle, publie une édition hebdomadaire spécialement distribuée aux pays qui n'ont pas de relations postales quotidiennes avec la France.

Cette revue contient les meilleurs articles parus dans l'édition quotidienne.

Prix d'abonnement, $2.60 pour six mois.

7 rue des Prêtres St-Germain l'Auxerrois, Paris, France.

FOURRURES

Importateur, Exportateur et Manufacturier en gros de FOURRURES en tous genres pour hommes femmes et enfants. Les plus hauts prix du marché seront payés pour toutes sortes de fourrures non-apprêtées.

N. B.—Le plus haut prix payé pour cire d'abeilles et ginseng.

HIRAM JOHNSON

494 RUE ST-PAUL, MONTREAL.

The

National Life Insurance Co

Of Canada

Incorporée par acte spécial du Parlement du Canada.

Capital autorisé - - $1,000,000

Bureau Principal :

Temple Building, Toronto

H. S. HOWLAND, Président,

R. H. MATSON, Directeur-Gérant,

F. SPARLING, Secrétaire-Trésorier

Les personnes qui ont l'intention de s'assurer devraient examiner les plans attrayants de la "National Life," avant de s'assurer ailleurs.

On demande des agents actifs et de confiance, dans tous les comtés de la Province de Québec ; ils devront être des hommes d'une réputation inattaquable.

S'adresser au Bureau Principal,

TEMPLE BUILDING, TORONTO,

ou à **CHS. G. GLASS,** Gérant Provincial,

180 rue St-Jacques, Montréal.

G. ELIE AMYOT

IMPORTATEURS D'ARTICLES DE

Modes et Hautes Fantaisies

EUROPÉENNES ET AMÉRICAINES

Téléphone 887 ◆ En gros seulement

59, rue Dalhousie, B. V., Québec

A. RACINE & CIE.

IMPORTATEURS ET JOBBERS

— EN —

Marchandises Sèches

Générales

DE TOUTES SORTES.

340 et 342 Rue St-Paul

— ET —

179 et 181 rue des Commissaires

MONTREAL.

Modes d'Été Pour Hommes

Dans les Derniers Genres

Coupe Parfaite, Façon Soignée, Prix Raisonnables.

A. L. Brault

MARCHAND-TAILLEUR

No 53, rue Bleury, Montréal.

TEL. MAIN 1961

LA CIE HERELLE'S CHOCOLATE WORKS

Longueuil, (Montreal), Can.

Remercie Messrs. les Epiciers et le public en général de la faveur avec laquelle ils accueillent ses produits ; faveur qu'elle s'efforce et s'efforcera toujours de mériter par la perfection de ses

CHOCOLATS et CACAOS

qu'elle vend au plus juste prix. Son motto est : Vendre à petit bénéfice et bon, pour vendre beaucoup.

E. R. GAREAU

AGENT D'IMMEUBLES

1511, RUE NOTRE-DAME, MONTREAL

Près de la rue Bonsecours.

TELEPHONE BELL MAIN 2154

ON DEMANDE à acheter une maison double sur la rue Sherbrooke, ou au nord de la rue Sherbrooke dans les environs du Carré Saint-Louis.

A VENDRE – 2788, rue Ste-Catherine, à bas prix, pour clôre une succession, une maison en parfait ordre. Pour plus amples informations, s'adresser à

H. M. SIMPSON,

No 29 Canada Life Building

TELEPHONE : MAIN 3344

A VENDRE et ECHANGER

Propriétés payant **10 %**

Conditions faciles. Bonne localité.

Maisons à Louer.

Argent à Prêter.

Art. C. Bourassa & Cie

26 Rue Saint-Jacques.

Téléphone Bell Main 2681

Marc A. Brodeur & Cie

Marchands Tailleurs...

1858 Rue Notre-Dame

A quelques portes à l'ouest de la rue McGill,

MONTREAL.

PROVINCE DE QUEBEC

Cour Supérieure,

ACTIONS

DÉFENDEURS. DEMANDEURS. MONTANTS

Absents

Temple W. A. et al....John J. MacRae 3e cl.

Côte St-Paul

Hunt Ths E............Hon. J. G. Bossé 200

Dayton, Ohio

Stillwell Bierce (The) Smith Vaile Co............ Peter Lyall & Sons 100000

Isle Bizard

Boileau Philias et al...U. Garand et al 152
do do 202

Lachine

Gagnon Siméon et al......Benj. Décarie 272

Montréal

Asiatic (The) Trading Co et al......The Dominion Bank 1282
Asiatic (The) Trading Co... ....Robt Nurmberger 240
Banque d'Hochelaga..Succ. C. Melançon 1e cl.
Beaupré Alma et vir...Cité de Montréal 676
Chambly Mfg Co...............F. J. Beique 1e cl.
Cité de Montréal......... John A. Rafter 1e cl.
Constantin Chs Ed. & J. E.. .....Horm. Bourbonnais 165
Cie Mutuelle d'Assurance contre le feu du Canada......Cité de Montréal 409
Cité de Montréal .... D. A. Lafortune 100
do De D. A. Lafortune 100
Deslongchamp Eusèbe......The Charlemagne & Lac Ouâreau Co 147
Diamond Light & Heating Co....C. O. Palmer jr 200
Dubois Hy.................Henry J. Gawne 1e cl.
Deslauriers T..........................B Coté 209
Fauteux B. J ....Pierre Milot 187
Guerin Jas J. et al........J. A. Michaud 1407
Hendrie Wm A. et al .... J. N. Picotte 160
Hébert Arthur....Amédée Chartrand 144
Jackson Kerman......Succ. Robt Wood 5280
Ledoux Henri..... A. & S. Nordheimer 199
Lemieux I. et al......Grégoire Rochon 108
Lord M............Moneyweight Scale Co 110
Lachine (The) Rapids Hy & Land Co et al......Thomas Pringle & Son 1e cl.
Mercier Horace.........Angelina Peltier 100
Montreal Gas Co et al........Ths Martin (Dommages) 958
Manning Jas E...........D. Masson & Co 185
McDonald Alex.............Chs Tanguay 180
N. Y. Life Ins. Co...... John MacLaren 5563
O'Leary J. P ....Ths G. Lewis 3e cl.
Perrault Anselme............Ed Pelletier 160
Quong Wah Long & Co...........J. A. St Julien et al 150
Sadler G. B...F. W. Evans et al esqual 1e cl.
Stephens Succ. Wm B.. .... Western Loan & Trust Co 1e cl.
Stephens Succ. Wm B........... Western Loan & Trust Co 2e cl.

Notre-Dame de Grâces

Pominville Joseph et Joséphine........ Octave Chicoine 767

Pointe Claire

Duchesneau Dame Honorine esqual et al.........W. J. Henderson 603

Sorel

Morgan Jas. et al. .... John L. Reay 152

Ste Agathe

D'Ivry Comte R. O. et uxor........E. N. Heney & Co 140

Ste Cunégonde

St Jean Frs.............Philias Dagenais 3e cl.
Brunet Wm & Désiré.........Cité de Ste Cunégonde 234

Ste Ephrem

Duval Dame A....J. B. Caverhill et al 207

St Henri

Dagenais Philias et al.........Cité de St Henri 1050

St Laurent

Leonard Maxime.........Elie Beautronc 104

St Paul l'Ermite

Bonenfant Honoré....Jos. Deschamps 1e cl.

Ste Rose

Joly Paul fils de Mich.......Mich. Joly père 459

Verchères

Langevin Octave......Aldéric Langevin 1e cl.

Westmount

Ross John W. esqual.....Western Loan & T. Co 1e cl.

Cour Supérieure

JUGEMENTS RENDUS

DÉFENDEURS. DEMANDEURS. MONTANTS

Canton Shipton

Brock Chester ....F. C. Wilson et al 329

De Lorimier

Gauthier Dame Eliz...... F. W. Molson 202

Lachine

Gariépy Dame C. H...Waldron, Drouin & Co 196

Montreal

Bruchési Jos.......Crédit Foncier F. C. 4833
Bernier Chs et al............Dame E. St-Amand et vir 103
Charlebois Alphonsine et al.........Eva St Amand 102
Creamer Carl et al..............Geo. Lutz 170
Cité de Montréal.........Alf. Valiquette 600
do ....Geo. Vandelac 216
Crevier Dame Tous......J. C. McArthur 1252
Clark W....................Peter E. Brown 110
Dumouchel Jos......Arthur Desjardins 219
Grothé C. D.....Théod. A. Grothé et al 306
Hickey John N. et al.........J. H. Seed. 1403
Humphrey C. A. et al........The Telfer Ruthven Co 125
Laplante Alex............Jos. Ant. Gagné 203
Larivière J. N............Fred. Monarque 979
Lamontagne Chs...Dame M. L. Chalut 165
Montreal Cotton Co...............Wilbrod Dussault 250
Morris John.........Crédit Foncier F. C. 14193
Miller L. A... .... Marie Lse Hurteau 2e cl.
Nelligan David........Delle M. Sophie Gonée et al 171
Phillips Hy. S. et al.........Dame Marie Niquet 441
Paxton John D...........John Crossfield & Son Ltd 183
Roy Eusèbe.......................A. Pigeon 295
Richelieu & Ontario Nav. Co... Jos. E. N. Paul 300
Roy Euzèbe..................Arsène Pigeon 295
Raymond Alcide......Jos. A. Dumontet 150
Smith Jas. W....................Wm Mann 300
Smith Dame S.............John C. Clark 117
Seguin Ludger.........Ls Boisseau et al 517
Temple Ths A. et al.....John Torrance et al esqual 875

Stukely

Wilson Jas........ ....L. Jodoin 250

Ste Geneviève

Prévost Abel et al........Dame Eva St Amand et vir 451

St Philippe

Lefebvre Max esqual........J. J. Goulet 400

Cour de Circuit

JUGEMENTS RENDUS

DÉFENDEURS. DEMANDEURS. MONTANTS

Absents

Ferne Paul de.................J. U. Emard 59

Arthabaskaville

Garneau Dame M. Lse...... ....Dom. Radiator Co 32

Beaurivage

Delorme Martial.. .... J. B. Delorme 43

Maisonneuve

Royal Ls.....De Maria Chartrand et vir 20
Dandurand O...............Z. Beauchamp 40

Montreal

Asselin G...................... W. H. Walsh 25
Allaire C..................G. W. Foisy et al 25
Arnold W. A...............Hugh Graham 9
Beatty D. W. et al.........J. A. Deneault 43
Brown A. J..........................M. Roch 7
Beaudoin O...... ....A. Thomas 30
Bessette De Jérémie...............J. P. A. des Troismaisons 15
Bennett A .... The Williams Mfg Co 7
Benoit Jos....................... ... A. Guertin 41
Burnaud B.......Dame E. G. Houghton 30
Barnard Jos.......................M. Malleck 9
Bald Wm ... .S. Aronovitz 6
Booth John...... ....T. Corbeil 6
Brown J...................... J. A. Beaulieu 68
Béré Théop...............D. A. Lafortune 13
Chalek M. .... F. McNamara 8
Cortis Ed......... ....C. T. Timossi 13
Coleman Wm............M. J. Walsh et al 11
Courselles Ed..Dame A. Ménard et vir 6
Cohen Dame J. alias G.....A. Langlois 10
Cloutier Jos. .Dame J. Chartrand et vir 25
Craig J. A.......... ......B. Leclaire et al 11
Davidson Max .... G. H. Labbé 10
Dubé J...........................C. Lalonde 13
Desrochers Ls...................A. Chaussé 25
Desnoyers A.....................H. T. Levy 32
Dubuc D....... ....J. Z. Resther 16
Dumphy Bernard............John Rowan 5
Desjardins E. & O... L. Prosperie et al 45
Dagenais E.............. Dame P. Legault 16
Dagenais N..............Dame P. Legault 10
Dion J .... O. A. E. Howe et al 38
Dessert J. N. et al....Alex. Orsali et al 25
Fennie J. T .... E. C. Legault 14
Guay F. X........................ L. E. Fortier 5
Gauthier Arth..................J. M. Grothé 17
Gravel Ferd..........................J. B. Roy 14
Guilbault A ....Dame A. Lanthier 5
Gagner Dame D................J. Ste Marie 5
Groulx H...........Dame J. C. Vignault 14
Gervais F.........................L. J. Harel 63
Gougeon E......... ....B. Wienranch 25
Grand Trunk Ry Co... .J. C. R. Lomax 9
Hood Wm F. Co.........O'Hara Baynes 10
Hamelin Olivier............Xavier Boyer 99
Houle L.....................T. W. May et al 77
Haines Henri...............F. A. Boucher 15
Hurel Gustave ...... J. A. O. Labonté 10
Jolicœur Z.......................O. F. Mercier 6
Jetté Méd...... ....P. Deguire 6
Joly J .... J. H. Legault 5
Kerry A............ ....P. J. Ryan 8
Laughran J. A..........Albert Brosseau 6
Lescarbean O.....................J. Gingras 7
Légaré Ulric............ ....S. Dagenais 53
Leblanc J. A......J. A. Labossière et al 19
Leprohon J. A ....Dame R. Gagnon 90
Labelle L..........................L. J. Harel 11
Leblanc A. et al......Le Comptoir d'Escompte 35
Leblanc Géd. sr........... .....Frs Picard 8
Lalonde Jos.........Maurice Lafontaine 8
Lintz F. M...................J. O. Leveque 34
Lachine (The) Rapids Co......Dame E. Beauvais 35
Livingstone J.............. ....P. Deguire 5
Lachapelle Jos.............. .... J. Verdy 25
Lapierre A...........H. M. Dinning et al 36
L'heureux Dame Emma et vir........A. Lamarche et al 25
Murphy Chs R ....F. D. Shallow 18
Masure Dame A. et vir......V. Guertin et al 6
Moore Robt....Samuel J. Cunningham 10
Minogue W. H..................E. Tougas 32
Mousseau C. J........G. R. Hutton et al 13
Moreau Isaïe......Delle H. Frigon et al 24
Miron Théop ....Aug. St Pierre 40
McKenna J....................Alph. Gladu 43
Mullan Jer................Dame C. Lynch 9
McAvoy D......................A. Denis et al 7
Naud W............................D. Masson 15

Narbonne Nap	E. Bérard & Cie	21
Neven P	Dame A. Ménard	22
Paquette J	J. B. Lalonde	12
Prévost Frs de S	J. E. Wilder	8
Poupart T	S. H. Ewing et al	12
Perrault Med	A. Deschamps père	30
Reid Herbert	J. E. Fortier	7
Richardson C. et al	A. Villeneuve	5
Roy Dame Aglaé et al	Nap. Lebrun	37
Roy Eusèbe	E. Gaudet	80
Robertson Hy	H. Renaud	25
Renaud J. A	J. A. Hurteau	10
Silverstone John	G. Lutz	7
Sentenne E. A	A. Lionais	15
Smith J	P. Deguire	5
Sayer W	Dame A. Ménard	11
Smith Ths J	Louis St-Louis	28
Thivierge Louis	Geo. Dubois	12
Tansey B. J., jr	Dame J. Gallagher	19
Thérien Dame N	F. W. Foisy et al	25
Vallée Xavier et al	Massey-Harris Co	12
Villeneuve Israel	B. Rivet	20
Vasey T. E	E. Gariépy	13
Woods J. A	G. Deserres	52
Wright H. W	P. McCrory	7
do	Chs. H. Binks	67
Wallace J	A. Gatien et uxor	10

Ottawa

Landriau A. E	H. A. Archambault	10

Pointe Claire

Rickner W	L. N. Denis	59

Ste Agathe

Kinsella Dame H	T. D. Tansey	15

St Barthélemi

Choquet Pierre	Ackerman Little & Co	31

Ste Cunégonde

Taillefer Ls	M. Laniel	13
Paquette L	J. B. Lalonde	10
Desormeau J	M. Leclerc	21
Girard G	Dame G. Lalonde	5

St Henri

Richer E	A. Mirault	18
Lippé J	N. Lalonde	23
Ricard Elie	Alma Gervais	5
Lafond Z	P. Deguire	8
Labrèche L	A. Dubuc	8

St-Hyacinthe

Arcand J. George	J. Goulet	55
Davian Stn	A. Paré	36

St Joachim

Desparois Alph	J. H. Wilson	32

St-Louis—Mile End

Therrien W	S. Daigneault	8
Reeves & Frère	A. R. Archambault	5
Morin Emile et al	A. E. Gauthier	79
Cusson Ovila	Mag. Chalifoux	7
Perrier J. J	Jos Besner	26

St-Maurice

Lanneville Amédée	Dame Olive Vallée	20

Ste-Thérèse

Paré Dame P	Corp. Ville de Lachine	20

Trois Rivières

Beaumier Arthur	A. Panneton	16
Dureau Sévère	Williams Mfg Co	41
Dupuis Alp	A. Saucier	45
Duchaine Ernest	S. Joubert & al	68
Silver Spring Bottling Works	E. Guimond	20

Villeray

Madgen T	J. A. Perrault	9

Verdun

Boisvert F	A. Beauvais	10

Westmount

Stuart Dame E. A	A. Byrne	16
Lunan Hy F	Chs T. Williams	18
Leboue A. W	A. Taillefer	9
Sharpe R	G. Dutrisac	6

VENTES PAR LE SHÉRIF

Du 1er au 8 janvier 1901.

District de Montréal

Alex Chambers *vs* Pat. J. Doyle.

Montréal—Les lots 3203 et 3204 du quartier St Gabriel situés rue Bourgeois avec bâtisses.

Vente le 4 janvier, à 10 h. a. m., au bureau du shérif.

Delle Clémentine Letang *vs* Isidore Charlebois et al.

Pointe-Claire—Les lots 20 et 174 avec bâtisses.

Vente le 3 janvier, à 2 h. p. m. au bureau du shérif.

Benj. Décarie *vs* Joseph Bro dit Pominville et al.

Notre-Dame de Grâces — Le lot 165 avec bâtisses.

Vente le 3 janvier, à 11 h. a. m., au bureau du shérif à Montréal.

District de Bedford

Hy Vassal *vs* James L. Foster.

Canton Bolton—Les lots 1499 à 1505, 1509, 1516 et 1521.

Ventes le 5 janvier, à 10 h. a. m., au bureau d'enregistrement à Knowlton.

District de Montmagny

Delle Adèle Elie dite Breton *vs* Edm. Chabot.

St-Raphael et St-Valier—1o La ½ du lot 28 situé à St-Valier, avec bâtisses.

2o La moitié du lot 183 situé à St Raphael.

Vente le 3 janvier, à 10 h. a. m., à la porte de l'église St-Raphaël pour le lot de cette paroisse et le même jour à 3 h. p. m., à la porté de l'église St-Valier pour le lot de cette paroisse.

District de Québec

La Cité de Québec *vs* Chs Rivard.

Québec—Le lot 519 de St-Sauveur, situé rue Arago.

Vente le 4 janvier à 10 h. a. m., au bureau du shérif.

District de St François

Pierre Ledoux *vs* Joseph Murphy.

St Philemon de Stoke—La moitié indivise du lot 14 avec bâtisses.

Vente le 2 janvier à 11 h. a. m. à la porte de l'église paroissiale.

District des Trois-Rivières

Télesphore Piché *vs* Médard Ferland.

St Didace—Les lots 26 et 690 avec bâtisses.

Vente le 3 janvier à 10 h. a. m. à la porte de l'église paroissiale.

EXTRA

RENSEIGNEMENTS COMMERCIAUX

PROVINCE DE QUEBEC

Cessions

Québec—Adam A. J., articles de fantaisie.

Concordats

Farnham — Labelle R., chaussures, à 55c dans la piastre.

Curateurs

Moutréal—Normandin Geo. à John Morris, agent d'immeubles.

Décès

Québec—Chevalier J. B. A. & Co, mfs de chaussures; J. B. A. Chevalier.

Victoriaville—Bourbeau D. O. & Fils, mag. gén.; D. Bourbeau.

Dissolutions de Sociétés

Montréal—McCready James & Co, mfrs de chaussures; James McCready & Co Ltd succèdent.

Gilmour Bros, plombiers; H. L. Gilmour continue.

Robson — Lecompte & Martin, mfrs de boîtes de fromages.

En Difficultés

Magog—Farwell H. E., marchand de glace.

Montréal—Vipond, Peterson & Co, fruits et charbon en gros; coutestent demande de de cession.

St-Urbain — Primeau Cyprien, mag. gén., ass. 27 déc.

Fonds à Vendre

Moutréal—Edson M. G. & Co, mfrs de chocolat, 3 janvier.

Pointe Claire—Duchesneau H., mag. gén., 31 déc.

Fonds Vendus

Ile Bizard—Boileau P. & Frère; contracteurs.

Incendies

Montréal—Wilder H. A. & Co, meubles; le magasin de la rue Ste Catherine, ass.

Nouveaux Etablissements

Coaticook—Coaticook (The) Water Power Co.

Montréal—Burt E. W. & Co, chaussures.

Frigon Louis, restaurant; Mde Louis T. Frigon.

Graham & Co, nouv; Ths A. Graham.

La Cie de la Bonne Litterature; Gustave Grandidier.

Prévost Hector (The) Co Ltd entrepôt, etc., demande charte.

Notre-Dame de Grâces—Curley & Haselton, hôtel.

Montréal — McArthur (The) Export Co Ltd, bois de sciage, etc., demande charte.

St Cyrille — Champagne & Rainville contracteurs.

St Hyacinthe — La Cie C. A. Hamel, machinistes.

St Patrick de Tingwick—Lessard & Charest, négociants.

Victoriaville—Jana & Yareb, mag. gen.

PROVINCE D'ONTARIO

Cessations de Commerce

Masherville—Durham Martha T., mag. gén.; W. Van Wyck succède.

Cessions

Brockville — Desroches A. V., articles de fantaisie.

Fallowfield—Tierney J. J., bétail.

Décès

Seaforth—Jackson H. R. & Son, liqueurs en gros; H. R. Jackson.

Toronto—Sproule J. H. & Co, grain; J. H. Sproule.

En Difficultés

Canning—Canning Woollen Co, mfr ass. 7 janvier.

Rat Portage—Hall E. G. & Co, nouv. etc.

Fonds à Vendre

Toronto—Kennedy A. E., pharmacie, 27 déc. par huissier.

Incendies

Brooklin—Sebert O., hôtel.

Dorchester Station — Birch John H., mag. gén. ass.

Nouveaux Établissements

Hamilton—Dominion (The) Drug Co Ltd.

Navan—Shaw S. W., pharmacie.

Walkerville—Walkerville (The) Waggon Co Ltd.

Lightning Source UK Ltd.
Milton Keynes UK
UKHW020613161118
332445UK00010B/593/P

9 781528 292689